# V&R

Veröffentlichungen des
Instituts für Europäische Geschichte Mainz

Abteilung für Abendländische Religionsgeschichte
Abteilung für Universalgeschichte
Herausgegeben von Irene Dingel und Johannes Paulmann

Band 250

Vandenhoeck & Ruprecht

# Die europäische Debatte
über den Religionskrieg (1679–1714)

Konfessionelle Memoria und internationale Politik
im Zeitalter Ludwigs XIV.

von
Christian Mühling

Vandenhoeck & Ruprecht

Zugleich leicht überarbeitete Fassung von: Marburg, Univ., Diss., 2016 unter dem Titel: Mühling, Christian: »Die europäische Debatte über den Religionskrieg (1679–1714). Konfessionelle Memoria und internationale Politik im Zeitalter Ludwigs XIV.«

Gedruckt mit freundlicher Unterstützung der
Geschwister Boehringer Ingelheim Stiftung für Geisteswissenschaften in Ingelheim am Rhein und der Evangelischen Kirche in Deutschland.
Die Evangelisch-Lutherische Kirche in Bayern hat freundlicherweise die Kosten des Lektorats und das römisch-katholische Erzbistum Köln hat die Kosten für die Coverabbildung übernommen.

Coverabbildung: Der Stich mit dem Titel »LUDOVICO MAGNO« aus dem Jahr 1686 illustriert die französische Haltung zum Religionskrieg. Ludwig XIV. wird in gleicher Weise als französischer Monarch, Vernichter der Häresie und heldenmütiger Eroberer dargestellt. All diese Facetten werden untrennbar miteinander verbunden, wenn es in der Sokelinschrift erklärend heißt:
»A l'aspect de ce front ou Mars s'est peint luy même, France, beni l'Auteur de ta gloire Supreme, Que la triste Hérésie en palisse d'effroy. Le voici ce Héros qui la force a Se rendre, Qui fait pour ton bonheur tout ce qu'on peut attendre, D'un Pere, d'un Chrétien, d'un Conquérant, d'un Roy«.
LUDOVICO MAGNO, Paris, Hainzelman, 1686
[Château de Versailles et de Trianon, INV.GRAV 1062].
© bpk / RMN – Grand Palais

Bibliografische Information der Deutschen Nationalbibliothek

Die Deutsche Nationalbibliothek verzeichnet diese Publikation in der Deutschen Nationalbibliografie; detaillierte bibliografische Daten sind im Internet über http://dnb.d-nb.de abrufbar.

ISSN 0537-7919
ISBN 978-3-525-31054-0

Weitere Ausgaben und Online-Angebote sind erhältlich unter:
www.vandenhoeck-ruprecht-verlage.com

© 2018, Vandenhoeck & Ruprecht GmbH & Co. KG, Theaterstraße 13,
D-37073 Göttingen
www.vandenhoeck-ruprecht-verlage.com
Alle Rechte vorbehalten. Das Werk und seine Teile sind urheberrechtlich geschützt. Jede Verwertung in anderen als den gesetzlich zugelassenen Fällen bedarf der vorherigen schriftlichen Einwilligung des Verlages.

Printed in Germany.

Satz: Vanessa Weber

Druck und Bindung: Hubert & Co GmbH & Co. KG BuchPartner, Robert-Bosch-Breite 6,
D-37079 Göttingen

Gedruckt auf alterungsbeständigem Papier.

Pour Elisabeth

# Inhaltsverzeichnis

| | | |
|---|---|---|
| I. | Einleitung | 11 |
| I.1 | Forschungsstand und Erkenntnisinteresse | 11 |
| I.2 | Zeitlicher und geografischer Untersuchungsrahmen | 29 |
| I.3 | Methodik und Quellencorpus | 40 |
| I.4 | Die politische Öffentlichkeit | 47 |
| I.5 | Aufbau der Untersuchung | 62 |
| II. | Die konfessionelle Historiografie über den Religionskrieg | 65 |
| II.1 | Die katholische Historiografie religiös begründeter Kriegsführung | 70 |
| | II.1.1 Der islamische Religionskrieg und der christliche Religionskrieg gegen den Islam | 71 |
| | II.1.2 Vom Heiden- zum Ketzerkreuzzug und die Frage nach Charakter und Behandlung des Protestantismus | 78 |
| | II.1.3 Die katholische Herrschermemoria | 84 |
| | II.1.4 »Une foi, un roi, une loi« | 107 |
| | II.1.5 Zwischenfazit: Die katholische Historiografie religiös begründeter Kriegsführung | 135 |
| II.2 | Die Protestantische Historiografie zum Religionskrieg: Zwischen Untertanentreue und Verteidigung des eigenen Glaubens | 139 |
| | II.2.1 Der katholische Klerus als Hauptverantwortlicher der Religionskriege | 140 |
| | II.2.2 Die Entwicklung hugenottischer Religionskriegshistoriografie: Von der protestantischen Untertanentreue zur Rechtfertigung protestantischen Widerstands | 146 |
| | II.2.3 Gegensätze protestantischer Erinnerung im Reich | 176 |
| | II.2.4 Die englische Historiografie zum Religionskrieg: Von der inneren Auseinandersetzung zur Intervention zum Schutz fremder Untertanen | 193 |
| | II.2.5 Historische Interventionsbegründungen | 204 |
| | II.2.6 Die Historiografie zum Religionskrieg als Auslöser für die protestantische Toleranzdebatte und Irenik | 225 |
| | II.2.7 Zwischenfazit: Die Protestantische Historiografie zum Religionskrieg: Zwischen Untertanentreue und Verteidigung des eigenen Glaubens | 236 |

II.3 Zwischenfazit: Die konfessionelle Historiografie über den
Religionskrieg .................................................................................. 240

III. Aktualisierung des Religionskrieges in der europäischen
Tagespublizistik: Gegenseitiges Misstrauen und gegenseitige
Solidarität ........................................................................................ 245

III.1 Die gemeinsame Grundlage und verstärkten Gegensätze der
katholischen Tagespublizistik ........................................................ 247

    III.1.1   Die gemeinsame Basis katholischer Religionskriegs-
darstellung: Die Protestanten als Rebellen gegen
Gott und Herrscher ............................................................ 248

    III.1.2   Ludwig XIV. »Destructeur de l'hérésie« ........................... 259

    III.1.3   Die *Glorious Revolution* und das Schicksal Jakobs II.
von England als Beleg der französischen
Argumentation mit dem Religionskrieg .......................... 266

    III.1.4   Frankreichs Forderung nach Abwehr des
Religionskrieges .................................................................. 276

    III.1.5   Frankreichs Verwendung des Religionskriegsargu-
ments gegenüber den protestantischen Mächten ........... 291

    III.1.6   Frankreich – ein Verbündeter der Protestanten? ............ 303

    III.1.7   Der gemeinsame Appell an den Papst als
*pater communis* .................................................................. 312

    III.1.8   Der Spanische Erbfolgekrieg zwischen Bourbon
und Habsburg: Ein Kampf um die Vorherrschaft
im katholischen Lager ........................................................ 330

    III.1.9   Zwischenfazit: Die Gegensätze der katholischen
Tagespublizistik ................................................................... 339

III.2 Protestantische Rechtfertigungsstrategien in der Religionskriegsdebatte: Zwischen Betonung der eigenen Friedfertigkeit
und der Begründung konfessioneller Selbstverteidigung ......... 341

    III.2.1   Protestantische Treuebekundungen gegenüber einer
katholischen Obrigkeit ...................................................... 343

    III.2.2   Von der protestantischen Untertanentreue zu einer
Renaissance konfessionell begründeten
Widerstandsrechts? ............................................................. 352

    III.2.3   Das Movens zur Anstiftung des Religionskrieges:
Der Katalog klerikaler Laster ............................................ 364

    III.2.4   Der Religionskrieg als Mittel politischer
Manipulation ....................................................................... 376

    III.2.5   Die Jesuiten als Agenten Frankreichs ............................. 390

    III.2.6   Jakob II. von England, »Sclav der Pfaffen« ..................... 399

> III.2.7 Der finanzielle Beitrag der katholischen Kirche
> zum Religionskrieg: Subsidien und *Don gratuit* ................ 404
> III.2.8 Antikatholische Gesetzgebung als Mittel zur
> Verhinderung eines Religionskrieges ............................ 410
> III.2.9 Konfessionelle Repressalien als Mittel zur
> Abwehr eines Religionskrieges .................................. 423
> III.2.10 Die Frage nach der Schutz- und Führungsmacht
> im europäischen Protestantismus ................................ 433
> III.2.11 Die Überwindung des Religionskrieges in der
> protestantischen Toleranzdebatte ............................... 446
> III.2.12 Zwischenfazit: Protestantische Rechtfertigungs-
> strategien in der Religionskriegsdebatte. Zwischen
> Betonung der eigenen Friedfertigkeit und der
> Begründung konfessioneller Selbstverteidigung .................. 466

III.3 Konsequenzen der konfessionellen Religionskriegsdebatte:
Die überkonfessionellen Argumentationsmuster der Wiener
und der Haager Großen Allianz und die Negation des
Religionskrieges ............................................................ 470
> III.3.1 LA MONARCHIE UNIVERSELLE DE LOUYS XIV ............ 470
> III.3.2 THE MOST Christian Turk .................................... 484
> III.3.3 Zwischenfazit: Die überkonfessionellen
> Argumentationsmuster der Wiener und der
> Haager Großen Allianz und die Negation des
> Religionskrieges ............................................... 501

IV. Fazit ................................................................... 503
IV.1 Der Religionskrieg als Zeichen einer neuen
Konfessionalisierung der öffentlichen Debatte ...................... 503
IV.2 Die Internationalisierung der Religionskriegsdebatte ............ 506
IV.3 Genese von Epochensignum und Geschichtsbild des
Religionskrieges ................................................... 508
IV.4 Ausblick und Bedeutung der Religionskriegsdebatte für die
Forschung .......................................................... 510

V. Abkürzungsverzeichnis ................................................... 513

VI. Bibliografie ........................................................... 515

| | | |
|---|---|---|
| VI.1 Quellen | | 515 |
| VI.1.1 | Archivalia | 515 |
| VI.1.2 | Editionen | 515 |
| VI.1.3 | Frühneuzeitliche Drucke | 516 |
| VI.2 Forschungsliteratur | | 534 |

| | |
|---|---|
| VII. Danksagung | 579 |

| | |
|---|---|
| Register | 581 |
| Ortsregister | 581 |
| Personenregister | 583 |

# I. Einleitung

## I.1 Forschungsstand und Erkenntnisinteresse

1689 erschien im Heiligen Römischen Reich eine Flugschrift mit dem Titel *Der Vermeinte/ Und von Franckreich erdichtete/ Religions-Krieg*[1]. Sie ist gleichsam programmatisch für die am Ende des 17. Jahrhunderts entstehende europäische Religionskriegsdebatte, denn in ihr wird die enge Verbindung aus historischer Erinnerung und tagespolitischer Debatte deutlich. Der anonyme Autor stellte mithilfe historischer Exempel einen direkten Konnex zwischen dem französischen König und dem Szenario eines Religionskrieges in der Gegenwart her. Eine solche Verbindung wurde von der Forschung bis vor einigen Jahren weitgehend ignoriert, denn das Zeitalter Ludwigs XIV. gilt im Allgemeinen immer noch als Zeitalter der Frühaufklärung[2] und in Frankreich selbst als *Grand Siècle*[3] oder *Siècle Classique*[4]. Diese Epochenbezeichnungen legen keinen Zusammenhang mit einer breiten Religionskriegsdebatte nahe, sondern werden trotz zahlreicher jüngerer Studien[5] immer noch vorwiegend mit Werten wie Toleranz und kultureller Prosperität konnotiert. Es bleibt die Frage offen, wie und warum sich der Religionskrieg gerade in diesem Zeitraum als fester Begriff der aktuellen politischen Debatte etabliert hat.

Der Begriff des Religionskrieges taucht zwar bereits am Ende des 16. Jahrhunderts vereinzelt auf und ist vermehrt in der Publizistik des Dreißigjährigen Krieges zu finden; eine wirklich breite Diskussion über das Phänomen entstand aber erst eine Generation nach dem Westfälischen Frieden, an der Schwelle vom 17. zum 18. Jahrhundert[6]. Der Religionskrieg wurde erst hier in

---

1 Vgl. Der Vermeinte/ Und von Franckreich erdichtete/ Religions-Krieg.
2 Vgl. BÖDEKER, Strukturen, S. 11f., 16–18.
3 Vgl. BLUCHE, Dictionnaire; GRELL, Histoire.
4 Der Begriff des *Siècle Classique* wird vor allem von der Literaturwissenschaft und Kunstgeschichte gebraucht. Vgl. SAULNIER, La littérature.
5 Vgl. BURKHARDT, Konfession, S. 135–154; GONZALEZ CRUZ, Une guerre; KLUETING, Das konfessionelle Zeitalter; S. 358f.; ONNEKINK, Introduction, S. 1–15; RIES, Kreuzzugsideologie, S. 161–192; THOMPSON, After Westphalia, S. 47–67.
6 Im Französischen, Deutschen und Englischen ist der Ausdruck Religionskrieg vor Ende des 17. Jahrhunderts eine sprachliche Ausnahmeerscheinung. Die konfessionellen Bürgerkriege des 16. und frühen 17. Jahrhunderts firmierten zeitgenössisch unter Begriffen wie *révolte*, *troubles*, *guerres intestines* oder *guerres civiles* bzw. unter ihren deutschen oder englischen Entsprechungen. Vgl. BABEL, Kreuzzug, S. 116; JOUANNA, Le temps, S. 3. Die erste bekannte Erwähnung des Begriffs *guerre de religion* stammt aus dem Jahr 1596 und blieb entsprechend der Neuheit dieser Wortschöpfung auch in den folgenden Jahrzehnten ein Randphänomen der französischen Sprache. Vgl. VITRY, LE MANIFESTE, S. 14. Für den freundlichen Hinweis auf dieses Manifest danke ich Frau Prof. em. Dr. Arlette Jouanna, Montpellier. REPGEN, Religionskrieg, S. 343, behauptet

einem Zusammenspiel von Erinnerung und aktuellen Debatten zu einem festen politischen Schlagwort. Dabei wurden ältere Topoi neu und in vermehrter Weise unter dem Begriff des Religionskrieges zusammengefasst.

Hier erst entwickelte sich die Vorstellung vom Religionskrieg als Epochenbezeichnung. Diese Epochenbezeichnung stellt mehrheitlich eine anachronistische Projektion der Geschichtsschreibung und historischen Forschung auf die konfessionellen Auseinandersetzungen des 16. und frühen 17. Jahrhunderts dar[7]. Mit dem Begriff des Religionskrieges wird dabei meist eine essenzialistische Zuschreibung verbunden. Essenzialismus bedeutet in diesem Zusammenhang, dass von einem Begriff direkt auf seinen praktischen Gehalt und damit seinen faktischen Charakter geschlossen wird, der Religionskrieg auch tatsächlich von religiösen Gesichtspunkten bestimmt worden sei. Die essenzialistische Zuschreibung, die Religion sei für (vergangene) Kriege verantwortlich gewesen oder habe dabei zumindest eine erhebliche Rolle gespielt, kulminiert also gleichsam im Begriff des Religionskrieges. Wohl wurde der Konnex zwischen Krieg und Religion bereits von den Zeitgenossen in der ersten Hälfte der Frühen Neuzeit vielfach semantisch hergestellt[8], eine begriffliche Engführung geschah aber erst ab dem Ende des 17. Jahrhunderts. Es ist deshalb zu klären, wie es zu diesem Phänomen kam.

Wie es in der Folge zu dieser essenzialistischen und anachronistischen Vorstellung vom Religionskrieg gekommen ist, die noch heute weit verbreitet ist, wurde von der Geschichtswissenschaft bislang nicht geklärt. Grundsätzlich erscheint dabei die Wechselwirkung zwischen dem populären Geschichtsbild, dem tagespolitischen Begriff des Religionskrieges und seiner

---

zwar, es sei schon zu Beginn der konfessionellen Bürgerkriege des 16. Jahrhunderts in Frankreich von einer *guerre de religion* die Rede gewesen, vermag dies naturgemäß aber nur mit einer sehr umständlichen Beschreibung zu belegen, die den Begriff selbst nicht beinhaltet. Im Deutschen ist erst Mitte des 17. Jahrhunderts vermehrt die Rede vom Religionskrieg. Für den Schmalkaldischen Krieg konnte HAUG-MORITZ, Der Schmalkaldische Krieg, S. 94, als ausgewiesene Expertin für die konfessionellen Auseinandersetzungen im 16. Jahrhundert auf dem Gebiet des Heiligen Römischen Reiches, nur eine lateinische Rückübersetzung des eher umständlichen deutschsprachigen Kompositums »Krieg [...], so in Religionssachen« als »bello religionis« ausfindig machen. Zur Religionskriegsdebatte während des Dreißigjährigen Krieges vgl. künftig die in Marburg in Entstehung begriffene Arbeit von Karola Brüggemann. Im Englischen wird der Religionskrieg vor Ende des 17. Jahrhunderts zu einem festen Schlagwort. BURKHARDT, Religionskrieg, S. 682, konnte im 16. Jahrhundert nur eine Umschreibung, nicht aber den Begriff des Religionskrieges selbst identifizieren.

7 Vgl. ARMSTRONG, The French Wars; BRANDI, Gegenreformation; BIRELEY, The Thirty Years' War, S. 85–106; CONSTANT, Les Français; CROUZET, Dieu; HAUSER, Les guerres; HERMANN, Frankreichs Religions- und Bürgerkriege; JOUANNA, Le temps, S. 1–445; LÉVIS MIREPOIX, Les guerres; KURZE, Zeitalter; LIVET, Les guerres; PERNOT, Les guerres; ROBERTS, Peace; LE ROUX, Guerres; WEBER, Geschichte; ZWIERLEIN, Discorso.
8 Vgl. CROUZET, Les guerriers; ders., La violence, S. 507–525; HOLZEM, Religionskrieg, S. 30–43; SCHILLING, Formung, S. 591–593; ders., Konfessionelle Religionskriege, S. 131f.; SCHINDLING, Türkenkriege, S. 596–621.

geschichtswissenschaftlichen Verwendung als hinderlich und problematisch. Die Interdependenz von politischer und geschichtswissenschaftlicher Debatte erhöht die Gefahr einer anachronistischen Betrachtungsweise und hat dazu geführt, dass Krieg und Religion heute nirgendwo so stark miteinander verknüpft werden wie in der Geschichtsschreibung und historischen Forschung[9]. Diese Zuschreibung hat nach den Jogoslawien- und Tschetschenienkriegen sowie dem »Krieg gegen den Terror« nach dem 11. September 2001 noch einmal erheblich zugenommen[10]. Die Beantwortung der Frage, wie sich das moderne Geschichtsbild vom Religionskrieg etabliert hat, ist für den historisch-kritischen Umgang mit dem Thema des Religionskrieges aber unabdingbar.

Die beidseitige Verwendung des Begriffs Religionskrieg für inter- und intrareligiöse militärische Auseinandersetzungen in Gegenwart und Vergangenheit wirft die Frage auf, welche Zuschreibungen die Zeitgenossen mit einem Religionskrieg verbanden. Eine Betrachtung der eingangs zitierten Flugschrift und vergleichbarer Quellen aus der Zeit um 1700 erweckt den Eindruck, dass der Begriff des Religionskrieges in der Frühen Neuzeit in erster Linie für konfessionelle Auseinandersetzungen gebraucht wurde. Ob sich diese Vermutung bestätigt, und wenn ja, in welcher Verbindung die inter- und intrareligiöse Verwendung des Religionskriegsbegriffs zueinander standen, wird im Folgenden zu klären sein.

Schon 1986 hat Konrad Repgen den »völligen Mangel an einschlägiger Literatur über den profan- und kirchengeschichtlichen Terminus Religionskrieg« angemahnt[11]. Das Desiderat einer konsequenten Historisierung des Begriffs des Religionskrieges ist bis heute nicht eingelöst worden[12]. Es soll deshalb herausgearbeitet werden, wie Zeitgenossen Religionskriege definierten, wo und wann sie den Begriff gebrauchten.

Ziel der Untersuchung ist es, die Frage zu beantworten, wie sich begriffsgeschichtlich eine Vorstellung, ein Geschichtsbild und ein Epochensignum vom Religionskrieg etablierten. Dazu liegen bislang keine Untersuchungen vor[13]. Es ist davon auszugehen, dass unser heutiges geschichtswissenschaftliches

---

9 Vgl. SCHAFFNER, Religion, S. 31. In jüngerer Zeit lässt sich allerdings auch ein verstärktes Interesse in Islam-, Religions- und Politikwissenschaft beobachten. Vgl. FUESS, Von der Belagerung, S. 10–28; HERMANN, Endstation; KIPPENBERG, Gewalt.
10 Ein Blick in die Online-Kataloge europäischer National- und Universitätsbibliotheken genügt, um die Explosion einschlägiger Publikationen zum Religionskrieg nach 2001 festzustellen.
11 Vgl. REPGEN, Religionskrieg, S. 336. ONNEKINK, Introduction, S. 9; ders., The Last War, S. 76, mahnt an, dass bis heute keine gültige Definition vorliegt, was eigentlich unter einem Religionskrieg zu verstehen sei.
12 Vgl. KAMPMANN, Heiliger Krieg, S. 4, der explizit auf dieses Desiderat hinweist.
13 Diese Forderungen erheben vor allem in Bezug auf die sogenannten französischen Religionskriege BABEL, Kreuzzug, S. 117; BURKHARDT, Religionskrieg, S. 682; darüber hinaus auch ganz allgemein MORITZ, Interim, S. 95.

Verständnis von einem Religionskrieg in wesentlichen Teilen auf die Genese im Zeitraum seiner Entstehung an der Schwelle vom 17. zum 18. Jahrhundert zurückgeht.

Das moderne Bild des Religionskrieges war dabei keineswegs alternativlos. Im Gegensatz zu den meisten bestehenden Arbeiten zum Religionskrieg soll vermieden werden, auf anachronistische Weise das Bild vom Religionskrieg, wie es sich am Anfang des 18. Jahrhunderts durchgesetzt hat, auf die Vergangenheit zu übertragen. Es ist deshalb notwendig, den historischen Kontext der Religionskriegsmemoria konsequent zu berücksichtigen, denn erst um 1700 etablierte sich ein festes Geschichtsbild des Religionskrieges.

Aus diesem Grunde ist es nötig, nach der zeitgenössischen politischen Bedeutung der Religionskriegsdebatte im Zeitalter Ludwigs XIV. zu fragen. Zu untersuchen ist die Bedeutung der Wahrnehmung der konfessionspolitischen Konflikte um 1700 als Religionskriege. Zu analysieren sind dabei konfessionelle und nationale Differenzen der historiografischen und tagespolitischen Religionskriegsdebatten. Im Rahmen dieser Arbeit ist daher zu fragen, inwiefern einzelne Vorstellungen und Auslegungen vom Religionskrieg aufeinander Bezug nahmen, sich abgrenzten, adaptierten oder umdeuteten[14]. Es soll der Versuch unternommen werden, die Vorstellungen, was an der Schwelle vom 17. zum 18. Jahrhundert in Europa unter einem Religionskrieg verstanden wurde, herauszuarbeiten.

Eine solche Fragestellung ermöglicht es, ein bewussteres Verhältnis zu den kursierenden Geschichtsbildern vom Religionskrieg und dem aktuellen Forschungsstand zu entwickeln. Eine Betrachtung des gegenwärtigen Forschungsstandes über den Religionskrieg zeigt, dass erstens das essenzialistische Geschichtsbild als leitende Prämisse Eingang in die historische Forschung gefunden hat, zweitens, dass sich der Religionskrieg in der Geschichtswissenschaft als Epochensignum etabliert hat, und drittens, dass zahlreiche systematische und analytische Anstrengungen zur Einordnung des Religionskrieges unternommen worden sind, die die zeitgenössischen Debatten über den Begriff des Religionskrieges weitgehend außer Acht lassen.

Besonderen Einfluss entfaltete in der Forschung das Geschichtsbild der Aufklärung, das davon ausgeht, dass die Verknüpfung von Religion und Krieg konfliktsteigernd wirkte und die Religion letztlich für den Religionskrieg verantwortlich zu machen sei[15]. Voltaire konstatierte dementsprechend 1753 in seinem *Siècle de Louis XIV.*:

---

14 Vgl. SKINNER, Meaning, S. 46; WEIAND, Herrscherbilder, S. 41.
15 Speziell zu den sogenannten französischen Religionskriegen vgl. CHRISTIN, La paix; ders., Sortir, S. 24–38; SCHAFFNER, Religion, S. 33; zu den Religionskriegen Alteuropas insgesamt SCHILLING, Formung, S. 595, 617; SCHORN-SCHÜTTE, Konfessionskriege, S. 234.

»Tous les États chrétiens saignaient encore de plaies qu'ils avaient reçues de tant de guerres de religion, fureur particulière aux chrétiens [...] et suite malheureuse de l'esprit dogmatique introduit depuis si longtemps dans toutes les conditions«[16]. Aufklärer wie der französische Philosoph forderten stattdessen, die religiöse Verblendung eines dogmatischen Christentums zu überwinden und fortan Toleranz walten zu lassen[17].

Während der Französischen Revolution und des Kulturkampfs der III. Republik eigneten sich die sogenannten Religionskriege ganz besonders, um die religiöse Verblendung eines als rückständig empfundenen Zeitalters zu geißeln, das die Französische Republik mit dem Prinzip des Laizismus glorreich überwunden habe[18]. Genauso wie in Frankreich knüpften auch in Deutschland die preußisch-protestantische Geschichtsschreibung und in England die *Whig interpretation of history* an das Geschichtsbild der Aufklärung an. Während die borussische Geschichtsschreibung in Bismarcks Kulturkampf unter dem Stichwort des Religionskrieges den Ultramontanismus des religiösen Fanatismus bezichtigte und vergangene Eingriffsversuche

---

16 VOLTAIRE, Le Siècle, S. 622, und fast gleichlautend ebd., S. 1041.
17 Dementsprechend war die Religionspolitik Ludwigs XIV. der einzige fundamentale Kritikpunkt Voltaires an der Herrschaft dieses französischen Königs. Vgl. ebd., S. 780, 950, 979, 1049. Zum Zusammenhang von Voltaires Toleranzforderung im 18. Jahrhundert und seiner Schilderung der Geschichte der sogenannten französischen Religionskriege vgl. SERMAIN, Voltaire, S. 60–78. Zur Kritik der Aufklärung an den Religionskriegen überhaupt vgl. FRAGONARD, La mémoire, S. 27. Ähnlich auch BRENDLE, Religionskrieg, S. 20, 51; ECKERT, Toleranz, Bd. 13, Sp. 621; FRITSCH, Religiöse Toleranz, S. 10, 234, 294; diese Autoren sehen allerdings anders als Fragonard das Zeitalter der Religionskriege in der Aufklärung bereits als überwunden an und verkennen damit die Bedeutung der Religionskriegsdebatte im 18. Jahrhundert.
18 BEAUREPAIRE, La Saint-Barthélémy, S. 687–693, hat die Rezeption der Religionskriege durch die Propaganda der Französischen Revolution von 1789 untersucht. Der sechste Band der von Ernest Lavisse herausgegebenen und seinerzeit in Frankreich äußerst populären »Histoire de France illustrée depuis les origines jusqu'à la Révolution«, MARIÉJOL, La Réforme, insbes. S. 423, bedauert neben der Tyrannei der Monarchie den Fanatismus der Religion, der erst in späteren Jahrhunderten überwunden worden sei. Der Band weist somit direkt auf die »Errungenschaften« der Revolution und der III. Französischen Republik hin. In diesem Sinne vgl. auch LÉVIS MIREPOIX, Les guerres, S. 464f.; MIQUEL, Les guerres, S. 514–517. Dieser überproportional stark von protestantischen Wissenschaftlern vertretenen republikanisch-laizistischen Position standen katholische und monarchistische Kräfte gegenüber, die in der universitären Forschung jedoch lange Zeit wenig Gehör fanden. Vgl. JULIA, L'historiographie, S. 25–34. GARRISSON, Guerre, S. 229, und SCHAFFNER, Religion, S. 32, haben auf das Desiderat der Erforschung der Rezeptionsgeschichte der sogenannten französischen Religionskriege im 19. Jahrhundert aufmerksam gemacht. Dieses Desiderat gilt bei einer strikten begriffsgeschichtlichen Betrachtung aber mindestens genauso für das 18. Jahrhundert und erscheint umso angebrachter, als hier das moderne Geschichtsbild vom Religionskrieg entstand, dessen Genese diese Arbeit gewidmet ist.

der katholischen Kirche in weltliche Angelegenheiten geißelte[19], wandte sich die *Whig interpretation of history* mit ähnlichen historischen Argumenten gegen die Katholikenemanzipation in Großbritannien[20].

Im späten 19. Jahrhundert begann die Geschichtsschreibung dann unter dem Einfluss des Marxismus, die Religion zunehmend als Vorwand zur Austragung wirtschaftlicher und sozialer Konflikte zu interpretieren. Diesem Paradigma folgte in Frankreich auf differenzierte Weise auch die Schule der *Annales*, die sich zunehmend der Sozial- und Wirtschaftsgeschichte der französischen Bürgerkriege widmete[21]. Der religiöse Aspekt erschien dabei nur noch von nachgeordneter Bedeutung. Aufklärungshistoriografie, französisch-republikanischer, preußisch-protestantischer, britischer Whig-Geschichtsschreibung und sozial- und wirtschaftshistorischer Perspektive war ein Bild der sogenannten Religionskriege gemein, das die Religion als kriegsstiftenden Faktor identifizierte und die Motivation derjenigen historischen Akteure verunglimpfte, die sich ihrer aus profanen Motiven bedienten. Aus ihrer Sicht waren die Religionskriege und ihre Überwindung ein entscheidender Wendepunkt auf dem Weg zu einer entfalteten Moderne, die sie durch die weitgehende Säkularisierung der Politik charakterisiert wissen wollten[22].

1993 forderte Mack Holt erstmals »putting religion back into the French Wars of Religion«[23]. Freilich knüpfte er damit nur an eine nie ganz abgerissene Tradition an[24]. Vor allem Denis Crouzet und Natalie Zemon Davis

---

19 Vgl. bspw. DROYSEN, Geschichte, IV. Teil, Bd. 1, S. 255, 361; ders., Geschichte, V. Teil, Bd. 1, S. 222; DROYSEN, Vorlesungen, I. Teil, S. 185; RANKE, Fürsten, Bd. 1, S. 244; ders., Die römischen Päpste, Bd. 3, S. 368f.

20 Vgl. bspw. FROUDE, History, Bd. 2, S. 187; LECKY, A History, Bd. 1, S. 82. Zur *Whig Interpretation of History ex negativo* vgl. BUTTERFIELD, The Whig Interpretation, S. 75–89, 109–120.

21 Vgl. BARNAVI, Le parti; DESCIMON, Qui étaient; DROUOT, Mayenne; KAISER, Marseille. Als Vertreter wirklich marxistischer Geschichtsschreibung ist von den einschlägigen Arbeiten der Sozial- und Wirtschaftsgeschichtsschreibung der französischen Bürgerkriege des 16. Jahrhunderts lediglich HELLER, Iron, zu nennen.

22 Vgl. CAVANAUGH, A Fire, S. 397–420; CHRISTIN, La paix; ders., Sortir, S. 24–38; MARIÉJOL, La Réforme, insbes. S. 423; LÉVIS MIREPOIX, Les guerres, S. 464f.; MIQUEL, Les guerres, S. 514–517. Eine solche Sichtweise wird darüber hinaus in der Politologie und Völkerrechtslehre unter dem Schlagwort des *Westphalian System* vertreten und wurde u.a. von geschichtswissenschaftlicher Seite mehrfach kritisiert. Vgl. CROXTON, The Peace, S. 569–852; DUCHHARDT, Westphalian System, S. 305–315. Mittlerweile ist diese Kritik auch von Teilen der Rechtsgeschichte übernommen worden. Vgl. BEAULAC, The Westphalian Model, S. 181–213.

23 HOLT, The French Wars, S. 2, konstatiert »the French Wars of Religion were fought primarily over the issue of religion«. Ders., Putting, S. 524–551, kritisierte namentlich die Arbeiten von Henry Heller, woraufhin dieser seinerseits Holt einen Mangel an ausgewogenem Urteilsvermögen unterstellte. Vgl. HELLER, Putting, S. 853–861.

24 Vgl. ARMSTRONG, The French Wars; CROUZET, Les guerriers; ders., La violence, S. 507–525; KINGDON, Geneva.

haben mit ihren Arbeiten bereits Ende der 1970er Jahre auf einer breiten Basis publizistischer Quellen religiös konnotierte Gewaltanwendung während der Französischen Bürgerkriege des 16. Jahrhunderts untersucht[25].

Die intensive Beschäftigung von Geschichtsschreibung und historischer Forschung mit religiös konnotierter Kriegsführung hat dazu geführt, dass die Religionskriege auch in der Geschichtswissenschaft zum strukturierenden Element geworden sind[26]. Als Zeitalter der Religionskriege wurden und werden vielfach immer noch das 16. Jahrhundert und die erste Hälfte des 17. Jahrhunderts definiert. Als Beginn des Zeitalters der Religionskriege fungieren dabei je nach nationaler Tradition der Erste Kappeler Krieg, der Schmalkaldische Krieg, der erste französische Bürgerkrieg oder der Beginn des Achtzigjährigen Krieges.

Insbesondere die französischen Bürgerkriege des 16. Jahrhunderts werden in der Forschung *ex post* als Religionskriege bezeichnet[27]. Die Geschichtswissenschaft zählt zwischen 1562 und 1598 klassicherweise acht Kriege, in denen sich Hugenotten und Katholiken feindlich gegenüberstanden, als die »Religionskriege«, die jeweils durch ein königliches Pazifikationsedikt beendet wurden[28].

Lange Jahre schränkte die französische Geschichtswissenschaft die Epoche der Religionskriege ausschließlich auf das 16. Jahrhundert ein, wozu die konsequente Ausschreibung bestimmter universitärer Lehrstühle auf einzelne Jahrhunderte beigetragen hat. So fühlten sich vor allen Dingen die *XVI<sup>èmistes</sup>*, also diejenigen französischen Historiker, die sich mit dem 16. Jahrhundert beschäftigen, zur Behandlung dieses Thema auserkoren. Bis in die jüngere Vergangenheit konnten sie diese thematische und zeitliche Beschränkung erfolgreich gegen andere historische Teildisziplinen verteidigen. Erst in den letzten Jahrzehnten hat ein Paradigmenwechsel stattgefunden, seit auch die

---

25 Vgl. CROUZET, Les guerriers; ders., La violence, S. 507–525; ZEMON DAVIS, The Rites, S. 51–91.
26 Vgl. BABEL, Kreuzzug, S. 116. Auf analytischer Ebene kommt ASCHE, Religionskriege, S. 438, zu einem ähnlichen Ergebnis: »Ohne allzu sehr verallgemeinern zu wollen, kann wohl konstatiert werden, dass alle Religionskriege innenpolitischen Konfliktlagen entsprangen, mithin im Kern konfessionelle ›Bürgerkriege‹ waren, die neben religiösen Forderungen auch genuin ständische Interessen durchzusetzen versuchten.«
27 Vgl. ARMSTRONG, The French Wars; CONSTANT, Les Français; CROUZET, Dieu; HAUSER, Les guerres; HERRMANN, Frankreichs Religions- und Bürgerkriege; JOUANNA, Le temps, S. 1–445; LÉVIS-MIREPOIX, Les guerres; LIVET, Les guerres; PERNOT, Les guerres; ROBERTS, Peace; LE ROUX, Guerres; WEBER, Geschichte; ZWIERLEIN, Discorso. Obwohl Richard Dunn im Titel seiner Arbeit das Zeitalter der Religionskriege bis auf 1689 ausdehnt, benutzt er in seinem Werk doch das Epochensignum für die Zeit zwischen 1562 und 1598. Vgl. DUNN, The Age, S. 20–31.
28 Vgl. ARMSTRONG, The French Wars; CONSTANT, Les Français; CROUZET, Dieu; HERRMANN, Frankreichs Religions- und Bürgerkriege; JOUANNA, Le temps, S. 1–445; KNECHT, The French Wars; LÉVIS-MIREPOIX, Les guerres; LIVET, Les guerres; PERNOT, Les guerres; LE ROUX, Guerre; ZWIERLEIN, Discorso.

konfessionellen Bürgerkriege unter Ludwig XIII. (1621–1629)[29] und der Cevennenaufstand Anfang des 18. Jahrhunderts vermehrt als Religionskriege betrachtet werden[30].

In der Geschichtsschreibung zum Heiligen Römischen Reich firmieren spätestens seit dem 19. Jahrhundert der Schmalkaldische Krieg, der Fürstenaufstand von 1552, vor allem aber der Dreißigjährige Krieg unter dem Stichwort des Religionskriegs[31]. Ähnlich wie in Frankreich wurde auch in Deutschland die Religion bzw. Konfession als maßgebliches Movens für die dort als Religionskriege bezeichneten Auseinandersetzungen angesehen[32]. Der Westfälische Frieden stellte dabei für die Geschichtswissenschaft das Ende des Zeitalters der Religionskriege dar[33]. Diese Sichtweise hat sich lange gehalten, sodass auch Teile der jüngeren Forschung im Westfälischen Frieden immer noch eine Zäsur erblicken, die die Epoche der Religionskriege beendet habe[34].

Selbst England hat durch die Arbeiten John S. Morrills mit dem Englischen Bürgerkrieg einen eigenen Religionskrieg erhalten[35]. Morrill geht dabei wie

---

29 Vgl. die Darstellungen von EL KENZ, Guerres, S. 132–136; HOLT, The French Wars; LE ROUX, Les Guerres. Auch jenseits der Thematik des Religionskrieges bleiben die drei Bürgerkriege zwischen der Krone und den hugenottischen Aufständischen unter der Regentschaft Ludwigs XIII. im Verhältnis zu den konfessionellen Bürgerkriegen des 16. Jahrhunderts ein eher stiefmütterlich behandeltes Sujet der Forschung.
30 Vgl. EL KENZ, Guerres, S. 137–140; MIQUEL, Les guerres, S. 397–511.
31 Vgl. BRANDI, Gegenreformation; BIRELEY, The Thirty Years' War, S. 85–106; RUDOLPH, Religious Wars, S. 87–118; WEBER, Geschichte; KURZE, Zeitalter.
32 Besonders eindringlich kommt diese Sichtweise im Konzept des konfessionellen Fundamentalismus zum Ausdruck. Vgl. GRÄF, Protestantischer Fundamentalismus, S. 189–208; SCHILLING, Konfessionsfundamentalismus, S. 69–93; ders., Vorwort, S. VII–IX; WOLGAST, Konfessionsbestimmte Faktoren, S. 167–187.
33 Vgl. BILN, 1648, S. 46–48; DICKMANN, Der Westfälische Frieden, S. 495; SCHULZE, Pluralisierung, S. 115–140.
34 Eine solche Sichtweise vertritt bspw. LEHMANN, Zur Beurteilung, S. 122. Auch neuere Forschungen vertreten diese Position, wenngleich sie den Begriff des Religionskrieges zugunsten der analytischen Kategorie des Konfessionskrieges aufgegeben haben. Vgl. SCHORN-SCHÜTTE, Konfessionskriege, S. 235; SCHILLING, Formung, S. 591–593; ders., Konfessionelle Religionskriege, S. 131f.; SCHINDLING, Türkenkriege, S. 596. HOLZEM, Religionskrieg, S. 39, spricht davon, dass sich nach 1648 zwar die Staatsräson, nicht aber die Säkularisierung durchgesetzt habe, und lässt damit einige Zweifel an dem Epochensignum des Westfälischen Friedens aufkommen. Der groß angelegte Sammelband FIGEAC, Les affrontements, behandelt systematisch und auf nationaler Ebene die inter- und intrareligiösen Auseinandersetzungen in ganz Europa konsequent vom Beginn der Reformation bis zur Epochenschwelle des Westfälischen Friedens und trägt damit zeitlichen, regionalen Partikularitäten nur bedingt Rechnung. Eine Ausnahme bildet der Beitrag von VOGLER, La Suisse, S. 332–334, der zum Schluss auch kurz auf die beiden Villmerger Kriege eingeht und damit Zweifel an der Gesamtkonzeption des Bandes aufkommen lässt.
35 Vgl. MORRILL, The Religious Context, S. 155–178. PRIOR, England's Wars, S. 119–138, hat jüngst Morrills Thesen in kritischer Auseinandersetzung aufgegriffen, ohne den Charakter des englischen Bürgerkrieges als Religionskrieg zu leugnen. Vielmehr weitet

die meisten seiner kontinentaleuropäischen Kollegen von einem essenzialistischen Religionskriegsverständnis aus, das der Religion erheblichen Anteil an der Entstehung von Kriegen zuschreibt. Dementsprechend versuchte er den Anteil der Religion am Englischen Bürgerkrieg herauszuarbeiten[36]. Unter strikter Beachtung einer england- oder nun britannienzentrierten Sichtweise kommt er allerdings zu einem ähnlichen Ergebnis wie das Gros der kontinentaleuropäischen Geschichtswissenschaft und setzt mit dem Schlusspunkt des Englischen Bürgerkrieges 1649, ein Jahr später als seine deutschen Kollegen, das Ende des letzten Religionskrieges an[37].

Diese Epocheneinteilung überschneidet sich zu großen Teilen mit dem konfessionellen Zeitalter, wie es von den deutschen Vertretern der Konfessionalisierungsthese beschrieben wurde[38]. Die Rede war und ist deshalb zum Teil immer noch vom Zeitalter der Glaubensspaltung, Gegenreformation und Konfessionalisierung als dem Zeitalter der Religionskriege[39]. Dementsprechend eng ist die Forschung zu den Religionskriegen mit der Konfessionalisierungsthese verknüpft. Ihre Vertreter trugen dazu bei, dass die Bedeutung des konfessionellen Faktors in der internationalen Politik in der Forschung lange Zeit auf die Epoche zwischen Reformation und Dreißigjährigen Krieg reduziert wurde[40]. Es wurde behauptet, sowohl in Frankreich

---

    er den Begriff des Religionskrieges auf die Epoche der englischen Reformation aus und erklärt dieses Vorgehen mit der engen Verbindung von Religion und Politik in diesem Zeitraum.

36 Vgl. MORRILL, The Religious Context, S. 155–178. Neuerdings verteidigt er im Anschluss an die Forderung einer britischen Geschichte den Begriff eines britischen Religionskrieges. Vgl. ebd., S. 155–178; hier spricht er noch von einem *englischen* Religionskrieg, während er in ders., Renaming, S. 322, dafür plädiert, Englands Religionskriege in *britische* Religionskriege umzubenennen. Dabei folgt er einer Entwicklung der angelsächsischen Geschichtswissenschaft, die frühere Englandzentrierung aufzugeben und in zunehmendem Maße alle Bestandteile des Vereinigten Königreichs und häufig auch seiner Kolonien zu einer gesamt-britischen oder angelsächsischen Geschichte auszubauen. Bahnbrechend erwies sich dabei der Aufsatz von POCOCK, British History, S. 601–628. Die meisten dieser Ansätze, die sich häufig in Sammelbänden niederschlagen, generieren damit aber eine auf die britischen Inseln oder den heutigen englischen Sprachraum begrenzte Sichtweise, die sich nur wenig von der alten, auf England zentrierten Betrachtungsweise ihrer Vorgänger unterscheidet, aufgrund der starken Betonung anglo-amerikanischer Zusammenhänge oft sogar Geschichtsklitterung betreibt und die Geschichte einer atlantischen Gemeinschaft kreiert, die in ihrer Bedeutung für die Frühe Neuzeit völlig überstrapaziert wird.

37 Vgl. MORRILL, The Religious Context, S. 178.

38 Vgl. EHRENPREIS, Reformation, S. 71, 74; SCHILLING, Formung, S. 591–593; ders., Konfessionalisierung; SCHINDLING, Die Territorien.

39 Vgl. BRANDI, Gegenreformation; KURZE, Zeitalter; WEBER, Geschichte; ZEEDEN, Die Entstehung. In der jüngeren Forschung sind noch JUNG, Reformation, und KOLLER, Imperator, dieser Epocheneinteilung Zeedens gefolgt. LANZINNER, Konfessionelles Zeitalter, setzt die Grenze sogar vor Beginn des Dreißigjährigen Krieges.

40 Vgl. LEHMANN, Zur Beurteilung, S. 122; etwas differenzierter, aber insgesamt der gleichen These folgend auch SCHINDLING, Türkenkriege, S. 607f. GRÄF, Konfession, S. 43;

als auch im Alten Reich seien »die Konfessionskonflikte des 16. und 17. Jahrhunderts als Probleme [erschienen], die nicht mehr aktuell und somit erledigt waren«[41].

Dieses Narrativ besitzt für das Heilige Römische Reich tatsächlich einige Überzeugungskraft, weil die konfessionellen Regelungen des Westfälischen Friedens bis zum Ende des Alten Reichs zwar umstritten blieben, aber außer von der römischen Kurie weder vollkommen infrage gestellt wurden[42] noch zu neuen militärischen Auseinandersetzungen führten[43]. Die französische und die savoyardische Geschichte des 17. Jahrhunderts strafen diese Erzählung jedoch Lügen, denn hier besaßen die Protestanten nicht die gleichen politischen Einflussmöglichkeiten und demzufolge auch nicht die gleichen Möglichkeiten zur rechtlichen Konfliktbewältigung wie im Reich. In Savoyen kam es wiederholt zu Einschränkungen protestantischer Religionsausübung, die in den Massakern von 1655[44] und auf französischen Druck in der vorerst vollkommenen Aufhebung der waldensischen Religionsprivilegien im Jahr 1686 endeten[45]. Das Edikt von Nantes, das die Rechtsgrundlage für die Existenz des reformierten Protestantismus in Frankreich bildete, wurde dort in den Bürgerkriegen unter Ludwig XIII. nicht nur dreimal erheblich eingeschränkt, sondern mit dem Edikt von Fontainebleau 1685 sogar vollkommen aufgehoben. 1703 kam es mit dem Kamisardenaufstand dann tatsächlich zu einer letzten militärischen Auseinandersetzung zwischen Katholiken und Reformierten in Frankreich. Nicht umsonst haben sich Vertreter der Konfessionalisierungsthese mit der Beurteilung des Edikts von Fontainebleau schwergetan und erblickten darin einen »unerklärlichen Rückfall in den Konfessionalismus des 16. Jahrhunderts«[46].

---

SCHILLING, Formung, S. 594, sprechen von einer Phase zwischen dem Augsburger Religionsfrieden und den ersten Kriegsjahren des Dreißigjährigen Krieges. Schilling räumt allerdings noch im gleichen Absatz ein, dass die Konfession auch danach nicht in Bedeutungslosigkeit versunken sei.

41 Vgl. LEHMANN, Zur Beurteilung, S. 122. Der Religionskrieg sei mit dem Westfälischen Frieden und spätestens mit der Aufklärung vollends zum Negativbegriff geworden. Vgl. SCHINDLING, Türkenkriege, S. 608.
42 Vgl. MINNERATH, Le Saint-Siège, S. 377–388; REPGEN, Der päpstliche Protest, S. 94–122.
43 THOMPSON, After Westphalia, S. 52f. KOHNLE, Von der Rijswijker Klausel, S. 174, und LUH, Unheiliges Römisches Reich, S. 15, betonen aber, dass das Reich im 18. Jahrhundert mehrmals kurz vor Ausbruch eines Religionskrieges stand. BURKHARDT, Abschied, insbes. S. 52f., und FUCHS, Der Siebenjährige Krieg, S. 313–343, konnten zudem nachzeichnen, dass namentlich der Siebenjährige Krieg im Reich medial als Religionskrieg ausgetragen wurde.
44 Vgl. AUDISIO, Die Waldenser, S. 250–253; VOGEL, Piemontesische Ostern, S. 74–92.
45 Vgl. AUDISIO, Die Waldenser, S. 254–256.
46 BERNARD, Die Revokation, S. 8; REINHARD, Zwang, S. 258f.

Gerade die Revokation des Edikts von Nantes begann eine breite historiografische und tagespolitische Debatte über den Religionskrieg auszulösen, die so zuvor nicht existiert hatte. In der Tat konnte die politische Sprache auch nach dem Westfälischen Frieden in hohem Maße konfessionell geprägt sein[47], denn sie war ein integraler Bestandteil der Herrscherlegitimation[48]. In den letzten Jahren ist deshalb verstärkt die Bedeutung konfessioneller Faktoren nach 1648 ins Blickfeld der Forschung gerückt[49]. Es erscheint deshalb legitim, von einer Fortsetzung des Konfessionalisierungsprozesses um 1700 zu sprechen. Mit der zeitlichen Ausweitung des konfessionellen Zeitalters ist in der jüngeren Forschung auch eine schrittweise Ausweitung des Epochensignums der Religionskriege bis ins 18. Jahrhundert erkennbar[50].

Dafür spricht auch die Annahme, dass die Menschen nach dem vollzogenen Prozess der Konfessionalisierung mehr als zuvor von konfessioneller Sozialisation und konfessionellen Handlungsmustern geprägt waren[51]. Diese überzeugende Schlussfolgerung aus den Thesen des Konfessionalisierungsparadigmas spricht gerade gegen die Annahme Heinz Schil-

---

47 BENEDICT, Religion, S. 156; CLAYDON, William III and the Godly Revolution.
48 Vgl. ASCH, Sacral Kingship, S. 104–165; BURKE, Ludwig XIV., S. 63–65, 143–145; MARAL, Le Roi-Soleil, S. 177–190, 214–219. Dies gilt auch für das Kaisertum, das im Reich nach dem Westfälischen Frieden zwar politisch dauerhaft auf die Zusammenarbeit mit den protestantischen Ständen angewiesen war, dennoch eine genuin katholische Herrscherrepräsentation pflegte, die konfessionell nur wenig Spielraum ließ. Vgl. GOLOUBEVA, The Glorification, S. 191–211; CORETH, Pietas Austriaca; PONS, Herrschaftsrepräsentation, S. 377–393; SCHUMANN, Die andere Sonne, S. 380f., 384f.
49 Vgl. BENEDICT, Religion, S. 155–173; CHALINE, La reconquête; GRAF, Sakralisierung, S. 16; HAUG-MORITZ, Kaisertum, S. 445–482; HERZIG, Der Zwang; KAPLAN, Divided, S. 333–358; LUH, Zur Konfessionspolitik, S. 306–324; ders., Unheiliges Römisches Reich; ders., Die Religionspolitik, S. 156–164; STIEVERMANN, Politik, S. 177–199.
50 Während SCHINDLING, Die Territorien, noch der Epocheneinteilung Zeedens folgte, dehnte Matthias Asche das konfessionelle Zeitalter in den Nachfolgebänden langsam bis 1660 und dann bis in die erste Hälfte des 18. Jahrhunderts aus. Vgl. ASCHE, Dänemark; ders., Die baltischen Lande. Für ein Ende der Konfessionalisierung im Verlaufe des 18. Jahrhunderts plädierte schon sehr früh REINHARD, Zwang, S. 263. Später folgten ihm neben Matthias Asche in dieser Auffassung BURKHARDT, Konfession, S. 135–154; JUNG, Reformation, S. 245; KLUETING, Das konfessionelle Zeitalter, S. 358f.; ONNEKINK, Introduction, S. 1–15; THOMPSON, After Westphalia, S. 47–67. Richard Dunn weitete zwar schon 1970 in einer Überblicksdarstellung das Zeitalter der Religionskriege auf das Jahr 1689 aus, wechselte jedoch nach der Beschreibung des Dreißigjährigen Krieges das Thema zugunsten einer allgemeinen Geistes- und Politikgeschichte, die keinen direkten Bezug mehr zum Überthema seiner Darstellung aufweist. Vgl. DUNN, The Age. Die These von einem zweiten konfessionellen Zeitalter und das neu erweckte Interesse am Thema des Religionskrieges haben dazu geführt, dass mittlerweile auch in der neueren Geschichte die Rede von der Sakralisierung von Kriegen ist. Vgl. bspw. HOCKERTS, Kreuzzugsrhetorik, S. 229–251; KRAUS, Freiheitskriege, S. 193–218; ders., Heiliger Befreiungskampf, S. 44–60; KRETSCHMANN, Burgfrieden, S. 61–76; RAK, Krieg.
51 Vgl. BENEDICT, Religion, S. 158f.

lings, die Konfessionalisierung habe zu einer Säkularisierung geführt[52]. Schillings Arbeiten zeigen, wie eng die Konfessionalisierungsthese und die abendländische Meistererzählung von der Säkularisierung verbunden sind[53]. Zur Genese dieses Narrativs haben Geschichtsschreibung und Geschichtswissenschaft in nicht unerheblichem Maße beigetragen[54]. Ihnen zufolge hätten die Religionskriege zur Autonomisierung der politischen Sphäre und damit zur Überbrückung konfessioneller Gegensätze in Form von dauerhaftem Religionsfrieden geführt[55]. Die meisten älteren Studien gingen von einem linear zunehmenden Bedeutungsverlust der Religion aus[56]. Die Aufklärung und der damit einhergehende Siegeszug der Säkularisierung hätten dann endgültig den Geist der Religionskriege überwunden[57]. Der fortschreitende Prozess der Säkularisierung markiert nach langläufiger Meinung der Frühneuzeitforschung das Ende des Zeitalters der Religionskriege.

Neben der so eingegrenzten Epochenbezeichnung des Religionskrieges haben sich in der historischen Forschung zahlreiche systematische Bezeichnungen eingebürgert, die teilweise oder vollständig synonym zum Terminus des Religionskrieges gebraucht werden. Sie haben eine Vielzahl analytischer Studien zu religiöser Gewalt angestoßen. Zu nennen sind im Wesentlichen

---

52 Programmatisch stehen sich hier BENEDICT, Religion, S. 159, und SCHILLING, Formung, S. 594, in der Forschungsdiskussion gegenüber, wobei bereits Schilling selbst eingeräumt hat, dass die Konfession auch nach 1648 nicht völlig an politischer Bedeutung verloren habe.

53 Zur Geschichte der Säkularisierungsthese vgl. POHLIG, Eine kurze Geschichte, S. 21–109; darüber hinaus DUCHHARDT, Absolutismus, S. 223–230; GREYERZ, Secularization, S. 86–100; LANGLOIS, Déchristianisation, S. 154–173; LAPLANCHE, Sécularisation, S. 174–180; LEHMANN, Von der Erforschung, S. 9–16; ders., Säkularisierung, S. 314–325; SCHIEDER, Säkularisierung, S. 308–313.

54 Vgl. SCHAFFNER, Religion, S. 33.

55 Vgl. BEIDERBECK, Religionskriege, Bd. 10, Sp. 1107; CAVANAUGH, A Fire, S. 397–420; CHRISTIN, La paix; ders., Sortir, S. 24–38; SCHAFFNER, Religion, S. 33; SCHILLING, Formung, S. 595, 617; SCHORN-SCHÜTTE, Konfessionskriege, S. 234. HOFFMANN, Öffentlichkeit, S. 98, und KÖRBER, Öffentlichkeiten, S. 389–391, sprechen sogar von einer Privatisierung der Religion durch den absolutistischen Fürstenstaat.

56 Vgl. ONNEKINK, The Last War, S. 71. Die Geschichte der internationalen Beziehungen hat diese These hauptsächlich aus der Rezeption von Lokal- und Regionalstudien wie SCHLÖGL, Glaube; VOVELLE, Piété, gewonnen. Auch jüngere Studien charakterisieren beispielsweise die Publizistik des nachrevolutionären England zwischen 1688 und 1714 immer noch als weitgehend säkularisiert. Vgl. RAMEIX, Justifier, S. 109–111, 306; SPECK, Political Propaganda, S. 28; WINKLER, Publikum, S. 225f., 228.

57 Vgl. BRENDLE, S. 51; BURKHARDT, Religionskrieg, S. 686; CAVANAUGH, The Myth, S. 51, 127f.; ECKERT, Toleranz, Bd. 13, Sp. 621; SCHILLING, Konfessionelle Religionskriege, S. 127; SCHINDLING, Türkenkriege, S. 600. KAPLAN, Divided, S. 336, schreibt die Aufklärungsgeschichtsschreibung fort und stellt die eher naive Behauptung auf, die Erfahrung der Religionskriege habe die Christen gelehrt, fortan andere Glaubensgemeinschaften in Frieden leben zu lassen. Anders BUC, Heiliger Krieg, S. 244–251, der den quasireligiösen Geist der Französischen Revolution herausarbeitet und für die *Terreur* und Revolutionskriege verantwortlich macht.

der Heilige Krieg, der Kreuzzug, der Glaubenskrieg, der Reformationskrieg, der Konfessionskrieg, der Konfessionsbildungskrieg bzw. der Konfessionalisierungskrieg und der konfessionelle Bürgerkrieg[58]. Eine klare Defintion dieser Begriffe erscheint notwendig, um deutlich ihre Überschneidungen und Differenzen zum Begriff des Religionskrieges aufzuzeigen.

Grundsätzlich wird in der Forschung zwischen einem inter- und einem intrareligiösen Religionskrieg unterschieden[59]. So findet der Begriff des *Heiligen Krieges* meist Anwendung auf Formen des interreligiösen Religionskrieges[60]. Obwohl der »Heilige Krieg« vielfach als Synonym für einen Kreuzzug verwendet wurde, konnten sich die Kreuzzüge in der Praxis sowohl gegen Heiden als auch gegen innerchristliche Abweichler richten. Es ist dementsprechend zwischen Heidenkreuzzügen und Ketzerkreuzzügen zu unterscheiden[61]. In beiden Fällen wurde der Kreuzzug definiert »als unmittelbar von Gott, durch den Mund des Papstes, befohlen«[62]. Dabei war er zugleich eine kriegerische Unternehmung und ein liturgischer Akt der Buße und erwies sich somit als eine spezifisch christliche Form des Religionskrieges[63].

---

58 Einen Überblick bieten BURKHARDT, Religionskrieg, S. 638; SCHORN-SCHÜTTE, Konfessionskriege, S. 234; und ausführlich, wenngleich nicht vollständig GRAF, Sakralisierung, S. 12.
59 Vgl. BEIDERBECK, Religionskriege, Bd. 10, Sp. 1091; SCHINDLING, Das Strafgericht, S. 18. Ders., Türkenkriege, S. 598, hat auf die Problematik der Verwischung beider Begriffsverwendungen hingewiesen.
60 Vgl. BRONISCH, Reconquista; BUC, Heiliger Krieg; ECK, Vom See, S. 71–91; FLAIG, Heiliger Krieg, S. 165–302; MIETHKE, Heiliger Heidenkrieg, S. 109–125; OPPENHEIMER, Heilige Kriege, S. 31–42; RASHBA, Holy Wars; SCHWINGES, Kreuzzug, S. 93–108; TESSORE, Der Heilige Krieg. GRAF, Sakralisierungen, insbes. S. 1–3, 17f., verweist daneben aber auch auf andere Formen des »Heiligen Krieges« wie den Kampf um Läuterung der Sitten und die »Heiligkeit« der Befreiungskriege gegen Napoleon. Letztere These wurde v.a. von KRAUS, Freiheitskriege, S. 193–218; ders., Heiliger Befreiungskampf, S. 44–60, vertreten. Vgl. ähnlich auch PLANERT, Der Stellenwert, S. 423.
61 Vgl. RILEY-SMITH, Kreuzzüge, Sp. 1507f. Einen Überblick über die Geschichte der verschiedenen Kreuzzugsunternehmungen bietet ebd., Sp. 1508–1519. Zu den innerchristlichen Kreuzzügen vgl. BRUNDAGE, The Thirteenth-Century, S. 1–9; BYSTED, Jerusalem; HERRMANN, Der Wendenkreuzzug; HEYMANN, The Crusades, S. 586–646; HILSCH, Die Hussitenkriege, S. 59–69; HOUSLEY, Religious Warfare, S. 33–61; LOTTER, Die Konzeption; LAMBERT, Geschichte, S. 110–115. Solche innerchristlichen Kriege wurden in der Frühen Neuzeit allerdings nur noch selten als Kreuzzüge verargumentiert. Häufiger wurden mit diesem Begriff Kriege gegen Muslime gerechtfertigt, auch ohne dass der Papst offiziell zu einem Kreuzzug aufgerufen hätte. Vgl. MAGER, Die letzten Kreuzritter, S. 373–392; POUMARÈDE, Pour en finir.
62 Vgl. RILEY-SMITH, Kreuzzüge, Sp. 1507. Vgl. daneben auch JASPERT, Die Kreuzzüge, S. 22f.; TYERMAN, Die Kreuzzüge, S. 28f.
63 Vgl. RILEY-SMITH, Kreuzzüge, Sp. 1507. Vgl. daneben auch JASPERT, Die Kreuzzüge, S. 21f.; TYERMAN, Die Kreuzzüge, S. 28f.

Der Begriff des *Glaubenskrieges* hat in der Forschung genauso wie die Kreuzzüge sowohl intrareligiöse als auch interreligiöse Kriege bezeichnet[64]. Er wird derart beliebig verwendet, dass er sich zwar als Oberbegriff zur Bezeichnung aller Formen religiös konnotierter kriegerischer Auseinandersetzungen eignet, aber als analytische Kategorie wenig Trennschärfe besitzt. Dementsprechend wird der Begriff auch von der jüngeren Forschung nur noch selten gebraucht[65].

Eine ganz spezifische Form des Religionskrieges hat Franz Brendle unter dem Begriff des *Reformationskrieges* zu etablieren versucht. Er möchte damit einen von Protestanten initiierten offensiven Religionskrieg zur Ausbreitung des protestantischen Bekenntnisses verstanden wissen[66]. So überzeugend Brendle die Existenz solcher Kriege im frühen 16. Jahrhundert herausarbeiten konnte, so wenig hat der Analysebegriff des Reformationskrieges bisher Anwendung in der Forschung gefunden[67].

Einflussreicher ist der Begriff des *konfessionellen Bürgerkrieges*, der für eine Vielzahl der konfessionellen Auseinandersetzungen des 16. und frühen 17. Jahrhunderts verwendet wird[68]. Nicht unwidersprochen geblieben ist der Umstand, dass der Begriff des konfessionellen Bürgerkrieges der prinzipiellen Loyalitätsverpflichtung von Untertanen und Ständen zu ihren Monarchen keine Rechnung trage[69]. Dennoch bezeichneten selbst die Zeitgenossen im 16. und frühen 17. Jahrhundert die Religionskriege als Bürgerkriege, sodass seine Verwendung adäquat erscheint, auch wenn sie als ein Kompositum von Quellen- und Analysebegriff stets problematisiert werden sollte. Aus diesem Grund wird der Begriff des konfessionellen Bürgerkrieges in dieser Arbeit behutsam als Synonym zum Religionskrieg gebraucht, wo das Verständnis der Zeitgenossen eine solche Verwendungsweise nahelegt. Gleiches gilt für den weit wirkmächtigeren Begriff des *Konfessionskrieges*.

In der Forschungsdiskussion wird heftig darum gerungen, ob der Begriff des Konfessionskrieges dem Begriff des Religionskrieges vorzuziehen sei. Während die einen für die Beibehaltung des Begriffs des Religionskrieges aufgrund seiner Verbreitung in den Quellen und in der Forschung plädieren,

---

64 Vgl. dazu die Beiträge des Sammelbandes HERRMANN, Glaubenskriege.
65 Charakteristisch ist, dass 1996 SCHILLING, Die konfessionellen Glaubenskriege, S. 123–137, noch vom Glaubenskrieg sprach, den Begriff in der Überarbeitung seines Aufsatzes von 2008 aber zugunsten des Religions- bzw. Konfessionskrieges aufgegeben hat. Vgl. ders., Konfessionelle Religionskriege, S. 127–149.
66 Vgl. BRENDLE, Um Erhalt, S. 89, 91.
67 Dies liegt vermutlich an der konfessionellen Einseitigkeit, die diese Begriffsschöpfung suggeriert. Sie erweckt auch ohne die direkte Intention ihres Schöpfers den Eindruck, eine Apologie des katholischen Lagers zu betreiben, indem sie den Protestanten die alleinige oder doch hauptsächliche Schuld an den Kriegen des frühen Reformationszeitalters zuschreibt.
68 Vgl. ASCHE, Religionskriege, S. 438f.
69 Vgl. SCHINDLING, Türkenkriege, S. 43.

fordern die anderen eine strikte Beschränkung auf den analytischen Begriff des Konfessionskrieges[70]. Ein unbestreitbarer Vorzug der analytischen Kategorie des Konfessionskrieges ist, dass sie eine klare Trennung zwischen intra- und interkonfessionellen Kriegen erlaubt. Als essenzialistischer Analysebegriff ist er wegen seiner anachronistischen Vorannahme der Existenz von Konfessionen nicht geeignet, den Wahrnehmungen der Zeitgenossen vollauf gerecht zu werden. Johannes Burkhardt hat deshalb für die Verwendung der Begriffe *Konfessionsbildungs-* bzw. *Konfessionalisierungskrieg* plädiert, weil die Konfessionen erst am Ende der Religionskriege entstanden seien[71]. Burkhardts These ist jedoch diskussionsbedürftig, denn wesentliche Etappen der Konfessionsbildung vollzogen sich schon vor und unabhängig von den sogenannten Konfessionskriegen. Der Begriff des Konfessionskrieges neigt bei vorschneller Anwendung dazu, den historischen Blick auf die Wahrnehmung der Zeitgenossen von Religionskriegen künstlich auf konfessionelle Auseinandersetzungen zu verengen.

Gleiches gilt für einen analytischen Gebrauch des Religionskriegsbegriffs[72], der ihn ausschließlich für die Bezeichnung interreligiöser Kriege reservieren möchte. Zwar gebrauchten auch die Zeitgenossen den Begriff mitunter zur Benennung von Auseinandersetzungen unterschiedlicher Religionen, jedoch deutlich weniger als zur Bezeichnung innerchristlicher Konflikte. Gerade den islamischen Dschihad als Religionskrieg zu bezeichnen erscheint zudem als ethnozentrisch und wird diesem Kriegstyp nicht gerecht[73]. Der Kulturtransfer zwischen christlichen und islamischen Formen religiös konnotierter bzw.

---

70 Für die Beibehaltung des Religionskriegsbegriffs haben sich u.a. BEIDERBECK, Religionskriege, Bd. 10, Sp. 1091; BURKHARDT, Religionskrieg, S. 681; sowie implizit auch BABEL, Kreuzzug, S. 116, ausgesprochen. HOLZEM, Gott, S. 113, erweist sich als Anhänger der Beibehaltung des Religionskriegsbegriffs als analytische Kategorie. Für den Terminus des Konfessionskrieges haben sich insbesbesondere SCHILLING, Konfessionelle Religionskriege, S. 128; SCHINDLING, Kriegstypen, S. 111; SCHORN-SCHÜTTE, Konfessionskriege, S. 234, ausgesprochen. Widersprüchlich erscheint die Forderung, den Begriff des Religionskrieges für die französischen Bürgerkriege des 16. Jahrhunderts beizubehalten, obwohl es sich dabei eigentlich um einen Konfessionskrieg gehandelt habe. Vgl. SCHINDLING, Das Strafgericht, S. 15f.
71 Vgl. BURKHARDT, Religionskrieg, S. 685. Die These, dass dies namentlich für den achten Französischen Bürgerkrieg der Fall gewesen sein soll, ist weiter diskussionsbedürftig, denn einen französischen Staat hatte es davor und auch danach gegeben. Der Prozess staatlicher Verdichtung begann bereits unter den Königen des Hauses Valois und setzte sich nach einer Phase der inneren Wirren unter den Bourbonen ungebrochen fort. Vgl. BOUREL DE LA RONCIÈRE, Henri II, S. 633–654; DUPONT-FERRIER, Gouvernements, S. 615f.; HAMON, L'argent; JACQUART, François I$^{er}$, S. 275–301; LLOYD, The State; QUILLIET, La France, S. 443–481.
72 Einen Vorschlag für ein sehr elaboriertes Analyseinstrument hat jüngst RUDOLPH, Religious Wars, S. 92–98, geliefert und am Beispiel des Schmalkaldischen Krieges und des Dreißigjährigen Krieges exerziert.
73 Zu den Vorstellungen des islamischen Dschihads vgl. FUESS, Von der Belagerung, S. 10–28.

begründeter Kriegsführung darf zudem im Zuge einer *Global History* nicht überschätzt werden. Die Unterschiede waren und blieben frappierend[74]. Die Arbeitsteilung und der traditionelle Vergleich zwischen den Ergebnissen der Islamwissenschaft und den Resultaten der Geschichtswissenschaft erscheinen hier sinnvoller als ein genuin transkulturelles Vorgehen.

Genauso wie der analytische Gebrauch des Religionskriegsbegriffs erscheint aber auch der Quellenbegriff des Religionskrieges problematisch, weil er in der gegenwärtigen Umgangs- und Wissenschaftssprache essenzialistisch konnotiert wird. Dabei wird der Religion faktisch ein erheblicher Anteil an der Entstehung und Führung von Kriegen zugeschrieben[75]. Es muss jedoch gefragt werden, ob allein die Begriffsverwendung eine solche Annahme rechtfertigt und ob die Menschen der Frühen Neuzeit bei der Verwendung des Begriffs die gleichen Assoziationen hatten wie heutige Betrachter.

Die Frage, ob die Religionskriege wirklich von der Religion motiviert wurden, ist so alt wie der Begriff des Religionskrieges selbst[76]. Dieses essenzialistische Verständnis wurde und wird immer noch von einem Großteil der neueren Forschung geteilt[77]. Als Anhänger eines solchen essenzialistischen Verständnisses der Religionskriege hat sie Johannes Burkhardt »als Kriege, in denen Religion in irgendeiner Weise in die Sache, um die es geht, in die Art der Kriegsführung oder in die Beweggründe der Beteiligten hineinspielt«, definiert[78]. Burkhardts Definition, die letztendlich eine Pointierung der klassischen Begriffsbestimmung darstellt, erweist sich jedoch insofern als problematisch, als der religiöse Gehalt der Kriegsführung und die tatsächlichen Beweggründe der politischen Handlungsträger methodisch nur sehr

---

74 Vgl. FLAIG, Heiliger Krieg, S. 165–302.
75 Vielfach wurde in der älteren Forschung davon ausgegangen, dass die Herrschenden sich der Religion als Mittel bedient hätten, um ihre Politik vor den Beherrschten zu rechtfertigen. Vgl. EVERTH, Die Öffentlichkeit, S. 35–37, 70, 72. Implizit so auch das Urteil von GESTRICH, Absolutismus, über die Politik Ludwigs XIV. HOLZEM, Religion, S. 155, spricht differenziert von einer Instrumentalisierung durch gewisse Teilöffentlichkeiten erst im 18. Jahrhundert. Gegen eine rein instrumentelle Sichtweise hat sich neben Holzem auch BURKHARDT, Religionskrieg, S. 684, ausgesprochen, der aber gleichzeitig auch die »politisch-funktionale Seite« des Religionskriegsbegriffs nicht vernachlässigt wissen will. Vgl. ders., Konfession, S. 145.
76 Vgl. BENEDICT, Religion, S. 162. BENEDICT, Were the French Wars of Religion, geht dieser Frage noch heute nach.
77 Vgl. so etwa BURKHARDT, Religionskrieg, S. 681; CROUZET, Dieu; EL KENZ, Guerres, S. 132–136; HOLT, The French Wars; HOLZEM, Gott, insbes. S. 413; MIQUEL, Les guerres, S. 22. Trotz eines anders gearteten Anspruchs so auch: BENEDICT, Religion, S. 155–173; ONNEKINK, Introduction, S. 6; ders., The Last War, S. 77. Die Neuere Kulturgeschichte hat den Essenzialismus zugunsten konstruktivistischer Positionen überwunden. Gegenstände werden dabei nicht mehr als gegeben aufgefasst, sondern als Produkt gesellschaftlicher Konstruktion begriffen. Vgl. BUSSE, Kommunikatives Handeln, S. 252; LANDWEHR, Diskursgeschichte, S. 106; SKINNER, Meaning, S. 3–53; STOLLBERG-RILINGER, Kulturgeschichte, S. 13.
78 BURKHARDT, Religionskrieg, S. 681.

schwer zu erfassen sind. Empirisch ist es kaum möglich, den Religionskrieg anhand dieser Definition von anderen Kriegstypen abzugrenzen, wie es in der Forschung vielfach versucht wurde[79]. Stattdessen lässt sich in der historischen Forschung fast immer eine Gemengelage von Beweggründen eines Krieges feststellen, deren Gewichtung stets Sache geschichtswissenschaftlicher Interpretation bleibt[80]. Häufig sagen diese Interpretationen mehr über die Gegenwart des Forschenden aus als über seinen Forschungsgegenstand.

Konrad Repgen hat den Umstand problematisiert, auf Basis offizieller Publizistik und diplomatischer Akten nur sehr bedingt auf die Motivation historischer Akteure zur Führung eines Religionskrieges schließen zu können; er plädiert deshalb dafür, den Religionskrieg nicht als Kriegsmotivation, sondern als Legitimationsstrategie zu untersuchen[81]. Dabei erweist es sich aber als problematisch, dass die Argumentation mit dem Religionskrieg in offiziellen Kriegsmanifesten weitgehend fehlt[82]. Dies liegt daran, dass die politischen Akteure der Frühen Neuzeit der Gefahr großer gegnerischer konfessioneller Bündnisse mit Verschleierung (Dissimulation) begegneten[83]. Selbst die Türkenkriege wurden offiziell mit der osmanischen Expansion als Verteidigungskriege und nicht als Kriege gegen den Islam gerechtfertigt[84]. Es wird aber zugleich eingeräumt, dass dies nicht über die Bedeutung der Religion in offiziösen und inoffiziellen Schriften sowie in der diplomatischen Korrespondenz hinwegtäuschen sollte[85].

Gerade die Häufigkeit des Themas des Religionskrieges in der Publizistik spricht für das Gewicht, das zeitgenössische Beobachter der Religion bei der Entstehung und Führung von Krieg zusprachen. Es erscheint deshalb möglich, mithilfe einer breiteren Quellengrundlage als der offiziellen Kriegsmanifeste die Sichtweisen der historischen Akteure auf den Religionskrieg besser einschätzen zu können. Dementsprechend hat die ausufernde Forschung zu den Religionskriegen in der Folge der neueren Kulturgeschichte vermehrt die Frage nach Deutungs- und Wahrnehmungsmustern gestellt und dabei

---

79 Vgl. BEYRAU, Einführung, S. 9–15; BUSCHMANN, Kriegstypen, S. 17–50; HOLZEM, Gott, S. 371–413; KAMPMANN, Heiliger Krieg, S. 4; REPGEN, Religionskrieg, S. 337; SCHINDLING, Kriegstypen, S. 99–119.
80 Vgl. BEIDERBECK, Religionskriege, Bd. 10, Sp. 1091.
81 Vgl. REPGEN, Religionskrieg, S. 336f.
82 Vgl. BRENDLE, Der Religionskrieg, S. 457–469; SCHINDLING, Türkenkriege, S. 597; sehr differenziert: TISCHER, Offizielle Kriegsbegründungen, S. 165, 167–171.
83 Vgl. BEIDERBECK, Religionskriege, Bd. 10, Sp. 1096; BURKHARDT, Religionskrieg, S. 685; HOLZEM, Religionskrieg, S. 36–39; ders., Gott, S. 405, 407; SCHINDLING, Kriegstypen, S. 109.
84 Vgl. SCHULZE, Reich, S. 51f.; TISCHER, Offizielle Kriegsbegründungen, S. 165. BRENDLE, Religionskrieg, S. 16f., und SCHINDLING, Türkenkriege, S. 597, hingegen gehen davon aus, dass die Türkenkriege die einzigen Kriege gewesen seien, die im Europa der Frühen Neuzeit explizit mit der Religion gerechtfertigt wurden.
85 Vgl. BRENDLE, Religionskrieg, S. 16f.

versucht, die religiösen Aspekte des Krieges herauszuarbeiten[86]. Der analytische Religionskriegsbegriff der meisten bestehenden Studien würde ohne anachronistische und essenzialistische Vorannahmen aufgrund der engen Verzahnung von Religion und Politik in der Frühen Neuzeit aber nahelegen, beinahe jeden Krieg zu einem Religionskrieg zu erklären, sodass eine entsprechende Verwendung des Begriffs jegliche Trennschärfe verlöre[87].

Vielversprechend erscheint deshalb ein begriffsgeschichtlicher Ansatz, der nur dann von einem Religionskrieg spricht, wenn die jeweilige kriegerische Auseinandersetzung auch von den Zeitgenossen als Religionskrieg bezeichnet wurde. Solche begriffsgeschichtlichen Forschungen zu den zeitgenössischen Vorstellungen vom Religionskrieg finden sich bislang nicht[88]. Eine transkulturelle, interkonfessionelle begriffsgeschichtliche Betrachtung der Debatten um einen Religionskrieg nach 1648 steht trotz mehrerer jüngerer Studien, die den Religionskrieg im Titel führen, immer noch aus[89]. Für die Zeit zwischen dem Neunjährigen und dem Siebenjährigen Krieg liegt keine transkulturelle und interkonfessionelle Studie zur Religionskriegsthematik vor[90].

---

[86] Die Forderung nach Analyse von Deutungs- und Wahrnehmungsmustern haben dezidiert HOLT, The French Wars, S. 2; MORRILL, Renaming, S. 316; MORITZ, Interim, S. 95, erhoben. Diesem Desiderat sind ARNDT, Der Dreißigjährige Krieg; BRENDLE, Religionskrieg, S. 17, 19; CARL, Zeitalter, S. 105–116; FUCHS, Der Siebenjährige Krieg, S. 313–343; GREYERZ, Einleitung, S. 13; HAUG-MORITZ, Der Schmalkaldische Krieg, S. 93–105; HOLZEM, Krieg, S. 13–104; ders., Religion, S. 135–178; HOLT, The French Wars, S. 2; MORITZ, Interim, S. 95; SCHINDLING, Türkenkriege, S. 599; ZWIERLEIN, Discorso, nachgegangen. CROUZET, Les guerriers, Bd. 1, S. 47f.; ders., La violence, S. 509; ders., Dieu, widmen sich hingegen dem Imaginären. Das von Crouzet vielfach bemühte »Imaginäre« erweist sich wegen seiner Schwammigkeit und des fehlenden Willens, den Begriff klar zu definieren, jedoch analytisch eher als schwache Kategorie.

[87] Vgl. KAMPMANN, Heiliger Krieg, S. 4. HOLZEM, Religionskrieg, S. 34, hat genau vor essenzialistischen Vorannahmen beim Gebrauch des Begriffs des Religionskrieges gewarnt.

[88] Vgl. KAMPMANN, Das Westfälische System, S. 84.

[89] Zum Neunjährigen Krieg vgl. BURKHARDT, Konfession, S. 135–154; ONNEKINK, Introduction, S. 1–15; ders., The Last War, S. 69–88. Diese Studien sind jedoch alle wesentlich auf die Betrachtung einer Konfessionsgemeinschaft beschränkt und gehen selbst von einem essenzialistischen Verständnis des Religionskrieges aus. LAU, Stiefbrüder, behandelt zwar ausführlich und unter Einbeziehung der europäischen Diplomatie- und Geistesgeschichte die beiden Villmerger Kriege in der Eidgenossenschaft aus katholischer und reformierter Perspektive, thematisiert entsprechend seinem Forschungsinteresse an der Schweizerischen Nationsbildung aber nicht direkt die Religionskriegsdebatte. Zum Spanischen Erbfolgekrieg vgl. jeweils aus rein katholischer Perspektive: GONZALEZ CRUZ, Une guerre; RIES, Kreuzzugsideologie, S. 161–192. Zum Siebenjährigen Krieg vgl. BURKHARDT, Abschied; darüber hinaus auch: FUCHS, Der Siebenjährige Krieg, S. 313–343. EMICH, Confessions, S. 337, 344, hat auf die Lückenhaftigkeit des Forschungsstands zu den konfessionellen Konflikten in der internationalen Politik nach 1648 noch einmal besonders aufmerksam gemacht.

[90] Schon 1881 hat RINGHOFFER, Die Flugschriften-Literatur, S. 117, mitten im Kulturkampf auf dieses Desiderat aufmerksam gemacht. Die anschließende Entspannung zwischen deutschem Katholizismus und protestantischem Staat hat vermutlich ge-

## I.2 Zeitlicher und geografischer Untersuchungsrahmen

Die europäische Diskussion über den Religionskrieg erlebte zwischen 1679 und 1714 einen Höhepunkt. Die große Zahl der zeitgenössischen Publikationen zum Religionskrieg an der Schwelle vom 17. zum 18. Jahrhundert wirft aber die Frage auf, warum der Religionskrieg gerade in diesem Zeitraum zu einem festen Schlagwort der politischen Debatte wurde. Dabei leitete weder ein bestimmtes Ereignis die Diskussion über den Religionskrieg schlagartig ein, noch wurde sie abrupt durch ein anderes Ereignis beendet. Vielmehr stellt der gewählte Zeitraum einen Höhepunkt der Religionskriegsdebatte dar, der räumlich und zeitlich mit weichen Grenzen beschrieben werden soll. Dennoch ist zu beachten, dass der Begriff des Religionskrieges diskursiv besonders im Zusammenhang mit drei unterschiedlichen Konfliktherden fiel, die im Folgenden eine zentrale Rolle spielen werden:

1. Die in Frankreich ihren Anfang nehmende Religionskriegsdiskussion wurde durch die publizistische Auseinandersetzung zwischen katholischem Klerus und hugenottischen Pastoren im Vorfeld der Revokation des Edikts von Nantes entfacht[91]. Auch wenn es dabei nicht zur militärischen Auseinandersetzung kam, so bestimmte das Thema vergangener und möglicher zukünftiger Religionskriege die öffentliche Debatte. 1702 bis 1705 kam es mit dem Kamisardenaufstand dann tatsächlich zu einem letzten militärischen Konflikt zwischen Reformierten, Katholiken und der französischen Krone, der der Debatte über den Religionskrieg erneuten Auftrieb verlieh[92]. Die katholischen Verfolgungsmaßnahmen führten zur Flucht

---

meinsam mit der Tradition europäischer Nationalgeschichtsschreibung sowie der Meistererzählung vom Religionskrieg und von der darauf folgenden Säkularisierung dazu beigetragen, dass die konfessionellen Auseinandersetzungen zwischen Katholizismus und Protestantismus in diesem Zeitraum stiefmütterlich behandelt wurden.

91 Dieser Federkrieg war bereits Gegenstand der beiden Untersuchungen von BENEDICT, La conviction, S. 223–239, und PERRY, From Theology, die aber im Gegensatz zur vorliegenden Arbeit von einem essenzialistischen Verständnis des Religionskrieges ausgingen und nicht die transkulturelle Bedeutung der französischen Debatte berücksichtigten. Zur konfessionellen Kontroverse im Frankreich des 17. Jahrhunderts vgl. allgemein die monumentale *thèse d'État* von SOLÉ, Le débat, 4 Bd. Zu den tagespolitischen Debatten über die Revokation des Edikts von Nantes im europäischen Ausland vgl. BOTS, l'écho, S. 281–298; NIGGEMANN, Die Hugenottenverfolgung, S. 59–108.

92 Zum Kamisardenaufstand grundlegend aus protestantischer Sicht vgl. BOSC, La guerre des Camisards, S. 335–355; ders., La guerre de Cévennes; STRAYER, Huguenots, S. 261–322; populärwissenschaftlich CARBONNIER-BURKARD, Comprendre. Wissenschaftlich äußerst fragwürdig ist hingegen DUCASSE, La guerre, der einen dezidiert protestantischen und lokalpatriotischen Standpunkt einnimmt, bei dem deutlich Bezüge auf die *Résistance* des Zweiten Weltkrieges hervortreten; vgl. ebd., insbes. S. 233f. Aus katholischer Perspektive vgl. SAUZET, Les Cévennes, S. 182–234. Explizit zum religiösen Aspekt vgl. jetzt auch CRACKANTHROPE, The Camisard Uprising; MONAHAN, Let God.

von etwa einem Drittel der Hugenotten und heizten dadurch die Religionskriegsdebatte im Ausland an[93].

2. Im Reich mischten sich französische Pamphletisten beider großer Konfessionen aktiv in die Diskussion um den Religionskrieg ein. Dort identifizierten die Protestanten die katholische Erbfolge des Hauses Neuburg in der Pfalz im Jahr 1685[94], die Rijswijker Klausel[95], die Konversion Augusts des Starken von 1697[96] und den ungarischen Aufstand von 1703 bis 1711 als Anzeichen eines bevorstehenden Religionskrieges[97]. Aus katholischer Sicht erregten die militärische Potenz der protestantischen Fürsten, deren Verbindungen zu England und den Generalstaaten, die Erhebung Hannovers zum Kurfürstentum im Jahr 1692 und Preußens zum Königreich von 1701 Schreckensfantasien, die in der Furcht vor Enteignung des Kirchenbesitzes[98] und einem protestantischen Kaisertum in der Folge eines neuen Religionskriegs mündeten[99]. Spätere konfessionelle Konflikte in der Folge des »Thorner Blutgerichts« 1724[100] oder der Ausweisung der Salzburger Protestanten 1731/1732[101] wurden nur in Ausnahmefällen mit dem Szenario eines Religionskriegs assoziiert. Auch gewann der Begriff des Religionskriegs bei diesen Ereignissen keine neuen Konnotationen hinzu.

---

93 Zum Interesse der protestantischen Öffentlichkeit an der Flucht der Hugenotten vgl. Bots, L'écho, S. 281–298; Niggemann, Die Hugenottenverfolgung, S. 59–108.
94 Vgl. Aretin, Das Alte Reich, S. 50f., 143f.; Luh, Unheiliges Römisches Reich, S. 63; Schäufele, Die Konsequenzen, S. 134. Aus preußisch-protestantischer Sichtweise vgl. Danckelmann, Kirchenpolitik, S. 105–155, und aus konfessionell dezidiert katholisch-antipreußischer Perspektive: Krisinger, Religionspolitik, S. 42–125.
95 Zur Entstehungsgeschichte und den Debatten über die Rijswijker Klausel vgl. Aretin, Das Alte Reich, S. 42f.; Bérenger, Les relations, S. 364; Burkhardt, Konfession, S. 144; Danckelmann, Kirchenpolitik, S. 136f.; Kohnle, Von der Rijswijker Klausel, S. 169; Krisinger, Religionspolitik, S. 87–93; Luh, Unheiliges Römisches Reich, S. 63; Müller, Kurfürst, S. 12f.; Roll, Im Schatten, S. 52; Schäufele, Die Konsequenzen, S. 134; Sinkoli, Frankreich, S. 71; Stanglica, Der Friede, S. 161, 170, 173.
96 Vgl. Blaschke, Der Konfessionswechsel, S. 210–222; Christ, Fürst, S. 373; Czok, August der Starke, S. 24, 49f.; Luh, Unheiliges Römisches Reich, S. 30f., 51; Mader, Fürstenkonversionen, S. 408. Zur Wahrnehmung des Glaubenswechsels seitens der sächsischen Untertanen vgl. Rosseaux, Das bedrohte Zion, S. 212–235.
97 Zum ungarischen Aufstand vgl. aus genuin protestantischer Sicht die wegen ihrer apologetischen Sichtweise problematischen Studien der ungarischen Kirchenhistoriker Bucsay, Geschichte, S. 98–115; Fabiny, Bewährte Hoffnung, S. 32f.; aus geschichtswissenschaftlicher Perspektive Hochedlinger, Austria's Wars, S. 154–163, 187–192.
98 Vgl. La fausse clef, S. 35; Lettre d'un Ministre, S. 1f.; REPLIQUE 1689, S. 14, 17.
99 Zum Schreckgespenst des protestantischen Kaisertums vgl. Duchhardt, Protestantisches Kaisertum; Haug-Moritz, Kaisertum, S. 445–482.
100 Zur äußeren Wahrnehmung des Thorner Blutgerichts im protestantischen Europa vgl. Jacobi, Das Thorner Blutgericht, S. 143–152; Hartmann, Die Polenpolitik; Rhode, England; Sander, Das Thorner Blutgericht.
101 Vgl. Emrich, Die Emigration, S. 47–63.

3. So wie den Katholiken im Reich ein Religionskrieg mit der Wahl eines protestantischen Reichsoberhauptes als Schreckensszenario vor Augen stand, so fürchteten die englischen Protestanten, ein katholischer Thronfolger könne England[102] in einen Religionskrieg verwickeln und den englischen Protestantismus vernichten. Dementsprechend kreiste die Religionskriegsdiskussion in England seit 1679 um den Ausschluss des katholischen Thronfolgers Jakob von York[103], der 1685 als Jakob II. den englischen Thron bestieg. Sowohl seine Rekatholisierungspolitik als auch seine Absetzung in der *Glorious Revolution* 1688/1689[104] und seine anschließenden Versuche, den englischen Thron mit französischer Unterstützung zurückzugewinnen, wurden in der englischen Öffentlichkeit mit einem Religionskrieg assoziiert. Nach dem Tod Jakobs II. kam es mit dem *Act of Settlement* 1701 zu einem endgültigen Ausschluss katholischer Prätendenten von der Thronfolge[105]. Die engen Verbindungen des katholischen Prätendenten James Francis Edward Stuart zu Ludwig XIV. und das Schreckensszenario einer französisch-jakobitischen Invasion schürte auch in der Zukunft in England die Angst vor einem Religionskrieg[106]. In England wie im Reich waren hugenottische Pamphletisten wesentliche Träger der Religionskriegsdebatte.

---

102 Der Begriff »England« wird im Folgenden analog zur Quellensprache als Synonym für die britischen Inseln verwendet. Damit wird die Forderung von POCOCK, British History, nach einer britischen Geschichtsschreibung aufgegriffen und nur bei Bedarf eine Binnendifferenzierung durchgeführt, die bei Druckquellen aufgrund ihres grenzüberschreitenden Charakters überhaupt nur selten strikt vorgenommen werden kann.
103 Zur *Exclusion Crisis* vgl. CRUICKSHANKS, The Glorious Revolution, S. 8–11; HARRIS, Restoration, S. 136–426; JONES, The First Whigs; HARRIS, London, S. 96–188; LEVILLAIN, Vaincre, S. 300–321.
104 Zur Publizistik anlässlich der *Glorious Revolution* und ihrer Folgen vgl. CLAYDON, Protestantism, S. 125–142; ONNEKINK, The Last War, S. 69–88; SCHWOERER, Propaganda, S. 843–874; sowie ereignisgeschichtlich CRUICKSHANKS, The Glorious Revolution, S. 23–69; HARRIS, Revolution, S. 239–476; JONES, The Revolution; PINCUS, 1688. ISRAEL, General introduction, S. 13f.; NÜRNBERGER, Die Kunst, S. 59–65; SCHWOERER, Propaganda, insbes. S. 874, konnten herausarbeiten, dass die Argumentation der »Declaration of Reasons« und die darauf aufbauende Publizistik, in der Wilhelm von Oranien seine Intervention in England rechtfertigte, maßgeblich zum Sturz Jakobs II. beigetragen hat, ohne dass es außerhalb Irlands zu größeren Kriegshandlungen gekommen wäre.
105 Vgl. CRUICKSHANKS, The Glorious Revolution 2000, S. 85–89.
106 Vgl. ebd., S. 79–84; HARRIS, Revolution, S. 493, 496; WINKLER, Wörterkrieg, S. 47, 51f., 72, 356, 359. Zu den Jakobitischen Invasionsplänen vgl. MCLYNN, The Jacobites, S. 21–31. Obwohl konfessionelle Gesichtspunkte die außenpolitischen Debatten in England nachhaltig beeinflussten, ist für England jüngst der Zäsurcharakter des Friedens von Utrecht 1713 betont worden, der einen Kalten Krieg der Konfessionen beendet habe. Vgl. NISHIKAWA, Ending, S. 123.

Die folgende Untersuchung beschränkt sich entsprechend der drei für die Religionskriegsdebatte wesentlichen konfessionellen Konflikttherden auf Frankreich, England und das Reich. Sie gewinnt aber gleichsam eine europäische Dimension, indem sich die Religionskriegsdebatte in allen drei Regionen maßgeblich auf die Wahrnehmung der letzten beiden großen Kriege Ludwigs XIV. auswirkte. Sowohl der Neunjährige Krieg als auch der Spanische Erbfolgekrieg wurden als Religionskriege wahrgenommen, wozu die publizistischen Kampagnen, mit denen Ludwig XIV. und die Alliierten ihre Politik rechtfertigten, maßgeblich beitrugen. Frankreich und die Kriege Ludwigs XIV. standen damit im Zentrum der Religionskriegsdiskussion, die ohne die Person und die Politik des französischen Königs thematisch undenkbar erschien. Die Verknüpfung des Religionskrieges mit der internationalen Politik führte zu einer Europäisierung der Religionskriegsdebatte.

Der europäische Charakter der Religionskriegsdebatte spricht für eine transkulturelle Betrachtung der Öffentlichkeit und der Publizistik in diesem Zeitraum[107]. Dabei drängt sich die Inanspruchnahme des Konzepts der Transkulturalität für den vorliegenden Untersuchungsgegenstand gleich in mehrfacher Hinsicht auf: 1. thematisch in Bezug auf den Religionskrieg, 2. den Charakter der frühneuzeitlichen Öffentlichkeit, 3. die außenpolitische Diskussion und 4. die Betrachtung von Druckschriften.

Das Konzept der Transkulturalität stammt vom deutschen Philosophen Wolfgang Welsch und geht im Unterschied zum Konzept der Interkulturalität davon aus, dass Kulturen sich durch den Austausch mit anderen Kulturen konstituieren[108]. Während das ältere Konzept der Interkulturalität am monolithischen Charakter der Einzelkulturen festhielt, indem es zwischen verschiedenen Kulturen zu vermitteln versuchte[109], ist heute die Betrachtung interkulturellen Austauschs weitgehend der Untersuchung transkultureller Beziehungen gewichen. Einen solchen transkulturellen Ansatz verfolgt das Konzept des Kulturtransfers, wie es von der französischen Germanistik für die zweite Hälfte der Neuzeit entwickelt worden ist und mittlerweile auch außerhalb der Geschichte der deutsch-französischen Beziehungen Anwendung gefunden hat[110]. Trotz des philologischen Ursprungs des Konzepts

---

107 REQUATE, Öffentlichkeit, S. 32, hat eine solche Betrachtung unabhängig vom Thema des Religionskrieges aus mediengeschichtlicher Sicht gefordert.
108 Vgl. WELSCH, Transkulturalität, S. 92–94. Vgl. so auch ESPAGNE, Kulturtransfer, S. 43, 58.
109 Vgl. WELSCH, Transkulturalität, S. 94.
110 Zum Konzept des Kulturtransfers vgl. grundlegend ESPAGNE, Kulturtransfer, S. 42–61; ders., Deutsch-französischer Kulturtransfer, S. 502–510; MIDDELL, Kulturtransfer, S. 7–41.

vom Kulturtransfer stellen begriffsgeschichtliche Untersuchungen, die dem transkulturellen Charakter von Sprache in der Vormoderne Rechnung tragen, bisher immer noch die Ausnahme dar[111].

Mittlerweile sind transnationale Geschichtsschreibung und Kulturtransferforschung zu einer blühenden Forschungsrichtung geworden. Bestehende Arbeiten werden der Empirie durch zwangsweise Inanspruchnahme des Etiketts der Transkulturalität, Transnationalität oder Transterritorialität aber nicht immer gerecht. Dabei ist von Seiten der Frühneuzeitforschung insbesondere davor gewarnt worden, die Verhältnisse der räumlich und sprachlich getrennten Nationalstaaten des 19. und 20. Jahrhunderts auf die Vormoderne übertragen zu wollen[112]. Außerdem sei darauf zu achten, nationale, regionale und lokale Partikularismen nicht zu vernachlässigen[113]. Diesen Partikularismen ist auch innerhalb transkultureller Geschichtsschreibung Rechnung zu tragen, denn eine Kultur geht genauso wenig im Transfer auf, wie sie im Zeitalter nationalstaatlicher Geschichtsschreibung als monistische Einheit betrachtet wurde. Gleichwohl erhebt das Konzept der Transkulturalität den berechtigten Anspruch, die Verflechtungen verschiedener Kulturräume verstärkt in den Blick zu nehmen. Auf diese Weise verspricht seine Anwendung fruchtbare Ergebnisse für eine noch immer auf nationale oder international komparatistische Geschichtsschreibung fokussierte Forschungslandschaft[114].

Der Begriff des Religionskrieges als Kompositum von Religion und Krieg impliziert schon *per definitionem* einen universellen Charakter. Während Krieg im Allgemeinen in und zwischen Staaten geführt wird, impliziert der Begriff des Religionskrieges den Kampf um den universellen Wert der Religion, der im Diskurs vormoderner Religiosität, die den Unglauben mit gesellschaftlicher Ächtung strafte[115], keine neutrale Haltung zuließ. Jede Konfessionsgemeinschaft verlangte von ihren Anhängern die Gefolgschaft für die Verteidigung des eigenen Bekenntnisses in einem Religionskrieg.

---

111 ESPAGNE, Kulturtransfer, S. 61; LÜSEBRINK, Begriffsgeschichte, S. 35f., heben den Gewinn solcher Arbeiten für die Kulturtransferforschung hervor. Sowohl KÜSTER, Vier Monarchien; LEVILLAIN, Vaincre; RAMEIX, Justifier; WEISSBRICH, Höchstädt, stellen jedoch nicht begriffs-, sondern ereignis- und/oder mediengeschichtlich angelegte Studien dar.

112 Vgl. EXTERNBRINK, Internationale Beziehungen, insbes. S. 246f.; KRIEGER, Transnationalität, S. 127, 129. PAULMANN, Internationaler Vergleich, S. 683, spricht sich jedoch wegen des anders gearteten Nationenkonzepts gegen eine gleichartige Übertragung des Konzepts der Transnationalität auf die Vormoderne aus.

113 Vgl. ESPAGNE, Deutsch-französischer Kulturtransfer, S. 13. Der Autor hat einen brauchbaren Lösungsansatz entwickelt, indem er vorschlug, partikulare Identitäten neben dem Prozess des Kulturtransfers zu berücksichtigen.

114 Einen guten Lösungsansatz präsentieren BRÉTÉCHÉ, Les compagnons; KÜSTER, Vier Monarchien; LAU, Stiefbrüder; LEVILLAIN, Vaincre; MAISSEN, Die Geburt, insbes. S. 20–23, 77–163; RAMEIX, Justifier; WEISSBRICH, Höchstädt.

115 Vgl. FEVRE, Le problème, S. 419–428.

Binnenkonfessionelle Differenzen wie die Unterscheidung von Luthertum, Reformiertentum und Anglikanismus im Protestantismus oder nationalkirchliche Partikularitäten wie der französische Gallikanismus[116] im Katholizismus änderten nichts oder nur sehr bedingt etwas an der Verpflichtung konfessioneller Solidarität.

Das Thema des Religionskrieges wurde dementsprechend auch in der europäischen Öffentlichkeit der Frühen Neuzeit auf transkulturelle Weise rezipiert. Dies wurde auch dadurch erleichtert, dass Mehrsprachigkeit in vielen Territorien der Normalfall war[117]. Nationale Sprachgemeinschaften lassen sich wegen der Mehrsprachigkeit, sowie des grenzüberschreitenden Charakters der meisten Sprachgemeinschaften nicht deutlich voneinander isolieren. Bei der Analyse sprachlicher Quellen müssen Mehrsprachigkeit und Übersetzungspraxis deshalb systematisch berücksichtigt werden[118].

Drucke aller Art warben regelmäßig mit dem Attribut der Übersetzung, da man Nachrichten aus Fremdsprachen größeren Informationswert zusprach[119]. Das Französische fungierte seit Ende des 17. Jahrhunderts als *Lingua Franca*[120]. Die französische Sprache spielte auf europäischer Ebene

---

116 Die aktive Religionspolitik Ludwigs XIV. gegen die islamischen Barbareskenstaaten in Nordafrika, die Missionsanstrengungen der französischen Kolonialpolitik, der Kampf gegen den französischen Protestantismus und innerkatholische Abweichler wie die Jansenisten und Quietisten deuten gerade auf die konfessionelle Konformität des französischen Katholizismus hin. Die gleichzeitige Betonung der eigenen Vorrechte gegenüber der Kurie tangierte aus der Selbstsicht in keiner Weise die religiöse Orthodoxie Frankreichs; vielmehr motivierten die Auseinandersetzungen mit dem Papsttum Ludwig XIV., die religiöse Konformität als Beweis für die französischen Ansprüche noch zu verstärken. Vgl. ORCIBAL, Les supercroisades, S. 138–147.
117 Vgl. BURKE, Languages, insbes. S. 5–7; STEINMETZ, Vierzig Jahre, S. 180.
118 Vgl. ebd., S. 180. Besonders die Gattung der Flugschriften war wegen ihres geringen Umfangs prädestiniert für rasche Übersetzungen, wobei einige direkt als bilinguale Ausgaben erschienen. Vgl. EVERTH, Die Öffentlichkeit, S. 158, 264; STRASSNER, Kommunikative Aufgaben, Bd. 1, S. 794. Aus dem dieser Arbeit zugrunde liegenden Quellencorpus vgl. bspw. LES VERITABLES INTERETS; Staatsvernünftiges Bedencken. Aber auch Zeitungen wurden in Gänze in andere Sprachen übersetzt. Vgl. ARNDT, Die historisch-politischen Zeitschriften, S. 143; NÜRNBERGER, Die Kunst, S. 116; RAMEIX, Justifier, S. 187.
119 Vgl. ebd., S. 126.
120 Vgl. BLASSNECK, Frankreich, S. 23f.; BRÉTÉCHÉ, Les compagnons, S. 48; FABIAN, Englisch, S. 179; BURKE, Languages, S. 85–88; FRANÇOIS, Les échanges, S. 40; MAURER, Europäische Kulturbeziehungen, S. 45. Der Einfluss französischsprachiger Drucke am gesamten Handelsvolumen in Deutschland muss jedoch stark relativiert werden. Vgl. BRAUN, Hegemonie, S. 199. Wohl aber hatten französischsprachige Drucke aus Deutschland einen vergleichsweise hohen Anteil an der Gesamtproduktion französischsprachiger Schriften. Vgl. ebd., S. 199; MASS, Die französische Presse, S. 157. Die Produktion in Deutschland hatte den Vorteil, dort auch Schriften drucken zu können, die in Frankreich durch den Zensor verboten worden wären. Vgl. MAURER, Europäische Kulturbeziehungen, S. 46. Die europäische *Société de Princes* war durch die französische Sprache und Kultur verbunden. Vgl. BÉLY, La société. Zur Einbindung der zwischenhöfischen Kommunikation im Reich in die europäische *Société*

eine derart dominante Rolle, dass englische Schriften häufig erst dann auf dem Kontinent rezipiert wurden, wenn sie zuvor ins Französische übersetzt worden waren[121]. Dementsprechend erfolgten Übersetzungen vom Englischen ins Deutsche und aus dem Deutschen ins Englische hauptsächlich auf Basis bereits existierender französischer Übersetzungen[122]. Der französischen Sprache kam damit eine Brückenfunktion zwischen England und dem europäischen Kontinent zu[123]. Wichtig dabei erscheint, dass reformierte Gelehrte, Theologen und hugenottische *Réfugiés* oft als kulturelle Mittler und Übersetzer fungierten[124], was zu einer konfessionell geprägten Übersetzungspraxis führte[125], für die der Religionskrieg ein wichtiges Thema war.

Zur Europäisierung der Religionskriegsdebatte trug im 17. Jahrhundert auch die Verdichtung der internationalen Beziehungen durch den Ausbau eines ständigen Gesandtschaftswesens und eines regelmäßigen internationalen

---

*des Princes* vgl. BAUER, Höfische Gesellschaft, S. 29–68; ders., Nachrichtenmedien, S. 173; STOLLBERG-RILINGER, Höfische Öffentlichkeit, S. 145–176. Dies galt auch für die übrigen geistigen, sozialen und politischen Eliten des Alten Europa. Vgl. BRAUN, Hegemonie, S. 47, 181f.; BURKE, Languages, S. 86; FRANÇOIS, Les échanges, S. 35, 37; HÄBERLEIN, Kommunikationsraum, S. 296; SCHILLINGER, Les pamphlétaires, S. 1f. Der sprachliche und kulturelle Einfluss Frankreichs wirkte durch die Vorbildfunktion des Adels auch auf ein bürgerliches Publikum weiter. Vgl. BORN, Die englischen Ereignisse, S. 21; BRAUN, Hegemonie, S. 47; BURKE, Languages, S. 85–88; WAQUET, République, S. 1083. Für das gesamte 18. Jahrhundert vgl. BEAUREPAIRE, Le mythe. In Deutschland kam es zu einer regelrechten Gallomanie; französische Literatur wurde nachgeahmt und übersetzt. Vgl. SCHILLINGER, Les pamphlétaires, S. 2. Französische Übersetzungen deutscher Schriften waren seltener als deutsche Übersetzungen französischer Drucke, kursierten mitunter aber auch in Frankreich. Vgl. BRAUN, Hegemonie, S. 193.

121 Vgl. ASCOLI, La Grande-Bretagne, Bd. 2, S. 22; FRANÇOIS, Les échanges, S. 40; MAURER, Europäische Kulturbeziehungen, S. 49.

122 Vgl. BORN, Die englischen Ereignisse, S. 13; MAURER, Europäische Kulturbeziehungen, S. 49f.; NÜRNBERGER, Die Kunst, S. 117; STACKELBERG, Übersetzungen, S. VIII. Grund dafür waren die weitgehende Unkenntnis der englischen Sprache in Deutschland, die Seltenheit englischer Bücher auf dem Kontinent, die sprachliche Hegemonie des Französischen. Ob es auch die größere Ähnlichkeit des Französischen mit der deutschen Grammatik war, wie Blassneck annimmt, sei dahingestellt. Vgl. BLASSNECK, Frankreich, S. 151f.

123 Vgl. BRAUN, Hegemonie, S. 47; FRANÇOIS, Les échanges, S. 40; KLAITS, Printed Propaganda, S. 21; MAURER, Europäische Kulturbeziehungen, S. 49f. Englische Bücher wurden bspw. in frankophonen Zeitschriften besprochen. Vgl. ASCOLI, La Grande-Bretagne, Bd. 2, S. 25–27. Französische Zeitschriften wurden ins Englische übersetzt. Vgl. RAMEIX, Justifier, S. 283, und die Englandwahrnehmung auf dem Kontinent wurde vor allem durch französischsprachige Schriften bestimmt. Vgl. BORN, Die englischen Ereignisse, S. 21.

124 Vgl. ASCOLI, La Grande-Bretagne, Bd. 2, S. 23; BEIDERBECK, Religionskriege, Bd. 10, Sp. 1106f.; BLASSNECK, Frankreich, S. 22, 152; BRÉTÉCHÉ, Les compagnons, S. 83f.; ESSER, Migrationsgeschichte, S. 74.

125 Vgl. BLASSNECK, Frankreich, S. 22; EXTERNBRINK, Internationale Beziehungen, S. 238; GESTRICH, Absolutismus, S. 20.

Kommunikationssystems bei[126]. Es kann deshalb kaum verwundern, dass das französische Staatssekretariat der Auswärtigen Angelegenheiten auf dem Reichstag in Regensburg und anderswo in Europa aktiv mit dem Motiv des Religionskrieges Propaganda betrieb. Zu diesem Zweck ließ es Texte im Ausland gezielt drucken und verbreiten, die die eigene Regierungspolitik rechtfertigten und die Gegner Ludwigs XIV. diskreditierten[127]. Auch die anderen europäischen Mächte mischten sich auf ähnliche Weise in die öffentliche Diskussion über den Religionskrieg ein[128]. Der transkulturelle Charakter dieser Debatte ist von der Forschung bisher noch nicht systematisch untersucht worden[129]. Überall in Europa fungierten Diplomaten als Multiplikatoren des Transfers der Religionskriegsdebatte[130]. Durch die Verwendung der Tagespublizistik erweiterten die Diplomaten gleichsam den von ihnen mitgetragenen Transferprozess.

Die Tagespublizistik war *per se* ein überregionales und grenzüberschreitendes Medium[131]. Der europäische Buchhandel war durch einen regen Tauschhandel miteinander verbunden[132]; fast jede Region des Kontinents wurde durch Kolportagenetzwerke vom Buchhandel erreicht[133]. Die Intensität der Durchdringung variierte dabei regional zum Teil in erheblichem Maße und war von der Alphabetisierungsrate und der Kultur der jeweiligen politischen Öffentlichkeit bestimmt[134]. Frankreich war fest in das internationale System dieses Buchmarktes integriert[135].

---

126 Vgl. GESTRICH, Absolutismus, S. 20; EXTERNBRINK, Internationale Beziehungen, S. 238.
127 Vgl. BÉLY, Espions, S. 262; KAMPMANN, Das Westfälische System, S. 83f.; FRIEDRICH, Drehscheibe, S. 97f.; KLAITS, Printed Propaganda, S. 95, 113–155.
128 Zur aktiven Beteiligung der englischen und französischen Regierung an den Debatten um die internationale Politik während des Neunjährigen Krieges und des Spanischen Erbfolgekrieges allgemein vgl. KLAITS, Printed Propaganda; NÜRNBERGER, Die Kunst, S. 116, 119; RAMEIX, Justifier; SCHWOERER, Propaganda, S. 843–874.
129 Dafür verantwortlich ist sowohl die Tradition nationalstaatlicher Geschichtsschreibung als auch der Bürgerkriegscharakter der meisten von der Forschung als Religionskriege behandelten Auseinandersetzungen. Für die französischen Bürgerkriege des 16. Jahrhunderts haben LE GOFF, La ligue; HAAN, L'amitié; ZWIERLEIN, Discorso, einen solchen Ansatz verfolgt. Für die hier gewählte Periode vgl. THOMPSON, After Westphalia, S. 47–67, der allerdings genauso wie die Arbeiten zum 16. Jahrhundert keinen begriffsgeschichtlichen Ansatz verfolgt.
130 So formuliert für den Transfer politischer Ideen ganz allgemein EXTERNBRINK, Internationale Beziehungen, S. 247f.
131 Vgl. LEPPIN, Antichrist, S. 38f.
132 Vgl. SCHNEIDER, Grundlagen, S. 27, 32.
133 FONTAINE, Histoire, hat diese Netzwerke vor allem für das südliche Europa rekonstruiert.
134 Vgl. GROSPERRIN, Alphabétisation, S. 51; POUSSOU, Alphabétisation, S. 62f.; PRASS, Alphabetisierung, Bd. 1, Sp. 242f. Vgl. darüber hinaus auch die einzelnen Fallstudien in BÖDEKER, Alphabetisierung.
135 Vgl. grundlegend FONTAINE, Histoire, und darüber hinaus BLASSNECK, Frankreich,

## Zeitlicher und geografischer Untersuchungsrahmen 37

Seit dem späten 17. Jahrhundert sorgte die französische Zensur dafür, dass sich ein Großteil der französischsprachigen Buchproduktion ins Ausland verlagerte[136]. Eine Schlüsselstellung nahmen dabei die Vereinigten Provinzen ein, die sich im späten 17. und frühen 18. Jahrhundert zum Verlagszentrum Europas entwickelten[137]. Dazu trugen ihre zentrale geografische Lage, ihre enge Einbindung in das europäische Handels- und Nachrichtennetzwerk, ihre liberale Zensurpraxis und neue Produktionstechniken bei, die die niederländischen Drucke konkurrenzlos billig machten[138].

Eine wichtige Rolle bei der Entwicklung eines niederländischen Verlagszentrums in Europa kam der französischen Exilpresse zu, die vor allem von Hugenotten, aber auch geflohenen Jansenisten und Freidenkern getragen wurde[139]. Als Exilanten hatten sie persönlich und medial erheblichen Anteil an der Verbreitung der französischen Sprache[140] und trugen mit ihren Periodika erheblich zur Europäisierung der politischen Debatte bei[141]. Inhaltlich wandten sie sich dabei vor allem gegen ihren (ehemaligen) Monarchen Ludwig XIV.[142] und hoben die ursprünglich französische Religionskriegsdebatte auf eine europäische Ebene.

Die europäische Religionskriegsdebatte wirkte aber auch auf den Informationsaustausch zwischen Frankreich und dem europäischen Ausland zurück, denn das *Refuge* erregte das Interesse der geflohenen Hugenotten an Nachrichten aus der alten Heimat. Der Versuch der Einflussnahme auf die

---

S. 151. Für das katholische Europa war die Alphabetisierungsrate hier vergleichsweise hoch. Vgl. dazu Hersche, Muße, Bd. 1, S. 860.
136 Vgl. Bertaud, La presse, S. 23–27; Braun, Hegemonie, S. 198; Klaits, Printed Propaganda, S. 36–38.
137 Vgl. Born, Die englischen Ereignisse, S. 13f.; Brétéché, Les compagnons, S. 11f., 97.
138 Vgl. ebd., S. 97f.; Deen, Introduction, S. 16.
139 Vgl. Bély, Espions, S. 193; Blassneck, Frankreich, S. 152; Born, Die englischen Ereignisse, S. 13f.; Braun, Hegemonie, S. 53, 198; Brétéché, Les compagnons, S. 11, 69–71, 98; Burke, Languages, S. 86f.; Burkhardt, Die Friedlosigkeit, S. 552; Deen, Introduction, S. 15f.; Fontaine, Histoire, S. 222; Lankhorst, Le rôle, S. 1f.; Martin, Livre, Bd. 2, S. 740f. Morineau, Die holländischen Zeitungen, S. 39. Die einzige Ausnahme, die Morineau anzuführen weiß, ist der Verleger Tronchin du Brueil, den er für einen Genuesen hält, bei dem es sich tatsächlich aber um einen Genfer handelte. Zum Einfluss hugenottischer Verleger auf die Presse in Deutschland vgl. Laeven, La réception, S. 243. Im späteren 18. Jahrhundert war die französischsprachige Presse in Deutschland aber keine Hugenottenpresse mehr. Vgl. Maurer, Europäische Kulturbeziehungen, S. 46.
140 Vgl. Braun, Hegemonie, S. 53.
141 Vgl. Bély, Espions, S. 193; Gestrich, Absolutismus, S. 88; Lankhorst, Le rôle, S. 1. Die französischsprachige Presse fand insbesondere in Deutschland großen Zuspruch. Vgl. Laeven, La réception, S. 247. Französische Zeitschriften und Zeitungen dienten als Informationsquelle für deutschsprachige Blätter. Vgl. Laeven, La réception, S. 238.
142 Vgl. Bély, Espions, S. 190; Born, Die englischen Ereignisse, S. 13f. Der Gebrauch und die Kenntnis der französischen Sprachen zeugten also nicht zwangsläufig von Frankophilie. Vgl. Beaurepaire, Le mythe, S. 6; Braun, Hegemonie, S. 191.

öffentliche Meinung in Frankreich trug zu einem gesteigerten Informationsaustausch zwischen Frankreich und den Ländern des *Refuges* bei[143]. Aus den Niederlanden wurden die Druckerzeugnisse heimlich nach Frankreich importiert[144]. Sie vermittelten zwischen Frankreich und dem hugenottischen *Refuge*. Die katholischen Franzosen nutzten sie, weil sie darin authentischer über die außenpolitische Lage informiert wurden als in der offiziellen französischen Presse[145]. Die Regierung Ludwigs XIV. war sich dieses Umstands bewusst und erlaubte die Einfuhr von der französischen Zensur bereinigter Periodika nach Frankreich[146]. Auf diese Weise stellten die französische Diplomatie und Zensur den Anschein einer freien Presse im eigenen Land her[147]. Der Anschein und die tatsächliche relative Pressefreiheit der Vereinigten Provinzen führten so über die Konfessionsgrenzen hinaus zu einem großen Absatz niederländischer Drucke in Frankreich[148]. Andererseits wurden die französischen Staatszeitungen aber auch in den Niederlanden nachgedruckt und von dort wegen der geringeren Herstellungskosten kostengünstig im übrigen Europa verbreitet[149]. Die große Zahl von Raubdrucken sicherte vor allem den französischsprachigen Zeitschriften und Zeitungen einen noch größeren Verbreitungsgrad[150].

Die periodischen Medien überwanden territoriale Grenzen aber nicht nur in physischer Hinsicht[151]. Zeitungen und Zeitschriften kopierten den Inhalt anderer, auch ausländischer Periodika, und dienten so als Multiplikatoren von Nachrichten[152]. Darüber hinaus besaßen einige Zeitungen auch ausländische Korrespondenten, die sie über Landesgrenzen hinweg mit Nachrichten versorgten[153]. Ganze Zeitungen wurden zum Teil mehrfach in andere europäische Sprachen übersetzt[154]. Auch Zeitschriften trugen zur Internationalisierung

---

143 Vgl. Brétéché, Les compagnons, S. 62–100; Martin, Livre, Bd. 2, S. 743, 895.
144 Vgl. Bertaud, La presse, S. 27; Braun, Hegemonie, S. 201; Brétéché, Les compagnons, S. 11, 62–100; Moureau, Censure, S. 165; ders., Les journalistes, S. 113. Die wichtigste Rolle spielten dabei die frankophonen Periodika aus dem protestantischen Ausland. Vgl. Klaits, Printed Propaganda, S. 21.
145 Vgl. Klaits, Printed Propaganda, S. 58; Rétat, Bilan, S. 6; Vercruysse, La réception, S. 39.
146 Vgl. Moureau, Censure, S. 165.
147 Vgl. ebd., S. 165.
148 Vgl. Meyer, Die Flugschriften, S. 27. Martin, Livre, Bd. 2, S. 895, verweist auf die Bestellungen katholischer Gelehrter beim niederländischen Buchhandel.
149 Vgl. Lankhorst, Le rôle, S. 1, 4; Rétat, Bilan, S. 5–24, insbes. S. 5.
150 Vgl. Vittu, Diffusion, S. 175; ders., Le peuple, S. 110.
151 Vgl. Böning, Weltaneignung, S. 111; Gestrich, Absolutismus, S. 237; Klaits, Printed Propaganda, S. 21.
152 Vgl. Morineau, Die holländischen Zeitungen, S. 38.
153 Vgl. ebd., S. 38.
154 Vgl. Arndt, Die historisch-politischen Zeitschriften, S. 143; Nürnberger, Die Kunst, S. 116; Rameix, Justifier, S. 187. In England kursierten landessprachliche

der Debatte bei, weil sie regelmäßig auch fremdsprachliche Bücher rezensierten und so ihren Inhalt auch einem Publikum zugänglich machten, das diese Fremdsprachen nicht beherrschte[155].

Die akademisch gebildete Oberschicht tauschte sich insbesondere in den Zeitschriften über Länder-, Sprach- und Konfessionsgrenzen hinweg über wissenschaftliche, zeithistorische und politische Gegenstände aus[156]. Auf diese Weise begann das Französische im 17. Jahrhundert das Lateinische langsam als Sprache der *Res Publica Literaria* abzulösen[157]. Paris wurde zur Hauptstadt dieser neuen französischsprachigen *République des Lettres*[158]. Sie charakterisierte ein gemeinsames Kommunikationssystem, das Ländergrenzen überschritt[159]. Kennzeichen der *République des Lettres* war darüber hinaus eine relative konfessionelle Toleranz, die den Austausch zwischen den Bekenntnissen ermöglichte[160]. Sie war durch einen gemeinsamen Bildungskanon, nicht aber durch nationale und konfessionelle Schranken determiniert[161], in der der Religionskrieg zu einem transkulturell und überkonfessionell diskutierten Thema wurde.

Dementsprechend erscheint eine territorial und sprachlich allzu begrenzte Analyse der Religionskriegsdebatten um 1700 wenig ergiebig. Der transkulturell geführten Debatte über den Religionskrieg kann stattdessen nur unter der Prämisse der Übersetzbarkeit der deutschen, französischen und englischen Begriffe »Religionskrieg«, »*guerre de religion*« und »*war of religion*«

---

Übersetzungen französischsprachiger Periodika und die englische Staatszeitung, die *London Gazette,* wurde ins Französische übersetzt. Vgl. ebd., S. 187, 283f.

155 Vgl. Vittu, Diffusion, S. 174; ders., Le peuple, S. 135–137. Englische Drucke wurden bspw. in französischen Zeitschriften und französischen Schriften in englischen Blättern besprochen. Vgl. Ascoli, La Grande-Bretagne, Bd. 2, S. 25–27. Französische Zeitschriften und Zeitungen dienten als Informationsquelle für deutschsprachige Blätter. Vgl. Laeven, La réception, S. 238. Aber auch die französischsprachigen Originale fanden in Deutschland reges Interesse. Vgl. ebd., S. 247.
156 Vgl. Gestrich, Absolutismus, S. 236; Klaits, Printed Propaganda, S. 21.
157 Vgl. Maurer, Europäische Kulturbeziehungen, S. 46; Schneider, Das Buch, S. 76; Waquet, République, S. 1083. Der sächsische Rechtsgelehrte Johann Christian Lünig rechtfertigte eine Übersetzung von diplomatischem Schriftverkehr aus dem 16. Jahrhundert vom Lateinischen ins Französische, »puisque la langue française fleurit aujourd'huy jusqu'aux extremités de la terre, j'ay pris la hardiesse de traduire ces Lettres en cette langue«. Langue, LETTRES, DÉDICTOIRE [S. 3f.].
158 Vgl. Waquet, République, S. 1083.
159 Vgl. Häberlein, Kommunikationsraum, S. 296. Äußere Umstände und Normen konnten andererseits aber auch zum Abbruch der Kommunikation führen, wie das Beispiel der Korrespondenz des französischen Schriftstellers Jean Chapelain und des niederländischen Dichters Nikolaes Heinsius belegt, die beide Gelehrten bei Ausbruch des Niederländisch-Französischen Krieges beendeten. Vgl. Chapelain, Les lettres.
160 Vgl. Eckert, Toleranz, Sp. 625.
161 Vgl. Bosse, Die gelehrte Republik, S. 62; Häberlein, Kommunikationsraum, S. 296.

nachgegangen werden¹⁶². Deutsch-, französisch- und englischsprachige Quellen stehen im Zentrum der Debatte, weil sich in diesen Regionen die zentralen konfessionellen Auseinandersetzungen abspielten, die aufs Engste mit der europäischen Religionskriegsdebatte verbunden waren. Daneben ist aber auch der transkulturelle lateinische Begriff der *belli religionis* zu berücksichtigen¹⁶³.

## I.3 Methodik und Quellencorpus

Der Thema des Religionskrieges beschäftigt sowohl die klassische Politik- als auch die Kirchen- und Religionsgeschichte. Eine Verknüpfung beider Themenbereiche ist in den letzten Jahren wiederholt von der diskursanalytischen Theorie- und Methodendiskussion gefordert worden¹⁶⁴.

Vertreter diskursanalytischer Ansätze lehnen sich unterschiedlich stark an die Diskurstheorie von Michel Foucault an¹⁶⁵. Ausdrücklich soll Diskurs hier im Foucault'schen Sinne als Grenze des Sag- und Denkbaren definiert werden¹⁶⁶. Bei allem Innovationspotenzial der theoretischen Prämissen Foucaults für die Geschichtswissenschaft ist entgegen einer gegenwärtigen Tendenz nicht jedes beliebige Thema als Diskurs behandelbar¹⁶⁷. Dies gilt namentlich für den Religionskrieg in dem hier gewählten Betrachtungszeitraum. Der Religionskrieg war weniger ein Diskurs als ein zentrales Thema der öffentlichen Debatten an der Schwelle vom 17. zum 18. Jahrhundert, dessen Behandlung durch eine große intellektuelle Freiheit gekennzeichnet war.

Insgesamt auch für das Thema des Religionskrieges zutreffend ist allerdings die gängige diskursanalytische Annahme, dass die Vergangenheit nicht Thema der Geschichtswissenschaft sein kann, sondern lediglich die Repräsentationen vergangener Wirklichkeiten¹⁶⁸. Alle Geschichte ist sprachlich und wird

---

162 Schon ESPAGNE, Kulturtransfer, S. 61, hat dezidiert die Forderung erhoben, der Übersetzbarkeit von Begriffen Rechnung zu tragen. SCHORN-SCHÜTTE, Kommunikation, S. 7, hat in Anlehnung an Quentin Skinner die europäischen Traditionen politischen Vokabulars hervorgehoben.
163 Latein blieb die Sprache der katholischen Kirche und Universitätsbildung und fungierte in Teilen Mittel- und Osteuropas auch weiterhin als Lingua franca, aber seine Bedeutung sank im Verlaufe des 17. Jahrhunderts immer stärker hinter den Volkssprachen zurück. Vgl. BURKE, Languages, S. 43–60; WAQUET, Latein, Bd. 7, Sp. 631f.; dies., Latin, S. 724; dies., Latin Language, S. 509, 511; dies., Parler 2003, S. 336.
164 Vgl. GRAF, Sakralisierung, S. 12; LANDWEHR, Diskurs, S. 15; ders., Historische Diskursanalyse, S. 162.
165 So bspw. BUSSE, Kommunikatives Handeln, S. 265; ders., Diskurs, S. 10–28.
166 Vgl. FOUCAULT, Die Ordnung.
167 SCHLÖGL, Kommunikation, S. 158, hat diese Praxis kritisiert und gefordert, stärker die alltägliche Praxis von Kommunikation herauszuarbeiten, statt notorisch auf Normen und Diskurse zu verweisen.
168 Vgl. CHARTIER, Le monde, S. 1505–1520; LANDWEHR, Diskursgeschichte, S. 106.

sprachlich (re)konstruiert¹⁶⁹. Ein geeigneter und besonders aussagekräftiger Zugriff erscheint demgemäß die Analyse der sprachlichen Repräsentation der Geschichte¹⁷⁰. John Pocock plädierte deshalb für eine quellennahe Begriffssprache und eine streng historische Sichtweise¹⁷¹. Innerhalb der Kulturgeschichte des Politischen hat sich die Analyse von politischen Grund- oder Schlüsselbegriffen als besonders ergiebig erwiesen¹⁷². Als Grund- oder Schlüsselbegriffe gelten Begriffe, auf die alle Kommunikationsteilnehmer einer bestimmten Debatte angewiesen waren, wenn sie sich daran beteiligen wollten, um darin ihre jeweiligen Interessen einzubringen und sich gegenseitig auszutauschen¹⁷³. Ein Schlüsselbegriff bleibt dementsprechend häufig ein umstrittener Begriff, um dessen Deutungshoheit gesellschaftlich heftig gerungen wird¹⁷⁴. Genau als ein solcher Schlüsselbegriff erweist sich der Religionskrieg in der breiten historiografischen und tagespolitischen Debatte um 1700. Religionskrieg wurde im späten 17. und frühen 18. Jahrhundert zu einem umstrittenen und viel diskutierten politischen Kampfbegriff¹⁷⁵. Das Lexikon der *Geschichtlichen*

---

169 Vgl. ASSMANN, Religion, S. 9f.; HÖLSCHER, Die Öffentlichkeit, S. 14f.; LANDWEHR, Diskursgeschichte, S. 106.
170 Vgl. BÖDEKER, Reflexionen, S. 111; LANDWEHR, Diskursgeschichte, S. 106; POCOCK, Der Begriff, S. 127–152.
171 Vgl. Pocock, Der Begriff, S. 127–152; ders., Sprachen, S. 88–126.
172 So das Urteil bei DUCHHARDT, Europa, S. 391; KAMPMANN, Arbiter, S. 8. Beispielhaft umgesetzt bei BOSBACH, Monarchia; KAMPMANN, Arbiter; STROHMEYER, Theorie. Zum Ansatz der Kulturgeschichte des Politischen vgl. LANDWEHR, Diskurs, S. 71–118; STOLLBERG-RILINGER, Kulturgeschichte, S. 9–24; TSCHOPP, Die Neue Kulturgeschichte, S. 573–605. Trotz anfänglicher Kritik hat die Kulturgeschichte des Politischen in der historischen Forschung mittlerweile eine hegemoniale Stellung erreicht. Ihr Theorie- und Methodenpluralismus hat gezeigt, dass ihr Potenzial noch keinesfalls ausgeschöpft ist. Der eklektizistische Charakter der Kulturgeschichte erlaubt es stattdessen, externe Impulse zu integrieren und dadurch kontinuierlich neue Forschungsfelder zu erschließen, auch wenn sicher nicht jede historische Fragestellung im Rahmen einer Kulturgeschichte des Politischen beantwortet werden kann. Vgl. LANDWEHR, Diskurs, S. 96.
173 Zur Definition eines Grundbegriffs durch die ältere Begriffsgeschichte vgl. KOSELLECK, Vorwort, Bd. 7, S. V–VIII, hier S. VII. Volker Seresse hat die Kritik an dieser Forschungsrichtung aufgegriffen und spricht deshalb von einem Schlüssel- statt von einem Grundbegriff: »Unter einem Schlüsselbegriff wird hier ein Quellenbegriff verstanden, in dem sich wesentliche Züge des politischen Selbstverständnisses artikulieren; Schlüsselbegriffe sind demnach meist normativ aufgeladen. Werden sie als Argumente im politischen Streit verwendet, dann deshalb, um die eigene Position zu begründen. Schlüsselbegriffe sind daher potentiell Kampfbegriffe; darüber hinaus können sie auch umkämpfte Begriffe in dem Sinne sein, dass beide Seiten sie für ihre Position in Anspruch nehmen« (SERESSE, Zur Praxis, S. 173). An Seresses Definition erscheint jedoch die diskursive Verengung, die schon in der Definition Kosellecks zu finden war, problematisch, die ein Schlüsselbegriff zwar aufweisen konnte, aber wie im Falle des Religionskrieges keinesfalls aufweisen musste.
174 Vgl. ebd., S. 180.
175 Um sich von der älteren Begriffsgeschichte abzugrenzen, hat sich in der Forschung zunehmend der Terminus des Schlüsselbegriffs gegen die ältere Bezeichnung des

*Grundbegriffe* hat dem Religionskrieg jedoch kein eigenes Lemma gewidmet[176]. Darüber hinaus hat dieses Hauptwerk der älteren Begriffsgeschichte wie auch die ältere Begriffsgeschichte selbst in den letzten Jahren in der Forschung erhebliche Kritik erfahren.

Als Methode für die Analyse von Grund- oder Schlüsselbegriffen eignet sich stattdessen eine erneuerte Begriffsgeschichte oder historische Semantik, die die Kritik an der älteren Begriffsgeschichte aufgenommen hat. Sie unterscheidet sich von der älteren Begriffsgeschichte vor allem in drei Punkten:

1. Die neuere Begriffsgeschichte folgt nicht dem teleologischen Geschichtsbild, das sich auf die Sattelzeit konzentriert und kontinuierlich auf die Moderne zuschreibt[177]. Damit einher geht die Ablehnung der These, alle Geschichte der Frühen Neuzeit müsse unweigerlich auf Modernisierung und Säkularisierung hinauslaufen[178].

2. Die neuere Begriffsgeschichte vermeidet eine Beschränkung auf die Höhenkammliteratur durch die Aufnahme möglichst aller zum Thema aussagekräftigen Schriften, die auch anonym oder von unbekannten Autoren verfasst sein konnten, um ein möglichst breites Bild von der Religionskriegsdiskussion um 1700 zu gewinnen[179]. Damit löst sie die methodisch-theoretischen Prämissen der älteren Begriffsgeschichte auch in der empirischen Praxis ein[180].

3. Die neuere Begriffsgeschichte bemüht sich, der Bedeutungsvielfalt eines Begriffes wie des »Religionskrieges« gerecht zu werden, ohne ihn künstlich auf eine tatsächliche oder vermeintliche Hauptbedeutung zu reduzieren[181]. Es widerspräche daher, bei allem berechtigten wissenschaftlichen Streben nach präzisen Begriffsdefinitionen, dem Charakter politischer Schlüsselbegriffe, sie auf eine einzige oder einige wenige Begriffsdefinitionen fixieren zu wollen[182]. Dabei verweist die historische Semantik darauf, dass

---

Grundbegriffs durchgesetzt. Vgl. DUCHHARDT, Europa, S. 391; KAMPMANN, Arbiter, S. 8.
176 Vgl. BRUNNER, Geschichtliche Grundbegriffe.
177 Vgl. LANDWEHR, Diskursgeschichte, S. 116f.; ders., Historische Diskursanalyse, S. 32; REICHARDT, Historische Semantik, S. 11; STEINMETZ, Neue Wege, S. 16.
178 Vgl. JOAS, Die Kontingenz, S. 334; LANDWEHR, Historische Diskursanalyse, S. 32.
179 Vgl. BÖDEKER, Reflexionen, S. 82; LANDWEHR, Historische Diskursanalyse, S. 33f.; REICHARDT, Historische Semantik, S. 11; SERESSE, Zur Praxis, S. 183.
180 So bereits die implizite Forderung von KOSELLECK, Einleitung, S. XXIV, die das Lexikon der *Geschichtlichen Grundbegriffe* aber nicht oder nur unzureichend einlöste.
181 Vgl. LANDWEHR, Historische Diskursanalyse, S. 35; SHEEHAN, Begriffsgeschichte, S. 316f.; STEINMETZ, Neue Wege, S. 16.
182 Vgl. REICHARDT, Historische Semantik, S. 26; SCHÖTTLER, Wer hat Angst, S. 137; SERESSE, Zur Praxis, S. 167; STEINMETZ, Neue Wege, S. 16. SCHNEIDER, Über das

Begriff und Bedeutung immer von ihrem jeweiligen linguistischen und historischen Kontext abhängig sind[183]. Ein Begriff kann deshalb nie isoliert betrachtet werden[184].

Die Methode der historischen Semantik, wie sie von Dietrich Busse, Willibald Steinmetz u.a. entwickelt wurde, gewährleistet es insbesondere, den kommunikativen Strukturen, in die jeder Begriff eingebettet ist, Rechnung zu tragen[185]. Im sprachlichen Alltag lässt sich durch die Kontextualisierung von Begriffen häufig eine große Varietät von Begriffsverwendungen herausarbeiten, die miteinander konkurrierten, sich einander widersprachen oder ausschließen konnten[186]. Die Mehrdeutigkeit eines Begriffs wie des Religionskrieges prädestinierte ihn als Schlagwort für politische Debatten, in denen er flexibel gebraucht werden konnte[187]. Friedrich Wilhelm Graf hat deswegen diagnostiziert, dass der »Religionskrieg […] ein vager, interpretationsoffener Begriff [war], der in ganz unterschiedlichen Kontexten von religiösen wie politischen Akteuren mit höchst gegensätzlichen Bedeutungsgehalten gefüllt worden ist«[188].

Religionskriegsdeutungen sind dementsprechend nicht als statische Vorstellungen zu betrachten. Sie standen vielmehr häufig in einem Kommunikationszusammenhang miteinander und erwiesen sich als polyvalent. Dieser Polyvalenz gilt es im Rahmen dieser Arbeit nachzugehen[189]. Hierfür ist es notwendig, stets dem kommunikativen Zusammenhang der einzelnen Äußerungen zum Religionskrieg Rechnung zu tragen. Erst im Vergleich mit anderen Interpretationen des Religionskrieges gewannen die einzelnen Religionskriegsdeutungen ihr spezifisches Profil[190]. Dominante

---

Stottern, S. 132, plädiert gar für eine Renaissance des »Stotterns der Sprache, das beim Lesen stört – und das der Begriffshistoriker durch permanente Übersetzung vergessen machen will«.
183 Vgl. BUSSE, Kommunikatives Handeln, S. 252f.; ders., Diskurs, S. 18; FRITZ, Einführung, S. 29; LANDWEHR, Historische Diskursanalyse, S. 34; POCOCK, Sprachen, S. 88–126; REICHARDT, Historische Semantik, S. 11f., 15; SCHNEIDER, Über das Stottern, S. 125; SCHÖTTLER, Wer hat Angst, S. 138; SERESSE, Zur Praxis, S. 167; SHEEHAN, Begriffsgeschichte, S. 315; STEINMETZ, Neue Wege, S. 16.
184 Vgl. SCHNEIDER, Über das Stottern, S. 125.
185 Vgl. LANDWEHR, Historische Diskursanalyse, S. 35; REICHARDT, Historische Semantik, S. 12.
186 Vgl. SCHÖTTLER, Wer hat Angst, S. 138; SERESSE, Zur Praxis, S. 167. Ähnlich für die Analyse eines Diskurses: BUSSE, Diskurs, S. 24; POCOCK, Der Begriff, S. 129f.; ders., Sprachen, insbes. S. 108.
187 Vgl. EVERTH, Die Öffentlichkeit, S. 64; STEINMETZ, Vierzig Jahre, S. 190; ders., Neue Wege, S. 16.
188 Vgl. GRAF, Sakralisierung, S. 13. KAMPMANN, Heiliger Krieg, S. 4, hat die Forderung erhoben, dieser Polyvalenz nachzuspüren.
189 Vgl. GRAF, Sakralisierung, S. 4.
190 Vgl. WEIAND, Herrscherbilder, S. 31.

Sichtweisen auf den Religionskrieg entstanden erst in einem kommunikativen Aushandlungsprozess[191]. Dieser Aushandlungsprozess war von einer besonderen Vielschichtig- und Wandelbarkeit der Religionskriegsvorstellungen geprägt.

Dabei lässt sich oft eine Gleichzeitigkeit des Ungleichzeitigen feststellen, die Modelle chronologischer Entwicklungen häufig empirisch als problematisch entlarvt[192]. Statt eine kohärente, chronologische Entwicklungslinie nachzuzeichnen, sind die einzelnen Religionskriegsdeutungen herauszuarbeiten, die als Basis der öffentlichen Auseinandersetzungen um den Religionskrieg dienten.

Als polyvalenter politischer Kampfbegriff der öffentlichen Debatte eignet sich der Begriff des Religionskrieges hervorragend zur Konstitution eines Quellencorpus, das im Sinne Busses als ein offenes Quellencorpus aufgestellt wurde. Hierzu sollten einstweilen alle Texte aus den einschlägigen Online-Datenbanken und mehreren europäischen und amerikanischen Bibliotheken gehören, in denen der Begriff des Religionskrieges vorkommt[193]. Dazu gehörten in erster Linie die Online-Datenbanken Early English Books Online, Eighteenth Century Collection Online, Gallica, die Bestände der Bibliothèque Nationale de France, der Bibliothèque Municipale de Lyon, der Bibliothèque Cantonale et Universitaire de Lausanne, der Universitätsbibliothek Marburg, der Gustav-Freytag-Flugschriftensammlung Frankfurt am Main, der Bayrischen Staatsbibliothek München und der Universiteitsbibliotheek Gent. Dabei handelt es sich um ungefähr 300 Einzeltitel, von denen ca. 70 % in französischer Sprache, 20 % in deutscher und 10 % in englischer Sprache verfasst wurden. Davon ausgehend wurden weitere Texte in diesen drei Sprachen und auf Latein hinzugezogen, auf die dieses Corpus verweist.

Auf Basis dieses Corpus wurde zunächst der Gebrauch des Begriffs des Religionskrieges in seiner syntaktischen, textuellen und schließlich intertextuellen Verwendung untersucht[194]. Diese linguistische Untersuchung wurde anschließend um eine historische Kontextanalyse erweitert[195].

Auf textueller Ebene kristallisierte sich relativ schnell eine Dominanz der Verwendung des Begriffs in historiografischen und tagespolitischen Schriften heraus. In theologischen und juristischen Traktaten war er entgegen einer ersten Arbeitshypothese kaum oder gar nicht zu finden. Theologische und

---

191 Vgl. ebd., S. 31.
192 Vgl. Busse, Diskurs, S. 24; Steinmetz, Neue Wege, S. 16. Zur Gleichzeitigkeit des Ungleichzeitigen vgl. Landwehr, Von der Gleichzeitigkeit, S. 1–34.
193 Vgl. Busse, Diskurs, S. 15, 19.
194 Vgl. Bödeker, Reflexionen, S. 97; Busse, Diskurs, S. 22; ders., Kommunikatives Handeln, S. 264f.; Fritz, Einführung, S. 3.
195 Vgl. Bödeker, Reflexionen, S. 97; Fritz, Einführung, S. 29; Reichardt, Historische Semantik, S. 11f.

rechtliche Implikationen wurden vielmehr über die Historiografie vermittelt[196]. Es bestand ein enger Zusammenhang zwischen Historiografie und Recht[197]. Die Geschichtsschreibung legitimierte dabei auch die rechtliche Position von Konfessionsparteien. Der Erinnerung an vergangene Religionskriege kam dabei ein zentraler Stellenwert zu. Auf diese Weise war die frühneuzeitliche Historiografie in hohem Maße konfessionell geprägt. Kirchen- und Profangeschichte waren als Bestandteil konfessionell geprägter Heilsgeschichte eng miteinander verbunden und standen in einem ausgeprägten Wechselverhältnis zueinander[198]. Die Geschichtsschreibung legitimierte in der historischen Rückschau das Handeln und die Existenz der eigenen Konfession.

Es kann deshalb von der Hypothese ausgegangen werden, dass sich ein konfessionell determiniertes kulturelles Gedächtnis vom Religionskrieg ausprägte[199]. Es ist zu fragen, ob sich daraus je eine katholische und eine protestantische Meistererzählung vom Religionskrieg entwickelte, und wenn ja, wodurch diese charakterisiert wurden. Die Durchsetzung solcher historischer Meistererzählungen beruht auf der Definition von Identität und Alterität; Vergemeinschaftung und Abgrenzung[200]. Sie benötigen herausragende Ereignisse, um einprägsam zu werden[201]. Ein solches Ereignis konnte im Zusammenhang dieser Arbeit die Erinnerung an vergangene Religionskriege darstellen. Zur Durchsetzung von Identitäten mussten Kontinuitäten zwischen der Vergangenheit und der Gegenwart der eigenen Gruppe erzeugt werden[202]. Durch die Schaffung solcher Kontinuitäten legitimierte die historische Erinnerung den jeweiligen konfessionellen Standpunkt und half dabei, die eigene konfessionelle Identität zu bestärken. Es bestand dementsprechend ein direkter Zusammenhang zwischen kulturellem Gedächtnis, kollektiver Identitätsbildung und politischer Legitimierung[203].

---

196 Vgl. HAMMERSTEIN, Jus, S. 39f., 376f.
197 Für das Heilige Römische Reich hat HAMMERSTEIN ebd., S. 39f., 376f., programmatisch einen engen Zusammenhang zwischen Geschichtsschreibung und der Verteidigung einzelner Rechtstitel hergestellt.
198 Vgl. BURKHARDT, Konfession, S. 147; KAMPMANN, Arbiter, S. 25; SCHMID, Element, S. 166. Mit exemplarischen Ausführungen für die Ereignisse der Hugenottenverfolgung bzw. die *Glorious Revolution* vgl. NIGGEMANN, Herrschermemoria, S. 8; STANWOOD, Liberty, S. 299.
199 Zur Theorie des kulturellen Gedächtnisses vgl. ASSMANN, Das kulturelle Gedächtnis.
200 Vgl. MIDDELL, Sinnstiftung, S. 24.
201 Vgl. ebd., S. 25.
202 Vgl. ERLL, Kollektives Gedächtnis, S. 17.
203 Vgl. ebd., S. 27.

Dieser Zusammenhang bestärkte die Wirkmächtigkeit konfessioneller Meistererzählungen, die ein dominantes Narrativ davon schufen, was eigentlich unter einem Religionskrieg verstanden werden sollte. Das bevorzugte Medium dieser Meistererzählung war die frühneuzeitliche Historiografie. Zur politischen Bedeutung der frühneuzeitlichen Historiografie liegen dabei nur Einzelstudien vor. Sie ist bisher nur in Ansätzen systematisch untersucht worden[204].

Bemerkenswert ist hierbei der Zusammenhang zwischen historiografischer Erinnerung und tagespolitischer Debatte. Die Idee des Religionskrieges erlangte erst in der zeitgenössischen politischen Debatte an historiografischer Relevanz. Umgekehrt bildete das von der Historiografie vermittelte konfessionelle Geschichtsbild die geistige Grundlage der politischen Debatte über den Religionskrieg im Zeitalter Ludwigs XIV. Mit den Worten Aleida Assmanns bildete die Historiografie ein Speichergedächtnis, das ein argumentatives Reservoir für die tagespolitischen Debatten der Gegenwart lieferte[205]. Vielfach griffen die Medien der Tagespublizistik auf historische Argumente zurück, die von der frühneuzeitlichen Geschichtsschreibung vermittelt wurden[206]. Dementsprechend ist für das Verständnis frühneuzeitlicher Tagespublizistik vielfach eine detailliertere Kenntnis frühneuzeitlicher Historiografie notwendig[207]. Als Historiografie sollen hier alle Werke definiert werden, die sich primär mit Geschichte beschäftigen. Dies geschah nicht nur in der Geschichtsschreibung im engeren Sinn, sondern mitunter auch in primär historisch argumentierenden politischen, philosophischen und theologischen Traktaten, in bestimmten Arten von Predigten oder einzelnen Besprechungen historischer Schriften in literarischen Journalen[208]. Die Frage nach dem konkreten Zusammenhang von kulturellem Gedächtnis, wie es maßgeblich

---

204 Dabei haben die originäre Kirchengeschichtsschreibung, die Hofhistoriografie und die Lokalgeschichts-schreibung bislang die größte Aufmerksamkeit erfahren. Zur Kirchengeschichtsschreibung vgl. BENRATH, Reformierte Kirchengeschichtsschreibung; BENZ, Zwischen Tradition; WETZEL, Theologische Kirchengeschichtsschreibung; ZIMMERMANN, Ecclesia. Besonders zahlreich sind die Arbeiten zu einzelnen Geschichtswerken und -autoren, sodass hier nur eine, Auswahl genannt werden kann. Vgl. bspw. BOETTCHER, Wiederverwendungen, S. 213–226; GOERLITZ, Humanismus; NEUMANN, Geschichtsschreibung; NEVEU, Un historien; ders., L'érudition, S. 333–363; NEVEU, Un historien; Ders., Muratori, S. 105–174; Ders., Mabillon, S. 175–233; ders., Sébastien Le Nain de Tillemont, S. 93–104; WOLF, Bilder. Auch bestehen Arbeiten zur Lokalgeschichtsschreibung einzelner Regionen. Vgl. bspw. BABEL, Zwischen Frankreich, S. 21–30; FUCHS, Geschichtsbewußtsein; ders., Traditionsstiftung. Eine überregionale Sichtweise verfolgt RAU, Geschichte.
205 Vgl. ASSMANN, Der lange Schatten, S. 57f.; dies., Einführung, S. 190; ERLL, Kollektives Gedächtnis, S. 31f.
206 Vgl. THOMSON, Some Developments, S. 6.
207 Vgl. ebd., S. 6.
208 Vgl. SÜSSMANN, Historiographie, Bd. 5, Sp. 488; VÖLKEL, Geschichtsschreibung, S. 21.

von der so beschriebenen Gattung der Historiografie vermittelt wurde, und aktuellen politischen Debatten bleibt offen. Hierfür ist eine Untersuchung der politischen Öffentlichkeit Europas notwendig, in der das Thema des Religionskrieges an der Schwelle vom 17. zum 18. Jahrhundert eine enorme politische Bedeutung einnahm.

## I.4 Die politische Öffentlichkeit

Der deutsche Begriff der Öffentlichkeit ist zwar erst im 18. Jahrhundert entstanden[209], der französische und der englische Begriff *public* bzw. *public*[210] oder das aus dem Lateinischen stammende deutsche Lehnwort *Publicum*[211] umschrieben das Phänomen aber bereits *avant la lettre*. Dieser Umstand spricht dafür, im Folgenden den Begriff der Öffentlichkeit als reflektierten Anachronismus und von der Quellensprache unabhängigen Analysebegriff zu verwenden. Der Begriff der Öffentlichkeit soll dementsprechend als Bezeichnung für einen überzeitlichen Kommunikationsraum verstanden werden[212]. Öffentlichkeit stellt dabei dennoch kein überzeitlich gleich bleibendes Phänomen dar, sondern unterliegt einem historischen Wandel, dem Rechnung getragen werden soll[213].

Was die historische Beschäftigung mit politischer Öffentlichkeit betrifft, so stellt die Epoche um 1700 trotz zahlreicher jüngerer Arbeiten immer noch einen vernachlässigten Zeitraum der Geschichtswissenschaft dar[214]. Grund dafür ist unter anderem der Einfluss, den Jürgen Habermas' Modell einer bürgerlichen Öffentlichkeit lange Zeit auf die historische Forschung ausgeübt hat[215]. Unter dem Begriff der bürgerlichen Öffentlichkeit verstanden er und die Anhänger seiner Thesen eine allgemein zugängliche, kritische politische

---

209 Vgl. HABERMAS, Strukturwandel, S. 39; HÖLSCHER, Öffentlichkeit, S. 413.
210 »PUBLIC […] un auteur donne ses ouvrages au public« FURETIÈRE, DICTIONNAIRE, Bd. 3, S. PUB. BOYER, THE ROYAL DICTIONARY, S. PUF. »Publico, as, avi, arum, are. 1. Offentlich ausruffen. […] 3. Außgehen lassen. publicare librum, ein buch lassen außgehen/ Plin. Jun«. FRIS, Dictionarium, S. 569.
211 »Publico, as, avi, arum, are. 1. Offentlich ausruffen. […] 3. Außgehen lassen. publicare librum, ein buch lassen außgehen / Plin. Jun«. Ebd., S. 569. Zum deutschen Begriff des Publicum im späten 17. Jahrhundert vgl. HÖLSCHER, Öffentlichkeit, S. 430f.
212 Vgl. HÖLSCHER, Die Öffentlichkeit, S. 12–15; MELVILLE, Vorbemerkungen, S. XIII. MOOS, Das Öffentliche, S. 3–83; SCHNURR, Religionskonflikt, S. 33.
213 Vgl. HÖLSCHER, Die Öffentlichkeit, S. 13.
214 Vgl. ARNDT, Herrschaftskontrolle, S. 11; BELLINGRADT, Die vergessenen Quellen, S. 93. HOFFMANN, Öffentlichkeit, S. 97, geht entsprechend dem seinerzeitigen Forschungsstand zu Unrecht von einem Tiefpunkt politischer Öffentlichkeit zwischen Reformation und Aufklärung aus.
215 Vgl. HABERMAS, Strukturwandel. Auch SCHLÖGL, Politik, S. 583, beruft sich mit der von ihm ins Feld geführten engen Verbindung zwischen Politik und Öffentlichkeit noch dezidiert auf Habermas.

Debattenkultur[216]. Sie vertraten die Meinung, dass es vor der Hoch- und Spätaufklärung keine solche Öffentlichkeit gegeben habe[217]. Für die Zeit vor dem 18. Jahrhundert wollte Habermas der Öffentlichkeit, die ausschließlich im Dienste der Fürsten gestanden habe, nur einen repräsentativen Charakter zuerkennen[218]. Allenfalls von Zeit zu Zeit habe sich zu konkreten Anlässen eine kritische Öffentlichkeit herausgebildet, die dann wieder abgeebbt sei[219]. Diese These gilt mittlerweile als überholt[220]. Vor allem Andreas Gestrichs Studie *Absolutismus und Öffentlichkeit* hat einen Paradigmenwechsel eingeleitet. Indem Gestrich die Notwendigkeit der Rechtfertigung fürstlicher Entscheidungen vor den Untertanen betonte, konnte er aufzeigen, dass schon vor dem 18. Jahrhundert eine kritische politische Öffentlichkeit existierte[221].

---

216 Vgl. HABERMAS, Strukturwandel, S. 104–157; BELLINGRADT, Flugpublizistik, S. 20f.; HOFFMANN, Öffentlichkeit, S. 69f.
217 Vgl. HABERMAS, Strukturwandel, S. 38f.; KUNISCH, Absolutismus, S. 185, 196, die die politische Debattenkultur auf den engen Kreis von Gelehrtenzirkeln beschränkt wissen wollten, die keinen Einfluss auf die breitere Öffentlichkeit und die Entscheidungen in den Kabinetten der Fürsten genommen hätten.
218 Vgl. HABERMAS, Strukturwandel, S. 17–26. Von historischer Seite wurde diese Ansicht unter anderem von BRÜNING, Herrschaft; SCHNEIDER, Pressefreiheit, S. 55–66, vertreten. Auch in der französischen und angelsächsischen Frühneuzeitforschung zu Frankreich ist das Konzept repräsentativer Öffentlichkeit auf fruchtbaren Boden gefallen. Vgl. BURKE, Ludwig XIV.; COWANS, Habermas, S. 134–160; FOGEL, Les cérémonies.
219 Vgl. KUNISCH, Absolutismus, S. 196.
220 Eine Zusammenfassung der Kritik am Habermas'schen Öffentlichkeitskonzept bieten GESTRICH, The Early Modern State, S. 1–3, 13; WINKLER, Wörterkrieg, S. 120–125. Hauptkritikpunkt am Habermas'schen Öffentlichkeitsmodell sind seine empirischen Defizite, denn man findet schon seit dem 17. Jahrhundert Anzeichen für eine öffentliche Meinung, die sich abseits der Fürstenhöfe und jenseits der oder gar entgegen der fürstlichen Zielsetzung bildete. Vgl. BERNS, Parteylichkeit, S. 225–228; HÄBERLE, Öffentlichkeit, S. 273–287; HÖLSCHER, Die Öffentlichkeit, S. 25; GESTRICH, The Early Modern State, S. 13; GROH, Spuren, S. 456f.; LOTTES, Politische Aufklärung 1979, S. 111; NEGT, Öffentlichkeit, S. 318; UKENA, Tagesschrifttum, S. 35f., 49. Dabei stellten auch andere Schichten als das Bürgertum konstitutive Teile der Öffentlichkeit dar. Vgl. SCHULZE, Bäuerlicher Widerstand; WÜRGLER, Unruhen; KÜSTER, Vier Monarchien, S. 16. Habermas wurde mit dem Modell der bürgerlichen Öffentlichkeit die kritiklose Übertragung eines gegenwärtigen Modells von Öffentlichkeit auf die Vergangenheit vorgeworfen. Vgl. GESTRICH, Absolutismus, S. 31. HABERMAS, Strukturwandel, S. 14, ist auf seine Kritiker eingegangen und gibt die empirischen und historischen Defizite seiner Arbeit zu. Er rechtfertigt diese mit dem soziologischen Charakter seiner Studie, ohne den Anspruch, eine historische Arbeit verfasst zu haben, aufzugeben oder seine Thesen zu revidieren. Vgl. ebd., S. 51.
221 Vgl. GESTRICH, Absolutismus; ders., The Early Modern State, S. 13. Die Forschung zur englischen Öffentlichkeit hat auf den britischen Inseln schon seit jeher im 17. Jahrhundert eine freie politische Debattenkultur diagnostiziert. Vgl. ENKEMANN, Journalismus; EVERTH, Die Öffentlichkeit, S. 13; FREIST, Governed, S. 299; MÜLLENBROCK, The Culture, S. 18.

Richtig am Habermas'schen Modell bleibt, dass Öffentlichkeit aufs Engste mit der Sphäre des Politischen verbunden war[222]. Der Politikbegriff der neuen Politikgeschichte beinhaltet dabei nicht nur die konkrete Betrachtung politischer Entscheidungsträger und Institutionen, sondern auch derjenigen öffentlichen Debatten, in denen sich diese Entscheidungsträger bewegten[223]. Politik ist wiederum auf Öffentlichkeit angewiesen, um ihren Entscheidungen Wirkmächtigkeit zu verleihen. Politische Akteure wurden in ihren Entscheidungen maßgeblich von öffentlichen Debatten geprägt und beeinflussten diese wiederum selbst, indem sie auf die Inanspruchnahme der Öffentlichkeit angewiesen waren, um ihre Entscheidungen wirksam werden zu lassen[224]. »Politik und Öffentlichkeit stehen historisch in einem wechselseitigen Konstitutionsverhältnis«, wie Rudolf Schlögl prägnant formuliert[225]. Aus diesem Grund hat sich in der Forschung eine analytische überzeitliche Definition eingebürgert, die Öffentlichkeit inhaltlich durch ihre politische Relevanz und durch ihre prinzipiell allgemeine Zugänglichkeit charakterisiert wissen will[226]. Aus frühneuzeitlicher und zunehmend auch zeitgeschichtlicher Perspektive erscheint aber die allgemeine Zugänglichkeit als Definitionskriterium problematisch[227]. Für die Geschichtswissenschaft hat es sich deshalb als sinnvoll erwiesen, Öffentlichkeit stärker zu differenzieren.

In der Frühneuzeitforschung haben sich besonders jene Modelle als brauchbar erwiesen, die dem partikularen Charakter von Öffentlichkeit Rechnung tragen[228]. Die Rede ist deshalb vielfach von Öffentlichkeitskreisen oder Teilöffentlichkeiten[229]. Zu Recht ist vor Kurzem der statische Charakter

---

222 Vgl. SCHLÖGL, Politik, dezidert S. 583, 606, 614.
223 Vgl. FREVERT, Neue Politkgeschichte, S. 14–21, 23f.; SCHORN-SCHÜTTE, Kommunikation, S. 3–36; STOLLBERG-RILINGER, Kulturgeschichte, S. 9–24.
224 Vgl. SCHLÖGL, Politik, S. 606.
225 Vgl. ebd., S. 614. Ähnlich formulieren auch DEEN, Introduction, S. 15: »Government policy both generated and was influenced by public debate«. Vgl. des Weiteren ARNDT, Herrschaftskontrolle, S. 39; MÜLLENBROCK, The Culture, S. 17, 27. GESTRICH, Absolutismus, S. 85f., 88 betont, dass die Presse um 1700 zu einem wichtigen Informationsmedium der Diplomatie geworden war.
226 Vgl. HOFFMANN, Öffentlichkeit, S. 109; SCHNURR, Religionskonflikt, S. 43; SCHLÖGL, Politik, S. 581–616.
227 Vgl. CALHOUN, Introduction, S. 29–42; FLEMMING, Nivellierung, S. 47–57; HEMIG, Öffentlichkeit; REQUATE, Öffentlichkeit, S. 7, 11, 14; WINTER, Kulturelle Öffentlichkeiten, S. 29–46.
228 Vgl. FOGEL, Publication, S. 18; KLAITS, Printed Propaganda, S. 25; MOUREAU, Censure, S. 160; OZOUF, L'opinion publique, S. 354f.
229 Eine ähnliche Aufteilung der Öffentlichkeit findet sich auch in der französischen Frühneuzeitforschung, die allerdings stärker auf den konkreten historischen Einzelfall rekurriert. Vgl. MOUREAU, Censure, S. 160; OZOUF, L'opinion publique, S. 354f. In der deutschen Forschung wird weithin die Existenz einer populären, einer gelehrten und einer adeligen Teilöffentlichkeit angenommen. GESTRICH, Absolutismus, S. 75–134; HOFFMANN, Öffentlichkeit, S. 82. KÖRBER, Öffentlichkeiten, unterscheidet zwischen einer »Öffentlichkeit der Macht«, einer »Öffentlichkeit der Bildung« und

dieses Modells kritisiert worden, denn die Übergänge der einzelnen Teilöffentlichkeiten waren mitunter fließend[230]. Oft bestanden enge personelle und thematische Verknüpfungen. In der empirischen Praxis muss häufig der konkrete Einzelfall einer Äußerung betrachtet werden, denn streng genommen generiert jede Aussage in einem bestimmten Kontext ihr eigenes Publikum. Der Rezipientenkreis und die Rezeption dieser Aussage sind vorab und auch im Nachhinein nicht vollkommen abschätzbar. Ein Lösungsansatz für dieses Problem bietet die Rückbindung offener Teilöffentlichkeiten an eine Gesamtöffentlichkeit. Öffentlichkeit lässt sich dementsprechend nicht als eine empirische Wirklichkeit, sondern als ein ideelles Konstrukt operationalisieren, das einzelne Teilöffentlichkeiten miteinander verbindet[231].

In dieser Sphäre der Öffentlichkeit prägte sich eine öffentliche Meinung über den Religionskrieg aus[232]. Das Konstrukt einer öffentlichen Meinung wirft ähnliche Probleme auf wie dasjenige der Öffentlichkeit und verlangt ebenfalls nach einer genaueren Historisierung und Differenzierung[233]. Entgegen der Annahme älterer, auf Habermas fußender Arbeiten oder streng begriffsgeschichtlicher Studien wird heute in der Forschung die Existenz einer öffentlichen Meinung schon vor dem 18. Jahrhundert weithin akzeptiert[234]. Die heutige Forschung geht dabei allerdings von einer Pluralität veröffentlichter Meinungen aus, da auf Grundlage publizistischer Quellen nicht auf eine allgemein akzeptierte Meinung geschlossen werden könne[235]. Dementsprechend ist auch von einer Vielzahl veröffentlichter Meinungen über den Religionskrieg auszugehen.

---

einer »Öffentlichkeit der Informationen«. Die Liste möglicher Teilöffentlichkeiten ließe sich beliebig erweitern. FAULSTICH, Medien, S. 180f.; WOHLFEIL, Reformatorische Öffentlichkeit, S. 41–52; SCHNURR, Religionskonflikt, S. 39, 46, haben dafür Vorschläge unterbreitet.

230 Vgl. WEIAND, Herrscherbilder, S. 36.
231 Vgl. REQUATE, Öffentlichkeit, S. 11f.
232 Vgl. GESTRICH, The Early Modern State, S. 6; SCHNURR, Religionskonflikt, S. 49.
233 Vgl. GUNN, Queen, S. 392.
234 Vgl. ebd., S. 388; HÖLSCHER, Die Öffentlichkeit, S. 14. DEBBAGI BARANOVA, À coups de libelles, S. 26f., 29, 33, hingegen argumentiert streng begriffsgeschichtlich und bestreitet die Existenz einer »opinion publique« zugunsten einer »opinion commune« für das 16. Jahrhundert, an deren Gehalt trotz ihrer Beteuerungen und des anderen Wortgebrauchs sich freilich wenig ändert. Dem Vorwurf der mangelnden Historisierung von Öffentlichkeit hätte sie auch durch die Annahme des Konzepts der Teilöffentlichkeit begegnen können.
235 Vgl. BRÉTÉCHÉ, Les compagnons, S. 17; EVERTH, Die Öffentlichkeit, S. 18f.; GESTRICH, The Early Modern State, S. 6; MOUREAU, Censure, S. 160; SCHNURR, Religionskonflikt, S. 49.

Diese Art veröffentlichter Meinungen hatte durchaus Einfluss auf die frühneuzeitliche Öffentlichkeit. Ganz verschiedene (Teil-)Öffentlichkeiten nahmen aktiv und passiv an der politischen Debatte um den Religionskrieg teil. Die ältere Sichtweise, wonach die Untertanen durch die Publizistik von der Obrigkeit instrumentalisiert und manipuliert wurden[236], gilt mittlerweile als überholt[237].

Um von dem älteren Verständnis einer instrumentellen Medienpolitik abzukommen, wurde vor allem die Verwendung des Terminus der Propaganda von Teilen der französischen Forschung als Analyseinstrument kritisiert[238]. Ihm wurde vorgeworfen, die laufenden Debatten in der Vormoderne zugunsten der Vorstellung gezielter Manipulation auszublenden[239]. Würde man dieser Ansicht folgen, wäre es nicht gestattet, den Begriff des Religionskrieges als Instrument frühneuzeitlicher Propaganda zu untersuchen oder zu interpretieren. Gezielte Propaganda wurde aber auch im *Ancien Régime* von Seiten der Regierungen und ihrer Anhänger betrieben, um ihre eigenen Untertanen, ihre Sympathisanten und Gegner von der eigenen Position zu überzeugen[240]. Die These, dass es sich bei der politischen Tagespublizistik der Frühen Neuzeit nicht um die gleiche Art bewusster Manipulation gehandelt habe wie in der entfalteten Moderne, ist methodisch schwer zu überprüfen, denn selten geben Quellen Aufschluss über die tatsächlichen Ansichten und Beweggründe der historischen Akteure. Fakt bleibt, dass die politische Publizistik um 1700 genauso wie zu späteren Zeiten darauf abzielte, ihre politischen Anhänger zu bestärken und ihre Gegner von ihren Ansichten zu überzeugen. Hinzu kommt, dass frühneuzeitliche Autoren häufig Teil eines Patronagenetzwerks waren oder für einzelne Schriften von ihren Auftraggebern bezahlt wurden. Teilweise erhielten sie auch regelmäßige Zuwendungen oder ein bescheidenes

---

236 Vgl. BRÜNING, Herrschaft; EVERTH, Die Öffentlichkeit, S. 166; RINGHOFFER, Die Flugschriften-Literatur, S. 4; SCHNEIDER, Pressefreiheit, S. 55–66.
237 Vgl. ARNDT, Herrschaftskontrolle, S. 210.
238 Vgl. DEBBAGI BARANOVA, À coups de libelles, S. 29f.; FOGEL, Les cérémonies, S. 15.
239 Vgl. FOGEL, Les cérémonies, S. 15.
240 Selbst DEBBAGI BARANOVA, À coups de libelles, S. 31, 74, die sich ansonsten als scharfe Gegnerin der Verwendung des Begriffs der Propaganda auszeichnet, gibt zu, dass frühneuzeitliche Druckschriften sehr wohl auf die Überzeugung ihrer Rezipienten abzielten. Der Unterschied zwischen der von ihr zum Konzept erhobenen Kategorie der Überzeugung und der Propaganda kann also kein so großer gewesen sein. Vgl. CÉNAT, Le ravage, S. 97–131; DOERING-MANTEUFFEL, Informationsstrategien, S. 359–366; KLAITS, Printed Propaganda, insbes. S. 26, 86, 94f., 113–155; MARTIN, Livre, Bd. 2, S. 667–677; MÜLLENBROCK, The Culture, S. 17; SCHILLINGER, Les pamphlétaires, S. 4; SCHWOERER, Propaganda, S. 843–874; SPECK, Political propaganda, S. 17–32, und zuletzt RAMEIX, Justifier, dezidiert S. 19f., haben zeigen können, dass sich das Konzept der Propaganda auch fruchtbar auf die Frühe Neuzeit anwenden ließ.

Amt[241]. Die frühneuzeitlichen Patronagenetzwerke erzeugten auf diese Weise, im Einzelfall meist auch ohne direkten Herrscherauftrag, eine ähnliche Wirkung wie die gezielte Propaganda späterer Zeiten[242]. Schriftsteller mussten sich den Leitlinien der Politik ihrer Patrone anpassen, um dauerhaft von den Vorteilen eines Patronagenetzwerks profitieren zu können[243]. Der analytische Terminus der Propaganda entbehrt also trotz seines anachronistischen Charakters nicht einer gewissen Berechtigung.

Die verhältnismäßig schwache institutionelle Bindung frühneuzeitlicher Publizisten spricht nicht unbedingt für ihre intellektuelle Unabhängigkeit[244]. Die Grenzen zwischen Autoren, die in einem Patronageverhältnis standen, und denjenigen, die primär einem anonymen Publikum als Konsumenten ihrer Schriften zu gefallen versuchten, waren fließend, denn beide Gruppen versuchten aus ihrer Tätigkeit möglichst großen materiellen Gewinn zu erzielen und diesen ggf. durch eine Befriedigung beider Adressatengruppen zu verdoppeln[245]. »Freie« Publizisten tendierten deshalb dazu, in ein Patronagenetzwerk aufgenommen zu werden, denn es sicherte ihnen nicht nur finanzielle Vorteile, sondern verlieh ihren Schriften und vor allem ihrer politischen Berichterstattung wegen der größeren Nähe zur Macht auch den Anschein größerer Vertrauenswürdigkeit beim Publikum, sodass ihre Schriften am Ende einen besseren Absatz erwarten konnten[246]. Auf diese Weise wurde die Propagandafunktion obrigkeitlicher Schriften multipliziert. Nationale, obrigkeitstreue und konfessionelle Diskurse verstärkten konformistische Positionen der Publizistik.

Umgekehrt waren die Herrschenden auf die Unterstützung der Publizistik angewiesen, um ihre Politik vor der Öffentlichkeit zu rechtfertigen und die öffentliche Meinung für sich zu gewinnen[247]. Dabei waren konformistische Positionen nur bis zu einem gewissen Grad Selbstläufer. Die Unterstützung der öffentlichen Meinung im eigenen Land war notwendig, wenn es darum

---

241 Teilweise erhielten sie auch regelmäßige Zuwendungen oder ein bescheidenes Amt. Vgl. Brétéché, La plume, S. 238; Deen, Introduction, S. 20f.; Fossier, A propos du titre, S. 361–417; Martin, Livre, Bd. 2, S. 667–677; Rameix, Justifier, S. 31–58; Klaits, Printed Propaganda, insbes. S. 94f., 113–155.
242 Vgl. Brétéché, La plume, S. 230; Gestrich, The Early Modern State, S. 5; Rameix, Justifier, S. 29–134.
243 Vgl. Brétéché, La plume, S. 230.
244 Trotzdem kann nicht von einer prinzipiellen Käuflichkeit der frühneuzeitlichen Autoren ausgegangen werden. Ihre Willfährigkeit kannte sehr wohl gewisse moralische und diskursive Grenzen. Vgl. Deen, Introduction, S. 22.
245 Vgl. ebd., S. 21.
246 Vgl. Brétéché, La plume, S. 242. Obwohl sich empirisch ein größerer materieller Erfolg prokönglicher Autoren festellen ließ, erweist es sich jedoch als schwierig einen direkten Zusammenhang herzustellen. Vgl. Nürnberger, Die Kunst, S. 108.
247 Vgl. Everth, Die Öffentlichkeit, S. 12; Gestrich, Absolutismus, S. 27; Küster, Vier Monarchien, S. 18; Müllenbrock, The Culture, S. 27.

ging, Steuererhebungen durchzusetzen, für die die Zustimmung von Ständen und Untertanen erlangt werden musste, die nicht immer einfach zu gewinnen war[248]. Dies war für die Obrigkeit insbesondere im Kriegsfall von besonderer Bedeutung, um eine etwaige innere Opposition zu schwächen und auf diesem Wege potenzielle (Steuer-)Revolten zu verhindern[249].

Auf diese Weise hat die Forschung ein vielschichtiges und differenziertes Bild der frühneuzeitlichen Öffentlichkeit gewonnen. Es herrscht heute weitgehend Einigkeit darüber, dass politische Handlungsträger weder vollkommen durch publizistische Debatten gelenkt wurden, noch dass die Medien reine Instrumente obrigkeitlicher Politik waren[250].

Die Intensität der politischen Publizistik folgte entsprechend der engen Verknüpfung von Politik und Öffentlichkeit der politischen, militärischen und konfessionellen Ereignisgeschichte[251]. Dementsprechend fielen Kriege und Hochphasen der Publizistik regelmäßig zusammen[252]. So lässt sich im

---

248 Vgl. EVERTH, Die Öffentlichkeit, S. 13, 119; GESTRICH, The Early Modern State, S. 5; MÜLLENBROCK, The Culture, S. 27; RAMEIX, Justifier, S. 11, 82–90, 108. In England nahm die öffentliche Meinung durch das Parlament darüber hinaus auch zunehmend Einfluss auf die Außenpolitik, die ursprünglich Reservat des Königs war. Vgl. RAMEIX, Justifier, S. 82, 277; THOMSON, Parliament, S. 130–139, S. 135.
249 Vgl. EVERTH, Die Öffentlichkeit, S. 13; GESTRICH, Absolutismus, S. 27; ders., The Early Modern State, S. 5; MÜLLENBROCK, The Culture, S. 27; RAMEIX, Justifier, S. 11, 82–90, 108.
250 Vgl. ARNDT, Herrschaftskontrolle, S. 39.
251 Vgl. MÖRKE, Pamphlet, S. 26; ROSSEAUX, Flugschriften, S. 100. Höhepunkte der Flugschriftenproduktion waren politische und gesellschaftliche Krisenzeiten, wie die Reformation und die Französische Revolution, auf die sich die Forschung lange fokussiert hatte. Vgl. BANGERTER-SCHMID, Herstellung, S. 788; BELLINGRADT, Die vergessenen Quellen, S. 88; HARMS, Forschungsgeschichte, Bd. 1, S. 790; KÖHLER, Fragestellungen, S. 1; LEPPIN, Antichrist, S. 28; STRASSNER, Kommunikative Aufgaben, Bd. 1, S. 795. Die These der französischen Frühneuzeitforschung, die Bedeutung der Flugschriften hätte durch den Bedeutungszuwuchs des Zeremoniells im 17. Jahrhundert an Einfluss verloren, kann auf europäischer Ebene – auch und gerade für die französischsprachige Flugschriftenproduktion, die dieser Arbeit zugrunde liegt, – nicht bestätigt werden. Vgl. FOGEL, Les cérémonies, S. 224. Zu Recht haben das späte 17. und das frühe 18. Jahrhundert in den letzten Jahren verstärkte Aufmerksamkeit erfahren. HARMS, Forschungsgeschichte, Bd. 1, S. 792, weist noch auf einen Mangel an einschlägigen Studien hin. Die Flugschriftenliteratur dieses Zeitraums hatte aber bereits im 19. und frühen 20. Jahrhunderts das rege Interesse der historischen Forschung geweckt. Vgl. bspw. GILLOT, Le règne; MEYER, Die Flugschriften; RINGHOFFER, Die Flugschriften-Literatur; ZWIEDINECK-SÜDENHORST, Die öffentliche Meinung. Mittlerweile liegen hierzu eine ganze Reihe neuerer Untersuchungen vor, von denen beispielhaft nur einige wenige genannt werden können: BELLINGRADT, Flugpublizistik; ders., Die vergessenen Quellen, S. 77–95; DEEN, Introduction, S. 3–30; DIENSTL, Flugschriften; KAMPMANN, Arbiter; MÜLLENBROCK, The Culture; NÜRNBERGER, Die Kunst; GESTRICH, Absolutismus; SCHILLINGER, Les pamphlétaires; VANHEE, Les libelles, S. 210–229.
252 Vgl. GESTRICH, The Early Modern State, S. 5; KRAUS, Zeitungen, S. 384f. Zum kriegerischen Charakter der Frühen Neuzeit vgl. BURKHARDT, Die Friedlosigkeit, S. 509–574; KUNISCH, Fürst.

gewählten Untersuchungszeitraum zu Beginn des Neunjährigen Krieges und des Spanischen Erbfolgekrieges eine *Hausse* der Flugschriftenproduktion feststellen[253]. Hier war der Religionskrieg ein zentrales Thema der öffentlichen Debatten.

Den eigentlichen Kriegen gingen regelmäßig sogenannte Federkriege voraus[254]. In diesen Federkriegen strebten die Regierungen danach, Gründe und Motivation ihrer eigenen Politik darzulegen und sich so vor ihren Anhängern und Feinden zu rechtfertigen[255]. Die politischen Handlungsträger distanzierten sich zwar offiziell immer wieder von der Presse, hatten insgeheim aber keine Skrupel, sich ihrer für die eigenen Interessen zu bedienen[256]. Vor allem Diplomaten und politische Akteure mischten sich selbst schriftstellerisch in die Debatten der Tagespublizistik ein[257]. Diplomaten und Regierungen ließen regelmäßig Nachrichten in Zeitungen und Zeitschriften einrücken, um die Regierungspolitik zu rechtfertigen und deren Gegner zu diffamieren[258]. Häufig streuten sie Schriften anonym oder unter fingiertem Namen aus, um ihre Ziele zu erreichen[259]. Oftmals wurden offizielle Verlautbarungen durch Diplomaten an die Bevölkerung, Magistrate und Monarchen fremder Staaten

---

253 Vgl. BANGERTER-SCHMID, Herstellung, S. 785f.; SCHILLINGER, Les pamphlétaires, S. 69, 72; ZWIEDINECK-SÜDENHORST, Die öffentliche Meinung, S. 3.
254 Vgl. GESTRICH, Absolutismus, S. 80, 194; ders., The Early Modern State, S. 5; SCHWOERER, Propaganda, S. 848.
255 Vgl. EVERTH, Die Öffentlichkeit, S. 12, 15, 158; GESTRICH, Absolutismus, S. 79f., 194; ders., The Early Modern State, S. 5; KLAITS, Printed Propaganda, insbes. S. 26, 86, 94f., 113–155; MARTIN, Livre, Bd. 2, S. 667–677; MÜLLENBROCK, The Culture, S. 17; NÜRNBERGER, Die Kunst, S. 119.
256 Vgl. DEBBAGI BARANOVA, À coups de libelles, S. 36, 38; MÜLLENBROCK, The Culture, S. 201, 203.
257 Vgl. BRÉTÉCHÉ, Les compagnons, S. 16f.; EVERTH, Die Öffentlichkeit, S. 5, 206; DEEN, Introduction, S. 29; GESTRICH, Absolutismus, S. 79; ders., The Early Modern State, S. 5f., 9f.; GILLOT, Le règne, S. Vf.; NORTH, Das Reich, S. 239. Besonders plakativ ist das Beispiel des kaiserlichen Diplomaten Franz Paul von Lisola. Vgl. BAUMANNS, Das publizistische Werk; LEVILLAIN, Le procès.
258 Vgl. BÉLY, Espions, S. 87; EVERTH, Die Öffentlichkeit, S. 153; FRIEDRICH, Beobachten, S. 177; GESTRICH, Absolutismus, S. 88; ders., The Early Modern State, S. 8; KLAITS, Printed Propaganda, S. 59; VITTU, Le peuple, S. 131. So klärte 1702 der Herausgeber der *Gazette de France* den neuen französischen Staatssekretär des Krieges, Michel Chamillart, darüber auf, wie sich seine Vorgänger und Amtskollegen der französischen Staatszeitung zur Rechtfertigung ihrer Politik bedient hätten: »En ces occasions la feu Mr de Louvois m'en a souvent fait envoyer, que je renvoyois apres Mr de Seignelay, en a fait de meme pour la Marine et Mr de Pontchartrain le fait«. Eusèbe Renaudot an Michel Chamillart, s.l. 21. September 1702, AD, A¹, 1604, No. 145, fol. 2. Dadurch stimmten die Staatssekretariate des Krieges und der Marine aktiv die Veröffentlichung ihrer Berichte mit der französischen Staatszeitung ab. MOUREAU, Censure, S. 165, konnte zeigen, dass die französische Regierung gezielt Einfluss auf ausländische Zeitungen nahm und ihnen vorschrieb, von Frankreich gewünschte Nachrichten zu publizieren, um Zugang zum französischen Markt zu erlangen.
259 Vgl. BRÉTÉCHÉ, Les compagnons, S. 19, 55–60; EVERTH, Die Öffentlichkeit, S. 158; KLAITS, Printed Propaganda, insbes. S. 113–155, mit prägnanten Beispielen.

verteilt²⁶⁰. Im Ausland protegierten Diplomaten Publizisten, um dort die Politik ihrer Auftraggeber verteidigen zu lassen²⁶¹. Sie versuchten damit die öffentliche Meinung für sich zu gewinnen²⁶². Insgesamt kam der Tagespublizistik im Bereich der internationalen Beziehungen eine Schlüsselfunktion zu, denn sie verbreitete Ideen und Argumente wie dasjenige des Religionskrieges, die es erlaubten, feindliche Allianzen zu sprengen, neue Verbündete zu gewinnen und bestehende Bündnisse zu festigen²⁶³.

Vertreter der neueren Diplomatie- und Politikgeschichte haben in der Folge der Erkenntnisse über die Verflechtung der Publizistik mit der Tagespolitik zunehmend die Forderung erhoben, die öffentlichen Debatten in die Betrachtung internationaler Politik mit einzubeziehen²⁶⁴. Dafür spricht, dass eine Analyse der Publizistik oft erst den Inhalt der diplomatischen Akten erklärt, die in einem knapperen Stil abgefasst sind²⁶⁵. Ein Anzeichen dafür, dass Flugschriften, Zeitungs- und Zeitschriftenausschnitte eine Rolle im politischen Entscheidungsprozess spielten, ist auch die Tatsache, dass sie oft den diplomatischen Korrespondenzen beigelegt wurden²⁶⁶. Internationale Politik und öffentliche Debatte waren also eng miteinander verknüpft²⁶⁷.

Grundlage dieser öffentlichen Debatte war die Veröffentlichung von Meinungen, wie sie in der Publizistik erfolgte. Der Akt der Veröffentlichung wurde in der Frühen Neuzeit mit der Drucklegung einer Schrift gleichgesetzt²⁶⁸. Die Literaturwissenschaftlerin Hélène Merlin hat diesen Umstand mit dem Ausspruch »le publier, c'est le rendre public« auf den Punkt gebracht²⁶⁹.

---

260 Vgl. MEYER, Die Flugschriften, S. 18.
261 Vgl. BRÉTÉCHÉ, La plume, S. 238.
262 Vgl. GESTRICH, The Early Modern State, S. 5f.; NORTH, Das Reich, S. 239; RINGHOFFER, Die Flugschriften-Literatur, S. 4.
263 Vgl. MÖRKE, Pamphlet, S. 26.
264 Vgl. BRÉTÉCHÉ, Les compagnons, S. 16f.; DEEN, Introduction, S. 15; EMICH, Confessions, S. 331. Dabei konnte die Frühneuzeitforschung zeigen, dass die Debatten in Publizistik und Öffentlichkeit großen Einfluss auf politische Entscheidungen im späten 17. und frühen 18. Jahrhundert nehmen konnten. Vgl. ARNDT, Gab es, S. 75; DEEN, Introduction, S. 15; GESTRICH, Absolutismus; ders., The Early Modern State, S. 1–13. Im Anschluss an Gestrich sind zahlreiche weitere Arbeiten erschienen, die die Bedeutung frühneuzeitlicher (Teil-)Öffentlichkeiten für die Politik herausgearbeitet haben. Vgl. u.a. BAUER, Nachrichtenmedien, S. 173–194; FRIEDRICH, Drehscheibe; KAMPMANN, Arbiter; KÖRBER, Öffentlichkeiten, S. 53–120, 157–164; KÜSTER, Vier Monarchien; NORTH, Das Reich, S. 237–248; SCHILLINGER, Les pamphlétaires; WREDE, Das Reich; WÜRGLER, Unruhen.
265 Vgl. EVERTH, Die Öffentlichkeit, S. IV; KAMPMANN, Arbiter, S. 6.
266 Vgl. ARNDT, Gab es, S. 75; KAMPMANN, Arbiter, S. 6.
267 Vgl. BRÉTÉCHÉ, Les compagnons, S. 16f.
268 Vgl. MERLIN, Public, S. 37.
269 Ebd., S. 37. Im Französischen wird dieser Umstand besonders deutlich, weil »publier«, »public« und »publication« dieselbe Etymologie aufweisen. Vgl. dazu die luziden Ausführungen von MERLIN, ebd., S. 35–37. Analogien ließen sich aber auch zu den deutschen Begriffen »veröffentlichen«, »Öffentlichkeit«, »Veröffentlichung« bzw.

Grundlage der Öffentlichkeit waren dementsprechend die Medien der Tagespublizistik[270]. Hier geschah auf breiter Basis Informationsaustausch und Meinungsbildung[271]. Flugschriften und später in zunehmendem Maße Zeitungen und Zeitschriften trugen durch eine prononcierte Debatte zur Bildung öffentlicher Meinungen zum Religionskrieg bei[272].

Der aktuelle Stand der Forschung zur Gattung der Flugschrift geht davon aus, dass sich diese nicht über ihre äußeren Eigenschaften definieren lässt[273]. Vielmehr wird man dem Charakter dieses Mediums nur durch seine Funktion gerecht[274]. Flugschriften berichteten, kommentierten und bewerteten aktuelles Zeitgeschehen[275]. Dabei waren sie auf eine unmittelbare Wirkung ausgerichtet[276]. Sie versuchten die eigene Gruppe in ihren Ansichten zu bestärken und ihre Gegner argumentativ zu vernichten und so für die eigene Position zu gewinnen[277]. Sie zielten damit auf eine »meinungsmultiplizierende Wirkung«[278].

---

    dem Englischen »to publish«, »public«, »publication« und ihren verwandten Ausdrücken und Komposita wie der »öffentlichen Meinung« oder »public opinion« ziehen. Eine Ausnahme bildeten freilich diejenigen Schriften, die direkt auf der Druckerpresse beschlagnahmt und vom Henker verbrannt wurden.

270 Vgl. SCHNURR, Religionskonflikt, S. 17.
271 Vgl. ebd., S. 17. Heute kann sowohl in Deutschland als auch in Frankreich als Konsens gelten, dass Tagespublizistik eine entscheidende Rolle im Prozess der Meinungsbildung zukam. Vgl. LEPPIN, Antichrist, S. 44; NÜRNBERGER, Die Kunst, S. 119; SCHILLINGER, Les pamphlétaires, S. 18. Vgl. EVERTH, Die Öffentlichkeit, S. 15; SCHILLINGER, Les pamphlétaires, S. 4.
272 Vgl. EVERTH, Die Öffentlichkeit, S. 15, 265, und MEYER, Die Flugschriften, S. 30, gehen noch von einer medialen Hegemonie der Gattung der Flugschriften bis weit ins 18. Jahrhundert aus. Eine differenziertere Sichtweise vertreten in dieser Frage MÜLLENBROCK, The Culture, S. 123f.; SCHILLING, Geschichte, Bd. 1, S. 819; SCHILLINGER, Les pamphlétaires, S. 4; STRASSNER, Kommunikative Aufgaben, Bd. 1, S. 794; ZWIEDINECK-SÜDENHORST, Die öffentliche Meinung, S. 4.
273 Vgl. DEEN, Introduction, S. 10.
274 Vgl. ebd., S. 12; JOUHAUD, Mazarinades, S. 39; SCHWITALLA, Flugschrift, S. 7.
275 Vgl. BELLINGRADT, Flugpublizistik, S. 16; ROSSEAUX, Flugschriften, S. 107, 114. Zum Definitionskriterium der Aktualität vgl. EVERTH, Die Öffentlichkeit, S. 44; MORITZ, Interim, S. 36; ROSSEAUX, Flugschriften, S. 106, 113f.
276 Vgl. HALASZ, The marketplace 1997, S. 3; SCHNURR, Religionskonflikt, S. 17; STRASSNER, Kommunikative Aufgaben, Bd. 1, S. 795.
277 Vgl. DEBBAGI BARANOVA, À coups de libelles, S. 22, 34, 144; DEEN, Introduction, S. 12; HARLINE, Pamphlets, S. 3; MÖRKE, Pamphlet, S. 16f.; ROSSEAUX, Flugschriften, S. 107; SCHILLINGER, Les pamphlétaires, S. 4; STRASSNER, Kommunikative Aufgaben, Bd. 1, S. 794, 797.
278 Vgl. BELLINGRADT, Flugpublizistik, S. 16; WALTHER, Kommunikationstheoretische Aspekte, S. 220; DEBBAGI BARANOVA, À coups de libelles, S. 144.

Für die besonders aktive Rolle der Flugschriften im Meinungsbildungsprozess spricht auch, dass Flugschriften weniger von der Zensur erreicht wurden als Zeitungen und Zeitschriften, weil sie im Unterschied zu diesen nicht periodisch erschienen und so schlechter zu kontrollieren waren[279]. Dies ermöglichte eine weitaus freiere Diskussion des Zeitgeschehens als in den periodischen Medien[280]. Trotzdem erlebten gerade Zeitungen und Zeitschriften in Deutschland und Europa am Ende des 17. Jahrhunderts einen rasanten Aufschwung und wurden zu einem der wichtigsten Medien der Debattenkultur und Meinungsbildung[281], denn sie ermöglichten die regelmäßige öffentliche Berichterstattung über das aktuelle Zeitgeschehen[282]. Zeitungsinhalte kursierten auch als Extrakte und erweiterten so den Rezipientenkreis[283]. Für das große Publikumsinteresse spricht darüber hinaus auch, dass viele Periodika zahlreiche Nachdrucke erlebten und als Kompendien verkauft wurden[284]. Durch den Verkauf als Kompendien waren sie anders als die Flugschriften auch für die Nachwelt bestimmt und erfüllten eine Brückenfunktion zwischen Tagesschrifttum und Historiografie. Dies wird auch durch den häufigen Titelzusatz einer *histoire* oder des Attributes *historique* deutlich[285]. Die Bedeutung der periodischen Presse im späten 17. und frühen 18. Jahrhundert wird trotzdem immer noch häufig unterschätzt[286].

---

279 Vgl. EVERTH, Die Öffentlichkeit, S. 157.
280 Vgl. ebd., S. 156; ZWIEDINECK-SÜDENHORST, Die öffentliche Meinung, S. 2.
281 Vgl. ARNDT, Herrschaftskontrolle, S. 126; BÖNING, Weltaneignung, S. 109; BRÉTÉCHÉ, Les compagnons, S. 12, 42; MÜLLENBROCK, The Culture, S. 18f.; SPECK, Political propaganda, S. 20; ZWIEDINECK-SÜDENHORST, Die öffentliche Meinung, S. 4. Zwischen der Abschaffung der Vorzensur 1695 und dem *Stamp Act* von 1712, der hohe Steuern auf Printmedien erhob, erlebte die englische Presse einen rasanten Aufschwung. Vgl. MÜLLENBROCK, The Culture, S. 18f. Zu den Folgen des *Stamp Act* vgl. EVERTH, Die Öffentlichkeit, S. 307; MÜLLENBROCK, The Culture, S. 21; RAMEIX, Justifier, S. 160. Vgl. BÖNING, Weltaneignung, S. 133; FAULSTICH, Die bürgerliche Mediengesellschaft, S. 251; MÜLLENBROCK, The Culture, S. 123f.; SCHILLING, Geschichte, Bd. 1, S. 819; SPECK, Political propaganda, S. 20; STRASSNER, Kommunikative Aufgaben, Bd. 1, S. 794; ZWIEDINECK-SÜDENHORST, Die öffentliche Meinung, S. 4. ARNDT, Herrschaftskontrolle, S. 96f., geht sogar davon aus, dass die Zeitung um 1700 bereits zum wichtigsten Nachrichtenmedium im deutschsprachigen Raum geworden war. Das Traktat von STIELER, Zeitungs Lust, erörtert bereits zeitgenössisch ausführlich den Nutzen, Gebrauch und die Verbreitung von Zeitungen in Deutschland.
282 Vgl. BÖNING, Weltaneignung, S. 109f.; MÜLLENBROCK, The Culture, S. 19.
283 Vgl. KÖRBER, Zeitungsextrakte.
284 Vgl. FEYEL, Diffusion, S. 119–158; KLAITS, Printed Propaganda, S. 60; LANKHORST, Le rôle, S. 4, 6; VITTU, Diffusion, S. 172; ders., Le peuple, S. 115, 127.
285 Vgl. BRÉTÉCHÉ, Les compagnons, S. 9f.
286 Vgl. die entsprechenden Hinweise bei BÖNING, Weltaneignung, S. 128. Zur Bedeutung der Zeitung als Quellengattung vgl. MORINEAU, Die holländischen Zeitungen, S. 39–43; TISCHER, Obrigkeitliche Instrumentalisierung, S. 465f.

Aus analytischer Sicht unterscheidet die Mediengeschichtsschreibung grundsätzlich zwischen Zeitungen und Zeitschriften. Zeitungen werden heute weithin als reine Nachrichtenmedien definiert. Während frühneuzeitliche Zeitungen sowohl im französischen, deutschen als auch im englischen Sprachraum weitgehend auf die Kommentierung ihrer Berichterstattung verzichteten, erfüllten Zeitschriften eine »Komplementärfunktion«, indem sie genau diese Kommentierung vornahmen[287]. Häufig waren sie als Rezensionsjournale konzipiert, die es den frühneuzeitlichen Gelehrten erlauben sollten, ortsübergreifend einen Überblick über die neueren Publikationen zu erlangen[288]. Zeitschriften dienten so als Wissensmultiplikatoren[289]. Im Rahmen ihrer Rezensionstätigkeit kommentierten sie nicht nur literarische Veröffentlichungen, sondern bezogen auch politische Stellung zum Zeitgeschehen[290].

Die Heterogenität des europäischen Zeitungsmarktes, die durch die internationale Verbreitung von Druckerzeugnissen größere Breitenwirkung erfuhr, erleichterte zunehmend die Möglichkeit von historischen Akteuren, kritische Nachrichten zu erhalten und selbst Kritik zu äußern. In Zeitungen und Zeitschriften herrschte trotz fürstlicher Privilegierung und Zensur auf diese Weise bereits im 17. Jahrhundert zum Teil ein kritischer Umgang mit obrigkeitlicher Politik[291]. Dafür spricht auch der Umstand, dass selten die Autoren eines periodischen Textes persönlich angegeben wurden und aufgrund des teilweise raschen Wechsels der Herausgeber auch nicht mehr einwandfrei zu

---

287 Vgl. ARNDT, Herrschaftskontrolle, S. 94f., 104f.; BÖNING, Aufklärung, S. 153; BORN, Die englischen Ereignisse, S. 9; EVERTH, Die Öffentlichkeit, S. 15; STRASSNER, Kommunikative Aufgaben, Bd. 1, S. 853; WEBER, Deutsche Presse, S. 138f.; ders., Götter-Both, S. 109. Es ließen sich aber auch einige wenige Ausnahmen feststellen, für die diese analytische Trennung nicht aufrechtzuerhalten war. Vgl. bspw. CONSIDERATIONS 1689, Bd. 1.
288 Vgl. ARNDT, Herrschaftskontrolle, S. 107; ARNDT, Die historisch-politischen Zeitschriften, S. 155–162; FAULSTICH, Die bürgerliche Mediengesellschaft, S. 228; LANKHORST, Le rôle, S. 5; SCHLÖGL, Politik, S. 585; STRASSNER, Kommunikative Aufgaben, Bd. 1, S. 852, 859; VITTU, Diffusion, S. 174f.; WEBER, Deutsche Presse, S. 143, 149. 1718 brachte der sächsische Gelehrte Julius Bernhard von Rohr den Nutzen dieser Journale für die *République des Lettres* auf den Punkt: »Einige von denselben sind dem Publico gar nützlich, sie geben denjenigen, die nicht alle Buchläden durchlauffen wollen, eine notitiam librorum, [...] beurtheilen die Schrifften nach ihrem Verdienst, und ersparen also denen, die sich solche Bücher anschaffen wollen, die Zeit, daß sie solche nicht selbst durchlesen dürffen, um ihren Werth oder Unwerth zu beurtheilen, [...] informieren diejenigen, die nicht selbst die Beschaffenheit eines Buchs schätzen können, und stellen einen Theil der Polyhistorie in nuce vor«. ROHR, Einleitung, S. 455f.
289 Vgl. VITTU, Diffusion, S. 175. Sie wurden als Quellensammlungen sogar in der universitären Lehre verwendet. Vgl. GESTRICH, The Early Modern State, S. 6, 9.
290 Vgl. LANKHORST, Le rôle, S. 5; STRASSNER, Kommunikative Aufgaben, Bd. 1, S. 853.
291 Vgl. GESTRICH, The Early Modern State, S. 12f. Die gegenteilige Meinung vertreten STRASSNER, Kommunikative Aufgaben, Bd. 1, S. 853; WEBER, Deutsche Presse, S. 149.

klären sind²⁹². Besonders günstig waren die Bedingungen, wie bereits weiter oben erwähnt, in den Vereinigten Provinzen, aber auch im Alten Reich, in dem zahlreiche Territorien und Institutionen um die Aufsicht über die Zensur konkurrierten und so die Ausprägung einer vielfältigen Presselandschaft begünstigten²⁹³.

In Frankreich dominierte eine königlich privilegierte Presselandschaft²⁹⁴. Die *Gazette de France* fungierte als offizielle französische Staatszeitung, die in erster Linie politische Nachrichten und Kommentare veröffentlichte²⁹⁵. Der *Mercure galant*, der zeitweise unter dem Titel *Mercure de France* erschien, berichtete über das gesellschaftliche Leben und literarische Veröffentlichungen, bezog in seinen Rezensionen aber auch klar politisch Stellung²⁹⁶. Das *Journal des Savants* war ursprünglich als wissenschaftliches Rezensionsjournal konzipiert, stellte sich aber genauso wie der *Mercure galant* zusehends in den Dienst der Krone²⁹⁷. Um den Leserkreis der staatlich privilegierten französischen Periodika zu erhöhen, wurden diese auf Veranlassung der Regierung in den Provinzen nachgedruckt²⁹⁸. Ergänzt wurden diese offiziellen Periodika durch einen durch Diplomatie und staatliche Zensur gesteuerten Import bereinigter französischsprachiger Journale aus dem Ausland²⁹⁹. In England existierte sowohl mit der *London Gazette* eine privilegierte Staatszeitung als auch zahlreiche mehr oder minder unabhängige Periodika³⁰⁰. Die offizielle Privilegierung einer Zeitung stellte zudem ein Mittel positiver Zensur

---

292 Vgl. BRÉTÉCHÉ, Les compagnons, S. 19, 55–60; FAULSTICH, Die bürgerliche Mediengesellschaft, S. 227.
293 Vgl. ARNDT, Herrschaftskontrolle, S. 97; BÖNING, Aufklärung, S. 132; KOSZYK, Geschichtliche Längs- und Querschnitte, Bd. 1, S. 898; MOUREAU, Les journalistes, S. 113.
294 Vgl. BERTAUD, La presse, S. 22–24; BURKE, Ludwig XIV., S. 143, 350; CHALINE, Le règne, Bd. 1, S. 350; KLAITS, Printed Propaganda, S. 59, 65, 67f., 74; TISCHER, Obrigkeitliche Instrumentalisierung, S. 455–466; VITTU, Diffusion, S. 167–175.
295 Vgl. BRÉTÉCHÉ, Les compagnons, S. 43; TISCHER, Obrigkeitliche Instrumentalisierung, S. 455–466; CHALINE, Le règne, Bd. 1, S. 350; KLAITS, Printed Propaganda, S. 59, 65. FEYEL, Diffusion, S. 129, interpretiert die Neuauflagen und Reimpressionen der *Gazette de France* in der französischen Provinz als Antwort auf die politischen Schwierigkeiten der Regierung Ludwigs XIV.
296 Vgl. BRÉTÉCHÉ, Les compagnons, S. 43; BURKE, Ludwig XIV., S. 143, 350; CHALINE, Le règne, Bd. 1, S. 350; KLAITS, Printed Propaganda, S. 59; FOSSIER, A propos du titre, S. 390; KLAITS, Printed Propaganda, S. 67f.
297 Vgl. BRÉTÉCHÉ, Les compagnons, S. 43; CHALINE, Le règne, Bd. 1, S. 350; KLAITS, Printed Propaganda, S. 59, 74; VITTU, Diffusion, S. 167–175. Zwischen 1686 und 1701 wurden im Fürstentum Dombes die *Mémoires de Trévoux* als weitgehende Kopie des *Journal des Savants* herausgegeben. Möglich wurde diese Umgehung des königlichen Privilegs durch die semisouveräne Stellung dieses Fürstentums innerhalb Frankreichs. Vgl. VITTU, Le peuple, S. 133.
298 Vgl. FEYEL, Diffusion, S. 119–158; KLAITS, Printed Propaganda, S. 60.
299 Vgl. MOUREAU, Les journalistes, S. 113.
300 Vgl. NÜRNBERGER, Die Kunst, S. 116; RAMEIX, Justifier, S. 283f., 293.

dar und band den Verleger und die Autoren noch näher an die Position der Regierung[301]. Hier wurden obrigkeitliche Proklamationen und Rechtfertigungen der Regierungspolitik abgedruckt[302].

Aushebung von Rekruten, Steuerdruck und direkte Kriegserfahrung machten die Berichte zur internationalen Politik in der Tagespublizistik auch für den einfachen Leser bedeutsam[303]. Die Tagespublizistik war zwar in erster Linie an politische Handlungsträger gerichtet, sprach darüber hinaus jedoch auch ein zufälliges und facettenreiches Publikum an[304]. Gerade Flugschriften waren niedrigpreisige Druckerzeugnisse, die auch für die Mittel- und Teile der Unterschicht erschwinglich waren[305]. Ihr Inhalt wurde durch die Praxis öffentlichen Vorlesens und Aussingens häufig auch Analphabeten kenntlich gemacht[306]. Flugschriften wurden darüber hinaus durch Hausierer und Ausschreier sowie in Form königlicher Proklamationen in Predigten öffentlich verlesen[307]. Durch die Praxis des Vorlesens verbreiteten sich tagespolitische Debatten auch in Kreisen, für die sie nicht primär bestimmt waren[308]. So bekamen die Unterschichten Einblick in politische Prozesse, obwohl Autoren und Obrigkeit ihre Schriften selten für diese Bevölkerungsgruppen konzipiert hatten[309]. Dadurch überstieg die Anzahl der Rezipienten der Publizistik den Anteil der politischen Eliten und des lesekundigen Publikums um 1700 um ein Vielfaches[310]. Wirts- und Kaffeehäuser, Salons, Klöster und öffentliche Bibliotheken waren Orte gemeinschaftlicher Lektüre politischer Schriften[311].

---

301 Vgl. EVERTH, Die Öffentlichkeit 1931, S. 154; GESTRICH, The Early Modern State, S. 7.
302 Vgl. BÖNING, Aufklärung, S. 158; EVERTH, Die Öffentlichkeit, S. 15; KÜSTER, Vier Monarchien, S. 32; KOSZYK, Geschichtliche Längs- und Querschnitte, Bd. 1, S. 899.
303 Vgl. KLAITS, Printed Propaganda, S. 58. WEBER, Deutsche Presse, S. 144, spricht hier von der Erfahrung des Dreißigjährigen Krieges. Kriegserfahrung mag aber auch über die Erinnerung an den Dreißigjährigen Krieg hinaus das Interesse breiterer Bevölkerungsschichten an der Kriegsberichterstattung geweckt haben, denn mit Kriegen waren nicht nur Verwüstungen, sondern auch Truppenaushebungen und Steuererhöhungen verbunden, die für die gesamte Bevölkerung eines Gemeinwesens von Bedeutung sein konnten. Vgl. GESTRICH, The Early Modern State, S. 8.
304 Vgl. BELLINGRADT, Flugpublizistik, S. 17; LEPPIN, Antichrist, S. 27.
305 Vgl. LEPPIN, Antichrist, S. 24f.; ROSSEAUX, Flugschriften, S. 112; SCHILLINGER, Les pamphlétaires, S. 18.
306 Vgl. BANGERTER-SCHMID, Herstellung, S. 788; LEPPIN, Antichrist, S. 26; NÜRNBERGER, Die Kunst, S. 113; STRASSNER, Kommunikative Aufgaben, Bd. 1, S. 795.
307 FÜSSEL, Klassische Druckmedien, S. 57; NÜRNBERGER, Die Kunst, S. 119; SHARPE, Politische Kultur, S. 180.
308 Vgl. ARNDT, Herrschaftskontrolle, S. 233–236; GESTRICH, The Early Modern State, S. 7; SCHWITALLA, Flugschrift, S. 34.
309 Vgl. BAUER, Höfische Gesellschaft, S. 38; GESTRICH, The Early Modern State, S. 13.
310 Vgl. BELLINGRADT, Flugpublizistik, S. 376.
311 Vgl. ARNDT, Herrschaftskontrolle, S. 231, 233; BAUER, Nachrichtenmedien, S. 189; BÖNING, Der gemeine Mann, S. 227f.; DE BEER, The English Newspapers, S. 126; EVERTH, Die Öffentlichkeit, S. 28f.; GESTRICH, The Early Modern State, S. 11;

Primär richtete sich die Tagespublizistik aber an eine lesekundige Elite[312]. Ihre Rezeption setzte häufig Grundlagenwissen aus Jurisprudenz, Theologie, Geschichte und Politik sowie gewisse Fremdsprachenkenntnisse voraus und wurde so für die Unterschichten erschwert[313]. Ihre Adressaten sind deshalb vor allem in politisch interessierten Milieus der Mittel- und Oberschicht zu suchen, die mithilfe der Tagespublizistik politische Entscheidungsprozesse verfolgen konnten[314]. Hier wurden Einzelmeinungen zum Teil einer breiten europäischen Debatte. Hier spielte sich medial die europäische Debatte über den Religionskrieg ab.

Flugschriften, Zeitschriften und Zeitungen waren um 1700 die drei wichtigsten Medien aktueller politischer Berichterstattung und Meinungsbildung und sollen hier unter dem Begriff der Tagespublizistik subsumiert werden. Alle drei Gattungen firmierten wegen ihrer inhaltlichen Überschneidungen als eine Medienkategorie und wurden schon von den Zeitgenossen als zusammengehörend wahrgenommen, weshalb diese zu ihrer Bezeichnung partielle Synonyme wie »Zeitung« verwendeten[315]. Für die zusammenhängende Betrachtung dieser Quellengruppe spricht trotz aller generischen Unterschiede die Komplementärfunktion. Tagespublizistik als Ganzes überwand Standesgrenzen und erreichte damit eine breite politische Öffentlichkeit, in der Religionskrieg um 1700 zu einem wichtigen Thema avancierte.

Ausgeklammert bleibt hingegen die Wirkung der Religionskriegsdebatte auf den Entscheidungsfindungsprozess der positiven Politikgeschichte, die Gegenstand künftiger Arbeiten sein soll. Der hier erfolgte diskursgeschichtliche Zugriff kann zu einem späteren Zeitpunkt als Grundlage für die Erforschung der politischen Verlaufsgeschichte dienen. Die skizzierten For-

---

JOUHAUD, Mazarinades, S. 26; NÜRNBERGER, Die Kunst, S. 113; VITTU, Le peuple, S. 126; PINCUS, Coffee Politicians, S. 822; WILKE, Die Zeitung, S. 396f.; WINKLER, Wörterkrieg, S. 813-848. Schätzungen variieren von 10 bis 100 Rezipienten pro Zeitungsexemplar. Vgl. WEBER, Deutsche Presse, S. 143; DE BEER, The English Newspapers, S. 126.

312 Vgl. ARNDT, Gab es, S. 91f.; LEPPIN, Antichrist, S. 27; NÜRNBERGER, Die Kunst, S. 110; SCHILLINGER, Les pamphlétaires, S. 18.
313 Vgl. ARNDT, Die historisch-politischen Zeitschriften, S. 168; GESTRICH, The Early Modern State, S. 10; NÜRNBERGER, Die Kunst, S. 110-112; VITTU, Le peuple, S. 127f.
314 Vgl. ARNDT, Herrschaftskontrolle, S. 106; ders., Die historisch-politischen Zeitschriften, S. 168; EVERTH, Die Öffentlichkeit, S. 150; FRIEDRICH, Beobachten, S. 160; KLAITS, Printed Propaganda, S. 61; VITTU, Le peuple, S. 127; WEBER, Deutsche Presse, S. 143. Für England haben PINCUS, Coffee Politicians, S. 811, 833f., und SPECK, Political propaganda, S. 27, behauptet, dass sich auch die Unterschichten in größerem Maße an der Rezeption periodischer Medien beteiligt hätten. Diese Behauptung bedürfte aber eingehender empirischer Untersuchungen und muss angesichts der sprachlichen Komplexität der englischen Journale zumindest angezweifelt werden.
315 Vgl. KELLER, Frühe Neuzeit, S. 111; WÜRGLER, Medien, S. 147.

schungsdiskussionen haben gezeigt, dass die politische Öffentlichkeit eine wichtige Basis politischer Entscheidungsfindung in der Frühen Neuzeit gewesen ist.

## I.5 Aufbau der Untersuchung

Entsprechend der Quellengrundlage gliedert sich die vorliegende Arbeit in zwei Hauptteile, von denen der erste die Historiografie und der zweite die Tagespublizistik über den Religionskrieg behandelt. Beide Teile sind nach konfessionellen Gesichtspunkten gegliedert. Dafür spricht die unterschiedliche Verwendung des Religionskriegsbegriffs durch katholische und protestantische Autoren. Eine derartige Unterteilung innerhalb des Protestantismus lässt sich kaum feststellen, weshalb auf eine Trennung zwischen Lutheranern, Reformierten, Anglikanern und dissidierenden Gruppen verzichtet wird. Wohl aber bestanden Unterschiede zwischen französischem, deutschem und englischem Protestantismus. Mehr noch als im Protestantismus waren nationale Unterschiede innerhalb des Katholizismus wichtiger als innerkatholische theologische Kontroversen. Intrakonfessionelle und geografische Partikularitäten spiegeln sich als nachgeordnete Besonderheiten deshalb nicht in den einzelnen Hauptteilen, sondern in einzelnen Unterkapiteln wider.

Im ersten Teil der Betrachtung historiografischer Erinnerung vergangener Religionskriege wird zunächst nach einer genuin katholischen Perspektive gefragt. Es ist dabei besonders auf die Behandlung antiker und mittelalterlicher Kriege zu achten, um nach etwaigen Vorbildern religiös motivierter Kriegsführung zu suchen, die zu einer positiven oder negativen Erinnerung von Religionskriegen führten. In diesem Zusammenhang soll auch gefragt werden, inwieweit der Begriff des Kreuzzuges als spezifisches Instrument in päpstlicher Kriegsführung in Verbindung zur Erinnerung an vergangene Religionskriege stand. Dies wirft die Frage auf, in welchem Verhältnis die Erinnerung an inter- und intrareligiöse Kriege in der katholischen Erinnerung zueinander standen. Kritisch sollen dabei regionale Unterschiede im katholischen Europa beleuchtet werden. Zu fragen ist abschließend, wie die katholische Historiografie und die protestantische Geschichtsschreibung einander beeinflussten und sich voneinander abgrenzten.

Dementsprechend wird die protestantische Historiografie in einem zweiten Teil in Beziehung zur katholischen Erinnerung an vergangene Religionskriege gesetzt. Dabei soll vor allem der Frage nachgegangen werden, inwiefern die protestantische Geschichtsschreibung eine Reaktion auf die Positionen der katholischen Seite darstellte. Hierbei ist zu untersuchen, ob protestantische Autoren die gleichen Sujets wie die katholischen Historiografen verwendeten und wie sie sich inhaltlich von deren Positionen abgrenzten. Abschließend soll nach der Existenz eines überkonfessionellen Konsenses gefragt werden.

Die historiografische Debatte über vergangene Religionskriege vollzog sich vor dem Hintergrund einer neu entfachten tagespolitischen Religionskriegsdebatte. Thematische Wiederholungen bei der Analyse beider Quellengattungen verdienen konsquente Beachtung und dürfen nicht künstlich ausgeblendet werden. Ihre Beachtung ist vielmehr notwendig, weil tagespolitische Debatte und Geschichtsschreibung sich wechselseitig beeinflussten. Nur durch die Analyse dieser Wechselwirkung lässt sich am Ende dieser Untersuchung herausarbeiten, welches Geschichtsbild und Epochensignum vom Religionskrieg um 1700 vorherrschte.

Der zweite Hauptteil fragt dementsprechend nach der Betrachtung der Geschichtsschreibung nach der Religionskriegsdebatte in der Tagespublizistik, wobei auch hier mit der katholischen Perspektive begonnen werden soll. Die politische Spaltung der katholischen Christenheit zwischen Anhängern Frankreichs, die einen Religionskrieg zur Verteidigung des Katholizismus befürworteten, und Anhängern Österreichs, die einen solchen Krieg vermeiden wollten, stellte die katholische Tagespublizistik vor ein akutes Problem. Konfessionelle Solidarität wurde vor dem Hintergrund der inneren Spaltung des Katholizismus in Frage gestellt. Aus diesem Grund ist zu fragen, wie sie mit der gemeinsamen konfessionellen Religionskriegsmemoria umging und auf welche Weise sie sie auslegte. Es soll gezeigt werden, wie katholische Autoren mit dem Widerspruch der Religionskriegsdebatte und den eigenen interkonfessionellen Allianzen umgingen und wie sich ihre Religionskriegsdeutungen im Angesicht protestantischer Rezipienten ausgestalteten.

Das zweite Teilkapitel zur Tagespublizistik zeigt, wie die protestantischen Schriften auf die Widersprüche der katholischen Publizistik reagierten. Ergriffen die Protestanten dabei Partei für die Sache Österreichs? Wie gingen sie mit der Argumentation der französischen Publizistik um? Es sollen die Strategien der protestantischen Autoren gegenüber den verschiedenen Positionen der katholischen Tagespublizistik eruiert werden.

Ein drittes Teilkapitel behandelt gemeinsame Losungsmuster von Katholiken und Protestanten für den Umgang mit der französischen Religionskriegsargumentation. Es soll der Frage nachgegangen werden, ob überkonfessionelle Argumentationsmuster zur Überwindung der konfessionellen Religionskriegsdebatte führten.

Abschließend wird untersucht, welche Bedeutung dem Begriff des Religionskrieges in historiografischen und tagespolitischen Debatten um 1700 zukam. Es wird auf die Zusammenhänge von Religionskriegsmemoria und der zeitgenössischen Religionskriegsdebatte im Zeitalter Ludwigs XIV. einzugehen sein. Erwartet werden entsprechend der eingangs formulierten Fragestellung Erkenntnisse über die Entstehung des modernen Geschichtsbildes und des Epochensignums vom Religionskrieg.

## II. Die konfessionelle Historiografie über den Religionskrieg

Der Religionskrieg war ein zentrales Thema der Geschichtsschreibung um 1700. Die Historiografie der Frühen Neuzeit diente zur Generierung historischer Exempel und damit als Argumentationsreservoir für die politische Öffentlichkeit der Gegenwart[1]. Im Exemplum des Religionskrieges kam das »theozentrische Zeit- und Wissenschaftsverständnis« der Vormoderne zum Ausdruck, in dem Wandel prinzipiell nur als Rückgriff auf die Vergangenheit vorstellbar war[2]. Exempel wurden dementsprechend von allen publizistischen Gattungen verwendet[3]. Der Ethnologe Christoph Daxelmüller definiert das Exemplum als

eine funktionale Einheit, die sich durch den Kontext definiert und in Regestform eine Geschichte in belehrender (*educatio*), beweisender (*demonstratio*), illustrierender (*illustratio*), überzeugender (*persuasio*), argumentierender (*argumentatio*), moralisierender (*moralisatio*) und unterhaltender (*delectatio*) Absicht erzählt[4].

Während die traditionelle Exempelforschung ihren Fokus hauptsächlich auf biblische Beispiele richtete, waren Religionskriegsexempla eher Bestandteil der Kirchen- und Profangeschichtsschreibung als der Bibelexegese[5]. Der Gebrauch solcher Exempel war Bestandteil argumentativ-persuasiver Strategien im Rahmen der klassischen Rhetorik[6]. Da ihre Verwendung in Schulen und Universitäten als Bestandteil eines frühneuzeitlichen Wissenskanons gelehrt wurde, zählten sie häufig zu den bekannten *loci communes*[7]. Deshalb konnten sie von den gebildeten Lesern der Frühen Neuzeit leicht identifiziert und verstanden werden. Dies ist für den heutigen Betrachter nur noch

---

1 Vgl. BURKHARDT, Geschichte, S. 192; HESS, Exemplum, Bd. 2, Sp. 670; KAMPMANN, Geschichte, insbes. S. 201, 203, 206; KOSELLECK, Vergangene Zukunft, S. 38–66; VÖLKEL, Geschichtsschreibung, S. 199f.
2 HESS, Exemplum, Bd. 2, Sp. 670. Vgl. dazu auch KAMPMANN, Geschichte, S. 206; SCHÄUFELE, Zur Begrifflichkeit, insbes. S. 30.
3 Vgl. HESS, Exemplum, Bd. 2, Sp. 667.
4 DAXELMÜLLER, Narratio, S. 81.
5 Zum Fokus der älteren Exemplaforschung mit weiteren Literaturhinweisen vgl. DAXELMÜLLER, Narratio, S. 78–83; ENGLER, Einleitung, S. 9f.
6 Vgl. DEBBAGI-BARANOVA, À coups de libelles, S. 32; ENGLER, Einleitung, S. 10; HESS, Exemplum, Bd. 2, Sp. 669.
7 Vgl. DEBBAGI-BARANOVA, À coups de libelles, S. 32; HESS, Exemplum, Bd. 2, Sp. 669; VÖLKEL, Geschichtsschreibung, S. 200.

selten der Fall. Eine Analyse der Historiografie eignet sich auch deshalb ganz besonders zur Erklärung dieser Exempla, weil diese hier im Gegensatz zur Tagespublizistik ausführlich erörtert wurden.

Exempla, die in enger Verbindung zum Religionskrieg standen, konnten sowohl an bestimmte historische Personen als auch Ereignisse gebunden sein. Von besonderer Bedeutung war in der Historiografie der Frühen Neuzeit die Erinnerung an verstorbene Herrscher[8]. Dabei konnte die Memoria sowohl als positives Exempel zur Nachahmung ermutigen und einen gegenwärtigen Herrscher durch den Vergleich mit einem anderen auszeichnen als auch umgekehrt als negatives Exempel der Abschreckung und Diffamierung dienen[9]. In diesem Sinne besaßen Exempel eine bemerkenswert didaktische Funktion und richteten sich vor allem an die politischen Handlungsträger der Gegenwart[10]. Die Geschichtsschreibung war Bestandteil der Fürstenerziehung und Ausbildung politischer Handlungsträger[11]. Geschichte fungierte in der Frühen Neuzeit als

ein Hilfsmittel zur Entwicklung der eigenen Klugheit, die als die erste Tugend des ethischen und politischen Handelns verstanden wurde. Sie bot nämlich einen Ersatz für die direkte Erfahrung, eine vermittelte Form von Erkenntnis, mit deren Hilfe man die chronologischen Grenzen des individuellen Lebens überschritt und sich eine fast unendliche und sonst unerreichbare Anzahl von menschlichen Fällen aneignete[12].

Historische Exempel generierten direkten Handlungsdruck, denn nicht nur gegenwärtigen und künftigen Monarchen wurde die Memoria ihrer Vorgänger vorgehalten, sondern ihre Untertanen erwarteten von ihren Herrschern auch ein der monarchischen Tradition konformes Verhalten. Einerseits propagierten die Höfe und ihre Historiografen gezielt eine konkrete Herrschermemoria, um die eigene Politik zu legitimieren[13], andererseits standen die historischen Akteure aber auch selbst in der Tradition politisch-dynastischer Modellbildung, die ihr Denken und Schreiben mehr

---

8 Zur Herrschermemoria vgl. grundlegend KAMPMANN, Herrschermemoria, insbes. S. 13–15; NIGGEMANN, Herrschermemoria, S. 1f. Eine Erweiterung dieses Konzept auf das konkrete politische Ereignis der *Glorious Revolution* findet sich bei NIGGEMANN, Some Remarks, S. 477–487; NIGGEMANN, The Memory, S. 63–75.
9 Vgl. KAMPMANN, Herrschermemoria, S. 12.
10 Vgl. DAXELMÜLLER, Narratio, S. 79, 84–90; HESS, Exemplum, Bd. 2, Sp. 668f.; KAMPMANN, Herrschermemoria, S. 12; MÜLLER, Historia, S. 359–371; RANUM, L'histoire, S. 473–481; SCATTOLA, La storia, S. 42–73; REHERMANN, Exempelsammlungen, S. 629; REPGEN, Vom Nutzen, S. 170f.; VIERHAUS, Historisches Interesse, S. 266.
11 Vgl. BENZ, Tradition, S. 677; GRELL, Conclusion, S. 646.
12 SCATTOLA, Begriffsgeschichte, S. 79. Vgl. darüber hinaus ders., Dalla virtù, S. 120–139; ders., La storia, S. 42–73.
13 Vgl. GRELL, Conclusion, S. 647; VIERHAUS, Historisches Interesse, S. 269.

oder minder stark determinierte¹⁴. Die Debatte um den Religionskrieg gestaltete »signifikant Erinnerungen, Verstehens- und Handlungsoptionen wie Zukunftserwartungen«¹⁵. Für die Zeitgenossen genügte oft die bloße Anspielung auf ein bestimmtes historisches Exempel, um ein konkretes politisches Programm dahinter zu erkennen¹⁶. Schilderungen der Geschichte von Religionskriegen waren ein wesentlicher Bestandteil der Memoria, der bisher von der Forschung kaum beachtet wurde¹⁷. Sie waren in hohem Maße konfessionell geprägt. Der konfessionelle und grenzüberschreitende Charakter dieser Geschichtsschreibung wurde bisher nicht in ausreichender Weise gewürdigt¹⁸.

Besonders die Kirchengeschichtsschreibung stand aktiv im Dienst der Kontroverstheologie und konfessionellen Polemik¹⁹. Aus diesem Umstand heraus lässt sich die Hypothese formulieren, dass die Debatte über den Religionskrieg in der zweiten Hälfte des 17. Jahrhunderts gerade in der konfessionellen Auseinandersetzung zwischen katholischem Klerus und hugenottischen Pastoren um die Vergangenheit der Religionskriege ihren Ursprung nahm.

Zur Erinnerung an vergangene Religionskriege liegen bisher nur bruchstückhafte Studien vor. Sehr brauchbar erweisen sich die älteren Arbeiten von Myriam Yardeni zur hugenottischen Historiografie der Frühen Neuzeit, die kompiliert in einem eigenen Sammelband vorliegen²⁰. Der Charakter dieser Arbeiten als ursprünglich einzeln veröffentlichte kleinere Aufsätze führt zu einer Beschränkung auf die Analyse einzelner Geschichtswerke, ohne dass in

---

14 Zur Hofhistoriografie vgl. grundlegd GRELL, Conclusion, S. 645–651; VÖLKEL, Clio, S. 9–35. Zur Hofhistoriografie in England BARCLAY, Amateurs, S. 295–309; DUNYACH, La charge, S. 157–185; in Brandenburg-Preußen NEUGEBAUER, Staatshistoriographen, S. 139–154; in Österreich: BENZ, Leopold, S. 97–137; BÉRENGER, L'historiographie, S. 109–126; BROCKMANN, Das Bild, S. 27–57; SCHUMANN, Die andere Sonne, S. 288–294; STROHMEYER, Nur Lorbeerkränze, S. 61–95; sowie Frankreich GRELL, Les historiographes, S. 127–156; dies., La monarchie, S. 535–554; MALETTKE, Dynastischer Aufstieg, S. 13–26. Hier immer noch grundlegend RANUM, Artisans.
15 Vgl. HOLZEM, Gott, S. 413.
16 Vgl. DAXELMÜLLER, Narratio, S. 91; KAMPMANN, Herrschermemoria, S. 13.
17 MORITZ, Interim, S. 95, hat die Untersuchung der Religionskriegsmemoria als Desiderat der Forschung identifiziert.
18 Vgl. GRELL, Conclusion, S. 651.
19 Vgl. VÖLKEL, Geschichtsschreibung, S. 218. In der französischen Forschung ist die These vertreten worden, schon im 16. Jahrhundert hätten der Absolutismus und der Katholizismus die historiografischen Auseinandersetzungen mit den Reformierten gewonnen. Vgl. GRELL, Les historiographes, S. 150. Dies trifft allenfalls auf den absolutistischen Fürstenstaat, keinesfalls aber auf den Katholizismus zu, der permanent – gerade nach der Revokation des Edikts von Nantes – von der protestantischen Historiografie außerhalb Frankreichs hart angegriffen wurde. *En longue durée* sollte sich diese Kritik umso wirkmächtiger erweisen, als dass sie von der Aufklärung und Französischen Revolution aufgenommen wurde. Vgl. BEAUREPAIRE, La Saint-Barthélemy, S. 687–693.
20 Vgl. YARDENI, Repenser.

ausreichender Weise intertextuelle Bezüge hergestellt würden. Dies geschieht in der immer noch wegweisenden Pionierstudie von Elisabeth Israel Perry, die die hugenottische Historiografie auch systematisch in den Zusammenhang mit den katholischen Gegendarstellungen gebracht hat[21]. Zu nennen sind weiterhin die von den beiden Romanisten Marie-Madeleine Fragonard und Jacques Berchtold edierten Sammelbände zur Erinnerung an die französischen Religionskriege[22]. Die von Berchtold und Fragonard herausgegebenen Aufsätze beschäftigen sich vor allem aus literaturwissenschaftlicher Sicht mit den von ihnen analysierten Werken. Die einzelnen Aufsätze gehen dementsprechend bei ihrer Untersuchung der Historiografie eher poetologischen als geschichtswissenschaftlichen Fragestellungen nach. Aus Sicht der historischen Forschung erscheint deshalb vor allem die fehlende Berücksichtigung des historischen Kontexts der historiografischen Quellen problematisch[23]. Aufgrund ihrer äußerst knappen Quellenbasis bedürfen ihre Ergebnisse zudem einer Überprüfung[24]. Von geschichtswissenschaftlicher Seite hat vor allem Philip Benedict in jüngster Zeit mehrere Aufsätze zur Erinnerung an die französischen Bürgerkriege des 16. Jahrhunderts veröffentlicht[25]. All den genannten Arbeiten ist ein essenzialistisches Verständnis von Religionskriegen gemein, das den Anteil der Religion an ganz bestimmten kriegerischen Auseinandersetzungen herauszuarbeiten versucht. Dabei betrachten sie nur diejenigen Konflikte, die *ex post* als Religionskriege in die Geschichtsschreibung eingegangen sind. Sie alle beschränken sich auf Frankreich, ohne in ausreichendem Maße den europäischen Debatten über die vergangenen Religionskriege Rechnung zu tragen.

Die Genese und Ausprägung eines Epochensignums des Religionskrieges und die dominante Zuschreibung des Begriffs Religionskrieg auf ganz bestimmte konfessionelle Auseinandersetzungen in der Historiografie und daraus folgend in der historischen Forschung unterstreicht die zentrale Bedeutung Frankreichs für diese Narrative. Vielsagend ist, dass ein ähnlich breiter Forschungsstand zur Historiografie der Religionskriege *proprement dit*

---

21 Vgl. PERRY, Theology.
22 Vgl. BERCHTOLD, La mémoire; dies., Enjeux historiques; PERRY, Theology.
23 Vgl. BERCHTOLD, La mémoire; dies., Enjeux historiques. Dies gilt auch für SEGLER-MESSNER, Mord, S. 155–174, die darüber hinaus noch durch ahistorische Psychologisierungen und die Beschränkung auf ein einziges Werk der Höhekammliteratur problematisch erscheint.
24 Dies ist namentlich dann der Fall, wenn versucht wird, auf Basis sehr weniger Werke Entwicklungen *en longue durée* vom 16. bis ins 21. Jahrhundert nachzuzeichnen. Vgl. FRAGONARD, La mémoire, S. 24–27.
25 Vgl. BENEDICT, Divided Memories, S. 381–405; ders., Shaping the Memory, S. 111–128; ders., Religionskriege, Bd. 2, S. 403–411.

weder in Deutschland noch in England vorliegt und als dominante Zuschreibung weder Anwendung auf den Schmalkaldischen noch den Dreißigjährigen Krieg noch den Englischen Bürgerkrieg gefunden hat. Wie in den Studien zur Erinnerung an die französischen Bürgerkriege gehen auch die entsprechenden Arbeiten zur Erinnerung an vergangene Religionskriege im Reich von einem essenzialistischen Verständnis aus[26]. Gleichwohl war in der Historiografie des späten 17. und frühen 18. Jahrhunderts auch andernorts die Rede vom Religionskrieg.

Aus diesem Grund fragt kein Aufsatz nach möglichen Gegenüberlieferungen und danach, wie es in der Forschung bei der Betrachtung von Religionskriegen tendenziell zu einer Beschränkung auf die französischen Bürgerkriege gekommen ist. Die Einbeziehung solcher Gegenüberlieferungen ist aber notwendig, um eine konsequente Historisierung der Religionskriegsdebatte in der Geschichtsschreibung zu ermöglichen, ohne eine künstliche, anachronistische und essenzialistische Verengung vorzunehmen. Nur so kann geklärt werden, wie es zu dieser Verengung gekommen ist, ohne sie *ex post* als Ergebnis schon vorwegzunehmen.

Zu erforschen ist deshalb, welche Konflikte um 1700 von der Geschichtsschreibung überhaupt als Religionskriege erinnert wurden. Es ist zu untersuchen, in welchem gesellschafts- und religionspolitischen Kontext eine historiografische Reflexion über den Religionskrieg entstand. Welche konfessionellen Unterschiede bestanden bei der Erinnerung an vergangene Religionskriege? Daran schließt die Frage an, ob katholische und protestantische Autoren die gleichen Religionskriegsexempla verwendeten, und wenn ja, worin sich ihre Auslegungen glichen oder unterschieden. Zu klären ist abschließend, ob die konfessionelle Religionskriegsmemoria in einem transkulturellen Kommunikationszusammenhang stand, und wenn ja, wie sich dieser gestaltete.

---

26 Vgl. BRANDI, Gegenreformation; BIRELEY, The Thirty Years' War, S. 85–106; PALAVER, The European Wars of Religion; WEBER, Geschichte; KURZE, Zeitalter.

## II.1 Die katholische Historiografie religiös begründeter Kriegsführung

Besonders vielschichtig stellt sich zunächst die katholische Historiografie dar. Sie identifizierte bereits die spätantiken kriegerischen Konflikte zwischen Heiden und Christen als Religionskriege. Dieser Vielschichtigkeit gilt es im Folgenden nachzuspüren.

Der Facettenreichtum katholischer Historiografie hängt stark mit der heilsgeschichtlichen Verortung der Geschichte in der Vormoderne zusammen. Ihre Bedeutung wird in der katholischen Historiografie durch das speziell katholische Offenbarungsverständnis noch einmal gesteigert, das im Gegensatz zum Protestantismus nicht allein die Heilige Schrift, sondern spätestens seit dem Konzil von Trient auch die Tradition als Grundlage des Glaubens identifizierte[27]. Geschichte erschien so prinzipiell als Heilsgeschichte, der Religionskrieg als historisches Kontinuum von der biblischen Vergangenheit bis in die Gegenwart. Verwunderlich ist allerdings, dass die biblische Geschichte dabei ein randständiges Phänomen darstellte, denn die Exegese legte seit dem 19. Jahrhundert nahe, gerade die Kriege des alten Israel als Religionskriege zu betrachten[28].

Mit der Reformation im 16. Jahrhundert trat zudem das Bedürfnis nach Legitimierung der eigenen und Delegitimierung anderer Konfessionen hinzu. Die Zielsetzung katholischer Geschichtsschreibung als Verbindung von theologischer und historischer Argumentation resümiert Stefan Benz konzise als

> Bewahrung des immer gleichen Glaubens und der immer gleichen Tradition wie Riten, Bräuche usw., die von Anbeginn bis auf den heutigen Tag allen aufgetretenen Häretikern zum Trotz gleich blieben, womit dogmatische und historische Perspektive vereint wurden[29].

---

27 Dekrete, Bd. 3, Konzil von Trient, Sessio IV. Dekret I., S. 664, spricht von Tradition der Schrift und verbietet zu lehren »contra cum sensum, quem tenuit et tenet sancta mater ecclesia, cuius est iudicare de vero sensu et interpretatione scripturarum sanctarum, aut etiam contra unanimem consensum patrum ipsam scripturam sacram interpretari audet«. Vgl. darüber hinaus auch: BENZ, Tradition, S. 31.

28 Vgl. HÄVERNICK, Handbuch, S. 9.; EISSFELDER, Krieg, S. 57; KRATZ, Historisches und biblisches Israel, S. 257f.; LAUTENBACH, Einleitung, S. 23f.; OPPENHEIMER, Heilige Kriege, S. 31–42. Charakteristisch ist deshalb die *Histoire de Moïse* des lothringischen Prämonstratenserpaters Charles-Louis Hugo von 1699, die es regelrecht ablehnt, in der Geschichte des Alten Testaments einen Religionskrieg zu erkennen. Sie berichtet vom Krieg des assyrischen Königs Salmanassar V. gegen Hosea, den letzten König Israels, der »n'étoit pas une guerre de Religion, mais seulement d'interêt [car] il n'empêcha ni les Prêtres, ni les particuliers d'emporter avec eux les livres de la Loy«. HUGO, L'HISTOIRE, S. 499. Vgl. Biblia, 2. Könige, S. 17.

29 BENZ, Tradition, S. 31.

Der Religionskrieg als schärfste Form der Auseinandersetzung zwischen Orthodoxie und Häresie war deshalb ein zentrales Thema der katholischen Geschichtsschreibung aus der Zeit der Konfessionalisierung.

### II.1.1 Der islamische Religionskrieg und der christliche Religionskrieg gegen den Islam

In der abendländischen Geschichte hatte religiöse Kriegsführung eine lange Tradition, die sich vor allem in den Auseinandersetzungen mit dem Islam manifestierte und mit den Türkenkriegen bis ins 18. Jahrhundert nichts an Aktualität verloren hatte. Da christliche Autoren allgemein die Friedfertigkeit ihres eigenen Glaubens hervorhoben, erschienen die kriegerischen Auseinandersetzungen mit dem Islam im Charakter dieser fremden, andersartigen Religion angelegt. Der islamischen Religion wurde ein grundlegend kriegerischer Charakter zugeschrieben. Das *Journal des Sçavants* beschrieb am 12. März 1713 die sieben Säulen des Islam, wozu neben dem Fasten, der Wallfahrt nach Mekka, dem Zehnten, dem Opfer, dem regelmäßigen Gebet, der Heiligkeit Alis auch der Religionskrieg gehöre[30]. Im *Journal de Trévoux* vom Oktober 1714 findet sich eine Randbemerkung über den Charakter der islamischen Religion, in der es heißt: »Toutes les guerres des Mahomentans sont censées guerres de Religion, & c'est en ce sens qu'ils donnent le nom de Martyr à ceux qui meurent dans les batailles, ou dans la profession actuelle des armes«[31].

Die Muslime würden alle ihre Kriege als Religionskriege ansehen. Der Islam wurde damit als gewalttätig, seine Anhänger als blutrünstige Fanatiker geschildert. In der europäischen Geschichtsschreibung der Frühen Neuzeit wurden die islamischen Religionskriege deshalb als besonders verabscheuenswürdig dargestellt.

---

30 Vgl. Rezension von: Kitab Almachaid ou Alasrar Altaouhhidya, C'est à dire, Le Livre des témoignages des mysteres de l'unité, composé par Hamza Bin Ahmed, Grand Pontife de la Religion des Druzes, en 4. Tomes in 4. & traduit en François suivant l'ordre de Monseig. De Pontchartrain, Secretaire d'Etat, par le Sr. Petis de la Croix, Professeur Royal en Langue Arabe, en l'année 1701. Livre manuscript, in: JOURNAL DES SÇAVANS 1703, S. 278–289, hier S. 287.
31 ARTICLE CXXXI. LETTRE ECRITE PAR MONSIEUR de la Roque à Monsieur Rigord, Subdelegué de l'Intendance de Provence à Marseille, sur des monumens antiques &c., in: MEMOIRES 10.1714, S. 1771–1178, hier S. 1776.

Die Geschichte eines innermuslimischen Religionskrieges, wie sie in der *Bibliothèque Orientale* des französischen Orientalisten Barthélemy d'Herbelot von 1697 zu finden ist, verdeutlicht diese Sichtweise[32]. Demnach forderte der islamische Rechtsgelehrte Abdallah ibn Yasin seine Glaubensbrüder im 11. Jahrhundert auf,

d'obeir aux Loix de l'Alcoran, ils étoient obligez de faire la guerre à tous ceux qui ne s'y soûmettroient pas, parce que ce Livre commandoit de les exterminer. Cette proposition fut reçuë agréablement par des gens qui ne demandoient qu'à tuer & qu'à piller, & ils élurent aussi-tôt un Chef pour les conduire à la guerre contre les Infideles, auquel ils donnerent le titre d'Emir AlMoslemin, de Prince des Musulmans[33].

Das Gesetz des Korans gebiete es, gegen Ungläubige, Ketzer und Sünder in den Krieg zu ziehen und sie zu töten. Diese Lehre sei von allerhand mord- und raublustigem Gesindel positiv aufgenommen worden. Dieses Gesindel habe einen gewissen »Aboubeer« zum Fürsten der Muslime gewählt[34]. Er sollte sie im Krieg gegen die Ungläubigen, die sich weigerten, sich dem Gesetz des Islam zu unterwerfen, anführen[35]. Ibn Yasin, »qui étoit le principal Auteur de cette guerre de Religion, fut tué dans le premier combat […]. Telle fut la recompense qu'il remporta pour leur avoir prêché cette nouvelle Doctrine«[36]. Die Lehre aus dieser Geschichte bestand aus christlicher Sicht darin, dass, wer Religionskriege anzettele, auch durch diese umkommen werde. In der religiösen Fremdbetrachtung verurteilte Herbelot jeden Rigorismus, der seinen eigenen Glaubensgenossen keineswegs fremd war. Durch die Betrachtung islamischer Geschichte wurde aber deutlich, dass religiöse Fremdwahrnehmung keinesfalls in größerem Maße zu einer kritischen Haltung zum eigenen Umgang mit religiöser Devianz führen musste. Vielmehr wurde der Unglaube der Muslime scharf verurteilt. Er trage die Verantwortung für die islamischen Religionskriege. Kaum mehr verwunderlich ist deshalb die Begrüßung eines christlichen Religionskrieges zur Verteidigung gegen die Angriffe des Islam.

Der Orientmissionar Philippe Avril zitierte in seiner *Voyage en divers états d'Europe et d'Asie* von 1692 einen armenischen Autor namens Hayton, der im 13. Jahrhundert einen Religionskrieg zwischen Christen und Muslimen in Vorderasien beschrieb[37]. Da die Tatarei bereits von syrischen Missionaren in der Spätantike missioniert worden sei, habe auch der mongolische

---

32 Vgl. HERBELOT, BIBLIOTHEQUE.
33 Ebd., S. 623.
34 Vgl. ebd.
35 Vgl. ebd.
36 Ebd.
37 Vgl. AVRIL, VOYAGE, S. 191. Die gleiche Schilderung findet sich auch in der englischen Übersetzung von 1693. Vgl. Ders., Travels, S. 161.

Herrscher Kublai Khan das christliche Bekenntnis angenommen, und sein Bruder Haolon »fut une guerre de Religion au Caliphe de Babylone«, eroberte das Heilige Land von den Muslimen zurück, ließ eine Vielzahl von Kirchen wiedererrichten und restituierte die Könige von Armenien[38]. Einen solchen Religionskrieg gegen »ces ennemis cruels du Christianisme« konnte Hayton nur gutheißen[39]. In seiner Nachfolge kritisierte Avril diese Haltung nicht und bestätigte damit zunächst, was die historische Forschung von den Religionskriegen gesagt hat: Offiziell galten religiös motivierte Kriege nur gegen Nichtchristen im Europa der Frühen Neuzeit als legitim[40].

Dafür spricht auch das Lob, das der anglo-portugiesische Geschichtsschreiber John Stevens in seiner *A Brief History of Spain* von 1701 der spanischen *Reconquista* zuteil werden ließ. 1177 habe König Alfons VIII. von Kastilien (1158–1214) Frieden mit den christlichen Fürsten Spaniens geschlossen, »prevail'd with them to join their Forces against the Common Enemy, great Multitudes of Strangers at the same time resorting to him from all Parts, to engage in that Religious War«[41]. Der Religionskrieg gebiete also die Herstellung von Frieden in der Christenheit und die Vereinigung aller christlichen Kräfte zum Kampf gegen die Ungläubigen[42]. In der Schlacht von Las Navas de Tolosa habe Alfons die Mauren vollständig besiegt und 20.000 von ihnen getötet[43]. In der Tradition der *Reconquista* sah Stevens kein Problem in der Hinmetzelung der Ungläubigen in einem solchen Religionskrieg.

Zu einem differenzierteren Urteil kam der Uzétiner Chorherr Jacques Marsollier in seiner hagiografischen Schrift SUITE DE L'HISTOIRE du Cardinal Ximines[44]. Marsollier identifizierte einen christlich-muslimischen Religionskrieg im Kampf gegen die nordafrikanischen Barbareskenstaaten, die den aus Granada vertriebenen Muslimen Unterschlupf gewährt hatten.

---

38 Vgl. ders., VOYAGE, S. 192.
39 Vgl. ebd.
40 Vgl. SCHINDLING, Das Strafgericht, S. 27; ders., Türkenkriege, S. 597. TISCHER, Offizielle Kriegsbegründungen, S. 165, war es anhand einer Analyse aller offiziellen Kriegsmanifeste der Frühen Neuzeit möglich, die Bedeutung religiöser Faktoren in offiziellen Kriegsbegründungen zu relativieren. Im Gegensatz zu innerchristlichen Konflikten betont aber auch Tischer, dass es bei Auseinandersetzungen mit dem Osmanischen Reich keiner Begründung bedurfte, da der Türkenkrieg prinzipiell als Verteidigungskrieg galt. Vgl. dazu weiter STEIGER, Religion, S. 38f.
41 STEVENS, A BRIEF HISTORY, S. 105.
42 So bspw. auch pointiert gleichermaßen für den dritten Kreuzzug und den Albigenserkreuzzug ARTICLE XXV. HISTOIRE DE PHILIPPE Auguste. A Paris chez Michel Brunet. 1702. 2. Tomes in 12. Tom 1. Pagg. 397. Tom. 2. Pagg. 272., in: MEMOIRES 02.1703, S. 295–310, hier S. 305. Das Original war wegen Restaurierungsarbeiten in der BNF leider nicht einsehbar. Vgl. BAUDOT DE JUILLY, HISTOIRE, Bd. 1; ders., HISTOIRE, Bd. 2.
43 Vgl. STEVENS, A BRIEF HISTORY, S. 106.
44 Vgl. Rezension von: SUITE DE L'HISTOIRE du Cardinal Ximines par Mr. De Marsollier, in: MEMOIRES 05.1704, S. 673–691, hier S. 680.

Weil der Primas von Spanien und Großkanzler des Königsreichs Kastilien, Gonzalo Jiménez de Cisneros (1436–1517), befürchtet habe, diese könnten den Versuch unternehmen, Andalusien zurückzuerobern, habe er dafür plädiert, die nordafrikanischen Häfen zu verwüsten, von denen ihre Vorfahren nach Spanien aufgebrochen waren[45]. Im Rahmen einer »expedition sainte« habe er Oran einnehmen wollen[46]. Ein Präventivschlag gegen die nordafrikanischen Seeräuberstaaten wurde als heiliger Krieg von Marsollier unter Berufung auf das vorbildliche Leben Jiménez de Cisneros gutgeheißen. Insofern ging er ganz *d'accord* mit Stevens. Anders als dieser verurteilte Marsollier jedoch die Untaten der Christen in diesem Religionskrieg. Der Titelheld seiner Geschichte Jiménez de Cisneros habe mit Schrecken gesehen, wie sein Generalleutnant Peter von Navarra die Einwohner Orans hinmetzelte, denn »il n'étoit pas venu pour voir massacrer des Infidéles, mais pour les vaincre & pour les assujettir à JESUS-CHRIST«[47]. Ein christlicher Religionskrieg gegen den Islam wurde dieser Argumentation zufolge also im Gegensatz zu einem islamischen Religionskrieg gegen das Christentum nicht aus Barbarei, sondern zur Konversion der Gegenseite geführt. Darin erwies sich der Religionskrieg der Christen als wahrhaft religiös, der Religionskrieg der Muslime aber als verwerflich. Scharf wurde deshalb das Massaker Peter von Navarras verurteilt, weil es den Christen zur Schande gereichte, die Heiden zu ermorden, bevor sie ihnen die Botschaft des Evangeliums vermitteln konnten[48]. Ein wahrhaft christlicher Religionskrieg diente in jedem Fall der Mission Andersgläubiger. Ein falsch verstandener Religionskrieg erschien aber als Strafe Gottes.

Dies traf vor allem auf die islamischen Religionskriege gegen das Christentum zu. Den islamischen Religionskrieg sahen christliche Autoren als Strafe Gottes für die eigene Sündhaftigkeit. Der Orientmissionar Michel Nau beschrieb in seinem *État présent de la religion mahomentane* von 1684 in genau diesem Sinne die Geschichte der Ostkirchen. Ihre Zerrissenheit war dem französischen Jesuitenpater ein Gräuel. Die Christen Ägyptens und Syriens hätten mit der christlichen Kirche zur Zeit der arabischen Expansion nur mehr den Namen gemein gehabt[49].

---

45 Vgl. ebd., S. 680. Zur Biografie Gonzalo Jiménez de Cisneros immer noch: HEFELE, Der Cardinal.
46 Rezension von: SUITE DE L'HISTOIRE du Cardinal Ximines par Mr. De Marsollier, in: MEMOIRES 05.1704, S. 673–691, hier S. 681, 683.
47 Vgl. ebd., S. 683.
48 Hier bestand eine Parallele zwischen der Schilderung der Nordafrikaexpedition Jiménez de Cisneros und dem Umgang Ludwigs XIV. mit seinen reformierten Untertanen. Während in Frankreich das gewaltsame Vorgehen des Hauses Habsburg gegen dessen protestantische Untertanen verurteilt wurde, feierte man den eigenen König, der durch Mittel der Milde die Häretiker zurück in den Schoß der Kirche geführt habe. Vgl. SOULIER, HISTOIRE DU CALVINISME, AVERTISSEMENT [1].
49 Vgl. NAU, L'ÉTAT, Bd.1, S. 34.

Ils n'étoient pas seulement divisés du chef de l'Eglise, & de l'Eglise Apostolique par un commun schisme; mais ils l'étoient entr'eux par des erreurs & des schismes particuliers. Ils ne se contentoient pas de la guerre de religion qui ne se fait que par la langue & par la plume, ils emploïent l'épée & les armes, pour se gagner la domination les uns sur les autres, & faire triompher leur party[50].

So wurde die mangelnde Bereitschaft der Ostkirchen, sich dem römischen Primat unterzuordnen, für ihre desolate Lage verantwortlich gemacht. Aus dem einen Schisma seien weitere Schismen entstanden, woraus sich Religionskriege um die theologische Deutungshoheit entwickelt hätten, die nicht allein mit der Feder, sondern darüber hinaus auch mit der Waffe ausgefochten worden seien. Jede der schismatischen Gruppen habe der anderen ihre Glaubensinhalte mit militärischer Gewalt aufzwingen wollen. Die orientalischen Christen seien so korrumpiert gewesen, dass sie nicht einmal davor zurückgeschreckt hätten, die Mohammedaner ins Land zu rufen, um ihnen im Kampf gegen ihre eigenen Glaubensgenossen beizustehen[51]. Nicht die arabische Expansion, sondern die Uneinigkeit und Verderbtheit der orientalischen Schismatiker habe so zur Unterjochung der Christen im islamischen Herrschaftsbereich geführt. Nur durch die Unterwerfung der Ostkirchen unter den römischen Primat könne das Schisma überwunden werden, das Ursache für die orientalischen Religionskriege gewesen sei.

Die Verbindung zwischen muslimischem Religionskrieg gegen die Christen und der Zerrissenheit der Christenheit wurde auf sophistische Weise auch von der *Histoire de la conqueste d'Espagne* des spanischen Historiografen Miguel de Luna hergestellt, die 1680 in französischer Übersetzung erschien. De Luna zufolge habe 714 ein gewisser Almansor in Nordafrika »toutes les forces Mahometanes« versammelt und die Hilfe seines Bundesgenossen, des Königs von Tunis, erbeten, um einen Religionskrieg zur Eroberung der iberischen Halbinsel zu beginnen[52]. Auffallend in der Geschichte ist, wie der Katholik de Luna den muslimischen Religionskrieg in Verbindung zur Lehre der Einheit Gottes, der Unfähigkeit des Menschen, Gutes zu tun, und der Prädestination brachte – Glaubensgrundsätzen, denen ihm zufolge die Türken

---

50 Ebd.
51 »Ce ne furent pas le Mahometans qui établirent parmi eux leur Religion; ce furent ces malheureux Chrétiens qui y apelerent ces infideles par leurs desordres criminels, & par des députations qu'ils leur firent expressément pour les solliciter«. Ebd., S. 35.
52 Vgl. LUNA, HISTOIRE, Bd. 1, S. 61. Der Autor täuscht sich aber sowohl im Datum als auch in der Person des Eroberers, denn Almansor verwaltete das Kalifat von Cordoba Ende des 10. Jahrhunderts. Wahrscheinlicher ist, dass er Tāriq ibn Ziyād meinte, der 711 [!] mit einem muslimischen Heer nach Spanien übersetzte und im selben Jahr den in der Darstellung erwähnten Westgotenkönig »Rodrique« in der Schlacht am Rio Guadalete vernichtend schlug. Vgl. ebd., S. 63; CLAUDE, Untersuchungen, S. 329–358.

noch heute anhingen⁵³. Die Betonung von theologischen Parallelen zwischen evangelisch-reformierter und islamischer Dogmatik waren Kennzeichen katholischer Polemik. De Luna, der als Polemist im Dienste Philipps II. von Spanien stand, stellte hier Ketzerei und Unglauben in eine Reihe⁵⁴. Ein Religionskrieg ging damit immer von Seiten der Heiden und Häretiker aus. Wohl aber mussten sich die christlichen Mächte gegen einen solchen Religionskrieg zur Wehr setzen. In beiden Fällen lag es auf der Hand, dafür auf die Unterstützung der Kirche hoffen zu dürfen.

Für einen Religionskrieg gegen Muslime und Häretiker konnten katholische Historiografen auf eine Tradition kirchlicher Kriegskontributionen zurückblicken. Die Hagiografie *Histoire du Cardinal Ximenés* des französischen Bischofs Esprit Fléchier berichtet von einer solchen Kontribution während des III. Venezianischen Türkenkrieges (1499–1503)⁵⁵. Vor dem Hintergrund der Bedrohung Italiens habe Jiménez de Cisneros dem Papst den Zehnt seiner Diözese, die Kircheneinnahmen und -schätze Spaniens »pour la défense des Autels, & pour une guerre de Religion« angeboten⁵⁶. Traditionell durften Kircheneinkünfte, die als Einkünfte der Armen galten, nur für den Zweck eines Kreuzzugs ihrem ursprünglichen Verwendungszweck entfremdet werden, was die zeitgenössische Traktatliteratur unter Berufung auf Ambrosius von Mailand sowie das Dritte und Vierte Laterankonzil und beide Konzile von Lyon betonte⁵⁷. Aus diesem Grund machte Jiménez Papst Alexander VI. darauf aufmerksam, »hors ces pressantes nécessitez [...] il ne souffriroit pas que le Clergé d'Espagne devint tributaire d'un Prince Etranger«⁵⁸.

Die historiografische Schilderung der vergangenen christlich-muslimischen Religionskriege war mitten in den konfessionellen und kirchenpolitischen Streitigkeiten der Gegenwart angekommen. Die Wirkmächtigkeit der historiografisch legitimierten kirchlichen Kriegskontribution für einen Religionskrieg zeigt sich auch in Fléchiers gleichzeitigem Engagement für eine

---

53 Vgl. LUNA, HISTOIRE, Bd. 1, S. 234f.
54 Über den Zusammenhang von moriskischer und protestantischer Polemik einerseits und von Islamophobie und Antiprotestantismus andererseits vgl. CARDAILLAC, Morisques, S. 125–150.
55 Vgl. FLÉCHIER, HISTOIRE, Bd. 2.
56 Ebd., S. 329f.
57 Vgl. TRAITÉ TOUCHANT L'ORIGINE DES DIXMES, S. 256–258. Dekrete, Bd. 2, Drittes Laterankonzil, Canon 19, S. 221 schreibt die Steuerfreiheit des Klerus fest und gestattet dessen Besteuerung nur für den Fall, dass der Staat sich in höchster Not befinde. Ebd., Drittes Laterankonzil, Viertes Laterankonzil, Canon 46, S. 255 schreibt die Notwendigkeit päpstlicher Bestätigung für Sonderabgaben des Klerus vor, wurde allerdings in Frankreich wegen der gallikanischen Freiheiten weitgehend missachtet. Die Anordnung von Sonderabgaben des Klerus für Kreuzzüge finden sich u.a. ebd., Drittes Laterankonzil, Viertes Laterankonzil, Canon 71, S. 268f.; Erstes Konzil von Lyon, Canon 5, S. 299; Zweites Konzil von Lyon, Canon 1, S. 310.
58 FLÉCHIER, HISTOIRE, Bd. 2., S. 330.

kirchliche Unterstützung des Kampfes Ludwigs XIV. gegen die »calvinistische Häresie«[59] in Europa. In der Schilderung des III. Venezianischen Türkenkrieges scheinen Habitus und Selbstverständnis des gallikanischen Klerus hervor. Fléchier, der ein eifriger Parteigänger Ludwigs XIV. war, mochte die Gewährung von Hilfsgeldern gegen die Türken in eine Parallele gestellt haben mit Hilfsgeldern gegen die »calvinistischen Ketzer«, die er zeitlebens literarisch und seelsorgerisch bekämpfte[60]. Der Appell an die Preisgabe der Kirchenschätze für einen Religionskrieg kann zum einen als Demutsgeste gegenüber dem eigenen Monarchen und zum anderen als Aufforderung an Papst Innozenz XII. interpretiert werden, Ludwig XIV. Subsidien zum Kampf gegen die mit Österreich und Spanien verbündeten deutschen, englischen und niederländischen Protestanten im Neunjährigen Krieg zu gewähren. Beispielhaft dafür war das Verhalten des französischen Klerus, der trotz seiner prinzipiellen Steuerfreiheit auf einer *Assemblée générale* zu Saint-Germain-en-Laye im Juli 1690 Ludwig XIV. einen großzügigen *Don gratuit* in Höhe von zwölf Millionen Livres gewährt hatte, um den Usurpator Wilhelm III. von Oranien aus England zu vertreiben und Jakob II. gemeinsam mit der katholischen Kirche wieder auf den britischen Inseln zu restaurieren[61]. Ludwig XIV., Fléchier und der gallikanische Klerus erwarteten nun von Papst Innozenz XII. ein ähnliches Engagement gegen den Protestantismus, wie es Alexander VI. gegen die Türken an den Tag gelegt hatte[62]. Dabei präsentierte sich Jiménez aus gallikanischer Sicht als vorbildlicher Bischof, denn er habe nicht zugelassen, dass der spanische Klerus dem Papst tributpflichtig wurde. Auf diese Weise wurden die Rechte der spanischen »Nationalkirche« aufrechterhalten und den Katholischen Königen Isabella und Ferdinand die Präeminenz vor dem Papst eingeräumt. Eine solche Sichtweise ließ sich als historisches Exempel leicht für Ludwig XIV. und seine Verwendung des Religionskriegsarguments in der Gegenwart instrumentalisieren. Gleichzeitig erwies sie sich aber auch über die Grenzen Frankreichs hinaus als anschlussfähig für andere katholische »Nationalkirchen«.

---

59 Der Begriff der Häresie entstammt der katholischen Kontroverstheologie gegen den Protestantismus im Allgemeinen, der des »Calvinismus« der katholischen und lutherischen Polemik gegen die Reformierten. Sie tauchen in reformierten Quellen nicht als ernst gemeinte Selbstbezeichnung auf. Aus diesem Grund werden die Begriffe des »Calvinismus« und der »Häresie« im weiteren Verlauf der Arbeit nur mit Anführungszeichen verwendet.
60 Vgl. LANDRY, Esprit Fléchier, S. 598.
61 Vgl. ASSEMBLÉE GÉNÉRALE DU CLERGÉ DE FRANCE, Tenue à St. Germain-en-Laye au Château neuf, en l'année 1690, in: Collection, S. 637–694, hier S. 647–663. Vgl. dazu auch Kapitel III.2.7.
62 Zur Missionstätigkeit Fléchiers vgl. ORCIBAL, Louis XIV., S. 81, 133.

*Zusammenfassung*
Die katholische Historiografie verurteilte einmütig die islamischen Religionskriege als besonders grausam, barbarisch und ungerecht. Stattdessen begrüßte sie aber einen christlichen Religionskrieg zur Verteidigung der eigenen Glaubensgemeinschaft und Bekehrung der Muslime. Dabei legte sie einen ethischen Anspruch an den Tag, über den sie eine positive konfessionelle Identität der Katholiken und eine negative religiöse Alterität der Muslime konstruierte. Katholische Autoren setzten muslimische Gläubige teilweise mit christlichen Häretikern gleich, wodurch ein starker Zusammenhang zwischen Islam und christlicher Häresie hergestellt wurde.

Die These Johannes Burkhardts, Kriege zwischen Christen und Muslimen hätten für die Menschen der Frühen Neuzeit keine Religionskriege dargestellt, muss vor diesem Hintergrund revidiert werden[63]. Stattdessen bestand ein starker Zusammenhang zwischen der Wahrnehmung interreligiöser und innerchristlicher Konflikte[64]. Es ließ sich ein enger Konnex zwischen der katholischen Vorstellung eines Religionskrieges gegen den Islam und einem katholischen Religionskrieg gegen die Häresie herausarbeiten. Beides drohte aus Sicht der katholischen Historiografie Ruhe und Frieden innerhalb der Christenheit zu gefährden und musste durch einen Religionskrieg überwunden werden.

II.1.2 Vom Heiden- zum Ketzerkreuzzug und die Frage
nach Charakter und Behandlung des Protestantismus

Denis Crouzet und Robert Sauzet konnten zeigen, dass die katholische Interpretation der Bürgerkriege des 16. und frühen 17. Jahrhunderts wieder auf die Tradition der mittelalterlichen Ketzerkreuzzüge rekurrierte[65]. Diese Tradition riss nach dem Ende der Bürgerkriege in der katholischen Geschichtsschreibung jedoch keineswegs ab[66].

---

63 Vgl. BURKHARDT, Konfessionsbildung, S. 528f.
64 Dieser Aspekt ist von der Forschung schon mehrfach herausgestellt worden. Vgl. BOLTANSKI, Forger, S. 59; BURKHARDT, Religionskrieg, S. 684; CHALINE, La reconquête, S. 130.
65 Vgl. CROUZET, Dieu, S. 292–295, 297; ders., Les guerriers, Bd. 1, S. 381f., 388f., 393f., Bd. 2, S. 397–403; ders., Dieu, S. 283–309; ders., Les guerriers, Bd. 1, S. 378–410, Bd. 2, S. 394–425. Crouzet neigt jedoch auch dazu, die Bedeutung des Kreuzzugsgedankens zu überspitzen, indem er ihn auf alle Arten religiöser Bezugnahme im Katholizismus überträgt. Präziser die Ausführungen bei SAUZET, Au Grand Siècle, S. 81–115.
66 Vgl. SAUZET, Au Grand Siècle, S. 115–148. Sauzet zeichnet die Übertragung des Kreuzzugsgedankens auf die französischen Kolonien in Nordamerika nach. Dass dieser Gedanke aber auch im Inneren Frankreichs weiterlebte, berücksichtigt er nicht.

Die Gleichsetzung eines christlich-muslimischen Religionskrieges mit einem Religionskrieg gegen die innerchristlichen Häretiker findet ihren Ursprung in einer juristischen Konstruktion des Hochmittelalters[67]. Im Jahre 1208 erklärte Innozenz III. (1198–1216) einen Kreuzzug gegen die christliche Gruppe der Katharer und rechtfertigte seine Erklärung damit, es handele sich bei den Ketzern ebenso um Feinde Christi wie bei den Muslimen[68].

Französische Hagiografien rekurrierten immer wieder auf die Geschichte der Albigenserkriege[69]. Neu war um 1700 allerdings die Verwendung des Begriffs Religionskrieg für diese Auseiandersetzungen. 1691 bzw. 1693 verfassten der Dominikanerpater Jean Benoist und der Kapuziner Nicolas de Dijon Hagiografien über Dominikus de Guzmán (ca. 1170–1221), in denen sie ausführlich auf die Albigenserkriege eingingen[70]. Benoist beschrieb, wie Papst Innozenz III. den zehnten Teil der Kircheneinnahmen für den Albigenserkreuzzug versprochen habe[71]. eine notorische Forderung der weltlichen Großen an die Kirche, wenn sie einen Kreuzzug oder Religionskrieg führen wollten[72]. Die Verbindung kirchlicher und staatlicher Interessen im Kampf gegen die Häresie wird dementsprechend auch bei Dijon deutlich. Ihm zufolge standen die Katharer »ces ennemies de l'état & de l'Eglise«[73] in antagonistischer Weise Dominikus de Guzmán »dans cette guerre de religion«[74] gegen die Albigenser gegenüber.

---

67 Im frühen Mittelalter war der gewaltsame Kampf für den christlichen Glauben noch sehr umstritten. Vgl. HEHL, Heiliger Krieg, S. 324.
68 »[…] et, quibuscumque, modis revelaverit tibi Deus, hereticam tamen studeas perfidiam abolere sectatores ipsius eo quam Sarracenos securius, quo peiores sunt illis, in manu forti et extento brachio impugnando«. Nr. 26 (28). Innozenz III. an Philipp II. August von Frankreich, Lateran, ca. 10. März 1208, in: Die Register, S. 37. Dieses Dekret ist auch in die katholische Historiografie eingegangen. Vgl. BENOIST, HISTOIRE DES ALBIGEOIS, Bd. 1, S. 97. Dementsprechend findet in der frühneuzeitlichen Historiografie teilweise auch eine Gleichsetzung von Türken- und Konfessionskrieg unter dem Stichwort des Religionskrieges statt. Vgl. dazu bspw. CHOISY, HISTOIRE, Bd. 7, S. 419. Zur Übertragung des Instruments des Kreuzzuges von interreligiösen auf intrareligiöse Konflikte vgl. BOLTANSKI, Forger, S. 67; HOUSLEY, Crusades, S. 17–36; ORCIBAL, Les supercroisades, S. 138; TURBET-DELOF, L'Afrique, S. 160.
69 Vgl. DIJON, PANEGYRIQUES, Bd. 3, S. 200–243; JARRY, PANEGYRIQUES, S. 157–219; LANGLOIS, HISTOIRE; MARSOLLIER, HISTOIRE.
70 Vgl. BENOIST, HISTOIRE DES ALBIGEOIS, Bd. 1; DIJON, PANEGYRIQUES, Bd. 3, S. 200–243.
71 Vgl. BENOIST, HISTOIRE DES ALBIGEOIS, Bd. 1, S. 97.
72 In Frankreich geschah dies regelmäßig durch die Forderung des *Don gratuit*. Vgl. BLET, Le Clergé, Bd. 1, S. 287–289, 292, 294; ders., Les assemblées, S. 12, 15, 18f.; CANS, La contribution, S. 1–13, 30–45, 79–83, 87; BLET, Le Clergé, Bd. 2, S. 286, geht allerdings von der These aus, dass sich die Forderung des *Don gratuit* unter Ludwig XIV. verselbstständigte und zu einer Formsache herabsank.
73 DIJON, PANEGYRIQUES, Bd. 3, S. 224.
74 Ebd., S. 226.

Ce nouvel Apôtre de la France ait poursuivi presque luy seul pendant dix campagnes, ou dix années entieres ces esprits revoltez dans toutes les villes & dans tous les vilages, sans leur donner ni paix ni treve, ni sans prendre pour luy repos ni rafraichissement; & sans que toute la fureur de l'heresie & de l'enfer conjurée à sa perte, ait pû ni lui fermer la bouche, ni ébranler son courage, ni refroidir son zele, ni interrompre le cours de ses missions[75].

Die geistliche Mission Dominikus' wurde hier sprachlich mit einer martialischen Rhetorik aufgeladen und Dominikus zu einem Kriegshelden für den katholischen Glauben stilisiert, der nicht eher ruhen konnte, bis die Ketzerei vollends vernichtet war[76]. Deshalb habe ihn der Papst in diesen gefährlichen Zeiten »comme le rempart de l'Eglise & invincible défenseur de la foy« angesehen, ihn zum Inquisitor ernannt, einen Kreuzzug ausgerufen und die Könige und Fürsten zu einer »guerre de religion« bewegt[77]. Der Religionskrieg gegen die Ketzer erschien in dieser Schilderung als unumgehbar, ja alternativlos. Es kann davon ausgegangen werden, dass sich der Religionskrieg für Dijon nicht auf eine theologische Dimension beschränkte, sondern gleichsam auch politisches Programm war. Einen Hauch von Ketzerei erblickten viele Katholiken im Inneren ihrer eigenen Kirche etwa in den Formen des Jansenismus oder des Quietismus, denen auch Ludwig XIV. feindlich gesinnt war[78]. In Frankreich aber sah die katholische Mehrheit auch nach der Revokation des Edikts von Nantes die Hugenotten, die offiziell nicht einmal mehr existierten, als die Erzketzer schlechthin an.

Zur selben Zeit schilderte der Uzétiner Chorherr Jacques Marsollier in seiner *Histoire de l'Inquisition* den eigentlichen Albigenserkreuzzug (1209–1229) und die Verfolgung der Waldenser im Hoch- und Spätmittelalter als Religionskrieg[79]. Zunächst hätte Papst Innozenz III. gegen die Ketzer im Languedoc Milde walten lassen wollen und ihnen Missionare unter Führung Dominikus de Guzmáns und Pierre de Châteauneufs geschickt, um sie zur Umkehr zu bewegen[80]. Mit dieser Schilderung unterstrich Marsollier den Friedenswillen des Papstes. Nachdem Pierre de Châteauneuf aber das Martyrium erlitten hätte, habe der Papst beschlossen, mithilfe der weltlichen

---

75 Ebd., S. 227.
76 Vgl. ebd.
77 Ebd.
78 Als Anhänger von katholischer Gnaden- und Prädestinationslehre zeichnet sich bei Nicolas de Dijon vor allem ein Konflikt mit dem Jansenismus ab, den er auch an anderer Stelle literarisch bekämpfte. Vgl. DIJK, Nicolas de Dijon, S. 274. Zur Verfolgung der Jansenisten vgl. des Weiteren BLUCHE, Louis XIV., S. 85; HERSCHE, Muße, Bd. 1, S. 129; QUANTIN, Croisades, S. 637f.; SONNINO, Plus royaliste, S. 24.
79 Vgl. MARSOLLIER, HISTOIRE. JARRY, PANEGYRIQUES, S. 175f., schreibt von »une guerre de Religion, que l'heresie Albigeois avoit allumée au milieu de la France«.
80 Vgl. MARSOLLIER, HISTOIRE, S. 104.

Gewalt gegen die Katharer vorzugehen[81]. Dabei habe er sich eines berühmten Rechtsgelehrten bedient, der eine »fiction du droit« aufbaute, »pour traiter ces heretiques de Mahometans, parce que les uns & les autres avoient cela de commun d'être ennemis de l'Eglise«[82]. Um den Kreuzzug zu finanzieren, habe Innozenz III. einen Ablass gewährt, der denjenigen, die sich an dem Feldzug beteiligten, nicht nur Vergebung ihrer Sünden, sondern auch die Güter ihrer Gegner zusicherte[83]. Dies sei jedoch auf den Widerstand führender südfranzösischer Adliger gestoßen. So habe der Graf von Béziers – obwohl er selbst katholisch war – öffentlich in einem Manifest erklären lassen, »qu'il ne consideroit point cette guerre comme une guerre de Religion, mais comme une partie faite pour les dépoüiller de leurs biens«[84]. Er und andere hätten deshalb beabsichtigt, ihre Untertanen unabhängig von ihrer Religionszugehörigkeit zu schützen[85]. Die Kreuzfahrer hätten sich nicht die Mühe gemacht, auf dieses Schreiben zu antworten, und seien zum Angriff übergegangen[86]. Marsolliers Schilderung blieb an dieser Stelle kühl und sachlich. Er verzichtete auf jeglichen Kommentar der Argumente Béziers, während der Papst, Dominikus, Châteauneuf und die Kreuzfahrer mit dem Lob des Seelsorgers bedacht und als nachahmungswürdige Vorbilder dargestellt werden. Der Zweifel, es habe sich beim Albigenserkreuzzug nicht um einen Religionskrieg, sondern um einen wirtschaftlich begründeten Konflikt handeln können, wurde zwar erwähnt, die Gefahr, die von der Häresie ausging, erschien für den katholischen Kleriker um 1700 aber ungleich größer. So erklärt es sich von selbst, dass angesichts der Reinheit der Lehre andere Argumente in den Hintergrund traten[87]. Für eine solche Haltung sprechen auch die fehlenden Vorbehalte, die Marsollier gegenüber dem Gegenstand seines Werkes hatte, denn die Inquisition war im katholischen Frankreich durchaus nicht unumstritten, wo seit dem 16. Jahrhundert bischöfliche und königliche Gerichtsbarkeit die Verfahren gegen Ketzerei weitgehend an sich gezogen hatten[88]. In Südfrankreich bestanden allerdings Einrichtungen der mittelalterlichen Ketzerinquisition bis zum Ende des *Ancien Régime* fort, die Marsollier als Chorherren von Uzès im ehemaligen Kernland der Albigenser womöglich zu seiner Schrift veranlasst hatten[89]. Es kann an dieser Stelle nicht geklärt werden, ob für die Leser Marsolliers die Inquisition eine unhinterfragbare und positiv konnotierte

---

81 Vgl. ebd.
82 Ebd.
83 Vgl. ebd., S. 105.
84 Ebd., S. 107.
85 Vgl. ebd.
86 Vgl. ebd., S. 108.
87 In diesem Sinne schließt auch das gesamte Werk Anfang des 16. Jahrhunderts ab. Vgl. ebd., S. 501f.
88 Vgl. NEVEU, Inquisition, S. 664.
89 Vgl. ebd.

Einrichtung war. Sicher war dies aber für den Autor der *Histoire de l'Inquisition* der Fall, und er ging davon aus, es bestehe auch bei einer katholischen Leserschaft kein weiterer Erklärungs- oder gar Rechtfertigungsbedarf.

Mit dem Kamisardenaufstand (1702–1705) steigerte sich das Interesse an den Albigenserkreuzzügen Anfang des 18. Jahrhunderts noch einmal erheblich[90]. Katholischen Geschichtsschreibern erschien der Aufstand der südfranzösischen Protestanten als Wiederholung des Ketzerkreuzzugs im 13. Jahrhundert. Aus diesem Grund publizierte der Jesuitenpater Jean-Baptiste Langlois 1703 eine *Histoire des croisades contre les Albigeois*[91]. Sein Unternehmen begründete er damit, die »Calvinisten« hätten ein vollkommen falsches Bild dieser »Häresie« und »une image affreuse des cruautez prétenduës que les Catholiques excerecent contre les Albigeois« entworfen[92]. Langlois warf ihnen vor, ihre eigene »Häresie« zu Unrecht in die Tradition der Albigenser zu stellen, um ihrer Sekte einen Ursprung vor dem Jahrhundert Calvins zu geben[93]. Eine derart verfälschte Beschreibung laufe Gefahr, die abscheulichen Irrtümer der Albigenser zu verharmlosen[94]. Den Aufstand der Katharer sah er in Analogie zum Aufstand der Reformierten in der Gegenwart. Gerade deshalb müsse man den Reformierten deutlich machen, dass die Albigenser keine historische Begründung für ihren Aufstand böten.

Genauso wie die protestantische Historiografie zu den Ketzerbewegungen stellte auch die katholische Geschichtsschreibung eine Kontinuität zwischen spätmittelalterlicher Häresie und neuzeitlichem Protestantismus her[95]. Programmatisch entwickelte Jacques-Bénigne Bossuets *Discours sur l'histoire universelle* ein Geschichtsbild, das die Vergangenheit als ewigen Kampf zwischen Katholizität und Ketzertum darstellte[96]. Demnach bestand die römische Kirche von Anbeginn der Zeit und musste sich seit dem frühen Christentum der Häresie erwehren, die immer wieder blutige Religionskriege verursacht

---

90 Zum Kamisardenaufstand grundlegend aus protestantischer Sicht vgl. Bosc, La guerre des Camisards, S. 335–355; ders., La guerre des Cévennes; Strayer, Huguenots, S. 261–322; populärwissenschaftlich Carbonnier-Burkard, Comprendre. Wissenschaftlich äußerst fragwürdig ist. Aus katholischer Perspektive vgl. Sauzet, Les Cévennes, S. 182–234. Explizit zum religiösen Aspekt vgl. jetzt auch Monahan, Let God.
91 Vgl. Langlois, HISTOIRE, PREFACE [1].
92 Ebd., PREFACE [3].
93 Vgl. ebd., PREFACE [4].
94 Vgl ebd., PREFACE [4].
95 So bspw. ebd., PREFACE [1]; Benoist, HISTOIRE DES ALBIGEOIS, Bd. 1, PREFACE [3]. Bossuet stellte in seinen *Histoires des variations des églises protestantes* die Albigenser als Vorläufer der Protestanten dar. Kennzeichen dieser und jeder anderen Häresie sei aber ihre Zerissenheit, weshalb er zwischen Albigensern und Waldensern unterscheidet. Die Albigenser hätten ihre Ursprünge in Bulgarien und stammten von den Manichäern ab, während die Waldenser erst im Frankreich des 12. Jahrhunderts entstanden seien. Vgl. Bossuet, HISTOIRE, Bd. 2, S. 157–201, 259–274.
96 Vgl. Bossuet, DISCOURS, Bd. 1.

habe. Dementsprechend leiteten katholische Geschichtsschreiber analog zu ihren protestantischen Gegnern den Ursprung des protestantischen Christentums von den hoch- und spätmittelalterlichen Ketzerbewegungen ab[97]. Nachfolger der Albigenser und Vorgänger der modernen Protestanten in diesem Sinne waren die Waldenser, deren Geschichte der Jesuit Gabriel Daniel in seiner *Histoire de France* von 1713 seine Aufmerksamkeit schenkte. Darin berichtet er von der Anordnung des ersten Parlamentspräsidenten von Aix-en-Provence, Barthélemy de Chassanée, aus dem Jahr 1540, die Waldenser zu verbrennen und ihre Güter zu konfiszieren, weil von ihnen die Gefahr einer Rebellion ausgehe[98]. Dieser Beschluss sei aber kassiert worden, weil man seine Ausführung für zu grausam gehalten habe[99]. Weiter hieß es, der Baron Jean Maynier d'Oppède, Nachfolger Chassanées, habe ihn jedoch wieder aufgegriffen, als er erfahren habe, dass die Waldenser erneut Unruhe stifteten und planten, Marseille zu überfallen, während der Oberbefehlshaber der Provence auf diplomatischer Mission in Deutschland weilte[100].

Le Roy à qui l'exemple des troubles d'Allemagne faisoit extrêmement appréhender une guerre de Religion dans son Etat, jugea qu'il falloit au plûtôt remédier à ces commencemens de sédition; & [...] envoya ordre au premier Président d'exécuter l'Arrest de l'an 1540[101].

Die Waldenser hätten daraufhin die lutherischen Fürsten Deutschlands und die protestantischen Kantone der Schweiz eingeschaltet, sich bei Franz I. für sie zu verwenden. Dabei hätten sie betont, »qu'ils ne causeroient aucun trouble dans l'Etat«[102]. Der König habe die protestantischen Gesandten wissen

---

97 Vgl. BORST, Die Katharer, S. 36f. geht davon aus, dass die These Bossuets in seinen *Histoires des variations des églises protestantes*, Albigenser und Waldenser seien zwei voneinander distinkte Gruppen, sich während des späten 17. Jahrhunderts bei katholischen Autoren verbreitet und Mitte des 18. Jahrhunderts auch bei ihren protestantischen Gegnern durchgesetzt habe. Einen Beleg hierfür liefert er freilich nicht, und die von ihm selbst angeführten Ausnahmen wie LANGLOIS, HISTOIRE, PREFACE [1]; BENOIST, HISTOIRE DES ALBIGEOIS, Bd. 1, PREFACE [3], scheinen eher die Regel als ein Sonderfall gewesen zu sein. Denn zu Recht stellt BORST, Die Katharer, S. 36, selbst fest, dass Bossuet selbst gerade in der Zerissenheit der mittelalterlichen Ketzerbewegungen und des Protestantismus das Kennzeichen der Häresie schlechthin sah und deshalb eine Kontinuitätslinie zwischen beiden Phänomenen herstellte. In der Mittelalterforschung hat sich Borsts Auffassung vom durch Bossuet hervorgerufenen Paradigmenwechsel während der »Krise des europäischen Geistes« (Paul Hazard) aufgrund des geringen Interesses an der frühneuzeitlichen Historiografie jedoch durchgesetzt. Vgl. WOEHL, Volo vincere, S. 15. BARBER, Die Katharer, S. 295.
98 Vgl. DANIEL, HISTOIRE, Bd. 3, S. 423.
99 Vgl. ebd.
100 Vgl. ebd.
101 Ebd.
102 Ebd.

lassen, er werde keine Einmischung in die inneren Angelegenheiten seines Königreichs dulden, woraufhin der Präsident Oppède mit einer Soldateska in die Dörfer der Waldenser gezogen sei und jeden Häretiker massakriert habe, dessen er habhaft werden konnte[103]. Auch wenn der Eindruck entsteht, dass Daniel das Vorgehen Oppèdes nicht direkt begrüßte, so rechtfertige der rebellische Geist der »waldensischen Ketzer«, sie mit Feuer und Schwert auszurotten, um die Gefahr eines Religionskrieges, wie ihn die »lutherische Ketzerei« in Deutschland verursacht habe, zu bannen. Die mittelalterlichen Häresien und der Protestantismus waren in den Augen der katholischen Historiografie Frankreichs also ein und dasselbe Phänomen, dem es mit den gleichen Waffen zu begegnen galt.

*Zusammenfassung*

In den Augen der katholischen Historiografie war der Religionskrieg Synonym für einen Ketzerkreuzzug. Katholische Geschichtsschreiber unterstellten den mittelalterlichen Häretikern ihrerseits den Plan eines Religionskrieges gegen den Katholizismus. Ein katholischer Ketzerkreuzzug ließ sich deshalb sowohl religiös als auch als politisch notwendiger Verteidigungskrieg rechtfertigen. Namentlich die mittelalterlichen Häresien der Albigenser und Waldenser galt es in einem solchen Religionskrieg zu vernichten.

Die katholische Geschichtsschreibung übertrug das Narrativ eines mittelalterlichen Ketzerkreuzzugs mit dem Aufkommen der Reformation direkt auf den Protestantismus. Aus katholischer Perspektive stellte der Protestantismus nichts anderes als eine Fortsetzung der mittelalterlichen Ketzerbewegungen dar, die danach trachteten, die reine katholische Lehre zu verunreinigen. In Analogie zu den Häresien der Albigenser und Waldenser galt es, auch die »Häresie« des Protestantismus von Beginn an in einem Ketzerkreuzzug zu vernichten, um einem protestantischen Religionskrieg zuvorzukommen. Eine zentrale Rolle wies die katholische Herrschermemoria katholischen Monarchen zu.

### II.1.3 Die katholische Herrschermemoria

Die Herrschermemoria katholischer Geschichtsschreibung variierte zwischen offener Kritik und höchstem Lob des Verhaltens katholischer Monarchen in vergangenen Religionskriegen. Die historische Rückschau ermöglichte dabei versteckte Kritik und schmeichelnde Gleichsetzungen gegenwärtiger Herrscher mit verstorbenen Monarchen und erhielt so mitunter große

---

103 Vgl. ebd.

Bedeutung für die politischen Debatten der Gegenwart. Durch das Medium der Historiografie wurden bestimmte Herrscherbilder in ihrer Beziehung zum Religionskrieg, die in einem ganz bestimmten historischen Kontext entstanden, jedoch über ihren konkreten Entstehungskontext hinaus verbreitet. Maßgeblich wurde die Tradierung katholischer Herrscherbilder von der Geistlichkeit vorangetrieben.

Der Kapuzinerpater Martin von Cochem machte in seiner *Das Andere History-Buch* von 1694 den Abfall Kaiser Herakleios (ca. 575–641) vom Glauben für den Ausbruch eines Religionskrieges im Römischen Reich verantwortlich. Dieser habe letztlich der islamischen Expansion im Vorderen Orient Tür und Tor geöffnet[104]. Von Herakleios wird berichtet, nach seinen Siegen über zahlreiche Heiden und Häretiker sei einmal ein »eurychianischer Ketzer« zu ihm gekommen,

> welcher mit ihm von dem Glauben anfienge zu reden. Der guter Käyser vermainte/ er wollte den Ketzer zum Catholischen Glauben bekehren/ der verschlagene Ketzer aber verkehrte ihn zu seiner Ketzerey [...] Worauß wir sehen/ wie gefährlich es denen/ welche in der Theology nicht studirt haben/ seye/ wan sie mit denen Ketzern wollen disputieren. Weßwegen es dann die Catholische Kirch bey Straff einer grossen Sünd verboten hat/ in welche die jenige fallen/ so nicht in Glaubens-Sachen studirt haben/ dannoch vermessentlich mit den Ketzers von den Glaubens-Strittigkeiten wollen disputiren[105].

Cochem folgte hier der katholischen Lehre, die eine Einmischung von Laien in Fragen des Glaubens verbietet. Glaubenskenntnisse genauso wie Glaubensfestigkeit der Laien seien schlicht und einfach nicht groß genug, um den Streit mit den Ketzern aufnehmen zu können. Dies gelte selbst für gesalbte Monarchen. Diskussionen mit Ketzern bargen die Gefahr des Abfalls vom katholischen Glauben, was der Fall des Kaisers Herakleios deutlich illustrierte. Laien und insbesondere Monarchen sei es deshalb vorbehalten, mit dem Schwert und nicht mit Wortgefechten die Häresie zu bekämpfen. Cochem verteidigte somit den päpstlichen Primat gegen den Eingriff christlicher Monarchen in Glaubensangelegenheiten, während er gleichzeitig die

---

104 Vgl. COCHEM, Das Andere History-Buch, S. 256, nennt neben Herakleios beispielsweise Konstantius, Valentinian, Theodosius den Jüngeren und Justinianus.
105 Ebd. Gemeint ist damit wohl der im byzantinischen Reich weit verbreitete Monophysitismus, der lehrte, dass auch die körperliche Hülle Christi ganz göttlich und nicht menschlich gewesen, Christus also nie Mensch wurde, sondern immer Gott geblieben sei. Herakleios versuchte, mit der Lehre des Monotheletismus, die zwei Naturen, aber nur einen Willen Christi lehrte, eine Kompromissformel zwischen Monophysitisten und Orthodoxen herzustellen, die sich aber nicht durchsetzen konnte und hier von Cochem unter dem Stichwort »eurychianische Ketzerei« mit dem Monophysitismus gleichgesetzt wurde.

Monarchen in die Pflicht nahm, für den christlichen Glauben zu kämpfen. Folglich wurde eine selbstständige Kirchenpolitik, wie sie etwa Ludwig XIV. verfolgte, grundlegend abgelehnt und verurteilt. Cochem adressierte seine Kirchengeschichte aber nicht an den französischen König, sondern an einen kaiserlichen Beamten am Wiener Kaiserhof[106]. 1694 befand sich Leopold I. im Kampf gegen seinen katholischen Vetter Ludwig XIV. im Bündnis mit den protestantischen Reichsständen, dem König von England und Statthalter der Niederlande, während er gleichzeitig auf dem Balkan gegen die Türken Krieg führte. Die interkonfessionelle Allianz Leopolds gegen Frankreich war im katholischen Europa aber keinesfalls unumstritten[107]. Der Kaiser wurde durch das Beispiel der Geschichte des oströmischen Reichs gewarnt, sich mit den Ketzern einzulassen. Denn während Herakleios »im Römischen Reich einen Religions-Krieg anfienge/ und den Mahomet ungehindert liesse forthandeln/ namme dieser eine Stadt nach der andern/ und ein Land nach dem andern ein«[108].

Woraus letztlich folge, dass »Gott streitet wider das Römische Reich für die Saracener: weil der Käyser streitet wider die Catholische Kirch für die Ketzer«[109]. Cochems Schilderung konnte zur Zeit ihrer Entstehung als versteckte Kritik an Kaiser Leopold I. interpretiert werden. Eine solche Interpretation legt nahe, dass Cochem unter dem Deckmantel byzantinischer Geschichte den Kaiser warnte, Gott werde die Erblande und ganz Europa von den Türken heimsuchen lassen, wenn er durch sein Bündnis mit den Protestanten der katholischen Kirche einen Schaden zufüge, ja womöglich sogar selbst zum Protestantismus konvertiere. Die Gefahr einer osmanischen Invasion war elf Jahre nach der Belagerung Wiens immer noch virulent, ein endgültiger Sieg gegen die Türken ungewiss und ein Frieden mit der Hohen Pforte noch keinesfalls in Aussicht. Gegner der interkonfessionellen Wiener Großen Allianz erwarteten einen erneuten Einfall der Türken im Reich als Strafe Gottes für die Kooperation mit den protestantischen Fürsten. Ein Bündnis mit dem katholischen König von Frankreich stellte demgegenüber in ihren Augen das kleinere Übel dar[110].

Noch schändlicher als ein Bündnis mit christlichen Häretikern erschien aus der historischen Rückschau eine Allianz mit den Muslimen selbst. Der Jesuit Christoph Ott warf lutherischen Geschichtsschreibern wie Matthias

---

106 Vgl. ebd., Widmung [1].
107 Vgl. Kapitel III.1.3, III.1.4, III.1.7, III.1.8.
108 COCHEM, Das Andere History-Buch, S. 256.
109 Ebd., S. 259.
110 Zur Kritik am Bündnis mit den Protestanten an der Wiener Hofburg vgl. KLOPP, Das Jahr, S. 438, 442f. Über die politischen Annäherungsversuche zwischen Wien und Versailles während des Neunjährigen Krieges und des Spanischen Erbfolgekrieges vgl. BRAUBACH, Versailles, S. 13–44; BURKHARDT, Konfession, S. 135–154.

Flacius Illyricus in seiner erfolgreichen Papstgeschichte *Roma gloriosa* vor, die Apologie Kaiser Friedrichs II. (1194–1250) betrieben zu haben, der sich mit den Sarazenen und Türken gegen den Papst verbündet habe[111]. Ott schilderte Friedrich II. als abschreckendes Beispiel eines moralisch verkommenen und unchristlichen Tyrannen. Er klagte Friedrich II. des Kirchenraubs und der Unzucht an, die durch dessen viele uneheliche Kinder bewiesen würden[112].

Hat er in so tyrannische Art wider Geistlich= und Weltliche an sich genommen/ daß Pabst Gregorius IX. nach dem er ihne in den Geistlichen Bann gethan/ wider ihne nit anderst/ als wie vor disem wider die Türcken/ Bellum Sacrum, oder ein Religions=Krieg durch Teutsch= und Welschland hat ansagen/ und die sich darzu anerbietende Landsknecht mit dem Creutz=Zeichen bezeichnen lassen/ da sich dann eigentlich Kayser Friedrich wie ein Türcken/ das ist/ wie ein Feind deß heiligen Creutz/ und nit wie ein Christen verhalten hat/ in dem er/ so er etwann mit dem Creutz bezeichnete Päbstliche Soldaten gefangen bekommen/ dem heiligen zu spott/ kreutzweiß dieselbige zerschneiden und zerhacken/ den Priestern aber ihre Priesterlichen Platen auff den Häuptern kreutzweiß zerspalten [...] lassen. Letztlich die gantze Römische Kirchen [...] gäntzlich außzutilgen entschlossen[113].

Der Papst sah sich also gezwungen, den Kaiser zu exkommunizieren und einen Kreuzzug gegen ihn auszurufen. Der Angriff auf den Kaiser wird mit dessen türkischem, d.h. unchristlichem Verhalten legitimiert. In diesem päpstlichen Religionskrieg habe sich der Kaiser als wahrhaftiger Antichrist erwiesen, der die Autorität des Papstes und des Kreuzes verspottet habe, indem er gefangene Kreuzfahrer und papsttreue Priester in Form des Kreuzes vierteilen ließ. Mit seinem Angriff auf die Tonsur der Priester wurde zugleich die geistliche Funktion der Kleriker verhöhnt, was Ott wegen der zentralen Rolle der Geistlichkeit im Katholizismus schließlich mit der Ausrottung der ganzen katholischen Kirche gleichsetzte.

Anders als Martin von Cochem postulierte Christoph Ott ein Widerstandsrecht gegen ketzerische oder moralisch verkommene Monarchen. Mittel dazu war der Religionskrieg. Dieser bedurfte aber der Approbation der Kirche. Allein dem Papst obliege es demzufolge, einen Religionskrieg gegen einen unbotmäßigen Monarchen auszurufen. Somit stellte der Religionskrieg das letzte Mittel der Wahl dar, wenn es darum ging, einen katholischen Monarchen an seine Pflicht zum Schutz der Christenheit gegenüber Frevlern, Heiden und Muslimen zu erinnern.

---

111 Vgl. die Erstauflage OTT, ROMA 1676, S. 462, 464; zitiert im Folgenden nach der dritten Auflage von 1702 ders., ROMA, S. 362, 364f.
112 Vgl. OTT, ROMA, S. 364.
113 Ebd., S. 362f.

Christoph Ott zeigte damit deutlich, dass im katholischen Europa von einem gesalbten Monarchen prinzipiell der Kampf gegen Islam und Häresie erwartet wurde. Folglich berichtete der Abbé François Timoléon de Choisy in seiner *Histoire de France* abschätzig von Kaiser Sigismund, »qui s'étoit signalé dans une guerre de religion, n'aquit pas grand honneur en Boheme contre les Hussites ni en Hongrie contre les Turcs«[114]. Es liegt auf der Hand, dass der deutsche Kaiser es in der Schilderung Choisys, eines von Ludwig XIV. berufenen *Académiciens*, nicht mit den französischen Königen aufnehmen konnte[115].

Anders als in Deutschland war Herrscherkritik im Frankreich des *Grand Siècle* sehr selten und wurde entweder, wie bei Choisy, gegenüber ausländischen Monarchen geübt und/oder sehr verdeckt geäußert wie in den *Memoires pour servir à l'histoire écclesiastique* des jansenistischen Kirchengeschichtsschreibers Louis Sébastien Lenain de Tillemont[116]. Darin beschrieb Tillemont den Krieg, den der heidnische römische Kaiser Maximinus Daia († 313) gegen die christlichen Armenier geführt hatte, als ersten Religionskrieg der Geschichte[117]. Der falsche Eifer für den Götzendienst habe Maximinus Daia zu diesem Angriffskrieg bewogen, denn er habe die Armenier, seine alten Verbündeten, zwingen wollen, es ihm gleichzutun und den Dämonen zu opfern[118]. Aber »Dieu voulut punir en mesme temps les persecuteurs de ses Saints par tous les fleaux de sa justice; & pendant que les sujets de Maximin estoient emportez par la famine & par la peste, Maximien souffroit aussi beaucoup avec son armée«[119].

Demnach griff Gott als Weltenrichter direkt in das Geschehen ein. Für die Ausbreitung des Götzendienstes, den Maximinus Daia über die Grenzen seines eigenen Reichs hinaus geführt hatte, wurde der Kaiser hart bestraft. Gott habe im Religionskrieg seine schützende Hand über die Christen gehalten, die mit seiner Hilfe letzten Endes den Sieg davongetragen hätten. Einerseits konnte

---

114 CHOISY, HISTOIRE, Bd. 7, S. 419.
115 Der Abbé de Choisy hat aufgrund seiner Transsexualität seit jeher ein lebhaftes Interesse in einer breiteren Öffentlichkeit hervorgerufen, was nicht immer unbedingt zur besseren Erforschung seines Werkes und seiner Rolle als *Académicien* beigetragen hat. Die wenigen wissenschaftlichen Publikationen verweisen auf diesen Umstand schon im Titel. Vgl. CRUYSSE, L'Abbé; MÉLIA, L'Étrange existence; MISTLER, Un original.
116 Zur Kirchengeschichtsschreibung Louis Sébastien Lenain de Tillemonts vgl. grundlegend NEVEU, Sébastien Le Nain de Tillemont, S. 93-104.
117 Vgl. LENAIN DE TILLEMENT, MEMOIRES, Bd. 5, S. 111, 820. Die Herrscherkritik eines François de Salignac de la Mothe-Fénelon war dabei eher die Ausnahme, und selbst für Fénelon war kennzeichnend, dass er den König selten oder nie persönlich angriff, sondern sich für seine Herrscherkritik genau wie die jansenistischen Autoren der literarischen Verfremdung bediente. Vgl. FÉNELON, LES AVENTURES.
118 Vgl. LENAIN DE TILLEMENT, MEMOIRES, Bd. 5, S. 111.
119 LENAIN DE TILLEMENT, MEMOIRES, Bd. 5, S. 111.

diese Schilderung als Teil der christlichen Heilsgeschichte ohne direkten tagespolitischen Bezug interpretiert, andererseits als versteckte Herrscherkritik Lenain de Tillemonts gedeutet werden. Einerseits kam kaum ein Franzose im *Grand Siècle* darauf, den Allerchristlichsten König mit einem dezidiert heidnischen Cäsaren zu vergleichen, andererseits konnte gerade Ludwig XIV. im europäischen Ausland und bei einem Teil seiner exilierten Landeskinder als Sinnbild eines fanatischen Christenverfolgers gelten. Dieser Vorwurf gegen den eigenen Monarchen gipfelte in der Anklage, einen wahrhaftigen Religionskrieg gegen das Christentum begonnen zu haben. Derart war es Tillemont möglich, über das historische Exempel Maximinus Daia ungestraft Kritik am eigenen Monarchen üben zu können, ohne ihm die prinzipielle Untertanentreue aufzukündigen[120]. Diese Art von verdeckter Herrscherkritik war vor allem bei jansenistischen Autoren üblich, denn die Jansenisten sahen sich im Verlauf des 17. und frühen 18. Jahrhunderts immer stärkeren Repressionen durch die französische Regierung ausgesetzt[121]. Anders als bei den Hugenotten verließ aber nur ein Teil der geistigen Elite Frankreich. Viele führende Jansenisten blieben im Land und setzten dort ihr Werk auch nach der Schließung von Port-Royal fort. Sie bestärkten ihre Glaubensbrüder, an ihrer Lehre festzuhalten, denn Gott werde auch gegen jegliche Form der Verfolgung seine Hand nicht von ihnen nehmen. Dafür bedienten sie sich des Mittels literarischer Verfremdung. Die Verortung der Geschichte Maximinus Daias in der Spätantike brachte den Vorteil mit sich, die strengen französischen Zensurbehörden zu umgehen und im eigenen Land publizieren zu können[122].

Für den Erfolg dieser Taktik spricht auch die Adaption dieser Geschichte durch Tillemonts Glaubensbruder Adrien Baillet, der sie in den folgenden Jahren für die seelsorgerische Praxis aufbereitete. Die populäre Sammlung von Heiligenviten Baillets, die unter verschiedenen Titeln 1702 und 1703 mehrfach erschien, gab sie bei der Lebensbeschreibung Gregors des Erleuchters, des Apostels der Armenier, wieder[123]. Die erbauliche Seite der Geschichte vom Religionskrieg des Maximinus Daia gegen die christlichen Armenier fand in der Folge Eingang in die katholische Hagiografie und wohl auch

---

120 BLUCHE, Louis XIV., S. 186, unterstreicht die prinzipielle Untertanentreue exilierter Jansenisten. ENGELS, Königsbilder, S. 167–174, hingegen hat auf die Zwiespältigkeit des jansenistischen Herrscherdiskurses im 18. Jahrhundert hingewiesen.
121 Zur königlichen Unterdrückungspolitik vgl. COTTRET, Der Jansenistenstreit, S. 365–368, 373–376; TAVENEAUX, La vie, S. 97–101; ders., Jansénisme, S. 70–83.
122 Ein Großteil der jansenistischen Presse konnte am Ende des 17. Jahrhunderts nur noch im Ausland, namentlich den protestantischen Vereinigten Provinzen erscheinen. Vgl. BERNARD, Jansenismus, S. 197; MINOIS, Censure, S. 156; TAVENEAUX, La vie, S. 213. Über den Umgang Lenain de Tillemonts mit der Zensur ausführlich NEVEU, Un historien, S. 198–204.
123 Vgl. BAILLET, LES VIES, Bd. 3, S. 425f.; ders., CHRONOLOGIE, S. 164; ders., TOPOGRAPHIE, S. 43f.; ders., LES VIES, Bd. 4, S. 22f.

Frömmigkeitspraxis. Durch die Kritik an einem heidnischen Cäsaren wurde das französische Königtum nicht direkt tangiert. Deshalb lässt sich die These Jens Ivo Engels von der Ambiguität des jansenistischen Königsbildes unter Ludwig XV. leicht auch auf Ludwig XIV. übertragen[124]. Zwar positionierten sich auch jansenistische Autoren dezidiert königstreu, wie es der politische Diskurs im Frankreich des *Grand Siècle* von ihnen verlangte, doch ist bei näherer Betrachtung häufig eine kritischere Distanz spürbar als bei anderen katholischen Franzosen[125]. Diese aber postulierten durch das Schreiben einer universellen Geschichte des Religionskrieges gegen Heiden und Ketzer die geistliche Sukzession des Allerchristlichsten Königs als Anführer der Katholiken in einem Religionskrieg.

Die hier dargestellte, insgesamt doch sehr verhaltene jansenistische Herrscherkritik stellte in Frankreich ein Randphänomen dar. Anders als im Reich ordnete sich die französische Historiografie zum Religionskrieg großteils dem Genre der Herrscherpanegyrik unter. Zwar existierte auch im deutschen Sprachraum panegyrisches Schrifttum, das den Religionskrieg des eigenen katholischen Monarchen feierte, die Regel war es aber nicht. Autoren wie Cochem und Ott zeigen, dass durch den föderalen Charakter des Reichs hier eine größere praktische und ideelle Möglichkeit zur Herrscherkritik gegeben war. Denn die kaiserliche Zensur war nicht nur schwach ausgeprägt, Loyalitätskonflikte zwischen Kaiser, Bischöfen, Ordenskongregationen, römischem Papst und katholischen Landesherren störten zuweilen auch die unumschränkte Gefolgschaft zur Politik der Wiener Hofburg[126].

Trotz der größeren Kritikmöglichkeiten im Reich existierte auch hier das positive Bild von einem Religionskrieg. Ein Beispiel stellte das *Geistliche Teutsche Karten=Spil* von 1693 des bayrischen Priesters Andreas Strobl dar, das den Schmalkaldischen Krieg als »Religions=Krieg« beschrieb[127]. Strobl ordnete diesen Religionskrieg heilsgeschichtlich ein und spendete Karl V. für seinen Kampf gegen die deutschen Lutheraner größtes Lob. Er betonte den Beistand der Jungfrau Maria für den Kaiser gegen seine Feinde, die ihm »vil herrliche Sieg in die Händ gegeben« habe[128]. Logischerweise hätten die lutherischen Rebellen sich deshalb Karl V. zu Füßen werfen müssen[129]. Katholische Geschichtsschreiber im Reich wie Strobl vertraten mitunter eine kaisertreue Position, weil sie um ihre Abhängigkeit vom Schutz des mächtigen Reichsoberhaupts in Wien wussten. Karls V. Kampf gegen den Schmalkaldischen Bund wurde so als Krieg zur Bewahrung des katholischen Bekenntnisses

---

124 Vgl. ENGELS, Königsbilder, S. 167–174, mit zahlreichen Beispielen.
125 Vgl. ebd.
126 Vgl. BURKARD, Repression, S. 311, 315.
127 STROBL, Das Geistliche Teutsche Karten=Spil, Bd. 1, S. 175.
128 Ebd.
129 Vgl. ebd.

gegen den Kirchenraub und die Rechtsbrüche der lutherischen »Häretiker« gedeutet. Aufgrund dieses historischen Herrscherbildes ist davon auszugehen, dass katholischen Autoren auch in der Gegenwart vom Kaiser als Haupt des *Corpus Catholicorum* und Protektor der Reichskirche den Schutz ihres Bekenntnisses im Reich erwarteten.

In Frankreich wurde vom Allerchristlichsten König und Ältesten Sohn der Kirche mindestens wie vom römisch-deutschen Kaiser die Verteidigung der katholischen Kirche in einem Religionskrieg erwartet. Diese Erwartung kam stärker in panegyrischem Schrifttum zum Ausdruck als in der Herrscherkritik. Trotz der harschen Kritik an Ludwig XIV. im europäischen Ausland war es im französischen Diskurs kaum denkbar, den eigenen Monarchen direkt als Bundesgenossen von Türken oder Häretikern anzugreifen oder auch nur als unfähig zu charakterisieren, wie Kaiser Sigismund in Choisys *Histoire de France*. Wegen der Tradition gallikanischer Königstreue und größerer staatlicher Eingriffsmöglichkeiten verwundert dies kaum. Stattdessen existierte im Selbstbild und in der Wahrnehmung seiner allermeisten Untertanen eine Kontinuität von Kaiser Konstantin bis zum gegenwärtigen Allerchristlichsten König. Das französische Königtum war in den Augen der französischen Historiografie seit jeher Verteidiger des Glaubens und Hort der Orthodoxie gewesen. Diesem Schema ordnete sich auch die französische Kirchengeschichtsschreibung unter.

1692 veröffentlichte der lothringische Prämonstratenserpater Joachim de la Chétardie seine *Apocalypse expliquée par l'histoire ecclésiastique*. Er beschrieb darin einen Religionskrieg zwischen Kaiser Konstantin und seinen heidnischen Mitkaisern als Teil der Prophezeiungen des Johannes[130]. Ein Rekurs auf die Apokalypse wurde für katholische Geschichtsschreiber umso dringlicher, weil protestantische Schriften wie Pierre Jurieus ACCOMPLISSEMENT DES PROPHÉTIES OU LA DÉLIVRANCE PROCHAINE DE L'EGLISE Frankreich durch Schmuggel und Kolportage aus den Ländern des *Refuge* erreichten[131]. Solche hugenottischen Schriften zielten darauf ab, die daheim gebliebenen Glaubensgenossen zu trösten und in ihrem Glauben zu bestärken. Aus der Apokalypse des Johannes leiteten sie ab, der baldige Untergang der römischen Kirche stehe bevor und das gegenwärtig unterdrückte reformierte Bekenntnis werde in Frankreich in Kürze den Sieg davontragen[132]. Katholische Seelsorger wie Joachim de La Chétardie sahen sich deshalb veranlasst, auf diese Schriften zu antworten und den *Nouveaux-Convertis* eine spezifisch katholische

---

130 Vgl. LA CHÉTARDIE, EXPLICATION, S. 246–275.
131 Zur Kolportage vgl. grundlegend FONTAINE, Histoire, S. 60f., 144f., 217, 222, das sich insgesamt aber eher auf die Verbindungen zwischen Frankreich und Südeuropa konzentriert. Eine Geschichte der Verbindungen zwischen dem hugenottischen *Refuge* und dem französischen Mutterland ist immer noch zu schreiben.
132 Vgl. JURIEU, L'ACCOMPLISSEMENT.

Interpretation der Apokalypse nahezubringen, die sie gegen die Schriften reformierter Prediger immunisieren und so die Annahme des katholischen Glaubens erleichtern sollte[133]. Auf diese Art war die katholische Apokalyptik eng mit dem Problem der Integration der *Nouveaux-Convertis* in die katholische Religionsgemeinschaft verbunden, dem sich die gallikanische Kirche seit dem späten 17. Jahrhundert stellte. Dabei beriefen sich katholische Kleriker gegenüber ihren neuen Pfarrkindern im Wesentlichen auf die Kirchenväter und Kirchengeschichte. So schrieb de la Chétardie, Kaiser Maxentius († 285), den der Teufel gegen die Christen wappnete, habe zunächst eine Christenverfolgung in seinem Herrschaftsbereich begonnen, bevor er einen Religionskrieg gegen Kaiser Konstantin erklärte[134]. Um die Christen zu verfolgen, habe sich Maxentius mit Maximinus Daia, »le plus impie & le plus cruel ennemi du peuple de Dieu«, verbündet[135]. Während Maxentius sich auf Magie verlassen habe, habe sich Konstantin dem Schutz Gottes unterstellt[136]. Während die Dämonen auf Seiten der Heiden gestritten hätten, hätten die Engel unter Führung des Erzengels Michael auf Seiten Kaiser Konstantins gekämpft[137]. In der *Apocalypse expliquée par l'histoire ecclésiastique* hieß es:

Voicy comment nôtre Empereur Chrétien se prepara pour se deffendre, & la maniere sainte dont il soutint son adversaire: ce qui fait voir visiblement que c'étoit là une veritable guerre de Religion, & excitée par le dragon infernal pour détruire l'Eglise, qu'il n'avoit pû renverser par les précedentes persecutions[138].

Nachdem es dem Teufel durch frühere Christenverfolgungen also nicht gelungen sei, die Kirche zu vernichten, habe er sich der Heiden bedient, um einen Religionskrieg zu entfachen. Gott aber habe sich dabei eindeutig auf Seiten Konstantins und damit des Katholizismus gestellt. Er habe Konstantin den Erzengel Michael gesandt, um an seiner Seite gegen den Satan und seine heidnischen Gefolgsleute zu kämpfen[139]. In der Nacht vor der Schlacht sei Konstantin ein Engel erschienen, der ihn ein Gebet gelehrt habe, das er seinen Soldaten einschärfen sollte. Dieses Gebet habe dem christlichen Heer den Sieg gebracht[140]. Kaiser Konstantin wird somit als Verteidiger der christlichen Religion dargestellt, der in diametralem Gegensatz zu seinen heidnischen, vom Teufel besessenen Gegnern stand. Vom Geist der Religion und Frömmigkeit

---

133 Vgl. LA CHÉTARDIE, EXPLICATION, Avant-propos [1–26]. Zur Biographie Joachim de la Chétardies BAUDET, Joachim de la Chétardie, S. 22–59.
134 Vgl. LA CHÉTARDIE, EXPLICATION, S. 246.
135 Ebd., S. 247.
136 Vgl. ebd., S. 248.
137 Vgl. ebd., S. 259.
138 Ebd., S. 248.
139 Vgl. ebd., S. 255.
140 Vgl. ebd., S. 259f.

## Die katholische Historiografie religiös begründeter Kriegsführung 93

beseelt, habe Konstantin mit diesem göttlichen Beistand den Sieg errungen, den er »à l'agrandissement de l'Eglise« genutzt habe[141]. Der Religionskrieg ging in dieser Schilderung von einem heidnischen Herrscher aus und wurde von einem christlichen Kaiser durch göttlichen Beistand siegreich beendet.

Mit seiner Interpretation der Johannes-Apokalypse knüpfte la Chétardie an den Diskurs französischer Königstreue an und setzte sich klar von protestantischen Auslegungen ab. Seine Interpretation orientierte sich nicht auf das nahende Weltende, sondern auf ein in Vergangenheit und Gegenwart bestehendes Reich Gottes. De la Chétardies Landsleute konnten mit Kaiser Konstantin leicht Ludwig XIV. gleichsetzen, wie sie es aus der französischen Herrscherpanegyrik gewohnt waren[142]. Vor dem Hintergrund der Revokation des Edikts von Nantes, des Beistand Ludwigs XIV. für seinen entthronten katholischen Vetter Jakob II. von England und des Neunjährigen Krieges gegen eine große interkonfessionelle Allianz erschien diese Auslegung vielen katholischen Franzosen als überzeugend[143]. Auch für die *Nouveaux-Convertis* bot diese Interpretation der Apokalypse Anknüpfungspunkte, denn sie waren als (ehemalige) Protestanten mit der Heiligen Schrift bestens vertraut und aufgrund der streng loyalistischen Staatslehre ihrer alten Prediger trotz der antiprotestantischen Politik ihres Königs gewohnt, für das französische Königtum in blindem Vertrauen Partei zu ergreifen[144]. Die Verknüpfung der Apokalypse des Johannes mit der Geschichte des Kampfes Konstantins gegen seine heidnischen Mitkaiser stellte ein historisches Exempel dar, das alte und neue Katholiken im Frankreich Ludwigs XIV. durch den Religionskrieg unter ihrem gemeinsamen König vereinigen konnte.

Dennoch war es im Katholizismus nicht unumstritten, ob es einem Christen erlaubt sei, aus religiösen Gründen einen Krieg zu führen. Tillemont schränkte in seinen *Mémoires pour servir à l'histoire ecclésiastique* von 1698 die Sakralisierung und Verherrlichung fürstlicher Religionskriege, wie sie bei de la Chétardie zu finden war, ein. In einer Fußnote zum Heiligen Theogenes von Hippo hieß es dort, einige Christen hätten davor Abscheu gehegt, dass Kaiser Konstantin seinem Heer im Kampf gegen seinen heidnischen Mitkaiser Licinius (ca. 250–324) ein Kreuz vorantragen ließ[145]. Auch Tillemont betonte das prinzipielle Verbot der Ausbreitung und Verteidigung des Glaubens mit der Waffe. Gott führe die Heiligen zum Martyrium und nicht zum

---

141 Ebd., S. 255.
142 Vgl. ASSEMBLÉE GÉNÉRALE DU CLERGÉ DE FRANCE 1772, Bd. 5, S. 648; BLUCHE, Louis XIV., S. 608f., 614, BURKE, Ludwig XIV., S. 145; LABAUT, Louis XIV., S. 276.
143 Vgl. Kapitel III.1.2, III.1.3, III.1.4.
144 Vgl. BLUCHE, Louis XIV., S. 186; BOST, Ces Messieurs, S. 178; KRETZER, Calvinismus, insbesondere S. 422–427; ders., Le royalisme, S. 25–35.
145 Vgl. LENAIN DE TILLEMENT, MEMOIRES, Bd. 5, S. 792.

offenen Kampf für ihren christlichen Glauben¹⁴⁶. Kurz darauf revidierte er sich unter Verweis auf den Kirchenvater Eusebius von Caesarea aber selbst. Eusebius habe den Krieg Konstantins gegen Licinius nämlich gerade deshalb gerechtfertigt, weil es sich dabei um einen Religionskrieg gehandelt habe¹⁴⁷. Unter dem Verweis auf das Exempel Kaiser Konstantins umging Tillemont das christliche Gebot der Friedfertigkeit und legitimierte einen Religionskrieg.

Die französische Herrscherpanegyrik bediente sich aber nicht allein (west-)römischer Vorbilder. Zu Recht hat Josef Johannes Schmid die byzantinischen Vorbilder des französischen Königtums hervorgehoben, mit denen sich dieses vom römisch-deutschen Kaiser abzugrenzen trachtete¹⁴⁸. Deshalb ist kaum verwunderlich, dass französische Autoren nicht nur in der (west-)römischen Tradition, sondern auch im frühmittelalterlichen Byzanz Vorbilder suchten. Ein Kapitel in den 1703 erschienenen *Les vies des Saints* des Franziskanerpaters François Giry behandelte beispielsweise die in Ostrom situierte Geschichte des Heiligen Kreuzes. Beim Einmarsch der Perser im oströmischen Reich sei diese so bedeutende Reliquie den Christen verloren gegangen und die Byzantiner hätten eine vernichtende Niederlage hinnehmen müssen¹⁴⁹. Kaiser Herakleios habe dem persischen Großkönig Chosroes II. († 628) daraufhin bedingungslos Frieden angeboten¹⁵⁰. Giry zufolge verlangte der Großkönig in niederträchtiger Weise, der Kaiser solle dem christlichen Glauben abschwören und nach Art der Perser die Sonne anbeten¹⁵¹. Von einer solchen Forderung entsetzt, habe sich der Kaiser erneut für den Krieg gewappnet, »esperant que Dieu regarderoit le peuple Chrétien d'un œuil plus favorable«¹⁵². Da Herakleios keine Einkünfte aus seinem ausgeplünderten Volk mehr habe ziehen können, habe er sich an die Kirchen und Klöster gewandt, die ihm für seinen Kampf gerne die Kirchenschätze zur Verfügung gestellt hätten, »parce qu'il s'agissoit d'une guerre de Religion aussi-bien que d'Etat, puisque c'étoit pour recouvrer le bois de la vraie Croix, & affranchir le peuple Chrétien de la servitude des Idolâtres«¹⁵³.

Giry erwies sich mit dieser Schilderung als vorbildlicher königstreuer Gallikaner. Für ihn war die Auslieferung des Kirchenbesitzes an den Kaiser in Zeiten größter Bedrängnis der Kirche eine Selbstverständlichkeit. Noch stärker als Giry betonte der Abbé François-Timoléon de Choisy in seiner *Histoire de L'Eglise* von 1706 den Charakter des Perserkrieges gegen

---

146 Vgl. ebd.
147 Vgl. ebd.
148 Vgl. SCHMID, Rex, S. 205–234.
149 Vgl. GIRY, LES VIES, Bd. 2, S. 808.
150 Vgl. ebd.
151 Vgl. ebd., S. 8. Vgl. dazu den historischen Forschungsstand bei FLAIG, Heiliger Krieg, S. 294f.
152 GIRY, LES VIES, a.a.O.
153 Ebd.

Chosroes II. als Religionskrieg und legitimierte damit das Umprägen der Kirchenschätze in Münzen[154]. Bei beiden Autoren war der Religionskrieg ein zentrales Argument zur Heranziehung der Kirche zur Finanzierung des Krieges. Das Zusammenspiel von byzantinischen Geistlichen und oströmischem Kaiser erinnert stark an die Zusammenarbeit der gallikanischen Kirche mit Ludwig XIV. Auch der französische Klerus gewährte unter Verweis auf die Bedrohung des Katholizismus wiederholt große Summen zur Kriegsführung gegen die Feinde der Kirche. Kaiser und Kirche arbeiteten gemeinsam an der Vernichtung der Feinde Christi. Dabei kam dem Kaiser auf natürliche Weise die Rolle des Schutzherrn des Christentums zu. Er war die einzige Instanz, die fähig und dazu ermächtigt war, die christliche Religion zu verteidigen. Als Werkzeug im göttlichen Heilsplan habe der Kaiser mit der Unterstützung Gottes und der Kirche den Sassanidenkönig besiegt, der ihm das Kreuz Christi zurückerstatten musste[155]. Dem Kreuz kam dabei nicht allein die Rolle einer heiligen Reliquie zu, deren Verlust beklagenswert wäre; das Zeichen des Kreuzes wäre gleichfalls Siegeszeichen und Symbol für die Macht der Könige gewesen[156]. Die Geschichte des Kreuzes Christi stand so für den heilsgeschichtlichen Sieg des Evangeliums über die heidnischen Götzendiener. Wie bereits bei Konstantin habe es militärische Siege über die Feinde des Glaubens verliehen. Choisy schilderte abschließend nicht umsonst, wie Herakleios nach seinem Sieg über die Perser einen Tempel des Götzendienstes zerstörte, in dem Chosroes sich auf solch schändliche Weise zusammen mit den Gestirnen habe anbeten lassen, dass es selbst den Zoroastriern ein Gräuel gewesen sei[157].

Mit dem Sieg des oströmischen Kaisers über die Zoroastrier ließ sich eine Parallele zum Sieg Ludwigs XIV. über den Protestantismus ziehen. Nicht umsonst bezeichnet das Wort *temple* im Französischen sowohl ein protestantisches Gotteshaus als auch einen heidnischen Tempel, und im Sprachgebrauch des katholischen Klerus erschienen sowohl die heidnischen Gebräuche als auch die protestantische Gottesdienstpraxis als Götzendienst. Gerade der Vorwurf des Götzendienstes bot einen besonders guten Ausgangspunkt für die Bekehrung der *Nouveaux-Convertis,* die ihrerseits von ihren ehemaligen Predigern gewohnt waren, die römische Kirche als götzendienerisch verunglimpft zu sehen. Katholische Kleriker konnten an dieser Stelle anknüpfen und den bekannten Vorwurf des Götzendienstes auf den Protestantismus übertragen. Die *Nouveaux-Convertis* sollten nach der gewaltsamen Bekehrung mit allen Mitteln überzeugt werden, dass die Konversion zum Katholizismus theologisch die richtige Wahl war. Die Historiografie schien Autoren wie Giry

---

154 Vgl. CHOISY, HISTOIRE, Bd. 4, S. 87f.
155 Vgl. GIRY, LES VIES, Bd. 2, S. 809–812.
156 Vgl. ebd., S. 812.
157 Vgl. CHOISY, HISTOIRE, Bd. 4, S. 88.

und Choisy ein probates Mittel hierfür zu sein. Dabei konnte der Religionskrieg als einigendes Band zwischen alten und neuen Katholiken fungieren, das ganz Frankreich unter Führung seines Monarchen miteinander verband. Stärker noch als die Tradition des spätantiken Christentums, der römischen Cäsaren und byzantinischen Kaiser stellten französische Geschichtsschreiber Kontinuitätslinien zwischen der eigenen mittelalterlichen Geschichte und der Gegenwart heraus.

Selbstredend kam dabei Chlodwig I. als erstem christianisiertem Frankenkönig eine übergeordnete Rolle zu. Seine frühneuzeitliche Memoria wurde von der Forschung bisher nur in Ansätzen gewürdigt – ein Umstand, der bei der enormen Bedeutung Chlodwigs in der französischen Erinnerungskultur der Frühen Neuzeit überrascht[158]. Von besonderer Bedeutung für die Chlodwig-Memoria im Zusammenhang mit dem Religionskrieg war am Ende des 17. Jahrhunderts François Eudes de Mézerays *Abregé chronologique ou Extrait de l'Histoire de France*. Ihr Einfluss auf die politischen Handlungsträger darf nicht unterschätzt werden, denn die *Histoire de France* entstammte nicht nur der Feder eines der berühmtesten *historiographe royal* des 17. Jahrhunderts, sondern erfreute sich bei Hof derartiger Beliebtheit, dass man Ludwig XIV. als Kind allabendlich daraus vorlas[159]. War der König selbst kein großer Bibliophiler, so ist doch bezeugt, dass er als Kind regen Anteil an der Geschichte seiner Vorgänger nahm[160]. Der kanonische Charakter der Schilderung wird auch dadurch unterstrichen, dass der Nachfolger Mézerays, der Jesuitenpater Gabriel Daniel, diese Schilderung am Ende der Herrschaft Ludwigs XIV. in seine *Histoire de France* übernahm, die ansonsten weitgehend als Revision Mézerays konzipiert war[161]. Wie Mézeray wurde auch Daniel für seine französische Geschichte ein Ruf in die *Académie Française* zuteil[162]. Die Behandlung der Geschichte des Kampfes Chlodwigs gegen die Arianer stellt sich somit als

---

158 Die Beiträge 2. Teil des Sammelbandes ROUCHE, Clovis, Bd. 2, mit dem plakativen Titel »Le baptême de Clovis, son écho à travers l'histoire« zur Frühen Neuzeit behandeln meist Fragestellungen, die mit Chlodwig kaum in Zusammenhang stehen. Bezeichnenderweise erwähnen einige dabei nicht einmal seinen Namen.
159 Über Mézeray als Historiograf grundlegend RANUM, Artisans, S. 197–232. Auf S. 230f. führt Ranum Mézerays Ungnade im Jahr 1672 auf das Erscheinen seiner unter dem Titel ABREGÉ CHRONOLOGIQUE OU EXTRAIT DE L'HISTOIRE DE France überarbeiteten *Histoire de France* zurück. Dies darf nicht darüber hinwegtäuschen, dass die Zensur 1687 offenbar eine Neuauflage zuließ, was Ranums Argumentation ad absurdum führt. Fest steht, dass Mézerays Werk ihm zuvor einen Platz in der *Académie Française* beschert hatte und dass er bei Hof durchaus höchstes Ansehen genoss (ebd., S. 197–230). Dass Mézerays Geschichte Frankreichs Bestandteil der Erziehung Ludwigs XIV. war, belegen BLUCHE, Louis XIV., S. 44; CHALINE, Le règne, Bd. 1, S. 29.
160 Vgl. BLUCHE, Louis XIV., S. 44; CHALINE, Le règne, Bd. 1, S. 29.
161 Vgl. DANIEL, Deux dissertations; ders., HISTOIRE, Bd. 1.
162 Vgl. GRELL, Les historiographes, S. 130, 135.

Kontinuum der loyalistischen Geschichtsschreibung im Frankreich des *Grand Siècle* dar.

Mézeray beschrieb die Eroberung des westgotischen Gallien im Jahr 508 als ersten Religionskrieg der (französischen) Geschichte[163]. Gleichzeitig meldete er aber auch selbst Zweifel an der religiösen Motivation des Krieges an[164]. Stattdessen haben die Ambitionen der Herrschenden zum Krieg geführt[165]. Daniel konkretisierte diese Vermutung, indem er nicht den ketzerischen Glauben des westgotischen Königs Alarich II. († 507 [sic!]) für den Religionskrieg verantwortlich machte, sondern sein Verhalten während des vergangenen Krieges gegen die Burgunder[166]. Alarich habe sich nämlich früher auf die Seite der Feinde Chlodwigs gestellt und Franzosen [»François« sic!] bei Vienne als Geiseln gefangen gesetzt[167]. Darüber hinaus sei er in der Zwischenzeit ein Bündnis mit Theoderich, dem König der Ostgoten († 526), eingegangen[168]. Er habe heimlich Kriegsvorbereitungen getroffen und gleichzeitig versucht, Chlodwig in Sicherheit zu wiegen[169]. Somit beschrieb Daniel den Charakter des Westgotenkönigs als niederträchtig und rechtfertigte die Kriegserklärung des moralisch tadellosen Frankenkönigs Chlodwig. Auf diese Weise geschah die Legitimation dieses Krieges in der Historiografie nicht mit originär religiösen, sondern vor allem mit ethisch-moralischen und machtpolitischen Argumenten. Wenn auch der eigentliche Kriegsgrund in dieser Darstellung machtpolitischer Natur war, so habe Chlodwig die Religion genutzt,

pour animer encore davantage ses Sujets à le seconder dans cette guerre de Religion, où ils alloient, leur disoit-il, détruire l'Heresie Arienne, & exterminer les ennemis de la Divinité de JESUS-CHRIST. Ce beau motif qu'on eût grand soin de publier, eût encore un autre effet, qui fut d'augmenter dans l'esprit d'Alaric la défiance qu'il avoit de ses Sujets Gaulois, & le penchant que ceux-cy avoient pour le Roy des François [sic!][170].

Mézeray räumte ein, die Herrschaft der Arianer sei keinesfalls so drückend gewesen, dass man von einer Verfolgung der Katholiken habe sprechen können, »hormis qu'ils vexoient trop les Ecclesiastiques«[171]. Obwohl Alarich offen-

---

163 Vgl. MÉZERAY, ABREGÉ, Bd. 1, S. 89.
164 Vgl. ebd., S. 89; DANIEL, HISTOIRE, Bd. 1, S. 44f.
165 Vgl. MÉZERAY, ABREGÉ, Bd. 1, S. 89; DANIEL, HISTOIRE, Bd. 1, S. 44f.
166 Vgl. MÉZERAY, a.a.O. Zu Alarich II. vgl. GRUBER, Alarich II., Bd. 1, S. 271, der angibt, dass Alarich im Jahr 507 in der Schlacht von Vouillé fiel. Mézeray und Daniel datieren also nach den Ergebnissen der modernen Mittelalterforschung den Krieg zwischen Franken und Westgoten ein Jahr zu spät.
167 DANIEL, HISTOIRE, Bd. 1, S. 42.
168 Vgl. DANIEL, HISTOIRE, Bd. 1, S. 44.
169 Vgl. ebd.
170 Ebd.
171 MÉZERAY, ABREGÉ, Bd. 1, S. 87, 89.

sichtlich nicht die Katholiken verfolgte, wie es noch sein Vater Eurich getan hatte, erklärte Daniel den religiösen Charakter des Krieges aus dem eigenen Erfahrungshorizont der Frühen Neuzeit, denn »les défiances d'un peuple ne se dissipent pas aisement en matiere de Religion«[172]. Das Religionskriegsargument diente Chlodwig demnach dazu, sich die Gefolgschaft seiner eigenen Untertanen zu sichern und Zwietracht zwischen Alarich und dessen katholischen Untertanen zu säen, die gerne Chlodwig als ihren neuen König angenommen hätten. Fränkisches Königtum, französisches Volk und Katholizismus erschienen so aus der historischen Rückschau bereits am Ende der Spätantike als untrennbare Einheit, in der die arianischen Westgoten keinen Platz fanden. Dabei bildeten französisches Königtum und französische Bevölkerung auch über die Glaubensgemeinschaft hinaus eine quasi natürliche Einheit. Frankreich war gleichzeitig Synonym für den französischen Monarchen und das französische Volk[173].

Diese Darstellung des Kampfes Chlodwigs gegen Alarich lässt sich vom modernen Leser leicht in aufklärerischer Manier als bloße propagandistische Inanspruchnahme der Religion für das Erreichen machtpolitischer Ziele interpretieren. Ein solcher Gegensatz war dem loyalistischen Diskurs im Frankreich des *Grand Siècle* jedoch fremd. Zeitgenössische Betrachter sahen darin keinen Widerspruch. In der französischen Kriegspublizistik am Ende der Herrschaft Ludwigs XIV. galten die Kriege des Königs per se als gerechtfertigt[174]. Da der König von Gott eingesetzt wurde, musste seine Politik zwangsläufig dem göttlichen Heilsplan entsprechen. Deshalb betonten sowohl Mézeray als auch Daniel den göttlichen Beistand, der Chlodwig in einem eigentlich machtpolitisch motivierten Krieg zuteilwurde. Mézeray unterstrich etwa, dass die Katholiken südlich der Loire Chlodwig zu Hilfe riefen und überzeugt waren, »que le Ciel le guidoit par des signes & par des miracles visibles«, und Daniel betonte die »Divine Providence«, die Chlodwig über die Hochwasser führende Loire leitete und von vielen als ein Wunder angesehen wurde[175]. Chlodwigs Religionskrieg gegen die Arianer bildete die Grundlage für einen religiösen Sendungsauftrag des französischen Königtums.

Besonders deutlich wird dies im Widmungsschreiben der *Histoire de France* von Gabriel Daniel. Darin stellt er eine direkte Kontinuität zwischen dem Begründer des französischen Königtums und Ludwig XIV. her. Der Titel eines

---

172 DANIEL, HISTOIRE, Bd. 1, S. 44. Über die konfessionellen Spannungen im Europa des späten 17. und frühen 18. Jahrhundert: KRUMENACKER, La coexistence confessionelle, S. 107, der auf den ambivalenten Charakter bikonfessionellen Zusammenlebens hinweist. Programmatisch kommt dies auch im Titel des Sammelbands GRANDJEAN, Coexister dans l'intolérance, zum Ausdruck. Alltagsgeschichtlich immer noch wegweisend FRANÇOIS, Die unsichtbare Grenze.
173 Vgl. YARDENI, La conscience, S. 13–27.
174 Vgl. RAMEIX, Justifier, S. 35, 132.
175 MÉZERAY, ABRÉGÉ, Bd. 1, S. 88; DANIEL, HISTOIRE, Bd. 1, S. 45.

»Destructeur de l'Hérésie« sei vornehmer als alle anderen Ehrenbezeugungen, Chlodwig berühmter für die Abschaffung des Heidentums unter den Franzosen als für seine Eroberung des römischen Gallien[176]. Derart feierte Daniel die Verfolgung der Hugenotten und anderer Abweichler als festen Bestandteil der Identität des französischen Königtums und ermutigte Ludwig XIV., auch in Zukunft gegen die protestantische »Häresie« in Europa vorzugehen.

Die Chlodwig- und Religionskriegsmemoria fand zu Beginn des 18. Jahrhunderts auch Eingang in die katholische Hagiografie und Frömmigkeitspraxis[177]. Spätestens hier konnte kein Zweifel mehr am religiösen Charakter des Kampfes gegen die arianischen Westgoten aufkommen. In einer Predigt über Remigius von Reims zollte Jean Richard, ein seinerzeit erfolgreicher Autor von Erbauungsliteratur, Chlodwig größte Hochachtung, denn er habe als erster christlicher Frankenkönig den Krieg gegen den arianischen Westgotenkönig Alarich II. aufgenommen »pour vanger l'honneur de Jesus-Christ, dont cette maudite Secte nioit la consubstantialité avec son Pere«[178]. Dabei habe er keine Rücksicht auf politische Interessen genommen, weshalb man ihn zu Recht den »Fils aîné de l'Eglise« taufte[179]. Der Religionskrieg stellte deshalb einen Beleg für die Wahrhaftigkeit der Taufe Chlodwigs durch Remigius von Reims dar und diente der Nachwelt noch immer zur geistlichen Erbauung[180]. Für Richard stand Ludwig XIV. als *Fils aîné de l'Eglise* in direkter Nachfolge Chlodwigs. Er sei es, der heute zusammen mit allen Franzosen dem Beispiel des ersten christlichen Frankenkönigs folge[181]. Ludwig XIV. konnte sich für den Kampf gegen die protestantische »Häresie« im In- und Ausland des Lobs seiner katholischen Untertanen gewiss sein, was die zahlreichen panegyrischen Schriften gallikanischer Kleriker bewiesen[182]. Durch die Tradierung der Geschichte des französischen Königtums als christlicher Heilsgeschichte wurde auch vom Nachfolger Chlodwigs ein Religionskrieg gegen die Ketzerei erwartet. Auch hier wurde durch die Verknüpfung von französischem

---

176 Ebd., EPITRE [5].
177 Im Katholizismus war die Hagiografie fester Bestandteil der Predigtkultur. Predigten wurden häufig im Laufe des Kirchenjahres an den Gedenktagen von Heiligen wiederholt. Vgl. dazu RAMEIX, Justifying war, S. 184; RAMEIX, Justifier, S. 61f.
178 RICHARD, ELOGES, Bd. 3, S. 392. Zur Biografie Richards vgl. Jean Richard, Bd. 5, S. 188. Eine ganz ähnliche Darstellung findet sich in DORIGNY, HISTOIRE, S. 134–136.
179 RICHARD, ELOGES, Bd. 3, S. 391f.
180 Vgl. ebd.
181 Vgl. ebd., S. 393f. Auch DORIGNY, HISTOIRE, S. 134–136, bezog noch dreizehn Jahre später, gegen Ende der Herrschaft Ludwigs XIV., maßgeblich den französischen Adel und das französische Volk in den religiös motivierten Kampf gegen die arianischen Westgoten ein.
182 Vgl. bspw. RICHARD, Discours, S. 51–53; JARRY, PANEGYRIQUES, Bd. 1, EPISTRE [15f.]; RACINE, Jean, Discours prononcé à la tête du clergé par M. l'abbé Colbert, Coadjuteur de Rouen 1685, in: Ders., Œuvres 1962, S. 417.

Königtum, französischem Volk und katholischer Konfessionsgemeinschaft von ganz Frankreich die Unterstützung eines Religionskrieges gegen den Protestantismus erwartet.

Diese charakteristische Verknüpfung der Orthodoxie mit dem Seelenheil aller Franzosen kommt besonders eindrücklich in der *Histoire Sommaire de Normandie* des normannischen Priesters Louis Masseville von 1698 zum Ausdruck[183]. Der Religionskrieg wird hier zu einer »guerre de Religion & d'honneur« erweitert und verweist damit auf eine ganz bestimmte historische Situation. Nach dem Tod Chlodwigs heiratete seine Tochter Chlothilde den arianischen Westgotenkönig Amalarich, der sie misshandelt habe, um ihre Konversion zum Arianismus zu erzwingen[184]. Chlothildes Brüder Childebert, Chlothar und Theuderich hätten eine solche Gewaltanwendung gegenüber ihrer Schwester nicht dulden können, besiegten Amalarich und hätten Chlothilde zurück nach Frankreich gebracht[185]. So waren Religion und Ehre gerettet. Offensichtlich erschien in der historischen Rückschau ein offensiv geführter Religionskrieg zur Verhinderung der Zwangskonversion einer Prinzessin als legitim, ja notwendig, denn die Rechtgläubigkeit eines Mitglieds der königlichen Familie bedeutete die Rechtgläubigkeit Frankreichs[186]. Sie zu verteidigen musste jedem Franzosen geboten erscheinen, ging es doch bei der Rechtgläubigkeit einer Prinzessin aus dem Haus Frankreich um das Seelenheil eines jeden französischen Untertanen. Das von katholischen Autoren postulierte Grundgesetz der Katholizität des Königtums wurde so von der Gegenwart auf die Entstehungsgeschichte des französischen Königreichs übertragen[187].

In der römisch-katholischen Religionskriegs- und französischen Herrschermemoria fanden die Kriege gegen die Arianer eine Fortsetzung, als sich rund 700 Jahre später mit den Albigensern eine neue Häresie im Languedoc ausbreitete und die französischen Monarchen zu ihrer Vernichtung auszogen. 1691 widmete der französische Dominikanerpater Jean Benoist seine *Histoire des Albigeois et des Vaudois* im Auftrag Ludwigs XIV. dieser Häresie[188].

Die »guerre de Religion« des französischen Königs Philipps II. August (1165–1223) gegen die Albigenser habe den Kaiser, England und den Herzog von Burgund gegen Frankreich aufgebracht[189]. Der Terminus »guerre de

---

183 Vgl. MASSEVILLE, HISTOIRE, Bd. 1, S. 50.
184 Ebd.
185 Vgl. ebd.
186 Zur Gleichsetzung Frankreichs mit dem französischen König vgl. TALLON, Conscience; YARDENI, La conscience, S. 13–27; dies., Enquêtes, S. 19–21, 84–101.
187 Seit dem Erbfall der französischen Krone an den reformierten Heinrich IV. 1589 postulierten katholische Autoren die Katholizität des Königtums als Grundgesetz des Königreichs. Vgl. GARRISSON, Lois, S. 754f.
188 Vgl. BENOIST, HISTOIRE DES ALBIGEOIS, Bd. 1.
189 Ebd., S. 101. So auch ähnlich bei ARTICLE XXV. HISTOIRE DE PHILIPPE Auguste. A Paris chez Michel Brunet. 1702. 2. Tomes in 12. Tom 1. Pagg. 397. Tom. 2. Pagg. 272.,

Religion« bezeichnet hier einen legitimen Krieg gegen die Ketzer und ihre ausländischen Verbündeten. Die Rede vom Religionskrieg impliziert die Irreligiosität und damit die mangelnde Legitimität der Gegner Frankreichs. Die Vereinigung der Albigenser mit den Feinden Frankreichs war ein Szenario, das sich leicht auf die Gegenwart übertragen ließ. Während des Neunjährigen Krieges war die Angst, die *Nouveaux-Convertis* könnten einen Aufstand wagen und sich bei einer Invasion mit den Feinden Frankreichs vereinigen, weit verbreitet[190].

Benoist unterstrich hier die Parallelen zwischen Philipp II. August und Ludwig XIV., dessen Verdienste aber über diejenigen seines Vorgängers noch weit hinausgingen. Denn Ludwig XIV. habe nicht nur und noch viel schneller als Philipp II. August die Häresie in Frankreich ausgemerzt, er habe gleichzeitig noch die Ungläubigen in Nordafrika gezügelt und einen wegen seines katholischen Glaubens entthronten König zurück auf den Thron gebracht[191]. Es ist zu vermuten, dass die Herausarbeitung dieser Parallele auch Anlass für den königlichen Auftrag gegeben hat, der sich nur vor dem Licht der europäischen Politik erklären lässt, auf die Benoist ausführlich im Widmungsschreiben zu sprechen kam. Die Hugenotten wurden darin wie die hochmittelalterlichen Ketzer der Albigenser und Waldenser als »ennemi domestique qui conservoit des liaisons étroites avec tous les ennemis étrangers de vôtre Etat« beschrieben[192]. Aus diesem Grund erschien es nicht nur theologisch, sondern auch politisch geboten, dieser Häresie Einhalt zu gebieten. Ludwig XIV. sei dies auf christliche Weise »sans répandre une goutte de sang« gelungen[193].

Über Frankreichs Grenzen hinaus sei es auch Ludwigs Verdienst, auf die gleiche Weise die Waldenser aus den unzugänglichen Tälern des Piemont gejagt zu haben, was weder seinen Vorgängern noch den Herzögen von Savoyen zuvor gelungen sei[194]. Aus reiner Eifersucht habe Kaiser Leopold I.

---

in: MEMOIRES 02.1703, S. 295–310, hier S. 305; Zur Biografie Philipp II. Augusts vgl. LUCHAIRE, Philippe Auguste.
190 Vgl. CONSIDERATIONS 1689, Bd. 1, S. 452; SAINTE-MARTHE, ENTRETIENS, AVERTISSEMENT [4–6, 28–29]. Bereits 1686 schrieb der päpstliche Nuntius in Paris an den Kardinalstaatssekretär in Rom: »Ma la ragione più forte è quella degli ugonotti dentro e fuori il regno, quali pieni di venlo e di rabbia attendono qualche congiuntura di rinovar le guerre passate [...] per ricuperare la libertà di coscienza e quei di fuori verrebbono a qualsivoglia costo et pericolo in aiuto e soccorso di quei di dentro«. Angelo Ranuzzi an Alderano Cibo, Paris, 30. Dezember 1686, in: Correspondance, Bd. 1, S. 846.
191 Vgl. BENOIST, HISTOIRE DES ALBIGEOIS, Bd. 1, EPISTRE [6]; S. 101f. Benoist spielt hier auf die Strafaktionen und Kriege gegen die Barbaresken an. Vgl. EICKHOFF, Venedig, S. 291–294; ORCIBAL, Les supercroisades, S. 138. Mit dem entthronten König war selbstredend Jakob II. von England gemeint. Vgl. Kapitel III.1.3.
192 BENOIST, HISTOIRE DES ALBIGEOIS, Bd. 1, EPISTRE [2].
193 Ebd., EPISTRE [5].
194 Vgl. ebd., EPISTRE [3–5].

deshalb auf seine Eroberungen gegen die Türken verzichtet, sei der Augsburger Liga beigetreten, habe sich, schlimmer noch, mit Wilhelm von Oranien, einem »Usurpateur sacrilege, & un gendre dénaturé« des englischen Königs Jakob II., eingelassen[195]. Ludwig XIV. sei nunmehr die einzige »défence des Autels«, auf den sich die katholische Kirche stützen könne[196].

Dass es sich hier um die offizielle, von der Krone verteidigte Version der Geschichte der Albigenserkreuzzüge als Religionskriege handelt, beweist auch, dass Gabriel Daniel sie 1713 in seine *Histoire de France* aufnahm. Noch mehr als bei Benoist diente sie hier zur Herausarbeitung der französischen Präeminenz unter den katholischen Fürsten. Daniel zufolge entschloss sich 1212 der französische König Philipp II. August zum Kampf gegen die Albigenser[197]. Unerwähnt bleibt, dass Philipp II. August lange versucht hatte, das Kreuzzugsunternehmen des Papstes zu verhindern, und sich selbst auch später nicht direkt am Feldzug in den Süden beteiligte[198]. Das verschwiegene königliche Fehlen glich der Historiograf durch die Taten des Dauphins Ludwig (des späteren Ludwig VIII., 1187–1226) aus. Dieser sei von den Kreuzzugspredigten der Bischöfe von Toulouse und Carcassonne in Paris davon überzeugt worden, das Kreuz zu nehmen und gegen die Albigenser zu ziehen. Dadurch habe er den Kummer Philipps II. August erregt, der aber wegen seiner großen Frömmigkeit seinen Sohn später doch in diesem Plan bestärkte[199]. Ludwigs »exemple ranima l'ardeur des François pour la guerre sainte, & une infinité de Noblesse se croisa pour le suivre«[200]. Philipp II. August und Ludwig VIII. wurden so von Daniel zu würdigen Nachfolgern Chlodwigs im Kampf gegen die Häresie stilisiert. Ihr Exempel habe den französischen Adel dazu ermutigt, seinem Herrscherhaus in diesem Streit beizustehen und selbst gegen die Ketzer zu ziehen. Die Ehre, die Philipp II. August und Ludwig VIII. im Kampf gegen die Häretiker erwarben, wurde so zur Ehre der französischen Nation[201]. Ihr Kampf wurde auch den Franzosen der Gegenwart zur Nachahmung empfohlen, umso mehr, als sich Frankreich erneut dem Kampf gegen eine große interkonfessionelle Allianz ausgeliefert sah, den man zu einem Religionskrieg erklärte[202].

---

195 Ebd., EPISTRE [6].
196 Ebd., EPISTRE [6f.].
197 Vgl. DANIEL, HISTOIRE, Bd. 1, S. 1395.
198 Vgl. DOSSAT, Albigenser, Bd. 1, S. 305; LUCHAIRE, Philippe Auguste, S. 282f., WOEHL, Volo vincere, S. 64.
199 Vgl. DANIEL, HISTOIRE, Bd. 1, S. 1395.
200 Ebd.
201 Zur Gleichsetzung von Nation und Königtum vgl. YARDENI, La conscience, S. 13–27; TALLON, Conscience; YARDENI, Enquêtes, S. 19–21, 84–101.
202 Vgl. Kapitel III.1.4.

Wie Benoist sahen auch Jean-Baptiste Langlois in seiner *Histoire des croisades contre les Albigeois* oder Gabriel Daniel in seiner *HISTOIRE DE France* den französischen Albigenserkreuzzug durch das Eingreifen ausländischer Mächte gefährdet. König Peter II. von Aragon (1196–1213) habe den Kreuzfahrern vorgeworfen, die Religion nur als Vorwand zu benutzen, um den Ambitionen und der Usurpation des Grafen Monfort zu dienen[203]. Obwohl Peter selbst von katholischem Bekenntnis war, habe er seine Gesandten in Rom angewiesen, zu verkünden, dass »le parti Hérétique estoit entiérement abattu«[204]. Weiter habe er verlautbaren lassen, der Kampf werde nur noch wegen des Ehrgeizes des Grafen von Monfort »sous prétexte d'une guerre de Religion« fortgesetzt[205]. Dieser Krieg habe Frankreich sehr viel Blut und Spanien seine Sicherheit gekostet[206]. Mit den in Südfrankreich stehenden untätigen Truppen hätte man leicht alle Sarazenen aus Spanien vertreiben können[207]. Der päpstliche Legat in Frankreich habe daraufhin verboten, zugunsten Montforts zu predigen, weil der Kreuzzug »ne seroit plus une Guerre de Religion«[208]. Stattdessen habe er seinen Legaten in Frankreich angewiesen, einen Kreuzzug ins Heilige Land ausrufen zu lassen[209]. Diejenigen Prediger, die zuvor den Kreuzzug gegen die Albigenser gepredigt hatten, hätten nun begonnen, den Kreuzzug zur Befreiung des Heiligen Landes zu verkünden[210]. Allein der Bischof von Carcassonne sei trotz der Anweisungen des Legaten fortgefahren, für einen Albigenserkreuzzug zu werben[211]. Der Papst habe das geschehene Unrecht erkannt und die Unterstützung des Königs von Aragon für die Ketzer verurteilt[212]. Daraufhin habe Peter II. den Kreuzfahrern den Krieg erklärt und ihre Besitzungen verwüstet[213]. Der Kreuzzug gegen die Albigenser sei währenddessen ins Stocken geraten – auch, weil der Graf von Montfort keine Hilfe mehr von Frankreich erhalten konnte, das wegen des Widerrufs des Kreuzzugs gegen die Albigenser einen Krieg gegen den König von England und gegen den Kaiser zu bestehen gehabt habe[214].

---

203 Vgl. LANGLOIS, HISTOIRE, S. 290f. Die Mittelalterforschung hat jedoch herausgestellt, dass Peter II. tatsächlich nie mit den Albigensern paktiert habe, obwohl er seine Schwester mit Graf Raimond von Toulouse verheiratet hatte. Deshalb habe er sogar den Beinamen *el Católico* erhalten. Vgl. ENGELS, Peter II., Bd. 6, Sp. 1923.
204 DANIEL, HISTOIRE, Bd. 1, S. 1397; LANGLOIS, HISTOIRE, S. 294.
205 DANIEL, HISTOIRE, Bd. 1, S. 1397; LANGLOIS, HISTOIRE, S. 294.
206 Vgl. DANIEL, HISTOIRE, Bd. 1, S. 1397.
207 Vgl. ebd.
208 Ebd., S. 1398; LANGLOIS, HISTOIRE, S. 294.
209 Vgl. DANIEL, HISTOIRE, Bd. 1, S. 1398.
210 Vgl. ebd.
211 Vgl. LANGLOIS, HISTOIRE, S. 294; DANIEL, HISTOIRE, Bd. 1, S. 1398.
212 Vgl. LANGLOIS, HISTOIRE, S. 297; DANIEL, HISTOIRE, Bd. 1, S. 1398.
213 Vgl. LANGLOIS, HISTOIRE, S. 299.
214 Vgl. DANIEL, HISTOIRE, Bd. 1, S. 1398.

Unbedingtes Ziel der Kreuzfahrer sei die Ausrottung der albigensischen Häresie gewesen, die von Aragon hintertrieben worden sei. Den Albigensern wiederum wurden ihre Verbindungen zum feindlichen Ausland, namentlich den Spaniern, vorgeworfen. Dem Papst kam in Langlois' Schilderung die Rolle eines Propagators und *Financiers* des Kreuzzugs zur Ausrottung der Ketzerei zu. Die Ausländer würden ihn allerdings – durch das Vorspiegeln falscher Tatsachen – an der Ausübung seiner Pflicht als geistlicher Oberhirte und Friedensstifter der katholischen Christenheit hindern.

Zur Entstehungszeit der *Histoire de France* tobte der Spanische Erbfolgekrieg in Europa. Währenddessen hatten sich die Hugenotten in den südfranzösischen Cevennen gegen ihren König und die katholische Kirche erhoben. Gallikanische Geistliche wie Daniel oder Langlois fürchteten, ein antifranzösischer Papst könnte sich im Spanischen Erbfolgekrieg auf die Seite Erzherzog Karls von Österreich stellen und so die Niederschlagung des Aufstandes der Hugenotten in Südfrankreich gefährden. Vom gegenwärtigen Papst, Clemens XI., erwarteten sie deshalb propagandistische und finanzielle Unterstützung Ludwigs XIV.[215]. Noch am Ende des Spanischen Erbfolgekrieges appellierte Daniel durch das historische Exempel des Albigenserkreuzzugs, der Papst möge erkennen, dass Frankreich alleine auf Seiten der katholischen Religion kämpfe, die anderen Mächte ihn nur betrögen, um machtpolitische Ziele zu erreichen. Die Geschichte des Albigenserkreuzzugs stellte ein willkommenes historisches Exempel für eine solche Unterstützung dar. Durch den aufrechten Religionskrieg gegen die Ketzer in Vergangenheit und Gegenwart erwies sich Frankreich als einziger Hort der Rechtgläubigkeit. Die Historiografie schuf eine Traditionslinie, die ihm die Rolle zuwies, den Katholizismus in einem Religionskrieg offensiv gegen seine Feinde zu verteidigen.

Die Schilderung eines solchen offensiv geführten Religionskrieges in Herrscherpanegyrik, Hagiografie und Predigt beschränkte sich nicht allein auf Chlodwig, seine Söhne und Philipp II. August. Mehr noch als diesen Monarchen kam Ludwig IX. als Hausheiligem der Kapetinger eine zentrale Stellung bei der Herrschermemoria des französischen Königtums zu. Deshalb ist nicht verwunderlich, dass gerade ein Hofprediger Ludwigs XIV., Timoléon Cheminais de Montaigu, das Leben dieses Königs zum Anlass für eine Predigt nahm, die 1699 ediert wurde[216]. Parallel zu den Panegyrikern seines Nachfolgers unterstrich Montaigu den Kampf des Königs gegen die Gotteslästerung und Häresie in Frankreich, ohne dabei Christenblut zu vergießen[217]. Ludwig IX. habe seinen Eifer gegenüber Gott durch die Wiederherstellung der wahren

---

215 Vgl. Kapitel III.1.7.
216 Vgl. MONTAIGU, SERMONS.
217 »Son zele à l'égard de Dieu par le rétablissement de la vraye Religion en France«. Ebd., S. 225, 242.

Religion in Frankreich bewiesen[218]. Ein solches Lob wurde auch seinem Nachfolger Ludwig XIV. in der Folge der Revokation des Edikts von Nantes gebetsmühlenartig zuteil. »Sa passion dominante estoit de faire la guerre aux ennemis de la Religion«, résumiert Montaigu die Haltung Ludwigs IX.[219]. Deshalb habe der Kapetinger auch nicht dulden können, dass die Dornenkrone und das Heilige Land in den Händen der Ungläubigen blieben[220].

Der Verzicht auf die Eroberung Kairos beweise, dass es ihm einzig und allein um die Eroberung des Heiligen Landes angekommen sei[221]. Ludwig IX. überflügelte in der französischen Panegyrik durch seine uneigennützige Politik selbst den Frankenkönig Chlodwig. Er war das Vorbild des idealen christlichen Monarchen. Der Religionskrieg gegen Ketzer und Heiden wurde so als Auftrag eines wahrhaft christlichen Monarchen erinnert.

Diese Überhöhung des Religionskrieges gegen Ketzer und Muslime kam auch im »Avertissement« des fünften Bandes der bereits erwähnten *Histoire de l'Eglise* des Abbé Choisy von 1712 zum Ausdruck. Darin rechtfertigte der Abbé seine ausführliche Beschäftigung mit dem ersten Kreuzzug, indem er sich fragte:

mais une guerre de Religion n'est-elle pas de mon sujet, aussi-bien qu'un Concile General? Les disputes contre les heretiques sont-elles beaucoup plus importantes à savoir, que les Batailles gagnées contre les Infideles, & le Heros Chrétien ne doit-il pas être presque aussi considerable à nos yeux, que le Docteur de l'Eglise[222]?

Damit setzte er den Religionskrieg in seiner kirchengeschichtlichen Bedeutung gleich mit einem Ökumenischen Konzil und den Kampf gegen die Ungläubigen mit dem Kampf gegen Häretiker. Der weltliche Arm der Kirche erfuhr durch Choisy eine deutliche Aufwertung und wurde mit den Kirchenvätern gleichgesetzt. Diese heilsgeschichtliche und theologische Überhöhung des Religionskrieges und des »Héros Chrétien«, mit dem in erster Linie natürlich der Allerchristlichste König gemeint war, verschob ideologisch auch das machtpolitische Gewicht in Kirchenangelegenheiten von Rom nach Versailles. Choisy versäumte es nicht, alle Wohltaten der französischen Könige von Chlodwig bis Ludwig XIV. gegenüber dem päpstlichen Stuhl und die

---

218 Vgl. ebd., S. 266.
219 Ebd., S. 242.
220 Vgl. ebd.
221 »Comme ce n'estoit qu'une guerre de Religion, on comptera peut-estre pour rien la Capitale de l'Egypte«. Ebd., S. 242f. In der Tat geriet der König aber in Gefangenschaft, bevor er Kairo erreichen konnte. Vgl. LE GOFF, Ludwig der Heilige, S. 166; REITZ, Die Kreuzzüge, S. 154–158.
222 CHOISY, HISTOIRE, Bd. 5, AVERTISSEMENT [3].

Abhängigkeit Roms von Frankreich zu betonen[223]. Für die Approbation dieser Haltung spricht auch die positive Besprechung des fünften Bands der *Histoire de l'Eglise* im offiziellen *Journal des Savants* vom 22. Januar 1712, die die genannten Stellen direkt zitiert[224]. Es ist zu vermuten, dass dies nicht allein aus journalistischer Bequemlichkeit geschah, sondern der direkten Intention der französischen Staatsführung entsprach.

*Zusammenfassung*

In der historiografischen Erinnerung und Aktualisierung war der Religionskrieg Bestandteil katholischer Herrscherpanegyrik und -kritik. Katholische Historiografen bedienten sich der literarischen Verfremdung, um ungestraft Kritik an ihrem eigenen Herrscher üben zu können. Besonders geeignet erschienen hierfür Exempel aus der fernen Vergangenheit der Spätantike und des Mittelalters. Die katholischen Monarchen wurden durch diese Exempla dazu aufgefordert, keine Bündnisse mit Muslimen und christlichen Ketzern einzugehen, da sie andernfalls ein schreckliches Schicksal ereilen würde. Gleichzeitig erhob die katholische Historiografie aber auch den Anspruch an ihre Monarchen, die katholische Kirche im Rahmen eines Religionskrieges gegen ihre Feinde zu verteidigen.

Dieser Anspruch der Verteidigung des katholischen Glaubens wurde aber auch positiv im Rahmen der Herrscherpanegyrik erhoben. Die Tradition einer positiven Erinnerung an vergangene Religionskriege und ihre Attribution auf das eigene Königshaus und seinen derzeitigen Amtsinhaber waren insbesondere ein Spezifikum der französischen Geschichtsschreibung. Sie war aber auch anderen historiografischen Traditionen innerhalb der katholischen Christenheit nicht völlig fremd. Die katholische Panegyrik bediente sich vornehmlich Exempla der spätantiken und mittelalterlichen Geschichte, um ihre Monarchen zu erhöhen. Diese Exempla standen oft in direktem Bezug zur aktuellen Tagespublizistik und forderten katholische Monarchen zu einem aktiven Kampf gegen die Häresie auf.

---

223 Ebd. Zur Tradition des Gallikanismus MARTIMORT, Le Gallicanisme, S. 7–78; MARTIN, Les origines; NEVEU, Erudition, S. 105–233. HERMES, Das Staatskirchentum, S. 1–55, liest sich stellenweise mehr als politisches Manifest des deutschen Ultramontanismus und ist deshalb aus historischer Perspektive nur bedingt brauchbar. Problematisch erweist sich zudem die mangelnde Orientierung dieser älteren kirchenrechtlichen Arbeit an den frühneuzeitlichen Rechtsquellen.

224 Vgl. Rezension von: HISTOIRE DE L'EGLISE, PAR M. LABBÉ DE Choisy. Tome cinquiéme, depuis l'an 840. Jusqu'à l'an 1100. A Paris, chez Antoine Dezallier, ruë saint Jacques, à la Couronne d'Or. 1712. In 4°. pagg. 436, in: LE JOURNAL DES SÇAVANS, 22.02.1712, S. 118–120, hier S. 119.

### II.1.4 »Une foi, un roi, une loi«[225]

Im Gegensatz zu den mittelalterlichen Ketzerbewegungen stellte der Protestantismus noch in der Gegenwart eine Herausforderung für den katholischen Absolutheitsanspruch dar. Seine legale Existenz in Frankreich galt es historisch zu untergraben, seine Anhänger vom eigenen theologischen und politischen Irrtum zu überzeugen und als treue Untertanen und gute Katholiken in die gallikanische Gemeinschaft zu integrieren. Eines der wichtigsten Mittel, das der französische Klerus zu diesem Zweck ins Feld führte, war die Historiografie.

Einen Höhepunkt erlebte die historiografische Debatte über den Religionskrieg im Rahmen der antiprotestantischen Gesetzgebung Ludwigs XIV. und der Aufhebung des Edikts von Nantes in Frankreich. Dabei war das Thema zwischen katholischen Klerikern und protestantischen Pastoren hart umkämpft. Katholische Geistliche verfassten historiografische Darstellungen, um ein Verbot der protestantischen Religion in Frankreich zu rechtfertigen. Die *Assemblée générale du Clergé de France* gewährte denjenigen Autoren, die die Protestanten angriffen, Pfründe und Pensionen[226]. Wiederholt forderte die Generalversammlung des Klerus direkt das Königtum zur radikalen Begrenzung der protestantischen Religionsausübung auf[227]. Der Topos der Ausrottung der Häresie war integraler Bestandteil sowohl der Herrscherpanegyrik als auch des Selbstbilds des französischen Königs[228]. Zudem verpflichtete sich der Monarch in seinem Krönungseid, die Häresie auszurotten[229]. Von 1685 bis zum Ende des 17. Jahrhunderts setzte die *Académie Française* Preise für Werke aus, die die Ausrottung der Häresie feierten[230].

Die Forderungen des französischen Klerus waren in erster Linie theologisch begründet[231]. Der katholische Klerus orientierte sich am Aufruf des

---

225 Vgl. LABROUSSE, Une foi, die die Einheit zwischen Glauben, König und Gesetz nach der Revokation des Edikt von Nantes aus positivistischer Sicht zu Recht in Frage gestellt hat. Die katholische Historiografie forderte aber gerade diese Einheit mit dem historischen Verweis auf die vergangenen Religionskriege, für die sie die Hugenotten verantwortlich machten.
226 Vgl. LABROUSSE, Introduction, S. 14f. und Fußnote 60 auf S. 103.
227 Vgl. BLET, Le Clergé de France, Bd. 1, S. 99–104, 234–241, 260–264; ders., Le Clergé de France, Bd. 2, S. 213, 342–388, 404–407, 418; ders., Les Assemblées, S. 16, 27–31, 97–104, 182, 187f., 322, 404, 407, 582f.
228 Vgl. BURKE, Ludwig XIV., S. 145; RAMEIX, Justifying War, S. 182–195, hier S. 186f.; SAUZET, Au Grand Siècle, S. 171.
229 Vgl. BARBEY, Sacre, S. 1108. BLUCHE, Louis IV., S. 20f.; SAUZET, Au Grand Siècle, S. 171; SCHILLING, Das Jahrhundert, S. 62.
230 Vgl. ADAMS, The Huguenots, S. 19.
231 Eine originär pekuniäre Motivation wurde zwar von protestantischen Polemisten unterstellt, dürfte aber nicht sehr ausgeprägt gewesen sein, denn die Reformierten zahlten seit dem Edikt von Nantes den dîme und anfallende Stolgebühren an den katholischen Klerus – unabhängig davon, ob der König, wie in den *lettres patentes*

Lukasevangeliums: »compelle intrare« und den daraus abgeleiteten Regelungen des Kirchenrechts für den Umgang mit Ketzern[232]. Das *Corpus Juris Canonici* forderte, die Häretiker mithilfe staatlicher Gewalt zu verfolgen und zurück in den Schoß der Kirche zu führen[233]. Wie dies konkret auszusehen hatte, überließ man weitgehend der Ansicht der weltlichen Obrigkeit[234]. Den König und seine Berater versuchte der Klerus durch eine politische Argumentation von seinem (theologischen) Ansinnen zu überzeugen. In diesem Sinne ist der alte Vorwurf zu deuten, die Protestanten seien als Häretiker vom Geist der Rebellion besessen und duldeten keine staatliche Autorität, weil sie auch die Autorität der katholischen Kirche ablehnten. Hierbei spielte für katholische Geschichtsschreiber keine Rolle, dass die Protestanten tatsächlich seit den Kriegen Ludwigs XIII. kaum mehr rebelliert hatten und militärisch durch die Schleifung ihrer Sicherheitsplätze auch keine ernst zu nehmende Bedrohung für die französische Monarchie mehr darstellten[235]. Vielmehr ver-

---

Heinrichs IV. versprochen, im Gegenzug für den Unterhalt der reformierten Pfarrschaft aufkam oder nicht. Artikel III und XXV verpflichteten die Protestanten zur Zahlung des Zehnten an den katholischen Klerus. Der erste Patentbrief (*brévet*) garantierte hingegen sehr vage den Unterhalt der reformierten Pastoren durch die Krone. Vgl. Edit de Nantes, Nantes 30 Avril 1598, in: Religionsvergleiche, Bd. 2., S. 14–48, hier, S. 17, 23; Brevet I, Nantes 30 Avril 1598, in: Religionsvergleiche, Bd. 2, S. 63f.

232 »Et ait dominus seruo: Exi in vias, & sepes: & compelle intrare, vt impleatur domus mea«. Biblia, Lukas, S. 14, 23.
233 Vgl. LIBER, Bd. 2, Sexti Decretalium Lib. V., Tit. II., CAP. XVIII., S. 639–642.
234 Zwangskonversionen, wie sie die Regierung Ludwigs XIV. vornehmen ließ, waren im französischen Klerus allerdings nicht unumstritten. So wurde beispielsweise die erzwungene Kommunion von Hugenotten als ungültig kritisiert. Vgl. ARMOGATHE, Croire, S. 109–112, 114–118, dessen Darstellung aber auf weiten Strecken in eine Apologetik der katholischen Kirche und des Papsttums ausartet. Über derartige Debatten ausgewogener: BOLLE, Deux évêques, S. 59–74; CHALINE, Le règne, Bd. 1, S. 591f.; DOMPNIER, Frankreich, S. 132. Dennoch ist zu betonen, dass die Notwendigkeit der Konversion der Hugenotten einen breiten Konsens im französischen Episkopat darstellte. Vgl. BOLLE, Deux évêques, S. 72; SAUZET, Au Grand Siècle, S. 176. STRAYER, The Edict, S. 285–294, hat, ohne Armongathe zu rezipieren, den hohen französischen Klerus für den Erlass des Edikts von Fontainebleau verantwortlich gemacht, da dieser seit der Reformation auf seinen *Assemblées générales* den König an das Versprechen seines Krönungseides, die Häresie auszurotten, erinnerte, konkrete Verfolgungsmaßnahmen forderte, bei Ausführung den König für diese Maßnahmen belobigte und ihm im Gegenzug die Summe eines nicht unerheblichen *Don gratuit* gewährte. Darüber hinaus darf sicher nicht die Tradition kontroverstheologischer Predigt, Schulbildung bzw. Prinzenerziehung durch katholische Geistliche bei politischen Handlungsträgern am französischen Hof vernachlässigt werden, in sich ein strenger Antiprotestantismus manifestierte, der dazu aufforderte, die Lehren von Häretikern auszulöschen.
235 Die von MALETTKE, Hugenotten, S. 299–319, ausfindig gemachten hugenottischen Verschwörungen zwischen dem Frieden von Alès und der Revokation des Edikt von Nantes erhielten von der großen Mehrheit der Protestanten keine Unterstützung und dürfen deshalb nicht über die prinzipielle Loyalität der französischen Protestanten hinwegtäuschen. Dazu BLUCHE, Louis XIV., S. 186; BOST, Ces Messieurs, S. 178; COTTRET, Terre, S. 246; KRETZER, Calvinismus, insbesondere S. 422–427; ders., Le

suchten katholische Kleriker mit historischen Argumenten zu untermauern, dass die Protestanten immer noch eine integrale Gefahr für Frankreich darstellten. Sie wurden als chronische Rebellen für die Religionskriege des 16. und 17. Jahrhunderts verantwortlich gemacht.

Der offizielle Hofhistoriograf Gabriel Daniel bezichtigte die Hugenotten am Ende des hier gewählten Betrachtungszeitraums in seiner *Histoire de France*, die konfessionellen Bürgerkriege als Religionskriege geplant zu haben[236]. Dies beweise eine hugenottische Versammlung unter Beteiligung des Prinzen von Condé und des Admirals von Coligny[237]. Die Reformierten meinten, diese beiden Männer könnten sie aus der Unterdrückung befreien, sie anführen, regieren und ihnen die Mittel an die Hand geben, die Gewissensfreiheit zu erlangen[238]. Die Versammlung habe auf die mögliche Unterstützung der Königin von England und der deutschen Protestanten aufmerksam gemacht, die großen Eifer für ihre Religion zeigten. In der Kriegsführung seien sie durch die Kämpfe gegen Karl V. bewandert[239]. Daniel suggerierte eine Interessengemeinschaft zwischen Hugenotten, Elisabeth I. und den deutschen Protestanten[240]. Die Hugenottenversammlung habe verkündet, es gehe ihnen nicht um die Befriedigung von Ehrgeiz, einen Anteil an der Regierung oder Ämtern[241]. Deshalb habe sie argumentiert: »La guerre, que nous entreprendrons, aura pour motifs des raisons & des interêts de conscience, & sera une guerre de Religion«[242]. Daraufhin habe sie mit der Vorbereitung des Krieges begonnen, der Frankreich und der katholischen Kirche so viel Elend bereitet habe[243]. Klar wurde den Protestanten die Schuld an diesen Religionskriegen gegen den katholischen Glauben, das französische Königtum und Frankreich zugeschrieben. Von katholischen Potentaten, insbesondere dem Allerchristlichsten König, wurde gerade deshalb der Schutz der katholischen Kirche in Form eines religiösen Verteidigungskrieges gegen den Protestantismus erwartet. Doch wie kam es zu diesem Narrativ?

Schon am Ende des 17. Jahrhunderts wurde der Religionskrieg im *Œuvre* Louis Maimbourgs, des vielleicht einflussreichsten historiografischen Werks dieser Zeit, breit debattiert. Bereits in den 1670er Jahren hatte Maimbourg sich als Kirchengeschichtsschreiber einen Namen gemacht und zahlreiche Werke

---

royalisme, S. 25–35. GRELL, Histoire, S. 254f., spricht im Gegensatz zu Malettke von »le mythe du complot« der Hugenotten im 17. Jahrhundert und geht von »Einzeltätern« aus.
236 Vgl. DANIEL, HISTOIRE, Bd. 3, S. 665.
237 Vgl. ebd.
238 Vgl. ebd.
239 Vgl. ebd.
240 Vgl. ebd.
241 Vgl. ebd.
242 Ebd.
243 Vgl. ebd., S. 665f.

zu spätantiken und mittelalterlichen Häresien sowie den Kreuzzügen ins Heilige Land publiziert[244]. Diesem *Sujet* blieb er auch im folgenden Jahrzehnt treu, indem er eine breit angelegte Trilogie neuzeitlicher Ketzergeschichte verfasste, in der er nacheinander das Luthertum, den »Calvinismus« und die französische Liga behandelte[245]. Das besondere Interesse der (gelehrten) Öffentlichkeit an diesem Stoff wird durch zahlreiche Neuauflagen, Übersetzungen, Gegenschriften führender protestantischer Gelehrter und Apologien ihrer katholischen Widersacher belegt[246].

Maimbourg verteidigte die gallikanische Königstreue gegen die (vermeintlichen) Anfeindungen protestantischer Häresien und der Liga. Dies mag auf den ersten Blick paradox erscheinen. Im Vorwort seiner *Histoire de la Ligue* rechtfertigte er aber die Kohärenz seines Unternehmens:

L'Héresie forma la premiere [ligue de rebelles] contre la vraye Religion: l'Ambition travestie en zele fit naistre la seconde, sous prétexte de maintenir ce que l'autre vouloit ruiner: & tous deux, quoy-qu'ennemies implacables l'une de l'autre, se sont néanmoins accordées à lever chacune de son costé en divers temps l'étendart de la Rebellion contre nos Rois[247].

Häresie und Liga hätten also beide die Religion zum Vorwand genommen, kriminelle Anschläge auf das französische Königtum zu verüben. Dergestalt gehörten beide Phänomene zusammen. Französisches Königtum und katholische Religion werden als untrennbare Einheit beschrieben. Der Anschlag auf das eine müsse einem Anschlag auf das andere gleichkommen. Die Grundthese Maimbourgs, die viele seiner katholischen Landsleute um 1700 teilten, lautete: Häresie gleich Rebellion, ergo Rebellion gleich Häresie. Innerhalb dieses Diskurses konnte ein Religionskrieg den Gipfelpunkt des Bösen darstellen, wenn er nämlich gegen Gott und damit auch gegen den König oder gegen den König und damit auch gegen Gott geführt wurde. Häufig benutzten häretische Rebellen in der Öffentlichkeit eine der beiden Instanzen zur Selbstrechtfertigung und vergrößerten so in den Augen Maimbourgs ihre eigene Schuld,

---

244 Zum Werk Maimbourgs aus literaturwissenschaftlicher Sicht vgl. DECLERCQ, Un Adepte, S. 119–132, und für einen Überblick über das historiografische Schaffen Maimbourgs vgl. ders., L'Histoire, S. 200.
245 Vgl. MAIMBOURG, HISTOIRE DU LUTHERANISME; ders., HISTOIRE DU CALVINISME; ders., HISTOIRE DE LA LIGUE.
246 Jeweils mit Bezug zum Religionskrieg vgl. BAYLE, CRITIQUE; JURIEU, HISTOIRE, Bd. 1; BOSSUET, HISTOIRE; ders., PREMIER AVERTISSEMENT; BENOIST, HISTOIRE, Bd. 2; FÉTIZON, APOLOGIE; MAIMBOURG, Louis, THE HISTORY OF THE LEAGUE, Translated into ENGLISH According to his Majesty's Command, M. Flesher, London 1684, in: DRYDEN, The Works, Bd. 18; SECKENDORFF, COMMENTARIUS 1688; ders., COMMENTARIUS 1694.
247 MAIMBOURG, HISTOIRE DE LA LIGUE, EPITRE [2].

indem sie den Namen des Herrn missbrauchten, wie es das dritte Gebot im Dekalog verbietet[248]. Andererseits konnte ein Religionskrieg ein heiliger Krieg sein, wenn er nämlich vom König (*legitima auctoritas*) für die Religion (*causa justa*) gegen die Häresie und Rebellion geführt wurde[249]. Um welche Art von Religionskrieg es sich handelte, wurde also im Wesentlichen durch den Charakter und die Motive der jeweiligen Kriegspartei bestimmt. Beide Deutungen des Religionskrieges kommen eindringlich in der Trilogie Maimbourgs zum Ausdruck.

Darin behandelte Maimbourg zunächst die Geschichte des Luthertums von seiner Entstehung bis zur Absetzung Sigismunds III. von Schweden 1599, die er in seiner *Histoire du Lutheranisme* von 1680 darstellte. Deutlich sticht darin die gegenreformatorische Grundhaltung des Autors hervor, der immer wieder die Schändlichkeit der lutherischen »Häresie« unterstreicht. Das Luthertum erschien als direkter Nachfolger der mittelalterlichen Ketzerbewegungen und Vorläufer des »Calvinismus«. Alle drei Gruppen hätten furchtbare Religionskriege entfesselt. Ein spezifisch lutherischer Religionskrieg sei dabei der Schmalkaldische Krieg gewesen, der im vierten Buch der *Histoire du Lutheranisme* behandelt wurde[250].

Auf dem Reichstag von Regensburg 1546 hätten die deutschen Protestanten verweigert, sich dem Konzil von Trient zu unterwerfen, um damit die Einheit der Kirche wiederherzustellen[251]. Die Protestanten wurden also für das immer noch bestehende Schisma zwischen lutherischer und katholischer Kirche verantwortlich gemacht. Mit ihrer Entscheidung hätten sie sich gleichzeitig ihrem Souverän widersetzt, der sich infolgedessen legitimerweise rüstete, ihre Rebellion niederzuschlagen[252]. Hier griff Maimbourg den Topos katholischer Polemik auf, der Häresie traditionell mit Rebellion gleichsetzte. Christen, die die Autorität des Papstes ablehnten, wurde prinzipiell eine autoritätsfeindliche Haltung unterstellt, die sich auch auf das politische Gemeinwesen auswirke. Darauf deutet der Vorwurf Karls V. hin, die protestantischen Rebellen seien »criminels de leze-Majesté divine & humaine«, den der Kaiser in einem ausführlich von Maimbourg zitierten Kriegsmanifest erhob[253]. Diese Argumentation verschleiere Maimbourg zufolge aber nur schwerfällig die Absicht des Kaisers, die Lutheraner zu beruhigen, es handele sich beim Schmalkaldischen Krieg nicht um einen Religionskrieg[254]. Karl war

---

248 »Non vsurpabis nomen Domini Dei tui frustrà: quia non erit impunitus qui super re vana nomen ejus assumpserit«. Biblia, Deut. 5, 11.
249 Zur frühneuzeitlichen Lehre vom gerechten Krieg vgl. ausführlich SCHMIDT, Bellum, S. 147–239.
250 Vgl. MAIMBOURG, HISTOIRE DU LUTHERANISME.
251 Vgl. ebd., S. 303.
252 Vgl. ebd., S. 305.
253 Ebd., S. 307.
254 Vgl. ebd.

in seiner Funktion als Kaiser aber geradezu dazu verpflichtet, einen Religionskrieg zu führen. Im Reich waren *Sacerdotium* und *Regnum* in besonderem Maße miteinander verknüpft. Mehr noch als andere Monarchen galt der Kaiser als weltlicher Protektor der ganzen katholischen Kirche[255]. Insbesondere fungierte er als Schutzherr der Reichskirche, der weltliche und geistliche Autorität in sich vereinte[256]. Die Reichskirche aber wurde substanziell durch die lutherische Reformation bedroht. Maimbourg wusste als gebürtiger Lothringer einerseits um solche traditionellen Strukturen des Reichs, andererseits schrieb er Reichsgeschichte als naturalisierter Franzose nach französischem Muster; d.h., im Zentrum standen für ihn die Pflichten, das Handeln und die Stellung der monarchischen Obrigkeit[257].

Dementsprechend lobte Maimbourg die Unterstützung Papst Pauls III. für Kaiser Karl V. bei seinem Kampf gegen die lutherischen »Häretiker«, denen er nach dem Reichsoberhaupt ebenfalls den Krieg erklärte. In einem Bündnisvertrag mit Karl V. habe der Papst dem Kaiser großzügig Hilfstruppen, die Hälfte der Kircheneinnahmen und den Verkauf von Kirchenbesitz in Spanien zugesichert, wofür er im Gegenzug die Zusage erhalten habe, keine Einigung mit den Ketzern in Religionsangelegenheiten ohne Zustimmung des päpstlichen Stuhls zu vereinbaren[258]. So erschien Paul III. als idealtypischer Papst, der das Gut der Kirche zur Ausrottung der Häresie opferte. Während der Papst erklärt habe, dass »c'etoit là une guerre de Religion«[259], habe Karl V. politisch geschickt beteuert, dass dies »n'estoit point du tout une guerre de Religion«[260]. Denn der Kaiser habe das freie *exercitium religionis* seiner lutherischen Truppen und Verbündeten zugelassen. Er wollte lieber die Protestanten in Sicherheit wiegen und ihre Kräfte nach dem Prinzip *divide et impera* zerstreuen[261]. Die Mitglieder des Schmalkaldischen Bundes unter Führung des Landgrafen von Hessen und des Kurfürsten von Sachsen hätten sich »sous un faux prétexte de Religion« am Reich vergangen[262]. Ihnen wurde ein ganzer Katalog von Vergehen angelastet. Konkret hieß es, dass sie

---

255 Zum sakralen Charakter des Heiligen Römischen Reiches im Mittelalter vgl. WEINFURTER, Reich, S. 190–204, und in der Frühen Neuzeit: STOLLBERG-RILINGER, Des Kaisers alte Kleider, S. 93–96. Zur religiösen Selbst- und Fremdverortung des habsburgischen Kaiserhauses vgl. BOSBACH, Monarchia, S. 35, 41f.; BROCKMANN, Das Bild, S. 40; CHALINE, La reconquête, S. 136–138; CORETH, Pietas, insbes. S. 10f.; GOLOUBEVA, The Glorification, S. 191–211.
256 Vgl. STOLLBERG-RILINGER, Des Kaisers alte Kleider, S. 93–96.
257 Vgl. MAIMBOURG, HISTOIRE DU LUTHERANISME, EPITRE [1–8].
258 Vgl. ebd., S. 306.
259 Ebd.
260 Ebd., S. 307.
261 Vgl. ebd., S. 306.
262 Ebd., S. 307.

violoient tous les jours par mille attentats les droits de l'Empire les plus sacrez, se liguans contre l'Empereur faisant des assemblées contre les loix sans sa permission, suscitant contre luy les étrangers, méprisant avec insolence tous ses ordres, faisant la guerre aux sujets de l'Empire, dépouillant mesme les Princes de leurs Estats²⁶³.

Vorgeworfen wurden also Landfriedensbruch, ein Bündnis gegen Kaiser und Reich, unerlaubte, gesetzeswidrige Versammlungen, Aufwiegelung ausländischer Potentaten, Bruch des Lehnseides und Beraubung von Reichsfürsten. Karl V. klagte hier scharf die Politik Hessens und Kursachsens als reichsrechtlich illegal an. Der Schmalkaldische Bund stellte in dieser Darstellung schon an sich eine rechtswidrige Vereinigung dar. Die Entgegnung der Lutheraner auf das Manifest des Kaisers habe nicht lange auf sich warten lassen. Philipp von Hessen und Johann Friedrich von Sachsen »pretendoient prouver que la guerre qu'on leur faisoit, n'estoit en effet qu'une guerre de Religion, pour violenter leur conscience, & les contraindre par les armes de se soumettre au Pape & à son Concile de Trente«²⁶⁴.

Auf diese Weise bestätigten sie Maimbourg zufolge nicht nur die Vorwürfe Karls V. und widersetzten sich seinen Anordnungen, sondern baten auch England und Frankreich als ausländische Mächte um Hilfe gegen ihren obersten Lehnsherrn²⁶⁵.

Maimbourg selbst interpretierte den Schmalkaldischen Krieg als Religionskrieg. Hier standen sich Lutheraner und Katholiken frontal gegenüber. Die Lutheraner hätten die gottgewollte Ordnung angegriffen und sich dem Willen des Monarchen widersetzt. Andererseits ging Maimbourg aber auf Distanz zum Kaiser und bezichtigt ihn eines machiavellistischen Politikstils, weil er die wahre Kriegsursache zu verschleiern suchte. Damit bot die Schilderung des Schmalkaldischen Religionskrieges Potenzial für drei mögliche Interpretationsansätze. Erstens wurde den deutschen Protestanten die Gefahr vorgehalten, die ihnen durch die politischen Winkelzüge der Wiener Hofburg drohten. Bis zur Widerrufung des Edikts von Nantes wusste die französische Politik geschickt die konfessionellen Spannungen in Deutschland zu ihren Gunsten auszunutzen²⁶⁶. Es ist aber anzunehmen, dass Maimbourg selbst

---

263 Ebd.
264 Ebd., S. 308.
265 Vgl. ebd.
266 Vgl. HECKEL, Deutschland, S. 197, bringt diese Taktik französischer Deutschlandpolitik präzise auf den Punkt. TISCHER, Französische Diplomatie, S. 303–310, weist anschaulich am Beispiel des Westfälischen Friedenskongresses auf die fortdauernde Spannung zwischen katholischer Selbstverpflichtung und dem Bündnis mit protestantischen Mächten hin. Observations sur les Capitulations depuis Charles V. en 1519 jusqu'à Charles VI. en 1711, s.l. 1711 AE, CP, Allemagne, 6 Suppl., fol. 222, 230, 243, rät noch am Ende des Spanischen Erbfolgekrieges den französischen Diplomaten in Deutschland, das konfessionelle Misstrauen gegenüber dem Haus Österreich mit

diese Interpretation nicht verfolgte, denn durch die Wahl der französischen Sprache war die *Histoire du Lutheranisme* in erster Linie an ein französisches Publikum gerichtet und keineswegs an deutschsprachige Protestanten[267]. Zweitens ermöglichte die Kritik an Karl V. eine Gleichsetzung dieses Kaisers mit seinem Nachfahren Leopold I., der in direkter Konkurrenz zum französischen Monarchen stand. Ihm konnte wegen der Verschleierung seiner Kriegsgründe und der Zusammenarbeit mit den deutschen Lutheranern mangelnde konfessionelle Solidarität vorgeworfen werden, die auch in der Unzufriedenheit des Papsts zum Ausdruck kam. Ludwig XIV. konnte so als alleiniger Verteidiger des katholischen Glaubens dargestellt werden. Drittens und im Gegensatz dazu blieb der Kaiser auch für Maimbourg als Monarch die unbestrittene höchste weltliche Autorität im Reich. Kein Vasall besäße das Recht auf Widerstand gegenüber seinem von Gott eingesetzten Monarchen. Maimbourg übertrug hier die Ideologie des französischen Königtums auf die Verhältnisse im Reich. Durch diese Transferleistung bekam die historische Schilderung universellen Charakter und zog aus der Geschichte des Schmalkaldischen Krieges Maximen für das politische Handeln in der Gegenwart. Die monarchische Obrigkeit sei beauftragt, die politisch gefährliche Häresie des Luthertums mit allen ihr zur Verfügung stehenden Mitteln – d.h. ultima ratio auch des Krieges – auszumerzen. Maimbourgs Schilderung konnte als Appell an Innozenz XI. gedeutet werden. Der Papst solle sich auf dem Höhepunkt des Streits um die gallikanischen Freiheiten lieber ein Beispiel an Paul III. nehmen und Ludwig XIV. ideelle und materielle Unterstützung für die Ausrottung der Ketzerei zukommen lassen, statt sich seiner Kirchenpolitik entgegenzustellen. Im antagonistischen Weltbild Maimbourgs konnte der Leser letztendlich nur zwischen zwei Parteien entscheiden: dem weltliche und geistliche Obrigkeit vereinenden Katholizismus oder dem ketzerischen und rebellischen Luthertum.

Partielle Sprachgemeinschaft und gemeinsames katholisches Bekenntnis begünstigten die Übernahme der gallikanischen Interpretation des Religionskrieges in den Spanischen Niederlanden. Einer der produktivsten südniederländischen Geschichtsschreiber des späten 17. und frühen 18. Jahrhunderts, der Brüsseler Kanoniker Jean Chrysostôme Bruslé de Montpleinchamp[268], übernahm fast deckungsgleich Louis Maimbourgs Schilderung

---

historischen Argumenten zu schüren und für Frankreichs Zwecke auszunutzen, gleichwohl diese Taktik nach 1685 wenig erfolgversprechend erscheinen musste und kein größerer protestantischer Reichsstand mehr bis zur Tripelallianz von 1717 mit Frankreich ein Bündnis einging.

267 Gleichwohl erweckte sie später auch bei dem deutschen Lutheraner Ludwig Veit von Seckendorff reges Interesse, der eine eigene Gegenschrift dazu verfasste. Vgl. SECKENDORFF, COMMENTARIUS 1688; ders., COMMENTARIUS 1694.

268 Leben und Werk Montpleinchamps wären gesondert zu untersuchen. Vgl. bisher

und Interpretation des Schmalkaldischen Krieges als Religionskrieg in seine *Histoire des ducs de Bourgogne* von 1687. Es ist anzunehmen, dass dies in erster Linie aus arbeitsökonomischen Gründen geschah. Die *Histoire des ducs de Bourgogne* war als Landesgeschichte vor allem für Leser in den spanischen Niederlanden als Nachfolgeterritorium der burgundischen Kompositmonarchie konzipiert[269]. Die Schilderung des Schmalkaldischen Krieges warnte die Bewohner der spanischen Niederlande vor der Gefahr, die von der lutherischen »Häresie« für ihr eigenes Gemeinwesen ausgehen könne. Auf diese Weise bestärkte er die katholische Identität der südlichen Niederlande[270]. Die Rezeption der *Histoire du Lutheranisme* in den Spanischen Niederlanden zeugt von der Verbreitung von Maimbourgs Geschichte des Luthertums im katholischen Europa.

Auch Johann Heiß von Kogenheim knüpfte in seiner *Histoire de l'Empire* von 1684 an Maimbourgs Beschreibung des Schmalkaldischen Krieges als Religionskrieg an. Anders als Maimbourg schrieb Kogenheim aber keine Ketzergeschichte. Seine *Histoire de l'Empire* ist im Umfeld des Staatssekretariats des Krieges und der Auswärtigen Angelegenheiten als Anleitung für die französische Deutschlandpolitik entstanden[271]. Kogenheim selbst war gebürtiger Deutscher und galt im Staatssekretariat des Krieges als Spezialist für deutsche Angelegenheiten[272].

In seiner *Histoire de l'Empire* berichtete Kogenheim, Karl V. habe in Deutschland wieder die öffentliche Ruhe herstellen wollen, um einen Türkenkrieg zu beginnen[273]. Die Lutheraner aber hätten sich widersetzt, den Wünschen des Kaisers zu gehorchen und die Entscheidungen des Konzils von

---

nur die knappen Ausführungen bei VANDER MEERSCH, Bruslé de Montpleinchamp, S. 113–116.

269 Kopie der entsprechenden Stellen zum Schmalkaldischen Krieg aus der *Histoire du Lutheranisme* bzw. aus der *Histoire de l'Empire* in: BRUSLÉ DE MONTPLEINCHAMP, L'HISTOIRE, S. 511–516. Ebd., PREFACE, insbes. [2f.], gibt Auskunft über das intendierte Publikum. Zur Arbeitsweise Bruslé de Montpleinchamps vgl. konzise VANDER MEERSCH, Bruslé de Montpleinchamp, S. 115.

270 Vgl. VENARD, Die südlichen Niederlande, S. 83f.

271 Vgl HEISS VON KOGENHEIM, HISTOIRE, EPITRE [1f.], AVERTISSEMENT [1–4], legen nahe, dass Heiß von Kogenheim zur Klientel Michel Le Tellier de Barbezieux, des Kanzlers von Frankreich und ehemaligen Staatssekretärs des Krieges, gehörte. Zwar wurde Barbezieux schon 1666 als Staatssekretär des Krieges abgelöst, aber mit François-Michel Le Tellier de Louvois übernahm kein Geringerer als sein Sohn dieses Amt. Das Widmungsschreiben an Barbezieux legt ebenfalls nahe, dass der Auftrag zu diesem Werk direkt vom Staatssekretariat des Krieges ausging und der besseren Koordination der französischen Deutschlandpolitik diente. Diese Vermutung wurde durch die Korrespondenzen des Ministeriums erhärtet, da sich unter den Aktenbündeln AD A¹, 1501 und AD A¹, 1524, immer wieder Berichte Johann Heiß von Kogenheims mit Neuigkeiten aus Deutschland befinden.

272 Vgl. ebd.

273 Vgl. ebd., S. 382.

Trient als Basis für eine Einigung anzuerkennen[274]. Damit hätten die Protestanten die Herstellung von Frieden in der Christenheit zur Bekämpfung des Erbfeindes christlichen Namens verhindert. Aus ebendiesem Grunde habe der Kaiser ein Bündnis mit Papst Paul III. geschlossen, in dem der Papst ihm für die Verpflichtung, keine religiöse Einigung ohne päpstliche Einwilligung mit den Lutheranern zu erzielen, Soldaten und Subsidien aus Kircheneinkünften versprach[275]. Der Kaiser habe ein Manifest erlassen, in dem er behauptete, der Grund dieses Krieges sei nicht in der Religion, sondern in der Bestrafung einiger Rebellen zu suchen[276]. Die Protestanten unter Führung Johann Friedrich von Sachsens und Philipp von Hessens aber hätten ein Gegenmanifest veröffentlicht, in dem sie verlautbaren ließen, es handele sich sehr wohl um einen Religionskrieg[277]. Daraufhin habe der Kaiser ihnen vorgeworfen, auf schändliche Weise die Religion zum Vorwand für Raub und Verbrechen zu benutzen. Um selbst den Vorwurf eines Religionskrieges abzuwehren, habe er sodann das Kurfürstentum Sachsen auf Herzog Moritz übertragen, der ihn im Kampf gegen die Protestanten unterstützte, obwohl er selbst Lutheraner war[278].

Diese Schilderung des Schmalkaldischen Krieges konnte getreu dem frühneuzeitlichen Grundsatz, dass Historiografie als Schule der Fürsten dienen solle, als Anleitung für die französische Deutschlandpolitik benutzt werden[279]. Sie gab französischen Diplomaten Hinweise, wie sie mit der politischen Öffentlichkeit im Reich verfahren konnten. Noch stärker als Maimbourg geißelte Heiß von Kogenheim die machiavellistische Politik Wiens, die als historisches Exempel leicht auf die Gegenwart übertragen werden konnte. Wie zu Zeiten des Schmalkaldischen Krieges verschleiere die Hofburg auch in der Gegenwart ihren gegenreformatorischen Eifer, um nicht den Argwohn der protestantischen (Reichs-)Stände zu erwecken, arbeite dann aber doch mit ihnen zusammen, wo es ihr zum politischen Nutzen gereiche. Gegenüber deutschen Katholiken konnten französische Diplomaten so den mangelnden konfessionellen Eifer des Kaisers unterstreichen und ihnen vor Augen führen, dass der französische König ihnen einen besseren Schutz vor ihren

---

274 Vgl. ebd., S. 382–384.
275 Vgl. ebd., S. 384.
276 Vgl. ebd., S. 385.
277 Vgl. ebd.
278 Vgl. ebd., S. 385f.
279 Programmatisch bei BOECKLER, HISTORIA, S. 1105–1156. Die Bedeutung dieses Werkes wird durch zahlreiche Neuauflagen im 17. und 18. Jahrhundert unterstrichen. Die Tatsache, dass Boeckler als Lutheraner vom Kurfürsten von Mainz zum Rat, vom Kaiser zum Rat und Pfalzgrafen ernannt und von Ludwig XIV. Geldgeschenke erhielt, spricht für seine Anerkennung als Staatsrechtler und Historiograf über die Konfessionsgrenzen hinweg. Vgl. WEGELE, Johann Heinrich Böckler, Bd. 2, S. 792f.

Die katholische Historiografie religiös begründeter Kriegsführung 117

protestantischen Landsleuten gewähre als das Reichsoberhaupt[280]. Eine Interpretation, die auch die protestantischen Reichsstände ansprach, war zwar möglich, bei Kogenheim historiografisch aber kaum mehr intendiert. Der politische Spielraum, den Wien und Versailles als katholische Mächte gleichermaßen bei der Behandlung konfessioneller Fragen in der Außenpolitik nutzten, war mit dem historisch begründeten Selbstbild der französischen Monarchie nur noch schwerlich vereinbar. Stattdessen wurde konfessionelle Kompromissbereitschaft mit schändlicher Machtpolitik und politischem Ränkespiel gleichgesetzt, die unter der Würde eines wahrhaft christlichen Monarchen lägen.

Eine gänzlich andere Schilderung des Schmalkaldischen Krieges verfolgte der italienische Kanonist Paolo Sarpi in seiner *Historia del concilio Tridentino* von 1619. Im späten 17. und frühen 18. Jahrhundert erlebte die französische Übersetzung des Botschaftssekretärs Ludwigs XIV. in Venedig, Nicolas Amelot de la Houssaie, die erstmals als *Histoire du Concile de Trente* 1683 in Amsterdam erschien, zahlreiche Neuauflagen[281]. Wiederholt betraute der Senat Sarpi damit, Gutachten aufzusetzen, die Kompetenzkonflikte zwischen der *Serenissima* und dem Papsttum zu deren Gunsten klären sollten[282]. Diese Tätigkeit erhielt rund 60 Jahre später die lebhafte Zustimmung von Seiten französischer Gallikaner. Amelot de la Houssaie beklagte deshalb, die Kurie »fait passer [Sarpi] pour un Hérétique [...] à moins que de vouloir m'exposer aussi à leur censure, comme un fauteur d'hérésie«[283]. Das Œuvre Sarpis bot sowohl für Gallikaner als auch Protestanten zahlreiche Anknüpfungspunkte, da das Verhältnis des Autors zur Kurie in seiner Funktion als theologischer Berater der Republik Venedig sehr angespannt war[284]. Für die Wertschätzung durch beide Konfessionsparteien spricht auch, dass selbst rechtgläubige Reformierte wie Pierre Jurieu sich in positiver Weise auf Sarpi beriefen[285]. Der Gallikaner Amelot de la Houssaie sah nichts Verwerfliches in der

---

280 Zur französischen Bündnispolitik mit den deutschen Protestanten vgl. PLATZHOFF, Frankreich; SCHILLING, Konfessionalisierung, S. 271–273, 276–278.
281 Vgl. SARPI, HISTORIA. Amelot de la Houssaies französische Übersetzung erschien erstmals unter dem Psydonym eines Herrn von La Mothe Josseval unter dem Titel: SARPI, HISTOIRE DU CONCILE DE TRENTE 1686. Unter den zahlreichen Neuauflagen finden sich ders., HISTOIRE DU CONCILE DE TRENTE ²1686; ders., HISTOIRE 1699; ders., HISTOIRE 1704; ders., HISTOIRE 1713. Sie sprechen für einen relativ hohen Absatz dieses Werkes innerhalb der europäischen *République des Lettres*.
282 BUFFON, Chiesa, bezieht nicht in ausreichender Weise den historischen Kontext mit ein und gewinnt seine Einsichten allein auf Basis der Schriften Sarpis. Anders 40 Jahre später WOOTTON, Paolo Sarpi, S. 48–52, der letzten Endes aber zu ähnlichen Ergebnissen kommt.
283 SARPI, HISTOIRE DU CONCILE DE TRENTE 1686, PREFACE [1].
284 Vgl. WOOTTON, Paolo Sarpi, S. 48–52.
285 Vgl. JURIEU, ABBREGE' 1682, S. 125.

Wertschätzung, die Sarpi selbst den Protestanten zuteilwerden ließ, denn schon der Kanzler Michel de l'Hospital habe gesagt, dass »les habitans d'une même Ville peuvent bien être bons citoiens, sans être bons Chrêtiens«[286]. Der historische Laie könnte den Ausspruch Hospitals leicht als Ausfluss laizistischen Gedankenguts missverstehen. Hospital und Amelot de la Houssaie waren sich aber mit ihren Glaubensgenossen einig darin, dass der Protestantismus theologisch nicht tolerabel war. Innerhalb des Katholizismus habe es Amelot de la Houssaie zufolge zwei Wege gegeben, wie man mit dem religiösen Problem des Protestantismus umgehen könne. Kaiser Karl V. und Philipp II. von Spanien hätten die Protestanten »soit par le fer, ou par le feu« gemordet und damit kein gutes Werk getan; Ludwig XIV. aber sei es gelungen, die französischen Reformierten zu bekehren »sans verser une goute de leur sang«[287]. Die vordergründige Toleranz gegenüber dem Protestantismus diente also lediglich der Konversion der Hugenotten.

Die Schilderung der Entstehungsgeschichte des II. Kappeler Krieges in der *Histoire du Concile de Trente* beweist, dass auch die politische Toleranz Sarpis für fremdkonfessionelle Gruppen eher beschränkt war. Er tadelte den bikonfessionellen Charakter der Schweiz, denn »leur queréles se renouveloient souvent à l'ocasion de mille accidents, qui arivoient de jour en jour«[288]. Religiöse Differenz sei also Ursache für innerstaatliche Instabilität. Der dauernde Streit habe schließlich eine »guerre de religion« verursacht[289]. Bikonfessionelles Zusammenleben führe also letzten Endes zu Religionskriegen. Religionskriege aber erschienen nicht als probates Mittel, um religiöse Differenz aus der Welt zu schaffen, denn am Ende verblieb im II. Kappeler Landfrieden »chacun [dans] leur propre Religion«[290].

Die Ablehnung des Religionskrieges durch Sarpi zeigt sich noch deutlicher in seiner Schilderung des Schmalkaldischen Krieges, die sich klar von anderen katholischen Autoren wie Louis Maimbourg, Johann Heiß von Kogenheim oder Jean Chrysostôme Bruslé de Montpleinchamps unterscheidet. Für Sarpi wurde im Schmalkaldischen Krieg der Religionskrieg vollends ad absurdum geführt. Er diente nicht mehr der Religion, sondern allein der päpstlichen Politik, denn

le Pape vivoit dans un continuel chagrin, tant à cause des outrages, que les Protestans lui faisoient tous les jours, que pour la maniére d'agir de l'Empereur, dont les actions, à son dire, étoient d'autant plus pernicieuses à la Religion, & à l'autorité Pontificale [...]. Outre qu'il lui sembloit toujours à craindre, que l'Empereur ne fit un accord avec les

---

286 SARPI, HISTOIRE DU CONCILE DE TRENTE, ²1686, PREFACE [4].
287 Ebd., PREFACE [22].
288 Ebd., S. 56.
289 Ebd., TABLE DES MATIERES.
290 Ebd., S. 56.

Protestans, au préjudice du Saint-Siége. A quoi il ne voioit point de meilleur reméde, que de susciter une Guerre de Religion, qui embrasseroit également l'Empereur & les Protestans[291].

Der Papst sei über die theologische Kritik der Evangelischen an seiner Stellung und die Beschränkung seiner politischen Prärogative durch Kaiser Karl V. verärgert gewesen. Beiden habe er einen Angriff auf den Katholizismus angelastet und sich deshalb vor einer Einigung zwischen Kaiser und Protestanten zu seinem Nachteil gefürchtet. Um dieses Szenario abzuwenden, beschloss er Sarpi zufolge, einen Religionskrieg zwischen Kaiser und Evangelischen anzuzetteln. Aus diesem Grunde habe er ein Jubeljahr ausgerufen, was die wahre Ursache des Krieges leicht verriete. Der Kaiser aber habe die wahre Ursache seines Feldzugs verschleiert und den Kurfürsten von Sachsen und den Landgrafen von Hessen für vogelfrei erklärt[292]. »La cause aléguée par l'Empereur déplaisoit fort au Pape, & celle, que le Pape aléguoit, déplaisoit réciproquement à l'Empereur, parce que les vües de l'un détruisoient les vües de l'autre«[293].

Alle vernünftigen Menschen hätten aber erkannt, dass es sich in der Tat um einen Religionskrieg handelte[294]. Das Vorgehen des Papstes erschien hier als besonders verwerflich, denn den Prinzipien des Christentums zufolge und *ex officio* als geistliches Oberhaupt der Christenheit wäre er zur Friedensstiftung statt zum Kriegsschüren verpflichtet gewesen[295]. Sarpi knüpft ausdrücklich nicht an die mittelalterliche Denkfigur des Ketzerkreuzzugs an. Eine Bekehrung der Protestanten – die ihm durchaus als notwendig erschien – sollte allein auf friedlichem Wege vollzogen werden. Das Modell hierfür lieferte laut Amelot de la Houssaie sein eigener Landesherr Ludwig XIV. Innerhalb der außenpolitischen Grundkonstellation der Regentschaft Ludwigs XIV. ist kaum verwunderlich, dass die moralische Verdorbenheit des Papsttums als historische Konstante geschildert wurde, die auch vor einem verurteilungswürdigen Religionskrieg nicht haltmachte. Als Nichtfranzose und europaweit angesehener Historiograf stellte Sarpi den idealen Gewährsmann für diese Schilderung dar. Theologisch bot der orthodoxe Ordensgeistliche wenig Angriffsfläche für das katholische Europa, aber auch im protestantischen Teil des Kontinents genoss er aufgrund seiner Kritik am Papsttum große Anerkennung, wofür nicht zuletzt die Tatsache spricht, dass die Erstauflage seiner *Historia del concilio Tridentino* mit Privileg Jakobs I. von England in London

---

291 Ebd., S. 106.
292 Vgl. ebd., S. 184.
293 Ebd.
294 Vgl. ebd.
295 Vgl. KAMPMANN, Arbiter, S. 26–63, 308.

erscheinen konnte[296]. Sarpis Kirchengeschichte diente um 1700 nicht als Bestätigung der venezianischen Kirchenpolitik, sondern des französischen Katholizismus. Die Ablehnung des päpstlichen Religionskrieges fungierte als einigendes Band zwischen den Konfessionsparteien. Sie verfolgte damit letztlich aber kein anderes Ziel als die Geschichtsschreibung Louis Maimbourgs, nämlich die Bekehrung der Protestanten.

Kurz nach der Geschichte des Luthertums erschien 1682 Maimbourgs *Histoire du Calvinisme*, in der er das Luthertum zum geistigen Wegbereiter einer aus seiner Sicht noch grauenhafteren Häresie erklärte[297]. Ziel der *Histoire du Calvinisme* war es, analog zur *Histoire du Lutheranisme*, den verbrecherischen Charakter der »calvinistischen Häresie« historisch zu beweisen. Dem protestantischen Leser wurde so vor Augen geführt, wie notwendig es sei, seinem Glauben abzuschwören und zum Katholizismus zu konvertieren. Dem katholischen Leser wurde klar gemacht, wie er am besten den Gefahren der »calvinistischen Häresie« widerstehen könne. Nachdem Maimbourg in den ersten drei Kapiteln die Ausbreitung des reformierten Bekenntnisses in Europa behandelt hatte, ging er in den letzten drei Kapiteln auf die konfessionellen Bürgerkriege ein, die die Reformierten verschuldet hätten.[298] Dabei richtete sich Maimbourg vor allem an ein französisches Publikum, indem er immer wieder seinen Gallikanismus unterstrich und sich nationaler Argumentationsmuster bediente. Zusammenfassend hieß es:

l'on y voit le Calvinisme, c'est à dire, le plus furieux & le plus terrible de tous les ennemis que la France ait jamais eûs, celuy qui l'a […] donnée en proye à l'avarice & à la cruauté des Etrangers, & reduite enfin aux derniers extremitez par la fureur des guerres civiles, par les revoltes tant de fois réitérées[299].

Frankreich wurde klar als katholische Nation definiert. Der »Calvinismus« laufe grundsätzlich der Verfassung der Nation zuwider, weshalb er ihr natürlicher Feind sei. Im Bunde mit dem Ausland hätten die Hugenotten das Land verwüstet, ausgeraubt und ins größte Elend gestürzt[300]. Stärker noch als das Luthertum wurden sie so für Rebellion und Bürgerkrieg verantwortlich gemacht

---

296 Vgl. SARPI, HISTORIA; GETTO, Paolo Sarpi, S. 266f. Zur Unterstützung Jakobs I. für dieses Projekt vgl. PATTERSON, King James VI., S. 246–248.
297 Vgl. MAIMBOURG, HISTOIRE DU CALVINISME, S. 9.
298 Vgl. ebd., S. 267.
299 Ebd., EPITRE [3f.].
300 Vgl. ebd., S. 277, 267f.

pour s'y maintenir par les voyes du monde les plus violentes contre toutes les loix divines & humaines, qui defendent aux sujets de prendre les armes contre leur Souverain sous quelque prétexte que ce puisse estre, beaucoup moins pour établir une nouvelle Religion toute contraire à celle qui florissoit dans l'Empire des Gaules depuis les premiers siecles de l'Eglise[301].

Die Hugenotten stünden der Tradition französischer Rechtgläubigkeit entgegen, die sich bis auf die Christianisierung Frankreichs unter Chlodwig zurückführen lasse[302]. Ihre Religion sei schon deshalb häretisch, weil sie als neue Religion der französischen Tradition zuwiderlaufe. Die Hugenotten bedrohten damit die Historizität der Identität des französischen Gemeinwesens, indem sie seine mythischen Ursprünge in Frage stellten. Als notorische Aufrührer vergingen sie sich an den Gesetzen des Königreiches und der christlichen Religion, indem sie es wagten, gegen ihren gesalbten König die Waffen zu ergreifen. Aus diesem Grunde wurde die protestantenfreundliche Politik Katharina von Medicis im Vorfeld des ersten Bürgerkrieges beklagt:

La mechante politique de la Reine ambitieuse, qui vouloit gouverner par quelque moyen que ce fust, aux depens mesme de la Religion, l'on voit l'abomination de desolation dans le lieu saint, cela veut dire, l'héresie établie dans le Royaume Tres-Chrestien pendant la minorité d'un Roy[303].

Mit dem negativen Bild der französischen Regentin gelang es Maimbourg, an ein nationales Narrativ anzuknüpfen, das der Italienerin gottlosen Machiavellismus unterstellte – eine Interpretation, die auch von reformierten Autoren geteilt wurde und so Identifikationsmöglichkeiten für den protestantischen Leser bot[304]. Die negative Schilderung Katharina von Medicis und ihr Bündnis mit den Hugenotten dienten dazu, den protestantischen Lesern deutlich zu machen, wie schändlich ihre eigene Religion sei. Demzufolge unterstrich Maimbourg gegenüber seinen hugenottischen Lesern die Notwendigkeit einer Konversion zum Katholizismus.

---

301  Ebd., S. 267f.
302  Vgl. Kapitel II.1.3.
303  Ebd., S. 248.
304  Vgl. bspw. JURIEU, HISTOIRE, Bd. 1, S. 525; ders., LETTRES, S. 436. In der Forschung hat bereits DUBOST, La France, S. 312–319, auf dieses französische Protestanten und Katholiken vereinigende Narrativ hingewiesen.

In einem Schwarz-Weiß-Antagonismus wurden die Hugenotten als Anstifter des Krieges geschildert, während die rechtgläubigen Katholiken lediglich die göttliche Ordnung verteidigten, wie bei der Schilderung des Massakers von Vassy durch Maimbourg deutlich wird. Mutwillig hätten die Hugenotten den Herzog von Guise mit ihrem Psalmengesang beleidigt und sich seinen wiederholten Anordnungen, diesen zu beenden, widersetzt. Stattdessen hätten sie durch einen Steinwurf den Herzog am Kopf verletzt, was sein Gefolge zur Verteidigung seines Herrn gegen eine große protestantische Übermacht veranlasst habe. Der Herzog aber habe in seiner Großherzigkeit noch versucht, seine Gefolgschaft vom Ergreifen der Waffen abzuhalten, obwohl sie in Notwehr gehandelt hätten[305]. Die Hugenotten hingegen hätten zu allen Zeiten unbegründet »horribles excés de cruauté […] contre les Catholiques« begangen, welche die notwendige Konsequenz des rebellischen Geistes der Ketzerei seien[306]. Vorbildliche Katholiken wie der Herzog von Guise, der Konnetabel von Montmorency und die Marschälle von Saint-André oder von Brisac rieten der Regentin deshalb an,

que le moyen de donner la paix à l'Etat, & d'appaiser ces troubles & ces differends de Religion, n'estoit pas de tolerer tons [sic!] ces desordres; mais que pour l'avoir, il falloit garder exactemënt l'Edit que les Huguenots violoient tous les jours impunément, chasser tous les Ministres, & ne souffrir point en France d'autre Religion que la Catholique[307].

Katharina von Medici habe diesen Ratschlag leichtfertig missachtet, als sie zur Steigerung ihrer persönlichen Macht auf die Forderungen der Hugenotten einging und ihnen das Januaredikt gewährte. Damit habe die Regentin offen die Rechtsbrüche der protestantischen Partei sanktioniert – ja mehr noch, die häretischen Rebellen gar für ihren Ungehorsam belohnt[308]. Auch das Parlament habe sich als Hort des Rechts gegen die Politik der Regentin gestellt, weil eine Anerkennung des Protestantismus in Frankreich das Grundgesetz der Katholizität des »Royaume Très Chrétien« verletzt hätte[309]. Ziel müsse es deshalb sein, dass es »qu'un Dieu, & qu'un Roy, il n'y eust aussi qu'une mesme Foy, & qu'une seule Loy dans le Royaume« von Frankreich gebe[310].

---

305 Vgl. MAIMBOURG, HISTOIRE DU CALVINISME, S. 257–259.
306 Ebd., S. 275.
307 Ebd., S. 244.
308 Vgl. ebd.
309 Vgl. ebd., S. 248.
310 Ebd., S. 244.

Verkörperung dieses Prinzips war für Maimbourg der Allerchristlichste König. Über allen Parteien stehe der französische Monarch[311]. Dabei wird er aber nicht als konfessionell indifferenter Mediator dargestellt, sondern als Vorkämpfer des französischen Katholizismus. Einen Widerspruch zwischen Arbiterstellung und strengem Katholizismus sahen katholische Beobachter im 17. Jahrhundert nicht. Dementsprechend bescheinigte Maimbourg Karl IX., ganz im Gegensatz zu seiner Mutter Katharina von Medici keinen Anteil an einer gottlosen, protestantenfreundlichen Politik gehabt zu haben[312]. Als Verkörperung ganz Frankreichs, was im Begriff »le Royaume Tres-Chrestien« zum Ausdruck kommt, bildete er auf natürliche Weise den Gegenpol zur »calvinistischen Häresie«, die seine Mutter begünstigte[313].

Logischerweise habe sich das Königtum der Bourbonen, in Nachfolge des Hauses Valois, dem Problem der »calvinistischen Häresie« verstärkt angenommen. Schon das harte Durchgreifen gegen die Reformierten und die antiprotestantische Gesetzgebung Ludwigs XIV. vor 1685 zeigte laut Maimbourg, dass Frankreich nichts mehr von der »calvinistischen Ketzerei« zu befürchten habe. Ihm zufolge vernichtete Ludwig XIV. den »Calvinismus« schon 1682, weshalb Frankreich mit dem göttlichen Segen rechnen dürfe[314]. Jenseits der klassischen Herrscherpanegyrik nahm Maimbourg die Revokation des Edikts von Nantes als logische Konsequenz der königlichen Religionspolitik gegenüber den Hugenotten hier schon vorweg. Er schien keine Sekunde daran zu zweifeln, dass der feste Wille zur Ausrottung der »calvinistischen Häresie« bestehe und dass diese tatsächlich auch zu bewerkstelligen sei.

Dem Bruch der Einheit von katholischem Königtum und katholischem Königreich mit der Erbfolge des hugenottischen Königs Heinrich von Navarra 1589 begegnet Maimbourg mit der Konstruktion einer Traditionslinie. Denn Heinrich war der Sohn Antoine de Bourbons, den Maimbourg aufgrund seines Kampfes gegen die Hugenotten im ersten Bürgerkrieg an der Seite des katholischen Triumvirats zu einem vorbildlichen Katholiken in der Nachfolge Chlodwigs stilisierte[315]. Damit schuf er die Illusion einer ungebrochenen Sukzession römisch-katholischer Herrscher in Frankreich und entkräftete das traditionelle protestantische Argument, sie selbst und nicht die widerspenstigen Katholiken hätten den jetzigen König auf den Thron gebracht[316]. Das Engagement großer Teile des französischen Hochadels für das reformierte Bekenntnis in den Bürgerkriegen wird unter Berufung auf ihre Feindschaft

---

311 Vgl. ebd., S. 248. Zur Schiedsrichterposition des französischen Königtums im loyalistischen Diskurs vgl. KAMPMANN, Arbiter, S. 66–241.
312 Vgl. MAIMBOURG, HISTOIRE DU CALVINISME, S. 248.
313 Ebd., S. 248.
314 Vgl. ebd., EPITRE [5–7].
315 Vgl. ebd., S. 253.
316 Vgl. ders., HISTOIRE DE LA LIGUE, EPITRE [2f.]; JURIEU, HISTOIRE, Bd. 1, S. 525.

zu den Guisen heruntergespielt[317]. In der Frühphase der französischen Bürgerkriege, die im Mittelpunkt der *Histoire du Calvinisme* steht, erschienen die Guisen als moralisch untadelige Vorkämpfer für Katholizismus und Königtum. Dies änderte sich in der *Histoire de la Ligue* von 1683[318].

Während unter der Regierung des Hauses Valois noch alle Katholiken am Ruin der »calvinistischen Häresie« gearbeitet hätten, habe sich der französische Katholizismus nach dem Tod Heinrichs III. in einen ligistischen und einen königstreuen Flügel gespalten[319]. Die Ligisten bestritten die Erbfolge des protestantischen Thronfolgers Heinrich IV. aus dem Hause Bourbon. Die königstreuen Katholiken unterstützten seine Forderungen. Der aus dem Konflikt zwischen beiden Parteien entstandene Krieg sei keine »guerre de religion« mehr gewesen, wie die Ligisten behaupteten, sondern »une guerre purement d'état«[320]. Die Ligisten hätten sich der Religion nur als Vorwand bedient, »pour abuser de la credulité, & mesme de la pieté des Peuples«[321]. Sie hätten Frankreich der Herrschaft von Ausländern ausliefern und das legitime Königtum stürzen wollen[322]. In diesem Sinne sei die Geschichte der Liga nur die logische Fortsetzung der Geschichte des »Calvinismus«, den die Liga vorgab zu bekämpfen[323]. »Toute Union que l'on forme contre son Souverain, particulierement quand on tasche de la couvrir d'un specieux prétexte de Religion & de pieté, comme firent les Huguenots & les Ligueurs, est toûjours tres-criminelle devant Dieu«[324].

In diesem Zitat kommt Maimbourgs eigener, streng monarchischer Loyalismus zum Ausdruck. Ein Angriff auf das legitime Königtum wurde gleichgesetzt mit einem Angriff auf Gottes Ordnung. Die ligistischen Katholiken seien somit ebenso Häretiker wie die französischen Reformierten.

Französisches Königtum, französische Nation und gallikanischer Katholizismus bildeten für Maimbourg eine Einheit und waren sowohl in seiner *Histoire du Calvinisme* als auch seiner *Histoire de la Ligue* Leitlinien der Erzählung. Sie wurden katholischen und reformierten Franzosen der Gegenwart vorgehalten. Gegenüber seinen Glaubensbrüdern warnte Maimbourg somit auf dem Höhepunkt der Auseinandersetzung zwischen Ludwig XIV. und dem Papsttum, sich niemals vom Gehorsam gegenüber dem gottgewollten Königtum abbringen zu lassen. Dieser Gehorsam wurde als geradezu heilsnotwendig geschildert. Den Hugenotten führte er jedoch vor Augen, es sei

---

317 Vgl. MAIMBOURG, HISTOIRE DU CALVINISME, S. 264f.
318 Vgl. ders., HISTOIRE DE LA LIGUE.
319 Vgl. ebd., S. 77.
320 Ebd., S. 78.
321 Ebd., S. 2.
322 Vgl. ebd., S. 2.
323 Vgl. ebd., S. 3.
324 Ebd., AVERTISSEMENT [11].

gleichsam notwendig, seinem Monarchen Gehorsam zu leisten, um ein guter Christ und ein guter Franzose zu sein. Außerhalb der katholischen Religionsgemeinschaft sei dies aber nicht möglich. Sowohl der politischen als auch der theologischen Häresie wurde die Überlegenheit politisch-religiöser Orthodoxie historisch dadurch bewiesen, »que ce sont les Catholiques du parti royal, dont Dieu s'est voulu servir«, um die Bourbonen gemäß göttlicher Vorsehung auf den französischen Thron zu bringen[325]. Während Heinrich IV. die Liga durch Waffengewalt und königliche Milde besiegte, habe Ludwig XIII. die Reformierten militärisch niedergerungen, bevor Ludwig XIV. die Hugenotten durch die Barmherzigkeit seiner Gesetzgebung veranlasst habe, ihrem Irrtum abzuschwören[326]. Der kleine noch verbleibende Rest werde nur durch Unkenntnis und die Verleumdungen ihrer Pastoren von der Konversion zum Katholizismus abgehalten[327]. Maimbourg rechnete aber damit, Ludwig XIV. werde auch diesen Missstand in Kürze durch weitere Maßnahmen beseitigen[328]. In geradezu höhnischer Weise nahm Maimbourg so die Gewaltmaßnahmen der königlichen Religionspolitik gegenüber den Protestanten schon vorweg, die als letzter Rest rebellischer Untertanen nach der Niederschlagung der Liga durch Heinrich IV. noch übrig geblieben waren.

Dementsprechend wurde zwar die Rebellion, nicht aber der Religionskrieg der Liga gegen den Protestantismus nicht bei allen katholischen Autoren so unumschränkt negativ beurteilt wie bei Louis Maimbourg. In ihren 1709 posthum veröffentlichten Memoiren tadelte die Herzogin Marie von Orléans Nemours die *Fronde* und einen ihrer wichtigsten Protagonisten Jean-François Paul de Gondi, den Erzbischof von Paris und späteren Kardinal Retz[329]. Er habe wie zu Zeiten der Liga öffentlich gegen den Kardinal Mazarin predigen lassen, um das Volk aufzuwiegeln, »sans penser que la guerre de la ligue étoit une guerre de Religion toute differente de celle-cy«[330]. Gerade bei der Herzogin von Orléans Nemours wird deutlich, dass katholische Autoren den Religionskrieg per se für statthaft hielten, die Begründung von Ungehorsam gegenüber der Obrigkeit durch einen Religionskrieg aber kategorisch ablehnten. Sei der Religionskrieg gegen einen häretischen Monarchen legitim, so hätten die Untertanen kein Recht, sich gegen einen katholischen König zu erheben. In den Augen der Herzogin war die Zusammenrottung von Untertanen gegen ihren legitimen Herrscher als Abscheulichkeit zu betrachten – die Predigt des Ungehorsams von der Kanzel nur umso verabscheuenswürdiger[331].

---

325 Ebd., EPITRE [3f.].
326 Vgl. ebd., EPITRE [4f.].
327 Vgl. ebd., EPITRE [5].
328 Vgl. ebd., EPITRE [5–7].
329 Es handelt sich hier um den späteren Kardinal Retz.
330 ORLÉANS NEMOURS, MEMOIRES, S. 62.
331 Vgl. ebd.

War ihr eigener Vater maßgeblich an der *Fronde* beteiligt, kann die Herzogin Orléans Nemours als politisch geläutertes Mitglied des ludovizianischen Hofes betrachtet werden. Ihre Aussage impliziert allerdings, dass Ungehorsam im Rahmen eines Religionskrieges um der Religion willen statthaft, allein aus politischen Gründen unmöglich wäre. Eine Inanspruchnahme der Religion zur Aufwiegelung des Volkes wird als Verstoß gegen die göttliche Ordnung, und folgerichtig gegen das dritte Gebot, scharf gegeißelt[332].

Ließ sich der Zwiespalt zwischen der Einheit von Katholizismus und Königtum und dem protestantischen Bekenntnis Heinrichs IV. vor 1593 oder der auch nach 1593 gegen den König kämpfenden katholischen Liga oder der *Fronde* des 17. Jahrhunderts nicht vollständig auflösen, so war sich die katholische Historiografie doch darin einig, dass der Krieg gegen einen katholischen Monarchen unter Inanspruchnahme der Religion unstatthaft war. Liga und *Fronde* gehörten der Vergangenheit an. Der Protestantismus aber war noch immer eine Herausforderung für den katholischen Loyalismus der Gegenwart. Seine legale Existenz in Frankreich galt es historisch zu untergraben, seine Anhänger vom eigenen theologischen und politischen Irrtum zu überzeugen und als treue Untertanen und gute Katholiken in die gallikanische Gemeinschaft zu integrieren.

Katholischen Historiografen erschien deshalb nicht in erster Linie notwendig, vergangene Rebellionen, sondern den Protestantismus als die Rebellion gegen die Monarchie schlechthin historiografisch zu verurteilen. Zentrales Motiv erschien dabei die Verurteilung des Edikts von Nantes, um dem Protestantismus in Frankreich durch historische Argumente moralisch die rechtliche Existenzgrundlage zu entziehen[333]. Besonders deutlich wird diese Zielsetzung katholischer Geschichtsschreibung in der *Histoire des Edits de Pacification* des katholischen Priesters Pierre Soulier von 1682. Dieses Werk ist als historische Widerlegung der Thesen zweier anonym erschienener Flugschriften aus der Feder Pierre Jurieus von 1681 bzw. 1682 konzipiert, die mit *La politique du clergé de France* bzw. *Suite de la politique du clergé de France* betitelt waren[334]. Dabei war der Autor bestrebt, die Rechtmäßigkeit der Pazifikationsedikte zu widerlegen, was in eine scharfe Kritik des immer noch bestehenden Edikts von Nantes mündete. Noch deutlicher wurde diese Zielsetzung in der überarbeiteten Neuauflage von 1686, die den Titel *Histoire du Calvinisme* trägt.

---

332 »Non vsurpabis nomen Domini Dei tui frustrà: quia non erit impunitus qui super re vana nomen ejus assumpserit«. Biblia, Deut. 5, 11.
333 Vgl. DECLERCQ, L'Histoire, S. 199–213; QUANTIN, Croisades, S. 619–644, sowie immer noch grundlegend PERRY, Theology.
334 Vgl. SOULIER, HISTOIRE, PRÉFACE [1–6], nennt im Vorwort konkret JURIEU, La politique; ders., Suite, gibt aber einen anderen Verleger an, der nicht ermittelbar war. Da Jurieus Schriften noch im selben Jahr zahlreiche Auflagen erlebten, ist auch aus inhaltlichen Erwägungen anzunehmen, dass es sich im Wesentlichen um das gleiche Werk handelt, das in der Universitätsbibliothek Marburg ermittelbar ist.

Darin wurden verschiedene Topoi des antiprotestantischen Narrativs, wie sie schon bei Maimbourg hervorgetreten sind, aufgegriffen: Die Hugenotten seien Feinde Frankreichs und hätten sich ohne ersichtlichen Grund wiederholt mit ausländischen Mächten eingelassen, um ihr Vaterland zu verwüsten und auszuplündern[335]. Als notorische Rebellen hätten sie in undankbarer Weise eine Notlage Heinrichs IV. ausgenutzt »pour obtenir l'Edit de Nantes, & faire des entreprises contre son Autorité«[336].

Ganz im Gegensatz dazu stünden die loyalen Katholiken wie der Sieur de Vitry. Dieser Ex-Ligist erklärte in einem Manifest an den französischen Adel vom 11. Januar 1594, dass der Krieg, den man gegen den König führe »ne se pourroit plus qualifier guerre de Religion, mais d'Estat, d'ambition & d'usurpation«[337]. Es sei also weder auf Seiten der Reformierten noch auf Seiten der Liga um religiöse Belange gegangen, sondern einzig und allein um politische Ambition und die Usurpation königlicher Autorität, die es zu unterbinden gelte. Zwar hätten es Heinrich IV. und die loyalen Katholiken geschafft, die Liga zu zähmen, die Hugenotten hätten aufgrund des Edikts von Nantes aber ihre Stellung behaupten und derart immer wieder Rebellionen im Königreich anzetteln können. Deshalb habe Ludwig XIII. »le renversement des murs & des bastions de l'orgüeilleuse Rochelle« als wichtigstem Bollwerk der *calvinistischen Häresie* begonnen[338]. Der Herzog von Rohan, als Führer der Häretiker, hätte gerne aus Frankreich eine Art Republik der Vereinigten Niederlande gemacht, um Frankreich in Unordnung und Chaos zu stürzen[339]. Deshalb habe er sich nach alter Gewohnheit der *Calvinisten* mit den Feinden Frankreichs eingelassen[340]. Gegenüber Jakob I. von England habe der Herzog von Rohan verlauten lassen, La Rochelle werde vom Bau des Fort Louis bedrückt[341]. Der englische König habe sich aber dazu entschieden, »donner aucun secours aux rebelles de France, parce qu'il étoit persuadé, que ce n'étoit point une guerre de Religion«[342]. Er sei deshalb nicht bereit gewesen, den Aufständischen die Unterstützung zu gewähren, die ihnen sein Sohn wenig später zuteilwerden ließ[343]. Der streng protestantische König Jakob I. wurde also als

---

335 Vgl. SOULIER, HISTOIRE, PREFACE [2, 5]; ders., HISTOIRE DU CALVINISME, S. 246.
336 Ders., HISTOIRE, S. 134; ders., HISTOIRE DU CALVINISME, S. 242f.
337 Ders., HISTOIRE, S. 137. Ich danke Frau Prof. Dr. Arlette Jouanna, Montpellier, für den freundlichen Hinweis, dass dieses Manifest den womöglich ältesten Beleg für den Begriff der *guerre de religion* im Französischen darstellt.
338 Ebd., S. 229.
339 Vgl. ebd.
340 Vgl. ebd.
341 Vgl. ebd., S. 230.
342 Ebd., S. 230f.; ders., HISTOIRE DU CALVINISME, S. 499.
343 Vgl. ders., HISTOIRE, S. 230f.; ders., HISTOIRE DU CALVINISME, S. 499.

Zeuge für das Fehlverhalten der französischen Protestanten benutzt. Soulier legte den Hugenotten deshalb nahe, sich den königlichen Anordnungen zu unterwerfen.

Die *Histoire des Edits de pacification*, andere kontroverstheologische Schriften und eine Missionsreise ins Limousin brachten Pierre Soulier später das Amt eines Beauftragten für Protestantenfragen in mehreren südfranzösischen Diözesen ein[344]. Die *Assemblée générale du clergé de France* gewährte ihm für seine Verdienste gar eine Pension[345]. Maimbourg wurde für seine historiografischen Arbeiten vom König mit dem Amt eines *historiographe royale*, einer großzügigen Pension und einer Pfründe in der Abtei Saint-Victor belohnt[346]. Für eine enge Verbindung zu Colbert, dem königlichen Beichtvater La Chaize und dem Erzbischof von Paris finden sich in seinem Werk und den Archiven zahlreiche Belege[347]. Es ist deshalb anzunehmen, dass der französische König und der französische Klerus gemeinsam ideell an der Revokation des Edikts von Nantes arbeiteten, bevor es 1685 endgültig durch das Edikt von Fontainebleau kassiert wurde. Frankreich sollte künftig nur noch unter der Devise »Une foi, un roi, une loi« denkbar sein[348].

Dafür spricht auch die große Zahl gallikanischer Autoren, die in der Folge die Verteidigung der Thesen namentlich Louis Maimbourgs aufnahmen. Niemand Geringeres als Jacques Bénigne Bossuet verfasste 1688 mit seiner *Histoire des variations des Eglises protestantes* seine Apologie[349]. Darin griff er fundamental Pierre Jurieu an, der erklärt hatte, der erste Bürgerkrieg sei kein Religionskrieg gewesen[350],

puis qu'il paroist au contraire que la Religion en estoit le fonds, & que la réformation du gouvernement n'estoit que le vain prétexte dont on tachoit de couvrir la honte d'avoir entrepris une guerre de religion, après avoir tant protesté qu'on n'avoit que de l'horreur pour de tels complots[351].

---

344 Vgl. PICOT, Essai historique, Bd. 2, S. 218.
345 Vgl. SOULIER, HISTOIRE DU CALVINISME, AVERTISSEMENT [3]. Soulier spricht von einer Pension, die er für seine langjährige Tätigkeit von der Generalversammlung des Klerus unter Vorsitz des Erzbischofs von Paris François de Harlay erhalten habe. Die Editionen der Beschlüsse der Generalversammlung des Klerus erwähnen hingegen nur eine einmalige Auszahlung von 200 Livre an Pierre Soulier am 17. November 1671 für im Auftrag der Versammlung getätigte Reisen. Dieser Versammlung stand der von Soulier erwähnte François de Harlay als Präsident und damals Erzbischof von Rouen vor [und noch nicht, wie später, von Paris, wie Soulier angibt!]. Vgl. Procès-verbal 1671, S. 569.
346 Vgl. DECLERCQ, Un Adepte, S. 130; OHST, Maimbourg, Bd. 5, Sp. 689.
347 Vgl. mit den entsprechenden Quellenbelegen QUANTIN, Croisades, S. 628–630.
348 Vgl. LABROUSSE, Une foi.
349 Vgl. BOSSUET, HISTOIRE, 2 Bd.
350 Vgl. JURIEU, HISTOIRE, Bd. 1, S. 516–530.
351 BOSSUET, HISTOIRE, Bd. 2, S. 123.

Bossuet verwies auf Unstimmigkeiten in Jurieus Argumentation. Er fragte sich, weshalb Jurieu behauptete, der erste Bürgerkrieg sei kein Religionskrieg gewesen, wenn er gleichzeitig zugab, die Religion habe dort unfreiwillig Eingang gefunden und als bloßer Vorwand gedient[352]. Geschickt drehte Bossuet die protestantische Argumentation um und warf seinen Widersachern vor, selbst die politischen Reformen als Vorwand genutzt zu haben, um die religiöse Ursache des Bürgerkrieges zu verschleiern. Alles Leugnen helfe den Protestanten dabei wenig. Die theologische und politische Verurteilung der Religionskriege durch die Hugenotten formte Bossuet zu einer Selbstverurteilung um. Die Protestanten täten gut daran, sich klar zu werden, welch grauenhafte Tat sie hier begangen hätten. Bossuets *Histoire des variations des Eglises protestantes* richtete sich besonders an Hugenotten und *Nouveaux-Convertis*, die es missionarisch von den Irrtümern und schändlichen Verbrechen der eigenen (angestammten) Religion zu überzeugen gelte.

Jurieu jedenfalls konnte Bossuet damit nicht überzeugen, sodass der Bischof von Meaux bereits ein Jahr später mit *Le Christianisme flétri* erneut zum Generalschlag gegen die protestantische Publizistik ansetzte[353]. Der Protestantismus zeichne sich als Verbrechen, Irrlehre und Rebellion aus. Der Religionskrieg sei dabei Gipfelpunkt protestantischer Ruchlosigkeit.

Unter anderem wurde den Protestanten die Massakrierung katholischer Geistlicher im Béarn vorgeworfen[354]. Gewalttaten am eigenen Klerus mussten wegen des speziellen Verständnisses katholischer Priesterweihe und der gesellschaftlich Rolle des ersten Standes im *Ancien Régime* dem katholischen Leser als besonders schändlich erscheinen. Doch die Protestanten hätten sich nicht nur gegen den katholischen Klerus, sondern auch gegen die französische Nation gestellt. Um Frankreich zu unterwerfen, hätten sie ausländische Truppen ins Land gerufen[355]. Die Reformierten wurden angeklagt, sich mit Pierre Bayle, Gilbert Burnet und Pierre Jurieu ihrer fähigsten Autoren zu bedienen, »pour soutenir que ces guerres tant reprochées à la Réforme ne furent jamais des guerres de religion«[356]. Bereits in seiner *Histoire des variations des Eglises protestantes* behauptete Bossuet, bewiesen zu haben, dass die reformierte Religion die Ursache der konfessionellen Bürgerkriege im Frankreich des 16. Jahrhunderts gewesen sei[357]. Erneut wies er nun darauf hin, dass Jurieu selbst zugegeben habe, dass die Religion nur als Vorwand zu diesen Kriegen gedient habe, die derart »contraire à l'Esprit & aux regles du

---

352 Vgl. ebd.
353 Vgl. ders., PREMIER AVERTISSEMENT.
354 Vgl. ebd., S. 287.
355 Vgl. ebd., S. 286.
356 Ebd., S. 288f.
357 Vgl. ebd., S. 290.

Christianisme« gewesen seien³⁵⁸. Die Schilderung der moralischen Korruption der Reformierten erreichte damit ihren Gipfelpunkt. Ihre Religion wurde als mit den Grundsätzen des Christentums unvereinbar dargestellt. Beza selbst und die historischen Zeugnisse belegten, »que la guerre fut entreprise [...] par déliberation expresse des Ministres & de tout le parti, & par principe de conscience«³⁵⁹. Des Weiteren führte Bossuet aus, die reformierte Nationalsynode habe einen Pastor verurteilt, der Katharina von Medici gestanden habe, den bevorstehenden Waffengang abzulehnen³⁶⁰. »N'est-ce pas là déclarer la guerre, & la déclarer à la propre personne de la Regente, & de la part de tout un Synode National, afin qu'on ne doute pas que ce ne soit une guerre de religion, & encore de tout le parti«³⁶¹.

Aus dem Krieg um der protestantischen Irrlehre willen leitete sich für Bossuet der Krieg gegen die gottgewollte Ordnung der Monarchie ab. Der verruchte Charakter der »calvinistischen Ketzerei« werde auch dadurch ersichtlich, dass sie sich der Religion bediene, um gegen den Monarchen zu Felde zu ziehen. In ihrer grenzenlosen Hybris hätten die Protestanten während der französischen Bürgerkriege des 16. Jahrhunderts versucht, sich der Person des Königs zu bemächtigen³⁶². Damit kehrte Bossuet erneut einen protestantischen Vorwurf in sein Gegenteil um, denn die Reformierten behaupteten, die katholischen Guisen hätten sich des Königtums bemächtigt, das es zu befreien gelte³⁶³. Gänzlich diskreditiert hätten sich die Protestanten, weil sie »par maximes de religion des guerres dont les effets ont esté si cruels« entzündet hätten³⁶⁴. Ein offizielles Urteil der Nationalsynode bestätige seine Anklagen und belege, nahezu die gesamte reformierte Glaubensgemeinschaft habe sich des Verbrechens des Religionskrieges und des Aufstandes gegen ihre Obrigkeit schuldig gemacht. Eine Ausnahme wie der erwähnte Pastor »avoit scandalisé [l'Eglise Reformée] en se montrant bon sujet. Loin de se repentir d'avoir pris les armes, la Reforme ne se repent que de s'estre repentie de les avoir prises; & au lieu de rougir de ces excés«³⁶⁵.

Hämisch gab Bossuet die protestantischen Gravamina über die Dragonaden der Lächerlichkeit preis, die ihm als Akt der Gegenwehr mehr als gerechtfertigt erschienen³⁶⁶. Die Hugenotten sollten jetzt das erleiden, was Frankreich bis vor Kurzem durch sie erlitten habe³⁶⁷.

---

358 Ebd.
359 Ebd.
360 Vgl. ebd., S. 292.
361 Ebd.
362 Vgl. ebd., S. 285.
363 Vgl. Jurieu, HISTOIRE, Bd. 1, S. 519; Hotman, LA VIE, S. 247f.
364 Bossuet, PREMIER AVERTISSEMENT, S. 288.
365 Ebd., S. 292.
366 Vgl. ebd., S. 286.
367 Vgl. ebd.

Trotz des Hohns und der Polemik Bossuets gaben die Hugenotten den Kampf um die eigene historische Rechtfertigung keinesfalls auf. Der reformierte Pastor Elie Benoist verfasste zwischen 1693 und 1695 im niederländischen Exil eine dreibändige *Histoire de l'Edit de Nantes*, in der er versuchte, die katholischen Anschuldigungen, die Reformierten hätten Frankreich durch Religionskriege verwüstet, zu widerlegen[368]. Der Oratorianer Louis Thomassin konterte dagegen 1703 mit einer *Traité dogmatique et historique des Edits*[369]. Im Vorfeld des ersten Bürgerkrieges habe eine Versammlung der Reformierten in La Ferté-sous-Jouarre getagt, die im Namen der ganzen Partei beschlossen habe, einen Religionskrieg zu führen[370]. Der Admiral von Coligny habe Elisabeth I. von England und andere protestantische Fürsten um Hilfe zur Unterstützung für dieses Unternehmen gebeten[371]. Die Versammlung von La Ferté-sous-Jouarre diente Thomassin als authentischer Beweis gegen die Beteuerungen der geflüchteten Pastoren wie Elie Benoist, die versicherten, ihre Vorfahren hätten keinen Religionskrieg geführt. Mehr noch sah er die Versammlung als Beweis dafür, die Reformierten hätten sich in ihrer Gesamtheit eines Religionskrieges schuldig gemacht, der durch das Bündnis mit ausländischen Mächten zu einem Krieg gegen ganz Frankreich ausgeweitet worden wäre.

Die Erinnerung der Katholiken an die Verantwortlichkeit der Reformierten für die als Religionskriege beschriebenen konfessionellen Bürgerkriege des 16. Jahrhunderts war offensichtlich so einschneidend, dass sie laut Thomassin bis ins frühe 17. Jahrhundert nachwirkte. Die Furcht vor einem Religionskrieg sei für die nachgiebige Politik Maria von Medicis gegenüber den Protestanten während ihrer Regentschaft für den minderjährigen Ludwig XIII. (1610–1617) verantwortlich gewesen[372]. So sei die Regentin dem Ungehorsam des Herzogs von Rohan damit begegnet, den hugenottischen Marschällen von Bouillon und von Lesdiguières das Kommando der Stadt Saint Jean d'Angély zu erteilen, bevor der Herzog von Rohan sich dieses festen Platzes bemächtigen konnte[373]. Rohan habe trotz dieses konfessionellen Entgegenkommens den König von England auf seine Seite gezogen, der drohte, in Frankreich zu intervenieren, sollte die Regentin keine weiteren Zugeständnisse machen. Aus diesem Grund sei Maria von Medici gezwungen worden, fast allen Forderungen der Nationalsynode von Privas und des Herzogs von Rohan nachzukommen[374]. An dieser Stelle wird der Religionskrieg erneut als

---

368 Vgl. BENOIST, HISTOIRE, Bd. 2; ders., HISTOIRE, Bd. 3.
369 Vgl. THOMASSIN, SUPPLEMENT, PREFACE DU SUPPLEMENT [4, 9].
370 Vgl. ebd., S. 133.
371 Vgl. ebd., S. 136.
372 Vgl. ebd., S. 392.
373 Vgl. ebd.
374 Vgl. ebd.

Schlagwort für den protestantischen Ungehorsam und für eine Verschwörung mit den Feinden Frankreichs gebraucht. Durch Erpressung hätten sich die Protestanten Zugeständnisse der königlichen Regierung erkauft, die deshalb keine Gültigkeit beanspruchen könnten. Die Entscheidung Ludwigs XIV. für eine Revokation des Edikts von Nantes erschien in den Augen Thomassins vollauf gerechtfertigt; Benoist vollkommen widerlegt. Bis zur Herrschaft des Sonnenkönigs sei der französische Katholizismus in der historischen Rückschau dauerhaft den Machenschaften der Reformierten ausgeliefert gewesen.

Katholische Geschichtsschreiber sahen in der reformierten Konfession folglich eine dauerhafte Gefahr für Frankreich, die auch nach der Regierungsübernahme Ludwigs XIII. im Jahr 1617 nicht gebannt worden sei. Die *Negotiations de Monsieur le Président Jeannin*, die Jeannins Enkel, der Chorherr Nicolas de Castille, 1695 neu herausgab, behandelten ausführlich die konfessionellen Bürgerkriege unter Ludwig XIII.[375]. Castille beschrieb, wie man im Kabinett Ludwigs XIII. nach Ausbruch des Dreißigjährigen Krieges debattierte, ob man im Inneren Frankreichs einen Frieden mit den Hugenotten schließen oder den Kampf fortsetzen sollte, während auch in Deutschland der Krieg tobte[376]. Jeannin erklärte, dass zwar einige Hugenotten gehorsam geblieben seien, die Versammlung von La Rochelle im Jahr 1620 aber »pour une vraye rebellion« angesehen werden müsse, die »a contraint le Roy de leur faire la guerre«[377]. Die wenigen getreuen Hugenotten seien abgefallen, seit die Pastoren in ihren Predigten verbreiteten, der König habe vor, ihre Religion zu verbieten[378]. Folglich habe es sich beim ersten Bürgerkrieg unter Ludwig XIV. um »une vraye guerre de Religion, qui les envelopera tous en mesme peril, s'ils ne sont assez fort pour s'en garantir par les armes« gehandelt[379]. In Erinnerung an die Religionskriege des 16. Jahrhunderts machte Jeannin deutlich, dass von den »Calvinisten« kein dauerhafter Friede zu erwarten sei, weil sie bisher jeden Vertrag gebrochen hätten, sobald sie ihn eingegangen seien. Selbst als Verlierer hätten sie durch Unterstützung des Auslandes immer wieder Mittel und Wege gefunden, Frankreich zu verwüsten[380]. Gerade die Engländer und Holländer würden aus konfessioneller Solidarität den Untergang der hugenottischen Partei nicht dulden, um durch diese ihre eigenen Interessen in Frankreich durchsetzen zu können[381]. Für die Hugenotten sei es ein Leichtes, diese Nationen davon zu überzeugen, »que cette nouvelle prise d'armes est vrayement une guerre de Religion, nous avons à craindre que la France

---

375 Vgl. die Erstauflage: CASTILLE, LES NEGOTIATIONS 1656.
376 Vgl. ders., LES NEGOTIATIONS 1695, Bd. 4, S. 269.
377 Ebd., S. 269–271.
378 Vgl. ebd., S. 271.
379 Ebd.
380 Vgl. ebd., S. 274, 306.
381 Vgl. ebd., S. 273.

ne devienne le Theatre pour y joüer cette sanglante tragedie«, die sich über ganz Europa ausbreiten würde und deren Ausgang bei der großen Macht der protestantischen Nationen ungewiss wäre[382]. Vermutlich stellte die Erfahrung des in Deutschland tobenden Dreißigjährigen Krieges auch hier ein abschreckendes Beispiel dar – ein Szenario, das nach der Revokation des Edikts von Nantes viele französische Katholiken beunruhigte[383]. Die Protestanten hätten den Vorteil, selbst in größerer Eintracht miteinander zu leben als die Katholiken. Verantwortlich dafür waren laut Jeannin vor allem die Spanier, deren Ambitionen größer als ihr Religionseifer seien, »quoy que toutes leurs entreprises soient fondées sur cette aparence qui leur sert plustost de pretexte pour tromper les plus simples, que de vrayes & legitimes causes«[384].

Die Religionskriege des 16. Jahrhunderts sollten Ludwig XIII. für die Zukunft als Beispiel dienen[385]. Man kann aufgrund der historiografischen Konzeption der *Négotiations* annehmen, dass die Religionskriege sowohl des 16. als auch des frühen 17. Jahrhunderts in ihrer Neuauflage wiederum als Ermahnung an Ludwig XIV. als gegenwärtigen französischen Monarchen dienten.

Jeannins Rede erinnert an ein politisches Orakel und damit historiografisches Reservoir, denn nach der Analyse der innen- und außenpolitischen Probleme Frankreichs fehlten konkrete praktische Lösungsansätze. Spanier und Hugenotten erschienen gleichermaßen als Feindbilder des katholischen Staatsmannes. Aus seiner Sicht stellten die Protestanten aber eine ungleich größere Gefahr für Frankreich dar als die Spanier. Sie waren es, die Frankreich leicht in einen universellen Religionskrieg verwickeln könnten, der die katholische Religionsgemeinschaft insgesamt bedrohte. Eine Lösung könne deshalb nur die völlige Ausrottung der reformierten Konfession in Frankreich darstellen, da die historische Erfahrung lehre, dass die Hugenotten niemals Friedensverträge halten würden. Jeannin und Castille erlebten beide nicht mehr die Revokation des Edikts von Nantes, ihre Haltung besitzt aber Modellcharakter für den französischen Katholizismus insgesamt und schuf den diskursiven Rahmen für die spätere ludovizianische Religionspolitik

---

382 Ebd., S. 307.
383 Protestantische Schriften wie GUISCARD, Mémoires, appellierten direkt an die militärische Unterstützung durch die zurückgebliebenen *Nouveaux-Convertis* in der Heimat. Als Beispiele für die Verbreitung einer solchen Angst unter den politischen Handlungsträgern seien folgende Aktenstücke genannt: Poussin an Torcy, London, 16. Juni 1701, AE, CP, Angleterre, 210, Fol. 198; Envoyé auec la Depesche de M. le Cardinal de Janson Vienne du 31. Juillet 1703, AE, CP, Autriche, 83, Fol. 67; Chamillart an Villars, s.l. 22. Februar 1703, AD, A$^1$, 1707.
384 CASTILLE, LES NEGOTIATIONS 1695, Bd. 4, S. 308.
385 Vgl. ebd., S. 308.

gegenüber den Reformierten[386]. Auch deshalb stieß die Revokation auf keine nennenswerten Widerstände innerhalb der katholischen Geistlichkeit und Bevölkerung, sondern wurde im Gegenteil begeistert aufgenommen[387].

Klar zu erkennen ist ein Abflauen katholischer Historiografie zu den konfessionellen Bürgerkriegen nach dem Frieden von Rijswijk, nachdem die protestantischen Alliierten bei den Friedensverhandlungen keine größeren Anstrengungen zur Restitution ihrer französisch-reformierten Glaubensbrüder unternommen hatten[388]. Als schließlich hugenottische Bemühungen zur Wiederherstellung des Edikts von Nantes auch bei den Friedensverhandlungen von Utrecht, Rastatt und Baden scheiterten[389], erlosch das Interesse fast vollständig. In Frankreich selbst stand das Edikt von Fontainebleau bis zur von katholischen Gelehrten getragenen Kampagne für die Einführung der Religionsfreiheit Mitte des 18. Jahrhunderts nicht mehr zur Debatte[390].

*Zusammenfassung*

In der historischen Rückschau ließ sich der Zwiespalt zwischen der Einheit von Katholizismus und Königtum und dem protestantischen Bekenntnis Heinrichs IV. vor 1593 genauso wenig vollständig auflösen wie später die Widersprüchlichkeit von einer gegen ihren katholischen König kämpfenden katholischen Liga oder der Kampf der im Wesentlichen katholischen *Fronde* gegen ihren katholischen Monarchen im 17. Jahrhundert. Die katholische Historiografie war sich dennoch darin einig, dass der Krieg gegen einen katholischen Monarchen unter Inanspruchnahme der Religion unstatthaft war. Liga und *Fronde* gehörten der Vergangenheit an. Ende des 17. Jahrhunderts stellten in erster Linie die Hugenotten den zentralen Gegner der katholischen Publizistik dar. Diese Gegnerschaft manifestierte sich auch in der historiografischen Erinnerung.

---

386 Nicolas de Castille verstarb 1658. Vgl. DINET, Religion, Bd. 1, S. 473.
387 Vereinzelte Kritik an Zwangsbekehrungen und erzwungener Kommunion wie bei: CAMUS, Lettre, darf nicht darüber hinwegtäuschen, dass die Revokation des Edikts von Nantes vom französischen Klerus insgesamt begeistert aufgenommen wurde. Vgl. ADAMS, The Huguenots, S. 19–25; DOMPNIER, Frankreich, S. 137. Kritik an der Revokation war selten, fand nicht in größerer Öffentlichkeit statt und wurde fast ausschließlich von Laien geäußert – etwa unter verschiedenen Psydonymen von VAUBAN, Mémoire sur les affaires de la R.P.R., insbes. S. 20–31, oder von Henri d'Aguessau im persönlichen Gespräch mit Ludwig XIV. Vgl. ADAMS, The Huguenots, S. 25, 27–30.
388 Vgl. CHALINE, Le facteur, S. 562; ders., Le règne, Bd. 1, S. 591.
389 BÉLY, Guerres de religion, S. 627; BOLES, The Huguenots, S. 195–247; CHALINE, Le règne, Bd. 1, S. 591; GLOZIER, Schomberg, S. 149.
390 Vgl. ADAMS, The Huguenots, S. 49–228; BIEN, The Calas affair, S. 178f. KAPLAN, Divided by Faith, S. 335, nimmt im Vergleich zu Geoffrey oder Bien eine eher kritische Haltung gegenüber dem Ende konfessioneller Intoleranz im 18. Jahrhundert ein.

Die Einheit von Nation, Königtum und Konfession im Diskurs der katholischen Geschichtsschreibung ließ die Hugenotten als dauernden Störenfried erscheinen, der die Integrität Frankreichs, des Königshauses und des Katholizismus gleichermaßen gefährdete. Als Rebellen hätten sich die Hugenotten demzufolge des falschen Vorwands ihrer Häresie bedient, um mit Hilfe des feindlichen Auslandes einen Religionskrieg gegen ihren König anzuzetteln. Der Diskurs nationaler, politischer und konfessioneller Einheit folgte der Devise »Une foi, un roi, une loi«[391].

Mit dem Vorwurf, die Protestanten hätten immer schon konfessionell motivierte Rebellionen mit Hilfe von Ausländern im Königreich angezettelt, die unter dem Stichwort des Religionskrieges firmierten, trug die katholische Geschichtsschreibung maßgeblich zur Delegitimation und schließlichen Revokation des Edikts von Nantes bei. Nach 1685 erhielt sie den Vorwurf des Religionskrieges aufrecht und widersetzte sich mit historischen Argumenten der Möglichkeit seiner Wiedereinsetzung. Erst mit dem Frieden von Rijswijk ebbten die historischen Debatten um die Legitimität des Edikts von Nantes wieder ab.

Eine vergleichsweise selten gebrauchte, avantgardistische Variante der historischen Integration der Hugenotten in die gallikanische Gemeinschaft stellte die Verurteilung päpstlicher Religionskriege dar. Mit der Verurteilung Roms rechtfertigte die gallikanische Historiografie einerseits die ludovizianische Kirchenpolitik und versuchte andererseits, den französischen Reformierten die Aufnahme in die gallikanische Glaubensgemeinschaft und damit letzten Endes in die katholische Kirche zu erleichtern. Auf diese Weise verfolgte sie letztendlich keine andere Absicht als die dominantere historiografische Desavouierung protestantischer Religionskriege: die Bekehrung der französischen Protestanten.

## II.1.5 Zwischenfazit:
## Die katholische Historiografie religiös begründeter Kriegsführung

Die katholische Historiografie zum Religionskrieg fußte kaum auf der Heiligen Schrift. Sie basierte vielmehr auf nachbiblischer Hagiografie und Herrscherpanegyrik. In diesem Zusammenhang lässt sich die katholische Religionskriegsmemoria allerdings heilsgeschichtlich verorten. Sie war Bestandteil des Martyriums der Alten Kirche, Beweis für die Rechtgläubigkeit katholischer Monarchen und umgekehrt auch Vorwurf an schlechte Herrscher, die unter falschen Prämissen einen Religionskrieg führten. Eine falsche Prämisse war in diesem Zusammenhang immer ein Irr- oder Unglaube. Die

---

391 LABROUSSE, Une foi.

Ungläubigen schlechthin stellten für das frühneuzeitliche Europa die Muslime dar. Ihnen wurde in der historischen Rückschau das Paradebeispiel eines falschen und deshalb verwerflichen Religionskrieges vorgeworfen. Dieser sei schon in der islamischen Dogmatik angelegt und habe zu furchtbaren Religionskriegen gegen das christliche Europa geführt. Nicht zuletzt deshalb forderte die katholische Geschichtsschreibung christliche Monarchen immer wieder aktiv zum Religionskrieg gegen die Muslime auf. Die These Johannes Burkhardts, außerchristliche Konflikte seien in der Frühen Neuzeit nicht mit dem Attribut des Religionskrieges versehen worden, muss nach der Analyse katholischer Geschichtsschreibung korrigiert werden[392]. Richtig bleibt zwar, dass der Begriff des Religionskrieges in der Frühen Neuzeit in erster Linie auf innerchristliche Konflikte Anwendung fand. In der historiografischen Rückschau wurde er aber auch auf Konflikte zwischen Christen und Heiden bezogen. Vorherrschend war jedoch die Beschreibung eines interkonfessionellen Krieges als Religionskrieg.

Die Deutung des Religionskrieges als Krieg zwischen verschiedenen christlichen Glaubensrichtungen leitete sich theologisch und juristisch allerdings vom christlich-islamischen Religionskrieg ab und bediente sich einzelner Versatzstücke aus dem antiislamischen Diskurs, um den Krieg gegen die christliche Häresie zu rechtfertigen. Der Kreuzzugsgedanke war um 1700 also kein Anachronismus, wie in der Forschung vielfach behauptet wird[393]. In diesem Zusammenhang muss auch die These revidiert werden, Kreuzzug und Religionskrieg seien in der Frühen Neuzeit keine Synonymbegriffe gewesen[394]. Die enge Verbindung von Religionskrieg und Kreuzzug in der katholischen Historiografie lässt deshalb auch die These anzweifeln, nur die Türkenkriege seien in der Frühen Neuzeit explizit mit der Religion gerechtfertigt worden[395]. In der Historiografie wurden die Kriege gegen den Protestantismus genauso wie die Türkenkriege als Religionskriege legitimiert, und das oft mit dem direkten Verweis auf eine Parallele zwischen antiken und mittelalterlichen Häresien und der gegenwärtigen »protestantischen Ketzerei«.

---

392 Vgl. BURKHARDT, Konfessionsbildung, S. 528f.
393 Vgl. RAMEIX, Justifier, S. 110; SAUZET, Au Grand Siècle, S. 236; SCHINDLING, Das Strafgericht, S. 27.
394 Vgl. REPGEN, Religionskrieg, S. 342f.; BEIDERBECK, Religionskriege, Bd. 10, Sp. 1096. Die Einschränkung auf offizielle Kriegsmanifeste scheint jedoch nach wie vor unstrittig.
395 SCHULZE, Reich, S. 51f., und TISCHER, Offizielle Kriegsbegründungen, S. 165, haben hingegen herausarbeiten können, dass in offiziellen christlichen Kriegsmanifesten selbst die Türkenkriege nicht mit der unterschiedlichen Religion gerechtfertigt wurden, sondern als Verteidigungskriege gegen die osmanische Expansion. Die offiziöse und inoffizielle Publizistik konnte hingegen auf ein ganz anderes Argumentationsreservoir zurückgreifen. Vgl. SCHINDLING, Das Strafgericht, S. 27; ders., Türkenkriege, S. 597.

Gerade der Kampf zwischen katholischer Kirche und protestantischer Häresie stand im Zentrum katholischer Geschichtsschreibung zum Religionskrieg. In Anknüpfung an die Geschichte der spätantiken und mittelalterlichen Häresien wurde der Religionskrieg gar zur Konstante katholischer Universalgeschichtsschreibung. Noch während des Dreißigjährigen Krieges hat es Andreas Holzem zufolge im Reich keine katholischen Kriegspredigten gegeben[396]. Dies gilt aber nicht für das Frankreich des späten 17. und frühen 18. Jahrhunderts. Dort war ein offensiv geführter Religionskrieg fester Bestandteil katholischer Hagiografie und Predigt. Im Rahmen der Herrschermemoria wurde er auch regierenden katholischen Fürsten und deren gläubigen Untertanen als erstrebenswert nahegelegt.

Die gängige These, der Religionskrieg habe spätestens mit der Aufklärung eine grundsätzlich negative Konnotation erfahren, muss anhand der römisch-katholischen Historiografie zum Religionskrieg deshalb revidiert werden[397]. Richtig bleibt, dass die traditionell von der Forschung als Religionskriege beschriebenen militärischen Auseinandersetzungen in der Rückschau auch von Katholiken selten als solche legitimiert wurden. Positiv konnotierte Religionskriege sind vielmehr in Konflikten zu suchen, die von der Forschung bisher nicht unter dem Schlagwort des Religionskrieges wahrgenommen wurden. Diese sind meist in der weiter zurückliegenden Vergangenheit zu verorten. Sie haben aber nicht nur das Attribut des Religionskrieges mit den negativ konnotierten »klassischen« Religionskriegen gemeinsam. Sie wurden außerdem von den Geschichtsschreibern häufig direkt in Parallele zu ihnen gesetzt und kehren die prinzipiell negative Konnotation des Religionskrieges um 1700 stellenweise in ihr Gegenteil um. Der Religionskrieg wurde hier zum Kampf um die eigene Identität und die Reinheit des eigenen Bekenntnisses.

Wegen seiner positiven und negativen Konnotation kann der Begriff des Religionskrieges grundsätzlich als Polysem gelten. In seiner positiven Konnotation bezog sich das Attribut der Religion auf die katholische Glaubensgemeinschaft, im negativ besetzten Religionskriegsbegriff galt Religion als Synonym für Un- oder Irrglauben in allen seinen Varietäten. Religion konnte dabei den Islam, jegliche Form von Ketzerei, eine rebellische Haltung oder einen machiavellistischen Politikstil bezeichnen. Katholische Geschichtsschreiber nahmen den positiven Religionskriegsbegriff für die Geschichte ihrer eigenen Denomination in Anspruch und betonten den negativen Religionskriegsbegriff als Bestandteil der Geschichte externer Gruppen.

---

396 Vgl. HOLZEM, Barockscholastik, insbes. S. 583.
397 Vgl. BURKHARDT, Religionskrieg, S. 686.

In der katholischen Historiografie Frankreichs finden sich beide Begriffsverwendungen. Der positiv konnotierte Religionskrieg wurde als Bestandteil der französischen Geschichte wahrgenommen. Die Geschichte des französischen Königtums wurde von französischen Historiografen als eine Geschichte von Anführern von Religionskriegen gesehen. Diese christlichen Führergestalten standen in einer Genealogie des französischen Königtums, die auf römischen Vorbildern fußte und mit dem Religionskrieg Chlodwigs I. gegen die Arianer ihren ersten Höhepunkt erlebte. Sie zog sich weiter über die Heiden- und Ketzerkreuzzüge Philipps II. August und Ludwigs IX. bis hin zu Ludwig XIV., der mit seinen Vorgängern als Vorkämpfer für den katholischen Glauben häufig direkt in Parallele gesetzt wurde. Das Königtum wurde somit historiografisch in eine sakrale Sphäre gerückt, die selbst die Niederschlagung einer profanen Rebellion wie der *Fronde* zum Krieg für die katholische Religion werden ließ. Rebellion und Häresie wurden so zu Synonymen erklärt. Die von ihnen verursachten Religionskriege waren Negativexempla und warnten die politischen Handlungsträger der Gegenwart, politisch-religiösen Aufruhr nicht ungestraft zu lassen. Im Zentrum des negativ besetzten Religionskrieges standen die Hugenotten. Die von ihnen verursachten Religionskriege dienten zur Delegitimation konfessioneller Pluralität in Frankreich. Sie forderten und legitimierten auf historische Weise die Revokation des Edikts von Nantes.

Eine überkonfessionelle oder gar konfessionell indifferente Religionskriegsmemoria war im Katholizismus die Ausnahme. Um 1700 dominierte eindeutig die Erinnerung an vergangene Religionskriege als legitime Feldzüge zur Ausrottung der (protestantischen) Häresie, die die katholische Kirche in Vergangenheit und Gegenwart in ihrem Bestand existenziell bedrohte. Doch wie reagierten protestantische Geschichtsschreiber auf die Herausforderungen und Angebote der katholischen Historiografie? Diese Frage soll im folgenden Kapitel beantwortet werden.

## II.2 Die Protestantische Historiografie zum Religionskrieg: Zwischen Untertanentreue und Verteidigung des eigenen Glaubens

Die protestantische Historiografie zum Religionskrieg stellte eine direkte Antwort auf ihr katholisches Pendant dar. Um sich gegen die historiografischen Angriffe der katholischen Historiografie zu verteidigen, entwickelte sie ein genuin protestantisches Geschichtsbild. Es soll im Folgenden untersucht werden, wie sich dieses Geschichtsbild ausgestaltete. Namentlich die inter- und transkulturellen Verbindungen zwischen der protestantischen Historiografie in französischer, deutscher und englischer Sprache sind bisher von der Forschung für den Zeitraum zwischen 1679 und 1714 kaum beachtet worden, weil sich die Geschichtswissenschaft bislang weitgehend auf die Analyse nationaler Argumentationsweisen im Reformationsjahrhundert beschränkt hat[1]. Dabei lag der Fokus hauptsächlich auf der Behandlung bekannter Höhenkammliteratur, ohne breitere historiografische Debatten einzubeziehen[2]. Aber auch hier ist kaum *expressis verbis* von der Geschichte der Religionskriege die Rede, die ein grundlegendes Desiderat der Forschung darstellt[3]. Zu fragen ist, von welchen gemeinsamen Prämissen die protestantische Geschichtsschreibung zum Religionskrieg ausging. Es ist zu untersuchen, welche inhaltlichen Gemeinsamkeiten und geografischen Partikularitäten zwischen der protestantischen Erinnerung an vergangene Religionskriege in Frankreich, England und dem Reich bestanden. Ließen sich Überschneidungen feststellen und worin lagen Unterschiede? Abschließend soll gefragt werden, ob und, wenn ja: wie protestantische Migrationsbewegungen und die Rezeption historiografischer Werke innerhalb der protestantischen *République des Lettres* letztendlich zu einer gemeinsamen Erinnerung an vergangene Religionskriege im protestantischen Europa führten.

---

1 Dies ist namentlich für die Klassiker protestantischer Historiografie des 16. Jahrhunderts der Fall. Vgl. bspw. FRANK, Untersuchungen; HALLER, Foxe; RACAUT, Religious polemic, S. 29–43; SCHÄUFELE, Protestantisches Märtyrergedenken, S. 35–59 = 367–391; YARDENI, La conception, S. 13–37; dies., Hotman, S. 39–49. Als Überblick für die protestantische Kirchengeschichtsschreibung *en longue durée* können KRUMENACKER, La généalogie, S. 259–289, und immer noch MEINHOLD, Geschichte, Bd. 1, S. 227–442, gelten, die allerdings nicht näher auf die Thematik des Religionskrieges eingehen.
2 Vgl. FRANK, Untersuchungen; HALLER, Foxe; RACAUT, Religious polemic, S. 29–43; SCHÄUFELE, Protestantisches Märtyrergedenken, S. 35–59 = S. 367–391. So auch tendenziell die Beiträge in BERCHTOLD, La mémoire; YARDENI, Repenser.
3 Vgl. BENEDICT, La conviction, S. 223–239; ders., Divided Memories, S. 381–405; ders., Shaping, S. 111–128; ders., Religionskriege, Bd. 2, S. 403–411, der zwar den Begriff des Religionskrieges verwendet, ihn aber keiner Historisierung unterzieht.

### II.2.1 Der katholische Klerus als Hauptverantwortlicher der Religionskriege

Das verbindende Element protestantischer Geschichtsschreibung war die pauschale Schuldzuweisung an den katholischen Klerus, für die einzelnen Religionskriege verantwortlich zu sein. Dieses Argumentationsmuster stammte bereits aus der protestantischen Geschichtsschreibung des 16. Jahrhunderts[4]. Der Antiklerikalismus wurde von frühneuzeitlichen protestantischen Geschichtsschreibern bereits in der antiken Geschichte verortet. Dieses Vorgehen bot sich insbesondere dann an, wenn die Zensur durch die eigene kirchliche Obrigkeit zu befürchten war. Mithilfe literarischer Verfremdung ließ sich die Unterdrückung durch die jeweiligen Zensurbehörden umgehen.

Ein besonders einflussreiches Beispiel dafür stellen die Ausführungen James Harringtons zum Religionskrieg in seiner staatstheoretischen Schrift *Oceana* dar. Die *Oceana* wurde erstmals 1656 veröffentlicht und danach bis weit ins 18. Jahrhundert mehrfach neu aufgelegt[5]. Ihre Argumentation kann als genuin historisch betrachtet werden. Jene die Kleriker attackierenden Stellen zum Religionskrieg wurden später sowohl von anonymen Schriften als auch von einflussreichen Autoren der Aufklärung wie Pierre Bayle und David Hume aufgegriffen[6].

Im Original schrieb Harrington, dass die Priester schon im Alten Ägypten ihre Macht missbraucht hätten[7]. Sie hätten auf schlechte Weise die Könige beraten und das Volk in Aberglauben gehalten[8]. Indem sie sich zu einem eigenen Stand erhoben, hätten sie die Religion für ihre eigenen weltlichen Ziele benutzt[9]. Die Religionskriege aber seien erst in späterer Zeit entstanden, nachdem die Geistlichen weltliche Rechte usurpiert hätten[10]. Die Antike selbst habe deshalb laut Harrington noch keine Religionskriege gekannt[11]. Als

---

4 BABEL, Kreuzzug, S. 111; LABROUSSE, Calvinism, S. 295, haben diese Haltung als Teil protestantischer Selbstsicht herausgearbeitet.
5 Grundlegend zur *Oceana* vgl. DAVIS, Utopia, S. 206–240; DAVIS, Pocock's Harrington, S. 683–697; CROMATIE, Harringtonian Virtue, S. 987–1009; NIGGEMANN, Auf der Suche, S. 126–139; POCOCK, Introduction, S. vii–xxv; ders., The Machiavellian Moment, insbes. S. 382–422.
6 Vgl. La balance de la Religion, S. 127–129; [BAYLE], COMMENTAIRE 1686, S. LIVf. »The religious wars and persecutions of the Egyptian idolaters are indeed an exception to this rule [...]. Different species of animals were the deities of the different sects of the Egyptians; and the deities being in continual war, engaged their votaries in the same contention. The worshipers of dogs could not long remain in peace with the adorers of cats or wolves«. HUME, FOUR DISSERTATIONS, S. 60f.
7 Vgl. HARRINGTON, The Oceana, S. 272.
8 Vgl. ebd.
9 Vgl. ebd.
10 Vgl. ebd.
11 Vgl. ebd.

einziges Beispiel führt er ein Exempel aus der griechischen Geschichte an. Dort hätte eine *Polis* die Waffen ergriffen, weil man ihren Tempel geschändet hatte[12]. Aus dem weitgehenden Fehlen von Religionskriegen in der Antike wird schnell ersichtlich, dass Harrington in den Lehrstreitigkeiten christlicher Geistlicher den eigentlichen Grund für die Religionskriege sah. Dabei betonte er, dass es gerade das Christentum sei, welches die Religionskriege am meisten ablehne[13]. Unter der christlichen Religion verstand er dabei aber allein das protestantische Bekenntnis, denn die Lehre der katholischen Kirche laufe diesem Grundsatz diametral entgegen. Als Hauptverantwortlichen für die Religionskriege sah er dementsprechend den Papst[14]. Grund dafür sei, dass der Papst den christlichen Fürsten und Republiken keine Gewissensfreiheit gewähren wolle[15]. In diesem Sinne stünde der römische Klerus mit dem Papst an seiner Spitze in einer Tradition zu den ägyptischen Priestern. Schlimmer noch als die heidnischen Priester im Alten Ägypten habe der Papst die Lehre eingeführt, dass man für die Religion mit Waffengewalt streiten müsse[16]. Harrington spielte hier auf nichts anderes als das katholische Ketzerrecht und die katholische Kreuzzugstradition an. Der Papst maße sich die Entscheidungsgewalt an, einen Religionskrieg auszurufen und die weltliche Obrigkeit zu diesem Zweck verpflichten zu können[17]. Er habe sich selbst die Entscheidungsbefugnis vorbehalten, die er der weltlichen Obrigkeit verwehrte[18]. Harrington zog daraus die Folgerung, dass, wo immer die weltliche Obrigkeit Macht über die Religion verliere, die Gewissensfreiheit verloren sei[19]. Der Papst avanciere dadurch zum Usurpator weltlicher Gewalt und des persönlichen Gewissens.

---

12 Vgl. ebd. Ein Urteil, dem später auch Pierre Bayle und David Hume folgen sollten. Sie sahen den einzigen Religionskrieg der Antike allerdings im Kampf zweier ägyptischer Dörfer. Vgl. [BAYLE], COMMENTAIRE 1686, S. LIVf.; [ders.], COMMENTAIRE 1713, Bd. 1, S. 124; HUME, FOUR DISSERTATIONS, S. 60f.
13 Vgl. HARRINGTON, The Oceana, S. 59.
14 Vgl. ebd., S. 59. So auch BENOIST, HISTOIRE, Bd. 2, S. 337.
15 Vgl. HARRINGTON, The Oceana, S. 59.
16 Vgl. ebd.
17 Vgl. ebd. »Le Pape qui fait persuader aux Princes, qu'ils sont obligez de sacrifier le repos de leurs Etats à sa grandeur, & qui fait toûjours ses affaires au depens d'autrui, appuyoit cet avis de tout son autorité«, heißt es auch im hugenottischen Geschichtswerk BENOIST, HISTOIRE, Bd. 2, S. 337. Vgl. darüber hinaus im selben Sinn die Ausführungen bei BASNAGE DE BEAUVAL, HISTOIRE DE LA RELIGION, Bd. 1, S. 492.
18 Vgl. HARRINGTON, The Oceana, S. 59.
19 Vgl. ebd.

Diese Charakteristik ist ein Phänomen der gesamten protestantischen Geschichtsschreibung[20]. Denn die Lehre, dass der Papst der Antichrist sei, war Bestandteil der Dogmatik aller protestantischen Bekenntnisse[21]. Folglich übertrugen Geschichtswerke wie die *Europeische Kern-Histori* des Zürcher Gelehrten Caspar Diebold aus dem Jahre 1701 diese Lehre auf die Geschichte des Religionskrieges[22]. Es ist nicht verwunderlich, dass Diebold den Papst als Verkörperung alles Bösen ebenfalls für die Religionskriege verantwortlich machte. Der Zürcher Historiograf schrieb dazu konzise:

Das Haupt=Interese des Pabsttums bestehet auff Erhaltung des Primats und Geistlichen Gewalts/ und sind seine Staats=Reglen 1. Die Religions=Direction [...] zu behaupten/ und alle die/ so dem Päbstlichen Interesse zuwider lehren oder handlen/ für Ketzer zu erklären. 2. Durch Forcht der Religion alle christliche König und Fürsten in Devotion zu erhalten/ [...] und das Päbstliche Interesse immer mehr und mehr zu erweitern; Und da es nicht angehen/ und die Päbstliche Ungnad nicht mehr respectiert werden will/ klüglich zu dissimulieren/ und gelindere Saiten auffziehen/ inzwischen unter dem Prætext heiliger und Religions=Kriegen den jenigen Potentaten/ welcher zu mächtig/ oder ihrer Hierarchiæ anstößig werden will/ im Zaum zu halten/ und zu demüthigen[23].

In diesem Sinne war der Religionskrieg nicht als ein Krieg um des Glaubens willen, sondern allein zur Erhaltung der weltlichen Macht der Päpste zu deuten. Folgerichtig führt Diebold in einem universalgeschichtlichen Rundumschlag diese Behauptung in seiner Darstellung weiter aus. Den Anfang der Religionskriege hätte die Reformation verursacht, denn Martin Luther habe es gewagt, die päpstliche Verkommenheit vollends aufzudecken.

---

20 Vgl. dazu bspw. die eindringlichen Stellen bei BASNAGE DE BEAUVAL, HISTOIRE DE LA RELIGION, Bd. 1, S. 492, 502f.; BENOIST, HISTOIRE, Bd. 2, S. 337f.; LANGUET, LETTRES, S. 43; LARREY, HISTOIRE, Bd. 1, S. 531, 621.
21 Vgl. LEPPIN, Antichrist, S. 220–226, 230–237; RICHARDSEN, Idee, S. 270–282, erklärte die französisch-reformierte Nationalsynode in Gap im Artikel 31 der *Confessio Gallicana*, die Lehre, dass der Papst der Antichrist sei, zum festen Glaubenssatz: »Nous croions & maintenons que c'est proprement l'Antechrist, & le Fils de Perdition, predit dans la Parole de Dieu, sous l'Emblême de la Paillarde vetûe d'Ecarlate, assise sur les sept montagnes de la Grande Cité, qui avoit son Regne sur les Rois de la Terre; & nous nous attendons que le Seigneur le deconfisant par l'Esprit de sa Bouche, le detruise finalement par la clarté de son avancement, comme il l'a promis, & déjà commencé de le faire«. ACTES, Bd. 1, S. 259. Sieben Jahre später entfaltete der schon in Gap anwesende Pastor Nicolas Vignier eine ausführliche dogmatische Begründung dieser Lehre. Vgl. VIGNIER, THEATRE.
22 Vgl. dazu bspw. die eindringlichen Stellen bei BASNAGE DE BEAUVAL, HISTOIRE DE LA RELIGION, Bd. 1, S. 492, 502f.; BENOIST, HISTOIRE, Bd. 2, S. 337f.; LANGUET, LETTRES, S. 43; LARREY, HISTOIRE, Bd. 1, S. 531, 621.
23 DIEBOLD, Europeische Kern-Histori, S. 1006f. Vgl. ähnlich auch BENOIST, HISTOIRE, Bd. 2, S. 337.

An. 1513. ward Pabst Leo X. welcher auff seine Crönung 1000000. Ducaten in einem Tag verwendt/ welche aber widerum zu gewinnen/ schickte er Tetzel den Ablaß=Krämer auß/ welchen Dr. Luther sich opponiert An. 1517. und daher entstuhnde der grosse blutige Religions=Krieg²⁴.

Der Papst habe einen Religionskrieg zur Eindämmung des Luthertums ausgerufen, weil Luther den schändlichen Charakter des Papsttums aufgedeckt hätte. Konkret spielte Diebold mit dem großen, blutigen Religionskrieg auf den Schmalkaldischen Krieg an. Die Verantwortung des Papstes für diesen wurde auch von anderen protestantischen Geschichtsschreibern unterstrichen.

Zu nennen ist hier die *Histoire de la religion des Églises reformées* des hugenottischen Geschichtsschreibers Jacques Basnage de Beauval aus dem Jahr 1699, die durch ihre detaillierte Schilderung hervorsticht. Basnage de Beauval zufolge habe der Papst die katholischen Fürsten mit der Drohung unter Druck gesetzt, ihre Untertanen gemäß den Bestimmungen des Dritten Laterankonzils vom Treueid zu entbinden, sollten sie sich nicht an der Verfolgung Andersgläubiger beteiligen²⁵. Durch diese Regelung musste jeder weltliche Herrscher, der um Ausgleich zwischen den Konfessionsparteien bemüht war, seine Macht gefährdet sehen. Die Schilderung des päpstlichen Eingreifens in den Bereich der weltlichen Herrschaft ermöglichte es, die Katholiken als solche von der Verantwortung für die Religionskriege freizusprechen und sie an das geistliche Oberhaupt zu relegieren. Basnage de Beauval konnte so rhetorisch

---

24 DIEBOLD, Europeische Kern-Histori, S. 1021. Klerikale Habgier wird auch von LEUCKFELD, ANTIQVITATES WALCKENREDENSES, S. 487f., für die Entstehung des Dreißigjährigen Krieges als Religionskrieg verantwortlich gemacht.
25 Vgl. BASNAGE DE BEAUVAL, HISTOIRE DE LA RELIGION, Bd. 1, S. 492. Im 27. Kapitel des Dritten Laterankonzils heißt es tatsächlich, wenn auch damit eine Versöhnung mit den Zuwiderhandelnden intendiert war: »De Barbantionibus et Aragonensibus, Navarriis, Basculis, Coterellis et Triaverdinis, qui tantam in christianos immanitatem exercent, ut nec ecclesiis nec monasteriis deferant, non viduis et pupillis, non senibus et pueris nec cuilibet parcant aetati aut sexui, sed more paganorum omnia perdant et vastent, similiter constituimus, ut qui eos conduxerint vel tenuerint vel foverint per regiones, in quibus taliter debacchantur, in dominicis at aliis solemnibus diebus per ecclesias publice denuntientur et eadem omnino sententia et poena cum praedictis haereticis habeantur adstricti nec ad communionem recipiantur ecclesiae, nisi societate illa pestifera et haeresi abiuratis. Relaxatos autem se noverint a debito fidelitatis et hominii ac totius obsequii, donec in tanta iniquitate permanserint, quicumque illis aliquo pacto tenentur annexi«. Drittes Laterankonzil, in: Dekrete, Bd. 2, S. 205–225, hier S. 224f. Daraus abgeleitet sind die Bestimmungen des Kanonischen Rechts: »Si quis verò prædictis Potestatib. dominis temporalibus rectorib. vel eorū Officialibus seu Balliuis contra prædicto fidei negotio sæpesatis diœcesano Episc. vel Inquisitorib. incumbenti se opponere fortè præsumpserit, vel ipsum aliquaten impedire, necnon & qui scienter in prædictis dederit auxilium, consilium, vel fauorem, excommunicationis se nouerit mucrone percussum quam si per annum animo sustinuerit pertinaci, extunc velut hæreticus condemnetur«. LIBER, Bd. 2, S. 641f. = Lib. V, CAP. XVIII., Tit. II.

an den katholischen Antiklerikalismus anknüpfen[26]. Er sah dementsprechend im Papst den Anstifter aller religiösen Unruhen, weil er mit allen Mitteln die protestantische Religion habe vernichten wollen[27]. Zur Unterstützung dieses Krieges habe er ein Jubiläum ausgerufen, »afin que personne ne put ignorer que c'etoit une guerre de Religion«[28]. Im Gefolge des katholischen Kirchenoberhauptes habe sich der Kardinal Farnese als Befehlshaber der päpstlichen Truppen gerühmt, »qu'il répandroit une si grande abondance de sang Lutherien, que son cheval y nageroit sans peine«[29].

Doch ihr eigener Religionseifer hätte die katholischen Kleriker nicht zufriedengestellt. Sie hätten darüber hinaus auch die weltliche Obrigkeit damit beeinflussen wollen, wie etwa bei dem anglikanischen Pfarrer John Savage nachzulesen ist[30]. In seinem *The antient and present state of the empire of Germany* von 1702 beschuldigte er die Jesuiten, den Dreißigjährigen Krieg verursacht zu haben, weil sie die Erzherzöge von Österreich dazu animiert hätten, ihre protestantischen Untertanen zu verfolgen[31]. Da die Erzherzöge Ferdinand und Leopold »profess'd Enemies of the Protestants and their Religion« gewesen seien, hätten die ungarischen und böhmischen Stände Matthias zu ihrem König gewählt[32]. Sie hätten für seine Wahl zur Bedingung gemacht, »that he should Protect the Protestants against the Cruelties and Oppressions of the Papists«[33]. Die Jesuiten aber hätten Matthias dazu verleitet, seinen Eid zu brechen, nachdem er Kaiser geworden war[34]. Matthias und die Jesuiten

---

26 Zum vorreformatorischen, mittelalterlichen Antiklerikalismus vgl. ELM, Antiklerikalismus, S. 3–18. Sehr illustrativ und darüber hinaus auch ungemein unterhaltsam sind die eindringlichen Stellen in Boccaccios *Decamerone*. Vgl. dazu: PADOAN, Adel, S. 152–161; TAMMEN, Manifestationen, S. 99; SEIDEL MENECHI, Characteristics, S. 272, 276.
27 Vgl. BASNAGE DE BEAUVAL, HISTOIRE DE LA RELIGION, Bd. 1, S. 502.
28 Ebd., S. 502f. So auch schon zuvor die Schilderung bei JURIEU, ABBREGE' 1682, S. 151f.
29 BASNAGE DE BEAUVAL, HISTOIRE DE LA RELIGION, Bd. 1, S. 502; ders., HISTOIRE DE L'EGLISE, Bd. 2, S. 1497. Die Stelle findet sich auch bei LARREY, HISTOIRE, Bd. 1, S. 531, der den Ausspruch Ottavio Farneses dem Bruder des Kardinals Alessandro Farnese zuordnet.
30 Vgl. SAVAGE, Antient and present state. Vgl. darüber hinaus BAYLE, DICTIONNAIRE, S. 463.
31 Vgl. SAVAGE, Antient and present state, S. 177. Vgl. die entsprechende Anschuldigung bei BAYLE, DICTIONNAIRE, S. 229f., die Jesuiten seien für die Aufstachelung Kaiser Ferdinands II. zum Religionskrieg verantwortlich. BENOIST, HISTOIRE, Bd. 2, WS. 188, und LE VASSOR, HISTOIRE 1702, Bd. 4, S. 15, erheben den gleichen Vorwurf gegen die Jesuiten im Vorfeld der Bürgerkriege unter Ludwig XIII., und BAYLE, CRITIQUE, S. 256, für den in seiner Darstellung religiös motivierten Kampf Kaiser Leopolds I. gegen die ungarischen Protestanten unter Emmerich Thököly.
32 SAVAGE, Antient and present state, S. 178f.
33 Ebd., S. 179.
34 Vgl. ebd.

wurden so für den als Religionskrieg bezeichneten Krieg, der im Jahr 1619 [sic!] ausgebrochen sein sollte, verantwortlich gemacht[35].

Die protestantische Historiografie lehrte, dass katholische Geistliche ihren Einfluss nicht nur bei den Herrschenden geltend gemacht hätten, um Religionskriege zu entfachen. Eine Szene aus der *Histoire d'Angleterre, d'Ecosse, et d'Irlande* des hugenottischen Geschichtsschreibers Isaac de Larrey aus dem Jahre 1697 illustriert besonders gut, dass in der protestantischen Erinnerungskultur gerade die katholischen Geistlichen vor Ort die Religionskriege angeheizt hätten[36]. Larrey schildert die sogenannten *Rough Wooings* als einen Religionskrieg, zu dem maßgeblich der katholische Klerus als Befehlsempfänger des Papstes Anlass gegeben hätte. Tatsächlich wollte die englische Regierung zwischen 1542 und 1550 die Verlobung des englischen Kronprinzen Eduard, der ab 1547 mit nur neun Jahren als Eduard VI. den englischen Thron bestieg, mit Maria Stuart von Schottland militärisch erzwingen. In der Schlacht bei Pinkie erlitten die Schotten eine vernichtende Niederlage gegen die Engländer[37]. Larrey machte für die Niederlage der Schotten aber nicht die Brautwerbung des englischen Lordprotektors Edward Seymour, Herzog von Somerset, im Namen seines kindlichen Königs verantwortlich, sondern den religiösen Fanatismus der schottischen Ordensgeistlichen. Bei den Schotten habe es ganze Bataillone von Mönchen gegeben[38]. 4000 hätten bei Pinkie das Leben verloren »puis qu'ils étoient les principaux auteurs de cette guerre, & qu'ils en faisoient une guerre de religion«[39]. Larrey verurteilte nicht allein deren Kriegstreiberei, sondern auch deren aktive Beteiligung am Krieg, weil »ce n'étoit pas aux Ecclesiastiques à prendre l'épée, & que la religion ne se maintenoit, ni ne s'établissoit point par la force des armes«[40]. Für Geistliche sei es nicht allein unschicklich, am Krieg teilzunehmen, die Religion verbiete es auch, weil der christliche Glaube nicht durch Waffengewalt verteidigt oder

---

35 Vgl. ebd., S. 179f. Das Datum 1619 ergibt sich in der Schilderung Savages aus der Wahl Friedrichs V. von der Pfalz zum böhmischen König und dem Beginn der darauf folgenden Kampfhandlungen.
36 Die Verantwortung der Mönche, insbesondere der Jesuiten in Bezug auf den ungarischen Aufstand unter dem Grafen Emmerich Thököly betonte auch BAYLE, CRITIQUE, S. 639. BENOIST, HISTOIRE, Bd. 2, S. 337f., bezichtigt den katholischen Klerus der Verantwortung für die Religionskriege unter Ludwig XIII.
37 Die Forschung hat klar die englische Brautwerbung durch Edward Seymour als Ursache des Krieges identifiziert. Vgl. DAWSON, Anglo-Scottish Relations, S. 174; DAWSON, Scotland, S. 169–172; MERRIMAN, Rough Wooings, S. 234. Während ebd., S. 6f.; ders., War, insbes. S. 21f., von einer dynastischen Motivation des Krieges ausgehen, die mit konfessionellen Argumenten vor einer politischen Öffentlichkeit kaschiert wurde, hebt KELLAR, Scotland, S. 78–112, stärker die konfessionelle Eigenlogik dieses Krieges hervor.
38 Vgl. LARREY, HISTOIRE, Bd. 1, S. 582.
39 Ebd.
40 Ebd.

ausgebreitet werden könne. Larrey konnte an die überkonfessionell gültige Drei-Stände-Lehre anknüpfen, die den Geistlichen die aktive Teilnahme am Krieg verbot[41].

*Zusammenfassung*
Protestantische Geschichtsschreiber verurteilten überall in Europa die Religionskriege, die sie als Machwerk der vom Papst geführten römischen Geistlichen stilisierten. Die Geistlichen seien selbst vom Fanatismus besessen, mit dem sie Fürsten und einfache katholische Gläubige zu infizieren trachteten. Ihr Fanatismus sei so weit gegangen, dass sie selbst die Waffen ergriffen hätten, um gegen die Protestanten zu Felde zu ziehen. Das positive Verhältnis der katholischen Geistlichkeit zum Religionskrieg bildete einen Topos der protestantischen Erinnerungskultur. Namentlich im französischen Protestantismus war dieser Topos besonders stark ausgeprägt, denn die Hugenotten waren dort vor die Herausforderung eines starken, von Klerikern getragenen katholischen Narrativs gestellt, das ihnen die Schuld an den Religionskriegen des 16. und frühen 17. Jahrhunderts zusprach, um die Revokation des Edikts von Nantes zu erlangen[42].

### II.2.2 Die Entwicklung hugenottischer Religionskriegshistoriografie: Von der protestantischen Untertanentreue zur Rechtfertigung protestantischen Widerstands

Das Edikt von Nantes war zweifellos der zentrale *lieu de mémoire* der Hugenotten in der französischen Geschichte, denn das letzte Pazifikationsedikt des 16. Jahrhunderts stellte die rechtliche Existenzgrundlage der Hugenotten in Frankreich bis zu seiner Revokation im Jahre 1685 dar[43]. Der König ging seit den späten 1670er Jahren immer härter gegen seine hugenottischen Untertanen vor[44]. Hugenottische Autoren sahen sich so einem immer größeren Rechtfertigungsdruck gegenüber ihren katholischen Opponenten ausgesetzt[45].

Namentlich die Schriften des Jesuitenpaters Louis Maimbourg lösten heftige Reaktionen unter hugenottischen Gelehrten aus. Bereits 1682 antwortete der

---

41 Vgl. OEXLE, Die funktionale Dreiteilung, S. 33–35.
42 Vgl. Kapitel II.1.4.
43 Vgl. DÖLEMEYER, Hugenotten, S. 20f.; LABROUSSE, Révocation, S. 28; NIGGEMANN, Immigrationspolitik, S. 45; NIGGEMANN, Hugenotten, S. 18–20.
44 Vgl. GARRISSON, L'édit, S. 127–237; LABROUSSE, Révocation, S. 125–195; QUÉNIART, Révocation, S. 101–125.
45 Vgl. Kapitel II.1.4 und PERRY, Theology.

nach Holland geflohene Pastor und Philosoph Pierre Bayle auf Maimbourgs *Histoire du Calvinisme* mit einer eigenen *Critique Générale de l'Histoire du Calvinisme de Mr. Maimbourg*[46]. Bayle widerlegte darin den Vorwurf, der Protestantismus sei vom Geist der Rebellion getragen. Dieser liege Bayle zufolge vielmehr dem Katholizismus selbst zugrunde[47]. Unter geschickter Ausnutzung des Diskurses der überkonfessionellen französischen Königstreue belegte Bayle seine These mit einer Gesandtschaft Karls IX. ins Reich, die beteuerte, beim Zweiten Bürgerkrieg sei es keineswegs um die protestantische Religion gegangen[48]. Gleichermaßen den Diskurs der überkonfessionellen Königstreue und den Antijesuitismus bedienend, erklärte Bayle weiter: »Un Roy qui déclare que ce n'est point une guerre de religion n'est-il pas plus croyable qu'un Jesuite qui dit que c'est une guerre de Religion«[49].

Die Unterstützung des Grafen Thököly in Ungarn durch Ludwig XIV. bürge dafür, dass auch der gegenwärtige König, den Maimbourg als Ausrotter der Häresie feierte, den Protestantismus nicht als solchen hasse[50]. Die Jesuiten selbst seien für die ungarischen Unruhen verantwortlich gewesen, weil sie den Besitz der Protestanten rauben wollten[51]. Katholische Priester und Panegyriker hätten im Französisch-Niederländischen Krieg 1672 und in der Eroberung Straßburgs 1681 einen Religionskrieg sehen wollen[52]. Der französische Botschafter in Rom, Herzog César d'Estrée, habe sich in diesem Sinne bei Papst Innozenz XI. verwendet[53]. Er habe aber nur einen Nepoten zu sprechen bekommen, der durch den Nuntius in Köln schon darüber unterrichtet gewesen sei, dass es sich bei den Eroberungen Ludwigs XIV. für die katholische Kirche nur um ein »Strohfeuer« gehandelt habe[54]. Die jeweiligen französischen Botschafter hätten auch versucht, den anderen katholischen Mächten nahezubringen, es handele sich beim Französisch-Niederländischen Krieg um einen Religionskrieg zur Ausbreitung des katholischen Glaubens in Europa[55]. Gegenüber den protestantischen Mächten habe Ludwig XIV. aber

---

46 Vgl. BAYLE, CRITIQUE.
47 Vgl. ebd., S. 255.
48 Vgl. ebd.
49 Ebd. Zum Antijesuitismus immer noch grundlegend, wenngleich in seinem Urteil häufig problematisch: NAUMANN, Jesuitismus. Aktueller, wenngleich wegen seiner Konzeption als Sammelband nicht die gleiche epochenübergreifende Stringenz aufweisend, die Beiträge in FABRE, Les antijésuitismes. Vgl. darin v. a. zum katholischen Antijesuitismus GIARD, Le Catéchisme, S. 73–90; GAY, Jésuite, S. 305–327 und zum protestantischen Antijesuitismus TUTINO, La question, S. 383–399; VANDEN BOSCH, L'image, S. 429–453.
50 Vgl. BAYLE, CRITIQUE, S. 256.
51 Vgl. ebd.
52 Vgl. ebd., S. 639.
53 Vgl. ebd., S. 642.
54 Vgl. ebd.
55 Vgl. ebd., S. 642f.

verlautbaren lassen »qu'on n'en vouloit point du tout à la Religion, & pour le mieux persuader on alleguoit nôtre [d.h. die französische] alliance avec l'Angleterre«[56]. Außerdem habe man fiktive Briefe in Druck gegeben, die den protestantischen Mächten beweisen sollten, dass es sich nicht um einen Religionskrieg gehandelt habe[57].

Bayle bediente sich in der Auseinandersetzung mit Maimbourg widersprüchlicher Aussagen der französischen Könige des 16. Jahrhunderts und in der jüngeren Vergangenheit, um zu belegen, dass es sich bei den militärischen Auseinandersetzungen zwischen ihnen und einheimischen wie ausländischen Protestanten nicht um Religionskriege gehandelt habe. Der Protestantismus erschien innerhalb seiner Argumentation allenfalls als Objekt des Krieges, nicht als eigenständiger politischer Akteur. Die Versicherungen der Könige sollten belegen, dass weder Königtum noch Protestanten Anteil an den Religionskriegen gehabt hätten. Der Protestantismus hatte in Bayles Darstellung gleichsam als unschuldiges Opfer den Krieg erlitten. Für die Verfolgungen der ungarischen Protestanten und den Französisch-Niederländischen Krieg machte Bayle allein die katholischen Geistlichen verantwortlich.

Nur ein Jahr nach Pierre Bayle antwortete auch Pierre Jurieu mit einer dreibändigen *Histoire du Calvinisme & celle du Papisme mises en parallele* aus dem niederländischen *Refuge* auf Louis Maimbourgs *Histoire du Calvinisme*[58]. Darin lieferte er eine Rechtfertigung der Reformation und des Reformiertentums in einem universalhistorischen Rundumschlag gegen Rom. Klar verurteilte Jurieu einen Krieg um der Religion willen: »Nous avoüons qu'une religion qui veut passer pour la religion de Jesus Christ, ne doit pas s'establir par le fer & par le feu; & c'est la raison pourquoy nous ne pouvons recognoistre la religion Romaine pour la religion de Jesus Christ«[59].

Der Religionskrieg widerspreche demnach den Grundsätzen des Christentums. Er sei vielmehr Kennzeichen der römischen Häresie, denn die Katholiken hätten seit jeher ihren Glauben mit Gewalt verbreitet. Selbst die Grausamkeit der Muslime sei weniger groß als die der Anhänger Roms[60]. Damit baute Jurieu einen unüberbrückbaren Gegensatz zwischen dem Charakter der protestantischen und der katholischen Konfession auf. Der Religionskrieg wurde somit zum Unterscheidungskriterium von Orthodoxie und Häresie.

---

56 Ebd., S. 644.
57 Vgl. ebd.
58 Vgl. JURIEU, HISTOIRE, Bd. 1.
59 Ebd., S. 512.
60 Vgl. ebd., S. 513.

Die Anschuldigungen Maimbourgs, die Reformierten hätten einen Religionskrieg gegen das französische Königtum begonnen, erschienen Jurieu umso verwerflicher. Er beurteilte die Bürgerkriege des 16. Jahrhunderts als gerechte Kriege. Denn durch die Hände der Katholiken »sont peris plusieurs Princes du sang, un nombre infini de Seigneurs, des peuples sans nombre, & outre cela quatre Roys, dont les deux premiers François II. & Charles IX. ont été empoisonnés & les deux autres Henry III. & Henry IV. ont esté assassinés«[61].

Den Katholiken wurde somit nicht allein ein Massenmord an protestantischen Untertanen des französischen Königs vorgeworfen. In der Logik der ständischen Gesellschaft unterstrich Jurieu die Verwerflichkeit dieses Mordens durch die Hervorhebung der Zahl und des Ranges der Ermordeten. Darunter seien unzählige Adelige, selbst Prinzen von Geblüt und sogar vier gesalbte Häupter Frankreichs gewesen. Der Königsmord erschien dabei als schlimmstes aller möglichen Verbrechen, denn ein Angriff auf das Königtum stellte gleichsam einen Angriff auf Gott, die menschliche Gesellschaft und die bestehende Rechtsordnung dar. Denn der Monarch war geweiht und »lieutenant de Dieu« – Gottes Stellvertreter in seinem Königreich[62]. Er war die oberste Instanz der Rechtsprechung und auf diese Weise vergriff sich, wer sich am König verging, auch am Gesetz als solchem und damit an der Basis der menschlichen Gemeinschaft auf Erden[63]. Die Ruchlosigkeit dieses Mordens wird noch dadurch unterstrichen, dass zwei von vier Königen durch Gift den Tod fanden und somit auf heimtückische Weise ums Leben kamen. Die hugenottische Historiografie unterstellte, die katholische Regentin Katharina von Medici habe mit Franz II. und Karl IX. ihre eigenen Söhne umbringen lassen[64]. Darüber hinaus wurden die beiden anderen Könige Heinrich III. und Heinrich IV. in der Tat von radikalen Katholiken ermordet[65]. Ein solches Morden musste den Reformierten das Recht auf die Verteidigung des Königtums und ihrer eigenen Gemeinschaft einräumen.

Den Anlass zum Krieg hätten also die Katholiken und nicht die Reformierten gegeben. Deshalb verteidigte sich Jurieu gegen die Anschuldigung, die reformierte Religion sei der Beweggrund des Krieges gewesen[66]. Maimbourg verschweige nämlich, dass 25 Jahre der Bürgerkriege Kriege der Liga gewesen seien[67]. Für diesen Zeitraum könne man also schwerlich die Reformierten verantwortlich machen. Die Liga aber habe es sowohl auf die Vernichtung

---

61 Ebd., S. 507.
62 SCHMID, Element, S. 167f.; TALLON, Raison d'État, s. insbes. S. 358–360.
63 Vgl. FOUCAULT, Surveiller, S. 58.
64 Vgl. CABANÈS, Catherine, S. 2849; CLOSSON, L'imaginaire, S. 355.
65 Vgl. BÉLY, Murder, S. 200–206; CHEVALLIER, Les régicides, insbes. S. 28–55, 192–238; GREENGRASS, Regicide, S. 177–187; MOUSNIER, L'assassinat.
66 Vgl. JURIEU, HISTOIRE, Bd. 1, S. 504.
67 Vgl. ebd., S. 505.

des Protestantismus als auch des Königtums abgesehen gehabt[68]. In der anachronistischen Rückprojektion Jurieus hätten sich die Prinzen von Geblüt bei Amboise ausschließlich verschworen, um die Tyrannen zu beseitigen, die sich während der Minderjährigkeit Franz II. der königlichen Autorität bedient hatten[69]. Sie hätten angestrebt, für »le bien de l'estat« zu sorgen und den Platz einzunehmen, der ihnen zustand[70].

Dem Vorwurf Maimbourgs, während der Religionskriege Frankreich den Plünderungen ausländischer Söldner ausgesetzt zu haben, begegnete Jurieu mit dem Gegenvorwurf an die Katholiken, das Königreich den Spaniern und ausländischen Prinzen ausgeliefert zu haben[71]. Mit den ausländischen Prinzen waren die Herzöge von Guise gemeint, denen protestantische Autoren seit den Bürgerkriegen des 16. Jahrhunderts ihre lothringische Abstammung vorwarfen[72]. Die ausländische Abstammung der Guisen wurde dafür mitverantwortlich gemacht, dass sie nicht nur die Franzosen gegen ihre Monarchen aufgestachelt, sondern selbst die Waffen gegen das Königtum ergriffen und den Mord an zwei französischen Königen begangen hätten[73]. Jurieu hielt es folglich für »injuste d'appeller ces guerres des guerres de Religion, puisque la Religion n'en a point esté la cause, mais le pretexte, & qu'on n'a pas raison de les imputer au Calvinisme«[74].

Er räumte zwar ein, dass ein großer Teil derjenigen, die die Waffen gegen die Usurpatoren der Regierung aus dem Hause Guise ergriffen hätten, Reformierte gewesen seien. Diese hätten aber einzig aus Gewissensgründen gehandelt[75]. Er fragte sich, ob die Reformierten die Usurpation des Throns durch die Guisen widerstandslos hätten akzeptieren sollen, wenn unter solchen Tyrannen ein ähnliches Martyrium drohte, wie sie es zuvor geduldig unter der Regentschaft zweier mündiger Könige erlitten hätten[76]. Während die Reformierten angeblich in den Bürgerkriegen das Königtum verteidigten, hätten die Katholiken versucht es zu usurpieren.

Die Ursache des ersten Bürgerkrieges sei aber noch vielschichtiger gewesen. Darunter fielen laut Jurieu erstens die schändliche Politik der Guisen, zweitens die große Zahl der Unzufriedenen in ganz Frankreich, drittens die große Zahl von Verbrechern und entlassenen Söldnern im Königreich, viertens die Eifersucht des Hauses Montmorency auf das Haus Guise, fünftens die

---

68 Vgl. ebd., S. 506.
69 Vgl. ebd., S. 509.
70 Ebd.
71 Vgl. ebd., S. 512.
72 Vgl. BABEL, Kreuzzug, S. 115; BOISSON, Les protestants, S. 115f.; YARDENI, La conscience, S. 183–199.
73 Vgl. JURIEU, HISTOIRE, Bd. 1, S. 512.
74 Ebd., S. 516.
75 Vgl. ebd., S. 516.
76 Vgl. ebd.

Ambitionen des Prinzen von Condé, der seine angestammten Rechte von den Guisen zurückerlangen wollte, sechstens die verabscheuenswürdige Politik Katharina von Medicis, die alle Parteien gegeneinander ausspielen wollte, und siebtens angeblich auch die reformierte Konfession[77].

Systematisch versuchte Jurieu diesen letzten Punkt in sieben neuen Punkten zu widerlegen und damit die Unschuld der Reformierten an den französischen Bürgerkriegen des 16. Jahrhunderts zu beweisen. Er führte erstens an, dass der Bürgerkrieg ein dynastischer Kampf zwischen den ausländischen Guisen und den Mitgliedern der französischen Königsfamilie, den Prinzen von Geblüt aus dem Hause Montmorency und Bourbon, gewesen sei. Die Reformierten hätten an der Entstehung dieses Kampfes keinen Anteil gehabt[78]. Zweitens seien die Hugenotten nur rechtmäßigerweise dem Prinzen von Condé zur Hilfe geeilt, als er seinen Rang gegen die Anmaßungen ausländischer Fürsten verteidigte[79]. Drittens hätten die Reformierten den Römisch-Katholischen in keiner Weise Unterwerfung geschuldet, weil ihre Partei unter der Protektion der Regentin, des Königs von Navarra und des Prinzen von Condé gegründet worden sei. Da ihr Vorgehen von den drei ranghöchsten Personen des Königreichs legitimiert worden sei, könne es schwerlich als Rebellion bezeichnet werden. Vielmehr sei es Unrecht gewesen, ihre Religionsausübung zu stören, die ihnen die Regentin, der König von Navarra und der Prinz von Condé offiziell zugesichert hatten[80]. Viertens könne man von den Gläubigen nicht verlangen, sich vom einfachen Volk wie von der Inquisition massakrieren und töten zu lassen. Es sei nicht verwunderlich, dass sie Zuflucht unter der Herrschaft der Prinzen von Geblüt und der Großen des Königreichs gesucht hätten, die nicht hätten zulassen wollen, dass man sie verbrenne[81]. Den Ausschreitungen des katholischen Pöbels stellte Jurieu hier den Schutz der reformierten Konfession durch die ersten Persönlichkeiten des Königreichs entgegen und kreiert damit auch eine soziale Legitimation der Reformierten. Fünftens sei es nicht die Pflicht der Hugenotten gewesen, während der Regentschaft eines minderjährigen (Franz II.) und eines geisteskranken (Karl IX.) Königs einem ausländischen Prinzen von Guise, der anordnete, sie zu massakrieren, mehr zu gehorchen als einem Prinzen von Geblüt, der ihnen befahl, sich gegen diesen zu verteidigen[82]. Sechstens habe das Januaredikt zu Beginn des ersten Bürgerkrieges offiziell die reformierte Religionsausübung in Frankreich erlaubt. Die Guisen hätten dieses Edikt mit dem Massaker von Vassy gebrochen und wehrlose

---

77 Vgl. ebd., S. 527–530.
78 Vgl. ebd., S. 527.
79 Vgl. ebd., S. 528.
80 Vgl. ebd.
81 Vgl. ebd., S. 528f.
82 Vgl. ebd., S. 529.

Frauen, Kinder und alte Menschen im Gebet ermordet[83]. Siebtens widerlegte Jurieu den Vorwurf des Lehnsbruches und der Verschwörung mit dem Ausland. Es sei normal, im Krieg ausländische Söldner zu werben, und im Gegensatz zu den »Papisten«[84] hätten sie diese nicht nach Frankreich geführt, um dort zu herrschen, sondern um das Recht des heute regierenden Hauses Bourbon auf die Krone zu verteidigen[85].

Am Ende stellte Jurieu resümierend fest: »Ces guerres estoient des guerres de faction d'estat & non pas de Religion«[86]. Die Reformierten hätten darin die Rechte der Prinzen von Geblüt und damit des Geschlechts des gegenwärtigen Königs verteidigt, während sich die Katholiken auf die Seite der von Machtgier und Herrschsucht besessenen ausländischen Guisen gestellt hätten. Deshalb könne man weder im Fall der Protestanten noch im Fall der Katholiken von einem Religionskrieg sprechen. Ein Religionskrieg um der Religion willen – den Jurieu mit den Grundsätzen des Christentums als unvereinbar hielt – wurde grundsätzlich aber sehr wohl der Niederträchtigkeit der Katholiken angelastet, die seit jeher ihrer »Sekte« durch Gewaltanwendung und nicht durch Predigt des Evangeliums zur Vorherrschaft verholfen hätten.

Während Jurieu ganz allgemein bemüht war, die Anschuldigungen katholischer Geschichtsschreiber, die Reformierten seien für die konfessionellen Bürgerkriege des 16. Jahrhunderts verantwortlich, zu widerlegen, fokussierte die nach dem Edikt von Fontainebleau entstandene *Histoire apologetique* des refugierten Pastors François Gaultier de Saint-Blancard stärker auf die direkte historische Rechtfertigung des Edikts von Nantes[87]. Darin beschrieb Gaultier de Saint-Blancard in drei Bänden die Entstehung des Edikts von Nantes, die Verfolgung der reformierten Kirche unter Ludwig XIV. und die Folgen der Revokation. Das Edikt von Nantes sei »un puissant rempart, pour mettre les Réformez de France à couvert de la persécution« gewesen[88]. Aufgrund der Dienste, die die Reformierten für Heinrich IV. geleistet hatten, hätten sie im Gegensatz zur Untreue des Hauses Valois von den Bourbonen Schutz erwartet[89]. Der Vergleich zwischen Bourbon und Valois konnte durch die schwarze Legende rund um die letzten Angehörigen der letzten Valois das jetzt regierende Königshaus politisch in Zugzwang setzen[90]. Darüber hin-

---

83 Vgl. ebd.
84 Der Begriff des Papismus entstammt der protestantischen Polemik gegen den römischen Katholizismus und diffamiert ihn, papstgläubig statt christgläubig zu sein. Er wird deshalb im Folgenden in Anführungszeichen gebraucht.
85 Vgl. ebd., S. 530.
86 Ebd., S. 518.
87 Vgl. Gaultier de Saint-Blancard, HISTOIRE, Bd. 1.
88 Ebd., S. 74f.
89 Vgl. ebd., S. 75.
90 Die schwarze Legende um die letzten Valois rankt sich vor allem um Katharina von Medici, Karl IX. und Heinrich III. MARIÉJOL, Catherine de Médicis, insbes. S. 613–615,

aus hätten die Hugenotten durch die mehrfache Bestätigung des Edikts von Nantes durch Ludwig XIII. Hoffnung geschöpft[91]. So bestätigte er dessen Gültigkeit noch am Ende des letzten Religionskrieges im Edikt von Nîmes 1629 ausdrücklich[92].

Anders als die bloße Apologie Jurieus unterstrich Gaultier de Saint-Blancard die Nutzlosigkeit des Religionskrieges für beide Konfessionsparteien. Ein guter Herrscher wie Ludwig XIII. hätte den Nutzen des Edikts von Nantes erkannt und es deshalb auch nach mehreren siegreichen Feldzügen gegen seine protestantischen Untertanen wiederholt bestätigt. Damit kritisierte er in erster Linie die Politik Ludwigs XIV., der aus eigenem Interesse besser daran täte, das Edikt von Fontainebleau zu widerrufen und seinen hugenottischen Untertanen die Rückkehr zu erlauben. Die Widmung der *Histoire apologetique* an Kurfürst Friedrich Wilhelm von Brandenburg sowie Gaultiers diplomatische Tätigkeit im Dienste der französisch-reformierten Kirchen, Brandenburgs und Wilhelms III. von Oranien sprechen aber auch dafür, dass er damit seine Glaubensgenossen den protestantischen Fürsten als brauchbare neue Untertanen empfahl[93].

1693 reihte sich der refugierte Pastor Elie Benoist mit seiner monumentalen *Histoire de l'Edit de Nantes* in die Reihe der Apologeten der reformierten Kirche Frankreichs ein. Neben der französischen Originalfassung existieren noch eine englische und eine niederländische Übersetzung[94]. Deshalb ist davon auszugehen, dass sich die *Histoire de l'Edit de Nantes* sowohl an eine französische, niederländische und englische Öffentlichkeit als auch an Katholiken und Protestanten richtete. Während das französische Original und die niederländische Übersetzung den Ständen von Holland und Westfriesland gewidmet waren, enthält die englische Übersetzung ein Widmungsschreiben an Königin Maria II. von England, die Gemahlin Wilhelms III. von Oranien. Die *Histoire de l'Edit de Nantes* war vor allem bestrebt, die alte und neue Obrigkeit von der Rechtschaffenheit ihrer französisch-reformierten Untertanen durch das Schreiben hugenottischer Geschichte zu überzeugen.

---

633, hat den Versuch einer Rehabilitation der Politik Katharina von Medicis unternommen und geht deshalb nur *ex negativo* auf die schwarze Legende um die Regentin von Frankreich ein. Ausführlicher hier DUBOST, La France italienne, S. 313, 320–322. Zur schwarzen Legende Karls IX. vgl. SIMONIN, Charles IX., S. 469–472. Zur Entstehung der schwarzen Legende um Heinrich III. vgl. DUPRAT, Les rois, S. 45–123, 204–212, 223–226; POTTER, Kingship, S. 485–528. Zur Adaption dieser Legende durch die Historiografie RICHET, Henri III., S. 13–20; SAUZET, Conclusions, S. 313–315.
91 Vgl. GAULTIER DE SAINT-BLANCARD, HISTOIRE, Bd. 1, S. 76.
92 Vgl. ebd., S. 76; EL KENZ, Guerres, S. 135.
93 Vgl. GAULTIER DE SAINT-BLANCARD, HISTOIRE, Bd. 1, A SA SERENITE [1–8]. Darüber hinaus vgl. PALLADINI, Berliner Hugenotten, S. 197f.
94 Vgl. BENOIST, THE HISTORY; BENOIST, HISTORIE.

Unter dem Stichwort des Religionskrieges behandelte Benoist vor allem die konfessionellen Auseinandersetzungen des frühen 17. Jahrhunderts. So schrieb er, 1615 hätten die Hugenotten befürchtet, die Regentin Maria von Medici plane – wie einst ihre Vorgängerin Katharina – ein Komplott gegen das reformierte Bekenntnis[95]. Die Katholiken hätten bereits von einem Religionskrieg gesprochen und die Jesuiten ihre Beichtkinder zum Kampf ermutigt[96].

Cette guerre étoit une pure affaire d'Etat, où la Religion n'entroit que par force; & où il n'y eut presque de la part des Reformez que les Seigneurs qui prirent party, avec peu de leurs creatures; le peuple, plusieurs Provinces entieres, & presque toutes les villes demeurant dans l'obeïssance[97].

Während die unnachgiebigen Katholiken, von den Jesuiten geführt, die eigentliche Ursache des Krieges dargestellt hätten, machte Benoist in charakteristischer Weise den Adel auf reformierter Seite für die Kriegsgefahr verantwortlich[98]. Innerhalb der reformierten Glaubensgemeinschaft stand für Benoist der dritte Stand dieser Haltung diametral gegenüber. Während der Adel zum Kampf rüstete, seien das Volk, die Städte und ganze Provinzen im Gehorsam gegenüber der Krone verharrt. Allein der Adel sei es gewesen, der sich dem König und der Regentin widersetzte. Der Religionskrieg habe so durch die Treue der großen Mehrheit der Reformierten und trotz der Machenschaften der reformierten Aristokratie und der Katholiken fürs Erste verhindert werden können.

Als Ludwig XIII. 1620 im Béarn den Katholizismus restaurierte, sei die Gefahr eines neuerlichen Religionskrieges zwischen Katholiken und Protestanten in Frankreich jedoch wieder aufgelebt.

Le Clergé de France ignorant & corrompu, croyoit tout son devoir compris dans l'extirpation des hérétiques: & même il offroit de grandes sommes, à condition qu'on les employât à cette guerre. Le Pape qui fait persuader aux Princes, qu'ils sont obligez de sacrifier le repos de leurs Etats à sa grandeur, & qui fait toûjours ses affaires au depens d'autrui, appuyoit cet avis de tout son autorité. Mais principalement les Ministres d'Espagne, qui étoient les principaux moteurs de cette cabale, n'oublioient rien pour engager la France dans une guerre[99].

Die Schuld am Krieg sah Benoist ausschließlich beim katholischem Klerus, dem Papst und den Spaniern. Der Klerus sei wegen seiner theologischen

---

95 Vgl. BENOIST, HISTOIRE, Bd. 2, S. 188.
96 Vgl. ebd.
97 Ebd.
98 So auch die Darstellung von LE VASSOR, HISTOIRE 1701, Bd. 3, S. 555f., 559f.
99 BENOIST, HISTOIRE, Bd. 2, S. 337f.

Unwissenheit und moralischen Verkommenheit von der Ausrottung der Reformierten besessen. Er gewähre mit dem *Don gratuit* das Geld, das für den Krieg gegen die Hugenotten notwendig gewesen sei. Der Papst habe den Klerus unterstützt, weil er durch den Krieg eigenen Machtzuwachs erwartet habe. Benoist verurteilte dabei, dass er den Schaden, der Ludwig XIV. durch den Krieg entstünde, willentlich in Kauf genommen habe – ja, schlimmer noch, dass er seine Macht auf Kosten des französischen Königs habe erweitern wollen. Insofern müsste es in Benoists Argumentationslogik eigentlich das Interesse Ludwigs XIII. gewesen sein, den Krieg zu verhindern. Dies wird dadurch unterstrichen, dass Benoist den Unterschied zwischen dem Interesse Frankreichs und dem des Papstes betonte – ein Argumentationsmuster, das auch bei gallikanischen Katholiken Anklang finden konnte. Diese nationale Argumentationsführung wurde mit dem Verweis auf die Spanier als dritte Fraktion, die zum Krieg antrieb, unterstrichen. Die schwarze Legende und die Erinnerung an die spanische Umklammerung boten Anknüpfungspunkte für protestantische und katholische Leser der *Histoire de l'Edit de Nantes*[100]. Spanien habe bereits im 16. Jahrhundert gelernt, wie es aus der Anstiftung von Bürgerkriegen in Frankreich Gewinn ziehen konnte[101].

Die weisen Minister im Kabinett Ludwigs XIII. wie Pierre Jeannin hätten deshalb zur Vorsicht geraten[102]. Man solle zur Sicherheit Truppen werben, aber gleichzeitig Verhandlungen mit den Reformierten führen[103]. Der königliche Günstling Charles d'Albert, Herzog von Luynes, habe sich dieser Meinung angeschlossen, weil er gefürchtet habe, ein Krieg könne die Einnahmen seiner Familie aus dem Staatshaushalt schmälern[104]. Auch habe er sich vor einer Diversion des reformierten Adels gefürchtet, nicht den ausländischen Söldnern vertraut und nicht gewusst, wem er das Kommando der Truppen anvertrauen sollte[105]. Die spanische Partei, der Papst und die Königinmutter hätten Luynes trotzdem zum Krieg getrieben[106]. Aus diesem Grund habe Ludwig XIII. Unterhändler nach Spanien und in die Niederlande geschickt, um sein Unternehmen außenpolitisch abzusichern[107]. So sei der Untergang der Reformierten durch einen vom Papst, dem katholischen Klerus und Spanien angezettelten Religionskrieg unausweichlich gewesen. Um den Frieden wiederherzustellen, habe Ludwig XIII. aber neun Jahre später den Gnadenakt

---

100 Zur Schwarzen Legende als protestantische Strategie zur ideologischen Integration ihrer katholischen Landsleute vgl. POLLMANN, Feindschaft 1992, S. 73–93, insbes. S. 92.
101 Vgl. BENOIST, HISTOIRE, Bd. 2, S. 338.
102 Vgl. ebd., S. 341.
103 Vgl. ebd.
104 Vgl. ebd.
105 Vgl. ebd.
106 Vgl. ebd., S. 337.
107 Vgl. ebd., S. 341.

von Alès gewährt, in dem das Edikt von Nantes ausdrücklich als »perpetuël & irrevocable« bestätigt worden sei, auch wenn man dabei auf königliche Anweisung die Sicherheitsplätze schleifen ließ[108]. Der König habe danach in einem Brief an seine Mutter versichert, er sei mit seinen reformierten Untertanen und den »marques d'affection«, die sie ihm bewiesen, sehr zufrieden[109].

Es seien letztendlich die katholischen Kleriker, der Papst und Spanien gewesen, die Zwietracht zwischen den katholischen und den protestantischen Franzosen gesät hätten. Der König selbst habe mit seiner Aussage und dem Gnadenakt von Alès bewiesen, wie wenig sinnvoll und gerechtfertigt der Religionskrieg gewesen sei. Vor dem Hintergrund des Neunjährigen Krieges dementierte Benoist katholische Anschuldigungen, die Protestanten führten einen Religionskrieg gegen den Katholizismus. Dieser sei vielmehr schon immer im Wesen der katholischen Religion angelegt gewesen. Er werde nur zur Erweiterung der Macht des Klerus, des Papstes und ausländischer Potentaten geführt, die Frankreich ins Chaos stürzen wollten, um letzten Endes selbst ihre Macht zu erweitern. Ludwig XIV. führte Benoist aus der historischen Rückschau vor Augen, wie sinnvoll es sei, den Frieden zwischen den Religionsparteien in Frankreich wiederherzustellen – so wie sein Vater nach den Kriegen des frühen 17. Jahrhunderts das Edikt von Nantes wiederhergestellt hatte. Dieses Ziel kommt nicht allein im Titel der *Histoire de l'Edit de Nantes*, sondern auch in der gebetsmühlenartig wiederholten Behauptung des ewigen und unumstößlichen Charakters des Edikts zum Ausdruck[110].

Für die Gültigkeit dieser Interpretation spricht auch eine Episode aus dem Französisch-Niederländischen Krieg von 1671, die Benoist aufgreift. Im Vorfeld des Krieges hätten die Jansenisten ein Buch des reformierten Pastors Jean Claude über das Abendmahl angegriffen[111]. Es sei eine literarische Kontroverse zwischen Jean Claude und dem Jansenisten Antoine Arnauld entstanden, in deren Verlauf Claudes Kollegen Jean Daillé und Pierre Allix sein Werk öffentlich approbierten[112]. Die Katholiken hätten gerichtlich erreicht, dass Daillé und Allix ihre Approbation als Beleidigung des Katholizismus zurückziehen mussten und es fortan protestantischen Pastoren nicht erlaubt war, ein Buch mit einer Approbation zu versehen[113]. Benoist sprach von dieser Episode als einem von Ludwig XIV. dargebrachten Opfer gegenüber dem katholischen Klerus,

---

108 Ebd., S. 499f.
109 Ebd., S. 502.
110 Das Edikt von Nantes wird an unzähligen Stellen bei Benoist als »perpetuel & irrevocable« charakterisiert. Ders., HISTOIRE, Bd. 1, S. 9, 19, 64, 285; Bd. 2, S. 8, 499, 584, 620, 709.
111 Vgl. ders., HISTOIRE, Bd. 3, S. 193f.
112 Vgl. ebd.
113 Vgl. ebd., S. 194.

afin de l'obliger à ouvrir sa bourse, & à contribuer aux frais de la guerre qui se preparoit contre les Provinces Unies. On n'oublia pas même à lui parler de cette entreprise comme d'une guerre de Religion, où le Roi se proposoit moins d'abaisser une puissance qui lui étoit odieuse & redoutable, que de faire triompher la Religion Catholique dans un païs où elle n'étoit pas dominante[114].

Ludwig XIV. habe es also verstanden, den katholischen Klerus zu schröpfen, der Ludwig XIII. noch zum Krieg veranlasst habe. Ein lächerliches Zugeständnis gegenüber der römischen Kirche auf Kosten der Protestanten hätte die Steuermoral des katholischen Klerus erhöhen sollen. Gezielt habe Ludwig XIV. deshalb auch den Französisch-Niederländischen Krieg als Religionskrieg zur Ausbreitung der katholischen Religion inszeniert, um den ersten Stand mit einem großzügigen *Don gratuit* an dessen Finanzierung beteiligen zu können. Obwohl man sich nicht einig gewesen sei, ob Ludwig XIV. wirklich beabsichtige, einen Religionskrieg zu führen, der in drei bis vier Jahren überall dort die protestantische Religion vernichten würde, wo der König sie antreffe, oder ob er durch diese Behauptung die katholischen Fürsten daran hindern wolle ihn von seinen Eroberungen abzuhalten. Seine hugenottischen Untertanen seien ihm mit der gleichen Zuneigung und Treue wie die katholischen Landeskinder in den Kampf gefolgt[115].

Wenngleich Benoist keine endgültige Bewertung vornahm, ob es sich beim Französisch-Niederländischen Krieg um einen Religions- oder profanen Eroberungskrieg gehandelt habe, werden jedoch starke Zweifel an der Lesart eines Religionskrieges deutlich. Ludwigs Äußerungen, es handele sich dabei um einen Religionskrieg, stammten fast alle aus Reden gegenüber dem französischen Klerus, den er zur Finanzierung des Krieges mit heranziehen wollte[116]. Die Hugenotten seien aber derart treue Untertanen gewesen, dass sie selbst in einem Religionskrieg gegen ihre eigenen Glaubensbrüder ihrem König beigestanden hätten. Umso weniger verständlich erscheint die Revokation des Edikts von Nantes knapp 14 Jahre später, die Benoist programmatisch in seiner *Histoire de l'Edit de Nantes* beklagt. Eine Lösung dieses Widerspruchs erschien hugenottischen Geschichtsschreibern jedoch keineswegs in einer Anklage des Königs. Als Franzosen des *Grand Siècle* wussten sie, dass eine Besserung ihrer Lage allein von Ludwig XIV. zu erwarten war[117].

---

114 Ebd., S. 195.
115 Vgl. ebd., S. 222.
116 Zur Argumentation mit dem Religionskrieg vor der *Assemblée Génerale du Clergé de France* vgl. BLET, Les Assemblées, S. 124; ders., Don gratuit, S. 432; CHALINE, Le règne, Bd. 2, S. 433.
117 Vgl. COTTRET, Terre, S. 246; KRETZER, Calvinismus, insbesondere S. 422–427; ders., Le royalisme, S. 25–35; LABROUSSE, Bayle, S. 114–116; YARDENI, Calvinist Political Thought, S. 328.

Doch wie begegneten hugenottische Geschichtsschreiber dem offensichtlichen Widerspruch zwischen einem König, der sie verfolgte, und der immer wieder zur Schau gestellten hugenottischen Loyalität? Um dieser Frage nachzugehen, eignet sich eine Analyse der Darstellung der Geschichte der Bürgerkriege des 16. und frühen 17. Jahrhunderts besonders gut.

1686 erschien bei Pierre Marteau eine französische Übersetzung, des ursprünglich 1575 auf Latein verfassten *La Vie de Gaspard de Coligny* von François Hotman[118]. Die Biografie Gaspar de Colignys stellte in ihrer Ursprungsfassung wie im Kontext dieser Neuauflage eine Hagiografie dar, die Religionskrieg und hugenottische Untertanentreue in Gestalt ihres Titelhelden in Einklang bringen sollte.

Auch wenn es sich in den Augen Colignys bei den Bürgerkriegen um einen Religionskrieg zwischen Katholiken und Protestanten gehandelt habe, so sei er doch davon überzeugt gewesen, dass »il n'est pas permis de prendre les armes contre son souverain«[119]. Da aber die Guisen die Herrschaft usurpiert hätten, habe sich Coligny in seinem Vorhaben gerechtfertigt gesehen[120]. Damit erwies sich Coligny gleichermaßen als Verteidiger des protestantischen Glaubens wie des französischen Königtums.

Umso mehr habe er die Ambitionen des hugenottischen Herzogs Ludwig I. von Condé verurteilt, der es sich habe gefallen lassen, dass seine Anhänger in Erwartung seiner Königswürde Münzen mit der Aufschrift »Louis XIII. Roi de France« prägen ließen[121]. Er habe befürchtet, dass die Katholiken dadurch glauben könnten, »la guerre qu'ils faisoient, étoit bien mains [sic!] une guerre de Religion, qu'un pretexte pour couvrir leurs desseins ambitieux«[122]. Der Religionskrieg war Zeichen für die moralische Rechtfertigung des Kampfes gegen die Guisen. Deshalb habe Coligny zweimal öffentlich den Gebrauch und die Verbreitung der Münzen mit der Aufschrift »Louis XIII. Roi de France« als Majestätsbeleidigung verurteilt[123]. Protestantische Konfession und französische Königstreue wurden als Einheit betrachtet. Der protestantische Religionskrieg sei dementsprechend nicht nur für das eigene protestantische Bekenntnis, sondern auch für den Allerchristlichsten König geführt worden.

*La Vie de Gaspard de Coligny* postulierte gegenüber seinen hugenottischen Lesern die Legitimität des bewaffneten Kampfes gegen eine fehlgeleitete Regierung und öffnete ihnen damit die Möglichkeit, gerade durch die Betonung der Untertanentreue zu Ludwig XIV., in einem Religionskrieg auf die Wiederherstellung des Edikts von Nantes zu drängen. Katholiken und Protestanten

---

118 Vgl. HOTMAN, LA VIE.
119 Ebd.
120 Ebd., S. 250.
121 Ebd., S. 348.
122 Ebd.
123 Vgl. ebd., S. 348f.

sollten gleichermaßen erkennen, dass es sich bei Gaspar de Coligny um einen vorbildlichen Christenmenschen und einen treuen Untertanen des französischen Königs gehandelt habe – eine Sichtweise, deren Durchsetzung Hotman und seinem Übersetzer teilweise auch gelang, wie die katholische Adaptation durch Courtilz de Sandras vier Jahre später beweisen sollte[124].

Ein positiver Religionskriegsbegriff, verstanden als Kampf gegen die Angriffe der Guisen auf das Königtum, wurde hier zum einigenden Band der Konfessionsparteien stilisiert. Kurz nach der Revokation des Edikts von Nantes sollte die Biografie Colignys den Katholiken die Königstreue des großen Hugenottenführers und damit der Nachkommen seiner Gefolgschaft vor Augen führen. In diesem Sinne griff *La Vie de Gaspard de Coligny* die Revokation des Edikts von Nantes als moralisch verwerflich und politisch gefährlich an, denn die Hugenotten seien seit jeher die treuesten Untertanen der französischen Krone gewesen.

Genauso wie die hugenottische Geschichtsschreibung Religionskrieg und Königstreue in der Erinnerung an die konfessionellen Bürgerkriege des 16. Jahrhunderts in Einklang brachte, so geschah dies auch in der Erinnerung an die konfessionellen Bürgerkriege im frühen 17. Jahrhundert. Michel Le Vassor lieferte in seiner zwischen 1701 und 1711 in mehreren Auflagen erschienenen *Histoire du Règne de Louis XIII.* die umfassendste hugenottische Darstellung dieser Ereignisse, die allerdings in der Forschung bisher nur wenig Interesse auf sich gezogen hat[125]. Le Vassor verteidigte darin seine Glaubensbrüder gegen katholische Vorwürfe, die konfessionellen Bürgerkriege unter Ludwig XIII. verursacht und sich ungerechterweise gegen den König erhoben zu haben[126]. Stattdessen hätten einige Unzufriedene und Spal-

---

124 Vgl. SANDRAS, LA VIE 1686; ders., LA VIE 1690; ders., LA VIE 1691.
125 Mindestens drei im Wesentlichen inhaltsgleiche Auflagen konnten für diesen Zeitraum ermittelt werden: LE VASSOR, HISTOIRE 1701, Bd. 3; ders., HISTOIRE 1702, Bd. 4; ders., HISTOIRE 1703, Bd. 5; ders., HISTOIRE 1704, Bd. 3; ders., HISTOIRE 1711, Bd. 4. Zur Biografie Michel Le Vassors vgl. JOIN-LAMBERT, Michel Le Vassor; RIEMANN, Der Verfasser, S. 65–71; WEISS, Michel Levassor, S. 392. Bei den Zeitgenossen wurde sie offenbar mit größerem Interesse aufgenommen, wie seine Besprechung in *An impartial account of books lately printed in all parts of Europe* vom Januar 1703 und in den *Nouvelles de la République des Lettres* vom April 1703 sowie eine (rudimentäre) englische Übersetzung belegen. Vgl. ARTICLE III. HISTOIRE du Régne de LOÜIS XIII. Roi de France & de Navarre. Tome Cinquiéme, contenant ce qui est arrivé de plus remarquable en France & en Europe, au commencement du Ministére du Cardinal de Richelieu, depuis la Ligue pour le recouvrement de la Valteline, jusques à la prise de la Rochelle. Par Mr. MICHEL LE VASSOR. A Amsterdam, chez Pierre Brunel. 1703. pagg. 888. de la forme & du caractére du Volumes precédens, in: BERNARD, NOUVELLES, S. 402–425; Rezension von: Michel Le Vassor, Histoire du Regne de Louis XIII. Roy de France & de Navarre. Tome Cinquieme, & c., Amsterdam, Francis Vaillant, 1703, in: The History of the works, Bd. 5, S. 203–210; LE VASSOR, HISTORY 1701, Bd. 1; ders., HISTORY 1702, Bd. 2; ders., HISTORY 1701, Bd. 3.
126 Vgl. ders., HISTOIRE 1701, Bd. 3, S. 506.

ter daran gedacht, durch einen Religionskrieg die Gelegenheit zu erhalten, den königlichen Favoriten Charles d'Albert, Herzog von Luynes, zu stürzen[127]. Die Agenten Spaniens und des Papstes hingegen hätten aus einer gänzlich anderen Motivation heraus an einem Religionskrieg gearbeitet. Sie hätten sich sehr bemüht, Ludwig XIII. in einen Krieg mit seinen eigenen protestantischen Untertanen zu verwickeln, damit er den Protestanten in Deutschland und dem neu gewählten böhmischen König, Friedrich V. von der Pfalz, nicht zu Hilfe eilen könne[128]. Spanien und der Papst hätten darüber hinaus gefürchtet, die Hugenotten könnten ihren deutschen Glaubensbrüdern zur Hilfe kommen, wenn sie nicht durch einen Krieg in der Heimat gebunden würden[129]. Le Vassor zufolge böte ein Religionskrieg für Spanien und den Papst die Möglichkeit, dass »les Catholiques & les Protestans demeuroient chez eux également embrassez; les uns à ruiner leurs compatriotes & les autres à se defendre«[130]. Auf diese Weise habe ein Religionskrieg den politischen Zielen der Ausländer gedient. Sie hätten Luynes mit Hilfe des jesuitischen Beichtvaters Ludwigs XIII. auf ihre Seite gezogen[131]. Der Herzog habe daraufhin die Idee des Religionskrieges aufgegriffen, weil er den Titel eines Konnetabels von Frankreich erstrebte[132]. Seine Gier nach persönlicher Bereicherung und der Erhebung seiner Brüder in hohe Ämter habe ihn immer weiter in die Arme Spaniens und des Papstes getrieben[133].

Am 25. Januar 1620 schließlich habe man deshalb der Versammlung der Reformierten in Loudon befohlen, sich aufzulösen[134]. Dieser Befehl habe die französischen Protestanten aufgeschreckt[135]. Trotzdem habe die Versammlung den König untertänigst gebeten, ihr zu gewähren, in Loudon zu verweilen, bis er auf ihre Beschwerdeschriften geantwortet hätte[136]. Luynes habe dieser Bitte nachgegeben, weil er befürchtete, die Protestanten könnten sich mit seinen Feinden zusammenschließen[137]. Lesdiguières und Condé, die nur aus Eigeninteresse – nicht aber aus Überzeugung – dem reformierten Glauben anhingen, hätten mit dem königlichen Favoriten über die Auflösung der Versammlung verhandelt[138]. Dabei habe der Hof nur kleinere Zugeständnisse gemacht und versprochen, die Behandlung des Hauptkritikpunktes der Reformierten –

---

127 Vgl. ebd., S. 510.
128 Vgl ebd., S. 510f.
129 Vgl. ebd., S. 511.
130 Ebd.
131 Vgl. ebd., S. 545.
132 Vgl. ebd., S. 513f.
133 Vgl. ebd., S. 545.
134 Vgl. ebd., S. 547.
135 Vgl. ebd.
136 Vgl. ebd.
137 Vgl. ebd., S. 555.
138 Vgl. ebd., S. 555f. Wie bei Elie Benoist wird der reformierte (Hoch-)Adel so mitverantwortlich für den Religionskrieg gemacht. Vgl. BENOIST, HISTOIRE, Bd. 2, S. 188.

nämlich die Restitution des säkularisierten katholischen Kirchenbesitzes im Béarn – auf einen späteren Zeitpunkt zu verschieben[139]. Sollte dies nicht binnen sechs oder sieben Monaten geschehen, sei der Versammlung durch ein Brevet gestattet worden, eigenmächtig wieder zusammenzukommen[140]. Alles schien zum Religionskrieg bereit, und die katholischen Prediger »se mirent à sonner le tocsin contre les heretiques à Paris & dans les Provinces«[141]. Luynes habe immer mehr um seine eigene Machtbasis gefürchtet und Lesdiguières um seine Pfründen, sodass sie beide beschlossen hätten, der Versammlung von Loudon wirkliche Satisfaktion zu gewähren[142].

Als die Hauptverantwortlichen für den Religionskrieg in Frankreich wurden Rom und Spanien identifiziert. Le Vassor zufolge manipulierten verschiedene Instanzen die Politik des französischen Königs. Spanien und der Papst hätten den jesuitischen Hofprediger beauftragt, den Herzog von Luynes zu beeinflussen, der wiederum Ludwig XIII. von der Sache Spaniens überzeugen sollte. Die Pläne zum Religionskrieg könnten dieser Argumentation entsprechend also nicht dem König angelastet werden, sondern einem Netz ausländischer Agenten. Durch diese Verknüpfung von Topoi der schwarzen Legende mit dem Beratertopos erreichte es Le Vassor, Ludwig XIII. selbst in strahlendes Licht zu stellen, während er gleichzeitig seine Politik aufs Schärfste kritisierte. Der »destructeur de l'hérésie« Ludwig XIII. wurde dadurch gar zum eigentlichen Schutzherrn der Protestanten erklärt, der ohne die Winkelzüge Spaniens und des Papstes seine hugenottischen Untertanen hätte in Frieden leben lassen[143]. Darüber hinaus hätte er schon 1620 zugunsten ihrer protestantischen Glaubensbrüder im Reich interveniert, hätten ihn Spanien und der Papst nicht davon abgehalten. Deshalb galt es den Religionskrieg in Frankreich zu verhindern und stattdessen konfessionelle Eintracht in der französischen Heimat herzustellen, um den bedrohten Glaubensgenossen im Reich zu Hilfe eilen zu können. Der Religionskrieg erhielt damit eine ausgesprochen negative Konnotation, denn er stellte einen Angriff auf die Eintracht zwischen dem französischen König und seinen eigenen Untertanen dar. Die Betonung der Eintracht zwischen katholischem König und hugenottischen Untertanen verwischt innerhalb der *Histoire de Louis XIII.* klare konfessionelle Trennlinien. Der Monarch wurde beinahe zum Kryptoprotestanten erklärt, während der hugenottische Hochadel Verrat an der Versammlung von Loudon übte. Le Vassors Geschichtsschreibung

---

139 Vgl. LE VASSOR, HISTOIRE 1701, Bd. 3, S. 555f.
140 Vgl. ebd., S. 556.
141 Ebd., S. 558.
142 Vgl. ebd., S. 559f.
143 Der »destructeur de l'hérésie« gehört zum festen Bestandteil der katholischen Herrscherpanegyrik im Frankreich Ludwigs XIV. Bspw. Le panégyrique, S. 43; DANIEL, HISTOIRE, Bd. 1, SIRE [5].

konzentrierte sich insgesamt nicht um die protestantische Religion, sondern um die protestantische Königstreue, die in den Katholiken und moralisch verkommenen hugenottischen Adeligen gleichsam die Feinde des französischen Königs und der französischen Protestanten erblickte. Dadurch wurden konfessionelle Trennlinien aufrechterhalten, das katholische Königtum aber in die protestantische Gemeinschaft integriert, während die korrumpierten Großen ausgegrenzt wurden.

Im Interventionsaufruf an den Allerchristlichsten König zugunsten der deutschen Protestanten im Dreißigjährigen Krieg und der Verurteilung von Widerstandsrecht und freier Königswahl in Böhmen lag aber für die französischen Protestanten des *Grand Siècle* kein Widerspruch. In einer geradezu perversen Königstreue erblickten Autoren wie Michel Le Vassor, Pierre Bayle oder Elie Benoist selbst noch nach der Revokation des Edikts von Nantes im katholischen Königtum den Garanten ihrer legalen Existenz in Frankreich[144]. Diese Königstreue schlug sich deshalb auch in der Betrachtung der Geschichte durch die hugenottische Historiografie des zweiten *Refuge* nieder, denn allein vom König erwarteten große Teile der entflohenen Hugenotten die Restitution ihrer Glaubensgemeinschaft in Frankreich. Wenn man ihnen eine solche Königstreue in der geschichtswissenschaftlichen Rückschau als naiv und gefährlich verübelt hat, so ist sie in der Logik des *Ancien Régime* aber mehr als verständlich, denn von wem außer dem König von Frankreich sollten sie ihre Restitution erwarten[145]? Kein anderer Herrscher war im Zeitalter

---

144 Vgl. COTTRET, Terre, S. 246; KRETZER, Calvinismus, insbes. S. 422–427; ders., Le royalisme, S. 25–35; LABROUSSE, Bayle, S. 114–116. [BAYLE], COMMENTAIRE 1686, S. xxxvjf., begründet die Königstreue mit den folgenden Worten »car l'éminence de la Roiauté & l'onction sacrée de leur personne doit faire en leur faveur une exception aux lois les plus-générales, & ainsi il leur doit être permis sans courir nul risque de ce qui leur apartient par le droit de leur naissance, d'être Papistes, s'ils veulent, Juifs, Turcs & Païens«. In BENOIST, HISTOIRE, Bd. 1, PRÉFACE GÉNÉRALE [7], S. 21f., 24, 85, 190f., ist die hugenottische Treue geradezu ein Leitmotiv der gesamten Erzählung. LE VASSOR, HISTOIRE 1701, Bd. 3, S. 506, bleibt grundsätzlich im loyalistischen Diskurs und verteidigt seine reformierten Glaubensbrüder gegen den Vorwurf, jemals die Waffen gegen das Königtum ergriffen zu haben. Der König sei vielmehr von seinen Beratern getäuscht worden und nur deshalb gegen die Hugenotten militärisch vorgegangen. Vgl. ders., HISTOIRE 1702, Bd. 4, S. 18. Ders., HISTOIRE 1703, Bd. 5, S. 116f., betont noch einmal die Treue der Reformierten gegenüber dem Königtum seit den Tagen der konfessionellen Bürgerkriege des 16. Jahrhunderts.

145 Studien wie KNETSCH, Pierre Jurieu, S. 117f., oder KRETZER, Calvinismus, S. 428, verstellen sich dieser Argumentation, weil sie Widerstandstheoretiker wie Jurieu zu ideellen Vorgängern moderner Demokratien stilisieren und umgekehrt die hugenottische Königstreue zum überkommenen Relikt einer vergangenen Epoche erklären. Dies verstellt freilich eine ausgewogene Erklärung der französisch-reformierten Königstreue in der Lebenswirklichkeit des *Ancien Régime*. Eine differenziertere Sicht entwirft Myriam Yardeni, die aber im Grunde auch eine teleologische Fortschrittsgeschichte von den Hugenotten zum Pluralismus moderner Demokratien entwirft. Vgl. YARDENI, Calvinist Political Thought, insbes. S. 328.

Ludwigs XIV. fähig, fundamental in die innenpolitischen Entscheidungen der französischen Monarchie einzugreifen, geschweige denn, den Allerchristlichsten König seines Thrones zu berauben.

Trotz dieser offenkundigen Königstreue mussten sich Protestanten wie Le Vassor dem Vorwurf katholischer Autoren stellen, die reformierte Religion sei vom Geist der Rebellion besessen[146]. Le Vassor berichtete deshalb weiter, allein der *Député Général* Jean de Favas hätte Anfang des 17. Jahrhunderts die Hugenotten aus Hab- und Machtgier dazu angetrieben, sich dem König zu widersetzen[147]. 1621 seien deshalb die Reformierten voreilig in La Rochelle zusammengetreten, um dem König ihre Beschwerden über die Verstöße gegen die Pazifikationsedikte vorzulegen[148]. Somit wurde erneut das Machtstreben eines einzelnen hugenottischen Edelmannes für den Religionskrieg verantwortlich gemacht. Der Hauptkritikpunkt der Reformierten war der Einzug der Béarneser Kirchengüter zugunsten der katholischen Kirche, der »la ruine entiere de la sureté & de la liberté« der Reformierten im Béarn bedeutet hätte[149]. Ganz allgemein beklagten sie sich in ihrer Beschwerdeschrift, aus der Le Vassor ausführlich zitiert, dass »les cadavres de ceux de nôtre religion sont deterrez, nos Temples brûlez, nos Pasteurs chassez, les lieux acordez pour l'exercice de nôtre religion près des villes, ne nous sont point delivrez«[150].

Auf ebendiese Weise hätten die Jesuiten die Reformierten ihrer Religionsfreiheit beraubt und die schlimmsten Grausamkeiten gegen sie begangen, die durch nichts gerechtfertigt werden könnten. Somit erschienen die Reformierten in ihrer eigenen Erinnerungskultur als Opfer, die Jesuiten und ihre Schergen aber als die eigentlichen Verbrecher, die der König bestrafen sollte[151].

Einige Katholiken hätten den Reformierten aber stattdessen ganz im Gegenteil vorgeworfen, sie hätten durch ihre Versammlung und den Widerstand gegen die königliche Anordnung, auseinanderzugehen, selbst den Anlass zum

---

146 »Que dans cette premiere guerre de Religion les Reformez ne sont point coupables du crime de rebellion« LE VASSOR, HISTOIRE 1702, Bd. 4, Sommaire [4]. Zum katholischen Vorwurf der Rebellion vgl. Kapitel II.1.3, II.1.4.
147 Vgl. ebd., S. 2f., 11. Favas oder Fabas taucht immer wieder ohne Nennung eines Vornamens in der hugenottischen Geschichtsschreibung auf. Es ist zu beachten, dass der Hugenottenführer der Bürgerkriege des 16. Jahrhunderts, Jean Fabas der Ältere, nicht mit seinem gleichnamigen Sohn Jean Fabas dem Jüngeren, dem *Député Général* der Reformierten Kirchen Frankreichs unter Ludwig XIII. verwechselt werden darf. Vgl. dazu ausführlich BARTHÉLEMY, Les deux Fabas, S. 545–566.
148 Vgl. LE VASSOR, HISTOIRE 1702, Bd. 4, S. 10f.
149 Ebd., S. 13.
150 Ebd., S. 14.
151 Ähnliche Forderungen wurden auch in der hugenottischen Publizistik der Gegenwart laut. Ludwig XIV. wurde nahegelegt, sich von seinen jesuitischen Beratern zu trennen und das Unrecht, das man seinen reformierten Untertanen in der jüngeren Vergangenheit angetan hatte, wiedergutzumachen. Vgl. JURIEU, LA RELIGION DES JESUITES 1689, S. 78f.; ders., LA RELIGION DES JESUITES 1691, S. 89f.; VALOOT-DUVAL, NOUVELLE RELATION, S. 37f., 113–115.

ersten Religionskrieg unter Ludwig XIII. geboten[152]. Die Reformierten ihrerseits hätten aber die Jesuiten zu Schuldigen erklärt, »que tous vos bons sujets Catholiques Romains bien affectionnez à votre Couronne, regardent comme ses plus dangereux ennemis«[153]. Sie seien Agenten des Auslandes und arbeiteten Frankreichs Interessen entgegen[154]. Dieser Antijesuitismus erlaubte in Verknüpfung mit dem Beratertopos, eine direkte Kritik am König zu vermeiden. Schuld an den Unstimmigkeiten zwischen den Reformierten und der Krone trug danach nicht der König selbst, sondern seine jesuitischen Berater und korrumpierten Höflinge, die als Agenten Spaniens und des Papstes Frankreich erhebliche Schaden zufügten[155]. Die Jesuiten seien es gewesen, die in ihren Predigten und durch ihre Einflüsterungen in den Beichtstühlen den Untergang der Reformierten beschlossen hätten[156]. Ihr Einfluss sei so weit gegangen, dass Zamet, Feldmarschall in der Armee des Königs, den jeder für seinen Mut rühmte, in der Stunde seines Todes den Krieg »dans [...] une bigotterie indigne d'un Gentilhomme qui a du bon sens et de la lumiere« als einen wahren Religionskrieg angesehen hätte[157]. Le Vassor urteilte weiter, dass »un Officier mourant aux croisades de S. Louïs ne seroit pas plus content d'être tué par les Mahomentans«, und unterstellte damit den von den Jesuiten fanatisierten Katholiken die Gleichsetzung von Kreuzzug und Konfessionskrieg, wie sie tatsächlich in der katholischen Historiografie um 1700 noch zu beobachten war[158].

In dieser jesuitischen Kriegshetze lag Le Vassor zufolge deshalb der wahre Grund für den ersten Religionskrieg unter der Herrschaft Ludwigs XIII.[159]. Doch bereits 1622 habe sich im französischen Hochadel eine Partei herausgebildet, die fürchtete, »que le Roi devenu trop puissant par l'entiére destruction du parti Reformé, n'entreprît de réduire ensuite tous ses sujets à l'esclavage, où ils se trouvérent en effet après la prise de la Rochelle«[160].

Die Reformierten erschienen dementsprechend als der Schutz der französischen Freiheit. Jedem Franzosen – unabhängig von seinem religiösen Bekenntniss – musste es also angelegen sein, die Privilegien der Reformierten zu wahren, damit seine eigenen Rechte nicht verletzt würden. Allein die jesuitische Partei und der Prinz von Condé hätten die Fortsetzung des Krieges gewollt. Sie hätten sich aber nicht gegen die Mehrheit im königlichen Rat durchsetzen können. Diese hätte beschlossen, den Krieg zu beenden,

---

152 Vgl. Le Vassor, HISTOIRE 1702, Bd. 4, S. 2f., 11.
153 Ebd., S. 15.
154 Vgl. ebd.
155 Vgl. ebd.
156 Vgl. ebd.
157 Ebd., S. 489f.
158 Ebd., S. 490. Dazu Kapitel II.1.1, II.1.2.
159 Vgl. ebd., S. 20.
160 Vgl. ebd., S. 487.

»dont les anciens ennemis de la Couronne tiroient de grans avantages pour l'augmentation de leur puissance«[161]. Die Anspielung auf die Feinde der Krone referiert erneut auf den Jesuitenorden als Agenten Spaniens und des Papstes. Im königlichen Rat obsiegten dieser Interpretation zufolge diejenigen Katholiken, die sich nicht von den Jesuiten hatten korrumpieren lassen. Sie hätten das Anwachsen der Macht Spaniens und des Papstes infolge eines Religionskrieges zwischen reformierten und katholischen Franzosen verhindert.

Der Kardinal von Richelieu habe nach dem Frieden von Montpellier »à la ruine du parti Reformé« gearbeitet[162]. Der König habe seine Versprechen, Fort Louis vor den Toren La Rochelles zu schleifen und die königliche Garnison aus Montpellier abzuziehen, nicht gehalten[163]. Stattdessen habe er dort eine Zitadelle errichten lassen[164]. Auch die anderen Bestimmungen des Edikts von Nantes und des Friedens von Montpellier seien in der Folge nicht eingehalten worden. Die reformierte Konfession sei nicht in den Orten restauriert worden, wo sie zuvor erlaubt gewesen sei. Man hätte den Hugenotten das geringste Amt verweigert, wenn sie nicht zum Katholizismus konvertierten, und darüber hinaus die für ihre Synoden gewährte Versammlungsfreiheit stark eingeschränkt[165]. Trotz der zahlreichen Vertragsbrüche und Ungerechtigkeiten sei ein großer Teil der Reformierten ihrem König aber treu ergeben geblieben, sodass der Herzog von Rohan Mühe gehabt habe, Anhänger zu finden[166]. Umso mehr verurteilte Le Vassor das Vorgehen Ludwigs XIII. gegen La Rochelle, »qui servit de retraite au Roi son père, au Prince de Condé son grand oncle, & à six Princes du sang enfans de celui-ci, lors qu'ils étoient tous également poursuivis par ceux qui avoient juré l'extinction entiere de la Maison de Bourbon«[167].

Le Vassor hielt Ludwig XIII., und damit auch Ludwig XIV., die Unterstützung La Rochelles für ihre eigene Dynastie vor, während deren Erbansprüche durch die Katholische Liga bedroht waren. La Rochelle stand dabei für die Gesamtheit der französischen Reformierten, die treuere Untertanen der Krone als ihre katholischen Landsleute gewesen seien. Ludwig XIII. und sein Nachfolger Ludwig XIV. erschienen somit als undankbare Monarchen, die sich der Geschichte ihres eigenen Hauses nicht mehr bewusst seien. Gerade darum wandten sich aber hugenottische Geschichtsschreiber wie Le Vassor an den französischen König und strebten danach, die historische Legitimität ihrer Existenz in Frankreich vor dem Monarchen zu rechtfertigen.

---

161 Ebd., S. 497.
162 Ders., HISTOIRE 1703, Bd. 5, S. 114.
163 Vgl ebd., S. 116.
164 Vgl. ebd.
165 Vgl. ebd., S. 117.
166 Vgl. ebd., S. 188.
167 Ebd., S. 116f.

Statt die Treue der Hugenotten anzuerkennen, habe der Hof seit dem ersten Religionskrieg unter Ludwig XIII. keine seiner Versprechungen gegenüber den Reformierten eingehalten[168]. Nach dem Bruch des Friedens von Montpellier habe der König auch den Frieden von Paris gebrochen, der durch Vermittlung Jakobs I. von England zustande gekommen war[169]. Auch wenn Ludwig XIII. erneut über die Reformierten siegte, habe Kardinal von Richelieu Sorge getragen »de rappeller d'Angleterre les Officiers de terre & de mer, les matelots & les négocians qui s'y étoient retirez à l'occasion de cette derniére guerre de Religion«[170]. Anders als Ludwig XIV. habe der Kardinal erkannt, wie nachteilig die Abwanderung protestantischer Militärs, Händler und Handwerker für die französische Wirtschaft und Landesverteidigung gewesen sei[171]. Ludwig XIV. folgte stattdessen mehr dem Beispiel der deutschen und spanischen Habsburger, die die Prosperität ihrer Königreiche geopfert hätten, indem sie ihre andersgläubigen Untertanen vertrieben[172].

Die Religionskriege Ludwigs XIII. dienten so als positives Exemplum für die Gegenwart, egal wie scharf sie von Le Vassor verurteilt wurden. Richelieu habe es nicht gewagt, die Reformierten vollständig zu vernichten und ihnen ihre Existenzgrundlage in Frankreich zu entziehen. Er habe den militärischen und wirtschaftlichen Nutzen der Hugenotten für Frankreichs Wohlstand und Sicherheit erkannt. Das Zeugnis Richelieus diente gegenüber katholischen Lesern für die theologische Unbedenklichkeit dieser Politik, denn der Kardinal bot als Priester der römischen Kirche den idealen Gewährsmann für eine solche Überzeugung. Als über jeden Zweifel erhabene *Regnicole* grenzte er sich darüber hinaus klar gegen die äußeren Feinde Frankreichs ab, denen man andere politische Grundsätze unterstellte. Die antiprotestantische Politik der spanischen und deutschen Habsburger diente als Vergleichsfolie und wurde als unvereinbar mit dem französischen Wesen angesehen. Le Vassor ermahnte Ludwig XIV., sich an den religionspolitischen Grundsätzen seiner eigenen Vorfahren zu orientieren, statt es den grausamen Spaniern gleichzutun.

Dennoch lastete er Richelieu die Verantwortung für die Folgen der Religionskriege an. Dementsprechend fiel deren Bilanz negativ aus. Frankreich habe in den drei Religionskriegen unter Ludwig XIII. unzählige seiner besten Untertanen verloren[173]. Ludwigs außenpolitische Handlungsfreiheit sei durch die inneren Unruhen stark eingeschränkt gewesen[174]. Zwar könne auch die beste Regierung Erhebungen des Hochadels nicht verhindern, wohl aber

---

168 Vgl ebd., S. 652.
169 Vgl ebd.
170 Ebd., S. 848.
171 Vgl. ebd.
172 Vgl. ebd.
173 Vgl. ebd., S. 849.
174 Vgl. ebd.

die Großen ihrer Anhängerschaft berauben[175]. »Il est inouï que les peuples qui jouïssent tranquillement de leurs biens, du fruit de leur industrie, de leur priviléges, & de la liberté de leur conscience, s'avisent de prendre de gaïté de cœur les armes contre leurs Souverains«[176].

Auf diese Weise hätten die Religionskriege und ihre Folgen verhindert werden können. Ludwig XIII. wäre besser der Politik seines Vaters gefolgt und hätte denjenigen ihre Gewissensfreiheit, ihre Rechte und Privilegien belassen, die seinen Vater geschützt hatten[177]. Eine solche Politik hätte Frankreich den Verlust von viel Geld und zahllosen Menschenleben erspart[178]. Die Geschichte des Hauses Bourbon erschien somit als Verfallsgeschichte, Heinrich IV. als leuchtendes Beispiel, dem man nacheifern sollte[179].

Derart war eine beschränkte Herrscherkritik auch in der loyalistischen Historiografie des zweiten *Refuges* möglich. Sie griff jedoch in der Regel nicht die Person des Monarchen selbst an. Stattdessen machte sie allein Ausländer, Kleriker, ambitionierte Adelige und schlechte Ratgeber für die Religionskriege und damit einhergehend ihre eigene Verfolgung verantwortlich. Als treue Landeskinder betonten hugenottische Historiografen immer wieder ihre Ergebenheit gegenüber dem französischen Königtum. In ihrer historischen Erinnerung an die Religionskriege trachteten die Hugenotten deshalb lediglich danach, den König vor den Machenschaften der feindlichen Ausländer zu schützen. Dabei knüpften hugenottische Geschichtsschreiber an die schwarze Legende an, die den Katholizismus mit einem als teuflisch empfundenen ausländischen Feind assoziierte[180]. Damit stellten sie in der historischen Fiktion eine (Interessen-)Gemeinschaft zwischen Herrscher und hugenottischen Untertanen her. Die französischen Protestanten und die französische Krone waren alternativlos in der hugenottischen Memoria in ihrer Ablehnung des Religionskrieges verbunden. Klaus Malettke hat zwar in einem Aufsatz die periodisch auftretenden Unruhen im Süden als Beleg für das Fortdauern hugenottischen Widerstandes angeführt. Er konnte seine These für das späte 17. Jahrhundert aber im Wesentlichen nur mit einem gescheiterten Projekt des hugenottischen Abenteurers Jean François de Paul, Chevalier de Serdan, eine hugenottische Republik im Süden auszurufen, belegen[181]. Die durch-

---

175 Vgl. ebd.
176 Ebd., S. 849f.
177 Vgl ebd.
178 Vgl. ebd., S. 850.
179 Vgl. BABELON, Henri IV., S. 1002–1006; HENNEQUIN, Henri IV.; KAMPMANN, Arbiter, S. 184–199, 239.
180 Vgl. ONNEKINK, Introduction, S. 11. Zur schwarzen Legende vgl. DUBOST, La France, S. 307–329; POLLMANN, Feindschaft, S. 73–93.
181 MALETTKE, Hugenotten, S. 314, strapaziert die Bemühungen Serdans, während des Niederländisch-Französischen Krieges mit Unterstützung Wilhelm von Oraniens eine hugenottische Republik zu errichten, weit über Gebühr, um zu belegen, dass

gängig negative Memoria der Religionskriege des frühen 17. Jahrhunderts bot jedenfalls kein Exempel, einen solchen Schritt historisch zu legitimieren. Auch die Tatsache, dass Serdan unter seinen südfranzösischen Glaubensbrüdern kaum Anhang fand, spricht dafür, dass katholische und protestantische Franzosen des *Grand Siècle* die Republik in keiner Weise als Alternative zur monarchischen Staatsform ansahen[182]. Ziel der hugenottischen Historiografie war es stattdessen, vom König, wie schon in der Vergangenheit, Erhalt und Wiederherstellung ihrer alten Rechte zu erlangen.

Andererseits rechtfertigten hugenottische Geschichtsschreiber in zunehmendem Maße auch den konfessionell begründeten Widerstand gegenüber der monarchischen Obrigkeit. Dafür bedienten sie sich bei der historischen Betrachtung des Religionskrieges vor allem Exempla, die nicht in der eigenen französischen Nationalgeschichte verankert waren. Ein besonders beliebtes Exemplum war dabei der Schmalkaldische Krieg, der als eigentlich deutscher Krieg auch Eingang in die Memoria des französischen Protestantismus fand und zu einem ihrer festen Bestandteile wurde.

Die hugenottischen Debatten kreisten um die Frage, ob es sich beim Schmalkaldischen Krieg um einen Religionskrieg gehandelt habe. Dieser ging etwa die *Histoire du Concile de Trente* des just nach Holland geflohenen Pastoren Pierre Jurieu aus dem Jahre 1682 nach, dessen Schilderung später auch von anderen hugenottischen Geschichtsschreibern übernommen wurde[183]. Die diesbezüglichen Passagen lassen sich leicht als konkrete Erwiderung auf Louis Maimbourgs *Histoire du Lutheranisme* interpretieren. Innerhalb seiner Erzählung stellte der Autor das Konzil von Trient als eine Etappe des Kampfes der römischen Kirche gegen den Protestantismus dar.

Jurieu warf gleichermaßen Papst Paul III. und Kaiser Karl V. vor, noch während das Konzil von Trient im Begriff war, die Anathemata gegen die Protestanten auszusprechen, die Waffen ergriffen zu haben[184]. Der Papst habe dafür dem Kaiser eine große Zahl an Hilfstruppen und Subsidien zugesichert[185]. Außerdem habe er dem Kaiser Kirchenbesitz und die Hälfte der Einnahmen der spanischen Kirche versprochen, wenn er ihm im Gegenzug Anteil an seinen künftigen Eroberungen gewähren und keinen Frieden ohne

---

die Hugenotten des Südens die Untertanentreue der Hugenotten des Nordens nicht geteilt hätten. Zwar ist ihm zuzustimmen, dass die Hugenotten des *Midi* ein größeres Selbstbewusstsein gegenüber der Krone an den Tag legten, weitere Belege als das Projekt Serdans konnte Malettke für seine These im späten 17. Jahrhundert jedoch kaum liefern. Zumindest die Geschichtsschreibung zeichnete hier ein ganz anderes Bild.

182 Vgl. LIVET, Délicatesse, S. 131; MAISSEN, Geburt, S. 186.
183 Vgl. dazu vor allem die prägnanten Stellen bei BASNAGE DE BEAUVAL, HISTOIRE DE LA RELIGION, Bd. 1, S. 503.
184 Vgl. JURIEU, ABBREGE' 1682, S. 149. Außerdem konnte eine weitere Auflage aus dem Folgejahr ermittelt werden. Vgl. ders., ABBREGE' 1683.
185 Vgl. ders., ABBREGE' 1682, S. 149.

seine Einwilligung schließen wolle[186]. In einem Geheimartikel habe sich der Papst zudem bereit erklärt, den französischen König zu exkommunizieren, sollte er auf Seiten der Protestanten in den Krieg eintreten[187]. Dieser Vertrag sei geheim geblieben, damit der Kaiser leichter vortäuschen könne, »que ce n'étoit pas une guerre de religion«[188]. Deshalb habe er in seinen Manifesten erklärt, nur einige Rebellen strafen zu wollen, die sich mit Gewalt des Kirchenguts bemächtigt hätten und gegen Kaiser und Reich auswärtige Allianzen eingegangen seien[189].

Ziel dieser Politik sei es laut Jurieu gewesen, die neutral gebliebenen lutherischen Fürsten auf die Seite des Kaisers zu ziehen, und tatsächlich hätten ihm einige Protestanten Truppen geschickt[190]. Der Landgraf von Hessen und der Kurfürst von Sachsen hätten ein Gegenmanifest drucken lassen, in dem sie über die wahren Beweggründe des Kaisers aufklärten und zeigten, dass es sich beim gegenwärtigen Krieg sehr wohl um einen Religionskrieg gehandelt habe[191]. Die Tatsache, dass der Papst kurz danach in Rom ein Jubiläum »pour le succez des armes de l'Eglise & de l'Empereur, dont la jonction s'étoit faite pour ramener par la force les Heretiques à l'obeïssance« habe ausrufen lassen, beweise, dass sie damit im Recht gewesen seien[192]. Obwohl der Kaiser weiter habe verlautbaren lassen, es handele sich um einen Staatenkrieg, »on sçavoit bien que le Pape n'avoit entrepris cette guerre que pour la ruine des Protestans«[193]. Selbst die Italiener seien mit der Handlungsweise des Papstes nicht zufrieden gewesen, denn sie hätten gewusst, dass der Papst dem Kaiser die Mittel an die Hand gegeben habe, ganz Deutschland zu unterwerfen, was leicht auch eine Unterjochung Italiens hätte bedeuten können[194]. Der Papst habe gewusst, was Karl V. im Schilde geführt habe, als der Kaiser den Protestanten die Gewissensfreiheit gewährt habe[195].

Der Religionskrieg erschien hier in doppelter Weise als Charakteristikum des Katholizismus. Einmal handelte es sich dabei um einen offensiven Krieg zur Ausbreitung des katholischen Bekenntnisses. Die Führung eines solchen sei die Absicht Papst Pauls III. gewesen. Auf der anderen Seite habe der Religionskrieg als Rechtfertigung für das profane Machtstreben eines Herrschers gedient. Karl V. habe das Argument des Religionskrieges genutzt, wo es ihm nötig erschien, und geleugnet, wo es ihm schadete. Er habe Paul III.

---

186 Vgl. ebd., S. 149f.
187 Vgl. ebd., S. 150.
188 Ebd.
189 Vgl. ebd.
190 Vgl. ebd., S. 150f.
191 Vgl. ebd., S. 151.
192 Ebd.
193 Ebd., S. 151f.
194 Vgl. ebd., S. 152.
195 Vgl. ebd., S. 155.

Gewinne für die Kirche versprochen und gegenüber den Protestanten bestritten, dass er es auf ihre Gewissensfreiheit abgesehen habe. Somit repräsentierte der deutsche Kaiser einen machiavellistischen Politikstil. Beide Motive zum Religionskrieg wurden von Jurieu abgelehnt. Der moralisch verwerfliche Politikstil Karls V. sei letzten Endes selbst vom Papst erkannt worden, der durch die Gewinne des Kaisers in Deutschland die Unterdrückung Italiens und damit eine Schmälerung seiner eigenen Machtbasis befürchten musste. Jurieu führte den katholischen Mächten unter Berufung auf die italienischen Beobachter somit vor Augen, wie gefährlich eine Zusammenarbeit zwischen dem Papst und dem Hause Habsburg für sie wäre. Seinen katholischen Landsleuten machte der protestantische Prediger klar, dass aus einer Kooperation Roms mit dem Hause Habsburg auch Gefahren für das eigene Königtum erwachsen würden, denn Paul III. bedrohte Franz I. mit der Exkommunikation. Jurieu betonte damit die traditionell gute Zusammenarbeit zwischen dem französischen Königtum und den auswärtigen protestantischen Mächten gegen Habsburg. In seiner Argumentationslogik bedeutet dies einen Schutz Frankreichs vor gefährlichen Machenschaften der internationalen Politik katholischer Mächte. Mit Karl V. präsentierte er Ludwig XIV. ein Negativexempel, dessen Nachahmung es zu vermeiden gelte.

Ungeachtet der Ratschläge des protestantischen Historiografen widerrief Ludwig XIV. am 18. Oktober 1685 das Edikt von Nantes und begann damit seine Bindung zu den meisten protestantischen Alliierten zu kappen. Trotzdem zogen nicht alle protestantischen Geschichtsschreiber im Anschluss an die Revokation des Edikts von Nantes den naheliegenden Schluss, auch in der Vergangenheit die katholische Obrigkeit für die Verfolgung und Religionskriege verantwortlich zu machen. Stattdessen sprachen sie die katholische Obrigkeit vielmehr von der Verantwortung für den Schmalkaldischen Krieg frei, wie sie Ludwig XIV. von der Verantwortung für die Revokation des Edikts von Nantes freigesprochen hatten. In diesem Sinne schilderte die *Histoire d'Angleterre, d'Ecosse, et d'Irlande* Larreys die Auseinandersetzungen zwischen deutschen Lutheranern und ihrem katholischen Kaiser. Larrey begründete die Entstehung des Schmalkaldischen Krieges mit der Weigerung der Protestanten, Kaiser Karl V. im Kampf gegen die Türken zu unterstützen[196]. Die Protestanten hätten im Gegenzug eine konfessionelle Einigung auf Basis des Frankfurter Anstands gefordert[197]. Karl aber habe verweigert,

---

196 Vgl. LARREY, HISTOIRE, Bd. 1, S. 531.
197 Vgl. ebd. Der Frankfurter Anstand beendete auf provisorische Weise die laufenden Prozesse gegen protestantische Fürsten am Reichskammergericht, die wegen der Säkularisierung von Kirchenbesitz angeklagt wurden. Er verlangte von den Protestanten, weitere Säkularisierungen von Kirchengut einzustellen, und forderte von Katholiken und Protestanten, ihre konfessionellen Bündnisse nicht auszuweiten. Vgl. WOHLFEIL, Frankfurter Anstand, S. 342–346.

dieser Forderung nachzukommen, weshalb beide Seiten anschließend zu den Waffen gegriffen hätten[198]. Der Kaiser habe betont, es nicht auf die protestantische Religion abgesehen zu haben, und die Protestanten angeklagt, sich unter dem Vorwand der Religion den Beschlüssen des Reichstages widersetzt zu haben[199]. Er habe ihnen namentlich vorgeworfen, das Konzil von Trient nicht anerkennen zu wollen, obwohl genau dies der Reichstag von Regensburg verlangt habe[200]. Deshalb habe Karl sie zu Rebellen und ihr Bündnis zu einer Verschwörung erklärt[201]. Die Protestanten hätten sich daraufhin in einem Manifest gerechtfertigt, »que la guerre qu'on leur faisoit, étoit purement une guerre de Religion: puis qu'en leur en assurant la liberté, ils offroient une entiere obeïssance aux volontez de l'Empereur«[202].

Sie hätten bei dieser Gelegenheit ihre Treue betont, die sie durch Subsidien und Hilfstruppen für den Türkenkrieg und den Kampf gegen den französischen König in den letzten Jahren bewiesen hätten. Anstatt den Kaiser für den Krieg verantwortlich zu machen, beschuldigte Larrey den Papst. Dafür sprach nach Larrey, dass der Papst dem Kaiser seinerseits Subsidien und Hilfstruppen für den Kampf gegen die Protestanten im Reich zur Verfügung gestellt und sein General Ottavio Farnese verkündet habe, »qu'il vouloit [...] faire nager son cheval dans le sang des Lutheriens«[203]. Für diese Interpretation sprach laut Larrey auch die Verurteilung des Augsburger Interims durch die Kurie nach Beendigung des Religionskrieges gegen die Protestanten[204]. Der religiöse Eifer habe einige Mitglieder des Kardinalkollegiums gar so weit getrieben, zu fordern, sofort »une guerre de Religion entre le Pape & l'Empereur« auszurufen[205]. Allein die Befürchtung, dadurch den völligen Abfall Deutschlands vom katholischen Glauben heraufzubeschwören, habe eine solche Kriegserklärung verhindert[206]. Das Beispiel des englischen Schismas unter Heinrich VIII. habe Schule gemacht[207]. In diesem Sinne hätte Karl V. tunlichst daran gelegen sein müssen, eine Einigung mit den Protestanten zu suchen, bevor er selbst zum Opfer der Machenschaften des römischen Hofes geworden wäre. Kaiser und Protestanten hätten gleichermaßen das päpstliche Instrument eines Religionskrieges zu fürchten gehabt.

---

198 Vgl. LARREY, HISTOIRE, Bd. 1, S. 531.
199 Vgl. ebd.
200 Vgl. ebd.
201 Vgl. ebd.
202 Ebd.
203 Ebd. Die gleiche Anschuldigung erhob auch BASNAGE DE BEAUVAL, HISTOIRE DE LA RELIGION, Bd. 1, S. 502; ders., HISTOIRE DE L'EGLISE, Bd. 2, S. 1497, gegen den Bruder Ottavio Farneses, den Kardinal Alessandro Farnese.
204 Vgl. LARREY, HISTOIRE, Bd. 1, S. 621.
205 Ebd.
206 Vgl. ebd.
207 Vgl. ebd.

Der Versuch, in der gemeinsamen Ablehnung des Religionskrieges eine Interessenkongruenz zwischen Kaiser und Protestanten herzustellen, führte dazu, dass Larrey es vermied, in seiner Schilderung des Schmalkaldischen Krieges die Person des Kaisers als die legitime monarchische Obrigkeit zu verunglimpfen. Die Auseinandersetzungen zwischen Reichsoberhaupt und protestantischen Reichsständen wurden vielmehr in sachlicher Weise als politischer Konflikt geschildert. Die Darstellung des römischen Hofes sollte gegenwärtige katholische Monarchen von der Rechtmäßigkeit des militärischen Widerstandes ihrer protestantischen Untertanen überzeugen. Die Blutrünstigkeit des päpstlichen Hofes legitimierte in den Augen Larreys die militärische Verteidigung der Protestanten gegen den katholischen Kaiser – ja, sie habe im Interesse des Kaisers selbst gelegen. In diesem Sinne empfahl der *Refugié* und brandenburgische Hofhistoriograf katholischen Potentaten wie Kaiser Leopold I. oder Ludwig XIV. die Treue ihrer protestantischen Untertanen und drohte gleichzeitig, dass diese sich nicht wehrlos niedermetzeln lassen würden, wenn sich die katholischen Monarchen mit dem Papst verbündeten.

1702, zu Beginn des Spanischen Erbfolgekrieges, griff Gregorio Leti in seinem *La vie de l'Empereur Charles V* die Geschichte des Schmalkaldischen Krieges wieder auf[208]. Anders als bei seinen Vorgängern erfuhr die Verärgerung der spanischen Geistlichkeit über den Vertrag zwischen Kaiser Karl V. und Papst Paul III. breitere Aufmerksamkeit. Leti zufolge habe der spanische Klerus Kaiser und Papst verflucht und mehrere Beschwerdeschriften an beide Instanzen adressiert[209]. Sein Widerstand zur Abgabe der Hälfte der spanischen Kircheneinnahmen sei noch größer gewesen, »lors qu'il entendirent publier que ce n'étoit pas une guerre de Religion«[210]. Die Darstellung des Schmalkaldischen Krieges als falscher Religionskrieg stand so als historisches Exempel in Parallele zur Bloßstellung des Spanischen Erbfolgekrieges als profanem Konflikt. Gerade zu Beginn des Spanischen Erbfolgekrieges wandte sich Philipp V. von Spanien nach französischem Vorbild wiederholt an die Kirche seines neu erworbenen Reiches mit der Bitte um finanzielle Unterstützung im Kampf gegen die protestantischen »Ketzer«[211]. Auch hier hatten der Kaiser in Wien und protestantische Autoren bestritten, dass es sich bei

---

208 Vgl. LETI, LA VIE DE L'EMPEREUR 1702, Bd. 3. Weitere Auflage: ders., LA VIE DE L'EMPEREUR 1710, Bd. 3. Zur Biografie und publizistischen Tätigkeit Letis vgl. überblicksweise BRÉTÉCHÉ, La plume, insbes. S. 228–230; ausführlicher: BARCIA, Gregorio Leti, S. 9–83. MARTIN, Livre, Bd. 2, S. 898, spricht vom großen Erfolg des historiografischen *Œuvres* des italienischen Konvertiten.
209 Vgl. LETI, LA VIE DE L'EMPEREUR 1702, Bd. 3, S. 162.
210 Ebd.
211 Vgl. GONZALEZ CRUZ, Une guerre, S. 255–265, wobei Gonzalez Cruz hier Philipp V. vor allem in einer spanischen Tradition verortet, seine französische Herkunft aber gänzlich unberücksichtigt lässt.

dem gegenwärtigen Krieg um einen Religionskrieg gehandelt habe[212]. Diese Argumentation gegen Ludwig XIV. und seinen Enkel war für die Alliierten substanziell, denn sie entzog den Bourbonen wichtige Kriegseinnahmen.

Auch die deutschen Reichsfürsten beiderlei Konfession hätten erkannt, dass Karl V. den Schmalkaldischen Krieg nicht als Religionskrieg, sondern zur Unterjochung der deutschen Fürsten geführt habe[213]. Seine gewaltigen Aufrüstungsbestrebungen hätten darüber hinaus die Könige von Frankreich und England erschreckt[214]. Leti sah hier die Gefahr einer habsburgischen Dominanz in Europa, die beide Konfessionsgemeinschaften gleichermaßen bedrohe. Wie in der antifranzösischen Publizistik des späten 17. und frühen 18. Jahrhunderts ließ sich auf Basis der Geschichte Karls V. leicht eine Parallele zwischen der Gefahr einer habsburgischen Universalmonarchie im 16. Jahrhundert und der Universalmonarchie des Hauses Bourbon unter Ludwig XIV. ziehen[215].

Die deutschen Lutheraner hätten aber nicht allein einen Machtzuwachs des Kaisers gefürchtet. Das Bündnis zwischen Kaiser und Papst hätte ihnen nahegelegt, dass es sich beim Schmalkaldischen Krieg um einen Religionskrieg gehandelt habe[216]. Auch hier ließen sich leicht Parallelen zwischen der Geschichte des 16. Jahrhunderts und der Gegenwart ziehen. Wie Papst Paul III. sich scheinbar an den der Universalmonarchie zustrebenden Karl V. angeschlossen hatte, so unterstütze Papst Clemens XI. Ludwig XIV. in seinem angeblichen Streben nach der Universalmonarchie. Wie das Bündnis zwischen Paul III. und dem Kaiser, so ließ auch der Schulterschluss zwischen Clemens XI. und dem Haus Bourbon das Schlimmste für den europäischen Protestantismus befürchten.

Leti warnte deshalb vor zu großer Sorglosigkeit. Namentlich die deutschen Lutheraner hätten sich 1546 so siegesgewiss gefühlt, dass sie glaubten, die Religionsstreitigkeiten in Deutschland militärisch aus dem Weg räumen zu können[217]. Sie hätten bereits den Plan gefasst »de faire un Empereur Lutherien & de bannir la Religion Catholique de l'Empire«[218]. Allein Johann Friedrich von Sachsen, das Haupt des Schmalkaldischen Bundes, sei wegen seines übermäßigen Stolzes und weil er sich über die Beschlüsse des Reichstags und des Kaisers erhoben hatte, durch die Niederlage gegen Karl V. gestraft worden. Als Folge hätte er auf nahezu alle seine Länder, Ämter und Würden verzichten

---

212 Vgl. MERCURE HISTORIQUE 07.1702, Bd. 33, S. 105f.; ACXTELMEIER, Monatlicher Staats-Spiegel, S. 55; [STÜBEL], Aufgefangene Brieffe, S. 185.
213 Vgl. LETI, LA VIE DE L'EMPEREUR 1702, Bd. 3, S. 163.
214 Vgl. ebd.
215 Zu diesem Komplex vgl. BOSBACH, Angst, S. 153; SCHILLINGER, Les pamphlétaires, S. 304–309; WREDE, Das Reich, S. 375–391. Vgl. des Weiteren Kapitel III.3.1.
216 Vgl. LETI, LA VIE DE L'EMPEREUR 1702, Bd. 3, S. 164.
217 Vgl. ebd.
218 Ebd., S. 165.

müssen[219]. Somit warnte auch die *La vie de l'Empereur Charles V.* ihre protestantischen Leser vor einem Religionskrieg zur Vernichtung der katholischen Religion und plädierte stattdessen für die konfessionelle Koexistenz. Solch hohe Pläne wie diejenigen Johann Friedrichs würden lediglich von der Geschichte bestraft. Für die deutschen Protestanten ginge vom katholischen Kaiser aber keine Gefahr aus, denn Karl V. habe mit seinem Bundesgenossen Moritz von Sachsen einem guten Lutheraner die sächsische Kurwürde übertragen[220]. Der Schmalkaldische Krieg kann im Entstehungskontext von *La vie de l'Empereur Charles V.* als protestantisches Plädoyer für die Große Haager Allianz im Kampf gegen Ludwig XIV. gedeutet werden. Leti kreierte damit ein historisches Exempel, das dazu geeignet war, das Misstrauen seines protestantischen Glaubensgenossen gegen den katholischen Kaiser Leopold I. zu zerstreuen.

*Zusammenfassung*

Die hugenottische Historiografie betonte die theologische Ablehnung des Religionskrieges durch ihre eigene Glaubensgemeinschaft. Aus ihrer Sicht war die katholische Kirche für die vergangenen Religionskriege verantwortlich. Anknüpfend an überkonfessionelle Feindbilder, wie beispielsweise die Feindschaft zu den aus Lothringen stammenden Guisen, den Antijesuitismus, die Hispanophobie und die Italianophobie der schwarzen Legende, sowie den Beratertopos, versuchte die hugenottische Historiografie zu den konfessionellen Bürgerkriegen des 16. und frühen 17. Jahrhunderts eine Einheit zwischen katholischem Monarchen und reformierten Untertanen herzustellen, die sich gemeinsam gegen die Anschläge von Ausländern zur Wehr setzen müssten. Ausländer und katholische Kirche hätten durch Intrigen die Religionskriege angestiftet. Sie strebten gemeinsam danach, die bestehende Ordnung zu zerstören und das Königtum zu usurpieren. Der Religionskrieg sei einzig und allein Mittel der katholischen Kirche und der feindlichen Ausländer gewesen, um die nationale Einheit Frankreichs zu zerstören. Folglich müsse es das gemeinsame Interesse des französischen Königs, seiner hugenottischen und katholischen Untertanen sein, einen solchen Religionskrieg zu verhindern. Die Hugenotten erschienen wegen ihrer fehlenden Bindungen zum Papsttum als die treuesten dieser französischen Untertanen. Sie hätten in den Religionskriegen gegen das feindliche Ausland und das Papsttum den Bourbonen letzten Endes den ihnen zustehenden französischen Thron erkämpft. Auf

---

219 Vgl. ebd., S. 207f.
220 Vgl. ebd., S. 168f. Parallelen zur sächsischen Hofhistoriografie unter August dem Starken sind offensichtlich und wurden von Leti im Sinne der überkonfessionellen Haager Großen Allianz umgedeutet. Vgl. LANGE, Einleitung, S. 739–760. Vgl. darüber hinaus Kapitel II.2.3.

diese Weise wurde in der historischen Rückschau eine Interessenkongruenz hergestellt, die auch dem gegenwärtigen französischen Monarchen den Nutzen seiner reformierten Untertanen für Frieden und Prosperität seines Königreichs vor Augen führen sollte. Die Überwindung des Religionskrieges wurde Ludwig XIV. als politisches Erfolgsrezept für seine eigene Herrschaft angepriesen. Ziel dieser hugenottischen Religionskriegsmemoria war die Restitution des Edikts von Nantes.

Eine andere Taktik verfolgte die Rechtfertigung hugenottischen Widerstandes. Der Schmalkaldische Krieg eignete sich als nichtfranzösischer Religionskrieg in diesem Sinne auf dreifache Weise für die hugenottische Religionskriegsmemoria: Erstens ermöglichte er es den Hugenotten, die Anschuldigungen der katholischen Historiografie zu entkräften, indem sie bewiesen, dass ihre Konfessionsverwandten ebenso wenig Schuld an den vergangenen Religionskriegen trügen wie sie selbst. Damit konnte die hugenottische Historiografie die protestantische Glaubensgemeinschaft als Ganzes vor ihrem eigenen König und anderen katholischen Potentaten wie dem Kaiser als treue und gleichzeitig aufrecht protestantische Untertanen rechtfertigen.

Zweitens erlaubte die Memoria des Schmalkaldischen Krieges es, Ludwig XIV. in Analogie zu Karl V. für seinen Umgang mit dem Religionskriegsargument zu kritisieren, ohne dabei direkt die Politik des eigenen Monarchen anzuklagen. Im Laufe des Neunjährigen Krieges und des Spanischen Erbfolgekrieges wurde die Religionskriegsmemoria des Schmalkaldischen Krieges aber immer mehr zu einem Exempel machiavellistischer Politik, die Ludwig XIV. und die französische Propaganda für ihre Verwendung des Religionskriegsarguments angriff. Sie ermahnte stattdessen zum interkonfessionellen Zusammenhalt der Allianzen gegen Ludwig XIV.

Drittens erlaubte die hugenottische Memoria des Schmalkaldischen Krieges es, die eigene Religionskriegsmemoria zu universalisieren und damit zugleich auch direkte Anknüpfungspunkte für andere protestantische Bekenntnisse zu liefern. Dies war insbesondere dann sehr geschickt, wenn die neue Obrigkeit im hugenottischen *Refuge* selbst dem lutherischen Bekenntnis anhing[221]. Innerprotestantische Unterschiede konnten mit der Integration des Schmalkaldischen Krieges in die eigene, hugenottische Memoria somit nivelliert werden. Die Geschichte der Protestanten im Schmalkaldischen Krieg

---

221 Zu den konfessionellen Bedenken der deutschen Lutheraner in Kursachsen, Württemberg, Hessen-Darmstadt, Brandenburg-Bayreuth, Hamburg und Lübeck gegenüber den französischen Reformierten vgl. KLINGEBIEL, Vom Glaubenskampf, S. 88–90, 92–96; MIDDELL, Hugenotten, S. 52; WEBER, La migration, S. 126f. NIGGEMANN, Hugenotten, S. 111, 115, ders., Immigrationspolitik, S. 81–83, 85f., diskutiert am Beispiel Brandenburg-Bayreuths die konfessionellen Widerstände lutherischer Staatsdiener in Deutschland, die reformierten Glaubensflüchtlinge aus Frankreich aufzunehmen, misst ihnen aber eher eine untergeordnete Rolle beim fürstlichen Entscheidungsprozess zu.

erschien als gesamtprotestantische Geschichte von Lutheranern und Reformierten, die im gemeinsamen Abwehrkampf gegen den Katholizismus enger aneinandergeschweißt wurden. Die Hugenotten unterstrichen damit ihre Treue gegenüber den neuen Obrigkeiten im *Refuge*. Dieses Narrativ war für den deutschen Protestantismus nicht nur wegen des Exempels des Schmalkaldischen Krieges anknüpfungsfähig, sondern v.a. wegen einer starken eigenen Tradition monarchischer Untertanentreue, die in der lutherischen Memoria bis auf die Person ihres eigenen Reformators zurückreichte.

### II.2.3 Gegensätze protestantischer Erinnerung im Reich

Wie sich die gesamte lutherische Historiografie grundsätzlich am Leben und Werk ihres Reformators orientierte, so beurteilte sie auch den Schmalkaldischen Krieg vor dem Hintergrund von Luthers Schriften[222]. Post mortem wurde Luther so zum Bewertungsmaßstab des ersten sogenannten Religionskrieges zwischen Altgläubigen und Evangelischen im Reich. Der pietistische Gelehrte Gottfried Arnold behandelte den Schmalkaldischen Krieg in seiner Lebensbeschreibung Luthers, die er 1701 in seiner Hagiografie *Das Leben der Gläubigen* vorlegte. Dort heißt es, nachdem Kaiser Karl V. auf dem Reichstag in Augsburg ein Edikt gegen die Protestanten erlassen hatte, habe Luther eine Glosse verfasst, die als Warnung vor einem Religionskrieg in Deutschland dienen sollte[223]. Damit spielte Arnold mit großer Wahrscheinlichkeit auf *Warnunge D. Martini Luther, An seine lieben Deutschen* von 1531 an[224]. Darin kam Luther zwar nicht direkt auf einen Religionskrieg zu sprechen, wohl aber warnte er seine »lieben Deutschen […], also bezeuge jch hie auch, das jch nicht zu krieg noch auffrur noch gegenwere wil jemand hetzen odder reitzen, Sondern allein zum friede«[225]. Der Lutheraner Arnold konnte sich an dieser Stelle eines Seitenhiebs auf seine reformierten Glaubensbrüder nicht erwehren. Denn er schrieb, dass, während Luther den Frieden gepredigt habe, der reformierte Reformator Huldrych Zwingli just im selben Jahr im Zweiten

---

222 Zur Orientierung lutherischer Theologie an der Person Martin Luthers vgl. KAUFMANN, Konfession, S. 67–111. Zur Luthermemoria im lutherischen Protestantismus vgl. SANDL, Medialität, S. 457–477. Trotz ihrer Beschränkung auf Höhenkammliteratur dazu immer noch lesenswert Stephan, Luther 1951, S. 11–34; ZEEDEN, Luther 1950.
223 Vgl. ARNOLD, Leben, S. 495. Gemeint ist wohl die Bestätigung des Wormser Edikts gegen Martin Luther aus dem Jahre 1521 auf dem Reichstag von Augsburg 1530. Vgl. SCHORN-SCHÜTTE, Reformation, S. 82.
224 Vgl. LUTHER, Martin, Warnunge D. Martini Luther, An seine lieben Deutschen, ediert von Oskar BRENNER / Otto CLEMEN, s.l. 1531, in: LUTHER, Werke, S. 276–320.
225 Ebd., S. 320.

Kappeler Krieg gegen die Katholiken gefallen sei[226]. Arnold schloss sich so vorbehaltlos seinem eigenen Reformator an. Ein Religionskrieg, wie ihn die Zwinglianer ausgefochten hätten, wurde auf diese Weise von lutherischer Seite grundsätzlich abgelehnt. Auch andere Schriften wie *Aller durchl. Hohen Häuser in Europa neueste Genealogien* von 1707 betonen die Friedensliebe des deutschen Reformators[227]. Dort heißt es, Luther selbst habe zu Lebzeiten den Frieden zwischen Protestanten und Katholiken aufrechterhalten[228].

Doch auch bei ihren reformierten »Konfessionsverwandten« wurde die Friedensliebe des deutschen Reformators unterstrichen. So verteidigt Jacques Basnage de Beauval in seiner *Histoire de la Religion des Églises Reformées* von 1690 die lutherische Lehre gegen die Angriffe Jacques-Bénigne Bossuets[229]. Der hugenottische Geschichtsschreiber betonte, dass das Luthertum keinesfalls die Schuld am Schmalkaldischen Krieg getragen habe, weil Luther selbst gelehrt hätte, »qu'il faut obeïr au Magistrat, lors méme qu'il persecute, & abandonner toutes choses plûtôt que de luy resister. Ainsi en détruisant une puissance usurpée & tyrannique comme celle du Pape, il défendoit celle des Magistrats qui est legitime«[230].

Kaiser Karl V. sei also einem Trugschluss aufgesessen, als er sich mit dem Papst verbündete. In seinem eigentlichen Interesse hätte vielmehr ein Bündnis mit den obrigkeitstreuen deutschen Lutheranern liegen müssen. Überhaupt betonten Protestanten überall in Europa in der Nachfolge ihrer Reformatoren ihre Treue gegenüber den jeweiligen katholischen Landesherren[231].

Die Protestanten sahen sich dementsprechend in der historischen Rückschau frei von jeder Schuld für die nach Luthers Tod entstandenen Religionskriege. So schrieb der sächsische Lutheraner Christian Hübner Kaiser Karl V. die Schuld am Schmalkaldischen Krieg zu, obwohl dieser den beunruhigten Reichsständen versichert habe, »Er wolle keinen Religions=Krieg

---

226 Vgl. ARNOLD, Leben, S. 496.
227 Vgl. HÜBNER, Genealogien, S. 19.
228 Vgl. ebd.
229 Vgl. bereits den Titel BASNAGE DE BEAUVAL, HISTOIRE DE LA RELIGION, Bd. 1.
230 Ebd., S. 506.
231 Neben Luther vertrat auch Calvin eine prinzipiell monarchische, obrigkeitstreue Staatslehre, die nur durch das göttliche Gesetz eingeschränkt wurde. Vgl. SELDERHUIS, Gott, S. 148–151; KINGDON, Kirche, S. 353f.; WOLGAST, Religionsfrage, S. 21; YARDENI, Calvinist Political Thought, S. 315. Die französischen Monarchomachen waren immer eine Minderheitenposition, die nur für wenige Jahre während des letzten Viertels des 16. Jahrhunderts größere Bedeutung erlangten. Vgl. TREUMANN, Monarchomachen; STRICKER, Das politische Denken; YARDENI, Calvinist Political Thought, S. 324. Auch die Staatslehre der Hugenotten im 17. Jahrhundert war in hohem Maße vom monarchischen Loyalismus geprägt. Vgl. KRETZER, Calvinismus, insbesondere S. 422–427; ders., Le royalisme, S. 25–35; LABROUSSE, Bayle, S. 114–116; YARDENI, Calvinist Political Thought, S. 327–330. COTTRET, Terre, S. 246, erklärt sie gar zum festen Bestandteil hugenottischer Identität des 17. Jahrhunderts.

erheben/ sondern bloß einige unruhige Fürsten züchtigen«[232]. Johann Friedrich von Sachsen und Philipp der Großmütige hätten aber schnell erkannt, dass der Kaiser einen Kriegszug gegen ihre Glaubensgemeinschaft plante, und beschlossen deshalb, mit dem Schmalkaldischen Bund einen Präventivschlag zu wagen[233]. Sicher hätten sie auch den Sieg davongetragen, wenn in ihrem eigenen Lager nicht große Uneinigkeit geherrscht hätte, die Rüstungen nicht verzögert worden und Herzog Moritz von Sachsen seinem Vetter Friedrich nicht in den Rücken gefallen wäre[234].

Während der Reformator selbst als Friedenswahrer verstanden wurde, stellte Hübner den Kaiser als den eigentlichen Kriegstreiber dar – auch wenn dieser beteuerte, gerade keinen Religionskrieg zu führen. Trotz der eindeutig ablehnenden Haltung Luthers zum Religionskrieg befürwortete Hübner deshalb einen konfessionell begründeten Verteidigungskrieg. Daraus folgte die Verurteilung Moritz von Sachsens als Verräter der lutherischen Sache. Im alten dynastischen Streit zwischen dem ernestinischen und dem albertinischen Zweig des Hauses Wettin stellte sich Hübner klar auf die Seite des Ernestiners Johann Friedrich, indem er den Verrat des Albertiners Moritz für die Niederlage der Protestanten mitverantwortlich machte[235].

Moritz von Sachsen, der in die protestantische Erinnerungskultur als »Judas von Meißen« eingegangen ist, war ein Ahnherr Augusts des Starken[236]. An der Wende vom 17. zum 18. Jahrhundert konnte eine historische Kritik an Moritz, die dessen lauwarmen Protestantismus geißelte, deshalb auch als Kritik am zum Katholizismus konvertierten sächsischen Kurfürsten dieser Zeit aufgefasst werden. Dafür spricht zudem der ungewöhnliche Verlagsort von Hübners Genealogien, der weitgehend für inhaltliche Neutralität bürgt. Für einen Sachsen wäre naturgemäß Leipzig als Messestadt und großes Druck- und Verlagszentrum die erste Adresse für die Suche eines Verlegers gewesen. Hamburg aber war als freie Reichsstadt im kaiserfernen Norden dem direkten Zugriff fürstlicher Zensur entzogen und bot sich gerade deshalb für die Publikation einer Kritik am eigenen Landesherren an[237].

---

232 HÜBNER, Genealogien, S. 19.
233 Vgl. ebd.
234 Vgl. ebd.
235 Zum Streit zwischen Ernestinern und Albtertinern um die Führungsrolle im Hause Wettin vgl. SCHMIDT, Kampf, S. 65–84; LEPPIN, Beziehungen, S. 67–80; WARTENBERG, Verhältnis, S. 155–167.
236 Vgl. HAUG-MORITZ, Judas, S. 235–259. Die Autorin gleicht die maurizianische Propaganda mit den Schriften der Gegner Moritz' zu seinen Lebzeiten ab und zeigt dadurch Wechselwirkungen zwischen moritzfreundlicher und moritzfeindlicher Publizistik auf. Vgl. des Weiteren KLINGER, Erinnerungskultur, S. 368.
237 Vgl. BELLINGRADT, Flugpublizistik, S. 131f.

Eine verdeckte Kritik an August dem Starken findet sich auch in den *Kurtzen Fragen aus der politischen Historie* von Johann Hübner aus dem Jahre 1700. Johann, der nicht mit Christian Hübner verwechselt werden darf, bediente sich darin eines historischen Exempels, um die Politik seines eigenen Landesherrn zu geißeln, ohne ihn direkt zu attackieren. Er verurteilte in den *Kurtzen Fragen aus der politischen Historie* König Heinrich III. von Frankreich für seine Kooperation mit den katholischen Guisen. Diese hätten die französische Königskrone erstrebt und aus diesem Grunde das Haus Bourbon von der Thronfolge ausschließen wollen. Unter dem Vorwand der Religion hätten sie deshalb 1576 die katholische Liga gegründet[238]. Der kinderlose Heinrich III. habe zwar die Absichten der Guisen erkannt, aber keinen anderen Ausweg gesehen, als sich selbst der Liga anzuschließen und sich als ihr Gründer auszugeben[239]. Hübners Verurteilung dieser Politik wird aus der Schilderung der Ermordung Heinrichs III. durch den fanatischen Mönch Jacques Clément ersichtlich. Nicht ohne Schadenfreude stellte er fest:

Auff Seiten der Ligisten war eine solche Freude darüber/ daß die Geistlichen auff den Cantzeln zu Paris den König mit Holofernes, und den Mönch mit der Judith verglichen: Er ward auch alsobald unter die Märtyrer gezehlet. […] Papst SIXTUS V. zu Rom preise diesen Mönch in öffentlicher Versammlung der Cardinäle selig/ hielt den Todt des Königes vor eben so ein groß Wunder als die Menschwerdung Jesu Christi[240].

Die Ermordung Heinrichs III. stellte sich als Folge seiner eigenen prokatholischen Politik dar. Nicht seine protestantischen Gegner, sondern seine katholischen Verbündeten hätten an seiner Person einen Königsmord begangen. Der Katholizismus läuft in dieser Schilderung somit der monarchischen Gesellschaftsordnung des *Ancien Régime* diametral entgegen. Damit konnte die Geschichte der Ermordung Heinrichs III. von Frankreich als mahnendes Beispiel an den gegenwärtigen sächsischen Kurfürsten und andere katholische Potentaten interpretiert werden, sich nicht in konfessionelle Bündnisse gegen die Protestanten einzulassen, denn ihre protestantischen Untertanen seien die wahren Stützen monarchischer Herrschaft, die fanatisierten Katholiken hingegen die Meuchelmörder ihrer eigenen Könige. In dieser Haltung würden die Katholiken durch den Papst noch weiter bestärkt.

Diese Schilderung konnte als Aufruf an August den Starken interpretiert werden: Anstatt sich an die Spitze der Katholiken zu stellen, solle er besser seinen lutherischen Landeskindern vertrauen. Die katholische Konfession bedrohe Herrschaft und Leben der Monarchen – eine Haltung, die gar vom

---

238 Vgl. Hübner, Kurtze Fragen, Bd. 2, S. 651.
239 Vgl ebd., S. 652.
240 Ebd., S. 654f.

Papst positiv sanktioniert werde. Der Religionskrieg diente damit als Warnung an den Katholiken August, er werde im Falle eines Religionskrieges durch die Hand seiner eigenen Glaubensgenossen umkommen. Die französischen Religionskriege des 16. Jahrhunderts wurden so einer deutschsprachigen Leserschaft der Gegenwart als Beweis für die Grausamkeit und die moralischen wie politischen Gefahren geschildert, die in einem Religionskrieg von den romtreuen Katholiken ausgingen.

Anders argumentierten Autoren im Umfeld des kursächsischen Hofes wie Gottfried Lange. In seiner *Einleitung zu den Geschichten Und Dem draus fliessenden Jure Publico* von 1709 berichtete er von der Vorgeschichte des Schmalkaldischen Krieges[241]. Schon 1531 hätten die Katholiken Kurfürst Johann den Beständigen von Sachsen wegen seines lutherischen Glaubens von der Königswahl Ferdinands I. ausgeschlossen[242]. Ein Konzil sei keine Möglichkeit gewesen, die konfessionellen Streitigkeiten im Reich beizulegen, weil der Papst die Versammlung nach Italien gezogen habe, um sie besser in seinem Sinne beeinflussen zu können[243]. Der Papst habe auf dem ganz seinem Willen unterworfenen Konzil »nicht von Verbesserung der Kirchen/ sondern nur von Ausrottung der so genandten Ketzer« reden wollen[244]. Lange berichtete: »Ehe nun der Religions=Krieg völlig angieng/ so ward mit den Packischen Tumulte/ und den WIRTENBERGIschen Händeln gleichsam ein Vorspiel gemacht«[245]. Offensichtlich glaubte er an die historische Existenz eines katholischen Bündnisses, das der sächsische Jurist Otto von Pack im Vorfeld des Schmalkaldischen Krieges entdeckt zu haben meinte[246]. Pack hatte behauptet, dieses Bündnis habe zum Ziel gehabt, die protestantischen Fürsten Philipp von Hessen und Johann von Sachsen ihrer Länder und Würden für verlustig zu erklären.

Philipp der Großmütige kam einem solchen Szenario jedoch mit einem militärischen Präventivschlag zuvor. Im darauf folgenden Friedensschluss konnte er sich von der geistlichen Jurisdiktion des Erzbischofs von Mainz befreien und die katholischen Bischöfe zur Begleichung seiner Kriegskosten verpflichten[247]. Auch bei den sogenannten Württembergischen

---

241 Die Widmung richtet sich an den kursächsischen Obersteuerdirektor und General-Akzise-Inspektor Adolph Magnus von Hoym. Vgl. LANGE, Einleitung, Widmung [1].
242 Vgl. ebd., S. 739.
243 Vgl. ebd., S. 739f.
244 Ebd., S. 740.
245 Ebd., S. 742.
246 Zu den Packschen Händeln immer noch grundlegend und am ausführlichsten vgl. DÜLFER, Die Packschen Händel, S. 1–167, als weitgehend unveränderter Nachdruck von ders., Politische Korrespondenz.
247 Ders., Die Packschen Händel, S. 142–144; ders., Politische Korrespondenz, S. 142–144; SCHWARZ, Landgraf, S. 81f.

Händeln setzte Philipp auf eine militärische Lösung. Mit Waffengewalt restituierte er kurzerhand den von Habsburg abgesetzten Herzog Ulrich von Württemberg[248].

Der eigentliche Religionskrieg, von dem Lange spricht, sollte allerdings erst 1546 beginnen. Seine Schilderung gehört zu den Kernstücken protestantischer Religionskriegsmemoria in Deutschland. Während des Schmalkaldischen Krieges habe Karl V. Johann Friedrich von Sachsen in die Acht erklärt und dessen Vetter Moritz von Sachsen die Kurwürde zugesprochen[249]. Den Verrat Moritz' an seinen protestantischen Glaubensbrüdern verschwieg der sächsische Historiograf Lange geschickt. Stattdessen schilderte er in sachlichem Stil das Augsburger Interim als Folge des Schmalkaldischen Krieges[250]. Das Augsburger Interim schrieb im Wesentlichen die Rückkehr zum katholischen Kultus im gesamten Reich vor und machte gegenüber den Lutheranern nur einige kleinere Zugeständnisse. Dieser Regelung hätten sich zunächst die Städte Konstanz und Magdeburg widersetzt, bis schließlich Moritz gegen den Kaiser im sogenannten Fürstenaufstand in den Krieg gezogen sei, um für das protestantische Bekenntnis zu kämpfen[251]. So sei letztendlich der Passauer Vertrag als Vorläufer des Augsburger Religionsfriedens zustande gekommen[252]. Damit stilisierte Lange Moritz von Sachsen zum Begründer der »Gewissens-Freyheit« in Deutschland, die später im Westfälischen Frieden festgeschrieben worden sei[253]. Moritz rückte so in eine Linie mit Philipp dem Großmütigen und dem Ernestiner Johann Friedrich von Sachsen. Damit baute Lange eine Kontinuitätslinie von den Ernestinern zu den Albertinern auf, die mit der Verteidigung der lutherischen Konfession begründet wurde. Dadurch erschien August der Starke als Begründer und Verteidiger derjenigen Reichsrechte, die den Protestanten die Ausübung ihres Glaubens garantierten. Für den Konvertiten August war eine solche Argumentation immens wichtig, galt es doch, sich der Loyalität seiner streng lutherischen Stände zu versichern, die seit der Konversion 1697 immer wieder an seiner konfessionellen Integrität zweifelten[254].

---

248 Vgl. DEETJEN, Kirchenordnung, S. 19–27.
249 Vgl. LANGE, Einleitung, S. 744.
250 Vgl. ebd., S. 752f.
251 Vgl. ebd., S. 753–756.
252 Vgl. ebd., S. 758–760.
253 Ebd., S. 759.
254 CZOK, August der Starke, S. 25, 49, benennt zwar konfessionelle Spannungen, sieht die Konflikte insgesamt jedoch mehr auf ökonomisch-politischem Feld. Deutlich stärker geht ders., Absolutismuspolitik, S. 42, 44f., auf die konfessionellen Spannungen zwischen König und Ständen ein. Vgl. umfassend: HELD, Adel, S. 50f., 54–58, 138f., 143f., 149, 154–161, 175, 241f., 247, 249.

Für den Hof Augusts des Starken war die traditionelle lutherische Untertanentreue dabei von großem Vorteil[255]. Diese wurde sowohl von den lutherischen Eliten des Kurfürstentums Sachsen als auch vom sächsisch-polnischen Hof historiografisch tradiert. So druckte Johann Christian Lünigs *Grosser Herren/ vornehmer Ministren/ und anderer berühmter Männer gehaltene Reden* aus dem Jahr 1708 eine Lobrede des Leipziger Bürgermeisters Adrian Steger auf seine Stadt aus dem Jahre 1687 ab[256]. Darin pries Steger nicht nur Leipzig als Zufluchtsstätte für evangelische Glaubensflüchtlinge, sondern auch den Schutz, den das Haus Wettin immer wieder der evangelischen Religion habe angedeihen lassen[257]. Die Eintracht zwischen lutherischen Untertanen und ihrer Obrigkeit sei jäh zerstört worden, als 1623 der »leidige und verderbliche religions krieg« begonnen habe, bei dem jeder von seinem Besitz vertrieben worden sei[258]. Dennoch lobte Steger in der gleichen Rede die Siege des regierenden katholischen Kaisers, in denen er keinen Widerspruch zu den konfessionellen Auseinandersetzungen während des Dreißigjährigen Krieges erblickte. Vielmehr dankte er Gott für die Siege der Christen unter Kaiser Leopold I. im Großen Türkenkrieg. Mit der Rückeroberung des Balkans verband er gar die Hoffnung, Gott würde seine evangelische Kirche nicht länger unterdrücken, sondern dass »Gottes Wort nicht möge im winckel gepredigt/ sondern das creutz Christi überall den sieg behalten/ und in aller welt gerühmet werden«[259]. Dabei käme der Stadt Leipzig ein entscheidender Anteil zu[260].

Das Lob des Hauses Wettin für seine Beschirmung der protestantischen Religion, die Ablehnung des Religionskrieges nach den Erfahrungen des Dreißigjährigen Krieges sowie die dem auf den ersten Blick widersprechende Kaisertreue eines sächsischen Staatsdieners sind nicht weiter verwunderlich. Allein das Vertrauen, Gott könne Kaiser Leopold I. auf irgendeine Weise dazu bringen, in seinen Eroberungen auf dem Balkan die evangelisch-lutherische

---

255 Die lutherische Obrigkeitstreue ist ein Gemeinplatz der Geschichtswissenschaft. Illustrativ sind immer noch die Ausführungen bei WOLGAST, Wittenberger Theologie, insbes. S. 40–94; ders., Religionsfrage, S. 17–21. Aus kirchenhistorischer Sicht vgl. LAU, Luthers Lehre; GÄNSSLER, Evangelium; SOMMER, Obrigkeitskritik, S. 245–263, die prinzipiell Wolgasts Sichtweise für die Reformationszeit und das konfessionelle Zeitalter bestätigen, gleichzeitig aber auch auf eine Tradition des lutherischen Widerstandsrechts gegen Kaiser und/oder Papst verweisen. Festzuhalten bleibt auch, dass die lutherische Untertanentreue, wenn nicht immer essenzialistisch, so doch ständig in der Selbstkonstruktion deutscher Lutheraner mindestens bis zum Ende des Zweiten Weltkrieges vorherrschend war.
256 Vgl. STEGER, Rede, S. 97–116. Zur Biografie Stegers vgl. KÜHLING, Bürgermeister, S. 42.
257 Vgl. STEGER, Rede, S. 99.
258 Ebd., S. 100.
259 Ebd., S. 101.
260 Vgl. ebd., S. 102.

Konfession zu befördern, erscheint sehr befremdlich. Eine Erklärung für diese Ambiguität böte die Annahme, Steger sei ein naiver und politisch wenig erfahrener Mensch gewesen. Allein seine akademische Ausbildung und sein hohes Amt lassen daran starke Zweifel aufkommen[261]. Eine plausiblere Erklärung bietet deshalb der im Luthertum weit verbreitete Glaube an die Endzeit. Stegers Argumentation legt nahe, dass er den Sieg über »den barbarischen erb=feind christlichen namens« mit dem Sieg der lutherischen Konfession über den Antichristen assoziierte, die nach lutherischer Lesart die tausendjährige Herrschaft der Heiligen einleiten würde[262]. Ein solcher Antichrist konnte gleichzeitig mit dem Islam und dem Papsttum identifiziert werden[263]. Dafür sprechen jedenfalls die Verweise auf Gottes Beistand, wenn Steger einerseits von der Erhaltung der lutherischen Konfession im Dreißigjährigen Krieg und andererseits von den siegreichen Waffen Leopolds I. im Großen Türkenkrieg spricht. Jenseits dieser Spekulation hat die Tradierung der eigenen Untertanentreue innerhalb der lutherischen Erinnerungskultur neben einem monarchischen Grundvertrauen, dem Reichspatriotismus, der Islamophobie und Türkenfurcht wesentlich zum Vertrauen gegenüber dem streng katholischen Reichsoberhaupt beigetragen.

Wie stark diese lutherische Untertanentreue auch von der offiziellen Hofgeschichtsschreibung Augusts des Starken in Anspruch genommen wurde, zeigt eine Buchbesprechung in der *Curieusen Bibliothec* des sächsisch-polnischen Hofhistoriografen Wilhelm Ernst Tentzel aus dem Jahre 1705[264]. Darin wird eine Biografie des Pfarrers Johann Mathesius aus Joachimsthal an der sächsisch-böhmischen Grenze rezensiert, die dessen Nachfahr Johann Balthasar Mathesius verfasst hatte.

---

261 Vgl. KÜHLING, Bürgermeister, S. 42.
262 STEGER, Rede, S. 101. Vgl. dazu auch KAUFMANN, Apokalyptische Deutung, S. 417, 425, 430f.; ders., Konfession, S. 53f.; LAMPARTER, Luthers Stellung, S. 122–134; SANDL, Martin Luther, S. 398f.; LEPPIN, Antichrist, S. 225f.
263 Vgl. DELGADO, Europa, S. 67f.; KAUFMANN, Konfession, S. 53f.; SANDL, Martin Luther, S. 398f.; LEPPIN, Antichrist, S. 218, 237–239. KAUFMANN, Apokalyptische Deutung, S. 417, 425, 430f., setzt die apokalyptische Bedeutung der Türken und des Papstes gleich.
264 Vgl. Rezension von: M. Johann MATHESII, weyland Pfarrers im Joachimsthal Lebens=Beschreibung/ zusammen gesucht von einem Mathesischen Nachkommen M. Johann Balthasar Mathesius, Pfarrer in Brockwitz, Dreßden 1705. Octav., in: Tentzel, CURIEUSE BIBLIOTHEC, S. 346–378. Leben, Werk und Funktion Tentzels am sächsisch-polnischen Hof sind immer noch zu untersuchen. Bisher nur die knappen Bemerkungen in der älteren Forschungsliteratur bei WEGELE, Historiographie, S. 724f.; ders., Wilhelm Ernst Tentzel, S. 571f. Allenfalls als Numismatiker hat er bisher das Interesse namentlich der sächsischen Landesgeschichtsschreibung geweckt, die trotz anders gearteter Behauptungen kaum mehr als seine *Saxonia Numismatica* eingehender behandelt hat. Vgl. ARNOLD, Histoire, S. xx, insbes. S. 312, Fußnote 10 mit dem paraphrasierten Verweis auf STEGUWEIT, Wilhelm Ernst Tentzel, S. 19–38.

Johann Balthasar Mathesius berichtete, dass die Joachimsthaler während des Schmalkaldischen Krieges nicht gewillt gewesen wären, gegen Johann Friedrich von Sachsen zu kämpfen[265]. Sein Ahnherr habe sie darin noch bestärkt, indem er anführte, gegenwärtiger Krieg »sey ein Religions=Krieg/ und zur Unterdruckung des Evangelii angesehen«[266]. Dadurch sei der Rat bei dem deutschen und böhmischen König Ferdinand I. in Ungnade geraten[267]. Mathesius habe deshalb vor Ferdinand erscheinen müssen[268]. Der König habe allerdings keine größere Strafe verhängt, als dass der Pfarrer in Joachimsthal seine Anschuldigungen widerrufen sollte, was dieser nach dem königlichen Gnadenerweis auch umgehend und gerne getan habe[269].

Johann Balthasar Mathesius steht deutlich in der Tradition sächsischer Kaiser- und Königstreue. Trotz seines lutherischen Bekenntnisses widerrief er seine Kritik an der gegenreformatorischen Politik Ferdinands I. Der katholische König von Böhmen erschien in Wirklichkeit als gnädiger Landesherr, dem auch der lutherische Prediger Gehorsam schuldete. Letzten Endes wurde dadurch jede Form des Religionskrieges abgelehnt. Nicht umsonst erschien diese Geschichte in einer Zeitschrift aus dem Umfeld des Hofes Augusts des Starken, der sich seit seiner Konversion zum Katholizismus vor seinen lutherischen Landständen rechtfertigen musste. Die Gnade des katholischen Landesherrn wird hier den unbegründeten Religionskriegsängsten der lutherischen Untertanen gegenübergestellt. Mathesius und Tentzel zeichneten eine lutherisch-sächsische Tradition nach, die den Gehorsam gegenüber einer fremdkonfessionellen Obrigkeit auch in der Gegenwart einforderte und dies historisch zu legitimieren suchte.

Bar solcher Rücksichten war die Historiografie beim nördlichen Nachbarn Sachsens. Brandenburg-Preußen begann sich bereits unter dem Großen Kurfürsten als alternative Führungsmacht im deutschen Protestantismus zu etablieren. Als reformierter Reichsstand löste es im Reichsgefüge die Kurpfalz in der Position ab, die diese bis in den Dreißigjährigen Krieg hinein ausgefüllt hatte. Die Hohenzollern standen damit konfessionspolitisch als Vorreiter einer protestantischen Aktionspartei – trotz aller macht- und rangpolitischen Annäherungsversuche an den Wiener Kaiserhof – in direkter Opposition zum *Corpus Catholicorum* und zum katholischen Reichsoberhaupt[270]. Eine gerade

---

265 Vgl. Rezension von: M. Johann MATHESII, weyland Pfarrers im Joachimsthal Lebens=Beschreibung/ zusammen gesucht von einem Mathesischen Nachkommen M. Johann Balthasar Mathesius, Pfarrer in Brockwitz, Dreßden 1705. Octav., in: Tentzel, CURIEUSE BIBLIOTHEC, S. 363.
266 Ebd., S. 363.
267 Vgl. ebd.
268 Vgl. ebd.
269 Vgl. ebd., S. 364.
270 Auffallend sind die Analogien zwischen der kurpfälzischen Reichs- und Außenpolitik am Vorabend des Dreißigjährigen Krieges und die Positionen Brandenburg-Preußens

für Brandenburg-Preußen virulente Frage war die nach dem säkularisierten Reichskirchengut, von dessen Enteignung die Hohenzollern im Frieden von Osnabrück maßgeblich profitiert hatten[271].

Die protestantische Historiografie in Deutschland verband die Frage der Besitzansprüche auf das Kirchengut eng mit der Geschichte der Religionskriege im Reich. Vor allem der Dreißigjährige Krieg stand im Fokus der Geschichtsschreibung. Denn im Dreißigjährigen Krieg sahen sich Protestanten im Besitz der säkularisierten Kirchengüter gefährdet. In mehreren lokalen Kirchengeschichten griff der lutherische Theologe Johann Georg Leuckfeld diesen Problemkomplex auf[272]. Leuckfeld schrieb Geschichte dabei »zur Erbauung derer gottseeligen Leser«, denn in der Kirchengeschichte könne man besonders gut »die Göttlichen Führungen erkennen«[273].

Als Widersacher des göttlichen Ratschlusses beschrieb er immer weder den katholischen Klerus. Es seien vor allem die katholischen Geistlichen gewesen, die den Protestanten die von ihnen eingenommenen Kirchengüter nehmen wollten. Dies wird in Leuckfelds *antiqvitates bursfeldenses* von 1713 deutlich. Darin beschrieb er die Geschichte des Benediktinerklosters Bursfelde, das der Bursfeldischen Kongregation, einem Zusammenschluss von Benediktinerklöstern, ihren Namen gegeben hatte. In der Reformation wurde Bursfelde säkularisiert. »Bey dem grossen Religions-Kriege« aber hätten sich die noch verbliebenen Äbte der Kongregation dazu entschlossen, mithilfe des Restitutionsediktes von 1629 »durch gewafnete Hand die meisten ihrer Union entzogenen und secularisirten Clöster wieder einzunehmen/ und mit ihren Ordens-Personen zu besetzen«[274]. Der Frieden von Osnabrück hätte die Kongregation aber gezwungen, »mit denjenigen Clöstern zu frieden zu seyn/ welche vor dem grossen Religions-Kriege sich zu solcher bekennet hatten«[275].

---

nach dem Westfälischen Frieden. Vgl. WOLGAST, Faktoren, S. 167–187; WOLGAST, Calvinismus, S. 44f.

271 Unter anderem fielen die säkularisierten Fürstbistümer Cammin, Halberstadt, Minden und das säkularisierte Erzbistum Magdeburg an Brandenburg. Vgl. Instrumenta, Art. XI.

272 Vgl. LEUCKFELD, ANTIQVITATES WALCKENREDENSES; ders., ANTIQVITATES ILFELDENSES; ders., ANTIQVITATES GRÖNINGENSES; ders., ANTIQVITATES BURSFELDENSES. Zur Geschichtsschreibung Leuckfelds vgl. BOETTCHER, Wiederverwendungen, insbes. S. 215, die Leuckfelds Bedeutung folgendermaßen zusammenfasst: »Zu Lebzeiten genoss er einen respektablen, wenn auch nicht herausragenden Ruf; er hatte keinen Platz im Sternenhimmel der Philosophie bzw. Theologie, doch stand er in Briefwechsel mit Leibniz sowie mit hunderten von anderen Gelehrten«. Zu Werk und Biografie vgl. daneben immer noch HEINE, Johann Georg Leuckfeld, S. 102–112, 177–216.

273 LEUCKFELD, ANTIQVITATES GRÖNINGENSES, S. 2. Anders das zumindest diskussionswürdige Urteil von BOETTCHER, Wiederverwendungen, S. 225, die Leuckfeld nur ein lokalhistorisches Interesse zubilligt.

274 LEUCKFELD, ANTIQVITATES BURSFELDENSES, S. 46.

275 Ebd., S. 48.

Die Geschichte lehre Leuckfeld zufolge also, dass Gott seine Hand nicht von den Protestanten nehme und sie im Besitz der säkularisierten Kirchengüter gegen alle Anfeindungen der Katholiken belasse.

Ähnliches berichtete Leuckfeld in seinen *Antiqvitates Walckenredenses* von 1705. Darin beschrieb er die Geschichte der säkularisierten Zisterzienserabtei Walckenried in der zu Brandenburg-Preußen gehörenden Grafschaft Hohenstein. Während des Dreißigjährigen »Religions-Krieges-Feuer« hätten »die Kayserl. Völcker wider die Protestanten in denen Evangel. Städten und Dörffern grausam« gewütet[276]. Dabei hätten sie die ganze Grafschaft Hohenstein erobert und den Grafen Thun als katholischen Administrator eingesetzt[277].

Wie die Catholischen Geistlichen eine geraume Zeit her aufs euserste waren bedacht gewesen die von denen protestirenden Evangelischen Ständen reformirte Stifter und Clöster mit ihren ansehnlichen Intraden wieder in ihre Hände zubekommen/ [...] also meyneten sie auch/ daß nun zu dieser Zeit die beste Gelegenheit hierzu sich ereignete/ da die Reichs-Fürsten unter einander selbst nicht recht einig/ und darzu sehr geschwächt/ der Kayser hergegen eifrig Catholisch/ [...] durch die gemachte ligam Herr in gantzen Niedersachsen und andern Ländern worden war; Dahero sie den Kayser überredeten/ in diesen Kriegs-Troublen auch das unglückliche Edict; von der restitution derer von denen Evangelischen ständen schon lange Zeit besessenen Kirchen und Stiffts Güther an die Catholischen Geistlichen [...] restituiren sollten[278].

In der Tradition des protestantischen Antiklerikalismus wurde hier die Habgier der katholischen Geistlichen für die Enteignung des säkularisierten Kirchenbesitzes verantwortlich gemacht. Der Kaiser erschien so als williges Instrument der »Pfaffen«. Noch bevor das Restitutionsedikt erlassen wurde, habe sein Administrator, der Graf Thun, in vorauseilendem Gehorsam Mönche und Priester zur Lesung der katholischen Messe in die Grafschaft Hohenstein geholt[279]. Den Zisterzienserabt des Klosters Kaisheim habe er als kommissarischen Verwalter der Abtei Walckenried eingesetzt. Dort habe der Abt die Bildnisse Luthers und Melanchthons in der Klosterkirche zerstören lassen und die katholische Messe wieder eingeführt[280]. Die Herrschaft der Katholiken habe aber nicht lange gewährt, weil bereits 1631 Gustav II. Adolf von Schweden die Mönche wieder aus Walckenried und anderen

---

276 Ders., ANTIQVITATES WALCKENREDENSES, S. 483.
277 Vgl. ebd.
278 Ebd., S. 487f.
279 Vgl. ebd., S. 488.
280 Vgl. ebd., S. 493f. Ders., ANTIQVITATES ILFELDENSES, S. 195f., beschreibt, wie die evangelische Gemeinde in Ilfeld durch die Glaubensverfolgungen der Katholiken im Religionskrieg ihres Predigers entblößt wurde und deshalb dort während der letzten Kriegsjahre die Verkündigung des Evangeliums unterblieben sei.

rekatholisierten Kirchengütern vertrieben habe[281]. Auch hier bestätigte die Geschichte durch Manifestierung des göttlichen Willens den protestantischen Besitzanspruch.

Während die *Antiqvitates Bursfeldenses* der katholischen Geistlichkeit ein Intrigenspiel zur Wiedererlangung des säkularisierten Kirchenguts vorwarfen und die *Antiqvitates Walckredenses* sowie die *Antiqvitates Ilfeldenses* allgemein die Auswirkungen des Restitutionsedikts für die lokale evangelische Gemeinde beschreiben, widmeten sich die *Antiqvitates Gröningenses* von 1710 ausgehend von der säkularisierten Benediktinerabtei Gröningen dem Schicksal eines protestantischen Administrators ganzer Fürstbistümer[282]. Markgraf Christian Wilhelm von Brandenburg bekam 1598 von seinem Vater Kurfürst Joachim Friedrich das Erzbistum Magdeburg zugesprochen[283]. 1616 wählte das Halberstädtische Domkapitel Herzog Christian von Braunschweig-Wolfenbüttel zu seinem Administrator[284]. Christian Wilhelm fungierte als dessen Koadjutor, dem er 1624 ins Amt nachfolgte[285].

Weiln dieser Herr aber in dem damahligen großen Land und Leut verderblichen dreißig jährigen Religions-Kriege die Dänische Parthie annahm/ wurde er von dem Käyser A. 1628 in die acht erkläret/ und dadurch seiner Würden verlustig erkandt/ der Pabst conferiete auch die beyden von ihm besessene Stiffter Magdeburg und Halberstadt dem Ertz-Hertzogen von Ostereich Leopold Wilhelm[286].

1631 sei Christian Wilhelm bei der »Magdeburger Hochzeit« durch die Kaiserlichen gefangen genommen und nach Österreich überführt worden, wo ihn die Jesuiten »unter allerhand Bedrohungen und Verheissungen« schon ein Jahr später zum Katholizismus bekehrt hätten[287]. Im Prager Frieden sei Leopold Wilhelm von Österreich endgültig das Fürstbistum Halberstadt zugesprochen worden, während Magdeburg einem Fürsten aus dem Hause Wettin für seine Bündnistreue zum katholischen Kaiser zugefallen sei[288]. Christian Wilhelm hingegen habe man lediglich mit einer Pension abgefunden, die beim Frieden von Osnabrück 1648 in zwei magdeburgische Ämter umgewandelt worden sei[289].

---

281 Vgl. ders., ANTIQVITATES WALCKENREDENSES, S. 503.
282 Vgl. ders., ANTIQVITATES GRÖNINGENSES.
283 Vgl. ebd., S. 5; SCHWINEKÖPER, Christian Wilhelm, S. 226.
284 Vgl. LEUCKFELD, ANTIQVITATES GRÖNINGENSES, S. 5. Vgl. darüber hinaus SCHWINEKÖPER, Christian der Jüngere, S. 225f.
285 Vgl. LEUCKFELD, ANTIQVITATES GRÖNINGENSES, S. 6; SCHWINEKÖPER, Christian Wilhelm, S. 226.
286 LEUCKFELD, ANTIQVITATES GRÖNINGENSES, S. 6.
287 Vgl. ebd., S. 7.
288 Vgl. ebd.
289 Vgl. ebd.

Leuckfeld erwies sich durch seine Schilderung als treuer Parteigänger des Hauses Brandenburg. Dafür spricht nicht allein seine Widmung an Königin Sophie Luise in Preußen, sondern auch die nur vordergründig sachliche Schilderung der Konversion Christian Wilhelms[290]. In weiteren Verlauf seiner Darstellung wird diese Konversion nämlich sehr wohl verurteilt, denn Christian Wilhelm vermochte aus seinem Glaubenswechsel keinerlei Vorteile zu ziehen[291]. Sein Beispiel konnte im Zeitalter der großen Konversionen protestantischer Fürsten zum katholischen Glauben einerseits als abschreckendes Beispiel dienen[292]. Daraus war leicht zu schlussfolgern, dass vom Haus Österreich keine Wohltaten zu erhoffen seien. Andererseits bezogen die *Antiqvitates Gröningenses* beim Streit um die Vorherrschaft der Häuser Sachsen und Brandenburg im protestantischen Deutschland Position für den Brandenburger, indem hier keine offene Verurteilung ausgesprochen wurde. Schuld an seiner Konversion seien die widrigen politischen Umstände gewesen, die zu seiner Gefangennahme geführt hatten, vor allem aber die Ränkespiele der Jesuiten. Christian Wilhelm wurde in Abgrenzung zu den Sachsen vielmehr dafür gelobt, treu auf Seiten der Protestanten gekämpft zu haben, während die Sachsen sich zum Handlanger des katholischen Kaiserhofes gemacht hätten. Die Parallele zum Judas von Meißen ist offenkundig. Durch die Negativschablone Christian Wilhelm von Brandenburg in Analogie zu August dem Starken von Sachsen erschien Friedrich I. in Preußen in umso hellerem Licht. Er und seine Dynastie wurden als Muster protestantischer Rechtgläubigkeit stilisiert, die sich weder für den Erwerb der preußischen Königskrone noch durch andere Versprechungen von der katholischen Geistlichkeit zu einer Konversion überreden ließen[293]. Aus diesem Grund erschien der Besitz der säkularisierten Kirchengüter in den Händen des Hauses Brandenburg umso mehr gerechtfertigt.

Leuckfeld war jedoch nicht der einzige Geschichtsschreiber im Dienste der Hohenzollern, der die Frage des säkularisierten Kirchenbesitzes mit der Erinnerung an den Dreißigjährigen Krieg als einen Religionskrieg verband. Der aus Frankreich geflohene brandenburgisch-preußische Hofhistoriograf Issac de Larrey weitete die Anschuldigungen an den katholischen Kaiser im vierten Band seiner *Histoire d'Angleterre, d'Ecosse, et d'Irlande* von 1713 noch

---

290 Vgl. ebd., Widmung [1f.]. BOETTCHER, Wiederverwendungen, S. 215, erwähnt außerdem die Erteilung einer Pfarrstelle im halberstädtischen Groningen durch König Friedrich I. in Preußen. Das Fürstbistum Halberstadt war seit dem Frieden von Osnabrück in Personalunion mit dem Haus Brandenburg verbunden und Leuckfeld somit Landeskind des Hohenzollern.
291 Vgl. LEUCKFELD, ANTIQVITATES GRÖNINGENSES, S. 7.
292 Vgl. MADER, Fürstenkonversion, S. 373–410.
293 Vgl. GÖSE, Friedrich I, S. 220, 228–230; SAMERSKI, Die preußische Königskrönung, S. 139.

weiter aus²⁹⁴. Mit dem Restitutionsedikt habe Ferdinand II. allen Protestanten den Krieg erklärt²⁹⁵. Nachdem er sie ihres Gutes beraubt habe, habe er auch ihre Gewissen unterwerfen wollen²⁹⁶. Ferdinand II. sei somit der Verantwortliche für den als Religionskrieg bezeichneten Dreißigjährigen Krieg gewesen, der ganz Deutschland Mitte des letzten Jahrhunderts verwüstet habe²⁹⁷. Anders als Leuckfeld verbreitete de Larrey durch die Wahl der französischen Sprache diese Version der Geschichte bei den frankophonen Eliten in und außerhalb des Reiches. Seinen protestantischen Lesern wurde klargemacht, dass vom Kaiser nicht nur eine Gefahr für ihren Glauben, sondern auch für ihren gesamten Besitz ausginge. Die Frage nach dem säkularisierten Kirchengut wurde so zur Frage nach dem protestantischen Besitzstand insgesamt erweitert, den der katholische Kaiser in Wien grundsätzlich durch einen Religionskrieg gefährde. Die Erinnerung an Ferdinand II. und den Dreißigjährigen Krieg avancierte vor dem Hintergrund der Revokation des Edikts von Nantes und seiner Folgen zur grundsätzlichen Warnung an alle europäischen Protestanten vor einem neuerlich durch Katholiken angefachten Religionskrieg und appellierte zugleich an die protestantische Solidarität in und außerhalb des Reiches.

Gerade Anhänger Brandenburg-Preußens nutzten die Religionskriegsmemoria auch zur Überwindung innerprotestantischer Auseinandersetzungen. Nach Ansicht protestantischer Historiografen habe der konfessionellen Einigung des Protestantismus zuweilen ein innerer Religionskrieg entgegengestanden, der zunächst überwunden werden musste. Besonders in Deutschland galt es, Reformierte und Lutheraner gegenüber der konfessionellen Bedrohung durch den Katholizismus an einen Tisch zu bringen. Der Streit um das Direktorium im *Corpus Evangelicorum* nach der Konversion Augusts des Starken belegt, dass dies keine einfache Aufgabe war²⁹⁸. Die lutherischen Reichsstände weigerten sich, Brandenburg diese Ehre zuzubilligen,

---

294 Vgl. LARREY, HISTOIRE, Bd. 4, S. 148. Zur Anstellung Larreys am brandenburgisch-preußischen Hof vgl. HAASE, Einführung, S. 399.
295 Vgl. LARREY, HISTOIRE, Bd. 4, S. 148.
296 Vgl. ebd.
297 Vgl. ebd., S. 147f. Im Inhaltsverzeichnis ebd. heißt es explizit: »Guerre de Religion faite par Ferdinand II, 147. 148«.
298 Zu den Auseinandersetzungen zwischen Brandenburg und Sachsen um das Direktorium im *Corpus Evangelicorum* vgl. immer noch grundlegend FRANTZ, Corpus, S. 8–19, 54f.; daneben auch die kurzen Ausführungen bei GÖSE, Friedrich I., S. 301, 305–307. Die Relativierung der Bedeutung Brandenburg-Preußens im *Corpus Evangelicorum* bei BRACHWITZ, Religionsgravamina, S. 98, erscheint im Detail nur teilweise überzeugend, denn gerade an der Schwelle vom 17. zum 18. Jahrhundert war die sächsische Position bei den deutschen Protestanten durch Konversion Augusts des Starken und seines Sohnes August Friedrich sehr geschwächt. Das von Brachwitz ins Feld geführte England-Hannover konnte wegen der Umstrittenheit seiner Kurwürde trotz seines lutherischen Bekenntnisses zunächst keine ernst zu

obwohl dessen Kurwürde Friedrich III. vor allen anderen protestantischen Ständen dafür prädestinierte²⁹⁹. Die Lutheraner widersetzten sich aber gerade der Anerkennung Friedrichs III. als neuen Direktors des *Corpus Evangelicorum*, weil der Brandenburger dem reformierten Bekenntnis anhing³⁰⁰. Hier halfen auch alle Bemühungen Friedrichs III. für die Verteidigung des evangelischen Wesens im Reich wenig – egal, wie geschickt er diese im Einzelnen in Szene zu setzen verstand³⁰¹. Stattdessen musste er auf Druck der Lutheraner dem deutlich minder mächtigen Sachsen-Gotha bzw. Sachsen-Weißenfels das Direktorium überlassen³⁰².

Die Spannungen zwischen Lutheranern und Reformierten zeigten sich auch bei den Bemühungen des *Corpus Evangelicorum*, die evangelischen Religionsbeschwerden in der Kurpfalz abzustellen, wo nach dem Erbfall der Seitenlinie Pfalz-Neuburg der neue katholische Kurfürst Johann Wilhelm eine rigide Rekatholisierungspolitik durchsetzte³⁰³. Für Johann Wilhelm war es ein Leichtes, die inneren Spannungen im deutschen Protestantismus zu seinen Gunsten zu instrumentalisieren, sodass er erstaunlich lange diplomatisch zwischen den beiden protestantischen Lagern lavieren konnte.

Deshalb warnten evangelische Historiografen wie Eucharius Gottlieb Rink vor allem im deutschsprachigen Raum vor einem innerprotestantischen Religionskrieg zwischen Lutheranern und Reformierten. Der kaiserliche

---

nehmende Alternative zu Brandenburg-Preußen darstellen. Dies erklärt dann auch die provisorische Übertragung des kursächsischen Direktoriums an die Seitenlinien Sachsen-Gotha bzw. Sachsen-Weißenfels.

299 Vgl. DROYSEN, Friedrich I., S. 157. Die vom Kaiser 1692 eingeführte neunte Kurwürde für das Herzogtum Braunschweig-Lüneburg war bis 1708 unter den protestantischen Reichsfürsten genauso umstritten wie unter den katholischen, sodass hier keine ernst zu nehmende lutherische Alternative entstand. Vgl. SCHNATH, Geschichte 1938–1982, 5. Bd.

300 Vgl. DROYSEN, Friedrich I., S. 157; GÖSE, Friedrich I., S. 300f.; LUH, Unheiliges Römisches Reich, S. 51, 65.

301 Vgl. ARETIN, Das Alte Reich, S. 143f., 164f., 169; CARL, Reich, S. 56; GÖSE, Friedrich I., S. 301f., 305–307, 326–330; LUH, Religionspolitik, S. 156. Friedrich hatte zwischen 1697 und 1700 den protestantischen Gesandten in Regensburg sein persönliches Glaubensbekenntnis übermitteln lassen, worin es heißt: »Ich glaube nicht was der Pabst befiehlet, auch nicht in allen Stücken was Luthers, Zwinglis und Calvinus schreiben; Sondern ich glaube an den Dreyeinigen Gott und seze deßelbigen Heiliges Wort zum unfehlbaren Grund meines Glaubens [...]. Nun aber die reine und unverfälschte Reformirte Religion am meisten mit meiner Religion übereinkommt, so kan ich wohl, per mundi errorem, reformirt nennen laßen; ohngeachtet ich nicht sehe, worinnen mein obgemeldetes Glaubens-Bekandnüß mit der reinen unverfälschten Lehr Lutheri streiten sollte«. Staatsbibliothek Berlin, Preußischer Kulturbesitz, Handschriftenabteilung, Nachlass Oelrichs Nr. 492 fol. 1b.

302 Vgl. CARL, Reich, S. 55; SINKOLI, Frankreich, S. 73.

303 Zu den Verhandlungen zwischen den Kurfürsten Johann Wilhelm von der Pfalz und Friedrich III. von Brandenburg, I. König in Preußen vgl. grundlegend HANS, Die Kurpfälzische Religionsdeklaration; überblickhaft auch KOHNLE, Rijswijker Klausel, S. 155–174.

Historiograf rekurrierte in seinem Werk *Leopold des Grossen Röm. Käysers wunderwürdiges Leben* von 1708 dabei auf die Belagerung Stettins während des Schwedisch-Brandenburgischen Krieges im Jahr 1677. Laut Rinck hätten die Schweden während der Belagerung der Stadt einen Ausspruch des Großen Kurfürsten kolportiert, wonach dieser die Stettiner »fleisch=fresser geheissen/ nemlich im absehen der religion/ weil er reformirt und sie lutherisch« gewesen seien[304]. Derart hätten sie behauptet, der Vater Friedrichs III. habe einen Religionskrieg gegen die Lutheraner geführt[305]. Am erbitterten Widerstand der Stettiner habe man sehen können, dass es den Schweden gelungen sei, sie von dieser Argumentation zu überzeugen[306]. Dennoch habe der Kurfürst den Stettinern nach der Einnahme der Stadt seine Gnade gewährt und so bewiesen, dass die schwedischen Verunglimpfungen nicht der Wahrheit entsprochen hätten[307]. Auf diese Weise versuchte Rink mit dem historischen Exempel des Schwedisch-Brandenburgischen Krieges den lutherischen Argwohn gegenüber dem reformierten Herrscherhaus der Hohenzollern zu bekämpfen.

Aber auch innerreformierte Streitigkeiten wurden im Angesicht der äußeren Bedrohung durch den Katholizismus im Zeitalter der Frühaufklärung vermehrt der Kritik unterzogen. Dies zeigt Johann Friedrich Pfeffingers *Merckwürdigkeiten Des XVII. Jahr=Hunderts*, die von einem »Einheimischen Religions=Krieg« in den nördlichen Niederlanden berichteten[308]. Pfeffinger beschrieb mit einem solchen »Einheimischen Religions=Krieg« nicht etwa, wie man leicht annehmen könnte, den Achtzigjährigen Krieg, sondern die theologischen Auseinandersetzungen zwischen Remonstranten und Contraremonstranten um die Frage nach dem freien Ratschluss Gottes im Vorfeld des Konzils von Dordrecht[309]. Denn schon 1607 sei eine Niederländisch-Reformierte Nationalsynode zusammengekommen, die die Frage

---

304 RINK, Leopold, Bd. 2, S. 667. Die Anspielung zielt auf das anders geartete Abendmahlsverständnis von Reformierten und Lutheranern ab, das in der Frühen Neuzeit kirchentrennend wirkte. Während die Lutheraner den Glauben an die leibliche Präsenz Christi im Abendmahl aufrechterhielten, bezeugten die Reformierten ausschließlich die geistliche Gegenwart Christi in Brot und Wein.
305 Vgl. ebd.
306 Vgl. ebd.
307 Vgl. ebd.
308 PFEFFINGER, Merckwürdigkeiten, S. 211.
309 Im frühen 17. Jahrhundert war unter niederländischen Theologen ein Streit um den freien Ratschluss Gottes ausgebrochen. Die Contraremonstranten unter Franziscus Gomarus verteidigten die reformierte Orthodoxie gegen die Remonstranten unter Jacobus Arminius, der die klassische reformierte Prädestinationslehre ablehnte und behauptete, der Mensch habe einen freien Willen. Das Konzil von Dordrecht, das als erste reformierte Weltsynode angesehen werden kann, beendete diesen Streit zugunsten der Contraremonstranten, die den freien Ratschluss und damit die volle Souveränität Gottes betonten. Vgl. JONG, Nederlandse Kerkgeschiedenis, S. 182–219; NEUSER, Zwingli, Bd. 2, S. 335–339.

des Göttlichen Ratschlusses nicht abschließend klären konnte[310]. Pfeffinger zufolge verhinderten die Verhandlungen zum Antwerpener Waffenstillstand zwischen Spanien und den nördlichen Niederlanden ab 1607 die Klärung dieser theologischen Frage durch die Generalstaaten, sodass erst 1618 eine endgültige Lösung erzielt werden konnte[311]. Der Begriff des »Einheimischen Religions=Krieg[es]« impliziert zudem die innere konfessionelle Geschlossenheit der nördlichen Niederlande, die so faktisch nie bestanden hatte[312]. Waren die Auseinandersetzungen zwischen Remonstranten und Contraremonstranten keine Gefahr für die äußere Sicherheit der Vereinigten Provinzen, so schwächten sie in dieser Sichtweise doch deren innere Stabilität.

In diesem Sinne mahnte die Erinnerung an einen innerprotestantischen Religionskrieg bei Rink wie bei Pfeffinger vor innerer Zerrissenheit des Protestantismus im Angesicht einer von außen kommenden Gefahr. Solche innerprotestantischen Streitigkeiten hatten in der allgemeinen protestantischen Religionskriegsmemoria jedoch kaum Gewicht.

*Zusammenfassung*

Die lutherische Geschichtsschreibung machte Martin Luther zum Maßstab ihrer Theologie und Memoria. Der Reformator wurde als Friedensapostel erinnert, der zeitlebens den Religionskrieg zwischen den christlichen Konfessionen abgelehnt habe. Die Erinnerung an ihn sprach die in seiner rechtmäßigen Nachfolge stehenden Lutheraner dementsprechend frei von der Schuld an den später entstandenen Religionskriegen.

Mit der Ablehnung des Religionskrieges war die Betonung der lutherischen Untertanentreue gegenüber einer fremdkonfessionellen Obrigkeit eng verbunden. In Sachsen, der Wiege der Reformation, dem Haupt des *Corpus Evangelicorum* und dem ersten protestantischen Kurfürstentum im Reich, wurde die Frage der lutherischen Untertanentreue besonders unter der Herrschaft des zum Katholizismus konvertierten Kurfürsten August des Starken virulent. Die lutherische Geschichtsschreibung im Kurfürstentum debattierte deshalb unter dem Begriff des Religionskrieges die Legitimität religiös motivierten Widerstandes. Während lutherische »Dissidenten« Augusts Ahnherren Moritz angriffen, der sich mit dem katholischen Kaiser gegen seine eigenen Glaubensgenossen verbündet hatte, und damit die Konversion und Religionspolitik des eigenen Landesherrn geißelten, bemühten sich die

---

310 Vgl. Pfeffinger, Merckwürdigkeiten, S. 211.
311 Vgl. ebd., S. 211. Zur Geschichte und Rezeption des Antwerpener Waffenstillstands zwischen Spanien und den Vereinigten Provinzen vgl. Dlugaiczyk, Waffenstillstand.
312 Katholiken stellten zu jeder Zeit gut 1/3 der Bevölkerung – von den zahlreichen konfessionell devianten Gruppen ganz zu schweigen. Vgl. Knippenberg, De religieuse kaart, S. 9–60.

lutherische Hofgeschichtsschreibung und die Anhänger Augusts des Starken, die lutherische Untertanentreue historisch zu begründen und damit die Unterwerfung der lutherischen Stände unter ihren katholischen Landesherren zu propagieren.

Die Erinnerung an die vergangenen Religionskriege und die Beschwörung der Gefahr eines neuerlichen Religionskrieges legitimierte und beauftragte Brandenburg-Preußen als Führungs- und Schutzmacht des Protestantismus im Reich. Den Widerwillen, den das reformierte Bekenntnis der Kurfürsten von Brandenburg bei den meisten deutschen Lutheranern auslöste, versuchte die Historiografie durch das Schreckensszenario eines innerprotestantischen Religionskrieges zu überwinden. Die Erinnerung hieran existierte aber auch innerhalb derselben Konfessionsgemeinschaft. In beiden Fällen sollten Protestanten verschiedener Strömungen miteinander vereint werden, denn die Geschichtsschreibung betonte mehr noch als das Risiko eines innerprotestantischen Religionskrieges die Gefahr, die durch einen Religionskrieg der Katholiken gegen den Protestantismus entstehen könnte. Ein gemeinsames Interesse von Lutheranern und Reformierten war dabei der Erhalt der säkularisierten Kirchengüter, die die Katholiken in Religionskriegen der Vergangenheit – und womöglich auch in der Gegenwart – zurückzuerlangen trachteten.

### II.2.4 Die englische Historiografie zum Religionskrieg: Von der inneren Auseinandersetzung zur Intervention zum Schutz fremder Untertanen

Noch größer als in Deutschland waren die inneren Spannungen innerhalb der protestantischen Historiografie auf den britischen Inseln. In England stand seit der Restauration des Hauses Stuart – stark vereinfacht gesagt – eine Partei, die tendenziell die parlamentarischen Freiheiten akzentuierte (die späteren Whigs), einer Partei gegenüber, die eher die Rechte des Königs betonte (den späteren Tories). Im Rahmen von Debatten zur englischen Innenpolitik bezogen sich historische Akteure in Krisenzeiten immer wieder auf die Erinnerung an vergangene Religionskriege. Dies war vor allem während der *Exclusion Crisis*, der Toleranzpolitik Jakobs II., der *Glorious Revolution* und der Debatten um die protestantische Erbfolge zu Beginn des 18. Jahrhunderts der Fall. Entstehung und Wandel der Religionskriegsmemoria in England war maßgeblich von der Wechselwirkung der Erinnerung an vergangene Ereignisse und den neuen politischen Konfliktpunkten bestimmt. Die Religionskriegsmemoria erlebte in diesen Debatten ganz unterschiedliche Akzentsetzungen.

Während der *Exclusion Crisis* beschworen die Gegner einer Thronfolge des katholischen Herzogs von York die Gefahr eines inneren und äußeren

Religionskrieges. In diesem Sinne beschrieben die *Annals of King James and King Charles the First* des Thomas Frankland die Vorgeschichte des Anglo-Spanischen Krieges von 1625 bis 1630 unter der Regentschaft der beiden letzten englischen Monarchen. 1621 habe das englische Parlament seinen Wunsch erklärt, auf Seiten Friedrichs V. von der Pfalz, der eine Tochter Jakobs I. von England geheiratet hatte, in den Dreißigjährigen Krieg einzugreifen[313]. Diese Entscheidung der Parlamentarier sei aber weniger dynastisch als durch ein starkes konfessionelles Solidaritätsgefühl begründet worden. Jakob I. habe das Ansinnen des Parlaments mit folgender Argumentation zurückgewiesen: »The beginning of this miserable War, which hath set all Christendom on fire, was not for Religion, but only caused by our Son in Law his hasty and harsh resolution, following evil counsel, to take to himself the Crown of Bohemia«[314].

Beim Böhmisch-Pfälzischen Krieg habe es sich also keinesfalls um einen Religionskrieg gehandelt. Vielmehr seien dafür die schlechten Berater Friedrichs V. verantwortlich gewesen, die ihn dazu verleitetet hätten, übereilt die böhmische Königskrone anzunehmen. Jakob I. habe argumentiert, sein Schwiegersohn selbst habe gegenüber dem König von Frankreich und der Republik Venedig behauptet, er verteidige nur seine Wahl zum König von Böhmen und nicht den evangelischen Glauben[315]. Eine solche Wahl sei aber dem Amtsverständnis Jakobs I. zuwidergelaufen, der ein Königtum von Gottes Gnaden vertreten habe. Ihm zufolge habe die Absetzung gekrönter Monarchen zur Lehre der Jesuiten gehört und widerspreche den Prinzipien des Protestantismus[316]. Der König habe sich durch diese Gesinnung in seinem eigenen Besitz gefährdet gesehen, denn die Jesuiten hätten die englischen Katholiken dazu aufgefordert, ihren Monarchen abzusetzen[317]. Deshalb habe sich Jakob in Einklang mit den Prinzipien seiner eigenen Konfession gesehen. Er habe gegenüber dem Parlament geschworen,

that we will never be weary to do all we can for the propagation of our Religion, and repressing of Popery: But [...] not by undertaking a publick War of Religion through all the world at once (which how hard and dangerous a Task it may prove, you may judge)[318].

---

313 Vgl. FRANKLAND, The annals, S. 63.
314 Ebd.
315 Vgl. ebd.
316 Vgl. ebd. In der englischen Erinnerungskultur kam dabei der Entbindung der englischen Katholiken vom Treueid gegenüber Königin Elisabeth I. durch Papst Pius V. im Jahr 1570 eine besondere Rolle zu. Vgl. HAIGH, Elizabeth I., S. 178.
317 Vgl. FRANKLAND, The annals, S. 63.
318 Ebd., S. 64.

Er habe sich also selbst als Verteidiger des protestantischen und Unterdrücker des »papistischen« Glaubens gesehen. Allein die Verteidigung des Protestantismus und die Zurückdrängung des Katholizismus könne laut Jakob nicht durch einen öffentlichen Religionskrieg geschehen, der die ganze Christenheit in Mitleidenschaft zöge und dessen Ausgang ungewiss wäre. Ein solcher Religionskrieg könne letzten Endes, so wurde suggeriert, den Untergang des protestantischen Glaubens bedeuten. Auch sei es keine vorteilhafte Maßnahme, die Katholiken in England zu verfolgen, weil man damit die ausländischen katholischen Fürsten erzürne und ihnen die Mittel und Wege aufzeige, um ihrerseits ihre protestantischen Untertanen zu verfolgen[319]. Dennoch habe Jakob keine Gesetzesübertretung englischer Katholiken dulden wollen, weshalb er auch weiterhin die Erziehung der englischen Katholiken im Ausland verboten habe[320].

Das Parlament habe sich damit nicht beschwichtigen lassen. Wiederholt habe das Unterhaus Gesetzesvorschläge zur Eindämmung des »Papismus« im Inneren eingebracht und ein militärisches Eingreifen auf dem Kontinent zugunsten Friedrichs von der Pfalz gefordert. Aber Jakob I. habe auch weiterhin auf seiner ablehnenden Haltung beharrt. Seine Weigerung, einen Religionskrieg zu führen, habe er zudem in einem Schreiben an seinen Staatssekretär Edward Conway vom 22. Januar 1624 SV beteuert[321]. Als wichtigsten Beweggrund seiner Politik habe er darin erneut den möglichen Ausbruch eines Religionskrieges angeführt, indem er Conway schrieb: »Yet know my firm resolution not to make this a War of Religion«[322]. Deshalb habe der König angeordnet, die Post nach Spanien zurückzuhalten, bis er sich mit seinem Sohn Karl beraten habe[323].

Die Schilderung dieser Episoden war in vielfacher Hinsicht anschlussfähig für die Debatte über die englische Innen- und Außenpolitik der Gegenwart. Während der *Exclusion Crisis* stellte sich die Frage, ob es legitim sei, einen katholischen Monarchen von der Thronfolge auszuschließen. Konkret ging es um den katholischen Herzog von York, der nach dem kinderlosen Karl II. der nächste Anwärter auf den englischen Thron war[324]. Karl II. vermochte zwar nach zähen Verhandlungen im Parlament seine Position des Gottesgnadentums durchzusetzen, die Gemüter hatten sich jedoch noch keineswegs vollständig beruhigt[325]. Die Verurteilung der Wahl Friedrichs V. von der

---

319 Vgl. ebd.
320 Vgl. ebd.
321 Richtigerweise muss es 1625 heißen, denn in England war bis Mitte des 18. Jahrhunderts der Annunciationsstil üblich, der den Jahresbeginn auf den 25. März festlegte.
322 FRANKLAND, The annals, S. 100.
323 Vgl. ebd.
324 Vgl. HARRIS, Restauration, S. 75; ders., London, S. 91f.; MILLER, Popery, S. 169–188.
325 Vgl. HARRIS, Restauration, S. 75; ders., London, S. 211–328; JONES, The First Whigs,

Pfalz zum böhmischen König wurde so zur Verurteilung einer Änderung des englischen Thronfolgegesetzes. In der Argumentationsführung royalistischer Geschichtsschreiber konnte dafür weder die Wahl durch eine Ständevertretung noch die Religion ausschlaggebend sein. Karls II. Bemühen um die Aufrechterhaltung der traditionellen Erbfolgeregelung erschien hier in Kontinuität zur Politik seines Großvaters. Beide sahen sich der Kritik ausgesetzt, die Interessen der protestantischen Religion zu vernachlässigen. Diesem Vorwurf begegneten sie, indem sie eine Änderung der Thronfolge als jesuitisch brandmarkten und somit ihre protestantischen Gegner den Katholiken gleichsetzten[326]. Beide betonten aus Sicht der protestantischen Historiografie öffentlich, die antikatholische Gesetzgebung aufrechterhalten und ausweiten zu wollen, milderten sie stattdessen aber ab. Dieser Widerspruch ließ sich mit der Erklärung Jakobs I. rechtfertigen, dass man ausländischen katholischen Mächten durch die Verfolgung englischer Katholiken weder Vorwand noch Anweisung zum Umgang mit ihren eigenen protestantischen Untertanen geben wolle. Motiviert wurde diese Politik in beiden Fällen durch eine starke außenpolitische Anlehnung an Frankreich[327]. Mehr noch aber fürchteten sich Jakob I. und Karl II. vor dem Ausbruch eines allgemeinen Religionskrieges zwischen Katholiken und Protestanten. Die Gefahr eines Religionskrieges diente so als letztes, ausschlaggebendes Argument für die königliche Religionspolitik gegenüber den Katholiken. Karl II. konnte so historisch mit dem Verweis auf Jakob I. seine eigene Religionspolitik rechtfertigen.

Auch William Dugdales *A short view of the late troubles in England* von 1681 verteidigte auf historiografische Weise die königliche Politik während der *Exclusion Crisis*. Mit einem Religionskrieg werden hier allerdings die Schrecken eines Bürgerkrieges beschrieben. Breites Gehör fanden dabei die Rechtfertigungen der Politik Karls I. So zitierte Dugdale die Antwort Karls I. auf die Vorwürfe des Parlaments, die Rebellion der katholischen Iren von 1641 unterstützt zu haben. Dieser habe seinerseits das Parlament beschuldigt, die Ausweitung der Rebellion in Irland verantworten zu müssen.

---

S. 183–210; MILLER, Popery, S. 189–195. Zur publizistischen Auseinandersetzung zwischen Whigs und Tories vgl. HARRIS, London, S. 96–188.

326 Zur Entstehung dieses Narrativs vgl. LAMONT, Politics, S. 101; PEČAR, Macht, S. 385. Für die *Exclusion Crisis* im Speziellen vgl. CONDREN, Argument, S. 189f.; HARRIS, London, S. 140–144. Die Langlebigkeit dieses Narrativs in der politischen Kultur Englands belegen des Weiteren BLACK, Confessional state, S. 59; KENYON, Revolution, S. 95, 176, für das nachrevolutionäre England.

327 1625 heiratete Karl I. von England die katholische Henriette Marie von Frankreich; 1661 heiratete Henriette von England mit Philipp I. von Orléans den Bruder Ludwigs XIV. von Frankreich und 1670 vermittelte die nunmehrige Gemahlin des Herzogs von Orléans den Vertrag von Dover 1670 zwischen Karl II. von England und Ludwig XIV., der ein Bündnis zwischen England und Frankreich besiegelte, das die Konversion des englischen Königs zum Katholizismus festschrieb.

It was their unseasonable Declarations at the beginning of the Rebellion (before the old English and other Papists had engaged themselves with the Rebels of Ulster) of making it a War of Religion, and against that connivence which had been used in that Kingdom ever since the Reformation, and tending to make it a National quarrel, and to eradicate the whole stock of the Irish (which they now pursue by giving no quarter to those few of that Nation in England, who never were in that Rebellion, but according to their duty assist Us their Soveraigne) which made the rebellion so general, whereas otherwise the old English, as in former times (though Papists) would have joined against those Rebels[328].

Der religiöse Eifer des Parlaments, das den Iren einen Religionskrieg erklärte, wird für die Ausweitung der irischen Rebellion verantwortlich gemacht. Die englischen Monarchen hingegen seien seit der Reformation darauf bedacht gewesen, in Irland eine milde Regentschaft walten zu lassen, weshalb die *Old English*, obwohl sie »Papisten« seien, immer ihren König unterstützt hätten. Auch habe Karl den Versuch des Parlaments verurteilt, die ganze irische Nation auszurotten, da dies darüber hinaus die wenigen loyalistischen Iren ihrem König abspenstig gemacht hätte.

Mehr noch als die katholischen Aufständischen habe Karl I. die protestantischen Rebellen verurteilt, weil die Erhebung dem Geist des Protestantismus zuwiderlaufe und ein protestantischer Christ als Rebell dem Wesen seines eigenen Bekenntnisses widerspreche[329]. Dennoch oder gerade deshalb sah sich Karl I. als Verteidiger des protestantischen Glaubens, »but we are far from that Mahumetan doctrine, that we ought to propagate Our Religion by the Sword«[330]. Damit betonte er in zweifacher Weise die Aufrichtigkeit seines protestantischen Bekenntnisses: Erstens sei es sein eigenes Interesse, als König die Religion zu schützen, die die Loyalität seiner Untertanen gebiete. Zweitens wolle er im Gegensatz zum Parlament gerade keinen Religionskrieg führen, den das Christentum verbiete und der darüber hinaus als Bestandteil der als abscheulich empfundenen Lehre des Islam angesehen wurde. Somit erschienen die Rebellion und die Politik des Parlaments als ungleich schlimmer als die Rebellion der »papistischen« Iren.

*A short view of the late troubles in England* bot zahlreiche Anknüpfungspunkte für die englische Innenpolitik der Ära der *Exclusion Crisis*. Die Verurteilung der Bürgerkriegspartei im englischen Parlament kam einer Verunglimpfung der politischen Positionen der Whigs gleich. Diese ließen sich als geistige Nachfolger der *Roundheads* brandmarken, die sich den königlichen Anordnungen widersetzt und damit gegen den Geist des protestantischen

---

328 DUGDALE, A short view, S. 952.
329 Vgl. ebd., S. 954.
330 Ebd.

Bekenntnisses gehandelt hätten. Somit erschienen die Könige des Hauses Stuart als wahre Verteidiger des Protestantismus. Eine gewaltsame Unterdrückung der Katholiken in Form eines Religionskrieges wurde aber als unchristlich abgelehnt. Auch sprach sich Dugdale für eine milde Regierung in Irland aus, die versprach, eine nationale Auseinandersetzung wie während des Englischen Bürgerkrieges zu verhindern.

Einen gänzlich anderen Blick auf die englische Religionskriegsmemoria nahmen die *Historical Collections of Private Passages of State* von John Rushworth aus dem Jahr 1659 ein, die 1680 neu aufgelegt wurden[331]. Sie teilten keineswegs die Perspektive englischer Royalisten von der Couleur eines William Dugdale. Rushworth zeigte sich vielmehr darüber verwundert, dass Jakob I. seinem Schwiegersohn im Böhmisch-Pfälzischen Krieg nicht beigestanden habe, weil er friedliebend gewesen sei[332], dessen Sache missbilligt und eine Heirat des Thronfolgers mit einer spanischen Infantin konfessioneller Solidarität vorgezogen habe[333]. Für eine solche Heirat sei er sogar bereit gewesen, den Katholizismus in England zu fördern und sich bei Spanien für die Schwierigkeiten zu entschuldigen, die das Parlament ihm dabei in den Weg gelegt habe[334].

Rushworth' ablehnende Haltung wird zwischen den Zeilen mehr als deutlich. Die wahren Beweggründe Jakobs sollte in Rushworth' Darstellung ein Brief George Villiers, Herzog von Buckingham, an den spanischen Botschafter Diego Sarmiento de Acuña aus dem Jahr 1620 illustrieren. Darin habe Buckingham, der Favorit König Jakobs I. und Karls I., dem spanischen Gesandten die englische Neutralität garantiert[335]. Die Wahl Friedrichs V. von der Pfalz zum böhmischen König habe er abgelehnt »in regard of Conscience, judging it unlawful to inthrone and dethrone Kings for Religions sake; having a quarrel against the Jesuites for holding that opinion: Besides he saw the World inclined to make this a War of Religion, which he would never do«[336].

---

331 Vgl. RUSHWORTH, Historical Collections 1680, Bd. 1.; ders., Historical Collections 1703, Bd. 1. Der Inhalt beider Auflagen ist im Wesentlichen deckungsgleich und wird noch an anderer Stelle zu behandeln sein.
332 Das Attribut der Friedensliebe zählte in der Frühen Neuzeit keinesfalls zu den positiven Eigenschaften eines Monarchen, weil es ihn als handlungsunfähig und schwach charakterisierte. Zum kriegerischen Ideal des europäischen Adels der Frühen Neuzeit vgl. BURKHARDT, Die Friedlosigkeit, S. 539; CORNETTE, Le roi 1993; KUNISCH, La guerre 1992, S. 21.
333 Vgl. RUSHWORTH, Historical Collections 1680, Bd. 1, S. 14.
334 Vgl. ebd.
335 Vgl. ebd., S. 16.
336 Ebd.

Buckingham habe den Spaniern auf diese Weise versichert, dass sie von England nichts zu befürchten hätten und die protestantische Religion dem König von England keinen Krieg wert gewesen sei. Scharf habe Buckingham die Übertragung einer Königswürde »by the Peoples Authority« verurteilt und diesen Akt als jesuitische Doktrin gebrandmarkt[337]. Letzten Endes, so konnte der Leser leicht folgern, hänge das Wohl der protestantischen Religion mehr vom Parlament als vom konfessionell unzuverlässigen Königtum der Stuarts ab. Dafür spricht auch, dass Rushworth den Brief des königlichen Günstlings an den spanischen Botschafter als Beleg anführt – eine Verbindung, die jedem guten protestantischen Engländer schon per se verdächtig erscheinen musste[338]. Dafür spricht darüber hinaus auch die konfessionell indifferente Haltung des Königs selbst, der den protestantischen Vertretern eines Wahlkönigtums vorwarf, Rebellen zu sein, die er mit den »Papisten« gleichsetzte. Entsprechend den beiden Neuauflagen der *Historical Collections* bieten sich zwei zeitgebundene Interpretationsansätze an. 1680 delegitimierten sie die Verunglimpfungen der Whigs durch König Karl II. und die Tories während der *Exclusion Crisis*, die gerade mit diesem historischen Exempel entkräftet wurden[339]. Die *Historical Collections of private passages of state* lassen sich gar als ein verdecktes Manifest für ein protestantisches Widerstandsrecht in den Händen des Parlaments lesen, sollte ein englischer König seine Pflichten als *Defender of Faith* der protestantischen Religion verletzen. Und ein König, der definitiv das Führen eines Religionskrieges ablehnte und sich weigerte, seinem eigenen Schwiegersohn militärisch beizustehen, musste ein solcher Monarch sein.

Rushworth' *Historical Collections* lösten aber den Widerspruch royalistischer Geschichtsschreibung aus. 1683 verfasste der Royalist John Nalson mit *An Impartial Collection of the Great Affairs of State* eine Schrift, die eine Widerlegung zu Rushworth' Ausführungen darstellen sollte[340]. Darin zitierte Nalson einen Brief der irischen *Lord Justices* vom 14. Dezember 1641 SV an den *Lord Lieutenant of Ireland*, in dem sie Maßnahmen zur Niederschlagung der irischen Rebellion erörterten. Die *Lord Justices* hätten darin

---

337 Vgl. ebd.
338 Vgl. POLLMANN, Feindschaft, S. 73–93; HAYDON, Anti-Catholicism, S. 33–52; ISRAEL, Spanish Armada, S. 335–363, stellen in programmatischer Weise die Ängste der anglo-protestantischen Öffentlichkeit vor Spanien seinem Hilferuf an den protestantischen Schwiegersohn Jakobs II. entgegen. In gleichem Wortlaut noch einmal unter PARKER, Empire, S. 41–66, abgedruckt. Eher problematisch erscheint SILVERBLATT, Black Legend, S. 99f., die mehr postkolonialen Debatten verhaftet bleibt als den historischen Quellen.
339 Zur Desavouierung der Whigs durch die Tories während der *Exclusion Crisis* vgl. HARRIS, London, S. 130–155; ders., Restauration, S. 260–328; MILLER, Popery, S. 189–195.
340 Vgl. NALSON, AN Impartial Collection, Bd. 2.

beteuert, sich in jeder Hinsicht bemüht zu haben, ihre Maßnahmen gegen die irische Rebellion nicht als Religionskrieg der Engländer gegen die Iren erscheinen zu lassen[341]. Trotzdem hätten die irischen Rebellen ihre Maßnahmen genau so aufgefasst und es so weit getrieben, sich selbst als »the Catholick Army« zu bezeichnen, was einen enormen Zulauf von irischen Freiwilligen bewirkt habe[342]. Die *Lord Justices* hätten deshalb den *Lord Lieutenant of Ireland* um Verstärkung aus England und Schottland gebeten, mit deren Hilfe sie die Rebellion leicht unterdrücken könnten[343]. Dieser Bitte verschafften sie mit der Schilderung von Gräueltaten der Rebellen »towards those of our Nation and Religion [...] exposing this State and Kingdom to so apparent ruin, and with it the extirpation of Gods true Religion« noch größeren Nachdruck[344].

Im Gegensatz zu Rushworth war für Nalson gerade der Umstand, keinen Religionskrieg zu führen, Ausdruck des protestantischen Glaubens, denn »we never intended to Massacre them or any other; that being a thing which we and all good Protestants do much abhor, whatever the practice of their Religion is«[345]. Der Protestantismus erschien in seinen Augen als Ausdruck religiöser Toleranz, die Katholiken und Presbyterianern fern sei. Deren Fanatismus war es, den Nalson gleichermaßen für Rebellion und Religionskriege verantwortlich machte, die er beide scharf verurteilte. So zeigte Nalson eine legitime Traditionslinie zwischen der vor- und der nachrevolutionären Ära auf, die »schändlicherweise« von der englischen Revolution unterbrochen worden sei und gleichermaßen von Katholiken und Whigs in Vergangenheit und Gegenwart bedroht werde.

Nach Nalsons *Impartial Collection* ebbte das Interesse am Religionskrieg bei protestantischen Geschichtsschreibern auf den britischen Inseln wieder ab. Erst die militärische Bewältigung der konfessionellen Gegensätze unter der Herrschaft Jakobs II. verlangte nach neuen historischen Deutungsmustern des Religionskrieges. Die jakobitische Historiografie konnte bei ihrer Verurteilung des Religionskrieges direkt an die royalistische Historiografie unter Karl II. anknüpfen. So erklärte Peter Pett 1688 im Vorwort von *The Happy Future State of England* das Zeitalter von Kreuzzügen und Religionskriegen für beendet. Darin heißt es, »that the old sport of hunting down Hereticks with Crusado's was hardly practicable when both Popish as well as Protestant Princes were weary of it«[346]. Pett lehnte eine Gleichsetzung und Verurteilung

---

341 Vgl. ebd., S. 911.
342 Ebd.
343 Vgl. ebd.
344 Ebd., S. 905.
345 Ebd.
346 PETT, THE HAPPY future State, Preface [54f.].

der Dissenter zusammen mit den Katholiken ab³⁴⁷. Statt die Gefährdung der anglikanischen Kirche und des englischen Königtums durch diese Gruppen heraufzubeschwören, plädierte er für konfessionelle Nachsichtigkeit. Ihre Bekehrung könne nicht auf gewaltsamem Wege geschehen, denn »indeed the Project of Planting Religion and Propagating the Church by War [...] is so vain«³⁴⁸. Selten habe ein unterworfenes Volk den Glauben seiner Eroberer angenommen³⁴⁹. Vielmehr sei in der Regel das Gegenteil der Fall gewesen³⁵⁰. Deshalb lobt er die tolerante Religionspolitik Jakobs I. in Schottland, zu der ihm die englischen Bischöfe geraten hätten³⁵¹. Durch diese Politik habe er sich so sehr die Zuneigung seiner presbyterianischen Untertanen erworben, dass diese sich nicht mehr zu einem Religionskrieg gegen ihren König hätten verleiten lassen³⁵².

Petts Schilderung der Religionspolitik Jakobs I. in Schottland legitimierte auf historiografische Weise die gegenwärtige Toleranzpolitik Jakobs II. gegenüber ihren protestantischen Kritikern. Die Beschreibung der Eintracht zwischen Anglikanern und Presbyterianern bot sich hier besonders an, weil sie anders als die Toleranz gegenüber Katholiken auf eine lange Tradition zurückblicken konnte und bei den britischen Protestanten auf weniger Vorbehalte stieß. Doch die politischen Umwälzungen, die 1688/1689 auf den britischen Inseln stattfanden, ließen dieses Geschichtsbild (vorerst) nicht zu einem politischen Modell für die Gegenwart werden³⁵³. Stattdessen verstärkten sich historiografische Tendenzen zur Abgrenzung gegenüber den prokatholischen Neigungen der letzten Stuarts während der Restaurationszeit.

Schon kurz nach der *Glorious Revolution* erschienen in London die *State Tracts* der Regierung Karls II.³⁵⁴ Darin wurde das Bündnis Karls II. mit Ludwig XIV. gegen die Vereinigten Provinzen scharf kritisiert, weil die Franzosen zu Beginn des Französisch-Niederländischen Krieges an allen katholischen Höfen verbreitet hätten,

---

347 Vgl. ebd., Preface [55].
348 Ebd., S. 2.
349 Vgl. ebd.
350 Vgl. ebd.
351 Vgl. ebd., S. 7.
352 Vgl. ebd.
353 Vgl. PINCUS, First Modern Revolution. Pincus' These, Jakob II. habe den Grundstein für ein modernes, pluralistisches England gelegt, ist quellenmäßig nur schwer zu belegen. Überzeugender ist die These von CLAYDON, William III. and the Godly Revolution, der das Hochkochen konfessioneller Argumentationsmuster vor, während und nach der *Glorious Revolution* untersucht hat. In einer späteren Studie: ders., Protestantism, S. 125–142, hat er allerdings selbst eingeräumt, dass neben konfessionellen Argumentationsmustern der englischen Innenpolitik immer auch säkulare Argumentationsmuster standen, die sowohl die einheimischen Katholiken als auch die katholischen Verbündeten mit dem *Revolution Settlement* versöhnen sollten.
354 Vgl. STATE TRACTS.

[t]hat this is a War of Religion, undertaken merely for the propagation of the Catholick Faith, and the French Minister at Vienna expressed it in a solemn Speech to the Emperours Counsel, [...] that the Hollanders being Hereticks, who had forsaken their God all good Christians are bound to join and unite to extirpate them, and so implore God's blessing upon so good a work[355].

Diese Verlautbarungen hätten sie bestätigt, indem sie den Holländern anboten, auf alle ihre Eroberungen zu verzichten, wenn dort der Katholizismus wieder eingeführt würde[356].

Für England und die protestantische Religion ginge nicht allein vom Kampf gegen die Niederlande eine Gefahr aus, sondern vor allem von der katholischen Eheschließung eines britischen Thronfolgers. Schon in der Vergangenheit hätten solche Hochzeiten den »Papismus« in England gestärkt sowie die Priester und Jesuiten dazu ermutigt, die Untertanen des englischen Königs zu korrumpieren[357]. Diese Gefahr habe sich insbesondere dargestellt, weil Karl II. seinem katholischen Bruder die Heirat mit einer Prinzessin seines Bekenntnisses gewährt habe[358]. Beides – die Allianz mit Frankreich und die Heirat des englischen Thronfolgers mit einer Katholikin – könnte »the ruine of the Protestant Religion« bedeuten[359].

Kurz nach der *Glorious Revolution* beschrieben die *State Tracts* aus der Regierungszeit Karls II. eine Kette von politischen und konfessionellen Fehlentscheidungen, die die protestantische Religion immer mehr in Gefahr gebracht hätten. Umso strahlender erschien die Gegenwart, in der die protestantische Thronfolge gesichert worden war, Friede mit den niederländischen Glaubensbrüdern herrschte und Krieg gegen das katholische Frankreich geführt wurde. Vor der Negativfolie der Regentschaft Karls II. bestand Grund zur Hoffnung, dass die protestantische Religion als integraler Bestandteil englischer Identität durch Wilhelm III. gerettet würde. Doch der Kampf um die protestantische Thronfolge schien nach der *Glorious Revolution* wegen der Kinderlosigkeit Wilhelms III. und des Todes des Sohnes seiner Nachfolgerin Anna keineswegs gesichert.

Gerade aus diesem Grund wurde die *Exclusion Crisis* selbst zum erinnerungswürdigen Ereignis. Die diesbezügliche Geschichtsschreibung rechtfertigte im Nachhinein den *Act of Settlement* von 1702, der die protestantische Erbfolge

---

355 Ebd., S. 9f. Über ein ähnliches Vorgehen an den anderen katholischen Höfen vgl. ebd., S. 82.
356 Vgl. ebd., S. 10.
357 Vgl. ebd., S. 85.
358 Vgl. ebd.
359 Ebd.

in England festschrieb[360]. So beschäftigten sich auch der 1705 unter dem Namen des verstorbenen Herzogs von Buckingham veröffentlichte zweite Band der *Miscellaneous Works* mit den Debatten um die englische Thronfolge. Darin findet sich eine Rede des Abgeordneten Henry Capell vom 26. Oktober 1680 SV vor dem *Exclusion Parliament*[361]. Capell habe zusammen mit William Russell und anderen Abgeordneten für den Ausschluss des späteren Jakob II. von der englischen Thronfolge plädiert. Zugleich habe er die Allianz Englands mit Ludwig XIV. während des Französisch-Niederländischen Krieges beklagt, weil »the French had declared they made that War for Religion, endeavouring to force the Dutch to allow of Popish Churches«[362]. Während des Krieges hätten die Protestanten in Deutschland und in den Niederlanden bereits große Verluste erlitten[363]. Währenddessen hätten »papistische« Verschwörer in England Geld gesammelt und ein Heer aufgestellt, um den König zu ermorden und einen Monarchen ihres Glaubens auf dem Thron zu platzieren[364]. In Irland hätte es dadurch leicht zu einem Massaker an den Protestanten kommen können, weil sich die Katholiken dort in der Überzahl befanden[365]. Glücklicherweise hätte die Entdeckung dieser Pläne durch Titus Oates die Protestanten auf den britischen Inseln vor dem Unglück einer solchen globalen Verschwörung gegen ihre Glaubensgemeinschaft behütet[366]. Aus diesem Grund, so konnten protestantische Leser leicht folgern, müsse die Erbfolge eines Katholiken in England verhindert werden.

Die späte Wiedergabe von Capells Rede konnte vor der englischen Öffentlichkeit im frühen 18. Jahrhunderts als historischer Beleg für die moralische, rechtliche und politische Notwendigkeit der protestantischen Erbfolge dienen. Der ursprünglich auf England fokussierte *Popish Plot* wurde mitten im Spanischen Erbfolgekrieg mit der Gefahr eines großen internationalen Religionskrieges zur Ausrottung der protestantischen Religion in England, den Niederlanden und Deutschland zu einer gesamteuropäischen Verschwörung gegen den Protestantismus erweitert. Doch wie sollten sich die Protestanten gegen eine solche Verschwörung zur Wehr setzen? Eine Lösung lag in der Intervention zugunsten der bedrängten Glaubensbrüder im katholischen Herrschaftsbereich, die sich mit dem Exempel vergangener Religionskriege rechtfertigen ließ.

---

360 Vgl. The Act of Settlement 12 and 13 Will. III. Cap. 2, 1701, in: Select Statutes, S. 87–91.
361 Vgl. CAPELL, A Speech, Bd. 2, S. 168–180.
362 Ebd., S. 174.
363 Vgl. ebd., S. 172.
364 Vgl. ebd., S. 175f.
365 Vgl. ebd., S. 177.
366 Vgl. ebd., S. 176.

*Zusammenfassung*
In der historischen Rückschau erschienen die Debatten der englischen Innenpolitik verknüpft mit dem Szenario eines Religionskrieges. Der Religionskrieg wurde zum Zankapfel zwischen denjenigen Gruppierungen, aus denen später Whigs und Tories hervorgehen sollten. Die Tories machten die Whigs für die Religionskriege verantwortlich und setzten deren politische Lehre mit den Lehren der Jesuiten gleich. Während die Tories im Sinne der Herrscher aus dem Hause Stuart für konfessionellen Ausgleich und die Verhinderung eines Religionskrieges plädierten, forderten die Anhänger der Whigs eine aktive protestantische Interventionspolitik. Deshalb kritisierten sie scharf die Regierungspolitik der Stuart-Ära.

## II.2.5 Historische Interventionsbegründungen

Eine aktive Interventionspolitik erschien protestantischen Autoren vor allem seit der Revokation des Edikts von Nantes geboten. Die äußere Bedrohung durch den Katholizismus motivierte zu größerer innerprotestantischer Solidarität. Diese forderte und rechtfertigte die Intervention protestantischer Mächte zugunsten ihrer unter Verfolgung leidenden Konfessionsverwandten im katholischen Ausland. Die Hugenotten zählten auf die Hilfe ihrer deutschen und englischen Glaubensbrüder. Erleichtert wurden konfessionelle Interventionsbegründungen durch Exempla aus dem 16. Jahrhundert, die durch Neuauflagen und als Bestandteil der Memoria immer noch lebendig waren.

Im Reich etwa gab 1695 der Rechtsgelehrte Johann Christian Lünig eine französische Übersetzung des ursprünglich lateinischen Briefwechsels Hubert Languets heraus. Bei Languet handelte es sich um einen hugenottischen Diplomaten und reformierten Theologen, der zur Zeit der konfessionellen Bürgerkriege in Frankreich in den Diensten des Kurfürsten August von Sachsen (1526–1586) gestanden hatte. Am 22. Oktober 1567 SV berichtete er aus Straßburg seinem Herren vom Ausbruch des zweiten konfessionellen Bürgerkrieges in Frankreich. Die Guisen hätten die Reformierten beim König verleugnet und beschlossen, sie zu unterdrücken[367]. Das Edikt von Amboise werde nicht eingehalten und so weit eingeschränkt, dass nicht viel mehr bleibe als der bloße Name der Religionsfreiheit[368]. In Frankreich sage man

---

367 Vgl. LANGUET, LETTRES, S. 64.
368 Vgl. Ebd., S. 65.

que la veritable raison qui a obligé ceux de nôtre Religion à prendre les armes est qu'ils ont sû de bonne part, que le Pape & les autres Princes, qui s'étoient ligués contre la vraye Religion, après l'avoir ruinée dans les Païs-Bas, avoient resolu d'essayer d'en faire de méme en France, & ensuite dans les autres Païs[369].

Languet führte August also die Gefahren vor Augen, die der Religionskrieg in Frankreich für sein eigenes Kurfürstentum heraufbeschwöre, und zog eine Linie vom niederländischen Aufstand über die jüngsten Ereignisse in Frankreich hin zu einem sich abzeichnenden Feldzug der Katholiken zur Ausrottung des Protestantismus im Reich. Damit konstruierte er eine universelle Verschwörung der Katholiken zur Vernichtung der evangelischen Religionsgemeinschaft in Europa[370]. Der Papst und die katholischen Fürsten hätten sich zur Ausrottung des evangelischen Bekenntnisses verbündet. Sehr wahrscheinlich versuchte Languet seinerzeit mit dieser Argumentation, sächsische Unterstützung für seine hugenottischen Landsleute in der Heimat zu gewinnen. Languet berichtete deshalb auch von der Unterstützung der Hugenotten durch pfälzische Kavallerie unter Herzog Johann Kasimir[371]. Es ist davon auszugehen, dass er damit an Augusts Ehrgefühl appellierte und versuchte, ihn dazu anzuregen, es seinem pfälzischen Vetter gleichzutun.

Johann Christian Lünigs Übersetzung des lateinischen Briefwechsels Hubert Languets sollte 1695 auf dem Höhepunkt des Neunjährigen Krieges erneut die Solidarität des protestantischen Europa mit dem überall bedrohten Protestantismus heraufbeschwören. Schlimmer noch als zu Beginn des zweiten konfessionellen Bürgerkrieges erschien die gegenwärtige Lage des französischen Protestantismus, der durch die Revokation des Edikts von Nantes jeglicher rechtlicher Existenzgrundlage beraubt war. Die Situation der *Nouveaux-Convertis* in der französischen Heimat und der *Réfugiés* im protestantischen Exil erzeugte bei ihren Konfessionsverwandten Mitleid und Bestürzung[372]. Der sächsische Lutheraner Lünig machte dabei keinen Unterschied zwischen den einzelnen protestantischen Bekenntnissen. Mit der Wahl der französischen Sprache konnten sich durch den Briefwechsel alle europäischen Protestanten, unabhängig von Herkunft oder Bekenntnis, angesprochen fühlen. Die allgemeine Bedrohung, die in gleicher Weise von Reformierten, Lutheranern, Anglikanern und konfessionell devianten Gruppen sowohl auf den britischen Inseln als auch in den Niederlanden, der Schweiz, im Reich oder in Ungarn wahrgenommen wurde, bot für das gesamte protestantische

---

369 Ebd., S. 43.
370 Vgl. so dezidiert LANGUET, LETTRES, S. 61.
371 Vgl. Ebd., S. 53.
372 Vgl. BOTS, L'écho, S. 285; LAU, Stiefbrüder, S. 149–155; NIGGEMANN, Hugenottenverfolgung, S. 81–83.

Europa Anknüpfungspunkte. Dafür spricht auch die Wahl des fiktiven Verlegers Pierre Marteau in Köln, der auf eine Drucklegung in den Vereinigten Provinzen, dem Verlagshaus Europas, schließen lässt[373].

Konfessionell begründete Rechtfertigungen ausländischer Interventionen in Frankreich hatten eine lange Tradition. Daran knüpfte auch Pierre Jurieus *Histoire du Calvinisme* von 1683 an. Noch zwei Jahre vor der endgültigen Revokation des Edikts von Nantes rechtfertigte sie in apologetischem Duktus die Intervention protestantischer Mächte zugunsten der französischen Reformierten in den Bürgerkriegen des 16. Jahrhunderts. Jurieu zog einen direkten Vergleich mit den Christenverfolgungen unter muslimischen Herrschern und den Verfolgungen seiner Glaubensbrüder unter den letzten Valois:

Si le Turc ou l'Empereur de Perse prononçoient un arrest de mort, & de proscription sur tous les Chrétiens qui sont dans leurs estats, & qu'en execution de ces arrêts on fît main basse sur les fidelles, qu'on bruslast, qu'on empalast, qu'on crucifiast toutes sortes de personnes, de tous sexes, de tous ages & de toutes conditions, les Princes Chrestiens se croiroient obligez d'arrester le cours de ces violences. Sans doute après que leurs intercessions auroient esté meprisées, s'ils estoient en estat de s'unir, de lever des armées & d'aller forcer les Roys Mahometans à espargner le sang des enfans de Jesus Christ, on ne regarderoit pas cela comme des attentats sur l'authorité des souverains leurs voisins: au contraire on leur en feroit un devoir & un merite: je suis trompé si tout cela ne se peut appliquer à ceux qui ont fait guerre à la France en nostre faveur[374].

Mit der »proscription sur tous les Chrétiens« spielte Jurieu auf die Massaker an protestantischen Gläubigen an[375]. Das Martyrium der Christen im Vorderen Orient wurde mit der Verfolgung der Hugenotten in Frankreich gleichgesetzt. Nachdem die Bittschriften der auswärtigen Mächte keine Wirkung gezeigt hätten, wäre ihnen das Recht zugefallen, zugunsten ihrer Glaubensbrüder im Orient, und daraus folgernd auch in Frankreich, zu intervenieren. Die Publizierung des Interventionsgrundes wurde dementsprechend als Vorbedingung einer Intervention zum Schutz fremder Untertanen wahrgenommen. Die Ankündigung der Kriegsgründe diente so als Legitimation zum Eingreifen in die Souveränität fremder Potentaten. Wie es den christlichen Monarchen zustehe, ein Massaker an unschuldigen Christen unter muslimischer Herrschaft zu verhindern, so komme es auch den protestantischen Fürsten zu, ihren von den Katholiken verfolgten Glaubensbrüdern militärisch beizustehen. Die Allerchristlichsten Könige von Frankreich lieferten mit ihrer

---

373 Vgl. SIMONS, Marteaus Europa, S. 670; MARTIN, Livre, Bd. 2, S. 754; BROUILLANT, La Liberté.
374 JURIEU, HISTOIRE, Bd. 1, S. 513f.
375 Zur protestantischen Interpretation der Bartholomäusnacht vgl. JOUANNA, La Saint-Barthélemy, S. 238–247.

Tradition der Protektion der Christen im Vorderen Orient ein hinreichendes Exempel, das auch katholischen Lesern einleuchten musste[376]. Jurieu fragte sich direkt, ob nicht zuletzt die katholische Kirche insgesamt mit den Kreuzzügen »pour pretexte de Religion & pour delivrer les fidelles oppressés« ein Beispiel zu diesem Vorgehen geliefert hätte[377]. Damit boten die muslimischen Christenverfolgungen und die vom Papst ausgerufenen Kreuzzüge ein willkommenes historisches Beispiel, um die Intervention ausländischer Mächte zugunsten der französischen Protestanten zu legitimieren. Ging es Jurieu 1683 sicherlich nur um die Verteidigung der Geschichte seiner eigenen Glaubensgemeinschaft gegenüber ihren katholischen Angreifern, so konnte sie später als Rechtfertigung ausländischer Interventionen zur Unterstützung der neuerlich in Frankreich verfolgten Hugenotten umgedeutet werden.

Der Hilferuf der hugenottischen *Réfugiés* wurde von ausländischen protestantischen Geschichtsschreibern erhört. Namentlich englische Historiografen nahmen den Ruf der Hugenotten nach historischer Rechtfertigung religiös begründeter Interventionen auf. So lobte beispielsweise der englische Geschichtsschreiber Echard Laurence im dritten Band seiner spätantiken römischen Geschichte aus dem Jahr 1705 einen religiös motivierten Krieg Kaiser Theodosius II. (408–450) gegen den persischen Großkönig Wahram V. (420/421–438/439)[378]. Wahram V. habe den Anlass zu diesem Krieg gegeben, weil er auf blutige Weise seine christlichen Untertanen verfolgt habe, denen Theodosius aufgrund seiner großen Frömmigkeit sowie eines tief empfundenen Mitleids mit seinen Glaubensbrüdern Asyl gewährt habe[379]. Wahram V. habe die Herausgabe seiner christlichen Untertanen verlangt, was von Theodosius verweigert worden sei[380]. Er habe seine Truppen stattdessen direkt an die persische Grenze verlegen lassen, wo er die feindlichen Armeen vernichtete[381]. Dennoch habe Theodosius nicht gewollt, dass man denke, er führe einen Religionskrieg[382].

Die Parallelen zur Zeitgeschichte Laurences waren frappierend. Theodosius II. konnte implizit mit Wilhelm III. verglichen werden, Wahram V. mit Ludwig XIV. und seine christlichen Untertanen mit den französischen Hugenotten. Ludwig XIV. verfolgte dieser Interpretation zufolge seine protestantischen Untertanen wie Wahram V., während Wilhelm III. ihnen aufgrund seiner großen Frömmigkeit Exil gewährte, sich der Führung eines

---

376 Vgl. HOCHEDLINGER, Die französisch-osmanische Freundschaft, S. 108–164; POUMARÈDE, Les envoyés, S. 79f.
377 JURIEU, HISTOIRE, Bd. 1, S. 514.
378 Vgl. ECHARD, The Roman History, Bd. 3, S. 205f.
379 Ebd., S. 205.
380 Vgl. ebd., S. 206.
381 Vgl. ebd.
382 »Yet he was not willing it shou'd be thought that this Rupture with Vararanes was a Religious War«. Ebd., S. 205.

Religionskrieges jedoch verweigerte und dennoch Ludwig XIV. schließlich militärisch schlug. Echards Geschichte des spätantiken Rom konnte so zum Positivexempel für einen protestantischen Monarchen avancieren, dem nahegelegt wurde, fremden Glaubensgenossen beizustehen, religiös konnotierte Kriegsführung aber zu vermeiden. Mitten im Spanischen Erbfolgekrieg konnte dies als Appell an Königin Anna ausgelegt werden, sich an der Politik ihres Vorgängers zu orientieren und den Hugenotten im englischen *Refuge* beizustehen, Frankreich aber keinen Grund zu geben von einem Religionskrieg gegen den Katholizismus zu sprechen.

Mehr noch als in solch antiken und mittelalterlichen Beispielen wurde die Begründung ausländischer Intervention zugunsten verfolgter Protestanten aber mit Exempeln der eigenen jüngeren Geschichte Englands begründet. 1679 verfasste Gilbert Burnet eine *History of the Reformation of the Church of England* als Widerlegung von Nicholas Sanders' *De ORIGINE AC PROGRESSV Schismatis Anglicani*[383]. Burnets Geschichte der englischen Reformation erschien in rascher Folge in mehreren Auflagen und wurde bereits 1683 vom Hugenotten Jean-Baptiste de Rosmond als *Histoire de la Reformation de l'Eglise d'Angleterre* ins Französische übersetzt. Trotz expliziter Wertschätzung wandte sie sich damit direkt gegen die französische Übersetzung von Sanders durch François Maucroix[384]. Übersetzungen ins Lateinische und Niederländische folgten[385]. Auf diese Weise wirkte Burnets Schrift auf den europäischen Protestantismus weit über die Grenzen Englands hinaus.

Der Vorwurf des Religionskrieges wurde darin gegen die katholische Seite erhoben. Heinrich VIII. habe 1547 eine Gesandtschaft des Kurfürsten Johann Friedrich von Sachsen empfangen, »que le Pape & l'Empereur estant entrez dans une ligue, pour extirper les Hérétiques«[386]. Karl V. aber habe durch seine Agenten verbreiten lassen, es handele sich nicht um einen Religionskrieg, sondern um die Verteidigung der kaiserlichen Prärogative[387]. Heinrich VIII. hätte deshalb geantwortet, er werde den deutschen Protestanten helfen, wenn Kaiser und Papst wirklich gegen die protestantische Religion ins Feld zögen[388]. Wäh-

---

383 Vgl. SANDERS, De ORIGINE 1587, das im 16. und 17. Jahrhundert zahlreiche Neuauflagen und Übersetzungen ins Deutsche und Französische erlebte. Vgl. ders., De ORIGINE 1610; ders., LES TROIS LIVRES; ders., Warhaffte Englländische Histori; ders., HISTOIRE 1676; ders., HISTOIRE 1678; ders., HISTOIRE 1683; ders., HISTOIRE 1685. Zur Zielsetzung Burnets vgl. BURNET, History 1679, Bd. 1.
384 Vgl. ders., History 1681 Bd. 1; ders., HISTOIRE 1683, Avertissement du Traducteur [1]. An weiteren französischen Ausgaben konnten u.a. ders., HISTOIRE 1685, Bd. 2; ders., HISTOIRE 1686; ders., HISTOIRE 1687; ders., HISTOIRE 1687; ders., HISTOIRE 1693, ermittelt werden.
385 Vgl. ders., HISTORIA 1686; ders., HISTORIA 1687; ders., HISTORIA 1689; ders., HISTORIE.
386 Ders., HISTOIRE 1683, S. 477.
387 Vgl. ebd.
388 Vgl. ebd.

rend der Papst bewiesen habe, dass es sich um einen Religionskrieg handelte, indem er ein Jubeljahr ausrufen ließ und Bittgebete für den Sieg des Kaisers anordnete, habe der Kaiser in seinen Manifesten nichts zum Thema der Religion verlautbaren lassen[389]. Da selbst die deutschen Protestanten uneinig gewesen seien, auf welche Seite sie sich stellen sollten, fragte sich Burnet, wie Heinrich VIII. da hätte Partei ergreifen sollen[390]. Burnet verteidigte so den englischen König gegenüber Angriffen, die Heinrich mangelnde konfessionelle Solidarität oder gar eine Parteinahme für den Katholizismus vorwarfen.

Wie einflussreich dieses Heinrichbild war, zeigte auch die 1706 als ein Gemeinschaftswerk englischer Gelehrter veröffentlichte *Complete History of England*[391]. Darin heißt es, dass Heinrich VIII. 1546 von Kaiser Karl V. Aufklärung über die Zielsetzung seines Bündnisses mit dem Papst verlangt habe[392]. Um Heinrich VIII. zu beschwichtigen, habe Karl V. erklärt, sein Bündnis mit dem Papst ziele nicht auf die Unterdrückung der Protestanten in Deutschland ab[393]. Der Unterwerfung des Kurfürsten von Sachsen und Landgrafen von Hessen habe so nichts mehr im Wege gestanden, weil Karl V. »made not an overt War of Religion«[394]. Heinrich VIII. erschien auf diese Weise als Verteidiger der Protestanten auf dem Kontinent, die von Karl V. getäuscht worden seien. Das Beispiel des Schmalkaldischen Krieges ermahnte die protestantischen Leser zu großer Vorsicht gegenüber den Katholiken. Die Autoren der *Complete History of England* warnten ihre Leser vor einem verschleierten Religionskrieg der Katholiken, der auch im gegenwärtigen Spanischen Erbfolgekrieg identifiziert werden konnte. In der Tradition Heinrichs VIII. musste die Rettung hier in erster Linie vom englischen Monarchen erwartet werden. Somit behielt Heinrich VIII. am Ende des 17. und am Anfang des 18. Jahrhunderts seine Stellung als Positivexempel für die englische Kirchen- und Außenpolitik bei[395]. Im englischen Diskurs war es für protestantische Geschichtsschreiber kaum mehr möglich, die Politik dieses Königs kritisch zu hinterfragen.

---

389 Vgl. ebd.
390 Vgl. ebd.
391 Vgl. HUGHES, A complete history, Bd. 2.
392 Seine eigene Unterdrückungspolitik rechtfertigen die Autoren der *Complete History of England* damit, dass der König protestantische Schriften in England nur unterdrückte, weil er selbst beabsichtigte, »a more sober Reformation« durchzuführen. Ebd., S. 262.
393 Vgl. ebd.
394 Ebd.
395 Zur Heinrichmemoria vgl. grundlegend die Beiträge aus BETTERIDGE, Henry VIII.; KAMPMANN, Arbiter, S. 267–269, 274–283.

Ganz in den Fußstapfen seines Vaters stand in Burnets Augen dessen Sohn und Nachfolger: Eduard VI. 1551, zu Beginn des Fürstenaufstandes, habe der kindliche König eine erneute Gesandtschaft aus Kursachsen empfangen. Kurfürst Moritz habe ihn gebeten, auf Seiten der Evangelischen einzugreifen »à sauver la Religion Protestante en Allemagne«[396]. Da die Gesandten nicht im Besitz einer Vollmacht gewesen seien, habe Eduard sie gebeten, eine solche einzuholen, denn er habe »de tout son cœur« ein Bündnis mit den Fürsten seiner Konfession eingehen wollen[397]. Auch habe er angeregt, noch andere Glaubensgenossen in dieses Bündnis einzubeziehen[398]. Eduard habe um eine Vollmacht der sächsischen Gesandten gebeten, um sicherzugehen, nicht »dans une guerre purement politique, au-lieu d'une guerre de Religion« verwickelt zu werden[399]. Diese Rückendeckung habe Moritz dazu gebracht, endgültig mit dem Kaiser zu brechen[400].

Burnet attestierte Eduard VI. ganz in Kontinuität zur Politik seines Vaters den unbedingten Willen, auf der Seite der deutschen Protestanten in den Krieg gegen Karl V. einzugreifen. Dies wurde dadurch unterstrichen, dass Eduard gegenüber den sächsischen Gesandten den Wunsch nach einem großen konfessionellen Bündnis geäußert haben soll. Der König habe es abgelehnt, in einen Staatenkrieg gezogen zu werden, sei aber durchaus zum Führen eines Religionskrieges zur Rettung des protestantischen Bekenntnisses bereit gewesen. Mehr noch: Er habe das Führen eines Religionskrieges gar zur Bedingung für sein Eingreifen gemacht. Allein das Fehlen einer Vollmacht der sächsischen Gesandten hätte den fest intendierten Abschluss eines solchen Bündnisses im Jahr 1551 verhindert. Somit erschien Eduard als Protektor der Protestanten auf dem Kontinent. Burnet sah in Eduard VI. einen Verteidiger des protestantischen Glaubens und ein Vorbild für künftige englische Monarchen.

Sein jugendliches Alter und sein früher Tod im Jahr 1553 verhinderten jedoch die Ausbildung einer ausgeprägten protestantischen Herrschermemoria dieses englischen Königs. Die Herrschaft seiner katholischen Halbschwester Maria I. eignete sich für protestantische Historiografen eher als Negativexempel als zur Ausprägung eines positiv konnotierten Herrscherbildes. Erst die Protestantin Elisabeth I. bot sich zur Genese einer positiven protestantischen Herrschermemoria an, denn mehr noch als ihr Vater oder ihr Halbbruder betrieb sie aus der historischen Rückschau eine aktive Außenpolitik im Geiste protestantischer Solidarität[401].

---

396 BURNET, HISTOIRE 1685, Bd. 2, S. 284.
397 Ebd.
398 Vgl. ebd.
399 Ebd., S. 284f.
400 Vgl. ebd., S. 285.
401 Zur Herrschermemoria Elisabeths I. in der Regierungszeit Jakobs I. und Karls I. vgl. grundlegend WEIAND, Herrscherbilder.

Der Historiograf und Publizist Gregorio Leti widmete ihr 1693, vier Jahre nach der *Glorious Revolution*, eine eigene *HISTORIA o vero Vita di ELISABETTA*, die ein Jahr später auch auf Französisch erschien[402]. Leti hatte zuvor am Hofe Karls II. Erfahrungen mit der englischen Erinnerungskultur sammeln können, bevor er die Gunst des Königs verloren hatte und ins niederländische Exil gehen musste[403]. Mit der Biografie des Lebens Elisabeths I. versucht er die Gunst des neuen englischen Königs, Wilhelm III. von Oraniens zu gewinnen, der sich selbst als Erbe einer aktiven englischen Außenpolitik zugunsten der bedrängten Protestanten auf dem Kontinent inszenieren ließ[404]. Leti rechtfertigte nun die Intervention zugunsten seiner hugenottischen Glaubensbrüder mit dem Verweis auf die Haltung Elisabeths I. zu den französischen Bürgerkriegen des 16. Jahrhunderts.

1577 hatte die katholische Mehrheit der französischen Generalstände, die sich in Blois versammelt hatten, die protestantischen Prätendenten von der Thronfolge ausgeschlossen[405]. Im Falle der Umsetzung dieser Resolution wären der König von Navarra und der Herzog von Condé von der französischen Thronfolge ausgeschlossen worden, wodurch sich die Guisen auf usurpatorische Weise hätten die Krone sichern können[406]. Königin Elisabeth habe sich aber der Hugenotten angenommen, weshalb die französische Regentin Katharina von Medici durch ihren Botschafter hätte versichern lassen, »qu'on n'avoit aucun dessein de faire une guerre de Religion«[407]. Um dies zu beweisen, habe man ihr eine Kopie des Edikts von Beaulieu geschickt, das zeigen sollte, dass die Regentin die Beschlüsse der Generalstände bereits abgemildert habe[408]. Derart hätte Ludwig IV. seine Krone der protestantischen Königin von England zu verdanken, die nicht nur als Wahrerin des protestantischen Glaubens, sondern auch als Verteidigerin des dynastischen Prinzips auf dem Kontinent auftrat.

Diese Darstellung war zumindest außerhalb Englands recht erfolgreich und erlebte zwischen 1693 und 1714 mindestens sieben Neuauflagen[409].

---

402 Vgl. LETI, HISTORIA 1693; ders., HISTORIA 1703; ders., LA VIE D'ELIZABETH 1694.
403 Vgl. BRÉTÉCHÉ, La plume, S. 229; BARCIA, Gregorio Leti, S. 32–35. Essayistisch speziell zur Geschichte Elisabeths vgl. MACHIELSEN, Gregorio Leti, S. 183–189.
404 Vgl. Kapitel III.2.10.
405 Vgl. LETI, LA VIE D'ELIZABETH 1694, Bd. 2, S. 39f.
406 Vgl. ebd., S. 40.
407 Ebd., S. 41.
408 Vgl. ebd.
409 BRÉTÉCHÉ, La plume, S. 229; MACHIELSEN, Gregorio Leti, S. 185, sprechen davon, dass *La vie d'Elizabeth d'Angleterre* in England wenig Erfolg beschieden gewesen sei. Diese Aussage wird aber von beiden Aufsätzen nicht direkt belegt, sieht man von der Tatsache ab, dass Wilhelm III. dafür keine Gratifikation gewährte und dies durch das *Dictionary of National Biography* ohne nähere Angabe belegt würde. Allein die hier zitierten und leicht auffindbaren italienischen und französischen Auflagen

Frankophone protestantische Leser schienen damit recht zufrieden gewesen zu sein und erhofften auch vom gegenwärtigen englischen Monarchen eine ähnliche Politik auf dem Kontinent. Die erwartete Gratifikation seitens des englischen Königs blieb jedoch aus[410]. Dies verwundert aufgrund der umstrittenen Thronfolge Wilhelms III. in England auch nicht weiter. Deutlich besser passte sie in die hugenottische Identitätskonstruktion des zweiten *Refuges*, die einerseits immer wieder mit historischen Argumenten die eigene Loyalität untermauerte, andererseits – und wie bei Leti in ein und derselben Schrift – das Eingreifen gerade der englischen Monarchen auf dem Kontinent forderte, um die dort verfolgten Protestanten von ihren Peinigern zu erlösen.

Größeres Interesse an der Kirchen- und Außenpolitik Elisabeths I. erwuchs in England während des Spanischen Erbfolgekrieges. Dies wurde auch dadurch vergrößert, dass sich Königin Anna als weibliche Monarchin leichter mit Elisabeth vergleichen ließ als Wilhelm III. Die Elisabeth-Memoria war dabei für die Politik der gegenwärtigen Monarchin Rechtfertigung und Herausforderung zugleich.

Die *Complete History of England* berichtete 1706 auf dem Höhepunkt des Spanischen Erbfolgekrieges von der Erklärung Elisabeths I. gegenüber dem Spanischen Botschafter Alvaro de la Quadra 1563, die die englische Besetzung Le Havres rechtfertigte, weil die Stadt an der Seine-Mündung für England einen Ausgleich seiner verlorenen Stellungen in Calais bedeutete[411]. Mit dem Besitz Le Havres habe sie einem geplanten Angriff der Guisen auf England zuvorkommen wollen[412]. Alvaro de la Quadra habe sich aber nicht vollauf von der englischen Königin überzeugen lassen. Er habe ihr vielmehr eröffnet:

> that if Calais was the whole of her Demand, he freely comply'd with her: But if it was made a Religious War, he must, for his part, abide by the Oldest Religion. As for the Guises, he could not but think them too Weak and Inconsiderable for the most Potent Queen of England to fear [...] that the King, his Master, neither could nor would desert his Brother the King of France on the present Juncture[413].

---

zeichnen ein anderes Bild, und es ist anzunehmen, dass sie nicht allein auf dem Kontinent ihren Absatz fanden. Vgl. LETI, HISTORIA 1693; ders., HISTORIA 1703; ders., LA VIE D'ELIZABETH 1694; ders., LA VIE D'ELIZABETH 1694, Bd. 2; ders., LA VIE D'ELIZABETH 1695; ders., LA VIE D'ELIZABETH 1703; ders., LA VIE D'ELIZABETH 1710, Bd. 2; ders., LA VIE D'ELIZABETH 1714. BARCIA, Gregorio Leti, S. 71, zählt darüber insgesamt 23 Auflagen, von denen eine auf Italienisch, 14 auf Französisch, fünf auf Niederländisch, zwei auf Deutsch und zwei sogar auf Russisch erschienen seien. Leider belegt er seine Angaben ebenso wenig wie Brétéché oder Machielsen. Die Erforschung des polyglotten Werks Gregorio Letis bleibt also weiterhin ein Desiderat der Forschung.

410 Vgl. BRÉTÉCHÉ, La plume, S. 231.
411 Vgl. HUGHES, A complete history, Bd. 2, S. 391.
412 Vgl. ebd.
413 Ebd., S. 391f.

Genau wie Heinrich VIII. von England habe auch Philipp II. von Spanien an der Aufrichtigkeit seiner konfessionellen Gegner gezweifelt. Weniger leichtgläubig als dieser, habe er sich aber nicht davon abhalten lassen, seinen katholischen Glaubensbrüdern im Ausland beizustehen. Elisabeth I. sei dadurch gewarnt gewesen. Sie habe nicht nur selbst ihren protestantischen Glaubensbrüdern in Frankreich Unterstützung gewährt, sondern sich auch bei den deutschen Protestanten auf diplomatischem Wege um Hilfe für die französischen Hugenotten bemüht[414]. Derart verpflichtete das Vorbild Elisabeths auch die gegenwärtige englische Monarchin, in einem Religionskrieg ihren protestantischen Glaubensbrüdern auf dem Kontinent beizustehen. Die englische Unterstützung für den Aufstand in den Cevennen (1702–1705) zeigte, dass Königin Anna diesem Anspruch gerecht wurde[415].

Mehr noch wurde genau dieser Cevennenaufstand in der englischen Historiografie durch eine historische Gleichsetzung der konfessionellen Bürgerkriege im Frankreich des 16. und 17. Jahrhunderts gerechtfertigt. Eine solch legitimierende Schilderung des Aufstandes findet sich bei David Jones, dessen *History of France* aus dem Jahre 1702 von Kämpfen Ludwigs XIII. gegen seine hugenottischen Untertanen berichtete[416]. Darin heißt es, Philippe Duplessis-Mornay habe der Versammlung der Reformierten in Loudon 1619 geraten ihre Forderungen zu mäßigen, um ihre Kirchen vor der völligen Vernichtung zu bewahren[417]. Als aber alles auf einen Religionskrieg hindeutete, hätten die Deputierten beschlossen sich nicht ohne Widerstand unterdrücken zu lassen[418].

David Jones' Schilderung ließ sich als Aufforderung an die in Frankreich verbliebenen Hugenotten und *Nouveaux-Convertis* verstehen, die Waffen im gegenwärtigen Spanischen Erbfolgekrieg zu ergreifen und sich nicht wehr- und ehrlos abschlachten zu lassen. Der Widerstand der Hugenotten gegen die Rekatholisierungspolitik Ludwigs XIII. diente so als Modell für die französischen Protestanten der Gegenwart. Jones rechtfertigte damit den Aufstand gleichsam gegenüber einer englischsprachigen Öffentlichkeit.

Auch John Withers zog in seiner *History of Resistance* von 1710 einen direkten Vergleich zwischen den konfessionellen Bürgerkriegen im Frankreich des 16. Jahrhunderts und dem kürzlich niedergeschlagenen Cevennenaufstand. Im zweiten Bürgerkrieg nämlich habe sich Elisabeth I. auf die Seite der französischen Protestanten gestellt und »exhorted the Princes of the same profession

---

414 Vgl. ebd., S. 392.
415 Vgl. GLOZIER, Invasions, S. 121–153, der aber auch auf die wechselvollen Beziehungen und unterschiedlichen Interessenlagen zwischen *Nouveaux-Catholiques*, refugierten Soldaten, Militärunternehmern und den englischen Monarchen hinweist.
416 Vgl. JONES, THE HISTORY, Bd. 2.
417 Vgl. ebd., S. 781.
418 Vgl. ebd., S. 783.

to take upon them the Defence of the Common Cause«[419]. Elisabeth I. kam in dieser Darstellung somit die Führungsrolle unter den protestantischen Fürsten Europas zu. Sie füllte in diesem Sinne den Titel eines *Defender of Faith* der evangelischen Kirche vollauf aus. In dieser Tradition Elisabeths wurde nun auch Königin Anna dargestellt. Wie Elisabeth den französischen Protestanten im zweiten Bürgerkrieg, so habe ihnen auch Anna im Cevennenaufstand beigestanden[420]. Die Intervention wurde in beiden Fällen durch die »intolerable Vexations of the Popish Clergy« und »their inhumane bloody Persecution« gerechtfertigt[421]. Somit trügen die katholischen Kleriker selbst die Schuld am bewaffneten Widerstand der Protestanten und dem Eingreifen der englischen Königin(nen). Innerhalb der Elisabeth-Memoria wurde neben Frankreich auch häufig ein anderer konfessioneller Bürgerkrieg als Religionskrieg herangezogen, der eine englische Einmischung auf dem Kontinent rechtfertigte. Es war dies der Achtzigjährige Krieg der Vereinigten Provinzen gegen ihren ehemaligen, katholischen Landesherrn Philipp II. von Spanien. Der britische Historiograf John MacGregory stellte sich in seiner Geschichte der südniederländischen Stadt Tournai ganz auf die Seite der niederländischen Protestanten, die »had made a General Defection from him, because of his Cruelty and Oppression towards them, upon the Account of the Difference of Religion between him and them, they being Protestants, and he a Papist«[422].

Deshalb habe es sich beim Achtzigjährigen Krieg um einen Religionskrieg gehandelt, für den MacGregory die Grausamkeit und Unterdrückung der Spanier verantwortlich machte[423]. Als dieser Religionskrieg immer heftiger wurde, habe Elisabeth I. von England ihren niederländischen Glaubensbrüdern als große »Protectrix« beigestanden[424]. Äußerst wichtig seien in diesem Krieg für Philipp II. die Stützpunkte im südlichen Landesteil gewesen, zu denen auch Tournai gehörte[425].

Mitten im Spanischen Erbfolgekrieg bot die Geschichte des Achtzigjährigen Krieges und der südlichen Niederlande ein passendes Exempel für die englische Außenpolitik. MacGregory lobte die Rolle Elisabeths I. im niederländischen Unabhängigkeitskrieg. Dem englischen König kam in der Tradition Elisabeths die Position eines Schutzherrn der Protestanten auf dem Kontinent zu. Eine solche Rolle konnte als Herrscherlob für Wilhelm III., Maria II. und die gegenwärtig regierende Königin Anna gedeutet werden, denn alle drei standen den nördlichen Niederlanden in ihrem Kampf gegen Ludwig XIV.

---

419 WITHERS, The history, S. 9.
420 Vgl. ebd., S. 26.
421 Ebd.
422 MACGREGORY, THE Geography, S. 25.
423 Vgl. ebd.
424 Ebd., S. 27.
425 Vgl. ebd.

bei, wie Elisabeth ihnen im Kampf gegen Philipp II. beigestanden hatte. Dabei wird die strategische Bedeutung der Barrierefestungen zwischen den nördlichen Niederlanden und Frankreich betont, zu denen auch Tournai gehörte, das zu Beginn des Jahres 1709 noch hart umkämpft war und Anfang August desselben Jahres von den Alliierten erobert werden konnte[426].

Während die Erinnerung an die Außenpolitik der Tudors als Positivexempel für die Gegenwart diente, grenzte sich diese vehement von der Außenpolitik der Stuarts ab, die als ausgesprochenes Negativexempel firmierten. Die Historiografie des beginnenden 18. Jahrhunderts nahm sich dabei der Geschichte des Konflikts zwischen Jakob I. und dem englischen Parlament um ein Eingreifen zugunsten der deutschen und französischen Protestanten auf dem Kontinent an. Die Geschichtsschreiber der Zeit des Spanischen Erbfolgekrieges konnten in diesem Rahmen auf historiografische Vorbilder zurückgreifen, die während der *Exclusion Crisis* entstanden waren[427]. Namentlich John Rushworth' *Historical Collections of Private Passages of State* lieferten eine historiografische Grundlage. Sie rechtfertigten im Kontext ihrer Neuauflage von 1703 mit der Schilderung der mangelnden konfessionellen Solidarität Jakobs I. im Böhmisch-Pfälzischen Krieg die Interventionspolitik Annas[428]. Während des Spanischen Erbfolgekrieges forderte die englische Tagespublizistik immer wieder von Königin Anna das Eingreifen für die protestantischen Glaubensbrüder auf dem Kontinent[429]. Vor dem Hintergrund der Memoria Jakobs erstrahlte das außenpolitische Engagement Königin Annas in umso hellerem Lichte. Die Weigerungen Jakobs I. und Karls I., zugunsten der deutschen Protestanten auf dem Kontinent einzugreifen, wurde historiografisch ungleich stärker verurteilt, nachdem England mit Berichten über die französischen Zerstörungen in der Pfalz überzogen worden war[430].

Vor allem aber die Hugenotten hatten ein manifestes Interesse am Eingreifen Englands auf dem Kontinent. Dies geschah bereits zu Beginn des Spanischen Erbfolgekrieges, als der nach England emigrierte französische

---

426 Vgl. Capitulations between France and the Emperor, Great Britain and the Netherlands, signed at Tournai, 29 July, 4, 5 August 1709, in: The Consolidated Treaty Series, Bd. 26. 1706–1710, S. 393–416. Zur Ereignisgeschichte der Belagerung Tournais vgl. des Weiteren VEENENDAAL, Tournai, S. 440f.

427 Vgl. Kapitel II.2.4. Le Vassors Darstellung beruht hauptsächlich auf RUSHWORTH, Historical Collections 1680, Bd. 1, insbes. S. 14–16, und stellt weitgehend eine Übersetzungsleistung englischer Historiografie ins Französische dar. Dass es sich dabei in der Frühen Neuzeit in der Regel um eigenständige Adaptionen gehandelt hat, ist von der Übersetzungsforschung deutlich herausgearbeitet worden. Vgl. BLASSNECK, Frankreich, S. 152; MAURER, Kulturbeziehungen, S. 49f.; STACKELBERG, Übersetzungen, S. VII, X. Beide Werke grenzten sich von der royalistischen Historiografie der Restaurationszeit ab. Vgl. FRANKLAND, The annals, S. 63f., 100.

428 Vgl. RUSHWORTH, Historical Collections 1703, Bd. 1.

429 Vgl. Kapitel III.2.10.

430 Vgl. mit zahlreichen interessanten Quellenbelegen RAMEIX, Justifier, S. 122–132.

Konvertit Michel Le Vassor dieses Thema 1702 in seiner *Histoire du règne de Louis XIII.* aufgriff, um eine englische Intervention zugunsten seiner Glaubensgenossen zu rechtfertigen[431]. Doch auch in England selbst fand die Interventionspolitik Anhänger. Die *Complete History of England*, knüpfte gleichermaßen an Le Vassor und Rushworth an und rechtfertigte mit der Verurteilung der Außenpolitik Jakobs I. und Karls I. ganz grundsätzlich die Kriegspolitik der Whigs[432].

Sowohl Le Vassor als auch die *Complete History of England* stellten eine direkte Verbindung zwischen der Konfessionspolitik der Stuartkönige in England und der europäischen Staatenpolitik her. Bei Le Vassor hieß es in der Nachfolge Rushworths weiter, dass zu Beginn des Böhmisch-Pfälzischen Krieges in der politischen Öffentlichkeit diskutiert wurde, ob man auf Seiten Friedrichs V. von der Pfalz in Deutschland eingreifen solle[433]. In der *Complete History of England* hieß es bei der Betrachtung der politischen Lage im Jahr 1621, Kaiser Ferdinand II. und Ludwig XIII. hätten die Protestanten in Deutschland bzw. die Hugenotten in Frankreich vollkommen besiegt[434]. Sie diagnostizierte: »The Protestant Religion was in Danger of being extirpated«[435]. Sowohl die *Histoire du règne de Louis XIII.* als auch die *Complete History of England* betonten die Angst der englischen Öffentlichkeit vor den einheimischen Katholiken, weshalb das Parlament vom König mehrfach die Verschärfung der antikatholischen Gesetzgebung verlangt habe[436]. Die beiden Kammern hätten den König – mit den Worten Le Vassors – um eine unverzügliche Exekution der bestehenden Gesetze gebeten und »de n'avoir desormais aucun égard à l'intercession de certaines Puissances étrangeres, en faveur des Anglois de leur communion«[437].

In der *Complete History of England* hieß es dazu, Jakob II. habe das Parlament ausdrücklich gewarnt, in der gegenwärtigen Lage »a publick War of Religion through all the World at once« zu unternehmen, der die katholischen Mächte gegen ihn aufbringen könne[438]. Gleichwohl habe er versprochen,

---

431 Vgl. Le Vassor, HISTOIRE 1702, Bd. 4.
432 Unverkennbare Vorlage war auch hier wiederum Rushworth, Historical Collections 1680, Bd. 1, insbes. S. 14–16.
433 Vgl. Le Vassor, HISTOIRE 1701, Bd. 3, S. 697. Vgl. dazu auch die entsprechenden Stellen bei Rushworth, Historical Collections 1680, Bd. 1, S. 16.
434 Vgl. Hughes, A complete history, Bd. 2, S. 740.
435 Ebd.
436 Vgl. Le Vassor, HISTOIRE 1702, Bd. 4, S. 687; Hughes, A complete history, Bd. 2, S. 740.
437 Le Vassor, HISTOIRE 1702, Bd. 4, S. 687. Vgl. dazu die entsprechende englische Passage bei Hughes, A complete history, Bd. 2, S. 745.
438 Ebd., S. 741, 745. Darüber hinaus zitieren sowohl Le Vassor als auch die *Complete history of England* den bereits erwähnten Brief Jakobs I. an seinen Staatssekretär Conway, in dem er seiner Befürchtung Ausdruck verlieh, die Welt könne denken, er wolle einen Religionskrieg führen, wenn er den Forderungen des Parlaments nachkomme. Vgl.

dafür Sorge zu tragen, dass die englischen »Papisten« nicht die bestehenden Gesetze überschritten[439]. Auf die Bitte des Parlaments, scharf gegen die »Papisten« im eigenen Land vorzugehen und im Böhmisch-Pfälzischen Krieg auf Seiten Friedrichs V. von der Pfalz zu intervenieren, habe Jakob I., wiederholt beteuert, wie sehr ihm an »the Propagation of our Religion, and Repressing of Popery« gelegen sei[440].

Die Versicherungen des Königs gegenüber dem Parlament hätten aber wenig bedeutet, weil er von wankelmütigem Charakter gewesen und später seinen Sohn mit einer katholischen Prinzessin aus dem Hause Frankreich verheiratet habe[441]. Die protestantische Historiografie des Spanischen Erbfolgekrieges diagnostizierte demzufolge klar ein Scheitern der Politik Jakobs I., der aufgrund seines unsteten Charakters das Interesse der protestantischen Religion und damit das Interesse Englands verraten hätte. Jakobs Vorgehen wurde im Anschluss scharf verurteilt, denn »whereas the true way of Treaties is with Christian, not Machiavelian Policy«[442]. Derart wurde Jakobs Politik als moralisch verkommen und unchristlich verdammt. Der Religionskrieg wurde hier als leere Worthülse verurteilt, die dazu diene, konfessionell indifferente und damit gottlose Politik zu rechtfertigen.

Der König selbst hatte in den Augen seiner englischen Historiografen seine außenpolitische Tatenlosigkeit damit gerechtfertigt, dass namentlich der Böhmisch-Pfälzische Krieg kein Religionskrieg gewesen sei, sondern nur wegen der Wahl Friedrichs V. von der Pfalz zum böhmischen König geführt wurde[443]. Diese Wahl aber sei von Jakob aufs Schärfste abgelehnt worden. Er habe beteuert, es schade der protestantischen Religion, der jesuitischen Lehre zu folgen, die behaupte, die Religion rechtfertige es, Könige zu entthronen und andere an ihrer Stelle einzusetzen[444]. Jakob I. habe so in der Wahl seines Schwiegersohns zum böhmischen König die Legitimität seiner eigenen Herrschaft gefährdet gesehen. Er habe gefordert, das Parlament sollte es ihm getreu selbst überlassen, auf welche Weise er die protestantische Religion verteidigen

---

LE VASSOR, HISTOIRE 1702, Bd. 4, S. 687; HUGHES, A complete history, Bd. 2, S. 741, 780. Darin beteuerte er erneut seinen Willen, »not to make this a War of Religion«. Ebd., S. 780. Aus Angst vor einem solchen Szenario habe er die Post nach Spanien zurückhalten lassen, bis er sich mit seinem Sohn beraten habe. Vgl. LE VASSOR, HISTOIRE 1702, Bd. 4, S. 687; HUGHES, A complete history, Bd. 2, S. 780.
439 Vgl. ebd., S. 745.
440 Ebd. Vgl. dazu auch LE VASSOR, HISTOIRE 1702, Bd. 4, S. 688. Gegenüber dem Parlament habe er sich so dargestellt, als ob »il étoit le plus sincere, le plus zelé Protestant du monde«, heißt es ebd., S. 688.
441 Vgl. ebd., S. 689.
442 HUGHES, A complete history, Bd. 2, S. 746.
443 Vgl. ebd., S. 744.
444 Vgl. ebd.

wolle⁴⁴⁵. Mit der Betonung des dynastischen Prinzips, der Gefahr eines Religionskrieges und der Rechtfertigung eines autokratischen Regierungsstils legitimierte er seine konfessionspolitische Passivität.

Die *Complete History of England* betonte die positive Rolle des englischen Parlaments bei der Verteidigung der protestantischen Religion auf den britischen Inseln und dem europäischen Kontinent. Das Parlament sei sich mit dem König einig gewesen, keinen Religionskrieg führen, aber doch die Religion verteidigen zu wollen, wo sie ihm bedroht erschien⁴⁴⁶. Damit betonten die Autoren der *Complete History of England* sowohl die konfessionelle Solidarität des englischen Parlaments als auch seine Friedfertigkeit. Der Religionskrieg wurde in diesem Sinne lediglich als Verteidigungs-, nicht aber als Angriffskrieg verstanden.

Jakob I. aber habe sich mit seiner Verhinderungshaltung gegen das Interesse der protestantischen Religion und damit gegen Gott selbst gestellt. Die *Complete History of England* folgerte:

When the Voice of God (the Voice of the People) called him to it, happily it might have hindred the great Effusion of Blood amongst our Selves, that happened after in his Son's time: But he was not the Man, the Work was reserved for Gustavus, not Jacobus⁴⁴⁷.

Jakobs I. Weigerung, den Forderungen seines Parlaments nachzukommen, das die Stimme Gottes sei, habe zur Entstehung des Englischen Bürgerkrieges und dessen Folgen beigetragen. Der Bürgerkrieg wurde so als Gottes Strafe für den fehlenden konfessionellen Eifer Jakobs I. gedeutet. Denn nur, wer die Gefahren im Ausland abwehre, könne Sicherheit zu Hause gewährleisten. Gott habe in seiner Zeit nicht Jakob I. von England, sondern Gustav II. Adolf von Schweden zum Verteidiger der protestantischen Religion bestimmt.

Damit rechtfertigten sie die Regierungspolitik der Whigs, die im Inneren die antikatholische Gesetzgebung aufrechterhalten, im Äußeren aber die Lage der bedrängten Protestanten bessern wollten und gleichzeitig vor den katholischen Alliierten die Friedfertigkeit ihrer Absichten betonten. Jakob I. wurde als Negativexempel verwendet, gegen das Königin Anna aufgefordert wurde, sich abzugrenzen. Von ihr wurde verlangt, in enger Zusammenarbeit mit dem Parlament die Interessen der protestantischen Religion in England und auf dem Kontinent aufrechtzuerhalten.

---

445 Vgl. ebd., S. 745.
446 Vgl. ebd., S. 741.
447 Ebd.

Während in der *Complete History of England* aus genuin englischer Sicht die Rolle des Parlaments bei der Verteidigung der protestantischen Religion hervorhob hervorgehoben wurde, fokussierte sich Le Vassor in der Tradition des französischen Absolutismus[448] ganz auf die Rolle des Königs. Le Vassor rechtfertigte die Position Jakobs I. durch einen Brief seines Günstlings George Villiers, Herzog von Buckingham, an den spanischen Botschafter, in dem er die Position seines Herrn zusammenfasste:

La Religion que le Roi professe […] ne permet aucune translation de Couronne sous pretexte du service de Dieu. C'est avec justice que nôtre Eglise combat les Jesuites qui mettent à leur fantaisie les Rois sur le thrône, & qui les en font descendre de la même maniére. La Théologie Protestante nous enseigne d'obeïr à nos souverains temporels, quoiqu'ils soient Turcs ou Infidéles. Il semble que le monde veuille faire passer la guerre de Bohéme pour une guerre de Religion. Et c'est ce que sa Majesté condamne[449].

Jakob I. verteidigte Le Vassor zufolge das Recht monarchischer Sukzession gegen das Wahlkönigtum der böhmischen Länder. Aus diesem Grunde habe Jakob I. die Wahl seines protestantischen Schwiegersohns zum böhmischen König verurteilt und dessen katholischen Konkurrenten König Ferdinand II. von Ungarn favorisiert. Das göttliche Recht der Thronfolge sei dem Engländer folglich wichtiger als Familienbande und die konfessionelle Solidarität mit seinen deutschen Glaubensbrüdern erschienen. Mehr noch: Er habe diesen Grundsatz als festen Bestandteil protestantischer Glaubenslehre angesehen, die es gebiete, selbst ungläubigen Herrschern Gehorsam zu leisten. Ein Religionskrieg konnte in dieser Logik deshalb nicht gegen Ferdinand geführt werden; man müsse sich ihm vielmehr als legitimem Herrscher unterwerfen. Diese Lehre wandte sich in der angloprotestantischen Erinnerungskultur direkt gegen das Recht des Papstes, die Untertanen häretischer Monarchen vom Treueeid zu entbinden und Fürsten nach seinem Belieben ein- und abzusetzen. Ein ständiger Erinnerungsort war dabei die Entbindung der englischen Katholiken vom Treueid gegenüber Königin Elisabeth I. durch Papst Pius V.

---

448 Zur Kritik am Begriff des Absolutismus, seiner Entstehungsgeschichte und seinen geschichtswissenschaftlichen Implikationen vgl. BLÄNKNER, Absolutismus; HENSHALL, The Myth; HINRICHS, Abschied, S. 353–371; ders., Fürsten, S. 233–250; SCHILLING, Vom Nutzen, S. 13–25. Einigkeit besteht aber weitgehend darin, dass das Konzept des Absolutismus bis heute keinen adäquaten Ersatz gefunden hat und als reflektierter Anachronismus für eine Kulturgeschichte des Politischen fruchtbar gemacht werden kann. Vgl. COSANDY, L'absolutisme, S. 33–51; SCHILLING, Vom Nutzen, S. 26–31.
449 LE VASSOR, HISTOIRE 1701, Bd. 3, S. 697. Vgl. dazu auch die entsprechenden Stellen bei: RUSHWORTH, Historical Collections 1680, Bd. 1, S. 16.

im Jahr 1570[450]. Diese protestantische Lehre stand in Einklang mit dem überkonfessionellen monarchischen Loyalismus im Frankreich des *Grand Siècle*, den auch Le Vassor verteidigte[451].

Im post-revolutionären England hingegen war diese Haltung nur bedingt tolerabel. Die *Test Acts* bestanden fort und dem Papst billigte man auch weiterhin kein Mitspracherecht bei der Ein- oder Absetzung englischer Monarchen zu. Allein mit der *Glorious Revolution* hatte ein *Convention Parliament* selbst einen katholischen König von England abgesetzt und aus eigener Machtvollkommenheit eine protestantische Königin mit ihrem protestantischen Gemahl als englische Monarchen erwählt. Le Vassor geriet in Konflikt mit der englischen Führungsschicht und Staatsideologie. Denn Friedrich V. und Wilhelm III. wiesen in der historischen Rückschau deutliche Parallelen auf. Beide waren von Ständevertretungen zu Hilfe gerufen worden, beide waren von den Ständen zu Königen gewählt und beide kämpften für den protestantischen Glauben gegen einen katholischen Widersacher. Es ist anzunehmen, dass gerade die Verurteilung der Wahl Friedrichs V. zum böhmischen König den Groll der politischen Führungsschicht im nachrevolutionären England heraufbeschwor. Auch Hans Willem Bentinck, der anfangs als großer Förderer Le Vassors in Erscheinung getreten war, stellte just nach dem Erscheinen der *Histoire de Louis XIII.* seine Protektion ein[452]. Bentinck hatte lange persönlich in der Gunst Wilhelms III. von Oranien gestanden und als dessen leitender Mitarbeiter erheblich zum Gelingen der *Glorious Revolution* beigetragen[453]. König Wilhelm III. selbst strich eine zuvor gewährte Pension an Le Vassor[454]. All diese Indizien sprechen für das Missfallen an der historischen Verurteilung des böhmischen Winterkönigs, was auch die spätere Stellungnahme Le Vassors für den *Act of Settlement* nicht mehr ausgleichen

---

450 Vgl. HAIGH, Elizabeth I, S. 178; WEIAND, Herrscherbilder, S. 62, 151.
451 Für die Hugenotten vgl. COTTRET, Terre, S. 246; KRETZER, Calvinismus, insbesondere S. 422–427; ders., Le royalisme, S. 25–35; LABROUSSE, Bayle, S. 114–116; YARDENI, Calvinist Political Thought, S. 315–337, hier S. 328. Für beide Konfessionen vgl. BLUCHE, Louis XIV., S. 186, LABROUSSE, Bayle, S., 116; eher implizit auch ENGELS, Königsbilder, S. 263–266.
452 Vgl. JOIN-LAMBERT, Michel Le Vassor; RIEMANN, Der Verfasser, S. 68; WEISS, Michel Levassor, S. 392.
453 Vgl. ONNEKINK, The Anglo-Dutch Favourite, S. 37–84. Leider findet sich in Onnekinks Biografie kein Hinweis auf die Anstellung Le Vassors als Erzieher in seinem Haushalt. Vgl. dazu stattdessen die kurzen Bemerkungen bei JOIN-LAMBERT, Michel Le Vassor; WEISS, Michel Levassor, S. 392. RIEMANN, Der Verfasser, S. 68, spricht in uneindeutiger Weise von der Anstellung Le Vassors im Haushalt Bentincks als Erzieher eines Herzogs von Glocester [sic!]. Sollte er damit auf den Herzog von Gloucester anspielen, so hätte es sich um den Sohn Anne Stuarts, der Schwester Königin Marias II., gehandelt. Keiner der genannten Autoren gibt jedoch Belege für diese These an.
454 Vgl. ebd., S. 68; WEISS, Michel Levassor, S. 392.

konnte⁴⁵⁵. Ein Indiz für diese Argumentation ist auch, dass von einer angestrebten Übersetzung von Le Vassors monumentaler *Histoire du Regne de Louis XIII.* ins Englische nur die ersten drei Bände in Druck gelegt wurden⁴⁵⁶. Wer sich über die Religionskriege Ludwigs XIII. informieren wollte, blieb auf das französische Original angewiesen. Offensichtlich stieß die *History of Louys XIII.* nicht nur bei der englischen Führungsschicht, sondern auch beim englischen Publikum auf wenig Anklang. Zwar findet sich in der Zeitschrift *An impartial account of books lately printed in all parts of Europe* vom Januar 1703 eine englischsprachige Zusammenfassung des fünften Bandes der *Histoire du Regne de Louis XIII.* von Michel Le Vassor, der den zweiten Religionskrieg unter Ludwig XIII. beschrieb⁴⁵⁷. Eine englische Übersetzung dieses Bandes sollte hingegen nicht mehr erscheinen. Die Besprechung der *Histoire du Regne de Louis XIII.* zeigt aber, dass die Folgebände der *Histoire du Regne de Louis XIII.* bei einem frankophonen Publikum in England sehr wohl Anklang fanden. Dies lag an der anders gearteten Einstellung französischer Protestanten zu ihrem angestammten Herrscherhaus. Le Vassor hatte als *Réfugié* ein direktes Interesse an einer Verbesserung der Lage seiner unterdrückten hugenottischen Glaubensbrüder in der Heimat und verteidigte deshalb unbeirrt die legitime Herrschaft der Bourbonen, ohne selbst den Widerspruch zu erkennen, in den er sich damit zur bestehenden politischen Ordnung in seinem selbst gewählten Exil brachte. Zu unterschiedlich war die politische Verfassung beider Gemeinwesen, um ohne innere Widersprüche eine doppelte Unterstützung bei der Restitution der reformierten Konfession in Frankreich zu sichern.

Erfolgreicher waren Autoren, die sich besser an die politische Öffentlichkeit in England anpassten. Dies war namentlich bei Isaac de Larrey der Fall, der sich in seiner *Histoire d'Angleterre, d'Ecosse, et d'Irlande* von 1713 dem mangelnden konfessionellen Eifer des Nachfolgers Jakobs I. widmete. So beklagte

---

455 LE VASSOR, HISTOIRE 1703, Bd. 5, A MYLIRD WHARTON [1–6], ersucht nach dem Bruch mit Bentinck die Gunst Thomas Whartons, des langjährigen Abgeordneten der Whigs und *Comptroller of the Household* König Wilhelms III. Le Vassors Lob Whartons für das Zustandekommen des *Act of Settlement*, der »la seureté de la sainte Religion que nous professons« darstelle, ist hier mehr als rhetorische Floskel denn als tatsächliche politische Überzeugung zu verstehen, denn es war allseits bekannt, dass Wharton selbst ungläubig war. Wharton, von dem allseits bekannt war, dass er im Zustand völliger Trunkenheit in eine Kirche eingebrochen war und gegen Kanzel und Altar Flüche aussprach, kann wohl kaum als gläubiger Protestant betrachtet werden. Vgl. dazu SOMERSET, Queen Anne, S. 197.
456 Vgl. LE VASSOR, HISTORY 1701, Bd. 1; ders., HISTORY 1701, Bd. 2; ders., HISTORY 1701, Bd. 3, behandelt die Geschichte Frankreichs bis zur Heirat Ludwigs XIII. im Jahre 1615.
457 Vgl. Rezension von: Michel Le Vassor, Histoire du Regne de Louis XIII. Roy de France & de Navarre. Tome Cinquieme, & c., Amsterdam, Francis Vaillant, 1703, in: The History of the works, Bd. 5, S. 203–210, hier S. 204, 207.

der nach Brandenburg geflohene hugenottische Historiograf im vierten Band seiner Geschichte der britischen Inseln die auswärtige Politik Karls I. Sein Volk sei mit seinem König wenig zufrieden gewesen, weil er 1629 sowohl mit Spanien als auch mit Frankreich Frieden geschlossen und so die Protestanten auf dem Kontinent im Stich gelassen habe, obwohl sie ihn dringend um Unterstützung gebeten hätten[458]. Karl I. von England fungierte somit als historisches Gegenbild zu Wilhelm III. von Oranien. Als würdigen Nachfolger Wilhelms III. präsentierte Larrey König Friedrich I. in Preußen, dem er seine *Histoire d'Angleterre, d'Ecosse, et d'Irlande* aus Dank für die brandenburgisch-preußische Unterstützung der *Glorious Revolution* gewidmet hatte[459]. In der englischen Öffentlichkeit konnte sich Friedrich I. damit als angemessenen Nachfolger Wilhelms III. stilisieren[460]. Für den Erfolg dieser Selbstinszenierung spricht, dass Friedrich I. in der englischen Öffentlichkeit mitunter als »champion of protestantism throughout Europe«[461] wahrgenommen wurde und dem englischen Thronerben, seinem Vetter Georg I., zuweilen damit den Rang ablief[462]. Das Urteil Ulrich Naujokats, Brandenburg-Preußen habe sich nicht aktiv um eine Beeinflussung der englischen Öffentlichkeit bemüht, kann zumindest teilweise durch die im Umfeld des preußischen Königshofs entstandene *Histoire d'Angleterre, d'Ecosse, et d'Irlande* revidiert werden[463]. Da die englischen Sprachkenntnisse am preußischen Hof als eher gering gewertet werden dürften, ist es wahrscheinlich, dass man gerade durch die *Lingua Franca* Französisch seinen Standpunkt auch gegenüber einer englischen Öffentlichkeit verteidigen wollte[464]. Es ist weiterhin anzunehmen, dass neben der *Histoire d'Angleterre, d'Ecosse, et d'Irlande* auch andere Arbeiten in französischer Sprache unter der Ägide Friedrichs I. verfasst wurden, die Naujokat aufgrund seiner Beschränkung auf englischsprachige Quellenbestände vernachlässigt hat. Sicher spielten hugenottische Autoren wie Isaac de Larrey dabei eine Schlüsselstellung, denn das hugenottische *Refuge* ließ das protestantische Europa und die *République des Lettres* noch enger zusammenwachsen[465]. War die Breitenwirkung solcher Schriften auf den britischen

---

458 Vgl. LARREY, HISTOIRE, Bd. 4, S. 67.
459 Vgl. ebd., AU ROI [1–6].
460 Vgl. ebd.
461 FREY, Frederick I, S. 137.
462 Vgl. ebd., S. 137; NAUJOKAT, England und Preußen, S. 278f. In der aktuellsten Biografie GÖSE, Friedrich I., v. a. S. 299–308, finden sich leider nur sehr vereinzelte Bemerkungen über die Wahrnehmungen der Religiosität Friedrichs durch seine Umwelt, wohl aber zahlreiche Belege für seine eigene Festigkeit im reformierten Glauben. Vgl. dazu auch LUH, Religionspolitik, S. 156.
463 Vgl. NAUJOKAT, England, S. 279.
464 Vgl. FABIAN, Englisch, S. 178f., 191; MAURER, Kulturbeziehungen, S. 45.
465 Anglophone Persönlichkeiten wie der Hofprediger Daniel Ernst Jablonski dürften eher die Ausnahme als die Regel gewesen sein. Vgl. FREY, Frederick I, S. 137; KLUETING, Das Konfessionelle Zeitalter, S. 375; MEYER, Daniel Ernst Jablonski, S. 155,

Inseln sicherlich nicht mit englischsprachigen Publikationen zu vergleichen, erreichten sie aber dennoch Teile der gebildeten, französischsprachigen Oberschicht. Es war gerade diese Oberschicht, die in England wie im übrigen Europa den Großteil der politischen Handlungsträger stellte[466].

Zu fragen bleibt aber, ob historiografische Aufforderung, Legitimation und Lob für die Intervention zum Schutz bedrängter Glaubensgenossen im Protestantismus auch zu einer positiven Religionskriegsmemoria führten. Lob und Rechtfertigung eines offensiv geführten Religionskrieges zur Ausbreitung des wahren Glaubens waren in der protestantischen Historiografie die Ausnahme. Einer der wenigen Belege für eine solche Deutung fand sich aber gerade in einem Werk zu Elisabeth I. Gregorio Leti schrieb in *LA VIE D'ELIZABETH REINE D'ANGLETERRE* von 1694, Elisabeth I. habe 1598 mit Freuden die Nachricht vom Tod Philipps II. von Spanien empfangen[467]. Die Unerfahrenheit des neuen spanischen Königs Philipp III. und der niederländische Aufstand hätten Elisabeth freie Hand in Irland gelassen, wo sich ein Bürgerkrieg entwickelte[468]. Die Königin von England habe sich dort bemüht, die Reformation auszubreiten, wie sie es zuvor in England getan hatte. Allerdings habe die große Zahl an Katholiken Elisabeth daran gehindert, weshalb sie sich »de la voye des Armes« bedienen musste[469]. Die Königin habe angeordnet, dass die protestantische Religion eingeführt werde, man protestantische Beamte bestelle und alles nach anglikanischer Weise regele – auch wenn man in einigen abgelegenen Gebieten den Katholiken das *exercitium religionis* belassen hätte[470]. Die Provinz Ulster habe sich den Anordnungen der Königin widersetzt und eine Revolte begonnen, weil sie keine andere als die katholische Konfession habe dulden wollen[471].

Ein Religionskrieg zur Ausbreitung des protestantischen Glaubens gegen Katholiken wurde im Rahmen der Elisabeth-Memoria also ausdrücklich legitimiert. Letis Sichtweise war sowohl von der englischen Hibernophobie beeinflusst[472] als auch von seiner Sozialisation als ehemaliger Katholik

---

161, 165–167; SCHUNKA, Der neue Blick, S. 152–167; ders., Kontingenz, S. 84f.; ders., Brüderliche Korrespondenz, S. 123–150; PADMORE, Daniel Ernst Jablonski, S. 319–329. Zu erwähnen sind auch die älteren Arbeiten von DALTON, Daniel Ernst Jablonski, S. 59–82, 257–277; SYKES, Daniel Ernst Jablonski.

466 Vgl. BOTS, Vlucht, S. 86; BRAUN, Hegemonie, S. 47, 181; BURKE Ludwig XIV., S. 217; FRIJHOFF, Uncertain Brotherhood, S. 153, 159.
467 Vgl. LETI, LA VIE D'ELIZABETH 1694, Bd. 2, S. 437.
468 Vgl. ebd., S. 437f.
469 Ebd., S. 438f.
470 Vgl. ebd., S. 439.
471 Vgl. ebd.
472 Über die Ursprünge der englischen Hibernophobie im Mittelalter vgl. GILLINGHAM, The English, S. 145–160; HOFFMANN, Outsiders, S. 1–8. Zur frühneuzeitlichen englischen Hibernophobie vgl. COUGHLAN, Ireland, S. 46–74; PALMER, Gender, S. 699–712; HASTINGS, The construction, S. 80–95; KIDD, British Identities, S. 146–181. CANNY,

geprägt[473]. Weitere Belege für eine solche Auffassung ließen sich folgerichtig weder in protestantischen Zeitungen, Flug- und Zeitschriften finden noch in den diplomatischen Korrespondenzen protestantischer Mächte ausmachen. Die Propagation eines Religionskrieges richtete sich darüber hinaus keinesfalls gegen das katholische Ausland, sondern wurde als innerbritische Angelegenheit behandelt. Von einer Verbindung von Intervention und Religionskrieg konnte also keine Rede sein.

*Zusammenfassung*

Der Religionskrieg diente in der protestantischen Historiografie auf vielfältige Weise als Argument für eine konfessionell begründete Intervention. Ausgehend von der hugenottischen Selbstrechtfertigung für die Bündnisse der französischen Protestanten mit ausländischen Mächten war dieses Narrativ vor allem in England weit verbreitet. Schon während des Neunjährigen Krieges machten sich englische Geschichtsschreiber daran, die Kriegspolitik ihres Monarchen auf dem Kontinent mit vergangen Religionskriegen zu rechtfertigen. Wilhelm III. wurde mit der *Glorious Revolution* zum Modell eines Verteidigers der Interessen des Protestantismus auf dem Kontinent.

Einen Höhepunkt erreichte die historische Rechtfertigung in der englischen Geschichtsschreibung zur Zeit des Spanischen Erbfolgekrieges. Die Historiografie rechtfertigte immer wieder das Eingreifen Königin Annas zugunsten ihrer protestantischen Glaubensbrüder auf dem Kontinent. Offensichtlich gelang es den Whigs lange erfolgreich, ihre gegenwärtige Kriegspolitik auf dem europäischen Festland mit historischen Vorbildern vor der *Political Nation* zu rechtfertigen. Die dabei verwendeten Exempla reichten von der römischen Spätantike über die Inanspruchnahme der mittelalterlichen Kreuzzüge bis hin zur englischen Außenpolitik des Tudor- und Stuart-Königtums. Naturgemäß war die Erinnerung an die eigene Nationalgeschichte dabei besonders lebendig. Während die Tudors als Positivexempel dienten, ermahnte die Geschichte der Stuarts die politischen Handlungsträger im England der Gegenwart, sich

---

Ideology, S. 575–598, hingegen, der die englische Kolonisierung Irlands als Versuchslabor für die Kolonisierung Amerikas und anderer britischer Kolonien sieht, bleibt weiterhin diskussionsbedürftig. Ähnlich der postkoloniale, neomarxistische Ansatz von GARNER, Ireland, S. 41–56, der einen Protorassismus des späten 16. Jahrhunderts mit dem Rassismus der jüngeren Vergangenheit und Gegenwart weitgehend gleichsetzt. Wenn auch nach dem hier gewählten Betrachtungszeitraum erschienen und deutlicher Gedankengut der Aufklärung aufgenommen hat, ist SWIFT, A MODEST PROPOSAL, programmatisch für die englische Sichtweise auf die (katholischen) Iren.

473 Zu Gregorio Letis italienischer Herkunft und seiner Ausbildung im Jesuitenkolleg von Mailand vgl. BRÉTÉCHÉ, La plume, S. 228, 242; BARCIA, Gregorio Leti, S. 8f. Beide widerlegen allerdings das Gerücht, Leti sei vor seiner Konversion selbst Jesuit gewesen. Sicher ist, dass er vor Ablegen eines Gelübdes das Jesuitenkollegium in Mailand verlassen hatte.

nicht auf den Erhalt des Protestantismus zu beschränken und die europäischen Glaubensbrüder im Stich zu lassen. Hugenottische und englische Historiografie beeinflussten sich dabei wechselseitig. Dafür sprechen die zahlreichen Plagiate, Übersetzungen und Buchbesprechungen in Zeitschriften der jeweils anderen Sprachgemeinschaft. Gegenüber hugenottischen Forderungen an die englische Außenpolitik waren jene der deutschen Protestanten eher verhalten. Dies liegt auch an den größeren sprachlichen Übersetzungsschwierigkeiten. Der Fall Isaac de Larreys zeigt aber, dass deutsche Fürsten wie der König in Preußen sehr wohl Einfluss auf die englische Öffentlichkeit zu nehmen trachteten und unter Berufung auf das gemeinsame Bekenntnis an die konfessionelle Solidarität der Engländer zur Aufrechterhaltung der gemeinsamen Kriegsanstrengungen appellierten. Eine gewaltsame Ausbreitung des protestantischen Glaubens war mit einem solchen Religionskrieg allerdings in aller Regel nicht intendiert. Dafür spricht auch die große Bedeutung der Religionskriegsmemoria in den Toleranzdebatten der protestantischen Historiografie um 1700.

### II.2.6 Die Historiografie zum Religionskrieg als Auslöser für die protestantische Toleranzdebatte und Irenik

Paul Hazard hat in seiner großen Studie zur Krise des europäischen Geistes die Entstehung des modernen aus dem protestantischen Toleranzgedanken herausgearbeitet[474]. Der protestantische Toleranzgedanke war eng mit den historiografischen Debatten über vergangene Religionskriege verbunden. Signifikant dafür ist, dass Religionskriege in der protestantischen Geschichtsschreibung stärker noch als bei den Katholiken ausgesprochen negativ besetzt waren. Dies hing damit zusammen, dass der Protestantismus sich in Europa insgesamt eher in der Defensive befand. Besonders ausgeprägt war diese Position bei protestantischen Minderheiten im Herrschaftsbereich katholischer Potentaten. Die Forderung nach Toleranz wurde dort dem Religionskrieg entgegengestellt, der auf Dauer unweigerlich zur weiteren Schwächung des Protestantismus – wenn nicht zu seiner völligen Vernichtung – hätte führen müssen. Die historiografische Betonung der eigenen Toleranz diente auch dazu, die eigene Existenz gegenüber der fremdkonfessionellen Obrigkeit zu rechtfertigen. Hier kam es zur direkten Auseinandersetzung mit der katholischen Historiografie, die die Protestanten für die Religionskriege verantwortlich zeichnete.

---

474 Vgl. HAZARD, La crise, S. 90–105, bes. S. 94. Vgl. daneben auch DELFORGE, Bayle, S. 178; FRAGONARD, La mémoire, S. 26; TREVOR-ROPER, Religious Origins, S. 193–236.

So war beispielsweise die *Histoire de la Religion des Eglises Reformés* des hugenottischen Pastors Jacques Basnage de Beauval aus dem Jahr 1690 bestrebt, die entsprechenden Anschuldigungen aus Bossuets *Histoire des variations des Églises protestantes* mit der historischen Untermauerung der protestantischen Toleranz zu widerlegen[475]. Basnage de Beauval entwickelte darin das Bild eines friedfertigen und toleranten Protestantismus, dem er die Gräueltaten der katholischen Kirche gegenüberstellte. Böhmen, Deutschland, England, Frankreich, Irland, Piemont und Ungarn seien mehrmals mit dem Blut derer getränkt worden, die man als Häretiker bezeichnet, »parce qu'on se fait un principe de devotion de les massacrer, & de les exterminer suivant la decision des Conciles«[476]. Der Katholizismus habe also überall konfessionelle Abweichler mit Gewalt verfolgt. Dieses Vorgehen gehöre Basnage de Beauval zufolge zu seinen unabänderbaren Grundsätzen. Schon die Reformatoren hätten sich aber dieser grausamen Lehre widersetzt, denn sie verabscheuten »l'effusion du sang pour la Religion«[477]. Diese Haltung werde durch die unterschiedlichen Regierungsweisen Marias I. und Elisabeths I. von England illustriert. Während die Katholikin Maria ihre protestantischen Untertanen verfolgt habe, habe die Protestantin Elisabeth Milde gegenüber konfessionellen Abweichlern walten lassen[478]. Klare Analogien zur Darstellung der Herrschaft Jakobs II. und Wilhelms III. in der protestantischen Tagespublizistik lassen sich nicht leugnen. Denn auch dem Katholiken Jakob II. warfen protestantische Publizisten Glaubensverfolgungen vor, während Wilhelm III. nach seiner Thronbesteigung wiederholt beteuert hatte, die englischen Katholiken zu schützen, wenn sie sich nicht gegen seine Herrschaft erhöben[479]. Aus

---

475 Vgl. BASNAGE DE BEAUVAL, HISTOIRE DE LA RELIGION, Bd. 1.
476 Ebd., S. 492, spielt auf Canon 27 des Dritten Laterankonzils an. Vgl. Drittes Laterankonzil, in: Dekrete, Bd. 3, S. 205–225, hier S. 224f.: »[…] qui eos conduxerint vel tenuerint vel foverint per regiones, in quibus taliter debacchantur, in dominicis et aliis solemnibus diebus per ecclesias publice denuntientur et eadem omnio sententia et poena cum praedictis haereticis habeantur adstricti nec ad communionem recipiantur ecclesiae, nisi societate illa pestifera et haeresi abiuratis. Relaxatos autem se noverint a debito fidelitatis et hominii ac totius obsequii, donec in tanta inquitate permanserint, quicumque illis aliquo pacto tenentur annexi. Ipsis autem cunctisque fidelibus in remissionem peccatorum iniungimus, ut tantis cladibus se viriliter opponant et contra eos liberum sit principibus huiusmodi homines subicere servituti«.
477 BASNAGE DE BEAUVAL, HISTOIRE DE LA RELIGION, Bd. 1, S. 492. So auch Luther. Vgl. dazu Kapitel II.2.3.
478 Vgl. BASNAGE DE BEAUVAL, HISTOIRE DE LA RELIGION, Bd. 1, S. 492.
479 Vgl. An ACCOUNT, S. 43; KING, Europe's deliverance, S. 6f. CLAYDON, Protestantism, S. 127; ders., William III, S. 67, 142; ONNEKINK, The Revolution, S. 143–171, 155f., interpretieren die konfessionspolitische Zurückhaltung Wilhelms III. in England mit seinem Bündnis mit dem Kaiser und Spanien. CLAYDON, William III, S. 58f., betont zudem die Erfahrungen Wilhelms III. als Statthalter der Niederlande, in der traditionell ein hohes Maß an Toleranz gegenüber einer bedeutenden katholischen Minderheit herrschte. Vgl. darüber hinaus auch Kapitel III.2.11.

dieser Haltung folgerte Basnage de Beauval, es bestehe ein fundamentaler Unterschied von Katholiken und Protestanten im Umgang mit konfessioneller Devianz. »L'Hertique n'a pas besoin d'Edits pour vivre en repos dans les Etats Reformez; [...] On est tranquille quand on vit sous la domination des Protestans. Au lieu que le Concile de Latran excommunie tous les Seigneurs qui souffrent les Heretiques«[480].

Basnage de Beauval knüpfte hier an die grundlegende Unterstellung der protestantischen Historiografie an, der katholische Glaube sei für die Religionskriege verantwortlich gewesen[481].

Dennoch wollte Basnage de Beauval nicht anerkennen, dass sie für die Religion geführt wurden, denn er sprach sich gegen die These seines katholischen Opponenten Bossuet aus, der behauptete, die Protestanten hätten verbreitet, der Schmalkaldische Krieg sei auf Anstiftung »de l'Antechrist Romain« entstanden, um ihren Krieg gegen den Kaiser zu rechtfertigen[482]. In dieser Auseinandersetzung unterstellten beide Parteien der Gegenseite, aus einem Irrglauben heraus die Religion zur Verteidigung ihrer eigenen Position missbraucht zu haben. Basnage de Beauval verteidigte die Protestanten des 16. Jahrhunderts, indem er Bossuet entgegnete, es könne sich um keinen Religionskrieg gehandelt haben, wenn Karl V. selbst behauptete, die Religion habe daran keinen Anteil gehabt[483]. Zweitens würden die Kriegsmanifeste der lutherischen Fürsten belegen, dass sie lediglich das Naturrecht auf Gewissensfreiheit verteidigen wollten[484]. Und drittens seien die Beschwerden der Protestanten über »l'Antechrist Romain« gerechtfertigt, weil der Papst »declara que c'étoit une guerre de Religion: & M. de Meaux n'ignore pas le Traité secret entre le Pape & l'Empereur, où la ruine de la Religion Reformée étoit resoluë«[485]. Nicht die Evangelischen hätten also einen Religionskrieg beabsichtigt, sondern der Papst. Auch habe die Religion den Protestanten nicht als Vorwand gedient, sondern nur Karl V., der es auf die deutsche Freiheit abgesehen hatte.

---

480 BASNAGE DE BEAUVAL, HISTOIRE DE LA RELIGION, Bd. 1, S. 492.
481 Vgl. Kapitel II.2.1, III.2.3.
482 Vgl. BASNAGE DE BEAUVAL, HISTOIRE DE LA RELIGION, Bd. 1, S. 504.
483 Vgl. ebd., S. 504f.
484 »Car les manifestes des Princes subsistent encore: par lesquelles on voit qu'ils se plaignoient de ce que contre le droit naturel l'Empereur vouloit forcer jusqu'aux mouvemens de leur conscience, & détruire une Religion qui étoit établie dans leurs Etats«. Ebd., S. 505.
485 Ebd. Basnage de Beauval setzt hier freilich die lutherische Konfession mit der reformierten gleich.

Der Klerus und nicht die weltliche Obrigkeit wurde auch von Pierre Bayle, dem einflussreichsten protestantischen Vertreter der französischen Frühaufklärung, verantwortlich gemacht. Dies wird beispielsweise im Artikel »Jacques Keller« seines *Dictionnaire Historique et critique* von 1697 deutlich. Dort schrieb er, der Dreißigjährige Krieg

> a été sans doute une guerre de religion; car la ligue que les Protestans formerent, & à laquelle ceux de l'autre religion opposerent une ligue Catholique dont l'Electeur de Baviere fut le chef, devoit sa naissance aux soupçons qu'on eut que la Cour Imperiale animée par les Jesuïtes vouloit casser la paix de Passau[486].

Es habe sich also um einen Religionskrieg gehandelt, weil Protestanten und Katholiken einander jeweils in eigenen Bündnissen gegenüberstanden. Die Katholische Liga habe den Argwohn der Protestanten geweckt, Ferdinand II. sei von den Jesuiten aufgehetzt worden, den Religionsfrieden von Passau für nichtig zu erklären. Maximilian I. von Bayern, als Haupt der Liga, habe seinerseits in der *Cancellaria secreta Anhaltina* von 1621 verbreiten lassen, dass sich die Protestanten zur Unterdrückung der katholischen Religion verschworen hätten[487]. Allein protestantische Fürsten hätten diese Behauptung zu widerlegen versucht[488].

Auch wenn bei Bayle das eigene protestantische Bekenntnis zum Vorschein kommt und er gerne bereit war, dem Argumentationsmuster seiner Konfessionsverwandten ein wenig mehr Glauben zu schenken als demjenigen der Katholiken, wog er doch kritisch beide Behauptungen gegeneinander ab. Bayle verschwieg nicht eine gewisse Mitschuld der Protestanten an den Verdächtigungen Maximilians I., auch wenn dieser sie als »Prince très habile« politisch geschickt auszunutzen verstanden habe[489]. Während sich Bayle des Religionskriegscharakters des Dreißigjährigen Krieges sicher war, wagte er es nicht, einen definitiv Verantwortlichen dafür zu benennen. Seine kritische Methode bewahrte ihn vor einem Festhalten an alten konfessionellen Argumentationsmustern und hob ihn dadurch gleichsam als Vorreiter der Aufklärung über seine eigene Zeit hinaus.

Im Artikel zur Stadt Mâcon, die schwer unter den konfessionellen Bürgerkriegen des 16. Jahrhunderts gelitten hatte, warnte Bayle gleichermaßen katholische und protestantische Regierende und Geistliche vor dem Religionskrieg[490]. Als probates Mittel erschien ihm dafür die Toleranz. Von den Herrschenden forderte er: »Ne tourmentez personne sur ses opinions de

---

486 BAYLE, DICTIONNAIRE, S. 229f.
487 Vgl. ebd., S. 230.
488 Vgl. ebd.
489 Vgl. ebd.
490 Vgl. ebd., S. 462–464.

Religion, & n'etendez pas le droit du glaive sur la conscience«[491]. Deutlich spielte er hier in erster Linie auf die Politik seines eigenen Landesherrn, Ludwig XIV., an, dem er vorwarf, mit militärischer Gewalt die Gewissensfreiheit seiner protestantischen Untertanen zu unterdrücken. Gleichzeitig klagte er damit aber auch die protestantischen Regierungen an, die Katholiken und konfessionell deviante Gruppen in ihrem Herrschaftsbereich bedrängten. Mit der randständigen Platzierung seiner Aussage im *Dictionnaire historique et critique* und der allgemeinen Formulierung versuchte Bayle geschickt, Konflikte mit der Zensur im In- und Ausland zu umgehen[492]. Bayle machte in der Tradition des französischen Monarchismus jedoch keinesfalls die Obrigkeit für die Intoleranz verantwortlich, deren Politik er kritisierte. Vielmehr sah er in diesem Zusammenhang den Klerus am Werk:

Quand on leur parle de tolerance, ils croyent ouï le plus affreux & le plus monstrueux de tous les dogmes, & afin d'interesser dans leurs passions le bras seculier, ils crient que c'est ôter aux Magistrats le plus beau fleuron de leur couronne, que de ne leur pas permettre pour le moins d'emprisonner, & de banir les heretiques[493].

Bayle knüpfte hier an den Antiklerikalismus des 16. und frühen 17. Jahrhunderts an. Er beschuldigte den Klerus, die weltliche Obrigkeit in religiöse Händel hineinzuziehen. Die Geistlichkeit stachele die weltliche Obrigkeit an, die Häretiker zu verfolgen und auszurotten. Sie stelle die Verfolgung der Häretiker als höchste Würde der Fürsten dar. Deutlich spielt er hier auf die ewigen Forderungen des französischen Klerus an seinen König an, er solle die Häresie in Frankreich ausrotten. Damit war keine andere Glaubensgemeinschaft als die Reformierten gemeint. Bayle ermahnte den

---

491 Ebd., S. 463.
492 BOTS, L'écho, S. 286f., und SGARD, Le contrôle, S. 140f., erwähnen, dass selbst die für ihre Pressefreiheit berühmten Vereinigten Provinzen gezwungen waren, aus außenpolitischen Rücksichten in die Buchproduktion einzugreifen. Frankreich erlangte dadurch erheblichen Einfluss auf die niederländische Buchproduktion. Neuere Studien betonen zudem die Notwendigkeit der Zusammenarbeit zwischen französischer Zensur und holländischen Verlegern. Während die Verleger am Absatz ihrer Produkte in Frankreich interessiert waren, konnten die Zensoren nur so ihren Einfluss über die Landesgrenzen ausweiten. Vgl. ebd. Diese Tendenz beobachtet auch TORTAROLO, Zensur, S. 283, 288, 291f., der dafür plädiert, restriktive Zensoren und aufgeklärte Autoren nicht als polare Gegensätze zu sehen. Problematisch erscheint hingegen die These von BOST, Pierre Bayle, S. 57, der davon ausgeht, dass Bayle als freier Geist und schriftstellerisches Genie die Verweise der für ihn zuständigen Synode der *Eglise Wallone* im niederländischen *Refuge* nur zur Schärfung seines eigenen Standpunktes benutzt habe. Es ist stattdessen davon auszugehen, dass, wenn Bayle auch nicht persönlich daran gedacht hätte, die Zensur im In- und Ausland bei seinem schriftstellerischen Schaffen zu berücksichtigen, sein Verleger allein schon aus ökonomischen Gründen sensibel für deren Bedürfnisse gewesen sein dürfte.
493 BAYLE, DICTIONNAIRE, S. 463.

Klerus, dass er sich gemäßigter zeigen würde, wenn er sich bewusst wäre, welche Folgen ein Religionskrieg hätte[494]. Der Religionskrieg wird somit zum Schreckensszenario für all diejenigen, die gegen die konfessionelle Toleranz wetterten. Diese allein sei Garant für Frieden und Prosperität. Der Religionskrieg diente Bayle somit als Begründung zur Propagierung eines friedlichen Miteinanders der verschiedenen christlichen Konfessionen. Seine historisch-kritische Methode führte Bayle dabei über ein offen konfessionelles Argumentationsmuster hinaus und machte ihn zu einem Vorreiter der modernen Toleranzidee.

An die Forderung nach überkonfessioneller Toleranz schließt sich die irenische Geschichtsschreibung der Protestanten an. Während die ersten irenischen Annäherungsversuche im Verlauf des 16. und 17. Jahrhunderts eine antikatholische Stoßrichtung verfolgten und die Vereinigung der einzelnen protestantischen Bekenntnisse anstrebten[495], entwickelte sich Ende des 17. Jahrhunderts eine breitere irenische Diskussion, die den Ausgleich mit dem Katholizismus suchte[496], Die protestantische Historiografie lieferte hierfür Exempel für die historische Legitimation. Der Religionskrieg war dabei ein ausgesprochenes Negativereignis, das es für Katholiken und Protestanten gemeinsam zu überwinden galt[497].

In diesem Sinne schilderte der sächsische Gelehrte Johann Hübner in seinen *Kurtzen Fragen aus der politischen Historie* von 1700 ausführlich die konfessionellen Bürgerkriege im Frankreich des 16. Jahrhunderts. Zentrales Motiv ist die moralische Verurteilung der letzten Valoiskönige und die

---

494 Vgl. ebd.
495 Vgl. BARTELEIT, Toleranz; BENRATH, Irenik, S. 349–358; KOCH, Irenik, Bd. 5, Sp. 1091f.; LÉCHOT, Un christianisme; MEYER, Daniel Ernst Jablonski, S. 153–175; SARX, Franciscus Junius d. Ä.; SCHUNKA, Zwischen Kontingenz, S. 82–114; ders., Internationaler Calvinismus, S. 168–185; WAPPLER, Kurfürst Friedrich Wilhelm, S. 141–151.
496 Vgl. KOCH, Irenik, Bd. 5, Sp. 1092; MEYER, L'abbé Molanus, S. 199–225; OHST, Einheit, S. 133–155; ders., Gerard Wolter Molan, S. 171–197; RUDOLPH, Bemerkungen, S. 227–242; ders., Leibniz' Bemühungen, S. 156–172; SCHNETTGER, Katholisch-protestantische (Re-)Unionsbestrebungen, S. 91–116. Es finden sich allerdings schon seit Beginn der Reformation Beispiele für katholisch-protestantische Annäherungsversuche. Vgl. BÖTTIGHEIMER, Zwischen Polemik, insbes. S. 42–69; GARLOFF, Irenik; HECKEL, Die Wiedervereinigung, S. 15–38; MÜLLER, Irenik; WALLMANN, Union, S. 21–37; ders., Die Unionsideen, S. 39–55.
497 Auf katholischer Seite wurden ebenfalls irenische Bemühungen unternommen, die allerdings nicht auf eine Union, sondern nach katholischem Selbstverständnis auf eine Reunion der protestantischen Kirche mit Rom zielten. Vgl. SCHNETTGER, Katholisch-protestantische (Re-)Unionsbestrebungen, insbes. S. 92, 107. Zu den katholischen Reunionsbemühungen vgl. darüber hinaus BERNARD, Jansenismus, S. 193–209; BÄUMER, Die Unionsbemühungen, S. 85–103; MERKT, Die Alte Kirche, S. 1–19; MEYER, Bossuet, S. 173–187; SCHNETTGER, Kirchenadvokatie, S. 139–169.

Grausamkeit der französischen Katholiken. So habe sich König Karl IX. im »Blut=Bad« der Bartholomäusnacht dazu entschieden, »alle Hugenotten ohne Verzug massacriren« zu lassen[498].

Doch viel Papisten hatten selbst einen Greuel daran: der Käyser Maximilianus II. der doch Königs Caroli IX. Schwieger=Vater war/ verdammte die That/ und Pabst Gregorius XIII. selbst wollte nicht gestatten/ daß man deßwegen Freuden=Feuer zu Rom anzünden sollte[499].

Geschickt verschwieg Hübner, dass Gregor XIII. beim Eintreffen der Nachricht des Massakers ein *Te Deum* anstimmen, die Ermordung Colignys zusammen mit dem Sieg in der Seeschlacht bei Lepanto feiern und ein Fresko zur ruhmreichen Erinnerung an die Bartholomäusnacht in Auftrag geben ließ, das sich noch heute in der Sala Regia des Vatikans befindet[500]. Die angebliche Verurteilung der Bartholomäusnacht durch das geistliche und weltliche Oberhaupt der katholischen Christenheit richtete sich gerade an katholische Leser. Durch das falsche Zeugnis von Kaiser und Papst sollten sie für einen milden Umgang mit ihren protestantischen Landeskindern und Nachbarn gewonnen werden. Hübner reihte sich hier ganz klar in die Tradition sächsischer Kaisertreue ein. Er vermied mit dieser Schilderung aber auch eine allzu direkte Kritik an seinem eigenen Landesherrn August dem Starken, der sich seit 1697 selbst zum Katholizismus bekannte[501]. August wurde mit Karl IX. das Beispiel eines schlechten und mit Maximilian II. das Beispiel eines guten katholischen Monarchen vor Augen geführt, was sich an ihrer unterschiedlichen Haltung zum Religionskrieg und zu religiöser Toleranz festmachen ließ. Mit dem Lob des Papstes vermied es der Autor zudem, die katholische Konfessionsgemeinschaft direkt anzugreifen. Im Sinne einer überkonfessionellen Toleranz wurde hier ein friedliches Miteinander ohne die Schrecken eines Religionskrieges propagiert.

Hübner zeigte, dass die Verurteilung des Religionskrieges gerade im deutschen Protestantismus weit verbreitet war, wo kleinere Reichsstände, -ritter und -städte auf ein friedliches, konfessionsübergreifendes Miteinander angewiesen waren. So beschrieb *Status Equestris Caesaris et Imperii Romano-Germanici* des Gelehrten Johann Stephan von Burgermeister aus dem Jahre 1709 die negativen Auswirkungen der vergangenen Religionskriege für die Reichsritterschaft:

---

498 HÜBNER, Kurtze Fragen, Bd. 2, S. 641, 646.
499 Ebd., S. 645f.
500 Vgl. ESTEBE, Tocsin, S. 169f.; HOWE, Architecture, S. 258; JOUANNA, La Saint-Barthélemy, S. 202f.
501 Zur Biografie Johann Hübners, der bis 1711 selbst in sächsischen Diensten stand, vgl. KÄMMEL, Hübner, Bd. 13, insbes. S. 268.

Endlich sind 10. wegen deß im H. Reich entstandenen Schismatis zerschiedene innerliche Krieg erfolgt/ da jeder Religion Verwandten Edlen Adeliche Sitz unter Kayser Carl dem Fünfften anno 1555. Sodann unter Kayser Ferdinando II. im bedauerlichen 30jährigen Krieg ebenfalls viel beschädigt und darauf öd gefallen worden[502].

Burgermeister lobte hier die Regelungen des Augsburger Religionsfriedens für ein bikonfessionelles Zusammenleben im Reich. Als Negativexemplum diente ihm der Dreißigjährige Krieg, der den Besitz vieler adeliger Herren zerstört habe. Aus diesem Grunde, und nicht etwa aus konfessionellem Indifferentismus, lehnte der Protestant Burgermeister einen Religionskrieg ab. Letzten Endes spielte dabei wohl auch die militärische Schutzlosigkeit der Reichsritterschaft, für die sein Werk in erster Linie konzipiert war, eine entscheidende Rolle. Nur größere Territorialfürsten wie der katholische Kaiser Ferdinand II. konnten sich einen Religionskrieg leisten. Andererseits waren gerade kleinere Reichsritter im Einflussbereich eines fremdkonfessionellen Territorialfürsten auf eine verlässliche legale Existenzgrundlage angewiesen. Reichsritter – ganz gleich, welcher Konfession sie angehörten – waren so vom Schutz des katholischen Reichsoberhauptes abhängig[503]. Von einer globalen konfessionellen Auseinandersetzung wie dem Dreißigjährigen Krieg mussten sie den Verlust ihrer Existenzgrundlage befürchten. Transzendente Heilsversprechen vermochten diesen Verlust nicht auszugleichen. Deshalb galt es aus Sicht der kleinen und kleinsten Mitglieder im Reichsverband, eine verlässliche Regelung für das konfessionelle Miteinander im Reich herzustellen, wenn schon nicht das Schisma zwischen Katholiken und Protestanten überwunden werden konnte.

Der Religionskrieg konnte aber auch als einigendes Moment zwischen Protestanten und Katholiken dienen, nämlich genau dann, wenn er sich nicht gegen die andere Konfession, sondern gegen eine andere Religionsgemeinschaft wie den Islam richtete[504]. Einen solchen Religionskrieg beschrieb der in England ansässige hugenottische Geschichtsschreiber Paul Rycaut in seiner mehrfach auf Englisch, Französisch und Deutsch veröffentlichten *Histoire des trois Empereurs des Turcs*[505]. Rycaut schilderte, wie die katholischen Vene-

---

502 BURGERMEISTER, Status, S. 452.
503 Vgl. PRESS, Die Reichsritterschaft 1976, S. 121f., und als weitgehend unveränderter Nachdruck ders., Die Reichsritterschaft 1998, S. 230f.; ders., Ritterschaft, S. 96f., betont, wie sehr sich die Reichsritterschaft seit 1648 wieder an den Kaiser anlehnte.
504 Vgl. so ähnlich bereits SCHNETTGER, Katholisch-protestantische (Re-)Unionsbestrebungen, S. 106.
505 Vgl. GRAEBER/ROCHE, Englische Literatur, S. 99–101. Die Autoren nennen selbst nur jeweils zwei ältere Auflagen und verweisen auf die zahlreichen späteren Editionen in französischer und deutscher (Weiter-) Übersetzung. Für das englische Original vgl. RYCAUT, THE PRESENT STATE. Für unseren Betrachtungszeitraum vgl. des Weiteren ders., THE HISTORY 1682; ders., THE HISTORY 1686. Französische Übersetzungen

zianer ihren Türkenkrieg 1645 bis 1669 zu einem Religionskrieg erklärten, um die unter sich zerstrittene Christenheit zur Eintracht zu ermahnen und anzutreiben, der *Serenissima* als »rempart de toute la Chrêtienté [...] contre l'ennemi commun« zur Hilfe zu eilen[506]. An die Stelle konfessioneller Polemik trat hier der Appell an das christliche Gemeinschaftsgefühl. Erstaunlich ist das Lob, das Rycaut dem Papst dafür zollte, den anderen Fürsten als gutes Beispiel bei der Unterstützung Venedigs vorangegangen zu sein, indem er seine Galeeren mit der venezianischen Flotte vereinigt, Subsidien gewährt und Truppenwerbung auf seinem eigenen Territorium gestattet habe[507]. In Anbetracht des *Erbfeindes christlichen Namens* trat der innerchristliche Religionskrieg in den Hintergrund. Stattdessen wurde der Religionskrieg gegen den Islam zum einigenden Band zwischen den christlichen Konfessionen. Dies war gerade beim Sechsten Venezianischen Türkenkrieg der Fall, der in Frankreich äußerst populär war[508]. Es ist deshalb anzunehmen, dass Rycaut die *Histoire des trois Empereurs des Turcs* auch für den Absatzmarkt in seinem katholischen Heimatland konzipiert hatte. Wirtschaftliches Interesse und die Feindschaft zum Islam beförderten somit gleichermaßen die Annäherung der christlichen Konfessionen im Abendland.

Diese Annäherung führte auch zu einer positiven Rezeption katholischer Historiografie durch protestantische Autoren. Jean-Louis Quantin hat den großen Einfluss gallikanischer Literatur auf den Anglikanismus des 17. Jahrhunderts herausgearbeitet[509]. Dennoch kann die durch den anglikanischen Pastor John Nalson vorgenommene Übersetzung von Louis Maimbourgs

---

erschienen schon 1670 und 1677. Vgl. GRAEBER, Englische Literatur, S. 99f. Darüber hinaus verdienen für unseren Betrachtungszeitraum mindestens folgende Ausgaben Erwähnung RYCAUT, HISTOIRE 1682, Bd. 2. Der Druckort Paris ist sicherlich fiktiv und deutet auf das Interesse des vermutlich in den Niederlanden ansässigen Verlegers hin, das Werk heimlich vor allem auf dem französischen Markt abzusetzen. Weitere frankophone Auflagen sind ders., HISTOIRE 1683; ders., HISTOIRE 1709, Bd. 1. An deutschen Weiterübersetzungen aus dem Französischen nennt GRAEBER, Englische Literatur, S. 100, eine Edition von 1671 und eine weitere von 1694. In der Bayrischen Staatsbibliothek München konnten allerdings noch zwei weitere deutsche Ausgaben ermittelt werden, in denen jedoch nicht direkt die Rede vom Religionskrieg ist. Vgl. RYCAUT, Der Neu=eröffneten Ottomannischen Pforten Fortsetzung 1700; ders., Der Neu=eröffneten Ottomannischen Pforten Fortsetzung 1701. Die deutschen Übersetzungen nach 1671 sind alle gekürzt, sodass die den Religionskrieg betreffenden Stellen des englischen Originals und der französischen Vorlage darin nicht mehr vorkommen.

506 Ders., HISTOIRE 1682, Bd. 2, S. 114.
507 Vgl. ebd., S. 114, 117.
508 In die französische Historiografie ist dieser Krieg als *guerre de Candie* eingegangen. Vgl. CHALINE, Le Règne, Bd. 1, S. 715; ders., Le Règne, Bd. 2, S. 36; BÉLY, Les relations, S. 218f.; BÉRENGER, Candie, S. 266. Eine ausführliche, faktenreiche Darstellung findet sich bei EICKHOFF, Venedig, S. 212–245.
509 Vgl. QUANTIN, The Church, insbes. S. 401; QUANTIN, Les jésuites, S. 691–711; ders., La réception, S. 287–311.

*Histoire des Croisades* als eine der bizarren Blüten protestantischer Irenik gewertet werden[510]. Denn diese englische Übersetzung erschien erstmals 1685, also gerade im Jahr der Revokation des Edikts von Nantes, die Maimbourg gefordert und für die der Jesuitenpater die historische Legitimation bereitgestellt hatte[511]. Dies ist umso verwunderlicher, als der Übersetzer John Nalson mindestens ebenso eifrig protestantisch wie Maimbourg katholisch gesinnt war[512]. Zwar ist eine simple ökonomische Motivation von Nalson und seinem Drucker zur Übersetzung der *Histoire des Croisades* nicht auszuschließen, widerspräche aber dem sonstigen theologischen Engagement des englisch-protestantischen Kirchenmannes[513].

Maimbourg und Nalson beschrieben beide den ersten Kreuzzug zur Befreiung des Heiligen Landes als Religionskrieg. Ihnen zufolge habe Papst Urban II. dem Eremiten Peter von Amiens versprochen

> [to] imploy all the Interest he had in Heaven and Earth, his Forces, his Revenue, his Reputation, and all his Pontifical Authority to form a Holy League of all the Western Princes, to oppose the Infidels who so cruelly tyrannized over the Christians in the East. [...] The Hermit by the Popes Command applyed himself to this Affair, he travelled over the greatest part of Europe, treated in particular with most of the Princes, and preached publickly in all places where he came, insomuch that he inflamed all mens Hearts with such a desire to have a share in the Glory of redeeming the Holy Land, that both Princes and People embraced the Design with an Equal Ardor, testifying a mighty impatience for the happy moment which should consummate this Holy League, wherein they were to be ingaged in this Religious War[514].

Bemerkenswert ist, dass der anglikanische Übersetzer dieser Passage in keinem Atemzug das Projekt des Papstes und des eremitischen Predigers angriff oder als unrechtmäßig kritisierte. Vielmehr scheint es, dass Nalson – genauso wie Maimbourg – den Religionskrieg gegen die Ungläubigen begrüßte. Erstaunlich scheint dies, da England außer gelegentlichen Störungen seines (Mittelmeer-)Handels durch nordafrikanische Barbaresken als protestantische Nation im Norden Europas insgesamt keinen vernünftigen Grund besaß, den Gedanken an einen päpstlichen Heidenkreuzzug wiederaufleben zu lassen[515]. Einen Erklärungsansatz bietet die Analyse des veränderten Titels der zweiten englischsprachigen Auflage der Geschichte der Kreuzzüge, der lautet:

---

510 Vgl. MAIMBOURG, Histoire; ders., THE HISTORY.
511 Vgl. Kapitel II.1.4.
512 Vgl. RICHARDSON, John Nalson.
513 Vgl. ebd.
514 MAIMBOURG, THE HISTORY, S. 6f.
515 Vgl. RESSEL, The ransoming, insbes. S. 396–400.

»The history of the holy war being an exact account of the expeditions of the Kings of England and France, and several other of the Christian Princes, for the conquest of Jerusalem«[516].

Darin wird gerade die Rolle der englischen und französischen Könige bei der Befreiung Jerusalems hervorgehoben. England und Frankreich befanden sich aber 1685 *de facto,* wenn auch nicht *de jure,* in einem Bündnis, das vor der englischen Öffentlichkeit nur schwer zu legitimieren war[517]. Es ist zweifelhaft, ob Nalson als protestantischer Tory die Religionspolitik Jakobs II. befürwortete und gar mit der Verbindung seines Monarchen mit dem König von Frankreich einverstanden war, der unterdessen seine eigenen protestantischen Untertanen verfolgte. Möglicherweise bediente sich der Übersetzer der *Histoire des Croisades* auch nur des guten Leumunds des anglikanischen Pfarrers, um die Kooperation zwischen dem *Defender of Faith* und dem *Roi Très Chrétien* historisch zu rechtfertigen. Welche der beiden Annahmen auch immer zutreffen mag, ein vorbildlicher Papst wie Urban II. fungierte in der *History of the Holy War* als Arbiter der gesamten Christenheit, der erfolgreich zwischen nationalen und konfessionellen Differenzen vermitteln konnte. Der Islam erschien dabei als der große äußere Feind, dessen Bekämpfung solche Unterschiede hintanstellte. England und Frankreich konnten sich in historischer Tradition als Verbündete im Kampf gegen die Ungläubigen betrachten. Dieses Bündnis hatte zudem den Vorteil, prinzipiell auch allen anderen europäischen Mächten unter Führung dieser beiden Fürsten offenzustehen. Der Führungsanspruch des englischen und des französischen Königs wurde jeweils durch einen vom Papst verliehenen Titel untermauert. Als *Roi Très Chrétien* beanspruchte der französische König spätestens seit Ludwig XIV. die Präeminenz vor allen anderen europäischen Monarchen. Als *Defender of Faith* konnte der englische König Protestanten und Katholiken hinter sich versammeln. Päpstlicher, französischer und englischer Führungsanspruch standen in der geschichtlichen Rückschau aber nicht in Opposition zueinander, sondern im Zeichen konfessionellen Ausgleichs und ergänzten sich wechselseitig. Einigendes Band der unterschiedlichen christlichen Konfessionen und Nationen war dabei die Frontstellung zum Islam.

*Zusammenfassung*
Die protestantische Historiografie zum Religionskrieg erklärte Toleranz zum integralen Bestandteil der eigenen Identität, während sie den Katholiken eine grundlegende Intoleranz attestierte. Die protestantische Historiografie

---

516 MAIMBOURG, The history.
517 Vgl. BLACK, British Foreign Policy, S. 24–28; PINCUS, First Modern Revolution, S. 266, 332, 336, 363f., 434.

bediente sich unterschiedlicher historischer Religionskriegsexempel, um konfessionelle Toleranz zu begründen und mithilfe der protestantischen Irenik die Anschlussfähigkeit bei einem katholischen Publikum herzustellen. Als einigendes Moment zur Überwindung der konfessionellen Auseinandersetzungen eignete sich aus protestantischer Sicht die Tradition der gemeinsamen Feindschaft gegenüber dem Islam. Hier fanden sich besonders viele Anknüpfungspunkte zur katholischen Irenik[518]. Dies war der einzige Ort, an dem der Religionskrieg in der protestantischen Memoria auch als Positivbegriff in Erscheinung treten konnte.

Der Religionskrieg fungierte aber in aller Regel als absoluter Negativbegriff, den es aus der protestantischen Minderheitenposition in diesen Ländern durch Formen konfessionellen Ausgleichs und friedlichen Zusammenlebens zu überwinden galt. Die Erinnerung an die Schrecken vergangener innerchristlicher Religionskriege konnte so bikonfessionelles Zusammenleben im Reich und in Frankreich begründen.

## II.2.7 Zwischenfazit:
### Die Protestantische Historiografie zum Religionskrieg:
### Zwischen Untertanentreue und Verteidigung des eigenen Glaubens

Die protestantische Historiografie propagierte überall in Europa die Friedfertigkeit des eigenen Bekenntnisses, die die Führung eines innerchristlichen Religionskrieges unmöglich machte. Friedfertigkeit und Toleranz wurden so zum festen Bestandteil protestantischer Identität erklärt. Als Gegenspieler und Hauptverantwortliche für die große Zahl von Religionskriegen in der Vergangenheit erschien dabei die römisch-katholische Kirche mit dem Papst an ihrer Spitze. Im Verständnis der protestantischen Geschichtsschreibung beauftragte der Papst seine Kleriker, namentlich die Jesuiten, den Religionskrieg unter den katholischen Monarchen und Gläubigen zu propagieren, um dadurch die Christenheit zu spalten und die eigene Macht zu erweitern. Auf diese Weise sei es der katholischen Kirche gelungen, dauerhaft weltliche Herrschaftsrechte zu usurpieren. Als protestantische Gegenfigur zu den moralisch verkommenen, machtgierigen katholischen Geistlichen fungierte die Person des Reformators Martin Luther. Sowohl Lutheraner als auch Reformierte waren sich darin einig, dass Luther die Machenschaften der katholischen Kirche aufgedeckt und gleichzeitig durch seine große Friedensliebe den Religionskrieg zu seinen Lebzeiten habe verhindern können.

Der Protestantismus erschien so per se als friedfertig, während dem Katholizismus die alleinige Schuld an den vergangenen Religionskriegen zu-

---

518 Vgl. SCHNETTGER, Katholisch-protestantische (Re-)Unionsbestrebungen, S. 106.

geschrieben wurde. In Sachsen, dem Kernland des Luthertums, war die Religionskriegsmemoria insbesondere nach der Konversion Augusts des Starken zum Katholizismus besonders umkämpft. Lutherische Geschichtschreiber des Landes standen lutherischen Geschichtschreibern des Hofes gegenüber, wobei beide Gruppen historiografisch ihre jeweilige Version des Religionskrieges verteidigten. Dadurch lebte die alte Rivalität zwischen Ernestinern und Albertinern neu auf. Während das lutherische Land sich auf die Legitimität des Kampfes des Ernestiners Johann Friedrich von Sachsen gegen Papst und Kaiser berief, feierten die Historiografen des Hofes den Albertiner Moritz von Sachsen als Stammvater Augusts des Starken und Verteidiger des Protestantismus und betonten gleichzeitig die Tradition lutherisch-sächsischer Untertanentreue. Wie Moritz im Schmalkaldischen Krieg gegenüber dem katholischen Kaiser treu geblieben war, so sollten nun auch die lutherischen Sachsen ihrem katholischen Landesherrn in Gehorsam verharren. Moritz' Führungsrolle im Fürstenaufstand machte es aber auch möglich, ihn in der Rolle eines Verteidigers des Protestantismus wahrzunehmen. Diese Bipolarität zwischen maurizianischer Untertanentreue und maurizianischem Widerstand bot sich für eine Legitimation Augusts des Starken sowohl als Landesherr als auch als Vorsitzender des *Corpus Evangelicorum* an.

Seine Konversion machte die Führungsrolle Kursachsens im *Corpus Evangelicorum* aber zunehmend angreifbar. Brandenburg-Preußen stilisierte sich auch mithilfe der Historiografie immer mehr zur neuen Führungsmacht im deutschen Protestantismus. Eine wesentliche Rolle kam dabei der Religionskriegsmemoria zu, denn ein Religionskrieg, so die brandenburgisch-preußische Geschichtsschreibung, gefährde den Besitzstand des Protestantismus, weil die Katholiken danach trachteten, den Protestanten die säkularisierten Kirchengüter zu rauben. Der Religionskrieg habe bewiesen, dass die Habgier der katholischen Geistlichkeit größer sei als die Chancen einer Konversion, die keinesfalls den Erhalt der Kirchengüter in der eigenen Dynastie sichern könne. Damit mahnte das historische Exempel des Religionskrieges in der brandenburgisch-preußischen Geschichtsschreibung zu konfessioneller Geschlossenheit des deutschen Protestantismus. Den protestantischen Reichsständen konnte so mit historischen Argumenten vor Augen geführt werden, wie gefährdet ihr eigener materieller und konfessioneller Besitzstand durch einen Religionskrieg wäre, wenn sie sich politisch nicht eng an Brandenburg-Preußen anlehnen würden. Deshalb müsse die innere Zwietracht zwischen Reformierten und Lutheranern, aber auch zwischen den einzelnen Strömungen des Reformiertentums überwunden werden.

Die hugenottische Religionskriegsmemoria in Frankreich und dem *Refuge* bewegte sich zwischen der Betonung eigener Untertanentreue und dem Recht auf Selbstverteidigung. Die hugenottische Religionskriegsmemoria rechtfertigte die legale Existenz der Reformierten in Frankreich durch eine historische Apologie ihrer Vergangenheit in den Bürgerkriegen des 16. und frühen 17. Jahrhunderts. Dabei betonten hugenottische Historiografen immer wieder die Treue ihrer eigenen Konfessionsgemeinschaft gegenüber dem Königtum, das von Ausländern, dem Papsttum, dem katholischen Klerus und einzelnen machthungrigen hugenottischen Adeligen bedroht worden sei. Die Waffengänge der Hugenotten während der französischen Bürgerkriege wurden damit zu Kriegen für Königtum und Vaterland umgedeutet. Der Fokus der hugenottischen Geschichtsschreibung auf das Königtum erklärt sich dadurch, dass im Frankreich des *Grand Siècle* eine Verbesserung der Lage der Hugenotten durch keine andere Instanz als den König zu bewerkstelligen war. Gleichzeitig priesen sich die Hugenotten mit der Betonung ihrer eigenen Untertanentreue während der vergangenen Religionskriege ihrer neuen Obrigkeit im *Refuge* als loyale Untertanen an. Das Exempel des Schmalkaldischen Krieges ermöglichte es der hugenottischen Historiografie aber gleichzeitig und in zunehmendem Maße, die Verwendung des Religionskriegsarguments durch die französische Historiografie und Tagespublizistik als fadenscheiniges Argument zu entlarven und so den Widerstand zur Verteidigung ihrer eigenen Glaubensgemeinschaft zu rechtfertigen.

In England bewegten sich die Debatten zwischen Pazifismus und Verteidigung des eigenen Bekenntnisses. Seit dem Bürgerkrieg standen sich dort die Tradition einer republikanischen und die einer royalistischen Geschichtsschreibung in Bezug auf den Religionskrieg gegenüber, die schließlich in einer Tory- und einer Whig-Version der Religionskriegsmemoria aufgingen. Während die Whigs die Verteidigung der protestantischen Religion mit Waffengewalt propagierten, machten die Tories auf die außenpolitischen Gefahren eines Religionskrieges für England und die anglikanische Kirche aufmerksam. Während sich die Whigs dabei auf die Positivexempla Heinrich VIII., Eduard VI. und Elisabeth I. beriefen, bezogen sich die Tories auf die Exempel Jakob I. und Karl I. Spätestens aber in der *Glorious Revolution* konnte sich die Whig-Version der Religionskriegsmemoria durchsetzen, in der die Tudors endgültig zum Positiv-, die Stuarts aber zum Negativ-Exempel avancierten. Für das englische Königtum Wilhelms III. und Königin Annas war diese Memoria Herrscherlob und Bürde zugleich. Die Exempla Heinrich VIII., Eduard VI. und Elisabeth I. forderten von ihnen die Intervention zugunsten des verfolgten Protestantismus auf dem Kontinent. Die historische Last der Tudor-Memoria machte den Erfolg dieser Politik auch zum Bewertungsmaßstab für die gegenwärtigen englischen Monarchen. An dieser Stelle mischte sich naturgemäß englische, hugenottische und deutsche Historiografie, denn die Protestanten aller drei Nationen hatten ein beträchtliches Interesse an einer historischen Legitimierung ihres Kampfes gegen die zunehmende Bedrohung ihres Glaubens in Europa.

Die protestantische Religionskriegsmemoria bewegte sich grundsätzlich zwischen zwei Polen: der Betonung der eigenen Friedfertigkeit einerseits und der Rechtfertigung zur militärischen Verteidigung des eigenen Glaubens andererseits. Dies war sowohl bei den deutschen Lutheranern als auch bei den französischen Reformierten und den Anglikanern auf den britischen Inseln der Fall. Während das sächsische Luthertum in der Religionskriegsmemoria bezüglich der Frage der Unterstützung seines katholischen Landesherrn gespalten war, legitimierte sich Brandenburg-Preußen mit dem Religionskriegsargument historisch als Führungsmacht des deutschen Protestantismus. Die Hugenotten hingegen standen in einer langen Tradition der Königstreue, die den Religionskrieg ablehnte. Ihre Verfolgung durch Ludwig XIV. und die Enttäuschung, für ihre Treue gegenüber der französischen Krone nicht belohnt worden zu sein, führte zusammen mit der gesamtprotestantischen Memoria immer mehr zur Genese historischer Rechtfertigungsmodelle für eine militärische Intervention in der alten Heimat. In der englischen Historiografie ging es hingegen um die Frage, ob ein Ausgleich mit den katholischen Mächten hergestellt werden sollte oder ob die protestantische Solidarität dazu verpflichtete, zugunsten der bedrängten Glaubensbrüder auf dem Kontinent einzugreifen. Sowohl im Reich, im hugenottischen *Refuge* als auch auf den britischen Inseln begann sich vor dem Eindruck neuerlicher Protestantenverfolgungen um 1700 diejenige Auslegung der Erinnerung an vergangene Religionskriege durchzusetzen, die die militärische Verteidigung des eigenen Bekenntnisses propagierte. Dabei wurde eine direkte Rechtfertigung vergangener Religionskriege aber vermieden. Der Begriff des Religionskrieges firmierte in der protestantischen Geschichtsschreibung beinahe ausschließlich als aufgezwungener Verteidigungskrieg.

Statt einen offensiven Religionskrieg zu propagieren, pochte die protestantische Religionskriegsmemoria auf die Betonung der traditionellen protestantischen Toleranz, die allen Konfessionen Gewissensfreiheit gewähre. Damit hielt sie in der historischen Rückschau an der Ablehnung des Religionskrieges fest und rechtfertigte so den Diskurs protestantischer Untertanentreue. Mithilfe einer negativen Religionskriegsmemoria versuchte sie das Vertrauen ihrer katholischen Gegner zu gewinnen und einen irenischen Ausgleich auf Basis der Memoria einer gemeinsamen Feindschaft gegen den Islam zu finden. Grundsätzlich und in ihrer Gesamtheit vermittelte die protestantische Historiografie aber ein negatives Verhältnis zum Religionskrieg. Religionskriege waren mit einem positiven protestantischen Selbstbild unvereinbar. Und selbst in der Ablehnung zum Islam wurden sie von protestantischen Autoren in erster Linie der Alterität der katholischen Kirche zugeschrieben. Mit dem protestantischen Selbstbild schien aus der historischen Rückschau ein Religionskrieg – selbst da, wo er nicht verurteilt wurde – per se als unvereinbar.

## II.3 Zwischenfazit:
## Die konfessionelle Historiografie über den Religionskrieg

Die Religionskriegsmemoria des späten 17. und frühen 18. Jahrhunderts war ein maßgeblicher Bestandteil der Auseinandersetzungen zwischen katholischer und protestantischer Historiografie. Maßgeblich waren sowohl die katholische als auch die protestantische Geschichtsschreibung von ihrer jeweiligen Geistlichkeit bestimmt, denn diese verfasste nahezu alle hier analysierten Werke zur Geschichte des Religionskrieges. Dementsprechend darf die Bedeutung der theologischen, seelsorgerischen und kirchenpolitischen Motivation ihrer Autoren nicht unterschätzt werden. Katholische und protestantische Historiografie schöpften aus demselben Wissensreservoir. Beide benutzten jedoch distinkte Exempel oder interpretierten die gleichen historischen Ereignisse auf andere Weise. Derart setzten sie unterschiedliche Schwerpunkte, die in enger Wechselwirkung zueinander standen.

Schwerpunkt der Memoria lag für die Protestanten auf den konfessionellen Auseinandersetzungen des 16. und frühen 17. Jahrhunderts, während Katholiken den Religionskrieg relativ gleichmäßig in Antike, Mittelalter und jüngster Vergangenheit erinnerten. Nach katholischem Verständnis wurde der Religionskrieg zu einer kontinuierlichen Tradition der Kirchengeschichte und damit zu einer Quelle des Heils. Der Religionskrieg war sowohl in der katholischen als auch in der protestantischen Geschichtsschreibung Bestandteil der Heilsgeschichte. Katholische Autoren legten genau wie ihre protestantischen Gegner das Erleiden eines Religionskrieges in der weltlichen Geschichte als Beweis für das eigene Martyrium ihrer Glaubensgemeinschaft und damit als Zeichen der wahren Kirche aus. Während die Katholiken Heiden und Häretiker als die Verfolger ihrer Kirche erinnerten, sahen Protestanten im Katholizismus, mit dem Papst als Antichristen an seiner Spitze, den zentralen Gegner ihres Bekenntnisses in den vergangenen Religionskriegen. Während die protestantische Memoria dazu tendierte, Unschuld, Fügsamkeit und Leid ihrer eigenen Glaubensgemeinschaft zu betonen, hoben die Katholiken die militärischen Siege des eigenen Bekenntnisses hervor, die Gott ihnen zur Bewahrung der Reinheit ihres Glaubens verliehen habe.

Mit den Kreuzzügen gegen den Islam verfügte die katholische Geschichtsschreibung über ein Modell, das sie leicht auf innerchristliche Gruppen übertragen konnte. Sie tendierte dazu, sowohl die Heiden- und Ketzerkreuzzüge des Mittelalters als auch die Konfessionskriege des 16. und 17. Jahrhunderts als Religionskriege zu betrachten. Demzufolge war in der katholischen Religionskriegsmemoria durchaus eine positive Deutung des Religionskrieges zur Missionierung oder Ausrottung von Ungläubigen und Ketzern zu finden. Im Rahmen der positiven und negativen Herrschermemoria wurde das Führen eines solchen Religionskrieges gar von katholischen

Monarchen erwartet. Besonders die französische Herrschermemoria lieferte zahlreiche Positivexempel für das Führen eines Religionskrieges. Die weltliche Obrigkeit wurde mithilfe der Religionskriegsmemoria außerdem daran erinnert, dass jede Form der Häresie auch eine Form der Rebellion darstelle, die sowohl die Herrschaft der Kirche als auch die Herrschaft der gekrönten Monarchen existenziell gefährde. Das Führen eines Religionskrieges lag in der historischen Rückschau somit im eigenen Interesse der katholischen Monarchen und wurde zu ihrer existenziellen Pflicht gegenüber ihrer eigenen Dynastie und der Kirche, deren Schutz ihnen anvertraut war. All diese Kriege wurden dementsprechend weniger als Angriffs- denn als Verteidigungskriege erinnert, die die bestehende Ordnung sowie die Reinheit des katholischen Glaubens gegen jede Form von Irr- und Unglauben bewahren sollten. Innerhalb der katholischen Religionskriegsmemoria war der Absolutheitsanspruch der gegebenen Ordnung und damit auch der katholischen Kirche, nicht verhandelbar.

Frankreich stand im Zentrum der Religionskriegsmemoria. Hier wurde ein erbitterter Federkrieg zwischen katholischen Klerikern und hugenottischen Pastoren um die Delegitimation bzw. Legitimation des Edikts von Nantes ausgetragen. Während der katholische Klerus die Hugenotten als notorische Anstifter von religiös motivierten Rebellionen geißelte, verteidigten die hugenottischen Pastoren sich und ihre Vorfahren mit Geschichtswerken, die die Unschuld der Reformierten an den vergangenen Religionskriegen beweisen sollten. Ziel des katholischen Klerus war die Ausrottung der Häresie, für die sie ihren Monarchen nach dem Edikt von Fontainebleau mit historischen Vergleichen großer katholischer Kaiser und Könige priesen, während die hugenottischen Pastoren mit historischen Argumenten für den Erhalt bzw. die Wiederherstellung des Edikts von Nantes kämpften.

Die Auseinandersetzungen um die historische Legitimation des Edikts von Nantes bewirkten, dass der Religionskrieg sich als Zeitangabe und Epochensignum in der Geschichtsschreibung durchzusetzen begann. An der Schwelle vom 17. zum 18. Jahrhundert wurden die konfessionellen Bürgerkriege, die Frankreich im 16. und frühen 17. Jahrhundert heimgesucht hatten, in der Historiografie endgültig zu den Religionskriegen, als die sie in der Geschichtswissenschaft bis heute wahrgenommen werden[519]. Die von Jean Etienne du

---

519 Vgl. ARMSTRONG, The French Wars; CONSTANT, Les Français; CROUZET, Dieu; HERRMANN, Frankreichs Religions- und Bürgerkriege; JOUANNA, Le temps, S. 1–445; KNECHT, The French Wars; LÉVIS-MIREPOIX, Les guerres; LIVET, Les guerres; PERNOT, Les guerres; LE ROUX, Guerre; ZWIERLEIN, Discorso, beschränken das Zeitalter der Religionskriege auf das 16. Jahrhundert. EL KENZ, Guerres, S. 132–136; HOLT, The French Wars; LE ROUX, Les Guerres, beziehen jedoch auch ausdrücklich die Bürgerkriege unter Ludwig XIII. in ihre Betrachtungen mit ein. BLET, Richelieu, S. 79–110; MOUSNIER, L'Homme, S. 361, haben sich hingegen gegen eine Ausweitung

Londel verfasste Chronik *Les fastes des rois de la maison d'Orleáns et de celle de Bourbon* von 1697 zählt ihrer elf verschiedene, die mit Unterbrechungen 1562 mit der Verschwörung von Amboise begannen und 1629 mit dem Gnadenakt von Alès endeten[520].

Insgesamt erwies sich die protestantische Religionskriegsmemoria als einflussreicher als ihr katholisches Pendant, weil sie zeitlich eine stärkere Engführung vornahm, sich aber auch in stärkerem Maße bemühte, Anschlussfähigkeit bei katholischen Rezipienten herzustellen. Die Protestanten benutzten zahlreiche *Loci communes*, um ihre Religionskriegsmemoria bei Katholiken anschlussfähig zu machen. Zu den wichtigsten gehörten die Verteidigung der Untertanentreue und die Verurteilung von Rebellion, der frühneuzeitliche Nationendiskurs und der Antiklerikalismus, die Ausländer bzw. den Klerus für das Führen von Religionskriegen verantwortlich machten. Die protestantische Religionskriegsmemoria in Frankreich und dem Reich knüpfte vor allem an den katholischen Rebellionsvorwurf an und versicherte die katholischen Monarchen der Treue, Unschuld und Unterwerfung ihrer eigenen Glaubensgemeinschaft. Gleichzeitig rechtfertigte sie die Waffengänge in den vergangenen Religionskriegen mit dem Interesse der katholischen Obrigkeit, die vom päpstlichen Hof, intriganten Ausländern oder schlechten Beratern irregeleitet worden sei. Somit erklärten die Protestanten ihre Vorfahren zu den eigentlichen Verteidigern der katholischen Obrigkeit, um so den katholischen Vorwurf eines Religionskrieges zu widerlegen und gleichzeitig in Vergangenheit und Gegenwart das Recht auf Selbstverteidigung zu postulieren, ohne ihre Untertanentreue aufzukündigen.

Die Opferperspektive der protestantischen Religionskriegsmemoria und die erneuten Glaubensverfolgungen in der Gegenwart des 17. und frühen 18. Jahrhunderts führten aber auch zum Ruf nach konfessioneller Solidarität und der Intervention protestantischer Mächte zugunsten ihrer bedrängten Glaubensgenossen im katholischen Herrschaftsbereich. Vergangene Religionskriege lieferten die hierfür nötigen Präzedenzfälle und schufen Herrschermodelle, die protestantische Fürsten zu einer solchen Intervention aufriefen. Gerade England konnte aus Sicht der protestantischen Religionskriegsmemoria von Heinrich VIII. bis Wilhelm III. auf eine lange Tradition der Intervention zugunsten fremder Untertanen zurückblicken.

Somit lässt sich festhalten, dass die katholische Religionskriegsmemoria ein ambivalentes Verhältnis zum Religionskrieg pflegte, das prinzipiell auch positiv konnotiert sein konnte und offen die gewaltsame Durchsetzung katholischer

---

des Epochensignums des Religionskrieges auf das frühe 17. Jahrhundert ausgesprochen, weil Ludwig XIII. den Protestanten nach der Schleifung ihrer Sicherheitsplätze erneut ihre konfessionellen Freiheiten bestätigte.

520 Vgl. LONDEL, LES FASTES, S. 67–158.

Uniformität forderte, während die protestantische Religionskriegsmemoria selbst bei der Betonung des Rechts auf Gegenwehr die Überwindung des Religionskrieges propagierte. In beiden Fällen jedoch legitimierte die Memoria die gewaltsame militärische Durchsetzung der eigenen konfessionspolitischen Interessen.

Aus der Logik militärischer Konfliktlösung brach lediglich die protestantische Toleranzdebatte aus, in der der Religionskrieg als ausgesprochen negatives Ereignis erinnert wurde. Die Religionskriegsmemoria betonte mit Exempeln aus der Geschichte vergangener Religionskriege die Toleranz der Protestanten und versicherte den Katholiken damit, dass sie unter protestantischer Herrschaft in Frieden leben könnten. Die Irenik stellte allenfalls mit der positiven Konnotierung des gemeinsamen Kampfes gegen den Islam ein Exempel zur Verfügung, das den innerchristlichen Religionskrieg überwinden konnte. Die Ablehnung des Islam und das positive Bild des Religionskrieges gegen den Islam wurden so zum festen Bestandteil gesamtchristlicher Erinnerung.

Die Religionskriegsmemoria war Teil aktueller Debatten und stellte gleichsam ein Reservoir für die diskursiven Kämpfe der Gegenwart dar. Eine Analyse der Tagespublizistik soll im Folgenden zeigen, welche Teile des historischen Denkens in der tagespolitischen Diskussion des *Grand Siècle* aufgegriffen wurden, und so helfen, die Vorstellung vom Religionskrieg im Zeitalter Ludwigs XIV. herauszuarbeiten.

## III. Aktualisierung des Religionskrieges in der europäischen Tagespublizistik: Gegenseitiges Misstrauen und gegenseitige Solidarität

Die konfessionelle Religionskriegsmemoria wurde in den Debatten der Tagespublizistik aufgegriffen und weiter verargumentiert. Sie nutzten das kulturelle Gedächtnis der Historiografie, um aktuelle politische Probleme unter dem Stichwort des Religionskrieges zu diskutieren. Dabei wurden einzelne Debatten aus der Vergangenheit direkt in die Gegenwart übertragen; andere Versatzstücke der Memoria erlebten in der tagespolitischen Debatte einen Wandel; wieder andere gerieten in Vergessenheit. Wie sich die tagespolitischen Debatten um den Religionskrieg ausgestalteten und in welchem Verhältnis sie zur Historiografie standen, soll das folgende Kapitel zeigen.

Zwischen der Hugenottenverfolgung in Frankreich, dem ungarischen Aufstand unter Emmerich Thököly, der Erbfolge des katholischen Hauses Neuburg in der Kurpfalz, der Thronbesteigung des katholischen Königs Jakob II. in England, der *Glorious Revolution* und dem Beginn des Neunjährigen Krieges waren religiöse Auseinandersetzungen ein zentrales Thema in der europäischen Tagespublizistik[1]. Dazu trugen die Glaubensflüchtlinge in erheblichem Maße bei. Viele befürchteten, ein Religionskrieg stehe bevor[2].

Gerade der Neunjährige Krieg und der Spanische Erbfolgekrieg, in denen sich Frankreich und seine Anhänger jeweils mit einer großen gemischtkonfessionellen Allianz aus Österreich, England und den Vereinigten Provinzen konfrontiert sahen, wurden deshalb als Religionskriege wahrgenommen. Den publizistischen Auseinandersetzungen zwischen Frankreich und den Alliierten wurde von der geschichtswissenschaftlichen Forschung bereits seit ihrer Entstehung im 19. Jahrhundert größere Beachtung geschenkt[3]. Der

---

1 Vgl. BOTS, L'écho, S. 281–298; NIGGEMANN, Hugenottenverfolgung, 59–108; ONNEKINK, The Last War, S. 87; TAYLOR, An English Dissenter, S. 177–195.
2 Vgl. ONNEKINK, The Last War, S. 87; TAYLOR, An English Dissenter, S. 177–195.
3 In Deutschland haben sich vor allem ältere Studien mit der »öffentlichen Meinung« über Frankreich und Ludwig XIV. in Deutschland auseinandergesetzt. Vgl. HÖLSCHER, Die öffentliche Meinung; PETRAN, Die öffentliche Meinung; WUTTKE, Die öffentliche Meinung. Diese Arbeiten weisen meist tendenziösen Charakter auf und dienten vielfach als historische Legitimationsgrundlage deutsch-französischer Erbfeindschaft. Konfessionelle Aspekte wurden allenfalls von deutscher Seite als Beleg für die Grausamkeit der Franzosen ins Feld geführt. Französische Mordbrenner, S. 18f., und SOLDAN, Die Zerstörung, S. 28f., heben viel mehr in überkonfessioneller Manier die Zerstörungen von Kirchen und Kirchenbesitz durch die französischen Truppen hervor, als dass sie

Religionskrieg erregte dabei allerdings kaum das Interesse. Für die dieser Arbeit zugrunde liegende Fragestellung sind die älteren französischen Arbeiten zum Frankreichbild in Deutschland und zur deutschen und französischen Englandrezeption, die zumindest am Rande auf konfessionelle Argumentationsmuster eingehen und dafür zahlreiche interessante Quellenbelege liefern, brauchbar[4].

Für die englische Publizistik hat Tony Claydon in seiner Arbeit zur *Glorious Revolution* sehr stark den konfessionellen Aspekt hervorgehoben[5], in Bezug auf die Argumentationsweise englischer Publizisten gegenüber den katholischen Alliierten ihrer Monarchen später jedoch ein differenzierteres Bild entwickelt[6]. Einige neuere Untersuchungen messen dem konfessionellen Aspekt der englischen Publizistik kein entscheidendes Gewicht mehr bei[7]. Dementsprechend finden sich dort kaum Verweise auf die zeitgenössische Religionskriegsdebatte.

Während die englische und die deutsche Publizistik bzw. die deutsche und die französische Englandrezeption mittlerweile recht gut erforscht sind, fehlen grundlegende Studien zur französischen Tagespublizistik in der zweiten Hälfte der Regierungszeit Ludwigs XIV.[8]. Statt solcher Untersuchungen, finden sich Arbeiten, die sich auf breit gefächerter Quellenbasis mit der Repräsentation königlicher Politik beschäftigen[9]. Sowohl diese Arbeiten als auch die existierenden Studien zur Publizistik *strictu sensu* sind meist groß angelegte Studien

---

spezifisch für eine der beiden großen Konfessionen Partei ergreifen würden. Insofern berücksichtigen sie nicht die konfessionellen Auseinandersetzungen zwischen Katholiken und Protestanten im Neunjährigen Krieg.

4 Vgl. Ascoli, La Grande-Bretagne; Born, Die englischen Ereignisse; Gillot, Le règne; Schillinger, Les pamphlétaires; Ringhoffer, Die Flugschriften-Literatur. Weniger hilfreich ist die nicht veröffentlichte Dissertation von Dienstl, Flugschriften, die allenfalls als die wenig oder gänzlich unkommentierte Bibliografie französisch-, deutsch- und englischsprachiger Tagespublizistik aus verschiedenen deutschen Bibliotheken und der BNF nutzbar ist, als die sie konzipiert wurde.
5 Vgl. Claydon, William III and the Godly Revolution.
6 Vgl. ders., Protestantism, S. 125–142. Diesem Standpunkt folgt auch Onnekink, The Revolution, S. 143–171.
7 Müllenbrock, The Culture; Winkler, Publikum, S. 203–228, sind stark auf medien- und literaturwissenschaftliche Fragestellungen fokussiert und behandeln religionspolitische Themen nur am Rande. Gleiches gilt für die geschichtswissenschaftliche Arbeit von Metzdorf, Francis Hare. Rameix, Justifier 2014, behandelt zwar konfessionelle Konflikte, schreibt aber insgesamt und insbesondere für die Zeit des Spanischen Erbfolgekrieges, S. 108–111, auf eine Säkularisierungsthese hin, die an anderer Stelle noch einmal genauer hinterfragt werden soll.
8 Breites Interesse haben in der Forschung die Mazarinaden und die Fronde eingenommen. Vgl. Anger, Flugschriftenpublizistik; Grand-Mesnil, Mazarin; Jones, Contre Retz; Jouhaud, Mazarinades; Sawyer, Printed Poison.
9 Vgl. Fogel, Les cérémonies; Fogel, Publication et publics, S. 15–31. Trotz des vergleichsweise schmalen Quellencorpus und des Fokus auf direkter königlicher Einflussnahme erweist sich Klaits, Printed Propaganda, immer noch als sehr nützlich.

*en longue durée*, die schon aufgrund ihres globalen Anspruchs aus arbeitsökonomischen Gründen einzelne Zeitabschnitte nur kursorisch behandeln können[10]. Zahlreiche neuere Untersuchungen rekurrieren auf eine Mediengeschichte französischsprachiger Zeitungen und Zeitschriften, die mehr an deren Publikations-, Verlags- oder Gattungsgeschichte, als an ihren Inhalten interessiert sind[11]. Sie werden der zentralen Rolle Frankreichs als Hauptakteur im Neunjährigen Krieg und im Spanischen Erbfolgekrieg und der französischen Sprache als *Lingua Franca* und Vermittler zwischen den verschiedenen Sprachgruppen (West-)Europas nicht gerecht.

### III.1 Die gemeinsame Grundlage und verstärkten Gegensätze der katholischen Tagespublizistik

Genau wie die Religionskriegsdebatte in der Historiografie ging auch die Diskussion um den Religionskrieg in der Tagespublizistik von Frankreich aus. Verantwortlich waren hierfür die Implikationen des Herrscherbildes, wie es von der Historiografie vermittelt wurde. Wie die Historiografie, so feierte auch die Tagespublizistik die französischen Könige für die Führung eines Religionskrieges. Die Außenpolitik Ludwigs XIV. machte sich dieses Herrscherbild zu eigen und integrierte es in die französische Kriegspropaganda des Neunjährigen Krieges und des Spanischen Erbfolgekrieges. Damit schuf sie eine genuin katholische Darstellung des aktuellen Religionskriegsszenarios in der öffentlichen Debatte. Angesichts dieser katholischen Selbstinszenierung Ludwigs XIV. ist zu fragen, wie die französische Propaganda gegenüber den traditionellen protestantischen Verbündeten Frankreichs umging. Wurde auch hier der Religionskrieg propagiert oder bediente sich die französische Publizistik hier – was angesichts fremdkonfessioneller Adressaten naheliegt – anderer Argumentationsmuster? In diesem Fall ist näher auf das Spannungsverhältnis zwischen Propagation und Leugnung eines Religionskrieges einzugehen. Zu fragen ist, wie sich dieses Spannungsverhältnis auf die Publizistik und Propaganda der katholischen Gegner Frankreichs auswirkte. Übernahmen sie die Angebote der französischen Tagespublizistik

---

VANHEE, Les libelles, S. 210–229, ist abgesehen davon, dass darin nicht auf die Thematik des Religionskrieges eingegangen wird, auch wegen der fehlenden Quellen- und Literaturbelege wenig ergiebig.
10 Vgl. CHARTIER, Lectures et lecteurs; ders., Le monde, S. 1505–1520; MARTIN, Histoire et pouvoirs; ders., Livre, Bd. 2.
11 Vgl. BOTS, Quelques gazettes de Hollande, S. 159–168; BRÉTÉCHÉ, Les compagnons; FEYEL, L'annonce; PEIFFER, Localisation, S. 106–112; POPKIN, La presse, S. 281–289; RÉTAT, Bilan, S. 5–24; VITTU, Diffusion, S. 167–175; ders., Instruments, S. 160–178; ders., L'information, S. 105–144.

oder entwickelte sich in der Auseinandersetzung mit der Propaganda Ludwigs XIV. eine andere Haltung zum Religionskrieg innerhalb der katholischen Christenheit?

### III.1.1 Die gemeinsame Basis katholischer Religionskriegsdarstellung: Die Protestanten als Rebellen gegen Gott und Herrscher

Die katholische Tagespublizistik war sich trotz ihrer Heterogenität in einem Punkt einig: Die »Häresie« des Protestantismus war eine Rebellion gegen Gott, die unweigerlich zu einer Rebellion gegen die gottgewollte weltliche Obrigkeit führen musste[12]. Derart setzten katholische Theologen traditionell Häresie und Rebellion gleich[13]. Sie betonten, die Protestanten seien »ennemis de nos Autels, rebelles au sacrifice de Jesus-Christ, serviteurs desobéissans, enfans impies, freres dénaturez«[14].

Als Beweis für diese Sichtweise rekurrierte die katholische Tagespublizistik immer wieder auf Exempla der Historiografie. Analog zu dieser konstatierte sie, die Protestanten hätten als notorische Rebellen in den vergangenen Religionskriegen immer wieder die Waffen gegen die weltliche Herrschaft ergriffen[15]. Um die eigene Obrigkeit vor dem verbrecherischen Charakter des Protestantismus zu warnen, griff die katholische Tagespublizistik immer wieder auf genau jene Religionskriegsexempla zurück, bei denen sich die Protestanten, nachdem sie die Herrschaft des Papstes abgeschüttelt hatten, auch der Herrschaft ihrer jeweiligen Monarchen hätten entledigen wollen.

---

12 Die Häretiker hätten sich gegen die katholische Kirche und die Macht der Könige verschworen. Vgl. SAINT CHARLES, Panégyrique, S. 151. Vgl. darüber hinaus auch MISSFELDER, La Rochelle, S. 300f.; NEVEU, Hérésie, S. 635; STRENSLAND, Habsburg, S. 27–54.

13 Vgl. MISSFELDER, La Rochelle, S. 300f.; NEVEU, Hérésie, S. 635; STRENSLAND, Habsburg, S. 27–54.

14 BERNARD, THEOLOGIE, PREFACE [xlv]. Vgl. ebenso SAINT CHARLES, Panégyrique, S. 151; ARTICLE XXIII. DON LOUIS BELLUGA & Moncada, par la grace de Dieu & du Saint Siege Apostolique Evêque de Cartagene, Conseiller d'Etat, Vice-Roi, & Capitaine general du Royaume de Valence: à nos bien-aimez en JESUS-CHRIST les Fidelles de nôtre Diocese, salut en nôtre Seigneur, in: MEMOIRES 02.1707, S. 278–297, hier S. 287f.

15 Vgl. Rezension von: DÉFENSE DE L'HISTOIRE DES VARIATIONS contre la réponse de Mr. Basnage, Ministre de Roterdam. Par Mre. Jaques Benigne Bossuet Evêque de Meaux, Conseiller du Roi en ses Conseils, &c. In 12. A Paris chez Jean Anisson, Ruë saint Jaques, 1691, in: LE JOURNAL DES SÇAVANS, 14.05.1691, S. 193–199, hier S. 195, 197f.; LE MERCURE DE FRANCE, S. 75; REPONSE A UN DISCOURS, S. 19f.; SAINTE-MARTHE, ENTRETIENS, Avertissement [2].

Die Rebellion war in ihren Augen schon in den Ursprüngen der Reformation angelegt[16]. Die Reformatoren hätten sich zu Päpsten ihrer eigenen Häresie aufgeschwungen und das Recht usurpiert, Kriege zu erklären oder Frieden zu schließen[17]. Damit hätten sie die Souveränität ihres Herrschers untergraben und die monarchische Ordnung außer Kraft gesetzt. Der Schmalkaldische Krieg in Deutschland, der niederländische Aufstand und die französischen Bürgerkriege des 16. und 17. Jahrhunderts dienten der katholischen Publizistik als Beweise für den rebellischen Geist der Protestanten. Luther selbst habe die These vertreten, alle Gemeinwesen müssten sich gegen den Papst verbünden und die Amtsträger, die das römische Kirchenoberhaupt verteidigten, dürften legitimerweise getötet werden[18]. Der Schmalkaldische Krieg beweise die religiöse Motivation der lutherischen Rebellionen. Während protestantische Historiker Karl V. zitierten, der behauptet hatte, es handele sich dabei um einen Staatenkrieg, forderten Bossuet und das *JOURNAL DES SÇAVANS*, die Aussagen der Lutheraner als Bewertungsmaßstab für die Analyse des Schmalkaldischen Krieges heranzuziehen[19]. Sie hätten sehr wohl zugegeben, dass es sich dabei um einen Religionskrieg gehandelt habe[20].

Die gleiche Bewertung erfuhr auch der niederländische Aufstand, denn kurze Zeit später hätten die niederländischen Protestanten gegen die katholische Kirche und ihren König, Philipp II. von Spanien, rebelliert[21]. Die »ketzerischen« Engländer hätten sich auf die gleiche Weise gegen die katho-

---

16 »Que si l'on remonte à la source, on trouve l'Allemagne Protestante animée du mesme esprit de rebellion«. Rezension von: DÉFENSE DE L'HISTOIRE DES VARIATIONS contre la réponse de Mr. Basnage, Ministre de Roterdam. Par Mre. Jaques Benigne Bossuet Evêque de Meaux, Conseiller du Roi en ses Conseils, &c. In 12. A Paris chez Jean Anisson, Ruë saint Jaques, 1691, in: Le JOURNAL DES SÇAVANS, 14.05.1691, S. 193–199, hier S. 197.
17 Vg. Sainte-Marthe, ENTRETIENS, S. 164.
18 Vgl. Rezension von: DÉFENSE DE L'HISTOIRE DES VARIATIONS contre la réponse de Mr. Basnage, Ministre de Roterdam. Par Mre. Jaques Benigne Bossuet Evêque de Meaux, Conseiller du Roi en ses Conseils, &c. In 12. A Paris chez Jean Anisson, Ruë saint Jaques, 1691, in: Le JOURNAL DES SÇAVANS, 14.05.1691, S. 193–199, hier S. 197.
19 »M. Basnage dit que ce n'estoit pas une guerre de Religion, & qu'il n'en faut point d'autre témoin que Charle-quint qui protestoit hautement que c'estoit une guerre d'Estat. Mais M. l'Evêque de Meaux replique que pour sçavoir quel sentiment les Protestans avoient de cette guerre, il ne faut pas écouter ce qu'en disoit Charle-quint, mais ce que les Protestans en disoient eux-mesmes«. Rezension von: DÉFENSE DE L'HISTOIRE DES VARIATIONS contre la réponse de Mr. Basnage, Ministre de Roterdam. Par Mre. Jaques Benigne Bossuet Evêque de Meaux, Conseiller du Roi en ses Conseils, &c. In 12. A Paris chez Jean Anisson, Ruë saint Jaques, 1691, in: Le JOURNAL DES SÇAVANS, 14.05.1691, S. 193–199, hier S. 197.
20 Vgl. Rezension von: DÉFENSE DE L'HISTOIRE DES VARIATIONS contre la réponse de Mr. Basnage, Ministre de Roterdam. Par Mre. Jaques Benigne Bossuet Evêque de Meaux, Conseiller du Roi en ses Conseils, &c. In 12. A Paris chez Jean Anisson, 1691, in: Le JOURNAL DES SÇAVANS, 14.05.1691, S. 193–199, hier S. 197.
21 REPONSE A UN DISCOURS, S. 19.

lische Kirche erhoben und Elisabeth I. hätte den niederländischen Häretikern gegen ihren rechtmäßigen König beigestanden[22]. Zur gleichen Zeit seien auch in Frankreich von den Reformierten Religionskriege entzündet worden[23]. Auch hier habe Elisabeth I. auf Seiten der Protestanten militärisch interveniert[24]. Die Synoden der französischen Reformierten hätten die Rebellionen ihrer Glaubensgemeinschaft autorisiert[25]. Die Pastoren seien dieser Autorisierung gefolgt und hätten in ihren Predigten den Aufstand und die dabei begangenen Mordanschläge gutgeheißen[26].

Zur Charakterisierung einer protestantischen Revolte trat auf diese Weise die Schilderung der Grausamkeit protestantischer Rebellen hinzu. Poltrot, der Mörder des Herzogs von Guise, habe mit Billigung der reformierten Pfarrschaft die Absicht zu seiner Tat nicht verheimlicht[27]. Selbst die offizielle Berichterstattung im *Mercure de France* vertrat offensiv die Ansicht, Protestanten hätten immer schon einen rebellischen und blutrünstigen Charakter besessen[28]. Die Protestanten hingen angeblich sogar dem Glauben an, dass »les persecutions leur estoient permises, & ils les faisoient sentir avec la derniere cruauté«[29]. Ganz im Gegenteil dazu würden die Katholiken den Willen Gottes befolgen, denn er »demande la conversion du pecheur, & non pas sa mort«[30]. Damit verteidigte sich die französische Tagespublizistik gegen den Vorwurf der Grausamkeit der ludovizianischen Religionspolitik, den die hugenottische Exilpresse im protestantischen Europa verbreitete[31].

---

22 Vgl. ebd., S. 20.
23 Vgl. Rezension von: DÉFENSE DE L'HISTOIRE DES VARIATIONS contre la réponse de Mr. Basnage, Ministre de Roterdam. Par Mre. Jaques Benigne Bossuet Evêque de Meaux, Conseiller du Roi en ses Conseils, &c. In 12. A Paris chez Jean Anisson, 1691, in: LE JOURNAL DES SÇAVANS, 14.05.1691, S. 193–199, hier S. 198.
24 Vgl. ebd., S. 195. Der Autor behauptet hier, die Protestanten »appellerent l'Etranger,[et] livrerent la clef du Royaume à l'Anglois«.
25 »Les Synodes des Reformez […] ont autorisé ces revoltes«. Ebd., S. 196.
26 »Les Ministres suivant la doctrine de leurs Synodes ont prêché la revolte, & autorisé les assassinats«. Ebd., S. 197.
27 Vgl. ebd.
28 »Les Protestans ont toûjours aimé la revolte, la persecution, & le sang«. LE MERCURE DE FRANCE, S. 75. »Tous les Protestans zelez, n'ont agi en cette occasion que par les principes de leur Religion, qui enseigne à persécuter & à détruire toutes les autres, qui autorise les révoltes, & qui ne s'est établie particulierement en France que par la violence, & par tous les plus grands crimes d'Etat«. SAINTE-MARTHE, ENTRETIENS, Avertissement [2].
29 LE MERCURE DE FRANCE, S. 78; vgl. des Weiteren SAINTE-MARTHE, ENTRETIENS, Avertissement [2].
30 LE MERCURE DE FRANCE, S. 78. »Die Catholische Kirch hat beschlossen/ das man hinführo niemand zum Glauben zwingen werde: dann Gott hat Mitleyden mit wem er will vnd macht Verstockt wen er will«, heißt es bei: Für das Vatter=Land, Bd. 1.
31 Vgl. Kapitel III.2.2, III.2.3, III.2.4; SAINTE-MARTHE, ENTRETIENS, Avertissement [12, 36] spricht gar von einer »prétenduë persécution de France«.

Dementsprechend besäßen die Protestanten auch heute noch »envie de se revolter«[32]. Besonders ausgeprägt sei der Geist der Rebellion bei den französischen *Réfugiés*[33]. Vor allem die reformierten Pastoren seien parteiisch und würden in jedem Gemeinwesen Zwietracht säen[34]. Denis de Saint-Marthe unterstellte Jurieu, er habe selbst zugegeben, dass die Revokation des Edikts von Nantes die Hugenotten zu Rebellen gemacht habe, die danach trachteten, gegen ihren König einen Bürgerkrieg zu entfachen[35]. Die absolute Gewalt der katholischen Obrigkeit und die Existenz der einen katholischen Konfession präsentierte die franko-katholische Publizistik als den Garanten des inneren Friedens, der durch die Existenz der Hugenotten gefährdet werde.

Das *JOURNAL DES SÇAVANS* vom 14. Mai 1691 bezichtigte Jurieu, sich mit seinem *ACCOMPLISSEMENT DES PROPHÉTIES* selbst zum Propheten erklärt und die *Réfugiés* zum Kampf gegen ihr Vaterland aufgehetzt zu haben[36]. Als besondere Gefahr sahen katholische Autoren die Auslegung der Johannes-Apokalypse durch diesen einflussreichen hugenottischen Prediger. Schon die katholische Historiografie war bestrebt gewesen, eine historische Widerlegung von Pierre Jurieus *ACCOMPLISSEMENT DES PROPHÉTIES* auszuarbeiten[37].

Das *JOURNAL DES SÇAVANS* erklärte, in der Nachfolge Jurieus habe Basnage de Beauval seinen Glaubensgenossen die Königsmorde des Alten Testaments vor Augen geführt und sie dadurch zu Rebellion und Königsmord aufgerufen[38]. Die Anstachelung zu Aufstand und Regizid wurden dabei als

---

32 Sandras, NOUVEAUX INTERETS 1685, S. 254; vgl. des Weiteren Sainte-Marthe, ENTRETIENS, Avertissement [2].
33 Ebd., Avertissement [19].
34 Vgl. ebd., Avertissement [3].
35 »Que le Roy, par la révocation de l'Edit de Nantes fait un million de mécontens, jette dans ses propres Etats des semences éternelles de rebellion, & de guerre, mécontente tous ses alliez Protestans, & les aliéne de manière à n'en jamais revenir. De la part de qui arriveront ces rebellions & ces guerres? Sinon de la part des Prétendus Réformez«. Ebd., Avertissement [20f.]. Auf ähnliche Weise unterstellte Jean Donneau de Visés Zeitschrift *AFFAIRES DU TEMPS* Jurieu, in Frankreich einen konfessionellen Bürgerkrieg anzetteln zu wollen. Dort heißt es: »On n'est pas encore prêt de voir en France les Guerres Civiles que ce Ministre nous souhaite«. Donneau de Visé, AFFAIRES DU TEMPS, S. 63.
36 »Mr. Jurieu défendre la prise des armes des Eglises Reformées, a profané l'Ecriture, s'est erigé en Prophete, & a excité le peuple à porter le fer & le feu dans le sein de sa patrie«. Rezension von: DÉFENSE DE L'HISTOIRE DES VARIATIONS contre la réponse de Mr. Basnage, Ministre de Roterdam. Par Mre. Jaques Benigne Bossuet Evêque de Meaux, Conseiller du Roi en ses Conseils, &c. In 12. A Paris chez Jean Anisson, 1691, in: LE JOURNAL DES SÇAVANS, 14.05.1691, S. 193–199, hier S. 193.
37 Vgl. Jurieu, L'ACCOMPLISSEMENT und die dazugehörigen Ausführungen in Kapitel II.1.3.
38 »Mr. Basange pour le mesme effet a attribué des parricides à l'ancienne Eglise, & soutenu que pour maintenir sa créance, elle s'estoit en plusieurs occasions soulevée contre les Princes«. Rezension von: DÉFENSE DE L'HISTOIRE DES VARIATIONS, S. 193–199,

feste Elemente des reformierten Glaubens gebrandmarkt, der schon in der Vergangenheit seinen rebellischen Geist bewiesen habe[39]. Derart wurde eine feste Charakteristik des Protestantismus konstruiert, in der von den Reformierten praktisch keine Untertanentreue erwartet werden konnte.

Zwar hätten die Protestanten zu Beginn der Reformation immer wieder die eigene Loyalität gegenüber dem Königtum beteuert, aber im Zuge des Anwachsens ihrer Häresie schnell die Ansichten gewechselt und den Aufstand gepredigt[40]. Seit sie aber geschlagen worden waren, behaupteten sie, die von ihnen entfachten Kriege hätten profane Motive zur Grundlage gehabt und seien keine Religionskriege gewesen[41]. Derart dürfe man den Behauptungen der protestantischen Publizisten keinen Glauben schenken. Sie seien ganz und gar von politischen Winkelzügen motiviert und besäßen keinen Wahrheitsgehalt. Stattdessen sollte die Geschichte belegen, dass ihr rebellischer Geist in der Vergangenheit Religionskriege entfesselt habe. Die Schriften Jurieus und Basnage de Beauvals würden beweisen, dass die Hugenotten auch in der Gegenwart die Absicht verfolgten, einen Religionskrieg gegen ihren geweihten Monarchen zu führen, den sie mit rhetorischen Mitteln zu verschleiern trachteten.

Jurieus Wandel vom Verteidiger der absoluten Monarchie zum Apologeten des Widerstandsrechts wurde als weiterer Beweis für den rebellischen Charakter der Hugenotten gewertet[42]. Die ludovizianische Publizistik schreckte nicht einmal davor zurück, den protestantischen Prediger als Demokraten zu verunglimpfen[43]. Damit wurde er außerhalb des Diskurses französischer Untertanentreue gestellt, eine positive Rezeption durch katholische Autoren jenseits der konfessionellen Rezeptionsschwierigkeiten verhindert.

---

hier S. 194. Der Vorwurf des Königsmords findet sich auch in der fremdsprachigen Tagespublizistik. Vgl. bspw. Für das Vatter=Land, Bd. 1, S. 10, oder in Bezug auf den englischen Protestantismus in LE MERCURE DE FRANCE, S. 279.

39 Vgl. ebd., Rezension von DÉFENSE DE L'HISTOIRE DES VARIATIONS, S. 193–199, hier S. 194.

40 »Au commencement de leur prétenduë Reforme la verité gravée dans les cœurs par la loi de Dieu, les a forcez de desapprouver la revolte. Quand leur parti s'est accru, ils ont changé de langage«. Ebd.

41 »Depuis qu'ils ont esté vaincus, ils ont changé de langage. Depuis qu'ils ont esté vaincus, ils ont dit que les guerres où ils s'estoient trouvé engagez, estoient des guerres de Politique, & non de Religion«. Ebd.

42 Vgl. ebd., S. 198.

43 Es bleibe festzuhalten, »que Mr. Jurieu qui vantoit il y a dix ans la fidelité de sa Secte, est maintenant dans le sentiment de ceux qui donnent tout pouvoir aux peuples sur les Rois«. Ebd.

Während die Protestanten somit grundsätzlich und wesenhaft Rebellen seien, stünden die katholischen Gläubigen unweigerlich auf der Seite der Krone. Dieses feste Charakteristikum war in den Augen der katholischen Tagespublizistik ein universell gültiges Phänomen, das weder zeitlich noch örtlich begrenzt erschien. Die katholische Historiografie hatte hierfür bereits das Fundament gelegt[44]. Die Tagespublizistik griff deren Argumentation wieder auf. So wurde insbesondere auf den achten französischen Bürgerkrieg hingewiesen, in dessen Zuge die Katholiken treu auf der Seite Heinrichs IV. gestanden, derweil sich die Hugenotten gegen ihren rechtmäßigen König erhoben hätten[45].

Diese historische Betrachtung wurde von der Tagespublizistik auch auf die Gegenwart übertragen. Programmatisch wurde die Rebellion der Protestanten der Loyalität der Katholiken gegenübergestellt. Bei der Schilderung der Herrschaft Ludwigs XIV. berichtete dessen eigener Hofhistoriograf Simon de Riencourt vom Lob des jüngst entthronten katholischen Königs Jakob II. von England für die Treue seiner irischen Untertanen[46]. Katholische Monarchen konnten sich dieser Schilderung zufolge nur auf ihre katholischen Untertanen verlassen. Von den Protestanten hingegen sei nichts anderes als Aufruhr und offene Rebellion zu erwarten.

Dies belegte in den Augen der katholischen Tagespublizistik auch die publizistische Tätigkeit Pierre Jurieus, der bezichtigt wurde, die anderen *Réfugiés* und die protestantischen Fürsten zu einem Religionskrieg aufzustacheln[47]. Die *Réfugiés* wiederum wurden angeklagt, in der Heimat die *Nouveaux-Convertis* zur Rebellion gegen ihren König aufzuwiegeln[48]. Für seine aufrichtigen Bemühungen zu ihrer Bekehrung hätten die Hugenotten Ludwig XIV. nur Undank erwiesen[49]. Durch die Revokation des Edikts von Nantes seien viele hugenottische Soldaten desertiert und in die Armeen der protestantischen

---

44 Vgl. Kapitel II.1.4.
45 Vgl. Rezension von DÉFENSE DE L'HISTOIRE DES VARIATIONS, S. 198.
46 Vgl. RIENCOURT, HISTOIRE DE LA MONARCHIE, Bd. 2, S. 427. Riencourt ließ sich in der Forschungsliteratur zwar nicht als Hofhistoriograf identifizieren, beanspruchte aber sehr wohl den prestigeträchtigen Titel eines *Historiographe de France* und wurde für diese Inanspruchnahme auch von der Zensur nicht belangt. Vgl. FOSSIER, La charge, S. 75–92; ders., A propos du titre, S. 361–417.
47 »Il me semble voir le portrait de M. Jurieu, qui s'est tant remué auprès des Princes Protestans, qu'enfin il a lié une grosse guerre de Religion«. SAINTE-MARTHE, ENTRETIENS, S. 270. Remarques sur la reponse, S. 4.
48 »Le voila luy même écrivant tantôt aux pauvres affligez de France pour les exhorter à demeurer fermes dans l'espérance d'un prompt secours: tantôt aux Princes de sa Communion, afin de les disposer à prendre les armes contre la France«. SAINTE-MARTHE, ENTRETIENS, S. 270. Remarques sur la reponse, S. 4.
49 Vgl. ebd.

Alliierten eingetreten, um gegen ihren eigenen Monarchen zu kämpfen[50]. Die Hugenotten würden den Neunjährigen Krieg zu einem Religionskrieg erklären, um ihre Kirchen und Religionsedikte zurückzuerlangen[51]. Dabei würden sie die Unterstützung der protestantischen Fürsten suchen[52]. Die Religion habe den Hugenotten aber nur als Vorwand gedient, um ihre Rebellion zu bemänteln[53]. Ihr unrechtmäßiges Vorgehen gegen die eigene Obrigkeit zeige, dass sie in Wirklichkeit weder Religion noch Rechtsempfinden besäßen[54]. Hugenotten und denjenigen protestantischen Alliierten, die sie unterstützten, wurde auf diese Weise ein Krieg angelastet, der sich nur des Namens der Religion bediene, um illegitime Kriegsziele zu verfolgen. Die katholischen Alliierten sollten bedenken, dass es die Protestanten auch auf sie abgesehen hätten[55].

Die *Réfugiés* erwiesen sich in den Augen der frankokatholischen Tagespublizistik zu Beginn des Neunjährigen Krieges nicht nur als Rebellen, sondern gefährdeten durch die Aufwiegelung französischer Untertanen und ausländischer Mächte auch die innere und äußere Sicherheit Frankreichs. Diese Argumentation richtete sich in erster Linie an drei verschiedene Adressatengruppen: die *Nouveaux-Convertis*, die *Vieux-Catholiques* und die katholischen Mächte. Gegenüber *Nouveaux-Convertis* und *Vieux-Catholiques* wurden Jurieu und die übrigen *Réfugiés* beschuldigt, Verräter an König und Vaterland zu sein. Die *Vieux-Catholiques* sollten sich vor einem protestantischen Religionskrieg in Acht nehmen, während die ludovizianische Publizistik die *Nouveaux-Convertis* ermahnte, gegenüber ihrem Monarchen und ihrer Nation in Treue zu verharren und sich nicht mit dem Ausland zu verbünden. Gegenüber den auswärtigen katholischen Mächten sollte der Rebellionsvorwurf die Gefahren verdeutlichen, die ihnen selbst aus einer Rebellion der Protestanten erwüchsen. Indem die Protestanten ihre Rebellion als Religionskrieg darstellten, gefährdeten sie aus Sicht der französischen Tagespublizistik jede Form

---

50 »Ses armées estoient remplies des Soldats & des Officiers Protestans dont la supression de l'Edit de Nantes avoit causé la désertion«. MERCURE GALANT 04.1707, S. 13f.
51 »C'est une affaire de Religion, dites-vous. Les Calvinistes de France esperent s'en prévaloir, pour se faire rendre leurs Temples & leurs Edits«. DONNEAU DE VISÉ, AFFAIRES DU TEMPS, S. 47f. »Les Protestans [...] publient: Que les bon succés du Prince d'Orange commencent l'accomplissement des Propheties marqué par M-. Iurieu; qu'après que la Religion Réformée aura triomphé en Angleterre, du Papisme qui commençoit à s'y rétablir, on la verra refleurir en France, & que tous les Etats Protestans soutenus même de l'Empereur & de quelques–autres Princes Catholiques (ce qui est merveilleux) sont déjà en armes pour l'execution de ce grand dessein«. SAINTE-MARTHE, ENTRETIENS, Avertissement [4f.].
52 Die Hugenotten »prendront les armes, & chercheront de l'appuy dans les Princes Protestans«. Ebd., Avertissement [21].
53 Vgl. RIENCOURT, HISTOIRE DE LA MONARCHIE, Bd. 2, S. 427.
54 Vgl. ebd.
55 Vgl. SAINTE-MARTHE, ENTRETIENS, Avertissement [28–31].

monarchischer Herrschaft. Die französische Tagespublizistik appellierte mit dem Rebellionsvorwurf somit auch an die monarchische und die konfessionelle Solidarität der katholischen Fürsten mit Ludwig XIV. und versuchte so einen Keil in die Wiener Große Allianz zu treiben. In der Tat erschien der Rebellionsvorwurf dafür bestens geeignet, denn er war innerhalb der gesamten katholischen Christenheit konsensfähig und bot damit einen idealen Anknüpfungspunkt[56].

Der Vorwurf der Rebellion wurde tatsächlich von der kaiserlichen Publizistik aufgegriffen, die ihrerseits nun aber Frankreich anklagte, die protestantischen Rebellen in Ungarn unterstützt zu haben[57]. Frankreich wurde auf diese Weise für alle Sakrilege und Ausschreitungen der ungarischen Rebellen mitverantwortlich gemacht – ja mitunter sogar als Hauptschuldiger bezichtigt. Die Verurteilung der protestantischen Rebellion in Ungarn fand nun ihrerseits im katholischen Frankreich Anklang und diskreditierte dort genauso wie im katholischen Teil des Reiches die Politik Ludwigs XIV. So kritisierte der Franzose Claude Vanel in seiner in Paris gedruckten HISTOIRE DES TROUBLES DE HONGRIE genauso wie die antifranzösischen Flugschriften die verschiedenen Aufstände der ungarischen Protestanten[58]. Vanel klagte die Protestanten einer ganzen Reihe von Gräueltaten an und beschuldigte sie konkret, Plünderungen, Folter, Massakrierung und hinterhältige Attentate verübt zu haben[59]. All diese Anschläge seien so schrecklich gewesen, dass sie selbst den ungarischen Aufständischen die Schamesröte ins Gesicht getrieben hätten[60]. Die Ausschreitungen der Protestanten hätten den Kaiser derart

---

56 Der prokaiserliche Lütticher Franziskaner Jean Bernard schrieb etwa: »Que si ceux-ci commettent des injustices contre un Souverain, &c. il est permis de se servir du glaive & des autres armes semblables pour les reprimer«. BERNARD, THEOLOGIE, PREFACE [lxxxiij]. Das Beispiel Karls V. beweise, dass es besser sei, die Rebellion eines Heresiarchen zu strafen, als ihn bekehren zu wollen. »Si quelque heresiarche trouble une Province [...] châtiez-le & reprimez ses efforts; s'il est rebelle, faites-lui sentir la peine de son crime. Mais vous? Charle-quint! Avez-vous donné la Foi à Martin Luther?« Ebd., PREFACE [lxxxiij].
57 »Quelle joye pour elle devoir un Teckely Rebelle à la tête de tous les Protestans d'Hongrie se signaler à force de sacrileges, & d'impietez, pour l'établissement de l'heresie. [...] La France eût armé un Rebelle Protestant, à l'oppression de la Religion Catholique en cette occasion, puis que c'est un des plus chers intérêts de la Couronne«. REPONSE A UN DISCOURS, S. 44, 101.
58 Vgl. VANEL, HISTOIRE, Bd. 3. Im spanischen Erbfolgekrieg wurde diese Argumentation wiederum von der kurbayrischen Publizistik übernommen. Für das Vatter=Land, Bd. 1, S. 32, spricht deshalb von »Der gantzer Jahr hunder[t] immer erregte Krieg von den Rebellischen Un=Catholischen Ungarn«.
59 »Les Hongrois Protestans se saisirent du Curé d'un Village à cinq lieuës de Presbourg, ils luy promirent bon quartier, à condition qu'il leur donneroit les clefs de sa maison, mais après l'avoir pillée, ils ne laisserent pas de le mal-traiter cruellement. Ils enterrerent un autre Prêtre tout vif, & ils couperent le nez & les oreilles à un troisieme, après avoir égorgé son compagnon«. VANEL, HISTOIRE, Bd. 3, S. 28.
60 »Cette action fit horreur mesme aux Mécontens«. Ebd.

gerührt, dass er zu Recht alle protestantischen Pastoren ausweisen ließ und den Katholiken zahlreiche von den Häretikern usurpierte Kirchen zusprach[61]. Auf diese Weise hätten die Protestanten dasjenige verloren, was sie aus religiösem Eifer den Katholiken entwenden wollten[62]. Freilich stellte Vanel dabei keine Verbindung zu seinem eigenen Monarchen her. Implizit verurteilte er durch diese Schilderung des ungarischen Aufstandes aber sehr wohl auch Ludwig XIV., der die ungarischen Rebellen diplomatisch und logistisch unterstützt hatte.

Während die Verteidigung der ludovizianischen Politik in Ungarn in der französischen Publizistik nur zurückhaltend aufgenommen wurde, um keine Grundlage für einen noch größeren Skandal zu bilden, kam der französischen Propaganda im Reich ein besonderer Umstand zugute[63]. Seit 1701 bzw. 1702 verfügte Ludwig XIV. über ein Bündnis mit den Wittelsbacher Kurfürsten von Bayern und Köln, die den französischen Rebellionsvorwurf gegen die Protestanten ventilierten[64]. Die französisch-bayerische Propaganda konnte bei ihrem Appell an die anderen katholischen Reichsfürsten auf die gleichen historischen Exempla zurückgreifen, deren sich die französische Publizistik schon im Neunjährigen Krieg bedient hatte.

Die kurbayerische Flugschrift *Für das Vatter=Land deß Bayrischen Löwens* unterstrich den rebellischen Charakter der protestantischen Konfession, die alle katholischen Souveräne fürchten müssten. Die Rebellion der deutschen Protestanten wurde dabei in Zusammenhang mit der Herkunft Martin Luthers gebracht. Die Sachsen besäßen von Kindesbeinen an einen bösen Charakter[65]. Nachdem Karl der Große sie mit Waffengewalt bezwungen hatte, hätten sie nach 800 Jahren wieder das katholische Bekenntnis abgeschüttelt[66].

---

61 »Cette inhumanité toucha si sensiblement l'Empereur, que pour punir les Protestans, il envoya ordre [...] de chasser tous les Ministres Protestans, & de faire rendre aux Catholiques les Eglises que les Heretiques leur avoient usurpées à Copranits & ailleurs [...] cette restitution fut si juste«. Ebd.

62 »Quoy que cette restitution fut si juste, & que les Protestans ne pussent raisonnablement refuter de la faire, puis qu'on ne leur demandoit que ce qui ne leur appartenoit pas, ils estoient tellement préoccupez du zele de leur Religion, & de l'envie de piller, qu'ils se mirent en état de perdre leur bien, en voulant gagner celuy des Catholiques«. Ebd., S. 28f.

63 Zur französischen Verteidigung gegen den Vorwurf der Unterstützung protestantischer Rebellen in Ungarn vgl. KÖPECZI, La France, S. 586; ders., Staatsräson, S. 377f., 381, 383f.

64 Zum französisch-bayrischen Bündnis vgl. SCHRYVER, Max II., S. 115–119; WUNDER, Die bayrische Diversion, S. 416–478.

65 Für das Vatter=Land, Bd. 1, S. 8, behauptet, die Sachsen seien »von angebohrner ererbte[r] böse[r] Natur«.

66 Das »Sachsen Volck/ wie= Carol. Magnus 30. Jahr lang durch den Krieg kümmerlich hat bezwungen/ daß sie den Teufel und Götzen=Tempel absagten/ und den Christlichen

Luther habe seine Landsleute 1525 zum Ungehorsam gegen die Obrigkeit angestachelt, eine demokratische Regierung gefordert und so den Bauernkrieg entzündet[67].

Die Protestanten hätten in der Folge durch ihre stetigen Rebellionen immer wieder Religionskriege entfacht. *Für das Vatter=Land deß Bayrischen Löwens* nennt als Religionskriege drei ungarische Rebellionen, die französischen Bürgerkriege des 16. und frühen 17. Jahrhunderts, den Schmalkaldischen Krieg, die beiden Kappeler Kriege und die Aufstände gegen die habsburgischen Rekatholisierungsmaßnahmen im Vorfeld des Dreißigjährigen Krieges[68]. Dabei wurden immer wieder die Gräueltaten der Protestanten hervorgehoben. Allein in Frankreich hätten sie im Jahr 1562 5000 katholische Kleriker ermordet[69].

In den Erblanden habe Kaiser Ferdinand II. alle friedfertigen Mittel angewandt, um seine protestantischen Untertanen von der Wahrheit des katholischen Glaubens zu überzeugen[70]. Er habe ihnen in einem Akt fürstlicher Gnade sogar ein Religionsprivileg ausstellen lassen, damit sie im Verlauf der Zeit ihren Irrtum hätten von selbst erkennen können[71]. In undankbarer Weise hätten sie aber seine Wohltaten verkannt und sich in Böhmen und Schlesien gegen den Kaiser erhoben, weil sie keinen katholischen Monarchen dulden wollten[72]. Die Memoria vergangener Religionskriege sollte auf diese Weise den katholischen Alliierten vor Augen führen, dass ihre protestantischen Untertanen und Verbündeten als chronische Rebellen ihnen früher oder später in den Rücken fallen würden. Um eine solche Rebellion zu verhindern oder zumindest wieder einzudämmen, appellierte sie an die gesamtkatholische Solidarität.

---

    Glauben annahmen/ von welchem sie auch nimmer abwichen/ sondern seynd in der einmahl angenommenen Catholischen Religion biß dorthin 800. Jahr beständig verblieben«. Ebd., S. 7.

67 »Sonders wurden sie gemäß Luthers Lehr/ der Obrigkeit vngehorsamb/ wollten eine freye Regierung (wie die Schweitzer) haben/ da dann an. 1525. Mordt und Todschlag erfolgte so der Bauren=Krieg genennt wurde«. Ebd., S. 8.

68 Vgl. ebd., S. 9–13.

69 Vgl. ebd., S. 10.

70 »Und Anno 1600 hat Ertz=Hertzog von Oesterreich FERDINANDUS die Lutheraner vnd widerspenstige Underthanen in der Steuermarck vnd andern Oesterreichischen Erb=Ländern mit bewehrter Hand zu vertreiben/ vnd ihre Kirchen nider zu reissen angefangen/ vorgehents aber denenselben gütlich auffgetragen/ ihre Güter zu verkauffen/ oder die Cathol. Lehr was grossen Alters ist anzuhören/ die junge Kinder aber Catholisch Tauffen zu lassen«. Ebd., S. 12f.

71 Vgl. ebd., S. 13.

72 »[…] aber dannoch wollten sie kein Catholisch Haupt leiden/ sondern erwecken darwider Rebellion und Conspiration vnd vertrieben und lästerten darnach wie zuvor die Geistliche und Jesuiter«. Ebd., S. 13.

Die französisch-bayerische Argumentation im Spanischen Erbfolgekrieg wurde dadurch erleichtert, dass auch die kaiserliche Publizistik den Kuruzzenkrieg als protestantischen Religionskrieg gegen den rechtmäßigen Monarchen diffamierte. Als notorische Rebellen seien die ungarischen Protestanten letzten Endes nicht einmal vor einer Allianz mit den Türken zurückgeschreckt[73]. Aus diesem Grund seien sie die eigentlichen Schuldigen für die zweite Wiener Türkenbelagerung und den Ausbruch des Großen Türkenkrieges gewesen[74]. Insbesondere der Kaiser sollte sich im Spanischen Erbfolgekrieg mit Frankreich, Kurbayern und Kurköln versöhnen, um gemeinsam die Gefahr eines Religionskrieges der Protestanten gegen den Katholizismus zu bannen.

*Zusammenfassung*
In der katholischen Tagespublizistik herrschte Einigkeit, dass Häresie eine Rebellion gegen Gott darstelle, die unweigerlich auch zu einer Rebellion gegen die von Gott eingesetzte Obrigkeit führen musste. Diese Ansicht untermauerte die katholische Tagespublizistik mit den bekannten Religionskriegsexempeln aus der Geschichtsschreibung. In diesen falschen Religionskriegen hätten sich die Protestanten ihres Irrglaubens bedient, um ihre Anschläge auf die bestehende Ordnung zu rechtfertigen.

Katholische Autoren setzten sich intensiv mit den Thesen ihrer hugenottischen Widersacher auseinander, die nicht müde wurden, ihre Unschuld an den vergangenen Religionskriegen und ihre Treue gegenüber den französischen Königen zu betonen. Nicht verwunderlich ist deshalb die starke Präsenz französischer Autoren, die unter Rückgriff auf die geläufigen historischen Exempel eine hugenottische Rebellion der Gegenwart beweisen wollten. Dabei konstruierten sie eine als protestantischen Religionskrieg geplante Verschwörung aus *Réfugiés*, aufgewiegelten *Nouveaux-Convertis* und dem protestantischen Ausland.

Die französische Propaganda bemühte sich in Auseinandersetzung mit ihren hugenottischen Gegnern, den katholischen Franzosen die Hugenotten als Gefahr für die innere Sicherheit des Königreichs vorzustellen. Gleichzeitig sollten die katholischen Mächte aber vor dem aufrührerischen Geist der Protestanten gewarnt werden und sich Ludwig XIV. in seinem Kampf gegen die protestantischen Rebellen anschließen. Dem widersprach Frankreichs eigene Unterstützung der ungarischen Rebellen, eine Haltung, die im katholischen Deutschland scharf kritisiert wurde, aber auch in Frankreich

---

73 Vgl. ebd., S. 9f.
74 »In specie die erste Ursach deß Ungar=Türcken=Kriegs und Belagerung Wien zu vernehmen/ ist solche von den Ketzern und Secten (das ichs jetzt wider meine Schreib=Art Ketzerey vnd Secten nenne/ kombt daher/ daß sie damahlen ärger mit der falschen Lehr vnd That gewesen«. Ebd., S. 10.

Kritik hervorrief. Ungeachtet dieses inneren Widerspruchs wurde die französische Publizistik nicht müde zu betonen, dass alle katholischen Mächte in einem Religionskrieg gleichermaßen der Rebellion ihrer protestantischen Untertanen gewahr werden würden. Im Spanischen Erbfolgekrieg unterstützten Frankreichs Wittelsbacher Alliierte im Reich diese Argumentation. Katholischen Franzosen und auswärtigen katholischen Mächten wurde die Unterstützung Ludwigs XIV. als einzige Möglichkeit zur Verhinderung eines protestantischen Religionskrieges präsentiert, denn Ludwig XIV. erschien seit der Revokation des Edikts von Nantes als »destructeur de l'hérésie«[75].

### III.1.2 Ludwig XIV. »Destructeur de l'hérésie«[76]

Die katholischen Kleriker waren sich darin einig, »que les Princes Chrétiens [...] doivent défendre l'Eglise contre ses ennemis, & c'est principalement pour cela que Dieu leur a mis le glaive en main«[77]. Diese Ansicht konnten sie mit der Autorität der Kirchenväter theologisch belegen[78]. Vor allem aber lieferte die Historiografie mit den Religionskriegen der ersten christlichen Caesaren und den mittelalterlichen Heiden- und Ketzerkreuzzügen Beispiele dafür, dass von christlichen Herrschern ein Religionskrieg zur Verteidigung der katholischen Kirche erwartet werden durfte[79]. Die Führung eines Religionskrieges gehörte in den Augen katholischer Autoren somit zum festen Bestandteil ihres Herrscherbildes. Ludwig XIV. konnte sich diesem Diskurs als Allerchristlichster König und Ältester Sohn der Kirche kaum entziehen. Es ist zu vermuten, dass dieses Herrscherbild maßgeblich zur Revokation des Edikts von Nantes beigetragen hat.

Die Endgültigkeit der Aufhebung des Edikts von Nantes kommt nach 1685 auch durch die gebetsmühlenartige Wiederholung des Herrscherlobs für die Ausrottung der Häresie zum Ausdruck. Die Ausrottung der Häresie

---

75 Le panégyrique, S. 43; DANIEL, HISTOIRE, Bd. 1, SIRE [5].
76 Le panégyrique, S. 43; DANIEL, HISTOIRE, Bd. 1, SIRE [5].
77 Rezension von: JUSTITIA GALEATA PRO LEGE, PRO REGE, ET pro Patria, adversùs Catholicæ Fidei hostes, & cæteros Hispaniarum invasores & Perduelles. AL. D. Antonio Maldonado, Monge, J. C. Zamorensi, olim Ovetensis Episcopâtus Gubernatore, deinde Cordubensis Vicario Generali, & nunc in ejus alma Cathedrali Ecclesia Portionario, & Synodali Examinatore, sanctæque Inquisitionis Ordinario Fidei Quæsitore [...] 1707. In–4°. pagg. 233, in: LE JOURNAL DES SÇAVANS, 15.08.1707, S. 513–519, hier S. 515.
78 »Les Docteurs Espagnols, dont il cite un très-grand nombre, sont de ce sentiment, qui est d'ailleurs appuyé ici sur l'autorité de l'ancienne Eglise. S. Isidore enseigne que les Princes de la terre travaillent pour le bien du Royaume céleste, lorsque leur sévérité écrase ceux qui dans l'Eglise agissent contre la Foi & contre la Discipline. Selon S. Augustin, l'Evêque Maximien se seroit rendu criminel, s'il n'avoit pas imploré le secours de l'Empereur contre les ennemis de son Eglise«. Ebd., S. 515f.
79 Vgl. Kapitel II.1.3.

war seit 1685 zum festen Bestandteil der ludovizianischen Herrscherpanegyrik geworden. Diese Art von Panegyrik wurde nicht allein in Akademiereden und offiziellen Te-Deum-Gottesdiensten der französischen Monarchie betrieben, sondern sie war auch fester Bestandteil von Widmungsschreiben an den König, Predigten des französischen Klerus, offizieller Berichterstattung in der *Gazette de France*, *Mercure galant* und *Journal des Sçavans* sowie der französischen Flugschriftenpublizistik[80]. Im Lob der Revokation des Edikts von Nantes waren sich die katholischen Franzosen einig[81]. Einhellig feierte die französische Tagespublizistik Ludwig XIV. für die Vernichtung der »calvinistischen Häresie« im eigenen Land[82]. Durch diese Großtat habe er die Taten seiner Vorfahren übertroffen und wahrhaftig den Titel eines Allerchristlichsten Königs und Ältesten Sohnes der Kirche verdient[83].

Das Lob für die Ausrottung der Ketzerei beschränkte sich aber naturgemäß nicht auf die Grenzen des französischen Königreichs, denn die Existenz der Häresie habe per se eine Bedrohung für den katholischen Glauben insgesamt dargestellt. Die Roger de Bussy-Rabutin zugeschriebene und posthum erschienene HISTOIRE EN ABRÉGÉ DE LOUIS LE GRAND stellte fest, der Neunjährige Krieg müsse als Religionskrieg betracht werden, weil die Feinde

---

[80] In der Forschung haben bisher vor allem die offiziellen Akademiereden und Te-Deum-Gottesdienste Beachtung gefunden. Vgl. FOGEL, Les cérémonies; KAMPMANN, Arbiter, S. 199–219; ZOBERMAN, Les Panègyriques, S. 198–205, 428f.; RAMEIX, Justifier, S. 73–76.

[81] Vgl. mit zahlreichen Quellenbelegen BOLLE, Deux évêques, S. 59–74; BURKE, Ludwig XIV., S. 143–145; CHALINE, Le règne, Bd. 1, S. 591f.; DOMPNIER, Frankreich, S. 132; MASBOU, Que reste-t-il des guerres, S. 270; SAUZET, Au Grand Siècle, S. 174–176; SCHILLING, Das Jahrhundert, S. 134. Zu den ganz wenigen Ausnahmen zählten bekanntlich Jean-Baptiste Colbert de Seignelay und Sébastien Le Prestre de Vauban. Charakteristisch für den Mehrheitsdiskurs im katholischen Frankreich ist aber, dass weder der eine noch der andere seine Ablehnung öffentlich zu rechtfertigen wagte. Vgl. ADAMS, The Huguenots, S. 25; CHALINE, Le règne, Bd. 1, S. 591.

[82] Vgl. RIENCOURT, HISTOIRE DE LOUIS, Bd. 1, EPITRE [8f.]. »LOUIS XIV. l'auroit merite pour avoir banni l'Heresie de ses Etats«. RICHARD, Discours, S. 51.

[83] »V.M. a terrassé ce monstre terrible de l'heresie, qui a fait tant de desordres, & produit tant de maux depuis plus d'un siecle dans ce Royaume. Vous avez, SIRE, par une pieté digne d'un Roy Tres-Chrêtien, & du Fils Aîné de l'Eglise, réüni tous vos Sujets de la Religion Pretenduë Reformée, d'embrasser la Foy ancienne de leurs Peres, de quitter leurs erreurs & de professer la même Religion des Rois vos Predecesseurs«. HISTOIRE DE LOUIS, Bd. 1, EPITRE [8]. »Quel autre avant LOUIS LE GRAND eut voulu perdre un de ses bras pour bannir de ses Etats l'Heresie de Calvin qui s'y étoit glisée dans les malheureux tems, sous le regne de ses Ancestres? Quel autre enfin eut voulu comme lui, en revoquant l'Edit de Nantes, couper tout d'un coup la tête à cet Hydre, s'il n'eut été bien assuré que Dieu ne lui faisoit tous les jours remporter tant de victoires sur ses Ennemis, que pour lui faire connoître qu'il étoit comme certain de la conqueste de ceux de la Religion«. RICHARD, Discours, S. 51f. Vgl. des Weiteren DONNEAU DE VISÉ, AFFAIRES DU TEMPS, S. 67.

Ludwigs XIV. Häretiker oder Helfershelfer der Häretiker seien[84]. Ein Krieg gegen Häretiker und die katholischen Förderer der Häresie musste einem gläubigen Katholiken nach den Regeln des kanonischen Rechts unweigerlich als legitim, erstrebenswert und gar notwendig erscheinen[85]. Der *Mercure de France* berichtete zu Beginn des Neunjährigen Krieges entsprechend vom Eifer der katholischen Soldaten: »On n'a que faire de battre le Tambour pour en lever, tout s'offre pour une Guerre de Religion; les Milices sont aussi-tost prestes que les ordres sont donnez, & la Noblesse que faitz assembler l'Arriereban brusle de combattre«[86].

Damit erklärte die offizielle französische Berichterstattung den Krieg gegen Wilhelm von Oranien zu einem Religionskrieg. Der *Mercure de France* richtete sich dabei vor allem an die Waffen tragenden Stände, die durch die Meldung der Begeisterung ihrer Standesgenossen ebenfalls zum Kriegseinsatz motiviert werden sollten. Verteidigung und Schutz der katholischen Religion erschienen als ein Motiv, das bei französischen Katholiken schwerlich auf Ablehnung stoßen konnte.

Ihr König fungierte dabei nicht nur als oberster Feldherr, sondern auch als Vorbild für seine Soldaten. Noch nach fünf Kriegsjahren feierte ein Prediger Ludwig als Vorbild und Exempel, denn er sei wie ein Makkabäer ausgezogen, die wahre Religion zu verteidigen[87]. Der Monarch war durch die diskursive Verengung der französischen Religionskriegsmemoria und Herrscherpanegyrik gezwungen, die Waffen für den katholischen Glauben zu ergreifen und keinen für die katholische Kirche nachteiligen Frieden zu schließen. Der Religionskriegsdiskurs erklärt so in Teilen auch die Einbringung der berühmten Religionsklausel in den Friedensvertrag von Rijswijk, bei dem Frankreich zwar bereit war, Eroberungen, nicht aber den einmal erworbenen Besitzstand der katholischen Kirche zu opfern[88]. Französische Autoren erkannten in

---

84 »C'estoit une Guerre de Religion: Sa Majesté n'avoit d'ennemis que des heretiques ou des fauteurs d'heretiques«. BUSSY-RABUTIN, HISTOIRE, S. 303. Zur Biografie Bussy-Rabutins vgl. BRAY, Bussy-Rabutin, S. 252f.
85 »Si quis verò prædictis Potestatib. dominis temporalibus rectorib. vel eorũ Officialibus seu Balliuis contra prædicto fidei negotio sæpesatis diœcesano Episc. vel Inquisitorib. incumbenti se opponere fortè præsumpserit, vel ipsum aliquaten impedire, necnon & qui scienter in prædictis dederit auxilium, consilium, vel fauorem, excommunicationis se nouerit mucrone percussum quam si per annum animo sustinuerit pertinaci, extunc velut hæreticus condemnetur«. LIBER, Bd. 2, Sexti Decretalium Lib. V. CAP. XVIII. De Hæreticis Tit. II., S. 641f.
86 LE MERCURE DE FRANCE, S. 37f.
87 Vgl. SAINT CHARLES, Panégyrique, S. 148.
88 Vgl. ARETIN, Das Alte Reich, S. 42; CHALINE, Le facteur religieux, S. 564. Für die unnachgiebige Haltung Ludwigs XIV. spricht auch seine Weisung an seinen Gesandten am brandenburgischen Hof, in der es heißt: »Quant au 4ᵉ article du traité de Ryswick, que Sa Majesté, voulant bien abandonner autant de lieux à l'Empire en considération de la paix, ne pouvoit pas se réserver un moindre avantage que d'y conserver l'exercice de la religion de la manière qu'elle l'avoit établi; que sa piété est assez connue pour juger

den Siegen Ludwigs XIV. den Beleg für Gottes Beistand[89]. Auf diese Weise erschienen selbst die Niederlagen des französischen Königs als Beweis für die Unterstützung des Allmächtigen, die durch die besondere Erwählung Ludwigs XIV. sichergestellt sei[90].

Die Verdienste des französischen Königs wurden in den Augen der ludovizianischen Publizistik durch seine Unterstützung für die Rekatholisierungspolitik Jakobs II. von England noch gesteigert[91]. Die Ausbreitung des Katholizismus durch Ludwig XIV. und seinen Verbündeten Jakob II. von England sollte zudem den Papst erweichen, sich auf die Seite Frankreichs zu stellen, denn die Streitigkeiten zwischen Frankreich und der römischen Kurie würden nichts anderes als einen Verlust der katholischen Kirche bewirken[92].

Jakob II. sei mit gutem Beispiel vorangegangen. Bei seiner Landung in Irland habe er ewige Dankbarkeit für den persönlichen und militärischen Beistand Ludwigs XIV. bekundet, die ihm nach seiner Vertreibung zuteil geworden seien[93]. Die Unterstützung Ludwigs XIV. trug dazu bei, den

---

qu'elle ne pouvoit se relâcher sur cette condition, et qu'enfin elle n'a fait que maintenir ce qui s'observe depuis plusieurs années dans ces mêmes lieux, en sorte que n'est plus une nouveauté«. Mémoire pour servir d'instruction au Sieur des Alleurs, Brigadier d'infanterie dans les armées du Roi, envoyé extraordinaire de Sa Majesté auprès de l'électeur de Brandebourg, 31 mars 1698, in: Recueil, Bd. 16, S. 237–253, hier S. 244.

89 »Il attire tous les jours de nouvelles bénédictions du Ciel sur sa Personne & sur ses armes«. SAINT CHARLES, Panégyrique, S. 137f. Diese Interpretation findet sich auch bei der historischen Schilderung vergangener Religionskriege in der französisch-bayrischen Tagespublizistik des Spanischen Erbfolgekrieges. Der Sieg der Katholiken im Schmalkaldischen Krieg wird als Beweis für den Beistand Gottes gewertet: »dann wie er auff einmal das Schiff Petri in dem Meer der Ketzerey verschlingen möchte/ Welchen aber ein kleines Häuffl deß Käysers zerstört/ geschlagen [...] gefangen hat«. Für das Vatter=Land, Bd. 1, S. 11f. Auf diese Weise wurde der Sieg der französisch-bayrischen Waffen erneut als Beweis für den Beistand Gottes interpretiert.

90 »Il est vray que la Providence abandonne quelque fois les siens aux malheurs, mais il est vrai aussi que quand cela arrive, elle commence par leur ôter la bonne conduite; & quand elle leur laisse (comme elle fait au Roy) une grande prudence, avec beaucoup de fermeté, ils n'ont rien à craindre«. BUSSY-RABUTIN, HISTOIRE, S. 303.

91 »Pendant que d'un côté LOUIS LE GRAND s'occupe tout entier à détruire dans ses Etats les pernicieux restes de l'erreur de Calvin, & que de l'autre, un Roy puissant & vertueux animé d'un même esprit, veut suivre les mêmes traces, & favoriser le nouveau progrés que la Religion Romaine commençoit à faire parmi ses peuples«. SAINT CHARLES, Panégyrique, S. 133.

92 »Nous croions même qu'un des plus puissans motifs que le Pape puisse avoir pour revenir de son opiniâtreté, c'est qu'il met obstacle par là aux desseins qui sont pris depuis quelque temps entre deux grands Princes de ruïner la Religion Protestante«. SANDRAS, NOUVEAUX INTERETS 1688, S. 175.

93 »Le Roy Jacques II. [...] têmoigna qu'il conservoit toûjours dans son souvenir les obligations qu'il avoit à Sa Majesté Tres-Chrestienne, qui luy avoit si genereusement donné, à la Reyne son épouse, & au Prince de Galles son fils un azile si favorable dans son Royaume, & un secours considerable d'hommes & d'argent«. RIENCOURT, HISTOIRE DE LA MONARCHIE, Bd. 2, S. 427.

französischen König als wichtigsten »défenseur de la religion« zu inszenieren⁹⁴. Es gereiche den anderen katholischen Mächten zur Schande, dass

> cette union neanmoins regarde la Religion, & que nostre Monarque se trouvant aujourd'huy seul, qui comme le Fils aîné de l'Eglise, & Roy Tres-Chrestien, soûtient & deffend cette Religion Chrestienne & Catholique, contre les Souverains mesmes qui en font une profession publique, & qui la devroient deffendre⁹⁵.

Mit dieser Argumentation zielte die französische Publizistik sowohl auf die katholische Öffentlichkeit im eigenen Land als auch auf Ludwigs katholische Kriegsgegner. Während der französischen Öffentlichkeit die Legitimität des Kampfes Ludwigs XIV. gegen eine Welt von Feinden vor Augen geführt wurde, damit sie die französischen Kriegsanstrengungen finanziell, militärisch und ideell unterstützte, klagte sie die katholischen Alliierten wegen ihres widernatürlichen Bündnisses mit Wilhelm von Oranien an. Statt sich mit den Häretikern einzulassen, die einen katholischen Monarchen entthront hatten, wurden sie dazu aufgefordert, sich auf die Seite Ludwigs XIV. zu stellen und dazu beizutragen, Jakob II. in einem Religionskrieg wieder auf den englischen Thron zu bringen. Sie sollten Wilhelm keinen Glauben schenken, der vorgegeben habe, die Freiheit Englands zu verteidigen⁹⁶. Sein Vorgehen beweise vielmehr, dass es sich dabei um einen Religionskrieg gegen den Katholizismus gehandelt habe, bei dem die anderen katholischen Mächte sich keinesfalls hätten gegen Frankreich stellen dürfen⁹⁷.

Der Appell an die katholische Solidarität wurde mit biblischen Gleichnissen belegt, die sich nicht auf Höhenkammliteratur wie Jean Racines *Athalie* beschränkten⁹⁸. Auch einfache Predigten griffen das Schicksal Jakobs II. auf. Der Arragoiser Karmeliter Hyacinthe de Saint Charles verglich etwa das Schicksal des exilierten Hauses Stuart mit dem des biblischen Hauses Jakob⁹⁹. Wie den Stammvater Jakob habe Gott Jakob II. von England für die Un-

---

94 SAINTE-MARTHE, ENTRETIENS, Avertissement [28]; Remarques sur la reponse, S. 1; SAINT CHARLES, Panégyrique, S. 130, 148; RIENCOURT, HISTOIRE DE LA MONARCHIE, Bd. 2, S. 431. Vgl. darüber hinaus BURKE, Ludwig XIV., S. 143–146; MARAL, Le Roi-Soleil, S. 190–208, die vor allem auf die Aufhebung des Edikts von Nantes rekurrieren und bis auf eine Ausnahme der knappen Stellen bei MARAL, Le Roi-Soleil, S. 213f., die außenpolitische Inanspruchnahme dieses Ereignisses durch die französische Propaganda und Diplomatie weitgehend vernachlässigen.
95 RIENCOURT, HISTOIRE DE LA MONARCHIE, Bd. 2, S. 431.
96 Vgl. MERCURE GALANT 08.1690, S. 380f.
97 »Ainsi cette guerre que les Princes liguez ont soumentée avec luy, est une guerre de Religion, & le Roy ne doit point appréhender ses Ennemis en défendant contre eux la cause de Dieu«. Ebd., S. 381.
98 Vgl. RACINE, Jean, Athalie, in: ders., Œuvres 1985, Bd. 1, S. 871–943. Vgl. darüber hinaus CHALINE, Le règne, Bd. 2, S. 239f.
99 »Quel étrange renversement d'etat & de Religion! quelle catastrophe! quel nouveau

gerechtigkeit seines Volkes bestraft, die Herzen der Potentaten verführt und einen Krieg gegen das Volk Israels entzündet[100]. Wilhelm von Oranien, der selbst keine Religion besitze und es nur auf die Vernichtung des Katholizismus abgesehen habe, habe einen Krieg entfacht, um zuerst die rechtmäßigen Monarchen zu entthronen und dannach die katholische Kirche zu vernichten[101]. Seine katholischen Alliierten seien durch falsche Maximen verführt worden, Wilhelm bei seinen Machenschaften beizustehen[102]. Sie begingen großes Unrecht, sich gegen die Verteidiger des wahren Glaubens zu stellen, deren Bekenntnis sie doch vordergründig teilten[103]. Die katholischen Alliierten Oraniens sollten erkennen, dass es die katholische Konfession gebiete, sich für die Seite Jakobs II. und Ludwigs XIV. zu entscheiden. Wie Moses würde Ludwig XIV. das Haus Jakob rächen und zurück in die Freiheit führen. Beseelt von göttlichem Eifer würde er mit dem Beistand Gottes den Pharao strafen[104]. Mit dem Pharao war freilich niemand anderes als Wilhelm von Oranien, mit der Befreiung des Hauses Jakob nichts anderes als die Restauration des Hauses Stuart in England gemeint.

Im Gegensatz zu den treulosen Engländern stünden die katholischen Franzosen voll und ganz hinter ihrem Monarchen. Als treue Untertanen des Allerchristlichsten Königs seien sie begierig darauf, Jakob II. bei der Rückeroberung seines Thrones zur Seite zu stehen[105]. Der MERCURE GALANT inszenierte den Kampf Frankreichs gegen Wilhelm von Oranien als einen Religionskrieg[106]. Darin stehe Gott unverkennbar den Franzosen bei, wie die

---

monstre vient aujourd'hui troubler la joïe d'Israël, & remplir de confusion la maison de Jacob!« SAINT CHARLES, Panégyrique, S. 129.
100 Vgl. ebd.
101 »Un Prince nourri dans le sein de l'heresie, & à qui toutes les Religions sont indifferentes, pourvû qu'il puisse nuire à la veritable, poussé comme un autre Absalon, d'un desir criminel de regner, s'attaque au Trône du legitime Souverain, pour tourner ensuite sa fureur contre nous & contre l'Autel de JESUS-CHRIST«. Ebd.
102 »[...] ce qui fait fremir d'horreur, c'est de voir que des Princes Catholiques séduits par de vaines esperances, & par de fausses maximes d'Etat, entrent au préjudice de leur honneur & de leur conscience dans cette Ligue monstrueuse où toutes les Religions sont confonduës«. Ebd., S. 130.
103 Vgl. ebd., S. 134.
104 »LOUIS LE GRAND, ce Moïse de la nouvelle alliance, enflamé d'un saint zéle, tourner ses forces contre l'armée de Pharaon, fendre les eaux de la mer, poursuivre les Egyptiens, & se servir avec avantage de la Verge de la puissance que Dieu lui a mise en main pour vanger la desolation de la maison de Jacob, pour rassembler les dispersions d'Iraël, & pour rétablir les Tribus fugitives dans la liberté d'offrir au vrai Dieu le sacrifice nouveau«. Ebd., S. 144f.
105 »Vous trouvez en France plus de cœurs dévoüez à vôtre service, sous les ordres de NOSTRE GRAND MONARQUE, que vous n'en avez laissé d'infideles dans vos Royaumes«. SAINTE-MARTHE, ENTRETIENS, EPITRE [8]; MERCURE GALANT 12.1691, S. 289f.
106 »La guerre que soutient la France, c'est une guerre de Religion«. MERCURE GALANT 08.1690, S. 178.

Siege über Wilhelm in den Augen der ludovizianischen Publizistik beweisen und die Te-Deum-Gottesdienste in Frankreich bestätigen würden[107]. Der Krieg wurde so medial zu einem liturgischen Akt, einem wahrhaftigen Religionskrieg der katholischen Gläubigen in Frankreich gegen den oranischen Usurpator aus den Niederlanden.

*Zusammenfassung*
Der historiografische Herrscherdiskurs forderte vom französischen König die Führung von Religionskriegen zur Ausrottung der Häresie und zur Verteidigung des katholischen Glaubens. Als Ludwig XIV. die reformierte Religionsausübung in Frankreich unter Strafe stellte, zollte ihm die französische Tagespublizistik für diese Tat großes Lob. Die Religionskriegsforderung der französischen Herrscherpanegyrik wurde schnell von den Debatten innerfranzösischer Kirchenpolitik auf die europäische Staatenpolitik übertragen. Auch hier wurde Ludwig XIV. als »destructeur de l'hérésie« gefeiert[108]. Gleichzeitig forderte die Tagespublizistik von ihrem Monarchen den Schutz der bedrängten katholischen Glaubensgenossen im protestantischen Herrschaftsbereich. Gegen die Anschläge der protestantischen Häretiker erschien ein Religionskrieg zur Verteidigung des Katholizismus unabdingbar. Die französischen Untertanen sollten durch diese Darstellung für die Unterstützung der Kriegsanstrengungen ihres eigenen Monarchen gewonnen werden. Vor allem aber sollten auch die anderen katholischen Monarchen ein Einsehen haben und die Führungsrolle Frankreichs im Kampf gegen Häretiker akzeptieren. Namentlich die Ereignisse der *Glorious Revolution* und das Schicksal Jakobs II. von England sollte sie zur Unterstützung Frankreichs motivieren.

---

107 »Elle [...] est protegée du Ciel, & défend la cause de Dieu & la gloire des Autels que ses Ennemis cherchent à détruire, puis qu'ils font rendre des actions de graces à Dieu pour les victoires remportées sur la Religion Catholique. C'est un fait qui a esté connu par les Te Deum qui se font chantez pour la premiere victoire du Prince d'Orange en Irlande«. Ebd., S. 380. »Quant aux moyens surnaturels, personne n'avoit tant de droit d'y pretendre que luy [Louis XIV].« BUSSY-RABUTIN, HISTOIRE, S. 302f.; SAINT CHARLES, Panégyrique, S. 137f. KLAITS, Printed Propaganda, S. 15–20; RAMEIX, Justifier, S. 73–76. FOGEL, Les cérémonies, S. 233–242, weist dabei aber auch auf die inneren Konflikte zwischen Klerus und König hin. Nichtsdestotrotz dienten die öffentlichen Te-Deum-Gottesdienste auch während der Herrschaft Ludwigs XIV. als das Mittel, die königliche Politik einer breiten Masse der Franzosen näherzubringen.
108 DANIEL, HISTOIRE, Bd. 1, Epitre [5].

### III.1.3 Die *Glorious Revolution* und das Schicksal Jakobs II. von England als Beleg der französischen Argumentation mit dem Religionskrieg

Die religiöse Dimension der publizistischen Wahrnehmung der *Glorious Revolution* ist von der historischen Forschung der letzten zwei Jahrzehnte eingehend untersucht worden[109]. Die Forschung hat sich dabei aber im Wesentlichen auf die beiden Seemächte beschränkt. Deutsch- und französischsprachige Publizistik wurde kaum herangezogen[110]. Im Folgenden soll deshalb der Bedeutung der *Glorious Revolution* und des Neunjährigen Krieges für die Religionskriegsdebatte im katholischen Europa nachgegangen werden.

Die Ereignisse um *Glorious Revolution* und Neunjährigen Krieg wurden insbesondere von der französischen Propaganda als Beweis für die Existenz eines Religionskrieges ausgelegt. Während seiner Intervention auf den britischen Inseln habe der Prinz von Oranien bewiesen, dass er entgegen seinen offiziellen Erklärungen den Katholizismus vernichten wolle, um den Protestantismus zu fördern[111]. Die Existenz eines protestantischen Religionskrieges gegen den Katholizismus wurde in den Augen der französischen Propaganda durch die Aussagen Wilhelms selbst, die Erklärungen seiner Offiziere, die Danksagung des englischen Parlaments für sein Eingreifen auf den britischen Inseln und letztendlich die Gewalttaten an den englischen Katholiken belegt.

---

[109] Vgl. CLAYDON, William III and the Godly Revolution; ders., Protestantism, S. 125–142. Claydon plädiert besonders in der Selbstkritik »Protestantism, Universal Monarchy and Christendom in William's War Propaganda, 1689–1697« seiner Dissertation *William III and the Godly Revolution* für die stärkere Einbettung der englischen Diskussion in die europäischen Debatten, löst dieses Desiderat wie die meisten seiner Landsleute aber aufgrund seiner konsequenten Beschränkung auf die englischsprachige Überlieferung nicht ein. ONNEKINK, The Last War, S. 69–88; ders., The Revolution, S. 143–171, hat hier einen großen Fortschritt durch Einbeziehung der niederländischen Publizistik erreicht, dringt aber wie sein britischer Kollege kaum zu den Religionskriegsdebatten im katholischen Europa vor.

[110] LEVILLAIN, Vaincre Louis XIV, S. 339–360, hat bisher als Einziger die französischsprachige Publizistik zum Religionskrieg während der *Glorious Revolution* mit einbezogen, aber aufgrund seiner Fragestellung nur in direktem Bezug auf England und die Vereinigten Provinzen ausgewertet und verbleibt deshalb im Wesentlichen im Rahmen des Diskurses Claydons und Onnekinks.

[111] »Toute la campagne fut remplie des Couriers de ce Prince, qui voulant détruire les Catholiques pour élever les Protestans, porterent des ordres dans tous les Ports, Villes, & Bourgs, & à tous les Juges d'Angleterre de les arrester, & de les traiter comme ils le jugeroient à propos, suivant qu'on auroit lieu de s'en plaindre, & qu'ils auroient contrevenu aux Declarations faites contre eux«. LE MERCURE DE FRANCE, S. 34.

Der Prinz von Oranien habe (gegenüber den Protestanten) den gegenwärtigen Krieg selbst zu einem Religionskrieg erklärt[112]. Nicht umsonst seien seine Truppen mit dem Fahnenspruch »Pro Religione« nach England aufgebrochen[113]. Dass es sich sehr wohl um einen Religionskrieg gehandelt habe, beweise neben der Katholikenverfolgung auf den britischen Inseln auch ein Brief des Admirals Arthur Herbert an die Offiziere der englischen Flotte[114]. Der *Mercure de France* zitierte hieraus die Aufforderung, »de joindre vos armes à celles du Prince pour le maintien de l'interest commun, de la Religion Protestante, & de la liberté de vostre Patrie«[115]. Daraus ginge klar und deutlich die Absicht zur Führung eines Religionskrieges hervor, denn die Gleichsetzung von englischem Vaterland und Protestantismus grenzte in den Augen des *Mercure de France* einen beträchtlichen Teil der Engländer aus[116]. Aus dieser Ausgrenzung könne man die Absicht eines Religionskrieges zur Vernichtung des Katholizismus in England erkennen[117]. Letztendlich belege der Brief Herberts die schlechte Behandlung, die man den englischen Katholiken angedeihen lasse, um den Protestantismus dort wieder einzuführen[118]. Deshalb müssten die katholischen Mächte die Existenz eines Religionskrieges gegen ihren eigenen Glauben anerkennen und sich letztlich von ihren protestantischen Alliierten lossagen[119].

Ein weiterer Beweis für die Existenz eines Religionskrieges sei die offizielle Danksagung des englischen Parlaments an den Prinzen von Oranien vom 11. Dezember 1688[120]. Darin lobten ihn die Abgeordneten für seinen konfessionellen Eifer und die Erlösung Englands von »Papismus« und Sklaverei[121]. Die Parlamentarier dankten ihm ganz konkret dafür, die »Papisten« entwaffnet und ihre Priester eingesperrt und verbannt zu haben[122]. Daraus

---

112 »Il entreprend une guerre à laquelle il donne luy-mesme le titre de Guerre de Religion«. Ebd., S. 81.
113 »Cela s'est fait remarquer pendant plusieurs semaines, qu'on a leu écrit sur ses Pavillons, Pro Religione«. Ebd.
114 »Je puis encore prouver la persecution dont je viens de vous parler, & cette guerre est une guerre de Religion, par une Lettre de l'Amiral Herbert, qu'il écrivit aux Officiers de la Flote Angloise«. Ebd., S. 83.
115 Ebd., S. 88f.
116 »Après cela, pour marquer que c'est une guerre de Religion, il leur parle comme s'ils estoient tous Protestans, & que leurs Peres fussent morts dans la Religion Protestante«. Ebd., S. 92.
117 Vgl. ebd.
118 »Enfin cette Lettre, & les mauvais traitemens faits aux Catholiques, prouvent à M$^r$ Jurieu qu'on se sert de violence pour établir la Religion Protestante en Angleterre, & font voir en mesme temps à la Cour de Rome, & à celle de Vienne, que la guerre que l'on fait est une guerre de Religion«. Ebd., S. 94.
119 Vgl. ebd.
120 Vgl. ebd., S. 130–134. Ebd., S. 274, wiederholt sinngemäß diese Danksagung.
121 Vgl. ebd., S. 130–134, 274.
122 Vgl. ebd., S. 133.

werde ersichtlich, dass es der Plan Wilhelms sei, in diesem Religionskrieg den Katholizismus in England vollständig zu zerstören, um ihm anschließend in Frankreich und zuletzt in ganz Europa empfindlichen Schaden zuzufügen[123]. Das *Convention Parliament* habe dem Prinzen von Oranien ganz direkt dafür gedankt, »d'avoir travaillé à détruire la Religion Catholique, & qu'ainsi cette guerre estant une guerre de Religion«[124]. Die Abgeordneten hätten öffentliche Gebete angeordnet, um Gott dafür zu preisen, dass der Prinz von Oranien England vom »Papismus« erlöst habe[125].

Der hauptsächliche Beweis für die Existenz eines Religionskrieges der Protestanten sei aber die englische Katholikenverfolgung[126]. Dort würde man die Katholiken schlimmer verfolgen als unter den antiken Tyrannen[127]. Der Prinz von Oranien habe entgegen den bestehenden Gesetzen illegale Verfügungen zur Verfolgung der englischen Katholiken erlassen[128]. In diesem Zusammenhang sei ihnen das *exercitium religionis* gänzlich genommen und darüber hinaus eine genaue Untersuchung über die Londoner Katholiken in Auftrag gegeben worden, um sie in der Folge inhaftieren lassen zu können[129]. Der Verdacht, Priester oder Mönch zu sein, habe für eine Verfolgung, Inhaftierung und Hinrichtung durch die Protestanten genügt[130]. Die katholischen Kirchen seien geplündert worden, man habe ihre Gebäude den Protestanten übereignet, die sie entweihten, um sie für ihren eigenen Gottesdienst oder als

---

123 Ebd., S. 137, behauptet wörtlich »que cette guerre est une guerre de Religion, & dans laquelle l'un des buts qu'on s'est proposé, est de détruire entierement la Religion Catholique en Angleterre pour travailler ensuite à l'affoiblir en France, & aprés cela dans toute l'Europe«. Des Weiteren vgl. SAINTE-MARTHE, ENTRETIENS, Avertissement [28–31].
124 LE MERCURE DE FRANCE, S. 274.
125 »La Convention ordonna [...] des prieres [...] pour rendre graces à Dieu de s'estre servy du Prince d'Orange pour délivrer l'Angleterre du Papisme«. Ebd., S. 277.
126 »Je vous en ay déjà dit une partie en vous faisant voir la persecution qui fut faite aux Catholiques, ce qui marque une guerre de Religion«. Ebd., S. 130. »J'ay appris par les nouvelles de Hollande, les excés que l'on commence à commettre en Angleterre contre les Catholiques«. SAINTE-MARTHE, ENTRETIENS, Avertissement [34f.]. Vgl. des Weiteren RIENCOURT, HISTOIRE DE LA MONARCHIE, Bd. 2, S. 429.
127 Vgl. Lettre d'un Ministre, S. 1.
128 RIENCOURT, HISTOIRE DE LA MONARCHIE, Bd. 2, S. 428, bezichtigte den Prinzen von Oranien »de rendre des ordonnances rigoureuses contre les Catholiques qui vivoient en Angleterre en repos de conscience sous la bonne foy des loix du Royaume«.
129 »On sçait aussi que le Prince d'Orange n'a pas plustost réussi dans son entreprise, que l'exercice de la Religion Catholique a cessé entierement dans toute l'étenduë de l'Angleterre«. Lettre d'un Ministre, S. 1. »On ne se contenta point de toutes les persecutions qu'on avoit faites aux Catholiques, on ordonna encore de faire des recherches exactes de tous ceux qui se trouveroient dans Londres, & de les arrester«. LE MERCURE DE FRANCE, S. 281f.
130 »On supposoit qu'ils estoient tous Prestres ou Moines, ce caractere estant suffisant pour rendre justes les emportemens les plus rigoureux«. Ebd., S. 45. Vgl. darüber hinaus Lettre d'un Ministre, S. 1.

Pferdeställe zu nutzen[131]. In Oxford hätten die Protestanten die katholischen Einrichtungen dem Erdboden gleichgemacht[132]. In London seien die Häuser der Katholiken Plünderungen anheimgefallen[133]. Auf Anregung der niederländischen Soldaten habe der protestantische Pöbel ein wahres Massaker unter der katholischen Bevölkerung angerichtet[134]. Die Katholiken, die sich auf den Kontinent hätten retten können, seien nur mit dem nackten Leben davongekommen[135]. Die Protestanten hätten drei katholische Lords des Hochverrates angeklagt und vor Gericht gestellt, und selbst vor den Botschaften der katholischen Mächte habe der protestantische Pöbel nicht haltgemacht[136]. Die französische Publizistik lastete diese Ausschreitungen Wilhelm von Oranien an und schlussfolgerte daraus, die ausländischen Katholiken hätten von einem Machtzuwachs des englischen Usurpators das gleiche Schicksal zu erwarten wie ihre englischen Glaubensbrüder[137]. Insbesondere die Behandlung der Gesandten der katholischen Mächte sollte beweisen, welches Schicksal dem kontinentalen Katholizismus durch den Regierungsantritt Wilhelms III. in England bevorstünde[138].

Dies sollte namentlich den katholischen Mächten zu denken geben. Die französische Publizistik griff vor allem die Habsburger an, die sich mit Wilhelm von Oranien verbündet hatten. Die ludovizianische Publizistik lastete Karl II. von Spanien an, sich nach dem Regensburger Stillstand heimlich durch den Schluss der Augsburger Liga mit den Protestanten gegen Frankreich verschworen zu haben[139]. Der französischen Publizistik zufolge habe

---

131 »Il n y eut point de Chapelle qui ne fust pillée. On donna aux Protestans celles qui ne furent pas démolies, ou brûlées, & ils les convertirent en Temples. Il y en eut mesme qu'on fit servir d'écurie«. LE MERCURE DE FRANCE, S. 46f. »Les Eglises y ont été pillées & démolies«. Lettre d'un Ministre, S. 1.
132 »On a rasé toutes leurs maisons à Oxford«. SAINTE-MARTHE, ENTRETIENS, Avertissement [35].
133 »On en a pillé plusieurs [maisons] à Londres«. Ebd., Avertissement [35].
134 Vgl. Lettre d'un Ministre, S. 1.
135 »Enfin tous les Catholiques qui se sauverent, soit Anglois, soit Etrangers, passerent presque en chemise, & sans avoir de quoy payer leur passage«. LE MERCURE DE FRANCE, S. 47.
136 »On en a pillé […] même les Hôtels des Ambassadeurs ou autres Ministres des Princes de nôtre Communion; enfin on a accusé trois Milords de haute trahison pour avoir embrassé la Religion Catholique«. SAINTE-MARTHE, ENTRETIENS, Avertissement [35]. Lettre d'un Ministre, S. 1.
137 Vgl. LE MERCURE DE FRANCE, S. 44. Ähnliche Anschuldigungen erhob SAINTE-MARTHE, ENTRETIENS, Avertissement [28–31, 35].
138 »On ne traita pas mieux les Etrangers que les Anglois, & ceux dont le caractère devoit estre respecté à cause des Souverains qui les avoient envoyez éprouverent la mesme fureur, & ne sauverent leur vie qu'avec beaucoup de difficultez«. LE MERCURE DE FRANCE, S. 44.
139 »Le Roy sçavoit que l'Espagne agissoit secretement contre les interests de la France, & qu'au lieu de maintenir le traité arresté en 1684. Elle ne s'appliquoit qu'à luy donner atteinte en toutes occasions, & d'engager tous les Princes de l'Europe, tant Catholiques

ihr eigener Monarch aber geglaubt, der König von Spanien werde sich eingedenk seines Glaubens und der engen verwandtschaftlichen Beziehung zu Frankreich eines solchen Bündnisses enthalten und stattdessen zusammen mit seinem Schwager gegen Wilhelm von Oranien zu Felde ziehen[140]. Doch Spanien habe genau den entgegengesetzten Weg eingeschlagen. Ludwig XIV. sei gut unterrichtet, dass der spanische Botschafter in London den Prinzen von Oranien gebeten habe, Frankreich den Krieg zu erklären, und dass der Statthalter der Spanischen Niederlande den Vereinigten Provinzen Hilfstruppen für die Intervention in England gesandt habe[141]. Es gereiche dem König von Spanien zur Schande, dass er den Titel eines Katholischen Königs trage. Seine Vorfahren hätten so viel zum Erhalt und der Ausbreitung des katholischen Glaubens beigetragen, während er selbst nun einen protestantischen Usurpator an den katholischen Höfen verteidige[142]. Und noch verwunderlicher sei, dass der König von Spanien protestantische Garnisonen in seinen Festungen aufgenommen habe, obwohl er bis vor Kurzem überhaupt keine Protestanten in seinem Reich geduldet habe[143]. Selbst beim Papst brüste sich Karl II. von Spanien seiner Allianz mit dem größten Feind der katholischen Religion[144].

Trotz der Erklärungen des Prinzen von Oranien wagten es Österreich, Spanien und seine protestantischen Alliierten zu behaupten, der Krieg, den

---

que Protestans, à prendre les armes contre Sa Majesté: Elle estoit informée de ce qui s'estoit passé dans la negociation de la Ligue d'Ausbourg, & de la part que le Gouverneur des Païs-Bas Espagnols avoit euë dans l'entreprise que le Prince d'Orange avoit faite contre le Roy d'Angleterre«. RIENCOURT, HISTOIRE DE LA MONARCHIE, Bd. 2, S. 435. Der Fokus auf Spanien erklärt sich durch die französische Angst vor einer habsburgischen Umklammerung. Als zentraler Gegner erschien hierfür der König von Spanien, der sowohl in den Pyrenäen als auch mit den Spanischen Niederlanden an französisches Territorium grenzte, und weniger sein deutscher Vetter Kaiser Leopold I., der aus französischer Sicht von nachgeordneter Bedeutung war. Vgl. MALETTKE, Les relations, S. 474; SCHILLING, Das Jahrhundert, S. 79.

140 RIENCOURT, HISTOIRE DE LA MONARCHIE, Bd. 2, S. 435, klagte Karl II. von Spanien einer Politik »si opposée aux raisons du sang, & de la Religion« an und behauptete, Ludwig XIV. »avoit crû que le Roy d'Espagne prendroit les armes pour s'opposer à une aussi injuste, & aussi criminel attentat que celuy du Prince d'Orange«.

141 Vgl. ebd., S. 436.

142 Karl II. von Spanien »qui porte le titre de Roy Catholique, & dont les ancestres ont donné tant de témoignages de leur insigne pieté, & de leur grand zele pour le maintien, & la conservation de la Religion Catholique, ait employé ses Ministres dans les Cours des Princes Catholiques à deffendre un injuste Usurpateur, qui fait profession de la Religion Protestante«. Ebd., S. 436. Remarques sur la reponse, S. 1, verurteilt die Verteidigung Wilhelms von Oranien durch Karl II. von Spanien als »un Prince qui usurpe le Trône du Roy son Beaupere, & qui s'en sert pour le déposseder, du pretexte de rétablir en Angleterre la R. P. R. opprimée, à ce qu'il pretend, par un Prince Catholique, & de celui d'estre le défenseur & le protecteur de cette mesme Religion, pour allumer la guerre dans toute l'Europe«.

143 Vgl. RIENCOURT, HISTOIRE DE LA MONARCHIE, Bd. 2, S. 436.

144 Vgl. Remarques sur la reponse, S. 1.

er führe, sei kein Religionskrieg¹⁴⁵. Die österreichischen und spanischen Habsburger hätten sich mit einem Fürsten verbündet, der einen Krieg zur Entthronung eines katholischen Herrschers, zur Vernichtung des Katholizismus in Europa und zur Einführung des »Calvinismus« in Frankreich führe¹⁴⁶. Die *Glorious Revolution*, die Katholikenverfolgung und die Absetzung Jakobs II. in England würden beweisen, dass es sich dabei ohne Zweifel um einen Religionskrieg gegen den Katholizismus handele¹⁴⁷. Österreich und die deutschen Katholiken selbst müssten erkennen, dass die Protestanten mit ihren offiziellen Erklärungen nur ihren Plan, den Katholizismus zu vernichten, verschleiern wollten¹⁴⁸. Es sei die Pflicht der katholischen Mächte, sich vereint dagegen zu wehren.

Um die katholischen Mächte von ihrer Argumentation mit dem Religionskrieg zu überzeugen, führte die französische Propaganda einen Kronzeugen ins Feld: König Jakob II. von England. Der englische König habe allein wegen seines katholischen Glaubens den englischen Thron verloren¹⁴⁹. Wie bereits

---

145 »Cependant la Maison d'Austriche & les Protestans qui sont entrez dans son alliance, ne laissent pas de soûtenir que la Guerre qui se fait n'est point une Guerre de Religion, & ils sont mesme des Manifestes pour le prouve«. LE MERCURE DE FRANCE, S. 81f.
146 »Pendant qu'on égorge ceux qui la professent, & qu'on la veut abolir dans trois Royaumes, & il y a lieu de croire qu'ils travailleront à rendre toute l'Europe Protestante, si ceux qui pourroient y mettre obstacle continuent à les favoriser«. Ebd., S. 66f. »Voilà donc la Maison d'Autriche alliée avec un Prince, qui n'a entrepris la guerre que pour détrôner un Roy legitime, détruire la Religion Catholique, & faire refleurit la Calviniste en France«. Ebd., S. 467. »Les Protestans [...] publient: Que les bon succés du Prince d'Orange commencent l'accomplissement des Propheties marqué par M. Iurieu; qu'après que la Religion Réformée aura triomphé en Angleterre, du Papisme qui commençoit à s'y rétablir, on la verra refleurir en France, & que tous les Etats Protestans soutenus même de l'Empereur & de quelques-autres Princes Catholiques (ce qui est merveilleux) sont déjà en armes pour l'execution de ce grand dessein.« SAINTE-MARTHE, ENTRETIENS, Avertissement [4f.].
147 »Voilà ce que la Maison d'Austriche, & les Protestans avec qui elle s'esta lliée contre la France pretendent n'estre point une guerre de Religion«. LE MERCURE DE FRANCE, S. 66; vgl. ebd., S. 467. »Les Protestans [...] publient: Que les bon succés du Prince d'Orange commencent l'accomplissement des Propheties marqué par M. Iurieu; qu'après que la Religion Réformée aura triomphé en Angleterre, du Papisme qui commençoit à s'y rétablir, on la verra refleurir en France, & que tous les Etats Protestans soutenus même de l'Empereur & de quelques-autres Princes Catholiques (ce qui est merveilleux) sont déjà en armes pour l'execution de ce grand dessein«. SAINTE-MARTHE, ENTRETIENS, Avertissement [4f.].
148 »Les Protestans qui ont leur but, ne cherchent pas moins de détours pour faire voir qu'ils n'en veulent point à la Religion Catholique«. LE MERCURE DE FRANCE, S. 66.
149 »Lorsque la Religion est la seule cause de la violence qu'il souffre, il n'y a point de triomphe plus auguste aux yeux de la Foy«. SAINTE-MARTHE, ENTRETIENS, EPITRE [2]. »Voilà déjà un Roy Catholique chassé de son Royaume«. DONNEAU DE VISÉ, AFFAIRES DU TEMPS, S. 48. »Qu'ont reproché à cet infortuné Roy, ceux mêmes qui l'ont détroné, que son grand attachement a la Religion Catholique? C'est son crime aux yeux des hommes; C'est sa gloire aux yeux de Dieu.« LA CHAPELLE, DIXIEME LETTRE, [10].

gezeigt wurde, war der mangelnde Respekt des Protestantismus vor monarchischer Herrschaft ein Allgemeinplatz katholischer Historiografie und Tagespublizistik[150]. In den Augen der französischen Publizistik manifestierte sich diese Geisteshaltung insbesondere im Vorfeld und im Verlauf der *Glorious Revolution*. Der Mauriner Denis de Sainte-Marthe bezichtigte den *Réfugié* Pierre Jurieu, dem Prinzen von Oranien geraten zu haben, seinen Schwiegervater zu stürzen[151]. Der französische Ordensgeistliche schlussfolgerte daraus, der Protestantismus sei überhaupt eine gegenüber den gekrönten Häuptern respektlose Religion[152]. Damit wurden der reformierte Pastor und daraus folgernd auch seine Konfessionsgemeinschaft insgesamt für die *Glorious Revolution* verantwortlich gemacht. Jurieus englischer Amtsbruder Gilbert Burnet wurde vom *Mercure de France* gar des Königsmordes bezichtigt, weil er sich im niederländischen Exil auf die Seite des Oraniers gestellt und die *Glorious Revolution* publizistisch propagiert hatte[153].

Die *Glorious Revolution* wurde von der französischen Publizistik derart ausgelegt, dass sie Jakob II. zu einem Märtyrer des katholischen Glaubens erklärte[154]. Der Papst müsse Jakob II. für sein Schicksal, seine Treue und seine Verdienste um den katholischen Glauben als Märtyrer anerkennen[155]. Vielen englischen Adeligen habe er als Vorbild gedient, die bereitwillig das Schicksal ihres Königs geteilt hätten[156]. Jakob II. und der sozial prestigeträchtigste Teil der englischen Katholiken wurden dadurch zu Glaubenszeugen des katholischen Kirche erklärt.

Als ihr großer Widersacher erschienen die Protestanten unter Führung des Prinzen von Oranien. Dementsprechend erklärte die französische Publizistik den Krieg Wilhelms von Oranien gegen Jakob II. zu einem Religionskrieg gegen die katholische Kirche[157]. Dies werde auch dadurch ersichtlich, dass er alle anderen protestantischen Mächte zum Kampf gegen Jakob II. und Ludwig XIV. angestachelt habe[158]. Die Zuschreibung des Religionskriegsbe-

---

150 Vgl. Kapitel II.1.3, II.1.4 und III.1.3.
151 »Nous verrons par les Conseils qu'il donnera au Prince d'Orange, à l'égard du Roy d'Angleterre, quel respect il conserve pour les têtes Couronnées«. SAINTE-MARTHE, ENTRETIENS, S. 271.
152 Vgl. ebd.
153 Vgl. LE MERCURE DE FRANCE, S. 279.
154 Vgl. SAINTE-MARTHE, ENTRETIENS, EPITRE [1–11].
155 Vgl. RIENCOURT, HISTOIRE DE LA MONARCHIE, Bd. 2, S. 432f.
156 Vgl. LA CHAPELLE, DIXIEME LETTRE, [10].
157 »Le Conseil du Pape ne pouvoit ignorer que la guerre qui se fait en Angleterre contre le Roy Jacques II. n'ait esté entreprise pour détruire la Religion Catholique, & pour faire regner la Protestante«. RIENCOURT, HISTOIRE DE LA MONARCHIE, Bd. 2, S. 431. Vgl. des Weiteren MERCURE GALANT 04.1707, S. 13.
158 »On doit ajoûter à cela que le Prince d'Orange faisant de cette guerre une guerre de Religion, avoit animé contre luy presque tous les Protestans de l'Europe«. Ebd.

griffs sollte in diesem Rahmen die große Gefahr belegen, in der das katholische Europa schwebte.

Die einzige Antwort auf diesen protestantischen Religionskrieg stellte in den Augen der französischen Publizistik die Solidarität der katholischen Fürsten mit den englischen Katholiken und ihrem König Jakob II. dar. Geschickt konnte hier das Bündnis zwischen Jakob II. und dem französischen Monarchen eingesetzt werden, um die Rolle Ludwigs XIV. als Vorkämpfer des Katholizismus herauszustreichen. Jakob II. habe ihm und den französischen Soldaten persönlich für ihren Beistand »pour la defence de la veritable Religion« gedankt, als er 1689 mit französischer Unterstützung von Brest zur Rückeroberung Irlands aufgebrochen sei[159]. Die katholischen Alliierten sollten durch die Unterstützung der Franzosen für die Sache Jakobs II. sehen, dass es sich hierbei um einen Religionskrieg zur Verteidigung des Katholizismus handelte[160].

Statt sich aber selbst auf die Seite Jakobs II. und Ludwigs XIV. zu stellen, hätten sich die anderen katholischen Mächte sowie Papst Innozenz XI. auf die Seite der Häretiker gestellt. Kaiser und Papst trügen folglich persönlich die Schuld an der Absetzung Jakobs II.[161]. Gemeinsam hätten sie die Reformation in England begünstigt und den englischen Katholizismus den schlimmsten Verfolgungen ausgesetzt[162]. Auf ihre Verantwortung würden die Katholiken dort verfolgt, während der Prinz von Oranien eifrig an ihrer gänzlichen Vernichtung arbeite[163]. Dennoch würden Leopold I. und Innozenz XI. es wagen, an den katholischen Höfen zu verbreiten, es handele sich um keinen Religionskrieg[164]. Trotz der offenkundigen Ausschreitungen gegen die englischen Katholiken hätten sich auf ihre Weisung fast alle katholischen Mächte mit den

---

159 MERCURE GALANT 12.1691, S. 289; RIENCOURT, HISTOIRE DE LA MONARCHIE, Bd. 2, S. 427. Vgl. darüber hinaus auch die ganz ähnliche Schilderung in MERCURE GALANT 08.1690, S. 380.

160 »Ainsi les Alliez ne sçauroient soutenir avec iustice, que la Guerre qui est auiourd'huy allumée en Europe, ne soit pas une Guerre de Religion, lors que la Religion fait que tant de Peuples quittent leur Patrie«. MERCURE GALANT 12.1691, S. 290.

161 »Je vous ay déjà fait voir [...] que la Religion Catholique n'a esté abolie en Angleterre qu'à cause de l'obstination invincible de l'Empereur [...] & de la trop grande facilité de la Cour de Rome à consentir à tout ce que veut la Maison d'Austriche«. LE MERCURE DE FRANCE, S. 6f.; vgl. außerdem ebd., S. 9f.

162 Vgl. ebd.

163 »Il faut vous faire voir ce que les Catholiques ont souffert en Angleterre, ce qu'ils y souffrent encore tous les jours, & de quelle manière on y attaque leur Religion, à laquelle on en veut encore plus qu'à ceux qui la professent, parce qu'on pretend l'y détruire entierement«. Ebd., S. 40f.

164 »Dans le mesme temps qu'on a veu faire tous les outrages possibles aux Catholiques d'Angleterre, on a dit que ce n'estoit pas une guerre de Religion, & il s'en est peu fallu que les Ministres de la Maison d'Austriche, après en avoir fait voir trop publiquement leur joye à Rome, & à la Haye, n'en ayent fait des feux publics«. Ebd., S. 30f. »Pendant que le Prince d'Orange tient le mesme langage que l'on tient à Rome & à Vienne, &

Protestanten verbündet und arbeiteten gemeinsam daran, die protestantische Konfession in England zu befestigen und in Frankreich wiedereinzuführen[165]. Es gereiche den katholischen Fürsten zur Schande, dass sie sich aus reiner Machtgier auf die Seite des Usurpators, Häretikers und Atheisten Wilhelm von Oranien gestellt hätten, der keinen anderen Plan verfolge, als einen Religionskrieg gegen die katholische Kirche zu führen[166].

In den Augen der offiziellen ludovizianischen Publizistik führte dies zu einer grotesken Situation: Ludwig XIV. habe es als einziger katholischer Monarch auf sich genommen, die katholische Konfession in einem Religionskrieg zu verteidigen, während sich das Oberhaupt der katholische Kirche, der ranghöchste weltliche Monarch der katholischen Christenheit und die meisten anderen katholischen Mächte auf die Seite der »Ketzer« gestellt hätten[167]. Kaiser und Papst seien somit verantwortlich für den Ausbruch des Neunjährigen Krieges gewesen[168]. Den französischen Katholiken wurde somit die Rechtmäßigkeit des Kampfes ihres Königs gegenüber der gemischtkonfessionellen Wiener und Haager Großen Allianz zur Verteidigung der wahrhaften Interessen der katholischen Religionsgemeinschaft vor Augen geführt.

---

qu'il dit que ce n'est point une guerre de Religion, il ne laisse pas de faire executer rigoureusement ce qui est contenu dans sa premiere Déclaration donnée contre les Catholiques si-tost qu'il fut descendu en Angleterre«. Ebd., S. 41.

165 »Quand presque tous les Catholiques de l'Europe s'unissent contre luy avec les Protestans, pour affermir la Religion Protestante en Angleterre, & la rétablir en France«. Ebd., S. 36f.

166 »Un Prince nourri dans le sein de l'heresie, & à qui toutes les Religions sont indifferentes, pourvû qu'il puisse nuire à la veritable, poussé comme un autre Absalon, d'un desir criminel de regner, s'attaque au Trône du legitime Souverain, pour tourner ensuite sa fureur contre nous & contre l'Autel de JESUS-CHRIST; & ce qui fait fremir d'horreur, c'est de voir que des Princes Catholiques séduits par de vaines esperances, & par de fausses maximes d'Etat, entrent au préjudice de leur honneur & de leur conscience dans cette Ligue monstrueuse où toutes les Religions sont confonduës«. SAINT CHARLES, Panégyrique, S. 129f.

167 »Dans le mesme temps qu'il [Louis XIV] travaille à remettre un Roy Catholique sur le Trône, & à vanger la veritable Religion outragée par un indigne attentat, le Ciel dont il soûtient seul les interests, se déclarera sans doute pour luy«. LE MERCURE DE FRANCE, S. 36f. Vgl. auch SAINT CHARLES, Panégyrique, S. 145. In der DIXIEME LETTRE D'UN SUISSE verurteilt Jean de La Chapelle durch den Mund eines fiktiven Schweizer Katholiken die Erklärungen des kaiserlichen Gesandten Franz Ehrenreich von Trautmannsdorf auf der Schweizerischen Tagsatzung über die Ereignisse der Glorious Revolution. »Qu'ont reproché à cet infortuné Roy, ceux mêmes qui l'ont détroné, que son grand attachement a la Religion Catholique? C'est son crime aux yeux des hommes; C'est sa gloire aux yeux de Dieu. [...] Quel langage dans la bouche d'un Ministre du Chef Seculier de la Chrêtientè!« LA CHAPELLE, DIXIEME LETTRE, [10]. Die Wahl-Instrumentalisierung eines Schweizers sollte die Authentizität der ludovizianischen Publizistik untermauern, da der Schweizerischen Eidgenossenschaft keine Parteilichkeit vorgeworfen werden konnte. Sie stand vielmehr selbst im Zentrum der Auseinandersetzung der französischen und kaiserlichen Diplomatie um die öffentliche Meinung in Europa. Vgl. MEYER, Die Flugschriften, S. 196.

168 Vgl. LE MERCURE DE FRANCE, S. 9f.

Die französische Argumentation mit dem Schicksal Jakobs II. wurde während des Neunjährigen Krieges mit einer kurzen Unterbrechung zwischen 1697 und 1701 bis zum Ende des Spanischen Erbfolgekrieges von französischer Seite konsequent fortgeführt[169]. Jakob II. und sein Erbe, der jakobitische Thronprätendent Jakob (III.), sollten als Bindeglied zwischen Frankreich, dem Papst und den katholischen Fürsten fungieren. Während die Argumentation mit Jakob II. zu Beginn des Neunjährigen Krieges ganz konkret den Papst für den französischen Kandidaten bei der Neubesetzung des Erzbistums Köln, den Kardinal von Fürstenberg, einnehmen sollte[170], diente sie in der Folgezeit vor allem dazu, ein moralisches Druckmittel gegen den Papst und die katholischen Alliierten der Wiener und Haager Großen Allianz in den Händen zu halten. Das Schicksal Jakobs II. sollte den Papst und die katholischen Fürsten gleichermaßen dazu bewegen, Frieden mit Frankreich zu schließen und einen gemeinsamen Religionskrieg zur Verteidigung der katholischen Kirche zu führen[171].

Die katholischen Mächte wurden aufgefordert, Frankreich im Kampf gegen die protestantischen Alliierten beizustehen, denn der Neunjährige Krieg sei gleichermaßen ein Krieg zur Verteidigung der katholischen Konfession und der Staatsform der Monarchie[172]. Beide waren aus französischer Sicht untrennbar miteinander verbunden und rechtfertigten den gemeinsamen Kampf Ludwigs XIV. und Jakobs II., der gleichermaßen als heilsökonomische, moralische und politische Notwendigkeit präsentiert wurde. Das Schicksal Jakobs II. und der englischen Katholiken wurde den kontinentaleuropäischen

---

169 Im Frieden von Rijswijk musste Ludwig XIV. widerwillig die Herrschaft Wilhelm III. von England anerkennen. Dies geschah sowohl durch den Vertragsschluss als solchen als auch durch den IV. Artikel des Friedensvertrages, der die Unterstützung der jakobitischen Thronansprüche durch Frankreich verbot: »Et quoniam Rex Christianissimus nihil unquam in votis potiùs habuit, quàm ut fiat firma & inviolabilis Pax, promittit prædictus Rex & spondet pro se & Successoribus suis, quòd nulla omninò ratione perturbabit prædictum Dominum Regem, Regionum, Terrarum aut Dominiorum, quibus in præsenti fruitur, Honorem suum idcircò oppignorans, sub fide & verbo Regis, quod nec directè nec indirectè, alicui aut aliquibus ex Inimicis prædicti Domini Regis Magnæ Britanniæ auxilium dabit, aut administrabit, nec quoquo modo favebit Conspirationibus aut Machinationibus, quas contra præditum Regem ubivis Locorum, excitare aut meditari possunt Rebelles & malevoli. Eum itaque ob finem spondet & promittit, quod non assistet armis, Instrumenti Belli, Annona, Navigiis aut Pecunia, aut alio quocunque modo, quamvis Personam aut quasvis Personas, vel Mari vel Terra, qui poterunt inposterum, sub ullo prætextu turbare aut inquietare prædictum Dominum Regem Magnæ Britanniæ, in libera & plena Possessione Regnorum, Regionum, Terrarum aut Dominiorum suorum«. Treaty of Peace between France and Great Britain, signed at Ryswick, 20 September 1697, in: The Consolidated Treaty Series, Bd. 21, S. 409–444, hier S. 414.
170 Vgl. NEVEU, Jacques II., S. 743–748.
171 Vgl. LE MERCURE DE FRANCE, S. 12.
172 »Ils devroient s'en souvenir dans une occasion où il s'agit de vanger tout ensemble la Religion & la Royauté«. SAINTE-MARTHE, ENTRETIENS, Avertissement [31].

Katholiken als Schreckensszenerio geschildert. Ihnen sollte klar werden, dass sie ein ähnliches Schicksal erleiden würden, wenn sich Wilhelm von Oranien in England behaupten könnte.

*Zusammenfassung*
Die französische Publizistik schilderte die *Glorious Revolution* und die Absetzung Jakobs II. von England als Religionskrieg Wilhelms von Oranien und seiner protestantischen Verbündeten gegen den Katholizismus. Ausgehend von England, planten die Protestanten in diesem Religionskrieg die völlige Vernichtung des Katholizismus in ganz Europa. Die französischen Katholiken wurden so ermahnt, die Kriegsanstrengungen ihres Königs zur Verteidigung ihrer eigenen Konfessionsgemeinschaft zu unterstützen. Außerhalb Frankreichs sollten den katholischen Fürsten die Gefahren vermittelt werden, die durch die Folgen der *Glorious Revolution* für ihre eigene Herrschaft und ihr eigenes Bekenntnis in der internationalen Politik erwüchsen. Die französische Publizistik warnte sie so vor einer neutralen oder gar wohlwollenden Haltung gegenüber Wilhelm von Oranien und dem *Revolution Settlement*. Dabei bewegte sich die französische Publizistik zwischen der Verurteilung und Umwerbung der katholischen Mächte. Einerseits tadelte sie aufs Schärfste das Bündnis, das die anderen katholischen Staaten mit Wilhelm von Oranien und den Protestanten eingegangen waren. Andererseits umwarb die französische Publizistik aber gerade diese Mächte und appellierte an die konfessionelle Solidarität der katholischen Staaten, die sich auf die Seite Ludwigs XIV. und Jakobs II. stellen sollten. Auf diese Weise propagierte Frankreich selbst den Religionskrieg zur Verteidigung des Katholizismus in Europa.

### III.1.4 Frankreichs Forderung nach Abwehr des Religionskrieges

Auf dem Reichstag in Regensburg beabsichtigte die französische Propaganda, Zwietracht zwischen den protestantischen und den katholischen Reichsständen zu säen. Mit dem Argument des Religionskrieges versuchte sie die Erklärung des Reichskrieges gegen Ludwig XIV. zu verhindern sowie die Augsburger Liga und die sich gerade formierende Wiener Große Allianz zu sprengen[173]. Dabei wandte sie sich in erster Linie an die katholischen Reichsstände, um ihnen die vom Protestantismus ausgehenden Gefahren mit dem

---

173 Zum Zustandekommen der Reichskriegserklärung vom 3. April 1689 vgl. KAMPMANN, Ein Neues Modell, S. 220–222.

Argument eines Religionskrieges vor Augen zu führen. Zu diesem Zweck benutzte sie das Mittel literarischer Verfremdung und setzte Flugschriften am Reichstag in Umlauf, die vorgaben, aus den Händen eines Lütticher Edelmannes, eines fürstbischöflichen Gesandten oder eines kaiserlichen Hofrates zu stammen[174]. Mit diesen Winkelzügen sollten die katholischen Reichsstände und die Berater des Kaisers von der französischen Position überzeugt werden.

Die *Lettre d'un Ministre Catholique Deputé à la Diette de Ratisbonne* etwa gab vor, aus den Händen des Gesandten eines Fürstbischofs aus dem Heiligen Römischen Reich deutscher Nation zu stammen, der seinen Herrn vor den Gefahren eines protestantischen Religionskrieges warnte. Diesen beschwöre man herauf, wenn die Verantwortlichen in die interkonfessionelle Allianz und einen Reichskrieg gegen Frankreich einwilligten[175]. Schon im Jahr 1685 sei am Reichstag ein Schreiben publiziert worden,

qui semble vouloir persuader que les Ligues des Princes Protestans ne rendent pas à une guerre de Religion, & que nous voyons icy tous les Ministres Protestans donner de grandes loüanges à cet Ecrit, dont je n'ay pas sujet d'être surpris, parce qu'il convient à leurs fins, & qu'apparemment ils en sont les auteurs[176].

Damit spielte die französische Flugschrift auf die protestantische Bündnispolitik nach der Revokation des Edikts von Nantes an, die bei französischen Diplomaten großen Argwohn erregte[177]. Den protestantischen Mächten

---

174 Vgl. Réponse d'un Gentilhomme; Lettre d'un Ministre; Replique du Conseiller, S. 12–20.
175 Vgl. Lettre d'un Ministre.
176 Ebd., S. 1.
177 Aus Brandenburg-Preußen berichtete der außerordentliche Gesandte Jules de Gravel »au travers de touttes ces asseurances J'ay remarqué, que l'on vouloit voir autant touttes choses quel seroit le succez de l'entreprise du Prince d'Orange en Angleterre, que l'on regarde comme le salut de la Religion protestante et celuy des Princes liguez en sa faueur«. Gravel au Roi, [Zell = Celle?], 21. Novembre 1688, AE, CP, Prusse, 32, fol. 151. Aus Regensburg gingen Nachrichten über eine Beteiligung Kursachsens im Staatssekretariat des Äußeren ein. »V.M. aura sans doute apris d'ailleurs que l'Elect[r] de Saxe a marché à Son Grand-Mareschal Haukwitz et au Général de ses troupes Flemming, de l'aller trouver en toute diligence en Hollande. Cela doit faire croire qu'en luy a proposé en ce pays là quelque ligue de religion ou autre, et qu'il est resolu d'y entrendre«. Verjus au Roi, Ratisbonne 23 Mai 1688, AE, CP, Allemagne, 321, fol. 240. Diese Nachrichten erwiesen sich insofern als begründet, als die protestantischen Mächte Brandenburg-Preußen, Kursachsen, Hannover und Hessen-Kassel unter Beteiligung von Friedrich Adolf von Haugwitz, Jacob Heinrich von Flemming und Eberhard von Danckelmann am 12. Oktober 1688 in Magdeburg in der Tat ein geheimes Bündnis abschlossen, auch wenn darin nicht von konfessionellen Belangen die Rede war. Vgl. Geheimer Vergleich zwischen Kurfürst Johann Georg III. von Sachsen, Kurfürst Friedrich III. von Brandenburg, Ernst August, Bischof von Osnabrück, Herzog zu Braunschweig-Hannover, und Carl, Landgraf zu Hessen-Cassel über Aufstellung eines combinirten Corps am Mittelrhein gegen Frankreich (resp.

wurde vorgeworfen, sie verschleierten die religiösen Absichten ihrer diplomatischen Bemühungen[178]. Der fürstbischöfliche Gesandte habe sich über die Einfalt der katholischen Reichsstände gewundert, die den protestantischen Beteuerungen Glauben schenkten, denn die Politik der Protestanten habe bereits bewiesen, dass sie es in Wirklichkeit auf die Unterdrückung des Katholizismus durch die Aussaat von Zwietracht und die Schwächung der wichtigsten Beschützer des katholischen Glaubens abgesehen hätten[179]. Es liege auf der Hand, dass die größeren protestantischen Reichsstände dem Prinzen von Oranien Hilfstruppen bereitgestellt hätten, um den Vereinigten Provinzen Rückendeckung zu geben, während er seinen katholischen Schwiegervater aus England vertreiben wollte[180]. Die protestantischen Reichsstände hätten einzig und allein aus religiösem Eifer gehandelt und beabsichtigten, die katholische Kirche zu unterdrücken[181]. Das Beispiel Englands sollte den katholischen Reichsfürsten zeigen, was sie von dem Bündnis der protestantischen Mächte auch in Deutschland zu erwarten hätten[182]. Sie würden die Vorherrschaft ihres Bekenntnisses im Reich erkämpfen und die Stimmenparität im Kurkolleg, dem Fürstenrat und der Städtekurie einführen[183]. Ihre

---

auch am Unterrhein), in: Kurbrandenburgs Staatsverträge, S. 505–507. Über die diplomatischen Vorbereitungen zur *Glorious Revolution* war man in Versailles also bestens unterrichtet, auch wenn aus England zuweilen groteske Gerüchte einer europaweiten Verschwörung der Protestanten gegen die Krone Frankreichs eingingen. So berichtete ein anderer französischer Diplomat aus London, dass ein geflohener Hugenotte namens Pierre in Spa Verhandlungen für ein großes protestantisches Bündnis zwischen den Vereinigten Provinzen, der Schweiz, Sachsen, Brandenburg und Schweden leite. Barrillon au Roi, London 7. Juni 1688, AE, CP, Angleterre, 165, fol. 346.
178 Vgl. Lettre d'un Ministre, S. 1.
179 »Mais je ne sçaurois assez m'etonner de l'imbecillité de quelques Catholiques, qui se laissent endormir par des paroles si contraires aux effets que cette Ligue a déja produits, & aux veritables desseins que les personnes un peu sensées reconoissent avoir été formez par ces Princes, d'opprimer nôtre Religion par la desunion des Provinces qui en font profession, & l'affoiblissement de ceux qui en sont les principaux Protecteurs«. Ebd.
180 »Qui est-ce en effet qui ignore aujourd'huy, qu'avant même la naissance du Prince de Galles, le Prince d'Orange avoit déja formé toutes ses cabales en Angleterre pour les revolutions que l'on a vû éclater depuis: que la Suede, les Electeurs de Brandebourg & de Saxe, la Maison Brunsvvic, le Landgrave de Hesse-Cassel, & le Duc de Vvirtemberg luy avoient promis & envoyé des corps de troupes considerables pour rassurer les Provinces Unies contre la juste apprehension qu'ils avoient d'être attaquez, pendant que toutes leurs forces étoient employées à chasser le Roy d'Angleterre de son Royaume?« Ebd.
181 »Il ne peut y avoir eu d'autre motif pour les obliger d'entrer dans une Ligue si pernicieuse à tous les Souverains, que le zele de la Religion Protestante, & le dessein d'opprimer la Catholique«. Ebd.
182 Vgl. Kapitel III.1.3.
183 Der fiktive fürstbischöfliche Gesandte erklärte, es sei in Wahrheit das Ziel der Protestanten, »de rendre leur Religion dominante dans l'Empire, aussi bien par la pluralité des voix dans le College Electoral, & dans ceux des Princes & des Villes«. Ebd., S. 1f. REPLIQUE du Conseiller, S. 12f., stellt einen direkten Bezug zur Politik Wilhelm von

großen Armeen seien dazu bestimmt, die katholischen und insbesondere die geistlichen Reichsstände zu unterdrücken[184]. Dies sei vor allem dadurch zu erkennen, dass sie unter dem Vorwand des Schutzes gegenüber Frankreich die geistlichen Reichsstände mit harten Kontributionen belegten, während sie ihre protestantischen Nachbarn verschonen würden[185]. Die militärische Stärke der Protestanten könnte leicht dazu führen, dass die katholischen Kirchengüter als »boulevart à la Catholicité« zwischen Lutheranern und »Calvinisten« aufgeteilt würden[186]. Letztendlich zielten die Bemühungen der protestantischen Fürsten darauf, »de leur disputer la secularisation des grands Benefices d'Allemagne, qu'elle n'étoit dans le Traité de Munster, où la France, quoique leur alliée, faisoit le seul obstacle à leurs demandes«[187].

Frankreich sei die einzige Schutzmacht der Reichskirche. Die Anschuldigungen der katholischen Alliierten, gerade Frankreich für die Säkularisierungen des Westfälischen Friedens verantwortlich zu machen, wurden mit dem diplomatischen Widerstand der französischen Gesandtschaft auf dem Kongress von Münster und Osnabrück widerlegt; ja, Frankreich sei die einzige Macht, die es gewagt habe, sich den Säkularisierungen zu widersetzen. Vom Kaiserhof sei keine Hilfe zu erwarten, weil er ein Bündnis mit den Protestanten eingegangen

---

Oraniens in England und der Politik der protestantischen Reichsfürsten in Deutschland her. Das Vorgehen Oraniens gegen die englischen Katholiken sei nur der erste Schritt zu einem Krieg gegen den Katholizismus in Deutschland.

184 Vgl. Lettre d'un Ministre, S. 2.
185 Ebd., S. 2, argumentiert der Autor, »que par les nombreuses armées qu'ils feront en état d'entretenir aux dépens des Etats Catholiques, & principalement des Ecclesiastiques, il n'y a qu'à examiner leur premiere démarche, quel secours les Princes Ecclesiastiques, qu'ils disent estre attaquez par la France ont reçu d'eux, & si les troupes que cette ligue a fait marcher, n'ont pas plutost contribué à la ruine de leurs Etats, qu'à leur conservation, n'ayant épargné que les Protestans dans le temps qu'ils ont accablé les Catholiques par des exactions insupportables«.
186 »Qu'on ne peut douter que celles que les Etats Generaux des Provinces Unies, les Electeurs de Saxe & de Brandebourg, la Maison de Brunsvvick, le Landgrave de Hesse-Cassel, toutes les villes & Etats protestants de l'Empire, même la Suede peuvent mettre sur pied ne soient tellement superieures aux Catholiques, qu'il ne sera plus possible de parvenir à un Traité de paix, sans partager entre les Lutheriens & les Calvinistes, la plupart de ces grands benefices d'Allemagne, qui ont servi jusqu'à present de boulevart à la Catholicité«. REPLIQUE du Conseiller, S. 14f. Die gleiche Argumentation vertreten auch Réponse d'un Gentilhomme, S. 1; Lettre d'un Ministre, S. 2.
187 Ebd., S. 2. Die Angst vor Säkularisierungen durch die protestantischen Truppen schürte auch REPLIQUE du Conseiller, S. 15: »Les Princes Protestants se serviront plus utilement du pretexte de la défense de l'Empire, pour se rendre les maîtres des Electorats de Cologne & de Tréves, des Evêchez de Munster, de Paderborn, & d'Hildesheim, & generalement de toutes les Principautez Ecclesiastiques qui sont à leur bienseance depuis le Rhin jusqu'en Prusse, & agissans toûjours de concert avec les Etats Generaux des Provinces-Unies, avec l'Angleterre, & peut-être même avec les deux Couronnes du Nord, ils n'auront pas de peine à détruire, quand il leur plaira, sans le secours de la France, toute la puissance de la Maison d'Austriche, & de tous les Princes Catholiques ses adherans, & de rendre la Religion Protestante maîtresse absoluë des déliberations de l'Empire, & de toutes les assemblées qui s'y feront à l'avenir«.

sei, zudem durch seine notorisch hohe Verschuldung nicht für deren Kriegskosten aufkommen könne und sie so anderweitig entschädigen müsse[188]. Wenn Frankreich nicht erhebliche Gewinne in einem Friedensschluss erziele, obsiege der Protestantismus im Reich. Die Protestanten würden neue Säkularisierungen vornehmen, die Parität im Kürfürstenkolleg und letztendlich im Kaisertum einführen, bei dem fortan stets ein katholisches Reichsoberhaupt von einem evangelischen abgelöst werden müsste[189]. Frankreich sei die einzige Macht, die sich diesem Vorhaben der Protestanten widersetzen könne[190]. Indem der Neunjährige Krieg auf diese Weise zum Religionskrieg erklärt wurde, versuchte Frankreich, die katholischen Reichsfürsten auf seine Seite zu ziehen. Der französischen Propaganda erschienen insbesondere die katholischen geistlichen Reichsstände als geeignete Verbündete, um die Interessen ihres Königs in Deutschland durchzusetzen. Sie war dabei weniger von machtpolitischem als von diplomatischem Interesse geleitet und sollte unter dem Deckmantel des Schutzes des Katholizismus im Reich eine neue französische Partei auf dem Reichstag aufbauen.

In der Tat zeigte sich zumindest der Gesandte des Fürstbischofs von Münster auf dem Reichstag von der französischen Position überzeugt[191]. Ob seine Erklärung auf dem Reichstag, es handele sich beim Neunjährigen Krieg um einen Religionskrieg gegen den Katholizismus, von Flugschriften wie *Lettre d'un Ministre Catholique Deputé à la Diette de Ratisbonne* beeinflusst wurde oder diese Flugschriften die Argumentation des Münsteraner Gesandten aufnahmen, ist abschließend nicht mehr einwandfrei zu klären. Fakt bleibt aber, dass diese Argumentation erheblich von der ludovizianischen

---

188 »Si au contraire la France a le malheur de succomber aux efforts du prodigieux nombre d'ennemis qui s'élevent contr'elle, je ne sçais si les Princes & Etats Protestans qui ont joint ensemble beaucoup plus de forces que l'Empereur n'en peut avoir, ne songeront pas à se rendre les maîtres absolus des plus grands benefices d'Allemagne, & si la Cour de Vienne pourra s'empêcher de les leur abandonner pour le dédommagement des dépenses qu'ils auront faites durant la guerre«. Réponse d'un Gentilhomme, S. 1.

189 »Vous pouvez bien juger, Monseigneur, qu'à moins que la France ne remporte des avantages considerables dans l'Empire, il ne faut rien attendre d'un Traité de paix, qui ne soit tres-prejudiciable à nôtre Religion, & que les Etats Catholiques n'auront pas assez de forces pour empêcher que les Princes Protestans n'obtiennent de nouvelles dignitez Electorales, & generalement tout ce qu'ils pourront demander à l'Empereur, sous pretexte de leur dédommagement, même l'alternative en faveur de leur Religion pour l'élection d'un Empereur«. Lettre d'un Ministre, S. 2. Die Gefahr eines protestantischen Kaisertums beschwört auch REPLIQUE du Conseiller, S. 14. Réponse d'un Gentilhomme, S. 1, fragt sich: »Ne croyez vous pas aussi qu'ils voudront rendre le nombre des Electeurs Protestans égal à celuy des Catholiques, & qu'ils pretendront pouvoir élire à l'avenir un Empereur de leur Religion?«

190 Vgl. Lettre d'un Ministre, S. 2; REPLIQUE du Conseiller, S. 14; Réponse d'un Gentilhomme, S. 1.

191 Vgl. mit den entsprechenden Quellenbelegen KAMPMANN, Das Westfälische System, S. 84.

Publizistik verstärkt wurde[192]. Der Kaiser sah sich daraufhin genötigt, eine Erklärung abzugeben, dass der gegenwärtige Krieg kein Religionskrieg sei[193].

Die französische Publizistik wandte sich deshalb auch direkt an die kaiserlichen Räte und das Reichsoberhaupt in Wien. Sie baute explizit auf diejenigen Berater Leopolds I., die sich einer Allianz mit den protestantischen Mächten widersetzt hatten und noch immer von der alten Maxime des Hauses Österreichs beseelt waren, den katholischen Glauben aufrechtzuerhalten und zu verbreiten[194].

Die Flugschrift *Réponse d'un Gentilhomme Liégeois à la Lettre d'un Conseiller Aulique de Vienne* warf dem Kaiser vor,

d'avoir manqué l'occasion de se rendre maître de tout le Royaume de Hongrie; d'avoir épuisé ses finances & ses meilleurs troupes vers le Rhin, pour améliorer la condition de quelques Princes & Etats Protestans; d'avoir presque aneanty la Religion Catholique en Allemagne, aussi bien qu'en Angleterre[195].

Der Kaiser wurde wegen seines Bündnisses mit den protestantischen Fürsten selbst für alle seinen Niederlagen verantwortlich gemacht. Ihm und seinen Beratern wurde vor Augen geführt, dass der Untergang der katholischen Kirche in Deutschland auch den Untergang der Kaiserwürde des Hauses Habsburg bedeuten würde[196]. Denn mit dem Verlust der geistlichen Kurfürstentümer käme keine katholische Mehrheit bei einer Kaiserwahl mehr zustande und die Herrscherwürde fiele unweigerlich einer protestantischen Dynastie zu. Der *Mercure de France* warnte den Kaiser und die deutschen Katholiken, dass ein Sieg der Alliierten über Frankreich die Protestanten dazu animieren würde,

---

192 Vgl. ebd., S. 83f.
193 Vgl. ebd., S. 87, mit dem entsprechenden archivalischen Quellenbeleg. Eine ähnliche Erklärung erfolgte auch während des Spanischen Erbfolgekrieges, als die französische Propaganda ihre Argumente aus der Zeit des Neunjährigen Krieges wieder aufgriff. Vgl. Reichs=Schluß.
194 »Comme cette guerre pourra bien être funeste à nôtre Religion, aussi bien en Allemagne qu'en Angleterre, & c'est ce que quelques uns de nos Ministres, ausquels il reste encore quelque teinture de l'ancienne maxime que la Maison d'Autriche avoit toûjours eüe, de faire paroître un zele ardent pour le maintien & l'augmentation de la Religion Catholique ont vivement represente dans le Conseil de l'Empereur«. REPLIQUE du Conseiller, S. 12f.
195 Réponse d'un Gentilhomme, S. 1.
196 »La destruction de la Religion Catholique peut causer aussi celle de la puissance de l'Empereur, & faire passer dans une autre Maison la dignité Imperiale«. REPLIQUE du Conseiller, S. 17, sowie ebd., S. 14; Lettre d'un Ministre, S. 2. Der Kaiser selbst habe »perdu son credit dans le College Electoral, en augmentant le nombre des Protestans, & donné un grand acheminement à une prochaine élection d'un Prince de cette Religion à la dignité Imperiale, qu'une si longue suite d'Empereurs d'Autrichiens avoit rendu presque hereditaire dans cette Maison«. Réponse d'un Gentilhomme, S. 1.

Schlesien, Mähren und Ungarn von den kaiserlichen Erblanden abzuspalten, ohne dass die deutschen Katholiken allein noch die Macht besäßen, sich dagegen zu wehren[197]. Letzten Endes müsste dem Kaiser also mehr an einer Niederlage als einem Sieg über Frankreich gelegen sein, denn nur Frankreich könne die katholische Konfession gegen eine Vereinigung so vieler protestantischer Fürsten aufrechterhalten[198]. Mit dem Argument des Religionskrieges versuchte die französische Publizistik Ende 1688, Anfang 1689 den Kaiser und die katholischen Reichsfürsten zum Ausscheren aus ihrer interkonfessionellen Allianz zu bewegen und im Interesse des katholischen Glaubens die französischen Reunionen am Rhein, die französischen Erbansprüche auf die Kurpfalz sowie die Wahl des Kardinals Fürstenberg zum Erzbischof von Köln anerkennen zu lassen. Durch die weitgehende Wahl der französischen Sprache wandte sie sich darüber hinaus auch an ein französisches und internationales katholisches Publikum, das sie auf die Ziele der ludovizianischen Außenpolitik einschwören wollte. Namentlich die europäischen Katholiken sollten durch eine Mischung aus Selbstlegitimation der ludovizianischen und Desavouierung der Politik ihrer eigenen Monarchen auf die Seite Frankreichs gezogen werden.

Dementsprechend beschuldigte die französische Propaganda die katholischen Alliierten, durch ihr Bündnis mit Wilhelm von Oranien die Ausbreitung des Protestantismus in England und Frankreich zu begünstigen und auf diese Weise einen universellen protestantischen Religionskrieg gegen den Katholizismus zu unterstützen[199]. Der *Mercure de France* behauptete 1689, dass sich Gott bei einer solchen Konstellation nur auf die Seite Ludwigs XIV. stellen könne[200]. Dementsprechend berichtete der *Mercure Galant* zwei Jahre später, im Dezember 1691, von der Einnahme der savoyardischen Festung Monmélian durch die Armeen Ludwigs XIV. Der Sieg der Franzosen wurde als Beweis für den Beistand Gottes interpretiert, weil der Entsatz durch kaiserliche, bayerische und savoyardische Truppen scheiterte, obwohl der Prinz von Oranien sie mit Instruktionen und Subsidien versehen habe[201]. Der Sieg der Franzo-

---

197 »S'il arrivoit qu'ils triomphassent de la France, ils seroient aussi-tost soulever la Silesie, la Moravie, & la Hongrie, & quand ils feroient tous joints, les Catholiques d'Allemagne seroient trop foibles, & en trop petit nombre pour réüssir«. LE MERCURE DE FRANCE, S. 67.
198 Vgl. Réponse d'un Gentilhomme, S. 1; RIENCOURT, HISTOIRE DE LOUIS, Bd. 2, S. 169.
199 Vgl. LE MERCURE DE FRANCE, S. 36f.
200 »Quand presque tous les Catholiques de l'Europe s'unissent contre luy avec les Protestans, pour affermir la Religion Protestante en Angleterre, & la rétablir en France dans le mesme temps qu'il travaille à remettre un Roy Catholique sur le Trône, & à vanger la veritable Religion outragée par un indigne attentat, le Ciel dont il soûtient seul les interests, se déclarera sans doute pour luy«. Ebd., S. 36f.
201 »Cependant c'est Monmelian; c'est cette Place redoutable que les Armes du Roy viennent de prendre en presence des Troupes Imperiales, de celles de Baviere, &

sen wurde deshalb auch als Strafe Gottes für die katholischen Verbündeten Wilhelms von Oranien ausgelegt, die sich mit ihrer Allianz gegen die Sache des katholischen Glaubens gestellt hätten.

Die französische Publizistik wandte sich direkt an die Könige von Spanien, Portugal, Polen und den Herzog von Savoyen. Sie sollten bedenken, dass die Protestanten wegen der Glaubensverfolgungen und Inquisition in ihren Ländern nicht weniger Hass gegen sie als gegen Frankreich empfinden würden[202]. Sie sollten sich daran erinnern, dass es heute darum ginge, die katholische Religion und das Königtum zu rächen[203]. Wilhelm von Oranien wurde damit zum gemeinsamen Feind aller katholischen Fürsten erklärt.

Die katholischen Alliierten sollten die wahren Absichten ihrer protestantischen Verbündeten allein daraus erkennen, dass die protestantische Publizistik in ganz Europa verbreite, dass es sich beim Neunjährigen Krieg um einen Religionskrieg handele, obwohl die Kurie und die Parteigänger Österreichs sich eifrig bemühten, diesen Umstand zu leugnen[204]. Damit propagiere nicht Frankreich, sondern die protestantischen Fürsten selbst den Religionskrieg[205]. Die Protestanten würden den Krieg also nur für ihren Glauben führen, nicht aber, um die Hegemonie Frankreichs zu brechen, wie die antifranzösischen Verlautbarungen behaupteten[206]. Österreich und damit auch alle anderen katholischen Mächte, die sich im Kampf gegen Frankreich auf die Seite der Protestanten stellten, hätten also gegen ihre eigene Absicht Anteil an dem gegenwärtigen Religionskrieg gegen den Katholizismus[207]. Der

---

de celle de Savoye, & malgré tous les subsides, & toutes les Instructions du Prince d'Orange, qui est l'intelligence qui fait mouvoir tant de bras & tant de Princes Chrestiens à la honte de la Religion Catholique, ce qui fait que le Ciel les punit par les mauvais succez dont leurs Armes ne cessent point d'estre accompagnées«. MERCURE GALANT 12.1691, S. 296f. Zur Eroberung Monmélians vgl. LYNN, The Wars, S. 220f.

202 »Sa Majesté Imperiale, le Roy de Pologne, & le Duc de Savoye, doivent particulierement se souvenir que les Protestans ne sont pas moins irritez contr'eux que contre la France, à cause des persecutions qu'ils disent qu'on leur a faites dans leurs Etats. […] Pour ce qui est du Roy Catholique, du Roy de Portugal, & des autres Princes qui ont l'Inquisition dans leurs Etats, ils ne peuvent ignorer la haine implacable que les Prétendus Réformez ont contr'eux à cause de la serverité qu'ils exercent sur les Heretiques«. SAINTE-MARTHE, ENTRETIENS, Avertissement [29–31].

203 Vgl. ebd., Avertissement [31].

204 »Pendant que la Cour de Rome & la Maison d'Austriche s'efforcent de faire croire que cette Guerre n'est point une Guerre de Religion, les Princes Protestans leurs alliez le publient chez eux, & dans toute l'Europe, puisque c'est le publier que de souffrir qu'on l'écrive, qu'on l'imprime, & qu'on le debite dans toutes les Cours«. DONNEAU DE VISÉ, AFFAIRES DU TEMPS, S. 65f.

205 Vgl. ebd., S. 66; SAINTE-MARTHE, ENTRETIENS, Avertissement [4f.].

206 Vgl. DONNEAU DE VISÉ, AFFAIRES DU TEMPS, S. 66. Zu den alliierten Erklärungen vgl. Kapitel III.3.1.

207 Ebd., S. 69, spricht DONNEAU DE VISÉ davon, »que la Maison d'Austriche ne mette pas dans ses Manifestes que la guerre qu'elle a avec la France est une guerre de Religion,

Religionskrieg stellte in der Deutung der ludovizianischen Publizistik also einen antikatholischen Angriffskrieg dar.

Mit Beginn des Spanischen Erbfolgekrieges wurde diese Argumentation von der französischen Propaganda erneut aufgegriffen. Die Erinnerung an den Neunjährigen Krieg diente ihr als Beweis für die Existenz eines europaweiten Religionskrieges der Protestanten gegen den Katholizismus. Der Prinz von Oranien habe sich im Neunjährigen Krieg mit fast allen protestantischen Fürsten gegen Frankreich verbündet[208]. Seine Armeen seien voll von hugenottischen Deserteuren gewesen, die das Ziel verfolgt hätten, in Frankreich den Calvinismus wieder einzuführen[209]. Den katholischen Rezipienten solcher Nachrichten sollte durch die Erinnerung an den Neunjährigen Krieg suggeriert werden, dass es sich auch beim Spanischen Erbfolgekrieg um einen Religionskrieg handele, in dessen Zuge es England und die protestantischen Alliierten auf die Vernichtung der katholischen Konfession abgesehen hätten. Es wurde suggeriert, vor allem die französischen Katholiken hätten die Revanche der hugenottischen *Réfugiés* im Gefolge eines Religionskrieges der protestantischen Mächte zu fürchten.

Die Ambitionen der Protestanten beschränkten sich der französischen Publizistik zufolge nicht allein auf Frankreich, sondern beträfen auch die übrigen katholischen Fürsten. Namentlich die katholischen Reichsfürsten sollten sich des Neunjährigen Krieges erinnern, denn schon 1688 hätten die protestantischen Reichsfürsten untereinander eine geheime Allianz geschlossen, um die katholischen Kirchengüter unter sich aufzuteilen[210]. Die Protestanten hätten sich aus rein religiösen Motiven verbündet, um den Katholiken die Kirchengüter zu rauben[211]. Den katholischen Reichsfürsten wurde suggeriert, dass sie während des Spanischen Erbfolgekrieges immer noch das gleiche Ziel verfolgten. Die Reichskirche stelle für die Protestanten das leichteste Opfer dar, weil die deutschen Prälaten schwach und ganz dem Schutz des Hauses Österreich

---

elle agit néanmoins pour prendre part au triomphe de ceux qui attaquent la Religion Catholique«. Vgl. des Weiteren SAINTE-MARTHE, ENTRETIENS, Avertissement [28–31].

208 »On doit ajoûter à cela que le Prince d'Orange faisant de cette guerre une guerre de Religion, avoit animé contre luy presque tous les Protestans de l'Europe«. MERCURE GALANT 04.1707, S. 13.

209 Vgl. ebd., S. 13f.

210 »Il s'estoit tenu une assemblée secrete en 1688. entre quelques-uns des plus puissants Princes protestants de l'Empire. L'Electeur de Brandbourg, celuy de Saxe, la Maison de Brunsvick, le Landgrave de Hesse, quelques autres Princes si je ne me trompe, estoient de cette Assemblée. [...]. Le despouillement des Prestres & des Puissances Ecclesiastiques d'Allemagne, y fut proposé & resolu: le partage de leurs Souverainetés, entre ceux qui les devoient usurper, agité & réglé. La derniere main fut mise à ce projet en 1689. par un traité en forme que signerent tous ces Princes«. LA CHAPELLE, Trente-Deuxième Lettre, S. 13.

211 Vgl. ebd., S. 15.

ausgeliefert seien, das jederzeit dazu bereit wäre, sie seinen Interessen zu opfern²¹². Dem Kaiser wurde so unterstellt, durch sein Bündnis mit den Protestanten die katholische Kirche in Deutschland weder länger verteidigen zu können noch weiterhin beschützen zu wollen. Die Wahrheit des Plans der Protestanten zur Säkularisierung der deutschen Kirchengüter werde durch die Ausschreitungen Hessen-Kasseler und Hannoveraner Truppen belegt, die im Kurfürstentum Mainz ihre Winterquartiere bezogen hatten²¹³. Mit solchen Beschuldigungen versuchte die französische Propaganda erneut, eine katholische Klientel im Reich zu gewinnen. Ludwig XIV. wurde als einzige Macht präsentiert, die die minder mächtigen geistlichen Reichsfürsten vor den Säkularisierungsplänen der Protestanten bewahren könne. Die Ausschreitungen der protestantischen Truppen seien nur die ersten Vorbereitungen, um dem Kirchenstaat den Krieg zu erklären²¹⁴. Letzten Endes müsse sich auch der Papst durch den protestantischen Plan zur Säkularisierung des Kirchenbesitzes in seinem Besitz gefährdet sehen – umso mehr, als protestantische Hilfstruppen des Kaisers unlängst Einzug auf dem italienischen Kriegsschauplatz gehalten hatten und sich Kaiser Joseph I. seit 1706 in einem lehnsrechtlichen Konflikt mit Papst Clemens XI. befand, der 1708 militärisch eskalierte²¹⁵.

Bei ihrer Propaganda im Reich kam der französischen Publizistik im Spanischen Erbfolgekrieg besonders das erwähnte Bündnis Ludwigs XIV. mit den beiden Wittelsbacher Kurfürsten von Bayern und Köln zugute. Mithilfe der kurbayrischen Publizistik versuchte sie eine gemeinsame Front der katholischen Reichsfürsten gegen ihre protestantischen Verbündeten herzustellen. Erneut wandte sie sich dabei vor allem an die Vertreter der Reichskirche. Die Geschichte sollte lehren, dass die Säkularisierung der katholischen Kirchengüter durch die Protestanten in Deutschland stets Religionskriege ausgelöst habe²¹⁶. Bayern und Frankreich seien die einzigen Mächte, die eine solche Säkularisierung verhindern könnten. Der französische Benediktiner Casimir Freschot publizierte 1705 eine Flugschrift, die die vergangenen und gegenwärtigen Verdienste des Hauses Bayern um den katholischen Glauben in Deutschland unterstrich. Wilhelm IV. von Bayern habe die Waffen

---

212 »Ce n'est pas parce que les Prestres sont Prestres & Catholiques; c'est parce qu'ils sont foibles, […], livrés à la Maison d'Autriche qui les a toûjours sacrifiés à ses intérests«. Ebd.
213 »Les desordres que les troupes d'Hesse-Cassel, d'Hannover, & de Zell ont commis dans les terres de l'Electorat de Mayence, où elles ont hyverné, & où non contentes des subsistances, & des contributions extraordinaires qu'elles ont tirées, elles ont contraint leurs hostes à leur fournir de l'argent pour habiller les Soldats, & mesme les Officiers«. Ebd., S. 14f.
214 Vgl. ebd., S. 15.
215 Vgl. PASTOR, Geschichte, S. 27–52; LANDAU, Rom, S. 396–404.
216 Vgl. Für das Vatter=Land, Bd. 1, S. 30.

gegen den Schmalkaldischen Bund ergriffen[217]. Dem Hause Bayern wurden die pfälzischen Wittelsbacher gegenübergestellt. Dies war umso sinnvoller, als der alte Streit der beiden Hauptlinien des Hauses Wittelsbach zwischen Johann Wilhelm von der Pfalz und Maximilian II. Emanuel von Bayern schon im Vorfeld des Neunjährigen Krieges trotz des gemeinsamen katholischen Bekenntnisses neu entfacht worden war[218]. Die bayerische Propaganda nutzte den reformierten Vorgänger Friedrich V. von der Pfalz, um Johann Wilhelm zu diskreditieren, der ein Bündnis mit den protestantischen Reichsfürsten gegen Frankreich eingegangen war[219]. Friedrich V. habe wegen seines religiösen Eifers und seiner Usurpation Böhmens den Dreißigjährigen Krieg entfacht[220].

Da später Gustav II. Adolph von Schweden den Dreißigjährigen Krieg öffentlich zu einem Religionskrieg erklärt habe, sei Maximilian I. von Bayern dazu verpflichtet gewesen, den katholischen Glauben zu verteidigen, wenn er nicht wolle, dass Bayern dem gleichen Schicksal anheimfiele wie die von Schweden besetzten Territorien[221]. Es sei das Glück des Hauses Österreich, dass es in den bayerischen Wittelsbachern Fürsten gefunden habe, die gewillt gewesen waren und immer noch seien, ihre gemeinsame Konfession zu verteidigen[222]. Die Übertragung der Oberpfalz und der Kurwürde an das Haus Bayern sei das Mindeste, was Österreich Maximilian I. für seine Unterstützung im Kampf gegen die Protestanten schuldig gewesen sei[223]. Damit

---

217 Vgl. FRESCHOT, REPONCE, S. 212.
218 Vgl. ARETIN, Das Alte Reich, S. 64; WHALEY, Germany, Bd. 2, S. 123.
219 Vgl. ARETIN, Das Alte Reich, S. 167f.; HANS, Die Kurpfälzische Religionsdeklaration, S. 313; MÜLLER, Kurfürst, S. 15f.
220 »So haltet mich aber hierinfall das zurück/ wann ich nur Obiter die viele entstandtne Staats= und Religions=Krieg/ welche offentlich und heimblich under allerhand Prætext und Eingriff geführt= und erregt worden/ dann wer wird so kurtz und deutlich außführen können/ was die Nothdurfft zu einer wahrhafften Beschreibung erfordert/ des Kriegs welcher entstanden im Anfang vergangen Jahr hundert/ da hauptsächlich anfangs der reformirte oder Calvinische Chur=fürst von Pfaltz sich zum König von Böheimb eingetrungen/ und seyn Religion hat erhöhen wollen«. Für das Vatter=Land, Bd. 1, S. 32.
221 »Adjoutons a cela que cette guerre ayant été [...], une guerre de Religion, comme s'en exprimoit le Roy Gustave Adolphe dans ses étendars, & par ses discours, & touts les Princes Protestants avec luy. Maximilien n'etoit pas moins obligé a la soutenir que Ferdinand, puis que si les Suedois & les Protestants eussent eû le dessus, il est constant que la Baviére auroit comme les autres Provinces, qui leurs sont soumises, perdu sa Religion«. FRESCHOT, REPONCE, S. 216. Des Weiteren vgl. Für das Vatter=Land, Bd. 1, S. 32.
222 »Ca été un bonheur a la Maison d'Autriche d'avoir trouvé dans celle de Baviére des Princes du même sentiment de soutenir leur commune Religion«. FRESCHOT, REPONCE, S. 214.
223 »L'Autheur du Manifeste verse en suitte le siel le plus amer de sa malignité sur le bienfait de l'Electorat, & du Palatinat conferé au Duc Maximilien par l'Empereur Ferdinant II. comme si ce don n'etoit que l'acquit de la moindre partie d'une dette beaucoup plus grand«. Ebd., S. 214.

wehrte sich die französisch-bayerische Propaganda gegen die Versuche der pfalz-neuburgischen Publizistik, durch eine Delegitimierung der bayerischen Wittelsbacher die Oberpfalz und die vierte Kur zurückzuerlangen[224].

Die Tatsache, dass die Katholiken im Religionskrieg des 16. Jahrhunderts die Reformation nicht eindämmen konnten, sei nicht dem Fakt geschuldet, dass es sich dabei um einen Religionskrieg gehandelt habe. Vielmehr spiele der Umstand eine Rolle, dass das Haus Habsburg dabei nur seine weltlichen Interessen verfolgt habe und deshalb nicht mit dem göttlichen Beistand rechnen konnte[225]. Im Westfälischen Frieden schließlich habe man »der Catholischen Religion præjudicirliche Articul [...] auffgetrungen«[226]. Ein katholischer Kaiser sei in der Pflicht, sein Möglichstes für den Erhalt und die Ausbreitung der katholischen Kirche zu unternehmen[227]. Damit wurde der Kaiser zum eigentlichen Verantwortlichen für die Auswirkungen der vergangenen Religionskriege in Deutschland erklärt und Frankreich von jeder Verantwortung freigesprochen.

---

224 Vgl. dazu etwa die Absicht der Quellenedition der Korrespondenz der französischen Gesandten auf dem Westfälischen Friedenskongress AVAUX, MEMOIRES, die dazu diente, den Zusammenhalt in der Haager Großen Allianz von 1701 zu stärken. Dafür bediente sie sich des Religionskriegsgedankens vor allem als Beweis für die Ruchlosigkeit der französischen Außenpolitik. Der Dreißigjährige Krieg wurde historiografisch als mahnendes Beispiel für die Gegenwart benutzt. Aus diesem Grunde ist diese Edition selbstredend in keiner Hinsicht mit einer modernen Quellenedition gleichzusetzen. Zur Quellenkritik vgl. ausführlich TISCHER, Französische Diplomatie, S. 31f. Vielsagend ist deshalb die aus dem Widmungsschreiben an Johann Wilhelm von der Pfalz und dem Vorwort zur Korrespondenz ersichtlich werdende Intention des Herausgebers. Darin wird Maximilian I. von Bayern als heimlicher Alliierter Frankreichs gegen Kaiser und Reich verunglimpft. Frankreich habe sich seiner Person zum Raub des Elsass und der drei lothringischen Bistümer bedient. Der Pfälzer Kurfürst Friedrich V. sei – entgegen jeder historischen Grundlage – ein treuer Verbündeter des habsburgischen Kaiserhauses gewesen, das lediglich von Maximilian I. in seiner antipfälzischen Politik fehlgeleitet worden sei. Vgl. AVAUX, MEMOIRES, EPITRE DEDICTOIRE [1f.], PREFACE [7]. Die Analogie zum gegenwärtigen Bündnis zwischen Maximilian II. Emanuel und Ludwig XIV. ist offenkundig. Es ist wahrscheinlich, dass der Verleger im Umfeld des Düsseldorfer Hofes agierte. Jedenfalls versuchte er mit der Betonung der pfälzisch-kaiserlichen Waffenbrüderschaft historisch die Pläne Johann Wilhelms zur Rückerwerbung von Oberpfalz und vierter Kur zu untermauern.
225 »In vorigen Religions=Krieg mag zwar die Catholische Kirch Anfangs deß CVI. Sæculi nit so/ glücklich gewesen seyn/ sondern grossen Schaden vnd Verlust empfangen haben/ aber wann man die Sach genau observirt, ist selbiger Krieg nicht principaliter zu erhaltung deß Catholischen Glaubens; sondern wegen deß Königs in Spanien vnd Hauß Oesterreichs Privat-Interesse oder Prætension angesehen gewesen/ indem der erste die Holländer zwingen/ das andere die Käyserl. Cron/ Ungarn/ Böhmen/ vnd Schlesien also zwingen vnd behalten wollten/ wie sie das Recht hierzu hatten«. Für das Vatter=Land, Bd. 1, S. 36.
226 Ebd., S. 32.
227 »On veût bien qu'un Empereur Catholique ait dû faire tout son possible pour l'avantage de sa Religion«. FRESCHOT, REPONCE, S. 212f.

Die Geschichte habe bewiesen, dass die katholische Kirche »von andern abtrinnigen immer verfolgt/ aber niemahlen unterdruckt worden« sei[228]. Aus der Geschichte, die hier als Teil der Heilsgeschichte verstanden wurde, sei also der sichere Sieg der französisch-bayrischen Allianz trotz ihrer Niederlagen ablesbar, weshalb es niemandem nutzen könne, sich ihrem Erfolg entgegenzustellen. Die anderen katholischen Fürsten täten besser daran, sich auf die Seite Ludwigs XIV., Maximilian II. Emanuels von Bayern und seines Bruders Joseph Clemens von Köln zu schlagen.

Die große Gefahr, in der die katholische Kirche heute wieder schwebe, werde durch die protestantische Bündnispolitik bewiesen. Die Protestanten wurden angeklagt, die Schaffung einer protestantischen Offensiv- und Defensivallianz »wegen ihrer Religion« anzustreben[229]. Schon 1701 habe Wilhelm von Oranien Gesandte in die Schweiz geschickt, um ein Bündnis »der Reformirten mit den Lutherischen [sic!]« zu verhandeln[230]. Durch seine Bündnispolitik und die Katholikenverfolgungen in England habe Wilhelm III. den Religionsfrieden mit den Katholiken gebrochen[231]. Die englische Bündnispolitik und die Behandlung der englischen Katholiken rechtfertigten in diesem Sinne den Friedensbruch durch Frankreich und Bayern und sollten auch die anderen katholischen Mächte auf deren Seite ziehen, um die Rechtsbrüche gegen die Katholiken in England zu rächen[232].

Den Protestanten sei machtpolitisch gleichgültig, ob Spanien dem Haus Habsburg oder der Dynastie der Bourbonen zufalle[233]. Ihre Kriegsbeteiligung erfolge nur, um den Katholizismus abermals zu schwächen[234]. Die noch

---

228 Für das Vatter=Land, Bd. 1, S. 1.
229 Ebd., S. 82.
230 Ebd., S. 44. Offensichtlich war sich der bayrische Autor dieser Flugschrift nicht bewusst, dass sowohl Wilhelm von Oranien als auch die Schweizer Protestanten dem reformierten Bekenntnis anhingen. Das Verhältnis von Anglikanismus und Luthertum war bis ins 19. Jahrhundert deutlich angespannter als dasjenige zum kontinentalen Reformiertentum, mit dem es dogmatisch die größeren Berührungspunkte gab. Vgl. MACCULLOCH, England, S. 173f., 177. BARRIE-CURIEN, Die anglikanische Reformation, S. 231f., vertritt prinzipiell die gleiche Auffassung, hebt aber auch die dogmatischen Unterschiede zur Schweizerischen Reformation hervor.
231 »Aus disem daß sie vns immer je mehr vnd mehr verfolgen/ vnd das Religions=Fridens=Band durch die vilfältige Allianzen auffgehoben/ mithin das Schwerd erstens ergreiffen/ zugeschweigen/ daß sie sonders in Engelland nit nur keine Predig deß Gottes Wort den Catholischen gedulten/ sondern erbärmlich vertilgen«. Für das Vatter=Land, Bd. 1, S. 44f.
232 »Folget das Gegen=Recht/ daß wir billig das Schwerdt ergreiffen/ vnd ihnen den Weeg darmit zeigen/ welchen sie gehen sollen«. Ebd., S. 45.
233 »Jetzt aber kombt ein gantz anders zum Vorschein/ es ist absolutè umb die Religion zu thun/ dann was sollte den Protestirenden daran liegen ob der Hannß oder Michael Spanien besitze/ wann sie nicht beede Cathol. Höchste Häupter dardurch aneinander auffreiben wollten/ sie sagen es wurde ein jeder zu mächtig/ Partagirt soll es seyn«. Ebd., S. 36.
234 Vgl. ebd.

abwartenden Katholiken sollten von der französisch-bayerischen Propaganda dadurch ermutigt werden, ihre Neutralität zu bewahren und sich nicht zu Werkzeugen der protestantischen Mächte in diesem Religionskrieg gegen den Katholizismus machen zu lassen[235].

Die französisch-bayerische Publizistik im Reich unterstellte den Protestanten, mit der interkonfessionellen Haager Großen Allianz ihre katholischen Bündnispartner getäuscht zu haben. Mit dem Kaiser seien sie das Bündnis nur zur »Linderung vor vnsere protestirende Brüder/ die nicht allein in dem Reich/ sondern auch in Ungarn/ vnd andern zugehörigen Ländern verfolgt werden«, eingegangen[236]. Vom katholischen Reichsoberhaupt begehrten sie darüber hinaus eine Abschaffung der Rijswijker Klausel und die Restitution der protestantischen Kirchen in der Pfalz[237]. Aus ihrer Sicht sei es für den Kaiser ein Leichtes, vom Kurfürsten von der Pfalz als seinem Schwager ihre Herausgabe auf diplomatischem Wege – und notfalls auch mit militärischem Druck – zu erlangen[238]. Der katholische Leser könne leicht daraus schließen, dass die Protestanten die interkonfessionelle Allianz mit dem Kaiser und den katholischen Reichsfürsten nur eingegangen seien, um ihr eigenes Bekenntnis auszubreiten und den Katholizismus im Reich zurückzudrängen. Auch die auswärtigen katholischen Mächte sollten sich deshalb vor den protestantischen Fürsten in Acht nehmen. Aus ihrer Publizistik sei ablesbar, dass sie planten, die Italiener und Portugiesen durch die Hervorhebung gemeinsamer Handelsinteressen ebenfalls auf ihre Seite zu ziehen[239]. Daraus sei erkenntlich, dass die Protestanten die Katholiken gegeneinander ausspielen wollten, um einen heimlichen Religionskrieg gegen den Katholizismus führen zu können[240].

England und die Vereinigten Provinzen hätten selbst bekannt, dass sie den gegenwärtigen Krieg als Religionskrieg zur Unterdrückung des Katholizismus unternähmen[241]. Trotzdem hätten sich einige katholische Mächte mit ihnen eingelassen und sich so zu ihren Helfershelfern in diesem Krieg ge-

---

235 »Ey darumben ihr Neutral vnd noch nicht mit im Spiel liegende Catholische/ springet zurück/ spareteure Macht/ welches die widrige Glaubens-Genossen ebenfalls thun«. Ebd.
236 Ebd., S. 78.
237 Vgl. ebd., S. 78f.
238 Vgl. ebd.
239 Vgl. ebd., S. 82f.
240 »Sehet hieroben Ihr Catholische/ was die Finsternuß eines theils falsches wider solch vnseren Glauben redet/ andern theils/ wie sie sich auff den Religions-Krieg rüsten/ vnnd drittens/ wie falsch sie vns vorgehends aneinander hötzen/ ruinirn, vnd lüstig auff das Tantz-Sail führen/ folglich herunder fallen lassen«. Ebd., S. 83.
241 »Alßo bißhero/ vnd noch vielmehr/ warvon under dem Titul von Engeland und Holland zulesen/ haben diese Nationes ohne Grund gered/ warauß nun der Schluß folget/ daß all ihr bißheriges Fürnemmen unter der Hand ein Religions-Krieg seye/ weillen sie nicht suchen was Rechtens ist/ sondern was zu untertruckung vnd schwächung deß Catholischen Glaubens möglich«. Ebd., S. 32f.

macht[242]. Dieser Umstand wurde als Strafe Gottes für die Zwietracht im katholischen Lager interpretiert[243]. Aus bayerisch-kurkölnischer Perspektive waren mit diesen Mächten namentlich der Kaiser und die übrigen katholischen Reichsfürsten gemeint. Sie trügen eine Mitschuld, dass beim gegenwärtigen Krieg mehr Katholiken ums Leben gekommen seien als bei einem offenen Religionskrieg[244].

Die Rechtsbrüche der Protestanten führten in ihren Augen letzten Endes sogar zum Ruf nach Einführung der Inquisition in Deutschland, um durch diese »heilsame Methode« die Häretiker zur Raison zu bringen[245]. Sie sei der einzige Weg, einen offenen Religionskrieg abzuwenden, der unausgesprochen von den Protestanten bereits geführt werde[246].

*Zusammenfassung*
Während des Neunjährigen Krieges und des Spanischen Erbfolgekrieges versuchte die französische Kriegspropaganda, die katholischen Fürsten aus ihrer Allianz mit den protestantischen Mächten zu lösen. Hauptadressat waren dabei die katholischen Reichsfürsten. Zentrales Argument war die Existenz eines protestantischen Religionskrieges gegen die katholische Kirche. Die französische Propaganda führte den katholischen Reichsständen die Gefahr für die Kirchengüter vor Augen und malte gegenüber dem Papst sogar das Szenario einer protestantischen Besetzung des Kirchenstaates an die Wand. Dabei bediente die französische Tagespublizistik sich historischer Exempel und verwies immer wieder auf die Erfahrungen des Schmalkaldischen und des Dreißigjährigen Krieges. Nur von Frankreich sei ein effektiver Schutz der katholischen Kirchengüter zu erwarten, denn die Habsburger hätten in beiden Kriegen die Interessen der katholischen Kirche ihren eigenen machtpolitischen Interessen geopfert. Würden sich die katholischen Reichsstände nicht aus der Allianz mit den Protestanten lösen, stünde die Gefahr einer protestantischen Mehrheit im Kurkolleg und eines protestantischen Kaisertums im Raum, was den endgültigen Verlust der katholischen Kirchengüter bedeuten würde. Die katholischen Reichsstände und der Kaiser selbst täten deshalb

---

242 »Vnd soll es dannoch geschehen seyn/ daß die Catholische mit ihnen halten/ vnd ihr Intent außführen helffen«. Ebd., S. 33.
243 Vgl. ebd.
244 »Ja bey gegenwärtigen Conjuncturn wird vnvermerckt fast mehr Catholisches Blut vergossen/ als wann es ein Religions=Krieg wäre«. Ebd., S. 33.
245 »Ja heutiges Tags wüntsche ich daß in Teutschland die Päbstliche Inquisition eingeführt würde/ wider welche die Protestanten immer vnd immer jämmerlich schelten/ vnd vil vnwahres erdichten/ vnd darvor förchten«. Ebd., S. 45.
246 Vgl. ebd., S. 47.

gut daran, auf ihre eigene Niederlage zu hoffen, sich neutral zu verhalten oder sich auf die Seite Frankreichs zu stellen, das als einzige Macht ihre Besitzverhältnisse garantieren könne.

Im Vorfeld des Spanischen Erbfolgekrieges war es der französischen Diplomatie tatsächlich gelungen, mit den beiden Wittelsbacher Kurfürsten von Bayern und Köln bedeutende katholische Verbündete im Reich zu gewinnen. Das Bündnis diente der französischen Propaganda dazu, die Vorstellung eines protestantischen Religionskrieges mit historischen und gegenwärtigen Zeugen zu stützen und dadurch die Rechtmäßigkeit der französischen Deutschlandpolitik vor den katholischen Reichsfürsten zu untermauern.

### III.1.5 Frankreichs Verwendung des Religionskriegsarguments gegenüber den protestantischen Mächten

Während die französische Publizistik um die katholischen Mächte warb, rissen ihre Bemühungen um die protestantischen Mächte keineswegs ab. Eine Propagierung des Religionskrieges war hier nur nicht dienlich. Die französische Publizistik zielte nicht in erster Linie auf die Überzeugung ihrer protestantischen Rezipienten, sondern versuchte eine Spaltung der protestantischen Mächte herbeizuführen. Aus diesem Grunde versuchte die französische Kriegspropaganda sowohl während des Neunjährigen Krieges als auch während des Spanischen Erbfolgekrieges, Zwietracht zwischen den unterschiedlichen protestantischen Nationen und Bekenntnissen zu säen, um einen gesamtprotestantischen Religionskrieg gegen Frankreich zu verhindern.

Nach den Erinnerungen an den hartnäckigen Widerstand der Holländer im Niederländisch-Französischen Krieg und der *Glorious Revolution* in England, die mit Jakob II. einen wichtigen Verbündeten Ludwigs XIV. seines Thrones beraubt hatte, erschienen die Vereinigten Provinzen als ein wichtiger Adressat der französischen Kriegspropaganda. Dabei richtete sie sich vor allem an die niederländische Staatenpartei, die eine Konzentration der Macht in den Händen des Hauses Oranien ablehnte[247]. Die Staatenpartei rekrutierte sich vor allem aus dem republikanischen Bürgertum und war besonders stark unter der Amsterdamer Kaufmannschaft vertreten[248]. Während ihre Anhänger aus ökonomischen Gründen naturgemäß für den Frieden plädierten, forderten die Parteigänger des Prinzen von Oranien, die sogenannten Orangisten, 1684 eine Kriegserklärung an Frankreich, das mit seiner Reunionspolitik gefährlich

---

247 Vgl. LEVILLAIN, Vaincre Louis XIV, S. 323–337; PRICE, The Dutch Republic, S. 80–82; ROWEN, The Princes of Orange, S. 95–98. ISRAEL, The Dutch role, S. 113–117.
248 Vgl. LEVILLAIN, ebd.; ROWEN, The Princes of Orange, S. 95–98.

nahe an die niederländische Grenze heranrückte[249]. Während die Vereinigten Provinzen im Reunionskrieg wegen des Widerstandes der Staatenpartei nur widerwillig ihre Bündnispflichten erfüllten, schlugen sich die Regenten Amsterdams in den folgenden Jahren vor dem Eindruck der französischen Hugenottenverfolgungen immer mehr auf die Seite des Prinzen von Oranien[250]. Im Angesicht seiner Kriegsanstrengungen in Deutschland und auf den britischen Inseln musste Frankreich alles daransetzen, Wilhelm von Oranien den Rückhalt in seiner eigenen Heimat zu entziehen. Die Staatenpartei bot sich als Adressat der französischen Propaganda besonders an, weil sie aufgrund ihrer Handelsinteressen keinen universellen Religionskrieg wünschen konnte, wie ihn der Prinz von Oranien in den Augen der französischen Propaganda führte.

Die Flugschrift *Lettre d'un Hollandois à un Mylord* war dazu bestimmt, den Anhängern der Staatenpartei und der Amsterdamer Kaufmannschaft die Nachteile eines Religionskrieges vor Augen zu führen. Von der Herrschaft König Jakobs in England hätten die Niederländer demzufolge weniger zu befürchten als von einem protestantischen Kreuzzug Wilhelms von Oranien. Ein solcher Kreuzzug diene lediglich dazu, die Niederländer ihres Reichtums zu berauben und sie der Feindschaft der katholischen Mächte auszusetzen, ohne dass ihrer Religion daraus irgendwelche Vorteile erwüchsen[251]. Die Propagierung eines Religionskrieges könne höchstens aus dem Munde der Prediger toleriert werden, aber aus Sicht der Laien sei es unsinnig, sich den unkalkulierbaren Risiken eines solchen Unternehmens auszusetzen, nur weil ein paar ausländische Protestanten Gefahr liefen, unterdrückt zu werden[252]. Der Prinz von Oranien schiebe die Erklärung eines Religionskrieges nur vor, um die Unterdrückung der niederländischen Freiheiten zu bemänteln und aus den Holländern Gelder herauszupressen[253].

---

249 Vgl. LEVILLAIN, ebd.
250 Vgl. ebd., S. 353f.
251 »Le pouvoir arbitraire du Roi Jacques nous incommodoit beaucoup moins que celui du Stathouder Guillaume. Ainsi nous étions fort éloignez de penser à employer nos troupes, nos vaisseaux & nostre argent à une espece de Croisade Protestante, qui peut nous avoir acquis du merite devât Dieu, si nous voulons croire nos Ministres; mais qui certainement nous attirera la haine publique ou secrete de tous les Souverains, qui ne doivent pas s'accomoder d'un semblable zele«. LETTRE D'UN HOLLONDOIS, S. 128.
252 »Car enfin ces motifs peuvent estre tolerez dans la bouche des Predicateurs, mais ce seroit une étrange chose, si parce que nous faisons profession de la Religion Protestante nous étions obligez à entreprendre de longues & dangereuses guerres dés que ces gens-là nous prêcheroient qu'elle court risque d'être opprimée en quelque autre païs«. Ebd., S. 129f.
253 Vgl. ebd., S. 132f.

Gegenüber den protestantischen Mächten argumentierte die proludovizianische Publizistik, in Frankreich habe überhaupt nie eine Verfolgung der Protestanten stattgefunden. Programmatisch ist deshalb die Rede von einer »prétenduë persécution de France«, die sich stark an die katholische Bezeichnung einer »religion prétendue reformée« anlehnt, welche den Hugenotten den Charakter einer reformierten Religion absprach[254]. Von einem Religionskrieg konnte aus Sicht der französischen Publizistik deshalb überhaupt keine Rede sein. Er sei allein Erfindung des Prinzen von Oranien.

Genau wie den Niederländern hielt die französische Publizistik auch den Engländern vor, der Prinz von Oranien bediene sich des Szenarios eines protestantischen Religionskrieges nur, um ihre ständischen Freiheiten zu beseitigen und sie in »esclavage« zu führen[255]. Er selbst wolle jene Willkürherrschaft errichten, deren er König Jakob II. bezichtigte[256]. Um in England Zwietracht zu säen, versuchte die französische Kriegspropaganda Anglikaner gegen Presbyterianer auszuspielen. Dabei knüpfte sie an den letzten Richtungswechsel der Kirchenpolitik Jakobs II. aus dem französischen Exil an. Nachdem sich dieser zu Beginn seiner Regierung auf die anglikanische Hochkirche gestützt hatte, versuchte er 1687 mit Hilfe der protestantischen Dissenter seine Toleranzpolitik zu verwirklichen, die vor allem auf die Begünstigung der englischen Katholiken abzielte[257]. Seit 1688 trachtete er hingegen danach, mit dem Beistand der königstreuen Hochkirche seine Königreiche zurückzugewinnen[258]. Mag Jakob II. selbst nicht bewusst gewesen sein, dass eine solch ambivalente Politik in England erhebliches Misstrauen hervorrief, kam sie der französischen Kriegspropaganda gerade recht, um durch das Ausspielen der verschiedenen protestantischen Gruppen einen Religionskrieg gegen Frankreich zu verhindern.

Kurz nach der *Glorious Revolution* behauptete der *Mercure de France* gegenüber den Anglikanern, der Prinz von Oranien wolle ihre Konfessionsgemeinschaft langsam, aber sicher zerstören, wenn er nur lange genug in England an der Macht bliebe[259]. Aus diesem Grund habe er allen protestantischen Nonkonformisten bereits die Gewissensfreiheit zugesichert[260]. Die

---

254 SAINTE-MARTHE, ENTRETIENS, Avertissement [12f., 35f.].
255 Vgl. LE MERCURE DE FRANCE, S. 91.
256 Ebd., S. 114, heißt es, der Prinz von Oranien »voudroit établir la puissance arbitraire dont il accusoit le Roy«.
257 Vgl. MILLER, Popery, S. 202, 214f.
258 Vgl. BARRIE, Die Kirche, S. 441; RAMEIX, Justifier, S. 239f. Charakteristisch war, dass trotz des konfessionellen Eifers Jakobs II. auch einige hochkirchliche Anglikaner ihrem König ins Exil folgten. Vgl. SHARPE GREW, The English Court, S. 208, 263, 307; McLYNN, The Jacobites, S. 160.
259 »Cependant il parle à des gens dont la plupart font profession de l'Anglicane, que le Prince d'Orange cherche à détruire, & qu'il détruira si son regne dure«. LE MERCURE DE FRANCE, S. 92.
260 Vgl. ebd., S. 100.

Protestanten – hier als Synonym für die protestantischen Nonkonformisten – führten das Argument der Gewissensfreiheit und der daraus entstehenden wirtschaftlichen Vorteile einzig und alleine deshalb an, weil sie wünschten, dass in Zukunft nur noch ihre Konfession in England regiere[261]. Ein wichtiger Verbündeter der Nonkonformisten und des Prinzen von Oranien sei dabei Henry Compton, Bischof von London, gewesen, der aber die größte Mühe gehabt habe, seinen Klerus dazu zu bewegen, den Herrschaftsantritt Wilhelms von Oranien zu begrüßen[262]. Dadurch wurde in den Augen der ludovizianischen Publizistik der Spalt zwischen (heimlichen) Nonkonformisten und aufrechten Anglikanern deutlich, die dem Machtwechsel in England misstraut hätten. Der Prinz von Oranien habe auf hinterhältige Weise den Abgesandten der Kirche von England einen guten Empfang bereitet und ihnen versprochen, die anglikanische Kirche fortan zu beschützen, obwohl er in Wirklichkeit seinen calvinistischen Anhängern geschworen habe, die anglikanische Kirche zu zerstören[263]. Dieser Hinterhältigkeit entspreche auch, dass Wilhelm von Oranien den anglikanischen Gottesdienst in der Hofkirche besucht habe, um die Anglikaner in Sicherheit zu wiegen[264]. In Wirklichkeit habe es sich dabei aber nur um einen politischen Schachzug gehandelt, um beide Seiten zu befriedigen[265]. Aus diesem Grunde habe er sich zwar in die königliche Kapelle begeben, aber den Hut auf dem Kopf behalten, um den Nonkonformisten zu schmeicheln[266]. Er habe Anglikanern und Nonkonformisten versichern wollen, er würde ihre jeweilige Konfession praktizieren[267]. Mit dieser Aussage bezichtigte die französische Publizistik Wilhelm von Oranien des konfessionellen Indifferentismus und damit zugleich einer

---

261 »Comme il n'a rien fait qui ne soit avantageux aux Anglois en leur laissant la liberté de conscience, & que les Protestans l'accusent injustement parce qu'ils voudroient que leur Religion regnast seule en Angleterre, il finit en soutenant ce qu'il a toûjours cru juste, qu'il n'y a rien qui puisse plus contribuer à rendre l'Angleterre florissante, que la liberté de conscience«. Ebd., S. 105f.
262 »L'Evesque de Londres qui avoit une intelligence particuliere avec ce Prince depuis le commencement de son entreprise, alla le complimenter sur son avenement à la Couronne, accompagné de prés de cent personnes de son Clergé, dont la pluspart avoient eu beaucoup de peine à se laisser persuader. La chose avoit esté concertée entre cet Evesque & ce Prince pour donner aux autres un exemple qui n'a pourtant pas esté suivy«. Ebd., S. 456f.
263 »Le Prince d'Orange qui avoit sa politique, leur fit tout le bon accueil imaginable, & leur promit de proteger l'Eglise Anglicane, quoy que ce ne fust pas son dessein, & qu'il n'ait esté fait Roy par les Calvinistes qu'à condition qu'il la détruiroit«. Ebd., S. 457.
264 Vgl. ebd., S. 457f.
265 »Cependant c'estoit un coup de politique, & il falloit faire en sorte que les deux partis fussent contens«. Ebd., S. 458.
266 Vgl. ebd.
267 In ebd., wird behauptet, der Prinz von Oranien wolle »les asseurer chacun separément qu'il estoit de la Religion qu'ils professoient; mais il s'agissoit d'une ceremonie exterieure«.

areligiösen Motivation seiner (Außen-)Politik, die er nur oberflächlich mit dem Schleier des Religionskrieges bemäntele.

Den Generalstaaten habe der Prinz von Oranien in einem Brief den Schutz der protestantischen Religion in den Niederlanden und England durch das Bündnis dieser beiden Mächte versichert[268]. Damit sei aber lediglich der Schutz des englischen Nonkonformismus gemeint gewesen, den der *Mercure de France* mit dem Bekenntnis der reformierten Öffentlichkeitskirche in den Niederlanden gleichsetzte[269]. Bei den Vorbereitungen zu seinem Irlandfeldzug habe der Prinz von Oranien erneut den Schutz der protestantischen Religion versprochen, was im Unterhaus des englischen Parlaments eifrig begrüßt worden sei[270]. Daraus werde ein geplanter Anschlag auf die anglikanische Kirche offensichtlich[271]. Die Verbindung zwischen Nonkonformismus und Unterhaus sollte die Anhänger der englischen Hochkirche im Oberhaus an die Ereignisse des englischen Bürgerkrieges erinnern, in dessen Folge Oliver Cromwell die anglikanische Kirche zu einer Art reformierter Öffentlichkeitskirche umgewandelt hatte. Die Vorsicht, mit der Wilhelm von Oranien plane, die anglikanische Religion zu vernichten und die nonkonformistische einzuführen, sei nur ein taktisches Mittel, um die Anglikaner in Sicherheit zu wiegen, während er den Nonkonformisten größere Freiheiten bewillige[272]. Mit dieser Unterstellung versuchte die französisch-jakobitische Propaganda, die anglikanischen Kritiker der wilhelminischen Toleranzgesetzgebung auf ihre Seite zu ziehen. Der Prinz von Oranien plane in Wirklichkeit nämlich die Vernichtung der anglikanischen Kirche und wolle die Ämter der anglikanischen Geistlichen mit Nonkonformisten besetzen, um in England letztendlich den reformierten Glauben einzuführen[273]. Der protestantische Glaube sei der

---

268 Wörtlich habe der Prinz von Oranien versprochen, dass »une bonne & sincere intelligence s'establisse & s'augmente de plus en plus entre nos Royaumes & les Provinces Vnies des Pays-bas; de maniere qu'il en puisse provenir une Alliance qui ne puisse être rompuë & une amitié entre nos Suiets & Habitans desdites Provinces pour la seureté, le repos, & la paix des deux Nations, & en mesme temps pour la seureté & le maintien de la veritable Religion Protestante, ce que le seigneur veuille accorder sous la protection duquel nous recommandons V.H.P.«. Ebd., S. 461f.

269 »La veritable Religion Protestante dont il est parlé dans cette Lettre, est la Nonconformiste, ou du moins celle que les Calvinistes appellent ainsi, & que le Prince d'Orange avoit promis de faire regner seule en Angleterre, s'il estoit élû Roy«. Ebd., S. 462.

270 »On voit par là que la Chambre des Communes mêle à tout propos la Religion Protestante dans ses Resultats, ce qui doit donner de nouvelles inquiétudes à la Religion Anglicane«. Ebd., S. 466.

271 Vgl. ebd.

272 Vgl. ebd., S. 468.

273 »Cependant le Prince d'Orange, n'a plustost esté le plus fort à Londres, qu'il a forcé les Peuples de le déclarer leur Roy, [...] de faire des cabales pour détruire la Religion Anglicanne, pour aneantir le pouvoir des Evesques, ruiner & abolir leurs fonctions, & leur Ministere, establir & faire regner celuy des Presbyteriens, en un mot de faire tout ce que l'imagination luy a pu suggerer, & tout ce que la force luy a pu permettre,

anglikanischen Religion genauso entgegengesetzt wie der Anglikanismus dem Katholizismus[274].

Im Unterschied dazu heißt es beim französischen Hofhistoriografen Simon de Riencourt, die Holländer behaupteten, sie hätten den Prinzen von Oranien nicht unterstützt, um einen legitimen König zu entthronen, sondern ausschließlich, um die anglikanische Konfession zu beschützen und die Freiheiten der englischen Nation zu bewahren[275]. Trotzdem habe der Prinz von Oranien sich nach seinem Einzug in London mit Gewalt zum König ausrufen lassen und die Krone usurpiert[276]. Damit hätte er sich nicht nur als eidbrüchig erwiesen, sondern auch die monarchische Legitimität mit Füßen getreten. Eine solche Handlungsweise sollte namentlich die königstreuen Tories von einer Unterstützung des Prinzen von Oranien abhalten, denn nicht nur ihre Kirche, sondern auch ihre Monarchie würde durch dessen angeblichen Religionskrieg gefährdet.

Geschickt säte Riencourt damit Zwietracht innerhalb der protestantischen Alliierten und innerhalb der englischen Gesellschaft. Zunächst einmal bediente er antiniederländische Ressentiments, die in England seit den Seekriegen gegen die Vereinigten Provinzen bestanden[277]. Des Weiteren trieben Riencourt und die französische Publizistik mit der Anschuldigung von Usurpation einen Keil in die *political nation*. Mit der Bezichtigung, der Prinz von Oranien plane die Vernichtung der anglikanischen Kirche, um eine nonkonformistische Öffentlichkeitskirche einzuführen, versuchten sie den englischen Protestantismus zu spalten. Dabei richtete sich die Publizistik an eine ganz bestimmte Klientel, die zu großen Teilen die protestantische Anhängerschaft des entthronten Königs Jakob II. bildete: nämlich die Anhänger der anglikanischen *High Church*, die Tories und die strengen Royalisten. Die Darstellungen der französischen Propaganda erinnerten nur allzu sehr an das Protektorat

---

    pour introduire la Religion protestante, & esloigner tous ceux qui par un zele veritable pour la Religion du Royaume s'opposoient à ses pernicieux desseins«. RIENCOURT, HISTOIRE DE LA MONARCHIE, Bd. 2, S. 428.

274 Vgl. ebd., S. 428f.

275 »Si l'on considere les pretextes dont les Hollandois se sont servis pour secourir le Prince d'Orange, l'on jugera qu'il semble que la seule conservation de la Religion Anglicane a esté l'unique sujet qui les y ait engagez, persuadez que ce Prince n'avoit aucune intention de s'emparer du Royaume d'Angleterre; ou de le subjuguer, ou déthroner le Roy Jacques II. & encore moins pour s'en rendre le maistre, ni pour renverser, ou apporter quelque changement à la succession legitime [...]: Mais seulement pour secourir la Nation, pour la restablir dans la ioissance de ses antiens privileges, & dans le libre exercice de sa Religion«. Ebd., S. 427f.

276 Vgl. ebd., S. 428.

277 Vgl. PINCUS, Protestantism, S. 256–268; ROMMELSE, The Second Anglo-Dutch War, S. 148.

Oliver Cromwells von 1649[278]. Cromwell aber stand außerhalb des Diskurses der Restaurationsära[279]. Im Kontrast zum englischen Commonwealth wurde ein republikanisches Gemeinwesen von der französischen Propaganda katholischen und protestantischen Alliierten immer wieder als besonders vorbildlich vor Augen geführt: die Schweizerische Eidgenossenschaft, die durch die Bewahrung ihrer Neutralität und eine besonders weise Regierungspolitik immer wieder Religionskriege verhindert habe. Die eidgenössischen Protestanten seien friedliebend und würden erkennen, dass die Bündnisse ihrer Glaubensbrüder nur für die Usurpation der englischen Krone, nicht aber zur Ausbreitung ihres Glaubens geschlossen worden seien[280]. Die Schweizer Katholiken aber hätten nicht zur Vernichtung ihrer eigenen Glaubensgemeinschaft beitragen wollen[281]. Der Religionskrieg erwies sich in diesem Exempel als polyvalente Vokabel, indem er gegenüber den Protestanten geleugnet und noch im selben Satz gegenüber den Katholiken propagiert wurde.

Ein fiktiver Schweizer sollte in den folgenden Jahren wegen der Bikonfessionalität, Neutralität und Vorbildlichkeit seiner Nation zum zentralen Gewährsmann der französischen Propaganda werden. Im Spanischen Erbfolgekrieg bediente sich die französische Diplomatie eines fingierten Briefwechsels zwischen einem Schweizer und Edelmännern verschiedener anderer europäischer Nationen, den Jean de La Chapelle im Auftrag des Staatssekretariats der Auswärtigen Angelegenheiten angefertigt hatte[282]. Diese *Lettres d'un Suisse à un François* wurden zur Herstellung größerer Glaubwürdigkeit in Frankreich selbst auf den Index gesetzt, während französische Agenten sie in fast alle Sprachen Europas übersetzen und heimlich an fremden Höfen und Ständevertretungen verteilen ließen[283]. Die Leugnung französischer

---

278 In den Akten des französischen Staatssekretariats für Auswärtige Angelegenheiten fand sich nicht umsonst ein Manuskript der Flugschrift »Le veritable Portrait De Guillaume Henri de Nassau Nouuel Absalon. Nouuel Herode. Nouueau Cromwel. Nouueau Neron«, AE, CP, Angleterre, 171, die Antoine Anrauld zum großen Wohlwollen Ludwigs XIV. verfasst hatte. Vgl. CHALINE, Le règne, Bd. 2, S. 23. Der Vergleich mit Cromwell erfolgte auch in der Flugschrift »L'ombre de Cromwel et L'ombre du Pensionnaire Fagel Dialogue«, AE, CP, Angleterre, 171. Ludwig XIV. bezichtigte Wilhelm von Oranien in einem Brief an seinen Gesandten bei Jakob II. höchst persönlich, sich der gleichen politischen Mittel wie Oliver Cromwell bedient zu haben, »pour se rendre le maistre absolu principalement quand le pretexte de la Religion fait aucun obstacle a le deuenir, que Cromwel luy en a donne un bon exemple«. Le Roi à Barrillon, Versailles 20. Dezember 1688, AE, CP, Angleterre, 167.
279 Vgl. HARRIS, London, S. 39, 136, 166, 169; NEUFELD, The Civil Wars, S. 23, 35, 49–53.
280 Vgl. DONNEAU DE VISÉ, AFFAIRES DU TEMPS, S. 48f.
281 Vgl. ebd.
282 Vgl. BÉLY, Colbert, S. 100; KLAITS, Printed Propaganda, S. 115, 122.
283 Zur Verlagsgeschichte der *Lettre d'un Suisse à un François* vgl. KLAITS, Printed Propaganda, S. 113, 145–155; CHALINE, Le règne, Bd. 1, S. 351.

Autorenschaft ermöglichte es so, scheinbar protestantische Positionen zu übernehmen und die Politik Ludwigs XIV. vor einem protestantischen Publikum zu rechtfertigen.

Die *Dixième lettre d'un Suisse à un François* klagte den kaiserlichen Gesandten in der Schweizerischen Eidgenossenschaft, Franz Ehrenreich von Trauttmansdorff, einer machiavellistischen Politik an, die Protestanten und Katholiken gleichermaßen beunruhigen sollte[284]. Eine Sammlung französischer Flugschriften legte der *Dixième lettre d'un Suisse à un François* als Beweis dieser Anschuldigung eine ebenfalls im Druck erschienene Rede des kaiserlichen Gesandten Trauttmansdorff an die Schweizer Tagsatzung bei[285]. Der österreichische Diplomat selbst habe den Beweis für die weltlichen Absichten Habsburgs geliefert, indem er erklärt habe, Leopold I. habe den Krieg zur Rückeroberung des Herzogtums Lothringen begonnen[286]. Da es sich bei Lothringen um ein durch und durch katholisches Herzogtum handele, könne hier keine Rede von einer konfessionspolitischen Motivation sein. Obwohl es ein rein weltlicher Konflikt sei, habe Trauttmannsdorf es gewagt, den Protestanten zu erklären, dass es sich beim Spanischen Erbfolgekrieg um einen Religionskrieg handele, in dessen Zuge sie ihren Glauben gegen Frankreich verteidigen müssten[287]. Er fordere die Schweizer Protestanten auf, sich von ihren katholischen Eidgenossen zu lösen, um auf Seiten des Kaisers einen Krieg gegen Frankreich zu beginnen[288]. Mit den Argumenten politischer Unmoral der Kaiserlichen, des säkularen Charakters des Spanischen Erbfolgekrieges und der Aufrechterhaltung der Neutralität und nationalen

---

284 »Pour moi qui ne suis point si habile, & qui n'ay point étudié les perverses maximes de Machiavel, je pense que cette conformité de langage avec les heretiques, doit donner de l'indignation aux Catholiques, & de la defiance aux Protestans. Quelle assurance peut–on prendre sur les conseils, & sur les paroles d'un homme qui employe toute son adresse, à faire douter de sa Religion?« LA CHAPELLE, DIXIEME LETTRE, [13].
285 Vgl. TRAUTMANSDORFF, TRADUCTION. Das deutsche Original der Flugschrift findet sich abgedruckt in Historischer und Politischer MERCURIUS, S. 447–457.
286 »Eu un autre endroit ce ne sont plus les François, c'est l'Empereur qui a commencé la guerre pour faire rendre la Lorraine. Combien de sang Chretien n'a-t-on pas rèpandu, & quelle cruelle guerre n'a-t-on pas faite jusques à ce que S. Mté Imp. & ses Hauts Alliès ayent obligé la France de rendre le Duché de Lorraine à son maître legitime; Voilà la vraie cause de cette guerre, s'il en fait croire Monsieur de Trautmansdorff«. LA CHAPELLE, DIXIEME LETTRE, [14].
287 »N'est-ce point de la même école encore, qu'il tire cette negligence affectée, avec laquelle, laissant échapper comme sans dessein, dans sa lettre que la grande Alliance est publiée tant à Rome que dans les autres Pays, comme une guerre de Religion. Il tâche d'insinuer adroitement à nos Cantons protestants, qu'effectivement ils doivent regarder comme une querelle qu'on veut faire à leur Religion, tout ce qui n'est qu'un démêlé ordinaire de droits & d'interests purement humains, & s'armer pour la defence de leurs Temples«. Ebd., [11].
288 »Il espere que les LL. Cantons protestants touchez de cette complaisance se detacheront des Catholiques, & s'armeront pour l'Empereur. C'est une finesse de politique, & sans doute une leçon de Machiavel«. Ebd.

Einheit der Schweizerischen Eidgenossenschaft sollten die protestantischen Schweizer von einem Religionskrieg gegen Frankreich abgehalten werden. Auf diese Weise sollte zum einen die Neutralität der protestantischen Kantone aufrechterhalten, zum anderen den Alliierten in der Schweiz ein Reservoir an Söldnertruppen verwehrt werden. Durch die geopolitische Situation der alten Eidgenossenschaft würde im Fall des Erfolgs der französischen Propaganda ein wesentlicher Teil der französischen Grenze vor einem Angriff der Alliierten gedeckt.

In der *Dixième lettre d'un Suisse à un François* hieß es dementsprechend weiter, in Frankreich sehe niemand den gegenwärtigen Krieg als Religionskrieg an und die Völker dürften nach den Erfahrungen der Vergangenheit durch das Argument des Religionskrieges nicht länger zum Narren gehalten werden[289]. Wenn die Diplomatie des Kaisers gleichermaßen alle Konfessionen bedienen wolle, könne man Österreich wegen seines Machiavellismus zu Recht der Verschwörung gegen alle Völker und Konfessionen bezichtigen[290]. Denn diejenigen Fürsten, die in wahrhaftiger Weise das Wohl ihrer Religion im Sinne hätten, würden den wahren Beweggrund ihrer Politik nicht verheimlichen und die konfessionelle Einheit innerhalb der Grenzen ihres Territoriums herstellen[291]. Auf diese Weise leugnete de La Chapelle die französischen Erklärungen, es handele sich beim Spanischen Erbfolgekrieg um einen Religionskrieg, und rechtfertigte gleichzeitig die Rekatholisierungspolitik seines eigenen Monarchen, die keinesfalls eine Rekatholisierung außerhalb der französischen Grenzen anvisiere. Die protestantischen Schweizer und die anderen protestantischen Mächte sollten so der friedlichen Absichten ihres mächtigen katholischen Nachbarn versichert werden.

Die *Trente-Deuxième Lettre d'un Suisse à un François* führte den deutschen Protestanten die Schrecken der vergangenen Religionskriege in Deutschland vor Augen. Diese hätten das Reich mit Unterbrechungen von der Zeit Karls V. bis zum Westfälischen Frieden heimgesucht[292]. Durch weltliche Motive und einen falsch verstandenen religiösen Eifer hätten sie ganz Deutschland

---

289 »Je vous asseure qu'en France personne ne s'est encor avisé de dire que la Religion eût aucune part dans la guerre presente. Aprés tout les peuples si souvent abusez par ces specieux pretextes de cause de la Religion, ne doivent plus en-estre les duppes«. Ebd., [11f.].
290 Österreich »se servent leurs Ambassadeurs, ménagent habilement toutes les Religions, je ne puis m'empêcher de les soupçonner d'une conspiration generalle contre la liberté de tous les peuples, & de toutes les Religions«. Ebd., [12].
291 »Les autres Princes, qui plus unis, plus ouverts dans leur conduite, ne rougissent point de leur foy, ne dissimulent point le zele qu'ils ont pour leur Religion, & ne veulent souffrir dans leurs Etats que la seule qu'ils croyent veritable, contents de posseder paisiblement les Royaumes que Dieu leur à donnés, n'envahiront point ceux des autres«. Ebd.
292 »Les Guerres de Religion qui commencerent sous cet Empereur, quelquefois assoupies pour un temps, jamais bien calmées; n'ont esté entierement esteintes, que par le

verwüstet²⁹³. Immer noch müsse sich Deutschland von ihren Folgen erholen²⁹⁴. Das Beispiel der vergangenen Religionskriege sollte also die deutschen Protestanten davon abhalten, im Spanischen Erbfolgekrieg einen Religionskrieg zu sehen und sich daran zu beteiligen. Die französische Propaganda suggerierte ihnen damit, keinen Grund für eine Beteiligung am Krieg zwischen Habsburg und Bourbon zu besitzen. Ganz im Gegenteil könnten sie in einem solchen Krieg immer nur verlieren und täten deshalb besser daran, sich neutral zu verhalten.

Die QUARANTE-QUATRIEME Lettre d'un Suisse à un François widerlegte das Szenario eines Religionskrieges anhand der Politik Ludwigs XIV. gegenüber den ungarischen Rebellen. Sie berichtete von einer fingierten Unterhaltung zweier ungarischer Edelmänner, von denen der eine ins Lager Frankreichs gewechselt sei, der andere in den Armeen des Kaisers am Rhein gekämpft habe, wo er in französische Kriegsgefangenschaft geraten sei. Der kaisertreue Ungar beschuldigte den Anhänger Frankreichs, er und seinesgleichen hätten fälschlicherweise die freie reformierte Religionsausübung zu den Privilegien der ungarischen Nation gezählt, um die ausländischen protestantischen Mächte in die innerungarischen Streitigkeiten hineinzuziehen²⁹⁵. Der Kaiser aber habe ihnen diesen Beistand durch seine Bündnisse mit den protestantischen Mächten entzogen²⁹⁶. Der Parteigänger Frankreichs rechtfertigte demgegenüber die ungarischen Malkontenten. Weil die ungarischen Aufständischen sowohl protestantischer als auch katholischer Konfession seien, könne man schwerlich von einem Religionskrieg sprechen²⁹⁷. Über die Konfessionsgrenzen hinaus würden sie für die ungarische Freiheit kämpfen²⁹⁸.

Die Nichtexistenz eines katholischen Religionskrieges wurde auch von Frankreichs Verbündeten im Reich propagiert. Während die kurbayrische Propaganda einerseits gegenüber ihren katholischen Lesern den Religionskrieg gegen die interkonfessionelle Haager Große Allianz predigte, beteuerte sie gegenüber den deutschen Protestanten den friedliebenden Charakter des Katholizismus. Die Katholiken würden allein schon aus dogmatischen Gründen keinen Gewissenszwang auf die Protestanten ausüben, denn bereits das Vierte Konzil von Toledo im Jahr 633 »hat beschlossen/ das man hinführo

---

Traitté de Westphalie, sous Ferdinand III. après avoir duré plus d'un siècle & demy«. Ders., TRENTE-DEUXIEME LETTRE, S. 8.
293 Vgl. ebd.
294 Vgl. ebd.
295 Vgl. ders., QUARANTE-QUATRIEME Lettre, S. 49f.
296 Vgl. ebd., S. 50.
297 »Mais ce n'est point une guerre de Religion que font les Mécontens de Hongrie. Leur party est esgalement composé de Catholique, & de Protestans, qui tous unanimement combattent pour la liberté commune, que les Ministres de l'Empereur veulent étouffer«. Ebd., S. 53.
298 Vgl. ebd.

niemand zum Glauben zwingen werde«[299]. Der Zwiespalt dieser Argumentation wurde in zunehmendem Maße auch in der französischen Publizistik selbst offensichtlich. Während die französische Propaganda im Spanischen Erbfolgekrieg überall in Europa versuchte, gegenüber den Protestanten die Existenz eines Religionskrieges zu leugnen und gegenüber den Katholiken zu propagieren, setzte sich auch gegenüber den Protestanten eine in zunehmendem Maße offensive Argumentation mit dem Religionskrieg durch[300].

Der französische Staatssekretär der Auswärtigen Angelegenheiten, Jean-Baptiste Colbert de Torcy, erteilte dem Abbé Jean-Baptiste Du Bos den Auftrag, ein Pamphlet zu verfassen, das die englische Öffentlichkeit mit rationalen Argumenten von der französischen Außenpolitik überzeugen sollte[301]. Seine in englischer und französischer Sprache erschienene Flugschrift LES INTERESTS DE L'ANGLETERRE MAL-ENTENDUS von 1703 sollte die Furcht vor den finanziellen Rücklagen der Bourbonen schüren. Ludwig XIV. und Philipp V. könnten beträchtliche Summen aus den katholischen Kirchenschätzen ziehen, indem sie den gegenwärtigen Krieg ohne Gewissensbisse zu einem Religionskrieg erklärten[302]. In England gebe es weder in den Kirchen noch in Privathaushalten vergleichbare Schätze, da der Protestantismus die Nüchternheit predige[303]. Die Drohungen mit den finanziellen Ressourcen, die Ludwig XIV. und Philipp V. aus den Kirchenschätzen schöpfen könnten, sollte die Engländer davon abbringen, weitere Kriegsanstrengungen zu unternehmen. Ihre hohe Steuerlast würde letztendlich zu keinem Sieg führen. Von einem Religionskrieg dürften sie keine Vorteile erwarten, weshalb es besser sei, einen baldigen Frieden mit den ökonomisch überlegenen katholischen Großmächten Frankreich und Spanien zu schließen.

Die Drohung mit dem Religionskrieg zeigte, wie ernst die Handlungsträger der französischen Außenpolitik die konfessionellen Interessen ihres Monarchen nahmen. Sie waren sich einerseits der Konsequenzen ihrer Erklärungen bei protestantischen Rezipienten bewusst, andererseits war der Religionskrieg so fest in den französischen Kriegsrechtfertigungen verankert, dass er kaum zu leugnen war und deshalb immer offener zutage trat. Das Übergewicht der

---

299 »Item ihr Herren Protestanten könnet vns sonders das Haupt den Pabsten [...] nicht beschuldigen/ das wir euch einen Religions=Zwang anthun wollen«. Für das Vatter=Land, Bd. 1, S. 40.
300 Zur Argumentation mit dem Religionskrieg gegenüber katholischen Lesern vgl. Kapitel III.1.1, IIII.1.2, III.1.3, III.1.4.
301 Vgl. BÉLY, Colbert, S. 100.
302 »Aujourd'hui, la France est aidée de l'Espagne, qui ne laissera pas, malgré sa pauvreté, de contribuer de plusieurs millions [...]. Outre cet argent monoyé les François ont encore une ressource immense dans l'argenterie de leurs Eglises, qu'ils ne se seront peut-être pas un scrupule d'employer en une guerre qu'ils pourront apeller guerre de Religion«. DUBOS, LES INTERESTS 1703, S. 261-263; ders., LES INTERETS 1704, S. 278.
303 Vgl. ders., LES INTERESTS 1703, S. 263; ders., LES INTERETS 1704, S. 278.

katholischen Waffen durch die Vereinigung Frankreichs und Spaniens unter der Herrschaft der Bourbonen sollte die Protestanten so weit einschüchtern, dass sie freiwillig in einen Frieden zu den Bedingungen Ludwigs XIV. einwilligten, um einen großen Religionskrieg, der als Schreckensszenario über ihnen schwebte, abzuwenden.

*Zusammenfassung*
Die französische Argumentation mit dem Religionskrieg musste unweigerlich die protestantischen Mächte erschrecken. Aus diesem Grunde war es nötig, den Protestanten zu versichern, der Religionskrieg sei eine Erfindung der Gegner Frankreichs. Dabei wandte sich die französische Propaganda auf ganz spezifische Weise an die niederländischen, englischen, schweizerischen, deutschen und ungarischen Protestanten. In den Vereinigten Provinzen und in England zielte die französische Leugnung des Religionskrieges auf eine Diskreditierung Wilhelms von Oranien. In den Vereinigten Provinzen führte sie der Staatenpartei vor Augen, wie schädlich ein Religionskrieg für deren Handelsinteressen sei und dass der Prinz von Oranien einen solchen Krieg nur unternehme, um ihnen harte Kriegssteuern aufzubürden. In England leugnete die französische Publizistik die Existenz eines Religionskrieges, um Anglikaner und Tories für sich zu gewinnen. Dem Prinzen von Oranien wurde unterstellt, er bediene sich des Arguments des Religionskrieges nur, um den Nonkonformisten zur Herrschaft zu verhelfen und England zu unterjochen. Mit der Betonung des innerprotestantischen Gegensatzes von Reformierten und Anglikanern konnte die französische Publizistik geschickt an antiniederländische Vorurteile in England anknüpfen. In der Schweiz, dem Reich und in Ungarn zielte die französische Leugnung des Religionskrieges auf eine Diskreditierung der Politik des Kaisers. Den Schweizern hielt die französische Propaganda die Vorbildlichkeit ihres Gemeinwesens vor Augen, das durch einen Religionskrieg, wie ihn der Kaiser im Bündnis mit den auswärtigen protestantischen Mächten propagiere, nur große Verluste erleiden würde. Ferner hätten auch die deutschen Protestanten in der Vergangenheit aus den Religionskriegen keine Vorteile gezogen. Im Reich beteuerte die bayerische Propaganda während des Spanischen Erbfolgekrieges die Friedfertigkeit des Katholizismus. Die Protestanten hätten also von dem Bündnis aus Frankreich, Bayern und Köln nichts zu befürchten. Als Beweis für die Nichtexistenz eines Religionskrieges führten französische Publizisten die Unterstützung Ludwigs XIV. für den ungarischen Kuruzzenaufstand an, der kein Religionskrieg sei, weil sich unter den Kuruzzen Katholiken und Protestanten gegen die machiavellistische Politik Wiens zur Unterdrückung der ungarischen Freiheiten vereint hätten. Während die französische Propaganda zunächst vorgab, aus den Händen ausländischer, meist protestantischer Beobachter zu

stammen, und so vordergründig protestantische Positionen übernahm, um sie für die französische Außenpolitik dienstbar zu machen, enthielt die Leugnung eines französischen Religionskrieges zunehmend die direkte Drohung eines Religionskrieges gegen den Protestantismus, wenn die Protestanten sich nicht den Wünschen Frankreichs fügen wollten.

Trotzdem irritierte die Leugnung des Religionskrieges gegenüber den protestantischen Mächten zusehends die Katholiken außerhalb Frankreichs. Die widersprüchlichen Erklärungen der französischen Publizistik führten zu einer zunehmenden Diskreditierung der Motive der französischen Außenpolitik im katholischen Europa. Letztlich kam es hier zu dem Vorwurf, Frankreich selbst stehe im Bunde mit den Protestanten.

### III.1.6 Frankreich – ein Verbündeter der Protestanten?

Die antifranzösische katholische Publizistik behauptete, Ludwig XIV. führe keinen Religionskrieg zur Verteidigung des Katholizismus, sondern stehe selbst im Bündnis mit den Protestanten. Zu diesem Zweck wurde sie nicht müde, ihre Leser an die vergangenen Bündnisse Frankreichs mit protestantischen Reichsfürsten zu erinnern und so die konfessionelle Motivation der Außenpolitik des französischen Königs zu verunglimpfen. Dabei kann grundsätzlich zwischen Schriften, die sich primär an ein katholisches, und Schriften, die sich primär an ein überkonfessionelles reichsständisches Publikum richteten, unterschieden werden.

Gegenüber katholischen Rezipienten betonte die antiludovizianische Publizistik, Frankreich habe in der Vergangenheit überall dort die Häresie gefördert, wo es politisch daraus Nutzen ziehen konnte[304]. Seit dessen Entstehung habe Frankreich dem Protestantismus geholfen, sich überall in Europa gewaltsam auszubreiten[305]. Schon während der Reformation habe sich Franz I. zum Schutzherrn der Protestanten erklärt, und sein Sohn Heinrich II. habe die Reformation mit aller Kraft gefördert[306]. Später habe Frankreich die Vereinigten Provinzen, die der Sekte Calvins anhingen, bei ihrem Aufstand gegen das katholische Spanien unterstützt[307]. Schon hier habe sich in

---

304 Vgl. REPONSE A UN DISCOURS, S. 44.
305 Vgl. ebd., S. 17. Hier fragt der Autor in rein rhetorischer Weise: »Ditesmoy, Mosnieur, qui a fomenté cette Heresie dans sa naissance? Qui luy a presté des armes pour oprimer l'Eglise en une infinité d'endroits?«
306 »Pour ce qui est des Protestans, après s'estre déclaré leur Protecteur, dans leur naissance, il [François I<sup>er</sup>] ne cessa, luy, & depuis Henry II. son Fils, de les proteger de toutes les Forces du Royaume«. Ebd., S. 19; Europäischer Staats=Rath, [115].
307 »Continuons: la Hollande vient à se revolter contre l'Espagne, & à embrasser la

den Augen der Publizistik der katholischen Alliierten gezeigt, welchen Eifer Frankreich für die katholische Religion besäße. Denn Frankreich habe den calvinistischen Rebellen geholfen, den Katholizismus aus ihrem Herrschaftsbereich zu verbannen. Zu diesem Zweck sei es sogar ein Bündnis mit Königin Elisabeth I. von England eingegangen, die im protestantischen Europa als große Schirmherrin der protestantischen Konfession gefeiert worden sei[308]. Karl IX., Heinrich III. und Heinrich IV. hätten die Politik ihrer Vorväter fortgesetzt[309]. Ludwig XIII. sei dann ein Bündnis mit den protestantischen Graubündnern gegen die katholischen Veltliner eingegangen[310]. Trotz des großen Schadens, der dadurch der katholischen Konfession entstanden sei, hätten es die französischen Historiografen gewagt zu behaupten, es habe sich dabei um keinen Religionskrieg gehandelt[311]. Als Kaiser Ferdinand II. gerade den Frieden von Prag mit den deutschen Protestanten geschlossen hatte, habe sich Ludwig XIII. in den Kopf gesetzt, ihnen seinen Schutz anzubieten[312]. Zu diesem Zweck sei er eine Allianz mit Gustav II. Adolph von Schweden und Karl I. von England eingegangen[313]. Frankreich habe also im Bündnis mit zwei protestantischen Königen öffentlich Krieg gegen die katholische Kirche geführt[314]. Dadurch habe der französische König die deutschen Protestanten in ihrem rebellischen Geist bestärkt und die Usurpation katholischer Kirchengüter durch die Protestanten perpetuiert[315]. Durch die Allianz Ludwigs XIII. mit Gustav II. Adolph von Schweden sei es in Deutschland zu schrecklichen Sakrilegen gekommen:

---

secte de Calvin, pour n'avoir plus rien de commun avec elle: autre occasion pour la France de signaler ce Zele prétendu«. REPONSE A UN DISCOURS, S. 19f., 72.

308 »[La France] se joint d'abord avec les Rebelles, les assiste à bannir de chez eux la Religion Catholique, avec la Domination d'Espagne, & pour achever la mesure, entre en alliance avec la Reyne Elisabeth qui les protegeoit, & faisoit la mesme chose en Angleterre«. Ebd., S. 20.
309 Vgl. ebd.; Europäischer Staats=Rath, [115].
310 Vgl. REPONSE A UN DISCOURS, S. 20.
311 »Mais puis que vos Historiens prétendent, que ce ne fut pas une Guerre de Religion, quelque dommage qu'elle en eût receu«. Ebd.
312 »Les Protestans d'Allemagne avoient conçu une haine implacable contre l'Empereur Ferdinand II. de ce qu'après avoir rétably ses affaires par la Victoire de Prague, il s'estoit mis dans l'esprit de leur oster tous les Biens d'Eglise, qu'ils avoient usurpez depuis l'accord de Passau, & voilà l'occasion toute trouvée, de proteger ouvertement l'Heresie, pour éviter la prescription«. Ebd.
313 »Gantz Europa weiß/ daß unter der Regierung Ludovici XIII. Franckreich mit den König in Schweden Gustavo Adolpho und König in Engeland Carolo I. eine alliance gemacht/ umb die protestirende Fürsten in Teutschland wider den Keyser Ferdinandum II. der Catholischen Religion zu præjudiz in vorigen Stand zu setzen. Weil sich der Keyser jure belli deroselben Länder bemächtiget/ und die Catholische Religion allda einführen wollte«. Europäischer Staats=Rath, [115].
314 »Und sahe man also damals Franckreich vermittelst diese Alliance mit Schweden und Engeland öffentlich wider die Catholische Religion Krieg führen«. Ebd.
315 Vgl. REPONSE A UN DISCOURS, S. 20.

il s'agit dans cette Guerre de la profanation des Autels: du renversement des Eglises: de la persecution des Ecclesiastiques, & des Ordres Religieux des deux Sexes; il s'agit, pour le faire court, d'une Guerre de Religion [...] qu'ils bannissent pour lors la Religion Catholique de toute l'Allemagne, pour y substituer l'Heresie³¹⁶.

Der Dreißigjährige Krieg sei also ein Religionskrieg gewesen, der auf grausamste und abscheulichste Weise darauf abgezielt habe, die katholische Konfession in Deutschland zu vernichten. Nach ihrer Ausrottung in Deutschland hätte Gustav Adolph geplant, sie in Rom selbst auszulöschen³¹⁷. Aus diesem Grund warf die antifranzösische katholische Publizistik den französischen Historiografen vor, zu behaupten, »que ce ne fut pas une Guerre de Religion, quelque dommage qu'elle en eût receu«³¹⁸. Die aus dem kaiserlichen Lager stammende katholische Flugschrift *REPONSE A UN DISCOURS TENU A SA SAINTETÉ, PAR MONS. DE REBENAC, ENVOYÉ DU ROY TRES-CHRESTIEN* konstatierte im Rückblick auf die Folgen der von Frankreich unterstützten protestantischen Religionskriege spöttisch, diese seien »rares & dignes effets de la pieté du Fils aîné pretendu de l'Eglise!«³¹⁹. Ludwig XIV. wurde damit der Anspruch zur Führung des katholischen Lagers abgesprochen. Die antiludovizianische Publizistik versuchte mit der Entlarvung der traditionellen Bündnisse Frankreichs mit den protestantischen Mächten die Anklagen zu entkräften, Österreich unterstütze die Häresie, während Ludwig XIV. sie aus seinem Königreich vertrieben habe³²⁰. Die Geschichte beweise, dass in der Tat niemand anderes als der französische König die Häresie unter seinen Schutz gestellt habe³²¹. Die Franzosen, und nicht der Kaiser, hätten also einen Religionskrieg gegen die katholische Kirche unternommen. Plakativ hieß es in der kaiserlichen Publizistik: »l'Heresie triomfe, & la France avec elle«³²². Nach jahrzehntelanger Unterstützung der Religionskriege der Protestanten gegen den Katholizismus könne man von keiner »conversion si surpenante« des französischen Königs sprechen³²³. Während Frankreich den Protestantismus von seinen Ursprüngen bis in die jüngste Gegenwart protegiert habe, könne Ludwig XIV. auf keinen Fall den Vorwurf erheben, der

---

316 Ebd., S. 21.
317 »C'est qu'il ne s'agissoit pas seulement de détruire la Religion Catholique en Allemagne, mais de la détruire ensuite dans Rome même«. Ebd., S. 21f.
318 Ebd., S. 19–21, insbes. S. 20.
319 Ebd., S. 22.
320 Vgl. ebd., S. 17.
321 »Vous accusez la Maison d'Autriche de soutenir l'Heresie, tandis que le Roy vostre Maistre la bannit de son Royaume: mais, ditesmoy, Monsieur, qui a fomenté cette Heresie dans sa naissance? Qui luy a presté des armes pour oprimer l'Eglise en une infinité d'endroits?« Ebd.
322 Ebd., S. 22.
323 Ebd., S. 24.

Kaiser schütze die aus Frankreich geflohenen Hugenotten und rüste sie zum Kampf gegen ihren König aus. Denn erstens habe der Kaiser den Hugenotten keinerlei Asyl in den Erblanden gewährt, und zweitens könne er dank der Politik Frankreichs nicht mehr in die Landeshoheit der deutschen Fürsten eingreifen, die diese Flüchtlinge aufgenommen hatten[324].

Umgekehrt könne Frankreich nicht behaupten, mit Jakob II. einem Vorkämpfer des Katholizismus Asyl gewährt zu haben und in seinem Interesse einen Religionskrieg zu führen. Die Publizistik der katholischen Alliierten schüre das Misstrauen in die Aufrichtigkeit des entthronten englischen Königs. In seinem Exil habe er eine Deklaration veröffentlichen lassen, in der er versprach, bei seiner Rückkehr Milde walten zu lassen und alle Ursachen protestantscher Religionsbeschwerden aus dem Weg zu räumen[325]. Wenn Jakob II. tatsächlich alle Beschwerden der englischen Protestanten abstellen wollte, so hätte er seine komplette Rekatholisierungspolitik rückgängig machen müssen und sämtliche Vorteile des Katholizismus auf den britischen Inseln, die die ludovizianische Publizistik unermüdlich herausstellte, wären verloren gegangen. Das Versprechen Jakobs II. zur Abstellung der protestantischen Religionsbeschwerden strafte auf diese Weise die französischen Erklärungen Lügen, beim Kampf Ludwigs XIV. und Jakobs II. gegen Wilhelm von Oranien handele es sich um einen Religionskrieg zur Verteidigung der Rekatholisierung Englands.

Frankreich selbst könne nicht behaupten, Jakob II. in England restaurieren zu wollen, damit die katholische Konfession dort keinen Schaden erleide[326]. Mit Heinrich VIII., Elisabeth I. und Cromwell habe Frankreich Bündnisse geschlossen, die Katholikenverfolgungen nach sich zogen und auf die völlige Vernichtung des katholischen Glaubens auf den britischen Inseln abzielten, während es mit Karl I., Karl II. und Jakob II. Allianzen eingegangen sei, um

---

324  »Je ne répons pas aux injustes reproches, que vous faites à la maison d'Aûtriche, de proteges les Heretiques bannis de France, & même de les armer contre leur Roy legitime: car en premier lieu, vous ne pouvez l'accuser de leur avoir donné aucune retraite fixe dans ses Etats hereditaires, & beaucoup moins de leur avoir permis d'y bâtir des Temples, & d'y eriger des Colonies. Mais si quelques Princes Protestans de l'Empire leur ont accordée cette retraite & ces Privileges, c'est une chose qui ne la regarde pas; puis qu'ils l'ont pû faire en vertu de sleurs Prerogatives: & vous sçavez que leurs Prerogatives en matiere de Religion sont proprement les bienfaits de vos Roys«. Ebd., S. 45f.

325  »[Jacques II] fit publier une Déclaration, par laquelle il donnoit à entendre à tous ses fideles sujets, que considérant les malheurs, dont la Nation étoit affligée depuis tant de tems, il avoit pris la résolution de se conformer dorenavant aux Sages conseils de son Parlement; & de ne donner à son peuple aucune ombre de jalousie, ni touchant les choses de la Religion, ni touchant les Droits du Païs. Il leur y promettoit de mettre bas tout desir de vengeance, d'oublier tout le passé, de ne jamais toucher au Test, d'en laisser le soin au Parlement; de faire que les Elections des Membres du Parlement seroient libres, d'abolir l'Impôt des Cheminées, & plusieurs autres choses«. IMHOF, LE GRAND THEATRE, S. 500.

326  Vgl. REPONSE A UN DISCOURS, S. 52.

die anderen katholischen Staaten auszuplündern und zu berauben[327]. Daraus werde ersichtlich, dass Frankreich in England nur seine eigenen Interessen verfolge und nicht gewillt sei, Rücksicht auf den katholischen Glauben zu nehmen[328]. Frankreich könne Österreich deshalb schwerlich ein Bündnis mit Wilhelm von Oranien vorwerfen, wenn es doch selbst ein Bündnis mit dem Königsmörder Oliver Cromwell einzugehen bereit gewesen sei[329].

Im Gegensatz zu Cromwell habe sich Wilhelm von Oranien nämlich keiner Katholikenverfolgung schuldig gemacht, sondern nur aufrührerische Subjekte entwaffnen lassen und den Katholiken ansonsten die gleiche Gewissensfreiheit garantiert, die sie zuvor besessen hatten[330]. Die Toleranz des Prinzen von Oranien entstamme niederländischer Tradition und viele Katholiken hätten bei der Invasion Englands als treue Soldaten in seiner Armee gedient[331]. Wilhelm habe erkannt, dass es nicht in seinem Interesse liegen könne, die englischen Katholiken nach dem Vorbild des französischen Königs zu vertreiben und sich so einer großen Zahl nützlicher Untertanen zu entledigen. Zudem solle verhindert werden, dass sich mit den exilierten Katholiken eine große Schar von Feinden im Ausland sammle und das ganze katholische Europa gegen den neuen englischen König aufgebracht werde[332]. Darüber hinaus würde eine Vertreibung der englischen Katholiken die Streitigkeiten zwischen Presbyterianern und Anhängern des Episkopalismus wieder anfachen und den englischen Protestantismus insgesamt destabilisieren[333]. Dafür, dass sich der

---

327 »Cessez donc, d'entester tout le monde du dessein de conserver la Religion Catholique en Angleterre, en taschant d'y rétablir le Roy Jacque: le motif en est plausible, mais votre interest, & les Antecedens le détruisent absolument: car si votre Monarchie a de si fortes raisons d'asseurer de l'Angleterre; si les longues Alliances que vos Roys ont entretenuës avec Henry VIII. avec la Reine Elisabeth, & avec l'Usurpateur Cromwel, ont esté si funeste à la Religion, qu'ils ont tous persecutez dans le Royaume, par un dessein formé de la détruire; & enfin si celles qu'ils ont euës avec Charles I. Charles II. & Jacque II. n'ont servy qu'à favoriser leurs pilleries, & leurs Usurpations sur des Estats Catholiques«. Ebd.
328 Vgl. ebd.
329 Vgl. ebd., S. 46, 50, 52, 72.
330 »Vous ne pouvez pas l'accuser non plus d'avoir persecuté les catholiques par un dessein formé de les persecuter: car il s'est contenté de les desarmer comme suspects, & les a laissé ensuite dans ce mesme état de tolerance, qu'il a trouvé étably dans les trois Royaume«. Ebd., S. 57.
331 »Le Roy Guillaume qui est né dans une province où ils sont tolerez sans scrupule, qui les a frequenté toute sa vie dans les Guerres du Pays-bas, qui en a eu un si grand nombre dans les Troupes qu'il a conduites en Angleterre, & dont il s'est trouvé si bien servy«. Ebd., S. 80.
332 »Car en premier lieu, elle se priveroit par là d'un grand nombre de Sujets, qui concourent comme tous les autres à la soutenir dans les necessitez publiques; en second lieu elle seroit seure de les trouver à la Teste de tous ses Ennemis, comme il est arrivé des Calvinistes de France, à l'égard de leur propre Roy: & en troisième lieu ce seroit se rendre odieuse à tous les Etats Catholiques«. Ebd., S. 76.
333 Vgl. ebd.

Prinz von Oranien all dieser Nachteile einer Katholikenverfolgung bewusst gewesen sei, spreche, dass er bei seiner Ankunft in England die Katholiken aus den Händen des wütenden Pöbels errettet habe[334]. Obwohl die Invasion Englands die beste Gelegenheit dazu bot, gegen die Katholiken vorzugehen, habe er ihre Glaubensgemeinschaft stets geschont[335]. In Irland habe er nach seinem Sieg über Jakob II. den Iren sogar das freie *exercitium religionis* belassen, obwohl ihm als Eroberer das Recht zu dessen Abschaffung zugestanden hätte[336]. Tatsächlich seien die englischen Katholiken »plus en seureté, qu'ils ne l'ont jamais esté sous les trois derniers Roys & qu'ils peuvent mesme esperer sous luy des avantages, que ceux là, tout favorables qu'ils leur ont esté, ne leur auroient jamais pû obtenir«[337].

In keiner Weise könne also von einem Religionskrieg zur Verteidigung des englischen Katholizismus gesprochen werden, da dem englischen Katholizismus durch den Herrschaftsantritt Wilhelms von Oranien gar kein Nachteil entstanden sei. Die Verurteilung des Prinzen von Oranien sei umso scheinheiliger, als Frankreich seine Vorfahren bei der Durchführung der Reformation in den Vereinigten Provinzen und der Rebellion gegen Philipp II. von Spanien unterstützt habe[338].

Gegenüber den katholischen und protestantischen Reichsständen betonte die antifranzösische Publizistik den Schaden, den beide Konfessionsparteien in den vergangenen Religionskriegen erlitten hätten. Im Schmalkaldischen Krieg habe Frankreich Kaiser und Reich um die freie Reichsstadt Metz gebracht[339]. Im Dreißigjährigen Krieg hätten Katholiken und Protestanten herbe Verluste erlitten und allein Frankreich habe davon profitiert[340]. Im Westfälischen Frieden habe Frankreich Katholiken und Protestanten betrogen, indem es eine Kompensation für die Verteidigung der deutschen Freiheit

---

334 Vgl. ebd., S. 79.
335 »Ce Roy [...] n'a cherché qu'à épargner leur Sang dans les trois Royaumes dans une occasion si plausible de le verser«. Ebd., S. 80.
336 »Il entre Victorieux à Dublin, il trouve là les Catholiques en possession d'un libre Exercice de Religion, il peut les en priver, & il les y laisse de gayeté de cœur«. Ebd., S. 79.
337 Ebd., S. 73.
338 Vgl. ebd., S. 72.
339 »Zu dem Ende zog Käyser Carl V. mit einer Armee fast an die 100000. Mann starck vor Metz/ um diese gewaltige und schöne Reichs=Stadt/ welche die Cron Franckreich bey dem Schmalkaldischen oder Religions=Kriege/ als ein Beystand der Fürsten/ dem Röm. Reiche abgezwacket/ wiederum zu erobern/ und gedachten Reiche einzuverleiben«. Judiciis Politicis, S. 54.
340 »Je ne veux pour preuve de cette verité, que la derniere Guerre de Religion, qui s'y est allumée sous l'Empereur Ferdinand II., & qui a esté si funeste aux deux Partis; puis que l'Empire y ayant tourné toutes ses forces contre luy méme, il servit à la fin de Joüet à l'ambition de la France«. LE SALUT, S. 43f.

verlangt habe[341]. Der Westfälische Friede sei »un Levain de discorde, que le moindre incident peut reveiller«, und Frankreich würde keinen Augenblick davor zurückschrecken, die Zwietracht zwischen deutschen Katholiken und Protestanten erneut zu seinen Gunsten auszunutzen[342].

Damals wie heute sei es Frankreich nicht um die Verteidigung des katholischen Glaubens, sondern allein um die Verteidigung seiner illegitimen machtpolitischen Interessen gegangen. Statt einen Religionskrieg zur Verteidigung des katholischen Glaubens zu führen, hätten französische Monarchen die protestantischen Religionskriege im Reich unterstützt, um die innere Einheit zwischen Kaiser und Fürsten zu zerstören und daraus Profit zu schlagen. Auch in der Gegenwart habe es Ludwig XIV. durch das Argument des Religionskrieges nur auf die Spaltung des Reiches abgesehen, um seinen eigenen politischen Ambitionen zu frönen.

Den katholischen Alliierten wurde versichert, die protestantischen Mächte hätten, nachdem sie lange Jahre Frankreichs Verbündeter gewesen wären, erkannt, dass es Ludwig XIV. nur auf ihre und die Unterdrückung der katholischen Mächte ankomme[343]. Nach dem Frieden von Münster sei es Frankreich nie wieder gelungen, die Protestanten gegen den Kaiser aufzuhetzen, weil sie alle Vorteile erlangt hätten, die sie erhofft hatten[344]. Weniger aus Gewissensbissen als aus diesem Grunde allein habe Ludwig XIV. die deutschen Protestanten fallen gelassen, die nun ihr wahres Interesse erkannt und sich auf die Seite Österreichs gestellt hätten[345].

Auch in der Gegenwart habe sich nichts an der Haltung Frankreichs geändert, dem vorgeworfen wurde, immer dann die Protestanten zu unterstützen, wenn ihm daraus ein Vorteil erwüchse. Wie wenig Frankreich tatsächlich an einem Religionskrieg liege, zeigten in den Augen der antiludovizianischen Publizistik dessen Subsidienverträge mit den protestantischen Königen von Dänemark und Schweden sowie den reformierten Kantonen der Schweizerischen Eidgenossenschaft[346]. Auch heute noch schrecke der französische König keinen Augenblick davor zurück, mit protestantischen Mächten eine

---

341 Vgl. ebd., S. 45. Judiciis Politicis, S. 53, hebt hervor, dass Frankreich im Frieden von Münster endgültig die Städte und Bistürmer Metz, Toul und Verdun zugesprochen bekommen habe.
342 LE SALUT, S. 43.
343 »Après une longue Guerre, les Hollandois, & les Princes Protestans ayant ouvert les yeux, ils s'apperçoivent que les vûes de la France ne tendent qu'à leur propre oppression, & qu'en voulant détruire deux Puissances«. REPONSE A UN DISCOURS, S. 22f.
344 »Vous sçavez bien, Monsieur, qu'après la Paix de Munster vostre Cour n'a jamais pû soulever les Princes Protestans contre l'Empereur, quelques promesses qu'elle leur ait faites, & cela pour la raison que je vous ay dites cy-devant: ils y avoient obtenu tous les avantages qu'ils avoient souhaitez«. Ebd., S. 27.
345 Vgl. ebd.
346 Vgl. BRUSLE DE MONTPLEINCHAMP, LUCIEN, S. 39.

Allianz einzugehen, wenn sich ihm die Gelegenheit biete[347]. Die mangelnde Rücksicht auf konfessionelle Interessen und die konsequente Verfolgung machtpolitischer Ziele durch Ludwig XIV. sollten die katholischen Mächte davon abhalten, sich von der französischen Religionskriegsrhetorik zum Kampf gegen die Wiener Große Allianz überreden zu lassen.

Das Bündnis Ludwigs XIV. mit den ungarischen Protestanten unter Emmerich Thököly beweise, dass Frankreich auch in der Gegenwart nicht vor einem Bündnis mit den auswärtigen Protestanten zurückschrecke, um Österreich und die katholischen Fürsten zu schwächen[348]. Ludwig XIV. habe dem ungarischen Protestantenführer Subsidien geschickt, damit er den katholischen Kaiser schlage, sich des Königreichs bemächtige, die protestantische Konfession restituiere und den Katholiken das freie *exercitium religionis* nehme[349].

Ludwig XIV. habe so den Protestanten in Ungarn geholfen, einen katholischen König zu entthronen, die ungarischen Katholiken zu vertreiben und einen protestantischen König ausrufen zu lassen[350]. Die antiludovizianische Publizistik machte damit die französischen Aufrufe zur Solidarität mit Jakob II. von England lächerlich. Nicht Wilhelm von Oranien führe einen Religionskrieg gegen den Katholizismus, sondern Ludwig XIV. Die katholischen Mächte täten deshalb besser daran, gemeinsam mit Wilhelm von Oranien gegen den König von Frankreich zu kämpfen.

---

347 »Pour vous convaincre que la Guerre presente n'est pas une Guerre de Religion, mais de Region; que les Princes Protestans se presentent à la France, vous verrez si elle les recuse; vous verrez si elle ne les embrasse pas de tout son cœur«. Ebd., S. 38.
348 Vgl. REPONSE A UN DISCOURS, S. 27. »La France eût armé un Rebelle Protestant, à l'oppression de la Religion Catholique [...], puis que c'est un des plus chers interêts de la Couronne«. Ebd., S. 32. »Pourquoy a-t-il toûjours entretenu correspondance avec le Tekeli qui est Lutherien?« LES VERITABLES INTERETS, S. 52. »Warum unterhält der Aller=Christlichste König weiter so genaue Correspondentz mit dem Tekeli/ der doch ein Lutheraner ist?« Ebd. »Vraiment, c'est bien à faire à la France de parler de Religion, elle qui somente le Rebelle & le Renegat Tekli«. Brusle de Montpleinchamp, LUCIEN, S. 38. Vgl. darüber hinaus Continuatio, [24f.].
349 »Was hat Ludwig der XIV. zu thun? Er schicket dem Graff Töckely als dem Haupte der Protestirenden in Ungarn unermeßliche Summen Geld zu/ welcher durch dieses Mittel in Polen und Siebenbürgen Volck wirbt/ damit in Ungarn geht/ und nachdem die Protestirenden Ungarn zu ihm gestossen/ so schlägt und ruinirt er die Keyserliche Armee/ bemeistert sich des Königreichs/ und läst sich/ vor König in Ungarn ausruffen; Setzet die protestirende Religion daselbst wieder ein/ und verbietet denen Catholischen das freye exercitium«. Europäischer Staats=Rath, [116].
350 »Dieses thut Ludwig der XIV. ältester Sohn der Kirchen. Der hilfft einen Catholischen Fürsten sein Königreich nehmen/ und last einen protestirenden König/ der die Catholische Religion und alle deren Verwandte aus dem Lande vertreibet/ darinn setzen«. Ebd.

Frankreich trage so in Ungarn zur Vernichtung der katholischen Religion bei, während es überall betone, den Katholizismus auszubreiten und die reformierte Religion im eigenen Land ausgetilgt zu haben[351]. Ludwig XIV. könne also niemals die Verteidigung des Katholizismus für sich beanspruchen. Er folge statt religiösen allein machtpolitischen Motiven[352]. Daraus ließ sich leicht schlussfolgern, dass der französische König schwerlich für sich die Führung eines Religionskrieges zur Verteidigung der katholischen Religion beanspruchen könne[353].

*Zusammenfassung*
Die antiludovizianische Publizistik knüpfte an die katholische Religionskriegsmemoria an und beschuldigte die französische Außenpolitik, in Vergangenheit und Gegenwart im Bündnis mit den protestantischen Mächten gestanden zu haben. Auf diese Weise wurde Frankreich unterstellt, zusammen mit Häretikern Religionskriege gegen die katholische Kirche entfacht und geführt zu haben. Dementsprechend wurde Frankreich für die Folgen des Schmalkaldischen und des Dreißigjährigen Krieges im Reich verantwortlich gemacht. Aus Sicht der antiludovizianischen Publizistik habe Frankreich sowohl dem Katholizismus als auch den Reichsständen über die Konfessionsgrenzen hinaus erheblichen Schaden zugefügt. Frankreichs Interesse sei dabei rein machtpolitischer Natur gewesen. Folglich könnten die Franzosen auch in der Gegenwart keine konfessionellen Motive für ihre Politik beanspruchen.

Wie wenig Rücksicht Ludwig XIV. auf die Interessen der katholischen Kirche nahm, sollten seine Subsidienverträge mit protestantischen Mächten sowie seine Unterstützung des Religionskrieges der ungarischen Protestanten gegen den Kaiser beweisen. Die antiludovizianische Argumentation mit den Bündnissen Frankreichs und den protestantischen Mächten richtete sich vor allem an ein katholisches Publikum und sollte die französische Darlegung, bei der *Glorious Revolution*, dem Neunjährigen Krieg und dem Spanischen Erbfolgekrieg handele es sich um einen protestantischen Religionskrieg, in dem sich der Kaiser und die katholischen Alliierten auf die Seite der »Ketzer«

---

351 »La Religion Catolique est aussi Religion en Hongrie qu'en France, & l'on ne passera jamais pour bon Catolique tandis qu'on detruira la Religion en Hongrie au meme tems qu'on fait mine de la construire en France«. BRUSLE DE MONTPLEINCHAMP, LUCIEN, S. 39; »Le pouvoir de cet interêt a fait que pendant que les François persécutoient les Huguenots en France contre les Edits & les Privileges, & qu'ils publioient dans toutes les Cours Catholiques que c'étoit par un grand zele pour la Religion, ils donnoient en même tems du secours aux Rebelles en Hongrie, & ne craignoient pas d'attaquer le S. Siege«. MERCURE HISTORIQUE 01.1693, S. 139.
352 Vgl. BRUSLE DE MONTPLEINCHAMP, LUCIEN, S. 38. »Ergò pnre agit Gallia pro Regione, und nicht pro Religione«. Continuatio, [39].
353 Vgl. LES VERITABLES INTERETS, S. 52.

gestellt hätten, widerlegen³⁵⁴. Das Bündnis Frankreichs mit den protestantischen Mächten beweise aus Sicht der antiludovizianischen Publizistik, dass Frankreich damals wie heute der eigentliche Feind der katholischen Kirche sei. Dies sollte das Interesse vor allem eines Kirchenfürsten wecken: des Papstes.

### III.1.7 Der gemeinsame Appell an den Papst als *pater communis*

Das Papsttum erhob in der Frühen Neuzeit den Anspruch der Überparteilichkeit³⁵⁵. Der Papst beanspruchte, *pater communis* aller katholischen Fürsten zu sein³⁵⁶. Als solcher verpflichtete er sich, als Arbiter den Frieden innerhalb der katholischen Christenheit herzustellen³⁵⁷. Die katholischen Fürsten wiederum verlangten, dass sich der Papst als *pater communis* in innerkatholischen Konflikten auf ihre Seite stellte.

Ludwig XIV. hatte nach Ansicht der französischen Publizistik die volle Unterstützung des Papstes verdient, »parce qu'[il] [...] a banni l'hérésie de ses Estats, que le Roi a fait ce que sept de ces Predecesseurs n'ont pu faire, & qu'enfin en faisant triompher la Religion Catholique, il a fait triompher Rome«³⁵⁸.

Durch die Revokation des Edikts von Nantes seien die Interessen Frankreichs und die Interessen der katholischen Kirche in Deckungsgleichheit gebracht worden. Frankreich versuchte sein Glück bei der römischen Kurie in der Folge auf internationalem Parkett vor allem mit dem Argument des Religionskrieges. Der Kaiser und seine Anhänger konnten den französischen Erklärungen jedoch nicht beipflichten.

Als Führungsmächte der katholischen Christenheit stritten Habsburger und Bourbonen schon seit Ende des Mittelalters um die Gunst der römischen Kurie³⁵⁹. Dabei betonten beide ihre Verdienste um die katholische Christenheit. Besonders Ludwig XIV. und Leopold I. bemühten sich hartnäckig, die Gegenseite zu diskreditieren und durch die Betonung der eigenen Verdienste für den katholischen Glauben das Papsttum auf ihre Seite zu ziehen³⁶⁰.

---

354 Vgl. dazu auch Kapitel III.1.7, III.1.8.
355 Vgl. BURKHARDT, Konfession, S. 143; KAMPMANN, Arbiter, S. 36–65.
356 Ebd.
357 Ebd.
358 DONNEAU DE VISÉ, AFFAIRES DU TEMPS, S. 67.
359 Vgl. KAMPMANN, Arbiter, S. 36–57.
360 Vgl. CHALINE, Le règne, Bd. 1, S. 230f.; HERSCHE, Muße, Bd. 1, S. 129; WREDE, Türkenkrieger, S. 149–165.

Ein zentraler Konfliktfall zwischen Ludwig XIV. und Leopold I. stellte im Vorfeld des Neunjährigen Krieges die Neubesetzung des Erzbistums Köln dar. Während Frankreich die Wahl des Koadjutors Wilhelm Egon von Fürstenberg präferierte, entschied sich der Kaiser, die Kandidatur von Joseph Clemens von Bayern zu unterstützen[361]. Da beide Kandidaten die nötige Zweidrittelmehrheit verfehlten, bedurfte es einer päpstlichen Entscheidung, in der sich Innozenz XI. für den kaiserlichen Kandidaten aussprach[362]. Die französische Publizistik klagte Papst Innozenz XI. in diesem Zusammenhang an, sich blind auf die Seite Österreichs gestellt zu haben[363]. Die ludovizianische Publizistik ermahnte Innozenz XI., sich am Jüngsten Tage vor Gott rechtfertigen zu müssen, weil er in ganz Europa einen Krieg entzündet habe[364]. Bei der Investitur von Joseph Clemens zum Erzbischof von Köln habe es sich um eine rein weltliche Angelegenheit gehandelt, bei der der Papst nur als weltlicher Fürst habe handeln können, dessen einzige Absicht es gewesen sei, Frankreich zu schaden, indem er den französischen Kandidaten übergangen habe[365]. Mit dieser Anschuldigung versuchte die französische Publizistik einerseits den Papst bei katholischen Fürsten und französischen Katholiken zu diskreditieren und damit die antipäpstliche Politik Ludwigs XIV. zu rechtfertigen. Gleichzeitig wurde auch eine militärische Drohung ausgestoßen, die den Papst zum Nachgeben bewegen sollte. Auf diese Weise versuchte die ludovizianische Publizistik den Papst zum Einlenken in den kirchenpolitischen Streitfragen zu bewegen, zu denen neben der Neubesetzung des Erzbistums Köln auch der Streit um die Ausweitung der Regalie in Frankreich, die Anerkennung der Vier Gallikanischen Artikel und die Aufrechterhaltung der Quartiersfreiheit des französischen Botschafters in Rom gehörten[366]. Die Härte, mit der all diese Konfliktfälle ausgetragen wurden, machte eine Einigung zwischen Rom und Frankreich äußerst schwierig.

---

361 Vgl. BOUTANT, L'Europe, S. 772–790; CHALINE, Le règne, Bd. 1, S. 252; MALETTKE, Hegemonie, S. 424f., 430; PASTOR, Geschichte, S. 937–939.
362 Vgl. MALETTKE, Hegemonie, S. 424f.; PASTOR, Geschichte, S. 939.
363 »Le Pape embrasse aveuglément les interêts de la Maison d'Austriche«. REPLIQUE du Conseiller, S. 17; LE MERCURE DE FRANCE, S. 7.
364 »Le Pape étant d'un âge à devoir bien-tôt aller rendre compte à Dieu des motifs qui l'ont obligé d'allumer le feu de la guerre dans toute l'Europe«. REPLIQUE du Conseiller, S. 18.
365 »Ainsi il ne peut agir comme Pape, & n'a pu donner de Bulles au Prince Clement pour l'Electorat de Cologne, puis qu'il ne peut les avoir données que comme Prince temporel, parce qu'il s'agissoit d'une affaire temporelle, & de chagriner la France qu'on n'attaquoit point pour le fait de la Religion, mais parce que la puissance de son Souverain fait ombrage, & que le Roi a voulu soutenir les droits de sa Couronne, qu'il a trouvez établis à Rome«. DONNEAU DE VISÉ, AFFAIRES DU TEMPS, S. 59.
366 Vgl. BERGIN, The Politics, S. 215–226; BLET, Les Assemblées, S. 117–420; BOUTANT, L'Europe, S. 364–373; FEUILLAS, Innocent XI, S. 757–758; ORCIBAL, Louis XIV, S. 1–75; PASTOR, Geschichte, S. 841–957.

Zu Beginn des Neunjährigen Krieges wurde französischerseits besonders das Bündnis zwischen Leopold I. und Wilhelm von Oranien als Bedrohung für den Papst dargestellt. Während der Usurpation Wilhelms von Oranien in England habe die Katholikenverfolgung ein solches Ausmaß angenommen, dass der päpstliche Nuntius habe inkognito fliehen müssen[367]. Dem Papst aber wurde vorgeworfen, diesem Treiben teilnahmslos zugesehen zu haben.

Französische Schriften erklärten die Teilnahmslosigkeit des Papstes damit, dass dieser ein Bündnis mit den Protestanten eingegangen sei[368]. Eine solche Anschuldigung musste am Selbstverständnis des Papsttums nagen und sollte einen politischen Kurswechsel der Kurie hervorrufen. Die französische Publizistik war sich bewusst, dass der Pontifex selbst kein Freund der Protestanten war. Er wurde aber angeklagt, dass ihn sein Hass gegen Frankreich so weit verblendet habe, dass er nicht einmal mehr vor einem Bündnis mit Häretikern zurückschrecke[369]. Dabei sei es dem Oberhirten gleichgültig, welcher Schaden für die katholische Kirche aus diesem Bündnis erwachse[370]. Spätestens dies sollte ihn zur Umkehr ermahnen. Andererseits schreckte die französische Publizistik auch nicht davor zurück, direkte Drohungen gegenüber der Kurie auszusprechen. Wenn der Papst nur noch seinen weltlichen Interessen folge, könne er im gegenwärtigen Krieg von seinen Feinden auch nur noch als weltlicher Fürst, nicht aber als geistliches Kirchenoberhaupt betrachtet werden[371]. Diese Anschuldigungen legitimierten das aggressive Vorgehen Ludwigs XIV. gegenüber dem Papsttum vor seinen eigenen französischen Untertanen, indem dem Papst die Verteidigung der Interessen der katholischen Kirche abgesprochen wurde. Gleichzeitig versuchte die ludovizianische Publizistik mit einer Taktik aus Ehrenappellen und Drohungen die römische Kurie für die Pläne ihres Monarchen zu gewinnen.

Im Verlauf des Krieges appellierte die ludovizianische Publizistik zusehends an die Rolle des Papstes als *pater communis*. Aufgrund dieser Stellung als Kirchenoberhaupt müsse er den Frieden zwischen den katholischen Fürsten herstellen, damit der katholischen Konfession kein Abbruch geschehe[372]. Es

---

367 »Le desordre fut si grand, que le Nonce du Pape fut contraint de se sauver déguisé, & de passer pour un des Domestiques de l'Ambassadeur de Savoye«. LE MERCURE DE FRANCE, S. 47f.
368 DONNEAU DE VISÉ, AFFAIRES DU TEMPS, S. 51, droht an, er wolle »fait connoistre si bien l'union de la Cour de Rome avec les Protestans«.
369 Vgl. ebd., S. 58.
370 »[Innocent XI.] n'entre point de Religion à son êgard dans cette Ligue; mais il veut abaisser la gloire de la France, quoy qu'il en puisse couster à l'Eglise«. Ebd.
371 »Or si Sa Sainteté ne se sert point du motif de la Religion dans cette affaire, elle est purement temporelle & humaine, & le Pape agissant alors comme Prince temporel, ne doit plus être regardé que comme tel par ceux contre qui il se declare«. Ebd.
372 »La partialité leur est défenduë , & comme ils sont les Peres communs, ils doivent avoir une égale amour pour tous leurs Enfans; l'esprit seul de charité, d'union & de paix, les doit animer dans tout ce qu'ils font, & quand ils sortent de cet esprit«.

sei eine essenzielle Pflicht des Papstes, an der Ausbreitung des katholischen Glaubens zu arbeiten³⁷³. Durch seine Parteilichkeit würde er nur sich selbst und der gesamten katholischen Christenheit Schaden zufügen³⁷⁴.

Auf keinen Fall aber dürfe er sich auf die Seite derjenigen Fürsten stellen, die zum großen Verlust der katholischen Kirche ein Bündnis mit den Protestanten eingegangen seien³⁷⁵. Damit war selbstverständlich niemand anderes als Kaiser Leopold I., der größte Konkurrent Ludwigs XIV. in der katholischen Christenheit, gemeint. Österreich benutze die Religion als Vorwand zur Durchsetzung seiner eigentlich rein politischen Ziele³⁷⁶. Dafür bürgen das erwähnte Bündnis Leopolds I. mit den protestantischen Mächten, die Zwietracht, die der Kaiser zwischen Jakob II. und seinen protestantischen Untertanen gesät habe, und sein Plan, die hugenottischen *Réfugiés* wieder in ihre französischen Besitzungen einzusetzen³⁷⁷. Des Weiteren versuche der Kaiser, den Papst durch die Betonung der Vorteile, die er aus einer Rebellion in Frankreich ziehen könne, auf seine Seite zu ziehen³⁷⁸.

Die Kurie müsse einsehen, dass der Krieg gegen König Jakob II. in England nichts anderes als ein Religionskrieg zur Vernichtung der katholischen Konfession sei³⁷⁹. Die französische Publizistik ermahnte den moribunden Innozenz XI., nicht sein Andenken zu beschmutzen, indem er nichts zur Restauration dieses katholischen Märtyrers beigetragen habe³⁸⁰. Der Papst müsse erkennen, dass es sich beim gegenwärtigen Krieg um einen universellen Religionskrieg handele – gleich welchen Vorwand der Kaiser, die deutschen

---

LE MERCURE DE FRANCE, S. 3. »[La Cour de Rome] […] Elle devoit travailler à remettre l'union entre les Princes Chrêtiens, puis qu'elle n'est établie que pour cela«. DONNEAU DE VISÉ, AFFAIRES DU TEMPS, S. 69f.; »S'il vouloit agir en vray Père des Chretiens, il faloit qu'il s'employât de tout son pouvoir à mettre la paix entre tous les Princes Catholiques, & s'il ne pouvoit en venir à bout, du moins il ne devoit pas grossir le parti de ceux qui sont unis avec les Princes Protestans, puis qu'il est impossible qu'ils triomphent sans que la Religion Catholique en souffre cruellement, & sans qu'elle fasse de fort grands pertes«. Ebd., S. 70f.

373 »La place qu'il tient sur le Trône de Saint Pierre, lui faisoit un devoir indispensable de travailler pour la gloire de l'Eglise & pour son accroissement«. Ebd., S. 70.
374 Vgl. LE MERCURE DE FRANCE, S. 3.
375 Vgl. DONNEAU DE VISÉ, AFFAIRES DU TEMPS, S. 70f.; La fausse clef, S. 17.
376 »Le grand talent de la Maison d'Autriche pour regner, est donc de pretexter la Religion, & de courir à Rome«. Ebd., S. 13.
377 Vgl. DONNEAU DE VISÉ, AFFAIRES DU TEMPS, S. 70f.; La fausse clef, S. 17.
378 Vgl. ebd.
379 »Le Conseil du Pape ne pouvoit ignorer que la guerre qui se fait en Angleterre contre le Roy Jacques II. n'ait esté entreprise pour détruire la Religion Catholique, & pour faire regner la Protestante«. RIENCOURT, HISTOIRE DE LA MONARCHIE, Bd. 2, S. 432.
380 »Que quelque jour l'on reprochera à la mémoire de Sa Sainteté de n'avoir pas employé toutes ses forces, tant spirituelles que temporelles, pour rétablir dans son Thrône un Roy qui n'en a esté chassé, que parce qu'il a conservé avec trop de vigueur la veritable Religion«. Ebd.

Fürsten, Spanien und die Vereinigten Provinzen dafür auch anführten[381]. Das Bündnis dieser Fürsten ziele auf die Vernichtung der katholischen Religion – und gegenwärtig sei Ludwig XIV. als Allerchristlichster König und Ältester Sohn der Kirche der einzige katholische Fürst, der es wage, sie zu verteidigen[382]. Es sei eine Schande, dass sich der Papst und die anderen katholischen Fürsten nicht auf seine Seite stellten[383].

Als 1689 das Ableben Innozenz' XI. in greifbare Nähe rückte, richtete die ludovizianische Publizistik ihre Ratschläge und Weisungen auch an seinen Nachfolger[384]. Er solle als wahrer *pater communis* aller christlichen Fürsten fungieren und auf diese Weise die katholische Konfession gegen ihre Feinde verteidigen[385]. Auch dem Nachfolger Innozenz' XI., Alexander VIII., wurde nahegelegt, Jakob II. in seinem Kampf gegen den protestantischen Usurpator Wilhelm von Oranien beizustehen[386]. Dessen Verdienste um die Ausbreitung der katholischen Konfession in England wurden der Kurie ins Gedächtnis gerufen: Er habe einen Botschafter nach Rom entsandt, um seinen Gehorsam gegenüber dem Papst zu bezeugen und um stets in gutem Einvernehmen mit der römischen Kurie zu regieren[387]. Er habe durch seine Regierung drei Königreiche zurück in den Schoss der römischen Kirche geführt, die durch das anglikanische Schisma so lange von ihr getrennt waren[388]. Und als letzten Beweis seiner Ergebenheit habe er sogar den Papst zum Taufpaten seines Thronerben, des Prinzen von Wales, bestimmt[389]. Es liege nun am Pontifex, die Erfolge der Gegenreformation auf den britischen Inseln, die durch einen Religionskrieg Wilhelms von Oranien bedroht scheinen, nicht durch fehlende Unterstützung Jakobs II. zu gefährden[390].

---

381 »Le Pape ne sçavoit-il pas que la guerre qui est allumée si puissamment dans toute l'Europe Chrestienne est une guerre de Religion, & que quelque pretexte que l'Empereur, les Souverains d'Allemagne, l'Espagne, & la Hollande ayent pris pour se liguer ensemble pour faire la guerre à la France & pour tâcher de l'abattre; cette union neanmoins regarde la Religion, & que nostre Monarque se trouvant aujourd'huy seul, qui comme le Fils aîné de l'Eglise, & Roy Tres-Chrestien, soûtient & deffend cette Religion Chrestienne & Catholique, contre les Souverains mesmes qui en font une profession publique, & qui la devroient deffendre«. Ebd.
382 Vgl. ebd.
383 Vgl. ebd.
384 »Nous devons esperer que le Saint Esprit illuminera celuy qui a succedé à Innocent XI«. Ebd., S. 433.
385 »Il employera tous ses soins pour procurer l'union & la bonne intelligence entre les Princes Chrestiens, & par ce moyen conservera & deffendra la Religion contre les efforts de ses plus dangereux Ennemis«. Ebd., S. 431f.
386 Jakob II. »avoit merité du Saint Siege qu'il employast tous ses soins & toutes ses forces pour luy donner du secours contre le Prince d'Orange«. Ebd., S. 432.
387 Vgl. ebd.
388 Vgl. ebd., S. 433.
389 Vgl. ebd.
390 Vgl. ebd.

Papst Alexander VIII. ließ sich offenkundig von diesen und ähnlichen französischen Beteuerungen wenig einnehmen. Zwar erzielte er während seines kurzen Pontifikats eine Einigung mit Ludwig XIV. in der Frage der besetzten Grafschaft Venaissin, doch ging der Streit um die Ausweitung der Regalie, die Gallikanischen Artikel und die Quartiersfreiheit in Rom in eine zweite Runde[391]. Erst ab 1691 setzte unter seinem Nachfolger Innozenz XII. eine langsame Verbesserung der Beziehungen zwischen der römischen Kurie und dem französischen Königshof ein[392]. Nach dem Regierungsantritt von Clemens XI. im Jahr 1700 bediente sich die französische Publizistik erneut der Diskreditierung der Politik der katholischen Alliierten, um die Unterstützung Roms im Kampf gegen die Wiener Große Allianz zu erhalten. Leopold I., Spanien und Savoyen wurden dabei in gewohnter Weise wegen ihrer Allianz mit den Häretikern angeklagt[393]. Der Kaiser, der König von Spanien und der Herzog von Savoyen würden den Protestanten erlauben, ihre Häresie in Spanien und Italien bis vor die Tore des Kirchenstaates auszubreiten[394]. Die kaiserlichen Generale bezeugten wenig Respekt für die Rechte des Papstes und der Kaiser trage seine Lehnsstreitigkeiten mit dem Papst militärisch aus[395]. Daraus sei zu erkennen, dass das Papsttum unweigerlich auf den Schutz Frankreichs bauen müsse. Die Missachtung der katholischen Konfession und des Papstes durch die katholischen Verbündeten Wilhelms von Oranien, die gemeinsam einen unschuldigen katholischen Monarchen entthront hätten, fordere den Entzug päpstlicher Subsidien für den Türkenkrieg auf dem Balkan[396].

Doch auch in den eigenen Reihen der französischen Katholiken wurde vereinzelt Kritik an den Verlautbarungen der offiziellen und offiziösen ludovizianischen Publizistik geäußert. Der Freidenker Gatien Courtilz de Sandras war im *Secrétariat d'état de la Maison du Roi* nicht umsonst als »faiseur de libelles dangereux remplis d'injures atroces contre la France, le gouvernement et les ministres« bekannt[397]. Courtilz de Sandras kritisierte in seinen NOUVEAUX INTERETS DES PRINCES DE L'EUROPE die ludovizianische

---

391 Vgl. BLET, Les Assemblées, S. 529f.; FEUILLAS, Alexandre VIII, S. 58; PASTOR, Geschichte, S. 1066.
392 Vgl. BLET, Les Assemblées, S. 535–552, 577f.; ders., Le Clergé, S. 7, 10f.; PASTOR, Geschichte, S. 1097–1103.
393 Vgl. Remarques sur la reponse, S. 3.
394 »L'introduction des Heretiques dans le Piedmont, les Livres des Calvinistes répandus, non seulement dans le Milanez, mais mesme jusqu'à Rome, l'exercice de leur Religion permis dans les Etats d'Espagne, où ils n'avoient jamais esté soufers, peuvent-ils faire voir le zele de cette Maison pour le bien de la Religion Catholique?« Ebd., S. 3.
395 Vgl. ebd.
396 »Ce zele merite-t-'il que Sa Sainteté accorde à l'Empereur l'argent que le Roy d'Espagne demande dans sa Lettre avec tant d'instances, sous le pretexte de continuer la guerre contre les Turcs?« Ebd., S. 3f.
397 Rapport du 13 octobre 1697, in: Les Archives, S. 7, versehen mit der Bestätigung Louis II. Phélypeaux de Pontchartrains. Viel besser kann die Meinung der

Publizistik aufs Schärfste. In einer ironischen Persiflage gab er der Hoffnung Ausdruck, das Bündnis Kaiser Leopolds I. mit den protestantischen Mächten werde bald einen Keil zwischen die römische Kurie und die Wiener Hofburg treiben. Papst Innozenz XI. hasse die Protestanten so sehr, dass er dem Kaiser demnächst von alleine die päpstlichen Subsidien für den Türkenkrieg streichen werde[398]. Der Vorteil Ludwigs XIV. bestehe nun darin, dass er den Papst zum Narren halten könne. Es sei dann ein Leichtes, Innozenz XI. vorzutäuschen, die französische Politik ziele nur auf das Wohl der katholischen Religion[399]. Indem der französische König Innozenz XI. überrede, die Aufrechterhaltung seiner kirchenpolitischen Differenzen würde nur der Ausbreitung des Katholizismus in England und Frankreich schaden, könnte er den Papst zum Einlenken bewegen[400]. Für solche und ähnliche Äußerungen saß Gatien Courtilz de Sandras 1693 in der Bastille ein[401]. Schwieriger war es jedoch für die französischen Zensurbehörden, die Produktion und Verbreitung jener Druckschriften der katholischen Alliierten in und außerhalb Frankreichs zu unterbinden. Ihre Entgegnungen auf die ludovizianische Publizistik waren um ein Vielfaches deutlicher als diejenigen der innerfranzösischen Kritiker.

Die antifranzösische Publizistik erklärte Ludwig XIV. direkt zum Feind der katholischen Kirche. Sie bediente sich hierfür einer detaillierten Aufzählung der Gewalttaten des Königs gegen katholische Fürsten, um zu beweisen, dass Frankreich für sich schwerlich die Führung eines katholischen Religionskrieges beanspruchen könne. Ludwig XIV. habe die katholischen Erzbistümer von Trier, Mainz und Köln besetzt; dem Papst die Grafschaft Avignon und das Comtat Venaissin geraubt; Gebiete des katholischen Königs von Spanien in Flandern und der Franche Comté erobert; dem Kaiser die Festungen von Philippsburg und Freiburg genommen; und mache gegenwärtig dem streng

---

    französischen Behörden auch in den Vorjahren nicht gewesen sein, was die dauerhafte Überwachung Courtilz de Sandras belegt. Vgl. bspw. Gabriel Nicolas DE LA REYNIE an Kommissar LABBÉ, s.l. 18. April 1693, in: Les Archives, S. 5f.

398 »La haine qu'il [Innocent XI] porte aux Protestans, qu'il regarde comme autant de brebis qui se sont separées de son troupeau, lui fera cesser le secours qu'il donne à l'Empereur contre les Infideles. Cependant s'il vient une fois à fermer sa bourse, adieu tous les avantages qu'on a remportés contr'eux«. SANDRAS, NOUVEAUX INTERETS 1685, S. 247; ders., NOUVEAUX INTERETS 1686, S. 174.

399 »L'avantage du Roi de France se trouvant si visiblement dans ce que nous venons de dire, nous croions que ce Prince doit agir toûjours de concert avec le Pape, lui faisant accroire que tout ce qu'il entreprendra n'est qu'en veüe de la Religion«. Ders., NOUVEAUX INTERETS 1685, S. 249; ders., NOUVEAUX INTERETS 1686, S. 175.

400 »Nous croions même qu'un des plus puissans motifs que le Pape puisse avoir pour revenir de son opiniâtreté, c'est qu'il met obstacle par là aux desseins qui sont pris depuis quelque temps entre deux grands Princes [Louis XIV. et Jacques II.] de ruïner la Religion Protestante«. Ebd., S. 175.

401 Journal d'Etienne du Junca, in: Les Archives, S. 6; vgl. darüber hinaus auch HOURCADE, Courtilz de Sandras, S. 423.

katholischen Kurfürsten der Pfalz sein Erbe streitig[402]. Bei der Verwüstung der Pfalz habe er die katholischen Gotteshäuser genauso wenig geschont wie diejenigen der Lutheraner[403]. Besonders schwer sollte hier wohl die Anschuldigung wiegen, dass der französische König selbst jene katholischen Kirchen im Westen des Reiches zerstört habe, die die Protestanten in den Religionskriegen der Vergangenheit verschont hätten[404]. Die Franzosen hätten die Altäre zerstört, die Kirchenschätze geplündert und nicht einmal vor den Gräbern der Kaiser haltgemacht[405]. Ähnliche Verwüstungen hätten sie auch in den Vereinigten Provinzen und den spanischen Niederlanden begangen[406].

Die Flugschrift *Europäischer Staats=Rath* von 1690 verlieh der Verwunderung der antifranzösischen Publizistik Ausdruck, »daß Franckreich nach so vielen Ungemach und Trangsaal/ welche es der Catholischen Religion und denen Fürsten angethan/ dennoch die Revolution in Engeland zu einen Religions=Krieg machen will«[407].

---

402 »Pourquoy a-t-il pris Treves, Mayence & l'archevesché de Cologne, sur l'Eglise? Pourquoy a-t-il elevé Avignon & le Comtat au Pape, qui est le Chef de l'Eglise? Pourquoy a-t-il pris la Franche-comté & la Flandre, sur le Roi d'Espagne qui est tres-Catholique? Pourquoy a-t-il elevé à l'Empereur qui est Catholique Philipsbourg & Fribourg? Pourquoy vient-il tout nouvellement de reduire en poudre & en cendres tout le Palatinat le propre heritage de la Maison de Neubourg la plus Catholique Maison qui soit en Allemagne?« LES VERITABLES INTERETS, S. 51. »Warum hat er dann im Gegentheil Trier/ Mäyntz/ und das gantze Ertz=Bisthum Cölln/ welches doch geistliche oder Kirchen=Güter sind/ ihren rechtmässigen Herren abgenommen? Aus was Ursach hat er Avignon sampt seiner gantzen Graffschafft dem Pabst/ der doch das Haupt der Kirchen ist/ so gewaltsam entrissen? Warum hat er ferner dem König in Spanien/ der doch der Ertz=Catholische Potentat ist/ die freye Graffschafft Burgund und Flandern/ dem Käyser aber/ der gleichfalls der Catholischen Religion zugethan/ Freyburg und Philippsburg abgezwacket? Warum ist er kurtz verwichener Zeit in die Pfaltz/ als welche des Durchlauchtigsten Neuburgischen/ eines einfrigen Catholischen Hauses in Deutschland/ unzweifentliches Erbe ist/ so unversehens eingefallen/ und hat solche durch sein unerhörtes Mordbrennen beynahe gäntzlich in die Asche geleget?« Ebd., S. 51f. Ludwig habe seine Armeen von der niederländischen Grenze zurückgezogen »und wider die Catholischen Fürsten gebrauchet: Als eine/ wider den Papst/ die stadt und Graffschafft Avignon wegzunehmen; Und zwey in OberDeutschland/ Philippsburg zu belägern und die Churfürsten Pfaltz/ Mayntz und Trier ihrer Länder zu entsetzen: Belagert bombardirt und erobert ihre Vestungen/ ruiniret und verwüstet ihre Aecker und Wiesen/ und verheeret alles mit Feuer und Schwerd«. Europäischer Staats=Rath, [120f.].
403 Vgl. IMHOF, LE GRAND THEATRE, S. 499.
404 REPONSE A UN DISCOURS, S. 37, spricht von »l'embrassement volontaire de tant de belles Eglises, qui après avoir échappé à l'injure des temps, & à la fureur des guerres de religion, n'ont pû echapper à la Barbarie de vostre Cour: quel monstreux detail ne pourroit-on pas faire de toutes les profanations de vos incendiaires, qui après avoir violé la sainteté des lieux, & pillé les Autels, ont poussé leur rage jusques sur les cendres même des Empereurs, en renversant leur sepulchres«.
405 Vgl. ebd., S. 37.
406 Vgl. ebd., S. 37f.
407 Europäischer Staats=Rath, [115]. Vgl. darüber hinaus REPONSE A UN DISCOURS, S. 64f.

Nach seinen Beutezügen in den Ländern der katholischen Fürsten wolle sich Ludwig XIV. nun mit ihnen verbünden, um einen Religionskrieg gegen Wilhelm von Oranien zur Unterstützung des entthronten katholischen Königs Jakob unternehmen[408]. Weil Frankreich seinen Religionskrieg am Rhein und nicht auf dem Meer habe führen wollen, sei es der eigentliche Schuldige an der Absetzung Jakobs II. von England[409]. In Wirklichkeit argumentiere Ludwig XIV. nur mit dem Schicksal Jakobs II., um den katholischen Fürsten nicht wieder seine Kriegsbeute herausgeben zu müssen[410].

Die Publizistik der katholischen Alliierten führte offen die französische Argumentation des Religionskrieges durch die Hervorhebung der französischen Vergehen gegen die katholischen Fürsten ad absurdum. Dezidiert wandte sie sich dabei gegen die Ausführungen des französischen Gesandten in Rom, François de Pas de Feuquières, Graf von Rebenac[411]. Die kaiserliche Publizistik appellierte damit an den Papst als geistliches Oberhaupt aller Katholiken, sich auf die Seite Österreichs zu stellen, das allein die Interessen der katholischen Kirche gegen die Franzosen verteidige. Dafür nutzte sie publizistisch geschickt die Auseinandersetzungen zwischen Ludwig XIV. und der Kurie aus. Frankreich wurde vorgeworfen, durch die Veröffentlichung der vier Gallikanischen Artikel *expressis verbis* die Rechte des *pater communis* aller Christen eingeschränkt und die katholische Kirche ins Chaos gestürzt zu haben[412]. Die sich den Gallikanischen Artikeln widersetzenden Geistlichen habe Ludwig XIV. verfolgt[413]. Der französische Monarch habe den Papst mit der Regalie um die Kircheneinnahmen der südfranzösischen Diözesen im Falle einer Vakanz betrogen und mit der Aufrechterhaltung der Quartiersfreiheit der französischen Botschaft in Rom um die Souveränität in seiner eigenen Hauptstadt gebracht[414].

---

408 »Und nachdem er denen Catholischen Fürsten und Ländern Schaden genug zugefüget/ ruffet er noch überlaut/ man müsse der König Jacobum secondiren/ man müsse Ihm wiederb zu seinen Königreich helffen/ speyet Feuer und flammen wider die Holländer aus [...] daß alle Catholische Fürsten sich wider die Hollander und den König Wilhelm verbinden sollen«. Europäischer Staats=Rath, Cap. XIV, [121]. Vgl. darüber hinaus REPONSE A UN DISCOURS, S. 64f.
409 Vgl. ebd., S. 66. Vgl. des Weiteren Europäischer Staats=Rath, [120f.].
410 Vgl. ebd., [121].
411 Vgl. REPONSE A UN DISCOURS.
412 Vgl. ebd., S. 13.
413 Vgl. ebd.
414 Vgl. ebd. Frankreich »morgue le Pape avec sa Regale & avec ses Franchises«. BRUSLE DE MONTPLEINCHAMP, LUCIEN, S. 38; MERCURE HISTORIQUE 01.1693, S. 138. Zur Frage der Regalie vgl. BERGIN, The Politics, S. 215–226; BLET, Régale, S. 1064f.; DOMPNIER, Frankreich, S. 135; PASTOR, Geschichte, S. 845f., 857f., 873f., 882f., 909f.; Zum Streit um die Quartiersfreiheit ebd., S. 919–928.

Die antiludovizianische Publizistik warf den Franzosen deshalb vor, »fort mauvais Catholiques« zu sein[415]. Aus diesem Grunde könne es sich beim Neunjährigen Krieg nicht um einen Religionskrieg handeln[416]. Sie unterstellte den Franzosen, mit dem Gallikanismus eine Art Mischreligion zu praktizieren, die es ihnen erlaube, sich nach dem Willen ihres Königs je nach Bedarf auf die Seite der einen oder der anderen Konfessionsgemeinschaft zu schlagen[417]. Der französische König erkläre sich selbst zum Abgott, zwinge seine Untertanen, ihm ihr Seelenheil zu opfern, und zerstöre durch die Aufgabe des christlichen Glaubens das Band menschlicher Gemeinschaft[418]. Letztendlich wurde Frankreich mit diesem Vorwurf der Areligiosität bezichtigt und außerhalb der christlichen Gemeinschaft gestellt. Ein Gemeinwesen ohne feste religiöse Grundsätze konnte in der Vorstellungswelt der Frühen Neuzeit kein vertrauensvoller Verhandlungspartner sein[419]. Die antiludovizianische Publizistik versuchte durch diese Anschuldigungen die französische Argumentation mit dem Religionskrieg zu widerlegen. Sie suggerierte, derart schlechte Katholiken wie die Franzosen und ein dermaßen unchristlicher Herrscher wie Ludwig XIV. könnten überhaupt keinen Religionskrieg zur Verteidigung der katholischen Kirche führen.

In der Tat folge Ludwig XIV. nur äußerlich den katholischen Riten, um seine Macht durch eine Willkürherrschaft stetig zu vergrößern[420]. Dies beweise sein Umgang mit der katholischen Kirche, deren Rechte der König aus politischen Motiven stets beschnitten habe[421]. In Wirklichkeit plane er, einen eigenen Patriarchen für Frankreich zu berufen oder sich gar selbst zum »Pape en France« zu erheben[422]. Die Zahl der Geistlichen solle stark eingeschränkt und der ver-

---

415 LE MICROSCOPE, S. 145.
416 Vgl. BRUSLE DE MONTPLEINCHAMP, LUCIEN, S. 38.
417 »La France n'en est pas devenuë plus Catholique: puis que pour se ménager entre les deux Religions, elle établit chez elle une creance moyenne entre les deux sous la direction du Roy«. REPONSE A UN DISCOURS, S. 45.
418 »Il faut remarquer qu'en tout cela, l'interêt de ce Monarque est son Idole, dont le culte est préféré à tous les autres, & auquel ses propres sujets doivent sacrifier leurs biens, leur vie & même leur propre conscience; de sorte qu'il est inutile de lui opposer les vertus reverées par les Payens, les liens les plus sacrez de la Société civile, les obligations du Christianisme«. MERCURE HISTORIQUE 01.1693, S. 138f.; REPONSE A UN DISCOURS, S. 15.
419 Zur Kritik am Atheismus in der Frühen Neuzeit vgl. SCHNEIDER, Der Libertin; WELTECKE, Atheismus, S. 25.
420 Vgl. VALOOT-DUVAL, NOUVELLE RELATION, S. 28. Die Neigung zur Willkürherrschaft sei überhaupt ein Phänomen, das katholische Fürsten auszeichne. Vgl. REMARQUES SUR LA SUCCESSION, S. 73; The duke, S. 37.
421 Vgl. REPONSE A UN DISCOURS, S. 45; VALOOT-DUVAL, NOUVELLE RELATION, S. 28.
422 REPONSE A UN DISCOURS, S. 13f.; VALOOT-DUVAL, NOUVELLE RELATION, S. 29.

bliebene Rest der Pfründen mit Handlangern des Königs besetzt werden[423]. Ludwig XIV. plane, jede Verbindung der französischen Kirche zum römischen Papst zu unterbinden[424]. Auch wolle er alle Kirchengüter Frankreichs grundsätzlich der Krondomäne zuschlagen[425]. Rom werde dadurch der Reichtümer beraubt, die es aus Frankreich ziehen könne[426]. Die Behandlung des Papstes, des französischen Klerus und der katholischen Kirchenschätze durch die französischen Könige beweise aus Sicht der antifranzösischen Publizistik seit jeher, wie wenig Achtung Frankreich der katholischen Kirche entgegenbringe[427]. Ludwig XIV. habe sich dabei Heinrich VIII. von England zum Vorbild genommen[428]. Aus katholischer Sicht erwies er sich damit als Kirchenräuber und Schismatiker.

Das Papsttum könne keinen »respect filial« von Frankreich erwarten[429]. Dies bewiesen die Kriegserklärung Ludwigs XIV. an Papst Innozenz XI. und die Besetzung der Grafschaft Venaissin durch französische Truppen, die dem Titel eines Allerchristlichsten Königs widersprächen[430]. In Zukunft werde der Papst mit einer noch größeren Gefahr konfrontiert, denn Frankreich beabsichtige, auch in Italien Reunionen vorzunehmen, wie sie Ludwig XIV. zuvor nördlich der Alpen eingezogen habe. Der französische König würde behaupten,

que la plupart du Domaine Apostolique est une donation du Roy Pepin, le Pape Innocent XI. auroit commis le crime de Felonnie envers la France, pour n'avoir pas voulu souscrire à tous ses attentats; donc on auroit droit de la revoquer, & de confisquer les

---

423 Vgl. REPONSE A UN DISCOURS, S. 15; VALOOT-DUVAL, NOUVELLE RELATION, ebd.
424 Vgl. REPONSE A UN DISCOURS, ebd.; VALOOT-DUVAL, NOUVELLE RELATION, S. 30.
425 Vgl. REPONSE A UN DISCOURS, ebd.; VALOOT-DUVAL, NOUVELLE RELATION, S. 29f.
426 Vgl. REPONSE A UN DISCOURS, ebd.; VALOOT-DUVAL, NOUVELLE RELATION, S. 31.
427 »Les monnoyes qui ont esté battuë du tems de Loüis XII. avec cette inscription, perdam Babylonis nomen, donnent assez à connoître la Religion de la France, & la veneration que l'on y a pour le Siege de Rome; ce qui est encore confirmé davantage par le traitement des Ecclesiastiques, & des Eglises en France, dont les premiers sont privez de leurs moyens, & celles-cy de leurs trésors«. TRAUTMANSDORFF, TRADUCTION, S. 231.
428 Vgl. REPONSE A UN DISCOURS, S. 15.
429 Ebd., S. 100.
430 »Or de croire que les Etats de l'Eglise eussent eu droit d'Exemption en vertu du respect filial du Roy Tres-Chrestien envers le S. Siege, je m'en rapporte à la declaration de guerre contre le Pape Innocent XI. aux outrages qu'on luy a faits en France, & à l'usurpation de la Comté d'Avignon«. Ebd.; HISTOIRE DE LA DECADENCE, S. 255.

mesmes Domaines, qui à force de dépendances auroient englouty tout le reste de l'Italie, pour estre reincorporez à la Couronne[431].

Der Papst wäre vollauf Frankreich ausgeliefert und könnte sich keine Hoffnungen mehr auf die Rettung durch die anderen katholischen Fürsten machen. In keiner Weise sei es Frankreichs Interesse, den Papst als neutrale Schiedsgewalt der katholischen Christenheit zu erhalten. Stattdessen plane Ludwig XIV., die Kurie ganz seinem eigenen Willen zu unterwerfen, wie er es zuvor mit der katholischen Kirche in Frankreich getan habe[432]. Frankreich versuche seine Macht auf Kosten der katholischen Kirche auszubauen[433]. Die antifranzösische Publizistik warf Ludwig XIV. vor, er würde behaupten »s'il s'en prend au Pape même, & à tous ceux qui tiennent son parti, c'est pour maintenir les libertés de l'Eglise Gallicane contre les usurpations de la Cour de Rome«[434].

Ludwig XIV. habe sogar gedroht, den Kirchenstaat mit Krieg zu überziehen und seine Küstenstädte zu bombardieren, wie er es zuvor mit Genua getan hatte, wenn der Papst nicht seinen Befehlen folgen wolle[435]. Damit laufe Frankreichs Erklärung des Religionskrieges ins Leere, denn die »Waffen der Kirche« seien nutzlos gegen die Häretiker, wenn sie gegen die Kirche selbst gebraucht würden[436]. Die französische Publizistik behaupte, Frankreich zu bekämpfen sei gleichbedeutend damit, die Kirche zu bekämpfen. Ganz im Gegenteil würde man aber der Kirche einen großen Dienst erweisen, Ludwig XIV. zu bekriegen[437]. Es sei eine Unverschämtheit, dass die französi-

---

[431] REPONSE A UN DISCOURS, S. 100.
[432] Vgl. HISTOIRE DE LA DECADENCE, S. 255; REPONSE A UN DISCOURS, ebd.
[433] Vgl. ebd., S. 82.
[434] Traité des interêts, S. 11.
[435] Vgl. REPONSE A UN DISCOURS, S. 13. Zu den diplomatischen Umständen und Folgen der Bombardierung Genuas 1684 vgl. BÉLY, Les relations, S. 280. Die Unterwerfung des Dogen von Genua wurde namentlich vom Maler Claude-Guy Hallé in seinem Gemälde »Réparation faite à Louis XIV. par le Doge de Gênes dans la Galerie des Glaces de Versailles« und vom Bildhauer Martin Desjardins auf einem Bronzemedaillon für den Sockel für das Standbild Ludwigs XIV. auf dem Place des Victoires verewigt und bisher meines Wissens nur von Seiten der Kunstgeschichte gewürdigt. Vgl. MÉROT, La mise, S. 117f.; ZIEGLER, Der Sonnenkönig, S. 93f.
[436] »Les armes de l'Eglise ne reussissent jamais contre les Heretiques, quand on les employe contre ellemême«. LES VERITABLES INTERETS, S. 50. »Was werden nun also die Waffen der Kirchen gegen die Kätzer helffen/ wann man solche wider sie selbsten gebrauchet«. Ebd., S. 50.
[437] »La France parle comme si abbattre la France, c'etoit abbattre l'Eglise: personne ne comprend l'affaire ainsi, au contraire on croit rendre un tres grand service à l'Eglise en abbattant l'orgueil de la France«. Ebd., S. 54. »Franckreich ruffet anietzo überall/ als wann seine Erniedrigung und die Stützung der Kirchen einerley wären: aber es findet sich niemand/ der die Sache so verstehen wil/ sondern im Gegentheil halten alle und iede beständig davor/ daß man der Kirchen keinen grösseren Dienst erweisen könne/ als da man Franckreichs Hochmuth gebührend züchtiget«. Ebd.

sche Publizistik zu behaupten wage, Innozenz XI. habe Wilhelm von Oranien bei einem protestantischen Religionskrieg gegen den katholischen König von England unterstützt[438]. Ludwig XIV. erlaube sich mit solchen Anschuldigungen, dem Papst und damit der ganzen katholischen Kirche öffentlich den Krieg zu erklären[439].

Die Tatsache, dass die Katholiken weniger von den protestantischen Alliierten als von Frankreich zu befürchten hätten, wurde in den Augen der antifranzösischen Publizistik dadurch untermauert, dass die Protestanten die Interessen des Papstes und der katholischen Fürsten verteidigt hätten. Während Frankreich, entgegen dem päpstlichen Urteil, den Kardinal von Fürstenberg mit Waffengewalt zum Erzbischof von Köln einsetzen wollte, habe der reformierte Kurfürst von Brandenburg dem legitimen Inhaber des Erzbistums beigestanden[440]. Derart erschien Ludwig als derjenige, der sich den päpstlichen Anordnungen widersetzte, während die evangelischen Alliierten als Beschützer der katholischen Kirche und ihrer Rechte in Szene gesetzt wurden. Doch mit dem Ende des Neunjährigen Krieges war der Kampf zwischen Habsburg und Bourbon um die Deutungshoheit über das Argument des Religionskrieges an der Kurie keineswegs beendet.

Im Spanischen Erbfolgekrieg ging das Ringen zwischen Habsburg und Bourbon um die päpstliche Unterstützung in eine neue Runde. Dabei wurden von antifranzösischer Seite die Argumente aus der Zeit des Neunjährigen Krieges fast deckungsgleich wieder aufgegriffen[441]. Aufs Neue warnten antiludovizianische Schriften den Papst, nicht auf die Verlautbarungen Frankreichs hereinzufallen, es handele sich beim Krieg Philipps V. und Ludwigs XIV. um einen Religionskrieg gegen den Protestantismus. Die antiludovizianische katholische Publizistik versuchte, die französischen Appelle an den Papst als *pater communis* erneut mit den Verweis auf die aggressive Kirchenpolitik Ludwigs XIV. zu sabotieren. Ludwig XIV. habe die Mitglieder der *Assemblée Générale du Clergé de France* von 1682, die die Gallikanischen Artikel beschlossen hatten, zu seinen Botschaftern an der römischen Kurie bestellt[442]. Diese

---

438 Vgl. LA France, S. 235; LE MICROSCOPE, S. 146.
439 »Ce sont donc là les raisons pour lesquelles la France declare la guerre au Saint. LA France, S. 236; LE MICROSCOPE, S. 147.
440 »La France a voulu metre Furstembergh sur le Trone de Cologne, malgré le Pape Innocent XI., Qui a maintenu les droits du Pontife? Les Protestans & sur tout l'Electeur de Brandebourg, qui a pris Bonne siege ordinaire de l'Archeveque de Cologne; & qui l'a remis entre les mains de son Maitre legitime«. BRUSLE DE MONTPLEINCHAMP, LUCIEN, S. 40.
441 Vgl. die vorherigen Belegstellen aus der Zeit zwischen 1701 und 1714.
442 »Afin de faire diversion des forces des Alliés, le Roi, qui faisoit travailler avec chaleur depuis quelque tems à l'accommodement des differens qui étoient entre les deux Cours, fit représenter au St. Père, que la guerre qu'il étoit contraint de soûtenir, n'étant proprement qu'une guerre de Religion, puis qu'il ne l'avoit entreprise, que pour maintenir le Roi Jacques dans ses Droits, & faire fleurir & dominer en Angleterre la

Versammlung habe versichert, zukünftig kein Konzil mehr über die Autorität des Papstes stellen und sich ihm unterwerfen zu wollen[443]. Die Versöhnungsangebote des Königs gegenüber der Kurie hätten aber nur dazu gedient, den Papst auf seine Seite zu ziehen und Österreich der Subsidien im Kampf gegen die Ungläubigen zu berauben[444]. Zur Zeit von Innozenz XI. habe das Kardinalskollegium dem Papst deshalb geraten, nicht auf die Bitten Frankreichs um Beistand in diesem vermeintlichen Religionskrieg einzugehen, bevor

qu'Avignon fût restitué & rétabli dans son premier état, que l'evêque de Vaison, qui étoit prisonnier, fût remis en liberté; que la renonciation aux Franchises du Quartier fût faite dans les formes, que l'affront fait au St. Siége en la personne d'Innocent XI. dernier Pape, fût réparé, & que le Marquis de Lavardin, Ambassadeur de France à la Cour de Rome, vînt lui-même demander la levée de son excommunication[445].

Frankreichs Argumentation, einen Religionskrieg zur Verteidigung der katholischen Konfession zu führen, musste auf diese Weise unweigerlich lächerlich erscheinen. Aus der Lektüre dieser Passage und der Berichterstattung der europäischen Tagespublizistik aus Rom und Paris musste der Leser klar erkennen, dass Frankreich der Kurie ungleich größeren Schaden zugefügt hatte als die katholischen Alliierten. Frankreich könne so schwer für sich beanspruchen, einen Religionskrieg zu führen, wenn es zugleich in so vielen Punkten die Interessen Roms mit Füßen getreten hatte.

Der Papst diente der antiludovizianischen Publizistik des Neunjährigen Krieges und des Spanischen Erbfolgekrieges gleichsam als Kronzeuge für die Widerlegung der französischen Erklärung eines Religionskrieges. Sie warf Ludwig XIV. vor, statt einen Religionskrieg zur Verteidigung des katholischen Glaubens zu führen, selbst zum Feind der katholischen Kirche geworden zu sein. Die antifranzösische Publizistik appellierte deshalb an den Papst, als *pater communis* die katholischen Gläubigen zum gemeinsamen Kampf gegen Ludwig XIV. aufzufordern. Mit Hilfe des Papstes versuchte sie, vor allem vier Gruppen von Katholiken zu erreichen: Erstens wandte sie sich an die

---

Religion Catholique, opprimée par des hérétiques, pires que des Mahometans, il étoit du devoir du Pontife, qui assistoit l'Empereur à faire la guerre aux Infideles, de fournir aux besoins pour rétablir un Roi qui n'étoit dépouillé de ses Etats, que pour avoir travaillé avec trop de zéle à l'établissement de la Religion Catholique dans ses mêmes Etats; & qu'en qualité de Père commun des Chrétiens, il devoit détacher l'Empereur de l'enagement qu'il avoit avec ces hérétiques; & afin de pouvoir plus heureusement faire réussir ce Projet, il lui fit écrire par les Evêques de son Royaume, qui avoient assisté à l'assemblée du Clergé de 1682«. IMHOF, LE GRAND THEATRE, S. 484.

443 Vgl. ebd.
444 »Elle vouloit gagner le Chef de l'Eglise pour l'induire, en l'attachant à ses interêts, à priver l'Empereur de ses secours contre les Infideles. […] Voilà le motif de la Reconciliation«. REPONSE A UN DISCOURS, S. 14.
445 IMHOF, LE GRAND THEATRE, S. 484.

katholischen Untertanen Ludwigs XIV. Diese sollten durch die Schilderung der Politik Ludwigs XIV. zum Widerstand gegen ihren Monarchen aufgestachelt werden. Zweitens wandte sich die antiludovizianische Publizistik insbesondere an den französischen Klerus, dem suggeriert wurde, durch die Kirchenpolitik Ludwigs XIV. seiner Einkünfte und Rechte beraubt zu werden. Klerus und Laien wurde gleichermaßen vor Augen geführt, durch die Unterstützung der angeblich antikatholischen Politik ihres Herrschers auch ihres Seelenheils verlustig zu werden. Beide sollten den Erklärungen ihres Königs, er führe einen Religionskrieg, keinen Glauben schenken und sich seinen Anordnungen widersetzen oder gar offen auf die Seite seiner Feinde treten. In Wahrheit, so die Unterstellung der antifranzösischen Publizistik, bediene sich Ludwig XIV. nämlich nur des Vorwands der Religion, um seine Macht auf Kosten anderer Mächte weiter auszubauen. Diese Argumentation richtete sich auch an die auswärtigen katholischen Mächte, die damit vor einem Bündnis oder Separatfrieden mit dem französischen Monarchen gewarnt wurden. In Wirklichkeit führe Ludwig XIV. keinen Religionskrieg gegen die Protestanten, sondern gegen die katholische Kirche. Daraus sollte für die anderen katholischen Mächte ersichtlich werden, dass Ludwig XIV. und nicht der Protestantismus der eigentliche Feind ihrer Kirche sei.

Der Appell an den Papst war für Habsburger und Bourbonen während des Spanischen Erbfolgekrieges umso wichtiger, als es sich dabei um einen Konflikt um das Erbe einer katholischen Großmacht handelte. Der Entscheidung des Papstes kam dabei aus Sicht beider Seiten erhebliches diplomatisches Gewicht zu. Geostrategisch war die päpstliche Unterstützung vor allem in Süditalien unerlässlich, denn das Königreich Sizilien diesseits und jenseits des Leuchtturms gehörte zu den Ländern der spanischen Kompositmonarchie[446]. Da es sich bei Sizilien gleichzeitig um ein päpstliches Lehen handelte, bedürfte sein König zur Übernahme der Herrschaft der päpstlichen Bestätigung[447]. Umgekehrt grenzte das Königreich von Sizilien an den Kirchenstaat und ermöglichte seinem Inhaber die Intervention in Rom. Auf diese Weise konnte der König von Sizilien erheblichen Druck auf die Politik der Kurie ausüben.

---

446 Das Königreich Sizilien diesseits und jenseits des Leuchtturms wird im Folgenden der Einfachheit halber als Königreich Sizilien bezeichnet, obwohl es sich dabei *strictu sensu* um eine Personalunion der beiden Königreiche Neapel und Sizilien handelte. Die Bezeichnung diesseits und jenseits des Leuchtturms spielt dabei auf die Trennung beider Königreiche durch die Straße von Messina an, die in Mittelalter und Früher Neuzeit als Leuchtturm bezeichnet wurde.
447 Vgl. CHALINE, Le règne, Bd. 1, S. 214; SAMERSKI, Die preußische Königskrönung, S. 135, 145f. LANDAU, Beitrag, behandelt vor dem Hintergrund des Kulturkampfes in Deutschland die Spannungen zwischen römischer Kurie und Wiener Kaiserhof während des Spanischen Erbfolgekrieges, stellt aufgrund seiner profunden Quellenstudien aber trotz seines Alters und seiner Parteilichkeit für die Sache des Kaisers bis heute einen der nützlichsten Beiträge über den diplomatischen Konflikt um das Königreich Sizilien diesseits und jenseits des Leuchtturms dar.

Die antibourbonische Publizistik bediente sich genau dieses Umstandes, um die Thronansprüche Philipps V. auf das Königreich Sizilien in Rom zu diskreditieren. Die bereits erwähnte *DIXIEME LETTRE D'UN SUISSE*, aus einem fiktiven Briefwechsel zwischen einem Schweizer und einem Franzosen, versuchte die Kurie durch eine Widerlegung dieser Anschuldigungen auf ihre Seite zu ziehen. Darum bemühte sie sich im ganzen katholischen Europa, wo zahlreiche Übersetzungen zirkulierten[448]. Sie betonte, dass die Franzosen keine Truppen im Kirchenstaat stationiert hätten, wohl aber die Kaiserlichen, die das zum Kirchenstaat gehörende Herzogtum Ferrara beanspruchten und die Festung Mesola in ihrer Gewalt hielten[449].

Die kurbayerische Publizistik unterstützte die französische Position im Reich. Sie griff dabei die Strategie der protestantischen Publizistik zur Verhinderung eines Religionskrieges mithilfe einer interkonfessionellen Allianz teils wörtlich auf und versuchte gerade damit die Existenz eines protestantischen Religionskrieges gegen den Katholizismus zu belegen. Die protestantischen Schriften wurden dahingehend zitiert, dass für die Protestanten eine interkonfessionelle Allianz aus England, den Vereinigten Provinzen, Kaiser und Reich das beste Mittel sei, einen katholischen Religionskrieg zu verhindern und sich an der Kurie zu rächen[450]. Darüber hinaus wurde den Protestanten unterstellt, beim nächsten Konklave mithilfe ihrer katholischen Alliierten auf die Wahl eines Papstes hinarbeiten zu wollen, der auf keinen Fall Frieden zwischen den katholischen Mächten stifte, um ihren Krieg gegen den Katholizismus fortsetzen zu können[451]. Mit dem moralischen Appell an das Papsttum als *pater communis* sollten die katholischen Fürsten ermahnt werden, sich auf die Seite Frankreichs und Bayerns zu stellen und sich nicht zu Helfershelfern der protestantischen Alliierten im Religionskrieg gegen den Katholizismus machen zu lassen.

---

448 Zur Editionsgeschichte der *Lettres d'un Suisse* vgl. ausführlich KLAITS, Printed Propaganda, S. 113–155; vgl. Kapitel III.1.5.
449 »Les François n'ont aucun poste dans l'Etat Ecclesiastique; Ce sont les Allemands qui occupent cette petite Tour«. LA CHAPELLE, DIXIEME LETTRE, [13]. Eine Fußnote identifiziert »cette petite Tour« mit der Festung »La Mezola« im Herzogtum Ferrara, mit der keine andere als die Stadt Mesola gemeint sein konnte. Mesola selbst gehörte jedoch nicht zum Kirchenstaat, sondern war eine modenesische Enklave, die von päpstlichem Gebiet umschlossen war. Vgl. LANDAU, Beitrag zur Geschichte, S. 175f.
450 »Diese Alliantz zwischen Engelland/ Holland/ vnd dem Kayser/ oder Römischen Reich/ ist eines von den allersichersten Mittel der Welt/ einem Religions=Krieg vorzukommen/ vnnd das Ungewitter/ daß der Römische Päbstliche Hof auff vns zu bringen willens ist/ in Italien/ wie oben gemeldt/ schleunig zu treiben«. Für das Vatter=Land, Bd. 1, S. 79. Zur protestantischen Argumentation vgl. Kapitel III.2.5.
451 »In dem Fall aber/ daß das Conclave zu Rom NB. Durch das listige Anführung seines Tyrannischen Oberhaupts/ Mittel vnnd Weeg erfinden möchte/ die Strittigkeiten deß Kaysers/ vnd deß Königs von Franckreich zu schlichten/ vnd sie beede gegen die Protestirende vndereinander zuvereinigen«. Für das Vatter=Land, Bd. 1, S. 79

Die kurbayerische Publizistik im Spanischen Erbfolgekrieg forderte darüber hinaus vom Papst, die katholischen Kirchenschätze für die verbündeten Bayern und Franzosen zur Führung eines zu erwartenden Religionskrieges gegen die gemischtkonfessionelle Haager Große Allianz bereitzustellen[452]. Die kurbayerische Propaganda rief der katholischen Geistlichkeit zur Hebung ihrer Zahlungsbereitschaft die Schrecken der vergangenen Religionskriege ins Gedächtnis[453]. Würden sie sich jetzt weigern, Bayern und Frankreich mit ihrem Besitz beizustehen, liefen sie ohnehin Gefahr, dass ihr Hab und Gut wie in früheren Religionskriegen in die Hände der Protestanten fiele und gänzlich vernichtet würde[454]. Jenseits der finanziellen Unterstützung solle der Papst den bayerischen Truppen moralisch beistehen, »Creutz Martyrer werben/ ja auch die ereyfernde hertzhaffte Ordens=Brüder vnd Geistliche das Heer formirn zulassen«[455]. Dann werde Gott die »Verfolger seiner Kirchen zu Boden legen/ [und] aus seinem Tempel treiben«[456]. Mit Unterstützung des Papstes würde die katholische Sache, die mit der Sache Bayerns und Frankreichs gleichgesetzt wurde, gewiss den Sieg davontragen.

---

452 »Sollte es zu dem Religions=Krieg oder Streit kommen/ ach daß ich so dann meinen Allerheiligsten Herrn vnd Vatter das Haupt der Kirchen erbitten kundte/ daß Sie dispensirten vnd Gewalt ertheilten den Mit=Hirten vnd Geistl. Den Streit führen zulassen/ alsoß daß sie ihre eusseriste Mittl etwa den 20. Theil von den jährlichen Stifften oder Kirchen=Einkommen [...] anwendten/ welches in Bayrn allein bey 400000 fl. tragen wurde«. Ebd., S. 46. Die katholische Traktatliteratur vertrat in dieser Angelegenheit die Auffassung, dass es legitim sei, die Kirchengüter im Falle eines Religionskrieges zur Kriegsfinanzierung einzuziehen. »Car si elle [l'Église] a donné ou si le Prince luy a enlevé son patrimoine afin d'en faire passer la joüissance pour un temps à ceux qui servoient dans une guerre de religion, cela ne peut être juste tout au plus que pendant leur vie«. TRAITÉ TOUCHANT L'ORIGINE DES DIXMES, S. 256f. Gleichzeitig wurde aber betont, dass dies nur für die Dauer eines Religionskrieges statthaft sei. Wolle ein Fürst die Kirchengüter nach Ende des Religionskrieges für immer an sich ziehen, komme dies einem Angriff auf die Religion selbst gleich. »Mais s'emparer par une violence purement de fait d'un bien spirituel & sacré, & sous pretexte de l'avoir servie pendant un temps retenir ce bien pour toûjours, ce n'est pas avoir rendu service à la Religion, c'est vouloir la détruire«. Ebd., S. 258.
453 »So ohne das in Gefahr stundten in der Feinde Hände zu fallen/ wie man das Exempel von Schweden in Pohlen sieht/ da Kelch Monstranzen vnd andern Sachen statt der Brandschatzung hat gereicht werden müssen vnd dannoch hernach ruinirt worden seynd«. Für das Vatter=Land, Bd. 1, S. 46.
454 Vgl. ebd.
455 Ebd.
456 Ebd.

*Zusammenfassung*
Der Kampf um die öffentliche Meinung an der römischen Kurie war richtungweisend für die Argumentation mit dem Religionskrieg innerhalb der gesamten katholischen Christenheit. Die Tatsache, dass dieser Kampf nicht allein in lateinischer und italienischer Sprache geführt wurde, zeigt, welche enge Wechselwirkung zwischen dem Nachrichtenzentrum der Kurie und den verschiedenen (Teil-)Öffentlichkeiten des katholischen Europa bestand.

Die antiludovizianische Publizistik setzte alles daran, Frankreich zu desavouieren und zu beweisen, dass kein Religionskrieg existiere. Dafür nutzte sie Frankreichs Politik gegenüber den katholischen Alliierten sowie den Streit zwischen der römischen Kurie und dem französischen König. Der Konflikt um die vier Gallikanischen Artikel, die Regalie, die römische Quartiersfreiheit und die Neubesetzung des Kurfürstentums Köln bewies in ihren Augen, dass der französische König in Wirklichkeit nicht dem katholischen Glauben anhing, sondern in übersteigerter Hybris sich selbst über die Kirche erhoben habe. Die Anschuldigungen der antiludovizianischen Publizistik richteten sich nicht nur an den französischen Klerus und an die französischen Laien, sondern vor allem an die katholischen Alliierten. Sie sollten erkennen, dass Ludwig XIV. aufgrund seines Unglaubens und seiner Feindschaft zur katholischen Kirche unmöglich einen Religionskrieg zur Verteidigung des Katholizismus führen könne, wie die französische Propaganda suggerierte. Von den protestantischen Alliierten hätte der Katholizismus deshalb weniger zu befürchten als von Ludwig XIV., dem eigentlichen Feind der katholischen Kirche, den sie gemeinsam mit den katholischen Alliierten bekämpften. Die antifranzösische Publizistik richtete sich deshalb insbesondere an den Papst, von dem sie eine offizielle Bestätigung ihrer Position sowie eine Verurteilung Ludwigs XIV. und der französischen Religionskriegserklärungen erwartete.

Französische Publizistik und Diplomatie hingegen erwarteten vom Papsttum angesichts der Bedrohung der katholischen Kirche eine klare Stellungnahme zugunsten Ludwigs XIV. Davon versprachen sie sich finanzielle und diplomatische Unterstützung der Kurie im Neunjährigen Krieg und im Spanischen Erbfolgekrieg. Der Appell an den *pater communis* sollte aber in erster Linie eines bewirken: die Friedensstiftung zwischen den katholischen Fürsten, um gemeinsam einen Religionskrieg der protestantischen Mächte abwehren zu können. Im Spanischen Erbfolgekrieg schien die tatsächliche Erfüllung dieses Zieles durch das Bündnis zwischen Frankreich, Spanien, Bayern und Köln fast bevorzustehen.

### III.1.8 Der Spanische Erbfolgekrieg zwischen Bourbon und Habsburg: Ein Kampf um die Vorherrschaft im katholischen Lager

In seiner Dissertation *Une guerre de religion entre Princes Catholiques* hat David González Cruz den publizistischen Kampf zwischen Herzog Philipp von Anjou und Erzherzog Karl von Österreich um den spanischen Thron als Religionskrieg nachgezeichnet[457]. Dabei konnte er nachweisen, dass beide Seiten für sich die katholische Rechtgläubigkeit beanspruchten, deren Besitz sie der jeweils anderen bestritten. Mit dem Argument des katholischen Glaubens untermauerten sie ihren jeweiligen Anspruch auf den spanischen Königsthron. Zu den Schwachstellen der Arbeit von González Cruz zählen – trotz anders gearteter Beteuerungen – die Vernachlässigung des mehrsprachigen Charakters der spanischen Kompositmonarchie sowie die fehlende Verortung der spanischen Diskussion in den internationalen, polyglotten und interkonfessionellen Religionskriegsdebatten. Eine solche Kontextualisierung der spanischen Religionskriegsdebatten soll auf den folgenden Seiten versucht werden.

Der französische Exulant und Publizist Jean Dumont, späterer Baron de Carelscroon, stellte sich im Spanischen Erbfolgekrieg ganz auf die Seite Habsburgs[458]. Durch seine französische Muttersprache erreichte er über Spanien hinaus ein europäisches Publikum, wandte sich aber vor allem an die frankophone Bevölkerung und die frankophonen Eliten der spanischen Niederlande. Dumont machte den spanischen Klerus für die Anerkennung Philipp von Anjous als spanischen König verantwortlich. Die spanischen Priester und Mönche hätten ihren Beichtkindern erklärt, die Anerkennung Erzherzog Karls von Österreich könnte einen Religionskrieg nach sich ziehen, der schädlicher wäre als ein Bourbone auf dem spanischen Königsthron[459].

---

457 Vgl. González Cruz, Une guerre.
458 Zur Biografie und konfessionellen Orientierung Dumonts vgl. Frey, Jean Dumont, S. 139. Nolde, Religion, S. 276f.; Haase, Einführung, S. 400. In der Forschungsliteratur wird Dumont wegen seiner Parteinahme für den protestantischen Glauben bzw. wegen seiner konfessionellen Neutralität immer wieder als (heimlicher) Protestant gehandelt. Dagegen sprechen aber die Verleihung des Titels eines kaiserlichen und königlichen spanischen Hofhistoriografen im Jahr 1717, die Erhebung in den Adelsstand der Österreichischen Niederlande durch Kaiser Karl VI. (d.h. Karl III. von Spanien) im Jahr 1723 und sein Tod in Wien um 1726. Vgl. dazu Haupt, Kunst und Kultur, S. 163. Zwar ist es nicht unmöglich, dass er im Laufe seiner Karriere vom Protestantismus zum Katholizismus konvertierte, allein erscheint es sehr unwahrscheinlich, dass er wegen seines Glaubens aus Frankreich geflohen sein soll, um später in Wien zum Katholizismus überzutreten. Leben, Werk und Werdegang Jean Dumonts müssen von der Forschung insgesamt noch genauer aufgearbeitet werden. Meines Wissens liegt hierzu jenseits lexikalischer Einträge und Marginalien in der übrigen Forschungsliteratur noch keine eigenständige Arbeit vor.
459 »Plusieurs autres suivoient les Conseils des Ecclesiastiques leurs Directeurs de Conscience, qui les portoient indirectement à favoriser les Desseins de la France, parce

Mit dem Schreckensszenario eines Religionskrieges seien die Anhänger Philipp von Anjous irregeleitet worden und hätten einen Usurpator als König anerkannt[460].

Den mangelnden Rückhalt Erzherzog Karls bei der Mehrheit der spanischen Geistlichkeit und die geografische Entfernung der iberischen Halbinsel von den österreichischen Erblanden konnten die Anhänger Habsburgs nur mit Unterstützung der protestantischen Seemächte bewältigen. Als Erzherzog Karl im Frühjahr 1704 mit Hilfe der protestantischen Seemächte in Lissabon landete, wandte sich sein Gefolgsmann Juan Tomás Enríquez de Cabrera in seiner Funktion als Admiral von Kastilien in einem offiziellen Manifest an die spanische und die europäische Öffentlichkeit[461]. Darin erklärte er, dass das Argument der Franzosen, wonach das Bündnis zwischen Karl III. und den protestantischen Seemächten den Spanischen Erbfolgekrieg zu einem Religionskrieg mache, irreführend sei. Denn schon Karl II. habe zusammen mit England und den Vereinigten Provinzen gegen Frankreich gekämpft, und die Gründe für ein solches Bündnis seien heute schwerwiegender als ehedem[462]. Dennoch sei es den Franzosen leichtgefallen, die Spanier wegen ihrer angeborenen Frömmigkeit zu überreden, es handele sich beim Spanischen Erbfolgekrieg um einen Religionskrieg, obwohl dieser mehr als alle anderen eine politische, moralische und rechtliche Auseinandersetzung der Fürsten Europas darstelle[463]. Enríquez de Cabrera appellierte so auf der einen Seite gegenüber seinen Landsleuten an die Tradition interkonfessioneller Allianzen in den letzten Kriegen gegen Ludwig XIV. und rechtfertigte mit überkonfessionellen Argumenten die Allianzen Karls III.[464]. Auf der anderen Seite

---

qu'ils s'imaginoient que s'ils ne se rangeoient pas eux-mêmes dans le Parti du Duc d'Anjou, & ne persuadoient pas aux autres de l'embrasser, il s'allumeroit une Guerre de Religion, qui pourroit être beaucoup plus préjudiciable à leurs Intérêts Ecclesiastiques & Temporels, que l'Elevation de Philippe V. sur le Trône Roial«. DUMONT, LA PIERRE, S. 133f.

460 Vgl. ebd., S. 134.
461 Zur Landung der Alliierten in Portugal vgl. SCHNETTGER, Der Spanische Erbfolgekrieg, S. 70–74.
462 »And, not to speak of the ancient, the example being so modern, of Spain and the Emperor's being Ally'd with the Maritime Powers, and other Princes in the time of Charles the Second, no such jealousie, was then conceiv'd, and yet now they would raise it, when the Alliance is the same, and the Motives for it so much greater«. CABRERA, The almirante, S. 37.
463 »Another no less immaterial, and design'd only to deceive the poor oppress'd people of Spain, has been the spreading abroad, that this is a War of Religion, to the end the innate piety of our Nation may not distinguish between the truth of these motives, and the shadow of this fear; since perhaps there never was in the World any War more properly defensive, or more political, or better grounded upon state Prudence, in regard of all the Princes of Europe, or more for the Liberty and Honour of the Spaniards, and the common Justice of all Men«. Ebd.
464 Das Original erschien in spanischer Sprache bei der Landung Karls III. in Lissabon

richtete er sich an die englische Öffentlichkeit und warb für die Unterstützung Karls III. auf dem spanischen Kriegsschauplatz. Das Szenario eines Religionskrieges sollte die protestantischen Engländer erschrecken, ermahnte sie gleichzeitig an konfessionelle Zurückhaltung und eine aktive Eindämmung der Bourbonischen Kriegsanstrengungen, die mit der Existenz eines Religionskrieges legitimiert wurden.

Die bourbonische Publizistik war sich solcher Rechtfertigungen ihrer prohabsburgischen Gegner bewusst. Offen schrieb man über die mögliche Argumentation der Gegenseite, die behaupten könnte, Engländer und Holländer seien nicht zur Unterdrückung der katholischen Kirche nach Spanien gekommen[465]. Da sie als Verbündete Erzherzog Karls von Österreich gekommen seien, der zweifellos als streng gläubiger Katholik gelten müsse, könne es sich beim Spanischen Erbfolgekrieg nicht um einen Religionskrieg handeln[466]. Deshalb postulierte die französische Seite, dass Erzherzog Karl von Österreich nicht der Anführer der gegnerischen Partei sei, sondern die Häretiker, »qu'ils font la guerre non comme troupes auxiliaires, mais comme les chefs de l'entreprise«[467]. In der Tat würden die Engländer und Holländer für ihren eigenen Vorteil und die Ausbreitung ihrer falschen Religion kämpfen[468].

---

im Frühjahr 1704 und zirkulierte auf der iberischen Halbinsel in einer handschriftlichen Version. Vgl. ders., Manifiesto.

465 Vgl. Rezension von: JUSTITIA GALEATA PRO LEGE, PRO REGE, ET pro Patria, adversùs Catholicæ Fidei hostes, & cæteros Hispaniarum invasores & Perduelles. AL. D. Antonio Maldonado, Monge, J. C. Zamorensi, olim Ovetensis Episcopâtus Gubernatore, deinde Cordubensis Vicario Generali, & nunc in ejus alma Cathedrali Ecclesia Portionario, & Synodali Examinatore, sanctæque Inquisitionis Ordinario Fidei Quæsitore [...] 1707. In-4°. pagg. 233, in: LE JOURNAL DES SÇAVANS, 15.08.1707, S. 513–519, hier S. 517.

466 »On ne peut pas douter que les Anglois & les Hollandois ne soient ennemis de l'Eglise Catholique: mais on pourroit demander si c'est pour satisfaire la haine qu'ils ont contre cette Eglise, qu'ils paroissent armés en Espagne. Ils y sont entrés, diroit-on, comme confédérés d'un Prince Catholique; ils laissent la liberté de conscience dans tous les lieux où ils sont; enfin ce ne sont pas les Anglois & les Hollandois qui font la guerre en Espagne; c'est l'Archiduc, c'est l'Empereur, Princes très-zélés pour la Religion Romaine«. Ebd.

467 ARTICLE XXIII. DON LOUIS BELLUGA & Moncada, par la grace de Dieu & du Saint Siege Apostolique Evêque de Cartagene, Conseiller d'Etat, Vice-Roi, & Capitaine general du Royaume de Valence: à nos bien-aimez en JESUS-CHRIST les Fidelles de nôtre Diocese, salut en nôtre Seigneur, in: MEMOIRES 02.1707, S. 278–297, hier S. 290; Rezension von: JUSTITIA GALEATA PRO LEGE, PRO REGE, ET pro Patria, adversùs Catholicæ Fidei hostes, & cæteros Hispaniarum invasores & Perduelles. AL. D. Antonio Maldonado, Monge, J. C. Zamorensi, olim Ovetensis Episcopâtus Gubernatore, deinde Cordubensis Vicario Generali, & nunc in ejus alma Cathedrali Ecclesia Portionario, & Synodali Examinatore, sanctæque Inquisitionis Ordinario Fidei Quæsitore [...] 1707. In-4°. pagg. 233, in: LE JOURNAL DES SÇAVANS, 15.08.1707, S. 513–519, hier S. 517f.

468 »Aujourd'hui personne ne les paye, ni eux, ni les Hollandois, tout se fait à leurs dépens; & cependant ils agissent avec une vigueur extrême. Ce n'est donc point pour l'intérêt d'autrui, c'est certainement pour eux-mêmes & pour leur fausse Religion qu'ils combattent«. Ebd.

Als geeignetste Zeugen für die Existenz eines solchen Religionskrieges zwischen den Bourbonen und der interkonfessionellen Haager Großen Allianz erschienen in den Augen der ludovizianischen Publizistik und des streng katholischen Spanien gleichermaßen die spanischen Kleriker. Über die französischen Zeitschriften wurden deren Schreckensberichte auch außerhalb der iberischen Halbinsel verbreitet. Zu solchen Berichten zählten *JUSTITIA GALEATA PRO LEGE, PRO REGE, ET pro Patria, adversùs Catholicæ Fidei hostes, & cæteros Hispaniarum invasores & Perduelles* des Cordobéser Generalvikars Antonio Maldonado sowie ein Hirtenbrief des Cartagéneser Erzbischofs Luis Belluga Moncada[469]. In den Augen der französischen Zeitschriften hatten beide Prälaten bewiesen, dass es sich beim Krieg Philipps V. gegen Karl III. und dessen protestantische Verbündete um einen Religionskrieg handelte[470]. Dies belegten in ihren Augen vor allem die Gräueltaten der mit Österreich verbündeten Protestanten. Antonio Maldonada berichtete ganz allgemein von den Kirchenschändungen der protestantischen Truppen[471]. Luis Belluga Moncada veranschaulichte dies detailreich anhand eines konkreten Beispiels: der Schändung von Heiligenbildern durch die englischen Besatzungstruppen in der Stadt Alicante[472]. Aus Wut, die dortige Festung nicht einnehmen

---

469 Vgl. Ebd., S. 513–519; ARTICLE XXIII. DON LOUIS BELLUGA & Moncada, par la grace de Dieu & du Saint Siege Apostolique Evêque de Cartagene, Conseiller d'Etat, Vice-Roi, & Capitaine general du Royaume de Valence: à nos bien-aimez en JESUS-CHRIST les Fidelles de nôtre Diocese, salut en nôtre Seigneur, in: MEMOIRES 02.1707, S. 278–297.

470 »Ce saint Prélat félicite notre Auteur, d'avoir si bien réussi à prouver que la guerre que les Espagnols soutiennent à present, est une guerre de Religion«. Rezension von: JUSTITIA GALEATA PRO LEGE, PRO REGE, ET pro Patria, adversùs Catholicæ Fidei hostes, & cæteros Hispaniarum invasores & Perduelles. AL. D. Antonio Maldonado, Monge, J.C. Zamorensi, olim Ovetensis Episcopâtus Gubernatore, deinde Cordubensis Vicario Generali, & nunc in ejus alma Cathedrali Ecclesia Portionario, & Synodali Examinatore, sanctæque Inquisitionis Ordinario Fidei Quæsitore […] 1707. In-4°. pagg. 233, in: LE JOURNAL DES SÇAVANS, 15.08.1707, S. 513–519, hier S. 514. »Nous devons regarder précisement cette guerre comme la cause de Dieu & de nôtre Religion, ainsi que le Ciel vient de le déclarer par des signes si sensibles«. ARTICLE XXIII. DON LOUIS BELLUGA & Moncada, par la grace de Dieu & du Saint Siege Apostolique Evêque de Cartagene, Conseiller d'Etat, Vice-Roi, & Capitaine general du Royaume de Valence: à nos bien-aimez en JESUS-CHRIST les Fidelles de nôtre Diocese, salut en nôtre Seigneur, in: MEMOIRES 02.1707, S. 278–297, hier S. 291.

471 »Ils dépouillent les Autels, ils profanent ce qu'il y a de plus saint«. Rezension von: JUSTITIA GALEATA PRO LEGE, PRO REGE, ET pro Patria, adversùs Catholicæ Fidei hostes, & cæteros Hispaniarum invasores & Perduelles. AL. D. Antonio Maldonado, Monge, J.C. Zamorensi, olim Ovetensis Episcopâtus Gubernatore, deinde Cordubensis Vicario Generali, & nunc in ejus alma Cathedrali Ecclesia Portionario, & Synodali Examinatore, sanctæque Inquisitionis Ordinario Fidei Quæsitore […] 1707. In-4°. pagg. 233, in: LE JOURNAL DES SÇAVANS, 15.08.1707, S. 513–519, hier S. 518.

472 Vgl. ARTICLE XXIII. DON LOUIS BELLUGA & Moncada, par la grace de Dieu & du Saint Siege Apostolique Evêque de Cartagene, Conseiller d'Etat, Vice-Roi, & Capitaine

zu können, hätten die Engländer die Heiligenbilder, eine Marien- und eine Ecce-Homo-Darstellung in Stücke gehauen[473]. Sie hätten ferner die Eucharistie und die Priester verspottet, und in Anbetracht ihrer Ausschreitungen sei man sogar genötigt gewesen, das Sakrament wegzuschließen, was die Katholiken in große Verzweiflung gestürzt habe[474]. Die Kirchen der Karmeliter und Jesuiten hätten die Protestanten zu Pferdeställen degradiert, auf die dortigen Heiligenbilder geschossen, das Messgeschirr und die liturgischen Gewänder entweiht und geplündert[475]. Wegen dieser großen Gottlosigkeit habe eine Statue der Jungfrau Maria just an diesem Ort Schweiß und Tränen vergossen[476]. Der Himmel selbst habe durch das Wunder von Alicante bewiesen, dass der Krieg um die Krone Spaniens ein Religionskrieg sei[477]. Mit dem Bericht dieser Gräueltaten und des Tränen- und Schweißwunders der Jungfrau Maria wollte

---

general du Royaume de Valence: à nos bien-aimez en JESUS-CHRIST les Fidelles de nôtre Diocese, salut en nôtre Seigneur, in: MEMOIRES 02.1707, S. 278–297, hier S. 279.

473 »Ces heretiques desesperant de prendre le Château, s'étoient jettez dans les Eglises, & qu'à grands coups d'épée ils avoient mis les Images en piéces, coupant aux unes la tête, les bras aux autres; qu'ils les avoient toutes brisées & jettées par terre. Un de ces Officiers qui nous ont parlé nous a assuré, qu'il avoit pris lui-même entre ses bras une Image de la très-Sainte Vierge coupée en deux, & qu'il avoit vû un Soldat qui d'un seul coup avoit abbatu la tête d'un Ecce Homo!« Ebd., S. 281.

474 Die englischen Offiziere hätten es gewagt sich der Kirche zu nähern, »le chapeau sur la tête, quoique le Vicaire fût à la porte tanant entre ses mains le très-Saint Sacrement; qu'ils avoient passé immediatement devant le Prêtre sans donner aucune marque de respect pour le Saint Sacrement; qu'un Prêtre s'étant avancé & les ayant avertis, que par ces sortes d'irreverences ils ruinoient leurs affaires, & qu'ainsi ils les prioit d'ôter leur chapeau; qu'un d'eux méprisant cet avis prit son chapeau, & en donna un coup au Prêtre & au Soleil; & que tous ensemble s'en étoient moquez. Ce qui obligea le Vicaire à renfermer le Saint Sacrement; tous les Catholiques qui s'étoient refugiez dans ce Temple sacré gemissant & fondant en larmes«. Ebd., S. 282.

475 »Un soldat avoit tiré un coup de fusil à la Statuë de Nôtre-Dame du Carmel […]. Dans la Maison des Jesuites ils avoient tiré un coup de fusil à un Crucifix; & qu'ils avoient coupé le visage à l'Image de Nôtre-Dame des Anges; qu'ils avoient arraché les Vases sacrez des mains des Prêtres; & qu'ils avoient commis beaucoup d'autres semblables sacrileges; qu'ils avoient brisé les Tabernacles, enlevé les habits sacerdotaux; & que des Eglises ils en avoient fait des écuries«. Ebd., S. 283f.

476 »Les ennemis de nôtre Sainte Religion, s'étoient emparez de la ville d'Alicante à la reserve du Château suëur & les larmes de la Sainte Vierge venoient sans doute d'un sentiment de douleur, que la Reine des Anges témoignoit avoir des ravages que les Heretiques faisoient alors, dans cette Ville, & des outrages & des impietez qu'ils commettoient à l'égard des sacrées Images, comme nous le craignons; toutes les personnes pieuses furent persuadées que c'en étoit le veritable motif. […] Ce sont précisément les deux jours que durément les larmes & la suëur de la Reine des Anges la très-Sainte Vierge, & l'heure précise qu'elle commença sans doute de suëur, quoi qu'on ne s'en soit apperçû qu'une heure après«. Ebd., S. 279, 284.

477 »S'il y en avoit qui eûssent douté en quelque sorte jusqu'apresent, s'il s'agissoit ici d'une guerre de Religion, ils ne devoient plus balancer sur cela; puisque le Ciel nous en donnoit des preuves si manifestes & si convaincantes«. Ebd., S. 287.

der Erzbischof von Cartagena seine Landsleute dazu anstacheln, einen Religionskrieg gegen Österreich und seine protestantischen Verbündeten zu führen. Das Wunder sollte den Eifer der Gläubigen entfachen

pour expier les sacrileges injures qu'on a faites à la Ste. Vierge, à l'Image de son Fils, & des autres Saints; & pour nous engager par ses larmes, qui ont été vûës de nos soldats lors qu'il étoient en armes, à la venger des ennemis de Dieu & de sa Religion, leur faisant entendre par ses larmes qu'ils ne devoient pas tant regarder dans cette guerre, la justice de la cause de leur Roy & de leur patrie qu'ils défendoient, que sa propre cause & celle de sa Religion[478].

Ein bedeutender Teil des spanischen Klerus setzte dabei die Sache Philipps V. mit der Sache des katholischen Glaubens gleich und erklärte den Spanischen Erbfolgekrieg zu einem wahrhaftigen Religionskrieg, dem sich kein Gläubiger enthalten könne. Die katholischen Anhänger Karls von Österreich hätten sich in ihren Augen der Inhaftierung spanischer Kleriker widersetzen müssen und dürften sich nicht zu Handlangern der Häretiker machen[479]. Diese und ähnliche Taten sollten zeigen, dass die Protestanten nur vordergründig die Gewissensfreiheit predigten, aber sobald sie selbst zur Herrschaft gelangten, den katholischen Glauben unterdrücken würden, wie die Beispiele Englands und Genfs belegten[480]. In Wirklichkeit beabsichtigten sie, ihren Glauben auch in den katholischen Staaten auszubreiten. Moncada beschuldigte die Engländer konkret, den rebellischen Geist ihrer Konfession durch ihre Besatzungstruppen bereits in Spanien verbreitet zu haben[481]. Dies werde vor allem darin deutlich, dass die spanischen Laien sich nach dem Einmarsch der »Ketzer« vermehrt der kirchlichen Hierarchie widersetzt hätten[482]. Ein weiterer Beleg für die wahren Absichten der Engländer und Niederländer sei,

---

478 Ebd., S. 286.
479 Vgl. ebd., S. 290.
480 »Tandis que les Hérétiques ne sont pas les plus forts, ils ne prêchent que la liberté de conscience; dès qu'ils sont les maîtres, comme ils le sont à Geneve, en Angleterre, & ailleurs, ils ne souffrent plus cette liberté«. Rezension von: JUSTITIA GALEATA PRO LEGE, PRO REGE, ET pro Patria, adversùs Catholicæ Fidei hostes, & cæteros Hispaniarum invasores & Perduelles. AL. D. Antonio Maldonado, Monge, J. C. Zamorensi, olim Ovetensis Episcopâtus Gubernatore, deinde Cordubensis Vicario Generali, & nunc in ejus alma Cathedrali Ecclesia Portionario, & Synodali Examinatore, sanctæque Inquisitionis Ordinario Fidei Quæsitore [...] 1707. In-4°. pagg. 233, in: LE JOURNAL DES SÇAVANS, 15.08.1707, S. 513–519, hier S. 518.
481 Vgl. ARTICLE XXIII. DON LOUIS BELLUGA & Moncada, par la grace de Dieu & du Saint Siege Apostolique Evêque de Cartagene, Conseiller d'Etat, Vice-Roi, & Capitaine general du Royaume de Valence: à nos bien-aimez en JESUS-CHRIST les Fidelles de nôtre Diocese, salut en nôtre Seigneur, in: MEMOIRES 02.1707, S. 278–297, hier S. 287f.
482 Ebd.

dass sie ihre Häresie nicht nur in Spanien, sondern durch das Anzetteln des Kamisardenaufstands auch in Frankreich ausbreiten wollten[483]. Die Zusammenarbeit von protestantischen Mächten, *Réfugiés* und *Nouveaux-Convertis* diente der französischen Publizistik als Beleg für die Behauptung, die protestantischen Mächte führten einen Religionskrieg gegen den Katholizismus[484]. Die Intervention der protestantischen Mächte zugunsten ihrer bedrängten Glaubensbrüder wurde so als Unterstützung des Aufstandes der Häretiker gegen ihre rechtmäßige Obrigkeit erklärt. Damit sollten vor allem katholische Rezipienten von der Rechtmäßigkeit des Krieges der Bourbonen überzeugt werden. Ihnen wurde suggeriert, dass sich die Revolte in den Cevennen schnell wie die Pest ausgebreitet hätte, wäre Ludwig XIV. nicht mit Feuer und Schwert gegen die Häretiker vorgegangen[485].

Weil im Spanischen Erbfolgekrieg die katholische Religion gegen Engländer und Holländer verteidigt werden müsse, sei der Krieg Philipps V. gleichsam ein Heiliger und Religionskrieg[486]. Beide Begriffe stehen hier synonym

---

483 »Ils ne se sont pas contenté d'attaquer la Religion en Espagne, ils ont même fomenté la révolte des Fanatiques en France; revolte qui, comme la gangrene, se seroit étenduë par-tout, si le Roy Tres-Chretien n'avoit employé le fer & le feu pour l'arrêter«. Rezension von JUSTITIA GALEATA PRO LEGE, PRO REGE, ET pro Patria, adversùs Catholicæ Fidei hostes, & cæteros Hispaniarum invasores & Perduelles. AL. D. Antonio Maldonado, Monge, J.C. Zamorensi, olim Ovetensis Episcopâtus Gubernatore, deinde Cordubensis Vicario Generali, & nunc in ejus alma Cathedrali Ecclesia Portionario, & Synodali Examinatore, sanctæque Inquisitionis Ordinario Fidei Quæsitore […] 1707. In-4°. pagg. 233, in: LE JOURNAL DES SÇAVANS, 15.08.1707, S. 513–519, hier S. 518.

484 Vgl. Rezension von JUSTITIA GALEATA PRO LEGE, PRO REGE, ET pro Patria, adversùs Catholicæ Fidei hostes, & cæteros Hispaniarum invasores & Perduelles. AL.D. Antonio Maldonado, Monge, J.C. Zamorensi, olim Ovetensis Episcopâtus Gubernatore, deinde Cordubensis Vicario Generali, & nunc in ejus alma Cathedrali Ecclesia Portionario, & Synodali Examinatore, sanctæque Inquisitionis Ordinario Fidei Quæsitore […] 1707. In-4°. pagg. 233, in: LE JOURNAL DES SÇAVANS, 15.08.1707, S. 513–519, hier S. 518. Zu den Verbindungen von protestantischen Mächten, *Réfugiés* und Kamisarden vgl. GLOZIER, Invasions, S. 140–153; CHAMAYOU, Die Cevennen, S. 173–194; MONAHAN, Let God, S. 158–169. Aufgrund des konsequent katholischen, antiprotestantischen und französisch-nationalistschen Blickwinkels methodisch problematisch, aber wegen seiner guten Quellendokumentation trotz der einseitigen Auslegung immer noch sehr nützlich: DEDIEU, Le rôle, S. 103–157, 230–248.

485 Rezension von JUSTITIA GALEATA PRO LEGE, PRO REGE, ET pro Patria, adversùs Catholicæ Fidei hostes, & cæteros Hispaniarum invasores & Perduelles. AL. D. Antonio Maldonado, Monge, J.C. Zamorensi, olim Ovetensis Episcopâtus Gubernatore, deinde Cordubensis Vicario Generali, & nunc in ejus alma Cathedrali Ecclesia Portionario, & Synodali Examinatore, sanctæque Inquisitionis Ordinario Fidei Quæsitore […] 1707. In-4°. pagg. 233, in: LE JOURNAL DES SÇAVANS, 15.08.1707, S. 513–519, hier S. 518, spricht von einer »revolte qui, comme la gangrene, se seroit étenduë partout, si le Roy Tres-Chretien n'avoit employé le fer & le feu pour l'arrêter«.

486 »Notre Auteur vient ensuite à la guerre d'Espagne. Une guerre sainte, une guerre de Religion, dit-il, c'est une guerre par laquelle on défend la Religion contre ceux qui l'attaquent: or la guerre que le Roi Catholique soutient à présent contre les Anglois &

und knüpfen an die von der katholischen Historiografie begründete Kreuzzugstradition an. Vor allem handele es sich beim Spanischen Erbfolgekrieg um einen Heiligen Krieg gegen Kaiser Joseph I. und Erzherzog Karl von Österreich, weil sie ohne die Erlaubnis des Papstes ein Bündnis mit den Häretikern eingegangen seien[487]. Diese Ansicht sei vom Bischof, der Universität und der Stadt von Salamanca bestätigt worden und habe damit gleichsam eine kirchenrechtliche Approbation erhalten[488]. Deshalb heißt es auch an anderer Stelle, dass Philipp V. nicht alleine einen Religionskrieg führe, sondern als Opfer Habsburgs quasi einen Religionskrieg erleiden müsse[489].

Die probourbonischen spanischen Kleriker propagierten den Religionskrieg sowohl aus Sicht der einfachen Gläubigen als auch ihres Königs Philipp V. Es sei in seiner Funktion als christlicher Monarch insbesondere die Aufgabe des spanischen Königs, die katholische Kirche zu beschützen[490]. Dies wurde durch die Überlieferung der Tradition und der Kirchenväter untermauert[491]. Dementsprechend verteidige Philipp V. mutig die Ehre der spanischen Nation, »qui a toujours fait gloire de protéger l'Eglise, & de tout risquer pour la conservation de la Foi«[492]. Die Sache der katholischen Kirche, die Sache Spaniens und die Sache der Bourbonen wurden so zu einer untrennbaren Einheit erklärt.

Philipps V. Anhänger würden durch die Treue zu ihrem Monarchen gleichzeitig für den katholischen Glauben kämpfen[493]. Für die Gläubigen wie für ihren König könne es kein höheres Gut geben, als den katholischen

---

les Hollandois est de cette nature: c'est donc une guerre sainte«. Rezension von: JUSTITIA GALEATA PRO LEGE, PRO REGE, ET pro Patria, adversùs Catholicæ Fidei hostes, & cæteros Hispaniarum invasores & Perduelles. AL.D. Antonio Maldonado, Monge, J. C. Zamorensi, olim Ovetensis Episcopatus Gubernatore, deinde Corduben sis Vicario Generali, & nunc in ejus alma Cathedrali Ecclesia Portionario, & Synodali Examinatore, sanctæque Inquisitionis Ordinario Fidei Quæsitore [...] 1707. In-4°. pagg. 233, in: LE JOURNAL DES SÇAVANS, 15.08.1707, S. 513–519, hier S. 517.

487 Vgl. ebd., S. 518. Der Autor spricht von »une guerre sainte par rapport à Philippe V. parce que l'Empereur & l'Archiduc se sont alliez avec les Hérétiques sans avoir consulté le Pape sur une affaire si importante«.

488 »On conclut de tout cela, que la guerre d'Espagne est une guerre sainte, & c'est aussi ce qui a été décidé par l'Evêque, l'Université & la ville de Salamanque«. Ebd., S. 518.

489 »La guerre que Philippe V. a sur les bras, est une guerre de Religion«. Ebd., S. 519.

490 »Les Princes Chrétiens, & sur-tout les Rois d'Espagne, doivent défendre l'Eglise contre ses ennemis, & c'est principalement pour cela que Dieu leur a mis le glaive en main«. Ebd., S. 515.

491 »Les Docteurs Espagnols, dont il cite un très-grand nombre, sont de ce sentiment, qui est d'ailleurs appuyé ici sur l'autorité de l'ancienne Eglise. S. Isidore enseigne que les Princes de la terre travaillent pour le bien du Royaume céleste, lorsque leur sévérité écrase ceux qui dans l'Eglise agissent contre la Foi & contre la Discipline. Selon S. Augustin, l'Evêque Maximien se seroit rendu criminel, s'il n'avoit pas imploré le secours de l'Empereur contre les ennemis de son Eglise«. Ebd., S. 515f.

492 Ebd., S. 519.

493 »Les fidéles sujets de Philippe V. combattent pour la Religion«. Ebd., S. 515.

Glauben mit Waffengewalt zu verteidigen⁴⁹⁴. Wie ihr Monarch, so wären auch alle Spanier jeden Standes dazu verpflichtet, ihren Besitz zu opfern, um die Engländer und Holländer aus ihrer Heimat zu vertreiben⁴⁹⁵. Vom Papst forderten die probourbonischen Kleriker, sich zum Wohle Spaniens und der katholischen Konfession feierlich auf die Seite Philipps V. zu stellen und seinen Untertanen zu erklären, dass sie für den katholischen Glauben kämpfen müssten⁴⁹⁶.

Demgegenüber konnte die habsburgische Publizistik nur die Existenz eines Religionskrieges negieren. Ziel waren dabei vor allem die protestantischen und die katholischen Verbündeten des Kaisers. Die katholischen Alliierten sollten auf keinen Fall durch das Argument des Religionskrieges aus dem kaiserlichen Lager ausscheren. Zudem musste gegenüber den protestantischen Verbündeten des Kaisers immer wieder die politische, moralische und rechtliche Legitimation Erzherzog Karls herausgestrichen werden. In beiden Fällen hätte die Erklärung eines Religionskrieges dem Hause Habsburg wichtige Verbündete entzogen, auf die es im Kampf gegen die beiden mächtigsten Monarchien des alten Europa nicht verzichten konnte.

Die Religionskriegsdebatte, wie sie David González Cruz nachgezeichnet hat, ist so keineswegs als ein rein innerspanisches oder innerkatholisches Phänomen zu betrachten. Sie reiht sich vielmehr in eine gesamteuropäische Debatte um den Religionskrieg während des Spanischen Erbfolgekrieges ein.

*Zusammenfassung*
Während die bourbonische Propaganda mit dem Religionskrieg in Spanien auf fruchtbaren Boden fiel, befanden sich die Anhänger Habsburgs argumentativ in der Defensive. Die Dominanz der bourbonischen Argumentation korrelierte zwar mit den Phasen militärischer Überlegenheit auf der iberischen Halbinsel, lässt sich aber auch mit dem Konfessionalismus des spanischen Klerus und der spanischen Bevölkerung selbst erklären⁴⁹⁷. Die Wahrnehmung der englischen Besatzung zeugt dementsprechend vom

---

494 »Dans ce monde, dit Lactance, rien n'est préferable à la Religion, il faut employer les derniers efforts pour la défendre. Je suis persuadé, ajoute le Bienheureux Euloge, qui vivoit en Espagne pendant la violence des persécutions, qu'on mérite beaucoup en ruinant les impies, en résistant aux ennemis de l'Eglise, en prenant les armes contre les incrédules«. Ebd., S. 517.
495 Es gehe wörtlich darum »de sacrifier leurs biens pour aider leur Souverain légitime à chasser d'Espagne les Anglois & les Hollandois«. Ebd., S. 519.
496 Wörtlich heißt es, es sei »très-important pour la Religion & pour le bien de l'Etat, d'engager le Pape à déclarer solennellement que Philippe V. & ses sujets combattent pour la foi«. Ebd.
497 Vgl. KAMEN, Spain, S. 291–307; RIES, Kreuzzugsideologie, S. 161–192; STORRS, The Role, S. 28, 45f.

Fehlen jeglichen konfessionellen Fremdverständnisses, wenn der fehlende Gruß gegenüber einer Hostie oder die Schändung religiöser Gegenstände an Bedeutung schwerer wog als der Tod einzelner Menschen während der Kriegshandlungen. Diese konfessionalistische Haltung war ein entscheidender Grund für die Durchsetzung der Herrschaftsansprüche Philipps V. Das Fehlen fremdkonfessioneller Bündnispartner sowie die offizielle eigene Monokonfessionalität waren wichtige Punkte, die das bourbonische Spanien und Frankreich im gemeinsamen Kampf gegen die Häresie und für die Reinheit des katholischen Glaubens verbanden. Das kollektive Interesse an der Verteidigung des katholischen Glaubens sollte vor der französischen Öffentlichkeit durch die Berichte spanischer Geistlicher angefacht werden. Der von ihnen ausgerufene Religionskrieg legitimierte so die französischen Kriegsanstrengungen in der Heimat und warb darüber hinaus im katholischen Ausland für die Unterstützung der Bourbonen im Kampf gegen Habsburg und die protestantischen Mächte. Namentlich vom Papst erwartete der spanische Klerus Unterstützung für seine Argumentationsweise, denn im Interesse der katholischen Kirche führten Philipp V. und Ludwig XIV. in ihren Augen einen Religionskrieg.

### III.1.9 Zwischenfazit:
### Die Gegensätze der katholischen Tagespublizistik

Die katholische Tagespublizistik rekurrierte in hohem Maße auf Religionskriegsexempel der katholischen Historiografie. Dabei lässt sich eine auf die Bedürfnisse der Tagespublizistik angepasste Verwendung konstatieren. Wie die Historiografie unterschied auch die Tagespublizistik zwischen einem falschen und einem richtigen Religionskrieg. Wie in der Historiografie sei ein falscher Religionskrieg derjenige, der für eine Häresie oder einen Irrglauben geführt werde. In diesem Sinn war der Religionskrieg eine ausgesprochene Negativvokabel. Wurde der Religionskrieg aber für den wahren Glauben der katholischen Kirche geführt, konnten sich die katholischen Mächte einem solchen Krieg diskursiv kaum widersetzen.

Der Religionskrieg war als universeller Krieg gleichzeitig von innen- und außenpolitischer Relevanz. Innenpolitisch gefährdete er aus Sicht der katholischen Tagespublizistik durch die bloße Existenz Andersgläubiger im eigenen Herrschaftsbereich den inneren Frieden und die Einheit zwischen Volk und Monarchen. Da der Religionskrieg für den universellen Wert der Religion geführt wurde, überschritt die katholische Religionskriegsdebatte nationale Grenzen und wurde zu einer innerkatholischen Diskussion.

Die Notwendigkeit eines religiösen Verteidigungskrieges gegen die Anschläge des Protestantismus war Konsens innerhalb der katholischen Christenheit. Die Frage aber, welchen Charakter in einer bestimmten tagespolitischen Konstellation der Religionskrieg annahm und ob überhaupt von einem Religionskrieg gesprochen werden konnte, war zwischen katholischen Publizisten hart umstritten.

Während des Neunjährigen Krieges und des Spanischen Erbfolgekrieges standen sich innerhalb der katholischen Religionskriegsdebatte die Anhänger Frankreichs und Habsburgs gegenüber. Die französische Publizistik betonte gegenüber den katholischen Mächten die Existenz eines protestantischen Religionskrieges zur Ausrottung des Katholizismus bzw. propagierte einen katholischen Religionskrieg zur Verteidigung der einzig wahren Kirche. Gleichzeitig war die ludovizianische Publizistik aber auch dazu bereit, die Existenz eines Religionskrieges zu leugnen, wenn es darum ging, die protestantischen Mächte zu neutralisieren oder gar auf die Seite Frankreichs zu ziehen. Im Einzelfall verstand die ludovizianische Propaganda es also, sehr flexibel mit dem Argument des Religionskrieges umzugehen. Diese Widersprüchlichkeit der bourbonischen Publizistik ermöglichte der antifranzösischen Propaganda aber die Desavouierung der Ziele Ludwigs XIV.

Beide Seiten versuchten, die anderen katholischen Mächte von ihrer eigenen Position zu überzeugen. Dabei kam insbesondere dem publizistischen Kampf um das Papsttum als oberste moralische Instanz der katholischen Christenheit eine Schlüsselrolle zu. Vom Papst erwartete sowohl die französische als auch die kaiserliche Publizistik die Unterstützung der Argumentationsweise ihrer jeweiligen Monarchen. Insbesondere der Spanische Erbfolgekrieg wurde zu einem regelrechten Federkrieg zwischen zwei katholischen Monarchen um die Deutungshoheit über den Religionskrieg. Beide Parteien versuchten, die anderen katholischen Staaten mit dem Argument der Existenz bzw. der Bestreitung der Existenz eines Religionskrieges auf ihre Seite zu ziehen. Der Druck katholischer Tagespublizistik führte dazu, dass sich die Protestanten gegenüber ihrer katholischen Obrigkeit und ihren katholischen Alliierten rechtfertigen mussten. Die Reaktionen der protestantischen Tagespublizistik sollen darum Thema des nächsten Kapitels sein.

## III.2 Protestantische Rechtfertigungsstrategien in der Religionskriegsdebatte: Zwischen Betonung der eigenen Friedfertigkeit und der Begründung konfessioneller Selbstverteidigung

Zu fragen ist, wie nun protestantische Autoren auf die Gegensätze der katholischen Tagespublizistik reagierten. Die Haltung der protestantischen Tagespublizistik lässt sich nur aus der politischen Stellung des Protestantismus in den drei geografischen Schwerpunkten der Religionskriegsdebatte in Europa erklären: Frankreich, England und dem Reich. Protestanten und protestantische Publizistik agierten überall in Europa aus einer Minderheitenperspektive bzw. aus einer Position relativer Schwäche. Im Falle Frankreichs waren die Hugenotten auf das Wohlwollen der Krone zur Aufrechterhaltung bzw. Wiedereinsetzung ihrer Privilegien angewiesen. An eine Verteidigung ihrer rechtlichen Stellung mit Waffengewalt war Ende des 17. Jahrhunderts nicht mehr ernsthaft zu denken. Auch in Deutschland befanden sich die Protestanten insgesamt in der Defensive. Zwar garantierte der Westfälische Frieden ihnen den konfessionellen Besitzstand und sicherte ihnen zahlreiche Privilegien zu[1], allein das Reichsoberhaupt blieb stets ein Katholik[2] und die wichtigsten Reichsorgane waren auch weiterhin mehrheitlich mit Katholiken besetzt[3]. Auch die Zahl der evangelischen Stände auf dem Reichstag verkleinerte sich durch zahlreiche Fürstenkonversionen zusehends[4]. Mit dem Erbfall des Hauses Neuburg in der Pfalz 1685 veringerte sich das Gewicht protestantischer Kurfürsten von einem Verhältnis von 3 zu 5 auf 2 zu 6 Stimmen, die die Wahl eines protestantischen Reichsoberhauptes mehr denn je unmöglich machte. Auch die Aufnahme des lutherischen Herzogtums Braunschweig-Lüneburg ins Kurkolleg änderte daran wenig[5]. Während für deutsche Katholiken der Westfälische Friede – auch wegen des päpstlichen

---

1 Vgl. EL KENZ, Guerres, S. 131f.; FUCHS, Normaljahrsregel.
2 Vgl. LUH, Unheiliges Römisches Reich, S. 57.
3 FUCHS, Normaljahrsregel, S. 333–357; LUH, Unheiliges Römisches Reich, S. 69, 80–94.
4 DUHAMELLE, La conversion, S. 299–310. Zur Furcht der protestantischen Stände vor Fürstenkonversionen zum Katholizismus und ihren jeweiligen politischen Gegenmaßnahmen vgl. LUH, Unheiliges Römisches Reich, S. 50–55.
5 Zur Durchsetzung ihres neuen Ranges waren die neuen Kurfürsten von Braunschweig-Lüneburg zu sehr auf die Unterstützung des katholischen Reichsoberhauptes und der anderen katholischen Stände angewiesen, als dass sie eine konfessionalistische Politik hätten betreiben können. Vielmehr waren sie politisch genötigt, den Katholiken Zugeständnisse wie bspw. ein eigenes Gotteshaus in Hannover zu gewähren. Vgl. LUH, Unheiliges Römisches Reich, S. 57, 103, SCHNATH, Geschichte, Bd. 1, S. 598, 618, 629, 631–640, 642; ders., Geschichte, Bd. 2, S. 12–14, 17f., 97f., 370f. Statt eine Führungsrolle im deutschen Protestantismus anzustreben, wurde Hannover zum Zentrum der Irenik. Vgl. ebd., S. 368, 370f.

Einspruchs – ein diskussionswürdiger Vertrag blieb[6], avancierte er in der Sicht des protestantischen Deutschland zu einer unumstößlichen Grundlage der Verfasstheit des Reiches[7]. Dementsprechend argumentierten deutsche Protestanten streng legalistisch und lehnten eine militärische Konfliktbewältigung ab[8]. Grundsätzlich von der Lage des französischen und des deutschen Protestantismus unterschied sich die Position ihrer englischen Glaubensbrüder. Der protestantische Bevölkerungsanteil bildete in England selbst unter der Herrschaft Jakobs II. bei Weitem die Bevölkerungsmehrheit und hatte die allermeisten politischen und militärischen Führungspositionen inne. Aber auch hier waren die Protestanten trotz aller Forderungen einer aktiven protestantischen Außenpolitik zunächst um einen Konsens mit ihrem katholischen Staatsoberhaupt bemüht. Mit der *Glorious Revolution* erhielt England zwar erneut einen protestanischen König, der aber außenpolitisch fortan eng an ein interkonfessionelles Bündnisnetzwerk gebunden war, ohne das ein Kampf gegen den augenscheinlich größten Feind des protestantischen Europa, den Allerchristlichsten König von Frankreich, unmöglich erschien[9]. Hier bedurfte es aufgrund dieses Bündnissystems argumentativ eines Ausgleichs mit dem außerenglischen Katholizismus.

Aus der Position des Schwächeren waren Protestanten und die protestantische Publizistik darauf angewiesen, ihren katholischen Gegenspielern Konsensangebote zu unterbreiten. Dabei bediente sich die protestantische Publizistik verschiedener Rechtfertigungsstrategien, um zu beweisen, dass der protestantischen Konfession kein Anteil an der Entstehung und Führung von Religionskriegen zukomme. Zu fragen ist, welche Rechtfertigungsstrategien protestantische Autoren angesichts der katholischen und insbesondere der französischen Erklärungen zum Religionskrieg gebrauchten. Wie versuchten sie auf ihre katholischen Gesprächspartner einzugehen und die eigene Politik vor katholischen Obrigkeiten und Verbündeten zu legitimieren?

Die Rechtfertigungsversuche der protestantischen Historiografie setzten sich in der protestantischen Tagespublizistik fort. Dabei griffen sie in hohem Maße auf die Religionskriegsmemoria und die von ihr vermittelten Exempla

---

6 Vgl. GANTET, Augsburger Friedensfest, S. 218; dies., Paix civile, S. 73–87; dies., Friedensfeste, S. 651; REPGEN, Der Westfälische Friede, S. 29.
7 Vgl. FRANÇOIS, Vergangenheitsbewältigung, S. 113; GANTET, Friedensfeste, S. 651; dies., Augsburger Friedensfest, S. 218.
8 Vgl. KAUFMANN, Dreißigjähriger Krieg, S. 137f.; RUPERT, Kaiserliche Politik, S. 230. HECKEL, Krise, S. 125, datiert die Entstehung des spezifisch protestantischen Verständnisses eines Religionsfriedens als dauerhafter Friedensform im Reich bereits auf die Zeitspanne zwischen dem Augsburger Religionsfrieden und dem Frieden von Münster und Osnabrück.
9 Vgl. CLAYDON, Protestantism, S. 125–142.

und Argumentationsweisen der Historiografie zurück. Auf diese Weise war die protestantische Historiografie bestrebt, die Religionskriegsvorwürfe der katholischen Tagespublizistik zu widerlegen.

### III.2.1 Protestantische Treuebekundungen gegenüber einer katholischen Obrigkeit

Protestantische Publizisten wandten sich immer wieder an ihre katholische Obrigkeit, um die Anschuldigungen der katholischen Autoren, notorische Aufwiegler und Rebellen zu sein, zu widerlegen. Aus diesem Grunde betonten protestantische Publizisten ohne Unterlass die Obrigkeitstreue ihres eigenen Bekenntnisses. Dies war insbesondere bei französischen Reformierten und deutschen Lutheranern der Fall. Die Verteidigung eines Religionskrieges war in diesem loyalistischen Diskurs kaum möglich. Der protestantische Loyalismus richtete sich deshalb dezidiert gegen eine religiös motivierte Erhebung gegen die katholische Obrigkeit.

1682, drei Jahre vor der Revokation des Edikts von Nantes, veröffentlichte der in der Forschung meist dem Spektrum der Monarchomachen zugeordnete Pierre Jurieu aus dem niederländischen Exil eine Treuebekundung gegen Ludwig XIV.[10]. Statt die Ermordung seines Monarchen zu fordern, betonte er »le respect qu'on doit à un Roy, à un grand Roy & à son Roy«[11]. Diese Adresse stellte nichts Ungewöhnliches dar. Die folgenden Ausführungen sollen zeigen, wie hugenottische Publizisten in den Debatten um den Religionskrieg immer wieder die eigene Untertanentreue unterstrichen.

Schon im Vorfeld der Revokation des Edikts von Nantes rechtfertigen Autoren wie Pierre Jurieu die Unschuld der Reformierten an den französischen Bürgerkriegen des 16. Jahrhunderts[12]. Ein anonym aus dem *Refuge* versandtes *Avertissement aux Protestans* von 1684 betonte, dass ein Teil der hugenottischen Pastoren den Widerstand während der Religionskriege gegeißelt habe, und unterstrich damit die hugenottische Untertanentreue[13]. Das

---

10 Vgl. BOTS, Die Hugenotten, S. 64f.; LACHENICHT, Hugenotten, S. 453; LIENHARD, Zwischen Gott und König, S. 32. Eine differenziertere Haltung nimmt KNETSCH, Pierre Jurieu, S. 111, ein, der den frühen Jurieu durchaus als einen Verteidiger des Königtums betrachtet und erst später seine Entwicklung zu einem Theoretiker des Widerstandsrechts attestiert; ebd., S. 117f. Vgl. des Weiteren KRETZER, Calvinismus, S. 428; YARDENI, Calvinist Political Thought, S. 328.
11 Vgl. JURIEU, LES DERNIERS EFFORTS, AVERTISSEMENT [2].
12 Vgl. Kapitel II.2.2.
13 Vgl. Avertissement aux Protestans des Provinces qui ont fait precher sur les Masures de leurs temples, non obstant les Deffences de Sa Majesté. Avec L'APOLOGIE Pour les Dits Protestans du Daufine, et autres Provinces. Contenant les raisons pour les quelles ils ont fait continuer les preches malgré les deffenses du Roy, et allés armés dans leurs assemblées, Cologne, Pierre Marteau, 1684, in: Avertissement, S. 35–77, hier S. 62.

*Avertissement aux Protestans* und andere Schriften griffen dabei auf die detaillierte Argumentation aus Jurieus *Histoire du Calvinisme & celle du Papisme mises en parallele* zurück, die Jurieu selbst über seine *LETTRES PASTORALES* bei den in Frankreich verbliebenen Hugenotten und *Nouveaux-Convertis* weiterverbreitete[14]. Im Gegensatz dazu steht eine große Zahl von Schriften, die den Waffengang der Hugenotten in den Bürgerkriegen des 16. Jahrhunderts rechtfertigten. Jurieu selbst hat mehrfach solche Versuche unternommen[15]. Nie aber wurden die Bürgerkriege als Religionskriege gerechtfertigt. Die protestantische Publizistik bediente sich stattdessen eines politisch-rechtlichen Erklärungsmodells, das sie gerade an ihre katholischen Landsleute und Verfolger adressierte. Die protestantischen Begründungen für einen Waffengang im vorherigen Jahrhundert hat Paul Fétizon schon 1683 in seiner *APOLOGIE POUR LES REFORMEZ* prägnant zusammengefasst:

> Les Italiens régner, les anciennes alliances négligées, Une Reine de Medicis, la Maison de Guise en faveur, les Prédicateurs précher avec licence pour nostre ruïne, en presence ce même du Roy, & de blâmer hautement les sages Conseils, & le Conseil tourné même du côté d'Espagne[16].

Demgegenüber erschienen die Reformierten als Verteidiger des Königtums. Fétizon beschwor die Einheit der Reformierten mit ihrem König, denn die Italiener, ein Bündnis mit Spanien, eine Regentin aus dem Haus Medici und der fanatisierte katholische Klerus stellten gleichermaßen eine Bedrohung für die Reformierten und das Königtum dar. Die Bürgerkriege wurden in dieser Sichtweise niemals als Religionskriege gerechtfertigt, sondern immer als

---

14 »Il a la hardiesse d'avancer que ce fut le parti huguenot qui commença la guerre après l'Edit de Janvier. Tout le monde sçait que ce furent les Princes de la maison de Guyse qui firent faire le massacre de Vassy au milieu de cette paix dont nous joïssons si paisiblement. Celuy qui a répondu à l'Histoire du Calvinisme de Maimbourg a fait voir avec la derniere évidence que cette premiere Guerre civile, qui vint peu aprés l'Edit de Janvier n'estoit pas une guerre de religion, qu'elle avoit sa source dans les haines implacables, qui étoient entre les maisons de Guyse & de Montmorency: qu'elle fut causée en partie par le nombre infini de mecontens que les tyrans de la Cour avoient fait dans le Royaume; en partie par une infinité de Soldats cassés & de Troupes licentiées qui étoient accoûtumées à vivre dans le désordre: que le principal ressort fut le ressentiment de Louïs de Bourbon Prince de Condé qui avoit reçu les derniers outrages des Guises, puis qu'ils l'avoient fait condamner à la mort, & l'auroient fait executer sans la mort de François II. Enfin ce fut l'ambition enorme & la détestable politique de Catherine de Medicis qui lia cette partie & mit aux mains tous les grands du Royaume les uns avec les autres, pour regner au milieu de ces dissensions, & pour les ruiner les uns par les autres«. JURIEU, LETTRES, S. 435f. Für eine detaillierte Analyse von Jurieus *Histoire du Calvinisme & celle du Papisme mises en parallele* vgl. Kapitel II.2.2.
15 Vgl. Kapitel II.2.2.
16 FÉTIZON, APOLOGIE, S. 164.

Maßnahme der Selbstverteidigung oder zum Schutz des französischen Königtums. Gerade deshalb betonten die hugenottischen Autoren stets ihre Treue gegenüber dem bourbonischen Königshaus.

Si nous avons eu les armes à la main avant l'Edit de Nantes, ça été pour le service de l'etat; pour conserver la Couronne à la Maison de Bourbon, pour empêcher que les bulles du Pape, le faux zéle du Clergé & de ses Prédicateurs, & les armés de la Ligue ne la luy enlevassent[17].

In dichotomischer Weise grenzten die Hugenotten sich dabei von den katholischen Ligisten ab, die König Heinrich IV. die Krone streitig machen wollten[18]. Nicht umsonst führten protestantische Autoren immer wieder die Tötung Heinrichs III. durch den Jakobinermönch Clément und die Ermordung Heinrichs IV. durch den Katholiken Ravaillac an[19]. Im Gegensatz zu den fanatisierten Katholiken hätten die Protestanten dem Königshaus und Heinrich von Navarra mehrfach Zuflucht in La Rochelle gewährt[20]. Während Ludwig XIV. deshalb in den Hugenotten seine treuesten Untertanen habe erblicken müssen, würden die Katholiken die wahre Gefahr für das Königtum darstellen. Die Hugenotten hätten gegen den Widerstand der Katholiken das Salische Gesetz in Frankreich aufrechterhalten[21]. Tausende treue Protestanten hätten in einem jahrelangen Krieg für Heinrich IV. ihr Leben im Kampf gegen die Liga und Spanien verloren, so die protestantische Publizistik einmütig[22].

---

17 AVIS SALUTAIRE, S. 104. Eine deutsche Adaption der gleichen Schilderung findet sich auch bei GUERTLER, Der bedruckte Palm-baum, S. 311.
18 Vgl. AVIS SALUTAIRE, S. 104; FÉTIZON, APOLOGIE, S. 168, 171; La balance de la Religion, S. 126f., 134f., 153. Dieses französische Narrativ fand auch Eingang in die deutschsprachige Publizistik. »Franckreich hat niemahlen/ von den Hugenotten, Widerspenstigkeit erfahren/ als wann man Ihnen die Gewissens=Freiheit hemmen wollen; oder Sie sich ihrer bedrängten Könige als treue Unterthaner angenommen. Und würde wohl das itzo regierende Bourbonische Haus/ von dem Gvisischen/ von der Cron abgedrungen worden seyn/ wann/ nechst Gott/ der Hugenotten Treue/ nicht das Blat gewendet. Und was hat das Königliche Haus vor treuere Leute wider den Pabst und Spanien/ als die Hugenotten, weil diese von jenen beyden/ nichts als Verfolgung/ zu fürchten haben/ und daher Ihre Partey nimmerier halten werden?«, schreibt bspw. GÖBEL, CÆSAREO-PAPIA ROMANA, S. 625; Franckreich, S. 81.
19 Vgl. DEFOE, LEX TALIONIS OR, AN ENQUIRY, S. 15f.; ders., La LOI, S. 30, 37; JURIEU, LA RELIGION DES JESUITES 1689, S. 82; ders., LA RELIGION DES JESUITES 1691, S. 94; ders., HISTOIRE DU CALVINISME, Bd. 1, S. 506; FÉTIZON, APOLOGIE, S. 173; GÖBEL, CÆSAREO-PAPIA ROMANA, S. 886; Der Vermeinte/ Und von Franckreich erdichtete/ Religions=Krieg, S. 5.
20 Vgl. FÉTIZON, APOLOGIE, S. 171.
21 Vgl. LETI, LA MONARCHIE 1689, Bd. 1, S. 416.
22 Vgl. DEFOE, LEX TALIONIS OR, AN ENQUIRY, S. 16; ders., La LOI, S. 36f.; LA CHESNÉE, LE PARALELE, S. 59; Der Vermeinte/ Und von Franckreich erdichtete/ Religions=Krieg, S. 5.

Folglich verdankten die Bourbonen den Hugenotten die Krone[23]. Das Edikt von Nantes sei daher eine Belohnung für die treuen Dienste der Protestanten gegenüber dem französischen Königshaus gewesen[24]. Die Königstreue der Hugenotten erschien umso größer, als sie mit Heinrich IV. einen König verteidigt hätten, der selbst zum Katholizismus übergetreten sei. Umso stärker geißelt die protestantische Publizistik nach der Revokation des Edikts von Nantes die Undankbarkeit Ludwigs XIV. gegenüber seinen reformierten Untertanen[25].

Doch nicht allein in den Bürgerkriegen des 16. Jahrhunderts hätten die Hugenotten ihre Treue gegenüber dem französischen Königshaus bewiesen. Autoren wie Elie Benoist, Michel Le Vassor und Paul Fétizon schrieben die Verantwortung für die konfessionellen Bürgerkriege unter Ludwig XIII. einigen wenigen machtgierigen Adeligen zu[26]. Die angesehensten Reformierten hätten den Widerstand des Herzogs von Rohan gegen die königliche Gewalt Ludwigs XIII. missbilligt – umso mehr, als dieser sich mit einem ausländischen Monarchen, dem englischen König, verbündet hatte[27]. Die Einheit der französischen Nation wurde so über die Einheit des protestantischen Bekenntnisses gestellt und sollte den Zusammenhalt der beiden Konfessionen unter dem Haus der Bourbonen sicherstellen. Folglich habe sich die Mehrheit der Reformierten als »amis dans un esprit de paix, & non de révolte« den Befehlen ihres Königs untergeordnet – selbst wenn dieser gewillt gewesen sei, ihre Rechte einzuschränken[28]. Derart bürgten hugenottische Autoren für eine nationale Geschlossenheit hinter ihrem Monarchen, die einen hugenottischen Religionskrieg undenkbar erscheinen lassen und auf diese Weise den Schutz der reformierten Minderheit unter einem katholischen König garantieren sollte.

Diese Treue hätten die Hugenotten auch dem Nachfolger Ludwigs XIII. während der Fronde bewahrt. Die protestantische Publizistik stellte fest, die Reformierten hätten durch ihre Untertanentreue maßgeblich zum Sieg Annas von Österreich gegen die Frondeure beigetragen[29]. Während katholische

---

23 Vgl. Leti, LA MONARCHIE 1689, Bd. 1, S. 416. In einer deutschen Adaption ähnlich auch bei Guertler, Der bedruckte Palm-baum, S. 319.
24 Vgl. Gaultier de Saint-Blancard, HISTOIRE, Bd. 1, S. 75; La Chesnée, LE PARALLELE, S. 59.
25 Vgl. Leti, LA MONARCHIE 1689, Bd. 1, S. 416; Defoe, LEX TALIONIS OR, AN ENQUIRY, S. 16f.; ders., La LOI, S. 33; Ancillon, REFLEXIONS, S. 289.
26 Vgl. Kapitel II.2.2; Le Vassor, HISTOIRE 1701, Bd. 3, S. 555f.; ders., HISTOIRE 1702, Bd. 4, S. 13; Benoist, HISTOIRE, Bd. 2, S. 188.
27 Fétizon, APOLOGIE, S. 169.
28 Ebd., S. 172.
29 »Depuis ce tems là, sous la minorité du Roi d'aujourd'hui, lors que les broüilleries entre le Prince de Condé & la Reine Mere eurent allumé le feu de la guerre, les Protestans ne contribuérent pas peu à le maintenir dans cette même puissance, qu'il employe à present pour les detruire«. La Chesnée, LE PARALLELE, S. 61; Defoe, La LOI, S. 39. Auf Englisch heißt es gleichlautend: »Since this, in the Infancy of the present King, while

Autoren wie Pierre Soulier die Reformierten auch noch in den letzten Jahren des Spanisch-Französischen Krieges der Rebellion und Verschwörung gegen das Königtum bezichtigten, nahm Pierre Jurieu in seinen LETTRES PASTORALES ihre Verteidigung auf. Soulier klagte die Reformierten in seiner *Histoire des Edits de Pacification* an, gegen Ende des Spanisch-Französischen Krieges Bündnisverhandlungen mit England aufgenommen zu haben. Soulier warf ganz konkret der Synode von Montpazier vor, die Pastoren Ricotier und Viguier im Jahr 1659 als geheime Gesandte zu Cromwell geschickt und ihnen anschließend für ihre Dienste gedankt zu haben[30]. Der Verweis auf den englischen Königsmörder und Usurpator war in der katholischen Publizistik notorisch, wenn es darum ging, den rebellischen Geist der Protestanten zu beweisen. Jurieu zeigte dagegen auf, dass Ricotier kein Pastor in der Guyenne war und folglich auch nicht auf der Synode von Montpazier habe vertreten sein können. Des Weiteren erklärte er, dass es den Reformierten im Juli 1659 gar nicht möglich gewesen sei, Verhandlungen mit Cromwell aufzunehmen, weil dieser bereits am 3. September 1658 verstorben war[31]. Von konfessionell begründeter Rebellion, Verschwörung oder gar einem wahrhaftigen Religionskrieg könne also keine Rede sein.

Dies gelte auch für die jüngste Vergangenheit. Charles Ancillon etwa betonte in seinen REFLEXIONS POLITIQUES von 1686, die Hugenotten hätten auch nach dem persönlichen Regierungsantritt Ludwigs XIV. maßgeblichen Anteil an dessen Eroberungen gehabt und so in erheblichem Maße den Ruhm ihres Königs gemehrt[32]. Zahlreiche hugenottische Flugschriften beklagten, dass ihre eigene Konfessionsgemeinschaft dazu beigetragen habe, die Macht des Königs zu begründen, die dieser nun benutze, seine reformierten Untertanen zu verfolgen[33]. Die Analogie zu den Diensten, die die Hugenotten beanspruchen, Heinrich IV. erwiesen zu haben, ist offensichtlich. Ein Religionskrieg gegen den König sollte innerhalb dieses Diskurses undenkbar erscheinen. Ziel

---

the Contests between the Prince of Conde and the Queen-Mother were so hoz as to breaks out into a War, the Protestants, as Subjects only, were not a little instrumental to the maintaining him in that very Power, which now he makes use of to their Destruction«. Ders., LEX TALIONIS OR, AN ENQUIRY, S. 17.

30 Vgl. SOULIER, HISTOIRE, S. 393–395.
31 Vgl. JURIEU, LETTRES, S. 413. Trotz der zweifelsohne tendenziösen Widerlegung Souliers durch Jurieu erscheinen Bündnisverhandlungen einer Provinzialsynode mit Cromwell tatsächlich sehr unwahrscheinlich, denn England befand sich seit 1657 mit Frankreich in einem Bündnis, es kämpfte noch nach dem Pyrenäenfrieden weiter gegen Spanien und hatte bei Ludwig XIV. zahlreiche Erleichterungen für seine hugenottischen Untertanen erreicht. Vgl. KORR, Cromwell, S. 149–151, 158–195.
32 Vgl. ANCILLON, REFLEXIONS, S. 289.
33 Vgl. ebd.; LETI, LA MONARCHIE 1689, Bd. 1, S. 416; ders., LA MONARCHIE 1701, Bd. 1, S. 382.

der Betonung der hugenottischen Untertanentreue war in beiden Fällen, eine Begründung für den Erhalt bzw. die Wiedereinsetzung des Edikts von Nantes zu erlangen.

Hugenottische Autoren erklärten die Untertanentreue über die Grenzen Frankreichs hinaus zu einem grundlegenden Charakteristikum des Protestantismus und untermauerten damit nur umso mehr ihre eigene Loyalität. In Jean-Jacques Quesnot de La Chesnées *LE PARALLELE DE PHILIPPE II. ET DE LOUIS XIV.* von 1709 geschah eine solche Attribution aus naheliegenden Gründen für die savoyardischen Waldenser, die sowohl ihr reformiertes Bekenntnis als auch die Verfolgung durch einen katholischen Landesherrn mit den Hugenotten teilten. Die Waldenser seien trotz der Vertreibung durch Herzog Viktor Amadeus II. von Savoyen im Jahr 1686 ihrem angestammten Herrscher treu ergeben geblieben. Durch eine doppeldeutige Darstellungsweise, die einerseits dem Herzog von Savoyen selbst die Vertreibung der Waldenser anlastete, ihn andererseits aber davon freisprach, indem sie den diplomatischen und militärischen Druck Ludwigs XIV. für die Verfolgungen in den cottischen Alpen verantwortlich machte, wurde es möglich, einerseits die ludovizianische Religionspolitik zu kritisieren[34]; andererseits konnte der Wert der waldensischen Treue gegenüber einem »Catholique très-bigot« wie Viktor Amadeus II. noch stärker herausgestrichen werden[35]. Denn nach der *Glorieuse rentrée* seien die Waldenser nicht auf die scheinheiligen Angebote Ludwigs XIV. eingegangen, ihnen in Frankreich Religionsfreiheit und Siedlungsgebiete zu gewähren, sondern seien in Treue zu ihrem katholischen Landesherren verharrt[36]. Die Betonung hugenottischer und waldensischer Untertanentreue stritt die Existenz, ja sogar die Möglichkeit eines Religionskrieges gegen die katholische Obrigkeit ab.

Die Betonung der protestantischen Untertanentreue war ein Phänomen der gesamten protestantischen Publizistik. Ähnliche Argumentationsmuster lassen sich auch bei deutschen Protestanten feststellen, die immer wieder ihre Treue zum katholischen Kaiser betonten. Dabei stellten sowohl französischsprachige als auch deutschsprachige Autoren die Treue ihrer ausländischen Glaubensbrüder als Beweis für die Treue ihrer Glaubensgemeinschaft insgesamt heraus. Sie suggerierten, dass ein Religionskrieg mit dem monarchischen Loyalismus nicht in Einklang zu bringen sei.

---

34 Vgl. La Chesnée, LE PARALLELE, S. 68, 75.
35 Vgl. ebd., S. 68.
36 »Mais les Vaudois, sages & prudens, & plus que tout cela inviolablement attachez à leur Prince, par les liens d'une fidelité incorruptible, rejettérent toutes les propositions que la France leur faisoit«. Ebd., S. 76f.

Genau wie die hugenottische Publizistik unterstrich auch Samuel Pufendorf in seinem einflussreichen *De Statu Imperii Germanico* von 1667 die protestantische Untertanentreue[37]. Genau wie die hugenottischen Autoren behauptete auch er, alle Protestanten seien prinzipiell der Obrigkeit treu ergeben[38]. Einen Seitenhieb auf seine reformierten Konfessionsverwandten konnte aber auch der sächsische Gelehrte nicht unterlassen. So seien die Reformierten zwar per se loyale Untertanen; wegen des intellektuellen Charakters ihrer Konfession dächten sie allerdings zu viel nach und würden deshalb »in libertatem democraticam inclinare«[39]. Demgegenüber seien Lutheraner von Natur aus die treuesten aller Untertanen, denn die Zeremonien bewahrten sie vor allzu viel Räsonnement und bürgten auf diese Weise für ihre Loyalität[40]. Der Katholizismus hingegen sei gänzlich auf den Machtzuwachs und die Anhäufung von Reichtum des Klerus fokussiert, sodass der Obrigkeit aus seiner Verbreitung wenig Vorteil erwüchse[41]. Somit wurde das Luthertum als ideale Religion in einem monarchisch verfassten Gemeinwesen präsentiert und seine Anhänger den Obrigkeiten aller anderen Konfessionen anempfohlen.

Die Betonung der lutherischen Untertanentreue im Reich war ebenso wenig ohne politische Hintergedanken wie die der Hugenotten in Frankreich. Der Bautzener Bürgermeister Matthäus Göbel stellte 1684 in seiner *CÆSAREO-PAPIA ROMANA* die Verdienste der protestantischen Ungarn und der evangelischen Reichsfürsten gegenüber dem habsburgischen Kaiserhaus heraus[42]. Für die treuen Dienste der Protestanten erwartete Göbel konfessionelle Zugeständnisse seitens der Hofburg. Diesem Verlangen wollte er aber nicht durch Waffengewalt Nachdruck verliehen wissen, sondern appellierte an die Vernunft des Kaisers, der einsehen müsse, in den Protestanten die treuesten Untertanen zu besitzen. Er habe größeren Nutzen durch die Protestanten,

---

37 Vgl. die Erstauflage PUFENDORF, DE STATU 1667, S. 198–203. An weiteren Auflagen seien der großen Zahl wegen nur beispielhaft genannt ders., DE STATU 1668; ders., DE STATV 1668; ders., DE STATV 1684; ders., de statu 1714. Übersetzungen erschienen u. a. auf Französisch, Englisch und Deutsch. Vgl. ders., L'ESTAT 1669; ders., ESTAT 1675; ders., ESTAT 1696; ders., THE Present State 1690; ders., THE Present State 1696; ders., Bericht; ders., Kurtzer doch Gründlicher Bericht 1710. Daneben findet sich eine Paraphrasierung der betreffenden Passagen bei GÜLICH, Wahres INTERESSE, S. 102. Zur Wirkungsgeschichte Pufendorfs vgl. auch BEHME, Samuel von Pufendorf, S. 183–188; DENZER, Moralphilosophie, S. 11f.; ders., Pufendorf, S. 50–52.
38 Vgl. PUFENDORF, DE STATU 1667, S. 201.
39 Ebd.
40 Vgl. ebd.
41 »Catholicæ religioni non tam curæ est. Tu animi ad probitatem formentur, quam ut Sacerdotum opes, potentia, & autoritas immensum gliscat«. Ebd., S. 203. GÜLICH, Wahres INTERESSE, S. 102.
42 Vgl. GÖBEL, CÆSAREO-PAPIA ROMANA, S. 625f., 841. Zur Autorenschaft und Biografie Göbels vgl. den Artikel Matthaeus Göbel in: Johann Heinrich ZEDLER (Hg.), Grosses vollständiges Universal-Lexicon aller Wissenschafften und Künste, Bd. 11, Sp. 61.

wenn er ihnen konfessionelle Zugeständnisse mache, statt sie zu verfolgen[43]. Die Protestanten böten dem Kaiser Schutz gegen die Ansprüche des Papstes[44]. Außerdem sei es für einen Monarchen von Vorteil, mehrere Konfessionen in seinem Reich zu dulden, »denn es werden die durch die Religion zertheilete Gemüther/ sich wider die Regenten nicht leichtlich zu einer Empörung vereinigen«[45]. Da konfessionelle Minderheiten stets eines Protektors bedürften, könne der Kaiser außerdem allezeit mit ihrer Treue rechnen[46]. Durch den militärischen Beistand der evangelischen Reichsfürsten würde der Kaiser unbezwingbar mächtig werden[47]. Wolle der Kaiser aber einen Religionskrieg beginnen, so wären sie gezwungen, sich mit Frankreich zu verbünden[48]. Die Geschichte habe gelehrt, dass das Kaisertum aus einem Religionskrieg immer nur geschwächt hervorgegangen sei[49]. Die Erinnerung an die Folgen der vergangenen Religionskriege sollte das Kaiserhaus also an die protestantischen Fürsten binden. Ein Religionskrieg sei im eigenen Interesse des Kaisers unbedingt zu vermeiden.

Zur Bestätigung ihrer Treuerhetorik dementierte die protestantische Publizistik aufs Schärfste den Rebellionsvorwurf ihrer katholischen Gegner. Die protestantische Publizistik im Reich lehnte genauso wie ihr hugenottisches Pendant in Frankreich und im *Refuge* jede Art von Rebellion nachdrücklich ab.

Besonders ein religiös motivierter Widerstand gegenüber der katholischen Obrigkeit in Form eines defensiven Religionskrieges wurde strengstens verurteilt. Johann Christoph Holtzhausen ermahnte in seiner *Offentliche An=Rede* von 1684 die Protestanten, Glaubensverfolgungen durch eine fremdkonfessionelle Obrigkeit demütig zu erdulden[50]. Wenn sie mit Bittschriften nichts erreichen könnten, so sollten die verfolgten Evangelischen lieber das Martyrium erleiden oder emigrieren, statt der fremdkonfessionellen Obrigkeit Widerstand zu leisten[51]. Ein Religionskrieg wurde von Holtzhausen explizit abgelehnt[52]. Er sei durch keine religiösen Argumente zu rechtfertigen[53]. Die Ablehnung des Religionskrieges und die Betonung lutherischer

---

43 »Wäre es nicht besser/ der Kayser hätte etliche hundert tapffere und wohlverdiente Leute/ auff denen in Böhmen/ Oesterreich/ Mehren und Erb=Landen/ [...]/ sitzen/ welche Ihm/ wider Seine Feinde/ treue Hülffe leisten könten«. GÖBEL, CÆSAREOPAPIA ROMANA, S. 625, 714f., 824f.
44 Vgl. ebd., S. 626.
45 Ebd.
46 Vgl. ebd.
47 Vgl. ebd., S. 824.
48 Vgl. ebd.
49 Vgl. ebd., S. 823f.
50 Vgl. HOLTZHAUSEN, Offentliche An=Rede, S. 80.
51 Vgl. ebd.
52 Vgl. ebd.
53 Vgl. ebd.

Untertanentreue waren für ihn nicht allein eine Notwendigkeit, um die Existenz der Protestanten unter einer katholischen Obrigkeit zu rechtfertigen, sondern in seiner *Offentlichen An=Rede* auch und in erster Linie eine Ermahnung gegenüber den protestantischen »Separatisten«, die sich von den lutherischen Landeskirchen lossagen wollten. Sie sollten den Gehorsam aufrechterhalten, um keinen Anlass zu Verfolgungen zu liefern und damit den guten Leumund des Luthertums zu gefährden.

Denn in den Augen lutherischer Publizisten im Reich konnte ihre eigene Konfession auf eine lange Tradition der Kaisertreue zurückblicken. Eine Rebellion war in diesem Geschichtsbild unstatthaft und wurde allenfalls externen Gruppen angelastet. In diesem Sinne verurteilte die Flugschrift *Europäischer Glücks=Topf* von 1687 die Wahl des reformierten Pfälzer Kurfürsten Friedrich V. zum böhmischen König im Jahr 1618, die nach den Hussitenkriegen zum zweiten böhmischen Religionskrieg geführt habe[54]. Die Untreue der böhmischen Protestanten gegenüber ihrem habsburgischen Landesherrn wird für ihr hartes Schicksal während der ferdinandeischen Gegenreformation verantwortlich gemacht[55]. In fatalistischer Weise wird damit die Legitimität der habsburgischen Herrschaft in den Ländern der Wenzelskrone untermauert und die Gegenreformation als bloße Folge und gerechte Strafe für den protestantischen Widerstand dargestellt. Offenkundig ging die protestantische Kaisertreue im Reich – ähnlich wie die hugenottische Königstreue in Frankreich – so weit, vom katholischen Kaiser den Schutz des eigenen Bekenntnisses zu erwarten, wenn man sich ihm nur politisch unterordne. Analog zu den Hugenotten war eine Stilisierung des Kaisers als überparteilicher Arbiter der unterschiedlichen Bekenntnisse im Reich erfolgreich, obwohl dieser seit Karl V. in den Erblanden eine strikt antiprotestantische Konfessionspolitik verfolgte und im Reich allenfalls aus politischen Notwendigkeiten zu Zugeständnissen bereit wahr.

*Zusammenfassung*
Durch die Betonung der eigenen Untertanentreue erhofften sich die deutschen, englischen und französischen Protestanten die Gnade ihres Monarchen. Während sich die Hugenotten dadurch eine baldige Rückkehr in ihre französische Heimat versprachen, hofften die deutschen Lutheraner auf eine Aufrechterhaltung und einen Ausbau ihrer Privilegien durch die eigene katholische Obrigkeit und der Privilegien ihrer Glaubensbrüder im katholischen Herrschaftsbereich.

---

54 Vgl. Europäischer Glücks=Topf, S. 224f.
55 Vgl. ebd., S. 224.

Einzelne protestantische Gruppen universalisierten ihre eigene Untertanentreue und übertrugen sie auf ausländische Glaubensbrüder distinkter protestantischer Bekenntnisse. Die Untertanentreue und Unterwürfigkeit der Protestanten ließ sich somit auch in der Geschichte und dem Verhalten der protestantischen Gemeinschaften in anderen katholisch regierten Gemeinwesen belegen. Die eigene Untertanentreue war in den Augen der protestantischen Publizistik Beweis genug dafür, dass von ihrer Glaubensgemeinschaft niemals ein Religionskrieg ausgehen könnte. Mit der Betonung ihrer Untertanentreue unterstrichen sie ihre Unschuld an den vergangenen und damit auch an zukünftigen Religionskriegen. Der Religionskrieg war ein ausgesprochener Negativbegriff, der als unvereinbar mit dem Wesen des protestantischen Glaubens angesehen wurde.

Sowohl die Hugenotten als auch die deutschen Protestanten tadelten deshalb die mit ihrer Religion argumentierenden Rebellen innerhalb ihrer eigenen Glaubensgemeinschaft, die es in der Vergangenheit gewagt hätten, in einem Religionskrieg die Waffen gegen ihren geweihten Monarchen zu ergreifen. Beide sahen in diesen konfessionell aufgeladenen Rebellionen nicht das Werk ihrer Glaubensgemeinschaft, sondern nur das Verbrechen einzelner irregeleiteter Subjekte aus den eigenen Reihen, denn mit dem Protestantismus seien solche Rebellionen unvereinbar. Die Hauptschuld aber sprachen sie ihren katholischen Feinden und deren ausländischen Verbündeten zu und versuchten auf diese Weise eine überkonfessionelle nationale Einheit herzustellen. Protestantische Untertanen und katholische Obrigkeit sollten in einem »Burgfrieden« gegen äußere Gefahren vereint werden.

### III.2.2 Von der protestantischen Untertanentreue zu einer Renaissance konfessionell begründeten Widerstandsrechts?

Im französischen Protestantismus des 17. Jahrhunderts war der politische Diskurs grundsätzlich von der oben skizzierten Loyalität gegenüber dem katholischen Königshaus gekennzeichnet. Die Hugenottenforschung hat deutlich herausgearbeitet, dass dies eine Taktik der französischen Protestanten war, ihre Position gegenüber einer als feindlich empfunden katholischen Umwelt zu behaupten[56].

Während hugenottische Publizisten unter Rückgriff auf Exempla der konfessionellen Bürgerkriege des 16. und 17. Jahrhunderts, der *Fronde*, des Spanisch-Französischen Krieges, des Devolutionskrieges und des Niederländisch-Französischen Krieges immer wieder die eigene Loyalität gegenüber

---

56 Vgl. BENEDICT, La conviction, S. 238; KRETZER, Calvinismus, S. 424–428; LABROUSSE, Bayle, S. 114f.; YARDENI, Calvinist Political Thought, S. 329f.

Ludwig XIV. unterstrichen, wurde der Ton mit den Jahren nach der Revokation des Edikts von Nantes allmählich aggressiver. Immer deutlicher trat die Spannung zwischen Loyalitätsbekundungen und dem Aufruf zum Widerstand gegen den französischen König hervor. Doch wie begegneten hugenottische Autoren diesem inneren Widerspruch? Eine typische Erklärung findet sich in der Flugschrift AVIS SALUTAIRE AVX EGLISES REFORMEES DE France von 1683. Sie zeigt auf, wie schwer die traditionelle hugenottische Königstreue angesichts der neuerlichen antiprotestantischen Verordnungen im Vorfeld der Revokation des Edikts von Nantes aufrechtzuerhalten war. Denn im Juni 1680 erging ein königlicher Erlass, der die protestantischen Gemeinden nötigte, Katholiken abzuweisen, die begehrten, das protestantische Bekenntnis anzunehmen[57]. Als Strafe drohte die Vertreibung des betreffenden Pastors, zuweilen auch die Schließung des Tempels[58]. Die AVIS SALUTAIRE AVX EGLISES REFORMEES DE France kritisierte diese Maßnahmen aufs Schärfste:

Et ce qu'il y a de plus insupportable, c'est qu'on le fait dans une guerre de Religion, où il s'agit non-seulement de nôtre salut, mais aussi du salut de ceux qui le viennent chercher parmi-nous; & non-seulement du salut des hommes, mais aussi de la gloire de Dieu, & de l'avancement du Royaume de nôtre Seigneur JESUS-CHRIST[59].

Die Gewissensnöte, die von dieser Verordnung provoziert wurden, waren so stark, dass man sie als Erklärung eines antiprotestantischen Religionskrieges des Königs auffasste. Damit wurde die traditionelle protestantische Königstreue auf eine harte Probe gestellt. Die hugenottischen Gemeinden standen vor der Wahl, Gott oder dem König zu gehorchen. Dabei rekurrierten protestantische Publizisten immer wieder auf das Bibelwort »Il faut obéir à Dieu plutôt qu'aux hommes«, um ihren Ungehorsam gegenüber der katholischen Obrigkeit zu rechtfertigen[60]. Bekanntermaßen konnte eine hugenottische Gemeinde schwerlich einen konversionswilligen Katholiken vom Gottesdienst ausstoßen, ohne ihren Glauben ad absurdum zu führen. Denn für Protestanten wie Katholiken des Grand Siècle war die eigene Konfession »nécessaire pour le salut«[61]. Deshalb postulierten die Hugenotten:

---

57 Vgl. LABROUSSE, Révocation, S. 168.
58 Vgl. ebd.
59 AVIS SALUTAIRE, S. 100; JURIEU, ABBREGE' 1682, S. 1f.
60 AVIS SALUTAIRE, S. 100; LA BIBLE, Apg. 5, 29.
61 AVIS SALUTAIRE, S. 100. Zum konfessionellen Wahrheitsanspruch vgl. ferner auch BURKHARDT, Die Friedlosigkeit, S. 549; CHALINE, Ludwig XIV., S. 38; LABROUSSE, Calvinism, S. 300; KNETSCH, Pierre Jurieu, S. 112; SCHINDLING, Das Strafgericht, S. 45f.

Il faut temoigner hautement que nous aimerions mieux mille fois mourir, que d'avoir manqué à un devoir aussi sacré qu'est celui-ci, qui nous oblige à recevoir dans nôtre Communion, tous ceux qui la rechercheront par un désir ardent & sincére d'y faire leur salut[62].

Allein aus Nächstenliebe konnte ein Konvertit nicht abgewiesen werden. Eine vorläufige Lösung dieses Widerspruchs zwischen theologischer Notwendigkeit und Gehorsamspflicht gegenüber der Obrigkeit lag in den Jahren vor und den ersten Jahren nach der Revokation des Edikts von Nantes darin, die Verantwortung für die antiprotestantische Gesetzgebung der katholischen Geistlichkeit, der bigotten Mätresse des Königs und/ oder seinen Beamten wie dem Staatssekretär des Krieges, dem Marquis François Michel Le Tellier de Louvois, anzulasten[63].

Die Verfolgungsmaßnahmen ließen den Ruf nach Gegenwehr unter den französischen Protestanten indes immer lauter werden. Ein *Avertissement aux Protestans* von 1684 verdeutlicht mit historischen Argumenten die Notwendigkeit der Selbstverteidigung für die Existenz der reformierten Konfession in Frankreich.

Il est certain que si nos Peres n'avoient point resisté aux efforts de leurs Adversaires & qu'ils se fussent laissés tuer honteusement & laschement, il n'y auroit point maintenant de Religion ni d'Eglise Reformée en France [...]. Mais Dieu agrea le zele de nos Peres, il benit leurs desseins, il frappa d'épouvantemens leurs ennemis[64].

Damit stellt der Autor des *Avertissement aux Protestans* 1686 angesichts der antiprotestantischen Gesetzgebung Ludwigs XIV. und der seit drei Jahren in Frankreich wütenden Dragonaden die traditionelle protestantische Untertanentreue in Frage. Er propagiert den aktiven Widerstand gegen die antiprotestantische Politik des französischen Hofes. Dieser Widerstand wurde mit dem Willen Gottes gerechtfertigt, dem es auch während der früheren Bürgerkriege gefallen habe, dass die Hugenotten mit Waffengewalt ihre Religionsausübung in Frankreich gesichert hätten. Der Beistand Gottes habe den

---

62 AVIS SALUTAIRE, S. 101.
63 Vgl. AVIS SALUTAIRE, S. 100. Eine ausführliche Diskussion der Verantwortlichkeit für die Revokation des Edikts von Nantes liefern Chaunu, La décision, S. 13–30; Garrisson, L'édit, S. 9–13, 184–237; dies., Les Donneurs, S. 135–145; Labrousse, Révocation, S. 125–195; Quéniarz, La révocation, S. 101–139; Strayer, The Edict, S. 273–294.
64 Avertissement aux Protestans des Provinces qui ont fait precher sur les Masures de leurs temples, non obstant les Deffences de Sa Majesté. Avec L'APOLOGIE Pour les Dits Protestans du Daufine, et autres Provinces. Contenant les raisons pour les quelles ils ont fait continuer les preches malgré les deffenses du Roy, et allés armés dans leurs assemblées, Cologne, Pierre Marteau, 1684, in: Avertissement, S. 35–77, hier S. 64.

militärischen Erfolg der Reformierten garantiert. Die Niederträchtigkeit der katholischen Massaker sei dagegen der Beweis für die Vergeblichkeit ihrer Tyrannei und Religionsverfolgungen, denn am Ende habe Gott den Hugenotten zum Sieg verholfen[65].

In der Flugschrift *COMMENTAIRE PHILOSOPHIQUE* heißt es, der Grund, warum weder Karl IX. noch Heinrich III. das reformierte Bekenntnis hätten ausrotten können, sei gewesen, dass die Reformierten unter deren Regierung bewaffnet waren und sich gegen die Angriffe des Königtums verteidigen konnten[66]. Auf diese Weise wurde der aktuelle Zustand der Wehrlosigkeit des französischen Protestantismus beklagt. Der gegenwärtigen Passivität der Hugenotten stellte der Autor die vormalige aktive Kriegsführung gegenüber, die eine Unterdrückung des reformierten Bekenntnisses verhindert habe. Den Hugenotten wurde damit vor Augen geführt, dass militärischer Widerstand die einzige Möglichkeit darstellte, die gegenwärtigen Religionsverfolgungen zu beenden und das reformierte Bekenntnis in Frankreich zu restaurieren.

Die protestantische Publizistik des Neunjährigen Krieges rechtfertigte den Widerstand der Reformierten während der Bürgerkriege des 16. Jahrhunderts folgendermaßen:

Si nous prenions les armes nous ne ferions que nous défendre, & à nôtre conduite seroit sans doute tres juste & tres legitime, mais quoy que nous en ayons le droit, nous ne sommes pas servis jusques à present, car tous les Reformez de France sont, dans une parfaite obeissance; & dans une soûmission exemplaire aux ordres de leur Souverain[67].

Mit diesem Exempel verteidigte sie nicht nur das Handeln ihre Vorfahren, sondern rief die reformierte Glaubensgemeinschaft dazu auf, sich auch in der Gegenwart der Politik Ludwigs XIV. zu widersetzen. Das historische

---

65 »Au contraire, on a veu comme apres les grands massacres de la S. Barthelemi, celebrée en France avec force meurtres & carnage, qu'ils sembloient estre perdus sans ressource, Dieu prit allors plaisir de les secourir & de relever leurs esperances abbatues; il favorisa leurs armes en mille rencontres, sieges & combats, & enfin il leur ottroya la glorieuse victoire de la bataille de Coutras, contre toute apparence, car ils avoient affaire à des Ennemis beaucoup plus puissans qu'eux. Mais comme ils se reposoient sur le Grand Dieu des Batailles & le Dieu des Armées plustost que sur leurs forces, ils vainquirent & les ennemis s'enfuirent honteusement devant eux«. Ebd., S. 66.
66 »Mais d'où vient donc que Charles IX. ni Henri III. n'ont pû terrasser la Secte? Ce n'est pas à cause qu'il leur manquoit des qualitez personnelles qui se trouvent dans le Roi à présent régnant, c'est que les Huguenots étoient armez, & en état de se servir de représailles, & outre cela bien zélez pour leur Religion«. [BAYLE], COMMENTAIRE 1686, S. LXjf.
67 La balance de la Religion, S. 133f. »Chacun sait que dans le siécle passé les Protestans de France n'ont jamais eu les armes à la main, que quand ils y ont été forcez pour conserver leur vie, leurs biens, leur honneur & leur Religion, & que tout le profit, qu'il leur revenoit des traitez, étoit le libre exercice de leur Religion, oublians aussi-tôt le passé«. L'EUROPE, S. 18.

Religionskriegsexempel sollte das Recht der Reformierten auf Selbstverteidigung legitimieren und gleichzeitig die traditionelle hugenottische Untertanentreue betonen. Selbstverteidigung und Untertanentreue widersprachen sich nur vordergründig, denn die Rechtfertigung von Widerstand erschien nur als Konsequenz einer königlichen Politik, die die traditionelle hugenottische Untertanentreue nicht mehr zuließ. Auf diese Weise ergänzten sich beide Argumentationsmuster wechselseitig. Folgerichtig hätten sich die Reformierten bis jetzt nicht des Rechts auf Notwehr bedient, aber seit der Revokation des Edikts von Nantes stünde es ihnen frei, die Waffen zu ergreifen und sich gegen die Verfolgungen durch die katholische Obrigkeit zur Wehr zu setzen. Angesichts der aktuellen Glaubensverfolgungen in Frankreich rief die hier zitierte Flugschrift aus dem Umfeld Wilhelms III. von England zum bewaffneten Widerstand gegen Ludwig XIV. auf. Die Hugenotten im *Refuge* und die *Nouveaux-Convertis* in der französischen Heimat wurden an ihre eigene kriegerische Vergangenheit erinnert. Im gegenwärtigen Neunjährigen Krieg sollten sie sich auf die Seite der Alliierten stellen, um mit der Waffe in der Hand ihre alten Religionsprivilegien und Besitzungen zurückzuerlangen.

Die Pierre Bayle zugeschriebene Flugschrift AVIS IMPORTANT AUX REFUGIEZ sah im Bündnis der Hugenotten mit Wilhelm von Oranien die Grundlage für den Erfolg des französisch-reformierten Widerstandes. Grundlage für den Erfolg des hugenottischen Widerstandes sei ein Bündnis mit England, das nur unter einer protestantischen Regierung möglich sei. Der AVIS IMPORTANT AUX REFUGIEZ von 1690 feierte deshalb die *Glorious Revolution*. Wilhelm von Oranien habe als »Liberateur de la Chrêtienté & specialement de la Religion Protestante« die britischen Inseln von der *papistischen* Tyrannei Jakobs II. errettet[68]. Jurieu legitimierte den bewaffneten Widerstand, den die Engländer und Schotten ihrem ehemaligen »papistischen« König entgegengebracht hatten, mit den Erfahrungen der Herrschaft früherer katholischer Monarchen:

Les Protestans de l'Angleterre & de l'Ecosse n'ont pas été assez simples aprés tant d'experiences qu'on a de la mauvaise foi, & de la cruauté de l'Eglise Romaine, de se laisser mener à la tuerie comme des brebis muettes, ayant mieux aimé selon les loix & les privileges de leur Nation secoüer le joug, s'affranchir de l'esclavage, & recevoir le liberateur que Dieu leur a suscité, comme il fuit souvent à son peuple d'Israel au tems des Juges[69].

---

68 [BAYLE?], AVIS, AVERTISSEMENT [9]. Die Schrift wird in Bibliothekskatalogen regelmäßig Pierre Bayle zugeschrieben. Ihr Inhalt spricht aber stark gegen diese Annahme. POPKIN, The History, S. 286, hat zuletzt die Autorschaft Bayles angezweifelt, obwohl ein Manuskript in seiner Handschrift existiere, das einer erneuten paläografischen Untersuchung bedürfte.
69 [BAYLE?], AVIS, AVERTISSEMENT [3f.].

Der Widerstand gegen eine als durch und durch korrumpiert empfundene katholische Obrigkeit diente hier als Exempel für die hugenottischen *Réfugiés*. Zu Beginn des Neunjährigen Krieges ermahnte der im niederländischen *Refuge* entstandene *AVIS IMPORTANT AUX REFUGIEZ*, die Waffen gegen Ludwig XIV. zu ergreifen, wie es die Engländer und Schotten gegen Jakob II. getan hatten. Die Gleichsetzung des biblischen Israel der Vergangenheit mit den verfolgten Protestanten der Gegenwart sollte die Hoffnung im protestantischen Lager auf eine bessere Zukunft stärken. Als gottgesandten Befreier präsentierte die genannte Flugschrift ihnen Wilhelm III. von England, der an der Spitze einer protestantischen Streitmacht mit Unterstützung von *Réfugiés* und *Nouveaux-Convertis* den Protestantismus in Frankreich restaurieren könne. Die *AVIS IMPORTANT AUX REFUGIEZ* kann deshalb als endgültiger Bruch mit der traditionellen hugenottischen Untertanentreue gegenüber Ludwig XIV. interpretiert werden. Hugenottische Publizisten wechselten rhetorisch mehr und mehr in das Lager der protestantischen Alliierten über[70].

Am Ende des Neunjährigen Krieges forderten hugenottische Agenten und Publizisten den Lohn für die eigenen Kriegsanstrengungen ein[71]. Von den protestantischen Alliierten erwartete man auf dem Friedenskongress von Rijswijk das hartnäckige Eintreten für eine Restitution des Protestantismus in Frankreich. Die Flugschrift *La balance de la Religion* resümierte kurz vor Abschluss der Verhandlungen noch einmal Wünsche der Hugenotten und rechtfertigte ihre Politik gegenüber Ludwig XIV. Dabei wurde der Neunjährige Krieg in Analogie zu den konfessionellen Bürgerkriegen der Vergangenheit als Religionskrieg der Katholiken gegen den Protestantismus dargestellt. Die Hugenotten legitimierten ihren Widerstand gegen die französische Krone mit der Notwendigkeit der Selbstverteidigung. Wie in den konfessionellen Bürgerkriegen des 16. Jahrhunderts führten die Katholiken einen heimlichen Religionskrieg gegen den Protestantismus. Ein Krieg aber, der nicht erklärt werde, sei ein ungerechter Krieg. Den Protestanten habe es damals wie heute freigestanden, sich gegen einen solchen Krieg zur Wehr zu setzen[72]. Ludwig XIV. sollte auf diese Art nahegebracht werden, dass die Protestanten sich erneut als treue Untertanen erweisen würden, wenn er die Verfolgungen einstelle und das Edikt von Nantes restituiere.

---

70 Vgl. BÉLY, Espions, S. 194–196; BORN, Die englischen Ereignisse, S. 14; BROEYER, William III, S. 120; NUSTELING, The Netherlands, S. 30.
71 Vgl. DEIJK, Elie Benoist, S. 71–75.
72 »On ne peut pas croire donc, à moins d'une affectation malicieuse, que nous ayons entrepris de justifier les guerres de Religion, qu'on examine sans passion ce que nous venons de dire sur ce sujet & on verra que nous n'avons soutenu que ce qui se fait dans la necessité d'une juste défense. Nous pretendons que les Reformez ne sont pas obligez de se laisser couper la gorge sans se defendre […]. Se conserver ainsi n'est pas faire une

Bekanntlich wurde keine der Forderungen der Hugenotten im Frieden von Rijswijk erfüllt. Im Spanischen Erbfolgekrieg keimten deshalb nochmals Hoffnungen auf eine Restitution des Protestantismus in Frankreich auf. Mitten im Spanischen Erbfolgekrieg wurde deshalb erneut der Widerstand der Hugenotten mit einem historischen Religionskriegsexempel begründet. Die Geschichte habe gelehrt, dass die Reformierten auch nach den Bürgerkriegen des 16. Jahrhunderts immer wieder gezwungen worden seien, ihre Rechte mit Waffengewalt zu verteidigen. Selbst die Dienste, die sie Heinrich IV. und seinem Geschlecht bei der Erlangung ihrer Krone geleistet hätten, und das Edikt von Nantes

ne furent pas capable de les garantir de la perfidie du Papisme: car sous le ministere du Cardinal de Richelieu [...], ils furent encore attaquez & reduits à la necessité de prendre les armes pour leur défense. Tant que ce Cardinal, après avoir fait la paix trois fois avec eux, & l'avoir violée autant de fois, acheva de les soûmettre entierement par la prise de la Rochelle[73].

Vertragsschlüssen mit »Papisten« könne man folglich keinen Glauben schenken. Allein Waffengewalt bringe die Reformierten in Sicherheit vor den Anschlägen der Katholiken. Dies lehrten auch die konfessionellen Bürgerkriege unter Ludwig XIII., für die der Kardinal von Richelieu verantwortlich gemacht wurde. In Analogie zu Richelieu und Ludwig XIII. wurden auch Ludwig XIV. und seinen Beratern Eidbrüchigkeit und Vertragsbruch angelastet. In Analogie zu den 1620er- und 1630er-Jahren täten die Reformierten auch in der Gegenwart besser daran, ihre Religionsausübung in Frankreich mit Waffengewalt zurückzuerlangen. Mit Blick auf die Vergangenheit sei ihr Widerstand gegen die Krone legitim, denn »ils ont fait la paix & la guerre avec leurs Rois, non comme des rebelles, mais comme des personnes qui avoient un droit legitime de se maintenir & de se défendre«[74]. Derart werden die Hugenotten über die einfachen katholischen Untertanen der französischen Krone gestellt. Indem sie ein Recht auf Selbstverteidigung reklamierte, erklärte die protestantische Publizistik die Hugenotten zu ebenbürtigen Verhandlungspartnern der französischen Könige.

Isaac de Larrey unternahm in seiner REPONSE A L'AVIS AUX REFUGIEZ einen weiteren Versuch, den Widerstand der Hugenotten und Waldenser gegen Ludwig XIV. zu rechtfertigen[75]. Er begründete den Widerstand

---

guerre de Religion, ce sont nos ennemis qui nous en font une cruelle sans nous l'avoir declaré, en abusant de nôtre confiance en leurs Traitez, & de nôtre bonne foi.«. La balance de la Religion, S. 133f.
73 LA CHESNÉE, LE PARALLELE, S. 60f.
74 Ebd., S. 62f.
75 Vgl. [LARREY], REPONSE.

allerdings nicht mit der Geschichte der vergangenen Religionskriege, sondern mit der Heiligen Schrift. Wie Josua hätten die Hugenotten niemals ihren Monarchen angegriffen⁷⁶. Stattdessen habe es sich beim Krieg Josuas gegen die Amalekiter um einen Religionskrieg gehandelt, weil »Josué & les Israëlites obeïssoient aux ordres de Dieu qui leur avoit donné le païs de Canaan, avec commandement exprès d'en exterminer les Nations qui l'avoient souillé par leurs idolatries«⁷⁷.

Mit den Götzendienern waren die Katholiken gemeint. Ein protestantischer Religionskrieg gegen die Katholiken ließ sich also prinzipiell mit dem biblischen Vorbild Josuas rechtfertigen. Demgegenüber seien die sogenannten heiligen Kriege der Katholiken gerade keine Religionskriege gewesen. Als Beweis führt Larrey die mittelalterlichen Kreuzzüge an, »Car les Croisez ne se confederoient sous les auspices du Pape, que pour reprendre sur les Sarrasins la Palestine [...]. Il y a pourtant cette difference que le Pape & les Croisez n'étoient poussez que par leur ambition & par un faux zéle«⁷⁸.

Damit habe der bewaffnete Kampf der Reformierten die höheren Weihen der Religion und Gottgefälligkeit, während ein Krieg der Katholiken nur dem persönlichen Machtgewinn diene. In den Augen Larreys rechtfertigte die Heilige Schrift auf diese Weise den Religionskrieg der Reformierten, während er die angeblichen Religionskriege der Katholiken als profane Unternehmungen diffamierte. Als Beweis für diese Sichtweise führte er die Erhebungen der Waldenser in den piemontesischen Alpen gegen Herzog Viktor II. Amadeus von Savoyen an. Dennoch bestünde ein Unterschied zwischen den Waldensern und den Israeliten, denn die piemontesischen Waldenser hätten es nicht auf die Eroberung eines fremden Landes abgesehen, sondern nur für die Rückkehr in ihre alte Heimat gekämpft⁷⁹. Auf diese Weise wurde ihr Kampf gegen Frankreich über das biblische Vorbild des alten Israel hinaus als legitimer Kampf um ihre angestammten Besitzrechte gerechtfertigt. Aus diesem Grund könne man den Waldensern nicht den Vorwurf machen, ihr Krieg sei illegitim, obwohl er im Gegensatz zu Josuas Krieg gegen die Amalekiter von keiner höheren Autorität sanktioniert worden sei. Larrey betont jedoch, dass man zum Recht auf Selbstverteidigung weder die direkte Zustimmung Gottes noch die Zustimmung der Obrigkeit bedürfe⁸⁰, denn

---

76 Vgl. ebd., S. 256; LA BIBLE, Ex, 17, 9, Jos.
77 [LARREY], REPONSE, S. 256f.; LA BIBLE, Ex, 17, 9, Jos.
78 [LARREY], REPONSE, S. 256f.
79 Vgl. ebd., S. 257.
80 Vgl. ebd., S. 257f.

»c'est le Droit des Gens. On n'attend les ordres de personne pour éteindre le feu qui brûle sa maison: on n'a pas besoin d'être autorisé du Souverain ou du Magistrat pour defendre ses biens & sa vie contre un brigand & contre un assassin«[81].

Bedürfe es der direkten Aufforderung Gottes, um einen Krieg zu rechtfertigen, so sei niemals ein Krieg der Christenheit gerecht gewesen. Dies müsse namentlich Frankreich zu denken geben, das so viele Kriege angefangen habe[82].

Durch diese antifranzösische Stoßrichtung begünstigten die Widerstandsdebatten des *Refuges* eine Aufnahme in die protestantischen Widerstandsdebatten in den Ländern der protestantischen Alliierten, die gegen Frankreich zu Felde zogen. Die Öffentlichkeit in diesen protestantischen Ländern sah in den Hugenotten brauchbare Verbündete im Kampf gegen Ludwig XIV. von Frankreich[83]. Hugenottische Widerstandsdebatten wurden deshalb auch in Deutschland rezipiert und auf das Reich übertragen. Deutsche Protestanten konnten darüber hinaus auf eine eigene Tradition konfessionell begründeten Widerstandes zurückblicken[84]. Der enge Zusammenhang von Religionskrieg und konfessionellen Widerstandslehren wurde bislang zwar intensiv bis in die Zeit des Dreißigjährigen Krieges untersucht[85]. Für die Zeit nach 1648 liegen jedoch kaum Arbeiten vor[86]. Gerade die Rezeption hugenottischer Widerstandslehren im Alten Reich verspricht für diesen Zeitraum fruchtbare Erkenntnisse.

---

81 Ebd., S. 259f.
82 »Il fait sonner fort haut que les Vaudois agissoient de leur Chef & sans autorité, au lieu que Josué ne faisoit qu'obeïr aux ordres de Dieu, à qui appartiennent tous les Roiaumes du monde. Cela est vrai. Mais s'ensuit-il de là que toutes les guerres qui se font sous le commandement immediat de Dieu, sont illegitimes? Il n'y en auroit pas une qui ne le fût, ni qui ne l'eût été sans le Christianisme [...]. L'Auteur de l'Avis conclut du particulier à l'universel: Il y a eu quelques guerres justes & saintes qui se sont faites par les ordres precis de Dieu; donc toutes les guerres pour être legitimes doivent se faire par les ordres precis de Dieu. L'argument est vicieux. Pour raisonner consequemment il faut dire: Il n'y a point de guerres justes que celles qui se font par les ordres precis de Dieu: la guerre des Vaudois n'étoit pas de cette nature; (car c'est contre les Vaudois qu'on pretend tirer la consequence) donc elle n'étoit pas juste. Mais alors on niera la majeure, & elle est effectivement fausse de notorieté publique. La France est plus obligée à la nier qu'aucune Monarchie de la Chretienté«. Ebd., S. 257f.
83 Vgl. ASCHE, Huguenot Soldiers, S. 191; GLOZIER, Invasions, S. 121–153. In England wurde die Werbung hugenottischer Truppen aufgrund der *No-standing-Army*-Doktrin trotz grundsätzlicher konfessioneller Solidarität durchaus mit widersprüchlichen Gefühlen gesehen. Vgl. ONNEKINK, Janisaries, S. 79–94.
84 Vgl. HAUG-MORITZ, Widerstand, S. 141–161; FRIEDEBURG, Widerstandsrecht, S. 51–97; STROHMEYER, Konfessionskonflikt; WOLGAST, Religionsfrage, S. 17–27.
85 Ebd.
86 Charakteristisch ist beispielsweise eine Analyse des Sammelbandes FRIEDEBURG, Widerstand, dessen Beiträge zur Geschichte des Widerstandsrechts nach 1648 den Fokus allesamt auf England richten.

Allgemein betonte die lutherische Publizistik die Friedensliebe der eigenen Konfessionsgemeinschaft[87]. Selbst von Notwehr könne keine Rede sein[88]. Der lutherische Pfarrer Johann Christoph von Holtzhausen spricht sich in seiner *Offentlichen An-Rede* von 1684 direkt gegen das Widerstandsrecht aus[89]. Statt Selbstverteidigung zu üben, sollten verfolgte Protestanten allenfalls demütige Bittschriften an ihre Obrigkeit richten, sich lieber »verjagen lassen/ und ja nicht Gewalt und Rache [...] gebrauchen«[90]. Gott allein, nicht den Waffen der protestantischen Fürsten hätten die Evangelischen ihre Existenz zu verdanken[91]. Ausdrücklich warnte Holtzhausen vor einem neuerlichen Religionskrieg, der unzweifelhaft entstünde, wenn sich die Protestanten und ihre Fürsten mit Gewalt gegen die jüngsten Glaubensverfolgungen zur Wehr setzten[92]. Die Flugschrift *Europäischer Glücks-Topf* von 1687 betonte den Langmut der deutschen Protestanten seit dem Dreißigjährigen Krieg[93]. Zwar gebe es wegen der Glaubensverfolgungen im Elsass, in Salzburg und andernorts genügend Gründe für einen neuen Religionskrieg, allein es müsse noch mehr erfolgen, bis die protestantischen Fürsten sich zur Wehr setzen würden[94]. Die Schrift unterstreicht damit einerseits die protestantische Friedensliebe, andererseits warnt sie aber auch die Katholiken, die Protestanten nicht über Gebühr zu verfolgen. Sollten nämlich die Katholiken die Gegenreformation weiter vorantreiben, könne es eines Tages sehr wohl zu einem neuerlichen Religionskrieg kommen.

Ein Beispiel dafür stellte die Rechtfertigung hugenottischen Widerstandes durch deutsche Autoren dar. Nikolaus Gürtlers *Der bedruckte Palm-baum Christlicher Warheit* von 1687 konstruierte eine historische Legitimation für die Selbstverteidigung der französischen Hugenotten[95]. Während der Herrschaft Ludwigs XIII. hätten die Reformierten ihren Widerstand mit dem Völker- und Naturrecht begründet[96]. Ihren Widerstand stellten sie dabei nicht als Angriff auf ihren König, sondern auf ihre Unterdrücker im Umfeld des Monarchen dar. Ziel sei es gewesen, die »Gewissens-Freyheit« zu erhalten[97]. Dem König wollten sie »eine demühtige Bittschrifft«, ihren Feinden aber »das Rach-Schwerd überreichen«[98]. Gürtler führte somit deutschen Protestanten

---

87 Vgl. HEUNISCH, ANTICHILIASMUS, S. 369.
88 Vgl. ebd.; HOLTZHAUSEN, Offentliche An-Rede, S. 80.
89 Vgl. ebd., S. 79f.
90 Ebd., S. 80.
91 Vgl. ebd.
92 Vgl. ebd., S. 79f.
93 Vgl. Europäischer Glücks-Topf, S. 191.
94 Vgl. ebd.
95 Vgl. GUERTLER, Der bedruckte Palm-baum.
96 Vgl. ebd., S. 311.
97 Ebd.
98 Ebd., S. 319.

vor Augen, dass nur ein gewisses Maß konfessioneller Verfolgung erduldbar sei. Bei allzu excessivem Vorgehen der Katholiken bestehe ein Recht auf Widerstand.

Dies wurde in den Augen deutscher Protestanten insbesondere während der *Glorious Revolution* virulent. Ausdrücklich handele es sich dabei aber um keinen Religionskrieg, wie die Flugschrift *Der Vermeinte/ Und von Franckreich erdichtete/ Religions=Krieg* von 1689 betonte. Diese widerlegte vielmehr die französischen Anschuldigungen, die Engländer hätten einen Religionskrieg zur Ausrottung der katholischen Konfession auf den britischen Inseln unternommen. Dabei wurde die Gegenwehr britischer Protestanten gegen die jakobitische Rekatholisierungspolitik mit Recht und Herkommen legitimiert. Eine solche weitgehend säkulare Rechtfertigung erschien den protestantischen Anhängern Wilhelms von Oranien gerade gegenüber dem katholischen Deutschland als besonders wichtig, denn hier setzten französische Agenten zu Beginn des Neunjährigen Krieges an, um die Katholiken mit dem Argument des Religionskrieges aus der Allianz gegen Frankreich zu lösen[99]. So zitierte der Autor der genannten Flugschrift zunächst detailreich die Argumentation der profranzösischen Publizistik. Dort wurde den protestantischen Engländern vorgeworfen, »wider die Papisten gehässige und gewaltsame Proceduren verübet/ und es fast so arg gemachet [zu haben]/ als die Frantzösischen Dragoner mit denen Hugenotten«[100]. In England hätten die Protestanten die katholischen Kirchen abgerissen, die Heiligenbilder zerstört, katholischen Predigern während des Gottesdienstes widersprochen und sie von ihren Kanzeln herabgestürzt[101]. In Schottland hätte sich bei Ankunft des Prinzen von Oranien auf den britischen Inseln Ähnliches ereignet[102]. Im gesamten Herrschaftsbereich des Prinzen von Oranien habe man die katholischen Geistlichen ins Gefängnis geworfen und ihren Besitz geplündert[103]. Darüber hinaus hätten die britischen Protestanten das Völkerrecht gebrochen, indem sie das Haus des spanischen Botschafters plünderten[104]. Zwar wird eingestanden, dass der Pöbel vor der Ankunft des Prinzen von Oranien einige widerrechtliche Ausschreitungen gegen die Katholiken begangen habe, die der Prinz aber sofort nach seiner Machtübernahme habe abstellen lassen[105]. Aus all dem erwachse aber nicht der »Vermeinte/ Und von Franckreich erdichtete/ Religions=Krieg«, denn die Engländer hätten aufgrund der Grundgesetze ihres Königsreichs jedes Recht

---

99 Vgl. Kapitel III.1.3, III.1.4.
100 Der Vermeinte/ Und von Franckreich erdichtete/ Religions=Krieg, S. 18.
101 Vgl. ebd.
102 Vgl. ebd., S. 19.
103 Vgl. ebd., S. 19f.
104 Vgl. ebd., S. 20.
105 Vgl. ebd., S. 30f.

zur Einschränkung der katholischen Religionsausübung besessen – umso mehr, als König Jakob II. widerrechtlich die Ausübung der protestantischen zugunsten der katholischen Konfession eingeschränkt habe[106].

*Zusammenfassung*
Die während der letzten Hälfte des 17. Jahrhunderts immer prekärer werdende Situation des europäischen Protestantismus im Herrschafts- und Einflussbereich katholischer Monarchen ließ in der protestantischen Publizistik den Ruf nach Widerstand immer lauter werden. Die traditionelle Betonung protestantischer Untertanentreue wurde durch den Vorwurf, die Katholiken beabsichtigten einen Religionskrieg, zunehmend in Frage gestellt. Die neu entfachte hugenottische Widerstandsdebatte wurde auch in Deutschland intensiv diskutiert. Ein Umschwung der deutschen Lutheraner vom monarchischen Loyalismus hin zu einer prinzipiellen Verteidigung eines Widerstandsrechts lässt sich dabei allerdings nicht feststellen.

Gleichzeitig hielten protestantische Publizisten sowohl im Reich als auch in Frankreich die Fiktion ihres eigenen Gehorsams gegenüber ihrem König bzw. dem Kaiser aufrecht. Denn allein von der monarchischen Obrigkeit konnten sie eine Besserung ihrer Lage erwarten. Die Betonung der eigenen Treue und der aktive Widerstand waren auf diese Weise zwei Seiten derselben Medaille. Beide dienten zum Erhalt bzw. zur Wiedereinsetzung der Protestanten in ihre alten Rechte. Die Hoffnung auf eine gütliche Einigung kam auch dadurch zum Ausdruck, dass die Propagation des Religionskrieges tunlichst vermieden wurde. Sie stand außer Debatte.

Der Religionskrieg war aus protestantischer Sicht vielmehr Bestandteil einer grundlegenden Alteritätskonstruktion: der katholischen Kirche. Aufgrund ihres gänzlich korrumpierten Charakters waren die katholischen Kleriker nach protestantischer Auffassung für die Religionskriege verantwortlich. Eine wichtige Begründung für den protestantischen Widerstand gegen die katholische Obrigkeit stellten dementsprechend die katholische Kirche und ihre Amtsträger dar.

---

106 Vgl. An ACCOUNT, S. 40; Der Vermeinte/ Und von Franckreich erdichtete/ Religions=Krieg, S. 28, 30.

### III.2.3 Das Movens zur Anstiftung des Religionskrieges: Der Katalog klerikaler Laster

Anknüpfend an die historiografische Geißelung der katholischen Kirche als Hauptschuldige für die vergangenen Religionskriege manifestierte sich in der protestantischen Tagespublizistik ein Bild des Katholizismus der Gegenwart, das sich kaum von der besagten historiografischen Projektion unterschied und folglich nicht weniger schreckenerregend war. Die protestantische Historiografie und Publizistik stellte den verbrecherischen Charakter der katholischen Kirche in ein raum-zeitliches Kontinuum. Dabei dienten Exempel aus Vergangenheit und Gegenwart als Beweis für den verbrecherischen Charakter der katholischen Kirche. Eine Entwicklung des Katholizismus fand in dieser Betrachtungsweise nicht statt.

Bei der Charakterisierung des katholischen Klerus konnte die protestantische Publizistik auf einen alten Katalog antiklerikaler Gemeinplätze zurückgreifen[107]. Diese schon aus dem Mittelalter stammenden Stereotype existierten auch im kulturellen Gedächtnis des Katholizismus und eigneten sich so als überkonfessionelle Anknüpfungspunkte protestantischer Publizistik[108]. Zu den überkonfessionellen Elementen des Antiklerikalismus zählten Faulheit, Völlerei und Habgier. Spezifisch protestantische Vorwürfe waren hingegen Hochmut, Machtgier, Herrschsucht und die Grausamkeit des katholischen Klerus. Der Katalog dieser Untugenden machte den katholischen Klerus in den Augen der protestantischen Publizistik zum unweigerlichen Anstifter des Religionskrieges, ja zum Friedensstörer schlechthin[109].

Protestantische Publizisten warfen dem katholischen Klerus traditionell Faulheit vor, während er gleichzeitig auf Kosten seiner unrechtmäßig erworbenen Kirchenpfründen ein Leben in Völlerei führe[110]. Die Zeche für diesen Lebenswandel zahle das einfache Volk durch unrechtmäßig erhobene Abgaben und heimtückisch erschlichene Spenden[111].

Um diesen korrumpierten Lebenswandel aufrechtzuerhalten, setze der katholische Klerus alles daran, seinen Reichtum zu mehren. Er sei ganz und

---

107 Vgl. GRAF, Antiklerikalismus, Sp. 469f.; TAMMEN, Manifestationen; sowie die einzelnen Beiträge in DYKEMA, Anticlericalism. GOERTZ, Antiklerikalismus, interpretiert gar die Reformation als Folge des spätmittelalterlichen Antiklerikalismus.
108 Zur mittelalterlichen Tradition des Antiklerikalismus vgl. BLICKLE, Antiklerikalismus, S. 115–132; ELM, Antiklerikalismus, S. 3–18; ENGEN, Late Medieval Anticlericalism, S. 19–52; SEIDEL MENECHI, Characteristics, S. 271–281.
109 Vgl. GÖBEL, CÆSAREO-PAPIA ROMANA, S. 626; VALOOT-DUVAL, NOUVELLE RELATION, S. 31.
110 In einem Dialog lässt Valoot-Duval den Marquis Louvois über seinen Bruder Charles Maurice de Tellier sagen: »J'ai un frère qui est Archevêque de Rheims, Duc & Pair de France, & de plus, accablé d'un grand nombre de Bénéfices, sans aucune charge d'Offices. On l'appelle vulgairement, le Cochon mitré«. Ebd., S. 27.
111 Vgl. ebd., S. 31.

gar von Habgier getrieben. Gerechtfertigt werde er in diesem Bestreben durch die römisch-katholische Glaubenslehre, deren Ziel es sei, nicht für das Seelenheil der Gläubigen zu sorgen, »sondern wie der Priester Reichthum [...] auffs höchste möge gebracht werden«[112]. Ergo sei der ganze katholische Klerus allein von Hab- und Machtgier getrieben und ganz und gar von weltlichen Händeln in Anspruch genommen. Die Wahrnehmung geistlicher Aufgaben diene allenfalls der Korrumpierung des Volkes, um Besitz und Machtanspruch des Klerus zu erhalten und weiter auszubauen. Darüber hinaus habe das Papsttum eingeführt, dass die Geistlichen keine Abgaben zahlten und doch vom Schutz der weltlichen Obrigkeit profitierten[113]. Die Geistlichkeit wurde somit als Schmarotzer der ständischen Gesellschaft dargestellt, die es auf ihre eigentlichen Aufgaben zu beschränken gelte[114]. Eine solche Beschränkung habe die Reformation vollzogen und eine vorbildliche Pfarrschaft geschaffen[115].

Das Gegenbild zur protestantischen Pfarrschaft stellte in den Augen der protestantischen Publizistik die katholische Kirche mit dem Papst an ihrer Spitze dar. Zur Befriedigung seiner Habgier habe der Papst schon vor der Reformation die Kreuzzüge ausrufen lassen. Dabei habe er die Kreuzfahrer als Söldner verkauft wie die Juden die Schafe und Tauben im Tempel[116]. Auf diese Weise wurde die päpstliche Politik mit einer als ruchlos empfundenen jüdischen Opfer- und Geschäftspraktik gleichgesetzt. Dabei schrecke der Papst nicht einmal davor zurück, mit christlichen Soldaten Handel zu treiben[117]. Die Kritik am päpstlichen Soldatenhandel war durch den Vorwurf der theologischen und ökonomischen »Judaisierung« der katholischen Geistlichkeit prinzipiell auch bei katholischen Laien anschlussfähig[118]. Er stellte die vom

---

112 GÜLICH, Wahres INTERESSE, S. 102.
113 »Es ist freylich durch das Pabstthum eingeführet/ daß die Geistlichen gantz frey gelebt/ keinem Menschen nichts gegeben/ und doch Schutz genossen«. THOMASIUS, Dreyfache Rettung, S. 100.
114 Vgl. PUFENDORF, DE STATU 1667, S. 203; GÜLICH, Wahres INTERESSE, S. 102.
115 Vgl. PUFENDORF, DE STATU 1667, S. 201; GÜLICH, Wahres INTERESSE, S. 100–102.
116 »The Pope dealt with many Pilgrims who were Cruce signati in an Adventure for that Land, namely, that he very fairly sold those crossed Pilgrims for ready Money, as the Jews did their Doves and their Sheep in the Temple«. PETT, THE HAPPY future State, Preface [55].
117 Zur frühneuzeitlichen Kritik am Soldatenhandel vgl. immer noch GERIG, Reisläufer, S. 28f., 50, 53–69; KAPP, Soldatenhandel, S. 171–201. An neuerer Literatur sind zu nennen WILSON, The German »soldier trade«, S. 757–792; BRAUN, Soldaten, S. 187–201. Ferner die fragwürdige juristische Arbeit von ROMER, Herrschaft. Vgl. auch die in Marburg entstehende Dissertation von Christine Braun zur Kritik am Soldatenhandel unter Landgraf Friedrich II. von Hessen-Kassel während des Amerikanischen Unabhängigkeitskrieges.
118 Einen Überblick der historischen Entwicklung vom christlichen Antijudaismus der Antike bis ins frühe 16. Jahrhundert liefert KRAPF, Die christliche Schuld, S. 138–179, der allerdings wegen des genuin kirchenpolitischen Interesses seiner Arbeit

Papsttum als heilige Kriege zur Befreiung des Grabes Christi proklamierten Kreuzzüge als profane Kriegsunternehmen und Beutezüge zugunsten des päpstlichen Fiskus bloß.

Doch auch nach der Reformation habe der katholische Klerus Religionskriege verursacht, um seine Habgier zu befriedigen. Namentlich die Jesuiten seien das vornehmste Instrument zu diesem Zwecke gewesen. Denn die *Societas Jesu* sei selbst begierig gewesen, das Gut anderer Mensch zu usurpieren[119]. In Frankreich habe der Klerus schamlos die Güter der von ihm vertriebenen Hugenotten an sich gerissen[120]. In den habsburgischen Erblanden und in Ungarn habe er sich widerrechtlich der Güter der von ihm verfolgten Protestanten bemächtigt[121]. Die katholischen Geistlichen seien begierig, überall in Europa die säkularisierten Kirchengüter der Protestanten zurückzuerlangen und darüber hinaus noch ihr restliches Gut zu usurpieren. Wie der katholische Klerus im Reich die Rückgabe der säkularisierten Kirchengüter erstrebe, so habe er in England nach der Flucht Jakobs II. dem Verlust des »schöne[n] Denarius S. Petri« nachgetrauert[122]. Aus diesem Grunde führten sie den katholischen Fürsten vor Augen, sie hätten durch diese Säkularisierungen einen Verlust erlitten, weil sie ihre Söhne nicht mehr zu Inhabern einträglicher geistlicher Pfründen machen könnten[123]. Auf diese Weise gelinge es dem katholischen Klerus immer wieder, die katholischen gegen die protestantischen Fürsten aufzubringen und zu Religionskriegen anzustacheln[124].

Im Gegenzug könnten die katholischen Fürsten aber nicht viel Unterstützung von ihrem Klerus erwarten, denn der Habgier der katholischen Geistlichkeit entspreche auf der anderen Seite ihr Geiz. So seien die den katholischen Kantonen der Schweiz im Zweiten Villmergerkrieg versprochenen Subsidien nur sehr mager ausgefallen[125]. Daraus sollte dem Leser ersichtlich werden, dass die von Papst und Klerus angezettelten Kriege zwischen den

---

  eine stellenweise zu teleologische Sicht vom antiken christlichen Antijudaismus bis zur Schoah zieht. Eine ausgewogenere Darstellung bietet BRECHENMACHER, Vatikan, S. 16–26. Vgl. auch AWERBUCH, Judentum, S. 77–102; TOCH, Judenfeindschaft, S. 65–75.
119 Vgl. MERCURE HISTORIQUE 01.1689, S. 14.
120 Vgl. La balance de la Religion, S. 331.
121 Vgl. GÖBEL, CÆSAREO-PAPIA ROMANA, S. 714.
122 Ebd., S. 840. Vgl. darüber hinaus: Der Vermeinte/ Und von Franckreich erdichtete/ Religions=Krieg, S. 17.
123 Vgl. GÖBEL, CÆSAREO-PAPIA ROMANA, S. 840.
124 Vgl. ebd.
125 Vgl. MERCURE HISTORIQUE 09.1712, S. 260.

christlichen Konfessionen nur der Vergrößerung des Reichtums, der Macht und dem Ansehen der katholischen Kirche, nicht aber der Verteidigung der Interessen der katholischen Fürsten dienten[126].

Dies werde auch aus der Geschichte des Papsttums ersichtlich. Das Papsttum habe die Kreuzzüge nicht nur erfunden, um seine Habgier zu befriedigen, sondern auch, um seine Machtgier unter dem Deckmantel der Religion mit Waffengewalt zu verschleiern[127]. In der Vergangenheit hätten die Päpste die Frömmigkeit, Unwissenheit und Bigotterie der Fürsten und des Volkes ausgenutzt, »pour les engager dans les Croisades«[128]. Durch den Einsatz der Gemeinen und die Irrfahrten des Adels hätten sie ihre Macht sowohl im Okzident als auch im Orient vergrößert[129]. Während sie die Abwesenheit der Fürsten genutzt hätten, um auf deren Kosten ihre eigene Macht in Europa auszubauen, hätten sie sich deren kriegerischen Einsatzes bedient, um im Nahen Osten Territorien für die katholische Kirche zu erwerben[130]. Heute sei man allerdings aufgeklärt genug, um zu erkennen, dass ein Religionskrieg nicht im Interesse der europäischen Staaten liege[131]. Trotzdem arbeite die Kurie immer noch an dem Projekt eines Religionskrieges, um den Protestantismus auszurotten und seine Anhänger zu unterwerfen[132]. Um diesen Plan zu verwirklichen, bemühe sie sich um ein Bündnis der katholischen Mächte, die ihr dabei zur Seite stehen sollen[133].

Ziel der katholischen Kirche sei es, den Protestantismus zu vernichten, der Grundlage für die Aufdeckung ihrer Machenschaften sei. Denn erst die Reformation habe den verbrecherischen Charakter der katholischen Kirche enthüllt und ihn den weltlichen Obrigkeiten klar vor Augen geführt[134]. Seitdem beabsichtige der Papst, »Deutschland zuförderst mit Krieg wiederum zum Päbstlichen Gehorsam zuzwingen«[135]. Aus diesem Grunde arbeite die Kurie stets daran, Deutschland in einen Religionskrieg zu verwickeln[136]. Beweis dafür sei der Dreißigjährige Krieg, dessen Schrecken um 1680 im Bewusstsein der Zeitgenossen noch tief verankert waren[137]. Die protestanti-

---

126 Vgl. GÖBEL, CÆSAREO-PAPIA ROMANA, S. 840; GÜLICH, Wahres INTERESSE, S. 102.
127 Vgl. La balance de la Religion, S. 130; [LARREY], REPONSE, S. 256f.
128 DEFOE, LEX TALIONIS OR, AN ENQUIRY, S. 3; ders., La LOI, S. 6f.
129 Vgl. ders., LEX TALIONIS OR, AN ENQUIRY, S. 3; ders., La LOI, S. 7; PETT, THE HAPPY future State, Preface [55].
130 Vgl. ebd.
131 Vgl. DEFOE, LEX TALIONIS OR, AN ENQUIRY, S. 3; ders., La LOI, S. 6.
132 Vgl. ders., LEX TALIONIS OR, AN ENQUIRY, S. 5; ders., La LOI, S. 13.
133 Vgl. ebd.
134 Vgl. HOUGH, A SERMON, S. 6f.
135 GÖBEL, CÆSAREO-PAPIA ROMANA, S. 824.
136 Vgl. ebd., S. 824, 983f.
137 Vgl. ebd., S. 824. Zur Memoria des Dreißigjährigen Krieges vgl. MEDICK, Der Dreißigjährige Krieg.

sche Publizistik betonte, das Heilige Römische Reich deutscher Nation würde durch einen Sieg der katholischen Waffen gänzlich seiner Freiheit beraubt und der päpstlichen Willkür anheimfallen[138]. Wegen »des Pabstes Gewalt und unersättliche Regiersucht« könnten Kaiser und Fürsten ohne seine Einwilligung kaum mehr eine eigene Entscheidung treffen[139]. Das endgültige Ziel des Papstes sei es, Deutschland »zum Fußschemel des Römischen Stuhls [zu] machen«[140].

Auch in Frankreich habe sich die katholische Geistlichkeit durch die Unterstützung der Reformierten für die Krone in ihrer Machtstellung gefährdet gesehen. Aus diesem Grunde habe der Klerus in Frankreich die Hugenottenverfolgungen und Religionskriege angezettelt und später die Rückkehr der Protestanten nach Frankreich verhindert[141]. Dem Klerus sei es gleichgültig, ob Frankreich durch seine Anschläge zugrunde gehe[142]. Ihm komme es ausschließlich auf den Erhalt und den Ausbau der eigenen Macht an.

Dabei sei die Moraltheologie der Jesuiten hilfreich, der zufolge die gute Absicht alle Verbrechen rechtfertigen könne[143]. Alles sei den Jesuiten für die Ausbreitung des katholischen Glaubens, d.h. gleichzeitig auch ihrer Herrschaft, erlaubt[144]. Durch ihre Tätigkeit als Berater und Beichtväter hätten die Jesuiten ein hohes Ansehen an den katholischen Höfen erlangt, das selbst den Papst in Angst und Schrecken versetze[145]. Aus Machtgier hätten die Jesuiten ihren Orden zu einer Nebenmonarchie des Papsttums ausgebaut[146]. Diese Monarchie sei noch viel gefestigter als die des Papstes, weil die einzelnen Jesuiten nur ihrem Ordensgeneral absoluten Gehorsam schuldeten[147]. Zwar würden die Jesuiten offiziell dem Papst unterstehen, aber das von ihnen beanspruchte Vorrecht zur Verfolgung der Ketzer und die Freiheit ihres Generals würden ihnen eine ganz eigene Unabhängigkeit bescheren[148]. Die einzigartige Stellung der Jesuiten an den katholischen Höfen und innerhalb

---

138 Vgl. Der Veränderliche Staats=Mantel, S. 430.
139 Ebd., S. 430f.
140 Ebd., S. 431.
141 Vgl. La balance de la Religion, S. 331.
142 Vgl. ebd.
143 Vgl. JURIEU, LA RELIGION DES JESUITES 1689, S. 78. Schon auf dem Ersten Konzil von Nizäa hätten sich die katholischen Geistlichen »den heiligen Geist nach ihrem Gefallen« gemacht und nicht auf die Mehrheit der Stimmen geachtet. THOMASIUS, Dreyfache Rettung, S. 97.
144 Vgl. JURIEU, LA RELIGION DES JESUITES 1689, S. 78f.
145 Der Papst habe ihnen deshalb einen Kardinal als Protektor, in Wirklichkeit aber als Inspektor beigegeben. Weil der Papst aber der Unterstützung der Jesuiten bedürfe, müsse er sie in Sicherheit wiegen und ihnen gute Worte geben. Vgl. GÖBEL, CÆSAREO-PAPIA ROMANA, S. 712f.
146 Vgl. ebd., S. 821.
147 Vgl. ebd., S. 821f.
148 Vgl. ebd., S. 822.

der katholischen Kirche habe in dieser Gesellschaft einen ungeheuren Hochmut erweckt[149]. »Sie halten sich/ Ihrer Würde halber/ denen Königen gleich/ und gestehen keinen Fürsten den Vorrang. Sie lassen keinem Königlichen Abgesandten die Ober=Hand/ weil Sie vorgeben/ daß Sie Päbste werden/ und endlich auch dem Kayser vorgehen könten«, heißt es in der CÆSAREO-PAPIA ROMANA von Matthäus Göbel[150]. Auf diese Weise unterstellte die protestantische Publizistik dem katholischen Klerus die Unterdrückung weltlicher Potentaten. Die Usurpation weltlicher Vorrechte resultiere aus dem ungeheuren Ehrgeiz der katholischen Geistlichkeit. Würden die weltlichen Großen diesem Anspruch nicht gerecht, so führe sie die Geistlichkeit in einen Religionskrieg. Dies sei insbesondere der Fall, wenn der Klerus selbst aus geringen Verhältnissen stamme. Ein prägnantes Beispiel stellte in den Augen der protestantischen Publizistik der Sankt Gallener Fürstabt Leodigarius Burgisser dar[151]. Aus reinem Hochmut habe er schon bei seinem Amtsantritt 1697 einen Religionskrieg in der Schweiz erregen wollen[152]. Aber erst im Jahr 1712 sei es ihm gelungen, die katholischen Schweizer Kantone durch den Klerus überreden zu lassen, es handele sich bei den Toggenburger Wirren um einen Religionskrieg[153]. Auf diese Weise hätte der Fürstabt aus seinem ständischen Minderwertigkeitskomplex heraus weltliche Herrschaftsrechte usurpieren wollen.

Die fehlende Herrschaftslegitimation des katholischen Klerus führte in den Augen der protestantischen Publizistik deshalb zu der lapidaren Feststellung: »Le Clergé Romain est un Corps Monarchique […] qui penchent à la tyrannie«[154]. Diese Feststellung gehörte zu den Allgemeinplätzen der protestantischen Publizistik[155]. Die monarchische Kirchenverfassung, die weltliche Herrschaftsrechte für sich in Anspruch nahm, widersprach diametral der protestantischen Ekklesiologie, die allein Christus als Haupt der Kirche anerkennen wollte[156]. In dieser Sichtweise war das Papsttum völlig unnötig zum Heil[157]. Der geistliche Herrschaftsanspruch des Papsttums impliziere seinen weltlichen Herrschaftsanspruch. In einer deutschen Schrift heißt es, das Papsttum beanspruche »das Richterliche Amt in Religions= und Kirchensachen«[158].

---

149 Vgl. ebd., S. 712, 821.
150 Ebd., S. 717.
151 Vgl. RUCHAT, LES DELICES, insbes. S. 814.
152 Vgl. ebd., S. 814.
153 Vgl. ebd., S. 831.
154 LES HEUREUSES SUITES, S. 110. Vgl. ähnlich auch GÖBEL, CÆSAREO-PAPIA ROMANA, S. 821; REMARQUES SUR LA SUCCESSION, S. 75; The duke, S. 38.
155 Vgl. LES HEUREUSES SUITES, S. 110. Vgl. des Weiteren auch GÖBEL, CÆSAREO-PAPIA ROMANA, S. 821; REMARQUES SUR LA SUCCESSION, S. 75; The duke, S. 38.
156 Vgl. VALOOT-DUVAL, NOUVELLE RELATION, S. 31.
157 Vgl. ebd., S. 31.
158 ZECH, Der Europäische Herold, S. 1087.

Wer aber diesen Anspruch anzweifle, den erkläre die römische Kurie zum Ketzer und überziehe ihn mit einem Religionskrieg[159]. Die katholische Geistlichkeit sei bemüht, durch »Furcht der Religion alle Christliche [...] Fürsten [...] in Devotion zu erhalten«[160]. Durch Ausnutzung der päpstlichen Arbiterstellung und Drohung päpstlichen Gnadenentzugs verstehe es der Klerus, die Macht der katholischen Kirche stetig zu erweitern[161]. Mithilfe der von der römischen Kurie so in Abhängigkeit geratenen katholischen Fürsten verstehe es der Papst, »unterm Prætext heiliger und Religions=Kriege/ den Potentaten/ welcher zu mächtig oder ihrer Hierarchie anstössig werden will/ im Zaum zu halten [...] und mehres Reichthum/ Lande und Leute [für sich zu] gewinnen«[162].

Durch die Instrumentalisierung der weltlichen Obrigkeit vermöge es die katholische Kirche, ihren eigenen geistlichen Herrschaftsanspruch auf die weltliche Gewalt auszuweiten. Mithilfe von Drohungen und der päpstlichen Schiedsgerichtsbarkeit habe sie sich die katholischen Potentaten vollkommen unterworfen. Der Religionskrieg sei ihr vornehmliches Mittel, um unter dem Deckmantel des Glaubens auch den letzten Widerstand gegen die vollkommene Herrschaft des Klerus zu brechen. Der Anspruch der geistlichen Oberhoheit des Papstes sei auf diese Weise längst auf alle weltlichen Herrschaftsrechte ausgeweitet worden.

Wie wenig es dem Klerus dabei um das Wohl der katholischen Konfession gehe, zeige die Tatsache, dass er wissentlich Katholiken und Protestanten gegeneinander ausspiele. Vor und zu Beginn der Hugenottenverfolgung unter Ludwig XIV. fanden protestantische Publizisten deshalb durchaus noch lobende Worte für die französische Kirchenpolitik. In Frankreich habe man die Machenschaften der Jesuiten erkannt und sich aus diesem Grunde längst vom blinden Gehorsam gegenüber dem Papst losgesagt[163]. Diese Haltung wurde vor allem im protestantischen Ausland durch die langjährigen Bündnisse der französischen Monarchen mit den protestantischen Mächten und Fürsten gegen die als Fanatiker verschrienen Habsburger begründet. Doch auch nach der Revokation des Edikts von Nantes fanden sich noch Stimmen, die Ludwigs XIV. Politik gegenüber der Kurie begrüßten. Dabei half ihnen, dass aus protestantischer Sicht primär der katholische Klerus für die Hugenottenverfolgungen in Frankreich verantwortlich gemacht wurde. Der Papst säe gerne Zwietracht zwischen Katholiken und Protestanten[164]. Aus diesem Grunde sei er nicht damit zufrieden, dass Ludwig XIV. die Hugenotten aus

---

159 Vgl. ebd.
160 Ebd.
161 Vgl. ebd.
162 Ebd.
163 Vgl. GÖBEL, CÆSAREO-PAPIA ROMANA, S. 684, 715, 885.
164 Vgl. ZECH, Der Europäische Herold, S. 1088.

Frankreich vertrieben habe, weil er dadurch keine Gelegenheit mehr habe, innere Religionskriege in Frankreich zu entzünden, um seine eigene Macht auf Kosten des Königs auszubauen[165]. Eine derartige Politik habe er auch im Französisch-Niederländischen Krieg und während der französischen Reunionen betrieben, um Ludwig XIV. im Konflikt um die Regalie und bei anderen Auseinandersetzungen leichter in Schach halten zu können[166].

Um Religionskriege zu entfesseln, habe sich der katholische Klerus der Argumentation bedient, die Protestanten seien Rebellen[167]. Er habe folglich das Recht, die Protestanten zu züchtigen[168]. In Wahrheit aber sei die römische Kirche nur

une infame prostituée qui s'est saisie de la maison, assistée d'une troupe de Rufiens, de coup-jarets, & de gens de sac & de corde, qui en a chassé le pére, la mére & les enfans, qui a égorgé de ces enfans le plus qu'elle a pû, qui a forcé les autres à la reconoître pour la maîtresse légitime, ou les a contraints de vivre éxilez[169].

Diese Usurpation des Hauses Gottes war aus protestantischer Sicht völlig illegitim. Statt ihre Bestrafung durch die Katholiken hinzunehmen, sollten sich die Protestanten gegen solche Verfolgungen wehren und der Mutter, dem Vater und den überlebenden Kindern wieder zu ihrem Recht verhelfen.

Die Usurpation von Herrschaftsrechten durch den katholischen Klerus wurde aus protestantischer Sicht von einer unglaublichen Brutalität begleitet. Protestantische Publizisten wie der deutsche Lutheraner Christian Thomasius betrachteten die Brutalität des Klerus als universalhistorische Konstante. »Denn sehet nur einmahl an/ was es vor brutale Kerl beym Concilio Niceno gewesen seyn/ wie sie sich unter einander gekatzbalget u. gebissen haben/ wie die Hunde/ u.f.m«[170].

Aus diesem Grunde schrieben sie den Geistlichen die Schuld an den Religionskriegen zu: »Der meiste Krieg ist vom Pfaffe hergekommen. Man gehe alle Secula durch/ denn sie können nicht ruhen die widriggesinnten zuverfolgen: Und ehe drey Jahr ins Land gehen/ so können wir leicht wider einen Religions Krieg haben«[171].

---

165 Vgl. ebd.
166 Vgl. ebd.
167 [BAYLE], COMMENTAIRE 1686, S. xxiij.
168 Vgl. ebd.
169 Ebd., S. xxv.
170 THOMASIUS, Dreyfache Rettung, S. 97.
171 Ebd., S. 100. »Nimmermehr würden die Protestirende einen Religions-Krieg angefangen/ oder auch sich zur Gegenwehr gestellet haben/ wenn sie hätten ruhig bleiben können/ welches alles die Pfaffen angestellet/ wie die Historien bezeugen«. HEUNISCH, ANTICHILIASMUS, S. 369; L'ESPRIT, S. 521.

Überhaupt seien die meisten Kriege wegen der Machenschaften der Geistlichkeit entstanden. Sie sei vom Geist der Intoleranz getrieben und könne nicht ertragen, dass Anhänger fremder Überzeugungen neben ihrer eigenen geduldet würden. Zur Feststellung der Orthodoxie diene ihnen nicht die Mehrzahl der Stimmen, sondern sie hätten sich schon auf dem Konzil von Nicäa »den heiligen Geist nach ihrem Gefallen« gemacht[172].

Der anglikanische Bischof von Dublin John Hough behauptete in einer Predigt anlässlich der Eroberung Irlands durch Wilhelm III. von Oranien, die katholische Kirche habe bis zur Reformation alle Menschen in Europa »in Spiritual Bondage« gehalten[173], indem sie den Menschen beigebracht habe, dass nichts gefährlicher für sie sei als die Suche nach der Wahrheit[174]. Stattdessen hielt sie die Gläubigen in »a blind [...] Obedience to the Priest«[175]. Zur Unterdrückung der Wahrheit habe der Papst allerhand Grausamkeiten angewandt und die Inquisition eingeführt[176]. Philipp II. von Spanien, »a Bigotted and a Merciless Prince«, habe das Ansinnen des Papstes unterstützt und ein Massaker in den Niederlanden angerichtet, um die Herrschaft des Papstes zu stützen[177].

Auch Edmund Hickeringill unterstreicht in seiner für den englischen Antiklerikalismus programmatischen Flugschrift *Priest-Craft, its character and consequences* die Grausamkeit des katholischen Klerus[178]. Die Päpste seien blutrünstig, »a greater Plague to Mankind than Pestilence and Famine«[179]. Hickeringill setzte sie damit explizit in Verbindung zu den sieben Plagen Ägyptens im Alten Testament[180]. Ihre Raserei würde eines Tages die ganze Christenheit in einen Religionskrieg stürzen[181]. Dieser sei unausweichlich, weil Verschwörungen und der Drang zur Vernichtung des Protestantismus im Wesen des »Papismus« begründet lägen[182]. Der katholische Klerus werde stets mit Feuer und Scheiterhaufen gegen die Häretiker vorgehen[183]. Eine Führungsrolle komme dabei den Jesuiten zu, die als »Masters of Art in bloody Priest-Craft« angesehen werden müssten[184]. Als Beweis für diese Darstellung

---

172 THOMASIUS, Dreyfache Rettung, S. 97.
173 HOUGH, A SERMON, S. 6.
174 Vgl. ebd.
175 Ebd.
176 Vgl. ebd., S. 7.
177 Ebd.
178 HICKERINGILL, Priest-Craft.
179 Ebd., S. 14.
180 Vgl. ebd. Vgl. dazu auch THE HOLY BIBLE, Exod., 9, 10–11; 9, 22–25; 10, 12–15.
181 Vgl. HICKERINGILL, Priest-Craft, S. 14.
182 Vgl. ebd.
183 Vgl. ebd. Vgl. auch REMARQUES SUR LA SUCCESSION, S. 73f.; GÖBEL, CÆSAREO-PAPIA ROMANA, S. 622, 885f.
184 HICKERINGILL, Priest-Craft, S. 14. Vgl. des Weiteren REMARQUES SUR LA SUCCESSION, S. 73f.

führte Hickeringill die Geschichte an, denn in der Vergangenheit habe der Papst 100.000 Mann unter dem Vorwand eines Türkenkreuzzugs aufgestellt[185]. Dieses Heer habe er aber nicht in den Orient entsandt, sondern nach Spanien, wo es im Auftrag des Papstes unzählige Häretiker abgeschlachtet habe[186]. Der Papst »gave them as ample Pardons for all Sins committed, and to be committed, as if they had kill'd so many Turks«[187]. In der jüngsten Vergangenheit habe sich das gleiche Schreckensszenario in Irland wiederholt, wo die Katholiken »for God's sake, and the Priest's sake« 200.000 Frauen, Männer und Kinder hätten ermorden lassen[188].

Vom Geist der Grausamkeit und Intoleranz beseelt, hätten die katholischen Kleriker sogar selbst zu den Waffen gegriffen. Pierre Bayle versicherte unter Berufung auf den katholischen Historiker Antoine Varillas, einige katholische Bischöfe seien so blutrünstig gewesen, dass sie nicht davor zurückschreckten, persönlich in einem Religionskrieg die Waffen zu ergreifen[189]. In seinem COMMENTAIRE PHILOSOPHIQUE von 1689 nennt Bayle folgerichtig auch in der jüngsten Vergangenheit das Beispiel des Münsteraner Bischofs Christoph Bernhard von Galen, von dem es geheißen habe, »on lui voioit sur la tête une moitié de mitre & une moitié de Casque; une crosse d'une main & un sabre de l'autre«[190]. Und 1702 klagte der *Neu=eröffnete [...] Welt= und Staats=Spiegel* den Abt von Sankt Gallen an, als Anstifter des letzten Schweizer Religionskrieges »alle Liebe zum Frieden verloren« zu haben[191]. Diese Beispiele lassen sich im Vorwurf des für einen Geistlichen ungebührlichen Lebenswandels zusammenfassen[192]. Die protestantische Publizistik konnte hier auf das katholische Kirchenrecht und die überkonfessionell gültige Drei-Stände-Lehre rekurrieren, die dem zweiten Stand die Kriegsführung

---

185 Vgl. HICKERINGILL, Priest-Craft, S. 16. Um welchen Türkenkrieg es sich dabei gehandelt hat, konnte aus der Schrift »Priest-Craft, its character and consequences« und der einschlägigen Literatur zu den Türkenkriegen nicht ermittelt werden. Es ist davon auszugehen, dass es sich hierbei um eine diskursive Fiktion des Autors handelt, die einen ganz bestimmten Zweck innerhalb seiner Schilderung verfolgte, aber auf kein konkretes Beispiel in der Geschichte verwies.
186 Vgl. ebd.
187 Ebd.
188 Ebd. Hickeringill spielt hier wahrscheinlich auf die Massaker von 1641 in der irischen Provinz Ulster oder die Erhebung der irischen Katholiken im Vorfeld der Invasion Wilhelms von Oranien an. Vgl. CANNY, Making, S. 461–550; GILLESPIE, The end, S. 191–213; HARRIS, Revolution, S. 139f., 422–445.
189 Vgl. BAYLE, Pierre, ARTICLE VI. La Minorité de Saint Louïs, avec l'Histoire de Louïs XI. & de Henri II. par le Sieur de Varillas. A la Haye chez Adrian Moetjens à la Librairie Françoise 1685, in: BAYLE, NOUVELLES, S. 372–386, hier S. 377.
190 [Ders.], COMMENTAIRE 1686, S. ix.
191 ZSCHACKWITZ, Neu=eröffneter Welt= und Staats=Spiegel, S. 885.
192 Vgl. ebd.

vorbehielten[193]. Es war deshalb Konsens, vom Klerus stattdessen angewandte Friedensliebe zu erwarten. Das Betragen des katholischen Klerus lief aus Sicht der protestantischen Publizistik diesem Anspruch nicht nur in Worten, sondern auch in Taten diametral zuwider.

Die programmatische Streitschrift CÆSAREO-PAPIA ROMANA lehrte, dass der katholische Klerus überall in der Welt an der grausamen Verfolgung Andersgläubiger arbeite[194]. Er lehre, »man soll [die Protestanten] als Ketzer verfolgen/ tödten/ verbrennen/ [und] außrotten«[195]. Aber schon Papst Alexander VII. hätte auf dem Westfälischen Friedenskongress gelernt, dass der Protestantismus nicht mit Waffengewalt vernichtet werden könne[196]. »Damit Er aber/ zu Ausbreitung der Römischen Religion/ auch etwas beytrüge/ hat Er die gäntzliche Vertreibung der Evangelischen/ aus denen Kaiserlichen Erb-Ländern zuwege gebracht«[197].

Die Streitschrift CÆSAREO-PAPIA ROMANA geht also davon aus, dass das Zeitalter der Religionskriege tatsächlich vorerst mit dem Westfälischen Frieden beendet worden sei. Statt eines konventionellen Religionskrieges habe das Papsttum stattdessen nun neue Glaubensverfolgungen im Einflussbereich katholischer Monarchen angezettelt. Darüber hinaus sei aber auch die vom Papsttum erregte Verfolgung der evangelischen Ungarn durch einen Religionsfrieden beendet worden[198]. Papst Clemens IX., der Nachfolger Alexanders VII., sei deshalb gegen das Haus Österreich verbittert gewesen, weil es nichts Manifestes gegen die Protestanten mehr unternehme[199]. Die päpstliche Verurteilung konfessioneller Friedensschlüsse war in protestantischen Augen Anlass zu fortdauerndem Argwohn gegenüber dem katholischen Klerus.

*Zusammenfassung*
Zusammenfassend lässt sich festhalten, dass die Unmoral des katholischen Klerus von der protestantischen Tagespublizistik als Auslöser für die vergangenen und gegenwärtigen Religionskriege identifiziert wurde. Besonders die

---

193 Vgl. OEXLE, Die funktionale Dreiteilung, S. 33–35, weist bereits auf mittelalterliche Kritiken an der Übernahme kriegerischer Funktionen durch den Klerus. JOUANNA, Die Legitimierung, S. 168, 171, führt die Kriegsführung als eines der identitätsstiftenden Elemente des französischen Adels an.
194 Vgl. GÖBEL, CÆSAREO-PAPIA ROMANA, S. 622. LA NECESSITÉ, S. 21, betont, dass die katholische Kirche nicht nur die Protestanten, sondern auch die orthodoxen Christen in ihrem Einflussbereich verfolge.
195 HOLTZHAUSEN, Offentliche An-Rede, S. 83.
196 Vgl. GÖBEL, CÆSAREO-PAPIA ROMANA, S. 105f.
197 Ebd., S. 106f.
198 Vgl. ebd., S. 109. Gemeint war der Ödenburger Landtag von 1681. Vgl. dazu BUCSAY, Geschichte, S. 99; FABINY, Bewährte Hoffnung, S. 32; GYENGE, Der Ungarische Landtag, S. 33–58.
199 Vgl. GÖBEL, CÆSAREO-PAPIA ROMANA, S. 107.

Jesuiten und der Papst übertrafen in den Augen der protestantischen Publizisten die übrigen katholischen Geistlichen an Untugend und Perfidie, mit der sie die katholischen Gläubigen in den Religionskrieg trieben.

Die Memoria erlaubte es der protestantischen Publizistik, an eine ganze Reihe von Topoi des mittelalterlichen Antiklerikalismus und des Antijesuitismus anzuknüpfen, die mit Einschränkung auch im katholischen Europa rezipierbar waren[200]. Der innerkatholische Ritenstreit um die Mittel der Jesuitenmission in China trug ein Übriges dazu bei, die Verurteilung der Jesuiten auch im katholischen Europa anknüpfungsfähig zu machen[201].

Die Verurteilung des Papstes eignete sich auf den ersten Blick insbesondere für die Hugenotten, um den Anschluss an die innerfranzösischen Debatten zu finden. In der Tat schien eine Verurteilung des Papstes im katholischen Frankreich des späten 17. Jahrhunderts anschlussfähig, weil sich die gallikanische Kirche und Ludwig XIV. seit 1673 in einer harten Auseinandersetzung mit dem Papst befanden, die erst 1693 beigelegt werden konnte[202]. Von Beginn der Hugenottenverfolgungen an bis 1693 hofften die französischen Reformierten deshalb auf die Unterstützung Ludwigs XIV. im Kampf gegen die katholische Kirche, die sie für ihr Schicksal verantwortlich machten.

Über die Grenzen Frankreichs hinaus sollte die Betonung des verkommenen Charakters der katholischen Geistlichkeit die Einheit innerhalb der Christenheit herstellen und konfessionelle und nationale Grenzen im Angesicht der klerikalen Bedrohung überwinden helfen. Die Schilderung der klerikalen Unmoral ermahnte insbesondere die katholischen Fürsten zu einem moderaten Umgang mit ihren protestantischen Untertanen und Verbündeten. Während sie von der Herrschsucht, Machtgier und dem Ehrgeiz der katholischen Geistlichkeit den Verlust ihrer Herrschaft befürchten müssten, sollten sie sich auf die Seite der Protestanten stellen, um einen Religionskrieg zu verhindern und ihre Herrschaft so zu festigen. Die Tatsache, dass einfache und mächtige Katholiken sich offensichtlich von dieser Argumentation wenig beeindrucken ließen, erklärte die protestantische Tagespublizistik mit dem politischen Ränkespiel der katholischen Geistlichkeit, mit dessen Hilfe sie Fürsten und Gemeinen gleichermaßen zu einem Religionskrieg zur Befriedigung ihrer Unmoral aufzustacheln vermochten.

---

200 Vgl. GAY, Le Jésuite, S. 305–327; GIARD, Le Catéchisme, S. 73–90. Vgl. mit zahlreichen Beispielen GILLOT, Le règne, S. 99–104. NAUMANN, Jesuitismus, S. 159–298, hingegen ist wegen der veralteten nationalistischen Betrachtungsweise eher problematisch, bereitet aber eine Vielzahl von interessantem Quellenmaterial auf.
201 Vgl. ÉTIEMBLE, Les Jésuites; FEZZI, Osservazioni, S. 541–566; HUONDER, Der chinesische Ritenstreit; NEVEU, Jacques II., S. 715; PIZZORUSSO, Le pape, S. 539–561.
202 Vgl. BLET, Les Assemblées, S. 117–420, 486–580; ders., Régale 2003, S. 1063–1065; ders., Régale 1990, S. 1311–1312; CHALINE, Le règne, Bd. 1, S. 230, 249–253; DOMPNIER, Frankreich, S. 135.

### III.2.4 Der Religionskrieg als Mittel politischer Manipulation

Zu allen Zeiten und an allen Orten habe sich der katholische Klerus der Einfalt des gemeinen Volkes bedient, um dieses zu seinen Religionskriegen aufzustacheln. Die Religion habe ihm dabei nur als Vorwand gedient, seine politischen Ziele vor dem gemeinen Volk zu rechtfertigen[203]. Die protestantische Publizistik klagte die Päpste an, in unterschiedlichen von ihnen ausgelösten Religionskriegen den katholischen Soldaten »auf gut Mahomentisch« Ablässe für ihren Kampf gegen den Protestantismus gewährt zu haben[204]. Auf diese Weise wurden die päpstlichen Religionskriege gegen den Protestantismus mit den Religionskriegen der Muslime gegen das Christentum gleichgesetzt. Ihnen kam somit universalhistorische Bedeutung im Kampf zwischen den auf Erden waltenden Mächten des Guten und des Bösen zu. Während die Protestanten die friedliebende Lehre Christi verteidigten, hätten die katholischen Geistlichen einem blutrünstigen Kriegsgott gefrönt und ihren Anhängern im Kampf gegen die wahre Kirche Christi das Paradies versprochen. Durch seine Einfalt, seine Unwissenheit und Bigotterie sei das gemeine Volk ein besonders leichtes Opfer für die Machenschaften der Priester und Jesuiten[205]. Die Jesuiten seien dabei fähige »corrupteurs de la Morale« des Pöbels[206].

Drei Beispiele der französischen, britischen und schweizerischen Geschichte der jüngeren Vergangenheit mögen das verdeutlichen. Auf Veranlassung des Klerus habe Ludwig XIII. von Frankreich bei seiner Krönung geschworen, die Ketzer aus Frankreich zu verjagen[207]. Daraufhin habe eine große Zahl von Ordensgeistlichen von der Kanzel herab die Vertreibung der Hugenotten gepredigt, ohne dass jemand dagegen eingeschritten sei[208]. Dies habe einen großen Hass der Katholiken gegen die Hugenotten erzeugt[209]. Somit hätten die katholischen Geistlichen das Fanal für die Religionskriege unter Ludwig XIII. schon vor deren eigentlichem Ausbruch öffentlich geblasen. Auf diese Weise hätten sie schon 70 Jahre vor der Revokation des Edikts von Nantes an seiner Beseitigung gearbeitet. Pierre Bayle klagte den katholischen Klerus noch 1690, nach der Umsetzung seines angeblichen Vertreibungsplans, an, seine

---

203 Vgl. JURIEU, LETTRES, S. 436.
204 GÖBEL, CÆSAREO-PAPIA ROMANA, S. 841, 983; REMARQUES SUR LA SUCCESSION, S. 74; LETTRES HISTORIQUES, Bd. 42, S. 18.
205 Vgl. CONSIDERATIONS 1690, Bd. 1, S. 675; DEFOE, LEX TALIONIS OR, AN ENQUIRY, S. 3; ders., La LOI, S. 6f.; LA NECESSITÉ, S. 124; VALOOT-DUVAL, NOUVELLE RELATION, S. 37; LA CHESNÉE, LE PARALLELE, S. 70f. Die dort auf S. 71 vertretene Ansicht, dass die Menschen der Gegenwart zu aufgeklärt seien, sich vom Papsttum zu solchen Kriegen überreden zu lassen, war in der protestantischen Tagespublizistik eher eine Minderheitenposition.
206 Vgl. VALOOT-DUVAL, NOUVELLE RELATION, S. 37.
207 Vgl. GUERTLER, Der bedruckte Palm-baum, S. 313.
208 Vgl. ebd.
209 Vgl. ebd.

Glaubensgemeinschaft von der Kanzel herab systematisch zu verleumden[210]. Einige Geistliche würden dort Ausschnitte hugenottischer Schriften verlesen, um diese anschließend wissentlich falsch auszulegen, um auf diese Weise bei ihren katholischen Zuhörern eine »aversion irreconciliable« hervorzurufen[211].

Während die hugenottische Publizistik postulierte, der katholische Klerus stachele den Pöbel in Frankreich zur Verfolgung ihrer Glaubensgemeinschaft auf, warf die protestantische Publizistik in England ihm die Aufwiegelung der katholischen Untertanen zur Rebellion gegen ein protestantisches Staatsoberhaupt vor. Daniel Defoe klagte sie an, stets Unruhen verursacht und sich gegen ihre jeweiligen Regierungen erhoben zu haben, weil sie nur den Papst als ihren obersten Souverän anerkennen wollten[212]. Der Papst unterstütze solche Unruhen, weil er es selbst auf die Vernichtung aller Potentaten abgesehen habe, wo er nicht die Herrschaft über sie erlangen könne[213]. Dadurch wurde das englische Beispiel universalisiert. Alle anderen Fürsten hätten folglich ihre Herrschaft durch die bloße Existenz katholischer Gläubiger in ihrem Herrschaftsbereich gefährdet sehen müssen.

Besonders ein Beispiel klerikaler Aufstachelung des katholischen Pöbels gegen die protestantische Obrigkeit erlangte sogar in der kontinentaleuropäischen Publizistik quasi kanonischen Charakter. In Irland sei die Agitation des katholischen Klerus auf fruchtbaren Boden gefallen[214]. Der katholische Klerus habe dort großen Einfluss beim gemeinen Volk und stifte den Pöbel zu Religionskriegen an[215]. Die Iren hätten sich von ihren Beichtvätern überzeugen lassen, »qui font d'une guerre de Politique une guerre de Religion; niant que leur ignorance & l'interêt du Clergé […] les y entretient«[216]. Die protestantische Publizistik war somit bestrebt, den Irlandfeldzug Wilhelms von Oranien als säkulares Unternehmen zu rechtfertigen. Auf keinen Fall sollten katholische Leser im In- und Ausland den Eindruck gewinnen, es handele sich um einen protestantischen Religionskrieg gegen den Katholizismus. Aberglaube und Ignoranz des irischen Pöbels sollten einen Grund liefern, der gebildeten Katholiken das Eintreten für ihre irischen Glaubensbrüder erschwere.

Dies war auch das Ziel der protestantischen Publizistik des Zweiten Villmergerkrieges im Jahr 1712. Die katholischen Kantone und der Papst hätten sich vom Abt von Sankt Gallen und dem katholischen Klerus überreden lassen,

---

210 Vgl. [BAYLE?], AVIS, AVERTISSEMENT [16].
211 Ebd.
212 Vgl. DEFOE, La LOI, S. 30. Bei dieser und der folgenden Aussage handelt es sich um ein Novum der französischen Übersetzung Defoes, die sich so im englischen Original nicht finden lässt.
213 Vgl. ebd.
214 Vgl. Der Vermeinte/ Und von Franckreich erdichtete/ Religions-Krieg, S. 2.
215 Vgl. ebd; CONSIDERATIONS 1690, Bd. 1, S. 675.
216 CONSIDERATIONS 1690, Bd. 1, S. 675.

es handele sich bei den Toggenburger Wirren um einen Religionskrieg[217]. Die Toggenburger Katholiken hätten sich mit der Zeit von den Gesandten Roms und des Abts von Sankt Gallen überreden lassen, die Protestanten planten die Wiedereinführung der freien Religionsausübung[218]. Der Abt und seine Agenten hätten sich stets bemüht, die bigotten katholischen Toggenburger gegen ihre protestantischen Landsleute aufzuhetzen[219].

Auf der Schweizerischen Tagsatzung habe sich eine große Menge von Welt- und Ordensklerikern eingefunden[220]. Die katholischen Landorte hätten die Toggenburger Wirren unter dem Einfluss dieser Kleriker zu einer religiösen Angelegenheit deklariert[221]. 1712 erklärte der Abt von Sankt Gallen schließlich mit Unterstützung der katholischen Kantone den Protestanten tatsächlich den Krieg[222]. Die Priester hätten von da an nichts anderes als den bedingungslosen Gehorsam gegenüber dem Abt von Sankt Gallen gepredigt[223]. Auf diese Weise hätte der katholische Welt- und Ordensklerus maßgeblich dazu beigetragen, die Bauern aufzustacheln und die katholischen Kantone dazu zu bringen, den bestehenden Religionsfrieden zu brechen bzw. einen Religionskrieg zu führen[224].

Die protestantische Publizistik unterstellte den katholischen Schweizern, in großer Unwissenheit und abergläubischen Praktiken zu verharren. Aus diesem Grund sei es dem päpstlichen Nuntius und den katholischen Geistlichen während des Krieges gelungen, die Schweizer Katholiken zum Kampf gegen die Protestanten zu treiben, »donnant aux uns des Agnus Dei pour leur servir de préservatif dans les Combats, & promettant aux autres des Indulgences pléniéres en cas qu'ils viennent à y être tuez«[225].

Auch habe man den katholischen Schweizern Bilder der Jungfrau Maria ausgeteilt, um ihren Kampfesmut zu entfachen[226]. Der päpstliche Nuntius habe sogar erklärt, die Jungfrau sei ihm im Traum erschienen und habe den Katholiken den Sieg versprochen[227]. Die Kapuziner hätten Amulette und Drucke Papst Urbans VIII. verteilt, die ihre Träger vor allem Unheil beschützen sollten[228]. Auch der gegenwärtige Papst, Clemens XI., habe die katholischen

---

217 Vgl. RUCHAT, LES DELICES, S. 831; MERCURE HISTORIQUE 09.1712, S. 258f.
218 Vgl. RUCHAT, LES DELICES, S. 839.
219 Vgl. ebd., S. 845f.
220 Vgl. ebd., S. 850.
221 Vgl. ebd.
222 Vgl. ebd., S. 863.
223 Vgl. ebd.
224 Vgl. MERCURE HISTORIQUE 09.1712, S. 259f. Diese Anspielung zielte offensichtlich auf den Dritten Landfrieden von Baden aus dem Jahr 1656 ab, der den Ersten Villmerger Krieg beendete.
225 LETTRES HISTORIQUES, Bd. 42, S. 17f.; THE PRESENT STATE 01.1713, S. 11.
226 Vgl. THE PRESENT STATE 01.1713, S. 11; RUCHAT, LES DELICES, S. 866.
227 Vgl. ebd.
228 Vgl. ebd.

Kantone und den Abt von Sankt Gallen unterstützt, indem er sie ermahnte, in den Zürchern und Bernern nichts als Häretiker zu sehen[229]. Papst, päpstlicher Nuntius und Fürstabt von Sankt Gallen und der einfache Welt- und Ordensklerus unternahmen in den Augen der protestantischen Beobachter einen regelrechten Propagandafeldzug zur Entfachung eines Religionskrieges innerhalb der alten Eidgenossenschaft. Aus protestantischer Sicht war ihnen dabei kein Mittel zu schade, die Einfalt des einfachen Volkes auszunutzen.

Die leichte Manipulierbarkeit der katholischen Laien beschränkte sich in den Augen der protestantischen Publizistik nicht allein auf das in Unwissenheit verharrende katholische Volk. Mit der jesuitischen Erziehung; den katholischen Glaubenslehren, die Ketzer zu verfolgen, Verträge mit Ketzern bei nächster Gelegenheit heimtückisch zu brechen; dem Appell an das fürstliche Gewissen und der Ohrenbeichte besäßen die katholischen Geistlichen geeignete Instrumente, auch die katholischen Fürsten nach ihrem Willen zu korrumpieren und bei nächster Gelegenheit Religionskriege zu entfachen. Mit den Jesuiten habe die katholische Kirche noch heute Botschafter und Agenten in den Kabinetten aller katholischen Fürsten[230]. Mit deren Hilfe korrumpiere und dirigiere sie die Politik der katholischen Monarchen[231].

Die CÆSAREO-PAPIA ROMANA erklärte, der Kaiser sei von Kindheit an von den Jesuiten erzogen worden und deshalb ein willfähriges Instrument ihrer Machenschaften[232]. Der Kaiser sei durch seine jesuitische Erziehung gleichsam in seinem Gehorsam gegenüber dem Papst gefangen[233]. Als deren Lehrer hätten die Jesuiten außerdem auch anderen katholischen Fürsten von Kindheit an einen heimlichen Hass gegen die Protestanten eingeflößt[234]. Dieser Hass könne leicht zu offener Feindschaft werden, weil »man denen Catholischen Potentaten beybringet: Sie seyn Gewissens halben/ die Ketzery zuvertilgen« verpflichtet[235]. Die Jesuiten würden sie auf diese Weise zu allerlei Glaubensverfolgungen und Religionskriegen verleiten[236].

---

229 Vgl. ebd., S. 873f.
230 Vgl. HOUGH, A SERMON, S. 9.
231 Vgl. ebd.
232 Vgl. GÖBEL, CÆSAREO-PAPIA ROMANA, S. 684.
233 Vgl. ebd., S. 882.
234 Vgl. ebd., S. 839.
235 »Und wann man gleich des gemeinen Nutzes wegen/ die Ketzer nicht abschaffen wollte/ so sey doch die hohe Obrigkeit/ dieselbe aus den Lande zu verjagen/ oder durch allerhand gewaltsame Mittel zur rechten Religion zu zwingen/ Gewissens halben verbunden«. Ebd., S. 621, 839; HOLTZHAUSEN, Offentliche An=Rede, S. 83.
236 Vgl. GÖBEL, CÆSAREO-PAPIA ROMANA, S. 715; HOLTZHAUSEN, Offentliche An= Rede, S. 83. »Die Jugend wird noch schlechten Nutz hiervon haben/ indem solche durch diese Herrn Jesuiter von dem rechten Weg der Warheit ab= und schändlichsten Irrwegen geführet werden«, urteilte Des aus denen Elisischen Feldern, S. 19, über die Erziehungspraxis der *Societas Jesu*.

Aus der Verfolgung von Andersgläubigen hätten die katholischen Geistlichen einen Ehrentitel gemacht[237]. Dieser Ehrentitel »gehorsamer Söhne der Kirchen« verschleiere aber nur, dass die Fürsten dadurch zu Sklaven des Klerus gemacht würden[238]. Der katholische Klerus habe dem König von Frankreich geschmeichelt, die Ausrottung der Ketzerei sei eines seiner vornehmsten Ehrenrechte[239]. Einen solchen Ehrentitel habe Ludwig XIV. kaum zurückweisen können. Dieses Ehrenrecht habe ihn auch dazu ermutigt, nach den Hugenottenverfolgungen in Innerfrankreich auch in den reunierten Gebieten die Gegenreformation eifrig voranzutreiben[240]. In England sei Jakob II. der gleichen Lehre gefolgt und habe gleich drei Königreiche für die Kurie unterwerfen wollen[241]. Geschickt würde der katholische Klerus die Eitelkeit der Fürsten benutzen, um sie zu Glaubensverfolgungen und Religionskriegen anzustacheln.

Wo den Jesuiten mit dieser Taktik bei Tage kein Erfolg vergönnt sei, würden sie sich des Nachts als Geister verkleiden und die katholischen Fürsten im Schlafgemach heimsuchen[242]. Zu Philipp Wilhelm von der Pfalz hätten sie beispielsweise einen ihrer Missionare in Verkleidung eines Geistes geschickt »qui toutes les nuits crioit aux oreilles du vieux Duc qu'il n'y avoit point de salut pour luy, à moins qu'il n'exterminât l'heresie & les heretiques de ses nouveaux Etats suivant le conseil des Peres Jésuites«[243].

Mit solchen schauerlichen Anekdoten versuchte die protestantische Publizistik die katholischen Fürsten vor der *Societas Jesu* zu warnen und ihre Mitglieder als Scharlatane zu entlarven. Sie dienten aber auch als Schauermärchen für ein protestantisches Publikum, dem damit klargemacht werden sollte, dass die Jesuiten vor keinem Mittel zurückschrecken würden, um den Protestantismus auszurotten. Protestantische Leser und katholische Rezipienten konnten damit gleichermaßen vor den Machenschaften des katholischen Klerus gewarnt werden, der zur Beförderung seiner eigenen weltlichen Interessen die Welt in einen universellen Krieg verwickeln würde. Die protestantischen Leser wurden damit im eigenen Antiklerikalismus bestärkt,

---

237 Vgl. HOLTZHAUSEN, Offentliche An=Rede, S. 83.
238 GÖBEL, CÆSAREO-PAPIA ROMANA, S. 681.
239 Vgl. GUERTLER, Der bedruckte Palm-baum, S. 314; Der Vermeinte/ Und von Franckreich erdichtete/ Religions=Krieg, S. 10f.; LE VRAI INTERET, S. 219. Der Autor des AVIS IMPORTANT AUX REFUGIEZ klagt den katholischen Klerus an, bei Hofe durch seine Predigten eine »aversion irreconciliable« hervorgerufen zu haben. Vgl. [BAYLE?], AVIS, AVERTISSEMENT [16].
240 Vgl. Der Vermeinte/ Und von Franckreich erdichtete/ Religions=Krieg, S. 10f.
241 Vgl. ebd., S. 17.
242 Vgl. JURIEU, LA RELIGION DES JESUITES 1689, S. 77; Europäischer Glücks=Topf, S. 188f., spielt auf die entsprechende Passage bei Jurieu an und verallgemeinert sie. Die Jesuiten würden sich als Geister verkleiden, »um vornehme Herren zur Ausrottung« der evangelischen Konfession zu bewegen.
243 JURIEU, LA RELIGION DES JESUITES 1689, S. 77.

während die katholischen Rezipienten vor den Folgen der Politik ihrer Geistlichkeit gewarnt wurden. Mit der Unterscheidung zwischen katholischem Klerus und katholischen Laien versuchte das protestantische Tagesschrifttum zudem, die weltlichen Kräfte des Katholizismus auf seine Seite zu ziehen.

Das vornehmste Mittel der Jesuiten zur Manipulation der Herrschenden war in den Augen der protestantischen Publizistik nicht die Scharade, sondern die Ohrenbeichte[244]. Seit jeher stand sie bei Protestanten in scharfer Kritik; ein seelsorgerischer Charakter wurde ihr gänzlich abgesprochen[245]. Die Jesuiten besäßen einen päpstlichen Dispens, der es ihnen erlaube, das Beichtgeheimnis zu brechen[246]. Durch die jesuitischen Beichtväter sei die römische Kurie deshalb immer bestens über alle Aktivitäten der katholischen Potentaten unterrichtet[247]. Die Beichtgeheimnisse könne der Papst dann frei »zu seinem Vortheil« benutzen[248]. Mithilfe der Ohrenbeichte habe der katholische Klerus also eine strenge Herrschaft über die Gläubigen errichtet, die er damit auf einfache Weise kontrollieren und manipulieren könne[249]. Die Ohrenbeichte stelle somit ein Instrument der Jesuiten dar, das es ermögliche, die katholischen Fürsten zu Glaubensverfolgungen oder gar einem Religionskrieg aufzustacheln.

Die Jesuiten seien das vornehmste Instrument der katholischen Kirche bei der Verfolgung der Protestanten. Besonders sie rieten den Fürsten, die bestehenden Edikte zu widerrufen[250]. Insbesondere auf den französischen König übten die Jesuiten sehr großen Einfluss aus, weil sie stets direkten Zugang zu seiner Person besäßen[251]. Namentlich der Beichtvater Ludwigs XIV., François d'Aix de Lachaise, und der jesuitische Historiker Louis Maimbourg wurden

---

244 Vgl. GÖBEL, CÆSAREO-PAPIA ROMANA, S. 680.
245 Artikel 24 der *Confessio Gallicana* verurteilte ausdrücklich die Praxis der Ohrenbeichte. »Lesquelles choses nous reiettons non seulement pour la fausse opinion du merite, qui y est attachee, mais aussi parce que ce sont inventions humaines, qui imposent ioug aux consciences«. Confessio Gallicana von 1559, in: Die Bekenntnisschriften, S. 221–232, hier S. 227. Zur grundlegenden Kritik der Reformierten an der Beichte vgl. darüber hinaus auch OHST, Pflichtbeichte, S. 2; OHST, Beichte, Sp. 1222; ROOT, Beichte, Sp. 1224. Für Lutheraner zählte die Beichte nach wie vor zu den Sakramenten, auch wenn sie in der Nachfolge Luthers die katholische Beichtpraxis wie ihre reformierten Konfessionsverwandten vielfach kritisierten. Vgl. dazu trotz seines kontroverstheologischen Duktus wegen der besonderen Quellennähe immer noch einschlägig AUGUST, Die Privatbeichte. Daneben: ROOT, Beichte, Sp. 1224.
246 Vgl. GÖBEL, CÆSAREO-PAPIA ROMANA, S. 697.
247 Vgl. ebd.
248 Ebd.
249 Vgl. ebd.; Der Vermeinte/ Und von Franckreich erdichtete/ Religions=Krieg, S. 66–76.
250 Vgl. JURIEU, LA RELIGION DES JESUITES 1689, S. 78. Jurieu spielt hier direkt auf das Edikt von Nantes an. Das Attribut der Unumstößlichkeit wurde von hugenottischen Autoren immer wieder direkt auf das Edikt von Nantes bezogen. Vgl. BENOIST, HISTOIRE, Bd. 1, S. 299; BOST, Elie Benoist, S. 383.
251 Vgl. GUERTLER, Der bedruckte Palm-baum, S. 314.

für die Hugenottenverfolgungen verantwortlich gemacht[252]. Die katholischen Kleriker hätten dem König von Frankreich beigebracht, die Protestanten hätten in der Vergangenheit immer wieder Rebellionen in seinem Königreich entfacht[253].

*Der Vermeinte/ Und von Franckreich erdichtete/ Religions=Krieg* berichtete auf besonders romaneske Weise, Lachaise habe Ludwig XIV. eingeredet, er sei als Allerchristlichster König gewissenshalber verpflichtet, die Hugenotten auszurotten[254]. Bei der Beichte habe Lachaise dem König die Absolution verweigert, weil er mit Madame de Montespan einen doppelten Ehebruch begangen hatte[255]. Er habe als Sühneleistung verlangt, dass ihm der König ein Schreiben ausstelle, das anordne, alle Hugenotten an einem bestimmten Tag durch Weisung an die königlichen Beamten im gesamten Königreich hinrichten zu lassen[256]. Dieses Vorgehen musste den historisch versierten Leser nur allzu stark an die Schilderung der Bartholomäusnacht in der protestantischen Historiografie erinnern[257]. Von Gewissenspein geplagt, habe Ludwig XIV. in die Ausstellung eines solchen Schreibens eingewilligt[258]. Aus »Furcht vor dem ungestümmen Beicht=Vater Chaise« habe sich Ludwig XIV. einschließen lassen und angeordnet, niemanden zu ihm vorzulassen[259]. Dem Prinzen von Condé sei es jedoch gelungen, bis zum König vorzudringen[260]. Der König habe Condé seine Skrupel gegen ein so barbarisches Vorgehen anvertraut[261]. Daraufhin habe Condé Lachaise mit Gewalt zur Herausgabe des Schreibens gebracht und den Befehl aufheben lassen[262]. Als der König aber erneut seine Sünden beichten wollte, habe Lachaise ein zweites Mal die Absolution verweigert[263]. Weil sich der König aber aufs Neue geweigert habe, ein allgemeines

---

252 Vgl. Der Vermeinte/ Und von Franckreich erdichtete/ Religions=Krieg, S. 66; VALOOT-DUVAL, NOUVELLE RELATION, S. 38, 113, betonte, dass weder Ludwig XIV. noch sein Staatssekretär des Krieges Michel Le Tellier de Louvois für die Hugenottenverfolgungen verantwortlich gewesen seien, sondern einzig und allein die Jesuiten. LE VRAI INTERET, S. 219, behauptet, die beiden Geistlichen hätten Ludwig XIV. eingeredet, »qu'en exterminer les Protestans en son Roiaume, il immortaliseroit son nom & sa mémoire, parce qu'il seroit plus que ses Prédécesseurs n'ont peu faire«.
253 Vgl. Der Vermeinte/ Und von Franckreich erdichtete/ Religions=Krieg, S. 10.
254 Vgl. ebd., S. 10, 66.
255 Vgl. ebd., S. 66. Sowohl Françoise-Athénaïs de Montespan als auch Ludwig XIV. waren zum Zeitpunkt ihrer Liaison mit anderen Ehepartnern verheiratet.
256 Vgl. ebd.
257 Vgl. ebd., S. 62. Über die protestantische Schilderung der Bartholomäusnacht mit zahlreichen weiteren Quellenbelegen vgl. ESTEBE, Tocsin, S. 168f.; JOUANNA, 24 août, S. 238–247; PERRY, From Theology, S. 9, 170, 179f., 199.
258 Vgl. Der Vermeinte/ Und von Franckreich erdichtete/ Religions=Krieg, S. 67.
259 Ebd., S. 68.
260 Vgl. ebd.
261 Vgl. ebd., S. 68–74.
262 Vgl. ebd.
263 Vgl. ebd., S. 75.

Massaker anzuordnen, habe er schließlich den Befehl erteilt, »daß der Ehrwürdige Pater mit seinen Gesellen befugt seyn sollte/ die Hugenotten durch andere beschwerliche Tormentierung [...] zu bekehren«[264]. Daraufhin hätten sie Dragoner anstelle von Aposteln gebraucht, wovon andere Berichte ausreichend Kunde täten[265].

Diese ausführliche Schilderung des Zustandekommens der ludovizianischen Hugenottenverfolgungen, wie es sich ein deutscher Flugschriftenschreiber zu Beginn des Neunjährigen Krieges ausmalte, zeigt deutlich die Schärfe des protestantischen Antijesuitismus. Nicht Ludwig XIV. wird für die Hugenottenverfolgung verantwortlich gemacht, sondern sein jesuitischer Beichtvater, der alle Winkelzüge des Katholizismus genutzt habe, um der Grausamkeit seines Ordens zu frönen.

Doch der Verfolgungseifer der Jesuiten ginge weit über die Grenzen Frankreichs hinaus. Wegen der jesuitischen Einflüsterungen habe Ludwig XIV. die Gegenreformation auch in den Gebieten, die Frankreich in den 1680er-Jahren durch seine Reunionspolitik annektiert hatte, eifrig vorangetrieben[266]. Über die Grenzen des französischen Einflussgebietes hinaus sei die jesuitische Missionstätigkeit überall von der gleichen Grausamkeit geprägt wie die dortigen Dragonaden[267]. Diese Charakterisierung der *Societas Jesu* war es auch, die die protestantische Publizistik für die Religionskriege verantwortlich machte. Auf diese Weise hätten die Ratschläge der Jesuiten erheblichen Anteil an den Religionskriegen in Deutschland gehabt[268]. Der katholische Klerus wolle die politischen Handlungsträger überzeugen, die Protestanten seien notorische Rebellen[269]. Ein »blutrünstiger Jesuit« habe behauptet: »Und wann man gleich des gemeinen Nutzes wegen/ die Ketzer nicht abschaffen wollte/ so sey doch die hohe Obrigkeit/ dieselbe aus dem Lande zu verjagen/ oder durch allerhand gewaltsame Mittel zur rechten Religion zu zwingen/ Gewissens halben verbunden«[270].

---

264 Ebd., S. 76.
265 Vgl. ebd. Vgl. BAXTER, William III, S. 208; BOTS, L'écho, S. 286, 295; NIGGEMANN, Die Hugenottenverfolgung, S. 103.
266 Vgl. Der Vermeinte/ Und von Franckreich erdichtete/ Religions=Krieg, S. 10f.
267 Vgl. [LARREY], REPONSE, S. 388f.
268 Vgl. GUERTLER, Der bedruckte Palm-baum, S. 314. L'ESPRIT, S. 521, erklärt den katholischen Klerus ganz allgemein zum Verantwortlichen für die Religionskriege des 16. Jahrhunderts.
269 »Man schwatzet grossen Herren vor/ es wären die Ketzer von Natur unruhige und solche Leute«. GÖBEL, CÆSAREO-PAPIA ROMANA, S. 621; Der Vermeinte/ Und von Franckreich erdichtete/ Religions=Krieg, S. 10.
270 GÖBEL, CÆSAREO-PAPIA ROMANA, S. 621.

Von der Befolgung der jesuitischen Ratschläge, so lautete das protestantische Gegenargument, hätten die Fürsten aber nichts anderes als das Ausbrechen von Religionskriegen zu befürchten, bei denen sie unweigerlich Land und Leute verlieren müssten[271].

Wohl aber gebe es Minister, die diese Gefahren erkannt hätten. Widersetze sich einer von ihnen den Plänen der Jesuiten, so würden sie ihn durch ihre Intrigen schnell zu Fall bringen[272]. Es läge also im eigenen Interesse der katholischen Staatsbediensteten, den Wünschen des Papsttums und des katholischen Klerus zu willfahren, wenn sie nicht ihre Ämter und die Gunst ihres Fürsten verlieren wollten.

Anstatt nun den katholischen Fürsten selbst gute Berater an die Seite zu stellen, würden die katholischen Geistlichen die Fürsten zum Vertragsbruch animieren. Katholische Vertragsbrüchigkeit war ein Leitmotiv der protestantischen Publizistik in Frankreich, England und dem Reich. Protestantische Autoren warfen dem katholischen Klerus vor, seinen Anhängern zu erlauben, ja sie sogar dazu zu verpflichten, Verträge mit Häretikern bei nächster Gelegenheit zu brechen, um sie dann in einem Religionskrieg zu vernichten[273]. Wenn der Papst

wider die Protestirende/ einen Religions=Krieg/ anblasen will/ lässet Er durch die Jesuiten/ die gemachte Religions=Verträge/ offentlich disputiren/ in geheim aber die Päbstliche Potentaten überreden/ daß Sie solche Pacta, auch denen Unterthanen/ der Religion wegen/ ertheilte Privilegia, zu halten nicht schuldig; ja wann Sie solche hielten/ Sie sich keiner Liberation aus dem Feg=Feuer zu getrösten/ auch sich gar des Himmels verlustig machten[274].

Vertragsbruch habe bei den Katholiken eine lange Tradition. Seit dem Konzil von Konstanz gehöre der Vertragsbruch zu den festen Dogmen des Katholizismus[275]. Schon Kardinal Richelieu habe wiederholt die Friedensverträge mit den Hugenotten gebrochen, bevor er sich schließlich anstrengte, sie gänzlich

---

271 Vgl. ebd., S. 713, 823.
272 Vgl. ebd., S. 680f., 833. Konkret spielt der Text auf Wenzel Eusebius Lobkowitz an, der während des Niederländisch-Französischen Krieges den Mainzer Erzbischof aufgefordert haben soll, den kaiserlichen Truppen den Rheinübergang zu verwehren. Außerdem soll er kaiserliche Briefe an die Franzosen weitergeleitet haben. Vgl. WOLF, Fürst, S. 405–426. Göbel wirft hingegen den Jesuiten vor, Lobkowitz in Ungnade gestürzt zu haben, weil er sich gegen ihre Machenschaften gestellt habe.
273 Ja es gelte sogar als Tugend, »de ne pas tenir la foy aux Heretiques«. REMARQUES SUR LA SUCCESSION, S. 74; The duke, S. 37; [LARREY], REPONSE, S. 383; GUERTLER, Der bedruckte Palm-baum, S. 314; GÖBEL, CÆSAREO-PAPIA ROMANA, S. 680; Des aus denen Elisischen Feldern, S. 20; MANIFEST, [36].
274 GÖBEL, CÆSAREO-PAPIA ROMANA, S. 680.
275 Vgl. LES HEUREUSES SUITES, S. 110; REMARQUES SUR LA SUCCESSION, S. 74; The duke, S. 37.

zu unterwerfen[276]. Auch der Protest des Papstes gegen den Westfälischen Frieden habe nur dazu gedient, die katholischen Fürsten umso leichter zum Friedensbruch zu überreden »und die Evangelischen zum Päbstlichen Chore treiben [zu] können«[277]. Die Jesuiten hätten Ludwig XIV. beigebracht, man müsse Verträge mit den Häretikern nicht einhalten[278]. Ludwig XIV. wiederum habe Jakob II. von England in dieser Lehre unterrichtet[279]. Eine deutschsprachige Flugschrift klagte Jakob II. direkt an: »Er hat das Principium, daß man den Ketzern Glauben zu halten nicht schuldig sey/ und daß der Pabst von allen Verpflichtungen loßsprechen könne«[280]. Die Befolgung der Lehre des Vertragsbruchs habe Jakob II. also bei seinen Untertanen verhasst gemacht.

Vertragscharakter konnten nach protestantischer Auslegung namentlich die Religionsprivilegien einzelner Länder beanspruchen; aber auch Krönungseide wie im Fall Jakobs II., öffentliche Gesetze, *Pacta Conventa*, die Goldene Bulle, Reichsabschiede, Beschlüsse von Parlamenten oder der Cortes[281]. Prinzipiell könne also ein solcher Vertragsbruch Untertanen jedes europäischen Staates treffen. Der Vorwurf des Vertragsbruchs richtete sich also in erster Linie an die Ständevertreter aller europäischen Staaten. Sie wurden von der protestantischen Publizistik ermahnt, dass das angebliche Dogma des Vertragsbruchs ihre eigenen Privilegien existenziell gefährde. Damit hofften protestantische Publizisten, auch katholische Ständevertreter auf ihre Seite zu ziehen, denn eine Beschneidung ständischer Rechte hätte protestantische und katholische Ständevertreter in gleichem Maße betroffen. Dies war eine Strategie, auch die katholischen Stände gegen eine Politik der religiösen Entrechtung und Verfolgung der Protestanten einzustimmen, damit sie sich in dem zu erwartenden Konflikt auf die Seite der Protestanten schlugen oder zumindest neutral blieben. Durch diese Betonung ständischer Rechte konnte eine überkonfessionelle Solidarität unter den Untertanen angestrebt und auf diese Weise ein

---

276 Vgl. LA CHESNÉE, LE PARALLELE, S. 60f.
277 Vgl. GÖBEL, CÆSAREO-PAPIA ROMANA, S. 845, 988; LETI, LA MONARCHIE 1701, Bd. 2, S. 77.
278 Vgl. Des aus denen Elisischen Feldern, S. 20; VALOOT-DUVAL, NOUVELLE RELATION, S. 49; MANIFEST, [36].
279 Vgl. ebd.
280 MANIFEST, [36].
281 Vgl. REMARQUES SUR LA SUCCESSION, S. 73; The duke, S. 37. Den Westfälischen Frieden würden katholische Kleriker aus Hass gegen die Protestanten als »fleau de l'Eglise« diffamieren. LETI, LA MONARCHIE 1701, Bd. 2, S. 77. Die Gläubigen seien deshalb verpflichtet, ihn zu brechen. JURIEU, LA RELIGION DES JESUITES 1689, S. 78, bezichtigt den katholischen Klerus, überall in Europa an der Aufhebung bestehender Edikte zu arbeiten. Zur Wahrnehmung des Edikts von Nantes als Vertrag zwischen Königtum und Untertanen mit den entsprechenden Quellenbelegen in der hugenottischen Publizistik vgl. KNETSCH, Pierre Jurieu, S. 112; YARDENI, Calvinist Political Thought, S. 331. Unter *Pacta Conventa* versteht man ein Verfassungsdokument der polnisch-litauischen *Rzeczpospolita*.

Religionskrieg verhindert werden. Die protestantische Publizistik richtete sich aber auch an die katholischen Fürsten, indem sie betonte, diese hätten wenig Vorteile von einem Religionskrieg zu erwarten, dessen Ausgang das Risiko der Ungewissheit berge[282]. Die katholischen Fürsten sollten also bedenken, dass ihnen aus einem von Rom initiierten Religionskrieg nicht unbedingt Vorteile erwachsen würden.

Ihren Glaubensgenossen führten protestantische Autoren die Rechtsunsicherheit vor Augen, die ihnen aufgrund der päpstlichen Dispenspraxis drohe. Denn der Papst erlaube den katholischen Fürsten, eidbrüchig zu werden, weil sie nach päpstlicher Lehre jede einmal eingegangene Verpflichtung durch einen päpstlichen Dispens umgehen könnten[283]. Der Papst werde somit zur obersten Instanz der Rechtsprechung erklärt, die auf Gutdünken über die Gültigkeit von Verträgen entscheiden könne[284]. Auch hätten Protestanten sich vor der Politik der katholischen Fürsten zu fürchten, da der Papst den katholischen Fürsten Hilfstruppen und Subsidien und die Aufteilung der protestantischen Länder verspreche, um sie zu einem Religionskrieg zu animieren[285]. Darüber hinaus stelle der Papst als unumstößliches Oberhaupt der katholischen Kirche für alle katholischen Fürsten das einigende Band dar, das ihre Aktionen leite und koordiniere[286]. Umso mehr müssten sich die Protestanten vor einem großen Bündnis der katholischen Fürsten fürchten.

Schere aber ein katholischer Fürst aus dieser Allianz aus, so habe er um Leib und Leben zu fürchten. Sollte ein katholischer Fürst die Pläne der Jesuiten für einen Religionskrieg durchkreuzen, so würden sie ihn ermorden lassen[287]. Pierre Jurieu berichtete in LA RELIGION DES JESUITES von einer Begebenheit am Wiener Kaiserhof. Eines Tages habe sich ein Offizier im Zimmer eines Jesuiten in der Hofburg versteckt, um ihm einen Streich zu spielen[288]. Dabei habe er unbeabsichtigt die Unterhaltung zweier Jesuiten mit angehört, die planten, Leopold I. mit einer Hostie während der Kommunion

---

282 Vgl. LETI, LA MONARCHIE 1701, Bd. 2, S. 83.
283 Vgl. REMARQUES SUR LA SUCCESSION, S. 73; The duke, S. 37; GÖBEL, CÆSAREO-PAPIA ROMANA, S. 840; MANIFEST, [36].
284 In diesem Sinne vgl. den Vorwurf bei GÖBEL, CÆSAREO-PAPIA ROMANA, S. 839f.
285 Vgl. ebd., S. 840; ZSCHACKWITZ, Neu=eröffneter Welt= und Staats=Spiegel, S. 886; LETTRES HISTORIQUES, Bd. 7, S. 531; MERCURE HISTORIQUE 07.1702, S. 105f.
286 »Le parti. Romain réuni sous un Chef toûjours vigilant & agissant, a le méme avantage à cet égard, qu'un Pouvoir Monarchique & absolu, comme est celui de France, a sur les autres Etats & Republiques en particulier, qui consument en deliberations le tems qu'il employe à agir & à les surprendre«. TRONCHIN DU BREUIL, LETTRES, S. 23. Der Papst sei »un Chef fixe & certain, qui les protége & les assiste par tout le monde & à qui ils ont recours dans toutes leurs pressantes necessitez«. REMARQUES SUR LA SUCCESSION, S. 75. Gleiches Zitat in der englischen Entsprechung bei The duke, S. 38.
287 Vgl. GÖBEL, CÆSAREO-PAPIA ROMANA, S. 713, 823.
288 Vgl. JURIEU, LA RELIGION DES JESUITES 1689, S. 80.

zu vergiften²⁸⁹. Die Verunglimpfung dieses Sakraments mit dem Tod des ersten Monarchen der Christenheit musste katholischen Rezipienten dieser Geschichte als schreckliches Sakrileg und Majestätsverbrechen erscheinen. Wer den Charakter der Mönche und insbesondere der Jesuiten kenne, könne aber gewiss sein, dass diese Geschichte der Wahrheit entspreche²⁹⁰. Als der Offizier den Kaiser habe warnen wollen, habe Leopold ihm jedoch keinen Glauben geschenkt, weil er eine zu hohe Meinung von den *Patres* gehabt habe²⁹¹. Der Widerspruch zwischen der kaiserlichen Hochachtung für die *Societas Jesu* und dem Anschlag der Jesuiten auf das Leben des ihnen ergeben Kaisers versuchte Jurieu durch die ausführliche Schilderung der Motive der Jesuiten aufzulösen. Der Grund für den Anschlag auf Leopold habe darin gelegen, dass es den Jesuiten nicht gelungen sei,

> corrompre l'Empereur ni l'empêcher de se liguer avec les Hollandois & les Anglois contre le Roy Jacques [...] Roy dont ils attendoient le rétablissement de leur domination en Angleterre. Ils n'ont pu seduire la Cour de Vienne ni luy persuader que c'est icy une guerre de Religion pour l'aveugler sur ses véritables intérêts. Ils n'ont pu rompre une ligue qui va à la ruïne de Louï XIV. leur bon ami, qui a porté le Regne de la Societé plus haut qu'il n'a jamais été²⁹².

Darüber hinaus wurden die Jesuiten zu Verbündeten und heimlichen Agenten Ludwigs XIV. erklärt. Diese Geschichte verneinte nicht nur die Untertanentreue der *Societas Jesu*, sondern erklärte die Jesuiten gar zu Verbündeten feindlicher ausländischer Mächte und potenziellen Königsmördern. Sie bestätigte die Topoi protestantischen Antijesuitismus und diente gleichermaßen als Warnung an protestantische und katholische Monarchen, sich vor den Aktivitäten der *Societas Jesu* in Acht zu nehmen. Besonders den katholischen Alliierten der protestantischen Mächte konnten so die Gefahren vor Augen geführt werden, die aus einer allzu großzügigen Privilegierung des Jesuitenordens erwüchsen. Letztlich liefen sie Gefahr, von den Jesuiten ermordet zu werden, wenn sie ihnen zu großes Vertrauen entgegenbrächten. Stattdessen täten sie besser daran, sich auf die Treue ihrer protestantischen Untertanen zu verlassen²⁹³.

---

289 Vgl. ebd., S. 80.
290 Vgl. ebd., S. 81.
291 Vgl. ebd., S. 80.
292 Ebd., S. 81f.
293 Dem Widerspruch zwischen der Herrschsucht der Jesuiten und ihrer Instrumentalisierung begegneten protestantische Autoren, indem sie betonten, die Jesuiten würden nur so lange auf Seiten Ludwigs XIV. stehen, wie er ihren Interessen diene. GÖBEL, CÆSAREO-PAPIA ROMANA, S. 714f., 728f., 824f. Letzten Endes habe auch Ludwig XIV. die *Societas Jesu* zu fürchten.

Die Anschuldigung des Königsmordes war ein alter Topos, der bereits von der protestantischen Historiografie kolportiert wurde[294]. Die protestantische Publizistik bediente sich wiederholt dieser historiografischen Exempel zur Untermauerung ihrer Anschuldigungen. Protestantische Publizisten lasteten darüber hinaus den Jesuiten die Morde an Heinrich III. und Heinrich IV. von Frankreich an, die, wenn auch nicht durch eigene Hand, so doch beide Anschläge durch ihre Intrigen inspiriert hätten[295]. Mehrere Male hätten sie Elisabeth I. von England ermorden wollen[296]. Wilhelm I. von Oranien sei in der Tat ihren Anschlägen zum Opfer gefallen[297]. Später hätten sie geplant, Karl II. von England zu ermorden, obwohl er selbst zum Katholizismus konvertiert sei – einzig und allein aus dem Grund, »parce que sa foiblesse les empêchoit d'avancer leurs affaires, & que sa vie étoit un obstacle à l'élevation du Duc d'York duquel ils étoyent parfaitement assurés«[298]. In England sei der Jesuit Edward Oldcorne zusammen mit seinem Freund Guy Fawkes für den *Gunpowder Plot* verurteilt und hingerichtet worden[299]. Auf gleiche Weise sei in Paris Jean Guignard gehängt worden, weil er öffentlich den Vater-, d.h. Königsmord lehrte[300]. Diese zahlreichen Beispiele sollten beweisen, wie sehr sich die katholischen Fürsten vor ihren geistlichen Beratern zu fürchten hätten. Sowohl vom Widerstand gegen die Ratschläge ihrer geistlichen Berater als auch von der Umsetzung ihrer Forderung nach einem Religionskrieg gegen die Protestanten drohe den katholischen Fürsten ihr Untergang. Entweder liefen sie Gefahr, ihr eigenes Leben durch einen jesuitischen Mordanschlag oder ihre Untertanen durch einen Religionskrieg zu verlieren[301].

Die Ziele des katholischen Klerus liefen in dieser Darstellung diametral den Interessen der weltlichen Herrschaftsträger zuwider. Einerseits warnte die protestantische Publizistik damit ihre eigenen Glaubensgenossen, sich vor den Machenschaften der katholischen Geistlichkeit in Acht zu nehmen, andererseits versuchte sie damit, die katholischen Fürsten mit ihrer Kirche zu entzweien und einen überkonfessionellen Konsens herzustellen, der die Absicht des katholischen Klerus zur Führung eines Religionskrieges vereitele.

---

294 Vgl. Kapitel II.2.2.
295 Vgl. JURIEU, LA RELIGION DES JESUITES 1689, S. 82. Der Papst habe Heinrich III. und Heinrich IV. von Frankreich ermorden lassen, »weil Sie [...] nicht nach Seiner Pfeiffe tantzen« wollten, heißt es bei: GÖBEL, CÆSAREO-PAPIA ROMANA, S. 886.
296 Vgl. JURIEU, LA RELIGION DES JESUITES 1689, S. 83.
297 Vgl. ebd.
298 Ebd. Die gleiche Schilderung findet sich in MANIFEST, [4].
299 Vgl. JURIEU, LA RELIGION DES JESUITES 1689, S. 82f.
300 Vgl. ebd., S. 83.
301 »Gewiß ists/ wo man am Kayserlichen Hofe sich noch ferner die Jesuiten/ zu Religions-Kriegen und reformiren/ verleiten lassen wird/ daß das Haus Oesterreich/ allen politischen Vermuthen nach/ erliegen muß«. GÖBEL, CÆSAREO-PAPIA ROMANA, S. 825.

## Zusammenfassung

Die protestantische Tagespublizistik definierte einen Religionskrieg als unmoralisch empfundenen, eigentlich areligiösen Krieg zur Befriedigung der Laster des katholischen Klerus. Sie klagte den katholischen Klerus an, zur Befriedigung seiner Unmoral sowohl das einfache Volk als auch die gekrönten Monarchen zu manipulieren, einen Religionskrieg zu beginnen. Beim einfachen Volk sei dies besonders einfach, weil der katholische Klerus es verstehe, die Einfalt und Unwissenheit des »Pöbels« auszunutzen. Das Volk werde auf diese Weise zu den Religionskriegen gegen die Protestanten aufgehetzt. Aus protestantischer Sicht wurde damit zwischen korrumpierenden Geistlichen und irregeleitetem Kirchenvolk unterschieden. Dies ermöglichte es, sich argumentativ an die katholischen Laien aller Stände zu wenden und zu versuchen einen interkonfessionellen Konsens unter Ausgrenzung und Verurteilung des katholischen Klerus herzustellen.

Fünf Hauptargumente sollten vor allem die katholischen Fürsten davon überzeugen, nicht auf die Einflüsterungen ihres Klerus zu hören und einen Religionskrieg zu vermeiden. Erstens sollte die Schilderung der Einfalt des Pöbels die Fürsten dazu animieren, den Geistlichen keinen Glauben zu schenken. Innerhalb des Diskurses der protestantischen Tagespublizistik liefen sie sonst Gefahr, selbst zu Unwissenden und Tölpeln erklärt zu werden. Zweitens ermahnte die protestantische Publizistik die Fürsten, nicht auf die Schmeichelei des Klerus hereinzufallen, der die Ausrottung der Häresie zu einem Ehrentitel erklärt habe. Die protestantische Publizistik konnte hier an den überkonfessionell anerkannten Tugendkatalog der traditionellen Fürstenspiegel anknüpfen, der die Schmeichelei als großes Übel geißelte[302]. Drittens liefen die katholischen Fürsten durch die Beachtung solcher Schmeicheleien Gefahr, ihre Herrschaft und ihre Untertanen in einem Religionskrieg zu verlieren oder doch zumindest ganz erhebliche Verluste zu erleiden. Viertens täten die katholischen Fürsten besser daran, alle geistlichen Berater und Beichtväter von ihrem Hof zu verbannen. Deren Intrigen würden die rechtschaffenen Berater des Fürsten korrumpieren oder in Ungnade stürzen und den Fürsten ohne den Widerspruch seiner Umgebung somit umso leichter zu einem Religionskrieg treiben, aus dem sie allein Gewinn ziehen könnten. Bleibe fünftens ein katholischer Monarch dennoch standhaft gegenüber den jesuitischen Lockangeboten, so müsse er bei der Weigerung zur Führung eines Religionskrieges um Leib und Leben fürchten, denn die Jesuiten und anderen Geistlichen würden nicht vor seiner Ermordung zurückschrecken, um an ihr Ziel zu gelangen.

---

302 Vgl. MÜHLEISEN, Weisheit, S. 153, 177f.; STURM, Absolutismuskritik, S. 239.

Mit diesen Anschuldigungen versuchte die protestantische Publizistik, die katholischen Monarchen auf ihre Seite zu ziehen, um einen Religionskrieg, von dem sie die Ausrottung ihres Bekenntnisses erwarteten, zu verhindern. Aber eine Einigung zwischen Katholiken und Protestanten werde durch die Regel der katholischen Kirche, Verträge mit Häretikern brechen zu dürfen, behindert. Die protestantische Publizistik bemühte sich, diese komplizierte, auf Einzelfällen beruhende Regelung zu einem katholischen Dogma zu stilisieren, das für jede Art von Verträgen und Rechtsinstituten gelte. Fürsten und Stände müssten sich deshalb gleichermaßen vor den Machenschaften des katholischen Klerus fürchten, denn das angebliche Dogma des Vertragsbruchs müsse für alle weltlichen Herrschaftsträger zu einer permanenten Rechtsunsicherheit führen. Die protestantische Publizistik appellierte deshalb an das Eigeninteresse und die Solidarität der katholischen Fürsten und Stände. Gleichzeitig wurden die protestantischen Rezipienten aber gewarnt, kein allzu großes Vertrauen in ihre weltlichen katholischen Gesprächspartner zu setzen, weil der Einfluss des katholischen Klerus und seiner perfiden Machenschaften sich durch die gesamte katholische Glaubenslehre ziehe.

Aus protestantischer Sicht waren es in erster Linie die Jesuiten, die mit ihren als äußerst biegsam empfundenen Moralvorstellungen als Propagandisten des Vertragsbruchs fungierten. Für die französischen Protestanten zeigte sich dies insbesondere in der Revokation des Edikts von Nantes, für die sie die Jesuiten verantwortlich machten. Der gesamtprotestantische Antijesuitismus wandelte im Zuge von Hugenottenverfolgungen, Neunjährigem Krieg und Spanischem Erbfolgekrieg von einem rein antiklerikalen Feindbild hin zu einem säkularen Vorwurf, der sich primär gegen die Moral des französischen Königs richtete. Die Jesuiten wurden dabei immer enger mit dem französischen König in Verbindung gebracht. Der anfängliche Vorwurf, die Jesuiten hätten Ludwig XIV. korrumpiert, wurde zum Vorwurf, die Jesuiten dienten als Agenten Frankreichs im europäischen Ausland.

### III.2.5 Die Jesuiten als Agenten Frankreichs

Nach der Revokation des Edikts von Nantes hatten sich die letzten protestantischen Mächte von Frankreich gelöst. Ludwig XIV. sah sich während des Neunjährigen Krieges und des Spanischen Erbfolgekrieges mit einer Allianz konfrontiert, auf deren Seite sich fast das gesamte protestantische Europa gestellt hatte. Nichts lag für die protestantische Tagespublizistik näher, als Elemente des protestantischen Antiklerikalismus auf Ludwig XIV. zu übertragen und ihn anstelle des Papstes für die Erklärung des Neunjährigen Krieges und des Spanischen Erbfolgekrieges zu einem Religionskrieg verantwortlich zu machen. Demzufolge wäre Ludwig XIV. nicht länger ein Instrument in den

Händen seiner Beichtväter, sondern der katholische Klerus mit den Jesuiten an seiner Spitze ein Instrument in den Händen Frankreichs[303].

Der Jesuitenorden bot in den Augen der protestantischen Publizistik die Hauptangriffsfläche, da er den Papst an Verderbtheit noch übertreffe. »Mais un des Titres que j'abhorre le plus, & que tout bon Chrêtien doit avoir horreur de prononcer, c'est celui de Jesuites«, schreibt etwa Gregorio Leti in seiner LA MONARCHIE UNIVERSELLE DE LOUYS XIV von 1689[304]. Es sei eine Gotteslästerung, den Namen Jesu auf gleiche Weise zu missbrauchen und zu beschmutzen, wie es die Jesuiten täten[305]. Pierre Jurieu widmete 1689 dem verbrecherischen Charakter der Jesuiten gar eine eigene Monografie, die 1689 unter dem Titel LA RELIGION DES JESUITES erschien[306]. Der hugenottische Kontroverstheologe warf ihnen vor, während ihrer Missionstätigkeit in Übersee Sitten und Gebräuche der Heiden übernommen zu haben[307]. Dieser Vorwurf war auch innerhalb der katholischen Glaubensgemeinschaft weit verbreitet und wurde dort intensiv im sogenannten Ritenstreit debattiert, der bis zur Aufhebung der Gesellschaft Jesu 1773 andauern sollte[308]. Somit war ein derartiger Angriff auf die Jesuiten auch bei den katholischen Alliierten der protestantischen Mächte potenziell anschlussfähig und erzeugte weniger Konfliktpotenzial als ein direkter Angriff auf die Institution der katholischen Weltkirche.

Die Jesuiten wurden konkret angeklagt, Ludwig XIV. als Gesandte, Spione, Historiker, Beichtväter, Publizisten, Juristen, Panegyristen, Apologeten, Betrüger, Zuhälter, Mörder und Giftmischer zu dienen[309]. Diese Agenten verteile er unter dem Vorwand der Mission über die ganze Erde – je nachdem, wo er gerade ihrer Dienste bedürfe[310]. Dafür entschädige er sie mit reichem Lohn[311]. Ludwig XIV. und die Jesuiten gingen in der Darstellung der protestantischen Publizistik also eine gefährliche Symbiose des Bösen ein. Dementsprechend erklärte sie die Jesuiten zu Multiplikatoren der Regierungsmaximen Ludwigs XIV., d.h. »de son pouvoir Arbitraire & Despotique; & de ses usurpations«[312]. Es sei der vereinte Plan Frankreichs und des katholischen Klerus unter Führung der Jesuiten, die Protestanten entweder zu

---

303 Vgl. Valoot-Duval, NOUVELLE RELATION, S. 71f.
304 Vgl. Leti, LA MONARCHIE 1689, Bd. 1, S. 412.
305 Vgl. ebd., S. 412f.
306 Vgl. Jurieu, LA RELIGION DES JESUITES.
307 Vgl. ebd., S. 77.
308 Vgl. Étiemble, Les Jésuites; Fezzi, Osservazioni, S. 541–566; Huonder, Der chinesische Ritenstreit; Neveu, Jacques II., S. 715; Pizzorusso, Le pape, S. 539–561.
309 Vgl. Valoot-Duval, NOUVELLE RELATION, S. 72f.
310 Vgl. ebd.
311 Vgl. ebd., S. 73.
312 Ebd.

massakrieren oder in die Knechtschaft zu führen[313]. Denn nach den Maximen der katholischen Kirche sei ein jeder Fürst dazu verpflichtet, die Häretiker in seinen Ländern auszurotten, wenn er nicht den Verlust seiner Herrschaft durch den Papst befürchten wolle[314]. Diese Lehre ermächtigte Frankreich und die Jesuiten, in die Herrschaftsrechte fremder Monarchen einzugreifen. Die anderen katholischen Monarchen sollten sich deshalb vor den französischen Agenten im Priesterrock in Acht nehmen.

In der protestantischen Erinnerung während des Neunjährigen Krieges erschienen die Jesuiten schon während der *Exclusion Crisis* als willfährige Werkzeuge Frankreichs. Der Kommentar zu einem fiktiven Manifest Jakobs II. wiederholte die Aussagen einer fiktiven Korrespondenz zwischen dem katholischen englischen Höfling Edward Coleman und dem jesuitischen Beichtvater Ludwigs XIV. von Frankreich François d'Aix de Lachaise[315]. Demnach hätten beide den Sturz Karls II. von England geplant, um den katholischen Herzog von York an seine Stelle zu setzen[316]. All dies sei nur geschehen, weil die *Societas Jesu* und der König von Frankreich in Jakob II. ein noch willfährigeres Instrument als in seinem bereits mit Frankreich verbündeten Bruder Karl II. erblickt hätten[317]. Die Winkelzüge dieser Politik sollten die katholischen Alliierten von einem Bündnis mit Frankreich abhalten, denn Frankreich strebe nur danach, sie gänzlich zu dominieren oder zu vernichten.

Die protestantische Publizistik versuchte somit, die französische Propaganda zu widerlegen, die behauptete, beim Kampf Wilhelms von Oranien gegen seinen katholischen Schwiegervater Jakob II. von England handele es sich um einen Religionskrieg[318]. Die Jesuiten würden sich anstrengen, »de persuader aux Puissances Catholiques que c'est ici une guerre de Religion & que le Roi Guillaume III. a dessein d'établir la Reformation par toute l'Europe, afin d'y étendre son Empire«[319].

---

313 Vgl. KING, Europe's deliverance, S. 2.
314 Vgl. ebd., S. 4. Die Passage spielt auf das katholische Ketzerrecht an. Vgl. LIBER, Bd. 2, S. 641f. = Lib. V., CAP. XVIII., Tit. II.
315 Vgl. MANIFEST, [4]. Aufschlussreich ist auch die falsche Behauptung, Coleman sei selbst Jesuit gewesen.
316 Vgl. ebd.
317 Vgl. ebd.
318 »La guerre, que le Prince d'Orange fait au Roi d'Angleterre, est une guerre de Religion«. LE VRAI INTERET, S. 195f.; LES HEUREUSES SUITES, AVERTISSEMENT [6]f.; Des aus denen Elisischen Feldern, S. 11.; LETI, UNIVERSAL- oder Allgemeine Monarchie, S. 225; CHEVALIER, HISTOIRE, S. 120.
319 LES HEUREUSES SUITES, AVERTISSEMENT [6]f. Vgl. ebenso Des aus denen Elisischen Feldern, S. 11; LETI, UNIVERSAL- oder Allgemeine Monarchie, S. 225; CHEVALIER, HISTOIRE, S. 120.

Des Weiteren dementierte die protestantische Publizistik die Anschuldigung, der Prinz von Oranien sei ein Usurpator und die Engländer seien nichts weiter als Rebellen, die Ludwig XIV. angeblich durch die Jesuiten in ganz Europa verbreiten ließ[320].

Durch diese Reden hätten die Jesuiten die anderen katholischen Mächte überreden sollen, sich auf die Seite Frankreichs zu stellen. Die protestantische Publizistik ermahnte die katholischen Alliierten, ihnen kein Gehör zu schenken[321]. Die französische Propaganda wurde vor allem dadurch abgewertet, dass sich Ludwig XIV. zu ihrer Verbreitung der Jesuiten bediene. Topoi des Antijesuitismus konnten deshalb als Argument für die Falschheit dieser These in Anspruch genommen werden. Denn was die Jesuiten lehrten, musste für einen überzeugten Protestanten und auch manchen innerkatholischen Gegner der *Societas Jesu* schon an sich der Wahrheit widersprechen[322].

Gleichwohl stellten die jesuitischen Parteigänger der französischen Krone in der Darstellung protestantischer Publizisten eine erhebliche Gefahr dar, denn sie hätten Ludwig XIV. als heimliche Botschafter und Agenten an denjenigen Höfen gedient, an denen er offiziell keine Gesandten mehr unterhielt[323]. Dies erschien umso gefährlicher, als die Jesuiten an den betreffenden Höfen in hohem Kredit stünden und die dortigen Fürsten sich ihres heimlichen Auftraggebers nicht bewusst seien[324]. Darüber hinaus würden mehr als 200 Ordenspriester von morgens bis abends nichts anderes tun, als dem Papst und der Kurie in den Ohren zu liegen und

exagerent toûjours l'état mal-heureux où se trouve la Religion Catholique, & le danger où elle est d'être chassée de plusieurs Païs, comme elle l'a été d'Angleterre, si la miséricorde de Dieu ne réveille le zele & ne touche le cœur des Princes Catholiques, & sur tout le Pape, afin qu'on voye la grandeur du mal, & qu'on y donne le seul remede qu'on y peut donner, qui est de rétablir le Roy d'Angleterre. Ce qui ne se peut faire que par les armes invincibles du Roy Très-Chrêtien[325].

---

320 Vgl. LE VRAI INTERET, S. 196; CHEVALIER, HISTOIRE, S. 120.
321 Vgl. LES HEUREUSES SUITES, AVERTISSEMENT [8–10].
322 Vgl. Der Vermeinte/ Und von Franckreich erdichtete/ Religions=Krieg, S. 49f. Der Misskredit der Jesuiten am päpstlichen Hof unter Innozenz XI. resultierte vor allem aus den Bedenken des Papstes gegenüber den Praktiken der jesuitischen Chinamission. Vgl. ÉTIEMBLE, Les Jésuites; FEZZI, Osservazioni, S. 541–566; HUONDER, Der chinesische Ritenstreit; NEVEU, Jacques II., S. 715; PIZZORUSSO, Le pape, S. 539–561.
323 Vgl. LETI, LA MONARCHIE 1689, Bd. 1, S. 434.
324 Vgl. ebd.
325 Ebd., S. 434f.; Der Vermeinte/ Und von Franckreich erdichtete/ Religions=Krieg, S. 49.

Die Intrigen der Jesuiten würden die Anhänger Jakobs II. ermutigen, mit einem Expeditionscorps in England einzufallen, um dort die Herrschaft des Katholizismus zu restaurieren[326]. Ludwig XIV. und die Jesuiten wurden somit als enge Verbündete geschildert. Der König selbst stelle sich derweil fälschlicherweise als Vorkämpfer des Katholizismus und einzige Macht, die die katholische Konfession in England restaurieren könne, dar, um sich der päpstlichen Unterstützung für seine Politik zu versichern[327].

Niemand Geringeres als der Papst selbst wurde von der protestantischen Publizistik als Zeuge für den verbrecherischen Charakter der Jesuiten angeführt. Insbesondere Innozenz XI. genoss im protestantischen Lager ganz im Gegensatz zum prinzipiellen Antiklerikalismus der protestantischen Historiografie und Tagespublizistik hohes Ansehen. Begründet wurde dieses Prestige durch den Kampf Innozenz' XI. gegen die Türken und seine anhaltenden Konflikte mit Ludwig XIV.

1689 behauptete die Flugschrift *Der Vermeinte/ Und von Franckreich erdichtete/ Religions=Krieg*, der Papst schenke den französischen Bündniswerbungen wenig Gehör[328]. Innozenz XI. sei ein Sieg gegen die Türken wichtiger als der Erfolg eines fiktiven französischen Religionskrieges gegen die Protestanten[329]. Der Papst eignete sich somit als Bürge für die protestantische Position gegenüber den katholischen Alliierten. Den französischen Pamphletisten wurde demgegenüber unterstellt, mit der Behauptung, es handle sich beim Neunjährigen Krieg um einen Religionskrieg, Zwietracht in der interkonfessionellen Wiener Großen Allianz säen zu wollen[330]. Neben dem Papst bediente sich die protestantische Publizistik auch der katholischen Alliierten und des dortigen Klerus, um zu beweisen, dass es sich beim Neunjährigen Krieg um keinen Religionskrieg handelte. Die französischen Katholiken müssten einsehen, dass das streng katholische Haus Habsburg und alle katholischen Fürsten Deutschlands die *Glorious Revolution* gutgeheißen hätten und überall in Europa, außer in Frankreich, auch katholische Kleriker dieses Ereignis begrüßt oder zumindest nicht verurteilt hätten[331]. Unter Berufung auf den Papst, den nicht-französischen Klerus und die katholischen Fürsten selbst versuchte die protestantische Publizistik so, die Propaganda der von Frankreich beauftragten Jesuiten zu widerlegen und durch einen Gegenentwurf zu ersetzen, der konfessionelle Motive aus der Konfliktdeutung auszuschließen versuchte. Die Unterscheidung zwischen guten und schlechten Katholiken

---

326 Vgl. LETI, LA MONARCHIE 1689, Bd. 1, S. 443.
327 Vgl. Der Vermeinte/ Und von Franckreich erdichtete/ Religions=Krieg, S. 49; CHEVALIER, HISTOIRE, S. 120.
328 Vgl. Der Vermeinte/ Und von Franckreich erdichtete/ Religions=Krieg, S. 49f.
329 Vgl. ebd.
330 Vgl. LETI, UNIVERSAL- oder Allgemeine Monarchie, S. 225.
331 Vgl. [BAYLE?], AVIS, AVERTISSEMENT [21].

ermöglichte es, Frankreich bei den katholischen Alliierten zu desavouieren und gleichzeitig vor einem protestantischen Publikum die bestehenden interkonfessionellen Allianzen zu rechtfertigen.

Beim hohen Ansehen Innozenz' XI. in der protestantischen Publizistik handelte es sich jedoch um ein einmaliges Phänomen, das sich nicht auf seine Nachfolger übertragen ließ. Die singuläre Stellung Papst Innozenz' XI. in der protestantischen Tagespublizistik lässt sich nur vor dem realhistorischen Hintergrund der päpstlichen Frankreichpolitik erklären. Als Innozenz XI. am 12. August 1689 verstarb und Alexander VIII. mit französischer Unterstützung zum neuen Papst gewählt wurde, ging der MERCURE HISTORIQUE ET POLITIQUE schon im November 1690 von einem festen Bündnis zwischen Ludwig XIV. und der Kurie aus[332]. Die protestantische Publizistik knüpfte gegenüber Alexander VIII. an alte antipäpstliche Argumentationsmuster an. Alexander VIII. würde gemeinsam mit Ludwig XIV. unter dem Vorwand eines Religionskrieges danach streben, die katholischen und protestantischen Alliierten voneinander zu trennen[333]. Doch auch das Verhältnis von Alexander VIII. zu Ludwig XIV. blieb nicht ungetrübt. Schon am 4. August 1690 hatte der neue Papst den Gallikanismus und die Kirchenpolitik Ludwigs XIV. in seiner Konstitution *Inter Multiplices* verurteilt und sich damit nicht als der getreue Alliierte Frankreichs erwiesen, als der er von der protestantischen Publizistik wahrgenommen wurde[334]. Auch Innozenz XII., der ein Jahr später den Stuhl Petri bestieg, erwies sich keinesfalls als unumschränkter Parteigänger Ludwigs XIV.[335]. Im Verlauf des Neunjährigen Krieges verebbte deshalb die Anschuldigung, der Papst stehe im Bunde mit dem französischen König. Auch bewährte sich die interkonfessionelle Wiener Große Allianz im Verlauf der folgenden Kriegsjahre. Dem Argument des Religionskrieges kam nicht mehr die gleiche Bedeutung wie zu Beginn der kriegerischen Auseinandersetzungen zu.

Zu Beginn des Spanischen Erbfolgekrieges flammten die Ängste vor einem katholischen Religionskrieg jedoch erneut auf. Protestantische Publizisten fürchteten sich nach der Thronfolge Philipps V. in Spanien mehr denn je vor dem Einfluss Ludwigs XIV. auf den katholischen Klerus, der den Religionskrieg

---

332 Vgl. MERCURE HISTORIQUE 11.1690, S. 534.
333 Vgl. ebd.
334 Vgl. BLET, Les Assemblées, S. 529f.; FEUILLAS, Alexandre VIII, S. 58; PASTOR, Geschichte, S. 1066.
335 Über die Schwierigkeit einer Einigung im Konflikt über die Ausweitung der Regalie und die andauernde Weigerung zur Neubesetzung vakanter französischer Bistümer in den Anfangsjahren der Regentschaft Innozenz XII. vgl. BERGIN, The Politics, S. 217f., 221–223; BLET, Les Assemblées, S. 535–552, 577f. BLET, Le Clergé, S. 7, 10f., zeigt, dass der Konflikt auch 1693 nicht beendet war und Innozenz XII. sich bemühte, während des Neunjährigen Krieges nicht den Anschein der Parteilichkeit zu erwecken. Vgl. PASTOR, Geschichte, S. 1097f., 1100.

propagieren könne. In den Augen der protestantischen Publizistik war der große Einfluss Ludwigs XIV. auf den spanischen Klerus nicht zu leugnen[336]. Dieser Einfluss wurde in der protestantischen Wahrnehmung durch die weit verbreitete Schwarze Legende, die den Spaniern eine besondere Grausamkeit und einen ausgeprägten religiösen Fanatismus unterstellte, verstärkt[337]. Auch die Bewohner der Spanischen Niederlande seien »des Papistes si bigots«, dass sie sich gewiss auf die Seite Frankreichs stellen würden, wenn ein Krieg gegen die Vereinigten Provinzen bevorstünde[338]. Die Flugschrift REMARQUES SUR LA SUCCESSION DU DUC D'ANJOU erklärte: »Il n'a qu'à leur persuader qu'il veut faire servir la Puissance d'Espagne & de France jointes ensemble, à la propagation de la foi Catholique, & à l'extirpation des Heretiques, & alors il peut s'assurer que le Clergé l'assistera de toutes ses ruses, & de ses artifices«[339].

Der Klerus strebe danach, Frankreich mit Spanien zu vereinigen, was im schlimmsten Fall zum Untergang des europäischen Protestantismus führen würde[340]. Die Ausrottung des Protestantismus würde dem Klerus umso leichter fallen, wenn es ihm gelänge, die anderen katholischen Höfe von der konfessionellen Motivation des Krieges Philipps V. und Ludwigs XIV. zu überzeugen.

Die Jesuiten würden als Botschafter Ludwigs XIV. in allen katholischen Ländern verbreiten, der Allerchristlichste König sei derart von der Ausbreitung des katholischen Glaubens beseelt, dass er seine Kriege einzig und allein für den Papst unternehme[341]. Sie würden weiter verbreiten, dieses Bestreben habe ihn zum mächtigsten Monarchen der Christenheit gemacht[342]. Der protestantische wie der katholische Leser konnte mit dieser Anspielung also leicht erkennen, dass die wahren Motive der Politik Ludwigs XIV. weniger frommer Natur gewesen seien.

---

336 Mit Aussagen wie »Les Ecclesiastiques […] ont pour la plûpart le cœur François« wurde dem Klerus schon im Allgemeinen eine Parteilichkeit für Ludwig XIV. unterstellt. LA NECESSITÉ, S. 124. Noch ausgeprägter sei dies aber in Spanien. Vgl. [RIDPATH], AVIS AUX NÉGOCIATEURS, S. 140; VALOOT-DUVAL, NOUVELLE RELATION, S. 72; REMARQUES SUR LA SUCCESSION, S. 16.
337 Zur schwarzen Legende vgl. ARNOLDSON, La leyenda, S. 104–133; BRENDLE, Religionskrieg, S. 32; POLLMANN, Eine natürliche Feindschaft, S. 73–93; SCHULZE SCHNEIDER, La leyenda.
338 Vgl. REMARQUES SUR LA SUCCESSION, S. 53.
339 Ebd., S. 16.
340 Die bis heute grundlegende Arbeit von BOSBACH, Monarchia, S. 106–121, zur publizistischen Diskussion um die Universalmonarchie trägt dem konfessionellen Aspekt der Debatten um diesen Begriff im Zeitalter Ludwigs XIV. kaum bis überhaupt keine Rechnung. Zum Zusammenhang zwischen dem publizistischen Argument des Religionskrieg und der Universalmonarchie vgl. Kapitel III.3.1.
341 Vgl. LA NECESSITÉ, S. 66; ADVICE, S. 2.
342 Vgl. LA NECESSITÉ, S. 66.

Besondere Anstrengungen unternahm die protestantische Gegenpropaganda in der Schweizerischen Eidgenossenschaft. Dort arbeite die französische Diplomatie daran, die Schweizer Katholiken mithilfe des einheimischen Welt- und Ordensklerus davon zu überzeugen, dass es sich bei dem Spanischen Erbfolgekrieg um einen Religionskrieg handle[343]. Der Klerus habe den katholischen Schweizern einzureden versucht, sie hätten Ludwig XIV. und Philipp V. als den letzten Verteidigern des katholischen Glaubens beizustehen[344]. Das Argument des Religionskrieges habe Frankreich auf diese Weise ausgenutzt, um in der Schweiz katholische Söldner für den Kampf gegen die gemischtkonfessionelle Haager Große Allianz zu gewinnen[345]. Die Schweiz war während des Spanischen Erbfolgekrieges als Truppenlieferant zwischen Frankreich und den Alliierten diplomatisch hart umkämpft[346]. Um Werbungen der Alliierten abzuwehren, habe Frankreich durch die katholischen Geistlichen seine Gegner desavouieren lassen. Konkret hätten die geistlichen Agenten Ludwigs XIV. in der Schweiz verbreitet, die katholischen Alliierten würden in einer gefährlichen Passivität verharren, während England, die Vereinigten Provinzen, Preußen, Hessen und Hannover aktiv die Häresie ausbreiteten[347]. Mit Bedauern stellte der Autor der Flugschrift *ADVICE FROM SWITZERLAND* den Erfolg der »Jesuitical Insinuations« fest, der die katholischen Schweizer als »bigotted democratical People« erlegen seien[348].

Die Appelle der französischen Propaganda schürten bei protestantischen Publizisten permanentes Misstrauen gegenüber der Verlässlichkeit der neutralen katholischen Gemeinwesen und ihrer eigenen katholischen Alliierten. Noch kurz vor Ende des Spanischen Erbfolgekrieges kursierten Schreckensszenarien von einem katholischen Konfessionsbündnis. Es bestehe kein Zweifel, dass die römische Kurie die katholischen Fürsten zu einem solchen Bündnis gegen die Protestanten zu überreden versuche, um deren Besitzungen unter sich aufzuteilen[349]. Die Protestanten sollten sich also bei den Friedensverhandlungen in Utrecht vor den Katholiken in Acht nehmen.

Doch nicht nur die protestantischen Minderheiten in den katholischen Ländern hätten die Machenschaften der französischen Agenten im Priestergewand zu fürchten, sondern auch die protestantischen Fürsten. Frankreich werde die katholischen Kleriker auch als Spione und Attentäter in die protestantischen Territorien ausschicken[350]. Die Flugschrift *LA NECESSITÉ D'UNE*

---

343 Vgl. ADVICE, S. 2.
344 Vgl. ebd., S. 3.
345 Vgl. ebd., S. 2.
346 Vgl. LAU, Stiefbrüder, S. 163f.; HOLENSTEIN, Eidgenössische Politik.
347 Vgl. ADVICE, S. 3.
348 Ebd.
349 Vgl. [RIDPATH], AVIS AUX NÉGOCIATEURS, S. 151.
350 Vgl. LA NECESSITÉ, S. 125f.

*LIGUE PROTESTANTE ET CATHOLIQUE* rät der protestantischen Obrigkeit deshalb, keine Jesuiten in ihren Ländern zu dulden[351]. Niemand sei ein größerer Feind der Reformation und Anhänger Frankreichs als die Jesuiten[352]. Die Jesuiten seien derart durchtrieben, dass sie sich sogar in Verkleidung in die protestantischen Länder einschlichen[353]. Man solle deshalb gegen all jene, die sie unterstützten, die strengsten Gesetze erlassen[354]. Der Autor von *LA NECESSITÉ D'UNE LIGUE PROTESTANTE ET CATHOLIQUE* rät wegen der großen Heimtücke der Jesuiten auch zur Vorsicht gegenüber Hugenotten und konversionswilligen Katholiken aus dem Ausland, denn auch sie könnten sich früher oder später als heimliche Mitglieder der Gesellschaft Jesu und Agenten Frankreichs entpuppen[355]. Die Flugschrift ist damit Ausdruck des Schreckensszenarios einer katholischen Verschwörung, die namentlich in England immer wieder zu Ausschreitungen gegen echte und vermeintliche Kryptokatholiken führte[356].

*Zusammenfassung*

Gegenüber den katholischen Rezipienten betonten protestantische Autoren, der Religionskrieg sei ein Mittel Ludwigs XIV., mithilfe der Jesuiten seine wahren machtpolitischen Absichten zu verschleiern. In diesem Sinne konnte die protestantische Publizistik das Bündnis zwischen Ludwig XIV. und den Jesuiten mehr noch als die katholische Kirche selbst anklagen, völlig profane Absichten hinter dem Argument des Religionskrieges zu verbergen. Ein ursprünglich rein konfessioneller Vorwurf wurde so zu einem primär politischen Kampfbegriff umgedeutet. Die protestantische Publizistik diskreditierte Frankreich und die Jesuiten, um die neutralen katholischen Mächte und ihre katholischen Alliierten von einem Wechsel ins französische Lager abzuhalten. Die Hervorhebung der engen Verbindung von französischem König und Jesuiten zielte damit auf die Aufrechterhaltung der Spaltung der katholischen Christenheit und auf die Verhinderung eines neuerlichen Religionskrieges.

Aus genuin protestantischer Perspektive war die Gesellschaft Jesu mit Ludwig XIV. eine Allianz des Bösen eingegangen. Dieses Bündnis repräsentierte in den Augen der protestantischen Publizistik die Vereinigung geistlicher und weltlicher Verderbtheit. Gemeinsam strebten Ludwig XIV. und die Jesuiten

---

[351] Vgl. ebd., S. 125.
[352] Vgl. ebd.
[353] Vgl. ebd., S. 125f.
[354] Vgl. ebd. In diesem Sinne sprach sich auch das englische Parlament aus, das immer neue Gesetze gegen katholische Kleriker erließ. Vgl. An Act against Popery, 11 Will. III, c. 4 1700, in: The Law, S. 90f.
[355] Vgl. LA NECESSITÉ, S. 126.
[356] Vgl. CONNOLLY, Religion, S. 249–262; KENYON, The Popish Plot, S. 132–176; KLUETING, Das Konfessionelle Zeitalter, S. 358.

danach, die Welt in einem nur vordergründig religiös begründeten Angriffskrieg zu unterwerfen. Einen wichtigen Verbündeten hätten sie dabei in der Gestalt des englischen Königs Jakob II. gefunden. Protestantische Rezipienten wurden vor diesem Bündnis aus Ludwig XIV., den Jesuiten und dem englischen König gewarnt, das unweigerlich einen Religionskrieg zur Vernichtung ihres Bekenntnisses heraufbeschwören müsse.

### III.2.6 Jakob II. von England, »Sclav der Pfaffen«[357]

Die französische Propaganda nutzte geschickt das Schicksal Jakobs II., um zu behaupten, der Prinz von Oranien führe einen Religionskrieg gegen den Katholizismus, in dem sich die katholischen Fürsten zur Rettung ihrer Kirche zu einem Gegenschlag vereinigen müssten[358]. Die engen Beziehungen zwischen Ludwig XIV. und Jakob II. genügten der protestantischen Publizistik aber bereits, um die französische Argumentation zu diskreditieren; denn durch die heimtückischen Anschläge der Jesuiten habe Ludwig XIV. in Herzog Jakob von York, dem späteren Jakob II., bereits als Kronprinzen einen besonderen Verbündeten gefunden. Protestantische Publizisten klagten die Jesuiten an, die Freundschaft zwischen Ludwig XIV. und dem jungen Herzog von York gestiftet zu haben[359]. Ziel dieser Intrige sei es gewesen, den englischen Thronfolger auf die Seite des »Papismus« zu ziehen[360]. François d'Aix de Lachaise, der jesuitische Beichtvater Ludwigs XIV., habe an Edward Coleman, einen während und wegen des sogenannten *Popish Plot* zum Tode verurteilten katholischen englischen Höfling, geschrieben, dass »le Roi de France regardoit ses interêts & les interêts du Duc d'York comme une seule & même chose«[361]. Dieser Brief beweise, dass die Interessengleichheit zwischen Jakob II. und Ludwig XIV. auf der Liebe zum »Papismus« und zur Willkürherrschaft beruhe[362]. Coleman wiederum habe in einem Brief an Lachaise die Wahrhaftigkeit seines Planes zur Ausrottung des Protestantismus auf den britischen Inseln offenbart[363]. Seit der Herrschaft Königin Marias I. habe nie so eine günstige Gelegenheit zur Rekatholisierung der britischen Inseln bestanden[364]. Der Hinweis auf die Herrschaft Marias, die in die protestantische

---

357 Vgl. MANIFEST, [37].
358 Vgl. Kapitel III.1.3.
359 Vgl. Lamberty, MEMOIRES, S. 368; An ACCOUNT, S. 39.
360 Vgl. ebd.
361 Lamberty, MEMOIRES, S. 370.
362 Vgl. ebd., S. 369f.; An ACCOUNT, S. 39. Die Neigung zur Willkürherrschaft sei überhaupt ein Phänomen, das katholische Fürsten auszeichne. Vgl. REMARQUES SUR LA SUCCESSION, S. 73; The duke, S. 37.
363 Vgl. Lamberty, MEMOIRES, S. 370; An ACCOUNT, S. 44.
364 Vgl. Lamberty, MEMOIRES, S. 370; An ACCOUNT, S. 39.

Memoria als *Bloody Mary* eingegangen ist, musste genügen, um bei protestantischen Engländern Angst und Grauen hervorzurufen, denn die anglikanische Martyrologie beruhte zu großen Teilen auf den Leiden der unter Maria I. hingerichteten Protestanten[365].

Die protestantische Publizistik klagte Jakob II. einer langen Reihe von Verbrechen an, bei denen sie stets dem Jesuitenorden maßgeblichen Anteil zusprach. Jakob II. stehe ganz unter dem Einfluss der *Societas Jesu*. Einige Schriften gingen gar so weit, ihn selbst zu einem Mitglied des Jesuitenordens zu erklären[366]. Als solches habe er verschiedene Mönchsorden und insbesondere die Jesuiten nach England gebracht[367]. Zu ihrer Unterstützung habe er ihnen zahlreiche Pfründen verliehen und Schulen zur Erziehung der Jugend zugesprochen[368]. Protestantische Publizisten verurteilten diese Politik aufs Schärfste[369]. Gesteigert wurde ihre Missstimmung nur noch dadurch, dass Jakob II. mit Edward Petre einen Jesuiten in seinen Rat aufnahm[370]. Dieser hätte nach Ansicht protestantischer Autoren aber eigentlich wegen Hochverrats und Verschwörung – »which are the distinguishing Character of that Fraternity« – verurteilt werden müssen[371]. Protestantischen Publizisten war unverständlich, wie Jakob II. sich einer Gesellschaft anvertrauen konnte, »dont les maximes sont si décriées chez les Protestans, & ne sont pas en meilleure odeur chez les Catholiques«[372]. Damit wird die Perhorreszierung der Jesuiten noch gesteigert, denn nicht einmal die Katholiken würden an die Ehrbarkeit ihrer Grundsätze glauben. Auf Rat der Jesuiten habe Jakob II. einen Botschafter nach Rom geschickt, um den Papst seiner Ergebenheit zu versichern[373]. Im Anschluss habe er gegen Tradition und Herkommen einen päpstlichen Nuntius in England empfangen, der dort die Gegenreformation auf grausame Weise vorantreiben sollte[374].

---

365 Vgl. HAYDON, Anti-Catholicism, S. 40; NICHOLSON, Eigtheenth-Century, S. 153, 165.
366 An ACCOUNT, S. 37, behauptet, »that King James II. has for many years been of the Jesuits Fraternity, or at least that he has been continually under the Conduct of their Counsels«. Des aus denen Elisischen Feldern, S. 18, lässt Jakob von sich selbst bekennen, dass »wir […] ein Glied dieser Societät sind«.
367 Vgl. ebd., S. 18f.; TRONCHIN DU BREUIL, LETTRES 1688, S. 26.
368 Vgl. Des aus denen Elisischen Feldern, S. 18f.
369 Vgl. ebd., S. 19. TRONCHIN DU BREUIL, LETTRES 1688, S. 28, behauptet, dass selbst der Kardinal von Richelieu davor zurückgeschreckt sei, den Jesuiten die Erziehung der Jugend anzuvertrauen.
370 Vgl. ebd., S. 26; An ACCOUNT, S. 38.
371 Vgl. An ACCOUNT, S. 38.
372 TRONCHIN DU BREUIL, LETTRES 1688, S. 27.
373 Vgl. Des aus denen Elisischen Feldern, S. 22; An ACCOUNT, S. 38.
374 Über Jakob II. heißt es, »daß ihr einer von den jenigen wäret/ so sich gantz der Gewalt des Römischen Babels unterworffen/ so wurde ein Nuntius euch abgeschickt/ dergleichen in mehr als 100. Jahren nicht geschehen war«. Des aus denen Elisischen Feldern, S. 22; An ACCOUNT, S. 38.

Papst Innozenz XI. sei deshalb gar nicht so unschuldig, wie sein Name suggeriere³⁷⁵. Jakob II. habe er bei seinen Rekatholisierungsmaßnahmen in England mit Rat und Tat zur Seite gestanden³⁷⁶. Die Kurie habe es darauf abgesehen, dass England »wieder unter Päbstliche Gewalt gebracht/ und die protestirende Religion darinnen vertilget werde«³⁷⁷. Jedem (protestantischen) Engländer müsse aber ein solches Vorgehen zuwider sein, denn nach protestantischer Auslegung gehörte die volle Erhaltung der Rechte der anglikanischen Kirche zum festen Grundgesetz des Königreiches³⁷⁸.

Wie Ludwig XIV., so sei auch Jakob II. der Lehre der katholischen Kirche gefolgt, man müsse die Ketzer ausrotten; ferner habe er mit England, Irland und Schottland gleich drei Königreiche für die Kurie unterwerfen wollen³⁷⁹. Erklärtes Ziel der Jesuiten sei die Ausrottung der Reformation als ihres größten Widersachers³⁸⁰. Um dieses Ziel zu erreichen, hätten die Jesuiten Jakob II. beigebracht, dass er mithilfe eines päpstlichen Dispenses leicht seinen Krönungseid, der ihn zum Schutz der anglikanischen Kirche verpflichtete, brechen könne³⁸¹. Dies sei umso statthafter, als er nicht zur Einhaltung von Verträgen mit Häretikern verpflichtet sei³⁸². Der Schutz der anglikanischen Kirche sei damit hinfällig geworden. Wenn es seinen Plänen nützlich sei, dürfe er dabei auch die Wahrheit verschleiern³⁸³. Die protestantischen Engländer seien also schutzlos den Machenschaften eines katholischen Königs und seiner jesuitischen Berater ausgesetzt. Mit ihren Lehren hätten die Jesuiten Jakob II. gänzlich korrumpiert.

Das Verhalten Jakobs II. und seine engen Beziehungen zur *Societas Jesu* rechtfertigte den Widerstand der protestantischen Engländer. Die Lehren der Jesuiten seien letztlich schuld an seiner Absetzung durch das englische Parlament und die Übertragung der Königswürde auf seine Tochter Maria und seinen Schwiegersohn Wilhelm von Oranien. Edward Petre habe bei seiner Flucht aus England dem König ein Glaubensbekenntnis hinterlassen, das besage:

Ich sage gäntzlich ab Calvino biß ins Grab/ Ich lache und verspott Calvini sein Gebot/ Ich hasse mehr und mehr Der Puritaner Lehr Fort/ fort aus Engelland/ Was Calvin ist verwand/ Wer gut Calvinisch stirbt In Ewigkeit verdirbt. Der Römischen Lehr und Leben

---

375 Vgl. Der Vermeinte/ Und von Franckreich erdichtete/ Religions=Krieg, S. 36. Innocens (lat.) = unschuldig.
376 Vgl. ebd.
377 MANIFEST, [37].
378 Vgl. ebd., [4, 8, 10f., 13, 35–37].
379 Vgl. Der Vermeinte/ Und von Franckreich erdichtete/ Religions=Krieg, S. 17.
380 Vgl. TRONCHIN DU BREUIL, LETTRES 1688, S. 28.
381 Vgl. An ACCOUNT, S. 38.
382 Vgl. ebd.
383 Vgl. ebd.

Will ich stets seyn ergeben/ Die Meß und Ohren-Beicht Ist mir gantz süß und leicht. All die das Pabsthum lieben Hab ich ins Hertz geschrieben/ All Römische Priesterschafft Schütz ich mit Macht und Krafft. Das Himmelreich wird erben Wer Römisch kömmt zusterben[384].

Das fiktive Glaubensbekenntnis Jakobs II. stellte ihn im Angesicht des kontinentaleuropäischen Reformiertentums in erster Linie nicht als Feind der anglikanischen Kirche, sondern als Feind der Reformierten dar. Kontinentaleuropäische Protestanten sollten so vor dem Religionskrieg Frankreichs, der Jesuiten und Jakobs II. gewarnt werden. Das Glaubensbekenntnis wurde wegen seiner Kompromisslosigkeit als fanatisch und theologisch als verwerflich charakterisiert, denn die katholische Messe war aus protestantischer Sicht Gotteslästerung und Götzendienst; die Ohrenbeichte das bereits erwähnte Instrument der katholischen Priester zur Manipulation der Herrschenden[385]. Den Jesuiten wurde unterstellt, willentlich in Kauf genommen zu haben, dass Jakob II. wegen der Unnachgiebigkeit dieser Lehren seinen Thron verliere. Edward Petre wurde als verantwortungslos und feige charakterisiert, weil er Jakob II. schutzlos der Wut des protestantischen Volkes ausgeliefert und willentlich dessen Martyrium in Kauf genommen habe, vor dem er selbst geflüchtet sei.

Dem Jesuitenorden hingegen warf man vor, er würde den fehlgeleiteten Jakob II. nach seiner Flucht aus England bald heilig sprechen[386]. In ganz Frankreich kursierten angeblich Gerüchte von den von ihm vollbrachten Wundern[387]. Ein solcher Wunderglaube musste dem protestantischen Leser angesichts der Politik Jakobs II. mehr als lächerlich erscheinen, denn er firmierte wegen seiner radikalen, hinterhältigen Religionspolitik als Betrüger und keinesfalls als der Inbegriff überkonfessionell akzeptierter Frömmigkeit,

---

384 Des aus denen Elisischen Feldern, S. 25.
385 Zur protestantischen Kritik an der Messe vgl. Frage 80 des »Heidelberger Katechismus«: »Frag. Was ist für ein underschied zwischen dem Abendmal des HERRN/ und der päpstlichen Meß? Antwort. Das Abemdmal bezeuget uns, daß wir volkomene vergebung aller unserer sünden haben/ durch das einige opffer Jesu Christi/ so er selbst einmal am creutz volbracht hat. Und daß wir durch den H. Geist Christo werden eingeleibt/ jetzt und mit seinem waren leib im himmel zur Rechten des Vaters ist/ daselbst wil angebettet werden. Die Meß aber lehret, daß die lebendigen und die todten nicht durch das leiden Christi vergebung der Sünden haben/ es sey denn daß Christus noch täglich für sie von den Meßpriestern geopffert werde. Und dz Christus leiblich und der gestalt brods und weins sey/ und derhalben darin sol angebettet werden. Und ist also die Meß im grund nichts anderes/ als eine verleugnung des einigen opffers und leidens Jesu Christi/ und ein vermaledeite Abgötterey«. Pfalz, Catechismus, S. 56.
386 Vgl. Valoot-Duval, NOUVELLE RELATION, S. 95.
387 Vgl. ebd.

die etwa Kaiser Leopold I. für sich in Anspruch nehmen konnte[388]. Jakob II. war in den Augen der protestantischen Publizistik ganz ein »Sclav der Pfaffen«, der sich völlig den Jesuiten als Agenten Frankreichs ausgeliefert habe[389]. Die Engländer und protestantischen Alliierten sollten sich deshalb vor ihm in Acht nehmen. Mehr noch aber als an Engländer und protestantische Leser richtete sich diese Warnung an katholische Leser auf dem Kontinent, denn eine Verbindung zu Jakob II. und einem Religionskrieg ist in der englischsprachigen Publizistik kaum zu finden. Die französische Religionskriegsargumentation, die mit dem harten Schicksal des entthronten, katholischen Stuartkönigs argumentierte, wurde gegenüber den katholischen Alliierten durch die Profanisierung der Ziele und Methoden der französischen Außenpolitik desavouiert.

*Zusammenfassung*
Jakob II. wurde als Marionette der Jesuiten und Ludwigs XIV. diffamiert und sollte deshalb von beiden Konfessionsgemeinschaften gleichermaßen gefürchtet werden. Die Hervorhebung des jesuitischen Einflusses auf Jakob II. von England sollte seinen katholischen Glaubenseifer vor den Augen des katholischen Europa desavouieren. Die Betonung der Unmündigkeit Jakobs II. und seiner zahlreichen (konfessionellen) Rechtsbrüche sollte seine Herrschaft ganz allgemein diskreditieren. Seine Absetzung durch seinen protestantischen Schwiegersohn Wilhelm von Oranien wurde als Befreiung von einer großen politischen Gefahr für die Freiheit Europas gefeiert, die aus einem von den Jesuiten eingefädelten Schulterschluss zwischen England und Frankreich resultiert hätte. Von einem Religionskrieg zu seiner Wiedereinsetzung könne angesichts der durch und durch profanen Motive seiner jesuitischen Ratgeber und französischen Verbündeten keine Rede sein. Protestanten und Katholiken wurden gleichermaßen dazu aufgefordert, Jakob II. fallen zu lassen.

Besonders gefährlich erschienen der protestantischen Publizistik die diplomatischen Bemühungen Jakobs II. und Ludwigs XIV. um die Unterstützung des Papstes. Beide behaupteten, bei ihrem Kampf gegen Wilhelm von Oranien handele es sich um einen Religionskrieg zur Verteidigung der katholischen Konfession. Die protestantische Publizistik befürchtete den erheblichen finanziellen Beistand, den Jakob II. und Ludwig XIV. durch die Propagierung eines Religionskrieges von Rom erwarten durften.

---

388 Vgl. BÉRENGER, L'historiographie, S. 119; GOLOUBEVA, Crossing, S. 292.
389 MANIFEST, [37].

III.2.7 Der finanzielle Beitrag der katholischen Kirche zum Religionskrieg: Subsidien und *Don gratuit*

Traditionell standen die Kircheneinnahmen nach katholischem Verständnis primär den Armen und der Kirche selbst zu[390]. Es gab jedoch seit dem Mittelalter einen wichtigen Grund, Kircheneinnahmen einer alternativen Nutzung zuzuführen: den Heiden- bzw. Ketzerkreuzzug[391]. Zu beiden Anlässen verpflichtete die Tradition die katholische Kirche zu einem finanziellen Beitrag für die von weltlichen Fürsten angeführten Kriegsunternehmungen. Die Unterstützung eines Religionskrieges mit dem katholischen Kirchengut gehörte zum *common sense* innerhalb der katholischen Christenheit. In Bezug auf die päpstliche Unterstützung für die katholische Partei fehlte es in der protestantischen Memoria nicht an Exempeln aus der älteren und der jüngsten Vergangenheit[392].

Matthäus Göbel etwa schrieb in seiner CÆSAREO-PAPIA ROMANA von 1684, der Papst habe die Habsburger mehrmals zu Religionskriegen gegen die Protestanten aufgehetzt und ihnen dabei mit Hilfstruppen und Subsidien beigestanden[393]. Schon während des Schmalkaldischen Krieges habe der Papst Kaiser Karl V. durch großzügige Subsidien im Kampf gegen die Protestanten unterstützt, weil er annahm, dass es sich dabei um einen Religionskrieg handelte[394]. Nachdem Clemens X. die Kircheneinnahmen zur Unterstützung Ludwigs XIV. und Christoph Bernhard von Galens, des Bischofs von Münster, im Französisch-Niederländischen Krieg aufgebraucht hatte, habe sich sein Nachfolger Papst Innozenz XI. darum bemüht, »wider die Protestirende einen neuen Schatz zusameln«[395].

---

390 Vgl. SALAMITO, Christianisierung, S. 796f.
391 Vgl. GOTTLOB, Die päpstlichen Kreuzzugssteuern, S. 18–45; PURCELL, Papal Crusading, S. 137–145; RILEY-SMITH, Kreuzzüge, Sp. 1509.
392 Vgl. dazu Kapitel II.2.1, II.2.2, II.2.3, II.2.4, III.2.3.
393 »Denn es hat die Erfahrung gegeben/ daß [...] der Pabst/ durch die Jesuiten/ den Kayser wider die Protestirende verhetzet/ oder durch vorgenommene reformation Religions-Kriege erreget/ auch hierzu wohl mehrmahln mit Volcke und Gelde assistenz geleistet«. GÖBEL, CÆSAREO-PAPIA ROMANA, S. 885. Ähnliche Beschreibungen der päpstlichen Unterstützung für die Katholiken während eines Religionskrieges finden sich auch an anderen Orten, etwa der Beschreibung des Zweiten Villemerger Krieges in der Alten Eidgenossenschaft. Bei Johann Ehrenfired Zschackwitz heißt es etwa: »Der Päbstliche Nuncius ist inzwischen sehr bemühet, die Römisch-Catholischen Soldaten aufzumuntern/ indem er ihnen nicht nur mit Geld beystehet/ sondern auch selbige versichert/ daß in Zukunfft noch stärckere Subsidien erfolgen solten«. ZSCHACKWITZ, Neu-eröffneter Welt- und Staats-Spiegel, S. 886.
394 Vgl. JURIEU, ABBREGE' 1682, S. 149; LARREY, HISTOIRE, Bd. 1, S. 531; LETI, LA MONARCHIE 1701, Bd. 2, S. 19.
395 GÖBEL, CÆSAREO-PAPIA ROMANA, S. 108.

Die *LETTRES HISTORIQUES* berichteten im Juni 1693 von einer Konferenz der französischen Bischöfe in Rom[396]. Einige Beobachter schienen zu glauben, die Bischöfe würden eine Anfrage des französischen Königs vorbereiten, damit der Papst erlaube, die Kircheneinnahmen für die Finanzierung des gegenwärtigen Krieges zu entfremden[397]. Als Vorwand dafür habe ihnen gedient, »que c'est ici véritablement une guerre de Réligion, & que par conséquent il n'y a rien de plus juste, que d'employer les biens de l'Eglise à la soûtenir«[398]. Diese Meldung war ungeachtet ihres zweifelhaften Wahrheitsgehaltes in zweifacher Hinsicht plausibel. Erstens rechtfertigte die französische Diplomatie und Propaganda den Neunjährigen Krieg seit Beginn als katholischen Religionskrieg bzw. mit der Abwehr eines protestantischen Religionskrieges[399], und zweitens bestand in Frankreich eine lange Tradition kirchlicher Finanzierung königlicher Kriegsführung, die stets mit der Existenz eines Religionskrieges gerechtfertigt wurde[400]. Seit Karl IX. bewilligte der französische Klerus regelmäßig immer größere *Dons gratuits*, um den König bei der Ausrottung der »Häresie« zu unterstützen[401].

Diese Art von Kooperation zwischen katholischem Klerus und französischer Krone beunruhigte das protestantische Europa in zunehmendem Maße. Aufgrund der als unermesslich empfundenen Ressourcen der katholischen Kirche fürchteten sie um den Sieg ihrer Waffen. Entsprechend fielen die Meldungen in der protestantischen Tagespublizistik aus. Zu Beginn des Neunjährigen Krieges berichtete eine protestantische Flugschrift, François Harlay de Champvallon, der Erzbischof von Paris, habe sich für die Bewilligung eines *Don gratuit* eingesetzt, weil Ludwig XIV. sich sehr um die Ausrottung der Ketzerei verdient gemacht habe[402]. Derart wurden Hugenottenverfolgung und der gegenwärtige Krieg in engen Zusammenhang gebracht. Von einem Sieg Ludwigs XIV. war aus protestantischer Perspektive die Vernichtung des protestantischen Bekenntnisses überall in Europa zu erwarten. Dabei habe es der französische König aber in erster Linie auf die Erweiterung seiner Macht und nicht die Ausbreitung des katholischen Bekenntnisses abgesehen. Er habe es geschickt verstanden, den gegenwärtigen Krieg als einen Religionskrieg zu präsentieren, um »denen Bischöffen und Pfaffen damit [zu] flattiren […] nachdem sie ihme etliche Millionen zu Fortsetzung des Krieges als ein

---

396 Vgl. LETTRES HISTORIQUES, Bd. 3, S. 597.
397 »D'autre disent, qu'il s'agit d'une affaire encore plus importante, c'est d'obtenir la permission d'aliener les biens Ecclesiastiques de France, jusques à la somme de cinquante millions, pour être employez aux frais de la guerre présente.« Ebd.
398 Ebd.
399 Vgl. Kapitel III.1.3, III.1.4.
400 Vgl. BLET, Don gratuit, S. 432f.
401 Vgl. ders., Assemblées, S. 124; ders., Don gratuit, S. 432; CHALINE, Le règne, Bd. 2, S. 433.
402 Der Vermeinte/ Und von Franckreich erdichtete/ Religions=Krieg, S. 9.

Don gratuit offeriret hatten«[403]. Um weitere finanzielle Unterstützung zu erhalten, habe Jakob II., der Verbündete Ludwigs XIV., seinen Agenten James Porter nach Rom entsandt[404]. Porters Auftrag sei es gewesen, den Papst um 20.000 Kronen zur Unterstützung Jakobs II. und Ludwigs XIV. gegen Wilhelm von Oranien zu erleichtern[405]. Der wahre Grund für die Bitte Jakobs II. sei aber gewesen, dass Frankreich durch diese Subsidien verhindern wolle, dass der Kaiser weitere Unterstützung von Rom erhalte[406]. Mit dem Argument, einen Religionskrieg gegen den protestantischen Usurpator Wilhelm von Oranien führen zu müssen, wäre es Frankreich gelungen, seinen schärfsten katholischen Widersacher, den Kaiser, empfindlich zu schwächen[407].

In erster Linie zählte Ludwig XIV. allerdings nicht auf die Unterstützung Roms, sondern die des französischen Klerus. Diese Unterstützung fand in der protestantischen Publizistik lebhaftes Interesse, wurde sie doch in enger Verbindung mit einem befürchteten Religionskrieg gesehen. Im Mai 1695 berichteten die *LETTRES HISTORIQUES* von den Vorbereitungen zur Versammlung des französischen Klerus, die noch im selben Monat stattfinden solle[408]. Der Klerus unter Führung des Erzbischofs von Paris sei dem König gänzlich ergeben[409].

Aus diesem Grunde könne man damit rechnen, dass die Versammlung Ludwig XIV. einen großzügigen *Don gratuit* bewilligen werde. Der Klerus habe seine Haltung damit gerechtfertigt, dass »c'est ici une guerre de Religion, & qu'il n'y a que leur Roi, qui soûtienne le droit des Autels«[410]. Der Beitrag des französischen Klerus zur Kriegsführung Ludwigs XIV. musste unweigerlich große Angst beim protestantischen Betrachter auslösen. In der Zusammenarbeit von französischem König und französischem Klerus konnten europäische Protestanten die Gefahr einer neuen, nun aber globalen Hugenottenverfolgung erblicken, denn auch im Vorfeld der Revokation des Edikts von Nantes hatte der katholische Klerus Frankreichs die Bewilligung eines *Don gratuit* an die Ausrottung der protestantischen »Häresie« geknüpft[411].

---

[403] Ebd., S. 13.
[404] Vgl. ebd., S. 54.
[405] Vgl. ebd.
[406] Vgl. ebd.
[407] Es sei erwiesen, »daß solche Geld=Ansuchung meist von Franckreich angestellet sey/ umb dadurch die Päpstliche Cammer desto mehr zu erschöpffen/ damit selbige dem Kaiser wenig Subsidien liefern könne.« Ebd.
[408] Vgl. LETTRES HISTORIQUES, Bd. 7, S. 531.
[409] »Le Clergé est composé de gens qui doivent leur avancement au Roi, & dont on a bien fondé les inclinations, avant que de les élever. Il y a de plus à la tête de tout ce Corps l'Archevêque de Paris, qui est entiérement porté pour les intérets du Roi«. Ebd.
[410] Ebd.
[411] Vgl. Kapitel II.1.4.

Dieses Szenario wiederholte sich während des Spanischen Erbfolgekrieges. *THE PRESENT STATE OF EUROPE* berichtete im Mai 1707 von der letzten Generalversammlung des französischen Klerus. Der Bischof von Angers, Michel Poncet de la Rivière, habe dafür plädiert, »that there were Occasions in which the Church ought to open its Temporal Treasures to the Princes of the Earth, particularly when they maintain a War like this, a War of Justice and Religion«[412].

Kardinal Louis Antoine de Noailles, der neue Erzbischof von Paris, habe diese Ansicht bestätigt und erklärt, dass es sich beim gegenwärtigen Krieg um einen Religionskrieg handele, bei dem der Klerus dem König mit seinen Einkünften beistehen müsse[413]. Dementsprechend seien die Deputierten am 12. April den Wünschen Ludwig XIV. nachgekommen und hätten einen großzügigen *Don gratuit* bewilligt[414]. Durch die regelmäßigen hohen Zahlungen der gallikanischen Kirche schien der Sieg der Franzosen gesichert – eine Niederlage der Protestanten gewiss.

Gegenüber dem französischen Klerus führte die alliierte Publizistik die hohe Steuerlast an, die Ludwig XIV. ihnen aufbürdete. Der Klerus verliere zwei Drittel seiner Einkünfte durch den *Don gratuit* und die Kommenden, über die der König frei verfüge[415]. Außerdem wurde dem König vorgeworfen, die sakralen Einrichtungsgegenstände der Kirche unter dem Vorwand, das Führen eines Religionskrieges finanzieren zu müssen, entwendet zu haben[416].

---

412 THE PRESENT STATE 05.1707, S. 228.
413 »The Cardinal de Noailles answer'd him, That the Clergy, in whose Name he spoke, were thoroughly perswaded of the King's Piety, and that it was only for the pressing Exigencies of the State that his Majesty would make use of the Ecclesiastical Revenues; that none could be more perswaded than they were no less convinced, That in a War so just as this, in a War of Religion especially, the Church ought to fournish its Substance for supporting the State. In the Close, to prove the Zeal of the Clergy, he declar'd they would assist the King with their Credit«. Ebd., S. 229.
414 Vgl. ebd.
415 »N'est-il pas vrai que le Clergé même, perd tous les ans prés des deux tiers de son revenu, soit par les décimes, soit par les dons gratuits, soit par les commendes, dont le Roi dispose comme il lui plaît?« VALOOT-DUVAL, NOUVELLE RELATION, S. 17f. Während des Neunjährigen Krieges hieß es noch, der Klerus könne die hohen Abgaben gut tragen, während »le pauvre peuple reduit à la derniere misére« sei. LETTRES HISTORIQUES, Bd. 7, S. 531; DÉPÊCHE, S. 66.
416 Die polemische Schrift DEPECHE, S. 35, legt Ludwig XIV. folgenden Ausspruch in den Mund »J'ai retiré toute l'argenterie de mes subjets, & des Eglises, parce que je sçai que c'est là le nerf de la Guerre«. Weiter heißt es dort über den französischen Klerus: »Le Roi en prenant nos revenus nous tire le plus pur sang de nos vaines par des taxes continuelles & des dons gratuits, au de la de nôtre portée, & par un surcroît d'usurpation, ce Monarque vient d'enlever tous les ornements d'or & d'argent du Sanctuaire sans le Consentement de nôtre St. Père le Pape, sur le pretexte de la guerre avec les hérétiques & de la réunion des Hugenots de son Royaume à l'Eglise, suposant d'avoir été obligé de faire de grands frais pour entretenir la mission Royale, qui a aporté de grands revenus à l'Eglise.« Ebd., S. 66.

Der königlichen Regierung wurde darüber hinaus unterstellt, in Kürze die gesamten laufenden Kircheneinnahmen für den Kampf gegen die Protestanten einziehen zu wollen[417]. Statt die Kircheneinnahmen für den Kampf gegen die Protestanten zu gebrauchen, solle sie damit lieber die gewöhnlichen Ausgaben bestreiten, um das Volk zu entlasten; sie seien groß genug, darüber hinaus sogar noch einen Staatsschatz anzusparen[418]. Der König sollte das Kirchenvermögen also sinnvoller gebrauchen, als es in einem Religionskrieg zu verschwenden. Mit dieser Argumentation versuchte die alliierte Propaganda, Zwietracht zwischen dem französischen König, dem französischen Klerus und dem französischen Volk zu säen.

Die gleiche Taktik verfolgte die protestantische Publizistik auch in Spanien, wo sie versuchte, die habsburgische Opposition gegen Philipp V. zu unterstützen[419]. Protestantische Zeitschriften berichteten im Sommer 1702 vom Vorhaben Philipps V., die Kirche Spaniens finanziell an seinen Kriegsanstrengungen zu beteiligen. Seine Aufforderung an den spanischen Klerus rechtfertigte er mit dem Argument, beim Spanischen Erbfolgekrieg handele es sich um einen Religionskrieg zum Erhalt des katholischen Bekenntnisses[420]. Für dieses Vorhaben hätten die Franzosen sogar die Unterstützung eines Erzbischofs gewonnen[421]. Die Mehrheit des Klerus aber habe sich dem Ansinnen der Franzosen widersetzt und erklärt, wenn man die Kirchenschätze antaste, würde man keine »guerre de religion«, sondern eine »guerre à la Religion« führen[422]. Aus diesem Grund halte ein Großteil der Spanier die Franzosen für

---

417 Vgl. ebd., S. 66; VALOOT-DUVAL, NOUVELLE RELATION, S. 30.
418 »Les biens & les revenus du Clergé étant réünis à l'Etat, seroient un fond suffisant, pour fournir à toutes les dépenses ordinaires du Royaume, sans charger le Peuple. Et je suis même persuadé, qu'il y en auroit encore beaucoup de reste, dont on pourroit grossir tous les ans les Tresors de la Nation, si toutes ces richesses étoient bien ménagées«. Ebd., S. 30f.
419 Zu den Werbungen Philipps V. um die finanzielle Unterstützung des Spanischen Klerus und die Einziehung von Gütern habsburgtreuer Geistlicher vgl. ausführlich GONZALEZ CRUZ, Une guerre, S. 254–282.
420 »Les François ont fait publier un Ecrit pour soûtenir que le Clergé est tenu de contribuër sa Vaiselle & ses Vases d'argent pour le soûtien de cette guerre, qu'ils disent être une Guerre de Religion«. MERCURE HISTORIQUE 07.1702, S. 105f. »Will doch so gar verlauten/ daß sie nur neulichst in Spanien eine Schrifft/ Avisos genandt/ ausgebreitet/ worinnen sie erweisen wollen/ daß die Geistlichkeit schuldig sey/ das Silber aus Kirchen und Klöstern zu nehmen und Geld daraus prägen zu lassen/ weil der ietzige Krieg als ein Religions-Krieg wider die Ketzer nothwendig geführet werden müsse«. [STÜBEL], Aufgefangene Brieffe, S. 185.
421 »On dit même qu'ils ont fait donner là dedans un Archevêque, mais les Ecclesiastiques n'en conviennent pas: ils disent que si l'on prétend sous ce pretexte mettre la main sur l'Argenterie & les biens Eglises, ce sera faire la guerre à la Religion«. MERCURE HISTORIQUE 07.1702, S. 106.
422 Ebd. »Allein man höret nicht daß der Clerus so leichtgläubig sey/ sondern daß er sich vielmehr entschuldiget/ und seine Dürfftigkeit vorgeschützet. Daß also diese

ihre eigentlichen Feinde[423]. Die Franzosen aber hätten ihre Gegner in Spanien bezichtigt, heimliche Lutheraner zu sein[424]. Auch wenn die alliierte Publizistik mit sichtlicher Befriedigung den Widerstand eines Teils des spanischen Klerus gegen eine finanzielle Beteiligung an den Kriegsanstrengungen der Bourbonen zur Kenntnis nahm, so stand am Ende des Spanischen Erbfolgekrieges die Mehrheit der spanischen Kirche hinter Philipp V. Die französische Begründung, der Spanische Erbfolgekrieg sei ein Religionskrieg zur Verteidigung des Katholizismus, fand in Spanien entgegen den Beteuerungen der protestantischen Publizistik großen Anklang und trug maßgeblich zur Sicherung der Herrschaft Philipps V. bei[425].

*Zusammenfassung*
Protestantische Autoren fürchteten sich vor dem finanziellen Beitrag der katholischen Kirche zur konfessionellen Kriegsführung. Umso mehr beunruhigten sie die französischen Verlautbarungen während des Neunjährigen Krieges, beim Kampf Ludwigs XIV. gegen die Wiener Große Allianz handele es sich um einen Religionskrieg[426]. Mit Sorge nahmen sie die wiederholten Verlautbarungen der verschiedenen *Assemblées générales du Clergé de France* wahr, die immer wieder mit dem Argument des Religionskrieges erhebliche finanzielle Hilfeleistungen für die Kriege Ludwigs XIV. bereitstellten. Die hohen Zahlungen des Klerus dienten einerseits dazu, die Steuermoral der protestantischen Untertanen zu erhöhen, die aufgrund der grundlegenden Charakterisierung Frankreichs und der katholischen Kirche in protestantischen Schriften bei einer Niederlage der protestantischen Mächte in einem Religionskrieg sicher um ihre freie Religionsausübung hätten fürchten müssen[427]. Andererseits versuche die protestantische Publizistik die Eintracht zwischen französischem König und französischem Klerus aufzubrechen, indem sie dem Klerus die profanen Motive der Politik Ludwig XIV. und die großen finanziellen Verluste der gallikanischen Kirche vor Augen führten.

---

Frantzösische List itzo so wenig als in vorigen Kriege anschlagen/ vielmehr aber Ungunst und Argwohn erwecken dürffte«. [STÜBEL], Aufgefangene Brieffe, S. 185.
423 Vgl. MERCURE HISTORIQUE 07.1702, S. 107.
424 »La plupart des Espagnols avoüent que lors qu'ils ont laissé entrer les François dans leur Païs ils y ont laissé entrer le Cheval de Troye, & les François qui craignent quelque mouvement insinuent pour le prevenir que ceux qui tiennent ce langage sont Lutheriens dans le cœur«. Ebd.
425 Vgl. BLUCHE, Louis XIV, S. 906; ORCIBAL, Les supercroisades, S. 145. So auch das differenziertere Urteil von GONZÁLEZ CRUZ, Une guerre, S. 260–282, der auch auf die Widerstände im spanischen Klerus gegen eine Subvention Philipps V. durch die katholische Kirche hinweist.
426 Vgl. Kapitel III.1.4.
427 Zur Zielsetzung der wilhelminischen Propaganda vgl. insbesondere CLAYDON, Godly Revolution, S. 13f.

Während diese Taktik in Frankreich selbst kaum fruchtete, notierte die protestantische Publizistik mit großer Befriedigung die Weigerung des spanischen Klerus, in gleicher Weise wie ihre französischen Amtsbrüder für den Krieg Philipps V. um den Besitz der spanischen Krone aufzukommen.

Die finanzielle Unterstützung eines Religionskrieges durch die katholische Kirche löste in der protestantischen Publizistik eine große Furcht vor der Vernichtung des eigenen Bekenntnisses aus. Auf diese Bedrohung reagierten sie nicht allein mit dem Appell an die Solidarität der katholischen Alliiierten und der Diskreditierung der französischen Propaganda. Protestantische Autoren forderten darüber hinaus mit der Aufrechterhaltung von *Test Acts* die Durchführung von Repressalien und Interventionen zum Schutz fremder Untertanen als Präventivmaßnahmen gegen einen möglichen Religionskrieg des katholischen Europa. Diese Präventivmaßnahmen schienen jedoch ihrerseits die französischen Anschuldigungen zu bestätigen, dass man im protestantischen Lager einen Religionskrieg gegen den Katholizismus plane. Aus diesem Grunde galt es, mithilfe der Publizistik nicht nur Unterstützung für die Durchsetzung einer antikatholischen Politik in der protestantischen Öffentlichkeit zu gewinnen, sondern auch deren Apologie bei den neutralen und verbündeten Katholiken zu betreiben.

### III.2.8 Antikatholische Gesetzgebung als Mittel zur Verhinderung eines Religionskrieges

Seit Elisabeth I. bestand in England eine antikatholische Gesetzgebung[428]. Reale und fiktive »Papistenverschwörungen« führten zu einer Verschärfung dieser Gesetzgebung, die unter Karl II. ihren Höhepunkt erreichte[429]. Seit 1664 verbot der *Conventicle Act* Privatandachten von mehr als fünf Personen[430]. Ab 1665 untersagte der *Five Mile Act* nicht-anglikanischen Geistlichen, sich innerhalb von fünf Meilen von Städten oder ihrem vorherigen Wirkungsort aufzuhalten[431]. Außerdem verbot er ihnen, Schulunterricht zu erteilen[432]. 1661 schloss der *Corporation Act* Katholiken und andere Nonkonformisten

---

[428] Vgl. QUESTIER, Catholicism, S. 42–60; TRIMBLE, The Catholic Laity, S. 68–176, mit zahlreichen Belegen für die Anwendung der antikatholischen Gesetzgebung unter Elisabeth I.

[429] Vgl. MILLER, Popery, S. 51–66.

[430] Vgl. die Verlängerung des ersten Conventicle Act, abgedruckt als The Second Conventicle Act, 1670, 22 Car. II, c. 1, in: The Law, S. 36–39, mit Verweis auf den Inhalt des ersten Conventicle Act, Second Conventicle Act, 1670, 22 Car. II, c. 1, in: ebd., S. 36.

[431] Abgedruckt unter The Five Mile Act, 1665, 17 Car. II, c. 2, in: ebd., S. 34–36.

[432] Vgl. ebd.

von allen staatlichen und militärischen Ämtern aus[433]. 1673 erhielt der *Corporation Act* eine noch stärker antikatholische Stoßrichtung, indem er von zukünftigen Amtsträgern den Schwur auf die Suprematie des Königs von England und eine Verurteilung der katholischen Transsubstantiationslehre forderte[434]. Waren bis zur *Exclusion Crisis* Parlamentsmitglieder vom *Corporation Act* befreit, wurde er 1678 auch auf diese Gruppe ausgedehnt[435]. In diesem Jahr wurden allein fünf katholische Lords vom Parlament ausgeschlossen[436]. Lediglich der katholische Thronfolger, Herzog Jakob von York, der spätere Jakob II., blieb von dieser Regel ausgenommen[437]. Die Tradition des englischen Antikatholizismus führte zu einer breiten Zustimmung für diese antikatholische Gesetzgebung[438]. Protestantische Engländer sahen in den verschiedenen *Penal Laws* und *Test Acts* einen integralen Bestandteil der englischen Verfassung[439]. Ihre Revokation war im protestantischen Mehrheitsdiskurs auf den britischen Inseln undenkbar[440]. Die antikatholische Gesetzgebung sollte England in den Augen der protestantischen Öffentlichkeit vor den Folgen einer Verschwörung der Katholiken mit dem feindlichen Ausland und einem Religionskrieg gegen den englischen Protestantismus schützen. Diese Ansicht fand auch Eingang in die protestantische Tagespublizistik auf dem Kontinent und wurde von dieser auf die dortigen Verhältnisse übertragen.

In den Augen des katholischen Europa führten *Test Acts* und *Penal Laws* aber unweigerlich zur systematischen Verfolgung der englischen Katholiken[441]. Die französische Propaganda nutzte die antikatholische Gesetzgebung Englands regelmäßig als Beleg dafür, dass die protestantischen Engländer einen Religionskrieg zur Ausrottung des Katholizismus führten[442]. Zu fragen ist nun, wie gingen protestantische Engländer mit dieser Anschuldigung um? Wie rechtfertigten sie die Aufrechterhaltung der antikatholischen Gesetzgebung vor dem katholischen Ausland? Und wie erklärten sie den Widerspruch der Verteidigung von *Penal Laws* und *Test Acts* zu den Anschuldigungen der französischen Propaganda?

---

433 Abgedruckt unter The Corporation Act, 1661, 13 Car II, St. II, c. 1, in: ebd., S. 15–17.
434 Abgedruckt unter The First Test Act, 1673, 25 Car. II, c. 2, in: ebd., S. 39–42. »For preventing dangers which may happen from Popish Recusants«. The First Test Act, 1673, 25 Car. II, c. 2, in: Ebd., S. 39–42, hier S. 39. Vgl. auch MILLER, Popery, S. 55f.
435 Abgedruckt unter The Second Test Act, 1678, 30 Car. II, St. II, c. 1, in: The Law, S. 43–46. Vgl. auch MILLER, Popery, S. 56.
436 Vgl. OGG, England, Bd. 2, S. 573.
437 Vgl. KENYON, The Popish Plot, London, S. 16, 105; MILLER, Popery, S. 173.
438 Vgl. HAYDON, Anti-Catholicism, S. 38–40; MILLER, Popery, S. 67–90.
439 Vgl. HARRIS, Restauration, S. 237; SPECK, James II, S. 3.
440 Vgl. HARRIS, Restauration, S. 237; ders., Revolution, S. 153–158, 339f.; SPECK, James II, S. 3.
441 Vgl. Kapitel III.1.3.
442 Vgl. ebd.

Kurz nach dem Regierungsantritt des katholischen Königs Jakob II. von England betont eine Flugschrift mit dem Titel COMMENTAIRE PHILOSOPHIQUE von 1686 die Notwendigkeit des Ausschlusses der Katholiken von staatlichen Ämtern[443]. Eine solche Schrift konnte nur als Affront gegen die Rekatholisierungspolitik des neuen englischen Monarchen verstanden werden. Zwar nahm der Autor den König von den Regelungen der *Test Acts* ausdrücklich aus, beharrte ansonsten aber auf ihrer strikten Einhaltung,

> car l'éminence de la Roiauté & l'onction sacrée de leur personne doit faire en leur faveur une exception aux lois les plus-générales, & ainsi il leur doit étre permis sans courir nul risque de ce qui leur apartient par le droit de leur naissance, d'être Papistes, s'ils veulent, Juifs, Turcs & Païens. Mais pour tous les autres, ou il faut les faire décamper, ou leur ôter tout moien de troubler le repos public[444].

Der COMMENTAIRE PHILOSOPHIQUE verlieh damit der traditionellen hugenottischen Königstreue Ausdruck und bezog klar Position für die englischen Tories. Er verteidigte aber genauso die antikatholischen Gesetze, die die freie Befehlsgewalt eines katholischen Königs einschränken und so die Rechte der Kirche von England schützen sollte. Begründet wurde ein solch hartes Vorgehen vor allem mit historischen Ereignissen wie den verschiedenen Mordattentaten auf englische Könige, katholische Rebellionen, dem *Gunpowder Plot*, anderen angeblichen *Popish Plots* und Verschwörungen der englischen Katholiken mit dem Ausland[445]. Die Grausamkeit und Gewalttätigkeit des »Papismus« rechtfertige den Ausschluss der Katholiken von allen staatlichen Ämtern und sogar ihre Verbannung an Orte, wo sie England keinen Schaden zufügen könnten[446].

---

443 Vgl. [BAYLE], COMMENTAIRE 1686, S. xxxvj.
444 Ebd., S. xxxvjf.
445 »The Reigns of all our Kings and Queens in England since Henry VIII. have been strangely disturb'd by the Plots, The Treasons and Rebellions of the Papists«. DEFOE, LEX TALIONIS OR, AN ENQUIRY, S. 13, 20 oder gleichlautend in englischer Übersetzung: »Les Régnes de tous nos Rois & Reines d'Angleterre, depuis Henri VIII. ont été étrangement troublez par les conspirations, perfidies & rebellions des Papistes«. Vgl. darüber hinaus ders., La LOI, S. 30f., 47; JURIEU, LA RELIGION DES JESUITES 1689, S. 82f.; ders., LA RELIGION DES JESUITES 1691, S. 94f.; [RIDPATH], AVIS AUX NÉGOCIATEURS, S. 140; REPONSE Au Manifeste adressé par Jacques Second, S. 526.
446 »Qu'avec toute l'aversion que j'ai pour l'intolérance, je ne croi pas qu'on puisse soufrir sans crime que le Papisme aquiere les forces nécessaires de contraindre, ainsi une prudence indispensable oblige de le bannir des lieux où il peut être suspect, & d'y ex auctore tous les Grands, tous les Magistrats, & toutes personnes constitüées en dignité dés qu'il apert de leur Catholicité«. [BAYLE], COMMENTAIRE 1686, S. xxxvj.

Den andauernden Widerspruch zwischen der Treue zu einem streng katholischen Monarchen und seiner Rekatholisierungspolitik, die der Forderung nach Durchsetzung der *Test Acts* und *Penal Laws* diametral zuwiderlief, löste die protestantische Publizistik zunächst damit auf, Ludwig XIV. als eigentlichen Urheber der Rechtsbrüche Jakobs II. verantwortlich zu machen[447]. Gleichzeitig ermöglichte der Verweis auf das Modell Ludwigs XIV. aber auch, Jakob II. zu bezichtigen, durch Abschaffung der bestehenden Gesetze eine Willkürherrschaft nach französischem Vorbild errichten zu wollen[448]. Die mangelnde Beachtung der *Test Acts* und *Penal Laws* durch Jakob II. trug auf diese Weise in erheblichem Maße zur *Glorious Revolution* und der Übertragung der Herrscherwürde auf Maria II. und ihren Gemahl Wilhelm III. von Oranien bei[449].

Mit Verweis auf die Politik Jakobs II. schürte die protestantische Publizistik auch in den Folgejahren die Angst vor einer Rückkehr des entthronten Stuartkönigs aus Frankreich. Während der folgenden Jahrzehnte kolportierten englische Publizisten immer wieder das Szenario einer Verschwörung zwischen den exilierten Stuartkönigen, Frankreich und den einheimischen Katholiken, die auch einen Teil der protestantischen Briten korrumpieren könnten[450].

Protestantische Engländer nahmen besonders in den katholischen Iren eine Gefahr für ihr eigenes Gemeinwesen wahr[451]. In der Flugschrift *La LOI DU TALION* von Daniel Defoe heißt es: »L'Irlande a éprouvé deux deluges de sang par leurs rebellions & cruautez […]; Et une multitude innombrable de Protestans a été massacrée & égorgée par eux de sang froid«[452].

---

447 »Je reconnois maintenant ma faute, & que mon malheur ne vient que par la méchante induction de la Reine ma Femme & de son pernicieux Conseil, qui m'ont obligé à rechercher les moiens pour me rendre absolu par une authorité d'un pouvoir arbitraire independant des loix & du parlement, d'abolir le Test & les Loix penales, c'est un plan qui étoit venu de France, & qui m'a conduit dans le precipide & dans le malheureux Labirinthe où je suis«. DÉPÊCHE, S. 52f. Die Ehe mit Maria Beatrix von Modena war maßgeblich mittels französischer Vermittlung zustande gekommen. Vgl. BERGIN, Defending, S. 237f.; HARRIS, Restauration, S. 75; THOMPSON, After Westphalia, S. 56, 58; TROOST, William III, S. 185f. Maria Beatrix wurde deshalb in der protestantischen Publizistik weitgehend als Agentin Ludwigs XIV. wahrgenommen.
448 Vgl. DÉPÊCHE, S. 52f.
449 Vgl. HARRIS, Revolution, S. 193–195, 339f.; PINCUS, The First Modern Revolution, S. 4, 156, 183, 195, 201, 203f., 210.
450 Vgl. REMARQUES SUR LA SUCCESSION, S. 68. Mit weiteren Beispielen vgl. auch HAYDON, Anti-Catholicism, S. 33, 36; IHALAINEN, Protestant Nations, S. 306.
451 Vgl. KUMAR, The Making, S. 163; HARRIS, The British dimension, S. 144.
452 DEFOE, La LOI, S. 30. Im englischen Original heißt es: »Ireland has twice been Deluged in Blood by their Rebellions and Cruelties […] and innumerable Protestants Massacred and Butcher'd in Cold Blood«. Ders., LEX TALIONIS OR, AN ENQUIRY, S. 13.

Eine solche Alteritätskonstruktion war besonders für englische Protestanten anschlussfähig, denn in den irischen Katholiken erblickte man das radikale Andere[453]. Der existenziellen Gefahr, die in dieser Schilderung von den irischen Katholiken ausging, könne man nur mit Repression begegnen. Defoe schlussfolgerte deshalb weiter, dass alle katholischen Verschwörungen, der Herrschaftsantritt Jakobs II. und die danach folgenden Rekatholisierungsmaßnahmen nicht erfolgt wären, wenn Cromwell die Katholiken aus Irland vertrieben hätte[454]. Irland stellte also einen bleibenden »Infektionsherd« für das protestantische englische Gemeinwesen dar. Für die Sicherheit Englands sei es nötig, den Katholizismus in Irland auszulöschen. Irland erschien insofern als Sonderfall, da hier die notorische Betonung protestantischer Toleranz angesichts der überwältigenden militärischen und politischen Übermacht der Protestanten argumentativ nicht notwendig war. Vielmehr versprach ein gewaltsames Vorgehen eine Lösung zur Beendigung chronischer katholischer Rebellionen und eine Prävention gegen katholische Verschwörungen mit ausländischen Mächten.

Vorerst schienen jedoch die Thronbesteigung Wilhelms III. und die Flucht Jakobs II. die Gefahr einer katholischen Verschwörung gebannt zu haben. 1690 zogen die letzten Reste jakobitischer Truppenverbände aus Irland ab[455]. Zu diesem Anlass hielt der anglikanische Erzbischof von Dublin, William King, eine Dankpredigt, die später unter dem Titel *Europe's deliverance from France and slavery* im Druck erschien[456]. Darin klagte King den vormaligen katholischen Erzbischof Peter Talbot der Verschwörung mit dem katholischen Ausland an. Während des sogenannten *Popish Plot* habe man bei Talbot Briefe gefunden, die seinen Plan, den »Papisten« Zugang zu staatlichen und militärischen Ämtern zu verschaffen, belegten[457]. Auf diese Weise hätten Talbot und seine Mitverschwörer mit französischer Hilfe bereits während des *Popish Plot* eine katholische Armee aufstellen wollen, um England zu erobern[458]. All diese Pläne seien während der Herrschaft Jakobs II. verwirklicht worden, woran man den Wahrheitsgehalt von Kings Anschuldigungen erkennen könne[459]. Die Tolerierung des Katholizismus auf den britischen Inseln, die Aufstellung einer katholischen Armee und ein Bündnis mit Frankreich gegen die Vereinigten Provinzen, hätten »his Majesty's Monarchy Absolute and Real« machen

---

453 Vgl. KUMAR, The Making, S. 163; COUGHLAN, Ireland, S. 46–74; PALMER, Gender, S. 699–712; HASTINGS, The Construction, S. 80–86, 91f.
454 Vgl. DEFOE, LEX TALIONIS OR, AN ENQUIRY, S. 20; ders., La LOI, S. 47.
455 Vgl. HAYTON, The Williamite Revolution, S. 205; HARRIS, Revolution, S. 473f.; CLAYDON, William III, S. 169f.
456 KING, Europe's deliverance.
457 Vgl. ebd., S. 2. Zur Schilderung des *Popish Plots* vgl. auch MANIFEST, [4].
458 Vgl. KING, Europe's deliverance, S. 2.
459 Vgl. ebd.

sollen⁴⁶⁰. Eine absolute Monarchie wurde somit klar mit dem Katholizismus identifiziert. Englischer Parlamentarismus erschien genauso unvereinbar mit einem solchen Vorhaben wie die Koexistenz zwischen protestantischer und katholischer Konfession in England. Um sowohl den englischen Parlamentarismus als auch die protestantische Konfession beizubehalten, erschien es protestantischen Publizisten umso wichtiger, die *Test Acts* in England aufrechtzuerhalten, die einen effektiven Schutz vor den Umsturzplänen der Katholiken versprachen. Nur der Ausschluss der Katholiken von allen politischen und militärischen Ämtern habe die englische Freiheit und protestantische Religion bewahren können. Besonders ausgeprägt war diese Argumentationsweise bei irischen Protestanten, wie das Beispiel Erzbischof Kings verdeutlicht⁴⁶¹. Sie befanden sich in einer speziellen Position. Durch die anhaltende ökonomische, politische und konfessionelle Diskriminierung und Unterdrückung der katholischen Iren provozierte die protestantische Minderheit in Krisensituationen wiederholt katholische Aufstände, die zu gewaltsamen Ausschreitungen gegen die protestantische Bevölkerung führten⁴⁶². Irische Protestanten sahen deshalb die *Test Acts* als Fundament ihrer eigenen Sicherheit an. Mit der Beschwörung einer möglichen katholischen Invasion in England versuchten sie, auch die englischen Protestanten auf ihre Seite zu ziehen und sich so deren militärische und politische Rückendeckung zu sichern – eine Strategie die sich nach der *Glorious Revolution* als recht erfolgreich erweisen sollte⁴⁶³.

Unter dem Einfluss der englischsprachigen Publizistik wurde die Idee der juristischen Eindämmung des Katholizismus im protestantischen Herrschaftsbereich immer populärer. Der Autor der Schrift *LA NECESSITÉ D'UNE LIGUE PROTESTANTE ET CATHOLIQUE* plädiert für eine strenge Beachtung der Bedingungen, unter denen die katholische Religionsausübung im protestantischen Herrschaftsbereich erlaubt sein könne⁴⁶⁴. Es sei besser, sie unter den gegenwärtigen Bedingungen ein wenig zu demütigen, damit sie sich keine allzu großen Hoffnungen auf eine Verbesserung ihrer Lage machten⁴⁶⁵. Insbesondere solle darauf geachtet werden, dass die

---

460 Ebd.
461 Zur Haltung der irischen Protestanten vgl. CONNOLLY, Religion, S. 33–40, 233–249, 263–278; BARNARD, Protestantism, S. 207f.; HARRIS, The British dimension, S. 144.
462 Vgl. CANNY, Making, S. 461–550; GARCÍA HERNÁN, Ireland, S. 110–135, 190–195; GILLESPIE, The end, S. 191–213; HARRIS, Revolution, S. 139f., 422–445; LOTZ-HEUMANN, Die doppelte Konfessionalisierung, S. 94–218; MORGAN, Tyrone's Rebellion. Die Angst vor einer Katholikenverschwörung war bei irischen Protestanten besonders stark ausgeprägt. Vgl. CONNOLLY, Religion, S. 233–249.
463 Vgl. ebd., S. 233–262. Connolly hat hier die Anknüpfungspunkte zwischen irischem und englischem Antikatholizismus herausgearbeitet. Vgl. darüber hinaus HARRIS, Revolution, S. 462–476, 500–512.
464 Vgl. LA NECESSITÉ, S. 122f.
465 Vgl. ebd., S. 123.

katholischen Geistlichen Einheimische seien[466]. Offensichtlich traute man fremdländischen Geistlichen die Anzettelung einer Rebellion und die Verbrüderung mit dem katholischen Ausland eher zu als denen, die aus den Reihen der eigenen Landsleute rekrutiert seien. Von Misstrauen zeugt auch der Ratschlag, unter keinen Umständen den Amtsträgern die Aufnahme katholischer Bediensteter zu gestatten[467]. Neben der Möglichkeit der Einflussnahme auf die Politik bestand aus Sicht protestantischer Propagandisten die Möglichkeit zur Spionage für das feindliche katholische Ausland, die durch eine solche Maßnahme verhindert werden sollte. Besonders gefährlich seien verkleidete Jesuiten, die als Agenten Frankreichs die protestantischen Staaten infiltrieren wollten[468]. Außerdem solle man bei den eigenen Truppen keinesfalls Katholiken dulden, denn diese könnten den Protestanten früher oder später in den Rücken fallen[469]. Es müsse bei der gegenwärtigen Gefahr für die evangelische Konfession darauf geachtet werden, dass die Katholiken in den striktesten Grenzen gehalten werden, damit sie nicht zu große Hoffnungen auf einen Umsturz entwickeln könnten[470]. Gleichzeitig solle man seinen katholischen Untertanen aber kein Unrecht antun[471]. Abgesehen von den einheimischen Katholiken müsse man sich vor refugierten Hugenotten in Acht nehmen[472]. Offensichtlich fürchtete man in ihren Rängen heimliche Katholiken und Agenten Frankreichs. Ein Eindringen katholischer Agenten in das eigene Staatswesen hätte in einem Religionskrieg fatale Folgen gehabt. Die Angst vor einer solchen Unterwanderung führte in England wiederholt zu einer regelrechten Paranoia[473]. Die Flugschrift *LA NECESSITÉ D'UNE LIGUE PROTESTANTE ET CATHOLIQUE* plädierte für eine Taktik aus Zuckerbrot und Peitsche beim Umgang mit den Katholiken im protestantischen Herrschaftsbereich. Dadurch versprach man sich offensichtlich die Vermeidung einer Rebellion der eigenen katholischen Untertanen und deren Bündnisses mit dem katholischen Ausland.

---

466 Vgl. ebd.
467 Vgl. ebd., S. 126.
468 Vgl. ebd.
469 Vgl. ebd.; MANIFEST, [8f.].
470 »Mais parce que ce sont des conditions pour la plûpart qu'on ne fait point observer, il faut qu'on le fasse & qu'on soi même severe à cet égard. Il est bon de les humilier un peu dans la conjuncture presente, qui semble reveiller leurs esperances, quelque mal fondées qu'elles soient. Il est bon qu'on leur fasse sentir qu'on les tient suspects, pourveu néanmoins qu'on ne leur fasse aucun tort, & qu'on agisse avec eux conformément aux loix de l'Etat & du Gouvernement sous lequel ils vivent«. LA NECESSITÉ, S. 122f.
471 Vgl. ebd., S. 123.
472 Vgl. ebd., S. 126.
473 Vgl. CONNOLLY, Religion, S. 249–262; MILLER, Popery, S. 154–169; KENYON, The Popish Plot, S. 132–176; TREVOR-ROPER, Epilogue, S. 490; KLUETING, Das Konfessionelle Zeitalter, S. 358.

Die Forderung nach Aufrechterhaltung von *Test Acts* und *Penal Laws* war an der Schwelle vom 17. zum 18. Jahrhundert in England zum tagespublizistischen Gemeinplatz geworden. Auch die frühneuzeitlichen Toleranzdebatten in England änderten wenig an diesem diskursiven Konsens der protestantischen Öffentlichkeit. Katholiken blieben systematisch von der Toleranzforderung der angloprotestantischen Frühaufklärung ausgeschlossen. Der anglikanische Pastor Archibald Campbell verfasste dementsprechend noch 1713 eine fiktive Konversation zwischen einem englischen Protestanten und seinem katholischen Freund über ein Buch, welches Katholiken zur Konversion ermutigen sollte[474]. Der fiktive Katholik kritisierte darin die *Penal Laws* und *Test Acts*, die gegen die Gewissensfreiheit verstießen und entweder die Seelen verdammten oder die Leiber der Gläubigen züchtigten[475]. Die Figur des Katholiken lehnte das »private judgment« aber als Vorbedingung der Gewissensfreiheit ab, weil dieses ohne päpstliche Schiedsrichterstellung Sektierertum und daraus resultierende Religionskriege verursache[476]. Campbell führte mit dieser Darstellung auf geschickte Weise die katholische Forderung nach Abschaffung der *Penal Laws* ad absurdum. Denn das päpstliche Richteramt würde ebenso wenig »private judgment« in religiösen Angelegenheiten dulden wie die englische Gesetzgebung den Katholiken völlige Rechtsgleichheit gewähre. Für einen eventuellen Religionskrieg war somit aus Perspektive der protestantischen Publizisten nicht der Protestantismus, sondern die geistliche Tyrannei der Katholiken verantwortlich[477]. Durch die *Penal Laws* könne aber ein solcher verhindert werden. Sie wurden als Stütze von innerem Frieden und innerer Sicherheit Englands angesehen.

Eine gänzlich andere Strategie zur Rechtfertigung von *Test Acts* und *Penal Laws* nahmen Schriften ein, die an das katholische Ausland gerichtet waren. Sie erscheinen meist in französischer oder deutscher Sprache und dementierten aufs Schärfste einen Zusammenhang zwischen antikatholischer Gesetzgebung und einem Religionskrieg, wie ihn die französische Propaganda England im Neunjährigen Krieg und im Spanischen Erbfolgekrieg unterstellte. Statt einer konfessionellen Argumentationsstrategie folgten solche Schriften einer rechtlich-politischen Argumentationsweise.

Insbesondere Wilhelm von Oranien war nach der *Glorious Revolution* auf die Rechtfertigung seiner Konfessionspolitik gegenüber den katholischen Alliierten angewiesen. Protestantische Schriften auf dem Kontinent betonten deshalb den Charakter von *Test Acts* und *Penal Laws* als Fundamentalgesetz

---

474 Vgl. CAMPBELL, The case.
475 Vgl. ebd., S. 89.
476 Ebd.
477 Vgl. TRONCHIN DU BREUIL, LETTRES 1689, S. 22; LES HEUREUSES SUITES, S. 110; Der Veränderliche Staats=Mantel, S. 430f.

des Königreichs England⁴⁷⁸. Solche Grundgesetze könnten nicht abgeschafft werden. Folglich griff die protestantische Publizistik auf dem Kontinent wiederholt den Versuch der Abschaffung der *Test Acts* und *Penal Laws* durch Jakob II. an,

Welche doch die Engeländer gleichsam als das kostbarste Heiligthum ihres Königreiches ansehen/ abzuschaffen getrachtet: [...] endlich seine hartnäckige Anschläge/ da er alle wichige Ehren=Stellen und anderen Aemter mit Catholiquen besetzen/ und hingegen die Protestirende davon auszuschliessen befliessen gewesen/ habe nothwendig alle Stände des Königreichs schwürig machen müssen⁴⁷⁹.

Jakob II. wurde angeklagt, er habe diese Gesetze nicht nur abschaffen, sondern auch in ihr Gegenteil verkehren wollen. Dementsprechend habe er danach getrachtet, in Zukunft die Protestanten statt der Katholiken von allen Ämtern auszuschließen. Beweis dafür sei unter anderem gewesen, dass er mit Pater Edward Petre einen »Papisten« in seinen Rat aufgenommen habe⁴⁸⁰. Als außerordentlich gefährlich wurde die Vergabe von militärischen Ämtern an die »Papisten« geschildert⁴⁸¹. Es sei ferner eine besondere Ungerechtigkeit, dass Jakob II. gleichzeitig seine protestantischen Untertanen habe entwaffnen lassen⁴⁸². Die Entwaffnung der protestantischen Untertanen sei geschehen, um »die Englische Kirch/ welche doch durch des Landes=Gesetz fest gestellt war/ außzurotten«⁴⁸³. Die Rechtsbrüche Jakobs II. hätten das Eingreifen seines protestantischen Schwiegersohnes geradezu notwendig gemacht.

In seiner erfolgreichen Streitschrift *LA MONARCHIE UNIVERSELLE DE LOUYS XIV* von 1689 folgte Gregorio Leti dabei über weiten Strecken genau den offiziellen Verlautbarungen des neuen englischen Königs. Aus diesem Grunde gab er das komplette Manifest des Prinzen von Oranien vom 28. November 1688 in einer französischen Übersetzung wieder⁴⁸⁴. Leti benutzte dieses Manifest als Beleg dafür, dass die Aufrechterhaltung der

---

478 Vgl. [LARREY], REPONSE, S. 382; Wahres INTERESSE, S. 38. In diesem Sinne spricht sich auch [BAYLE?], AVIS, S. 345 aus: »Que les loix Penales contre les Catholiques des trois Roiaumes ne soient jamais suprimées«. LAMBERTY, MEMOIRES, S. 581, begründet den unumstößlichen Charakter der *Penal Laws* und *Test Acts* mit ihrem hohen Alter.
479 Wahres INTERESSE, S. 38. Vgl. des Weiteren Des aus denen Elisischen Feldern, S. 17; MANIFEST, [5, 7–11].
480 Vgl. ebd., [8f.].
481 Vgl. ebd.; LA NECESSITÉ, S. 126f.
482 »Die Ungerechtigkeit/ als seine protestirende Unterthanen entwaffnet/ da inzwischen die Papisten bewehrt/ und die Kriegs=Aemter innehatten«. MANIFEST, [9].
483 Ebd., [26].
484 Vgl. ORANIEN, A Third Declaration 1688. Diese darf nicht mit der *Declaration of Reasons* vom 10. Oktober 1688 verwechselt werden. Vgl. hierzu CLAYDON, William III's Declaration, S. 87–108; ONNEKINK, The Revolution, S. 143–171.

antikatholischen Gesetzgebung in England keinen Religionskrieg darstelle, wie Frankreich insinuieren wolle[485]. Die konsequente Entwaffnung der »Papisten« auf den britischen Inseln durch Wilhelm von Oranien diene nur zur Sicherung der öffentlichen Ruhe[486]. Auch ihre Verbannung aus den Städten von London und Westminster könne schwerlich als Verfolgungsmaßnahme gedeutet werden[487]. Sie beuge lediglich einer »papistischen« Erhebung vor, die durch die Intrigen der Jesuiten leicht den Franzosen eine Landung auf den britischen Inseln ermöglichen könnte, »pour extirper la Religion Protestante de toute l'Europe«[488]. Die Verbannung der Katholiken erschien somit als Bestandteil des eigenen Rechts auf Selbstverteidigung. Den katholischen Alliierten sollte die Maßnahme zum Schutz vor einer französischen Invasion auf den britischen Inseln und damit der Schwächung der Wiener Großen Allianz gegen Frankreich als politisch vernünftig erscheinen.

Die jakobitische Publizistik des Neunjährigen Krieges klagte nun ihrerseits Wilhelm III. an, im Verlauf der *Glorious Revolution* und seines irischen Feldzugs die *Test Acts* und die *Penal Laws* in Irland eingeführt zu haben[489]. Der (katholische) Leser der protestantischen Apologie Wilhelms von Oranien sollte aber erkennen, dass *Test Acts* und *Penal Laws* auch zu den rechtmäßigen Gesetzen Irlands zählten.

Der Vorwurf Frankreichs und der Jakobiten, es handele sich beim Krieg des Prinzen von Oranien um einen Religionskrieg, »die Catholische Religion nach und nach zu schmälern/ sonderlich aber aus gantz Engelland und denen incorporirten Reichen/ zu verbannen«, lasse sich daraus letztendlich nicht rechtfertigen[490]. Vielmehr handele es sich beim Vorgehen des Prinzen von Oranien um eine politische Maßnahme, die eine Invasion Frankreichs auf den britischen Inseln verhindern solle. Die jüngste Vergangenheit habe bewiesen, dass die englischen Katholiken mit dem feindlichen Ausland im

---

485 Vgl. LETI, LA MONARCHIE 1689, Bd. 1, S. 438.
486 Vgl. ebd., S. 442.
487 Vgl. ebd.; Der Vermeinte/ Und von Franckreich erdichtete/ Religions=Krieg, S. 25. In den Augen der protestantischen Publizistik belegte schon die Vergangenheit die Notwendigkeit solcher Maßnahmen: »J'avouë que ces exemples de cruauté des Catholiques contre les Protestans, les obligerent autre-fois pour la seureté de leur Religion de se servir de certaines maximes d'Etat, qui banissoient les Catholiques de leurs Païs«. LETI, LA MONARCHIE 1689, Bd. 1, S. 456.
488 Ebd., S. 443. Ähnlich argumentiert die deutsche Flugschrift Der Vermeinte/ Und von Franckreich erdichtete/ Religions=Krieg, die die Verbannung der Katholiken aus London und Westminster damit rechtfertigt, »daß dieselben bey diesen gefährlichen Troublen allerhand gefährliche Anschläge/ verdächtige Zeitungen/ und andere Friedens=gehässige Dinge unter der Hand gesponnen [...]. Wodurch sie sich ihres vorigen Privilegii selbst untüchtig und verlustig gemacht«. Der Vermeinte/ Und von Franckreich erdichtete/ Religions=Krieg, S. 33.
489 Vgl. MANIFEST, [28f.].
490 Der Vermeinte/ Und von Franckreich erdichtete/ Religions=Krieg, S. 26.

Bunde stünden. Dies könne schwerlich im Interesse der katholischen Alliierten liegen, denn diese seien auf die Verlässlichkeit ihres Bündnispartners England angewiesen. Die Aufrechterhaltung der protestantischen Konfession in England wurde somit zur Grundlage der englischen Bündnistreue erklärt. Eine Machtergreifung der Katholiken und die Rückkehr Jakobs II. wurden als Schreckensszenario an die Wand gemalt, das England sicher in die Arme Ludwigs XIV. getrieben hätte. In diesem Sinne wurde die antikatholische Gesetzgebung Englands zum Garanten für den Erfolg der Wiener Großen Allianz gegen Frankreich stilisiert. Die protestantische Publizistik richtete sich damit an die katholischen deutschen Reichsfürsten, die von der Rechtmäßigkeit oder zumindest von der politischen Notwendigkeit der Religionspolitik Wilhelms von Oranien überzeugt werden sollten. Die protestantische Kriegspublizistik war intensiv darum bemüht, den Vorwurf eines protestantischen Religionskrieges durch die französische Propaganda bei ihren katholischen Verbündeten im Reich zu zerstreuen.

Das Bedürfnis, die antikatholischen Gesetze Englands vor den katholischen Alliierten zu rechtfertigen, bestand nach Ende des Neunjährigen Krieges fort. Zu Beginn des Spanischen Erbfolgekrieges erließ Jakob II. ein Manifest, das die katholischen Briten zum Aufstand und die katholischen Alliierten zum Austritt aus der Haager Großen Allianz mit Wilhelm von Oranien bewegen sollte. Die REPONSE AU MANIFESTE adressé par le ROY JAQUES II. Aux Princes Confederez CATHOLIQUES verteidigt die Politik Wilhelms von Oranien gegenüber seinen katholischen Untertanen und Alliierten. Darin heißt es, der Prinz von Oranien habe verhindert, »qu'on executât les Loix penales à la rigueur«[491]. Deutlich kommt dabei die apologetische Absicht der REPONSE zum Ausdruck, die das Wohlwollen des Prinzen von Oranien gegenüber seinen katholischen Untertanen und dem katholischen Ausland beweisen sollte. Durch die Verharmlosung der antikatholischen Gesetzgebung sollte der französischen Argumentation, beim Spanischen Erbfolgekrieg handele es sich protestantischerseits um einen Religionskrieg gegen den Katholizismus, der Boden entzogen werden.

Doch mit dem Erlass durch den *Act of Settlement* »for the Succession of the Crown in the Protestant Line for the Happiness of the Nation and the Security of our Religion«[492], der Katholiken fortan von der englischen Thronfolge ausschloss, erhielt die französische Propaganda neuen Sprengstoff. Die neue Thronfolgeregelung wurde als »being absolutely necessary for the Safety Peace and Quiet of this Realm« begründet[493]. Damit war nichts anderes gemeint,

---

491 REPONSE Au Manifeste adressé par le ROY, S. 28.
492 The Act of Settlement 12 and 13 Will. III. Cap. 2, 1701, in: Select Statutes, S. 87–91, hier S. 89.
493 Ebd.

als die Gefahr einer mutmaßlichen – aber auch nicht völlig unbegründeten – Verschwörung von Iren, katholischen Engländern, katholischem Klerus, Ludwig XIV. und den jakobitischen Thronanwärtern abzuwenden, die längerfristig eine Rekatholisierung Englands angestrebt hätten[494].

Der hugenottische Publizist Isaac de Larrey rechtfertigte den *Act of Settlement* mit den schlechten Erinnerungen der Engländer an die Regierungszeit Marias I. und Jakobs II.[495]. Der Ausschluss von »Papisten« von der englischen Thronfolge entspringe folglich nicht einem Drang nach Verfolgung der Katholiken, sondern einem konfessionellen und politischen Sicherheitsbedürfnis, denn die protestantische Religion habe unter einem katholischen Monarchen »nulle sûreté pour leurs Libertez & pour leur Religion«[496]. Der Grund dafür sei, dass ein katholischer Monarch schon gewissenshalber dazu verpflichtet sei, die Verträge mit Häretikern zu brechen und seine ketzerischen Untertanen zu bekriegen[497]. Derart appellierte die englische Publizistik an das Verständnis der auswärtigen Katholiken. Erfolgversprechender erschien jedoch auch hier eine Strategie, die sich für Katholiken anschlussfähigerer juristischer und politischer Argumente bediente.

Auch die Katholiken würden sich weigern, einen protestantischen König anzuerkennen. Eine protestantische Flugschrift fragte, ob etwa die Spanier gewillt seien, vorbehaltlos einen protestantischen König zu akzeptieren, ob sie es zulassen würden, dass dieser den Protestantismus in Spanien verbreite, protestantische Schulen errichte, die Gewissensfreiheit einführe, die katholischen Bischöfe inhaftiere und mithilfe eines ausländischen Gegners der spanischen Nation die Privilegien der Spanier abzuschaffen erstrebe[498]. Protestantischen und katholischen Lesern dieser Flugschrift sollte so vor Augen geführt werden, dass die Spanier einen solchen König nie gekrönt geschweige denn seine Reformen geduldet hätten.

Gegen die französischen Anschuldigungen, der *Act of Settlement* sei Beweis für die Absicht Englands, einen Religionskrieg gegen den Katholizismus zu führen, verfasste ein englischer Publizist 1702 eine *REPONSE AU MANIFESTE adressé par le ROY JAQUES II. Aux Princes Confederez CATHOLIQUES*. Darin heißt es:

---

494 Vgl. REMARQUES SUR LA SUCCESSION, S. 68.
495 Vgl. [Larrey], REPONSE, S. 382f.
496 Ebd.
497 Vgl. ebd., S. 383. Zum Vorwurf des Vertragsbruchs vgl. auch REMARQUES SUR LA SUCCESSION, S. 74; The duke, S. 37; [Larrey], REPONSE, S. 383; Guertler, Der bedruckte Palm-baum, S. 314; Göbel, CÆSAREO-PAPIA ROMANA, S. 680; Des aus denen Elisischen Feldern, S. 20; MANIFEST, [36].
498 Vgl. REPONSE Au Maniveste adressé par le ROY, S. 34f.

L'acte qui exclud les Catholiques de la succession à la Couronne, n'est donc pas fondé sur le dessein de persecuter [...] mais c'est une sage précaution, qui a pour but de prevenir des desordres semblables à ceux qui dont défiguré le régne de Jaques Second: Cet Acte ne doit pas même être consideré comme une nouveauté, puis qu'il n'est qu'une suite & une explication de la Loi du Test[499].

Frankreich und die Jakobiten hätten also keinen Grund, zu behaupten, England führe einen Religionskrieg gegen den Katholizismus, denn der *Act of Settlement* sei nur die logische Konsequenz der seit Karl II. bestehenden *Test Acts*, die Katholiken prinzipiell von öffentlichen Ämtern ausschlossen. Dies sei nötig, um den inneren Frieden und die bestehenden Gesetze in England aufrechtzuerhalten. Die Rekatholisierungspolitik Jakobs II. habe gezeigt, dass die Herrschaft eines Katholiken über ein protestantisches Königreich unweigerlich zu Rechtsbrüchen führen müsse. Der *Act of Settlement* hingegen stelle auch für die katholischen Alliierten eine Garantie für die politische Zuverlässigkeit Englands dar.

Diese Legitimationsstrategie gegenüber den katholischen Alliierten sollte keinesfalls den konfessionellen Gehalt der protestantischen Publizistik verdecken. Ihre Rechtfertigung von *Test Acts, Penal Laws* und *Act of Settlement* diente zwar der Vermeidung eines Religionskrieges, war aber dennoch genuin konfessionell begründet und zielte auf den Erhalt des konfessionellen *Status quo*, der auf eine Diskriminierung der britischen Katholiken hinauslief. Das Urteil der jüngeren Forschung, die Debatten der englischen Tagespublizistik hätten sich nach dem Herrschaftsantritt Wilhelms III. zusehends säkularisiert, sollte angesichts der Verknüpfung von Forderungen nach Erhalt der antikatholischen Gesetzgebung mit der Debatte um einen Religionskrieg revidiert werden[500].

*Zusammenfassung*
Die *Test Acts* und *Penal Laws* wurden in zweifacher Weise in Verbindung mit einem Religionskrieg gebracht. Englische Autoren forderten die Aufrechterhaltung der *Test Acts* und *Penal Laws*, um Englands innere Sicherheit während

---

499 Ebd., S. 3f.
500 Vgl. WINKLER, Publikum, S. 228, behauptet, die englische Außenpolitik sei nach der *Glorious Revolution* grundsätzlich von Religiosität befreit gewesen, weil mit der Thronbesteigung Wilhelms von Oranien der religiöse Absolutheitsanspruch des Katholizismus habe überwunden werden können. RAMEIX, Justifier, S. 108–111, spricht gar von einem »anticatholicisme séculaire des Anglois«. Sowohl Winkler als auch Rameix schreiben damit in unkritischer Weise die Selbstrechtfertigungen der protestantischen englischen Tagespublizistik fort.

eines katholischen Religionskrieges zu gewährleisten. Diese Argumentation richtete sich vor allem an eine protestantische Öffentlichkeit in England selbst. Vereinzelt wurde diese Sichtweise auch im protestantischen Ausland rezipiert.

Sie musste aber unweigerlich das Misstrauen der katholischen Alliierten auslösen, das von Frankreich weiter geschürt wurde. Dieses Misstrauen galt es, durch eine säkulare Rechtfertigung der *Test Acts* zu widerlegen. Keine katholische Macht sollte England verdächtigen, durch die strukturelle Diskriminierung der englischen Katholiken insgeheim selbst einen Religionskrieg zur Ausrottung des Katholizismus vorzubereiten. Das Mittel, um die katholischen Mächte von den lauteren Absichten Englands zu überzeugen, war der Appell an die Empathie der Katholiken sowie die juristische und politische Rechtfertigung der antikatholischen Gesetzgebung. Im Zentrum stand dabei die Notwendigkeit des gemeinsamen Kampfes gegen Ludwig XIV. von Frankreich.

Gegenüber den katholischen Mächten war man sehr bemüht, den Verdacht, es handele sich bei der antikatholischen Gesetzgebung um eine Unterdrückungsmaßnahme, abzuwehren, um einen Religionskrieg zu verhindern. Der protestantischen Argumentationslogik folgend diente die antikatholische Gesetzgebung der Herstellung und Bewahrung konfessioneller Toleranz, die vorbildlich vom Protestantismus verkörpert würde und die es gegenüber einer katholischen Intoleranz zu bewahren gelte. Den katholischen Alliierten wurde vor Augen geführt, dass es ihrem eigenen Interesse entspreche, die antikatholische Gesetzgebung in England aufrechtzuerhalten, damit das Königreich nicht in die Hände der jesuitischen Agenten Ludwigs XIV. fiele. Noch schwieriger war vor einer katholischen Öffentlichkeit eine andere Maßnahme zu rechtfertigen, die die protestantische Publizistik zum Schutz ihrer eigenen Glaubensgemeinschaft anpries, nämlich konfessionelle Repressalien.

### III.2.9 Konfessionelle Repressalien als Mittel zur Abwehr eines Religionskrieges

Eine systematische geschichtswissenschaftliche Untersuchung konfessionell begründeter Repressalien in der Frühen Neuzeit hat es bisher nicht gegeben. Bestehende Arbeiten beschränken sich auf die neuere und jüngste Zeitgeschichte[501]. Die Verwendung des Begriffs »Repressalie« in der frühneu-

---

501 Aus rechtswissenschaftlicher Sicht liefert WEICHELT, Kriegsrepressalien, einen systematischen Überblick, der jedoch einen starken Fokus auf die jüngere Zeitgeschichte legt. Auch werden Repressalien nur im Zusammenhang mit kriegerischen Auseinandersetzungen betrachtet. Als diplomatische Maßnahme konnten sie aber durchaus auch gegenüber neutralen und verbündeten Mächten angewendet werden, ohne dass es zwangsläufig zum Kriegsausbruch kommen musste.

zeitlichen Tagespublizistik hat bisher keine spezielle Untersuchung nach sich gezogen. Meist wird der Begriff unspezifisch für eine allgemeine Verfolgungsmaßnahme verwendet, obwohl die zeitgenössische Verwendung konkreterer Natur war[502]. Das *DICTIONNAIRE DE L'ACADÉMIE FRANÇOISE* von 1694 definiert Repressalien etwa als »Prise, butin que l'on fait sur les ennemis pour s'indemniser de ce qu'ils ont pris sur nous, du dommage qu'ils nous ont causé«[503]. Es liegt auf der Hand, dass im Rahmen dieser Arbeit das Desiderat einer frühneuzeitlichen Geschichte von Repressalien in keiner Weise eingelöst werden kann. Wohl aber soll im Folgenden auf konfessionell begründete Repressalien während des späten 17. und frühen 18. Jahrhunderts eingegangen werden, sofern sie konfessionell motiviert wurden und in Beziehung zu den Debatten um einen Religionskrieg standen.

Repressalien gegen die katholische Minderheit in ihrem eigenen Herrschaftsbereich stellten in den Augen protestantischer Autoren in England und auf dem Kontinent ein Instrument dar, um die Katholiken in Schach zu halten und einen Religionskrieg zu verhindern. Als biblische Rechtfertigung dieses Vorgehens diente protestantischen Obrigkeiten und Publizisten die Talionsformel[504]. Diese unter dem Grundsatz »Auge um Auge, Zahn um Zahn« in den Alltagssprachschatz eingegangene Formel beruht auf der Heiligen Schrift[505].

Programmatisch forderte Daniel Defoe gegen Ende des Neunjährigen Krieges in seiner *LEX TALIONIS* die Anwendung dieses Prinzips. *LEX TALIONIS* zirkulierte in einer erweiterten Fassung auf Französisch schnell auch auf dem Kontinent und erlebte zahlreiche Neuauflagen und Adaptionen, was auf ein reges Interesse in der (protestantischen) Öffentlichkeit hindeutete[506]. Defoe schrieb dem Talionsprinzip darin universelle Geltung zu. Durch seine

---

502 Vgl. bspw. NIPPERDEY, Die Erfindung, S. 343f.
503 LE DICTIONNAIRE, S. 314f.
504 Von lat. talio = Vergeltung.
505 Zürcher Bibel, Ex, 21, 24. Zum alttestamentarischen Talionsprinzip vgl. WEISMANN, Talion, S. 325–406; ALT, Zur Talionsformel, S. 407–456.
506 Als englische Ausgaben konnten DEFOE, LEX TALIONIS OR, AN ENQUIRY; ders., Lex, ermittelt werden. Ausgaben der französischen Übersetzung im Betrachtungszeitraum sind ders., LEX TALIONIS, LA LOI; ders., La LOI. In weiten Teilen ein Plagiat der französischen Übersetzung Defoes stellt LA NECESSITÉ, dar. Während der englischen Fassung DEFOE, LEX TALIONIS OR, AN ENQUIRY das Bibelwort aus Matt. 7, 2 »With what judgment ye judge, ye shall be judged, and with what measure ye mete, it shall be measured to you again« zugrunde lag, zitierte die französische Übersetzung auf dem Titelblatt Offb. 13, 10 »Si quelqu'un mene en captivité, il sera mené en captivité: Si quelqu'un tuë par l'épée, il faut qu'il soit tué par l'épée«. Ders., LEX TALIONIS, LA LOI.

biblische Fundierung erhielt es einen normativen Charakter, den auch seine Rezipienten zur Kenntnis nehmen mussten[507].

Defoe wandte das Talionsprinzip an erster Stelle auf Ludwig XIV. von Frankreich an. Dieser verfolge seit Jahren die französischen Protestanten und habe dadurch dem gesamten protestantischen Europa den Krieg erklärt[508]. Während der Neunjährige Krieg zu Beginn noch ein Staatenkrieg gewesen sei, habe der König von Frankreich durch die Ausrottung der französischen Protestanten den Grundstein zu einem universellen Religionskrieg gelegt[509]. An einem solchen Religionskrieg müsse Frankreich aber unweigerlich scheitern, wenn die Protestanten sich an das Talionsprinzip halten würden; und zwar aus zwei Gründen: Erstens lebten in den protestantisch regierten Ländern weit mehr Katholiken, als es Protestanten im Herrschaftsbereich katholischer Fürsten gab, folglich würden mehr Katholiken unter obrigkeitlichen Repressalien zu leiden haben als die Protestanten[510]. Zweitens seien die protestantischen Länder wirtschaftlich florierender[511]. Aus diesem Grunde würde ihnen die Aufnahme ihrer verfolgten Glaubensbrüder weniger Mühen bereiten als den katholischen Mächten, die sich ökonomisch im Niedergang befänden[512]. Den protestantischen Mächten wäre es auf diese Weise möglich, die Glaubensverfolgungen auf dem Kontinent und den damit verbundenen Religionskrieg zu beenden.

Letzten Endes, so behauptete Defoe, könnten Repressalien zur Konversion der Katholiken zum Protestantismus beitragen[513]. Deren Bekehrung wiederum würde auch Juden, Heiden und Muslime dazu animieren, zum Christentum überzutreten, da ihre auf dem schändlichen Wesen des »Papismus« begründeten Vorbehalte gegenüber dem Christentum durch die Konversion der »Papisten« zerstört werden würden[514]. Glaubensverfolgungen und Religionskrieg würde so nicht nur unter den Christen, sondern auch zwischen allen anderen Religionen ein Ende gesetzt werden. Dies implizierte die Erfüllung des göttlichen Heilsplans[515]. Die tausendjährige Herrschaft der Heiligen könnte durch die Anwendung des Talionsprinzips durch die pro-

---

507 »La Loi ancienne & fondamentale du Talion, pratiquée dés le commencement du Monde & en usage de tout tems parmi toutes les Nations, fondée dans la Loi de Dieu, & authorisée par la conduite de Dieu même«. Ders., La LOI, S. 21. Vgl. darüber hinaus auch ebd., S. 24.
508 Vgl. ders., LEX TALIONIS OR, AN ENQUIRY, S. 11; ders., La LOI, S. 25.
509 Vgl. ders., LEX TALIONIS OR, AN ENQUIRY, S. 11; ders., La LOI, S. 25.
510 Vgl. ders., LEX TALIONIS OR, AN ENQUIRY, S. 26; ders., La LOI, S. 57.
511 Vgl. ders., LEX TALIONIS OR, AN ENQUIRY, S. 24–26; ders., La LOI, S. 57.
512 Vgl. ders., LEX TALIONIS OR, AN ENQUIRY, S. 26; ders., La LOI, S. 57.
513 Vgl. ders., La LOI, S. 78. Diese und die folgende Bemerkung finden sich nur in der französischen Übersetzung.
514 Vgl. ebd.
515 Vgl. Zürcher Bibel, Offb. 3, 1–6.

testantischen Fürsten herbeigeführt werden. Auch wenn sowohl die Bekehrung von Heiden wie die von »Papisten« ausblieb, so schien Defoes Anleitung in der politische Praxis zumindest teilweise Erfolg zu versprechen.

In seiner Schrift *The Danger of the Protestant Religion* hielt Defoe der zeitgenössischen englischen Regierung ein historisches Beispiel vor. Selbst der Usurpator Oliver Cromwell habe mit Erfolg Repressalien zugunsten der verfolgten Protestanten auf dem Kontinent angewandt. Cromwell habe durch die Androhung, die irischen und englischen Katholiken auszuweisen, der Verfolgung der Hugenotten und Waldenser durch den König von Frankreich und den Herzog von Savoyen ein Ende bereitet[516]. Defoe betonte den Einsatz des englischen Parlaments für die auswärtigen Protestanten während des Commonwealth. Daraus leitete er die Verpflichtung Englands als Schutzmacht des europäischen Protestantismus in der Gegenwart ab. Die Möglichkeit, dass ein Parlament die Repressalien ablehnen könnte, stand für Defoe außer Frage[517]. In diesem Sinne lassen sich die betreffenden Passagen als logische Fortsetzung seiner drei Jahre zuvor erschienenen Flugschrift *LEX TALIONIS* lesen[518]. Die Umsetzung des Talionsprinzips wurde nun vom englischen Parlament erwartet. Durch den Schutz des europäischen Protestantismus im Allgemeinen versprach sich Defoe speziell auch die Sicherheit des Protestantismus in England[519].

Auch andere englische Protestanten sahen in Repressalien die geeignete Methode zur Bewahrung der protestantischen Religion in einem künftigen Religionskrieg. Der anglikanische Pastor Edmund Hickeringill forderte in seiner antikatholischen Streitschrift *Priest-Craft* Repressalien als einzige Methode, Frieden mit den Katholiken schließen zu können: »And if nothing but Reprisals can make Papists civil and quiet, there seems a Necessity of a Religious War, or a General Liberty of Conscience in Christendom«[520]. Da augenscheinlich nur Repressalien einen Ausgleich mit den Katholiken bewirken könnten, würden diese entweder zu einem Religionskrieg oder zur allgemeinen Gewissensfreiheit führen. Protestantische Autoren waren sich aber darin einig, dass von der katholischen Kirche niemals die Gewissensfreiheit erlangt

---

516 Vgl. DEFOE, The danger 1701, S. 30. Vgl. dazu auch KORR, Cromwell, S. 148–157, 200f.; TRIM, Interventions, S. 54–64.
517 »The English Nation shou'd think themselves oblig'd to concern themselves in the Sufferings of the Protestants. [...] English Parliament have always had a deep Resentment at the Growth of Popery, and the Danger of the Protestant Religion; and there is, no doubt, but an English Parliament will ever maintain the same Sentiment«. DEFOE, The danger 1701, S. 31.
518 Vgl. ders., LEX TALIONIS OR, AN ENQUIRY.
519 Vgl. ebd., S. 14f.; ders., The danger 1701, S. 31.
520 HICKERINGILL, Priest-Craft, S. 16.

werden könne, weil diese ihrem tyrannischen Wesen widerspreche[521]. Durch Gewährung der Gewissensfreiheit müsste sich die katholische Kirche quasi selbst auflösen oder nicht mehr länger die katholische Kirche sein. Die von den Priestern in Vergangenheit und Gegenwart begangenen Verbrechen, Grausamkeiten und Mordanschläge zur Aufrechterhaltung ihrer Herrschaft lassen Hickeringill das Risiko eines Religionskrieges weiterer Untätigkeit vorziehen[522]. Immerhin böten die Repressalien oder ein daraus resultierender Religionskrieg die Chance, künftig die Gewissensfreiheit zu erlangen. Hickeringills Thesen waren offensichtlich so erfolgreich, dass sie allein im Erscheinungsjahr mindestens drei Auflagen erlebten[523]. In Repressalien und einem daraus resultierenden Religionskrieg sahen englische Publizisten nicht nur ein Mittel zur Besserung der Lage ausländischer Protestanten, sondern auch zu einem heilsökonomischen Sieg über den Katholizismus.

Protestantische Autoren auf dem Kontinent mussten aber angesichts der tatsächlichen Zurückhaltung der englischen Regierung, Repressalien anzuwenden, unweigerlich enttäuscht sein. Statt von den englischen Monarchen wurde dieses Mittel zum großen Lob der protestantischen Publizistik von Kurfürst Friedrich III. von Brandenburg, dem späteren König Friedrich I. in Preußen aufgegriffen. Die protestantische Publizistik erblickte in der Politik König Friedrichs I. in Preußen die praktische Umsetzung der Maximen aus Daniel Defoes *LEX TALIONIS*[524].

Realgeschichtlicher Hintergrund für die preußische Politik der Repressalien war die vehemente Rekatholisierungspolitik in der Pfalz seit dem Regierungsantritt des neuen Kurfürsten Johann Wilhelm[525]. Der Kurfürst

---

521 Vgl. TRONCHIN DU BREUIL, LETTRES 1689, S. 22; LES HEUREUSES SUITES, S. 110; Der Veränderliche Staats=Mantel, S. 430f.; ähnlich auch: GÖBEL, CÆSAREO-PAPIA ROMANA, S. 821; REMARQUES SUR LA SUCCESSION, S. 75; The duke, S. 38.
522 Vgl. HICKERINGILL, Priest-Craft, S. 16.
523 Als Belege vgl. die unterschiedlichen Signaturen unter den Titeln ebd. in der Bibliografie. Die verschiedenen Auflagen werden aus dem Katalog der *Eighteenth Century Collection Online* ersichtlich.
524 Vgl. LA NECESSITÉ, S. 5; MERCURE HISTORIQUE 01.1705, S. 167. Tatsächlich sollte hier eine vorläufige Einigung aber erst 1705 zustande kommen, nachdem der Pfälzische Kurfürst durch französische Truppen derart in seinen Heimatterritorien bedrängt wurde, dass er auf brandenburgische Hilfe angewiesen war und zum Einlenken gezwungen wurde. Vgl. DANCKELMAN, Kirchenpolitik, S. 105–155; HANS, Die Kurpfälzische Religionsdeklaration; KOHNLE, Von der Rijswijker Klausel, S. 155–174. Aber auch diese Lösung sollte nicht von langer Dauer sein, wie die Pfälzischen Religionsgravamina in den 1720er Jahren zeigen sollten. Bedenkenswert ist hingegen die apologetische Darstellung: KRISINGER, Religionspolitik, S. 42–125, die vor militantem Katholizismus und Preußenfeindlichkeit trieft und sich leicht als verspätetes Nachhutgefecht des Kulturkampfes interpretieren lässt. Zum Wiederaufflammen der Pfälzischen Religionswirren vgl. DUCHHARDT, Altes Reich, S. 79; KOHNLE, Von der Rijswijker Klausel, S. 174.
525 Vgl. KOHNLE, Von der Rijswijker Klausel, S. 169.

wurde ab 1697 in seinem Handeln durch die Bestimmungen der Rijswijker Klausel bestärkt[526]. In zahlreichen Kirchen wurde das Simultaneum eingeführt, bei den daraus resultierenden Konflikten prinzipiell den Katholiken Recht gegeben[527]. Diese Politik widersprach aber grundsätzlich den Bestimmungen des Westfälischen Friedens, die für die Kurpfalz *grosso modo* das reformierte Bekenntnis vorschrieben[528]. Die Pfälzer Reformierten, welche die überwältigende Bevölkerungsmehrheit stellten, waren aber keinesfalls gewillt, dieses Vorgehen widerstandslos hinzunehmen. Als immer deutlicher wurde, dass Bittschriften an die eigene Obrigkeit keine Wirkung zeigten, wandten sie sich an auswärtige protestantische Mächte und das *Corpus Evangelicorum* auf dem Reichstag in Regensburg[529]. Hier zeigte sich vor allem Kurbrandenburg bereit, das Anliegen seiner reformierten Glaubensbrüder zu unterstützen[530]. Nach dem Erbfall des Hauses Neuburg in der Pfalz rückte Brandenburg-Preußen immer mehr in die Rolle des Vorkämpfers und des Schutzherrn des (reformierten) Protestantismus im Reich, die zuvor der Kurpfalz zugekommen war[531]. Der Übertritt Augusts des Starken zum Katholizismus verstärkte diese Tendenz. Brandenburg-Preußen strebte fortan nach der Führungsrolle des *Corpus Evangelicorum* insgesamt[532]. Die Wahrnehmung dieser Rolle verpflichtete die Hohenzollern so zur Abstellung der Pfälzischen Religionsbeschwerden. Mit dem Haus Neuburg konnte Brandenburg-Preußen auf eine lange Tradition diplomatischer Verhandlungen zum konfessionellen Ausgleich zurückblicken, die bis auf die Zeit der Aufteilung des Jülich-Klevischen Erbes zurückging[533].

---

526 Vgl. ebd.
527 Vgl. ebd.
528 »Deinde, ut Inferior Palatinatus totus cum omnibus et singulis ecclesiasticis et secularibus bonis iuribusque et appertinentiis, quibus ante motus Bohemicos electores principesque Palatini gravisi sunt, omnibusque documentis, regestis, rationariis et caeteris actis huc spectantibus eidem plenarie restituantur cassatas iis quae in contrarium acta sunt, idque autoritate Caesarea effectum iri, ut neque Rex Catholicus, neque ullus alius, qui exinde aliquid tenet, se huic restitutioni ullo modo opponat«. Instrumenta, Art. 4, §6.
529 Vgl. KOHNLE, Von der Rijswijker Klausel, S. 170; KRISINGER, Religionspolitik, S. 69, der wegen seines katholischen Radikalismus und seiner daraus resultierenden Verurteilung dieses Vorgehens als Landesverrat prinzipiell mit größter Vorsicht zu beurteilen ist.
530 Vgl. KOHNLE, Von der Rijswijker Klausel, S. 170; LUH, Unheiliges Römisches Reich, S. 63.
531 Vgl. LUH, Unheiliges Römisches Reich, S. 63.
532 Vgl. ARETIN, Das Alte Reich, S. 143f.; FRANTZ, Das katholische Directorium, S. 8–19, 54f.; GÖSE, Friedrich I., S. 301, 305–307; LANDWEHR, Die Kirchenpolitik, S. 96–113; LUH, Unheiliges Römisches Reich, S. 65; ders., Religionspolitik, S. 160; SINKOLI, Frankreich, S. 73.
533 Vgl. DANCKELMANN, Kirchenpolitik, S. 105–155; EHRENPREIS, Lokale Konfessionskonflikte, S. 54–59, 61f.; JAITNER, Die Konfessionspolitik, S. 71f., 76–101, 175–318; KRISINGER, Religionspolitik, S. 47; LACKNER, Die Kirchenpolitik, S. 202–

Der *MERCURE HISTORIQUE ET POLITIQUE* berichtet aus Regensburg vom 4. Januar 1705 über die Repressalien des Königs in Preußen gegen seine katholischen Untertanen, zu denen sich dieser entschlossen habe, weil der Kurfürst von der Pfalz sich weigere, auf die Beschwerden seiner protestantischen Untertanen einzugehen[534]. Die Vertröstungen Johann Wilhelms von der Pfalz und seine Verantwortung vor Gott hätten Friedrich I. genötigt, »de se servir des moyens que Dieu lui a mis en main pour traiter les Catholiques Romains, dans les Duchez de Magdebourg, de Halberstat, & de Minden, de la manière que ceux du Palatinat ont été traitez«[535].

Die Repressalien wurden somit ganz im Sinn des Biblischen Talionsprinzips als Gottes Wille geschildert, der mit ihrer Hilfe ins Weltgeschehen eingreife, um die Pfälzischen Reformierten durch das Werkzeug Friedrichs I. von ihrer Drangsal zu befreien. Als Mittel hierfür dienten die katholischen Untertanen in Magdeburg, Halberstadt und Minden, deren Einkünfte Friedrich I. einziehen ließ, welche Maßnahme er öffentlichkeitswirksam auf dem Reichstag verkündete[536]. Damit sollte nicht nur der Pfälzer Kurfürst zum Einlenken bewegt, sondern auch den anderen katholischen Reichsständen eingeschärft werden, dass der König in Preußen die Verfolgungen seiner Glaubensgenossen nicht widerstandslos hinnehmen werde. Besonders der katholische Klerus und die geistlichen Reichsfürsten in ihrer Funktion als Diözesanbischöfe für protestantische Territorien mussten ein materielles und

---

215; LANDWEHR, Die Kirchenpolitik, S. 109; MARSEILLE, Studien, S. 68, 72–74, 87–96, 99–109; OPGENOORTH, Der Große Kurfürst, Bd. 1, S. 139–142, 164–168, 210–222, Bd. 2, S. 85–88; SCHMIDT, Philipp Wilhelm, S. 65–67.

534 Vgl. MERCURE HISTORIQUE 01.1705, S. 153f.
535 Ebd., S. 155.
536 Zur diplomatischen Vorbereitung der preußischen Repressalien vgl. Friedrich I. an Johann Georg von Sachsen-Weißenfels, Cölln, 5. Dezember 1704, in: Preussen, S. 561–563. In diesem Schreiben erklärte Friedrich I. dem stellvertretenden Direktor des *Corpus Evangelicorum* auf dem Reichstag in Regensburg die Notwendigkeit von Repressalien zur Abstellung der Pfälzischen Religionsbeschwerden. Dies war umso wichtiger, als Friedrich I. auf den Beistand der deutschen Lutheraner zählte, die sich stärker von Sachsen-Weißenfels als von Brandenburg-Preußen vertreten sahen – auch weil August der Starke das Direktorium nach seiner Konversion zum Katholizismus in die Hände seines Weißenfelser Vetters gelegt hatte. Vgl. hierzu CARL, Reich, S. 55; SINKOLI, Frankreich, S. 73. Der diplomatischen Vorbereitung der Repressalien auf dem Reichstag folgten die entsprechenden Anordnungen an die lokalen Verwaltungsbehörden. Vgl. Erlass an die mageburgische, halberstädter und mindische Regierung, Cölln, 6. Dezember 1704, in: Preussen, S. 563f.; Erlass an die mageburgische, halberstädter und mindische Regierung, Cölln 10. April 1705, in: ebd., S. 564; Erlass an die Wirklichen Geheimen Etats-Räthe v. Ilgen, v. Printz, den Kammergrichts-Rath Beck und den Hofprediger Achenbach, Charlottenburg, 9. Juli 1705, in: ebd., S. 567. Die Behörden wiederum bemühten sich ihrerseits, den genauen Besitzstand der katholischen Kirche in den betreffenden Gebieten zu ermitteln, um sie später umso exakter in die Grenzen der Normaljahrsregelung des Westfälischen Friedens verweisen zu können. Vgl. Bericht der halberstädter Regierung, Halberstadt, 26. Mai 1705, in: ebd., S. 565f.

seelsorgerisches Interesse an der Aufrechterhaltung ihrer Stellung im evangelischen Herrschaftsbereich besitzen. Gerade durch ihre Unterdrückung hoffte Friedrich I., sich ihrer Unterstützung am Düsseldorfer Hof zu versichern[537]. In Regensburg ließ er deshalb verlauten, er werde mit seinen eigenen katholischen Untertanen auf dieselbe Weise umgehen wie der Kurfürst von der Pfalz mit seinen protestantischen. Friedrich I. kündigte an, »de prendre la moitié des revenus des Eglises & Cloitres qui sont dans ses etats, pour l'employer à l'entretien des Ecclesiastiques Protestans, qui y feront alternativement le service divin avec les Prêtres Catholiques Romains«[538].

Er drohte an, wie in der Pfalz die Hälfte der Kircheneinnahmen der anderen Konfession einzuziehen und mit diesen Geldern in ihren Kirchen das Simultaneum zu finanzieren. Während man diesen Entschluss den Gesandten verkündete, sei ein Franziskaner aus Kleve in Regensburg eingetroffen[539]. Er habe versucht, die katholischen Botschafter zum Einlenken zu bewegen, indem er ihnen die Gefahren für den Katholizismus in den preußischen Staaten vor Augen führte[540]. Der Mönch habe sich anschließend nach Magdeburg und Halberstadt begeben, von wo dann die jeweiligen katholischen Äbte nach Regensburg aufgebrochen seien, um ihrerseits bei den katholischen Gesandten vorzusprechen[541]. Alle diese Kleriker hätten bei den katholischen Ständen großen Eindruck hinterlassen, und man gehe davon aus, dass die Repressalien bald die Einstellung der evangelischen Religionsbeschwerden bewirken würden[542]. In der Tat wurden die entsprechenden Instanzen des katholischen Klerus auch direkt bei Johann Wilhelm von der Pfalz vorstellig und baten im eigenen Interesse, er möge die Verfolgung der pfälzischen Reformierten einstellen[543].

Der MERCURE HISTORIQUE ET POLITIQUE berichtete in der Zwischenzeit aus Schlesien, wo den Reformierten ebenfalls Kirchen und Schulen abgenommen worden seien[544]. Der Zusammenhang, den die Berichterstattung hier herstellte, legt nahe, dass der protestantische Leser auf die Wirkung brandenburgisch-preußischer Repressalien hoffen durfte. Der Artikel schrieb der Regierung Friedrichs I. die praktische Umsetzung der Maximen Daniel

---

537 Vgl. DANCKELMANN, Kirchenpolitik, S. 116; HANS, Die Kurpfälzische Religionsdeklaration, S. 314f.; KRISINGER, Religionspolitik, S. 116; LUH, Religionspolitik, S. 159; STANGLICA, Franz, Der Friede von Rijswijk, Wien, S. 186.
538 MERCURE HISTORIQUE 01.1705, S. 155.
539 Vgl. ebd.
540 Vgl. ebd.
541 Vgl. ebd.
542 Vgl. ebd., S. 155f.
543 Vgl. Erlass an die magdeburgische, halberstädter und mindische Regierung, Cölln, 2. Oktober 1706, in: Preussen, S. 567f., hier S. 568.
544 Vgl. MERCURE HISTORIQUE 01.1705, S. 156.

Defoes zu⁵⁴⁵. Ausdrücklich werden Repressalien trotz ihres gewalttätigen Charakters als ein probates Mittel begrüßt⁵⁴⁶. Defoe habe gezeigt, dass die in Bedrängnis geratenen katholischen Geistlichen in Regensburg mehr bewirken könnten als die Bittschriften der protestantischen Reichsstände⁵⁴⁷. Der MERCURE HISTORIQUE ET POLITIQUE schlussfolgerte, dies sei »l'unique remede qu'il y a à prendre pour arrêter le zéle Catholique«⁵⁴⁸. Freilich würden die Repressalien des Königs in Preußen aber auch die Gefahr eines Religionskrieges bergen, wenn die Katholiken nicht bereit sein sollten nachzugeben⁵⁴⁹. Angesichts der Grausamkeit der Protestantenverfolgungen in der Pfalz, Schlesien und Ungarn sprach sich der Autor des MERCURE HISTORIQUE ET POLITIQUE keineswegs für eine politische Untätigkeit der Protestanten aus.

Der Religionskrieg, den die protestantischen Mächte wegen ihrer Repressalien zu erdulden hätten, erschien beinahe unvermeidbar und für die Befreiung der unterdrückten Protestanten auch notwendig, ohne dass diese Problematik weiter ausgeführt würde. Freilich entstand so aber kein positives Verhältnis zu einem offensiven Religionskrieg der Protestanten gegen den Katholizismus. Der Religionskrieg figurietere als mögliche, ungerechtfertigte Trotzreaktion der Katholiken auf protestantische Repressalien.

Die protestantische Publizistik rechtfertigte Repressalien mit dem Umstand, dass in protestantischen Gemeinwesen meist eine deutlich größere Freiheit katholischer Religionsausübung herrsche, als von den offiziellen Gesetzen zugestanden werde⁵⁵⁰. Dieser Umstand verschaffe der protestantischen Obrigkeit nicht nur in Brandenburg-Preußen einen großen rechtlichen Handlungsspielraum für die Anwendung von Repressalien, ohne dabei die Rechte der Katholiken zu beschneiden⁵⁵¹. Das brandenburgische Exempel biete sich umso mehr an, als die katholische Religionsausübung in den meisten protestantischen Staaten nur unter bestimmten Bedingungen erlaubt sei⁵⁵². Dieser Hinweis zielte vor allem auf England, das man durch den Erfolg der brandenburgisch-preußischen Politik unter Zugzwang zu setzen suchte, dem brandenburgisch-preußischen Vorbild nachzueifern. Gerade in England bestanden mit den *Penal Laws* und *Test Acts* geeignete rechtliche Rahmenbedingungen, die eine Adaption des brandenburgisch-preußischen Vorbildes erleichterten.

---

545 Vgl. ebd., S. 167.
546 »J'avoüe que le remede est un peu violent, mais il faut de tels remedes dans les maladies violentes«. Ebd.
547 Vgl. ebd.
548 Ebd., S. 165.
549 Vgl. ebd., S. 165f.
550 Vgl. LA NECESSITÉ, S. 122.
551 Vgl. ebd.
552 »Pour les Etats où la Religion Catholique Romaine est tolerée, elle y est tolerée sous certaines conditions«. Ebd.

*Zusammenfassung*
Protestantische Publizisten priesen Repressalien gegen Katholiken in den Machtbereichen protestantischer Obrigkeiten als Mittel zur Beendigung der Protestantenverfolgungen in katholischen Herrschaftsbereichen an. Die protestantische Publizistik war sich durchaus darüber im Klaren, dass die Anwendung konfessionell begründeter Repressalien das Risiko eines Religionskrieges in sich barg. Sie sah in Repressalien allerdings gerade das geeignete Mittel, einen Religionskrieg zu verhindern oder die konfessionellen Nachteile, die darin für die protestantische Konfessionsgemeinschaft entstehen würden. zu vermindern.

Die Anwendung von Repressalien konnte von der protestantischen Publizistik in dreifacher Weise gerechtfertigt werden. Erstens war die Anwendung von Repressalien Bestandteil des mosaischen Rechts und erhielt dadurch eine biblische Fundierung; zweitens bürgten historische Exempla für den Erfolg einer solchen Vorgehensweise, und drittens bestand in der protestantischen Selbstsicht eine rechtliche Legitimierung, Repressalien gegen die eigenen katholischen Untertanen durchzuführen.

Dementsprechend ist es wenig verwunderlich, dass trotz des Risikos, durch die Anwendung von Repressalien einen Religionskrieg zu entfachen, sich kaum kritische Stimmen gegenüber dieser Maßnahme der Außenpolitik in der protestantischen Tagespublizistik ausfindig machen ließen. König Friedrich I. in Preußen, der eifrigste Nutzer der Repressalienpolitik, erhielt stattdessen das Lob der protestantischen Publizistik für den Erfolg seiner Politik, die maßgeblich zur Besserung der Lage der verfolgten Protestanten im katholischen Herrschaftsbereich beigetragen habe. Brandenburg-Preußen wurde so auch den größeren protestantischen Gemeinwesen als positives Exempel präsentiert, dem es nachzueifern gelte. Namentlich von England wurden angesichts der Vorreiterrolle Friedrichs I. größere Anstrengungen zum Schutz des Protestantismus gefordert. Es war kaum zu erwarten, dass englische Monarchen, die den Titel eines *Defender of Faith* trugen, einem deutschen Duodezfürsten den Vorrang lassen würden[553].

---

553 Der ursprünglich Heinrich VIII. für seinen publizistischen Kampf gegen Luther vom Papst verliehene Titel eines *Defender of Faith* wandelte sich nach der Reformation zu einem Ehrentitel für die Verteidigung des protestantischen Glaubens. Vgl. SMITH, Henry VIII, S. 156–167; ROSE, Godly Kingship, S. 1.

### III.2.10 Die Frage nach der Schutz- und Führungsmacht im europäischen Protestantismus

Die Entscheidung, wer die Vorherrschaft innerhalb des europäischen Protestantismus einnehmen sollte, war eng verbunden mit der Frage, wer diplomatisch und militärisch dazu in der Lage war, die Rolle eines Schutzherrn innerhalb der protestantischen Christenheit auszufüllen. Das Prestige eines Protektors der protestantischen Christen beruhte einerseits auf historischen Exempla, musste aber andererseits in der praktischen Politik immer wieder bewiesen werden. Ultima ratio hierfür war die militärische Intervention zum Schutz fremder Glaubensgenossen. Das Thema konfessionell begründeter Intervention zum Schutz fremder Untertanen in der Frühen Neuzeit ist geschichtswissenschaftlich ein eher junges Thema, das erst in den letzten Jahren größere Aufmerksamkeit auf sich gezogen hat[554].

Während Repressalien das Mittel der Wahl eher minder mächtiger Fürsten waren, um die Lage der bedrängten Protestanten im katholischen Herrschaftsbereich zu bessern, bedurfte eine Intervention einer größeren Machtbasis. Während Repressalien einen Religionskrieg verhindern sollten, mussten konfessionell begründete Interventionen unweigerlich zu einem solchen Krieg führen, den es in den Augen der protestantischen Publizistik gerade zu vermeiden galt. Widersprüchlicherweise diente hier der Schutz der eigenen Konfessionsverwandten als Begründung *par exellence* für das militärische Eingreifen einer fremden protestantischen Macht. Wie ging die protestantische Publizistik mit diesem offensichtlichen Widerspruch um? Wie rechtfertigte sie konfessionell begründetes Eingreifen zugunsten ihrer eigenen Glaubensgenossen, während sie den Katholiken unter dem Stichwort des Religionskrieges ein solches Recht bestritt? Aus diesem Grunde soll im Folgenden aufgezeigt werden, welcher Zusammenhang zwischen protestantischen Interventionsbegründungen und Religionskriegsvorstellungen bestand.

Eng verbunden mit der Vorstellung von einem Religionskrieg war die Forderung nach Interventionen zur Protektion fremder Untertanen, denn sie erzeugte immer wieder den Vorwurf eines Religionskrieges, gegen den es sich zu wehren galt. Mit diesem Vorwurf galt es sich umso mehr auseinanderzusetzen, als eine Intervention zum Schutz verfolgter Protestanten von der protestantischen Publizistik am Ende des 17. Jahrhunderts mehrheitlich begrüßt wurde; ja, die Intervention zugunsten bedrängter Protestanten wurde

---

554 Vgl. KAMPMANN, The English Crisis, S. 521–532; ders., Das Westfälische System, S. 65–92; THOMPSON, The Protestant interest, S. 67–88; TISCHER, Grenzen, S. 41–64; TRIM, Interventions, S. 25–66. Vgl. daneben auch BABEL, Garde, S. 211–222; BÉLY, Les princes, insbes. S. 5, 20f.

gar offensiv als Forderung erhoben⁵⁵⁵. Interventionsfeindliche Stimmen, wie sie bspw. zur Zeit des Dreißigjährigen Krieges im sächsischen Lager vorherrschten, waren zu einem historischen Relikt geworden⁵⁵⁶. Die Frage war nicht mehr, ob eine Intervention zum Schutz fremder Untertanen legitim sei, sondern wem die Führungsrolle bei einem solchen Unternehmen gebührte.

Für die deutschen Protestanten war trotz der konfessionellen Differenz Frankreich bis in die frühen 1680er Jahre die Schutzmacht schlechthin, sollte es zu einem neuen Religionskrieg im Reich kommen⁵⁵⁷. Von Frankreich erwartete die protestantische Öffentlichkeit in Deutschland als Garantiemacht des Westfälischen Friedens Unterstützung gegen den Kaiser und die katholischen Reichsstände⁵⁵⁸. Protestantische Autoren betonten, es liege in Frankreichs Interesse, die Macht der deutschen Protestanten zu erhalten, damit die Habsburger nicht die Oberhand im europäischen Mächtesystem gewännen⁵⁵⁹. Diese Ansicht untermauerten sie mit historischen Exempeln. Die Geschichte lehre, dass Frankreich immer dieser Maxime gefolgt sei und folgen werde, weil es in den vergangenen Religionskriegen wie dem Schmalkaldischen und dem Dreißigjährigen Krieg erhebliche Gebietsgewinne erzielen konnte⁵⁶⁰.

---

555 »Auch ihr/ O ausländische Fürsten! Die rechtmässig regieren/ kommet dem wider alles Recht bedrangtem Volck zu Hülff/ welches eine grössere Macht unterdrücket«. GUERTLER, Der bedruckte Palm-baum, S. 319.

556 Vgl. hierzu HOHBURG, Teutsch=Evangelisches JUDENTHUM, S. 134, der sich dezidiert gegen eine Intervention ausländischer Mächte zugunsten des deutschen Protestantismus wandte und einen katholischen Religionskrieg als gerechte Strafe für die Sünden der protestantischen Gläubigen interpretierte.

557 »Da hingegen/ wegen besorgender Religion=Kriege/ dieselbe sich nothwendig an Franckreich halten/ oder zum wenigstens darauff reflectiren müssen/ damit Sie von Ihm/ zur Zeit der Noth/ geschützet werden mögen«. GÖBEL, CÆSAREO-PAPIA ROMANA, S. 714. Vgl. dazu ausführlich BÉLY, Les princes, S. 5; SEIDEL, Frankreich. BABEL, Garde, S. 314–335, spricht jedoch schon in Bezug auf die Ära Richelieus vom Anfang vom Ende französischer Protektionspolitik.

558 Vgl. BÉLY, Les princes, S. 5, 15.

559 »Hat doch Franckreich niemalen zulassen wollen/ daß durch der Protestirenden Ruin, Oesterreich ferner gestärcket werde«. GÖBEL, CÆSAREO-PAPIA ROMANA, S. 842. Frankreich wird »aus seiner Staats=Maxim, denen Protestirenden wider das Haus Oesterreich [Hilfe] darzubieten/ oder/ wo es darumb ersuchet wird/ niemahls leicht abzuschlagen«. Franckreich, S. 55.

560 »Uber dieses auch die Catholische Potentaten wohl wissen/ daß Franckreich die/ der Religion wegen angefochtene Deutsche Fürsten nimmermehr Hülfflos lassen werde/ indem es bey denen Deutschen Religions=Kriegen nicht allein die wichtigen Bischoffthümer Metz/ Tull und Verdun; sondern auch Elsaß und viele darinnen liegende importante Orthe von Deutschland erschnappet/ und sich dadurch wieder das Haus Oesterreich nicht wenig verstärcket«. GÖBEL, CÆSAREO-PAPIA ROMANA, S. 986. »Wenn dieser König [Heinrich II. von Frankreich] hätte länger leben sollen/ wäre vielleicht dem Römischen Reiche noch mehr entzogen/ und der Cron Franckreich zugesetzet worden; Denn Metz/ Tull und Verdun/ welches bey Lebzeiten dieses Königs/ in währendem Religions=Kriege unter dem Vorwandt/ die Protestirenden Teutschen Fürsten zu beschützen/ dem Reichs=Adler entwendet wurde/ hat man nach diesem nicht wieder erlangen können«. Franckreich, S. 51.

Die katholischen Fürsten seien sich dieses Umstandes durchaus bewusst und würden dadurch von weiteren Religionskriegen abgeschreckt werden[561].

Doch durch die aggressive Außenpolitik seit den 1660er Jahren, die Reunionen und schließlich die Revokation des Edikts von Nantes verlor Frankreich das Vertrauen und die Unterstützung der protestantischen Reichsstände. Die meisten protestantischen Mächte wechselten ins kaiserliche Lager[562]. Zwar gab es Stimmen, die dem Kaiser den Schutz der protestantischen Religion zutrauten; doch mussten sich solche Hoffnungen angesichts der habsburgischen Rekatholisierungspolitik früher oder später unweigerlich als gegenstandslos erweisen[563]. Von den protestantischen Reichsständen war keiner in der Lage, militärisch effektiv gegen die Unterdrückung protestantischer Territorien in anderen Staaten vorzugehen. Dänemark unter Christian V. war seit 1682 durch ein Bündnis an Frankreich gebunden[564]. Karl XI. von Schweden hingegen hatte sich seit 1686 in seiner Stellung als Reichsfürst in der Augsburger Allianz mit dem streng katholischen Kaiser verbündet[565]. Dadurch war er zu keiner militärischen Verteidigung der protestantischen Interessen mehr bereit[566]. Überdies herrschte in England seit 1685 ein katholischer Monarch, der schwerlich am Schutz ausländischer Protestanten interessiert sein konnte[567].

Die Situation änderte sich schlagartig mit der *Glorious Revolution*. Die Interventionsbegründungen der Diplomatie Wilhelms von Oranien sind mittlerweile recht gut erforscht[568]. Wilhelm von Oranien hatte seinen Siegeszug auf den britischen Inseln unter dem Motto »Pro Religione Protestante et

---

561 Vgl. ebd.
562 Vgl. BÉRENGER, Les relations, S. 352–354; DUCHHARDT, Altes Reich, S. 22; MALETTKE, Hegemonie, S. 422; TROOST, William III, S. 329.
563 Zur Illustration des lutherischen Vertrauens in Leopold I. vgl. bspw. STEGER, Rede, S. 101f.; RINK, Leopold.
564 Vgl. LOCKEYER, Habsburg, S. 452; MALETTKE, Hegemonie, S. 456; ROSÉN, Scandinavia, S. 539.
565 Vgl. MALETTKE, Hegemonie, S. 423; UPTON, Charles XI, S. 103f., 202–206; ROSÉN, Scandinavia, S. 540.
566 Die immer noch vorhandene konfessionelle Motivation, die BOUTANT, L'Europe, S. 378–383, hervorhebt, war kaum mehr in der praktischen Politik umsetzbar.
567 GWYNN, James II, S. 832, und NIGGEMANN, Immigrationspolitik, S. 58f. sprechen von der Doppelzüngigkeit der Hugenottenpolitik Jakobs II., der die *Réfugiés* einerseits nicht daran hinderte, in England ihr Exil zu nehmen, um seinen Ruf innerhalb der protestantischen Öffentlichkeit Englands zu wahren, andererseits den Hugenotten als überzeugter Katholik mit Abneigung begegnete und versuchte, nicht mehr Zugeständnisse als nötig zu machen. Niggemann ordnet folglich die Hugenottenaufnahme unter Jakob II. in die jakobitische Toleranzpolitik ein, die die nonkonformistischen Protestanten für eine Tolerierung der Katholiken gewinnen sollte und letzten Endes die Rekatholisierung Englands anstrebte.
568 Vgl. CLAYDON, William III's Declaration, S. 87–108; KAMPMANN, The English Crisis, S. 521–532; ders., Das Westfälische System, S. 65–92; ONNEKINK, The Revolution, S. 143–171.

libero Parlamento« angetreten⁵⁶⁹. In charakteristischer Weise wurde er von der protestantischen Publizistik als Vorkämpfer für Freiheit und Protestantismus gefeiert⁵⁷⁰. Als Spross des Hauses Oranien enstammte Wilhelm aus Sicht der protestantischen Publizistik einer Familie, die stets die protestantischen Interessen und ständischen Freiheiten gegen katholische Mächte verteidigt hatte⁵⁷¹. Dieser Tradition folgend habe Wilhelm auf Bitte der englischen Nation das Königreich aus den Händen des »Papismus« befreit⁵⁷². Als freie Untertanen hätten die Engländer den Schutz des Oraniers erfleht und ihm deshalb die Regierung angeboten⁵⁷³. An diese Tradition konnte Wilhelm von Oranien als Wilhelm III. von England anknüpfen. Die protestantische Publizistik betrachtete die Verteidigung ihrer Religion als einen Ausdruck göttlicher Vorsehung. Wilhelm III. diente in dieser Vorstellung quasi als Werkzeug Gottes⁵⁷⁴. Die göttliche Vorsehung und die englische Krone würden den König wiederum dazu verpflichten, die protestantische Religion gegen die wachsende Zahl ihrer Feinde in England und auf dem Kontinent zu verteidigen⁵⁷⁵.

Zur Durchsetzung einer aktiven Außenpolitik bedurften die englischen Monarchen aber der Unterstützung ihres Parlaments. Wegen der engen Verbindung von protestantischer Religion und parlamentarischer Freiheit in

---

569 Vgl. BORN, Die englischen Ereignisse, S. 145; BROEYER, William III, S. 117; KLOPP, Der Fall, S. 177; KOCH, Die Friedensbestrebungen, S. 1.
570 »Ce Liberateur de la Chrêtienté & specialement de la Religion Protestante«. [BAYLE?], AVIS, AVERTISSEMENT [9]. Zur innerenglischen Diskussion vgl. ausführlich CLAYDON, William III and the Godly Revolution.
571 »Your Majesty and Your Ancestors have always been the Champions of Liberty, and the great Defenders and Protectors of the Protestant Religion«. DEFOE, The danger 1701, To the KING [1]; ders., The Danger 1703, S. 223. »Dieu nous a donné en sa benediction un Prince, qui est le Héros de son siecle, descendu d'une famille, qui pendant le siecle dernier, a été le Fleau du Papisme & le Bouclier de la Réformation, qui peut empécher les Protestans de le reconnoitre pour leur commun Protecteur?« REMARQUES SUR LA SUCCESSION, S. 77.
572 »This whole Nation made their Addresses to You, when they stood in need of a Deliverer from the Encroachments of Popish Powers and Councils«. DEFOE, The danger 1701, To the KING [1]; ders., The Danger 1703, S. 223.
573 »As such, they receiv'd Your Majesty in the room of those who chose rather to desert them, than to see them a Free Protestant People; and as such, they committed to Your Majesty's Government and Protection, the Safety of their Religion and Liberties, which by Your Assistance they had recovered from the Invasion of Popery«. Ders., The danger 1701, To the KING [1]; ders., The Danger 1703, S. 224.
574 »But as He always works by Means and Instruments, and has always own'd Your Majesty as an Instrument in his Hands for this Glorious Work«. Ders., The danger 1701, To the KING [2]; ders., The Danger 1703, S. 225.
575 »The Protestant Religion seems to stretch forth her Hands to Your Majesty, as to her Constant Protector; You may view her in a posture of Trembling at the Formidable Prospect of her increasing Enemies, and pointing to the Confederacies that are making against her. Providence, and the Crown You wear, claims Your Majesty's Concern for the Defence of Religion«. Ders., The danger 1701, To the KING [1]; ders., The Danger 1703, S. 224.

der englischen Publizistik wurde in der Verteidigung des Protestantismus eine Aufgabe gesehen, für die König und Parlament gemeinsam die Verantwortung trugen. Eine Kooperation beider Instanzen wurde durch den protestantisch-libertären Diskurs der englischen Öffentlichkeit während und nach der *Glorious Revolution* erleichtert[576]. In der englischen Öffentlichkeit waren parlamentarische Freiheit und protestantische Religion untrennbar miteinander verknüpft. Dementsprechend konnte in den Augen der protestantischen Publizistik parlamentarische Freiheit nicht ohne Aufrechterhaltung der protestantischen Religion gewährleistet werden und umgekehrt die protestantische Religion nur durch die Einberufung eines freien Parlaments erhalten werden. Folglich erwartete die englische Publizistik von König und Parlament den Schutz der protestantischen Religion auch auf dem Kontinent, denn England könne allein nicht gegen eine Welt katholischer Feinde bestehen[577]. Auf diese Weise entwickelte sich am Ende des 17. Jahrhunderts die Forderung nach Intervention zum Schutz fremder protestantischer Untertanen zu einem zentralen Gegenstand öffentlicher Debatten[578]. Besonders die Whigs sahen in der Verteidigung des ausländischen Protestantismus eine zentrale Aufgabe englischer Außenpolitik[579]. Die Kooperation von Krone und Parlament rechtfertigten sie mit historischen Argumenten. Daniel Defoe etwa führte diese Argumentation in *The Danger of the Protestant Religion Consider'd, from the Present Pprospect of a Religious War in Europe* aus[580]. Die protestantischen Könige und Königinnen Englands und ihre Parlamente hätten stets gemeinsam Sorge für den Erhalt der protestantischen Religion gegen äußere Gefahren getragen[581]. Aus diesem Grunde hätten sie eine aktive protestantische Bündnispolitik betrieben und ihre protestantischen Nachbarn bei deren Selbstverteidigung gegen katholische Agressionen mit Geld, Subsidien und Hilfstruppen unterstützt[582]. Königin Elisabeth habe die protestantische Konfession im Inneren befestigt und ihren Glaubensbrüdern in Frankreich und den Niederlanden militärisch und pekuniär beigestanden[583]. Jakob I. habe Kurfürst Friedrich V. von der Pfalz und den Grafen Mansfeld mit Geld

---

576 Vgl. CLAYDON, William III and the Godly Revolution.
577 Vgl. THOMPSON, The Protestant interest, S. 68.
578 Vgl. ebd.
579 Vgl. ebd.
580 DEFOE, The danger 1701.
581 »That the Parliaments of England, together with our Protestant Kings and Queens, have always expres'd deep Resentments at the Danger of the Protestant Religion«. Ebd., S. 27f.
582 »That the Parliaments of England, together with our Protestant Kings and Queens […] have always thought it became them by Treaties and Intercessions to procure their Repose, or by Money and Forces to assist them to defend themselves«. Ebd.
583 Vgl. ebd., S. 28.

und Truppen in ihrem Kampf für den evangelischen Glauben unterstützt[584]. Karl I. habe zugunsten der Hugenotten in La Rochelle interveniert, während das Parlament Karl II. dazu aufgefordert habe, 1679 zugunsten der niederländischen Protestanten in Flandern einzuschreiten[585]. Parlament und Königtum wurden dabei als ergänzende Einheit angesehen. Sollte das Königtum in einer bestimmten Situation irregeleitet worden sein, so habe das Parlament seinen Monarchen stets auf die Gefahren für den protestantischen Glauben aufmerksam gemacht. Defoe schrieb dazu: »English Parliaments have always had a deep Resentment at the Growth of Popery, and the Danger of the Protestant Religion; and there is, no doubt, but an English Parliament will ever maintain the same Sentiments«[586].

Auf diese Weise mischte sich Defoe in die Parlamentsdebatten zu Beginn des Spanischen Erbfolgekrieges ein. Er gehörte zu denjenigen Publizisten, die rückhaltlos die Politik Wilhelms III. unterstützten und sie historisch legitimierten. Die von Defoe verwendeten Religionskriegsexempla waren traditioneller Natur und wurden als Verteidigungskriege gegen ungerechte katholische Herrscher beschrieben, die zumeist von ihrem Klerus fehlgeleitet wurden. Sie ermahnten einerseits England, die moralische Verpflichtung zur Solidarität mit den bedrängten Protestanten auf dem Kontinent einzuhalten, und sprachen dem englischen König andererseits die Vorreiterrolle bei der Verteidigung des Protestantismus zu. Während die Interventionsbegründungen der protestantischen Publizistik zur Zeit Wilhelms III. bereits recht gut erforscht sind, bleibt die Herrschaft Königin Annas in der Forschung weitgehend unberücksichtigt[587]. Dies liegt auch an der These, Königin Anna habe genau wie ihr Vater Jakob II. wenig Interesse an kontinentaleuropäischer Politik gezeigt, während Wilhelm III. und ihre hannoveranischen Erben engere dynastische und politische Verbindungen zum Kontinent unterhielten[588]. Mag dies auf die persönliche Haltung der Königin zumindest teilweise zutreffen, so ist dies keineswegs für die protestantische Publizistik der Fall.

---

584 Nur Schmeichelei der Spanier habe Jakob I. später von seinem Schwiegersohn und dem Interesse der protestantischen Konfession getrennt. Vgl. ebd., S. 28; ders., The Danger 1703, S. 250.
585 Vgl. ders., The danger 1701, S. 28f.; ders., The Danger 1703, S. 250f.
586 Ders., The danger 1701, S. 31; ders., The Danger 1703, S. 253.
587 Zu den Interventionsbegründungen Wilhelms III. von Oranien in den Jahren 1688/1689 vgl. CLAYDON, William III's Declaration, S. 87–108; KAMPMANN, The English Crisis, S. 521–532; ders., Das Westfälische System, S. 65–92; ONNEKINK, The Revolution, S. 143–171.
588 Diese These stammt von THOMPSON, The Protestant interest, S. 68f. Quellen und Realien scheinen aber eher die gegenteilige These zu stützen, wie die ältere Forschung richtig hat herausstellen können, denn schließlich betrieb auch Königin Anna eine aktive Außenpolitik und war mit einem kontinentaleuropäischen Prinzen verheiratet, auch wenn ihr anders als Wilhelm III. und Georg I. Festlandsbesitzungen fehlten. Vgl. GREGG, Queen; MACAULY, England.

Während der Herrschaft Königin Annas rückte ein historisches Exempel ins Zentrum tagespolitischer Debatten: die Interventionspolitik Königin Elisabeths I. in den Religionskriegen des 16. Jahrhunderts[589]. Das Bild des Religionskrieges entsprach dabei der klassischen protestantischen Sichtweise. Unter falschem Vorwand hätten der katholische Klerus und katholische Monarchen widerrechtlich die kontinentaleuropäischen Protestanten bekriegt[590]. Die Hilfe Elisabeths I. für die bedrängten Protestanten in diesen »Religionskriegen« auf dem Kontinent habe die Sonder- und Vormachtstellung Englands im europäischen Protestantismus begründet[591]. Von der Herrschaft Elisabeths I. wurde eine Kontinuitätslinie bis in die Gegenwart gezogen[592]. Englische Autoren proklamierten, ihrer eigenen Nation käme die Position eines »Head of the Reformation« und Schutzmacht aller Protestanten zu[593]. Damit manifestierten sie nicht nur den Führungsanspruch Englands im protestantischen Lager Europas, sondern forderten von ihrer eigenen Obrigkeit auch die Protektion bedrohter Glaubensbrüder im Ausland[594]. Im Zuge der historiografischen Erinnerung an Königin Elisabeth I. wurde einerseits Anna als Schutzherrin des europäischen Protestantismus dargestellt; andererseits wurde die englische Monarchin auch aktiv zum Eingreifen zugunsten ihrer bedrängten Glaubensbrüder auf dem Kontinent und der Freiheit Europas aufgefordert.

Obwohl die Gegner einer derartigen Außenpolitik die Stärke der Jakobiten und die Unsicherheit ausländischer Bündnisse ins Feld führten, habe Königin Elisabeth I. selbst ohne ausländische Verbündete »papistische« Verschwörungen und Rebellionen niedergeschlagen, die Reformation in England gefestigt, ausländische Thronansprüche und Invasionsversuche abgewehrt und darüber hinaus auch noch den Protestanten in Frankreich, im Reich und den Niederlanden beigestanden[595]. Ihr Beispiel wurde den Kritikern der Regie-

---

589 Zur Interventionspolitik Elisabeths I. vgl. TISCHER, Grenzen, S. 43f., 52–54, 59f.; TRIM, Interventions, S. 41–52. Zur Historiografie des Elisabethexempels vgl. Kapitel II.2.4, II.2.5.
590 Vgl. Kapitel II.2.1, III.2.3, III.2.4, III.2.5.
591 REMARQUES SUR LA SUCCESSION, S. 77, bezieht sich noch auf Wilhelm III. und fragt, »qui peut empêcher les Protestans de le reconnoitre pour leur commun Protecteur?« Diese Charakterisierung wird nach dem Tod Wilhelms III. direkt auf Anna übertragen. Vgl. TOLAND, The art, S. 158f. The duke, S. 39, spricht von England gar als »civil head on earth«.
592 DEFOE, The danger 1701, S. 7; ders., The Danger 1703, S. 230.
593 Vgl. TOLAND, The art, S. 158f.; REMARQUES SUR LA SUCCESSION, S. 77.
594 »I mean to make good terms for the Protestants abroad. This is always expected from England as the Support and Head of the Reformation nor was it forgot even by the Usurper Cromwel«. TOLAND, The art, S. 159.
595 »As for the Rest, let us remember that Queen Elizabeth, when the Papists were more numerous than both they and the Jacobites are now, without any foren Allies but those who subsisted by her Power, in daily fears of her Life from bloody popish Assassins, and the Queen of Scotland pretend a better Right to the English Crown;

rungspolitik vor Augen geführt. Würden sich die Engländer an die Maximen der großen Tudorkönigin halten, hätten sie vor den Jakobiten und den katholischen Mächten auf dem Kontinent nichts zu fürchten.

Im Spanischen Erbfolgekrieg stünde England aber nicht allein. Mit den Vereinigten Provinzen verfüge England über einen sicheren Bündnispartner. Dieses Bündnis wurde wiederum damit begründet, dass schon Elisabeth I. die Niederländer in ihrem Freiheitskampf gegen das katholische Spanien unterstützt habe[596]. Erschien unter der Herrschaft Philipps II. Spanien als Hauptgefahr für die Freiheit Europas, so sah die englische Publizistik der Gegenwart Ludwig XIV. von Frankreich als seinen Nachfolger hinsichtlich der Gefahr einer europäischen Universalmonarchie[597]. Königin Anna kam in dieser Auslegung die Rolle der Elisabeth zu, die den Eroberungen des französischen Königs ein Ende setzen und die Vereinigten Provinzen unter ihren Schutz stellen sollte[598].

Diese Interpretation diente zur Legitimation des Führungsanspruchs Englands nach dem Tode Wilhelms III. Gleichzeitig sollte sie die Aufrechterhaltung des englisch-niederländischen Bündnisses vor der englischen Öffentlichkeit bekräftigen. Die Niederländer wurden ausdrücklich für ihren konfessionellen Eifer gelobt, denn als gute Protestanten könnten sie gemeinsam mit England einer großen katholischen Allianz aus Spaniern und Franzosen trotzen. Sie seien »as hearty Enemies to France and as Zealos friends to the Protestant Religion, as can be whisht«[599]. Großbritannien und die Vereinigten Provinzen

---

yet this incomparable Queen Elizabeth reduc'd her rebellious Subjects of Ireland to Obedience, kept all things quiet at Home, supported the Infant States of Holland, the King of Navarre, and the Protestant Princes of Germany; she made War on the King of Spain in Europe and the Indies, promoted the Reformation at Home and abroad, chose the ablest and wisest of her Subjects into her Ministry, and in all other Respects deserv'd that veneration which is gratefully paid to her Memory«. Ebd., S. 160.

596 »In the Reign of the glorious Queen Elizabeth it was found to be the indispensible Interest of England to support the Dutch«. The duke, S. 28. »Sous le Regne glorieux de la Reine Elizabeth, on trouva que l'Interêt de l'Angleterre, l'obligeoit indispensablement à assister les Hollandois«. REMARQUES SUR LA SUCCESSION, S. 57. »Unter der ruhmwürdigen Regierung der Königin Elisabeth/ hat man befunden/ daß Engelands Interesse ohnumbgänglich erfordert habe/ den Holländern beyzustehen«. Staatsvernünfftiges Bedencken, S. 65. Elisabeth »took his oppressed Subjects of the Low Countries under her Protection«. HOUGH, A SERMON, S. 8.

597 Vgl. Kapitel III.3.1.

598 Es habe einer Königin Elisabeth bedurft, »pour arrêter la rapidité de Philippe Second, qui devoit avec ses troupes accoûtumées à vaincre, & avec sa flotte invincible, assujettir le monde entier sous sa Loi, il n'a pas fallu moins aujourd'huy qu'une seconde Elisabeth, qu'une Reine Anne, pour faire descendre un Monarque conquérant du plus haut periode de sa gloire, pour rasseurer l'Europe tremblante, & pour arrêter le Soleil au milieu de sa course«. LA CHESNÉE, LE PARALLELE, S. 12f.

599 TOLAND, The art, S. 159f.

seien gemeinsam die beiden großen Schutzmächte des Protestantismus[600]. Die Verteidigung der protestantischen Religion durch die beiden Seemächte wurde in enge Verbindung mit der Verteidigung der europäischen Freiheit gegen Ludwig XIV. gebracht[601].

Während des Spanischen Erbfolgekrieges zählte macher Engländer wie der Publizist John Toland neben dem Bündnis mit den Vereinigten Provinzen auf einen Schulterschluss mit Karl XII. von Schweden. Der schwedische König könne im Falle eines Religionskrieges effektiv die protestantischen Interessen in Deutschland verteidigen[602]. Als Garant des Westfälischen Friedens stehe Karl XII. gar eine rechtliche Legitimation zur Intervention in Deutschland zur Verfügung[603]. Der schwedische König erschien einigen schon vor der Konvention von Altranstädt als zweiter Gustav Adolf[604]. Aus diesem Grund müsse England dafür eintreten, dass man ihn nicht seiner Besitzungen in Deutschland beraube[605]. Toland war damit in der protestantischen Öffentlichkeit Englands implizit für ein konfessionell motiviertes Bündnis mit Schweden, um im Falle eines Religionskrieges gut gegen die Katholiken gerüstet zu sein.

Über das Bündnis mit den protestantischen Mächten hinaus wurde auch die interkonfessionelle Allianz mit dem katholischen Kaiser als Mittel zur Vermeidung eines Religionskrieges propagiert[606]. Sie schien ganz im Gegenteil Vorteile für die Lage der bedrängten Protestanten auf dem Kontinent zu versprechen. Von der Haager Großen Allianz erhofften sich protestantische

---

600 »Et l'on n'ignore pas qu'après la Grand' Bretagne, la Hollande est le grand Boulevard de la Reformation«. REMARQUES SUR LA SUCCESSION, S. 51. Vgl. darüber hinaus Staatsvernünfftiges Bedencken, S. 65.
601 »Comme après l'Angleterre, les Hollondois sont la grande Barriere des Interêts des Protestans, ils sont aussi le boulevard de la Liberté de toute l'Europe, & après les Anglois, il forment le plus grand obstacle à la Monarchie Universelle«. REMARQUES SUR LA SUCCESSION, S. 51. Vgl. darüber hinaus Staatsvernünfftiges Bedencken, S. 65.
602 »But if there shou'd be a religious War, the Protestants will have Recourse to the victorious King of Sweden, as [...] Guarantee of the Treaty of Westphalia«. TOLAND, The art, S. 159.
603 Vgl. ebd.
604 TOLAND, ebd., spricht von Karl XII. explizit »as a second Gustavus«. Im Verlauf des Großen Nordischen Krieges besetzte Karl XII. von Schweden Sachsen und übte von dort militärischen Druck auf den Kaiser aus, um konfessionelle Zugeständnisse für die schlesischen Lutheraner zu erhalten. Am 1. September 1707 kam es daraufhin zur Konvention von Altranstädt, die dem Kaiser den Rücken für den Kampf gegen Spanien frei hielt. Vgl. CONRADS, Der Anteil, S. 26–50; ders., Die Durchführung, macht auf S. 317–329, den lateinischen Vertragtext und eine deutsche Übersetzung als Quellenedition zugänglich. Conrads Œuvre ist aufgrund seiner apologetischen Interpretationen aber stellenweise problematisch. In jüngerer Zeit haben sich BAUMGART, Schlesien, S. 15–38, und KARLSSON, The Convention, S. 21–25, den Verhandlungen des Zustandekommens der Konvention von Altranstädt gewidmet.
605 Vgl. TOLAND, The art, S. 159.
606 Vgl. LETI, LA MONARCHIE 1689, Bd. 1, S. 251–258; ders., LA MONARCHIE 1701, Bd. 1, S. 385–419.

Publizisten namentlich eine Besserung der Lage der verfolgten Protestanten in den habsburgischen Erblanden und in Ungarn[607]. Dem Kaiser sei aus Dankbarkeit gegenüber seinen protestantischen Alliierten für ihren Beistand für die habsburgischen Ansprüche im Spanischen Erbfolgekrieg und aufgrund der französischen Unterstützung für die ungarischen Protestanten wenig daran gelegen, die bisherigen Glaubensverfolgungen fortzusetzen, zumal er dadurch einen erneuten Einfall der Türken befürchten müsse[608]. Darüber hinaus bringe die Allianz mit dem Kaiser den Vorteil, dass dieser auf seinen Schwager, den Kurfürsten Johann Wilhelm von der Pfalz, zugunsten der Pfälzer Reformierten Einfluss nehmen könne. Durch ein Bündnis mit Habsburg versprach man sich deshalb auch eine Lösung der anhaltenden Pfälzer Religionsstreitigkeiten[609]. Angesichts der Bestimmungen der Rijswijker Klausel, an deren Zustandekommen der Kaiserhof selbst mitgewirkt hatte, und der strikten Rekatholisierungspolitik des Pfälzer Kurfürsten waren diese Hoffnungen immens[610].

---

[607] »By Vertue of this League with the Emperor, it's very probable we might obtain an ease from Persecution for our Protestant Brethern, not only in the Empire but in Hungary and other Countries under his own immediate Power«. The duke, S. 36.

[608] »This it's highly reasonable to think he would grant, as an Acknowledgement of our Kindness; and on the account of his own Interest, that the French may not improve the Persecution in Hungary as a Backdoor to let in the Turks again upon the Empire«. TOLAND, The art, S. 159.

[609] »If this were abtain'd it would make good the Defect of the Treaty of Reswick, on that Head, which hath barbarous Persecutions, particularly those of the Palatinate; for whom, in this Case, the Emperor might easily obtain, nay command Liberty at the Hands of his Brother-in-law, the Elector Palatin«. Ebd.

[610] »Zudem so hat man durch den v. Schnoilsky nachricht daß die französische Gesandtschaft gedh. Clausel nur dem articulo Palatino annectiren wollen, der Freyh. v. Seiler aber gesagt haben soll man mußte Sie an einen beßeren orth setzen wo Sie mehr nachtruck hätte, weßhalb Sie ad. Art.: IV. placiret worden, umb dergestalt von gedh. Clausel nicht allein in regard der Churpfälzischen Lande zu profitiren, sondern auch alle andere so Frankreich restituiren soll, darunter zu begreifen, daß diese nachricht funditet sey ist aus der französischen Gesandtschaft heutiger unterthänigster Reklation enthaltenenen Versicherung zu urtheilen, daß nemlich ged clausel allein der Churpfalz und nicht andere Lande so zu restituiren nicht angehe. [...] und Sie diesen Vorschlag verwarf auch in ein Nebenzimmer gieng, der Grafen von Caunitz und Stratmann daselbst allein geblieben, den Freyhl. v. Seiler aber zu denen französischen Gesandten gegangen und nicht durch selbige weg sondern durch den großen Saal in das gemach wo die Alliyrten bey einander waren, zurückgekommen ist; darauf dan kaum eine stünde hernach die französischen Gesandten mit obged. clausel loßgebrochen bleibt also aus obgemelter angenommen offence über der Evangelischen raisonnable zumuthen, gedh. Declaration betreffend, wie auch aus der Freyherl. von Seilers conduite ein starker argwohn, daß er das Secretum wegen ged. clausel völlig gewußt und das tempo zu deren proposition habe concertiren helfen, ja man hat anlaß zu glauben daß schon bey der Steckbornerschen Conferenz dergleichen intention vorkommen und von französischer seiten mit dem Freyherl. v. Seiler darüber gehandelt worden sey«. Wolfgang von Schmettau an Friedrich III. von Brandenburg, Den Haag, 29. November 1697, in: DANCKELMANN, Kirchenpolitik, S. 154f. ARETIN,

Gegen Ende des Spanischen Erbfolgekrieges kehrte in der englischen Öffentlichkeit jedoch Ernüchterung ein. Zwar war der befürchtete Religionskrieg in der Tat ausgeblieben, aber die gewaltsame Gegenreformation in den habsburgischen Erblanden, in der Pfalz und Savoyen wurde trotz der interkonfessionellen Haager Großen Allianz fortgesetzt[611]. Die Hoffnungen der englischen Publizistik waren damit zunichte gemacht. Während des Friedenskongresses von Utrecht plädierte eine englische Flugschrift deshalb dafür, keine Kriegsanstrengungen mehr zu unternehmen, bis die katholischen Alliierten ihren protestantischen Untertanen freie Religionsausübung gemäß der gegebenen Rechtslage zusicherten[612]. Konfliktfelder waren hier vor allem die Auslegung des Westfälischen Friedens, der Rijswijker Klausel und die Behandlung der Protestanten in den habsburgischen Erblanden und Ungarn[613]. England solle sein militärisches Gewicht im Interesse des europäischen Protestantismus in die Waagschale legen, damit

---

Das Alte Reich, S. 42, spricht den Kaiser von jeder Mitverantwortung frei und straft die protestantische Publizistik, die dahinter eine Verschwörung zwischen Kurpfalz, dem Kaiser und Frankreich erwartete, Lügen. Die Begründung dieser Ansicht mit der These, der Kaiser habe sich durch ein solches Agieren vor den protestantischen Reichsfürsten unmöglich gemacht, wird von ARETIN, Das Alte Reich, S. 43, quellenmäßig allerdings nicht in ausreichendem Maße belegt. Nur Ausnahmen wie ROLL, Im Schatten, S. 52, folgen der Position Aretins und erklären die Position der Gegenseite mit logischen Argumenten für veraltet. Dass die kaiserliche Politik aber nicht zwangsweise den Gesetzen säkularer Logik folgte, haben zahlreiche ältere und neuere Forschungen gezeigt. Dementsprechend geht das Gros der Forschung auf Basis unterschiedlicher archivarischer Überlieferung davon aus, dass Frankreich, der Kaiser und Kurpfalz mit unterschiedlicher Schwerpunktsetzung beim Zustandekommen und der Durchsetzung der Rijswijker Klausel eng kooperiert hätten und aus naheliegenden Gründen eifrig bemüht gewesen seien, ähnliche Gerüchte bei den protestantischen Alliierten zu zerstreuen. Vgl. BÉRENGER, Les relations, S. 364; BURKHARDT, Konfession, S. 144; DANCKELMANN, Kirchenpolitik, S. 136f.; KOHNLE, Von der Rijswijker Klausel, S. 169; MÜLLER, Kurfürst, S. 12f.; SINKOLI, Frankreich, S. 71; STANGLICA, Der Friede, S. 161, 170, 173. Selbst der radikale Katholik KRISINGER, Religionspolitik, S. 87–92, belegte die These französisch-kaiserlich-pfälzischer Zusammenarbeit ausführlich mit Akten kurpfälzischer, kaiserlicher und päpstlicher Provenienz, rechtfertigte diese Politik aber im gleichen Atemzug mit den angeblichen Verbrechen der Protestanten. Vgl. ebd., S. 93.

611 Vgl. DUCREUX, Die habsburgischen Länder, S. 31; HOCHEDLINGER, Austria's wars, S. 190; RAMEIX, Justifier, S. 127; TAYLOR, An English Dissenter, S. 180, 188; TREVOR-ROPER, Epilogue, S. 491.
612 »No more War, till all the Churches in the Palatinate taken from the Protestants since the War began are Restored to them: And the Protestants in Hungary be put in as good Condition at least as they were before: And the new Plantation of Jesuits removed out of Hanover, at least further from the Court: And the Protestants in Silesia be put in full Possession of all the Liberties granted them by the late Treaty of Alt-Ranstd, of which We and the Dutch are Guarantees«. LESLIE, NATURAL REFLECTIONS, S. 55.
613 Vgl. DUCREUX, Die habsburgischen Länder, S. 31; HOCHEDLINGER, Austria's wars, S. 190; MÜLLER, Kurfürst, S. 15f.; STANGLICA, Der Friede, S. 186f.

the Emperour, the Duke of Savoy, the Elector Palatine, and our other Popish Allies, give good Security, let this be a Preliminary in our New Alliance, That the Protestants in each of their respective Countries, may be Restored, and for ever hereafter, confirmed in all their Just Rights and Privileges[614].

Wenn der Spanische Erbfolgekrieg aber doch wieder aufflammen sollte, forderte der Autor der Flugschrift, dem Interesse der protestantischen Religion das gleiche Gewicht beizumessen, wie es die »Papisten« für die ihre täten[615]. Die protestantischen Mächte sollten ein Bündnis zur Durchsetzung ihrer konfessionellen Interessen schließen[616]. Eine Ausweitung des protestantischen *exercitium religionis* war nicht ausgeschlossen. Einer Zurückdrängung der Reformation durch eine geheime Vereinbarung der katholischen Mächte wie im Frieden von Rijswijk sollte dieses Bündnis zuvorkommen[617]. Letzten Endes wurde dafür sogar die Gefahr eines konfessionellen Krieges auf sich genommen, den protestantische Publizisten zuvor vermeiden wollten, denn die Konsequenzen der interkonfessionellen Allianz für die Protestanten im katholischen Herrschaftsbereich schienen sich nicht viel von denen eines Religionskrieges zu unterscheiden.

*Zusammenfassung*

Die Religionskriegsmemoria der Tagespublizistik schrieb England den Status der Schutz- und Führungsmacht des europäischen Protestantismus zu. Im Austausch von englischer und kontinentaleuropäischer Publizistik wurde diese Funktion Englands unterstrichen. Während die Betonung seiner Rolle als Schutz- und Führungsmacht das monarchische Prestige und nationale Selbstwertgefühl der protestantischen Engländer stärkte, konnten die verfolgten Protestanten auf dem Kontinent ihre Hoffnungen auf die englischen Monarchen richten.

Die Interventionspolitik König Wilhelms III. und Königin Annas auf dem Kontinent diente regierungstreuen englischen Autoren während des Neunjährigen Krieges und des Spanischen Erbfolgekrieges dazu, die Kriegspolitik der Whig-Regierung vor dem englischen Parlament und der englischen Öffentlichkeit zu rechtfertigen. Eine Argumentation, die den Schutz der

---

614 LESLIE, NATURAL REFLECTIONS, S. 55.
615 »And if we must go to War again, let it be upon new Terms: Let the Protestant Interest have some Share in our Quarrels, as Popery hitherto has had All«. Ebd.
616 »And let the Protestant Allies enter into a strict Confederacy among themselves to Secure and Guarantee what shall be so stipulated on behalf of these Protestants«. Ebd.
617 Vgl. BÉRENGER, Les relations, S. 364; BURKHARDT, Konfession, S. 141–145; KOHNLE, Von der Rijswijker Klausel, S. 169; MÜLLER, Kurfürst, S. 12f.; SINKOLI, Frankreich, S. 71.

protestantischen Konfession und der parlamentarischen Freiheiten eng
verband, eignete sich lange Zeit, das englische Parlament zu andauernden
Kriegskontributionen zu bewegen[618]. In diesem Sinne muss das Urteil der
jüngeren Forschung, während des Spanischen Erbfolgekrieges hätte Religion
in den Debatten der englischen Öffentlichkeit kaum mehr eine Rolle gespielt,
revidiert werden[619]. Der Anspruch, die Führungs- und Schutzmacht im europäischen Protestantismus zu sein, stand vielmehr in einer langen Tradition
und fand unter Anna, die sich trefflich in Parallele mit Elisabeth I. setzen ließ,
im Vergleich zu Wilhelm III. noch einmal eine Steigerung. Von Säkularisierung der Debatte konnte keine Rede sein[620].

Der vermeintliche Widerspruch einer Allianz mit den katholischen Mächten ließ sich vor der protestantischen Öffentlichkeit als Maßnahme zum
Schutz der bedrängten protestantischen Minderheiten in den betreffenden
Territorien entkräften. Gleichzeitig konnte durch die interkonfessionellen
Allianzen vermieden werden, den Anschein zu erwecken, man führe einen
Religionskrieg. Die Berufung auf den Erhalt der europäischen Freiheit durch
eine Intervention zum Schutz fremder Untertanen, die nicht allein konfessionell, sondern auch juristisch legitimiert wurde, sollte für die konfessionell
lauteren Absichten gegenüber den katholischen Alliierten bürgen. Gerade
Erhalt der Freiheit war sowohl ein protestantisches Argument als auch
überkonfessionell anschlussfähig und eng mit anderen überkonfessionellen
Argumentationsmustern wie demjenigen der Universalmonarchie oder der
*balance of power* verknüpft, die die Möglichkeit eines Religionskrieges eindämmen sollten[621]. Der Gefahr des Vorwurfs eines Religionskrieges, wie ihn
die französische Propaganda immer wieder erhob, konnte letztlich aber nur
durch die intensive Beteuerung der eigenen Toleranz gebannt werden.

---

618 Vgl. CLAYDON, William III and the Godly Revolution, S. 4, 13f.; EVERTH, Die Öffentlichkeit, S. 13.
619 Vgl. RAMEIX, Justifier, S. 109, 306; WINKLER, Publikum, S. 225f., 228.
620 Zu einem solchen Urteil kommen dezidiert CORNETTE, Absolutisme, S. 94f.; RAMEIX, Justifier, S. 110f.
621 Vgl. CLAYDON, Protestantism, S. 125–142. Zum überkonfessionellen Argumentationsmuster der Universalmonarchie vgl. Kapitel III.3.1 sowie BOSBACH, Monarchia, S. 107–121; MEYER, Flugschriften, S. 118–161; und zum Gleichgewichtsdenken STROHMEYER, Theorie.

### III.2.11 Die Überwindung des Religionskrieges in der protestantischen Toleranzdebatte

Aus frühneuzeitlicher Sichtweise bedeutete Toleranz mehr das passive Erdulden religiöser Devianz als eine positive Akzeptanz der Andersgläubigen[622]. Im Protestantismus setzte aber schon Ende des 17. Jahrhunderts ein grundlegender Wandel ein. Die Toleranz wurde zum festen Bestandteil protestantischer Identität. Die protestantischen Toleranzdebatten nahmen infolgedessen maßgeblichen Einfluss auf die protestantische Haltung zum Religionskrieg. Eine positive Betonung der eigenen Toleranz machte ein positives Verhältnis zum Religionskrieg fortan im protestantischen Diskurs so gut wie unmöglich. Wie Volker Leppin angemerkt hat, »gehört [es] zu den wohl banalsten historischen Beobachtungen, dass die Forderung nach Toleranz vor allem für die attraktiv ist, die unter mangelnder Toleranz zu leiden hatten«[623].

Die Betonung der eigenen Toleranz eignete sich deshalb insbesondere für die Protestanten, die politisch Ende des 17. Jahrhunderts fast überall in Europa in die Defensive geraten waren, um von einer katholischen Obrigkeit Gewissensfreiheit einzufordern. Mit der Betonung ihrer eigenen Toleranz versicherten sie den Katholiken, dass sie nichts gegen deren Kirche unternehmen werden. In apologetischer Weise hoben protestantische Autoren die eigene Toleranz im Angesicht des Topos katholischer Intoleranz hervor und betonten damit noch mehr die eigene Unschuld an den vergangenen und gegenwärtigen Religionskriegen. Die Toleranz sei bereits fest im Wesen des Protestantismus angelegt.

Der Religionskrieg stand dem neuen protestantischen Selbstverständnis, einer im Gegensatz zum Katholizismus toleranten Konfession anzuhängen, diametral gegenüber. Dies zeigt schon die Definition eines Religionskrieges, wie sie in der protestantischen Bearbeitung des *DICTIONNAIRE UNIVERSEL* durch Jacques Basnage de Beauval zu finden ist:

GUERRE DE RELIGION, est une guerre qui se fait dans un Etat au sujet de la religion, l'un des partis ne voulant pas tolerer l'autre. Il n'y a point de guerres ni plus cruelles, ni plus injustes, que les guerres de la Religion [...]. On ne peut établir pour maxime qu'il est permis de faire des guerres de Religion, sans armer les uns contre les autres, tous les peuples de la terre. Le monde seroit bientôt detruit si tous les Souverains s'alloient mettre dans l'esprit qu'on peut faire legitimement des guerres de Religion[624].

---

[622] Vgl. NAERT, Tolérance, S. 1520; LEPPIN, Toleranz, S. 81.
[623] Ebd., S. 82.
[624] FURETIÈRE, DICTIONNAIRE, Bd. 2, [GUE].

Religionskriege wurden hier zunächst zwar als konfessionelle Bürgerkriege beschrieben; wegen ihres religiösen Charakters seien sie allerdings immer auch universell und würden die schrecklichsten Verwüstungen nach sich ziehen. Für ihren Ausbruch macht Basange den universellen Wahrheitsanspruch einer einzelnen Konfession und die daraus resultierende Intoleranz verantwortlich. Doch was verstanden protestantische Publizisten eigentlich unter einer solchen Intoleranz bzw. einer Toleranz, die Religionskriege verhindern könnte?

Ein protestantischer Flugschriftenautor betonte, man wisse allgemein »daß die Welt nicht vor die Protestirende allein ist erschaffen worden«[625]. Die protestantische Publizistik behauptete, die persönliche Gewissensfreiheit habe bereits während der Reformation zu den Grundlagen des evangelischen Glaubens gezählt[626]. Dadurch unterscheide sie sich fundamental vom Katholizismus, dessen Grundprinzip es sei, Andersdenkende zu verfolgen[627]. Eine andere Flugschrift behauptete, katholische Kleriker erhöben stets die Forderung nach Gewissenszwang[628]. Damit stellten sie sich in den Augen protestantischer Publizisten gegen das reformatorische Prinzip der Gewissensfreiheit. Kennzeichnend für die gesamte protestantische Publizistik war die Betonung katholischer Intoleranz. Es gehöre zu den Grundsätzen der katholischen Kirche, dass die Ausbreitung ihres Glaubens allen anderen Interessen überzuordnen sei[629]. Der Kurie und dem katholische Klerus liege nichts so sehr am Herzen, wie den katholischen Gläubigen den Hass gegen die Protestanten einzupflanzen[630]. Die Verfolgung und Ausrottung der Häretiker stelle für die katholischen Kleriker und Gläubigen den sichersten Weg zum Himmelreich dar[631].

Während die Katholiken auf diese Weise gegenüber den Protestanten Intoleranz übten, sei die Haltung der Protestanten gegenüber den Katholiken von Toleranz geprägt[632]. Der englische Theologe Gilbert Burnet habe im Vorwort

---

625 MANIFEST, [26].
626 »L'une des maximes fondamentales de la Réformation est que chacun a droit d'examiner la Religion, d'en juger par ses propres lumieres, & de ne croire que ce dont il est persuadé en sa conscience: d'où les Protestans inserent qu'aucune autorité humaine ne doit entreprendre de forcer les hommes à pratiquer un culte qu'ils croient illegitime, ou à faire profession d'un dogme qu'ils regardent comme faux«. LES HEUREUSES SUITES, S. 105.
627 »Il est clair que cette doctrine est directement opposée à l'esprit de persécution«. Ebd.
628 Vgl. GÖBEL, CÆSAREO-PAPIA ROMANA 1684, S. 621f.
629 Vgl. REMARQUES SUR LA SUCCESSION, S. 72.
630 Vgl. LETI, LA MONARCHIE 1701, Bd. 2, S. 77.
631 Vgl. REMARQUES SUR LA SUCCESSION, S. 38.
632 »Mr. Leti fait bien ce qu'il a dit de la tolerance des Protestans à l'égard des Catholiques, & de la non tolerance de ceux-ci à l'égard de ceux-là«. L'EUROPE, S. 21. Der Vermeinte/ Und von Franckreich erdichtete/ Religions=Krieg, S. 23 spricht von »Römischem Religions=Zwang«; [BAYLE], COMMENTAIRE 1686, S. LXVjf.

seiner Übersetzung des Kirchenvaters Laktanz geäußert, »qu'il aimeroit mieux voir son Eglise persecutée, que la voir persecutante«[633]. Dieses Urteil werde von allen Protestanten geteilt – auch von denen, die keine Angehörigen der anglikanischen Kirche seien[634]. Der Krieg überhaupt sei eines Christenmenschen unwürdig, da er immer mit Grausamkeit und Barbarei einhergehe[635]. Im Protestantismus sei es deshalb verboten, jemanden mit Waffengewalt zu bekehren[636]. Jesus Christus wolle nicht den Tod des Sünders, sondern seine Konversion[637]. Folglich bediene sich der Protestantismus nur friedlicher Mittel zur Verbreitung der christlichen Botschaft[638]. Dies rühre nicht zuletzt daher, dass die protestantische Geistlichkeit weniger ökonomische Motivation zur Ausbreitung des eigenen Bekenntnisses besitze als der katholische Klerus, der gewohnt sei, durch aggressive Expansion seine Einnahmen zu erhöhen[639]. Im Gegensatz zum Katholizismus erlaube es die protestantische Konfession weder der Geistlichkeit noch der weltlichen Obrigkeit, Andersdenkende zu verfolgen[640]. Zwar könnten die Katholiken den Protestanten vorwerfen, dass auch bei ihnen das Instrument der Exkommunikation existiere; diese

---

[633] L'EUROPE, S. 19. Das Zitat fällt im englischen Original und der französischen Übersetzung durch Jacques Basnage de Beauval deutlich konkreter aus und bezieht sich auf die Rekatholisierungspolitik Jakobs II. in England und eine mögliche Restauration der Vorherrschaft der anglikanischen Kirche in England: »I do not stick to say it, that I had rather see the Church of England fall under a very severe Persecution from the Church of Rome, than see it fall to persecute Papists, when it should come to its turn to be able to do it«. BURNET, PREFACE 1687, S. 3–53, hier S. 51; bzw. in der französischen Übersetzung von Jacques Basnage de Beauval : »Mais pour ce qui est de tirer vengeance des maux que nos frères souffrent de la part de cette Eglise en faisant soufrir le même traitement aux Papistes d'Angleterre, il me semble que cela seroit si contraire aux maxime de la Religion Chrêtienne, & en particulier à celles de la Religion Protestante, que j'aimerois mieux voir l'Eglise d'Angleterre persécutée par les Papistes, que de les lui voir persécuter, s'il arrivoit qu'à son tour elle fut en état de le faire«. Ders., PREFACE 1687, S. 3–54, hier S. 53.

[634] L'EUROPE, S. 19.

[635] Vgl. Avertissement aux Protestans des Provinces qui ont fait precher sur les Masures de leurs temples, non obstant les Deffences de Sa Majesté. Avec L'APOLOGIE Pour les Dits Protestans du Daufine, et autres Provinces. Contenant les raisons pour les quelles ils ont fait continuer les preches malgré les deffenses du Roy, et allés armés dans leurs assemblées, Cologne, Pierre Marteau, 1684, in: Avertissement, S. 35–77, hier S. 62.

[636] »Nous ayons jamais pris les armes pour forcer quelqu'un à embrasser nôtre Religion, ou pour le détruire en cas qu'il ait refusé d'entrer en nôtre communion«. La balance de la Religion, S. 130.

[637] »Qui n'aime point que le pecheur meure, mais plûtot: qu'il se convertisse & qu'il vive: J. C. est venu pour leur salut & non pas pour leur destruction«. Ebd.

[638] LES HEUREUSES SUITES, S. AVERTISSEMENT [7f.].

[639] »[…] la conversion de leurs adversaires n'augmente point les revenus [du clergé protestant]; ce qui fait qu'ils ne s'y portent pas avec chaleur«. Ebd., AVERTISSEMENT [7], S. 113.

[640] »Il n'est pas permis aux Pasteurs de contraindre les Chrétiens à croire ou à pratiquer ce qu'ils tiennent pour faux ou défendu de Dieu, beaucoup moins est-il licite d'employer la puissance du bras seculier à cet effet«. Ebd., S. 105.

sei aber nicht wie im Katholizismus mit einer zivilrechtlichen Bestrafung verbunden⁶⁴¹. Die Exkommunikation diene den Protestanten allein zur Aufrechterhaltung der Kirchendisziplin⁶⁴². Außerhalb der Kirche existiere aber eine so große religiöse Toleranz, dass alle protestantischen Kirchenmitglieder und Anhänger anderer Bekenntnisse in voller Freiheit glauben und sagen könnten, was ihnen gefalle – solange sie keine Gottlosigkeit verträten oder einen Aufruhr erregten⁶⁴³. Der Geist der Unfehlbarkeit herrsche nur bei hochmütigen und selbstverliebten Menschen und hänge eng mit dem Geist der Regiersucht zusammen⁶⁴⁴. Diese Eigenschaften wurden, wie weiter oben bereits dargelegt wurde, immer wieder dem katholischen Klerus zugeschrieben⁶⁴⁵. Sie seien dem eigenen Bekenntnis völlig fremd. Nur Gott sei der Herrscher der menschlichen Seele und es stehe ihm allein zu, jemanden von der Wahrheit des christlichen Glaubens zu überzeugen⁶⁴⁶. Mit dieser Aussage wurden zwar Zwangs- und Gewaltmittel zur Bekehrung Andersgläubiger als menschliche Anmaßung verurteilt; gleichwohl wurde aber der Anspruch der einen Wahrheit aufrechterhalten. Diese, so suggerierte die protestantische Publizistik, sei vorbildlich im Protestantismus verwirklicht, der sich durch eine besondere Friedfertigkeit auszeichne, von der die Katholiken nichts zu

---

641 »Il est inutile de dire qu'on excommunie parmi les Hérétiques, & qu'on a souuent persécuté des Ministres & des particuliers pour ce sujet: car quant à l'excommunication, elle n'est d'elle-même, en ce qui regarde les opinions specultatives, qu'une simple déclaration que tel ou tel n'a pas les qualitez requises pour être membre de telle ou telle Societé; & en ce cas, elle n'est accompagnée d'aucune note d'infamie, ni de punition civile«. Ebd., S. 105f.

642 »No Church or Company, I say, can in the least subsist and hold together, but will presently dissolve and break to pieces, all consent to observe some Order«. LOCKE, A LETTER, S. 10. Vgl. darüber hinaus LES HEUREUSES SUITES, S. 107.

643 »Car la tolerance politique est si fort en usage parmi les Protestans, que tant les particuliers de leurs corps, que ceux qui sont hors de leurs Eglises, ont toute liberté de croire & de dire même ce qu'ils pensent à l'égard de la Religion, pourvû qu'ils ne dogmatisent point d'impietez, & qu'ils ne troublent point l'Etat par des factions & des cabales«. Ebd., S. 107f. »What else do they mean, who teach that Faith is not to be kept with Hereticks? Their meaning forsooth, is that the priviledge of breaking Faith belongs unto themselves […]. What can be the meaning of their asserting that Kings excommunicated forfeit their Crowns and Kingdoms? It is evident that they thereby arrogate unto themselves the Power of deposing Kings: because they challenge the Power of Excommunication, as the peculiar Right of their Hierarchy«. LOCKE, A LETTER, S. 46. »Those are not at all to be tolerated who deny the Being of a God. Promises, Covenants, and Oaths, which are the Bonds of Humane Society, can have no hold upon an Atheist«. Ebd., S. 48.

644 »L'esprit d'infaillibilité est si naturel aux hommes superbes & plein d'amour propre, & a tant de liaison avec le desir de faire regner ses sentimens«. LES HEUREUSES SUITES, S. 108.

645 Vgl. Kapitel II.2.1, III.2.3.

646 »Dieu seul est le maître des cœurs, & qu'entreprendre de les contraindre, c'est attenter aux droits de la Majesté supreme; que quand la conscience & l'esprit de la Religion ne les porteroient pas à supporter les autres Chrétiens«. LES HEUREUSES SUITES, S. 109.

befürchten hätten. Ein Religionskrieg – so die Botschaft – könne von einer derartig toleranten Konfession nicht erwartet werden. Dass die protestantische Toleranz eine Tatsache sei, werde allein dadurch bewiesen, dass überall, wo die Reformierten regierten, Toleranz herrsche⁶⁴⁷. Während die Protestanten in ihren Staaten die Katholiken duldeten, gebe es jedoch keinen einzigen katholischen Staat, der in seinen Grenzen die Protestanten toleriere⁶⁴⁸. Die Katholiken nämlich betrachteten die Protestanten als eine Seuche, die man ausrotten müsse⁶⁴⁹. Beweis dafür seien die Inquisitionen in Rom und Spanien sowie das Schicksal der Protestanten in den spanischen Niederlanden, den habsburgischen Erblanden und in Ungarn⁶⁵⁰. Die katholischen Geistlichen würden mehr Mäßigung bei der Verfolgung der Häretiker zeigen, wenn sie sich der Religionskriege des 16. Jahrhunderts und ihrer Folgen erinnern würden⁶⁵¹. Der Katholizismus sei dagegen von einer solchen Intoleranz gezeichnet, dass es schwer sei, einen von katholischer Seite angestrebten Religionskrieg zu verhindern⁶⁵². Somit wurden Toleranz und Intoleranz als zentrale Charakteristika von Protestantismus und Katholizismus beschrieben.

---

647 Vgl. LETI, LA MONARCHIE 1689, Bd. 1, S. 455.
648 »And hardly any Popish Country admit the Protestants among them, some few Parts of Germany excepted; yet the Protestant Governments, at the same time, suffer Three Millions of Papists to live among them, and enjoy their Liberties and Estates unmolested«. DEFOE, LEX TALIONIS OR, AN ENQUIRY, S. 12. In der französischen Übersetzung heißt es entsprechend: »Aucun Etat Papiste souffre des Protestans chez eux, si ce n'est dans un petit nombre de lieux en Allemagne: C'est, dis-je, la chose du monde la plus injuste, que nonobstant tout cela on souffre dans les Etats des Protestans plus de trois millions de Papistes vivre au milieu d'eux, & jouïr de leurs biens & de toute sorte de liberté sans la moindre inquiétude«. Ders., La LOI, S. 28. Mit den wenigen Ausnahmen in Deutschland waren freilich die katholischen Alliierten der protestantischen Fürsten im Kampf gegen Ludwig XIV. gemeint.
649 »Mais là où les Catholiques sont les maîtres, ils n'ont pas le même tolerance pour les Protestans, qu'ils regardent comme une peste dans leurs Estats, ou quelque chose de pis; car ils en purgent par le feu jusqu'au simple soupçon«. LETI, LA MONARCHIE 1689, Bd. 1, S. 455.
650 »Témoin l'Inquisition de Rome & d'Espagne [...] de quelle maniére ont été traitez les Protestants de Boheme, d'Autriches, de Silesie, de Hongrie, dés que la Maison d'Autriche a été maîtresse de ces Païs-là«. Ebd., S. 455f.
651 »Ceux qui conduisent les affaires Ecclesiastiques sont la seconde espece de gens qui doivent se bien souvenir du XVI. siécle, quand on leur parle de Tolerance, ils croyent ouïr le plus affreux, & le plus monstrüeux de tous les dogmes, & afin d'interesser dans leurs passions le bras séculier ils crient que c'est ôter aux Magistrats le plus beau fleuron de leur Couronne, que de ne leur pas permettre pour le moins d'emprisonner & de banir les héretiques; mais s'ils examinoient bien ce que l'on peut craindre d'une guerre de Religion, ils seroient plus Moderez«. L'ESPRIT, S. 521.
652 »For thô, as long as the Papal Monarchy or Infallibility is maintained by the Romanists, and our Statues of Dissolution and Præmunire are in force in England, it is impossible to imagine any Methods of Reconciliation; yet Justice and Sincerity in Authors, delivering their Senses in these kind of Debates, will be of great advantage to the Faith and Piety of private Readers and students, to extricate them from the guilt of

Die unterschiedliche Haltung und Affinität zum Religionskrieg erwies sich dieser Argumentationsfigur zufolge als entscheidendes Kriterium zur Unterscheidung der beiden großen abendländischen Konfessionsgemeinschaften.

Diese Charakteristik wurde innerhalb der protestantischen Tagespublizistik besonders im Vergleich zwischen französischer Intoleranz und englischer Toleranz deutlich. Frankreich repräsentierte für protestantische Autoren seit der Revokation des Edikts von Nantes den Inbegriff der Intoleranz. Der französischen Krone wurde das stetige Führen von Religionskriegen zur Vernichtung der protestantischen Konfession vorgeworfen. Die Grundlage für diese Charakteristik lieferte die hugenottische Memoria der konfessionellen Bürgerkriege in Frankreich. Eine Flugschrift aus dem Umfeld des englisch-niederländischen *Refuges* sah den Grund für die konfessionellen Bürgerkriege der Vergangenheit in der Intoleranz der französischen Katholiken. Frankreich hätte nie solche verheerenden inneren Religionskriege erleben müssen, hätte man die Hugenotten Gott auf ihre Weise verehren lassen[653]. Insofern wurde den französischen Katholiken die alleinige Schuld an den vergangenen Religionskriegen gegeben. Das historische Beispiel der französischen Bürgerkriege war deutlich an die französischen Katholiken der Gegenwart adressiert. Es sollte den Katholiken suggerieren, wenn sie die Verfolgungen der Reformierten nicht beendeten, würden sie einen neuerlichen Religionskrieg provozieren, wie es zuvor die Guisen getan hatten[654].

Im Gegensatz zu Frankreich wurde England von der protestantischen Publizistik in und außerhalb der britischen Inseln als Hort protestantischer Toleranz gefeiert. Seit jeher habe die anglikanische Kirche zahlreiche Sekten geduldet[655]. Elisabeth I. und Jakob I. von England hätten zwar den Protestantismus in England befestigt, aber nie die Toleranz gegenüber den Katholiken abgeschafft[656]. Die Katholiken hätten also keinen Grund, sich dort über

---

Schism, which is difficult to be avoided in a religious War, which no man must wage but which most passionate affections of Peace, with most tender and compassionate Bowels even to the erring and obstinate Adversary«. HILL, The Catholic Balance, S. 2f.

653 Der Herzog von Guise »avoit soufert que ses gens massacrassent à Vassi plusieurs Hugenots qui prioient Dieu dans une Grange? en un mot l'obstination qu'il témoigna pour que ces pauvres gens fussent toûjours punissables du dernier suplice ne fût-elle pas la cause des guerres civiles de Réligion, qu'on n'eût jamais vuës en France si on les eût laissé prier Dieu à leur manière?« [BAYLE], COMMENTAIRE 1686, S. LXVjf.

654 Zur Verurteilung der Hugenottenverfolgungen durch die protestantische Publizistik vgl. Kapitel III.2.3, III.2.4.

655 Es gebe »excellens Ouvrages qui ont été écrits en langue Angloise sur la question de la tolérance. Il n'y a point de nation qui produise autant d'Ecrits sur cela que la nôtre parce qu'il y a bien des Sectes qui depuis long-tems y sont traversées par la Dominante«.[BAYLE], COMMENTAIRE 1686, S. xiij.

656 »Elizabeth réablit la Religion Protestante, mais elle n'abolit pas la tolerance des Catholiques; Jacques I. la partagea encore«. LETI, LA MONARCHIE 1689, Bd. 1, S. 456.

irgendeine Art von Gewissenszwang zu beschweren, denn die Intoleranz sei dem Protestantismus allgemein zuwider[657]. Trotzdem seien die Katholiken die Ersten, die es gewagt hätten, Klagen zu erheben. Solche Klagen müssten aus ihrem Munde unweigerlich als lächerlich erscheinen, »car ils n'atendroient pas trois ans à brûler & égorger tous ceux qui ne voudroient pas aller à la messe s'ils aqueroient des forces bastantes pour cela«[658].

Wegen der Machenschaften der Katholiken müsse man um den Fortbestand der protestantischen Toleranz und der protestantischen Konfession insgesamt fürchten[659]. Dies war in den Augen der protestantischen Publizistik insbesondere seit der Thronbesteigung Jakobs II. der Fall. Der neue englische König habe seit seinem Regierungsantritt Gewalt gegenüber seinen protestantischen Untertanen angewandt[660]. Mit dieser Anklage gegen Jakob II. konnte einerseits die Intoleranz des Katholizismus bewiesen, anderseits die Undankbarkeit der Katholiken gegenüber der toleranten Haltung der englischen Protestanten herausgestellt werden.

Dem widersprach die Toleranzpolitik des katholischen Monarchen selbst[661]. Sie konnte von seinen protestantischern Gegener daher auch nicht vollkommen ignoriert oder direkt geleugnet werden. Dennoch wurde sie in der protestantischen Publizistik keinesfalls als Beweis für die lauteren Absichten des Stuart-Königs gewertet, sondern als Teil eines jesuitischen Ränkespiels dargestellt. Die Existenz katholischer Toleranz war im protestantischen Diskurs einfach nicht vorstellbar und wurde per se geleugnet. Dementsprechend wurde Jakob II. unterstellt, die protestantischen *Dissenter* durch die Toleranzpolitik auf seine Seite ziehen wollen, um protestantische Verbündete für seine Rekatholisierungsmaßnahmen zu gewinnen[662]. Protestantischen Höflingen

---

657 Vgl. [BAYLE], COMMENTAIRE 1686, S. xxxvj.
658 Ebd., S. xiijf.
659 Vgl. ebd., S. xiv.
660 Vgl. LETI, LA MONARCHIE 1689, Bd. 1, S. 457.
661 Zur Toleranzpolitik Jakobs II. vgl. BARRIE, Die Britischen Inseln, S. 109; HARRIS, Revolution, S. 195–199, 205–216; JONES, James II's Revolution, S. 56–61; MILLER, Popery, S. 196–228; SOWERBY, Making Toleration, insbes. S. 23–55; PINCUS, The First Modern Revolution, S. 4, 122, 134, 166f., 191, 193–195, 198–201, 203f., 209.
662 »L'établissement des Jesuites, & sur tout du choix que sa Majesté avoit fait de l'eux pour diriger sa conscience & ses conseils. On ignoroit pas qu'un de leurs principaux artifices avoit été de fomenter depuis long-tems la division parmi les Episcopaux & les Nonconformistes, afin de se servir d'un Corps pour détruire l'autre, & de venir à bout par ce moyen de tous les deux; qu'ils s'étoient servis premierement des Evêques, sous prétexte de faire exécuter les Loix; & qu'en suite ils s'étoient jettez du côté des Nonconformistes, sous pretexte de la liberté de conscience. Qu'on découvroit facilement que la Declaration du Roi tendoit a établir un Pouvoir arbitraire & à changer les Loix & la Religion, l'un ne pouvant se faire sans l'autre«. Dies alles geschehe, um »endormir la Nation, pendant qu'on préparoit ses fers«. TRONCHIN DU BREUIL, LETTRES 1688, S. 26. Zu dem gleichen Urteil kommt auch die moderne Forschung. Vgl. HARRIS, Revolution, S. 206, 211, 214, 242.

wurde unterstellt, sie hätten sich von den Katholiken kaufen lassen[663]. Ein weiterer Vorwurf lautete, sie würden daran arbeiten, die Grundgesetze Englands umzustürzen, was geradezu automatisch die Abschaffung der konfessionelle Toleranz implizierte[664]. Eine solche Argumentation sollte Anglikaner und jene protestantischen Dissenter, die sich gleichfalls des Arguments der Toleranz bedienten, miteinander im Kampf gegen die Rekatholisierungspolitik des Königs vereinigen. Dennoch wurde die Herrschaft Jakobs II. auch von den meisten protestantischen Autoren bis 1688 nicht grundsätzlich in Frage gestellt. Stattdessen hofften sie auf den guten Willen protestantischer Amtsträger, die ihre eigene Konfession verteidigen sollten[665]. Im Verlauf seiner kurzen Regierungszeit erbitterte die ungeschickte Religionspolitik Jakobs II. seine protestantischen Untertanen jedoch zunehmend. Den Katholiken wurde unterstellt, sie hätten die Herrschaft Jakobs II. missbraucht und versucht, ihre protestantischen Landsleute zu beherrschen und zu unterdrücken[666]. 1688 eskalierte die Situation durch die Geburt eines katholischen Thronfolgers, den die protestantische Publizistik für ein von den Jesuiten untergeschobenes Findelkind erklärte[667]. Führende geistliche und weltliche Lords wandten sich heimlich an Wilhelm von Oranien, den protestantischen Schwiegersohn Jakobs II.[668].

Sie forderten ihn insgeheim auf, in England zu intervenieren[669]. Kurz nach der Intervention seines Schwiegersohnes floh Jakob II. nach Frankreich[670]. Wilhelm von Oranien wurde als Wilhelm III. vom Parlament zum neuen englischen König gewählt[671].

---

663 Vgl. [BAYLE], COMMENTAIRE 1686, S. xiv.
664 Es gebe »tant de parasites de Cour, ames Vénales, & indignes de la Réligion Protestante dont ils ont du moins l'extérieur, qui travaillent au renversement de la barriere fondamentalle qui balance si salutairement la puissance monarchique«. Ebd.
665 »Mais j'espére qu'il restera d'assez bonnes ames & d'assez bons Patriotes & bons Protestans pour corriger les mauvais éfets de la complaisance de ces faux fréres, & qu'ainsi Dieu nous conserva le calme dont nous jouissons quoique sous un Souverain Catholique«. Ebd.
666 »Ils eussent abusé de l'autorité de Jaques II. & se fussent rendus odieux aux Protestans par leur conduite, voulant dominer sur eux, & les maîtriser«. LE VRAI INTERET, S. 209.
667 Vgl. Des aus denen Elisischen Feldern, S. 17f.; REPONSE Au Manifeste adressé par le ROY, S. 50f.; KING, Europe's deliverance, S. 8; MANIFEST, [6, 12f., 19, 25, 33]; DÉPÉCHE, S. 54, 64.
668 Vgl. Des aus denen Elisischen Feldern, S. 16, 24; REPONSE Au Manifeste adressé par le ROY, S. 50f.
669 Vgl. HARRIS, Revolution, S. 271; PINCUS, The First Modern Revolution, S. 228.
670 Vgl. HARRIS, Revolution, S. 296; PINCUS, The First Modern Revolution, S. 4.
671 Vgl. CLAYDON, William III and the Godly Revolution, S. 9; HARRIS, Revolution, S. 346f.

Die jakobitische und die französische Publizistik werteten diesen Umsturz als Beginn eines großen protestantischen Religionskrieges gegen den Katholizismus[672]. Mit dem Verweis auf die Größe der protestantischen Toleranz verteidigte die protestantische Publizistik überall in Europa den Prinzen von Oranien gegen die französischen und jakobitischen Anschuldigungen[673]. Protestantische Autoren verglichen Wilhelm von Oraniens angeblich besondere Toleranz mit der vermeintlichen bedeutender antiker Feldherren. Auch Alexander der Große oder die römischen *Caesaren* hätten niemals einen Religionskrieg verursacht oder ihre eigenen religiösen Überzeugungen mit Gewalt durchzusetzen versucht, sondern alle anderen Religionen in ihren eigenen Reichen in Frieden praktizieren lassen[674]. Diese historischen Beispiele sollten den Wert der protestantischen Toleranz untermauern. In apotheotischer Absicht wurde Wilhelm von Oranien dabei als Sinnbild der Toleranz in eine Linie mit den antiken Heroen gestellt, die genau wie der Prinz von Oranien religiöse Toleranz geübt hätten[675].

Ganz konkret betonten seine Apologeten, die Katholiken würden unter dem Prinzen von Oranien in der Grafschaft Lingen die größten Freiheiten genießen, obwohl ihr Fürst aus einem Geschlechte stammte, dass an zahlreichen Orten Urheber der Reformation gewesen sei[676]. Protestantismus und Toleranz wurden dadurch in einen unmittelbaren Zusammenhang gebracht. Nicht verwunderlich war deshalb auch die Aussage, dass der Prinz von Oranien von Natur einen gemäßigten Charakter besitze und jeglichem Geist der Verfolgung abgeneigt sei[677]. Wilhelm von Oraniens Verhalten sei für einen

---

672 Vgl. Kapitel III.2.3.
673 Vgl. TRONCHIN DU BREUIL, LETTRES 1688, S. 106f.
674 »Alexandre le grand conquit autrefois plusieurs Etats qui avoient tous leur Religion particuliere, cependant on ne lit en nulle part qu'il se soit mis en tête de faire des guerres de Religion, ni des conversions forcées, les Historiens Romains remarquent qu'il y avoit à Rome six cens nations qui toutes avoient de differentes manieres de de servir leurs Dieux, cependant on ne voit nulle part qu'on les ait contraint à se reünir, au contraire ceux qui gouvernoient affectoient de traiter ceux qui professoient une autre Religion que la leur avec beaucoup de douceur par un pur motif de generosité, & pour bannir entierement la défiance, le soupçon & la crainte que ces gens eussent pû avoir, de que leurs superieurs, pouvants devenir jaloux de leur doctrine & de leur culte, ils pourroient aussi se servir de leur autorité & de leur pouvoir pour les détruire«. La balance de la Religion, S. 324f.
675 Per se war die Antike nach protestantischer Lesart eine Epoche, in der es keine oder zumindest so gut wie keine Religionskriege gegeben hatte. Vgl. Kapitel II.2.
676 »Le Prince d'Orange est bon Réformé, & ses Prédécesseurs même Auteurs de la Réformation en plusieurs lieux, cependant les Catholiques pourroient-ils souhaiter plus de douceur & d'humanité qu'ils en trouvent dans la Comté de Linguen dont ce Prince est Souverain?« LETI, LA MONARCHIE 1689, Bd. 1, S. 455.
677 MANIFEST, [27], spricht von »des Königs natürliche Mässigung/ als welche dem Verfolgungs=Geist gar zuwider ist«. »La conduite que Sa Majesté Britannique a tenuë depuis qu'elle est montée sur le Trône, est si opsée à celle d'un Persecuteur«.

Fürsten, der in einer Republik aufgewachsen sei, in der Katholiken toleriert würden, nicht verwunderlich[678]. Er habe deshalb den Katholiken in England die gleiche Freiheit zugesagt, die sie in seiner Heimat besäßen[679].

Bei seiner Ankunft in England habe er ihnen die Aufrechterhaltung ihrer Gewissensfreiheit versprochen[680]. In England und Schottland hätten die Gesetze bis zur Ankunft Wilhelms von Oranien den Katholiken nur eine einfache Toleranz gewährt. Er aber habe sie durch eine offizielle Proklamation bestätigt[681]. Des Weiteren habe er erklärt, man solle den Katholiken kein Unrecht tun, solange sie die Gesetze nicht überschritten[682]. Er habe seine Truppen und Verbündeten dazu aufgefordert, »à bien traiter les Catholiques, & particulierement les Ecclesiastiques«[683]. Bei seinem Einzug in London habe er die Katholiken gar aus den Händen des wütenden Pöbels befreit[684]. Darüber hinaus sei die Durchsetzung der antikatholischen *Penal Laws* von ihm abgemildert worden[685]. Den Katholiken, die England verlassen wollten, seien auf sein Geheiß Pässe ausgestellt und selbst der päpstliche Nuntius sei mit

---

REPONSE Au Manifeste adressé par le ROY, S. 24. »Sa Majesté fit assez connoître par une moderation, que ses Ennemis même ont admirée, combien elle étoit éloignée de l'esprit de persecution«. Ebd., S. 25.

678 Ebd., S. 29, nennt den Prinzen von Oranien »un Prince, qui a été élévé dans une Republique où les Catholiques son traittez avec tant de douceur«. Bei LETI, LA MONARCHIE 1689, Bd. 1, S. 414 heißt es, »dans les Provinces-Unies […] les Souverains tolerent les Catholiques avec tant de générosité & de douceur, dans la liberté de leurs familles, & des exercices de leur Religion«. »Les Hollandois ne sont-ils pas Réformez? Mais en quel endorit de la Tere trouve-t-on un plus grand exemple de tolérance que dans leurs Provinces?« Ebd., S. 544. Gleichlautend in deutscher Übersetzung vgl. ders., UNIVERSAL- oder Allgemeine Monarchie, S. 294. »They Live very easily and lovingly together, of which Holland is an undeniable Instance«. KING, Europe's deliverance, S. 4. Nicht unwichtig erschien der protestantischen Publizistik das ökonomische Argument für konfessionelle Toleranz. »Die vereinigte Nieder=Lande floriren bey der Gewissens=Freiheit weit mehr/ als die viel weitläufftigere Spanische«. GÖBEL, CÆSAREO-PAPIA ROMANA, S. 625. Spanien habe »durch die Inqvisition, die Kauffleute nach Holland verjaget«. Ebd., S. 626.

679 »Aus dem Brief des Pensionarii Fagels stehet zu vernehmen/ daß der Printz von Uranien bewilligte/ es möchten die Papisten in Engelland eben die Freyheit geniesen/ welche sie in Holland haben/ und das siehet ja gar keiner Verfolgung gleich«. MANIFEST, [27].

680 Vgl. Der Vermeinte/ Und von Franckreich erdichtete/ Religions=Krieg, S. 33.

681 Vgl. REPONSE Au Manifeste adressé par le ROY, S. 26f.

682 Vgl. LETI, LA MONARCHIE 1689, Bd. 1, S. 441f.; TRONCHIN DU BREUIL, LETTRES 1688, S. 107.

683 Ebd., S. 106. »Il a empêché, qu'on ne leur fit aucun tort, & qu'on n'usat envers aux d'aucune violence«. LE VRAI INTERET, S. 209.

684 »C'est un fait de notorieté publique que la premiére chose qu'elle fit en entrant à Londres, fut de tirer les Catholiques des mains de la populace, qui étoit alors si irritée contre eux, qu'il n'y avoit qu'à la laisser agir, si on avoit eu envie de les perdre«. REPONSE Au Manifeste adressé par le ROY, S. 24f. Im gleichen Sinne vgl. Wahres INTERESSE, S. 25f.; MANIFEST, [27].

685 Vgl. REPONSE Au Manifeste adressé par le ROY, S. 28.

Ehren verabschiedet worden[686]. Auch die Ausweisung von Priestern sei nie aus religiösen Gründen erfolgt, sondern immer nur dann, wenn sie sich gegen die Regierung erhoben hätten[687].

Als Wilhelm von Oranien bei der Krönung zum König von Schottland den Eid ablegte, die Ketzerei auszurotten, habe er es nur unter dem ausdrücklichen Vorbehalt getan, dass damit nicht die Katholiken gemeint seien[688]. Wilhelm III. habe den Schotten verkündet, »de ne souffrir jamais qu'on persecutât personne pour sa Religion«[689]. Dieselbe Ansicht hege die gesamte englische Nation[690]. Zwar wollten die Engländer nicht, dass der Katholizismus die vorherrschende Konfession werde, weil sie unter der katholischen Herrschaft Marias I. zu sehr gelitten hätten[691]. Allerdings würden sie als Protestanten nicht dulden, dass man die Gewissen der Katholiken mit Zwangsmaßnahmen belästige[692].

Selbst den aufständischen Iren habe Wilhelm eine Amnestie angeboten und ihnen die freie Religionsausübung zugesichert[693]. Obwohl das Kriegsrecht und die Parteinahme der Iren für Jakob II. es Wilhelm III. erlaubt hätten, die irischen Rebellen zu strafen, habe er durch seine großmütige Haltung Irlands jetzige Prosperität begründet[694]. Dies belege auch eine Münze, die er nach Eroberung Irlands prägen ließ und deren Inschrift lautete: »Peragit tranquilla potestas, quod violenta nequit. Das ist/ die Gelindigkeit richtet vilmals mehr aus/ als die Gewalt«[695]. All dies beweise, dass der Prinz von Oranien nie geplant habe, einen Religionskrieg zu führen und damit der katholischen Konfession

---

686 »Il aît donné des passeports à tous ceux qui ont voulu sortir, qu'il ait fait traîter avec honneur le Nonce du Pape, lors qu'il s'est retiré d'Angleterre«. TRONCHIN DU BREUIL, LETTRES 1688, S. 107. Vgl. auch Der Vermeinte/ Und von Franckreich erdichtete/ Religions-Krieg, S. 34.
687 Vgl. MANIFEST, [27].
688 »Als Se. Maj. Die Schottische Cron annahm/ und den Eyd ablegte/ geschahe es mit diesem ausdrücklichem Vorbehalt/ daß durch die Clausul/ welche ihn verbände die Ketzer auszurotten/ sie gar nicht gemeinet wären/ sich hiermit zu verbinden/ einen Verfolger abzugeben«. Ebd.
689 Vgl. [LARREY], REPONSE, S. 382.
690 »C'est le langage de toute la Nation, de ses Parlemens, & de son Clergé«. Ebd.
691 »Elle ne veut pas que le Papisme domine, il est vrai, il lui en a coûté trop de sang sous Marie«. Ebd.
692 »Mais d'autre côté, elle ne veut pas dominer sur les consciences des Papistes«. Ebd.
693 Vgl. Der Vermeinte/ Und von Franckreich erdichtete/ Religions-Krieg, S. 34; REPONSE Au Manifeste adressé par le ROY, S. 25f.
694 »Les Anglois auroient sans doute vû sans chagrin les violences qu'on auroit exercées contre une Nation, dont Jaques Second avoit voulu faire l'instrument de leur esclavage. Les desordres de la guerre & les droits de la Victoire auroient pû servir de pretexte auprés des Alliez Catholiques. Sa Majesté entre triomphante à Dublin, elle y trouve ces mêmes Irlandois qui s'étoient armez contre elle en possession d'un libre exercice de leur Religion, elle peut les en priver, cependant contente de les desarmer, elle les maintient dans tous leurs avantages, & elle les a depuis fait joüir d'une tranquillité, qui rend leur Isle plus florissante que jamais«. Ebd.
695 Der Vermeinte/ Und von Franckreich erdichtete/ Religions-Krieg, S. 35.

auf den britischen Inseln irgendeinen Schaden zuzufügen. Letzten Endes sei die *Glorious Revolution* sogar ein Glücksfall für die britischen Katholiken gewesen, denn unter der toleranten Herrschaft Wilhelms von Oranien würden sie mehr Freiheiten und größere Sicherheit als unter Jakob II. genießen:

> Hatte es nun in Engelland vormals Catholiquen geben/ so sind sie annoch da: Und gewißlich/ wann der jetzige König sein Versprechen hält/ so werden sie in einem viel glücklicheren Stand seyn/ als sie unter dem König Jacob dem II. gewesen: Sintemalen dessen gefährliches Vornehmen die Catholiquen fort und fort in augenscheinlicher Gefahr hielte/ so daß sich selbige durch einen unversehenen Pöbels Aufstand erbärmlich massacriret zu werden täglich besorgen musten[696].

Vor dem Hintergrund dieser englischen Toleranzbeteuerungen denunzierte der äußerst erfolgreiche italienische Publizist Gregorio Leti in seiner MONARCHIE UNIVERSELLE DE LOUYS XIV die ludovizianische Publizistik, die zu Unrecht behauptete, der Neunjährige Krieg sei ein Religionskrieg zwischen Katholiken und Protestanten zur Restauration König Jakobs II.[697]. Königsnahe französische Publizisten behaupteten entgegen der Wahrheit, »que les Huguenots, ne peuvent souffrir d'autre Religion que la leur, là où ils sont les Maîtres, & qu'ils ont tant de haine contre la Religion Catholique, qu'ils la voudroient ruïner par tout«[698].

Gregorio Leti verwarf diese Anschuldigung als lächerlich, indem er der Hoffnung Ausdruck verlieh, die Katholiken möchten den Protestanten die gleiche Toleranz entgegenbringen wie die Reformierten gegenüber den Katholiken[699]. Für Leti waren die protestantische Toleranz und die katholische Intoleranz als feste Eigenschaften der jeweiligen Glaubensgemeinschaften unumstößliche Wahrheiten, deren Leugnung weltfremd und töricht erscheinen musste. Dementsprechend bestand innerhalb der protestantischen Publizistik ein breiter Konsens, dass ein Religionskrieg niemals von den Protestanten ausgehen

---

696 Wahres INTERESSE, S. 25f. In gleichem Sinne: »Die Freyheit/ welche die Catholischen unter jetziger Regierung geniesen/ ist so groß/ daß sie gewißlich nicht ruhiger unter dem König Jacob lebten«. MANIFEST, [25].
697 »Les Partisans de la France allèguent encore, pour émouvoir une guerre de Religion entre les Catholiques & les Protestans, sur le sujet du rétablissement du Roy d'Angleterre«. LETI, LA MONARCHIE 1689, Bd. 1, S. 454. Gleichlautend in der deutschen Übersetzung bei ders., UNIVERSAL- oder Allgemeine Monarchie, S. 294.
698 Ders., LA MONARCHIE 1689, Bd. 1, S. 454. In der deutchen Übersetzung heißt es, »daß die Hugenoten/ wo sie Herren und Meister sind/ keine andere Religion/ als die ihrige/ gedulden könten/ und daß sie einen so grausamen Haß gegen die Catholische Religion trügen/ daß sie dieselbe gantz auszurotten trachteten«. Ders., UNIVERSAL- oder Allgemeine Monarchie, S. 294.
699 »Mais plût à Dieu que Messieurs les Catholiques eussent les sentimens de tolérance, qu'ont les Protestans, & sur tout les Réformez«. Ders., LA MONARCHIE 1689, Bd. 1, S. 454. Gleichlautend vgl. ders., UNIVERSAL- oder Allgemeine Monarchie, S. 294.

könne. Ein protestantisches Manifest erklärte, die katholischen Fürsten würden aus dem Allgemeinplatz protestantischer Toleranz selbst erkennen, dass die französischen und jakobitischen Anschuldigungen Lügen und der Prinz von Oranien ganz und gar kein Verfolger der Katholiken sei[700]. Die Betonung der englischen Toleranz und des pfleglichen Umgangs Wilhelms von Oranien mit den englischen Katholiken in der französisch- und deutschsprachigen Publizistik richtete sich vor allem an die katholischen Alliierten. Die Betonung der protestantischen Toleranz diente zur Widerlegung katholischer Befürchtungen, Wilhelm von Oranien könne den Neunjährigen Krieg benutzen, um einen heimlichen Religionskrieg gegen den englischen Katholizismus zu führen, der das Fanal zur Vernichtung des Katholizismus in ganz Europa darstelle. Dieses Bedrohungsszenario wurde zu Beginn des Spanischen Erbfolgekrieges wieder aktualisiert.

Als Frankreich zu Beginn des Spanischen Erbfolgekrieges erneut Anschuldigungen erhob, England führe einen Religionskrieg, erlebten die Argumente aus der Zeit der *Glorious Revolution* und des Neunjährigen Krieges in der protestantischen Publizistik eine regelrechte Renaissance und wurden beinahe unverändert wiederverwendet[701]. Die Erinnerung an den Neunjährigen Krieg wurde so selbst zum Bestandteil tagespolitischer Debatten um den Religionskrieg. Die Herrschaft Wilhelms III. wurde dabei zum Modell protestantischer Toleranz. Nachdem 1691 ein französischer Jakobit ein Attentatversuch gegen Wilhelm III. unternommen hatte, habe Wilhelm III. die englischen Katholiken erneut vor der Wut des Pöbels beschützt[702]. Gegenüber seinen katholischen Gegnern habe er gar eine neue Amnestie erlassen[703]. Diese Argumentation sollte die französischen Anschuldigungen, beim Spanischen Erbfolgekrieg handele es sich um einen Religionskrieg, vor den katholischen Alliierten des Oraniers entkräften. Und in der Tat konnte nichts besser diese Anschuldigungen widerlegen, als dass Wilhelm III. sogar denjenigen verziehen habe, die aus konfessioneller Verblendung nach seinem Leben trachteten. Die katholischen

---

700 »Doch wird ihn [den Prinzen von Oranien] der Eyfer zu keinem Verfolger machen: und werden die Catholische Potentaten selbsten ihn in diesem Stück der falschen Bezüchtigungen des Manifestes entladen«. MANIFEST, [38].
701 Vgl. die vorherigen Belege aus der Zeit des Neunjährigen Krieges und des Spanischen Erbfolgekrieges.
702 »Elle a rapellé par ses Amnisties ceux qui s'étoient engagez dans le service du Roi de France. [...] Personne n'a perdu pour cause de Religion, je ne dirai pas la vie, mais les biens ni la liberté, & lors que la découverte d'un projet d'assassinat, pour l'execution duquel Jaques Second avoit envoyé de France des Catholiques, dont la plûpart étoient du nombre de ses domestiques ou de ses gardes; lors, dis-je, que la découverte de cet abominable complot ne pouvoit manquer d'animer le Peuple contre ceux que leur Religion rendoit suspects, Sa Majesté les garantit du danger qui les menaçoit, & leur fit sentir les effets de sa protection dans un tems où elle avoit un pretexte si plausible de changer de conduite à leur égard«. REPONSE Au Manifeste adressé par le ROY, S. 28f.
703 Vgl. ebd.

Mächte sollten also erkennen, dass von einem derart toleranten Herrscher wie Wilhelm von Oranien gar kein Religionskrieg ausgehen könne; ergo der Spanische Erbfolgekrieg nicht den Charakter eines protestantischen Religionskrieges besitzen könne.

An den lauteren Absichten Wilhelms III. habe auch der *Act of Settlement* von 1701 nichts geändert. Der Ausschluss der Katholiken von der Thronfolge wurde als reine Vorsichtsmaßnahme gegen eventuelle Ausschreitungen des protestantischen Pöbels gegen die katholische Minderheit gerechtfertigt[704]. Nie mehr sollte es unter protestantischen Monarchen zu ähnlichen Tumulten wie unter der Herrschaft des katholischen Jakob II. kommen[705]. Um den Anschein allzu tiefgreifender rechtlicher Innovationen zu vermeiden, konstatierte die protestantische Publizistik, es handele sich bei dem neuen *Act of Settlement* nur um eine Auslegung der älteren *Test Acts*[706]. An den traditionsbasierten bestehenden Gesetzen Englands sei somit nichts geändert worden. Es sei kein illegitimer Eingriff in die hergebrachte Rechtsordnung erfolgt.

Die Toleranz Wilhelms von Oranien war ein Gegenargument zu den französisch-jakobitischen Anschuldigungen, die aktuelle englische Regierung führe einen Religionskrieg gegen den Katholizismus. Die Aufrechterhaltung des *Revolution Settlement* und der protestantischen Erbfolge sollte den katholischen Alliierten im Interesse ihrer eigenen Konfessionsgemeinschaft als gerechtfertigt erscheinen. Von einer toleranten protestantischen Staatsführung sei für den Katholizismus in England, Schottland und Irland mehr zu erwarten als von einem Parteigänger Frankreichs, der die drei Königreiche in Unordnung stürzen würde, da er unweigerlich Konfessionskonflikte zwischen seinen Untertanen hervorrufe.

Toleranz war im protestantischen Selbstverständnis jedoch kein Alleinstellungsmerkmal Englands. In den Augen der protestantischen Publizistik war sie ein Charakteristikum der gesamten protestantischen Glaubensgemeinschaft und wurde insbesondere auch für die protestantischen Verbündeten Wilhelms von Oranien beansprucht. In den Staaten des evangelisch-reformierten Kurfürsten von Brandenburg würden die Katholiken die größten Freiheiten genießen. Selbst die katholischen Geistlichen seien nicht hiervon ausgeschlossen und genössen ungestört den Besitz ihrer Pfründen und

---

704 »L'acte qui exclud les Catholiques de la succession à la Couronne, n'est donc pas fondé sur le dessein de persecuter [...] mais c'est une sage précaution, qui a pour but de prevenir des desordres semblables à ceux qui dont défiguré le régne de Jaques Second«. Ebd., S. 32.
705 Wahres INTERESSE, S. 25f.; MANIFEST, [37f.].
706 »Cet Acte ne doit pas même être considéré comme une nouveauté, puis qu'il n'est qu'une suite & une explication de la Loi du Test«. REPONSE Au Manifeste adressé par le ROY, S. 33.

Privilegien⁷⁰⁷. Auch der Fürst von Anhalt sei ein eifriger Reformierter und habe wegen der großen Toleranz seiner Konfession dennoch die Katholiken in seiner eigenen Hauptstadt mit Privilegien versehen⁷⁰⁸. Brandenburg habe auch in der Kriegsführung bewiesen, dass es sich beim Neunjährigen Krieg von seiner Seite um keinen Religionskrieg handelte. Die kurfürstlichen Truppen hätten auf fremdem Territorium keinen Unterschied bei der Behandlung von Katholiken und Protestanten gemacht⁷⁰⁹. Den katholischen Mächten sollten solche Schilderungen deutlich vor Augen führen, dass sie von den protestantischen Mächten keinen Religionskrieg zu befürchten hätten.

Ihre eigenen Glaubensgenossen warnte die protestantische Publizistik hingegen vor einem Religionskrieg Frankreichs. Der brandenburgische Gesandte auf dem Reichstag habe Frankreich 1688 angeklagt, sich der falschen Prämissen zu bedienen, »qu'il faille se persecuter pour les interêts de Religion«⁷¹⁰. Von einem Religionskrieg konnte in der innerprotestantischen Debatte also allenfalls von französischer, nicht aber von protestantischer Seite die Rede sein. Eine solche Argumentationsweise, die den französischen Erklärungen zum Religionskrieg recht gäbe, wurde gegenüber den katholischen Alliierten tunlichst vermieden. Sie war vor allem an das eigene Lager gerichtet, denn sie sollte die Wachsamkeit der protestantischen Konfessionsgemeinschaft gegenüber den französischen Intrigen stärken.

Aufgrund der Gefahr eines solchen äußerlichen Religionskrieges forderte die protestantische Publizistik ihre eigenen Konfessionsverwandten zur Eintracht auf, um geschlossen gegen ein Bündnis der katholischen Mächte vorgehen zu können⁷¹¹. Die protestantische Publizistik mahnte an, sich der

---

707 »L'Electeur Sérénissime de Brandebourg est Réformé sans doute; cependant les Catholiques, dans la plûpart de ses Etats vivent dans toute la Liberté qu'ils pourroient souhaiter, jusques aux Moines, & aux Prêtres qui y ont de bonnes Cures, & de bons Monastéres«. LETI, LA MONARCHIE 1689, Bd. 1, S. 454f.

708 »Le Prince d'Anhalt passe pour un des plus zélez pour la Réformation, mais on peut dire que les Catholiques ne sont pas seulement tolérez, mais protégez dans la Ville de Dessau«. Ebd., S. 455. Eine gleichlautende deutsche Übersetzung findet sich bei ders., UNIVERSAL- oder Allgemeine Monarchie, S. 295.

709 »Les Armées des Princes Protestans, qui sont en Campagne, font voir qu'elles n'agissent pas avec distinction, & si elles usent de leurs forces pour opprimer quelqu'un pour la Religion, il faut voir pour cela la Capitulation de Keiservert faite par l'Electeur de Brandebourg, où le Chapitre & les Capucins y ont un article pour leur sureté«. L'EUROPE, S. 20f.

710 TRONCHIN DU BREUIL, DEUXIEME LETTRES 1688, S. 21. Vermutlich handelte es sich dabei um Ernst von Metternich, denn seine Vorgänger Gottfried von Jena und Carl von Schönebeck waren 1688 bereits abberufen worden Vgl. ISAACSOHN, Jena, Gottfried von, S. 762; PUTZ, Gottfried von Jena, S. 103.

711 »Protestant Princes and States should enter into a League offensive and defensive upon the Account of their Religion. That the Government of every Protestant Kingdom and State should take care that no Protestants, who agree in the establish'd Doctrine of their respective Kingdoms or States, should for their differences in other things be made uncapable of Ecclesiastical or Civil Preferment; that there should be a

Uneinigkeit innerhalb der eigenen Kirche anzunehmen, statt protestantische *Dissenter* wegen unbedeutender theologischer Differenzen mit Gewalt zu verfolgen[712]. Das Bedrohungsszenario eines katholischen Religionskrieges führte vereinzelt zur Forderung des Schulterschlusses gegen Frankreich über die protestantischen Konfessionsgrenzen und sogar die Grenzen der west- und mitteleuropäischen Christenheit hinaus. Die Flugschrift *LA NECESSITÉ D'UNE LIGUE PROTESTANTE ET CATHOLIQUE* warb zu Beginn des Spanischen Erbfolgekrieges sogar um ein globales Bündnis zwischen Protestanten und den orthodoxen Ostkirchen[713]. Als einigendes Band zwischen den orthodoxen Ostkirchen und dem Protestantismus wurde die gemeinsame Bedrohung durch die römisch-katholische Kirche geschildert[714]. Frankreich sei so von der Ausbreitung des katholischen Glaubens besessen, dass es nach der Zerstörung des Protestantismus auch die Zerstörung der Orthodoxie anvisiere[715]. Außerdem werde die orthodoxe Kirche auch von Rom als schismatisch angesehen und verdiene deshalb aus römischer Sicht nicht weniger Strafe als die rebellischen Anhänger Luthers und Calvins[716]. Die Russen könnten an der Behandlung der Griechen durch französische Missionare im Osmanischen Reich erkennen, was ihnen bevorstehe. Auch sei zu erwarten, dass die Katholiken im Bündnis mit den Tataren und Türken einen heiligen Kreuzzug gegen Russland ausrufen würden[717]. Allein daraus sollten die Rus-

---

mutual Forbearance of one another in those minute Differences, and no other Terms of Communion impos'd upon any, but those that are the revealed Terms of Salvation«. The duke, S. 38f. Vor Uneinigkeit der Protestanten warnt auch KING, Europe's deliverance, S. 4. GÜLICH, Wahres INTERESSE, S. 100f., gab der Hoffnung Ausdruck, dass zwischen »Lutheranern und Reformirten wo nicht in allen Glaubens=Puncten/ dennoch in civili vitâ eine brüderliche Einigkeit getroffen und unter aller dreyen Religions=Verwandten nach angeführtem Inhalt des Instrumenti Pacis und der Reichs=Abscheide ein wahrer Religions=Friede unverbrüchlich gehalten werde«. Einigkeit fordert auch OSBORN, THE WORKS, S. 58f. »Pour contrepeser tous ces avantages [de l'Église catholique], il s'ensuit naturellement que les Princes & Etats Protestans devroient faire entr'eux une Alliance offensive & défensive à cause de leur Religion«. REMARQUES SUR LA SUCCESSION, S. 76.

712 OSBORN, THE WORKS, S. 58f.; REMARQUES SUR LA SUCCESSION, S. 76.
713 Vgl. LA NECESSITÉ, S. 7.
714 Ebd. BENZ, Die Ostkirche, S. 9–102, 383f., und KAHLE, Die Begegnung, S. 20–46, geben einen Überblick über die durchaus anbivalenten Beziehungen zwischen Protestantismus und orthodoxem Christentum von der Reformation bis zum Ende des Spanischen Erbfolgekrieges. Dabei wechselten Phasen ökumenischen Zusammenhalts immer wieder mit Phasen gegenseitiger theologischer Auseinandersetzungen. Gerade das Zeitalter des Konfessionalismus und der Aufklärung aber waren auf protestantischer Seite verstärkt von einer gegenseitigen Annäherung geprägt. Dass den Bemühungen über eine gegenseitige Annäherung nur mäßiger Erfolg beschieden war, zeigt die russisch-orthodoxe Kritik am Protestantismus von der Reformation bis in die Gegenwart. Vgl. MÜLLER, Die Kritik.
715 Vgl. LA NECESSITÉ, S. 7.
716 Vgl. ebd., S. 19.
717 Vgl. ebd., S. 21.

sen die unchristlichen Pläne der Katholiken erkennen, die nicht einmal vor einer Kooperation – ja gar einem Bündnis – mit den Heiden zurückschrecken würden, um die anderen christlichen Glaubensgemeinschaften zu unterjochen. Häufiger als solche exotischen Bündnispläne war die Ermahnung zur Einigkeit innerhalb der protestantischen Konfessionsgemeinschaft. In Deutschland wurde von protestantischen Autoren vor allem der Streit zwischen Lutheranern und Reformierten heruntergespielt. Ein Argument hierbei war, dass Auseinandersetzungen reine Wortgefechte darstellten und heilsökonomisch ohne Relevanz seien[718].

In England bemühten sich Anglikaner nach der Erfahrungen der Toleranzpolitik Jakobs II. gegenüber Katholiken und protestantischen Dissentern um größere Eintracht im Angesicht einer perzipierten katholischen Bedrohung. Die tatsächlichen Rekatholisierungsmaßnahmen Jakobs II. brachten zahlreiche hochkirchliche Anglikaner zu der Einsicht, den protestantischen Dissentern Toleranz gewähren zu müssen, wenn man sie für den Kampf gegen den Katholizismus gewinnen wolle[719]. Zwei Kammern des Parlaments

> ont passé un acte de tolerance, qui ôte aux Non-conformistes tout sujet de jalousie, & ont laissé en même tems l'Eglise Anglicane plus glorieuse qu'elle n'étoit en dernier lieu sous le regne precedent, où ses ennemis avoient donné des atteintes considerables à sa liberté[720].

Die Toleranz gereiche also der anglikanischen Kirche zum Ruhme. Sie wurde als Errungenschaft gefeiert, die es unter der Herrschaft Jakobs II. trotz seiner eigenen Toleranzpolitik nicht gegeben habe. Jakobs Duldung der Nonkonformisten wurde implizit als Angriff auf die Vorrechte der anglikanischen Kirche und Begünstigung des Katholizismus interpretiert, während die wilhelminische Toleranzpolitik »their Majesties' protestant subjects in interest and affection« vereine[721]. Der *Toleration Act* von 1689 evozierte in England selbst keinen großen Widerstand, weil er Unitarier und Katholiken weiterhin von jeglicher Tolerierung ausschloss und den protestantischen Dissentern nur Glaubensfreiheit gewährte, ihre politische Diskriminierung ansonsten

---

718 »[La] haine que certains Lutheriens ayent pour les Calvinistes, ils ne different en rien qui soit essentiel au salut; la plûpart de leurs disputes ne font que des disputes de mots«. Ebd., S. 12.
719 Vgl. GUGGISBERG, Wandel, S. 476f.; HARRIS, Revolution, S. 350f.
720 [WELDWOOD], L'HISTOIRE, L'AUTHEUR AU LECTEUR [3]. Vgl. The Toleration Act, 1 Will. And Mar. Cap. 18, 1689, in: Select Statutes, S. 70–75.
721 Ebd., S. 70.

aber fortsetzte. Staatliche Ämter konnten Nichtanglikaner auch weiterhin nicht bekleiden[722].

Vor den ausländischen katholischen Mächten rechtfertigten protestantische Autoren aber, dass die wilhelminische Toleranzpolitik auch den Katholiken keinen Abbruch getan habe. Vielmehr sei die wilhelminische Toleranzpolitik gegenüber den Nonkonformisten ein Beweis für die allgemein tolerante Haltung des englischen Monarchen[723].

Die neue englische Toleranzgesetzgebung wurde von John Locke in seinem *LETTER CONCERNING TOLERATION* von 1689 argumentativ untermauert. Lockes Toleranzschrift kann als einflussreichste protestantische Toleranzschrift der Frühaufklärung gelten und wurde rasch vom lateinischen Original ins Englische, Französische, Niederländische und Deutsche übersetzt[724]. Sie fasste in vielerlei Hinsicht die protestantische Toleranzdiskussion des 16. und 17. Jahrhunderts prägnant zusammen[725]. Das Aufsehen, das diese Schrift erzeugte, wird durch die unmittelbaren Gegenpamphlete hochkirchlicher Gegner Lockes wie der Theologen Thomas Long und Jonas Proast unterstrichen[726].

---

722 Vgl. GUGGISBERG, Wandel, S. 477.
723 »Es ist wahr/ der König hat seine Einwilligung gegeben zu einer gewissen Acte/ welche aller Nonconformisten Freyheit des Gewissens zusagt: aber das beweiset noch viel weniger als das übrige/ daß der König ein Verfolger seye. Es müste gezeigt werden/ daß er neue Gesetz erfunden/ die Catholischen zu quälen«. MANIFEST, [27].
724 LOCKE, A LETTER, TO THE READER [1], verweist auf das lateinische Original und die Existenz einer französischen und einer niederländischen Übersetzung. Daneben existiert mindestens eine deutsche Übersetzung: LOCKE, John, Sendschreiben von der TOLERANZ, Oder von der Religions- und Gewissens=Freyheit. Aus dem Lateinischen Exemplar übersetzt/ und mit einigen nützlichen Anmerckungen erläutert, s.l. 1710, in: Early German Translations; als Klassiker der *LETTER CONCERNING Toleration* unzählige Male von den unterschiedlichsten Disziplinen untersucht worden. Ausschnitthaft sei hier lediglich auf die philosophiegeschichtliche Arbeit von BAUMGARTNER, Naturrecht, S. 88–111, die rechtshistorische Studie von STÖCKL, Der Letter concerning Toleration, auf die kirchenhistorische Studie von LEZIUS, Der Toleranzbegriff, S. 7–57, und auf die ideengeschichtlichen Analysen von DUNN, The Claim, S. 171–193; ISRAEL, Spinoza, S. 103f.; MARSHALL, John Locke, S. 72, 97, 212, 289, 296f., 350, 358–369, 370f., 377, 406, 454; SCHOCHET, John Locke, S. 147–164, verwiesen.
725 Vgl. Religiöse Toleranz, S. 179; GUGGISBERG, Wandel, S. 478.
726 Vgl. LONG, THE LETTER; PROAST, THE ARGUMENT. Vgl. dazu auch: GOLDIE, John Locke, S. 143–171; MARSHALL, John Locke, S. 362–364, 370–381; VERNON, The Career of Toleration, S. 52–142. Namentlich mit Jonas Proast entwickelte sich ein regelrechter Schlagabtausch. Vgl. hierzu die Antworten John Lockes: LOCKE, A SECOND LETTER; ders., A THIRD LETTER.

Locke vertrat in *A LETTER CONCERNING TOLERATION* die revolutionäre Idee einer Trennung von Kirche und Staat, die dem Staat die Tolerierung aller Bekenntnisse erlauben könnte. Der Staat sei nicht verantwortlich für das Seelenheil seiner Untertanen[727]. Die Wahl einer Religion sei die Privatsache jedes Einzelnen[728]. Zwar sei die Kirchenzucht notwendig zum Erhalt der Kirche, aber sie könne nur ihre eigenen Mitglieder, nicht die Untertanen der Krone sanktionieren[729]. Welche Kirche rechtgläubig sei und demzufolge die Gerichtsgewalt über die Abtrünnigen habe, könne der Mensch nicht klären, »[f]or every Church is Orthodox to it self; to others, Erroneous or Heretical. For whatsoever any Church believes, it believes to be true; and the contrary unto those things, it pronounces to be Error«[730].

Diese Ansicht begründete er mit theologischen Argumenten. Zum Heil führe allein die Gewissensfreiheit. Toleranz und nicht Verfolgung sei das Zeichen der wahren Kirche[731]. Politisch untermauerte er diese Sichtweise durch die Gräuel vergangener Bürger- und Religionskriege[732]. Ein Staat, der Toleranz übe, brauche keine religiös motivierte Rebellion seiner Untertanen zu fürchten[733]. Die Toleranz fand für Locke dementsprechend aber eine Eingrenzung. Religionen, die per Definition die staatliche Ordnung untergrüben und sich nicht an die bestehenden Gesetze hielten, durften vom Staat nicht toleriert werden. Dies traf nach Lockes Ansicht vor allem auf die Katholiken zu, die nach protestantischer Ansicht der Lehre folgten, man müsse keine Verträge mit Andersgläubigen halten[734]. Des Weiteren warf er den Katholiken vor, dem Papst das Recht zuzubilligen, geweihte Monarchen zu entthronen und die

---

727 »The Care of Souls is not committed to the Civil Magistrate, any more than to other Men […] because it appears not that God has ever given any such Authority to one Man over another, as to compel any one to his Religion. […] The care of Souls cannot belong to the Civil Magistrate, because his Power consists only in outward force; but true and saving Religion consists in the inward perswasion of the Mind, without which nothing can be acceptable to God […] In the variety and contradiction of Opinions in Religion, wherein the Princes of the World are as much divided as in their Secular Interests, the narrow way would be much strained; one Country alone would be in the right, and all the rest of the World put under an obligation of following their Princes in the ways that lead to Destruction; and that which heightens the absurdity, and very ill suits the Notion of a Deity, Men would owe their eternal Happiness or Misery to the places of their Nativity«. Ders., A LETTER, S. 6–9.
728 »No Man by nature is bound unto any particular Church or Sect, but every one joins himself voluntarily to that Society in which he believes he has found that Profession and Worship which is truly acceptable to God«. Ebd., S. 10.
729 »No Church or Company, I say, can in the least subsist and hold together, but will presently dissolve and break to pieces, all consent to observe some Order«. Ebd., S. 10.
730 Ebd., S. 16.
731 »That I esteem that Toleration to be the chief Characteristical Mark of the True Church«. Ebd., S. 1.
732 Vgl. ebd., S. 55.
733 Vgl. ebd., S. 50.
734 »What else do they mean, who teach that Faith is not to be kept with Hereticks? Their

Untertanen vom Treueid gegenüber ihrer jeweiligen weltlichen Obrigkeit zu entbinden[735]. Beides musste in den Augen Lockes und der meisten englischen Protestanten unweigerlich eine Gefährdung jedes Gemeinwesens und der monarchischen Souveränität darstellen. Katholiken wurde in der protestantischen Darstellung so nicht als Katholiken, sondern als Rebellen diskursiv von der Toleranz protestantischer Gemeinwesen ausgeschlossen. Ausgeschlossen von der Toleranz sollten auch die Atheisten sein, denn ohne Glauben könnten sie sich auch keiner staatlichen Ordnung verbunden fühlen[736].

*Zusammenfassung*
Programmatisch stellten protestantische Autoren die französisch-katholische Intoleranz der Toleranzpolitik Wilhelms III. von Oranien und der protestantischen Alliierten entgegen. Während die Betonung der eigenen Toleranz die von Frankreich lancierten Religionskriegsszenarien widerlegen sollte, diente die innerprotestantische Irenik zur Herstellung einer gemeinsamen Front angesichts einer (französisch-)katholischen Bedrohung. Die protestantische Toleranz stellte dabei weniger eine politische Realität dar als eine ideelle Projektion, die sich hervorragend propagandistisch ausschlachten ließ. Es ist unwahrscheinlich, dass diese instrumentelle Auslegung protestantischer Toleranz dem protestantischen Selbstbild, einer toleranten Konfession anzugehören, allein Genüge tut[737]. Angesichts der breiten Toleranzdebatten innerhalb der protestantischen Publizistik erweist sich die Annahme einiger Vertreter der Konfessionalisierungsthese, dass bei allen Konfessionen die gleiche strukturelle Intoleranz geherrscht habe, aus kulturhistorischer, wenn auch nicht realpolitischer Perspektive als problematisch[738].

---

      meaning forsooth, is that the priviledge of breaking Faith belongs unto themselves«. Ebd., S. 46.
735 »What can be the meaning of their asserting that Kings excommunicated forfeit their Crowns and Kingdoms? It is evident that they thereby arrogate unto themselves the Power of deposing Kings: because they challenge the Power of Excommunication, as the peculiar Right of their Hierarchy«. Ebd.
736 »Those are not at all to be tolerated who deny the Being of a God. Promises, Covenants, and Oaths, which are the Bonds of Humane Society, can have no hold upon an Atheist«. Ebd., S. 48.
737 Besonders drastisch hat es sich noch vor einigen Jahren PLONGERON, De la Réforme, S. 54, zur Aufgabe gemacht, den protestantischen Toleranzdiskurs als Heuchelei und machiavellistische Verschleierung abzutun. Auf deutscher Seite hat KRISINGER, Religionspolitik, S. 42–125, in ebendiesem Sinne argumentiert und die Pfälzischen Protestanten selbst für die radikale Kirchenpolitik des Hauses Neuburg verantwortlich gemacht.
738 Vgl. BURKHARDT, Die Friedlosigkeit, S. 549; ders., Konfessionsbildung, S. 529; ders., Religionskrieg, Bd. 28, S. 683; LABROUSSE, Calvinism, S. 300; NAERT, Tolérance, S. 1519.

Die kulturhistorische Betrachtung der protestantischen Toleranzdebatte erklärt die Geburt des *Master Narrative* oder des »Mythos protestantischer Toleranz«[739]. Für protestantische Autoren wurde die Toleranz spätestens seit Mitte des 17. Jahrhunderts zum integralen Bestandteil der eigenen Identität. Während sie den Katholizismus mit Grausamkeit und Verfolgung assoziierten, betonten sie immer wieder, dass unter ihrer eigenen Herrschaft alle Menschen Gewissensfreiheit genießen würden[740]. Folgt man einem kulturgeschichtlichen und nicht einem essenzialistischen Verständnis von Toleranz, gehörte Toleranz zum festen Bestandteil des protestantischen Selbstbildes.

Die Überwindung des Religionskrieges wäre somit nicht zu unerheblichem Maße den Ideen der protestantischen Frühaufklärung zu verdanken. Mit ihren überkonfessionellen Argumentationsmustern trug sie mit dazu bei, die Propagierung konfessioneller Kriegsführung zu einem moralischen Tabu werden zu lassen.

### III.2.12 Zwischenfazit:
### Protestantische Rechtfertigungsstrategien in der Religionskriegsdebatte. Zwischen Betonung der eigenen Friedfertigkeit und der Begründung konfessioneller Selbstverteidigung

Die Suche nach konfessionellem Konsens war aus der Notwendigkeit einer konkreten politischen Situation geboren, in der die Protestanten realpolitisch auf das Wohlwollen ihrer katholischen Landesherren und Verbündeten angewiesen waren. Die protestantische Tagespublizistik entwickelte verschiedene Rechtfertigungsstrategien, um die französisch-katholische Religionskriegsargumentation zu widerlegen. Dazu zählten die Betonung eigener Untertanentreue und Toleranz, die Protestanten die Führung eines Religionskrieges unmöglich mache. Mit dieser Selbstrechtfertigung versuchte die protestantische Tagespublizistik die katholischen Obrigkeiten und Verbündeten von der Friedfertigkeit und den lauteren Absichten der Protestanten zu überzeugen. Die protestantische Tagespublizistik zeichnete sich durch eine diskursive Verengung aus, die identitätsbildend wirkte. Der Wille zu einem Religionskrieg wurde dabei grundsätzlich nur der katholischen Gegenseite angelastet. Protestantische Untertanentreue und Toleranz hingegen machten das Führen eines protestantischen Religionskrieges diskursiv unmöglich. Daraus entwickelte sich eine Meistererzählung, die bis in das Geschichtsbild preußisch-protestantischer, britischer Whig- und

---

739 Vgl. BROCKMANN, Die frühneuzeitlichen Religionsfrieden, S. 580.
740 Vgl. THOMPSON, The Protestant interest, S. 73.

französisch-republikanischer Geschichtsschreibung nachwirkt, die protestantische bzw. säkulare Toleranz katholischem Fanatismus gegenüberstellten[741].

Innerhalb der protestantischen Religionskriegsdiskussion war das hugenottische *Refuge* von besonderer Bedeutung. Französische *Réfugiés* lieferten nicht nur den wichtigsten Beitrag zur protestantischen Religionskriegsdebatte; sie trugen durch den Einfluss ihrer Publikationen und durch die eigenen Übersetzungsleistungen auch dazu bei, eine gesamtprotestantische Religionskriegsvorstellung zu schaffen, die hugenottisches *Refuge*, englische und deutsche Protestanten ideell miteinander vereinigte. Richtungweisend war dabei das orginär hugenottische Interesse an einer Restitution des Edikts von Nantes. Um dieses Ziel zu erreichen, betonten sie gegenüber ihrem angestammten Monarchen ihre Ablehnung eines Religionskrieges, die sie mit historischen Religionskriegsexempeln zu untermauern trachteten. Gleichzeitig begannen hugenottische Autoren in der Öffentlichkeit des protestantischen *Refuges,* zunehmend das Eingreifen der Alliierten zu fordern.

Das ambivalente Verhältnis zum Katholizismus und zu katholischen Herrschern führte zu einer Reihe von inneren Widersprüchen der protestantischen Tagespublizistik zum Religionskrieg. Sie bewegte sich zwischen Treuebekundungen und der Aufforderung zum aktiven Widerstand gegenüber der katholischen Obrigkeit, zwischen der Forderung nach Repressalien gegen die katholischen Minderheiten im protestantischen Herrschaftsbereich und der Forderung nach Toleranz für die protestantischen Minderheiten unter einer katholischen Herrschaft. Die Treuebekundungen, die die Möglichkeit eines Religionskrieges negierten, und die Forderungen nach Widerstand, die den Religionskrieg propagierten, ohne ihn beim Namen zu nennen, waren zwei Seiten derselben Medaille. Beide Argumentationsstrategien orientierten sich am Monarchen und versuchten ihn durch Ergebenheitsbekundungen und Drohungen zum Erhalt bzw. zur Wiedereinsetzung konfessioneller Rechte und Privilegien zu bewegen. Repressalien schließlich setzten hugenottische Drohungen durch die Solidarität der protestantischen Mächte in die Tat um. Die protestantische Religionskriegsdebatte erzeugte hier einen

---

741 Aus dezidiert preußisch-protestantischer Perspektive noch Ende des 20. Jahrhunderts vgl. GERICKE, Glaubenszeugnisse, S. 89. SCHINDLING, Konfessionalisierung, S. 23 und THADDEN, Die Fortsetzung, S. 236, halten die Toleranz der Hohenzollern lediglich für ein Zugeständnis an praktische Notwendigkeiten. Einflussreicher als die preußisch-protestantische sind bis heute die französisch-republikanische und die englische Whig-Geschichtsschreibung bzw. ihre amerikanischen Nachfolger, die den Protestantismus als Motor religiöser Toleranz sehen – eine Sichtweise, die weitgehend mit derjenigen aufgeklärter Katholiken des 18. Jahrhunderts übereinstimmt. Vgl. ADAMS, The Huguenots; BIEN, The Calas Affair; STRAYER, Huguenots. Als Quellensammlung mit programmatischem Titel argumentiert in ebendiesem Sinne Protestantisme (1988). Eine Zusammenfassung des Standpunkts der Whig-Geschichtsschreibung findet sich bei BUTTERFIELD, The Whig Interpretation, S. 75–89, 109–120. Als eindrückliches Beispiel fungiert OGG, James II, S. 236–245.

Handlungsdruck auf die protestantischen Monarchen, bei dem es auch um die Erlangung des Führungsanspruchs im protestantischen Lager ging. Durch die Solidarität für ihre bedrängten Glaubensbrüder erwarben protestantische Fürsten in den Augen der protestantischen Publizistik ein enormes Prestige. Ein mindermächtiger Monarch wie König Friedrich I. in Preußen konnte so zeitweilig mit dem König bzw. der Königin von England um Ruhm und Ansehen konkurrieren. Gleichzeitig betonte die protestantische Publizistik immer wieder die perzipierte eigene Toleranz, die einen protestantischen Religionskrieg unmöglich mache. Dabei handelte es sich um eine rhetorische Strategie, die sich an die katholischen Mächte richtete und ihnen versichern sollte, die Katholiken hätten von den Protestanten per se nichts zu befürchten.

Zur Rechtfertigung protestantischen Widerstandes nahm das protestantische Tagesschrifttum eine grundlegende Unterscheidung zwischen guten und schlechten Katholiken vor. Dabei galten im Rückgriff auf die protestantische Historiografie Rom und die Jesuiten in der protestantischen Tagespublizistik als Schaltstelle einer katholischen Verschwörung, die beabsichtige, den Protestantismus in einem universellen Religionskrieg zu vernichten. Den katholischen Laien wurden demgegenüber die Gefahren vor Augen geführt, die aus einem klerikalen Religionskrieg für ihre eigene Herrschaft erwüchsen. Dieser traditionelle protestantische Antiklerikalismus erfuhr durch die Hugenottenverfolgung und die fortschreitende Lösung der protestantischen Bündnisse, welche zuvor Teil der französischen Außenpolitik gewesen waren, einen grundlegenden Säkularisierungsschub. Dieser war bereits im Antiklerikalismus selbst angelegt, denn die traditionelle Anschuldigung gegen den katholischen Klerus lautete, dieser bediene sich des Arguments des Religionskrieges, um seine weltlichen Interessen zu fördern. Diese Anschuldigung des Missbrauchs der Religion zur Anstiftung von militärischen Konflikten mit tatsächlich höchst irdischen Zielen ließ sich leicht auf die konfessionelle Propaganda weltlicher Fürsten übertragen. Die ludovizianische Publizistik bot dafür die ideale Angriffsfläche. Nicht mehr die »Pfaffen« wurden als die eigentlichen Auslöser des Religionskrieges wahrgenommen, sondern die Person Ludwigs XIV. Das Bild Frankreichs hatte sich in den Augen der protestantischen Tagespublizistik des späten 17. Jahrhunderts vom Beschützer des Protestantismus über das Instrument in den Händen der katholischen Kirche bis hin zum eigentlichen Anstifter des Religionskrieges gewandelt. Die Jesuiten wurden nicht länger als die perfidesten Agenten Roms, sondern Ludwigs XIV. diffamiert. Mit ihrer Hilfe habe der französische König Jakob II. von England korrumpieren können. Dadurch sollten gleichermaßen protestantische und katholische Rezipienten gewarnt, die interkonfessionellen Bündnisse der protestantischen Mächte zur Abwehr eines Religionskrieges bestärkt werden.

Folglich lässt sich eine grundlegende Spannung zwischen zwei wesentlichen Adressatengruppen der protestantischen Tagespublizistik zum Religionskrieg herausarbeiten: Erstens wandte sie sich an die eigene Konfessionsgemeinschaft und appellierte an ihre Solidarität, zweitens richtete sie sich in doppelter Weise an die Katholiken, indem sie einerseits die Verbündeten der protestantischen Mächte von der Rechtmäßigkeit der Ziele ihrer eigenen Glaubensgemeinschaft überzeugen und andererseits Frankreich zu einer Änderung seiner antiprotestantischen Religionspolitik bewegen wollte. Während gegenüber Frankreich mit der protestantischen Untertanentreue und der protestantischen Toleranz argumentiert wurde, erweiterte die protestantische Tagespublizistik gegenüber den katholischen Alliierten diese Argumentation um die Perhorreszierung Frankreichs, das gleichermaßen Gegner von Protestanten und Katholiken sei. Der französischen Krone wurde vorgeworfen, einen Religionskrieg zur Verteidigung der katholischen Religion zu propagieren, um ihre weltlichen Motive zu verschleiern. Diese Argumentation machten sich auch die katholischen Alliierten zu eigen. Daraus entwickelte sich eine regelrechte überkonfessionelle antifranzösische Religionskriegsdebatte, die im folgenden Kapitel nachgezeichnet werden soll.

## III.3 Konsequenzen der konfessionellen Religionskriegsdebatte: Die überkonfessionellen Argumentationsmuster der Wiener und der Haager Großen Allianz und die Negation des Religionskrieges

Die Formierung großer gemischtkonfessioneller Allianzen gegen Ludwig XIV. im Kontext des Neunjährigen Krieges sowie des Spanischen Erbfolgekrieges hatte die Notwendigkeit überkonfessioneller Begründungs- und Argumentationsmuster aufgezeigt. Die Publizistik der unterschiedlichen alliierten Mächte setzte sich dabei intensiv mit den französischen Erklärungen auseinander, wonach die gemischtkonfessionellen Allianzen gegen Ludwig XIV. einen Religionskrieg gegen die katholische Kirche führen würden. Im Zentrum der alliierten Debatten standen hingegen immer wieder Frankreich und die Person Ludwigs XIV. Die antiludovizianische Publizistik nutzte verschiedene Rechtfertigungsstrategien, um die französischen Verlautbarungen über die Existenz eines gegenwärtigen Religionskrieges der Protestanten gegen die katholische Kirche zu widerlegen. Dazu zählten die Strategie, den französischen König in Verbindung mit den Türken zu bringen, und der Vorwurf, Ludwig XIV. strebe nach der Universalmonarchie.

### III.3.1 *LA MONARCHIE UNIVERSELLE DE LOUYS XIV*[1]

Der Titel von Gregorio Letis einflussreicher Schrift *LA MONARCHIE UNIVERSELLE DE LOUYS XIV* ist programmatisch für die Diskussion um die Universalmonarchie in der Publizistik der protestantischen Alliierten[2]. Das Beispiel Letis zeigt, dass der Vorwurf der französischen Universalmonarchie eng mit der Widerlegung der französischen Propaganda zusammenhing, die den protestantischen Mächten die Führung eines Religionskrieges unterstellte bzw. die katholischen Mächte dazu aufforderte, an Frankreichs Seite in einen Religionskrieg gegen die protestantischen Mächte einzutreten.

Der konfessionelle Aspekt der Diskussion um die Universalmonarchie Ludwigs XIV. wurde bisher kaum beleuchtet. Schon Franz Bosbach konnte in seiner grundlegenden Studie »Monarchia Universalis« zeigen, dass der Vorwurf der Universalmonarchie im 16. Jahrhundert konfessionell konnotiert

---

1 LETI, LA MONARCHIE 1689, Bd. 1.
2 Vgl. ebd.; ders., LA MONARCHIE 1701, Bd. 1; ders., LA MONARCHIE UNIVERSELLE 1701, Bd. 2; ders., LA MONARCHIE 1701, Bd. 2; ders., UNIVERSAL- oder Allgemeine Monarchie. Die italienische Fassung, die entgegen den Angaben in der französischen Fassung wegen ihrer späteren Drucklegung vermutlich eine Übersetzung vom Französischen ins Italienische darstellte, weicht leicht von der französischen und deutschen Fassung ab und war adressatengerecht stärker auf ein katholisches Publikum zugeschnitten. Vgl. ders., LA MONARCHIA UNIVERSALE 1689; ders., LA MONARCHIA VNIVERSALE 1692.

war, ließ diese Dimension bei der Betrachtung des 17. Jahrhunderts aber völlig außer Acht[3]. In der neueren Forschung hat sich Tony Claydon mit dem konfessionellen Aspekt des Vorwurfs der Universalmonarchie im 17. Jahrhundert auseinandergesetzt, sich dabei aber auf die Betrachtung protestantischer englischsprachiger Publizistik zur Zeit Wilhelms III. beschränkt[4]. Die Diskussion der antifranzösischen Publizistik um die Universalmonarchie wurde hauptsächlich von protestantischen Autoren geführt, sie war aber in hohem Maße eine europäische Diskussion und vor allem nach dem Tod Wilhelms III., während des Spanischen Erbfolgekrieges, von brennender Aktualität. Dem Zusammenhang von Universalmonarchie und Religionskrieg soll im Folgenden nachgegangen werden.

Der Kampf zwischen Habsburg und Bourbon um die Erlangung der »Universal=Monarchie« hatte eine lange Tradition und war für die Publizisten des 17. Jahrhunderts ein feststehendes Axiom[5]. Lange Zeit favorisierten protestantische Autoren dabei die Franzosen. Noch nach dem Frieden von Nimwegen 1678 setzten deutsche Protestanten Hoffnung in Frankreich, es würde sie vor den Anmaßungen des Hauses Österreich beschützen[6]. Andererseits wurde bereits nach den französischen Rekatholisierungsmaßnahmen während des Französisch-Niederländischen Krieges deutlich, dass die protestantischen Mächte auf die Unterstützung der Habsburger zählen konnten, wenn Frankreich eine hegemoniale Stellung in Europa erlangen sollte[7]. Die Ausbalancierung des Gleichgewichts zwischen Habsburg und Bourbon wurde als Schutzwall der protestantischen Konfession empfunden[8].

---

3 Vgl. BOSBACH, Monarchia, insbes. S. 85f. Zur publizistischen Anschuldigung, Frankreich strebe nach der Universalmonarchie, unter weitgehender Vernachlässigung der konfessionellen Bedeutung dieses Vorwurfes vgl. darüber hinaus MEYER, Die Flugschriften, S. 118–161; WREDE, Das Reich, S. 375; GILLOT, Le règne, S. 57–91.
4 Vgl. CLAYDON, Protestantism, S. 129–147.
5 Wahres INTERESSE, S. 13–15. Vgl. BOSBACH, Monarchia, S. 35–121.
6 »Wie es aber bißhero abgelauffen/ hat die Zeit gnugsam gelehret. Denn ob sie wohl vornemlich durch das gewaltige Haus Oesterreich/ und die Catholische Deutsche Fürsten/ dergleichen Kriege angesponnen/ so hat doch Franckreich niemahlen zulassen wollen/ daß durch den Protestirenden Ruin Oesterreich ferner gestärcket werde«. GÖBEL, CÆSAREO-PAPIA ROMANA, S. 842, 984. »Uber dieses auch die Catholische Potentaten wohl wissen/ daß Franckreich die/ der Religion wegen angefochtene Deutsche Fürsten nimmermehr Hülfflos lassen werde/ indem es bey denen Deutschen Religions=Kriegen nicht allein die wichtige Bischoffthümer Metz/ Tull und Verdun; sondern auch Elsaß und viele darinnen liegende importante Orthe von Deutschland erschnappet/ und sich dadurch wieder das Haus Oesterreich nicht wenig verstärcket«. Ebd., S. 986.
7 »Weil Spanien und Oesterreich nicht geschehen lassen konten/ daß Franckreich/ durch Einnehmung dieser reichen Provincien/ Ihnen vollends zu Kopffe wachsen sollte«. Ebd., S. 843, 985.
8 »So lange nun Oesterreich und Franckreich/ ihre Eifersucht/ gegen einander continuiren/ und das Æqvilibrium Potentiæ unter beyden erhalten werden wird/ so lange

Erstaunlicherweise sprachen sogar protestantische Autoren dem Papst ein entscheidendes Gewicht bei der Aufrechterhaltung des Gleichgewichts der Kräfte in Europa zu. Die Schrift *Der Europäische Herold* des sachsen-weimarischen Hof- und Regierungsrates Bernhard Zech merkte an, es liege im Interesse des Papstes, die Balance zwischen Habsburg und Bourbon zu wahren[9]. Beide Mächte trachteten nämlich nach der Universalmonarchie, und sollte eine von ihnen zu mächtig werden, wäre die Stellung des Papstes innerhalb der Christenheit akut gefährdet, sodass er am Ende keine andere Funktion mehr als die eines einfachen Patriarchen von Rom wahrnehmen könnte[10]. Auf diese Weise versuchte die protestantische Publizistik, den Papst für ihre eigenen politischen Ziele zu gewinnen. An einer Einigung der beiden katholischen Großmächte, wie sie Ludwig XIV. anstrebte, konnte den Protestanten in der Tat nicht gelegen sein[11].

Bei ihrer Verurteilung Ludwigs XIV. knüpften protestantische Publizisten direkt an die antispanische Publizistik des 16. und frühen 17. Jahrhunderts an[12]. Die Erinnerung an das spanische Feindbild war dabei immer lebendig[13]. Früher hätten sich die Habsburger des Arguments der Religion bedient, um ohne Widerstand der anderen katholischen Mächte eine Universalmonarchie zu errichten[14]. Man könne drei Perioden unterscheiden, in denen das Haus Österreich die protestantische Religion und die Freiheit Europas zu unterdrücken versucht habe: erstens unter Kaiser Karl V., zweitens unter Philipp II. von Spanien und drittens unter Kaiser Ferdinand II.[15]. In allen drei Perioden

---

wird es auch/ ob Gott will/ weder in Ober- noch Nieder-Deutschland/ [...] mit der Evangelischen Religion/ nicht Noth haben«. Ebd., S. 843f.

9 »Dahero bestehet eine grosse Staats-Maxime darauf/ daß der Pabst Spanien und Franckreich wol mit einander balancire/ und nicht unterlasse sie stets mit einander zusammen zu hetzen und zu occupiren«. ZECH, Der Europäische Herold, S. 1088. Zur Biografie Zechs vgl. HAAKE, Bernhard von Zech, S. 734–737.

10 »Vor Spanien hat der Pabst hiebevor noch mehr Sorge gehabt/ denn sollte es dazu kommen seyn/ daß diese Krohn gar zu mächtig worden wäre/ und die kleinere Staaten übern Hauffen geworffen hätte/ so dörffte dem Pabste mehr nicht als ein Patriarchat übrig blieben seyn/ zumahl wann das Absehen mit der Universal-Monarchie glücklich von statten gegangen wäre«. ZECH, Der Europäische Herold, S. 1088.

11 Vgl. BRAUBACH, Versailles, S. 7–80; BURKHARDT, Konfession, S. 135–154.

12 Vgl. ASCHE, Religionskriege, S. 439f.; SCHILLING, Formung, S. 609f.; BRENDLE, Religionskrieg, S. 32; ONNEKINK, The Last War, S. 69–88, hier S. 78. Zu den Ursprüngen der schwarzen Legende im Spätmittelalter und im 16. Jahrhundert vgl. POLLMANN, Eine natürliche Feindschaft, S. 73–93; SCHULZE SCHNEIDER, La leyenda; MOLINA MARTINEZ, La leyenda; ARNOLDSSON, La leyenda; CARBIA, Historia.

13 Vgl. ASCHE, Religionskriege, S. 439f.; BOSBACH, Angst und Universalmonarchie, S. 153; BRENDLE, Religionskrieg, S. 32; ONNEKINK, The Last War, S. 69–88, hier S. 78.

14 »Il faut à la Maison d'Autriche qui alors aspiroit à la Monarchie Universelle, se servoit du pretexte d'extirper l'heresie afin que les Catholiques, ne se missent à la traverse & ne l'empechassent de venir à bout de ses desseins«. Le vrai interêt des Princes Chrestiens, S. 13.

15 »L'histoire nous fournit trois Periodes où la Grandeur Austricienne fit voir sa Puissance

hätten die Habsburger Religionskriege entfacht, um unter dem Vorwand der katholischen Religion eine habsburgische Hegemonie über Europa zu errichten.

Im frühen 16. Jahrhundert habe Kaiser Karl V. von den Protestanten verlangt, sich den Beschlüssen des Konzils von Trient zu unterwerfen, woraus der Schmalkaldische Krieg entstanden sei[16]. Wenn Franz I. von Frankreich nicht eingegriffen und Gott Kaiser Karl V. mit Krankheit bestraft hätte, wäre der Untergang des Protestantismus in Deutschland besiegelt gewesen[17]. Das Schicksal der Protestanten in den habsburgischen Erblanden lege dafür Zeugnis ab[18].

Später habe eine »Melancholische Regiersucht« Philipp II. von Spanien dazu getrieben, mit Waffengewalt eine Universalmonarchie und eine Universalreligion einführen zu wollen[19]. Aus diesem Grunde hätte er in den Niederlanden eine Inquisitionsbehörde nach spanischem Vorbild einsetzen wollen[20]. Diese Maßnahme sollte die Niederlande ihrer Freiheit berauben und auf eine Angliederung an Spanien vorbereiten[21]. Durch seine »regiersüchtige Melancholey« habe Philipp II. aber stattdessen den Abfall der nördlichen Niederlande verursacht[22]. Diese Maßnahme habe also dem spanischen Reich

à l'oppression de l'interêt Protestant, & des libertez de l'Europe«. LA BALANCE DE L'EUROPE, S. 33. Vgl. darüber hinaus die folgenden Ausführungen, ebd., S. 34–36.

16 »Charles V. Empereur, & Roi d'Espagne commença ces atteintes contre la Religion reformée en Allemagne, par une resolution qu'il avoit prise ouvertement à cet effet: car le Concile de Trente aiant fait plusieurs Decrets au prejudice des Protestans; qui ont fait le sujet du fameux Traité de Smalcalde, conclu en 1546. l'Empereur tînt une Diète à Ratisbone, où il proposa que les Protestans se soumetteroient aux Constitutions du Synode dont il s'agit; & sur leur refus, il prit, pour ainsi dire, les armes de Croisade«. Ebd., S. 34.

17 »Le sang, le saccagement, la cruauté & les rapines que cette Guerre de Religion a causez, sont ineffables; & si François I. de France ne se fut interposé, & que Dieu n'eût frappé l'Empereur de maladie«. Ebd. Dabei wird nicht klar, auf welche Krankheit Karls V. hier angespielt wird. Gemeint sein könnte eine Epidemie, die im Herbst 1546 im kaiserlichen Heer an der Donau ausgebrochen war. Vgl. BRANDI, Kaiser, S. 477. Es kann sich aber auch um eine historiografische Fiktion handeln.

18 »Il est fort apparent que la Religion Protestante auroit eu la même destinée par toute l'Allemagne, qu'elle eut à la fin en Boheme, en Autriche, & en Moravie, où elle fut extirpé«. LA BALANCE DE L'EUROPE, S. 34.

19 Damals »Geriethe König Philipp auff diese schädliche Gedancken/ solches dahin zu bringen/ und eine allgemeine Religion/ auch gleich durchgehende Herrschafft einzuführen/ ohne welcher die grosse Monarchie nicht zu erhalten stünde«. Franckreich, S. 49. Vgl. darüber hinaus Der Vermeinte/ Und von Franckreich erdichtete/ Religions=Krieg, S. 3.

20 »Ce Prince vouloit introduire l'inquisition d'Espagne aux Païs-Bas«. LA BALANCE DE L'EUROPE, S. 34f.

21 Vgl. Franckreich, S. 49f.; Der Vermeinte/ Und von Franckreich erdichtete/ Religions=Krieg, S. 3.

22 Franckreich, S. 50. Vgl. Darüber hinaus LA BALANCE DE L'EUROPE, S. 35.

mehr geschadet als genutzt[23]. Darüber hinaus habe Philipp II. versucht, England mit der Armada zu erobern und Frankreich durch seine Einmischung in Unruhe zu stürzen[24]. Unter dem Vorwand des Religionskrieges sollte Frankreich auf die Seite Spaniens gezogen werden[25]. Heinrich IV. von Frankreich habe jedoch erkannt, dass Philipp die Religion nur als Vorwand gebrauchte, um eine spanische Hegemonie über Europa zu errichten[26]. Unter dem Deckmantel eines Religionskrieges habe Spanien sich auch mit der Liga verbündet, Frankreich in Bürgerkriege gestürzt und zwei Könige ermorden lassen[27].

Unter Kaiser Ferdinand II. sei im Reich mit dem Dreißigjährigen Krieg und dem Restitutionsedikt von 1629, das die Rückgabe des von den Protestanten nach dem Frieden von Passau 1552 säkularisierten Kirchenbesitzes vorschrieb, ein erneuter Anschlag auf die protestantische Religion erfolgt[28]. Auf diese Weise hätten die Habsburger in der Vergangenheit nach der Universalmonarchie gestrebt und die Führung im katholischen Lager beansprucht. Frankreich habe sich damals diesem Streben widersetzt[29]. Heute aber gebrauche Frankreich wie vormals Spanien die Religion als Vorwand, um eine Universalmonarchie zu errichten[30]. Heute sei es der Plan Ludwigs XIV., durch

---

23 Vgl. Franckreich, S. 49.
24 Vgl. LA BALANCE DE L'EUROPE, S. 35.
25 »Spanien [war] von einer solchen vermessenen Einbildung/ daß es vermein[t]e/ Franckreich/ unter dem Prætext eines Religion=Kriegs/ auf seine seite und wider die vereinigten Niederlande in die Waffen zu bringen«. Der Vermeinte/ Und von Franckreich erdichtete/ Religions=Krieg, S. 4.
26 Heinrich IV. habe dieses »Spanische Politische Laster« aber erkannt, »denn der Krieg in denen Niederlanden würde nicht geführt um der Religion willen/ sondern wegen der Spanischen Beherrschung; ob man sich gleich mit dem Namen und Vorwand der Religion behelffen wollte/ die Sachen damit desto besser zu beschönen«. Ebd.
27 »Nun unter solchem Spanischen Religions=Mantel wurde gleichfalls die so genannte heilige Liga von denen Spanniern in Franckreich angestifftet/ wodurch so grausame Blut=Stürtzungen in demselben erreget/ und zwey Könige selbst meuchelmörderisch entleibet/ ja das gantze Königreich in die größte Zerrüttung gestürtzet worden«. Ebd., S. 5.
28 Vgl. LA BALANCE DE L'EUROPE, S. 35f.
29 »Les Espagnols, qui étoient alors les Champions du Papisme, & les Prétendant à la Monarchie Universelle, avoient la France, qui s'opposoit à leurs desseins«. REMARQUES SUR LA SUCCESSION, S. 57. »Wie es aber bißhero abgelauffen/ hat die Zeit gnugsam gelehret. Denn ob sie wohl vornehmlich durch das gewaltige Haus Oesterreich/ und die Catholische Deutsche Fürsten/ dergleichen Kriege angesponnen/ so hat doch Franckreich niemahlen zulassen wollen/ daß durch der Protestirenden Ruin Oesterreich ferner gestärcket werde«. GÖBEL, CÆSAREO-PAPIA ROMANA, S. 842, 984. »Uber dieses auch die Catholische Potentaten wohl wissen/ daß Franckreich die/ der Religion wegen angefochtene Deutsche Fürsten nimmermehr Hülfflos lassen werde/ indem es bey denen Deutschen Religions=Kriegen nicht allein die wichtigen Bischoffthümer Metz/ Tull und Verdun; sondern auch Elsaß und viele darinnen liegende importante Orthe von Deutschland erschnappet/ und sich dadurch wieder das Haus Oesterreich nicht wenig verstärcket«. Ebd., S. 986.
30 Der Vermeinte/ Und von Franckreich erdichtete/ Religions=Krieg, S. 78, beschuldigt

die Ausrottung der Hugenotten in Frankreich und der Waldenser in Savoyen die katholischen Fürsten einzuschläfern, um ungestört eine französische Universalmonarchie etablieren zu können³¹.

Die Beispiele Kaiser Karls V., Philipps II. von Spanien und Kaiser Ferdinands II. lehrten, dass der Versuch der Errichtung einer Universalmonarchie mithilfe eines Religionskrieges immer nur zum Machtzerfall des Aggressors beigetragen habe. Während das heutige Frankreich die Rolle Spaniens übernommen habe, habe das Frankreich der Vergangenheit die protestantische Religion und die europäische Freiheit gegen Spaniens Angriffe verteidigt³². Dem Frankreich der Gegenwart wurde derart das Frankreich der Vergangenheit gegenübergestellt. Auf diese Weise lieferte die protestantische Publizistik ein Modell, das sich an die französische Öffentlichkeit richtete und diese im eigenen Interesse dazu aufforderte, sich ihrer Tradition als Schutzmacht des Protestantismus und Verteidiger der europäischen Freiheit zu erinnern.

Andererseits richtete sich das Modell Heinrichs IV. von Frankreich an die englische Öffentlichkeit, indem es die Aufgabe Frankreichs wegen des ludovizianischen Sündenfalls auf England übertrug. England erschien nach der *Glorious Revolution* innen- und außenpolitisch prädestiniert für eine solche Aufgabe: Im Innern waren die parlamentarischen Freiheiten durch die *Bill of Rights* in der Verfassung und politischen Praxis verankert. Die freiheitliche Verfassung Englands sollte für seine Rolle als Verteidiger der Freiheit Europas bürgen. Außenpolitisch inszenierte die englische Propaganda deshalb zweimal die großen Koalitionen gegen Ludwig XIV., deren *Spiritus Rector* der englische König Wilhelm III. gewesen war, als Kriege zur Verteidigung der Freiheit gegen das Streben des französischen Königs nach der Universalmonarchie³³.

---

Frankreich, »daß die Religion nur zu einem Deck=Mantel der unersättlichen Frantzösischen Herrschsucht mißbrauchet werde«.
31 »Et c'est aujourd'huy le pretexte du Roy de France, qui pour endormir les Princes Catholiques travaille avec tant de soin & d'application à ruïner non seulement les Protestans de son Royaume, mais aussi ceux des autres Etats, ayant porté le Duc de Savoye à detruire les Protestans de son païs & baillé à ce Prince des troupes, pour perdre des sujets, qui lui étoient fideles & qui se servoient de rempart à ses Estats«. Le vrai interêt des Princes Chrestiens, S. 13f. »On sçait que c'est la politique qui le fait agir, plûtot que la Réligion. [...] Non ce n'est point en vuë de nôtre salut qu'il nous veut convertir, & c'est seulement en veüe de son interêt«. ANCILLON, REFLEXIONS, S. 280.
32 Prägnant fasst LA NECESSITÉ, S. 9, diese Anschuldigungen zusammen: »Le dessein que la France medite aujourd'huy, est d'exterminer la Religion Protestante, & de se rendre Maîtresse de toute l'Europe«.
33 Vgl. CLAYDON, Protestantism, S. 125–142; PINCUS, The English debate, S. 37–62; ders., The English nationalist revolution, S. 75–104.

Der gemischtkonfessionelle Charakter dieser Bündnisse erlaubte eine doppelte Argumentation: Einerseits wurde gegenüber einem protestantischen Publikum die Verteidigung der eigenen Konfession angesichts eines französischen Religionskrieges betont. Andererseits konnte gegenüber den katholischen Alliierten die Verteidigung der europäischen Freiheit hervorgehoben werden.

Die Publizistik der katholischen und protestantischen Alliierten war sich darin einig, dass Ludwig XIV. von einer ungeheuren Ambition getrieben sei[34]. Aus diesem Grunde plane er, unter dem Deckmantel der Religion eine Universalmonarchie über Europa zu errichten[35]. Der König von Frankreich sei nicht der Einzige, der seine unermessliche Herrschsucht auf scheinheilige Weise hinter dem Vorwand der Religion verstecke, aber er sei derjenige, der sich am augenfälligsten dieses Winkelzuges bediene[36]. Unter dem Vorwand eines Religionskrieges wolle er Katholiken und Protestanten gegeneinander aufbringen, bis sie ihre Kräfte verbraucht hätten und sich nicht mehr gegen seine Anschläge zur Wehr setzen könnten[37].

Dementsprechend sei Frankreichs Ziel nicht die Ausbreitung des katholischen Glaubens, sondern einzig und allein die Befriedigung seines Machtstrebens und seiner Eroberungslust. Dies habe sich namentlich im Französisch-Niederländischen Krieg gezeigt. 1672 habe Ludwig XIV. den Unterschied der Konfession als willkommenen Anlass genutzt, um den Vereinigten Provinzen den Krieg zu erklären[38]. Die Scheinheiligkeit dieses Vorgehens könne man daran erkennen, dass Frankreich versucht habe, die katholischen Mächte durch das Argument des Religionskrieges an sich zu binden, während es England erklärte, dass die Vereinigten Provinzen seinem

---

34 »Le plus grand de tous ses défauts [...] c'est l'ambition démesurée de régner«. LETI, LA MONARCHIE 1689, Bd. 1, PREFACE [32]. »L'ambition démesurée de ce Monarque n'a point encore reçû de bornes«. MERCURE HISTORIQUE 01.1693, S. 139.

35 Vgl. LETI, LA MONARCHIE 1689, Bd. 1, PREFACE [32f.]; LE VRAI INTERET, AVIS AU LECTEUR [4]; CONSIDERATIONS 1689, Bd. 1, S. 428; HISTOIRE DE LA DECADENCE, S. 257.

36 »Le Roi de France n'est pas seul de cet esprit, presque tous les Princes cachent leur ambition demesurée sous la voile specieux de la Religion, & la font servir de couverture à leurs desseins, quoi que dans le fond ce soit la chose du monde à laquelle ils pensent le moins. Mais il faut avoüer qu'entre tous ceux qui regnent aujourd'hui, il n'y en a point qui se serve plus souvent, ni plus generalement de ce pretexte sacré, que le Roi de France«. Traité des interêts, S. 11.

37 »Mais que dis-je, tout le monde sera enveloppé d'un même coup de filet, car sous prétexte d'une guerre de Religion, on épuisera les forces des Catholiques Romains, aussi bien que des Protestans, puis quand on verra que chacun n'en poura plus, ce sera alors que le denoüement de la piece se fera, en signifiant des choses, qui seront voir qu'on ne veut plus qu'une Monarchie«. HISTOIRE DE LA DECADENCE, S. 281. Vgl. ähnlich auch L'ETAT, S. 217; DEFOE, La LOI, S. 4.

38 Vgl. IMHOF, LE GRAND THEATRE, S. 366.

Handel schaden³⁹. Als die Niederländer bereit zur Kapitulation waren, habe Ludwig XIV. nicht die Restauration der katholischen Kirche, sondern die niederländischen Grenzprovinzen gefordert, um Frankreich bis an den Rhein auszudehnen und die Spanischen Niederlande einzukreisen⁴⁰. Es sei ihm also mehr daran gelegen, ein katholisches Territorium unter dem Vorwand eines Religionskrieges zu erobern, als wirklich die katholische Konfession durch einen solchen Krieg zu verbreiten. Wohl habe er des Anscheins wegen in einigen Städten das katholische *exercitium religionis* durchgesetzt, aber dadurch nur eine Katholikenverfolgung hervorgerufen, deren Folgen er keine Beachtung geschenkt habe⁴¹. All dies sollte beweisen, dass Ludwig XIV. nur nach der Universalmonarchie strebe⁴².

Ähnlich wie im Französisch-Niederländischen Krieg habe Ludwig XIV. im Bunde mit Jakob II. von England die *Glorious Revolution* und den Neunjährigen Krieg als Religionskrieg ausgegeben⁴³. Er habe behauptet, der Prinz von Oranien führe einen Krieg gegen den Katholizismus, gegen den sich die katholischen Mächte gemeinsam zur Wehr setzen müssten⁴⁴. In Wirklichkeit aber hätten Jakob II. und Ludwig XIV. nur aus eigenem Interesse und nicht aus religiösen Beweggründen gehandelt⁴⁵. Jakob II. habe keine Bedenken getragen, »alle andere[n Fürsten] der Frantzösischen Herrschsucht/ aufzuopfern«⁴⁶. Aufgrund einer solchen areligiösen Politik, die der katholischen Religion

---

39 »On insinua aux Catholiques Romains que cette guerre étoit une guerre de Religion, qui n'avoit pour but que la gloire de Dieu, & l'avancement de l'Eglise; & aux Princes Protestans, & sur tout au roi d'Angleterre, qu'il avoit interêt de se liguer avec la France, pour ruiner une Nation, qui apportoit tant de préjudice au commerce de son Royaume«. Ebd.
40 »Enfin les Hollondois, se voyant accablez de tous costez, demandent la Paix, la pressent, & pour y parvenir se soumettent aux Conditions les plus onereuses. C'est icy que la France découvre ses veritables intentions: il ne s'agit plus presentement de Catholicité, mais de retenir par droit de Conquête celles de leurs Provinces, qui estoient le plus de sa convenance, pour envelopper d'un coste les Pays-bas Catholiques, & pour étendre d'un autre sa Domination jusqu'au Rhin«. REPONSE A UN DISCOURS, S. 26.
41 »Il est vray qu'à Utrecht, & en quelque autre Ville on stipula pour la liberté de l'Exercice, mais ce ne fut que pour sauver les apparences: car cette stipulation ayant attiré quelque persecution aux Catholiques après le depart de vos Troupes, & eux s'en estant plaint à vostre Cour, on n'y fit pas la moindre reflexion«. Ebd.
42 Vgl. ebd., S. 52. Dieser Argumentation bediente sich die kaiserliche Diplomatie auch noch im Spanischen Erbfolgekrieg. 1703 ließ der kaiserliche Gesandte Franz Ehrenreich von Trauttmansdorff in der Schweizerischen Edigenossenschaft eine Flugschrift verbreiten, in der er behauptete, die Motivation der französischen Politik sei nicht die Ausbreitung der (katholischen) Religion, sondern das Streben nach der Universalmonarchie. Vgl. TRAUTTMANSDORFF, TRADUCTION, S. 230f.
43 Vgl. Wahres INTERESSE, S. 20.
44 Vgl. ebd.
45 Vgl. ebd.
46 Ebd.

selbst schade, verdiene er die Unterstützung der katholischen Mächte nicht[47]. Vielmehr müsste auch den katholischen Fürsten an der Aufrechterhaltung des *Revolution Settlement* gelegen sein, die ihnen den Beistand Englands sichere[48].

Die antifranzösische Publizistik unterstellte Ludwig XIV., im Neunjährigen Krieg zunächst die Vereinigten Provinzen beseitigen zu wollen, die sich seinem Plan der Errichtung einer französischen Universalmonarchie als Erste entgegengestellt hatten[49]. Die Durchführung dieses Projekts wäre ihm fast gelungen, wenn Jakob II. von England als wichtigster französischer Verbündeter nicht seinen Thron verloren hätte und England unter Wilhelm III. als Verbündeter an die Seite der Vereinigten Provinzen getreten wäre[50]. Heute seien England und die Vereinigten Provinzen die wichtigsten Verteidiger des Protestantismus und der Freiheit Europas gegen das französische Streben nach der Universalmonarchie[51]. Als originär protestantische Argumentationsweise wurde der Vorwurf der Universalmonarchie durch Verknüpfung mit dem Motiv der europäischen Freiheit überkonfessionell rezipierbar. Die protestantische Publizistik suggerierte, auch die katholischen Mächte hätten mittlerweile die wahren Absichten Ludwig XIV. erkannt. Zu Recht würden sich die Katholiken deshalb nicht mehr von ihren protestantischen Alliierten trennen lassen[52].

---

47 »Im übrigen aber verlieret gleichfalls die Catholische Religion«. Ebd.
48 »So aber der Printz von Oranien nicht König daselbst wäre/ sondern König Jacob II. noch den Scepter führte/ wüste ich nicht/ wie es mit denen Catholischen Printzen ergehen würde«. Ebd.
49 »Louïs XIV. n'avoit pas pour lors encore pris le dessein, comme il avoit fait depuis, d'abimer cét Etat, afin de ne luy ôter pas les moiens d'accomplir ses ambitieux desseins, qui étoient de monter à la Monarchie universelle, non pas en subjuguant toute l'Europe pour en suite la faire gouverner par des Vice-Rois, & des Lieutenants«. L'ETAT, PREFACE [3f.].
50 Vgl. ebd., PREFACE [5].
51 »Comme après l'Angleterre, les Hollandois sont la grande Barriere des Interêts des Protestans, ils sont aussi le boulevard de la Liberté de toute l'Europe, & après les Anglois, ils forment le plus grand obstacle à la Monarchie Universelle, à laquelle ils se sont plus opposez qu'aucune autre Nation de l'Europe, si on en excepte la Nation Angloise«. REMARQUES SUR LA SUCCESSION, S. 51. Gleicher Wortlaut in Staatsvernünfftiges Bedencken, S. 58.
52 »Voila proprement cette superiorité universelle à quoi Louïs XIV. tendoit, & sous le beau pretexte de la propagation de la Religion Catholique Apostolique & Romaine; mais Dieu qui haït l'hypocrisie a fait voir que ce n'étoit pas une guerre de Religion comme il publie faussement pour d'étacher par la les Princes Cath. Romains, & les obliger sous ce faux pretexte de le laisser jouer son jeu pendant qu'il detruiroit les Protestans«. L'ETAT, S. 217. Man »voyoit aussi bien que l'Empereur & le Roi d'Espagne, que l'accroissement de la grandeur de la France & les mesures qu'elle prenoit pour assujetir l'Europe à son Joug, étoient plus dangereuses & d'une conséquence bien plus grande, par rapport à la Liberté Publique, que ne l'étoit ce prétendu intérêt de Religion«. DEFOE, La LOI, S. 4.

Seine größte Konjunktur in der antiludovizianischen Publizistik erlebte das Szenario einer französischen Universalmonarchie aber erst im Spanischen Erbfolgekrieg, als manchem Beobachter die Möglichkeit einer Vereinigung der beiden größten und mächtigsten katholischen Monarchien unter einem König aus dem Hause Bourbon in greifbarer Nähe erschien. Schon vor dem Tod Karls II. verdächtigte eine antifranzösische Flugschrift Ludwig XIV., er würde sich direkt nach dem Verscheiden des spanischen Königs eines Teils der Länder der spanischen Krone bemächtigen[53].

Karl II. von Spanien hatte in seinem letzten Testament Herzog Philipp von Anjou, den Enkel Ludwigs XIV. als Alleinerben eingesetzt – eine Entscheidung, die sowohl in Spanien als auch im Rest Europas höchst umstritten war[54]. Ludwig XIV. selbst hatte sich in mehreren Verträgen mit den beiden protestantischen Seemächten zu einer Teilung des spanischen Erbes zwischen Frankreich und den österreichischen Prätendenten respektive Kurbayern verpflichtet[55]. Als Karl II. im Jahr 1701 verschied, war Ludwig XIV. nach kurzem Zögern bereit, das Testament anzuerkennen und seinen Enkel zum König von Spanien auszurufen[56]. Mit Ausbruch des Spanischen Erbfolgekrieges warf die antifranzösische Publizistik Ludwig XIV. deshalb mehr denn je vor, vollends nach der Universalmonarchie zu streben[57]. Mit der Thronbesteigung Philipps V. in Spanien bekamen solche Anschuldigungen noch größeres Gewicht[58]. Die beiden größten Monarchien der lateinischen Christenheit waren nun wie zu Zeiten der habsburgischen Universalmonarchie in einem Herrscherhaus vereinigt.

Der naheliegende historische Vergleich der gegenwärtigen politischen Lage mit dem 16. Jahrhundert wurde auch von der antifranzösischen Publizistik ausgenutzt. Wie einst Königin Elisabeth I. die Universalmonarchie Philipps II. von Spanien verhindert habe, so könne heute nur Königin Anna von England die Universalmonarchie Ludwigs XIV. von Frankreich verhindern[59]. Das Argument der Universalmonarchie richtete sich sowohl an die

---

53 Vgl. Staatsvernünfftiges Bedencken, S. 57.
54 Vgl. BÉLY, Les relations, S. 378; HOCHEDLINGER, Austria's wars, S. 175; SCHNETTGER, Der Spanische Erbfolgekrieg, S. 25f.
55 Vgl. BÉLY, Les relations, S. 377f.; SCHNETTGER, Der Spanische Erbfolgekrieg, S. 19–23.
56 Vgl. BÉLY, Les relations, S. 378f.; SCHNETTGER, Der Spanische Erbfolgekrieg, S. 26f.
57 »Le Roy de France […] aspire plus que jamais à la Monarchie universelle«. LA NECESSITÉ, S. 10.
58 »Il me semble qu'il devroit être bien avancé dans le chemin de la Monarchie Universelle«. VALOOT-DUVAL, NOUVELLE RELATION, S. 5; A collection of scarce and valuable papers, S. 14.
59 »La très-puissante & très-auguste Maison de France, qui seule partage aujourd'hui toutes les forces & la puissance de l'Europe par des exploits inoüis, & par un nombre infini de victoires, est montée de nos jours à ce degré de gloire & de puissance si fatal au repos & à la liberté de l'Europe, & s'il fallut autrefois, Monsieur, une Reine Elisabeth, pour arrêter la rapidité de Philippe Second, qui devoit avec ses troupes accoûtumées à

innerenglische Öffentlichkeit als auch an die katholischen Alliierten Groß-Britanniens. Vor allem für England würde die Vereinigung von Spanien und Frankreich eine große Gefahr darstellen. Zu der Zeit, als Spanien unter Philipp II. nach der Universalmonarchie strebte, habe der spanische König Flandern als Ausgangsbasis benutzt, um England zu erobern. Frankreich aber habe dieses Vorhaben verhindert[60]. Nun aber seien Spanien und Frankreich vereinigt, stünden am Rhein und hätten Flandern in ihrem unumstrittenen Besitz, sodass England Gefahr laufe, von beiden Mächten erobert zu werden[61]. Es müsse daher im Interesse Englands sein, ein Bündnis mit Kaiser und Reich zu schließen, um die Freiheit Europas gegen das Bourbonische Streben nach der Universalmonarchie zu bewahren[62]. Für die protestantischen Seemächte würden sich daraus zwei Vorteile ergeben: Erstens wären sie durch Diversionen am Niederrhein und in Italien vor einer französisch-spanischen Invasion geschützt, und zweitens könnte die österreichische Partei in Spanien eine dritte Front eröffnen[63].

In England versuche Ludwig XIV. seine Pläne durch die Unterstützung der Jakobiten umzusetzen. Sie strebten danach, die protestantische Religion und damit auch die Freiheit Englands zu vernichten[64]. Um ihren Plan zu verwirklichen, würden sie die englischen Protestanten gegeneinander aufhetzen und so innere Zwietracht säen[65]. Auf diese Weise wurde das Streben Ludwigs nach der Universalmonarchie als Gefährdung der parlamentarischen Freiheit Englands durch die Jakobiten und ihre Werkzeuge stilisiert. Das protestantische England wurde im Angesicht der äußeren Gefahr zu größerer innerer Geschlossenheit aufgefordert.

Außenpolitisch schien aus protestantischer Sicht nur eine interkonfessionelle Allianz mit den katholischen Habsburgern einen Religionskrieg und die Universalmonarchie Ludwigs XIV. verhindern zu können. Als gefährlich

---

vaincre, & avec sa flotte invincible, assujettir le monde entier sous sa Loi, il n'a pas fallu moins aujourd'huy qu'une seconde Elisabeth, qu'une Reine Anne, pour faire descendre un Monarque conquérant du plus haut periode de sa gloire, pour rasseurer l'Europe tremblante, & pour arrêter le Soleil au milieu de sa course«. LA CHESNÉE, LE PARALLELE, S. 12f.

60 »The Spaniards, who at that time were the Champions of Popery, and the Pretenders to the Universal Monarchy, had France to oppose them, and no other Countries near us, from whence they could conveniently invade us but Flanders, which was liable to the Attacks both of the Dutch and French; whereas France and Spain are now conjoin'd, and Flanders under their Command«. The duke, S. 29.

61 Vgl. ebd., S. 33.
62 Vgl. ebd., S. 35.
63 Vgl. ebd.
64 »'Twas, in short, to destroy you and your Religion, and enslave all Europe under the Tyranny of the French King«. KING, Europe's deliverance, S. 2.
65 »And to Crown their Design for the general Slavery and Desolation of Europe, Protestants were cajoled, brihed or compelled to Fight against, Persecute and Devour one another«. Ebd.

wurden deshalb von der antiludovizianischen Publizistik französische Flugschriften eingestuft, die gegenüber den katholischen Höfen beteuerten, man tue Ludwig XIV. mit der Anschuldigung der Universalmonarchie Unrecht[66]. Gegenüber den katholischen Alliierten betonte die protestantische Publizistik die dauernden Rechtsbrüche des Hofes von Versailles. Ludwig XIV. habe Gott und den Menschen den Krieg erklärt, um eine universelle Tyrannei über Europa zu errichten[67]. Beim Spanischen Erbfolgekrieg handele es sich folglich nicht um einen Religionskrieg, sondern um einen Krieg zur Aufrechterhaltung der Freiheit Europas gegen die despotische Monarchie, die der französische König über den Kontinent ausbreiten wolle[68].

Die Vereinigung Spaniens und Frankreichs stelle dementsprechend eine Gefahr für ganz Europa dar, weshalb sich seine katholischen und protestantischen Nachbarn in einem Bündnis zusammenschließen sollten[69]. Das politische Ziel der Universalmonarchie vor Augen, versuche Frankreich schon jetzt, die katholische Kirche und die katholischen Alliierten durch die Behauptung, der gegenwärtige Krieg sei ein Religionskrieg, an sich zu binden[70]. Es bestehe die Gefahr, dass Habsburg aus politischem Interesse und

---

66 »On peut bien croire que le Roi de France ne manquera pas d'insinuer par des Manifestes dans toutes les Cours Catholiques, qu'on lui seroit le plus grand tort du monde si l'on venoit à s'imaginer qu'il en voulût à la domination de toute l'Europe«. LA NÉCESSITÉ, S. 66.
67 »Fort bien. Voila donc la Cour de Versailles suffisamment convaincuë, d'avoir fait la Guerre à Dieu, & aux hommes. Et d'avoir même employé alternativement toutes sortes de moyens criminels, pour arriver à ses fins; tantôt les artifices frauduleux du Renard, & tantôt la férocité brutale du Lion; au préjudice de toutes les Loix Divines & Humaines, qu'elle a foulées aux pieds, sans aucun respect, pour établir sa Monarchie, ou plûtôt sa Tyrannie Universelle sur toute l'Europe«. VALOOT-DUVAL, NOUVELLE RELATION, S. 117.
68 »Ce n'est donc point, quoi qu'en puisse dire la France, une guerre de Religion: c'est une guerre nécessaire pour maintenir la liberté de l'Europe contre le pouvoir despotique d'une Monarchie qui veut tout mettre sous le joug«. [LARREY], REPONSE, S. 571.
69 »It is their Interest, in the mean time, to cultivate a Friendship with those Neighbours, and to endeavour to bring them into a defensive League, because of the common Danger they are all threatened with by the Conjunction of France and Spain; and, above all, they ought to beware of too precipitant Resolves, as to any League with France, tho' their Affairs be never so pressing: Their too much haste in that Matter, without consulting England and their other Protestant Neighbours, may be fatal to themselves and to all Europe«. The duke, S. 28. »Il est aussi de leur Interêt d'entretenir l'amitié de ces voisins, dont nous venons de parler, & tâcher de les attirer dans une ligue défensive, par la consideration du danger commun, dont ils sont tous menacet par l'union de la France & de l'Espagne & sur tout, ils doivent bien prendre garde à ne pas se précipiter dans leurs resolutions, pour faire aucune ligue avec la France, quelque pressante que soit la necessité de leurs affaires: leur trop grande précipitation sur ce sujet, sans consulter l'Angleterre, & les autres Protestans leurs voisins, pourroit leur être fatale, de même qui à toute l'Europe«. Staatsvernünfftiges Bedencken, S. 62f.
70 »La Maison de Bourbon embrasseroit cette occasion [d.h. une guerre de religion] avec joye, tant pour se rendre agréable à l'Eglise Romaine, que pour parvenir à la Monarchie

konfessionellem Ressentiment in ein Bündnis mit den Bourbonen einwillige[71]. Das Gleichgewicht zwischen Habsburg und Bourbon könne nur durch eine Aufteilung der spanischen Monarchie aufrechterhalten werden[72]. Ein fingierter Religionskrieg sei für Frankreich ein sicheres Mittel, die Herrschaft über den europäischen Kontinent zu erlangen. Somit wäre es auch im Interesse der Habsburger, nicht auf die französischen Einflüsterungen eines Religionskrieges zu hören, sondern sich gemeinsam mit den protestantischen Alliierten dem Streben Frankreichs nach der Universalmonarchie zu widersetzen. Frankreichs Pläne zur Erlangung der Universalmonarchie könne man nur dadurch vereiteln, indem man einen Religionskrieg vermeide und einen Staatenkrieg gegen Ludwig XIV. führe[73]. Der Fakt, dass die Protestanten katholische Truppen in ihren Dienst nahmen, sei Beweis dafür, dass »'tis no War of Religion; 'tis a War of State«[74]. Europa befinde sich nicht in einem Religionskrieg, wie die französisch-bayrische Propaganda behaupte, sondern in einem Krieg gegen »the Ambitious Designs of one Man aiming at Universal Power«[75].

Kaiser Joseph I. und sein Bruder König Karl III. von Spanien hätten erkannt, dass nicht die Religion, sondern die Freiheit Europas durch Ludwig XIV. gefährdet werde[76]. Damit wehrte die protestantische Publizistik das Argument ab, die protestantischen Alliierten führten einen Religionskrieg gegen den Katholizismus. Die beiden streng katholischen Habsburger Joseph I. und Karl III. (der spätere Kaiser Karl VI.) dienten ihnen als Beweis.

---

universelle, à laquelle Elle aspire depuis si long-tems«. [RIDPATH], AVIS AUX NÉGOCIATEURS, S. 151f.
71 »Et la Maison d'Autriche entreroit dans la même Ligue, par intérêt & par ressentiment«. Ebd., S. 152.
72 Daniel DEFOE »est tout fier d'un certain projet, qu'il garde in petto, par lequel il fait dit-il, tellement le partage de la Monarchie d'Espagne, que la Balance de l'Europe restera entre les mains du Protestans, & il se vante que c'est un secret infaillible pour prévenir les Guerres de Religion«, schreibt der Autor der Schrift, der als George Ridpath identifiziert wurde, ebd., S. 150. Offensichtlich teilt er dabei nicht das Vertrauen Defoes in das Projekt, die Habsburger durch eine Teilung Spaniens auf die Seite der Protestanten zu ziehen.
73 »Wenn man nun die Monarchie deß Königs in Franckreich übern Hauffen werffen/ und vernichtigen will/ so muß man nothwendig einen Staats=Krieg führen«. LETI, UNIVERSAL- oder Allgemeine Monarchie, S. 289. Der Duktus des gesamten Traktats entspricht dem.
74 DEFOE, A REVIEW, S. 322. Vgl. darüber hinaus auch LETI, LA MONARCHIE 1701, Bd. 2, S. 418f.
75 DEFOE, A REVIEW, S. 322.
76 »[On] vit aussi bien que l'Empereur & le Roi d'Espagne, que l'accroissement de la grandeur de la France, & les mesures qu'elle prenoit pour assujettir l'Europe à son joug, étoient plus dangereuse, & d'une consequence bien plus grand, par rapport à la liberté publique, que ne l'étoit ce pretendu interêt de Religion«. LA CHESNÉE, LE PARALLELE, S. 67f.

Die antifranzösische Publizistik verlangte, Ludwig XIV. müsse sich mit den alten Grenzen seines Königreiches begnügen und auf die Vereinigung Spaniens und Frankreichs verzichten, wenn er wirklich Frieden wolle[77]. Dementsprechend forderten antifranzösische Publizisten während der Friedensverhandlungen in Utrecht, das spanische Weltreich niemals Philipp von Anjou zuzusprechen, weil Ludwig XIV. dadurch zum Universalmonarchen avancieren würde[78]. Beides bedeute, das Interesse der protestantischen Religion sowie die Freiheit Europas zu opfern[79].

Die Abtretung Italiens an den Herzog von Anjou »rendroit la Maison de Bourbon absolument Maîtresse de la Cour de Rome«[80]. Dadurch würden, in Anspielung an die Zwei-Schwerter-Lehre, weltliches und geistliches Schwert in einer Hand vereinigt[81]. Frankreich würde über alle kirchlichen Ämter und Pfründen verfügen, die der Papst in Europa verteilen könne[82]. Dies hätte die gleiche Wirkung, als ob der König von Frankreich in allen katholischen Ländern Garnisonen unterhielte[83]. Derart mussten auch die katholischen Alliierten gewarnt sein; ein Sieg Frankreichs würde sie und ihre eigene Religion zu einem Spielball in den Händen Ludwigs XIV. machen.

*Zusammenfassung*
Der Vorwurf der Universalmonarchie war um 1700 vor allem eine Argumentationsfigur der protestantischen Publizistik. Die Anschuldigung, eine Universalmonarchie errichten zu wollen, hing bei protestantischen Autoren

---

77 Vgl. VALOOT-DUVAL, NOUVELLE RELATION, S. 32.
78 »De laisser l'Espagne au Roi Philippe, c'est la donner a Roi Louis; & que de la donner à lui, c'est le rendre Monarque Universel: que la fin qu'on s'est proposée en entreprenant la Guerre se trouve frustrée par là, & qu'on se relâche enfin sur le grand point pour lequel tant de sang a été repandu«. LA BALANCE DE L'EUROPE, S. 30. [RIDPATH], AVIS AUX NÉGOCIATEURS, PREFACE DE L'AUTEUR, [1] spricht von »le danger qu'il y a de laisser la Maison de Bourbon en possession de toute la Monarchie d'Espagne ou d'une partie considérable«. Ebd., LETTRE DU TRADUCTEUR [5], führt die Gefahr einer dadurch entstehenden Universalmonarchie vor Augen, denn die bourbonische Thronfolge in Spanien »mettra cette Maison en état de parvenir bien-tôt à la Monarchie universelle, à laquelle Elle aspire depuis long-tems«.
79 »D'en agir ainsi, c'est trahir la Confederation, abandonner les libertez de l'Europe, & sacrifier l'interêt Protestant«. LA BALANCE DE L'EUROPE, S. 30.
80 [RIDPATH], AVIS AUX NÉGOCIATEURS, S. 138.
81 »Il n'est pas difficile de juger combien cela seroit dangereux, puisque ce seroit mettre dans une seule main le Glaive spirituel & le temporel«. Ebd., S. 138f. Zur Zwei-Schwerter-Lehre vgl. LEVISON, Die mittelalterliche Lehre 1952, S. 14–42; GOEZ, Zwei-Schwerter-Lehre, Sp. 725f.
82 »La France auroit à sa dispotision toutes les Dignitez & tous les Bénéfices Ecclesiastiques, que le Pontife donne & distribuë dans toute l'Europe«. [RIDPATH], AVIS AUX NÉGOCIATEURS, S. 139.
83 »Ce qui reviendroit en effet à la même chose, que si le Roi de France avoit des Garnisons dans tous les Païs Catholiques de la Chrétienté.« Ebd.

eng mit der Widerlegung des französischen Vorwurfs eines protestantischen Religionskrieges zusammen. Protestantische Freiheit wurde dabei französischer Tyrannis gegenübergestellt. Politik und Konfession waren in diesem Diskurs aufs Engste miteinander verknüpft.

Der originär protestantische Vorwurf an Ludwig XIV., eine französische Universalmonarchie errichten zu wollen, richtete sich insbesondere an die katholischen Alliierten. Die Bedrohung der Freiheit Europas musste gleichermaßen bei protestantischen und katholischen Mächten Angst um ihre eigene Souveränität auslösen. Dementsprechend wurde der Vorwurf einer französischen Universalmonarchie im Verlauf des Neunjährigen Krieges und mehr noch im Spanischen Erbfolgekrieg auch von der Publizistik der katholischen Alliierten aufgegriffen[84]. Katholische und protestantische Autoren warfen Ludwig XIV. vor, die Religion nur als Vorwand zu benutzen, um seine eigene Machtgier zu befriedigen. Der gemeinsame Kampf gegen das Streben Ludwigs XIV. nach der Universalmonarchie legitimierte die interkonfessionellen Allianzen gegen Frankreich. In seinem Streben nach der Universalmonarchie hätte sich Ludwig XIV. insbesondere einen Verbündeten gesucht, der gleichermaßen als Feind der protestantischen und katholischen Mächte angesehen wurde: den türkischen Sultan.

### III.3.2 THE MOST Christian Turk[85]

Im Europa der Frühen Neuzeit galt der überkonfessionelle Konsens, in den Türken das radikale Andere zu sehen[86]. Ein Krieg gegen die Türken galt sowohl bei Katholiken als auch bei Protestanten als ein gerechter Krieg[87]. Diese Haltung darf jedoch nicht über die phasenweise friedlichen Beziehungen europäischer Mächte zum Osmanischen Reich und einen regen

---

84 Die Katholiken konnten darüber hinaus an die kaiserliche Publizistik aus der Zeit des Devolutionskrieges anknüpfen. Namentlich der aus der Franche-Comté stammende kaiserliche Publizist François Paul de Lisola hatte sich während des Devolutionskrieges und des Niederländisch-Französischen Krieges des Vorwurfs der Universalmonarchie bedient, um das Machtstreben Ludwigs XIV. zu verunglimpfen. Für den Erfolg seiner Argumentation sprechen die Neuauflagen seiner Schriften während des Neunjährigen Krieges und des Spanischen Erbfolgekrieges. Vgl. mit zahlreichen interessanten Quellenzitaten BAUMANNS, Das publizistische Werk, S. 187, 210; BOSBACH, Monarchia, S. 108–116, 119; MEYER, Die Flugschriften, S. 119–156; SCHILLINGER, Les pamphlétaires, S. 303–340. Ein Zusammenhang zwischen Universalmonarchie und Religionskrieg wurde hier allerdings kaum oder gar nicht hergestellt.
85 THE MOST Christian Turk.
86 Vgl. DELGADO, Europa, S. 53; KLOPP, Das Jahr, S. 1, 18f.
87 Vgl. KLESMANN, Bellum, S. 187; SCHINDLING, Türkenkriege, S. 597; ders., Das Strafgericht, S. 27; TISCHER, Offizielle Kriegesbegründungen, S. 165.

ökonomischen und kulturellen Austausch zwischen Orient und Okzident hinwegtäuschen[88].

In den frühen 1680er Jahren verschlechterten sich die Beziehungen zwischen dem Osmanischen Reich und den europäischen Mächten, was schließlich zum Ausbruch des Großen Türkenkrieges, zur Zweiten Wiener Türkenbelagerung und der Gründung der »Heiligen Liga« zwischen Kaiser, Papst, Polen, Venedig und dem russischen Zaren führte[89]. Ludwig XIV. brach währenddessen trotz mehrfacher Aufforderung des Papstes, sich am Krieg der »Heiligen Liga« zu beteiligen, die traditionell guten Beziehungen Frankreichs zur Hohen Pforte keinesfalls ab[90]. Stattdessen widerrief er 1685 das Edikt von Nantes, erklärte sich zum Vorkämpfer des Katholizismus und behauptete nach der Entthronung des katholischen Königs Jakob II. von England durch seinen protestantischen Schwiegersohn Wilhelm von Oranien, einen Religionskrieg zur Verteidigung der katholischen Kirche gegen den europäischen Protestantismus zu unternehmen[91]. Jean Orcibal hat hier von »supercroisades« des französischen Königs gesprochen, die eine Ausgleichshandlung für die fehlende Beteiligung am Türkenkrieg dargestellt habe[92]. Nicht beantwortet ist allerdings die Frage, in welchem Verhältnis Türken- und Religionskrieg in der Publizistik der alliierten Gegner Ludwigs XIV. zueinander standen.

Die außenpolitischen Grundsatzentscheidungen Ludwigs XIV. führten zu einem erheblichen Prestigeverlust der französischen Krone, der von der antiludovizianischen Publizistik des Neunjährigen Krieges sowie des Spanischen Erbfolgekrieges hemmungslos ausgenutzt wurde. Frankreichs Verbindungen zum Osmanischen Reich sollten beweisen, dass die Motive der Politik Ludwigs XIV. ganz und gar weltlicher Natur gewesen seien. Frankreich bediene sich des Vorwands der Religion nur, um seine Machenschaften zu rechtfertigen. Die französische Publizistik wurde die engen Verbindungen, die ihr Monarch zum türkischen Sultan unterhielt, damit rechtfertigen, dass er dadurch leichter die Restitution des Heiligen Landes erlangen, den Schutz der christlichen Händler in der Levante sicherstellen und die christlichen Sklaven zurückkaufen könne[93].

---

88 Vgl. DARTOIS-LAPEYRE, Turcs, S. 163–215; DELGADO, Europa, S. 53; HOCHEDLINGER, Die französisch-osmanische Freundschaft, S. 108–164; LE THIEC, Le Turc, S. 113–146; MEYER, Turquerie, S. 474–488.
89 Vgl. EICKHOFF, Venedig, S. 375f., 406f. Trotz seines Alters aufgrund des Faktenreichtums der Schilderung immer noch sehr brauchbar KLOPP, Das Jahr, insbes. S. 98–389.
90 BILICI, Les relations, S. 37–61, und POUMARÈDE, Les envoyés, S. 63–95, weisen beide auf das ambivalente, aber prinzipiell gute Verhältnis Frankreichs zum Osmanischen Reich hin.
91 Vgl. Kapitel III.2.2, III.2.3, III.2.4.
92 Vgl. ORCIBAL, Les supercroisades, S. 138–147.
93 »S'il entretient une intelligence très étroite avec le Turc, c'est pour obtenir plus aisement la restitution des Saints Lieux, pour être à lieu de proteger plus utilement les Chrêtiens, qui vont en ce païs-là de tous les Royaumes de l'Europe soit par devotion ou pour le

Frankreich habe sich in der Vergangenheit schon zu oft des Arguments der Religion bedient und sich gleichzeitig mit dem Erbfeind des christlichen Namens verbündet, als dass irgendjemand noch den französischen Verlautbarungen Glauben schenken könne[94]. Franz I. diente hier als Negativexempel. Er sei bereits Anfang des 16. Jahrhunderts ein Bündnis mit den Türken und Barbaresken eingegangen, die in Ungarn eingefallen seien und die Küsten Italiens verwüstet hätten[95]. Die antifranzösische Publizistik stellte auch in der Gegenwart einen besonderen Zusammenhang zwischen dem französischen Bündnis mit der Hohen Pforte und der Unterstützung der ungarischen Rebellion dar[96]. Der ungarische Aufstand unter Emmerich Thököly wurde dabei ausdrücklich als Religionskrieg klassifiziert und verargumentiert[97]. Reine Machtgier habe Ludwig XIV. zu einer so unheiligen Allianz getrieben[98]. Nachdem die Protestanten mit französischer Unterstützung bereits ihre »Häresie« in Ungarn ausgebreitet und zahlreiche Sakrilege begangen hätten, hätten die Franzosen die Türken durch Ungarn geleitet, um Wien, »ce Boulevart de la Chrêtienté«, zu belagern[99]. Ludwig XIV. habe den Muslimen und ungarischen

---

commerce, & pour avoir plus de credit & de facilité dans le rachat de tant de malheureux qui gemissent sous les poids des fers dont ces Infidelles les ont chargés«. Traité des interêts, S. 12.

[94] »Mais comme l'on s'est déjà servi trop souvent de ladite couverture, les enfans dans la ruë doivent commencer à sçavoir, si lesdits Predicateurs ne buttent pas plutôt à la domination universelle des Regions, qu'à l'avancement de la Religion, afin d'accomplir le Symbole du Croissant, dont Henry IV. s'est servi«. TRAUTMANSDORFF, TRADUCTION, S. 230f. REPONSE A UN DISCOURS, S. 18, fragt in rhetorischer Weise »Dites-moy encore, qui a suscité si souvent les Infideles à l'invasion de la Hongrie, & de la Transilvanie? qui a facilité leur progrez?«

[95] »La Ligue, qu'il fit avec les Infideles, rappela Soliman en Hongrie, & attira Barberousse son Amiral sur les Cotes d'Italie, où il fit des dégâts incroyables«. Ebd., S. 19.

[96] »Quelle joye pour elle [la France] d'avoir un Teckely Rebelle à la tête de tous les Protestans d'Hongrie se signaler à force de sacrileges, & d'impietez, pour l'établissement de l'heresie: conduire les Infideles aux portes de Vienne, pour assieger ce Boulevart de la Chrêtienté, & les animer luy-même à la desolation de l'Autriche, pour seconder ses cruelles intentions«. Ebd., S. 31. Frankreich »soutient actuellement un Teckely Protestant, & Rebelle contre un Souverain Catholique, si l'on interesse l'Ennemy du nom Chrêtien à sa defense«. Ebd., S. 101. Vgl. darüber hinaus FLÄMITZER, Sieben=Bürgens Oesterreichischer Messias, S. 59.

[97] Ebd. spricht FLÄMITZER ausdrücklich vom »Ungrischen Religions=Krieg«, den er für die Zweite Wienner Türkenbelagerung verantwortlich macht. Vgl. darüber hinaus REPONSE A UN DISCOURS, S. 31, 101.

[98] Continuatio, [38f.], führt »die projetirte Allianzen mit den Türcken und protestirenden Fürsten zu Verkleinerung des Hauß Oesterreich/ und den Katholischen Fürsten« an. Weiter heißt es dort »Ergò pnre agit Gallia pro Regione«, und nicht »pro Religione«.

[99] REPONSE A UN DISCOURS, S. 31, behauptet, es sei eine Freude für Frankreich gewesen »[de] conduire les Infideles aux portes de Vienne, pour assieger ce Boulevart de la Chrêtienté, & les animer luy-même à la desolation de l'Autriche, pour seconder ses cruelles intentions«. Die gleiche Argumentation wird ebd. auf S. 42, 44, wiederholt. »Warum unterhält der Aller=Christlichste König weiter so genaue Correspondentz mit dem Teckely/ der doch ein Lutheraner ist? Und aus was Ursachen endlich hat er

Rebellen die Waffen in die Hand gegeben, »pour êgorger les Chrêtiens: de seconder leur zele, pour êtendre leur Domination: & enfin de faire triompher l'heresie avec l'Alkoran, sur les ruïnes de L'Eglise«[100]. Bei ihren Kirchenschändungen am Rhein stünden die Franzosen ihrem Alliierten, dem türkischen Sultan, in nichts nach[101].

Der Religionskrieg meinte in diesem Zusammenhang in erster Linie die Rebellion der ungarischen Protestanten und rechtfertigte die konfessionelle Repressionspolitik der Hofburg in Ungarn vor den protestantischen Mächten. Würde Wien nicht gegen die protestantischen Rebellen zu Felde ziehen, so laufe die gesamte Christenheit Gefahr, Beute der Türken und Franzosen zu werden. Die Vieldeutigkeit des Religionskriegsbegriffs stellte auf diese Weise einen engen Zusammenhang zwischen der Rebellion der ungarischen Protestanten, dem Großen Türkenkrieg und dem Krieg gegen Frankreich her. Sowohl der Krieg gegen die ungarischen Rebellen, der Große Türkenkrieg als auch der Krieg gegen Frankreich konnten in diesem Zusammenhang als Religionskrieg firmieren. In jedem dieser Fälle sprach die antiludovizianische Publizistik katholischer und protestantischer Provenienz Kaiser Leopold I. die Aufgabe zu, die katholische Kirche gegen ihre Feinde zu verteidigen, die gleichermaßen in ungarischen Protestanten, Türken und Franzosen erblickt werden konnten. Damit wurde der ungarische Religionskrieg als überkonfessioneller Verteidigungskrieg der Christenheit verargumentiert. Kaiser Leopold kam als erstem Monarchen der Christenheit die Führung in diesem Krieg zu. Diese Argumentation zielte direkt auf die katholischen Mächte ab und wehrte sich gegen die französischen Verlautbarungen, Ludwig XIV. führe seinerseits einen Religionskrieg zur Verteidigung der katholischen Kirche gegen das protestantische Europa. Das Bündnis des französischen Monarchen mit den protestantischen Rebellen und dem türkischen Sultan sollte diese französische Argumentation widerlegen und dem Kaiser die Unterstützung der anderen katholischen Fürsten und vor allem der römischen Kurie sichern.

Die antifranzösische Publizistik des Neunjährigen Krieges erblickte in Innozenz XI. über die Konfessionsgrenzen hinaus einen vorbildlichen Papst.

---

vermittelst des Teckely den Türcken in Teutschland gezogen/ und also die gantze Christenheit in augenscheinliche Gefahr gestürtzt?« Wahres INTERESSE, S. 25. »Pourquoy s'est-il servie de luy pour amener le Turc en Allemagne à la ruine de la Chrêtientê?«, bzw. in ihrer ebendort abgedruckten deutschen Übersetzung: »Und aus was Ursachen endlich hat er vermittelst des Tekeli den Türcken in Deutschland gezogen/ und also die gantze Christenheit in augenscheinliche Gefahr gestürtzt?« LES VERITABLES INTERETS, S. 52. »Vraiment, c'est bien à faire à la France de parler de Religion, elle qui fomente le Rebelle & le Renegat Tekli, elle qui envoie des millions pour obliger la Porte à continuer la Guerre contre les Cretiens, elle qui empeche que la Croix ne soit arborée à Constantinople«. BRUSLE DE MONTPLEINCHAMP, LUCIEN, S. 38.

100 REPONSE A UN DISCOURS, S. 32f.
101 Vgl. ebd., S. 38.

Drei Umstände trugen maßgeblich zur Akzeptanz Innozenz' XI. in der protestantischen Publizistik bei: Erstens sein angespanntes Verhältnis zum Jesuitenorden, zweitens sein andauernder Konflikt mit Ludwig XIV. und drittens seine finanziellen und diplomatischen Anstrengungen zur Unterstützung des Großen Türkenkrieges[102]. Seit der Reformation herrschte unter Katholiken und Protestanten ein weitgehender Konsens, der den Beitrag der katholischen Kirche zu den Türkenkriegen trotz Ablehnung des Kreuzzugsgedankens durch die Protestanten ausdrücklich begrüßte[103]. Unter Innozenz XI. wurden die christlichen Kriegsanstrengungen im Großen Türkenkrieg in erheblichem Maße von der römischen Kurie mitgetragen[104]. Er fand die ungeteilte Zustimmung von Katholiken und Protestanten für seine diplomatische und finanzielle Unterstützung des Großen Türkenkrieges.

Die antifranzösische Publizistik betonte, Innozenz XI. hege den Wunsch, den Balkan von den Türken zu befreien[105]. Die protestantische Flugschrift *Der Vermeinte/ Und von Franckreich erdichtete/ Religions=Krieg* berichtet, der Papst habe sich schon zu Beginn des Großen Türkenkrieges vor einer Diversion der Franzosen gefürchtet, die den Siegeszug der Christen auf dem Balkan beenden könne[106]. Die französisch gesinnten Jesuiten hätten darauf dem Papst versprochen,

daß der Aller=Christl. so lange der Türcken-Krieg währete/ kein Schwerdt zucken/ vielweniger einen Krieg zum Nachtheil der Christlichen Siegs=Waffen anfangen/ sondern so lange in Ruhe stehen werde/ biß der Türcke entweder gäntzlich ausgerottet/ oder doch aus Europa getrieben worden[107].

---

102 Zum Konflikt Innozenz XI. mit der *Societas Jesu* vgl. NEVEU, Jacques II., S. 715. Zum Konflikt Innozenz XI. mit Ludwig XIV. vgl. BLET, Les Assemblées, S. 117–420; BOUTANT, L'Europe, S. 364–373; FEUILLAS, Innocent XI, S. 757–758; PASTOR, Geschichte, S. 841–957. Über Innozenz' diplomatische und finanzielle Unterstützung des Türkenkrieges vgl. FEUILLAS, Innocent XI, S. 758; HOCHEDLINGER, Austria's wars, S. 157, 161; PASTOR, Geschichte, S. 694–840; POUMARÈDE, Pour en finir, S. 270f. Selbst eine Kirchenvereinigung mit den Protestanten erschien dem Papst als probates Mittel, den Kampf gegen die Türken zu unterstützen. Vgl. GÉRIN, Recherches, S. 318; SCHNETTGER, Katholisch-protestantische (Re-)Unionsbestrebungen, S. 106.
103 Charakteristisch war dabei die Befürwortung des Türkenkrieges bei gleichzeitiger Ablehnung des katholischen Kreuzzugsgedankens. Vgl. RYCAUT, HISTOIRE 1682, Bd. 2, S. 114, 117. Vgl. darüber hinaus mit weiteren Quellenbeispielen POUMARÈDE, Pour en finir, S. 39–43; SCHULZE, Reich, S. 46–52.
104 Vgl. HOCHEDELINGER, Austria's wars, S. 28f., 163; PASTOR, Geschichte, S. 783f.
105 Vgl. The life, S. 68; Der Vermeinte/ Und von Franckreich erdichtete/ Religions=Krieg, S. 49.
106 »Nachdem der Türcken=Krieg in Ungarn angangen/ und der Pabst sich wegen Franckreich einer neuen Unruhe in denen Christl. Ländern besorgte/ wodurch der Christen Progressen wider den Erb=Feind verrucket werden möchten«. Ebd.
107 Ebd., S. 49f.

Zum Zeitpunkt des Erscheinens dieser Flugschrift hatte Ludwig XIV. bereits den Regensburger Stillstand gebrochen und aus Sicht der Publizistik der protestantischen Alliierten sich und seine jesuitischen Agenten Lügen gestraft[108]. Frankreich hindere Innozenz XI. an der Ausführung seines Plans zur Befreiung des Balkans von der osmanischen Herrschaft und habe sich stattdessen mit dem Sultan verbündet, um Europa untereinander aufzuteilen[109]. Als Verbündeter des Sultans habe Ludwig XIV. die Gebiete seiner protestantischen und katholischen Nachbarn ohne Unterschied verwüstet[110]. Antifranzösische Autoren appellierten deshalb an den Papst, auch weiterhin nicht auf die Winkelzüge Frankreichs hereinzufallen, es handele sich beim Neunjährigen Krieg um einen Religionskrieg, bei dem Frankreich die Führung der katholischen Partei zukomme[111]. Nur einige von Frankreich gekaufte italienische Duodezfürsten seien bisher auf diese Einflüsterungen der französischen Propaganda hereingefallen[112]. Ihre und Frankreichs Bemühungen, den Papst davon zu überzeugen, Ludwig XIV. führe einen Religionskrieg zur Verteidigung des Katholizismus gegen die Protestanten, seien aber bisher ins Leere gelaufen[113]. Stattdessen habe der Papst die Taktik Ludwigs XIV. durchschaut, den Kaiser in seinem Kampf gegen die Türken unterstützt und nicht zugelassen, »que toute la Chrêtienté alloit devenir la proye du Roi de France & du Grand seigneur«[114]. Frankreich und der türkische Sultan hätten geplant, die Christenheit unter sich aufzuteilen[115]. Der protestantische Publizist Gregorio Leti führte gar einen fiktiven Artikel in der *Gazette de Rome* vom 3. Juni 1688 an, in dem der Kardinalstaatssekretär Alderano Cibo Zweifel an den konfessionellen Motiven der Politik Ludwigs XIV. angemeldet habe. Cibo habe darin verlautbaren lassen, »que le Siége Apostolique auroit été moins maltraité s'il fût tombé entre les mains du Turc, qu'il ne l'a été quand il est tombé entre les griffes

---

108 Vgl. BOUTANT, L'Europe, S. 840.
109 Vgl. The life, S. 68.
110 Vgl. ebd.; IMHOF, LE GRAND THEATRE, S. 499; LES VERITABLES INTERETS, S. 51f.
111 Vgl. MERCURE HISTORIQUE 01.1689, S. 11f. The life, S. 68, und DÉPÉCHE, S. 33f., ridikülisierten die französischen Ansprüche auf die Führung der katholischen Mächte im Kampf gegen den Protestantismus.
112 Vgl. MERCURE HISTORIQUE 01.1689, S. 29f.
113 »He was sensible that this was not a Religious War, as the Jesuites would insinuate, who have labored the Exaltation of France, but that the French King had ravish'd something from most of his Neighbours, as well Papists as Protestants«. The life, S. 68; MERCURE HISTORIQUE 01.1689, S. 12, 29f.; DÉPÉCHE, S. 33f.
114 MERCURE HISTORIQUE 01.1689, S. 12; The life, S. 68.
115 »The Grand Seignior [...] [and] France, [...] had design'd to share Christendom between them«. Ebd. »De là vient, que quoi qu'il ait des forces invincibles, il n'a pourtant jamais voulu rien entreprendre contre les Turcs, parce qu'étant Très-Chrétien, il n'aime pas les Infidéles, & qu'en qualité de Fils aîné de l'Eglise, qui est la Mére de toutes les Nations, il se contente d'avoir la Chrêtienté pour sa portion«. LETI, LA MONARCHIE 1689, Bd. 1, PRÉFACE [32f.].

du Roi Très-Chrétien«[116]. Gleichwohl sei es in Italien aber eine gefährliche Anschuldigung, keinen ausreichenden Glaubenseifer für den Katholizismus zu besitzen[117]. Dadurch bestehe letzten Endes doch noch die Gefahr eines Sinneswandels an der römischen Kurie[118]. Dies wurde namentlich nach dem Tod Innozenz' XI. im Jahre 1689 deutlich.

Innozenz XI. und seine Politik gegenüber Ludwig XIV. fungierten in der antifranzösischen Publizistik auch in den Folgejahren als Vorbild, wenn es darum ging, Frankreich mit Verweis auf seine engen Beziehungen zum Osmanischen Reich zu diskreditieren. Dies wurde umso dringlicher, als sich das Verhältnis zwischen Ludwig XIV. und dem amtierenden Papst unter dem Pontifikat Innozenz' XII. langsam entspannte[119]. Die antifranzösische Publizistik beobachtete diese Entwicklung mit großem Argwohn. So berichteten verschiedene Schriften im Dezember 1692 aus Rom, Papst Innozenz XII. habe Kaiser Leopold I. wegen seines Bündnisses mit Wilhelm von Oranien weitere Subsidien zur Fortsetzung des Türkenkrieges verweigert[120]. Der Papst wolle die Schätze der Kirche nicht zur indirekten Unterstützung eines Häretikers verwenden[121]. Der MERCURE HISTORIQUE ET POLITIQUE kommentierte, wenn es sich beim Neunjährigen Krieg um einen Religionskrieg gegen den Katholizismus handelte, so habe der Papst als Pontifex gesprochen: »mais [...] il devroit conserver le même caractère par rapport à la Religion Chrêtienne, & pour cet effet excommunier le Roi de France qui est entré en Alliance avec un Prince Infidele qui est l'ennemi du nom Chrêtien«[122].

---

116 Ebd., S. 423.
117 Vgl. MERCURE 01.1689, S. 30.
118 Vgl. ebd.
119 Vgl. BLET, Les Assemblées, S. 531–580; ders., Le Clergé, S. 3–25; PASTOR, Geschichte, S. 1097–1103.
120 »Je ne saurois finir ces réflexions sans dire un mot de la Réponse que le Pape fit au Ministre de l'Empereur, lors qu'il le sollicita de vouloir contribuer encore par la distribution de quelque argent à continuer la Guerre contre les Turcs. Il lui reprocha que Sa Majesté Imperiale avoit fait alliance avec le Roi d'Angleterre«. MERCURE HISTORIQUE 12.1692, S. 596. »I cannot conclude these Reflections, without bestowing a Word upon the Pope's Answer to the Emperor's Minister, when he Solicited him for Money to continue the War in Turkey. He tax'd him, that the Emperor had made an Alliance with the King of England«. THE PRESENT STATE 12.1692, S. 454. Eine ähnliche Darstellung findet sich auch in Der Vermeinte/ Und von Franckreich erdichtete/ Religions=Krieg, S. 54.
121 »C'étoit parce qu'il s'étoit allié avec un Hérétique qu'il refusoit d'ouvrir ses tresors«. MERCURE HISTORIQUE 12.1692, S. 596. »That it was because his Master was in Confederacy with a Heretick, that he refus'd him the Liberality of his Purse«. THE PRESENT STATE 12.1692, Bd. 3, S. 454.
122 MERCURE HISTORIQUE 12.1692, S. 596f. Der gleiche Wortlaut findet sich noch im selben Jahr in der Zeitschrift THE PRESENT STATE OF EUROPE 12.1692, S. 454f.

Im Bezug auf die katholische Konfession möge der Papst zwar richtig gehandelt haben, aber er müsse sich als Pontifex auch vor der christlichen Religion insgesamt rechtfertigen[123]. Es könne kaum im Interesse der Christenheit liegen, dass er Ludwig XIV. unterstütze, der doch ein Bündnis mit dem »ennemi du nom Chrêtien« eingegangen sei[124]. Vielmehr sei es seine Pflicht als Oberhaupt der Christenheit, den französischen König für diese Freveltat zu exkommunizieren[125]. Zu diesem Zweck unterstrich die antifranzösische Publizistik den Zusammenhang von Großem Türkenkrieg und Neunjährigem Krieg. Katholiken und Protestanten beanspruchten derart beide die ideelle und materielle Unterstützung des Papstes in ihrem gemeinsamen Kampf gegen den türkischen Sultan und den französischen König.

Der antiludovizianischen Publizistik kam dabei das Verhalten der französischen Politik seit Ausbruch des Großen Türkenkrieges im Jahr 1683 zugute. Eine antifranzösische Flugschrift stellte 1688 mit Ironie fest, die französischen Botschafter in Polen und an der Hohen Pforte hätten im Vorfeld des Großen Türkenkrieges den Sultan »fort Chrestiennement« zu einer Diversion in Ungarn eingeladen[126]. Ludwig XIV. wurde dadurch als eigentlich Verantwortlicher des Großen Türkenkrieges gebrandmarkt. Er habe die Türken erst zum Kampf gegen den Kaiser aufgestachelt, so die antifranzösische Publizistik einmütig[127].

Die antifranzösische Publizistik verurteilte aufs Schärfste, dass Ludwig XIV. kurz nach Ausbruch des Großen Türkenkrieges dem christlichen Heer in den Rücken gefallen sei, indem er Luxemburg besetzt habe[128]. Dadurch habe er 1684 den Regensburger Stillstand erpresst, der Frankreich auf 20 Jahre die Reunionen im Westen des Reiches zusicherte[129]. Und obwohl er darin wichtige Gebietsgewinne zugesprochen bekommen habe, habe er den Waffenstillstand bei nächster Gelegenheit erneut gebrochen, ungeachtet der Tatsache, dass sich die Armeen der anderen katholischen Mächte immer noch auf dem Balkan im Krieg gegen die Türken befunden haben[130]. Frankreich habe auf diese

---

123 »J'avoüe que par rapport à la Religion Catholique & supposé que la Guerre presente fut une Guerre de Religion, le Pape a parlé en Pape. Mais si par rapport à la Religion Catholique il a parlé en Pontife, il devroit conserver le même caractère par rapport à la Religion Chrêtienne, & pour cet effet excommunier le Roi de France qui est entré en Alliance avec un Prince Infidèle qui est l'ennemi du nom Chrêtien«. MERCURE HISTORIQUE 12.1692, S. 596f. Vgl. auch die gleichlautende englische Übersetzung bei THE PRESENT STATE 12.1692, S. 454f.
124 Ebd., S. 454f.
125 Vgl. ebd.
126 REPONSE A UN DISCOURS, S. 29.
127 Vgl. ebd.; [Weldwood], L'HISTOIRE, S. 134.
128 Vgl. REPONSE A UN DISCOURS, S. 33f.
129 Vgl. ebd., S. 42.
130 Vgl. ebd. Auch protestantische Publizisten klagten Frankreich an, Kaiser Leopold I. in den Rücken gefallen zu sein. Vgl. Tronchin du Breuil, LETTRES 1688, S. 105;

Weise schamlos vom Großen Türkenkrieg profitiert, um Gebiete des Heiligen Römischen Reiches zu usurpieren, die es im Regensburger Stillstand nur vorübergehend erhalten habe[131]. Die antifranzösische Publizistik unterstellte Ludwig XIV. damit, eine rein machiavellistische Politik zu betreiben und keinerlei Rücksicht auf den Katholizismus oder die Christenheit zu nehmen.

Weit verbreitet war in diesem Zusammenhang die Ansicht, Ludwig XIV. unterstütze den Sultan in seinen Kriegsanstrengungen und verhindere einen Friedensschluss mit dem Kaiser[132]. Die gut gesinnten Katholiken wüssten, »qu'on publioit hautement non-seulement à la Porte Ottomane, mais à la Cour de France que ce Monarque entroit dans l'Empire pour faire diversion d'armes & empêcher le Turc de succomber«[133].

Die Schlussfolgerung lag nahe, Ludwig XIV. habe gänzlich das Interesse der christlichen Religion verraten[134]. Weit verbreitet war der Vorwurf, Türken und Franzosen stünden in einem direkten Bündnis zueinander[135]. Der Titel

---

LES HEUREUSES SUITES, AVERTISSEMENT [8]; LE VRAI INTERET, S. 217. Die guten Katholiken wüssten, »qu'on publioit hautement non.seulement à la Porte Ottomane, mais à la Cour de France que ce Monarque entroit dans l'Empire pour faire diversion d'armes & empêcher le Turc de succomber«. L'ETAT, S. 218. In der Tat hatte Ludwig XIV. am 24. September 1688 den Regensburger Stillstand gebrochen und Kaiser Leopold I. den Krieg erklärt, während sich die kaiserlichen Truppen noch auf dem Balkan im Krieg gegen die Türken befanden. Vgl. BOUTANT, L'Europe, S. 169, 836, 843; TISCHER, Offizielle Kriegsbegründungen, S. 141, 248; EICKHOFF, Venedig, S. 392. Ludwig XIV. rechtfertigte diesen Schritt in einem eigenen Memorandum an den Reichstag. Vgl. FRANKREICH, Memoire. Daneben existieren in der BNF mehrere Ausgaben aus Caen, Dijon und Vienne. Die Ursprungsfassung war auf Latein verfasst und an den Reichstag in Regensburg adressiert. Zum Entscheidungsprozess, in den Krieg einzutreten, vgl. SYMCOX, Louis XIV, S. 179–212.

131 »So macht er zum Überfluß des Unglücks vor die Catholische Religion eine Alliance mit dem Türcken/ und zwinget ihn/ den Stillstand/ den er mit dem Keyser gemacht/ 3. oder 4. Monat vor dessen Endigung/ zu brechen/ und seine Waffen ins Reich zu bringen«. Europäischer Staats=Rath, [116]. RÉPONSE A l'ÉCRIT, S. 9, warf Frankreich vor »[de] profiter de l'estat où se trouvoient l'Empereur & l'Empire, & s'assurer à perpetuité ce qu'elle ne possedoit que pour 20 ans«.
132 »La Paix avec le Turc n'est pas encore concluë, & il est sûr que si le Grand Seigneur apprenoit cette division générale de l'Europe, il ne la conclurroit point; puis que malgré ses pertes […] les promesses de la France le rendent encore fier«. LES HEUREUSES SUITES, AVERTISSEMENT [10]. Ludwig XIV. »qui par ses intrigues à la Porte Ottomane a porté le Grand-Seigneur à continuer la guerre, dans un temps où ces grandes pertes au dehors, & les divisions du dedans l'avoient obligé de demander la Paix à l'Empereur«, heißt es bei [WELDWOOD], L'HISTOIRE, S. 134.
133 L'ETAT, S. 218.
134 »Elle [la France] ne craint pas de s'allier avec les Infidéles, pour les exciter à continuer la guerre contre l'Empire, aux dépens de tout ce que la Religion en peut souffrir?« TRONCHIN DU BREUIL, LETTRES 1688, S. 105. CHEVALIER, HISTOIRE, S. 121.
135 Vgl. TRONCHIN DU BREUIL, LETTRES 1688, S. 105; LE VRAI INTERET, S. 217; CHEVALIER, HISTOIRE, S. 121; Der Vermeinte/ Und von Franckreich erdichtete/ Religions=Krieg, S. 60; DÉPÉCHE, S. 33.

eines Allerchristlichsten Königs von Frankreich gereiche Ludwig XIV. daher mehr zum Hohn als zur Ehre[136]. Der Kaiser habe deshalb Jakob II. von England geschrieben:

Nôtre Religion [...] n'a jamais été plus soulée que par les François. [...] Ils croient qu'il leur est permis de joindre leurs armes infidéles avec celles des Ennemis jurez de la sainte Croix, à la rüine totale de nous & de tout le monde Chrêtien, de rompre les desseins que nous avons faites pour la gloire de Dieu, & d'empêcher les progrés qu'il a plû à sa main toute puissante de nous accorder[137].

Diese Argumentation zielte klar auf ein katholisches Publikum, denn Jakob II. fungierte als Kronzeuge der französischen Argumentation mit dem Religionskrieg[138]. Kaiser Leopold I. diente als Gegenfigur zu Jakob und dementsprechend als Zeuge für den Verrat Ludwigs XIV. an der gesamten Christenheit. Damit habe der französische König sich direkt gegen Gott gewandt. Kein aufrichtiger Katholik hätte sich demzufolge auf ein Bündnis mit Ludwig XIV. einlassen können. Der englische König wurde mit diesem vermutlich fiktiven Brief derart als Komplize des französischen Monarchen und des türkischen Sultans dargestellt, dass seine Sache unmöglich länger als Sache des Katholizismus hätte wahrgenommen werden können. Frankreichs Argumentation, es handele sich beim Neunjährigen Krieg um einen Kampf für die Rechte eines vertriebenen katholischen Monarchen, und ergo um einen Religionskrieg für den katholischen Glauben, wurde auf diese Weise ad absurdum geführt. Wie anschlussfähig diese Argumentation innerhalb der katholischen Christenheit war, zeigte nicht nur die Politik Papst Innozenz' XI. und Papst Alexanders VIII. zu Beginn des Neunjährigen Krieges, sondern auch die Geißelung der ludovizianischen Diversion im Großen Türkenkrieg seitens ansonsten loyaler französischer Untertanen[139].

---

136 »Qui peut meriter plus justement le titre de Roy veritablement Tres-Chrestien, qu'un Prince qui a attiré dans la Chrestienté l'Ennemi commun du Nom de Jesus«. [WELDWOOD], L'HISTOIRE, S. 134. »La France tint des discours pieux & fût la zelée pour l'avancement du repos public, & des intérêts du Christianisme, pendant qu'au mépris de tout ce que la Société & la Religion ont de plus Sacré [...] entretenoit un Commerce étroit, & faisoit des Ligues offensives & défensives avec l'ennemy commun de la Chrêtienté«. CHEVALIER, HISTOIRE, S. 121, klagt Frankreich der Doppelzüngigkeit an. Programmatisch ist THE MOST Christian Turk.
137 LE VASSOR, LETTRES, S. 56f.
138 Vgl. Kapitel III.1.3.
139 Vgl. mit Quellenbeispielen CHALINE, Le règne, Bd. 2, S. 37f. Impliziert findet sich eine solche Kritik auch beim französischen Historiografen VANEL, HISTOIRE, Bd. 3, S. 32–36.

Protestantische Autoren adressierten ihre Schriften aber in erster Linie nicht an die katholischen Untertanen Ludwigs XIV., sondern an die katholischen Alliierten. Diese wurden eindringlich vor den konfessionellen Bündniswerbungen Frankreichs gewarnt:

Supposé qu'on fit la Paix auec la Porte, que tous les Princes Catholiques se liguassent contre les Réformez, & que ces derniers eussent du dessous; la France seule profiteroit des dépouilles des vaincus, comme étant le chef de la Ligue, & se serviroit de ces nouvelles aquisitions, pour subjuguer ceux qui l'auroient aidée à les faire[140].

Somit stellte die protestantische Publizistik sowohl das angebliche Bündnis Ludwigs XIV. mit dem türkischen Sultan als auch die französischen Angebote einer Friedensvermittlung mit der Hohen Pforte als Angriffe auf alle europäischen Gemeinwesen dar. Denn gleichgültig, ob sie sich mit Frankreich und dem Osmanischen Reich im Krieg befänden oder mit Ludwig XIV. ein Bündnis zur Vernichtung der Protestanten eingingen, müssten sie im Anschluss befürchten, selbst unterworfen zu werden. Beim Neunjährigen Krieg könne es sich also keinesfalls um einen Religionskrieg handeln, wie Ludwig XIV. vorgab, denn würde er sonst »den abgesagten Feind aller Christen/ den Türcken/ zu seinem treuen Bundesgenossen und Helffer in diesem Religions=Wercke gebrauchen«[141]? Selbst das streng katholische Spanien habe trotz seines Strebens nach der Universalmonarchie im 16. Jahrhundert niemals »den unchristlichen Bluthund den Türcken/ in seinen vorgeschützten Religions=Kriegen zum Beystand angenommen«[142]. Ludwig XIV. habe die Hugenottenverfolgungen in Frankreich begonnen, »esperant par là, de récouvrer la réputation de bon Catholique, qu'il avoit perdüe en assistant les Protestans d'Hongrie, & en favorisant le Turc contre l'Empereur«[143].

Der französischen Argumentation gegenüber den katholischen Mächten, es handele sich beim Neunjährigen Krieg um den Kampf Frankreichs für den Katholizismus, begegneten protestantische Autoren durch eine Apologie ihrer katholischen Alliierten. Diese Selbstverteidigung fokussierte auf ein gesamtchristliches Gemeinschaftsgefühl, das sich sowohl gegen die Türken als auch gegen Frankreich richtete. Wenn der Neunjährige Krieg kein Religionskrieg

---

140 LES HEUREUSES SUITES, AVERTISSEMENT [10f.].
141 Der Vermeinte/ Und von Franckreich erdichtete/ Religions=Krieg, S. 60. So implizit auch: DÉPÉCHE, S. 33f.
142 Der Vermeinte/ Und von Franckreich erdichtete/ Religions=Krieg, S. 60.
143 LE VRAI INTERET, S. 218f. Die Erwähnung der ungarischen Protestanten spielt hier auf die französische Unterstützung für Emmerich Thököly an. Vgl. BÉRENGER, Le royaume, S. 277–319; BUCSAY, Geschichte, S. 99.

sei, so müsse es Österreich erlaubt sein, sich mit England zu verbünden, so wie sich Frankreich zuvor mit den Türken verbündet habe[144]. An die Katholiken gerichtet hieß es,

Il est pour le moins aussi aisé d'obtenir des Turcs, que des Anglois, la liberté de conscience pour les Catholiques, & il est d'ailleurs beaucoup plus à craindre que les Catholiques ne deviennent Protestans sous la domination Protestante, qu'il n'est à craindre qu'ils se fassent Turcs sous la domination Turque[145].

Die Allianz zwischen dem Kaiser und Wilhelm von Oranien bringe der katholischen Kirche also mehr Vorteile als ein Sieg Ludwigs XIV., bei dem die Katholiken unter türkische Herrschaft gerieten. Denn der Katholizismus könne unter türkischer Herrschaft weit weniger die Gewissensfreiheit erlangen als unter der Herrschaft der Protestanten. Die Katholiken sollten sich also auf die Seite der Wiener Großen Allianz stellen. Vor den Türken hätten sie Unterdrückung zu befürchten, die Wiener Große Allianz hingegen sichere ihnen die freie Religionsausübung in Regionen, in denen sie bisher kein Existenzrecht innehatten. »Il faudroit donc pretendre qu'à l'égard des Ottomans, c'est une guerre de Religion, mais non pas à l'égard de l'Angleterre«[146]. Aus diesem Grund habe Gott Frankreich nicht beigestanden, sondern die Waffen des Kaisers und der Republik Venedig im Großen Türkenkrieg derart gesegnet, dass der Sultan »jusques sur le bord de sa ruine« stünde[147]. Es sei zu hoffen, »qu'il benira les armes des Princes Chrêtiens, qui se sont ligué contre la France [...] pour abattre, ou du moins pour abaisser un si grand ennemi de la Chrêtienté« wie den französischen König[148].

Selbst nachdem der Neunjährige Krieg im Frieden von Rijswijk 1697 und der Große Türkenkrieg im Frieden von Karlowitz 1699 mit erheblichen Gewinnen der Alliierten beendet werden konnten, setzte sich die Anklage, Frankreich stehe in einem Bündnis mit dem Osmanischen Reich, in der Publizistik der Gegner Ludwigs XIV. ungebrochen fort. Sie wurde selbst zum Bestandteil der Religionskriegsmemoria. Die antiludovizianische Publizistik bediente sich der Anklagen aus dem vergangenen Krieg gegen Frankreich auch während des Spanischen Erbfolgekrieges. Das fiktive Bündnis zwischen Frankreich und dem Osmanischen Reich sollte die neuerlichen Verlautbarungen Frankreichs widerlegen, auch beim jetzigen Krieg handele es sich

---

144 »Si ce n'est pas une guerre de Religion, mais seulement une guerre pour le temporel, il nous devroit être aussi permis de nous joindre avec le Turc, qu'à la Maison d'Austriche de se liguer avec l'Angleterre«. [BAYLE?], AVIS, S. 351.
145 Ebd., S. 351f.
146 Ebd., S. 352.
147 LE VRAI INTERET, AVIS AU LECTEUR [3].
148 Ebd., AVIS AU LECTEUR [3f.].

um einen Religionskrieg zur Verteidigung des Katholizismus. Armand-Louis Bonin de Chalucet, Bischof von Toulon, habe am 28. Juni 1702 eine Rede vor Ludwig XIV. in Versailles gehalten, in der er erklärt habe, aufgrund des kaiserlichen Bündnisses mit Häretikern handele es sich beim Spanischen Erbfolgekrieg um einen Religionskrieg[149]. Der *MERCURE HISTORIQUE ET POLITIQUE* vom Juli 1702 widerlegte diese Anschuldigung, »comme si la France ne s'allieroit pas de bon cœur avec les Infidelles si les Ministres qu'elle a à la porte Ottomane y pouvoient faire consentir le Grand Seigneur«[150]. Frankreich habe auf diese Weise bereits zur Zeit des Großen Türkenkrieges den Sultan zum Krieg gegen das Heilige Römische Reich aufgestachelt[151]. Schon in der Vergangenheit habe Ludwig XIV. den türkischen Sultan mit Subsidien unterstützt, die er auf besonders unerbittliche Weise seinen katholischen Untertanen abgetrotzt habe[152].

Im Großen Türkenkrieg habe er dem Sultan auch Truppen und Berater zur Seite gestellt[153]. Daraus könne man leicht schließen, dass ein Bündnis zwischen Ludwig XIV. und dem Großtürken bestanden habe[154]. Frankreich habe früher schon die Türken nach Europa gezogen, um ein allgemeines Massaker anzurichten und den Kontinent in die Sklaverei zu führen[155]. Dabei habe Ludwig XIV. Jakob II. im Stich gelassen, um eine Diversion zugunsten der Ungläubigen am Rhein zu unternehmen[156]. Aus diesem Grunde könne es sich bei seinem Unternehmen gegen den Kaiser kaum um den Religionskrieg

---

149 Vgl. MERCURE HISTORIQUE 07.1702, S. 194.
150 MERCURE HISTORIQUE 07.1702, S. 195.
151 »[La France] y avoit attiré les Turcs: tout le monde en étoit convaincu«. VALOOT-DUVAL, NOUVELLE RELATION. S. 57f.; [RIDPATH], AVIS AUX NÉGOCIATEURS, S. 143. »[Louis XIV] avoit aussi promis au Turc son Allié, de faire diversion en sa faveur«. VALOOT-DUVAL, NOUVELLE RELATION. S. 56. »La Religion Turque, en faveur de laquelle il semble que Louïs XIV. declare la guerre à l'Empereur, & fait une puissante diversion sur le Rhin«. LA CHESNÉE, LE PARALLELE, S. 100. »L'Ennemi du nom Chrêtien, en faveur duquel cette Couronne [la France] fidelle a une si infame alliance, faisoit une dangereuse diversion«. REPONSE Au Manifeste adressé par le ROY, S. 14f., 59f.
152 Vgl. LA CHESNÉE, LE PARALLELE, S. 100.
153 Vgl. ebd., S. 100; DEFOE, A REVIEW, S. 322.
154 Vgl. LA CHESNÉE, LE PARALLELE, S. 100. Der Bündnisvorwurf so auch bei DEFOE, A REVIEW, S. 322.
155 »The Common Enemy of Christians, the Turks, and Ravaging Tartars, were called into Christendom to promote this Design, and their destructive Methods of managing Wars by universal Slaughters, Havock and Burnings, brought into Practice by the more Unitarian French [...] for the general Slavery and Desolation of Europe«. KING, Europe's deliverance, S. 2.
156 »La France ayant ainsi sacrifié un Roi si zelé Catholique, pour attaquer des Princes Catholiques [...] dans la vuë de faire diversion en faveur des Infidéles, comment peut-on soutenir qu'elle n'a pris les armes que pour les intérêts de la Religion«. REPONSE Au Manifeste adressé par le ROY, S. 60.

gehandelt haben, wie die französischen Pamphletisten behaupteten[157]. Der Verweis auf die Geschichte des Großen Türkenkrieges und des Neunjährigen Krieges sollte während des Spanischen Erbfolgekrieges Beleg genug dafür sein, dass Frankreich auch in jetzigem Krieg Gleiches tun werde. Frankreich sei jederzeit dazu bereit, ein neues Bündnis mit dem Osmanischen Reich gegen den Kaiser einzugehen, um dessen Macht in Deutschland zu schwächen[158]. Auf diese Weise versuchte die antifranzösische Publizistik, die Außenpolitik Ludwigs XIV. vor seinen eigenen katholischen Untertanen sowie den auswärtigen Mächten zu desavouieren. Dem französischen König sollte die Unterstützung seiner eigenen Landeskinder und möglicher katholischer Verbündeter entzogen werden.

Das angebliche Bündnis Ludwigs XIV. mit der Hohen Pforte ermöglichte es der antifranzösischen Publizistik, Frankreich nicht nur zum Feind des katholischen Glaubens, sondern zum Feind der Christenheit insgesamt zu erklären. Die Franzosen wurden letzten Endes mit den Türken gleichgesetzt. Frankreich könne in keiner Weise von einem Religionskrieg sprechen, wenn Ludwig XIV. selbst ein Bündnis mit dem türkischen Sultan eingegangen sei und die Rückeroberung des christlichen Balkans behindere[159]. Bei ihren Kriegszügen hätten die Türken und Tataren schreckliche Massaker unter den Christen angerichtet und tausende Europäer mit französischer Unterstützung in die Sklaverei verschleppt[160]. Durch sein Bündnis mit dem Osmanischen Reich plane Frankreich nach der Vernichtung des Katholizismus die Vernichtung der gesamten Christenheit[161].

Bei der Verunglimpfung der französischen Religionskriegsrhetorik kam der antiludovizianischen Publizistik ein Umstand zugute: die Tatsache, dass katholische und protestantische Autoren das Führen von Religionskriegen als festen Bestandteil des muslimischen Glaubens interpretierten[162]. Es sei eine

---

157 Vgl. ebd.
158 Vgl. LETI, LA MONARCHIE 1701, Bd. 2, S. 91.
159 »En échange l'on propose dans le même tems à Constantinople le recouvrement du Royaume du Royaume de Hongrie, & de la Transylvanie, & l'on anime le Grand Seigneur, selon le propre aveu que son Envoyé a fait l'année passée à Genes, contre l'Empereur, & à renouveller l'Alliance commencée avec Mutaferrata«. TRAUTMANSDORFF, TRADUCTION, S. 230.
160 Vgl. REPONSE A UN DISCOURS, S. 32; KING, Europe's deliverance, S. 3f.; DÉPÊCHE, S. 33.
161 Vgl. REPONSE A UN DISCOURS, S. 32f.
162 Vgl. ARTICLE CXXXI. LETTRE ECRITE PAR MONSIEUR de la Roque à Monsieur Rigord, Subdelegué de l'Intendance de Provence à Marseille, sur des monumens antiques &c., in: MÉMOIRES 10.1714, S. 1771–1178, hier S. 1776; Rezension von: Kitab Almachaid ou Alasrar Altaouhhidya, C'est à dire, Le Livre des témoignages des mysteres de l'unité, composé par Hamza Bin Ahmed, Grand Pontife de la Religion des Druzes, en 4. Tomes in 4. & traduit en François suivant l'ordre de Monseig.

islamische Maxime, die Religion mit Kriegen ausbreiten zu wollen[163]. Den Türken habe man 1683 bei der Belagerung Wiens gar versprochen, sie würden bei ihrem Tod in der Schlacht direkt »in den Mahometanischen Himmel gelangen«[164]. Innerhalb der Christenheit herrschte ein überkonfessioneller Konsens, in dem der Islam das radikal Andere darstellte[165]. Dies spiegelte sich namentlich in seiner Haltung zum Religionskrieg wider, die dem Geist des Christentums widerspreche. Die französische Tagespublizistik bediente sich in den Augen der antiludovizianischen Publizistik genau der gleichen Rhetorik wie die Türken. Im Verlauf der letzten beiden großen Kriege Ludwigs XIV. rückten seine Gegner den französischen König immer stärker in die Nähe muslimischer Herrscher.

Der Allerchristlichste König wurde in der Wahrnehmung der antifranzösischen Tagespublizistik des Neunjährigen Krieges zum MOST Christian Turk[166]. Antifranzösische Autoren unterstellten Ludwig XIV., sich der gleichen Maximen zu bedienen wie die Muslime[167]. Er regiere »selon les principes des Turcs, & de l'Alcoran«[168]. Dies widerspreche diametral seinem Auftrag als Allerchristlichster König[169]. In der Darstellung der antiludovizianischen Publizistik wurde der französische König immer mehr zum Feind der Christenheit. Diese Argumentation bot überkonfessionelle Anknüpfungspunkte und sollte die interkonfessionelle Allianz gegen Ludwig XIV. enger zusammenschweißen. Dies geschah argumentativ durch einen Appell an die christliche Solidaritätsgemeinschaft, von der sich Ludwig XIV. durch sein Bündnis mit dem osmanischen Sultan entfernt habe. Die Existenz eines innerchristlichen Religionskrieges, wie ihn die französische Publizistik propagierte, wurde durch dieses Bündnis in den Augen der antifranzösischen Publizistik durch Frankreich selbst ad absurdum geführt.

---

De Pontchartrain, Secretaire d'Etat, par le Sr. Petis de la Croix, Professeur Royal en Langue Arabe, en l'année 1701. Livre manuscript, in: JOURNAL DES SÇAVANS 1703, S. 278–289, hier S. 287; WARTENBERG, Väterliche Instruction, S. 217.
163 »Darbey ich euch gleichwol andeuten sollen/ daß ihr deren Thun wohl erweget/ welche in ihren Kriegen die Fortpflanzung der Religion vorschützen wollen. Inmassen die Türcken in ihrem Alcoran vorgehen dürffen/ daß ein solches von Gott dem Allmächtigen/ ihrem eingebildeten Propheten Mahomet anbefohlen worden«. Ebd.
164 Der Vermeinte/ Und von Franckreich erdichtete/ Religions=Krieg, S. 3.
165 Unter Betonung von Wechselwirkungen vgl. DELGADO, Europa, S. 53; POUMARÈDE, Pour en finir, S. 153.
166 THE MOST Christian Turk.
167 Programmatisch war eine alliierte Flugschrift mit L'ALCORAN DE LOUIS XIV betitelt. Vgl. L'ALCORAN.
168 VALOOT-DUVAL, NOUVELLE RELATION, S. 12.
169 Vgl. ebd.

Zu Beginn des Spanischen Erbfolgekrieges hieß es in einer antifranzösischen Flugschrift, Ludwig XIV. habe sein Bündnis mit dem Großtürken erst kürzlich erneuert[170]. Er arbeite gemeinsam mit dem Sultan daran, Ungarn und Österreich unter muslimische Herrschaft zu bringen[171]. Durch einen Frieden mit den nordafrikanischen Barbaresken beabsichtige der französische König, die Christenheit durch Piraterie heimzusuchen und Christen zu versklaven[172]. Durch all diese Anschläge ziele Ludwig XIV. auf die Vernichtung der katholischen Kirche und der gesamten Christenheit[173]. Ludwig XIV. wolle die Welt zwischen sich und dem türkischen Sultan aufteilen[174].

Die Furcht vor einer franko-türkischen Kooperation und ihren Folgen wurde von der antifranzösischen Publizistik bis zum Ende des Spanischen Erbfolgekrieges geschürt. Während der Friedensverhandlungen in Utrecht riet ein protestantisches Pamphlet den alliierten Verhandlungsführern, Ludwig XIV. auf keinen Fall Sizilien zu überlassen, weil der Besitz dieser Insel es ihm noch weiter erleichterte, Einfälle der Türken nach Europa zu unterstützen[175].

Letzten Endes habe Ludwig XIV. aber nicht nur das Evangelium, sondern auch den Koran seiner Machtgier geopfert und gleichermaßen Kaiser und Kalifen verraten[176]. Für Gebietsabtretungen des Kaisers habe er nämlich seinen Alliierten, den Sultan, im Stich gelassen und sei auf Seiten Österreichs in den Türkenkrieg eingetreten[177]. Nicht mehr der türkische Sultan, sondern der französische König wurde fortan angeklagt »l'Ennemi commun [...] de toute la Chrétienté en général« zu sein[178]. Damit stellte ihn die protestantische Publizistik vollends außerhalb der christlichen Gemeinschaft.

---

170 Vgl. ebd., S. 37.
171 »Il renouvelloit son Alliance avec le Turc, & agissoit de concert avec cet Ennemi juré du Christianisme, pour réduire la Hongrie, & l'Autriche sous le joug de l'Alcoran«. Ebd., S. 37. »[the French King] assisting the Common Enemy of Christendom against [the Emperor]«. HOUGH, A SERMON, S. 11.
172 »And the French King [...] buy a Peace with the Algerines, Convenanting with them to assist them in their their Piracies, and their enslaving Christians«. KING, Europe's deliverance, S. 3f.; DÉPÊCHE, S. 33; BRUSLE DE MONTPLEINCHAMP, LUCIEN, S. 38, behauptete, Frankreich »se ligue avec les Algeriens«.
173 Vgl. KING, Europe's deliverance, S. 3. Dieselbe Argumentation fand sich zuweilen schon in Schriften aus der Zeit des Neunjährigen Krieges. Vgl. REPONSE A UN DISCOURS, S. 32f.
174 »Ce seroit alors que l'emblême d'un Globe scié & partagé entre Lui & le Grand Seigneur lui conviendroit parfaitement«. [RIDPATH], AVIS AUX NÉGOCIATEURS, S. 143.
175 Vgl. ebd.
176 »Il auroit sacrifié, & l'Alcoran & l'Evangile à son ambition. Les deux Empereurs, celui des Turcs, & celui des Chrêtiens, en peuvent rendre bon témoignage«. VALOOT-DUVAL, NOUVELLE RELATION, S. 57.
177 Vgl. ebd.
178 LETTRES HISTORIQUES, Bd. 42, S. 19.

Doch die antifranzösische Publizistik ging weiter, als Ludwig XIV. nur ein Bündnis mit dem Sultan vorzuwerfen oder ihn mit den Türken gleichzusetzen. Er wurde so sehr perhorresziert, dass die Osmanen schließlich als kleineres Übel erschienen. Durch seine vielen Rechtsbrüche stand Ludwig in den Augen der antifranzösischen Publizistik letzten Endes nicht nur außerhalb der christlichen, sondern auch außerhalb der menschlichen Gemeinschaft überhaupt: »Le Grand-Seigneur ne fait point la guerre, qu'il ne l'ait auparavant déclarée: mais le Roi de France la fait sans aucune déclaration, au préjudice des Traités & de sa parole Roiale, & n'y adroit si Saint & si sacré qu'il ne viole pour venir à bout de ses desseins«[179].

Ludwig XIV. wurde so unterstellt, er erkläre keine Kriege, halte keine Verträge und seine Handlungen beschränkten sich in machiavellistischer Manier einzig und allein auf die Erweiterung seiner Macht.

*Zusammenfassung*

Die antifranzösische Publizistik warf Ludwig XIV. vor, ein Bündnis mit den Türken eingegangen zu sein. Bürge dafür waren hier die traditionell guten Beziehungen zwischen Frankreich und dem Osmanischen Reich. Von der antifranzösischen Publizistik wurde Frankreich wegen seines angeblichen Bündnisses mit den Osmanen während des Großen Türkenkrieges zum Feind der Christenheit stilisiert. Damit versuchte sie die französischen Verlautbarungen, es handele sich beim Neunjährigen Krieg um einen Religionskrieg Ludwigs XIV. zur Verteidigung des Katholizismus, zu widerlegen. Vielmehr habe sich der französische König durch sein Bündnis mit dem Osmanischen Reich außerhalb der christlichen Gemeinschaft gestellt und sei so zum Feind aller Christen geworden. Protestantische und katholische Autoren verteidigten das *Revolution Settlement* in England und die interkonfessionellen Allianzen in Europa mit dem Appell an eine gesamtchristliche Solidarität gegen Türken und Franzosen. Vom Papst erwartete die interkonfessionelle Wiener Große Allianz mit Verweis auf die Bedrohung der gesamten Christenheit materielle und ideelle Unterstützung im Kampf gegen beide Feinde.

Die Argumentationsmuster des Neunjährigen Krieges wurden während des Spanischen Erbfolgekrieges erneut aufgegriffen, obwohl der Große Türkenkrieg mit dem Frieden von Karlowitz bereits 1699 ein Ende gefunden hatte. Obwohl oder gerade weil der Krieg mit dem Osmanischen Reich beendet

---

179 LE VRAI INTERET, AVIS AU LECTEUR [3]. »Enfin ils regardent comme un jeu de faire voir par tout, & même dans les païs des Catholiques, d'autres horribles exemples de cruauté & d'inhumanité, & qui surpassent même la tyrannie des Turcs«, heißt es bei LE VASSOR, LETTRES, S. 57, ähnlich.

worden war, setzte während des Spanischen Erbfolgekrieges eine verstärkte Perhorreszierung Frankreichs ein, die Ludwig XIV. zunehmend mit dem türkischen Sultan gleichsetzte. Der Allerchristlichste König von Frankreich war damit in den Augen der antifranzösischen Publizistik zum *MOST Christian Turk* geworden, dessen Ehrentitel seinem Träger nur zum Hohn und seinen Feinden zur Abscheu gereiche.

### III.3.3 Zwischenfazit:
### Die überkonfessionellen Argumentationsmuster der Wiener und der Haager Großen Allianz und die Negation des Religionskrieges

Es bedurfte überkonfessioneller Argumentationsmuster, um die interkonfessionelle Wiener und die Haager Große Allianz im Angesicht der französischen Propaganda mit dem Religionskrieg vor einem protestantischen und katholischen Publikum zu rechtfertigen. Der Vorwurf der Universalmonarchie diffamierte die französische Religionskriegsrhetorik als Verschleierung rein weltlicher Absichten, während der Vorwurf eines Bündnisses mit den Türken die religiöse Motivation der französischen Außenpolitik als solche verunglimpfte. Ludwig XIV. wurde damit außerhalb der christlichen Gemeinschaft gestellt. Letzten Endes führte der französische König in den Augen der antifranzösischen Publizistik keinen Religionskrieg für die katholische Kirche, sondern gegen die gesamte Christenheit, gleich ob sie dem katholischen oder einem protestantischen Bekenntnis anhing. Die überkonfessionelle Islamophobie wurde auf Ludwig XIV. übertragen und einte die unter sich zerstrittenen Konfessionen im gemeinsamen Kampf gegen die Franzosen. Sowohl der Vorwurf der Universalmonarchie als auch die Anschuldigung eines Bündnisses mit den Türken negierte die Existenz eines innerchristlichen Religionskrieges.

# IV. Fazit

Die vorliegende Arbeit ist trotz einer breiten Forschungsdiskussion zum Religionskrieg die erste größere begriffsgeschichtliche Untersuchung zu diesem Thema. Sie widmet sich dem Zeitraum zwischen 1679 und 1714, als die Verwendung des Religionskrieges als Quellenbegriff in der politischen Debatte einen Höhepunkt erreichte. Es handelt sich also um eine Epoche lange nach dem Zeitalter der Religionskriege, wie es die Geschichtswissenschaft festgesetzt hat. Ältere Topoi und Argumentationsmuster wurden dabei aufgegriffen und neu unter dem Begriff des Religionskrieges zusammengefasst. Sowohl die historische Erinnerung als auch aktuelle Debatten in diesem Zeitraum kreisen nun um die konfessionellen Konflikte und militärischen Auseinandersetzungen im Europa Ludwigs XIV. Da man dieses Zeitalter allgemein eher mit der Frühaufklärung und den mit ihr verbundenen Werten von Toleranz und Rationalität assoziiert, ist diesem Phänomen bisher nicht in ausreichendem Maße Rechnung getragen worden. Der Religionskrieg bezeichnete in erster Linie konfessionelle Auseinandersetzungen – auch wenn die damit verbundenen Denkmuster zuweilen auf die Betrachtung interreligiöser Konflikte Anwendung fanden. Ziel der Untersuchung war es, herauszuarbeiten, wie sich eine konkrete Vorstellung, ein Geschichtsbild und die Epochenbezeichnung des Religionskrieges um 1700 ausgeprägt haben. Abschließend lassen sich hierzu vier Thesen formulieren, die als Grundlage für die weitere Diskussion zum Thema des Religionskrieges dienen können.

## IV.1 Der Religionskrieg als Zeichen einer neuen Konfessionalisierung der öffentlichen Debatte

Die Debatten um den Religionskrieg berührten mit der Religion die geistige Grundlage der Vormoderne. In der Frühen Neuzeit konnte der Glaube nicht ungestraft geleugnet werden. Er stellte im Foucault'schen Sinne einen zentralen Diskurs der Vormoderne dar. Indifferente oder neutrale Religionskriegsdarstellungen waren dementsprechend höchst selten und nur unter erheblichem Druck überhaupt zu publizieren. Eine indifferente Haltung gegenüber dem Religionskrieg war in den katholischen und protestantischen Debatten kaum denkbar. Ihre Äußerung war, darin waren sich Katholiken und Protestanten einig, eine verdammungswürdige Freveltat. Die Propagierung und die Verurteilung des Religionskrieges im Zeitalter Ludwigs XIV. war kein Zeichen eines einsetzenden Säkularisierungsprozesses, sondern vielmehr Bestandteil einer zutiefst konfessionell-religiösen Weltsicht, die sich nach der ersten Etappe der Konfessionalisierung im 16. und frühen 17. Jahrhundert durchgesetzt hatte[1].

Die in der Forschung immer noch weit verbreitete These, Konfession habe als Faktor in den internationalen Beziehungen nach 1648 stark an Bedeutung verloren, erweist sich angesichts der Analyse öffentlicher Debatten als problematisch. Gegen eine solche Annahme spricht schon die Vielzahl an Publikationen zum Religionskrieg, die zwischen 1679 und 1714 erschienen. Sowohl Memoria als auch aktuelle Debatten in diesem Zeitraum kreisen um die konfessionellen Konflikte und militärischen Auseinandersetzungen jener Epoche. Die Analyse der Tagespublizistik zum Religionskrieg in der Epoche Ludwigs XIV. zeigt, dass die Bedeutung des Faktors Konfession in den internationalen Beziehungen sich nicht auf ein bestimmtes Zeitalter begrenzen lässt. Stattdessen erlebte die Bedeutung der Konfession verschiedene Konjunkturen[2]. Einen zweiten Höhepunkt erreichte die Konfessionalisierung der öffentlichen Debatte an der Schwelle vom 17. zum 18. Jahrhundert, also eine Generation nach dem sogenannten Zeitalter der Konfessionalisierung, dessen Ende üblicherweise Mitte des 17. Jahrhunderts festgesetzt wird[3].

Die Debatten über den Religionskrieg wurden im Wesentlichen von der katholischen und protestantischen Geistlichkeit entfaltet, entfacht und aufrechterhalten. Während protestantische Pastoren die Existenz eines von protestantischer Seite geführten Religionskrieges leugneten, lasteten katholische Kleriker den Protestanten die Führung eben eines solchen Krieges an. Die These der aktuellen Kirchengeschichtsschreibung, dass Geistliche sich kaum oder gar nicht an der Debatte um den Religionskrieg beteiligt hätten, der weit mehr Sache weltlicher Politiker und Publizisten gewesen sei, muss deshalb revidiert werden[4]. Es konnte vielmehr herausgestellt werden, dass die Debatte um den Religionskrieg sowohl in der Tagespublizistik als auch in der Historiografie vor allem von Theologen geführt wurde. Diese Theologen standen aber häufig im Dienst der weltlichen Obrigkeit. Eine allzu strikte Trennung zwischen religiösen und politischen Akteuren kann deshalb nicht vollzogen werden. Äußerungen des Klerus kam in der Vormoderne eine

---

1 Vgl. BENEDICT, Religion, S. 158f.
2 Vgl. so bereits HAUG-MORITZ, Rezension, S. 627; ONNEKINK, The Last War, S. 72.
3 Vgl. EHRENPREIS, Reformation, S. 71, 74; SCHILLING, Formung, S. 591–593; ders., Konfessionalisierung; SCHINDLING, Die Territorien 1989–1997. Zur Sicht der neueren Forschung vgl. Kapitel I.1.
4 Sehr differenziert und überzeugend das Urteil von HOLZEM, Barockscholastik, S. 583; ders., Krieg, S. 51, für die Kriegspredigten des Dreißigjährigen Krieges. Einen leicht apologetischen Duktus haben hingegen ebd., S. 42, ders., Religion, S. 159, und viel stärker noch GRAF, Sakralisierung, S. 7.

ebenso politische Deutungsmacht zu, wie die weltliche Obrigkeit die Religion als Grundlage ihrer Herrschaft in Anspruch nahm[5].

Die Religionskriegsmemoria, die maßgeblich von der Historiografie vermittelt wurde, beinhaltete den Herrscherauftrag zur Verteidigung der eigenen Konfession und entfaltete so kriegerisches Potenzial. Dies geschah auf katholischer Seite durch die Propagierung eines Religionskrieges zur Ausrottung der Ketzerei und auf protestantischer Seite durch die Forderung der Intervention zum Schutz fremder Untertanen des gleichen Bekenntnisses. Beide Herrscheraufträge wurden mit der Erinnerung an vergangene Religionskriege untermauert und von der Publizistik je nach den jeweiligen tagespolitischen Bedürfnissen aktualisiert. Während die katholische Religionskriegsmemoria ein durchaus positives Verhältnis zum Religionskrieg entfaltete, rechtfertigte die protestantische Publizistik Interventionen nur *ex negativo* als Abwehr von Religionskriegen der Gegenseite.

Ein fester Bestandteil der Religionskriegsdebatte war der Vorwurf an die jeweilige konfessionelle Gegenseite, unter dem Vorwand eines Religionskrieges Revolten anzustacheln. Auf der einen Seite propagierten katholische Autoren mithilfe ganz bestimmter Religionskriegsexempel innenpolitisch die Ausrottung der Ketzerei im Herrschaftsbereich ihrer Konfessionsgemeinschaft, die als Rebellion gegen die von der katholischen Kirche repräsentierte göttliche Ordnung gleichzeitig zur Rebellion gegen die monarchische Obrigkeit erklärt wurde. Auf der anderen Seite forderten protestantische Autoren unter Berufung auf die Religionskriegsmemoria die Aufrechterhaltung antikatholischer Gesetze und die Anwendung konfessioneller Repressalien, um einen Religionskrieg zu verhindern. Anhänger beider Konfessionen erblickten in der Gegenseite eine Gefahr für das eigene Gemeinwesen, die in einer religiös motivierten Rebellion unter dem Stichwort des »Religionskrieges« die bestehende Ordnung zu stürzen drohte. Sowohl Katholiken als auch Protestanten warfen der jeweils anderen Konfession aufgrund ihres Unglaubens und rebellischen Charakters vor, keinen wahrhaft religiösen Krieg führen zu können. Schon hier wurde ein konfessionsübergreifend mehrheitlich negatives Verhältnis zum Religionskrieg deutlich.

Grundsätzlich ist zwischen einer offensiven, einer defensiven und einer passiv-erduldenden Vorstellung vom Religionskrieg zu unterscheiden. Eine klare Befürwortung eines offensiven Religionskrieges zur Ausrottung der Ketzerei existierte nur auf katholischer Seite und war vor allem in Frankreich verbreitet. Aus katholischer Sicht in und außerhalb Frankreichs handelte es sich hierbei jedoch in den meisten Fällen um eine Aufforderung zu einem Verteidigungskrieg, der zur Aufrechterhaltung des wahren Glaubens gegen

---

5 BURKHARDT, Die Friedlosigkeit, S. 560, spricht vom »konfessionellen Stützmittel« frühneuzeitlicher Staatsbildung.

die Gefährdung durch häretisches Gedankengut propagiert wurde. Ein offensiver Religionskrieg wurde dementsprechend von der Mehrheit katholischer und protestantischer Autoren abgelehnt und nur der entsprechenden Gegenseite unterstellt. Dies rechtfertigte aus der jeweiligen Sicht das Recht auf Gegenwehr und Widerstand. Sowohl Katholiken als auch Protestanten legitimierten die Selbstverteidigung im Falle eines von der Gegenseite verursachten Religionskrieges. Protestanten lehnten dennoch die Führung eines konfessionellen Bürgerkrieges grundsätzlich ab. Eine Minderheit propagierte sogar das passive Erdulden eines von den Katholiken geführten Religionskrieges und interpretierte ihn als gerechte Strafe Gottes. Sie betonten damit die Gehorsamspflicht protestantischer Untertanen gegenüber ihren katholischen Monarchen. Die Mehrheit protestantischer Autoren aber fand einen anderen Ausweg aus dem Widerspruch der Betonung eines Selbstverteidigungsrechts und der prinzipiellen Gehorsamspflicht protestantischer Untertanen, indem sie vorgaben, die Rechte und Interessen ihrer katholischen Monarchen in Vergangenheit und Gegenwart gegen die Pläne und Intrigen schlechter Berater und ausländischer Mächte zu verteidigen.

## IV.2 Die Internationalisierung der Religionskriegsdebatte

Der Religionskrieg ließ sich vom Bürgerkrieg durch die dauernde reale oder perzipierte Beteiligung ausländischer Mächte unterscheiden. Gleichwohl ist eine Überschneidung beider Begriffe nicht zu leugnen, zumal schon im 16. und frühen 17. Jahrhundert in noch umständlichen Formulierungen von »guerre civile pour le fait de la religion«[6] oder »guerre intestine pour la religion«[7] die Rede war. Während im Dreißigjährigen Krieg bereits mehrfach vom Religionskrieg gesprochen wurde, ebbte die Diskussion um diesen politischen Schlüsselbegriff nach dem Westfälischen Frieden rasch wieder ab und avancierte erst zu Beginn der 1680er Jahre zu einem zentralen Schlüsselbegriff der öffentlichen Debatte. Um 1700 kam es zu einer, zuvor so noch nicht dagewesenen, begrifflichen Verdichtung, die auf eine gesteigerte Wahrnehmung der Internationalisierung konfessioneller Kriege hinweist. Der begrifflich primär national verortete Bürgerkrieg machte dem Terminus des Religionskrieges Platz, der *qua definitionem* um den universellen Wert der Religion geführt wurde, welcher sich nicht geografisch beschränken ließ.

Es konnte gezeigt werden, dass es einen starken Austausch der Argumentationsmuster mit dem Religionskrieg innerhalb der großen Konfessionsgemeinschaften gab, der nationale Grenzen verwischte. Dies hing mit

---

6 Discours, S. 36.
7 AUBIGNÉ, L'HISTOIRE, S. 109.

der transkulturellen Rezeption der Religionskriegsmemoria zusammen. Die Diskussion über den Religionskrieg war ursprünglich als eine innerfranzösische Debatte zwischen katholischem Klerus und hugenottischen Pastoren über die historische Legitimität des Edikts von Nantes entfacht worden. Die Debatte um den Religionskrieg wurde durch die Flucht der Hugenotten in hohem Maße europäisiert. Die französische Religionskriegsmemoria wurde in Deutschland rezipiert und adaptiert, während die deutsche Religionskriegsmemoria von französischen Autoren aufgegriffen und für ihre Bedürfnisse (um)gestaltet wurde. Französische und deutsche Religionskriegsmemoria fanden auch Eingang in die historiografischen Debatten auf den britischen Inseln. Für die gesamte Publizistik zum Religionskrieg ließ sich eine starke wechselseitige Rezeption der französisch-, englisch- und deutschsprachigen Debatten feststellen. Das Französische fungierte dabei als Mittlersprache zwischen dem Deutschen, Englischen und anderen europäischen Sprachen. Nationale Argumentationsmuster passierten Sprach- und Landesgrenzen und wurden auf die jeweiligen tagespolitischen Bedürfnisse vor Ort angepasst.

Von besonderer Bedeutung war dabei die Stellungnahme zu den aktuellen Konflikten der internationalen Politik. Innerhalb der beiden großen Konfessionsgemeinschaften fungierte das Argument des Religionskrieges sowohl als integrierender als auch konfliktfördernder Faktor. Integrierend wirkten äußere Bedrohungsszenarien, während die Frage, wer die Rolle der Führungsmacht in einem Religionskrieg übernehmen sollte, interne Konflikte verursachte. Innerhalb des Katholizismus konkurrierte Ludwig XIV. mit dem Kaiser um die Position als erster Monarch der katholischen Christenheit[8]. Während sich die Anhänger Frankreichs des Arguments des Religionskrieges bedienten, um eine gemeinsame katholische Front gegen den Protestantismus herzustellen, bestritten die Anhänger Habsburgs die Aufrichtigkeit der französischen Position. Der habsburgisch-bourbonische Gegensatz in der öffentlichen Debatte hat so einen tatsächlichen Religionskrieg in der internationalen Politik während der Regierung Ludwigs XIV. trotz gewisser diplomatischer Annäherungsversuche[9] an die Wiener Hofburg verhindert.

Homogener zeigt sich die Position der protestantischen Publizistik; dort herrschte ein gewisser Konsens, einen von Frankreich und der katholischen Kirche verursachten Religionskrieg einträchtig verhindern zu müssen. Doch auch hier erzeugte das Argument des Religionskrieges Konflikte, wenn es um die Frage ging, welchem protestantischen Fürsten die Führung in einem Verteidigungskrieg der eigenen Konfessionsgemeinschaft zukam. Im Reich stritten sich Brandenburg-Preußen und Kursachsen publizistisch um die Führung des *Corpus Evangelicorum*, wobei Sachsen nach der Konversion Augusts

---

8 Vgl. EL KENZ, Guerres, S. 154; BURKHARDT, Konfession, S. 147–149.
9 Vgl. ebd., S. 150; BRAUBACH, Versailles, S. 13–44.

des Starken zum Katholizismus in die Defensive geriet. Auf europäischer Ebene rangen zunächst noch die Anhänger Brandenburg-Preußens, Schwedens, der Vereinigten Provinzen und Englands um den Vertretungs- und Führungsanspruch aller Protestanten. Protestantische Autoren beschworen jedoch immer wieder den Zusammenhalt im eigenen Lager, der innerprotestantische Differenzen in theologischer und politischer Hinsicht angesichts der perzipierten äußeren Bedrohung durch Ludwig XIV. und die katholische Kirche überbrücken konnte. Auf diese Weise wurde der europäische Protestantismus nie derart gespalten, wie dies beim Katholizismus der Fall war.

Die Angleichung konfessioneller Argumentationsmuster über Sprach- und Landesgrenzen hinweg war bei protestantischen Autoren deutlich stärker ausgeprägt als bei den Katholiken. Bei Letzteren wurde trotz einer gemeinsamen Religionskriegsmemoria der Gegensatz zwischen Bourbon und Habsburg immer deutlicher und verhinderte nicht nur politisch, sondern auch ideell eine dauerhafte gemeinsame Frontstellung gegen den Protestantismus. Hierdurch entstand eine überkonfessionelle europäische Religionskriegsmemoria.

## IV.3 Genese von Epochensignum und Geschichtsbild des Religionskrieges

Einerseits begann sich der Religionskriegsbegriff im Betrachtungszeitraum zu verdichten, andererseits wurde er durch eine besonders große Polyvalenz charakterisiert. Die Historiografie stellte ein unerschöpfliches ideelles Reservoir für die Debatten der Tagespublizistik über einen Religionskrieg zur Verfügung. Die Zahl mit einem Religionskrieg in Verbindung gebrachter historischer Ereignisse war enorm und ließ sich allenfalls in dominante und rezessive Erzählstränge unterteilen.

Religionskrieg fungierte als Begriff, der weitgehend beliebig gefüllt werden konnte. Er war gleichzeitig konfessionell determiniert und konfessionsübergreifend austauschbar. Protestantische Religionskriegsdeutungen waren relativ einheitlich, die katholische Religionskriegsdiskussion hingegen deutlich polyvalenter. Während der Katholizismus ein großes Gewicht auf die Tradition des Krieges gegen den Islam legte und seine Religionskriegsmemoria zunächst auf die mittelalterlichen Ketzerkreuzzüge rekurrierte, erinnerte die protestantische Historiografie vor allem an die konfessionellen Auseinandersetzungen des 16. Jahrhunderts und der ersten Hälfte des 17. Jahrhunderts als die Religionskriege schlechthin. Diese Sichtweise begann sich aufgrund der Dominanz protestantischer Geschichtsschreibung auch im Katholizismus durchzusetzen, der genötigt war, gegen protestantische Anschuldigungen Stellung zu beziehen und deshalb, wenn auch nur *ex negativo*, die protestantische Argumentation aufzunehmen.

Ein diskursiver Zusammenhang, der bei einem bestimmten Ereignis ein bestimmtes Exempel nach sich zog, lässt sich innerhalb der konfessionellen Geschichtsschreibung jedoch weder im Katholizismus noch im Protestantismus konstruieren. Ein vorherrschendes Bild vom Religionskrieg konnte sich erst in den öffentlichen Debatten um 1700 entwickeln und durchsetzen, ohne andere Auslegungen vollständig in die Bedeutungslosigkeit versinken zu lassen. Diese schufen vielmehr als kulturelles Speichergedächtnis ein dauerhaftes Reservoir für die weitere Entwicklung der modernen Religionskriegsvorstellung.

Die europäische Religionskriegsmemoria überwand erst in ihrer tagespolitischen Aktualisierung konfessionelle Grenzen. Eine wirkliche Engführung der Religionskriegsmemoria fand dementsprechend durch die Rezeption der Historiografie innerhalb der Tagespublizistik statt. Dabei erfolgte die Rezeption historiografisch überlieferter Religionskriegsexempel in der Tagespublizistik bedarfsgerecht. Während die Geschichtsschreibung Religionskriegsexempla für die Tagespublizistik bot, schuf die Tagespublizistik eine dauerhaft wirksame Memoria des Religionskrieges. Erst in der Aktualisierung der polyphonen Religionskriegsmemoria in den politischen Debatten der Gegenwart des späten 17. und frühen 18. Jahrhunderts entwickelte sich unsere heutige Vorstellung vom Religionskrieg, die den Begriff für ganz bestimmte kriegerische Auseinandersetzungen wie den Schmalkaldischen Krieg, die französischen Bürgerkriege des 16. und frühen 17. Jahrhunderts oder den Dreißigjährigen Krieg reserviert wissen will. Auf diese Weise bestimmen die Debatten aus der Zeit Ludwigs XIV. noch heute maßgeblich unser Bild von den Religionskriegen.

Während die französische Propaganda ihren konfessionellen Charakter beibehielt und sich massiv des Religionskrieges zur Rechtfertigung der Außenpolitik Ludwigs XIV. bediente, versuchten protestantische Autoren ihre katholischen Rezipienten von der Nichtexistenz eines Religionskrieges zu überzeugen. Trotz der offenkundigen Rekonfessionalisierung gab es Übereinstimmungen und integrative Elemente, die die beiden großen christlichen Konfessionen miteinander verbanden. Für beide Seiten war der Vorwurf des Religionskrieges eng mit der Anschuldigung der Instrumentalisierung von Religion zur Erlangung eigentlich weltlicher Ziele verbunden. Protestanten und Katholiken trauten nur der jeweiligen Gegenseite einen Religionskrieg unter falschen Prämissen, nämlich zur Verteidigung eines Irr- bzw. Unglaubens, zu.

Protestantische Autoren zogen die tatsächliche religiöse Begründung eines Krieges in Zweifel und beschuldigten in Historiografie und Tagespublizistik den katholischen Klerus, die Religionskriege zur Mehrung seiner eigenen Macht verursacht zu haben. Diese Anschuldigung wurde im Verlauf der letzten beiden großen Kriege Ludwigs XIV. zunehmend auf den französischen

König übertragen. Belege für diese Anschuldigung stellten in ihren Augen das Streben Frankreichs nach der Universalmonarchie und sein fiktives Bündnis mit dem türkischen Sultan dar. Als säkularer Vorwurf eigneten sich diese Anschuldigungen, protestantische und katholische Alliierte im Kampf gegen Ludwig XIV. zu vereinigen. Die katholischen Gegner Frankreichs griffen protestantische Argumentationsmuster auf. Die protestantische Toleranzdebatte und die interkonfessionellen Argumentationsmuster der Wiener und der Haager Großen Allianz trugen so zu einer überkonfessionellen Tabuisierung religiös begründeter Kriegsführung bei, die als Vorwand zur Erlangung weltlicher Ziele diffamiert wurde. Der Religionskrieg war vollends zum Negativbegriff geworden.

## IV.4 Ausblick und Bedeutung der Religionskriegsdebatte für die Forschung

In diesen Debatten entstanden die Grundlagen eines noch heute populären Geschichtsbildes vom Religionskrieg, in dem die Religion als Vorwand zur Rechtfertigung politischer Absichten missbraucht wird. Eng damit verbunden war die Ausprägung des Epochensignums vom Religionskrieg, das den Begriff für ganz bestimmte konfessionelle Auseinandersetzungen im 16. und 17. Jahrhundert reserviert. Dieses Geschichtsbild und Epochensignum bilden die Grundlage für die weitere Diskussion über die Geschichte konfessioneller Auseinandersetzungen in den europäischen Kulturkämpfen des 19. Jahrhunderts, in denen sich säkulare und ultramontane Kräfte gegenüberstanden. Sie stellen ein gemeinsames Fundament preußisch-protestantischer, britischer Whig-, französisch-republikanischer und marxistischer Geschichtsschreibung dar.

Betrachtet man den Religionskrieg aber stattdessen aus kulturhistorischer Perspektive, die konsequent die Übernahme anachronistischer und essenzialistischer Vorannahmen verweigert, so stellt sich die Frage, ob für diesen Zeitraum überhaupt noch vom Religionskrieg gesprochen werden kann. Die vielfach unreflektierte Vermischung von modernem Analyse- und anachronistischem Quellenbegriff und Geschichtsbildern vom Religionskrieg lässt eine solche Verwendungsweise zunächst problematisch erscheinen. Das soll jedoch nicht heißen, dass man für das 16. und frühe 17. Jahrhundert überhaupt nicht mehr von dem Zeitalter der Religionskriege und den Religionskriegen selbst sprechen könnte. Die verschiedenen Implikationen des Begriffes und seine Entstehungsgeschichte sollten jedoch als erkenntnisleitende Prämissen künftig stets bei der Betrachtung dieses Gegenstandes miteinbezogen werden und dabei helfen, eine klarere Definition dafür zu finden, was eigentlich als Religionskrieg bezeichnet werden soll.

Es bedarf vielmehr eines bewusst kontrollierten und »produktiven Anachronismus« (Achim Landwehr) der Betrachtung der Konfessionskriege, der sich der Entstehung und der Bestandteile des ihnen zugeschriebenen Geschichtsbildes bewusst wird[10]. Dies kann nicht wie bisher auf Basis einer essenzialistischen, auf bestimmten Ereignissen beruhenden Rezeptionsgeschichte erfolgen, sondern muss auch der parallelen polyvalenten Überlieferung Rechnung tragen. In jedem Fall sollte zukünftig vermieden werden, das Geschichtsbild der Gegenwart, wie es maßgeblich durch die Historiografie vermittelt wurde, unkritisch auf die Vergangenheit zu übertragen. Die vorliegende Arbeit hat hierzu inhaltlich und methodisch einen Beitrag geleistet, indem sie herausarbeiten konnte, dass die späteren Vorstellungen vom Religionskrieg auf der Genese seines Geschichtsbildes im späten 17. und frühen 18. Jahrhundert fußen.

Dabei darf grundsätzlich nicht die enge Verbindung von aktueller tagespolitischer Debatte über den Religionskrieg und historischer Genese des Geschichtsbildes vom Religionskrieg vernachlässigt werden, denn beide sind in hohem Maße voneinander abhängig. Sie konstituieren sich wechselseitig. Diese Verbindung ist als dritte Ebene genauso kritisch zu reflektieren wie die Beziehungen zwischen Gegenwart und Vergangenheit der europäischen Religionskriegsdebatte um 1700. Ihre Analyse ermöglicht eine verstärkte Reflexion unseres eigenen Verständnisses vom Religionskrieg.

Unter diesen Prämissen kann künftig eine Aufarbeitung der europäischen Religionskriegsdebatten und ihrer Rückwirkungen auf das Geschichtsbild »der« Religionskriege *en longue durée* nachgegangen werden, wie sie bisher nur in Ansätzen erfolgt ist. Namentlich die Betrachtung des späteren 18. und des 19. Jahrhunderts sowie der jüngeren Vergangenheit steht dabei noch aus[11]. Bei der zeitgeschichtlichen Betrachtung ist nach den Auswirkungen des europäischen Geschichtsbildes vom Religionskrieg auf die Wahrnehmung des islamischen Dschihad zu fragen. Es darf vermutet werden, dass mit der begrifflichen Gleichsetzung von Religionskrieg und Dschihad in jüngerer Zeit auch europäische Deutungsmuster auf die Wahrnehmung der islamischen Welt projiziert wurden. Diese gilt es vor dem Hintergrund dieser Arbeit sowohl historiografiegeschichtlich als auch in Bezug auf kulturelle Transferprozesse inhaltlich zu hinterfragen.

---

10 Vgl. LANDWEHR, Über den Anachronismus, S. 23–29.
11 Johannes Burkhardts grundlegende Arbeit zum Siebenjährigen Krieg folgt einem essenzialistischen Religionskriegsverständnis, das noch einmal gesondert zu hinterfragen wäre. Vgl. BURKHARDT, Abschied. Gleiches gilt für die Arbeiten zur Sakralisierung der Napoleonischen Kriege und des Ersten Weltkrieges. Vgl. KRAUS, Heiliger Befreiungskampf, S. 44–60; KRAUS, Freiheitskriege, S. 193–218; KRETSCHMANN, Burgfrieden, S. 61–76 und auch für die Überblicke *en longue durée*, wie sie etwa BUC, Heiliger Krieg; CAVANAUGH, The Myth, vorgelegt haben.

# V. Abkürzungsverzeichnis

| | |
|---|---|
| ADB | Allgemeine Deutsche Biographie |
| BCUL | Bibliothèque Cantonale et Universitaire de Lausanne |
| BLO | Bodleian Library Oxford |
| BML | Bibliothèque Municipale de Lyon |
| BNC | Biblioteca Nacional de Catalunya |
| BNCR | Biblioteca Nazionale Centrale di Roma |
| BNE | Biblioteca Nacional de España |
| BNF | Bibliothèque Nationale de France Paris |
| BSB | Bayerische Staatsbibliothek München |
| EEBO | Early English Books Online |
| ECCO | Eighteenth Century Collection Online |
| EdN | Enzyklopädie der Neuzeit |
| HUL | Harvard University Library |
| HZ | Historische Zeitschrift |
| LexMA | Lexikon des Mittelalters |
| NDB | Neue Deutsche Biographie |
| NF | Neue Folge |
| ÖNB | Österreichische Nationalbibliothek Wien |
| PUL | Princeton University Library |
| RGG | Religion in Geschichte und Gegenwart |
| SV | Stilus Vetus |
| TRE | Theologische Realenzyklopädie |
| UBF | Universitätsbibliothek Frankfurt am Main |
| UBM | Universitätsbibliothek Marburg |
| UCM | Biblioteca Universidad Complutense Madrid |
| ULB | Universitäts- und Landesbibliothek Halle an der Saale |

| | |
|---|---|
| UML | University of Michigan Library |
| UG | Universiteitsbibliotheek Gent |
| YUL | Yale University Library |
| ZfG | Zeitschrift für Geschichtswissenschaft |
| ZHF | Zeitschrift für historische Forschung |

# VI. Bibliografie

## VI.1 Quellen

### VI.1.1 Archivalia

Ministère des Affaires Étrangères, Paris (AE)
    CP, Allemagne, 321.
    CP, Allemagne, 6 Suppl.
    CP, Angleterre, 165, 167, 171, 210.
    CP, Autriche, 83.
    CP, Prusse, 32.

Archives Historiques de la Défence (AD)
    A$^1$, 1501.
    A$^1$, 1524.
    A$^1$, 1604.
    A$^1$, 1707.

Staatsbibliothek Berlin, Preußischer Kulturbesitz, Handschriftenabteilung,
    Nachlass Oelrichs Nr. 49.

### VI.1.2 Editionen

Les Archives de la Bastille, herausgegeben von François RAVAISSON, 1879, Bd. 10.
Avertissement aux Protestans des provinces (1684), herausgegeben von Elisabeth LABROUSSE, Paris 1986.
Die Bekenntnisschriften der reformierten Kirche. In authentischen Texten mit geschichtlicher Einleitung und Register, herausgegeben von E. F. Karl MÜLLER, Waltrop 1999 [Nachdruck der Originalausgabe von 1903].
Collection des procès-verbaux des assemblées générales du clergé de France depuis 1560 jusqu'à présent, herausgegeben von Antoine DURANTHON, Paris 1772, [BNF, FOL-LD5-16 (5, RES)], Bd. 5.
The Consolidated Treaty Series, herausgegeben von Clive PARRY, New York 1969, 231 Bde.
Correspondance du Nonce en France Angelo RANUZZI (1683–1689), herausgegeben von Bruno NEVEU, Rom 1973, Bd. 1.
Dekrete der ökumenischen Konzilien, herausgegeben von Josef WOHLMUTH, Paderborn u.a. $^3$2000, Bd. 2.
Dekrete der ökumenischen Konzilien, herausgegeben von Josef WOHLMUTH, Paderborn u.a. $^3$2000, Bd. 3.
DRYDEN, John, The Works of John Dryden, herausgeben von Alan ROPER/Vinton A. DEARING, Berkeley, Los Angeles u.a. 1974, Bd. 18.
Early German Translations of John Locke 1709–61, herausgegeben von Konstantin POLLOK, Bristol 2004, Bd. 1.
Instrumenta Pacis Westphalicae. Die Westfälischen Friedensverträge, herausgegeben von Konrad MÜLLER, Bern u.a. $^3$1975.
Kurbrandenburgs Staatsverträge von 1601 bis 1700, herausgegeben von Theodor MOERNER, Berlin 1867.
The Law and Working of the Constitution: Documents 1660–1914, herausgegeben von W. C. COSTIN/J. Steven WATSON, London 1952, Bd. 1.

LUTHER, Martin, D. Martin Luthers Werke. Kritische Gesamtausgabe, herausgegeben von Karl DRESCHER, Weimar 1910, Bd. 30.

Preussen und die katholische Kirche seit 1640. Nach den Acten des Geheimen Staatsarchives, herausgegeben von Max LEHMANN, Leipzig 1878, Bd. 1.

Protestantisme et tolérance au XVIII<sup>e</sup> siècle: de la Révocation à la Révolution (1685-1789), herausgegeben von Catherine BERGEAL, Carrières-sous-Poissy 1988.

RACINE, Jean, Œuvres complètes, herausgegeben von Pierre CLARAC, Paris 1962.

Ders., Œuvres complètes, herausgegeben von Raymond PICARD, Paris 1985, 2 Bd.

Recueil des instructions données aux ambassadeurs et ministres de France depuis les Traités de Westphalie jusqu'à la Révolution française, herausgegeben von Albert WADDINGTON, Paris 1901, Bd. 16.

Die Register Innocenz' III., bearbeitet und herausgegeben von Othmar HAGENEDER / Andrea SOMMERLECHNER u.a., Wien 2010.

Religiöse Toleranz. Dokumente zur Geschichte einer Forderung, herausgegeben von Hans R. GUGGISBERG, Stuttgart 1984.

Religionsvergleiche des 16. Jahrhunderts, herausgegeben von Ernst WALDER, Bern ²1961, Bd. 2.

Select Statutes, Cases, and Documents to illustrate English Constitutional History, 1660-1832, herausgegeben von Charles Grant ROBERTSON, London 1904.

VAUBAN, Sébastien Le Prestre de, Mémoire sur les affaires de la R.P.R. in: Sébastien Le Prestre de Vauban, Écrits divers sur la religion, herausgegeben von Jean-Robert ARMOGATHE / Elisabeth LABROUSSE u.a., Saint-Léger-Vauban 1992.

VOLTAIRE, François-Marie Arouet de, Le Siècle de Louis XIV, Dresden 1753, in: François-Marie Arouet de VOLTAIRE, Œuvres historiques, herausgegeben von René POMEAU, Paris 2010 [Nachdruck der Ausgabe von 1957], S. 603-1220.

Zürcher Bibel, herausgegeben vom Kirchenrat der Evangelisch-reformierten Landeskirche des Kantons Zürich, Zürich ³2009.

## VI.1.3 Frühneuzeitliche Drucke

An ACCOUNT of the Private League betwixt the Late King James II. And the French King. In a LETTER from a Gentleman in London, to a Gentleman in the Country, in: A collection of state tracts, publish'd on occasion of the late revolution in 1688. And during the reign of King William III. [...] Translated from the French copy printed at Paris in 1682 [...], London 1705 [ECCO, ESTC T077728], Bd. 1, S. 37-44.

ACTES ECCLESIASTIQUES ET CIVILES DE TOUS LES SYNODES NATIONAUX DES EGLISES REFORMEES DE France, herausgegeben von Jean AYMON, La Haye, Charles Delo, 1710, [BSB, 4 H. ref. 75-1], Bd. 1.

ACXTELMEIER, Stanislaus Reinhard, Monatlicher Staats≈Spiegel [...], Augsburg, Andreas Maschenbauer / Daniel Walder, 07.1702 [BSB, J. publ. E. 420-1702, 2].

ADVICE FROM SWITZERLAND Giving a Full and True ACCOUNT HOW FAR The SWITZERS are engaged in the French Interest against the Confederates [...], London 1705 [ECCO, ESTC T078292].

L'ALCORAN DE LOUIS XIV. OU LE Testament Politique du Cardinal Jules Mazarin. DIALOGUE Sur les affaires du tems, entre le Pape Innocent XI. & le Cardinal Jules Mazarin, Roma, Maurino, 1695 [BSB, Gall.g. 18].

ANCILLON, Charles, REFLEXIONS POLITIQUES Par les quelles on fait voir que la PERSECUTION DES REFORMEZ, Est contre les veritables intérêts de la France, Cologne, Pierre Marteau, 1686 [BCUL, TH593].

ARNOLD, Gottfried, Das Leben Der Gläubigen Oder Beschreibung solcher Gottseligen Personen / welche in denen letzten 200. Jahren sonderlich bekandt worden, Halle, Waisenhaus, 1701 [BML, SJ CS 349/103].

AUBIGNÉ, Agrippa d', L'HISTOIRE VNIVERSELLE [...], Maille, Jean Moussat, 1618, [BCUL, AC497], Bd. 2.

AVAUX, Claude M. d'/Abel SERVIEN, MEMOIRES ET NEGOTIATIONS SECRETES DE LA COUR DE France, TOUCHANT LA PAIX DE MUNSTER. Contenant les Lettres, Réponses, Memoires, & Avis secrets envoiez de la part du ROI, de S.E. le Cardinal MAZARIN, & de Mr. Le Comte de BRIENNE Secretaire d'Etat, aux Plenipotentiaires de France à Munster [...], Amsterdam, Frères Chatelain, 1710 [BML, SJIF251/31].

AVIS SALUTAIRE AVX EGLISES REFORMEES DE France, Amsterdam, Jean Pierre Parent, 1683 [BCUL, TH591A].

AVRIL, Philippe, Travels into divers parts of Europe and Asia [...], London, Tim Goodwin, 1693 [EEBO, Wing/ A 4275].

Ders., VOYAGE EN DIVERS ETATS D'EUROPE ET D'ASIE [...], Paris, Claude Barbin / Jean Boudot u.a., 1692 [UG, BIB.HIST 004497].

BAILLET, Adrien, CHRONOLOGIE DES SAINTS [...], Paris, Jean de Nully, 1703 [BML, 323928].

Ders., TOPOGRAPHIE DES SAINTS [...], Paris, Jean de Nully, 1703 [BML, SJV028/8].

Ders., LES VIES DES SAINTS [...], Paris, Jean de Nully, 1702 [BML, 23873 T.03], Bd. 3.

Ders., LES VIES DES SAINTS [...], Paris, Louis Roulland, 1703 [BML, SJV033/109T.04], Bd. 4.

La balance de la Religion et de la Politique ou Réfléxions par lesquelles on fait voir que les Réformez de France ont droit de prétendre d'être compris favorablement, par la Médiation des Puissances Protestantes, dans le Traité de Paix qui terminera la presente Guerre, Philadelphie, Henri le Sincère, 1697 [BNF, E*-2938].

LA BALANCE DE L'EUROPE, OU La recherche des dangers respectifs qu'il y a de donner LA MONARCHIE D'Espagne A L'EMPEREUR AUSSI BIEN QU'AU ROI PHILIPPE [...]. Traduite de l'Anglois, Utrecht, Jean Ribbius, 1712 [UG, BIB.ACC.005715/15].

BASNAGE DE BEAUVAL, Jacques, HISTOIRE DE L'ÉGLISE, Depuis JESUS-CHRIST jusqu'à present [...], Rotterdam, Reinier Leers, 1699 [BSB, 2 H. eccl. 47–2], Bd. 2.

Ders., HISTOIRE DE LA RELIGION DES ÉGLISES REFORMÉES [...], Rotterdam, Abraham Acher, 1690 [BSB, H. ref. 17–1], Bd. 1.

BAUDOT DE JUILLY, Nicolas de, HISTOIRE DE PHILIPPE Auguste, Paris, Michel Brunet, 1702 [BNF, FB–40576], Bd. 1.

Ders., HISTOIRE DE PHILIPPE Auguste, Paris, Michel Brunet, 1702 [BNF, FB–40577], Bd. 2.

[BAYLE, Pierre?], AVIS IMPORTANT AUX REFUGIEZ Sur leur prochain retour en France. Donné pour Estrennes à l'un d'eux en 1690. PAR Monsieur C.L.A.A.P.D.P., Amsterdam, Jaques le Censeur, 1690 [BSB, H.ref.16m].

[Ders.], COMMENTAIRE PHILOSOPHIQUE Sur ces paroles de JESUS-CHRIST Contrain-les d'entrer [...]. Traduite de l'Anglois du Sieur Jean Fox de Brugg par M. J. F., Cantorbery, Thomas Litwel, 1686 [EEBO, Wing (2nd ed.)/ B1469B].

[Ders.], COMMENTAIRE PHILOSOPHIQUE SUR CES PAROLES DE JÉSUS-CHRIST, CONTRAIN-LES D'ENTRER; OU TRAITÉ DE LA TOLÉRANCE UNIVERSELLE. PAR MR. BAYLE. NOUVELLE EDITION, Rotterdam, Fritsch/Böhm, 1713 [BSB, Polem. 178b–1/2], Bd. 1.

Ders., CRITIQUE GENERALE DE L'HISTOIRE DU CALVINISME DE Mr. MAIMBOVRG, VilleFranche, Pierre Le Blanc, 1682 [BCUL, TH 565 A].

Ders., DICTIONNAIRE HISTORIQUE ET CRITIQUE, Rotterdam, Reinier Leers, 1697 [BSB, 2 Biogr.c.150m–2,1], Bd. 2/1.

Ders., (Hg.), NOUVELLES DE LA REPUBLIQUE DES LETTRES, Amsterdam, Henry Desbordes, 09.1604 [sic!] [BML, 807160 2,1].

BENOIST, Elie, HISTOIRE DE L'ÉDIT DE NANTES [...], Delft, Adrien Beman, 1693 [UBM, XIXd B 1346, 1/2], Bd. 1.

Ders., HISTOIRE DE L'ÉDIT DE NANTES [...], Delft, Adrien Beman, 1693 [UML, DC 111.B47], Bd. 2.

Ders., HISTOIRE DE L'ÉDIT DE NANTES, [...], Delft, Adrien Beman, 1695, [BCUL, 2G1473/4], Bd. 3/2.

Ders., HISTORIE DER GEREFORMEERDE KERKEN VAN VRANKRYK [...], Amsterdam, Jan ten Hoorn, 1696 [Waldenserbibliothek in Ötisheim-Schönenberg, D 69/ Ben I 1/1].

Ders., THE HISTORY Of the Famous Edict of Nantes [...], London, John Dunton, 1694 [YUL, BEIN 2006 1518].

BENOIST, Jean, HISTOIRE DES ALBIGEOIS. ET DES VAUDOIS. OU BARBETS [...], Paris, Jacques Le Febvre, 1691 [UG, BIB.HIST.008997], Bd. 1.
BERNARD, Jacques, NOUVELLES DE LA REPUBLIQUE DES LETTRES, Amsterdam, Henry Desbordes/Daniel Pain, 04.1703 [BCUL, BPY2703].
BERNARD, Jean, THEOLOGIE DES CONTROVERSES DE LA FOI [...], Liège, François Hoyoux, 1710 [UG, BIB.TH001384].
LA BIBLE, QVI EST TOVTE LA SAINTE ESCRIPTVRE du Vieil & du Nouueau Testament [...], Geneva, Pierre Chouët, 1665 [BCUL, TE 2295].
Biblia sacra vulgatae editionis Sixti V et Clementis VIII Pont. Max. autoritate recognita: Editio nova [...], herausgegeben von Claude LANCELOT, Paris, Antonius Vitré, 1662 [BML, 20063].
BOECKLER, Johann Heinrich, HISTORIA PRINCIPUM SCHOLA, in: Ders. (Hg.), DISSERTATIONES ACADEMICÆ, Straßburg, Dulssecker, ²1701 [BSB, 4 Diss. 2654], Bd. 1, S. 1105–1156.
BOSSUET, Jacques Bénigne, DISCOURS SUR L'HISTOIRE UNIVERSELLE A MONSEIGNEUR LE DAUPHIN [...], Paris, Sebastien Marbre-Cramoisy, 1681 [BCUL, AB 331], Bd. 1.
Ders., HISTOIRE DES VARIATIONS DES ÉGLISES PROTESTANTES, Paris, Sebastien Mabre-Cramoisy, 1688 [BML, SJH 270/39], 2 Bde.
Ders., PREMIER AVERTISSEMENT AUX PROTESTANS DU MINISTRE JURIEU CONTRE L'HISTOIRE DES VARIATIONS. LE CHRISTIANISME FLETRI, & le Socianisme autorisé par ce Ministre, Paris, Sebastien Mabre-Cramoisy, 1689 [BML, SJH 270/40].
BOYER, Abel, THE ROYAL DICTIONARY ABRIDGED [...], London, R. Clavel/H. Mortlock u.a., 1700 [EEBO, Wing (2nd ed., 1994)/ B3917A].
BRUSLÉ DE MONTPLEINCHAMP, Jean Chrysostôme, L'HISTOIRE DES DUCS DE BOURGOGNE, Cologne, Pierre Marteau, 1687 [BSB, Gall. Sp. 66].
Ders., LUCIEN EN BELLE HUMEUR OU NOUVEAUX ENTRETIENS DES MORTS, Amsterdam, André van Hogenhuyse, 1691 [BSB, P.o.gall.1297].
BURGERMEISTER, Johann Stephan von, Status Equestris Caesaris et Imperii Romano-Germanici [...], Ulm, Daniel Bartholomäus, 1709 [BSB, 4 J. publ g. 225].
BURNET, Gilbert, HISTOIRE DE LA REFORMATION DE L'Église d'Angleterre. Traduite de l'Anglois de M. Burnet, par m. de ROSEMOND, Londres, Richard Chiswel, 1683 [BCUL, TH 2389/1], Bd. 1.
Ders., HISTOIRE DE LA REFORMATION DE L'Église d'Angleterre, [...] Traduite de l'Anglois De M. le docteur Burnet, par M. de ROSEMOND. Londres, Richard Chiswel/Moise Pitt, 1685 [BML, 108591], Bd. 2.
Ders., HISTOIRE DE LA REFORMATION DE L'ÉGLISE D'ANGLETERRE, Traduite de l'Anglois de MR LE DOCTEUR BURNET, Par MR DE ROSEMOND, Geneve, Samuel de Tournes, 1686 [BML, 324770].
Ders., HISTOIRE DE LA REFORMATION DE L'EGLISE D'ANGLETERRE, Traduite de l'Anglois de MR LE DOCTEUR BURNET, PAR MR DE ROSEMOND, Geneve, Samuel de Tournes, 1687 [BML, 324770].
Ders., HISTOIRE DE LA REFORMATION DE L'EGLISE D'ANGLETERRE, Traduite de l'Anglois de M. BURNET, PAR M. DE ROSEMOND, Amsterdam, Abraham Wolfgang, 1687 [UG, BIB. HIST 0006828].
Ders., HISTOIRE DE LA REFORMATION De L'EGLISE D'ANGLETERRE, Traduite de l'Anglois De M. BURNET, à present EVEQUE DE SALISBURY. Par M. DE ROSEMOND [...], Geneve, Samuel de Tournes, 1693 [BSB, Bibl. Mont. 1540-2,1].
Ders., HISTORIA REFORMATIONIS ECCLESIÆ ANGLICANÆ [...], übersetzt von Melchior MITTELHOLZER, Geneva, Duilleriana, 1686 [BSB, 2 H.ref. 13-1 u. 2 H. Ref. 13-2].
Ders., HISTORIA REFORMATIONIS ECCLESIÆ ANGLICANÆ [...], übersetzt von Melchior MITTELHOLZER, Geneva, Duilleriana, 1687 [BML, 23911].
Ders., HISTORIA REFORMATIONIS ECCLESIÆ ANGLICANÆ [...], übersetzt von Melchior MITTELHOLZER, Geneva, Duilleriana, 1689 [UG, BIB.HIST.004980].
Ders., HISTORIE Van de REFORMATIE Der Kerke Van ENGELAND: In het Engelsch Beschreven Door Mr. BURNET: En nu uit den zelven vertaalt, Amsterdam, Jan ten Hooren/Aard Dirckz Ossaan, 1686 [BSB, 4 H.ref.151-1 u. 4 H.ref. 151-2].

Ders., History of the Reformation of the Church of England, London, Richard Chiswell, 1679 [EEBO, Wing/ B5797], Bd. 1.
Ders., History of the Reformation of the Church of England, London, Richard Chiswell, ²1681 [EEBO, Wing/ B5798], Bd. 1.
Ders., PREFACE, in: Laktanz, De la Mort des PERSECUTEURS de l'Eglise primitive, von der englischen Übersetzung Gilbert Burnets übersetzt ins Französische von Jacques Basnage de Beauval, Utrecht, François Halma, 1687 [BCUL, 1U 290 A], S. 3–54.
Ders., PREFACE concerning PERSECUTION, in: Laktanz, A RELATION Of the DEATH Of the Primitive PERSECUTORS, übersetzt von Gilbert Burnet, Amsterdam, J. S., 1687 [EEBO, Wing/ L142], S. 3–53.
Bussy-Rabutin, Roger de, HISTOIRE EN ABREGE DE LOUIS LE GRAND, QUATRZIEME DU NOM, ROY DE France, Paris, Florentin/Pierre Delaulne 1699 [BML, SJIF 238/160].
Cabrera, Juan Tomás Enríquez de, The almirante of Castile's manifesto […], London, John Nutt, 1704 [ECCO, ESTC T116339].
Ders., Manifiesto del Almirante Don Juan Thomas, s.l. s.t. [BNE, MSS-MICRO/19535].
Campbell, Archibald, The case restated; or an account of a conversation with a papist, concerning a book intitled, The case stated between the Church of Rome, and the Church of England, &c. […], London 1713 [ECCO, ESTC T072818].
Camus, Etienne, Lettre de monseigneur le cardinal Etienne Le Camus évêque et prince de Grenoble aux curez de son diocèse, touchant la conduite qu'ils doivent tenir à l'égard des nouveaux-convertis, Grenoble 1687 [BNF, LD176-571].
Capell, Henry, A Speech in the House of Commons, October The Tewenty sixth 1680. By Sir Henry Capell, afterwards Lord, and late Lord Lieutenant of Ireland, Upon a Motion made by the Lord Russel, for the Bill of Exclusion and against toleration, and other Mismanagements of the Several Factions of those Times, in: George Villiers Buckingham (Hg.), THE Second VOLUME of Miscellaneous WORKS, Written by GEORGE, Late Duke of Buckingham […] Collected and Prepar'd for the Press, by the Late Ingenious Mr. Tho. Brown, London, Sam. Briscoe/J. Nutt, 1705 [EEBO, Harl.5986[77]], Bd. 2, S. 168–180.
Castille, Nicolas de, LES NEGOTIATIONS DE MONSIEUR LE PRESIDENT JEANNIN, Paris, P. le Petit, 1656 [BNF, FOL-LG4-3].
Ders., LES NEGOTIATIONS DE MONSIEUR LE PRESIDENT JEANNIN, Amsterdam, André de Hoogwnhuysen, 1695 [BSB, Eur. 398-1], Bd. 1.
Ders., LES NEGOTIATIONS DE MONSIEUR LE PRESIDENT JEANNIN, Amsterdam, André de Hoogwnhuysen, 1695 [BSB, Eur. 398-4], Bd. 4.
La Chapelle, Jean de, LETTRE D'UN SUISSE A UN CONSEILLER DE FRIBOURG, A Paris le Mars 1703, in: Ders. (Hg.), LETTRES D'UN SUISSE, QUI DEMEURE EN France, A UN FRANÇOIS, QUI S'EST RETIRE EN SUISSE. TOUCHANT L'ESTAT PRESENT DES AFFAIRES EN EUROPE, s.l. 1704 [BCUL, 1F285].
Ders., QUARANTE-QUATRIEME Lettre d'un Suisse à un François. Sur les affaires présentes de Hongrie. A Paris le Mars 1708, in: Ders. (Hg.), LETTRES D'UN SUISSE A UN FRANÇOIS OU L'ON VOIT LES VERITABLES INTERESTS des Princes & des Nations de l'Europe qui sont en guerre […], Basle 1709 [BSB, J.publ.e.211-8], Bd. 8.
Ders., Trente-Deuxième Lettre d'un Suisse à un François, Basle 1705 [BNF, 4-LB37-4292].
La Chesnée, Jean-Jacques Quesnot de, LE PARALLELE DE PHILIPPE II. ET DE LOUIS XIV. Par Mr. I.I.Q., Cologne, Jaques le Sincere, 1709 [BNC, Res 1723-120].
La Chétardie, Joachim de, EXPLICATION DE L'APOCALYPSE ECCLESIASTIQUE. Pour prémunir les Catholiques & les Nouveaux Convertis contre la fausse Interpretation des Ministres, Bourges, François Tourbeau, 1692 [BML, SJE 285/5].
Chevalier, Nicolas, HISTOIRE DE GUILLAUME III. ROY D'ANGLETERRE, D'ÉCOSSE, DE France, ET D'Irlande, PRINCE D'ORANGE […], Amsterdam 1692 [BML, 108038].
Choisy, François-Timoléon de, Histoire de l'Église, Paris, Antoien Dezallier, 1706 [BSB, 4 H.eccl.188-4], Bd. 4.
Ders., HISTOIRE DE L'ÉGLISE, Paris, Antoine Dezallier, 1712 [UCM, BH FLL 19181], Bd. 5.
Ders., HISTOIRE DE L'ÉGLISE, Paris, Antoine Dezallier, 1714 [UG, BIB.HIST.006168 Vol. 7], Bd. 7.

COCHEM, Martin von, Das Andere History-Buch P. Martini Cochem [...], Dillingen, Johann Caspar Bencards, 1694 [BSB, 4 Asc. 215-2].
A collection of scarce and valuable papers [...], London, George Sawbridge, 1712 [ECCO, ESTC T079406].
CONSIDERATIONS POLITIQUES ET HISTORIQUES Sur l'état present des affaires DE L'EUROPE. Pour le 16. De Janvier 1689, Ville-Franche, Jean Du Moulin, 1689 [UG, BIB.HIST. 001644], Bd. 1.
CONSIDERATIONS POLITIQUES ET HISTORIQUES Sur l'état present des affaires DE L'EUROPE. Pour le 16. Janvier 1690, Ville-Franche, Jean Du Moulin, 1690 [UG, BIB. HIST.001644 Vol. 1], Bd. 1.
Continuatio Des Frantzösischen Cabinets [...], Constantinopel 1684 [UBF, Flugr GFr 5976].
DANIEL, Gabriel, Deux dissertations préliminaires pour une nouvelle histoire de France, Paris 1696 [BNF, L35-118].
Ders., HISTOIRE DE France, DEPUIS L'ETABLISSEMENT DE LA MONARCHIE FRANÇOISE DANS LES GAULES. DÉDIÉE AU ROY, Paris, Denis Mariette, 1713 [Stanford University, 944. D184V.1], Bd. 1.
Ders., HISTOIRE DE France DEPUIS L'ETABLISSEMENT DE LA MONARCHIE FRANÇOISE DANS LES GAULES, Paris, Jean-Baptiste Delesprine, 1713 [BSB, 2.Gall.g.35-3], Bd. 3.
DEFOE, Daniel, The danger of the Protestant religion consider'd, from the present prospect of a Religious War in Europe, London 1701 [ECCO, ESTC T056884].
Ders., The Danger of the Protestant Religion, from the present Prospect of a Religious War in Europe, in: Ders. (Hg.), A true COLLECTION OF THE WRITINGS OF THE AUTHOR OF THE True Born English-man. Corrected by himself, London 1703 [ECCO, ESTC T071953], S. 223-254.
Ders., Lex Talionis: Or, An Enquiry into the most Proper Ways to Prevent the Persecution of the Protestants in France, in: Ders. (Hg.), A true COLLECTION OF THE WRITINGS Of The AUTHOR Of The True Born ENGLISH-MAN VIZ. [...] VII. Lex Talonis: Or, An Enquiry into the most Proper Ways to Prevent the Persecution of the Protestants in France, London 1703 [ECCO, ESTC T071926], S. 242-264.
Ders., LEX TALIONIS OR, AN ENQUIRY INTO The most Proper Ways to Prevent THE PERSECUTION OF THE Protestants in France, London 1698 [EEBO, Wing/L1863].
Ders., LEX TALIONIS, LA LOI DU TALION OU Moyen juste & infaillible pour arrêter le Cours de la Cruelle & Barbare Persecution des Protestans de France, Londres, Pierre de la Verité, 1698 [EEBO, Wing/ 2494:12].
Ders., La LOI DU TALION, OU Moyen juste & infaillible pour arrêter le cours de la cruelle & barbare Persécution des Protestans de France, Londres, Pierre de la Verité, 1699 [UG, BIB.HIST. 005526].
Ders., A REVIEW OF THE AFFAIRS OF FRANCE, London 28.11.1704 [1705] [BLO, 017105530], S. 321-324.
DÉPÊCHE EXTRAORDINAIRE DE PASQUIN, ENVOIÉ DE ROME A TOUS LES PRINCES DE L'EUROPE, traduit de l'Italien par A.V.S., Venise, Gio del Campo, 1690 [BSB, Gall.g. 869 pa-1/3].
Des aus denen Elisischen Feldern kommenden Geists Carls des II. weyland Königs in Groß= Britannien/ Andere Erscheinung, s.l. 1689 [BSB, 4 Gall. G. 119].
LE DICTIONNAIRE DE L'ACADÉMIE FRANÇOISE, Paris, Jean Baptiste Coignard, 1694 [BNF, NUMM-50398], Bd. 2.
Dictionarium sacrum seu religiosum. A dictionary of all religions, ancient and modern. Whether Jewish, pagan, Christian or Mahometan [...], London, James Knapton, 1704 [ECCO, ESTC T138451].
DIEBOLD, Caspar, Europeische Kern-Histori: Oder Summarischer und begreiflicher Außzug der vornehmsten und Curieusesten Geschichten EUROPÆ [...], Zürich, Joh. Heinrich Lindinners, 1701 [BSB, Eur. 418].
DIJON, Nicolas de, PANEGYRIQUES DES SAINTS, Lyon, Thomas Amaulry, 1693 [UG, DEPD. B356], Bd. 3.

Discours SVR LA PERMISSION DE LIBERTE DE RELIGION, dicte Religions-vrede au Païs-Bas, s.l. 1579 [UG, BIB.MEUL 406].

DONNEAU DE VISÉ, Jean, AFFAIRES DU TEMPS, Lyon, Thomas Amaulry, 1689 [BML, 807158], Bd. 8.

DORIGNY, Jean, HISTOIRE DE LA VIE DE S. REMY ARCHEVÊQUE DE REIMS, APÔTRE DES FRANÇOIS [...], Chaalons, Claude Bouchard 1714 [BML, 324873].

DUBOS, Jean-Baptiste, LES INTERESTS DE L'ANGLETERRE MAL-ENTENDUS DANS LA GUERRE PRESENTE. Traduits du Livre Anglois intitulé, Englands interest mestaken en the present vvar, Amsterdam, George Gallet, 1703 [BML, SJIG183/116].

Ders., LES INTERETS DE L'ANGLETERRE MAL-ENTENDUS DANS LA GUERRE PRESENTE. Traduits du Livre Anglois, intitulé Englands interest mistaken in the present War, Amsterdam, J. Louis de Lorme, $^6$1704 [BCUL, 1E1608].

DUGDALE, William, A short view of the late troubles in England [...], Oxford, Moses Pitt, 1681 [EEBO, Wing (CD-ROM, 1996)/ D2492A].

The duke of Anjou's succession further consider'd, As to the Danger that may arise from it to Europe in General; But more particularly to England, And the several Branches of our Trade [...], London, A. Baldwin, $^2$1701 [ECCO, ESTC T035010].

DUMONT, Jean de Carelscroon, LA PIERRE DE TOUCHE DE LA LETTRE A MONSIEUR LE MARQUIS DE*** SUR UN LIVRE INTITULÉ LES SOUPIRS DE L'EUROPE [...], s.l. 1712 [UG, BIB.123R023].

ECHARD, Laurence, The Roman History [...], London, W. Freeman / J. Walthon u.a., $^5$1705 [ECCO, ESTC T196711], Bd. 3.

L'ESPRIT DES COURS DE L'EUROPE [...], herausgegeben von Nicolas de GUEUDEVILLE, La Haye, François L'Honoré, 06.1699 [BSB, Eur. 263–1].

L'ETAT DES PROVINCES-UNIES, Et particulierement de celle de HOLLANDE ET LEUR VRAI INTERET Opposé au faux, pour le temps present, s.l. 1690 [BSB, Belg. 89].

Europäischer Glücks=Topf, Frankfurt u.a., Christian Weidmannen, 1687 [BSB, 4 Eur. 126].

Europäischer Staats=Rath/ Oder Brüderlicher Bericht Wie sich Die Hohen Potentaten in EUROPA Gegen Die Monarchische einbildungen des Königes in Franckreich zu verhalten haben, s.l. 1690 [BSB, 4 Eur. 268].

L'EUROPE RESUCITÉE DU TOMBEAU DE Mr. LETI, OU REPONSE A LA MONARCHIE UNIVERSELLE DE LOUIS XIV. PAR I.D.M.D.R., Utrecht, Antoine Shouten, 1690 [BSB, Eur. 273].

La fausse clef du cabinet des Princes de l'Europe ou Rome trahie, Osnabruk 1691 [BNF, G–15966].

FÉNELON, François, LES AVENTURES DE TELEMAQUE FILS D'ULYSSE, OU SUITE DU QUATRIÉME LIVRE DE L'ODYSSÉE D'HOMERE, La Haye, Adrian Moetjens, 1699 [BML, 389632].

FÉTIZON, Paul, APOLOGIE POUR LES REFORMEZ, OÙ On voit la juste Idée des GUERRES CIVILES DE France: ET Les vrais Fondemens DE L'EDIT DE NANTES Entretien Curieux, entre un Protestant & un Catholique, La Haye, Abraham Arondeus, 1683 [BCUL, TH 1236].

FLÄMITZER, Johann Nicolaus, Sieben=Bürgens Oesterreichischer Messias [...], Nürnberg u.a., Johann Zigers / Hiob Hertzen, 1689 [BSB, 4 J. publ. E. 101].

FLÉCHIER, Esprit, HISTOIRE DU CARDINAL XIMENÉS, Paris, Jean Anisson, 1693 [BML, 326674–T.02], Bd. 2.

LA France TOUJOURS AMBITIEUSE ET TOUJOURS PERFIDE, Ratisbonne 1689 [BNF, 8–LB37–3956].

Franckreich über alles, wenn es nur könnte. Worinnen Die merckwürdigsten Frantzösischen Staats- und Kriegs-Begebenheiten/ welche sich von König Ludovico XI. biß auf das 1685. Jahr/ sonderlich unter [...] Ludovico XIV. zugetragen haben [...], Leipzig, Gleditsch, 1686 [BSB, Res/4 Crim. 140.26].

FRANKLAND, Thomas, The annals of King James and King Charles the First [...], London, Tho. Braddyll / Robert Clavel, 1681 [EEBO, Wing/ F2078].

Frankreich, Ludwig XIV. von, Memoire des raisons qui ont obligé le Roy à reprendre les armes, & qui doivent persuader toute la chrétienté des sinceres intentions de Sa Majesté, pour l'affermissement de la tranquillité publique, Paris, Jean-Baptiste Coignard, 1688 [BNF, 4–LB–37–3923].

FRESCHOT, Casimir, REPONCE AU MANIFESTE, Qui court sous le nom de S.A. ELECTORALE DE BAVIERE. Ou Reflexions sur les raisons, qui y sont déduites pour la justification de ses Armes, Pampelune, Jacques Lenclume, 1705 [BSB, Bavar.849m].

FRIS, Johann, Dictionarium bilingue: latino-germanicum, & Germanico-latinum [...], Zürich, Heinrich Bodner, ²1700 [BCUL, 1K668].

Für das Vatter-Land deß Bayrischen Löwens/ Getreue Gefährtin/ In der Isar-Gesellschaft/ Das ist: Vorstellung gantz Europæ/ als Dero Ursprung/ Grösse/ Macht/ Vilfältigkeiten/ und sittliche Eygenschafften/ die merckwürdigste Begebenheiten/ von dato als Lutherus und Calvinus Auffkommen. Vorig: und jetzigen Kriegs-Gehaimbe und offentliche Ursachen. Die Religions-Strittigkeiten in der Pfaltz/ am Rhein/ und sonsten allerley Verfolgung/ wider die Catholische/ unser höchstes Haupt den Pabsten/ Christi Statthalter und Regenten. Fundamental-Beweiß/ daß die Catholische Kirch nit irren oder fählen kan. Unschuldige Vertreibung deß Königs Iacobi II. in Engeland/ und Printzen Wallis rechtmässige Prætention. [...], s.l. 1703 [BSB, Eur. 1014 l].

FURETIÈRE, Antoine, DICTIONNAIRE UNIVERSEL [...], La Haye u.a., Arnout/ Reinier Leers, 1690 [BCUL, 3K866/3], Bd. 3.

Ders./ Henri BASNAGE DE BEAUVAL, DICTIONNAIRE UNIVERSEL [...], La Haye u.a., Arnoud/ Reinier Leers, ²1701 [BSB, 2L.lat.f.13-2], Bd. 2.

GAULTIER DE SAINT-BLANCARD, François, HISTOIRE APOLOGETIQUE, OU DÉFENSE DES LIBERTEZ DES EGLISES RÉFORMÉES DE France [...], Amsterdam, Henry Desbordes/ Pierre Brunel, 1688 [BCUL, TH 1251], Bd. 1.

GIRY, François, LES VIES DES SAINTS [...]. NOUVELLE EDITION, Reveuë & corrigée par l'Auteur, Paris, Nicolas Pepie, 1703 [BML, 23878-T.02], Bd. 2.

GÖBEL, Matthäus, CÆSAREO-PAPIA ROMANA [...], Frankfurt u.a., 1684 [BSB, H. eccl. 445 d].

GÜLICH, Johann Dietrich von, Wahres INTERESSE deß Heil. Römischen Reichs [...], Osteroda, Barthold Furhmann, 1689 [BSB, 4 Diss. 491].

GUERTLER, Nikolaus, Der bedruckte Palm-baum Christlicher Warheit; oder, Verfolgte Protestant und Waldenser [...], Cölln an der Spree, Ulrich Liebpert, 1687 [PUL, 5699-912].

GUISCARD, Antoine de, Mémoires du marquis de Guiscard, dans lesquels est contenu le récit des entreprises qu'il a faites dans le royaume et hors du royaume de France, pour le recouvrement de la liberté de sa patrie, Delft, Frédéric Arnaud, 1705 [BNF, 8- LB37- 4247].

HARRINGTON, James, The Oceana of James Harrington and his other works, som [sic!] wherof are now first publish'd from his own manuscripts: the whole collected, methodiz'd, and review'd, with an exact account of his life prefix'd / by John TOLAND, London 1700 [EEBO, Wing/ H816].

HEISS VON KOGENHEIM, Johann, HISTOIRE DE L'EMPIRE, Paris, Claude Barbin, 1684 [BSB, 4 Germ.g. 83-1], Bd. 1.

HERBELOT, Barthélemy d', BIBLIOTHEQUE ORIENTALE, OU DICTIONNAIRE UNIVERSEL CONTENANT GENERALEMENT Tout ce qui regarde la connoissance des Peuples de l'Orient [...], Paris, Compagnie des Libraires, 1697 [BML, 24324].

HEUNISCH, Caspar, ANTICHILIASMUS, Das ist/ Widerlegung der so genannten der Weissagungen Erfüllung/ welche Anno 1686. In Frantzösischer Sprach ausgangen [...], Schleusingen, Sebastian Göbel, 1689 [BSB, Phys. M. 440 q-1/2].

LES HEUREUSES SUITES DE L'ALLIANCE ET DE L'UNION De leurs Majestez Serenissimes GUILLAUME III. ET MARIE II. Roi & Reine de la Grand' Bretagne, de France & d'Irlande: AVEC Leurs Hautes Puissances les S.S. ETATS GENERAUX des Provinces-Unies, La Haye, J. Aelberts, 1689 [BSB, J. publ. e. 429].

HICKERINGILL, Edmund, Priest-Craft, its character and consequences, London, B. Bragge, 1705 [ECCO, ESTC N020939].

Ders., Priest-Craft, its character and consequences, London, B. Bragge, ²1705 [ECCO, ESTC T108094].

Ders., Priest-Craft, its character and consequences, London, B. Bragge, ³1705 [ECCO, ESTC T108089].

HILL, Samuel, The Catholic Balance: OR A DISCOURSE Determining the CONROVERSIES CONCERNING I. The Tradition of Catholic Doctrines. II. The Primacy of S. Peter and the

Bishop of Rome. III. The Subjection and Authority of the Church in a Christian State [...], London, Robert Clavell, 1687 [EEBO, Wing/ H2006].

HISTOIRE DE LA DECADENCE DE LA France PROUVÉE Par sa CONDUITE, Cologne, Pierre Marteau, 1687 [BNF, MICROFILM M–2274].

Historischer und Politischer MERCURIUS [...], Nürnberg, Johann Ziegern, 01.1703 [BSB, 4 Eur. 186–1703,1], S. 447–457.

The History of the works of the learned, or, An impartial account of books lately printed in all parts of Europe [...]. For the Month of January 1703 [...], London, H. Rhodes/T. Bennet u.a., 1703 [HUL, 011731025], Bd. 5, S. 203–210.

HOHBURG, Christian, Teutsch=Evangelisches JUDENTHUM: Das ist: Gründlicher Beweiß Auß den Heil. Propheten Gottes daß wir Evangelische in Teutschland grösten Theils/ dem Jüdischen Volck im Alten Testament ietzo gleich [...], Lünæburg, vor dem zu Franckfurt M. 1644. Ietzo von neuen verbessert herauß gegeben auf Kosten etlicher Freunde, Pamphilia 1705 [PUL, Goertz 2065].

HOLTZHAUSEN, Johann Christoph, Offentliche An=Rede an den AUTOREM oder Verfasser Des Bey Ausgang dieser Herbst=Messe hervorgekommenen Discurses über die Frage: Ob die Auserwehlte verpflichtet seyn/ sich nothwendig zu einer heutigen grossen Gemeine und Religion insonderheit zu bekennen und zu halten [...], Frankfurt, Georg Erhard Märtz, 1684 [BSB, Mor. 154].

THE HOLY BIBLE Containing the OLD and NEW TESTAMENTS. Newly Translated out of the Original Tongues: and with the former Translations diligently Compared and Revised, London, J. Bill, T. Newcombe/Henry Hill, 1679 [EEBO, Wing (2nd ed.)/ B2322A].

HOTMAN, François/Jean de SERRES, LA VIE DE GASPARD DE COLIGNY [...], Cologne, Pierre Marteau, 1686 [UML, DC112.C6H831686].

HOUGH, John, A SERMON Prech'd before the Lords Spiritual and Temporal, In the Abby Church of WESTMINSTER, On the 22d of November, 1709, BEING THE THANKSGIVING-DAY, London, Egbert Sanger, 1709 [ECCO, ESTC T010309].

HÜBNER, Christian E., Aller durchl. Hohen Häuser in Europa neueste Genealogien von 1500–1707, Hamburg, Schiller, 1707 [BSB, Geneal. 63].

HÜBNER, Johann, Kurtze Fragen aus der politischen Historia [...], Leipzig, Johann Friedrich Gleditsch, 1700, [BSB, H. un. 289–2], Bd. 2.

HUGHES, John/Kennett WHITE u.a., A complete history of England: with the lives of all the kings and queens [...], London, Brab. Aylmer/Reb. Bonwick u.a. 1706, [ECCO, ESTC T145258], Bd. 2.

HUGO, Charles-Louis, L'HISTOIRE DE MOÏSE, TIRÉE DE LA STE. ECRITURE, DES SAINTS PERES, DES INTERPRÉTES, & des plus anciens Ecrivains, Liege, Jean-François Bronckart, 1699 [BML, Chomart A 11669].

HUME, David, FOUR DISSERTATIONS. I. THE NATURAL HISTORY OF RELIGION. II. OF THE PASSIONS. III. OF TRAGEDY. IV. OF THE STANDARD OF TASTE, London, A. Millar, 1757 [ECCO, ESTC T004011].

IMHOF, Andreas Lazarus von, LE GRAND THEATRE HISTORIQUE, OU NOUVELLE HISTOIRE UNIVERSELLE [...], Leide, Pierre Vander, 1703 [BML, 107857–V.05], Bd. 5.

JARRY, Juilhard du, PANEGYRIQUES CHOISIS ET PRONONCEZ, Paris, Denis Mariette, 1700 [UG, BIB.BL.001212 Vol. 1], Bd. 1.

JONES, David, THE HISTORY OF FRANCE To the Year 1702. CONTAINING, Besides all the Material Transactions in PEACE and WAR, A Particular Account of the STEPS taken by their Late Princes, to subvert their CIVIL LIBERTIES, and to extirpate the REFORMED RELIGION [...], London, Daniel Brown/Adr. Bell, 1702 [ECCO, ESTC N006894], Bd. 2.

LE JOURNAL DES SÇAVANS POUR L'ANNÉE M.DC.XCI, Paris, Jean Cusson, 1691 [BML, ANCIEN MADPER A491929].

LE JOURNAL DES SÇAVANS POUR L'ANNÉE MDCCVII, Paris, Jean Cusson, 1707 [BML, ANCIEN MADPER A491929].

JOURNAL DES SÇAVANS Pour L'Année M.DCCIII., Amsterdam, Waesberge/Boom u.a., 1703 [UG, BIB.HIST.000185 Vol.31,1 (1703)].

JOURNAL DES SÇAVANS POUR L'ANNÉE M.DCCXII., Paris, Jean Cusson, 1712 [BML, ANCIEN MADPER SJZ 453].

Judiciis Politicis von denen vornehmsten Kriegs=Actionen so bißhero in Europa vorgangen seyn, s.l. 1685 [BSB, 4 Eur. 280].
JURIEU, Pierre, ABBREGE' DE L'HISTOIRE DU CONCILE DE TRENTE [...], Geneve, Herman Widerhold, 1682 [BML, 323559–T.01–], Bd. 1.
Ders., ABBREGE' DE L'HISTOIRE DU CONCILE DE TRENTE [...], Amsterdam, Henry Desbordes, ²1683 [BML, 800814], Bd. 1.
Ders., L'ACCOMPLISSEMENT DES PROPHETIES OU LA DELIVRANCE PROCHAINE DE L'EGLISE [...], Rotterdam, Abraham Acher, 1686 [BML, 336191].
Ders., LES DERNIERS EFFORTS DE L'INNOCENCE AFFLIGÉE. OV ENTRETIENS CVRIEVX de deux Catholiques Romains, l'un Parisien & l'autre Provincial, sur les moyens dont on se sert aujourd'huy pour detruire la Religion Protestante dans ce Royaume, Amsterdam, Daniel Du Fresne, 1682 [BCUL, 1G 1471].
Ders., HISTOIRE DU CALVINISME & celle du PAPISME mises en parallele: Ou APOLOGIE pour les REFORMATEURS, pour la REFORMATION, & pour les REFORMEZ, divisée en quatre Parties; contre un libelle intitulé l'Histoire du Calvinisme par Mr. MAIMBOURG, Rotterdam, Reinier Leers, 1683 [UG, BIB. 1375007], Bd. 1.
Ders., LETTRES PASTORALES ADRESSÉES AUX FIDELES DE FRANCE, QUI GEMISSENT SOUS LA CAPTIVITÉ DE BABYLON. Où sont dissipées les illusions que M. de Meaux dans sa Lettre Pastorale, & les autres Convertisseurs emploient pour seduire. [...], Rotterdam, Abraham Acher, ³1688 [BCUL, TH1246/1].
Ders., La politique du clergé de France. Ou Entretiens Curieux De deux Catholiques Romains l'un Parisien & l'autre Provincial sur les moyens dont on se sert aujourd'huy, pour destruire la Religion Protestante dans ce Royaume, Cologne, Pierre Marteau, 1681 [UBM, 188].
Ders., LA RELIGION DES JESUITES, OU REFLEXIONS Sur les inscriptions du Pére Menestrier, & sur les escrits du Pére le Tellier pour les nouveaux Chretiens de la Chine & des Indes, contre la dixneuvième observation de l'Esprit de Mr. ARNAUD [...], La Haye, Abraham Troyel, 1689 [BSB, Polem. 1548].
Ders., LA RELIGION DES JESUITES, OU REFLEXIONS Sur les Inscriptions du Pére Menestrier, & sur les écrits du Pére le Tellier pour les nouveaux Chrétiens de la Chine & des Indes, contre la dix-neuviéme Observation de l'Esprit de Mr. Arnaud. [...] Deuxième Edition, revûë, corrigée & augmentée, La Haye, Abraham Troyel, 1691 [BCUL, 1G1165].
Ders., Suite de la politique du clergé de France ou les derniers efforts de l'innocence affligée: élégie à Madame la Marquise de..., La Haye 1682 [UBM, 188].
KING, William, Europe's deliverance from France and slavery: A sermon preached at St. Patrick's Church Dublin, on the 16th of November, 1690. Before the Right Honourable the Lords justices of Ireland. Being the day of thanksgiving for the preservation of His Majesty's person, his good success in our deliverance, and his safe and happy return into England, Dublin u.a. 1707 [ECCO, ESTC T183264].
LAMBERTY, Guillaume de, MEMOIRES DE LA DERNIERE REVOLUTION D'ANGLETERRE, CONTENANT L'Abdiction de JAQUES II., l'avenement de S.M. le Roi GUILLAUME III. à la Couronne, & plusieurs choses arrivées soûs son Régne, La Haye, L'Honoré, 1702 [BCUL, HIST 453 C/1], Bd. 1.
LANGE, Gottfried, D. Gottfried Langens Einleitung zu den Geschichten Und Dem daraus fliessenden JURE PUBLICO Des Heil. Römischen Reichs Deutscher Nation, Leipzig, Ludwig Gleditsch, 1709 [BSB, Germ. g. 248 m].
LANGLOIS, Jean-Baptiste, HISTOIRE DES CROISADES CONTRE LES ALBIGEOIS, Paris, Claude Saugrain, 1703 [BLO, (OC) 110k.470].
LANGUET, Hubert, LETTRES DE MONSIEUR DE LANGUET, écrites en latin AS.A.S. Monseigneur AUGUSTE ELECTEUR de SAXE & ARCHI-MARECHAL DE L'EMPIRE, übersetzt und herausgegeben von Johann Christian LÜNIG, Cologne, Pierre Marteau, 1695 [BSB, Eur. 434].
LARREY, Isaac de, HISTOIRE D'ANGLETERRE, D'ECOSSE, ET D'IRLANDE; Avec un abregé des évenemens les plus remarquables arrivez dans les autres Etats, Rotterdam, Reinier Leers, 1697 [BML, 24228], Bd. 1.

Ders., HISTOIRE D'ANGLETERRE, D'ECOSSE, ET D'Irlande; AVEC UN ABREGÉ DES ÉVENEMENS LES PLUS REMARQUABLES ARRIVÉS DANS LES AUTRES ETATS [...], Rotterdam, Fritsch/Böhm, 1713 [BML, 24228], Bd. 4.
[Ders.], REPONSE A L'AVIS AUX REFUGIEZ, Par Diebold M.D.L.R., Rotterdam, Reinier Leers, 1709 [HUL, Fr 1278.256].
LENAIN DE TILLEMENT, Louis Sébastien, MEMOIRES POUR SERVIR A L'HISTOIRE ECCLESIASTIQUE DES SIX PREMIERS SIECLES [...], Paris, Charles Robustel, 1698 [BML, SJH 120/5], Bd. 5.
LESLIE, Charles, NATURAL REFLECTIONS UPON THE Present Debates ABOUT PEACE AND WAR. In two Letters to a Member of Parliament from his Steward in the Country, London, John Morphen, 1712 [UML, D 282.5.L63].
LETI, Gregorio, HISTORIA o vero Vita di ELISABETTA, Regina d'Inghilterra. Detta Sopranome la Comediante Politica [...], Amsterdam, Abraham Wolfgang, 1693 [UG, BIB.HIST.004417].
Ders., HISTORIA O VERO VITA DI ELISABETTA, REGINA D'INGHILTERRA. Detta per Sopranome la COMEDIANTE POLITICA [...], Amsterdam, Pietro Mortier, 1703 [BSB, 11027579 Res/Brit. 342–1].
Ders., LA MONARCHIA UNIVERSALE del RE LUIGI XIV [...], Amsterdam, Guglielmo de Jonge, 1689 [BSB, 999/Hist.pol.3091(1/2)].
Ders., LA MONARCHIA VNIVERSALE DEL RE LVIGI XIV [...], Amsterdam, Guglielmo de Jonge, 1692 [BSB, Gall.g. 570–1].
Ders., LA MONARCHIE UNIVERSELLE DE LOUYS XIV. Traduite de l'Italien de MONSIEUR LETI [...], Amsterdam, Abraham Wolfgang, 1689 [BSB, Gall. G. 571–1], Bd. 1.
Ders., LA MONARCHIE UNIVERSELLE DE LOUYS XIV. Traduite de l'Italien de MONSIEUR LETI [...], Amsterdam, Abraham Wolfgang, 1701 [BML, 325993–T.01], Bd. 1.
Ders., LA MONARCHIE UNIVERSELLE DE LOUYS XIV. [...] Traduit de l'Italien de MONSIEUR LETI, Amsterdam, Abraham Wolfgang, 1701 [UG, BIB.HIST.006309 Vol. 2], Bd. 2.
Ders., La Monarchie Universelle de Louys XIV. [...] Traduit de l'Italien de Monsieur Leti., Amsterdam, Abraham Wolfgang, 1701 [BNF, 8– LB37– 3941 (2)], Bd. 2.
Ders., UNIVERSAL- oder Allgemeine Monarchie Ludwigs deß XIV. Königs in Franckreich [...], s.l. 1690 [BSB, Gall. G. 571 d–1].
Ders., LA VIE D'ELIZABETH REINE D'ANGLETERRE. Traduite de l'Italien de MONSIEUR GREGOIRE LETI, Amsterdam, Henri Desbordes, 1694 [UG, BIB.HIST.004222], 2 Bde.
Ders., LA VIE D'ELISABETH REINE D'ANGLETERRE traduite de l'Italien de MONSIEUR GREGOIRE LETI, Amsterdam, Henri Desbordes, 1695 [BML, 326774].
Ders., LA VIE D'ELIZABETH REINE D'ANGLETERRE. Nouvelle Edition Augmentée. Du Veritable Caractere d'Elizabeth & de ses Favoris, Amsterdam, Pierre Mortier, 1703 [BSB, Brit. 537].
Ders., LA VIE D'ELIZABETH REINE D'ANGLETERRE. Traduite de l'Italien de MONSIEUR GREGOIRE LETI, Amsterdam, Henri Desbordes, 1710 [BML, SJIG 186/275], Bd. 2.
Ders., LA VIE D'ELIZABETH REINE D'ANGLETERRE. Traduite de L'Italien de MONSIEUR GREGOIRE LETI. TROISIÉME EDITION, Amsterdam, Henry Desbordes, 1714 [HUL, HW9UFG].
Ders., LA VIE DE L'EMPEREUR CHARLES V. traduit de l'Italien de Mr. LETI, Amsterdam, George Gallet, 1702 [BSB, Germ.g.271x–3], Bd. 3.
Ders., LA VIE DE L'EMPEREUR CHARLES V. traduit de l'Italien de Mr. LETI, Amsterdam, George Gallet, 1710 [BSB, Bibl.Mont. 2753–3], Bd. 3.
LETTRE D'UN HOLLONDOIS A UN MYLORD, in: LETTRES ET REPONSES AU SUJET DE LA LIGUE D'AVGSBOVRG ET DES REVOLUTIONS PRESENTES JOUXTE LA COPIE, Amsterdam, Henry Desbordes, 1689 [BNF, M–21693], S. 123–142.
Lettre d'un Ministre Catholique Deputé à la Diette de Ratisbonne, Ecrite à M. l'Evêque de * *, [Ratisbonne?] 1689 [BNF, MP–791].
LETTRES HISTORIQUES; Contenant ce qui se passe de plus important en EUROPE; Et les Réflexions nécessaires sur ce sujet. Mois de Janvier, 1693, La Haye, Adrian Moetjens, 1693 [UG, BIB. HIST 009709], Bd. 3.

LETTRES HISTORIQUES; Contenant ce qui se passe de plus important en EUROPE; Et les Réflexions nécessaires sur ce sujet. Mois de Janvier 1695, La Haye, Adrian Moetjens, 1695 [UG, BIB. HIST. 009709 VOL. 7], Bd. 7.

LETTRES HISTORIQUES; Contenant ce qui se passe de plus important en EUROPE; Et les Réflexions nécessaires sur ce sujet. Mois de Juillet 1712, La Haye, Adrian Moetjens, 1712 [BSB, Eur. 455–41/42], Bd. 42.

LEUCKFELD, Johann Georg, ANTIQUITATES BURSFELDENSES, Oder Historische Beschreibung des ehemaligen Closters Burßfelde [...], Leipzig u.a., Gottfried Freytag, 1713 [BSB, 4 H. mon. 345].

Ders., ANTIQVITATES GRÖNINGENSES: Oder Historische beschreibung der vormahligen bischöfflichen residentz Gröningen [...], Qvedlinburg, Theodori Phil. Calvisii, 1710 [UG, BIB. AR. 000116/1].

Ders., ANTIQUITATES ILFELDENSES, Oder Historische Beschreibung des Closters Ilfeld [...], Quedlinburg, Calvisius, 1709 [BSB, 4 H. mon. 357].

Ders., ANTIQVITATES WALCKENREDENSES, oder Historische Beschreibung der vormahls berühmten Käyserl. Freyen Reichs-Abtey Walckenried [...], Leipzig u.a., 1705 [BSB, Res/ 4 H. mon. 356].

LIBER SEXTUS DECRETALIVM D. BONIFACII PAPÆ V. CONSTITUTVTIONES. EXTRAVAGANTES. TVM VIGINTI D. IOANNIS PAPÆ XXII. TVM COMMVNES Hæc omnia cum suis glossis suæ integritati restituta, & ad exemplar Romanum diligenter recognita, EDITIO VLTIMA, Lyon, Nicolas Beuliaquam, 1620 [UBM, G 704c sekr.], Bd. 2.

The life and reign of Innocent XI, late Pope of Rome, London, Abel Roper, 1690 [EEBO, Wing/ L77].

LOCKE, John, A LETTER CONCERNING Toleration, London, Awnsham Churchill, 1689 [EEBO, Wing/ L2747].

Ders., A SECOND LETTER CONCERNING TOLERATION, London, Awnsham / John Churchill, 1690 [EEBO, Wing/ L2755].

Ders., A THIRD LETTER FOR TOLERATION, TO THE AUTHOR OF THE THIRD LETTER CONCERNING Toleration, London, Awsham / John Churchill, 1692 [EEBO, Wing/ L2765].

LONDEL, Jean Etienne du, LES FASTES DES ROIS DE LA MAISON D'ORLEANS ET DE CELLE DE BOURBON. Depuis 1497. jusqu'à 1697, Paris, Jean Anisson, 1697 [BSB, Gall.g.241fb].

LONG, Thomas, THE LETTER FOR TOLERATION DECIPHER'D, AND THE ABSURDITY and IMPIETY OF AN Absolute Toleration DEMONSTRATED, BY THE Judgment of Presbyterians, Independents, AD BY Mr Calvin, Mr Baxter, and the Parliament, 1662, London, Freeman Collins / R. Baldwin, 1689 [EEBO, Wing/ L2973].

LUNA, Miguel de, HISTOIRE DE LA CONQUESTE D'Espagne PAR LES MORES, COMPOSÉE EN ARABE Par ABULACIM TARIF ABENTARIQ de la Ville de Medine, un des Capitaines qui furent à cette expedition. TRADUITE EN ESPAGNOL Par MICHEL DE LUNA de la Ville de Grenade, Interprete de Philippe II. en la Langue Arabe [...], Paris, Claude Barbin, 1680 [BML, 327000], Bd. 1.

MACGREGORY, John, THE Geography and History OF TOURNAY [...]. First written in French, for the Service of Prince Eugene of Savoy, and Sent Enclos'd in a Letter to him, when he March'd to Besiege TOURNAY. Now Done, a Second Time, in English [...], Edinborough, John Moncur, 1709 [ECCO, ESTC T091224].

MAIMBOURG, Louis, HISTOIRE DU CALVINISME, Derniere Edition, Paris, Sebastien Mabre-Cramoisy, 1682 [BNCRM, BVEE055318].

Ders., Histoire des croisades pour la délivrance de la Terre-Sainte, Paris, Sebastien Marbre-Cramoisy, 1675 [BNF, RES–H–557].

Ders., HISTOIRE DE LA LIGUE, Paris, Sebastien Mabre-Cramoisy, 1683 [UCM, BH DER 15134].

Ders., HISTOIRE DU LUTHERANISME, Paris, Sebastien Marbre-Carmoisy, 1680 [UCM, BHDER15431].

Ders., THE HISTORY OF THE CRUSADE; OR, THE EXPEDITIONS OF THE Christian Princes FOR THE CONQUEST OF THE Holy Land. Written Originally in French, By the Fam'd MONSIEUR MAIMBORG. Englished by JOHN NALSON, LL. D., London, Thomas Dring, 1685 [EEBO, Wing/ M290].

Ders., The history of the holy war being an exact account of the expeditions of the Kings of England and France, and several other of the Christian Princes, for the conquest of Jerusalem, and the rest of the Holy Land [...]. Done into English by Dr. NALSON, London, Arthur Jones, ²1686 [EEBO, Wing (2nd ed.)/ M291].
MANIFEST, Oder Send≠Schreiben/ Vor Jacob II. Gewesenen König in Engelland/ Mit beygefügter Beantwortung/ Darinnen die Schwäche und Ungültigkeit seiner angeführten Gründe zum deutlichsten gezeiget wird. Aus dem Englischen übersetzet, Cölln, Peter Mardenau, 1697 [BSB, 4 Brit. 39].
MARSOLLIER, Jacques, HISTOIRE DE l'Inquisition ET SON ORIGINE, Cologne, Pierre Marteau, 1693 [BML, SJ H 250/2].
MASSEVILLE, Louis, HISTOIRE SOMMAIRE DE NORMANDIE, Rouen, Fernand/A. Maurey, 1698 [BSB, Gall.sp.116–1], Bd. 1.
Matthaeus Göbel, in: Johann Heinrich ZEDLER (Hg.), Grosses vollständiges Universal-Lexicon aller Wissenschafften und Künste, Halle u.a. 1735, Bd. 11, Sp. 61.
MEMOIRES POUR L'HISTOIRE Des Sciences & des beaux Arts. Recueillis par l'Ordre de Son Altesse Serinißime Monseigneur Prince Souverain de Dombes, Trevoux u.a., Jean Boudot, 02.1703 [UCM, BHDER18139].
MEMOIRES POUR L'HISTOIRE Des Sciences & des beaux Arts. Recueillis par l'Ordre de Son Altesse Serenißime Monseigneur Prince Souverain de Dombes, Trevoux, Jean Boudy, 05.1704 [BSB, Eph.lit.143–1704,2].
MEMOIRES POUR L'HISTOIRE Des Sciences & des beaux Arts. Recüeillis par l'Ordre de Son Altesse Sernißime Monseigneur Prince Souverain de Dombes, Trevoux u.a., Jean Boudot, 02.1707 [UCM, BHDER18163].
MEMOIRES POUR L'HISTOIRE Des Sciences & des beaux Arts Recüeillis par l'Ordre de Son Altesse Sernißime Monseigneur Prince Souverain de Dombes, Trevoux, Etienne Ganeau, 10.1714 [UCM, BHDER18194].
Le Mercure de France, CINQUIÉME PARTIE DES AFFAIRES DU TEMPS, Paris, Michel Guerout, 1689 [UML, 840.6 M 558 1689 Mar pt. 2].
MERCURE GALANT DEDIE A MONSEIGNEUR LE DAUPHIN, Paris 08.1690 [BML, ANCIEN MADPER SJZ 494b].
MERCURE GALANT DEDIÉ A MONSEIGNEUR LE DAUPHIN, Paris 12.1691 [BML, ANCIEN MADPER 807156].
MERCURE GALANT DEDIÉ A MONSEIGNEUR LE DAUPHIN, Paris, Michel Brunet, 04.1707 [BML, 807156].
MERCURE HISTORIQUE ET POLITIQUE, Contenant l'état present de l'Europe, ce qui se passe dans toutes les Cours, l'interêt des Princes, leurs brigues, & generalement tout ce qu'il y a de curieux pour le Mois de Janvier 1689. Le tout accompagné de Reflexions Politiques sur chaque Etat, La Haye, Henry van Bulderen, 01.1689 [BML, ANCIEN MADPER 807163].
MERCURE HISTORIQUE ET POLITIQUE, Contenant l'état present de l'Europe, ce qui se passe dans toutes les Cours, l'interêt des Princes, leurs brigues, & generalement tout ce qu'il y a de curieux pour le Mois de Novembre 1690. Le tout accompagné de Reflexions Politiques sur chaque Etat. TOME TROISIEME, La Haye, Henri van Bulderen, 11.1690 [BML, ANCIEN MADPER 807163].
MERCURE HISTORIQUE ET POLITIQUE, Contenant l'état present de l'Europe, ce qui se passe dans toutes les Cours, l'interêt des Princes, leurs brigues, & generalement tout ce qu'il y a de curieux pour le Mois de Decembre 1692. Le tout accompagné de Reflexions Politiques sur chaque Etat, La Haye, Henry van Bulderen, 12.1692 [BML, ANCIEN MADPER 807163].
MERCURE HISTORIQUE ET POLITIQUE, Contenant l'état present de l'Europe, ce qui se passe dans toutes les Cours, l'interêt des Princes, leurs brigues, & generalement tout ce qu'il y a de curieux pour le Mois de Janvier 1693. Le tout accompagné de Reflexions Politiques sur chaque Etat. TOME QUATORZIEME, La Haye, Henri van Bulderen, 01.1693 [UG, BIB. HIST.001464].
MERCURE HISTORIQUE ET POLITIQUE, Contenant l'état present de l'Europe, ce qui se passe dans toutes les Cours, l'interet des Princes, leurs brigues & generalement tout ce qu'il y a de curieux pour le Mois de Juillet 1702. Le tout accompagné de Reflexions Politiques sur

chaque Etat. TOME TRENTE TROISIEME, La Haye, Frederic Staatman, 07.1702 [UG, BIB. HIST.001464 Vol. 33].

MERCURE HISTORIQUE ET POLITIQUE, Contenant l'état present de l'Europe, ce qui se passe dans toutes les Cours, l'interet des Princes, leurs brigues & generalement tout ce qu'il y a de curieux pour le Mois de Janvier 1705. Le tout accompagné de Reflexions Politiques sur chaque Etat. TOME TRENTE-HUITIEME, La Haye, Henri van Bulderen, 01.1705 [UG, BIB. HIST.001464 Vol. 38(1705,1)].

MERCURE HISTORIQUE ET POLITIQUE, Contenant l'état present de l'Europe, ce qui se passe dans toutes les Cours, l'interêt des Princes, leurs brigues, & generalement tout ce qu'il y a de curieux pour le Mois de Septembre 1712. Le tout accompagné de Reflexions Politiques sur chaque Etat, La Haye, Henri van Bulderen, 09.1712 [BML, ANCIEN MADPER, 807163].

MÉZERAY, François Eudes de, ABREGÉ CHRONOLOGIQUE OU EXTRAIT DE L'HISTOIRE DE France, Lyon, Jean-Baptiste de Ville, 1687 [BML, 326125-T.01], Bd. 1.

LE MICROSCOPE POLITIQUE Par lequel la Posterité poura découvrir visiblement. Les Démarches, les Intrigues & les Moyens les plus cachés, Dont le Ministre de France s'est servi pour immortaliser le Regne DE LOUIS XIV., Cologne, Pierre Marteau, 1692 [BSB, Gall.g.656p].

MONTAIGU, Timoléon, SERMONS, Paris, George / Louis Josse, [4]1699 [BSB, Hom. 281-2].

THE MOST Christian Turk: Or, a VIEW of the LIFE and Bloody REIGN OF LEWIS XIV. Present King of FRANCE [...], London, Henry Rhodes, 1690, [EEBO, Wing (2nd ed.)/ M2870A].

NALSON, John, AN Impartial Collection OF THE Great Affairs of State [...], London, A. Mearne / T. Dring u.a., 1683, [EEBO, Wing (2nd.)/ N107], Bd. 2.

NAU, Michel, L'ÉTAT PRESENT DE LA RELIGION MAHOMETANE, Paris, P. Boüillerot, 1684 [BML, 336865], Bd. 1.

LA NECESSITÉ D'UNE LIGUE PROTESTANTE ET CATHOLIQUE. Pour le maintien de la LIBERTÉ COMMUNE, Cologne, Jacques le Sincere, 1702 [BSB, H. eccl. 800].

Das Neue Testament/ Verteutscht von D. Martin Luthern. Samt höchst-nutzlichen Summarien/ und Andeutung der Sonn- und Fest-Tags-Evangelien/ wie auch erbaulichen Figuren, Nürnberg u.a., Johann Hoffmanns / Heinrich Meyer, 1691 [BSB, Res/40.10597-1/3].

ORANIEN, Wilhelm III. von, A Third Declaration, s.l. 1688 [EEBO, Wing/ W2486].

ORLÉANS NEMOURS, Marie d', MEMOIRES DE M.L.D.D.N. CONTENANT CE QUI s'est paßé de plus particulier en France pendant la Guerre de Paris, jusqu'à la prison du Cardinal de Retz, arrivée en 1652 [...], Cologne 1709 [BNC, E2-IV-25].

OSBORN, Francis, THE WORKS OF FRANCIS OSBORN [...], London 1689 [EEBO, Wing/ 0507].

OTT, Christoph, ROMA GLORIOSA [...], Ynnsprugg, Benedict Carl Reisacher, 1676, [BSB, 2 H. eccl. 257 a].

Ders., ROMA GLORIOSA [...], Dillingen, Johann Caspar Bencard, [3]1702 [BSB, 4 H. eccl. 578].

Le panégyrique de Louis le Grand, contenu dans le mandement du chapitre de l'Église royale et proépiscopale de Saint-Quentin en Vermandois, au sujet de la déclaration du 13 décembre 1698, contre les protestants [...], Cologne, Jean le Sincère, 1699 [BNF, 8-LB37-4120].

PETT, Peter, THE HAPPY future State of England [...], London 1688 [EEBO, Wing/ P1883].

PFALZ, Friedrich III. von der / Zacharias URSINUS, Catechismus Oder Christlicher Underricht/ wie der in Kirchen und Schulen der Churfürstlichen Pfaltz getrieben wirdt, Heidelberg, Johann Mayer, 1563 [Universitätsbibliothek Heidelberg, Q 7188-4 B RES].

PFEFFINGER, Johann Friedrich, Merckwürdigkeiten Des XVII. Jahr-Hunderts [...], Hamburg, Christian Liebezeit, 1706 [BSB, 4 H. un. 125].

THE PRESENT STATE OF EUROPE, Or, The Historical and Political Monthly Mercury, Giving Account of all the Publick and Private OCCURRENCES, Civil, Ecclesiastical and Military, that are most Considerable in every COURT: The Interests of Princes, their Pretentions, and Intrigues, &c. For the Month of January 1692. [...], London, Henry Ryedes / John Harris, 12.1692 [UML, D1. P93].

THE PRESENT STATE OF EUROPE: OR, THE Historical and Political Monthly Mercury, Giving an Account of all the Publick and Private OCCURRENCES, Civil, Ecclesiastical, and Military, that are most Considerable in every COURT: The Interest of PRINCES, their Pretentions, and Intrigues, &c. [...], London, Henry Rhodes, 05.1707 [UML, v.18 1707 D1.P93].

THE PRESENT STATE OF EUROPE: OR, THE Historical and Political Monthly Mercury, Giving an Account of all the Publick and Private OCCURRENCES, Civil, Ecclesiastical, and Military, that are most Considerable in every COURT: The Interest of PRINCES, their Pretentions, and Intrigues, &c. [...], London, Henry Rhodes, 01.1713 [University of Indiana, Blmgtn-Herman B Wells Library (B–WELLS), D2 .P9 v.24–25 1713–1714].

PROAST, Jonas, THE ARGUMENT OF THE LETTER CONCERNING TOLERATION Briefly Consider'd and Answer'd, Oxford, George West / Henry Clements 1690 [EEBO, Wing/ P3538].

Ders., A SECOND LETTER To the AUTHOR of the Three Letters for Toleration FROM THE Author of the ARGUMENT OF THE LETTER CONCERNING TOLERATION Briefly Consider'd and Answer'd, AND OF The Defense of it. With a POSTSCRIPT, taking some Notice Of Two Passages IN The Rights of the Protestant Dissenters, Oxford, L. Lichfield / Hen. Clements 1704 [ECCO, ESTC N021801].

Ders., A THIRD LETTER CONCERNING TOLERATION In DEFENSE of The ARGUMENT of the Letter concerning TOLERATION, briefly Consider'd and Answer'd, Oxford, L. Lichfield, 1691 [EEBO, Wing/ P3539].

Procès-verbal de l'Assemblée générale du clergé de France tenue à Pontoise au couvent des cordeliers en l'année 1670, Paris, Antoine Vitré, 1671 [BML, SJ H 287/11].

PUFENDORF, Samuel, Bericht Vom Zustande des Teutschen Reichs. Durch Severinum Monzambano Veronensem. An seinen Bruder Lælium Herrn zu Trezolani in lateinischer Sprache abgegeben. Jetzo durch einen liebhaber der Sachen in eil verdeutschet, s.l. 1667 [Sächsische Landes- und Universitätsbibliothek Dresden, Jus.publ. Germ. A. 479].

Ders., L'ESTAT DE L'EMPIRE DE MONZAMBANE, Traduit par le SIEUR Fr. S. D'ALQUIE, Amsterdam, Jean J. Schipper, 1669 [BSB, J.publ.g. 485].

Ders., ESTAT PRESENT DE L'EMPIRE D'Allemagne [...]. Traduit du Latin de SEVERINUS DE MONSAMBANO, Par le Sieur D.C., Paris, Denys Thierry / Claude Barbin, 1675 [BML, 326938].

Ders., ESTAT PRESENT DE L'EMPIRE D'ALLEMAGNE, [...]. Traduit du Latin de SEVERINUS DE MONSAMBANO, Par le Sieur D.C., Paris, Guillaume Saugrain, 1696 [ÖNB, 36.Z.27].

Ders., Kurtzer doch Gründlicher Bericht von dem Zustande des H.R. Reichs Teutscher Nation, vormahls in Lateinischer Sprache unter dem Titel SEVERIN von MONZAMBANO herausgegeben/ anjetzo aber ins Teutsche übersetzet [...], Leipzig, Johann Ludwig Gleditsch, 1710 [BSB, J.publ.g. 624 a].

Ders., THE Present State of Germany [...], London, Richard Chiswel, 1690 [EEBO, Wing/ P3265].

Ders., THE Present State OF GERMANY [...] übersetzt ins englische von Edmund Bohun, London, Richard Chiswell, 1696 [EEBO, Wing/ P4181].

Ders., SEVERINI DE MONZAMBANO VERONENSIS, DE STATU IMPERII GERMANICI AD LÆLIUM Fratrem, Dominum TREZOLANI, Geneva, Peterum Columesium, 1667 [BSB, 983823 J.publ.g. 487], S. 198–203.

Ders., SEVERINI DE MONZAMBANO VERONENSIS, DE STATU IMPERII GERMANICI AD LÆLIUM Fratrem, Dominum TREZOLANI, Verona, Franciscum Giulium, 1668 [BSB, 999/ Jur.1070].

Ders., SEVERINI DE MONZAMBANO VERONENSIS, DE STATV IMPERII GERMANICI AD LÆLIUM Fratrem, Dominum TREZOLANI [...], Utopiæ, Udonem Neminem, 1668 [BSB, 1649341 Bibl.Mont. 2761].

Ders., SEVERINI DE MONZAMBANO VERONENSIS, DE STATV IMPERII GERMANICI AD LÆLIUM Fratrem, Dominum TREZOLANI, s.l. 1684 [BSB, J.publ.g. 490].

Ders., Severini de Monzambano Veronensis de statu imperii Germanici, herausgegeben von Christian Thomasius, Halle u.a., Saalfeldius, 1714 [BSB, 037/Stw5978].

Reichs-Schluß/ daß der wieder die Cron Franckreich/ und den Hertzog von Anjou/ auch deren Helffers-Helffere erklärte Reichs-Krieg/ kein Religions-Krieg seye/ de Anno 1703, in: Johann Christian LÜNIG (Hg.), Das Teutsche Reichs-Archiv [...], Leipzig, Friedrich Lanckischens Erben, 1710 [Österreichische Nationalbibliothek, 232108-D], S. 741–743.

Remarques sur la reponse faite par le Roi d'Espagne au Bref écrit par Sa Sainteté pfür our l'exhorter à la paix, s.l. 1692 [BNF, 4-OC-543].

REMARQUES SUR LA SUCCESSION DU DUC D'ANJOU [...], Traduite de l'Anglois. Seconde Edition revuë & corrigé, Suivant la Copie imprimée à Londres, s.l. 1701 [UG, BIB.HIST.002786].

REPONSE A UN DISCOURS TENU A SA SAINTETÉ, PAR MONS. DE REBENAC, ENVOYÉ DU ROY TRES-CHRESTIEN, Cologne, Chrestien de Bonne Foy, 1692 [BSB, H. eccl. 969].

RÉPONSE A l'ÉCRIT DE M. le Comte d'AVAUX, Touchant les Conditions de PAIX, Que la France offre aux Alliez, s.l., Juillet 1694 [UG, BIB.ACC.005777/4].

Réponse d'un Gentilhomme Liégeois à la Lettre d'un Conseiller Aulique de Vienne, s.l. 1689 [BNF, MP-1034].

REPONSE Au Manifeste adressé par Jacques Second aux Princes Confederez Protestants, in: ACTES ET MEMOIRES DES NÉGOCIATIONS DE LA PAIX DE RYSWICK, La Haye, Adrian Moetjens, 1699 [BSB, Bibl. Mont 1712–1], Bd. 1, S. 498–527.

REPONSE AU MANIFESTE adressé par le ROY JAQUES II. Aux Princes Confederez CATHOLIQUES, La Haye, Meindert Uitwerf, 1702 [UG, BIB.HIST.005657/2].

RICHARD, Jean, ELOGES HISTORIQUES DES SAINTS, AVEC LES MISTERES DE NOSTRE-SEIGNEUR, Et les Fêtes de la sainte-Vierge, pour tout le cours de l'année, Paris, Louis Guerin, 1701 [BML, Chomarat A6106 T.03], Bd. 3.

RICHARD, René, Discours sur l'histoire des fondations royales et des établissements faits sous le règne de Louis-le-Grand en faveur de la religion, de la justice, des sciences, des beaux-arts, de la guerre, et du commerce; avec les particularitez de la naissance du Roy, dedié à Madame de Maintenon, Paris, Jacques Le Febvre / Charles Osmont, 1695 [BNF, 8-LB37-4047].

[RIDPATH, George], AVIS AUX NÉGOCIATEURS SUR LES NOUVEAUX PLANS DE PARTAGE. Traduit de l'Anglois, Londres 1712 [BSB, J.publ.e.27].

RIENCOURT, Simon de, HISTOIRE DE LOUIS XIV. ROY DE France ET DE NAVARRE, CONTENANT Ce qui s'est passé sous son Regne de plus remarquable jusqu'à present, Paris, Claude Barbin, 1694 [UML, DC 125. R56 1694], Bd. 1.

Ders., HISTOIRE DE LOUIS XIV. ROY DE France ET DE NAVARRE. CONTENANT Ce qui s'y est passé de plus remarquable jusqu'à present, Paris, Claude Barbin, 1693 [BSB, Gall. G. 783–1/2], Bd. 2.

Ders., HISTOIRE DE LA MONARCHIE FRANÇOISE, SOUS LE REGNE DE LOUIS LE GRAND, Contenant ce qui s'y est passé de plus remarquable depuis 1654. jusqu'à present, Paris, Guillaume Cavelier, 1691 [BML, SJIF 238/154], Bd. 2.

RINK, Eucharius Gottlieb: Leopold des Grossen Röm. Käysers wunderwürdiges Leben und Thaten/ aus geheimen nachrichten eröffnet, s.l. 1708 [BSB, Germ. g. 401 s–1/2], Bd. 2.

Replique du Conseiller aulique. à la Lettre du Gentilhomme Liegeois. Traduite de l'Allemand, in: LETTRES ET REPONSES AU SUJET DE LA LIGUE D'AVGSBOVRG ET DES REVOLUTIONS PRESENTES JOUXTE LA COPIE, Amsterdam, Henry Desbordes, 1689 [BNF, M-21693], S. 12–20.

ROHR, Julius Bernhard von, Einleitung Zur Staats-Klugheit, Oder: Vorstellung Wie Christliche und weise Regenten zur Beförderung ihrer eigenen und ihres Landes Glückseeligkeit Ihre Unterthanen Zu beherrschen pflegen, Leipzig, Johann Christian Martini, 1718 [BSB, Pol. g. 816].

RUCHAT, Abraham, LES DELICES DE LA SUISSE [...]. Le tout enrichi de Figures instructif sur les Causes de la Guerre arrivée en Suisse l'an 1712. Par le Sr. GOTTLIEB KYPSELER DE MUNSTER. TOME QUATRIEME, Leide, Pierre van der Aa, 1714 [BCUL, HIST 1797/4].

RUSHWORTH, John, Historical Collections OF Private Passages of STATE. Weighty Matters in LAW. Remarkable Proceedings in Five Parliaments. BEGINNING The Sixteenth Year of KING JAMES, ANNO 1618. And ending the Fith Year of KING CHARLES, ANNO 1629, London, Robert Boulter, 1680, [EEBO, Wing (2nd ed.)/ R2317 (Pt. 1)], Bd. 1.

Ders., Mr. Rushworth's Historical Collections: Abridg'd and Improv'd, London 1703, [BSB, Brit. 477 qh–1], Bd. 1.

RYCAUT, Paul, HISTOIRE DE L'EMPIRE OTTOMAN [...], La Haye, T. Johnson, 1709 [ÖNB, 63.J.15. (Vol. 1, 2)], Bd. 1.

Ders., HISTOIRE Des trois derniers EMPEREURS DES TURCS Depuis 1623. jusqu'à 1677, Paris, Louïs Billain, 1683 [ÖNB, *48.K.24].

Ders., HISTOIRE DES TROIS DERNIERES EMPEREURS DES TURCS. Depuis 1623. jusqu'à 1677, Paris, Claude Barbin, 1682 [BML, SJ IG 304/12-T. 02], Bd. 2.
Ders., THE HISTORY Of the Present STATE OF THE Ottoman Empire [...], London, Charles Brome, ⁶1686 [EEBO, Wing/ R2405].
Ders., Der Neu≠eröffneten Ottomannischen Pforten Fortsetzung [...], Augsburg, Lorentz Kroninger/Gottlied Göbels Erben u.a., 1700 [BSB München, ESlg/2 Turc. 39-2].
Ders., Der Neu≠eröffneten Ottomannischen Pforten Fortsetzung [...], Augsburg, Lorentz Kroninger/Gottlied Göbels Erben u.a., 1701 [BSB München, Res/2 Turc. 39 a-2].
Ders., THE PRESENT STATE OF THE Ottoman Empire [...], London, John Starkey/Henry Brome, 1668 [EEBO, Wing/ R2413].
SAINT CHARLES, Hyacinthe de, Panégyrique de Louis le Grand, prononcé à l'ouverture du chapitre provincial des Carmes de la province de France, dans leur église d'Arras, le septième may 1694 [...], Paris, Jean Anisson, 1694 [BNF, 8-LB37-4037].
SAINTE-MARTHE, Denis de, ENTRETIENS TOUCHANT L'ENTREPRISE DU PRINCE D'ORANGE SUR L'ANGLETERRE: Où l'on prouve que cette action fait porter aux Protestans les caracteres d'Anti-christianisme, que M. Jurieu a reprochez à l'Eglise, Paris, Arnousa Seneuze, 1689 [BML, 326912].
LE SALUT DE L'EUROPE, CONDIDERÉ DANS UN AVERTISSEMENT AUX ALLIEZ SUR LES CONDITIONS DE PAIX, QUE LA France PROPOSE AUJOURD'HUY, Cologne, Felix Constant, 1694 [BSB, J.publ.e.303-1/2 Beibd. 2].
SANDERS, Nicholas/Edward RISHTON, HISTOIRE DU SCHISME D'ANGLETERRE, übersetzt von François MAUCROIX, Paris, André Pralard, 1676 [BML, SJH 280/13].
Dies., HISTOIRE DU SCHISME D'ANGLETERRE, übersetzt von François MAUCROIX, Paris, André Pralard, ²1678 [BML, SJH 280/18].
Dies., HISTOIRE DU SCHISME D'ANGLETERRE, übersetzt von François MAUCROIX, Paris, André Pralard, ³1683 [BML, SJH 280/16].
Dies., HISTOIRE DU SCHISME D'ANGLETERRE, Lyon 1685 [BSB, H.ref. 332].
Dies., De ORIGINE AC PROGRESSV Schismatis Anglicani [...], Ingolstadt, Wolfgang Ederi, 1587 [BSB, 999/Hist.eccl.526].
Dies., De ORIGINE AC PROGRESSV Schismatis Anglicani [...], Colonia, Peter Henning, 1610 [BSB, H. ref. 341].
Dies., LES TROIS LIVRES DE NICOLAS SANDER, TOVCHANT L'ORIGINE ET PROGRES du Schisme d'Angleterre [...], Augsburg, Hans Mark, 1588 [UG, BIB.HIST. 005012].
Dies., Warhaffte Engelländische Histori [...], übersetzt von Johann HELLER, Salzburg, Conradum Kurner, 1595 [BSB, 4 Brit. 109].
SANDRAS, Gatien Courtilz de, NOUVEAUX INTERETS DES PRINCES DE L'EUROPE. Revûs, corrigés & augmentés par l'Auteur, selon l'état que les affaires sont aujourd'hui, TROISIEME EDITION, Cologne, Pierre Marteau, 1688 [BSB, J.publ.e.190].
Ders., NOUVEAUX INTERETS DES PRINCES DE L'EUROPE, Revûs, corrigés & augmentés par l'Auteur, selon l'état où les affaires s'y trouvent aujourd'hui, SECONDE EDITION, Cologne, Pierre Marteau, 1686 [BSB, J. publ.e. 189].
Ders., NOUVEAUX INTERETS DES PRINCES DE L'EUROPE, Selon l'état ou les affaires se trouvent aujourd'hui, s.l. 1685 [UG, BIB.JUR.010600].
Ders., LA VIE DE GASPARD DE COLIGNY [...], Cologne, Pierre Marteau, 1686 [BML, 325464].
Ders., LA VIE DE GASPARD DE COLIGNY [...], Cologne, Pierre Marteau, 1690 [BML, SJ IF 213/53].
Ders., LA VIE DE GASPARD DE COLIGNY, SEIGNEUR DE CHATILLON [...], Cologne, Pierre Marteau, 1691 [UML, DC 112. C6 C86 1691].
SARPI, Paolo, HISTOIRE DU CONCILE DE TRENTE, übersetzt von MOTHE JOSSEVAL [= Nicolas Amelot de la HOUSSAIE], Amsterdam, J.P./J. Blaeu, 1686 [BML, 102730].
Ders., HISTOIRE DU CONCILE DE TRENTE, übersetzt von Nicolas Amelot de la HOUSSAIE, Amsterdam, J.P./J. Blaeu, ²1686 [BSB, 4 Conc. 295].
Ders., HISTOIRE DU CONCILE DE TRENTE, übersetzt von Nicolas Amelot de la HOUSSAIE, Amsterdam, P./J. Blaeu u.a., ³[sic!]1699 [BCUL, TH 80].

Ders., HISTOIRE DU CONCILE DE TRENTE, übersetzt von Amelot de la Houssaie, Amsterdam, G.P./J. Blaeu, ³[sic!]1704 [UG, BIB.HIST.005428].
Ders., HISTOIRE DU CONCILE DE TRENTE, übersetzt von Nicolas Amelot de la Houssaie, Amsterdam, G.P./J. Blaeu, ³[sic!]1713 [BML, 338186].
Ders., HISTORIA DEL COCILIO TRIDENTINI [...], London, John Bill, 1619 [EEBO, STC (2nd ed.)/ 21760].
Savage, John, The antient and present state of the empire of Germany [...], London, A. Roper/A. Bosvile u.a., 1702 [ECCO, ESTC T147214].
Seckendorff, Ludwig Veit von, COMMENTARIUS HISTORICUS ET APOLOGETICUS De LUTHERANISMO, Sive DE REFORMATIONE RELIGIONIS ductu D. MARTINI LUTHERI in magna Germaniæ parte aliisque regionibus, & speciatim in SAXONIA recepta & stabilita: in qua ex LUDOVICI MAIMBURGII Jesuitae, HISTORIA LUTHERANISMI Anno MDCLXXX Parisiis Gallice edita Latine versa exhibetur, corrigitur, & suppletur; Simul & aliorum quorundam Scriptorum errores aut caluminiæ examinantur, Frankfurt u.a., Johann Friedrich Gleditsch, 1688 [BSB, 4 H.eccl. 714 Beibd. 1].
Ders., COMMENTARIUS HISTORICUS ET APOLOGETICUS De LUTHERANISMO, Sive DE REFORMATIONE RELIGIONIS ductu D. MARTINI LUTHERI in magna Germaniæ parte aliisque regionibus, & speciatim in SAXONIA recepta & stabilita: IN QUO EX LUDOVICI MAIMBURGII JESUITÆ HISTORIA LUTHERANISMI Anno MDCLXXX Parisiis Gallice edita LIBRI TRES ab anno 1517 ad annum 1546 Latine versi exhibentur, corriguntur, & ex Manuscriptis aliisque rarioribus libris plurimis supplentur; Simul & aliorum quorundam Scriptorum errores aut calumniæ examinatur, Leipzig, Johann Friedrich Gleditsch, 1694 [UBM, D 52.201 sekr.].
Soulier, Pierre, HISTOIRE DU CALVINISME, CONTENANT SA NAISSANCE, SON PROGRÉS, sa Décadence, & sa Fin en France, Paris, Edme Couterot, 1686 [BML, SJH 295/1].
Ders., HISTOIRE DES EDITS DE PACIFICATION, Et des moyens que les Pretendus-Reformez ont employez pour les obtenir: Contenant ce qui s'est passé de plus remarquable depuis la naissance du Calvinisme jusqu'à present, Paris, Antoine Dezallier, 1682 [BCUL, 1G1469].
Staatsvernünfftiges Bedencken Und Anmerckungen über die Succession Des Hertzogen von Anjou, Worinn Derselbigen Gültigkeit so wohl, als daher entstehende Consequenzien examiniret/ Das Memorial, so der König von Franckreich deßwegen denen herrn Staaten von Holland hat überreichen lassen, mit Politischen Reflexionen erörtert, wie nicht weniger verschiedener Christlicher Fürsten und Ständen Interesse bey gegenwärtigen Conjuncturen deutlich gezeiget wird [...] angefüget ist. Alles nach dem Englischen Original auß dem Frantzösischen übersetzt, Cölln, Peter Marteau, 1701 [BSB, 4 J. publ. E 64 m].
STATE TRACTS BEING A COLLECTION OF SEVERAL TREATISES Relating to the GOVERNMENT. Privately Printed in the REIGN of K. Charles II., London 1689 [EEBO, Wing/ S5329].
Steger, Adrian, Rede des Churfürstlichen Sächsischen schöppenstuhls zu Leipzig Assessoris und Bürgermeisters daselbst/ Herrn Adrian Stegers/ so er bey abwechselung des Stadt=regiments auff öffentlichem rath=hause gehalten/ und darinnen die glückseligkeit der stadt Leipzig preiset. 1687, in: Johann Christian Lünig (Hg.), Grosser Herren/ vornehmer Ministren/ und anderer berühmter Männer gehaltene Reden. Vierdter Theil, Leipzig 1708 [BSB, P.o.germ. 885-3/4], S. 97–116.
Stevens, John, A BRIEF HISTORY OF SPAIN [...], London, J. Nutt, 1701 [ECCO, ESTC T130674].
Stieler, Kaspar, Zeitungs Lust und Nutz [...], Hamburg, Benjamin Schiller, 1695 [ULB, Dd4887a/10].
Strobl, Andreas, Das Geistliche Teutsche Karten=Spil [...], Sulzbach, Peter Paul Bleul/ Zieger, ²1693 [BSB, 4 Hom. 2131], Bd. 1.
[Stübel, Andreas], Aufgefangene Brieffe/ welche Zwischen etzlichen curieusen Personen über den ietzigen Zustand der Staats und gelehrten Welt gewechselt worden. Der dritten RAVAGE Erstes Pacquet, Wahrenburg, Johann Georg Freymunden [= Groschuff?], 1702 [BSB, Eph. Pol. 5-2].
Swift, Jonathan, A MODEST PROPOSAL For preventing the CHILDREN OF POOR PEOPLE From being a Burthen to Their Parents or Country, AND For making them Beneficial to the PUBLICK, Dublin u.a., S. Harding/J. Roberts, 1729 [ECCO, ESTC T070428].

TENTZEL, Wilhelm Ernst (Hg.), Curieuse Bibliothec [...]/ Durch Wilhelm Ernst Tentzel/ Königl. Pohln. Und Churfürstl. Sächs. Rath und Hofhistoriographum in Dreßden [...], Frankfurt u.a., Philipp Wilhelm Stock, 1705 [BSB, Eph. Lit. 210-2].

THOMASIUS, Christian, Dreyfache Rettung des Rechts Evangelischer Fürsten in Kirchen=Sachen [...], Frankfurt 1701 [BSB, 4 J.can. P. 891].

THOMASSIN, Louis, SUPPLEMENT AU TRAITÉ DOGMATIQUE ET HISTORIQUE DES EDITS, ET DES AUTRES MOÏENS SPIRITUELS ET TEMPORELS, dont on s'est servi dans tous les tems, pour maintenir l'Unité de l'Eglise Catholique. Où l'on répond à divers écrits séditieux des Prétendus Réformez, particulierement à l'HISTOIRE DE L'EDIT DE NANTES, comprenant les huit derniers Regnes de nos Rois, Paris, Imprimerie Royale, 1703 [BSB, 4 H.eccl. 782-3].

TOLAND, John, The art of governing by partys [...], London, Bernard Linott, 1701 [ECCO, ESTC T112859].

Traité des interêts des Princes et Souverains de l'Europe divisé en deux Parties [...], Anvers, Pierre Van Braumeurs, 1695 [BNF, 8-LB37-4057].

TRAITÉ TOUCHANT L'ORIGINE DES DIXMES ET L'OBLIGATION DE LES PAYER, Paris, Daniel Horthemels, 1687 [BSB, J. can. P. 1038].

TRAUTMANSDORFF, Franz Ehrenreich, TRADUCTION DE LA LETTRE de M le Comte de Trautmansdorff au Corps Helvetique, du septiéme Février 1703, in: Jean de LA CHAPELLE (Hg.), LETTRES, MEMOIRES ET ACTES CONCERNANT LA GUERRE PRESENTE. SECONDE PARTIE, Basle 1703 [BML, 326042-T.02], Bd. 2, S. 219-236.

TRONCHIN DU BREUIL, Jean, LETTRES SUR LES MATIERES DU TEMPS. PREMIERE ANNÉE, Amsterdam, Pierre Savouret, 1688 [BCUL, AZ 2399/2].

Ders., LETTRES SUR LES MATIERES DU TEMPS. SECONDE ANNÉE, Amsterdam, Pierre Savouret, 1689 [UCM, DH FLL 25489 (2)].

VALOOT-DUVAL, N., NOUVELLE RELATION DE L'AUTRE MONDE, OU LES ENTRETIENS POLITIQUES DES MORTS, Sur les principes, les moyens, & les succés de la Cour de France, Cologne, Pierre Marteau, 1706 [BSB, Gall.g.-869p-1].

VANEL, Claude, HISTOIRE DES TROUBLES DE HONGRIE. TROISIÉME PARTIE. TROISIÉME EDITION, Reveuë, corrigé, & augmentée, Paris, Guillaume de Luynes, 1690 [UG, BIB. HIST.006882 Vol. 3], Bd. 3.

LE VASSOR, Michel, HISTOIRE DU REGNE DE LOUIS XIII. ROI DE France ET DE NAVARRE, Amsterdam, Pierre Brunel, 1701 [BSB, Gall.g. 584-3], Bd. 3.

Ders., HISTOIRE DU REGNE DE LOUIS XIII. ROI DE France ET DE NAVARRE, Amsterdam, Pierre Brunel, 1702, [BSB, Gall.g. 584-4], Bd. 4.

Ders., HISTOIRE DU REGNE DE LOUIS XIII. ROI DE France ET DE NAVARRE, Amsterdam, Pierre Brunel, 1703, [BSB, Gall.g. 584-4], Bd. 5.

Ders., HISTOIRE DU REGNE DE LOUIS XIII. ROI DE France ET DE NAVARRE, Seconde Edition reveuë & corrigée, Amsterdam, Pierre Brunel, 1704 [HUL, Fr 1259.23], Bd. 3.

Ders., HISTOIRE DU REGNE DE LOUIS XIII. ROI DE FRANCE ET DE NAVARRE, Troisiéme Edition revuë & corrigée, Amsterdam, Pierre Brunel, 1711 [BML, 322105], Bd. 4.

Ders., THE HISTORY OF THE REIGN OF LEWIS XIII. King of France and Navarre, London, Thomas Cockerill, 1701 [EECO, T130302], Bd. 1.

Ders., THE HISTORY OF THE REIGN OF LEWIS XIII. King of France and Navarre, London, Thomas Cockerill, 1702 [EECO, T130302], Bd. 2.

Ders., LETTRES D'un gentilhomme françois sur l'établissement d'une CAPITULATION GENERALE en France, Liège, Jean le Bon, 1695 [BCUL, 1E572Rec].

Der Veränderliche Staats=Mantel Worinnen Sonderlich des Römischen Reichs/ wie auch anderen Königreichen und Republiquen unterschiedenes und veränderliches Staats=Interesse [...] vorgestellet wird [...], s.l. 1683 [BSB, J. publ. G. 783].

LES VERITABLES INTERETS des PRINCES DE L'EUROPE, Dans les affaires presentes, ou REFLEXIONS Sur un Escrit venu de France, Sous le titre de Lettre de Monsieur à Monsieur sur les affaires du temps. Wahres INTERESSE Der Europäischen Printzen bey gegenwärtigen Welt=Händeln/ Oder Bedencken Uber die aus Franckreich kurtz verwichener Zeit heimtückischer Weise ausgesprengte/ an unterschiedenen Orten aber Teutschlands durch des Henckers

Hand verbrandte Läster-Schrifft Unter dem Titel: Lettre de Monsieur à Monsieur. Oder Sendschreiben vom Herrn and Herrn, Cölln, Peter Marteau, 1689 [BSB, 4 Eur. 268].

Der Vermeinte/ Und von Franckreich erdichtete/ Religions-Krieg Worinnen enthalten Was eigentlich ein Religions-Krieg seye? Wenn dergleichen in Europa geführet worden? Und ob gegenwärtiger Krieg davor zu halten? Was Franckreich dißfalls an denen Römisch-Gesinneten Höfen vorbringen und dieselben darzu bereden wollen? Bey welcher Gelegenheit Dann dessen hierinnen gebrauchte INTRIGUEN und Staats-Farben untersucht und umständlich widerleget/ daneben auch andere bewährte Staats-MAXIMEN Denenselben entgegen gesetzet/ und mit vielen Curieusen Anmerckungen ausgeführet werden, Bonn 1689 [BSB, 4 Eur. 268].

VIGNIER, Nicolas, THEATRE DE L'ANTECHRIST, Auquel est respondu au Cardinal Bellarmin, au Sieur de Remond, à Pererius, Ribera, Viegas, Sanderus et autres qui par leurs esprots condamnent la doctrine des Eglises Reformees sur ce subiet, Saumur 1610 [BML, 166984].

VITRY, Louis de l'Hospital, LE MANIFESTE DE MONSIEVR DE VITRY, GOVVERNEVR de Meaux, A la Noblesse de France, Lyon, Claude Morillon, 1594 [BML, FC189-19].

LE VRAI INTERET DES PRINCES CHRETIENS, Depuis le changément arrivé en Angleterre par l'élévation du Prince & de la Princesse d'Orange sur le Trône. AVEC Les Avantages que les Princes Chrêtiens recevront de cette Révolution, laquelle selon toutes les aprences ne sera funeste qu'à la France, La Haye, Meyndert Uytwerf, 1689, [BSB, Brit.42].

Wahres INTERESSE Der Europäischen Printzen bey gegenwärtigen Welt-Händeln/ Oder Bedencken Uber die aus Franckreich kurtz verwichener Zeit heimtückischer Weise ausgesprengte/ an unterschiedenen Orten aber Teutschlands durch des Henckers Hand verbrandte Läster-Schrifft Unter dem Titel: Lettre de Monsieur à Monsieur sur les Affaires du temps. Oder sendschreiben vom Herrn an Herrn gegenwärtige Zeiten betreffend, Cölln, Peter Marteau, 1689 [BSB, 4 Gall. G. 261].

WARTENBERG, Johann Colbe Graf von, Johann Casimir Kolbens von Wartenberg Väterliche Instruction an seine Kinder [...], Berlin, Rüdiger, ³1704 [BSB, 4 Asc. 525].

[WELDWOOD, James], L'HISTOIRE DU TEMPS, OU RELATION De ce qui s'est passé de memorable en Europe, & principalement en Angleterre, depuis les regnes de CHARLES II. & de JAQUES II. Avec des Réflexions de Politique sur ces Evenemens. Traduit de l'Anglois, Amsterdam, Abraham Wolfgang, 1691 [BSB, Eur. 381-1], Bd. 1.

WITHERS, John, The history of resistance, as practis'd by the Church of England [...] Written upon occasion of Mr. Agate's sermon on the 30th of January, and in defence of the late revolution, the present establishment, and the Protestant succession, London, Jos. Bliss, 1710 [ECCO, ESTC N017880].

ZSCHACKWITZ, Johann Ehrenfried, Neu-eröffneter Welt- und Staats-Spiegel [...], Den Haag 1712 [BSB, J. publ. E 481-4], Bd. 37.

ZECH, Bernhard von, Der Europäische Herold welcher in Vier Haupt-Handlungen [...], Frankfurt a.M./Leipzig u.a., Jo. Zachar. Nisius, 1688 [BSB, 2 Eur. 20 a].

## VI.2 Forschungsliteratur

ADAMS, Geoffrey, The Huguenots and French Opinion, 1685–1787. The Enlightenment Debate on Toleration, Waterloo (Ontario) 1991.

ALT, Albrecht, Zur Talionsformel, in: Klaus KOCH (Hg.), Um das Prinzip der Vergeltung in Religion und Recht des Alten Testaments, Darmstadt 1972, S. 407–456.

ANGER, Rolf, Die Flugschriftenpublizistik zur Zeit der Pariser Fronde (1648–1652). Ein Beitrag zur Frühgeschichte der französischen Presse, Münster 1957.

ARETIN, Karl Ottmar von, Das Alte Reich 1648–1806. Kaisertradition und österreichische Großmachtpolitik (1684–1745), Stuttgart 1997, Bd. 2.

ARMOGATHE, Jean-Robert, Croire en liberté, L'Eglise catholique et la révocation de l'Edit de Nantes, Paris 1985.

ARMSTRONG, E., The French Wars of Religion. Their Political Aspects. An Expansion of three lectures delivered before the Oxford University extension summer meeting of August, 1892, London 1892.

ARNDT, Johannes, Der Dreißigjährige Krieg 1618–1648, Stuttgart 2009.
Ders., Gab es im frühmodernen Heiligen Römischen Reich ein »Mediensystem der politischen Publizistik«? Einige systemtheoretische Überlegungen, in: Jahrbuch für Kommunikationsgeschichte 6 (2004), S. 74–102.
Ders., Herrschaftskontrolle durch Öffentlichkeit. Die publizistische Darstellung politischer Konflikte im Heiligen Römischen Reich 1648–1750, Göttingen 2013.
Ders., Die historisch-politischen Zeitschriften innerhalb der zirkulären Struktur des Mediensystems der politischen Publizistik, in: Ders./Esther-Beate KÖRBER (Hg.), Das Mediensystem im Alten Reich der Frühen Neuzeit (1600–1750), Göttingen 2010, S. 139–169.
ARNOLD, Paul, Die Histoire Métallique der sächsischen Kurfürsten und Herzöge im Spiegel der Abhandlungen von Wilhelm Ernst Tentzel, in: Christian DEKESEL/Thomas STÄCKER (Hg.), Europäische numismatische Literatur im 17. Jahrhundert, Wiesbaden 2005, S. 311–326.
ARNOLDSSON, Sverker, La leyenda negra. Estudios sobre sus orìgenes, Göteborg 1960.
ASCH, Ronald, An Elect Nation? Protestantismus, nationales Selbstbewusstsein und nationale Feindbilder in England und Irland von zirka 1560–1660, in: Alois MOSSER (Hg.), Gottes auserwählte Völker. Erwählungsvorstellungen und kollektive Selbstfindung in der Geschichte, Frankfurt a.M. u.a. 2001, S. 117–141.
Ders., Sacral Kingship between Disenchantment & Re-enchantment. The French and English Monarchies 1587–1688, Berghahn u.a. 2014.
ASCHE, Matthias (Hg.), Die baltischen Lande im Zeitalter der Reformation und Konfessionalisierung. Livland, Estland, Ösel, Ingermanland, Kurland und Lettgallen. Stadt, Land und Konfession 1500–1721, Münster 2009–2012.
Ders. (Hg.), Dänemark, Norwegen und Schweden im Zeitalter der Reformation und Konfessionalisierung. Nordische Königreiche und Konfession 1500 bis 1660, Münster 2003.
Ders., Huguenot Soldiers in Brandenburg-Prussia under Friedrich Wilhelm and Friedrich III (1640–1713). The state of Research in German Military, Migration and Confessional History, in: Matthew GLOZIER/David ONNEKINK (Hg.), War, Religion and Service. Huguenot Soldiering 1685–1713, Aldershot 2007, S. 175–193.
Ders., Religionskriege und Glaubensflüchtlinge im Europa des 16. und 17. Jahrhunderts. Überlegungen zu einer Typisierung, in: Franz BRENDLE/Anton SCHINDLING (Hg.), Religionskriege im Alten Reich und in Alteuropa, Münster 2006, S. 435–458.
ASCOLI, Georges, La Grande-Bretagne devant l'opinion française au XVIIe siècle, Paris 1930, 2 Bde.
ASSMANN, Aleida, Einführung in die Kulturwissenschaft. Grundbegriffe, Themen, Fragestellungen, Berlin ²2008.
Dies., Der lange Schatten der Vergangenheit. Erinnerungskultur und Geschichtspolitik, München 2006.
ASSMANN, Jan, Das kulturelle Gedächtnis. Schrift, Erinnerung und politische Identität in frühen Hochkulturen, München ⁴2002.
Ders., Religion und kulturelles Gedächtnis. Zehn Studien, München ²2004.
AUDISIO, Gabriel, Die Waldenser. Die Geschichte einer religiösen Bewegung, München 1996.
AUGUST, Georg Eduard, Die Privatbeichte und Privatabsolution der Lutherischen Kirche aus Quellen des XVI. Jahrhunderts, hauptsächlich aus Luthers Schriften und den alten Kirchenordnungen, Frankfurt a.M. 1854.
AWERBUCH, Marianne, Judentum im 16. und 17. Jahrhundert zwischen Inquisition und Reformation, in: Thomas KLEIN/Volker LOSEMANN u.a. (Hg.), Judentum und Antisemitismus von der Antike bis zur Gegenwart, Düsseldorf 1984, S. 77–102.
BABEL, Rainer, Garde et protection: der Königsschutz in der französischen Außenpolitik vom 15. bis zum 17. Jahrhundert, Ostfildern 2014.
Ders., Kreuzzug, Martyrium, Bürgerkrieg. Kriegserfahrungen in den französischen Religionskriegen, in: Franz BRENDLE/Anton SCHINDLING (Hg.), Religionskriege im Alten Reich und in Alteuropa, Münster 2006, S. 107–117.
Ders., Zwischen Frankreich und Deutschland: Historiographie und regionales Bewußtsein in Lothringen vom 16. bis zum 18. Jahrhundert, in: Sönke LORENZ/Sabine HOLTZ u.a. (Hg.), Historiographie – Traditionsbildung, Identitätsstiftung und Raum. Südwestdeutschland als europäische Region, Ostfildern 2011, S. 21–30.

BABELON, Jean-Pierre, Henri IV, Paris 1982.
BÄUMER, Remigius, Die Unionsbemühungen von Christoph de Rojas y Spinola, in: Hans OTTE/ Richard SCHENK (Hg.), Die Reunionsgespräche im Niedersachsen des 17. Jahrhunderts. Rojas y Spinola – Molan – Leibniz, Göttingen 1999, S. 85–103.
BANGERTER-SCHMID, Eva-Maria, Herstellung, Vertrieb und Forschungsgeschichte, in: Joachim-Felix LEONHARD/Hans-Werner LUDWIG u.a. (Hg.), Medienwissenschaft. Ein Handbuch zur Entwicklung der Medien und Kommunikationsformen, Berlin u.a. 1999, Bd. 1, S. 785–789.
BARBER, Malcolm, Die Katharer. Ketzer des Mittelalters, übersetzt aus dem Englischen von Harald Ehrhardt, Düsseldorf/Zürich 2003.
BARBEY, Jean, Sacre, in: Lucien BÉLY (Hg.), Dictionnaire de l'Ancien Régime, Paris ³2006, S. 1107–1109.
BARCIA, Franco, Un politico dell'età barocca. Gregorio Leti, Mailand 1983.
BARCLAY, Andrew, Amateurs and professionals: British courtier-historians at the late Stuart court, in: Markus VÖLKEL/Arno STROHMEYER (Hg.), Historiographie an europäischen Höfen (16.–18. Jahrhundert). Studien zum Hof als Produktionsort von Geschichtsschreibung und historischer Repräsentation, Berlin 2009, S. 295–309.
BARNARD, Toby, Protestantism, ethnicity and Irish identities, 1660–1760, in: Tony CLAYDON/Ian MCBRIDE (Hg.), Protestantism and National Identity. Britain and Ireland, c.1650–c.1850, Cambridge ²2000, S. 206–235.
BARNAVI, Elie, Le parti de Dieu. Étude sociale et politique des chefs de la ligue parisienne (1585–1594), Brüssel 1980.
BARRIE, Viviane, Die Britischen Inseln, in: Marc VENARD (Hg.), Das Zeitalter der Vernunft (1620/30–1750), Freiburg u.a. 1998, S. 88–116.
Dies., Die Kirche von England (1689–1750), in: Marc VENARD (Hg.), Das Zeitalter der Vernunft (1620/30–1750), Freiburg u.a. 1998, S. 440–459.
BARRIE-CURIEN, Viviane, Die anglikanische Reformation, in: Marc VENARD (Hg.), Die Zeit der Konfessionen (1530–1620/30), Freiburg u.a. 1992, S. 191–238.
BARTELEIT, Sebastian, Toleranz und Irenik. Politisch-religiöse Grenzsetzungen im England der 1650er Jahre, Mainz 2003.
BARTHÉLÉMY, Anatole de, Les deux Fabas. 1569–1654, in: Bibliothèque de l'École des Chartes 7 (1846), S. 545–566.
BAUDET, Jacques, Joachim de la Chétardie (1636–1714) Curé de Saint-Sulpice, in: Bulletin et Mémoires de la Société archéologique et historique de la Charente 1 (1968), S. 22–59.
BAUER, Volker, Höfische Gesellschaft und höfische Öffentlichkeit im Alten Reich. Überlegungen zur Mediengeschichte des Fürstenhofs im 17. und 18. Jahrhundert, in: Jahrbuch für Kommunikationsgeschichte 5 (2003), S. 29–68.
Ders., Nachrichtenmedien und höfische Gesellschaft. Zum Verhältnis von Mediensystem und höfischer Öffentlichkeit im Alten Reich, in: Johannes ARNDT/Esther-Beate KÖRBER (Hg.), Das Mediensystem im Alten Reich der Frühen Neuzeit (1600–1750), Göttingen 2010, S. 173–194.
BAUMANNS, Markus, Das publizistische Werk des kaiserlichen Diplomaten Franz Paul Freiherr von Lisola (1613–1674). Ein Beitrag zum Verhältnis von Absolutistischem Staat, Öffentlichkeit und Mächtepolitik in der frühen Neuzeit, Berlin 1994.
BAUMGART, Peter, Schlesien im Spannungsfeld der europäischen Mächtekonflikte um 1700. Zur Vorgeschichte der Altranstädter Konvention von 1707, in: Hans-Wolfgang BERGERHAUSEN (Hg.), Die Altranstädter Konvention von 1707. Beiträge zu ihrer Entstehungsgeschichte und zu ihrer Bedeutung für die konfessionelle Entwicklung in Schlesien, Würzburg 2009, S. 15–38.
BAUMGARTNER, Wilhelm, Naturrecht und Toleranz, Bamberg 1979.
BAXTER, Stephen B., William III, London 1966.
BEAULAC, Stéphane, The Westphalian Model in Defining International Law: Challenging the Myth, in: Australian Journal of Legal History 8 (2004), S. 181–213.
BEAUREPAIRE, Pierre-Yves, Le mythe de l'Europe française au XVIIIe siècle. Diplomatie, culture et sociabilités au temps des Lumières, Paris 2007.
Ders., La Saint-Barthélémy des Patriotes, in: Annales historiques de la Révolution française 298 (1994), S. 687–693.

BEHME, Thomas, Samuel von Pufendorf: Naturrecht und Staat. Eine Analyse und Interpretation seiner Theorie, ihrer Grundlagen und Probleme, Göttingen 1995.

BEIDERBECK, Friedrich, Religionskriege. 1. Christliches Europa, in: Friedrich JÄGER (Hg.), EdN, Stuttgart u.a. 2009, Bd. 10, Sp. 1091–1108.

BELLINGRADT, Daniel, Flugpublizistik und Öffentlichkeit um 1700. Dynamiken, Akteure und Strukturen im urbanen Raum des Alten Reiches, Stuttgart 2011.

Ders., Die vergessenen Quellen des Alten Reiches. Ein Forschungsüberblick zu frühneuzeitlicher Flugpublizistik im Heiligen Römischen Reich deutscher Nation, in: Astrid BLOME/Holger BÖNING (Hg.), Presse und Geschichte. Leistungen und Perspektiven der historischen Presseforschung, Bremen 2008, S. 77–95.

BÉLY, Lucien, Colbert, in: Ders./Georges-Henri SOUTOU u.a. (Hg.), Dictionnaire des ministres des affaires étrangères 1589–2004, Paris 2005, S. 90–103.

Ders., Espions et ambassadeurs au temps de Louis XIV, Paris 1990.

Ders., Guerres de religion, in: Ders. (Hg.), Dictionnaire de l'Ancien Régime. Royaume de France XVIe–XVIIIe siècle, Paris ³2006, S. 623–628.

Ders., Murder and Monarchy in France, in: Robert von FRIEDEBURG (Hg.), Murder and Monarchy. Regicide in European History 1300–1800, Basingstoke 2004, S. 195–211.

Ders., Les princes et la protection d'intérêts étrangers à l'époque moderne, in: Relations internationales 143 (2010), S. 13–22.

Ders., Les relations internationales en Europe XVIIe–XVIIIe siècles, Paris ⁴2007.

Ders., La société des princes. XVIe–XVIIIe siècle, Paris 1999.

BENEDICT, Philip, La conviction plus forte que la critique. La Réforme et les guerres de religion vues par les historiens protestants à l'époque de la Révocation, in: Ders./Hugues DAUSSY u.a. (Hg.), L'identité huguenote. Faire mémoire et écrire l'histoire (XVIe siècle–XXIe siècle), Genf 2014, S. 223–239.

Ders., Divided Memories? Historical Calendars, Commemorative Processions, and the Recollection of the Wars of Religion during the Ancien Régime, in: French History 22 (2008), S. 381–405.

Ders., Religion and Politics in Europe. 1500–1700, in: Kaspar von GREYERZ/Kim SIEBENHÜNER (Hg.), Religion und Gewalt. Konflikte, Rituale, Deutungen (1500–1800), Göttingen 2006, S. 155–173.

Ders., Shaping the Memory of the French Wars of Religion: »The First Centuries«, in Erika KUIJPERS/Judith POLLMANN u.a. (Hg.), Memory before Modernity. Practices of Memory in Early Modern Europe, Leiden 2013, S. 111–128.

Ders., Were the French Wars of Religion Really Wars of Religion?, in: Wolfgang PALAVER/Harriet RUDOLPH u.a. (Hg.), The European Wars of Religion. An Interdiscplinary Reassessment of Sources, Interpretations, and Myths, Franham u.a. 2016, S. 61–86.

BENEDICT, Philip/Barbara DIEFENDORF, Religionskriege: Bartholomäusnacht, in: Pim DEN BOER/Heinz DUCHHARDT u.a. (Hg.), Europäische Erinnerungsorte, München 2012, Bd. 2, S. 403–411.

BENRATH, Gustav Adolf, Irenik und zweite Reformation, in: Heinz SCHILLING (Hg.), Die reformierte Konfessionalisierung in Deutschland – das Problem der »zweiten Reformation«, Gütersloh 1986, S. 349–358.

Ders., Reformierte Kirchengeschichtsschreibung an der Universität Heidelberg im 16. und 17. Jahrhundert, Speyer 1963.

BENZ, Ernst, Die Ostkirche im Lichte der protestantischen Geschichtsschreibung von der Reformation bis zur Gegenwart, Freiburg im Breisgau u.a. 1952.

BENZ, Stefan, Leopold der Große? Diskurse, Autoren, Gattungen und die Rolle der Hofhistoriographie, in: Markus VÖLKEL/Arno STROHMEYER (Hg.), Historiographie an europäischen Höfen (16.–18. Jahrhundert). Studien zum Hof als Produktionsort von Geschichtsschreibung und historischer Repräsentation, Berlin 2009.

Ders., Zwischen Tradition und Kritik. Katholische Geschichtsschreibung im barocken Heiligen Römischen Reich, Husum 2003.

BERCHTOLD, Jacques/Marie-Madeleine FRAGONARD (Hg.), La mémoire des guerres de religion. La concurrence des genres historiques XVIe–XVIIIe siècles, Genf 2007.

Dies. (Hg.), La mémoire des guerres de religion. Enjeux historiques, enjeux politiques, 1760–1830, Genf 2009.

BÉRENGER, Jean, Candie, in: François BLUCHE (Hg.), Dictionnaire du Grand Siècle, Paris 1990.

Ders., L'historiographie à la cour de Vienne XV<sup>e</sup>–XVII<sup>e</sup> siècles, in: Chantal GRELL (Hg.), Les historiographes en Europe de la fin du Moyen Âge à la Révolution, Paris 2006, S. 109–126.

Ders., Les relations entre la France et le Brandebourg durant la guerre de la Ligue d'Augsbourg, in: Sven EXTERNBRINK / Jörg ULBERT (Hg.), Formen internationaler Beziehungen in der Frühen Neuzeit. Frankreich und das Alte Reich im europäischen Staatensystem, Berlin 2001, S. 349–365.

Ders., Le royaume de France et les »malcontents« de Hongrie. Contribution à l'étude des relations entre Louis XIV et Imre Thököly 1678–1689, in: Revue d'histoire diplomatique 87 (1973), S. 277–319.

BERGIN, Emma, Defending the True Faith: Religious Themes in Dutch Pamphlets on England, 1688–1689, in: David ONNEKINK (Hg.), War and Religion after Westphalia, 1648–1713, Farnham 2009, S. 217–250.

BERGIN, Joseph, The Politics of Religion in Early Modern France, New Haven, CT u.a. 2014.

BERNARD, Anna, Die Revokation des Edikts von Nantes und die Protestanten in Südostfrankreich (Provence und Dauphiné). 1685–1730, München 2003.

BERNARD, Bruno, Jansenismus und Irenik, in: Harm KLUETING (Hg.), Irenik und Antikonfessionalismus im 17. und 18. Jahrhundert, Hildesheim u.a. 2003, S. 193–209.

BERNS, Jörg Jochen, »Parteylichkeit« und Zeitungswesen. Eine medienpolitische Diskussion an der Wende vom 17. zum 18. Jahrhundert, in: Argument-Sonderband 10 (1976), S. 202–233.

BERTAUD, Jean-Paul, La presse et le pouvoir de Louis XIII à Napoléon Ier, Saint-Amand-Montrond 2000.

BETTERIDGE, Thomas (Hg.), Henry VIII and History, Farnham 2012.

BEYRAU, Dietrich / Michael HOCHGESCHWENDER u.a., Einführung: Zur Klassifikation von Kriegen, in: Dies. (Hg.), Formen des Krieges. Von der Antike bis zur Gegenwart, Paderborn u.a. 2007, S. 9–15.

BIEN, David D., The Calas Affair. Persecution, Toleration and Heresy in Eighteenth Century Toulouse, Princeton, NJ 1960.

BILICI, Faruk, Les relations franco-ottomanes au XVII<sup>e</sup> siècle: réalisme politique et idéologie de croisade, in: Lucien BÉLY (Hg.), Turcs et turqueries (XVI<sup>e</sup>–XVIII<sup>e</sup> siècles), Paris 2009, S. 37–61.

BILN, Arnaud, 1648, La Paix de Westphalie ou la naissance de l'europe politique moderne, Brüssel 2006.

BIRELEY, Robert, The Thirty Years' War as Germany's Religious war, in: Konrad REPGEN (Hg.), Krieg und Politik 1618–1648. Europäische Probleme und Perspektiven, München 1988, S. 85–106.

BLACK, Jeremy, Confessional state or elect nation? Religion and identity in eighteenth-century England, in: Tony CLAYDON / Ian MCBRIDE (Hg.), Protestantism and National Identity. Britain and Ireland, c.1650–c.1850, Cambridge 2000, S. 53–74.

Ders., A System of Ambition. British Foreign Policy 1660–1793, London u.a. 1991.

BLÄNKNER, Reinhard, Absolutismus. Eine begriffsgeschichtliche Studie zur politischen Theorie und zur Geschichtswissenschaft in Deutschland 1830–1870, Frankfurt a.M. u.a. 2011.

BLASCHKE, Karlheinz, Der Konfessionswechsel des sächsischen Kurfürsten Friedrich August I. und seine Folgen, in: Sachsen und Polen. Beiträge zu einer wissenschaftlichen Konferenz vom 26. bis 28. Juni 1997 in Dresden, Dresden 1998, S. 210–222.

BLASSNECK, Marce, Frankreich als Vermittler englisch-deutscher Einflüsse im 17. und 18. Jahrhundert, Leipzig 1934.

BLET, Pierre, Les assemblées du clergé et Louis XIV de 1670 à 1693, Rom 1972.

Ders., Assemblées du Clergé, in: Lucien BÉLY (Hg.), Dictionnaire de l'Ancien Régime, Paris ³2006, S. 123–125.

Ders., Le Clergé de France et la Monarchie. Étude sur les Assemblées Générales du Clergé de 1615 à 1666, Rom 1959, 2 Bd.

Ders., Le Clergé de France. Louis XIV et le Saint Siège de 1695 à 1715, Vatikan 1989.

Ders., Don gratuit, in: Lucien BÉLY (Hg.), Dictionnaire de l'Ancien Régime, Paris ³2006, S. 432–434.

Ders., Régale, in: Lucien BÉLY (Hg.), Dictionnaire de l'Ancien Régime, Paris ³2003, S. 1063-1065.
Ders., Régale, in: François BLUCHE (Hg.), Dictionnaire du Grand Siècle, Paris 1990, S. 1311f.
Ders., Richelieu et l'Église, Paris 2007.
BLICKLE, Peter, Antiklerikalismus um den Vierwaldstättersee 1300-1500: Von der Kritik der Macht der Kirche, in: Peter DYKEMA / Heiko A. OBERMAN (Hg.), Anticlericalism in Late Medieval and Early Modern Europe, Leiden u.a. 1993, S. 115-132.
BLUCHE, François (Hg.), Dictionnaire du Grand Siècle, Paris 1990.
Ders., Louis XIV, Paris 1986.
Ders., Louis XIV, in: Ders. (Hg.), Dictionnaire du Grand Siècle, Paris 1990, S. 900-909.
BÖDEKER, Hans Erich, Reflexionen über Begriffsgeschichte als Methode, in: Ders. (Hg.), Begriffsgeschichte, Diskursgeschichte, Metaphergeschichte, Göttingen 2002, S. 73-121.
Ders., Strukturen der deutschen Frühaufklärung, in: Ders. (Hg.), Strukturen der deutschen Frühaufklärung 1680-1720, Göttingen 2008, S. 9-20.
BÖDEKER, Hans Erich / Ernst HINRICHS (Hg.), Alphabetisierung und Literalisierung in Deutschland in der Frühen Neuzeit, Tübingen 1999.
BÖNING, Holger, Aufklärung und Presse im 18. Jahrhundert, in: Hans-Wolf JÄGER (Hg.), »Öffentlichkeit« im 18. Jahrhundert, Göttingen 1997, S. 151-163.
Ders., Der »gemeine Mann« als Zeitungs- und Medienkonsument im Barockzeitalter, in: Johannes ARNDT / Esther-Beate KÖRBER (Hg.), Das Mediensystem im Alten Reich der Frühen Neuzeit (1600-1750), Göttingen 2010, S. 227-238.
BÖNING, Holger, Weltaneignung durch ein neues Publikum. Zeitungen und Zeitschriften als Medientypen der Moderne, in: Johannes BURCKHARDT / Christine WERKSTETTER (Hg.), Kommunikation und Medien in der Frühen Neuzeit, München 2005, S. 106-134.
BOETTCHER, Susan R., Wiederverwendungen der Konfessionsstreitigkeiten. Lutherische Identität in den Reformationsbiographien von Johann Georg Leuckfeld (1668-1732), in: Kerstin ARMBORST-WEIHS / Judith BECKER (Hg.), Toleranz und Identität. Geschichtsschreibung und Geschichtsbewusstsein zwischen religiösem Anspruch und historischer Erfahrung, Göttingen 2010, S. 213-226.
BÖTTIGHEIMER, Christoph, Zwischen Polemik und Irenik. Die Theologie der einen Kirche bei Georg Calixt, Münster 1996.
BOISSON, Didier / Hugues DAUSSY, Les protestants dans la France moderne, Paris 2006.
BOLES, Laurence Huey Jr., The Huguenots, the Protestant Interest, and the War of the Spanish Succession, 1702-1714, New York u.a. 1997.
BOLLE, Pierre, Deux évêques devant la Révocation: Le Camus et Cosnac, in: Laurent THEIS / Roger ZUBER (Hg.), La Révocation de l'Édit de Nantes et le protestantisme français en 1685, Paris 1986, S. 59-74.
BOLTANSKI, Ariane, Forger le »soldat chrétien«. L'encadrement catholique des troupes pontificales et royales en France en 1568-1569, in: Revue historique 669 (2014), S. 51-85.
BORN, Marie, Die englischen Ereignisse der Jahre 1685-1690 im Lichte der gleichzeitigen Flugschriftenliteratur Deutschlands, Bonn 1919.
BORST, Arno, Die Katharer, Freiburg im Breisgau ²1991.
BOSBACH, Franz, Monarchia Universalis. Ein politischer Leitbegriff der frühen Neuzeit, Göttingen 1988.
Ders., Angst und Universalmonarchie, in: Ders. (Hg.), Angst und Politik in der europäischen Geschichte, Dettelbach 2000, S. 151-166.
BOSC, Henri, La guerre des Camisards. Son caractère, ses conséquences, in: Bulletin de la Société de l'Histoire du Protestantisme Français 119 (1973), S. 335-355.
Ders., La guerre de Cévennes. 1702-1710, Montpellier u.a. ²1985-1993.
BOSSE, Heinrich, Die gelehrte Republik, in: Hans-Wolf JÄGER (Hg.), »Öffentlichkeit« im 18. Jahrhundert, Göttingen 1997, S. 51-76.
BOST, Hubert, Elie Benoist et l'historiographie de l'édit de Nantes, in: Michel GRANDJEAN / Bernard ROUSSEL (Hg.), Coexister dans l'intolérance: L'Édit de Nantes (1598), Genf 1998, S. 371-384.
Ders., Ces Messieurs de la R.P.R. Histoires et écritures de huguenots, XVII$^e$-XVIII$^e$ siècles, Paris 2001.

Ders., Pierre Bayle and censorship, in: Mogens LÆRKE (Hg.), The Use of Censorship in the Enlightenment, Leiden u.a. 2009, S. 41-60.
BOTS, Hans, L'écho de la Révocation dans les Provinces-Unies à travers les gazettes et les pamphlets, in: Roger ZUBER/Laurent THEIS (Hg.), La Révocation de l'Édit de Nantes et le protestantisme français en 1685, Paris 1986, S. 281-298.
Ders., Quelques gazettes de Hollande en langue française et le Mercure historique et politique: une analyse comparative, in: Henri DURANTON/Pierre RÉTAT (Hg.), Gazettes et information politique sous l'Ancien Régime, Saint-Étienne 1999, S. 159-168.
BOTS, Hans/René BASTIAANSE, Die Hugenotten und die niederländischen Generalstaaten, in: Rudolf von THADDEN/Michelle MAGDELAINE (Hg.), Die Hugenotten (1685-1985), München 1985, S. 55-72.
BOTS, Hans/G.H.M. POSTHUMUS MEYJES u.a., Vlucht naar de Vrijheid, Amsterdam u.a. 1985.
BOUCHER, Jacqueline, Alexandre Farnèse, in: Arlette JOUANNA/Jacqueline BOUCHER u.a. (Hg.), Histoire et Dictionnaire des guerres de religion, Turin 1998, S. 907-909.
Dies., Pierre Jeannin, in: Arlette JOUANNA/Jacqueline BOUCHER (Hg.), Histoire et dictionnaire des guerres de religion, Turin 1998, S. 996-998.
BOUREL DE LA RONCIÈRE, Charles, Henri II précurseur de Colbert, in: Bibliothèque de l'école des chartes 66 (1905), S. 633-654.
BOUTANT, Charles, L'Europe au grand tournant des années 1680. La succession palatine, Paris 1985.
BRACHWITZ, Peter, Die Autorität des Sichtbaren. Religionsgravamina im Reich des 18. Jahrhunderts, Berlin u.a. 2011.
BRANDI, Karl, Gegenreformation und Religionskriege, Leipzig 1941.
Ders., Kaiser Karl V. Werden und Schicksal einer Persönlichkeit und eines Weltreiches, München 1937, Bd. 1.
BRAUBACH, Max, Versailles und Wien von Ludwig XIV. bis Kaunitz. Die Vorstadien der diplomatischen Revolution im 18. Jahrhundert, Bonn 1952.
BRAUN, Christine, Soldaten zu verkaufen? Zur Diskussion über die Subsidienpolitik deutscher Fürsten in der gebildeten deutschsprachigen Öffentlichkeit Ende des 18. Jahrhunderts, in: Holger Thomas GRÄF (Hg.), Die »Hessians« im Amerikanischen Unabhängigkeitskrieg (1776-1783). Neue Quellen, neue Medien, neue Forschungen, Marburg 2014, S. 187-201.
BRAUN, Guido, Von der politischen zur kulturellen Hegemonie Frankreichs 1648-1789, Darmstadt 2008.
BRAY, Bernard, Bussy-Rabutin, in: François BLUCHE (Hg.), Dictionnaire du Grand Siècle, Paris 1990, S. 252f.
BRECHENMACHER, Thomas, Der Vatikan und die Juden. Geschichte einer unheiligen Beziehung vom 16. Jahrhundert bis zur Gegenwart, München 2005, S. 16-26.
BRENDLE, Franz, Um Erhalt und Ausbreitung des Evangeliums: Die Reformationskriege der deutschen Protestanten, in: Ders./Anton SCHINDLING (Hg.), Religionskriege im Alten Reich und in Alteuropa, Münster ²2010, S. 71-92.
Ders., Der Religionskrieg und seine Dissimulation. Die »Verteidigung des wahren Glaubens« im Reich des konfessionellen Zeitalters, in: Andreas HOLZEM (Hg.), Krieg und Christentum. Religiöse Gewalttheorien in der Kriegserfahrung des Westens, Paderborn u.a. 2009, S. 457-469.
BRENDLE, Franz/Anton SCHINDLING, Religionskrieg in der Frühen Neuzeit. Begriff, Wahrnehmung, Wirkmächtigkeit, in: Dies. (Hg.), Religionskriege im Alten Reich und in Alteuropa, Münster 2006, S. 15-52.
BRÉTÉCHÉ, Marion, La plume européenne de Gregorio Leti (1630-1701), in: Revue d'Histoire diplomatique 3 (2006), S. 227-249.
Dies., Les compagnons de Mercure. Journalisme et politique dans l'Europe de Louis XIV., Ceyzérieu 2015.
BROCKMANN, Thomas, Das Bild des Hauses Habsburg in der dynastienahen Historiographie um 1700, in: Christoph KAMPMANN/Katharina KRAUSE u.a. (Hg.), Bourbon – Habsburg – Oranien. Konkurrierende Modelle im dynastischen Europa um 1700, Köln u.a. 2008, S. 27-57.
Ders., Die frühneuzeitlichen Religionsfrieden. Normhorizont, Instrumentarium und Probleme in vergleichender Perspektive, in: Christoph KAMPMANN/Maximilian LANZINNER u.a. (Hg.),

L'art de la paix. Kongresswesen und Friedensstiftung im Zeitalter des Westfälischen Friedens, Münster 2011, S. 575–611.

BROEYER, Frits, William III and the Reformed Church of the Netherlands, in: Esther MIJERS / David ONNEKINK (Hg.), Redefining William III. The Impact of the King-Stadholder in International Context, Aldershot 2007, S. 109–123.

BRONISCH, Pierre Alexander, Reconquista und heiliger Krieg: die Deutung des Krieges im christlichen Spanien von den Westgoten bis ins frühe 12. Jahrhundert, Münster 1998.

BROUILLANT, Luce Janmart de, La Liberté de la presse en France aux XVII$^e$ et XVIII$^e$ siècle. Histoire de Pierre du Marteau Imprimeur à Cologne (XVII$^e$–XVIII$^e$ siècles), Paris 1888.

BRÜNING, Rainer, Herrschaft und Öffentlichkeit in den Herzogtümern Bremen und Verden unter der Regierung Karls XII. von Schweden 1697–1712, Stade 1992.

BRUNDAGE, James A., The Thirteenth-Century Livonian Crusade: Henricus de Lettis and the First Legatine Mission of Bishop William of Modena, in: Jahrbücher für Geschichte Osteuropas, NF 20 (1972), S. 1–9.

BRUNNER, Otto / Werner CONZE u.a. (Hg.), Geschichtliche Grundbegriffe. Historisches Lexikon der politisch-sozialen Sprache in Deutschland, Stuttgart $^5$1997.

BUC, Philippe, Heiliger Krieg. Gewalt im Namen des Christentums, Darmstadt 2015.

BUCSAY, Mihaly, Geschichte des Protestantismus in Ungarn, Stuttgart 1959.

BUFFON, Vincenzo M., Chiesa di Cristo e Chiesa Romana nelle opere e nelle Lettere di Frau Paolo Sarpi, Löwen 1941.

BURKARD, Dominik, Repression und Prävention. Die kirchliche Bücherzensur in Deutschland (16.–20. Jahrhundert), in: Hubert WOLF (Hg.), Inquisition, Index, Zensur. Wissenskulturen der Neuzeit im Widerstreit, Paderborn u.a. 2001, S. 305–327.

BURKE, Peter, Languages and Communities in Early Modern Europe, Cambridge 2004.

Ders., Ludwig XIV. Die Inszenierung des Sonnenkönigs, Frankfurt a.M. 1995.

BURKHARDT, Johannes, Abschied vom Religionskrieg. Der Siebenjährige Krieg und die päpstliche Diplomatie, Tübingen 1985.

Ders., Die Friedlosigkeit der Frühen Neuzeit. Grundlegung einer Theorie der Bellizität Europas, in: ZHF 24 (1997), S. 509–574.

Ders., Geschichte als Argument in den habsburgisch-französischen Beziehungen. Der Wandel des frühneuzeitlichen Geschichtsbewußtseins in seiner Bedeutung für die Diplomatische Revolution von 1756, in: Rainer BABEL (Hg.), Frankreich im europäischen Staatensystem der Frühen Neuzeit, Sigmaringen 1995, S. 191–217.

Ders., Konfession als Argument in den zwischenstaatlichen Beziehungen. Friedenschancen und Religionskriegsgefahren in der Entspannungspolitik zwischen Ludwig XIV. und dem Kaiserhof, in: Heinz DUCHHARDT (Hg.), Rahmenbedingungen und Handlungsspielräume europäischer Außenpolitik im Zeitalter Ludwigs XIV., Berlin 1991, S. 135–154.

Ders., Konfessionsbildung und Staatsbildung. Konkurrierende Begründungen für die Bellizität Europas?, in: Andreas HOLZEM (Hg.), Krieg und Christentum. Religiöse Gewalttheorien in der Kriegserfahrung des Westens, Paderborn u.a. 2009, S. 527–552.

Ders., Religionskrieg, in: Gerhard MÜLLER / Gerhard KRAUSE (Hg.), TRE, Berlin u.a. 1997, Bd. 28, S. 681–687.

BUSCHMANN, Nikolaus / Christoph MICK u.a., Kriegstypen: Begriffsgeschichtliche Bilanz in deutschen, russischen und sowjetischen Lexika, in: Dietrich BEYRAU / Michael HOCHGESCHWENDER u.a. (Hg.), Formen des Krieges. Von der Antike bis zur Gegenwart, Paderborn u.a. 2007, S. 17–50.

BUSSE, Dietrich, Kommunikatives Handeln als sprachtheoretisches Grundmodell der historischen Semantik, in: Ludwig JÄGER (Hg.), Zur historischen Semantik des deutschen Gefühlswortschatzes. Aspekte, Probleme und Beispiele seiner lexikographischen Erfassung, Aachen 1988, S. 247–272.

BUSSE, Dietrich / Wolfgang TEUBERT, Ist Diskurs ein sprachwissenschaftliches Objekt? Zur Methodenfrage der historischen Semantik, in: Dies. (Hg.), Begriffsgeschichte und Diskursgeschichte. Methodenfragen und Forschungsergebnisse der historischen Semantik, Opladen 1994, S. 10–28.

BUTTERFIELD, Herbert, The Whig Interpretation of History, London 1951.
BYSTED, Ane/Carsten SELCH JENSEN u.a., Jerusalem in the North. Denmark and the Baltic Crusades 1100–1522, Turnhout 2012.
CABANÈS, Augustin/Lucien NASS, Catherine de Medicis fut-elle empoisonneuse?, in: Archives générales de médecine 80 (1903), S. 2849–2855.
CALHOUN, Craig, Introduction, in: Craig CALHOUN (Hg.), Habermas and the public sphere, Cambridge, MA 1992, S. 1–48.
CANNY, Nicholas P., The ideology of English colonization from Ireland to America, in: The William and Mary Quarterly 30 (1973), S. 575–598.
Ders., Making Ireland British 1580–1650, Oxford u.a. 2003.
CANS, A., La contribution du clergé à l'impôt pendant la seconde moitié du règne de Louis XIV (1689–1715), Paris 1910.
CARBIA, Rómulo D., Historia de la Leyenda Negra hispanoamericana, Madrid 1944.
CARBONNIER-BURKARD, Marianne, Comprendre la révolte des Camisards, Rennes 2008.
CARDAILLAC, Louis, Morisques et Chrétiens. Un affrontement polémique (1492–1640), Paris 1977.
CARL, Horst, »Und das teutsche Reich selbsten sitzet gantz stille darzu …«. Das Reich und die preußische Königskrönung, in: Heide BARMEYER (Hg.), Die preußische Rangerhöhung und Königskrönung 1701 in deutscher und europäischer Sicht, Frankfurt a.M. u.a. 2002, S. 43–61.
Ders., Zeitalter der Religionskriege? Konfessionelle Kriegslegitimationen und ihre Wahrnehmungen von der Reformation bis zum Dreißigjährigen Krieg, in: Andrej J. PROKOPJEV (Hg.), Konfessionalisierung in West- und Osteuropa in der Frühen Neuzeit, St. Petersburg 2004, S. 105–116.
CAVANAUGH, William T., »A fire strong enough to consume the House«. The Wars of Religion and the Rise of the State, in: Modern Theology 11 (1995), S. 397–420.
Ders., The Myth of Religious Violence. Secular Ideology and the Roots of Modern Conflict, New York 2009.
CÉNAT, Jean-Philippe, Le ravage du Palatinat. Politique de destruction, stratégie de cabinet et propagande au début de la guerre de la Ligue d'Augsbourg, in: Revue Historique 129 (2005), S. 97–131.
CHALINE, Olivier, La bataille de la Montagne Blanche (8 novembre 1620). Un mystique chez les guerriers, Paris 2000.
Ders., Le facteur religieux dans la politique française des congrès, de la paix de Westphalie à celle de Ryswick, in: Christoph KAMPMANN/Maximilian LANZINNER u.a. (Hg.), L'art de la paix. Kongresswesen und Friedensstiftung im Zeitalter des Westfälischen Friedens, Münster 2011, S. 555–573.
Ders., Ludwig XIV. und Kaiser Leopold I. als Herrscher. Mythos oder Wirklichkeit des absoluten Fürstentums?, in: Helmuth NEUHAUS (Hg.), Die Frühe Neuzeit als Epoche, München 2009, S. 35–50.
Ders., La reconquête catholique de l'Europe centrale XVIe–XVIIIe siècle, Paris 1998.
Ders., Le règne de Louis XIV, Paris 2009 [Nachdruck von 2005], 2 Bde.
Ders., Die Schlacht am Weißen Berg (8. November 1620), in: Klaus BUSSMANN/Heinz SCHILLING (Hg.), 1648. Krieg und Frieden, Münster u.a. 1998, S. 95–101.
CHAMAYOU, Fabienne, Die Cevennen und das Refuge auf den Britischen Inseln, in: Chrystel BERNAT (Hg.), Die Kamisarden. Eine Aufsatzsammlung zur Geschichte des Krieges in den Cevennen (1702–1710), Bad Karlshafen 2003, S. 173–194.
CHAPELAIN, Jean, Les lettres authentiques à Nicolas Heinsius (1649–1672). Une amitié entre France et Hollande, herausgegeben von Bernard Bray, Paris 2005.
CHARTIER, Roger, Lectures et lecteurs dans la France d'Ancien Régime, Paris 1987.
Ders., Le monde comme réprésentation, in: Annales. Économies, Sociétés, Civilisations 44 (1989), S. 1505–1520.
CHAUNU, Pierre, La décision royale? Un système de la Révocation, in: Roger ZUBER/Laurent THEIS (Hg.), La Révocation de l'Edit de Nantes et le protestantisme français en 1685, Paris 1986, S. 13–30.
CHEVALLIER, Pierre, Les régicides, Paris 1989.

CHRIST, Karl, Fürst, Dynastie, Territorium und Konfession. Beobachtungen zu Fürstenkonversionen des ausgehenden 17. und beginnenden 18. Jahrhunderts, in: Saeculum 24 (1973), S. 367–387.
CHRISTIN, Olivier, La paix de religion. L'autonomisation de la raison politique au XVIe siècle, Saint-Amand-Montrond (Cher) 1997.
Ders., Sortir des guerres de Religion. L'autonomisation de la raison politique au milieu du XVIe siècle, in: Actes de la recherche en science sociales 116 (1997), S. 24–38.
CLAUDE, Dietrich, Untersuchungen zum Untergang des Westgotenreichs (711–725), in: Historisches Jahrbuch 108 (1988), S. 329–358.
CLAYDON, Tony, Protestantism, Universal Monarchy and Christendom in William's War Propaganda, 1689–1697, in: Esther MIJERS/David ONNEKINK (Hg.), Redefining William III. The Impact of the King-Stadholder in International Context, Aldershot 2007, S. 125–142.
Ders., William III, Harlow u.a. 2002.
Ders., William III and the Godly Revolution, Cambridge 1996.
Ders., William III's Declaration of Reasons and the Glorious Revolution, in: The Historical Journal 39 (1996), S. 87–108.
CLOSSON, Marianne, L'imaginaire démoniaque en France (1550–1650), Genf 2000.
CONDREN, Conal, Argument and Authority in Early Modern England. The Presupposition of Oaths and Offices, Cambridge u.a. 2006.
CONNOLLY, Sean J., Religion, Law and Power. The Making of Protestant Ireland 1660–1760, Oxford 1992.
CONRADS, Norbert, Der Anteil des schwedischen Gesandten Stralenheim an der Entschlussbildung und Durchführung der Altranstädter Konvention von 1707, in: Jürgen Rainer WOLF (Hg.), 1707–2007. Altranstädter Konvention. Ein Meilenstein religiöser Toleranz in Europa, Halle a.d. Saale 2008, S. 26–50.
Ders., Die Durchführung der Altranstädter Konvention in Schlesien 1707–1709, Köln u.a. 1971.
CONSTANT, Jean-Marie, Les Français pendant les guerres de Religion, Paris 2002.
Ders., Pierre Jeannin, in: François BLUCHE (Hg.), Dictionnaire du Grand Siècle, Paris 1990, S. 789.
CORETH, Anna, Pietas Austriaca. Ursprung und Entwicklung barocker Frömmigkeit in Österreich, Wien 1959.
CORNETTE, Joël, Absolutisme et Lumières 1652–1783, Paris ²2000.
Ders., Le roi de guerre. Essai sur la souveraineté dans la France du Grand Siècle, Paris 1993.
COSANDY, Fanny, L'absolutisme: un concept irremplacé, in: Lothar SCHILLING (Hg.), Absolutismus, ein unersetzliches Forschungskonzept? Eine deutsch-französische Bilanz, München 2008, S. 33–51.
COTTRET, Bernard, Terre d'exil. L'Angleterre et ses réfugiés 16e–17e siècles, Paris 1985.
COTTRET, Monique, Der Jansenistenstreit, in: Marc VENARD (Hg.), Das Zeitalter der Vernunft (1620/30–1750), Freiburg im Breisgau u.a. 1998, S. 348–408.
COUGHLAN, Patricia, »Some secret scourge which shall by her come unto England«: Ireland and Incivility in Spenser, in: Patricia COUGHLAN (Hg.), Spenser and Ireland. An Interdisciplinary Perspective, Cork 1989, S. 46–74.
COWANS, John, Habermas and French History: The Public Sphere and the Problem of Political Legitimacy, in: French History 13 (1999), S. 134–160.
CRACKANTHROPE, David, The Camisard Uprising. War and Religion in the Cévennes, Oxford 2016.
CROMATIE, Alan, Harringtonian Virtue. Harrington, Machiavelli, and the Method of the Moment, in: The Historical Journal 41 (1998), S. 987–1009.
CROUZET, Denis, Dieu en ses royaumes. Une histoire des guerres de religion, Seyssel 2008.
Ders., Les guerriers de Dieu. La violence au temps des troubles de religion (vers 1525 – vers 1610), Seyssel 1990.
Ders., La violence au temps des troubles de religion (vers 1525 – vers 1610), in: Histoire, économie et société 8 (1989), S. 507–525.
CROXTON, Derek, The Peace of Westphalia of 1648 and the Origins of Sovereignty, in: The International History Review 21 (1999), S. 569–852.
CRUICKSHANKS, Eveline, The Glorious Revolution, Houndmills u.a. 2000.

CRUYSSE, Dirk van der, L'Abbé de Choisy, androgyne et mandarin, Paris 1995.
CZOK, Karl, Zur Absolutismuspolitik Augusts des Starken – am Beispiel der Revisionskommission –, in: Christine KLECKER (Hg.), August der Starke und seine Zeit, Dresden 1995, S. 41–53.
Ders., August der Starke und Kursachsen, München 1988.
Ders., August der Starke. Sein Verhältnis zum Absolutismus und zum sächsischen Adel, Berlin 1991.
DALTON, Hermann, Daniel Ernst Jablonski. Eine preußische Hofpredigergestalt in Berlin vor zweihundert Jahren, Berlin 1903.
DANCKELMANN, Eberhard von, Kirchenpolitik Friedrichs III. von Brandenburg und Johann Wilhelms von Kurpfalz bis zum Ryswicker Frieden, in: Düsseldorfer Jahrbuch 28 (1916), S. 105–155.
DARTOIS-LAPEYRE, Françoise, Turcs et turqueries dans les »représentations en musique« (XVIIe–XVIIIe siècles), in: Lucien BÉLY (Hg.), Turcs et turqueries (XVIe–XVIIIe siècles), Paris 2009, S. 163–215.
DAVIS, Colin J., Pocock's Harrington, Grace Nature and Art in the Classical Republicanism of James Harrington, in: The Historical Journal 24 (1981), S. 683–697.
Ders., Utopia and the Ideal Society. A Study of English Utopian Writing 1516–1700, Cambridge 1981, S. 206–240.
DAWSON, Jane E.A., Anglo-Scottish Relations: Security and Succession, in: Robert TITTLER/Norman JONES (Hg.), A Companion to Tudot Britain, Chichester 2009, S. 167–181.
Dies., Scotland Reformed 1488–1587, Edinburgh 2007.
DAXELMÜLLER, Christoph, Narratio, Illustratio, Argumentatio. Exemplum und Bildungstechnik und Verwendungszusammenhänge, in: Walter HAUG/Burghart WACHINGER (Hg.), Exempel und Exempelsammlungen, Tübingen 1991, S. 77–94.
DEBBAGI-BARANOVA, Tatiana, À coups de libelles. Une culture politique au temps des guerres de religion (1562–1598), Paris 2012.
DE BEER, E. S., The English Newspapers from 1695 to 1702, in: Ragnhild HATTON/John S. BROMLEY (Hg.), William III. and Louis XIV, Liverpool 1986, S. 117–129.
DECLERCQ, Gilles, Un Adepte de l'histoire éloquente, Le Père Maimbourg, S.J., in: XVIIe Siècle 143 = 36 (1984), S. 119–132.
Ders., L'Histoire du calvinisme de Louis Maimbourg et sa réception par la critique protestante, in: Louise Godard de DONVILLE/Roger DUCHÊNE (Hg.), De la mort de Colbert à la révocation de l'Edit de Nantes. Un monde nouveau?, Marseille 1984, S. 199–213.
DEDIEU, Joseph, Le rôle politique des protestants français (1685–1715), Paris, Barcelona u.a. 1921.
DEEN, Femke/David ONNEKINK u.a., Introduction, in: Dies. (Hg.), Pamphlets and Politics in the Dutch Republic, Leiden u.a. 2011, S. 3–30.
DEETJEN, Werner-Ulrich, Studien zur Württembergischen Kirchenordnung Herzog Ulrichs 1534–1550. Das Herzogtum Württemberg im Zeitalter Herzog Ulrichs (1498–1550), die Neuordnung des Kirchengutes und der Klöster (1534–1547), Stuttgart 1981.
DEIJK, Frank van, Elie Benoist (1640–1728). Historiographer and Politician after the Revocation of the Edict of Nantes, in: Nederlands Archief voor Kerkgeschiedenis 69 (1989), S. 54–92.
DELFORGE, Frédéric, Bayle, in: François BLUCHE (Hg.), Dictionnaire du Grand Siècle, Paris 1990.
DELGADO, Mariano, Europa und der Islam in der Frühen Neuzeit. Exklusions- und Inklusionstypologien zwischen 1453 und 1798, in: Kerstin ARMBORST-WEIHS/Judith BECKER (Hg.), Toleranz und Identität. Geschichtsschreibung und Geschichtsbewusstsein zwischen religiösem Anspruch und historischer Erfahrung, Göttingen 2010, S. 53–77.
DENZER, Horst, Moralphilosophie und Naturrecht bei Samuel Pufendorf. Eine geistes- und wissenschaftsgeschichtliche Untersuchung zur Geburt des Naturrechts aus der Praktischen Philosophie, München 1972.
Ders., Pufendorf, in: Hans MAIER/Horst DENZER (Hg.), Klassiker des politischen Denkens, München 1968, Bd. 2, S. 27–52.
DESCIMON, Robert, Qui étaient les seize? Mythes et réalités de la Ligue parisienne (1585–1594), Paris 1983.
DICKMANN, Fritz, Der Westfälische Frieden, Münster ²1965.
DIENSTL, Wolfgang, Flugschriften zum Spanischen Erbfolgekrieg mit besonderer Beachtung des

Entwicklungsstandes von Öffentlichkeit und öffentlicher Meinung in den beteiligten Ländern und Staaten, Wien 1987.
DIJK, Willibrord-Chr. van, Nicolas de Dijon, in: Marcel VILLER (Hg.), Dictionnaire de Spiritualité, Ascétique et Mystique, Doctrine et Histoire, Paris 1982, Bd. 11, S. 270–274.
DINET, Dominique, Religion et société: Les Réguliers et la vie régionale dans les diocèses d'Auxerre, Langres et Dijon (fin XVIe–fin XVIIIe siècles), Paris 1999, Bd. 1.
DLUGAICZYK, Der Waffenstillstand 1609–1621 als Medienereignis. Politische Bildpropaganda in den Niederlanden, Münster 2005.
DÖLEMEYER, Barbara, Die Hugenotten, Stuttgart 2006.
DOERING-MANTEUFFEL, Sabine, Informationsstrategien: Propaganda, Geheimhaltung, Nachrichtennetze. Einleitung, in: Johannes BURKHARDT/Christine WERKSTETTER (Hg.), Kommunikation und Medien in der Frühen Neuzeit, München 2005, S. 359–366.
DOMPNIER, Bernard, Frankreich, in: Marc VENARD (Hg.), Das Zeitalter der Vernunft (1620/30–1750), Freiburg im Breisgau u.a. 1998, S. 117–142.
DOSSAT, Yves, Albigenser, in: Robert AUTY/Norbert ANGERMANN u.a. (Hg.), LexMA, München u.a. 1980, Bd. 1, S. 302–307.
DROUOT, Henri, Mayenne et la Bourgogne. Étude sur la Ligue (1587–1596), Paris 1937.
DROYSEN, Johann Gustav, Friedrich I., König von Preußen, Leipzig ²1872.
Ders., Geschichte der Preußischen Politik, Leipzig 1869, IV. Teil, Bd. 1.
Ders., Geschichte der Preußischen Politik, Leipzig 1874, V. Teil, Bd. 1.
Ders., Vorlesungen über die Freiheitskriege, Kiel 1846.
DUBOST, Jean-François, La France italienne XVIe–XVIIe siècle, Mayenne 1997.
DUBRUEL, Marc, L'excommunication de Louis XIV., in: Études 137 (1913), S. 608–635.
DUHAMELLE, Christophe, La conversion princière au catholicisme dans le Saint-Empire: Conséquence ou remise en cause de la paix de Westphalie, in: Jean-Pierre KINTZ/Georges LIVET (Hg.), 350e anniversaire des traités de Westphalie, 1648–1998. Une genèse de l'Europe, une société à reconstruire, Strasbourg 1999, S. 299–310.
DUPRAT, Annie, Les rois de papier. La caricature de Henri III à Louis XVI, Paris 2002.
DUCASSE, André, La guerre des Camisards. La résistance huguenote sous Louis XIV, Paris 1962.
DUCHHARDT, Heinz, Absolutismus und Säkularisierung, in: Peter BLICKLE/Rudolf SCHLÖGL (Hg.), Die Säkularisierung im Prozess der Säkularisierung Europas, Epfendorf 2005, S. 223–230.
Ders., Altes Reich und europäische Staatenwelt 1648–1806, München 1990.
Ders., Europa am Vorabend der Moderne 1650–1800, Stuttgart 2003.
Ders., Protestantisches Kaisertum und Altes Reich. Die Diskussion über die Konfession des Kaisers in Politik, Publizistik und Staatsrecht, Wiesbaden 1977.
Ders., »Westphalian System«. Zur Problematik einer Denkfigur, in: HZ 269 (1999), S. 305–315.
DUCREUX, Marie-Élisabeth, Die habsburgischen Länder, in: Marc VENARD (Hg.), Das Zeitalter der Vernunft (1620/30–1750), Freiburg im Breisgau u.a. 1998, S. 9–39.
DÜLFER, Kurt, Die Packschen Händel. Darstellung und Quellen, Marburg 1958.
Ders., Die politische Korrespondenz Philipps des Großmütigen in der Frühzeit evangelischer Bündnispolitik 1525–1529, Marburg 1938.
DUNN, John, The Claim to Freedom of Conscience: Freedom of Speech, Freedom of Thought, Freedom of Worship?, in: Ole Peter GRELL/Jonathan ISRAEL u.a. (Hg.), From Persecution to Toleration. The Glorious Revolution and Religion in England, Oxford 1991, S. 171–193.
DUNN, Richard, The Age of Religious Wars 1559–1689, London 1970.
DUNYACH, Jean-François, La charge d'historiographe et les usages de l'histoire en Grande-Bretagne (XVIIe–XVIIIe siècles), in: Chantal GRELL (Hg.), Les historiographes en Europe de la fin du Moyen Âge à la Révolution, Paris 2006, S. 157–185.
DUPONT-FERRIER, Gustave, Gouvernements et gouverneurs en France du XIVe siècle à François Ier, in: Comptes rendus des séances de l'Académie des Inscriptions et Belles-Lettres 89 (1945), S. 615–616.
DYKEMA, Peter A. (Hg.), Anticlericalism in Late Medieval and Early Modern Europe, Leiden 1993.
EBELING, Gerhard, »Sola scriptura« und das Problem der Tradition, in: Gerhard EBELING (Hg.), Wort Gottes und Tradition, Göttingen 1964, S. 91–143.

ECK, Werner, Vom See Regillus bis zum flumen Frigidus. Constantins Sieg an der Milvischen Brücke als Modell für den Heiligen Krieg?, in: Klaus SCHREINER (Hg.), Heilige Kriege. Religiöse Begründungen militärischer Gewaltanwendung: Judentum, Christentum und Islam im Vergleich, München 2008, S. 71–91.

ECKERT, Georg, Toleranz, in: Friedrich JÄGER (Hg.), EdN, Stuttgart u.a. 2011, Sp. 619–629.

EHRENPREIS, Stefan, »Wir sind mit blutigen Köpfen davongelaufen ...«. Lokale Konfessionskonflikte im Herzogtum Berg 1550–1700, Bochum 1993.

EHRENPREIS, Stefan/Ute LOTZ-HEUMANN, Reformation und konfessionelles Zeitalter, Darmstadt 2002.

EICKHOFF, Ekkehard, Venedig, Wien und die Osmanen: Umbruch in Südosteuropa 1645–1700, Stuttgart ³2008, S. 212–245.

EISSFELDER, Otto, Krieg und Bibel, Tübingen 1915.

EL KENZ, David/Claire GANTET, Guerres et paix de religion en Europe XVIe–XVIIe siècles, Paris ²2008.

ELM, Kaspar, Antiklerikalismus im deutschen Mittelalter, in: Peter A. DYKEMA/Heiko A. OBERMAN (Hg.), Anticlericalism in Late Medieval and Early Modern Europe, Leiden u.a. 1993, S. 3–18.

EMICH, Birgit, Confessions et relations internationales à l'époque moderne. L'historiographie des pays de langue allemande, in: Philippe BÜTTGEN/Christophe DUHAMELLE (Hg.), Religion ou confession. Un bilan franco-allemand sur l'époque moderne (XVIe–XVIIIe siècles), Paris 2010, S. 325–353.

EMRICH, Gabriele, Die Emigration der Salzburger Protestanten 1731–1732. Reichsrechtliche und konfessionspolitische Aspekte, Münster u.a. 2002.

ENGELS, Jens Ivo, Königsbilder. Sprechen, Singen und Schreiben über den französischen König in der ersten Hälfte des achtzehnten Jahrhunderts, Bonn 2000.

ENGELS, Odilo, Peter II. von Aragon, in: Robert AUTY/Norbert ANGERMANN u.a. (Hg.), LexMA, München u.a. 1993, Bd. 6, Sp. 1923.

ENGEN, John van, Late Medieval Anticlericalism: The Case of New Devout, in: Peter DYKEMA/Heiko A. OBERMAN (Hg.), Anticlericalism in late medieval and early modern Europe, Leiden u.a. 1993, S. 19–52.

ENGLER, Bernd/Kurt MÜLLER, Einleitung: Das Exemplum und seine Funktionalisierungen, in: Dies. (Hg.), Exempla. Studien zur Bedeutung und Funktion des exemplarischen Erzählens, Berlin 1995, S. 9–20.

ENKEMANN, Jürgen. Journalismus und Literatur. Zum Verhältnis von Zeitschriften, Literatur und Entwicklung bürgerlicher Öffentlichkeit in England im 17. und 18. Jahrhundert, Tübingen 1983.

ERLL, Astrid, Kollektives Gedächtnis und Erinnerungskulturen. Eine Einführung, Stuttgart u.a. 2005.

ESPAGNE, Michel, Kulturtransfer und Fachgeschichte der Geschichtswissenschaften, in: Comparativ 10 (2000), S. 42–61.

ESPAGNE, Michel/Michael WERNER, Deutsch-französischer Kulturtransfer im 18. und 19. Jahrhundert. Zu einem neuen interdisziplinären Forschungsprogramm des C.N.R.S., in: Francia 13 (1985), S. 502–510.

ESSER, Raingard, Migrationsgeschichte und Kulturtransferforschung, in: Thomas FUCHS/Sven TRAKULHUN (Hg.), Das eine Europa und die Vielfalt der Kulturen. Kulturtransfer in Europa 1500–1850, Berlin 2003, S. 69–82.

ESTEBE, Janine, Tocsin pour un massacre. La saison des Saint-Barthélemy, Paris 1968.

ÉTIEMBLE, René, Les Jésuites en Chine – la querelle des rites (1552–1773), Paris 1966.

EVERTH, Erich, Die Öffentlichkeit in der Außenpolitik von Karl V. bis Napoleon, Jena 1931.

EXTERNBRINK, Sven, Internationale Beziehungen und Kulturtransfer in der Frühen Neuzeit, in: Thomas FUCHS/Sven TRAKULHUN (Hg.), Das eine Europa und die Vielfalt der Kulturen. Kulturtransfer in Europa 1500–1850, Berlin 2003, S. 227–248.

FABIAN, Bernhard, Englisch als neue Fremdsprache des 18. Jahrhunderts, in: Dieter KIMPEL (Hg.), Mehrsprachigkeit in der deutschen Aufklärung, Hamburg 1985, S. 178–196.

FABINY, Tibor, Bewährte Hoffnung. Die Evangelisch-Lutherische Kirche Ungarns in vier Jahrhunderten, Erlangen 1984.
FABRE, Pierre-Antoine/Catherine MAIRE (Hg.), Les Antijésuites. Discours, figures et lieux de l'antijésuitisme à l'époque moderne, Rennes 2010.
FAULSTICH, Werner, Die bürgerliche Mediengesellschaft (1700–1830), Göttingen 2002.
Ders., Medien zwischen Herrschaft und Revolte. Die Medienkultur der frühen Neuzeit (1400–1700), Göttingen 1998.
FEUILLAS, Michel, Alexandre VIII, in: François BLUCHE (Hg.), Dictionnaire du Grand Siècle, Paris 1990, S. 57–58.
Ders., Michel, Innocent XI, in: François BLUCHE (Hg.), Dictionnaire du Grand Siècle, Paris 1990, S. 757f.
FEVRE, Lucien, Le problem de l'incroyance au 16e siècle. La religion de Rabelais, Paris 1968.
FEZZI, Luca, Osservazioni sul De Christiana Expeditione apud Sinas Suscepta ab Societate Iesu di Nicolas Trigault, in: Rivista di Storia e Letteratura Religiosa 35 (1999), S. 541–566.
FEYEL, Gilles, L'annonce et la nouvelle. La presse d'information en France sous l'Ancien Régime (1630–1788), Oxford 2000.
Ders., Diffusion, réimpression et contrefaçon des gazettes en France sous l'Ancien Régime, in: Lucien BÉLY (Hg.), L'information à l'époque moderne, Paris 2001, S. 119–158.
FIGEAC, Michel (Hg.), Les affrontements religieux en Europe. Du début du XVIe siècle au milieu du XVIIe siècle, Paris ²2009.
FLAIG, Egon, »Heiliger Krieg«. Auf der Suche nach einer Typologie, in: HZ 285 (2007), S. 165–302.
FLEMMING, Jens, Nivellierung und Fragmentierung. »Öffentlichkeit« als Begriff und Herausforderung der historischen Forschung, in: Werner FAULSTICH (Hg.), Konzepte von Öffentlichkeit. 3. Lüneburger Kolloquium zur Medienwissenschaft, Bardowick 1993, S. 47–57.
FOGEL, Michèle, Les cérémonies de l'information dans la France du XVIe au milieu du XVIIIe siècle, Paris 1989.
Dies., Publication et publics en France de la fin du XVIe au milieu du XVIIIe siècle, in: Peter-Eckhard KNABE (Hg.), Opinion, Berlin 2000, S. 15–31.
FONTAINE, Laurence, Histoire du colportage en Europe (XVe–XIXe siècle), Paris 1993.
FOSSIER, François, La charge d'historiographe de France du XVIe au XIXe siècle, in: Revue historique 258 (1976), S. 75–92.
Ders., A propos du titre d'historiographe sous l'Ancien Régime, in: Revue d'histoire moderne et contemporaine 32 (1985), S. 361–417.
FOUCAULT, Michel, Die Ordnung des Diskurses. Inauguralvorlesung am Collège de France, 2. Dezember 1970, München 1974.
Ders., Surveiller et punir. Naissance de la prison, Paris 2008 [Nachdruck von 1975].
FRAGONARD, Marie-Madeleine, La mémoire et l'écriture: problèmes généraux, in: Jacques BERCHTOLD/Marie-Madeleine FRAGONARD (Hg.), La mémoire des guerres de religion. La concurrence des genres historiques XVIe–XVIIIe siècles, Genf 2007, S. 8–28.
FRANÇOIS, Etienne, Les échanges culturels entre la France et les pays germaniques au XVIIIe siècle, in: Michel ESPAGNE/Michael WERNER (Hg.), Transferts. Les relations interculturelles dans l'espace franco-allemand (XVIIIe et XIXe siècle), Paris 1988, S. 35–47.
Ders., Die unsichtbare Grenze: Protestanten und Katholiken in Augsburg 1648–1806, Sigmaringen 1991.
FRANÇOIS, Etienne/Claire GANTET, Vergangenheitsbewältigung im Dienst des Friedens und der konfessionellen Identität. Die Friedensfeste in Süddeutschland nach 1648, in: Johannes BURKHARDT (Hg.), Krieg und Frieden in der historischen Gedächtniskultur. Studien zur friedenspolitischen Bedeutung historischer Argumente und Jubiläen von der Antike bis in die Gegenwart, München 2000, S. 103–123.
FRANK, Christina, Untersuchungen zum Catalogus testium veritatis des Matthias Flacius Illyricus, Tübingen 1990.
FRANTZ, Adolf, Das katholische Directorium des Corpus Evangelicorum, Marburg 1880.
Französische Mordbrenner am deutschen Rhein, Berlin 1923.
FREIST, Dagmar, Governed by Opinion. Politics, Religion and the Dynamics of Communication in Stuart London 1637–1645, London 1997.

FREVERT, Ute, Neue Politikgeschichte. Konzepte und Herausforderungen, in: Ute FREVERT / Heinz-Gerhard HAUPT (Hg.), Neue Politikgeschichte. Perspektiven einer historischen Politikforschung, Frankfurt a.M. 2005, S. 7–26.
FREY, Linda / Marsha FREY, Frederick I. The Man and His Times, New York 1984.
Dies., Jean Dumont, Baron de Carelscroon, in: Dies. (Hg.), The Treaties of the War of the Spanish Succession. An Historical and Critical Dictionary, Westport 1995.
FRIEDEBURG, Robert von (Hg.), Widerstand in der frühen Neuzeit. Erträge und Perspektiven der Forschung im deutsch-britischen Vergleich, Berlin 2001.
Ders., Widerstandsrecht und Konfessionskonflikt. Notwehr und Gemeiner Mann im deutsch-britischen Vergleich 1530–1669, Berlin 1999.
FRIEDRICH, Susanne, Beobachten und beobachtet werden. Zum wechselseitigen Verhältnis von gedruckter Zeitung und Immerwährendem Reichstag, in: Holger BÖNING / Volker BAUER (Hg.), Zeitung. Ein neues Medium und die Folgen, Bremen 2011, S. 159–178.
Dies., Drehscheibe Regensburg. Das Informations- und Kommunikationssystem des Immerwährenden Reichstags um 1700, Berlin 2007.
FRIJHOFF, Willem, Uncertain Brotherhood. The Huguenots in the Dutch Republic, in: Bertrand VAN RUYMBEKE / Randy SPARKS (Hg.), Memory and Identity. The Huguenots in France and the Atlantic Diaspora, Colombia (South Carolina) 2003, S. 128–171.
FRITSCH, Matthias J., Religiöse Toleranz im Zeitalter der Aufklärung. Naturrechtliche Begründung – konfessionelle Differenzen, Hamburg 2004.
FRITZ, Gerd, Einführung in die historische Semantik, Tübingen 2005.
FROUDE, James Anthony, History of England from the Fall of Wolsey to the Death of Elizabeth, Leipzig 1861, Bd. 2.
FUCHS, Antje, Der Siebenjährige Krieg als virtueller Religionskrieg an Beispielen aus Preußen, Österreich, Kurhannover und Großbritannien, in: Franz BRENDLE / Anton SCHINDLING (Hg.), Religionskriege im Alten Reich und in Alteuropa, Münster 2006, S. 313–343.
FUCHS, Ralf-Peter, Ein »Medium zum Frieden« Die Normaljahrsregel und die Beendigung des Dreißigjährigen Krieges, München 2010.
FUCHS, Thomas, Geschichtsbewußtsein und Geschichtsschreibung zwischen Reformation und Aufklärung. Städtechroniken, Kirchenbücher und historische Befragungen in Hessen 1500–1800, Marburg 2006.
Ders., Traditionsstiftung und Erinnerungspolitik. Geschichtsschreibung in Hessen in der frühen Neuzeit, Kassel 2002.
FUESS, Albrecht, Von der Belagerung Wiens (1529) zum antiimperialistischen Kampf. Wandelnde Konzepte von »Heiligem Krieg« (ǧihād und ġazwa) im Nahen Osten zwischen dem 16. und 19. Jahrhundert, in: Historisches Jahrbuch 134 (2014), S. 10–28.
FÜSSEL, Stephan, Klassische Druckmedien der Frühen Neuzeit. Einleitung, in: Johannes BURCKHARDT / Christine WERKSTETTER (Hg.), Kommunikation und Medien in der Frühen Neuzeit, München 2005, S. 57–61.
GÄNSSLER, Hans-Joachim: Evangelium und Weltliches Schwert. Hintergrund, Entstehungsgeschichte und Anlass von Luthers Scheidung zweier Reiche oder Regimente, Wiesbaden 1983.
GANTET, Claire, »...Dergleichen sonst an keine hohen festtag das gantze Jar hindurch zue geschehen pfleget bey den Evangelischen inn diser statt seye gehalten worden«. Das Augsburger Friedensfest im Rahmen der Feier des Friedens, in: Johannes BURKHARDT (Hg.), Das Friedensfest. Augsburg und die Entwicklung einer neuzeitlichen Toleranz-, Friedens- und Festkultur, Berlin 2000, S. 209–232.
Dies., Friedensfeste aus Anlaß des Westfälischen Friedens in den süddeutschen Städten und die Erinnerung an den Dreißigjährigen Krieg (1648–1871), in: Klaus BUSSMANN / Heinz SCHILLING (Hg.), 1648. Krieg und Frieden in Europa, München 1998, Bd. 2, S. 649–656.
Dies., Paix civile, affirmation religieuse, neutralisation politique. La perception catholique des traités de Westphalie, in: Jean-Pierre KINTZ / Georges LIVET (Hg.), 350e anniversaire des traités de Westphalie, 1648–1998. Une genèse de l'Europe, une société à reconstruire, Strasbourg 1999, S. 73–87.
GARCÍA HERNÁN, Enrique, Ireland and Spain in the reign of Philip II, Dublin 2009.

GARLOFF, Mona, Irenik, Gelehrsamkeit und Politik. Jean Hotman und der europäische Religionskonflikt um 1600, Göttingen 2014.
GARNER, Steve, Ireland: From Racism without »Race« to Racism without Racists, in: Radical History Review 104 (2009), S. 41–56.
GARRISON, Francis, Lois fondamentales, in: Lucien BÉLY (Hg.), Dictionnaire de l'Ancien Régime, Paris ³2006, S. 753–757.
GARRISSON, Janine, Les »Donneurs d'avis« et la Révocation, in: Roger ZUBER / Laurent THEIS (Hg.), La Révocation de l'Edit de Nantes et le protestantisme français en 1685, Paris 1986, S. 135–145.
Dies., L'Edit de Nantes et sa révocation. Histoire d'une intolérance, Paris 1985.
Dies., Guerre civile et compromis, Paris 1991.
GAY, Jean-Pascal, Le Jésuite improbable: remarques sur la mise en place du mythe du Jésuite corrupteur de la morale en France à l'époque moderne, in: Pierre-Antoine FABRE / Catherine MAIRE (Hg.), Les Antijésuites. Discours, figures et lieux de l'antijésuitisme à l'époque moderne, Rennes 2010, S. 305–327.
GERICKE, Wolfgang, Glaubenszeugnisse und Konfessionspolitik der Brandenburgischen Herrscher bis zur preußischen Union 1540 bis 1815, Bielefeld 1977.
GERIG, Georg, Reisläufer und Pensionsherren in Zürich 1519–1532, Zürich 1947.
GÉRIN, Charles, Recherches historiques sur l'Assemblée du Clergé de France de 1682, Paris 1869.
GESTRICH, Andreas, Absolutismus und Öffentlichkeit. Politische Kommunikation in Deutschland zu Beginn des 18. Jahrhunderts, Göttingen 1994.
Ders., The Early Modern State and the Public Sphere in 18th Century Germany, in: Peter-Eckhard KNABE (Hg.), Opinion, Concepts & Symboles du dix-huitième Siècle Européen), Berlin 2000, S. 1–13.
GETTO, Giovanni, Paolo Sarpi, Florenz 1967.
GIARD, Luce, Le »Catéchisme des Jésuites« d'Étienne Pasquier, une attaque en règle, in: Pierre-Antoine FABRE / Catherine MAIRE (Hg.), Les Antijésuites. Discours, figures et lieux de l'antijésuitisme à l'époque moderne, Rennes 2010, S. 73–90.
GILLESPIE, Raymond, The end of an era: Ulster and the outbreak of the 1641 rising, in: Ciaran BRADY / Raymond GILLESPIE (Hg.), Natives and Newcomers. Essays on the Making of Irish Colonial Society 1534–1641, Bungay 1986, S. 191–213.
GILLINGHAM, John, The English in the Twelfth Century. Imperialism, National Identity and Political Values, Woodbridge (Suffolk) 2000.
GILLOT, Hubert, Le règne de Louis XIV et l'opinion publique en Allemagne, Paris 1914.
GILMONT, Jean-François, Jean Crespin. Un éditeur réformé du XVIᵉ siècle, Genf 1981.
GLOZIER, Matthew, Schomberg, Miremont and Huguenot Invasions of France, in: David ONNEKINK (Hg.), War and Religion after Westphalia, 1648–1713, Aldershot 2009, S. 121–153.
GOERLITZ, Uta, Humanismus und Geschichtsschreibung am Mittelrhein. Das »Chronicon urbis et ecclesiae Maguntinensis« des Hermannus Piscator OSB, Tübingen 1999.
GOERTZ, Hans-Jürgen, Antiklerikalismus und Reformation. Sozialgeschichtliche Untersuchungen, Göttingen 1995.
GÖSE, Frank, Friedrich I. (1657–1713). Ein König in Preußen, Regensburg 2012.
GOEZ, Werner, Zwei-Schwerter-Lehre, in: Robert AUTY / Norbert ANGERMANN u.a. (Hg.), LexMA, München u.a. 1998, Bd. 9, Sp. 725f.
LE GOFF, Jacques, Ludwig der Heilige, übersetzt aus dem Französischen von Grete Osterwald, Stuttgart 2000.
GOLDIE, Mark, John Locke, Jonas Proast and religious toleration 1688–1692, in: Colin HAYDON / Stephen TAYLOR u.a. (Hg.), The Church of England, c.1689–c.1833. From Toleration to Tractarianism, Cambridge 1993, S. 143–171.
GOLOUBEVA, Maria, Crossing the Confessional Border. Discourse of political competence in contemporaries' evalutions of Leopold I around 1705, in: Frank POHLE / Christine ROLL u.a. (Hg.), Grenzen und Grenzüberschreitungen, Köln u.a. 2010, S. 291–298.
Dies., The Glorification of Emperor Leopold I in Image, Spectacle, and Text, Mainz 2000.
GONZALEZ CRUZ, David, Une guerre de religion entre princes catholiques. La succession de Charles II dans l'Empire espagnol, Paris 2006.

GOTTLOB, Adolf, Die päpstlichen Kreuzzugssteuern des 13. Jahrhunderts. Ihre rechtliche Grundlage, politische Geschichte und technische Verwaltung, Heiligenstadt 1892.
GRAEBER, Wilhelm/Geneviève ROCHE, Englische Literatur des 17. und 18. Jahrhunderts in französischer Übersetzung und deutscher Weiterübersetzung. Eine kommentierte Bibliographie, Tübingen 1988.
GRÄF, Holger Thomas, »... indem ihre Gnaden sich die Evangelische Christliche lehre bewegen und gegen die papisten gebrauchen laßen...«. Protestantischer Fundamentalismus in Hessen und der Wetterau als kriegstreibender Faktor, in: Heinz SCHILLING (Hg.), Konfessioneller Fundamentalismus. Religion als politischer Faktor im europäischen Mächtesystem um 1600, München 2007, S. 189-208.
GRÄF, Holger Thomas, Konfession und internationales System. Die Außenpolitik Hessen-Kassels im konfessionellen Zeitalter, Darmstadt u.a. 1993.
GRAF, Friedrich Wilhelm, Antiklerikalismus, in: Friedrich JÄGER (Hg.), EdN, Stuttgart u.a. 2005, Bd. 1, Sp. 469-472.
GRAF, Friedrich Wilhelm, Sakralisierung von Kriegen: Begriffs- und problemgeschichtliche Erwägungen, in: Klaus SCHREINER (Hg.), Heilige Kriege. Religiöse Begründungen militärischer Gewaltanwendung: Judentum, Christentum und Islam im Vergleich, München 2008, S. 1-30.
GRANDJEAN, Michel/Bernard ROUSSEL (Hg.), Coexister dans l'intolérance. L'édit de Nantes (1598), Genf 1998.
GRAND-MESNIL, Marie-Noële, Mazarin, la fronde et la presse 1647-1649, Paris 1967.
GREGG, Edward, Queen Anne, London 1980.
GRELL, Chantal, Conclusion générale, in: Dies./Werner PARAVICINI u.a. (Hg.), Les princes et l'histoire du XVI$^e$-XVIII$^e$ siècle, Bonn 1998, S. 645-651.
Dies., Histoire intellectuelle et culturelle de la France du Grand Siècle (1654-1715), Paris 2000.
Dies., Les historiographes en France XVI$^e$-XVIII$^e$ siècles, in: Chantal GRELL (Hg.), Les historiographes en Europe de la fin du Moyen Âge à la Révolution, Paris 2006, S. 127-156.
Dies., La monarchie française et l'histoire au XVII$^e$ siècle. Etat des recherches en France, in: GRELL, Chantal/Werner PARAVICINI u.a. (Hg.), Les princes et l'histoire du XVI$^e$-XVIII$^e$ siècle, Bonn 1998, S. 535-554.
GREENGRAS, Mark, Regicide, Martyrs and Monarchical Authority in France in the Wars of Religion, in: Robert von FRIEDEBURG (Hg.), Murder and Monarchy. Regicide in European History 1300-1800, Basingstoke 2004, S. 176-192.
GREYERZ, Kaspar von, Secularization in Early Modern England (1660-c.1750), in: Hartmut LEHMANN (Hg.), Säkularisierung, Dechristianisierung, Rechristianisierung im neuzeitlichen Europa. Bilanz und Perspektiven der Forschung, Göttingen 1997, S. 86-100.
GREYERZ, Kaspar von/Kim SIEBENHÜNER, Einleitung, in: Dies. (Hg.), Religion und Gewalt. Konflikte, Rituale, Deutungen (1500-1800), Göttingen 2006, S. 9-25.
GROH, Dieter, »Spuren der Vernunft in der Geschichte«. Der Weg von Jürgen Habermas zur »Theorie des kommunikativen Handelns« im Schatten Max Webers, in: Geschichte und Gesellschaft 12 (1986), S. 443-447.
GROSPERRIN, Bernard, Alphabétisation, in: Lucien BÉLY (Hg.), Dictionnaire de l'Ancien Régime. Royaume de France XVI$^e$-XVIII$^e$ siècle, Paris $^3$2010, S. 50-52.
GRUBER, Joachim, Alarich II., in: Robert AUTY/Norbert ANGERMANN u.a. (Hg.), LexMA, München u.a. 1980, Bd. 1, S. 271.
GUGGISBERG, Hans R., Wandel der Argumente für religiöse Toleranz und Glaubensfreiheit im 16. und 17. Jahrhundert, in: Heinrich LUTZ (Hg.), Zur Geschichte der Toleranz und Religionsfreiheit, Darmstadt 1977, S. 455-481.
GUNN, John A. W., The Queen of the World. Opinion in the Public Life of France from the Renaissance to the Revolution, Oxford 1995.
GWYNN, Robin D., James II in the light of his treatment of Huguenot refugees in England 1685-1686, in: English Historical Review 92 (1977), S. 820-833.
GYENGE, Imre, Der Ungarische Landtag zu Ödenburg 1681 und die Artikulargemeinde, in: Peter F. BARTON (Hg.), Im Lichte der Toleranz. Aufsätze zur Toleranzgesetzgebung des 18. Jahrhunderts im Reiche Joseph II., ihren Voraussetzungen und ihren Folgen, Wien 1981, S. 33-58.

HAAKE, Paul, Bernhard von Zech, in: ADB 44 (1898), S. 734–737.
HAAN, Bertrand, L'amitié entre princes. Une alliance franco-espagnole au temps des guerres de religion (1560–1570), Paris 2011.
HAASE, Erich, Einführung in die Literatur des Refuge. Der Beitrag der französischen Protestanten zur Entwiclung analytischer Denkformen am Ende des 17. Jahrhunderts, Berlin 1959.
HABERMAS, Jürgen, Strukturwandel der Öffentlichkeit. Untersuchungen zu einer Kategorie der bürgerlichen Gesellschaft, Neuwied 1962.
Ders., Strukturwandel der Öffentlichkeit. Untersuchungen zu einer Kategorie der bürgerlichen Gesellschaft, Frankfurt a.M. [18]1990.
HÄBERLE, Peter, Öffentlichkeit und Verfassung. Bemerkungen zur 3. Auflage von Jürgen Habermas, Strukturwandel der Öffentlichkeit (1968), in: Zeitschrift für Politik NF 16 (1969), S. 273–287.
HÄBERLEIN, Mark, Kommunikationsraum Europa und Welt. Einleitung, in: Johannes BURCKHARDT/Christine WERKSTETTER (Hg.), Kommunikation und Medien in der Frühen Neuzeit, München 2005, S. 295–299.
HÄRLE, Wilfried, Creatura Evangelii. Die Konstitution der Kirche durch Gottes Offenbarung nach lutherischer Lehre, in: Eilert HERMS (Hg.), Grund und Gegenstand des Glaubens nach römisch-katholischer und evangelisch-lutherischer Lehre, Tübingen 2008, S. 482–502.
HÄVERNICK, Heinrich Andreas Christoph, Handbuch der historisch-kritischen Einleitung in das Alte Testament, Erlangen 1839.
HAIGH, Christopher, Elizabeth I, London u.a. [3]2001.
HALASZ, Alexandra, The Marketplace of Print. Pamphlets and the Public Sphere in Early Modern England, Cambridge 1997.
HALLER, William, Foxe's Book of Martyrs and the Elect Nation, London 1963.
HAM, Roswell G., Dryden as Historiographer-Royal. The Authorship of His Majesties Declaration Defended, 1681, in: Review of English Studies 11/43 (1935), S. 284–298.
HANS, Alfred Josef, Die Kurpfälzische Religionsdeklaration von 1705. Ihre Entstehung und Bedeutung für das Zusammenleben der drei im Reich tolerierten Konfessionen, Mainz 1973.
HAMON, Philippe, L'argent du roi. Les finances sous François Ier, Paris 1994.
HAMMERSTEIN, Notker, Jus und Histoire. Ein Beitrag zur Geschichte des historischen Denkens an deutschen Universitäten im späten 17. und im 18. Jahrhundert, Göttingen 1972.
HARLINE, Craig E., Pamphlets, Printing, and Political Culture in the Early Dutch Republic, Dordrecht u.a. 1987.
HARMS, Wolfgang, Forschungsgeschichte der Flugblätter und Flugschriften, in: Joachim-Felix LEONHARD/Hans-Werner LUDWIG u.a. (Hg.), Medienwissenschaft. Ein Handbuch zur Entwicklung der Medien und Kommunikationsformen, Berlin u.a. 1999, Bd. 1, S. 790–793.
HARRIS, Tim, The British dimension, religion and the shaping of political identities during the reign of Charles II, in: Tony CLAYDON/Ian MCBRIDE (Hg.), Protestantism and National Identity. Britain and Ireland, c.1650–c.1850, Cambridge [2]2000, S. 131–156.
Ders., London Crowds in the Reign of Charles II. Propaganda and Politics from the Restoration until the Exclusion Crisis, Cambridge u.a. 1987.
Ders., Restauration. Charles II and his Kingdoms, 1660–1685, London 2005.
Ders., Revolution. The Great Crisis of the British Monarchy, 1685–1720, London 2006.
HARTMANN, Martina, Die Magdeburger Centurien und ihre Bedeutung, in: Eckhart W. PETERS (Hg.), Die Mageburger Centurien, Dößel 2007, S. 55–80.
HARTMANN, Stefan, Die Polenpolitik König Friedrich Wilhelms I. von Preußen zur Zeit des »Thorner Blutgerichts« (1724–1725), in: Forschungen zur Brandenburgischen und Preußischen Geschichte NF 5 (1995), S. 31–58.
HASTINGS, Adrian, The Construction of Nationhood. Ethnicity, Religion and Nationalism, Cambridge 2003.
HATTON, Ronald, The making of the secret treaty of Dover, 1668–1670, in: The Historical Journal 29 (1986), S. 297–310.
HAUG-MORITZ, Gabriele, Judas und Gotteskrieger. Kurfürst Moritz, die Kriege im Reich der Reformationszeit und die »neuen« Medien, in: Karlheinz BLASCHKE (Hg.), Moritz von Sachsen. Ein Fürst der Reformationszeit zwischen Territorium und Reich, Leipzig u.a. 2007, S. 235–259.

Dies., Kaisertum und Parität. Reichspolitik und Konfessionen nach dem Westfälischen Frieden, in: ZHF 19 (1992), S. 445–482.
Dies., Rezension von: Jürgen Luh, Unheiliges Römisches Reich. Der konfessionelle Gegensatz 1648 bis 1806, Potsdam 1995, in: ZHF 26 (1999), S. 627f.
Dies., Der Schmalkaldische Krieg (1546/47) – ein kaiserlicher Religionskrieg?, in: Franz Brendle / Anton Schindling (Hg.), Religionskriege im Alten Reich und in Alteuropa, Münster 2006, S. 93–105.
Dies., Widerstand als »Gegenwehr«. Die schmalkaldische Konzeption der »Gegenwehr« und der »gegenwehrliche Krieg« des Jahres 1542, in: Robert von Friedeburg (Hg.), Widerstandsrecht in der frühen Neuzeit, Berlin 2001, S. 141–161.
Haupt, Herbert, Kunst und Kultur in den Kameralzahlamtsbüchern Kaiser Karls VI., Wien 1993.
Hauser, Henri, Les guerres de religion (1559–1589), Paris 1912.
Haydon, Colin, »I love my King and my Country, but a roman Catholic I hate«. Anti-catholicism, xenophobia and national identity in eigtheenth-century England, in: Tony Claydon / Ian McBride (Hg.), Protestantism and National Identity. Britain and Ireland, c.1650–c.1850, Cambridge 2000, S. 33–51.
Hayton, D. W., The Williamite Revolution in Ireland, 1688-91, in: Jonathan I. Israel (Hg.), The Anglo-Dutch Moment. Essays on the Glorious Revolution and its world impact, Cambridge u.a., S. 185–213.
Hazard, Paul, La crise de la conscience européenne 1680–1715, Paris 1961.
Heckel, Martin, Deutschland im konfessionellen Zeitalter, Göttingen ²2001.
Ders., Die Krise der Religionsverfassung des Reiches und die Anfänge des Dreißigjährigen Krieges, in: Konrad Repgen (Hg.), Krieg und Politik 1618–1648. Europäische Probleme und Perspektiven, München 1988, S. 106–131.
Ders., Die Wiedervereinigung der Konfessionen als Ziel und Auftrag der Reichsverfassung im Heiligen Römischen Reich Deutscher Nation, in: Hans Otte / Richard Schenk (Hg.), Die Reunionsgespräche in Niedersachsen des 17. Jahrhunderts. Rojas y Spinola – Molan – Leibniz, Göttingen 1999, S. 15–38.
Hefele, Karl Joseph, Der Cardinal Ximenes und die kirchlichen Zustände Spaniens am Ende des 15. und Anfange des 16. Jahrhunderts, insbesondere ein Beitrag zur Geschichte und Würdigung der Inquisition, Tübingen 1844.
Hehl, Ernst-Dieter, Heiliger Krieg – eine Schimäre? Überlegungen zur Kanonistik und Politik des 12. und 13. Jahrhunderts, in: Andreas Holzem (Hg.), Krieg und Christentum. Religiöse Gewalttheorien in der Kriegserfahrung des Westens, Paderborn u.a. 2009, S. 323–340.
Heine, Heinrich, Johann Georg Leuckfeld. Sein Leben und seine Schriften, in: Neue Mittheilungen aus dem Gebiete der historisch-antiquarischen Forschungen 22 (1906), S. 102–112, 177–216.
Held, Wieland, Der Adel und August der Starke. Konflikt und Konfliktaustrag zwischen 1694 und 1707 in Kursachsen, Köln u.a. 1999.
Heller, Henry, Iron and Blood. Civil Wars in Sixteenth-Century France, Montreal 1991.
Ders., Putting History back into the Religious Wars: A Reply to Mack P. Holt, in: French Historical Studies 19 (1996), S. 853–861.
Hemig, Ralf, Öffentlichkeit, Diskurs und Gesellschaft. Zum analytischen Potential und zur Kritik des Begriffs der Öffentlichkeit bei Habermas, Wiesbaden 1997.
Hennequin, Jacques, Henri IV dans ses oraisons funèbres ou la naissance d'une légende, Paris 1977.
Henshall, Nicholas, The Myth of Absolutism: Change and Continuity in Early Modern European Monarchy, London 1992.
Hermann, August Leberecht, Frankreichs Religions- und Bürgerkriege im sechzehnten Jahrhundert, Leipzig 1828.
Hermann, Rainer T., Endstation Islamischer Staat? Staatsversagen und Religionskrieg in der arabischen Welt, München 2015.
Hermes, Heinrich, Das Staatskirchentum in Frankreich von der pragmatischen Sanktion bis zum Konkordat von Fontainebleau, Köln 1935.
Herrmann, Jan-Christoph, Der Wendenkreuzzug von 1147, Hagen 2010.

HERRMANN, Peter (Hg.), Glaubenskriege in Vergangenheit und Gegenwart. Referate gehalten auf dem Symposium der Joachim Jungius-Gesellschaft der Wissenschaften, Hamburg am 28. und 29. Oktober 1994, Göttingen 1996.

HERSCHE, Peter, Muße und Verschwendung. Europäische Gesellschaft und Kultur im Barockzeitalter, Freiburg im Breisgau u.a., 2 Bde.

HERZIG, Arno, Der Zwang zum wahren Glauben. Rekatholisierung vom 16. bis zum 18. Jahrhundert, Göttingen 2000.

HESS, Gilbert, Exemplum, in: Friedrich JÄGER (Hg.), EdN, Stuttgart u.a. 2006, Bd. 2, Sp. 667–670.

HEYMANN, Frederick G., The Crusades against the Hussites, in: Harry W. HAZARD (Hg.), The Fourteenth and Fifteenth Centuries, Madison 1975, S. 586–646.

HIGHLEY, Christopher, Catholics Writing the Nation in Early Modern Britain and Ireland, New York 2008.

HILSCH, Peter, Die Hussitenkriege als spätmittelalterlicher Ketzerkrieg, in: Franz BRENDLE / Anton SCHINDLING (Hg.), Religionskriege im Alten Reich und in Alteuropa, Münster 2006, S. 59–69.

HINRICHS, Ernst, Abschied vom Absolutismus? Eine Antwort auf Nicholas Henshall, in: Ronald G. ASCH / Heinz DUCHHARDT (Hg.), Der Absolutismus – ein Mythos? Strukturwandel monarchischer Herrschaft in West- und Mitteleuropa (ca. 1550–1700), Köln u.a. 1996, S. 353–371.

Ders., Fürsten und Mächte. Zum Problem des europäischen Absolutismus, Göttingen 2000.

HOCHEDLINGER, Michael, Die französisch-osmanische Freundschaft 1525–1792, in: Mitteilungen des Instituts für Österreichische Geschichtsforschung 102 (1994), S. 108–164.

Ders., Austria's wars of Emergence 1683–1797, London u.a. 2003.

HOCKERTS, Hans Günter, Kreuzzugsrhetorik, Vorsehungsglaube, Kriegstheologie. Spuren religiöser Deutung in Hitlers »Weltanschauungskrieg«, in: Klaus SCHREINER (Hg.), Heilige Kriege. Religiöse Begründungen militärischer Gewaltanwendung: Judentum, Christentum und Islam im Vergleich, München 2008, S. 229–251.

HÖLSCHER, Karl, Die öffentliche Meinung in Deutschland über den Fall Straßburgs während der Jahre 1681 bis 1684, München 1896.

HÖLSCHER, Lucian, Öffentlichkeit, in: Otto BRUNNER / Werner CONZE u.a. (Hg.), Geschichtliche Grundbegriffe. Historisches Lexikon zur politisch-sozialen Sprache in Deutschland, Stuttgart 1978, S. 413–467.

Ders., Die Öffentlichkeit begegnet sich selbst. Zur Struktur öffentlichen Redens im 18. Jahrhundert zwischen Diskurs- und Sozialgeschichte, in: Hans-Wolf JÄGER (Hg.), »Öffentlichkeit« im 18. Jahrhundert, Göttingen 1997, S. 11–31.

HOFFMANN, Carl A., »Öffentlichkeit« und »Kommunikation« in den Forschungen zur Vormoderne. Eine Skizze, in: HOFFMANN, Carl A. / Rolf KIESSLING (Hg.), Kommunikation und Region, Konstanz 2001, S. 69–110.

HOFFMANN, Richard, Outsiders by Birth and Blood: Racist Ideologies and Realities around the Periphery of Medieval European Culture, in: Studies in Medieval and Renaissance History 6 (1983), S. 1–36.

HOLENSTEIN, Josef, Eidgenössische Politik am Ende des Spanischen Erbfolgekrieges. Die Restitutionsfrage als zentrales Problem, Zermatt 1975.

HOLT, Mack P., The French Wars of Religion (1562–1629), Cambridge ²2005.

Ders., Putting Religion Back into the Wars of Religion, in: French Historical Studies 18 (1993), S. 524–551.

HOLZEM, Andreas, Barockscholastik in der Predigt. Kriegsethik, Sündenschuld und der Kampf gegen Trübsal und Verzweiflung, in: Ders. (Hg.), Krieg und Christentum. Religiöse Gewalttheorien in der Kriegserfahrung des Westens, Paderborn u.a. 2009, S. 553–595.

Ders., »… dass sie der christlichen vnnd Brüderlichen Lieb gegeneinander vergessen …«. Der Religionskrieg in der Frühen Neuzeit, in: Historisches Jahrbuch 134 (2014), S. 30–43.

Ders., Gott und Gewalt. Kriegslehren des Christentums und die Typologie des Religionskrieges, in: Dietrich BEYRAU / Michael HOCHGESCHWENDER u.a. (Hg.), Formen des Krieges. Von der Antike bis zur Gegenwart, Paderborn u.a. 2007, S. 371–413.

Ders., Krieg und Christentum. Religiöse Gewalttheorien in der Kriegserfahrung des Westens. Einführung, in: Ders. (Hg.), Krieg und Christentum. Religiöse Gewalttheorien in der Kriegserfahrung des Westens, Paderborn u.a. 2009, S. 13–104.

Ders., Religion und Kriegserfahrungen. Christentum und Judentum des Westens in der Neuzeit, in: Georg SCHILD/Anton SCHINDLING (Hg.), Kriegserfahrungen. Krieg und Gesellschaft in der Neuzeit. Neue Horizonte der Forschung, Paderborn u.a. 2009, S. 135–178.

HOURCADE, Philippe, Courtilz de Sandras, in: François BLUCHE (Hg.), Dictionnaire du Grand Siècle, Paris 1990, S. 423–424.

HOUSLEY, Norman, Crusades Against Christians. Their Origins and Early Development, c. 1000–1216, in: Peter W. EDBURG (Hg.), Crusade and Settlement, Bristol 1985, S. 17–36.

Ders., Religious Warfare in Europe 1400–1536, Oxford 2002.

HOWE, Eunice, Architecture in Vasari's »Massacre of the Huguenots«, in: Journal of the Warburg and Courtauld Institutes 39 (1976), S. 258–261.

HUONDER, Anton, Der chinesische Ritenstreit, Aachen 1921.

HURTH, Hans, Die Kunstdenkmäler des Stadtkreises Mannheim, München 1982, Bd. 1.

IHALAINEN, Pasi, Protestant Nations Redefined. Changing Perceptions of National Identity in the Rhetoric of the English, Dutch and Swedish Public Churches, 1685–1772, Leiden 2005.

ISAACSOHN, Siegfried, Jena, Gottfried von, in: ADB, Leipzig 1881, S. 762f.

ISRAEL, Jonathan I., The Dutch Republic. Its Rise, Greatness, and Fall 1477–1806, Oxford 1995.

Ders., The Dutch role in the Glorious Revolution, in: Ders. (Hg.), The Anglo-Dutch moment. Essays on the Glorious Revolution and its world impact, Cambridge u.a. 1991, S. 105–162.

Ders., General introduction, in: Ders. (Hg.), The Anglo-Dutch moment. Essays on the Glorious Revolution and its world impact, Cambridge u.a. 1991, S. 1–43.

Ders., Spinoza, Locke and the Enlightenment Battle for Toleration, in: Ole Peter GRELL/Roy PORTER (Hg.), Toleration in Enlightenment Europe, Cambridge 2000, S. 102–113.

ISRAEL, Jonathan I./Geoffrey PARKER, Of Providence and Protestant Winds: the Spanish Armada of 1588 and the Dutch Armada of 1688, in: Jonathan I. ISRAEL (Hg.), The Anglo-Dutch moment. Essays on the Glorious Revolution and its world impact, Cambridge u.a. 1991, S. 335–363.

JACOBI, Franz, Das Thorner Blutgericht 1724, Halle 1896.

JACQUART, Jean, François Ier, Paris 1981, S. 275–301.

JAITNER, Klaus, Die Konfessionspolitik des Pfalzgrafen Philipp Wilhelm von Neuburg in Jülich-Berg von 1647–1679, Münster 1973.

JASPERT, Niklas, Die Kreuzzüge, Darmstadt ⁶2013.

Jean Richard, in: Charles WEISS (Hg.), Biographie universelle, ou Dictionnaire historique, Paris 1841, Bd. 5, S. 188.

JOAS, Hans, Die Kontingenz der Säkularisierung. Überlegungen zum Problem der Säkularisierung im Werk Reinhart Kosellecks, in: Hans JOAS (Hg.), Begriffene Geschichte. Beiträge zum Werk Reinhart Kosellecks, Berlin 2011, S. 319–338.

JOIN-LAMBERT, Michel, Michel Le Vassor, in: Gérard MATHON/Gérard-Henry BAUDRY (Hg.), Catholicisme. Hier – aujourd'hui – demain, Paris 1969, Bd. 7, Sp. 502.

JONES, James Rees, The First Whigs. The Politics of the Exclusion Crisis 1678–1683, London, New York u.a. 1961.

Ders., James II's Revolution: royal policies, 1686–92, in: Jonathan I. ISRAEL (Hg.), The Anglo-Dutch moment. Essays on the Glorious Revolution and its world impact, Cambridge u.a. 1991, S. 47–71.

Ders., The Revolution of 1688 in England, London 1972.

JONES, Colin, Contre Retz. Sept pamphlets du temps de la Fronde, Exeter 1982.

JONG, Otto de, Nederlandse Kerkgeschiedenis, Nijkerk 1982.

JOUANNA, Arlette, Die Legitimierung des Adels und die Erhebung in den Adelsstand in Frankreich (16.–18. Jahrhundert), in: Winfried SCHULZE (Hg.), Ständische Gesellschaft und soziale Mobilität, München 1988, S. 165–177.

Dies., Le temps des guerres de religion en France (1559–1598), in: Dies./JACQUELINE BOUCHER u.a. (Hg.), Histoire et dictionnaire des guerres de religion, Turin 1998, S. 1–445.

Dies., 24 août 1572. La Saint-Barthélemy. Les mystères d'un crime d'État, Paris 2007.

JOUHAUD, Christian, Mazarinades: la fronde des mots, Paris 1985.

JULIA, Dominique, L'historiographie religieuse en France depuis la Révolution française. Esquisse d'un parcours, in: Philippe BÜTTGEN/Christophe DUHAMELLE (Hg.), Religion ou confession. Un bilan franco-allemand sur l'époque moderne (XVIe–XVIIIe siècles), La Rochelle 2010, S. 9–55.

JUNG, Martin H., Reformation und konfessionelles Zeitalter (1517–1648), Göttingen 2012.
KÄMMEL, Heinrich, Hübner, Johann, in: ADB, Leipzig 1881, Bd. 13, S. 267–269.
KAMEN, Henry, Spain in the Later Seventeenth Century 1665–1700, London u.a. 1980.
KAHLE, Wilhelm, Die Begnung des baltischen Protestantismus mit der russisch-orthodoxen Kirche, Leiden u.a. 1959, S. 20–46.
KAISER, Wolfgang, Marseille im Bürgerkrieg. Sozialgefüge, Religionskonflikt und Faktionskämpfe von 1559–1596, Göttingen 1991.
KAMPMANN, Christoph, Arbiter und Friedensstiftung. Die Auseinandersetzung um den politischen Schiedsrichter im Europa der Frühen Neuzeit, Paderborn u.a. 2001.
Ders., The English Crisis, Emperor Leopold, and the Origins of the Dutch Intervention in 1688, in: The Historical Journal 55 (2012), S. 521–532.
Ders., Geschichte als Argument. Historische Mythen im Wandel des frühneuzeitlichen Staatensystems, in: ZHF 32 (2005), S. 199–220.
Ders., Heiliger Krieg – Religionskrieg. Sakralisierungen des Krieges in der Geschichte. Einführung in die Gesamtthematik, in: Historisches Jahrbuch 134 (2014), S. 3–9.
Ders., Herrschermemoria und politische Norm. Geschichtliche Persönlichkeiten als Leitbilder vom Mittelalter bis zur Moderne, in: Historisches Jahrbuch 129 (2009), S. 3–17.
Ders., Ein Neues Modell von Sicherheit. Traditionsbruch und Neuerung als Instrument kaiserlicher Reichspolitik, in: Ders./Katharina KRAUSE u.a. (Hg.), Neue Modelle im Alten Europa. Traditionsbruch und Innovation als Herausforderung in der Frühen Neuzeit, Köln u.a. 2012, S. 213–233.
Ders., Das »Westfälische System«, die Glorreiche Revolution und die Interventionsproblematik, in: Historisches Jahrbuch 131 (2011), S. 65–92.
KAPLAN, Benjamin J., Divided by Faith. Religious Conflict and the Practice of Toleration in Early Modern Europe, Cambridge, MA, u.a. 2007.
KAPP, Friedrich, Soldatenhandel deutscher Fürsten nach Amerika (1775 bis 1783), Berlin 1864.
KARLSSON, Åsa, The convention of Altranstädt in Swedish Politics, in: Jürgen Rainer WOLF (Hg.), 1707–2007. Altranstädter Konvention. Ein Meilenstein religiöser Toleranz in Europa, Halle a.d. Saale 2008, S. 21–25.
KAUFMANN, Thomas, Apokalyptische Deutung und politisches Denken im lutherischen Protestantismus in der Mitte des 16. Jahrhunderts, in: Arndt BRENDECKE/Ralf-Peter FUCHS u.a. (Hg.), Die Autorität der Zeit in der Frühen Neuzeit, Berlin 2007, S. 411–453.
Ders., Dreißigjähriger Krieg und Westfälischer Friede. Kirchengeschichtliche Studien zur lutherischen Konfessionskultur, Tübingen 1998.
Ders., Konfession und Kultur. Lutherischer Protestantismus in der zweiten Hälfte des Reformationsjahrhunderts, Tübingen 2006.
KELLAR, Clare, Scotland, England, and the Reformation 1534–61, New York 2003.
KELLER, Andreas, Frühe Neuzeit. Das rhetorische Zeitalter, Berlin 2008.
KENYON, John P., The Popish Plot, London 1972.
Ders., Revolution Principles. The Politics of Party 1689–1720, Cambridge u.a. 1977.
KIDD, Colin, British Identities before Nationalism. Ethnicity and Nationhood in the Atlantic World. 1600–1800, Cambridge 2000.
KINGDON, Robert McCune, Geneva and the Coming of the Wars of Religion in France 1555–1563, Genf 1956.
Ders., Kirche und Obrigkeit, in: Herman J. SELDERHUIS (Hg.), Calvin Handbuch, Tübingen 2008, S. 349–355.
KIPPENBERG, Hans Gerhard, Gewalt als Gottesdienst. Religionskriege im Zeitalter der Globalisierung, Bonn 2008.
KLAITS, Joseph, Printed Propaganda under Louis XIV. Absolute Monarchy and Public Opinion, Princeton, NJ 1976.
KLESMANN, Bernd, Bellum Solemne. Formen und Funktionen europäischer Kriegserklärungen des 17. Jahrhunderts, Mainz 2007.
KLINGEBIEL, Thomas, Deutschland als Aufnahmeland: Vom Glaubenskampf zur absolutistischen Kirchenreform, in: Rudolf von THADDEN/Michelle MAGDELAINE (Hg.), Die Hugenotten 1685–1985, München 1985, S. 85–99.

KLINGER, Andreas, Kurfürst Johann Friedrich von Sachsen in der Erinnerungskultur der Ernestiner im 17. Jahrhundert, in: Volker LEPPIN / Georg SCHMIDT u.a. (Hg.), Johann Friedrich I. - der lutherische Kurfürst, Heidelberg 2006, S. 361-380.

KLOPP, Onno, Der Fall des Hauses Stuart und die Succession des Hauses Hannover in Großbritannien und Irland im Zusammenhang der europäischen Angelegenheiten von 1660-1714, Wien 1876, Bd. 4.

Ders., Das Jahr 1683 und der folgende große Türkenkrieg bis zum Frieden von Carlowitz 1699, Graz 1882.

KLUETING, Harm, Das Konfessionelle Zeitalter. Europa zwischen Mittelalter und Moderne. Kirchengeschichte und Allgemeine Geschichte, Darmstadt ²2007.

KNECHT, Robert J., The French Wars of Religion 1559-1598, Harlow ³2010.

KNETSCH, Frederik, Pierre Jurieu (1637-1713) face à la Révocation, in: Hans BOTS / Posthumus MEYJES (Hg.), La Révocation de l'Edit de Nantes et les Provinces-Unies 1685, Amsterdam 1986, S. 107-118.

KNIPPENBERG, Hans, De religieuse kaart van Nederland, Maastricht 1992.

KOCH, Ernst, Irenik, in: Friedrich JÄGER (Hg.), EdN, Stuttgart u.a. 2007, Bd. 5, Sp. 1091-1093.

KOCH, Gallus, Die Friedensbestrebungen Wilhelms III. von England in den Jahren 1694-1697. Ein Beitrag zur Geschichte des Rijswijker Friedens, Tübingen u.a. 1903.

KÖHLER, Hans-Joachim, Erste Schritte zu einem Meinungsprofil der frühen Reformationszeit, in: Volker PRESS / Dieter STIEVERMANN (Hg.), Martin Luther. Probleme seiner Zeit, Stuttgart 1986, S. 244-281.

Ders., Fragestellungen und Methoden zur Interpretation frühneuzeitlicher Flugschriften, in: KÖHLER, Hans-Joachim (Hg.), Flugschriften als Massenmedium der Reformationszeit. Beiträge zum Tübinger Symposium 1980, Stuttgart 1981, S. 1-28.

KÖPECZI, Béla, La France et la Hongrie au debut du XVIIIe siècle. Etude d'histoire des relations diplomatiques et d'histoire des idées, Budapest 1971.

Ders., Staatsräson und christliche Solidarität. Die ungarischen Aufstände und Europa in der zweiten Hälfte des 17. Jahrhunderts, Wien u.a. 1983.

KÖRBER, Esther-Beate, Öffentlichkeiten der Frühen Neuzeit. Teilnehmer, Formen, Institutionen und Entscheidungen öffentlicher Kommunikation im Herzogtum Preußen 1525 bis 1618, Berlin u.a. 1998.

Dies., Zeitungsextrakte. Aufgaben und Geschichte einer funktionellen Gruppe frühneuzeitlicher Publizistik, Bremen 2009.

KOHNLE, Armin, Von der Rijswijker Klausel zur Religionsdeklaration von 1705. Religion und Politik in der Kurpfalz um die Wende zum 18. Jahrhundert, in: Archiv für mittelrheinische Kirchengeschichte 62 (2010), S. 155-174.

KOLLER, Alexander, Imperator und Pontifex. Forschungen zum Verhältnis von Kaiserhof und römischer Kurie im Zeitalter der Konfessionalisierung (1555-1648), Münster 2012.

KOSELLECK, Reinhart, Einleitung, in: Otto BRUNNER / Werner CONZE u.a. (Hg.), Geschichtliche Grundbegriffe. Historisches Lexikon der politisch-sozialen Sprache in Deutschland, Stuttgart 1972, S. I-XXVII.

Ders., Vergangene Zukunft. Zur Semantik geschichtlicher Zeiten, Frankfurt a.M. 1979, S. 38-66.

Ders., Vorwort, in: Otto BRUNNER / Werner CONZE u.a. (Hg.), Geschichtliche Grundbegriffe. Historisches Lexikon der politisch-sozialen Sprache in Deutschland, Stuttgart 1992, Bd. 7, S. V-VIII.

KOSZYK, Kurt, Geschichtliche Längs- und Querschnitte in Auswahl, in: Joachim-Felix LEONHARD / Hans-Werner LUDWIG u.a. (Hg.), Medienwissenschaft. Ein Handbuch zur Entwicklung der Medien und Kommunikationsformen, Berlin u.a. 1999, Bd. 1, S. 896-913.

KORR, Charles P., Cromwell and the New Model Foreign Policy. England's Policy Toward France, 1649-1658, Berkley, CA, u.a. 1975.

KRAPF, Martin, Kein Stein bleibt auf dem anderen. Die christliche Schuld am Antisemitismus, Neukirchen-Vluyn 1999.

KRAUS, Hans-Christof, Freiheitskriege als heilige Kriege 1792-1815, in: Klaus SCHREINER (Hg.), Heilige Kriege. Religiöse Begründungen militärischer Gewaltanwendung: Judentum, Christentum und Islam im Vergleich, München 2008, S. 193-218.

Ders., Heiliger Befreiungskampf? Sakralisierende Kriegsdeutungen 1813-185, in: Historisches Jahrbuch 134 (2014), S. 44-60.
Ders., Zeitungen, Zeitschriften, Flugblätter, Pamphlete, in: Michael MAURER (Hg.), Aufriß der Historischen Wissenschaften, Stuttgart 2002, Bd. 4, S. 373-401.
KRATZ, Reinhard G., Historisches und biblisches Israel. Drei Überblicke zum Alten Testament, Tübingen 2013.
KRETSCHMANN, Carsten, Burgfrieden und Union sacrée. Sakralisierungsstrategien im Kontext des Ersten Weltkriegs, in: Historisches Jahrbuch 134 (2014), S. 61-76.
KRETZER, Hartmut, Calvinismus und französische Monarchie im 17. Jahrhundert. Die politische Lehre der Akademien Sedan und Saumur, mit besonderer Berücksichtigung von Pierre Du Moulin, Moyse Amyraut und Pierre Jurieu, Marburg 1974.
Ders., Le royalisme des Calvinistes français du XVII$^e$ siècle, in: Ders. (Hg.), Calvinismus versus Demokratie respektive »Geist des Kapitalismus«?, Oldenburg 1988, S. 25-35.
KRIEGER, Martin, »Transnationalität« in vornationaler Zeit? Ein Plädoyer für eine erweiterte Gesellschaftsgeschichte der Frühen Neuzeit, in: Geschichte und Gesellschaft 30 (2004), S. 125-136.
KRISINGER, Joseph, Religionspolitik des Kurfürsten Johann Wilhelm von der Pfalz, in: Düsseldorfer Jahrbuch 47 (1955), S. 42-125.
KRUMENACKER, Yves, La coexistence confessionnelle aux XVII$^e$-XVIII$^e$ siècles. Quelques problèmes de méthode, in: Didier BOISSON / Yves KRUMENACKER (Hg.), La coexistence confessionnelle à l'épreuve. Études sur les relations entre protestants et catholiques dans la France moderne, Lyon 2009, S. 107-125.
Ders., La généalogie imaginaire de la Réforme protestante, in: Revue Historique 308 (2006), S. 259-289.
KÜHLING, Karin / Doris MUNDUS, Leipzigs Regierende Bürgermeister vom 13. Jahrhundert bis zur Gegenwart. Eine Überblicksdarstellung mit biographischen Skizzen, Leipzig 2000.
KÜSTER, Sebastian, Vier Monarchien – vier Öffentlichkeiten: Kommunikation um die Schlacht bei Dettingen, Münster 2004.
KUMAR, Krishan, The Making of English National Identity, Cambridge ²2005.
KUNISCH, Johannes, Absolutismus und Öffentlichkeit, in: Der Staat 34 (1995), S. 183-198.
Ders. (Hg.), Fürst, Gesellschaft, Krieg. Studien zur bellizistischen Disposition des absoluten Fürstenstaates, Köln u.a. 1992.
Ders., La guerre – c'est moi! Zum Problem der Staatenkonflikte im Zeitalter des Absolutismus, in: KUNISCH, Johannes (Hg.), Fürst – Gesellschaft – Krieg. Studien zur bellizistischen Disposition des absolutistischen Fürstenstaates, Köln 1992, S. 1-42.
KURZE, Friedrich, Zeitalter der Reformation und der Religionskriege, Leipzig 1907.
LACHENICHT, Susanne, Hugenotten in Europa und Nordamerika. Migration und Integration in der Frühen Neuzeit, Frankfurt a.M. u.a. 2010.
LABAUT, Jean-Pierre, Louis XIV. Roi de gloire, Paris 1984.
LABROUSSE, Elisabeth, Bayle und Jurieu, in: Tilo SCHABERT (Hg.), Aufbruch zur Moderne. Politisches Denken im Frankreich des 17. Jahrhunderts, München 1974, S. 114-151.
Dies., Calvinism in France, 1598-1685, in: Menna PRESTWICH (Hg.), International Calvinism. 1541-1715, Oxford 1985, S. 285-314.
Dies., Introduction, in: Bayle, Pierre, Ce que c'est que la France toute catholique, sous le règne de Louis le Grand, herausgegeben von: Dies., Paris 1973, S. 1-22.
Dies., »Une foi, une loi, un roi?«. La Révocation de l'Édit de Nantes, Genf u.a. 1985.
LACKNER, Martin, Die Kirchenpolitik des Großen Kurfürsten, Witten 1973.
LAEVEN, A. H., La réception des plus anciens périodiques de la langue française dans les pays allemands, in: Hans BOTS (Hg.), La diffusion et la lecture des journaux de langue française sous l'Ancien Régime, Amsterdam 1987, S. 237-247.
LAMBERT, Malcolm, Geschichte der Katharer. Aufstieg und Fall der großen Ketzerbewegung, Darmstadt 2001.
LAMONT, William Montgomerie, Politics, Religion, and Literature in the Seventeenth Century, London 1975.
LAMPARTER, Helmut, Luthers Stellung zum Türkenkrieg, München 1940.

LANDAU, Marcus, Rom, Wien, Neapel während des Spanischen Erbfolgekrieges. Ein Beitrag zur Geschichte des Kampfes zwischen Papstthum und Kaiserthum, Leipzig 1885.
LANDRY, Jean-Pierre, Esprit Fléchier, in: François BLUCHE (Hg.), Dictionnaire du Grand Siècle, Paris 1990, S. 598–599.
LANDWEHR, Achim, Über den Anachronismus, in: ZfG 61 (2013), S. 5–29.
Ders., Diskurs – Macht – Wissen. Perspektiven einer Kulturgeschichte des Politischen, in: Archiv für Kulturgeschichte 85 (2003), S. 71–118.
Ders., Diskurs und Wandel. Wege der Historischen Diskursforschung, in: Ders. (Hg.), Diskursiver Wandel, Wiesbaden 2010, S. 11–28.
Ders., Diskursgeschichte als Geschichte des Politischen, in: Brigitte KERCHNER / Silke SCHNEIDER (Hg.), Foucault: Diskursanalyse der Politik. Eine Einführung, Wiesbaden 2006, S. 104–122.
Ders., Von der »Gleichzeitigkeit des Ungleichzeitigen«, in: HZ 295 (2012), S. 1–34.
Ders., Historische Diskursanalyse, Frankfurt a.M. ²2009.
LANDWEHR, Hugo, Die Kirchenpolitik Friedrich Wilhelms, des Großen Kurfürsten, Berlin 1894.
LANGLOIS, Claude, Déchristianisation, sécularisation et vitalité religieuse: débats de sociologues et pratiques d'historien, in: Hartmut LEHMANN (Hg.), Säkularisierung, Dechristianisierung, Rechristianisierung im neuzeitlichen Europa. Bilanz und Perspektiven der Forschung, Göttingen 1997, S. 154–173.
LANKHORST, Otto S., Le rôle des libraire-imprimeurs néerlandais dans l'édition des journaux littéraires de langue française (1684–1750), in: Hans BOTS (Hg.), La diffusion et la lecture des journaux de langue française sous l'Ancien Régime, Amsterdam 1987, S. 1–9.
LANZINNER, Maximilian, Konfessionelles Zeitalter 1555–1618, Stuttgart ¹⁰2004.
LAPLANCHE, François, Sécularisation, déchristianisation, laïcisation en France (16ᵉ–19ᵉ siècles), in: Hartmut LEHMANN (Hg.), Säkularisierung, Dechristianisierung, Rechristianisierung im neuzeitlichen Europa. Bilanz und Perspektiven der Forschung, Göttingen 1997, S. 174–188.
LAU, Franz, Luthers Lehre von den beiden Reichen, Berlin 1953.
LAU, Thomas, Stiefbrüder. Nation und Konfession in der Schweiz und in Europa (1656–1712), Köln u.a. 2008.
LAUTENBACH, Ernst, Einleitung, in: Ders. (Hg.), Lexikon Bibel-Zitate: Auslese für das 21. Jahrhundert, München 2006, S. 12–102.
LÉCHOT, Pierre-Olivier, Un christianisme »sans partialité«. Irénisme et méthode chez John Dury 1600–1680, Paris 2011.
LECKY, William Edward Hartpole, A History of Ireland in the Eighteenth Century, London 1892, Bd. 1.
LE GOFF, Hervé, La ligue en Bretagne. Guerre civile et conflit international (1588–1598), Rennes 2010.
LEHMANN, Hartmut, Zur Beurteilung der Rolle religiöser Minderheiten im frühneuzeitlichen Europa, in: Heinz SCHILLING / Marie-Antoinette GROSS (Hg.), Im Spannungsfeld von Staat und Kirche. »Minderheiten« und »Erziehung« im deutsch-französischen Gesellschaftsvergleich 16.–18. Jahrhundert, Berlin 2003, S. 119–126.
Ders., Von der Erforschung der Säkularisierung zur Erforschung von Prozessen der Dechristianisierung und der Rechristianisierung im neuzeitlichen Europa, in: Ders. (Hg.), Säkularisierung, Dechristianisierung, Rechristianisierung im neuzeitlichen Europa. Bilanz und Perspektiven der Forschung, Göttingen 1997, S. 9–16.
Ders., Säkularisierung, Dechristianisierung, Rechristianisierung im neuzeitlichen Europa: Forschungsperspektivne und Forschungsaufgaben, in: Ders. (Hg.), Säkularisierung, Dechristianisierung, Rechristianisierung im neuzeitlichen Europa. Bilanz und Perspektiven der Forschung, Göttingen 1997, S. 314–325.
LEPPIN, Volker, Antichrist und Jüngster Tag. Das Profil apokalyptischer Flugschriftenpublizistik im deutschen Luthertum 1548–1618, Gütersloh 1999.
Ders., Die ernestinischen Beziehungen zu Kursachsen – um das Erbe der Reformation, in: Helmar JUNGHANS (Hg.), Die sächsischen Kurfürsten während des Religionsfriedens von 1555 bis 1618, Leipzig 2007, S. 67–80.

Ders., Toleranz im Horizont protestantischer Selbstverständigung in der Frühen Neuzeit, in: Mariana DELGADO/Volker LEPPIN u.a. (Hg.), Schwierige Toleranz. Der Umgang mit Andersdenkenden und Andersgläubigen in der Christentumsgeschichte, Stuttgart 2012, S. 81–90.

LE ROUX, Nicolas, Guerres et paix de Religion 1559–1598, Paris 2014.

Ders., Les Guerres de Religion 1559–1629, Paris 2009.

LE THIEC, Guy, Le Turc en Italie. Divertissement nobiliaire à la Renaissance, in: Lucien BÉLY (Hg.), Turcs et turqueries (XVIe–XVIIIe siècles), Paris 2009, S. 113–146.

LEVILLAIN, Charles-Edouard, Le procès de Louis XIV. Une guerre psychologique. François-Paul de Lisola (1613–1674), citoyen du monde, ennemi de la France, Paris 2015.

Ders., Vaincre Louis XIV. Angleterre, Hollande, France: Histoire d'une relation triangulaire 1665–1688, Seyssel 2010.

LÉVIS-MIREPOIX, Antoine F. de, Les guerres de religion 1559–1610, Paris 1950.

LEVISON, Wilhelm, Die mittelalterliche Lehre von den beiden Schwertern, in: Deutsches Archiv für Erforschung des Mittelalters 9 (1952), S. 14–42.

LEZIUS, Friedrich, Der Toleranzbegriff Lockes und Pufendorfs. Ein Beitrag zur Geschichte der Gewissensfreiheit, Aalen ²1971.

LIENHARD, Marc, Zwischen Gott und König. Situation und Verhalten der französischen Protestanten nach der Aufhebung des Edikts von Nantes, Heidelberg 1986.

LIVET, Georges, »Délicatesse républicaine« et absolutisme monarchique. Note sur l'intérêt des Instructions aux Ambassadeurs pour la connaissance des rapports franco-helvétiques sous l'Ancien Régime, in: Georges-André CHEVALLAZ (Hg.), Cinq siècles de relations franco-suisses, Neuchâtel 1984, S. 123–139.

Ders., Les guerres de religion 1559–1598, Paris ⁴1977.

LLOYD, Howell A., The State, France, and the Sixteenth Century, London u.a. 1983.

LOCKEYER, Roger, Habsburg & Bourbon Europe 1470–1720, New York ⁵1980.

LOMBARD, Jean M., L'aventure dans le roman de la fin du Grand Siècle: l'Exemple de Courtilz de Sandras, in: Cahiers de l'Association internationale des études françaises 40 (1988), S. 129–149.

LOTTER, Friedrich, Die Konzeption des Wendenkreuzzugs. Ideengeschichtliche, kirchenrechtliche und historisch-politische Voraussetzungen der Missionierung von Elb- und Ostseeslawen um die Mitte des 12. Jahrhunderts, Sigmaringen 1977.

LOTTES, Günther, Politische Aufklärung und plebejisches Publikum. Zur Theorie und Praxis des englischen Radikalismus im späten 18. Jahrhundert, München u.a. 1979.

LOTZ-HEUMANN, Ute, Die doppelte Konfessionalisierung in Irland: Konflikt und Koexistenz im 16. und in der ersten Hälfte des 17. Jahrhunderts, Tübingen 2000.

LUCHAIRE, Achille, Philippe Auguste et son temps (1137–1226), Paris 1980.

LÜSEBRINK, Hans-Jürgen, Begriffsgeschichte, Diskursanalyse und Narrativität, in: Rolf REICHARDT (Hg.), Aufklärung und Historische Semantik. Interdisziplinäre Beiträge zur westeuropäischen Kulturgeschichte, Berlin 1998, S. 29–44.

LUH, Jürgen, Zur Konfessionspolitik der Kurfürsten von Brandenburg und Könige in Preußen 1640 bis 1740, in: Simon GROENWOLD/Horst LADEMACHER u.a. (Hg.), Ablehnung – Duldung – Anerkennung. Toleranz in den Niederlanden und in Deutschland. Ein historischer und aktueller Vergleich, Münster u.a. 2004, S. 306–324.

Ders., Die Religionspolitik Friedrichs III./I., in: Franziska WINDT (Hg.), Preußen 1701. Eine europäische Geschichte. Essays, Berlin 2001, S. 156–164.

Ders., Unheiliges Römisches Reich. Der konfessionelle Gegensatz 1648 bis 1806, Potsdam 1995.

LYNN, John A., The Wars of Louis XIV 1667–1714, Harlow (England)/London u.a. 1999.

MACAULY, George Trevelyan, England under Queen Anne, London u.a. 1948.

MACCULLOCH, Diarmaid, England, in: Andrew PETTEGREE (Hg.), The Early Reformation in Europe, Cambridge 1992, S. 166–187.

MACHIELSEN, A. H., Some notes on Gregorio Leti and his »Vita di Elisabetta«, in: Neophilologus, 38 (1954), S. 183–189.

MADER, Eric-Oliver, Fürstenkonversion zum Katholizismus in Mitteleuropa im 17. Jahrhundert. Ein systematischer Ansatz in fallorientierter Perspektive, in: ZHF 34 (2007), S. 373–410.

MAGER, Mathis, Die letzten Kreuzritter im östlichen Mittelmeer? Der Abwehrkampf der Johanniterordensritter auf Rhodos (1522) zwischen Kreuzzugsgedanken und landesherrlichem Selbstverständnis, in: Franz BRENDLE / Anton SCHINDLING (Hg.), Geistliche im Krieg, Münster 2009, S. 373–392.

MAISSEN, Thomas, Die Geburt der Republic: Staatsverständnis und Repräsentation in der frühneuzeitlichen Eidgenossenschaft, Göttingen 2006.

MALETTKE, Klaus, Dynastischer Aufstieg und Geschichte. Charakterisierung der Dynastie durch bourbonische Könige und in der zeitgenössischen Historiographie, in: Christoph KAMPMANN / Katharina KRAUSE u.a. (Hg.), Bourbon – Habsburg – Oranien. Konkurrierende Modelle im dynastischen Europa um 1700, Köln u.a. 2008, S. 13–26.

Ders., Hegemonie – Multipolares System – Gleichgewicht. Internationale Beziehungen 1648/1659–1713/1714, Paderborn u.a. 2012.

Ders., Hugenotten und monarchischer Absolutismus in Frankreich, in: Francia 15 (1987), S. 299–319.

Ders., Les relations entre la France et le Saint-Empire au XVIIe siècle, Paris 2001.

MARAL, Alexandre, Le Roi-Soleil et Dieu. Essai sur la religion de Louis XIV, Courtabœuf 2012.

MARIÉJOL, Jean-Henri, Catherine de Médicis 1519–1589, Paris 1979.

MARIÉJOL, Jean-Hippolyte, La Réforme et la Ligue. L'Edit de Nantes (1559–1598), Paris 1911.

MARSEILLE, Gustav, Studien zur kirchlichen Politik des Pfalzgrafen Wolfgang Wilhelm von Neuburg, Marburg 1898.

MARSHALL, John, John Locke. Resistance, Religion and Responsibility, Cambridge ²1996.

MARTIMORT, Aimé-Georges, Le Gallicanisme, Paris 1973.

MARTIN, Henri-Jean, Livre, pouvoirs et société à Paris au XVIIe siècle (1598–1701), Genf 1969, 2 Bde.

Ders., Histoire et pouvoirs de l'écrit, Paris 1988.

MARTIN, Victor, Les origines du Gallicanisme, Paris 1939.

MASBOU, Céline, Que reste-t-il des guerres de religion dans les ballets jésuites entre 1680 et 1690?, in: Jacques BERCHTOLD / Marie-Madeleine FRAGONARD (Hg.), La mémoire des guerres de religion. La concurrence des genres historiques XVIe–XVIIIe siècles, Genf 2007, S. 267–278.

MASS, Edgar, Die französische Presse im Deutschland des 18. Jahrhunderts. Köln, ein unrepräsentatives Beispiel, in: Dieter KIMPEL (Hg.), Mehrsprachigkeit in der deutschen Aufklärung, Hamburg 1985, S. 156–177.

MAURER, Michael, Europäische Kulturbeziehungen im Zeitalter der Aufklärung, in: Das achtzehnte Jahrhundert 15 (1991), S. 35–61.

MCLYNN, Frank, The Jacobites, London u.a. 1985.

MEDICK, Hans, Der Dreißigjährige Krieg als Erfahrung und Memoria. Zeitgenössische Wahrnehmungen eines Ereigniszusammenhangs, in: Peter C. HARTMANN / Florian SCHULLER (Hg.), Der Dreißigjährige Krieg. Facetten einer folgenreichen Epoche, Regensburg 2010, S. 158–172, 199–204.

MEINHOLD, Peter, Geschichte der kirchlichen Historiographie, Freiburg im Breisgau 1967, Bd. 1.

MÉLIA, Jean, L'Étrange existence de l'abbé de Choisy de l'Académie française, Paris 1921.

MELVILLE, Gert / Peter von MOOS, Vorbemerkungen, in: Dies. (Hg.), Das Öffentliche und das Private in der Vormoderne, Köln u.a. 1998, S. XIIII–XVII.

MERKT, Andreas, Die Alte Kirche als Remedium Schismati. Zum Typus der sogenannten Altkatholischen Irenik, in: Heinz DUCHHARDT / Gerhard MAY (Hg.), Union – Konversion – Toleranz. Dimensionen der Annäherung zwischen den christlichen Konfessionen im 17. und 18. Jahrhundert, Mainz 2000, S. 1–19.

MERLIN, Hélène, Public et littérature en France au XVIIe siècle, Paris 1994.

MÉROT, Alain, La mise en scène du portrait royal en France, in: Chantal GRELL / Benoit PELLISTRANDI (Hg.), Les cours d'Espagne et de France au XVIIe siècle, Madrid 2007, S. 99–121.

MERRIMAN, Marcus, The Rough Wooings: Mary Queen of Scots 1542–1551, East Linton 2000.

Ders., War and Propaganda during the »Rough Wooing«, in: International Review of Scottish Studies 10 (1980), S. 20–30.

METZDORF, Jens, Politik – Propaganda – Patronage. Francis Hare und die englische Publizistik im Spanischen Erbfolgekrieg, Mainz 2000.

Meyer, Dietrich, Daniel Ernst Jablonski und seine Unionspläne, in: Harm Klueting (Hg.), Irenik und Antikonfessionalismus im 17. und 18. Jahrhundert, Hildesheim 2003, S. 153–175.
Meyer, Eve R., Turquerie and Eighteenth-Century Music, in: Eighteenth-Century Studies 7 (1974), S. 474–488.
Meyer, Jean, L'abbé Molanus et les tentatives de rapprochement des églises, in: Heinz Duchhardt / Gerhard May (Hg.), Union – Konversion – Toleranz. Dimensionen der Annäherung zwischen den christlichen Konfessionen im 17. und 18. Jahrhundert, Mainz 2000, S. 199–225.
Ders., Bossuet und die Reunionsverhandlungen, in: Hans Otte / Richard Schenk (Hg.), Die Reunionsgespräche im Niedersachsen des 17. Jahrhunderts. Rojas y Spinola – Molan – Leibniz, Göttingen 1999, S. 173–187.
Meyer, Rudolf, Die Flugschriften der Epoche Ludwigs XIV. Eine Untersuchung der in schweizerischen Bibliotheken enthaltenen Broschüren (1661–1679), Basel 1955.
Middell, Katharina, Hugenotten in Kursachsen. Einwandererung und Integration, in: Guido Braun / Susanne Lachenicht (Hg.), Hugenotten und deutsche Territorialstaaten. Immigrationspolitik und Integrationsprozesse, München 2007, S. 51–70.
Middell, Matthias, Kulturtransfer und historische Komparatistik – Thesen zu ihrem Verhältnis, in: Comparativ 10 (2000), S. 7–41.
Middell, Matthias / Monika Gibas u.a., Sinnstiftung und Systemlegitimation durch historisches Erzählen. Überlegungen zu Funktionsmechanismen von Repräsentation des Vergangenen, in: Comparativ 10 (2000), S. 7–35.
Miethke, Jürgen. Heiliger Heidenkrieg? Theoretische Kontroversen zwischen Deutschem Orden und dem Königreich Polen vor und auf dem Konstanzer Konzil, in: Klaus Schreiner (Hg.), Heilige Kriege. Religiöse Begründungen militärischer Gewaltanwendung: Judentum, Christentum und Islam im Vergleich, München 2008, S. 109–125.
Miller, John, Popery and Politics in England 1660–1688, Cambridge 1973.
Minnerath, Roland, Le Saint-Siège, l'Europe et les Traités de Westphalie, in: Jean-Pierre Kintz / Georges Livet (Hg.), 350ᵉ anniversaire des Traités de Westphalie 1648–1998. Une genèse de l'Europe, une société à reconstruire, Straßburg 1999, S. 377–388.
Minois, Georges, Censure et culture sous l'Ancien Régime, Paris 1995.
Miquel, Pierre, Les guerres de religion, Paris 1980.
Mistler, Jean, Un original à l'Académie: l'abbé de Choisy, Paris 1977.
Missfelder, Jan-Friedrich, Das Andere der Monarchie. La Rochelle und die Idee der monarchie absolue in Frankreich (1568–1630), München 2012.
Mörke, Olaf, Pamphlet und Propaganda. Politische Kommunikation und technische Innovation in Westeuropa in der Frühen Neuzeit, in: Michael North (Hg.), Kommunikationsrevolutionen. Die neuen Medien des 16. und 19. Jahrhunderts, Köln u.a. 1995, S. 15–32.
Molina Martinez, Miguel, La leyenda negra, Madrid 1991.
Monahan, W. Gregory, Let God Arise. The War and Rebellion of the Camisards, Oxford 2014.
Moos, Peter von, Das Öffentliche und das Private im Mittelalter. Für einen kontrollierten Anachronismus, in: Gert Melville / Peter von Moos (Hg.), Das Öffentliche und das Private in der Vormoderne, Köln u.a. 1998, S. 3–83.
Morgan, Hiram, Tyrone's Rebellion. The Outbreak of the Nine Years War in Tudor Ireland, London 1993.
Morrill, John S., The Religious Context of the English Civil War, in: Transactions of the Royal Historical Society, 5th series 34 (1984), S. 155–178.
Ders., Renaming England's Wars of Religion, in: Charles W. A. Prior / Glenn Burgess (Hg.), England's Wars of Religion, Revisted, Ashgate 2011, S. 307–325.
Morineau, Michel, Die holländischen Zeitungen des 17. und 18. Jahrhunderts, in: Michael North (Hg.), Kommunikationsrevolutionen. Die neuen Medien des 16. und 19. Jahrhunderts, Köln u.a. 1995, S. 33–43.
Moritz, Anja, Interim und Apokalypse. Die religiösen Vereinheitlichungsversuche Karls V. im Spiegel der magdeburgischen Publizistik 1528–1551/52, Tübingen 2009.
Moureau, François, Censure, information et opinion publique dans la France des Lumières, in: Lucien Bély (Hg.), L'information à l'époque moderne, Paris 2001, S. 159–173.

Ders., Les journalistes de langue française dans l'Allemagne des Lumières. Essai de typologie, in: Archives et bibliothèques de Belgique 54 (1983), S. 112–122.

MOUSNIER, Roland, L'assassinat d'Henri IV. 14 mai 1610, Paris 1964.

Ders., L'homme rouge ou la vie du cardinal de Richelieu (1585–1642), Paris 1992.

MÜHLEISEN, Hans-Otto, Weisheit – Tugend – Macht. Die Spannung von traditioneller Herrschaftsordnung und humanistischer Neubegründung der Politik im Spanien des 17. Jahrhunderts, nachgezeichnet am Beispiel von Andres Mendos Fürstenspiegel »Principe Perfecto«, in: Ders./Theo STAMMEN (Hg.), Politische Tugendlehre und Regierungskunst. Studien zum Fürstenspiegel der Frühen Neuzeit, Tübingen 1990, S. 141–196.

MÜLLENBROCK, Heinz-Joachim, The Culture of Contention. A Rhetorical Analysis of the Public Controversy about the Ending of the War of the Spanish Succession, 1710–1713, München 1997.

MÜLLER, Hans-Joachim, Irenik als Kommunikationsreform. Das Colloquium Charitativum von Thorn 1645, Göttingen 2004.

MÜLLER, Heribert, Philipp IV., in: Walter KASPER (Hg.), Lexikon für Theologie und Kirche, Freiburg im Breisgau u.a. ³2006, Bd. 8, S. 230f.

MÜLLER, Klaus, Kurfürst Johann Wilhelm und die europäische Politik seiner Zeit, in: Düsseldorfer Jahrbuch 60 (1986), S. 1–23.

MÜLLER, Ludolf, Die Kritik des Protestantismus in der russischen Theologie vom 16. bis zum 18. Jahrhundert, Mainz 1951.

MÜLLER, Rainer A., Historia als Regentenhilfe. Geschichte als Bildungsfach in deutschen Fürstenspiegeln des konfessionellen Zeitalters, in: Chantal GRELL/Werner PARAVICINI u.a. (Hg.), Les princes et l'histoire du XVIe–XVIIIe siècle, Bonn 1998, S. 359–371.

NAERT, Émilienne, Tolérance, in: François BLUCHE (Hg.), Dictionnaire du Grand Siècle, Paris 1990, S. 1519f.

NAUJOKAT, Ulrich, England und Preußen im Spanischen Erbfolgekrieg, , Bonn 1999.

NAUMANN, Viktor, Der Jesuitismus. Eine kritische Würdigung der Grundsätze, Verfassung und geistigen Entwicklung der Gesellschaft Jesu, mit besonderer Beziehung auf die wissenschaftlichen Kämpfe und auf die Darstellung von antijesuitischer Seite, Regensburg 1905.

NEGT, Oskar, Öffentlichkeit, in: Wolfgang W. MICHEL/Dietrich ZITZLAFF (Hg.), Handlexikon zur Politikwissenschaft, München 1983, S. 318–321.

NEUFELD, Matthew, The Civil Wars after 1660. Public Remembering in Late Stuart England, Woodbridge 2013.

NEUGEBAUER, Wolfgang, Staatshistoriographen und Staatshistoriographie in Brandenburg und Preußen seit der Mitte des 17. Jahrhunderts, in: Markus VÖLKEL/Arno STROHMEYER (Hg.), Historiographie an europäischen Höfen (16.–18. Jahrhundert). Studien zum Hof als Produktionsort von Geschichtsschreibung und historischer Repräsentation, Berlin 2009, S. 139–154.

NEUMANN, Florian, Geschichtsschreibung als Kunst. Famiano Strada S. I. (1572–1649) und die ars historica in Italien, Berlin 2013.

NEUSER, Wilhelm H., Von Zwingli und Calvin bis zur Synode von Westminster, in: Carl ANDRESEN (Hg.), Handbuch der Theologie- und Dogmengeschichte, Göttingen 1980, Bd. 2, S. 167–352.

NEVEU, Bruno, L'érudition ecclésiastique du XVIIe siècle et la nostalgie de l'Antiquité chrétienne, in: Ders. (Hg.), Erudition et religion aux XVIIe et XVIIIe siècles, Paris 1994, S. 333–363.

Ders., Un historien à l'école de Port-Royal, Sébastien Le Nain de Tillement 1637–1698, Den Haag 1966.

Ders., Inquisition, in: Lucien BÉLY (Hg.), Dictionnaire de l'Ancien Régime, Paris ³2006, S. 664f.

NEVEU, Bruno, Hérésie, in: Lucien BÉLY (Hg.), Dictionnaire de l'Ancien Régime, Paris ²2006, S. 635–636.

Ders., Jacques II. Médiateur entre Louis XIV et Innocent XI, in: Mélanges d'archéologie et d'histoire 79 (1967), S. 699–764.

Ders., Mabillon et l'historiographie gallicane vers 1700, in: Ders. (Hg.), Erudition et religion aux XVIIe et XVIIIe siècles, Paris 1994, S. 175–233.

Ders., Muratori et l'historiographie gallicane, in: Ders. (Hg.), Erudition et religion aux XVIIe et XVIIIe siècles, Paris 1994, S. 105–174.

Ders., Sébastien Le Nain de Tillemont (1637-1698) et l'érudition ecclésiastique de son temps, in: Ders. (Hg.), Erudition et religion aux XVII$^e$ et XVIII$^e$ siècles, Paris 1994, S. 93-104.
NICHOLSON, Eirwen, Eigtheenth-century Foxe; evidence for the impact of the Acts of monuments in the »long« eighteenth century, in: David LOADES (Hg.), John Foxe and the English Reformation, Aldershot 1997, S. 143-177.
NIGGEMANN, Ulrich, Herrschermemoria als Norm und Symbol. Zum Umgang mit der Erinnerung an Wilhelm III. im England des frühen 18. Jahrhunderts, in: ZHF 39 (2012), S. 1-36.
Ders., Hugenotten, Köln u.a. 2011.
Ders., Die Hugenotten in Brandenburg-Bayreuth. Immigrationspolitik als »kommunikativer Prozeß«, in: Guido BRAUN / Susanne LACHENICHT (Hg.), Hugenotten und deutsche Territorialstaaten. Immigrationspolitik und Integrationsprozesse, München 2007, S. 107-124.
Ders., Die Hugenottenverfolgung in der zeitgenössischen deutschen Publizistik (1681-1690), in: Francia 32 (2005), S. 59-108.
Ders., Immigrationspolitik zwischen Konflikt und Konsens. Die Hugenottenansiedlung in Deutschland und England (1681-1697), Köln u.a. 2008.
Ders., Some Remarks on the Origins of the Term »Glorious Revolution«, in: The Seventeenth Century 27 (2012), S. 477-487.
Ders., Auf der Suche nach einem neuen Modell: James Harrington und die englische Republik, in: Christoph KAMPMANN / Katharina KRAUSE u.a. (Hg.), Neue Modelle im Alten Europa. Traditionsbruch und Innovation als Herausforderung in der Frühen Neuzeit, Köln u.a. 2012, S. 126-139.
Ders., »You will see who they are that revile, and lessen your ... Glorious Deliverance«. The Memory War about the »Glorious Revolution«, in: Erika KUIJPERS / Judith POLLMANN u.a. (Hg.), Memory before Modernity. Practices of Memory in Early Modern Europe, Leiden u.a. 2013, S. 63-75.
NIPPERDEY, Justus, Die Erfindung der Bevölkerungspolitik: Staat, politische Theorie und Population in der Frühen Neuzeit, Göttingen u.a. 2012.
NISHIKAWA, Sugiko, Ending a religious cold war. Confessional trans-state networks and the Peace of Utrecht, in: Inken Schmidt-Voges / Ana Crespo Solana (Hg.), New Worlds? Transformations in the Culture of International Relations Around the Peace of Utrecht, London u.a. 2017, S. 113-127.
NOLDE, Dorothea, Religion und narrative Identität in der Frühen Neuzeit, in: Franz Xaver EDER (Hg.), Historische Diskursanalysen. Genealogie, Theorie, Anwendungen, Wiesbaden 2006, S. 271-289.
NORTH, Michael, Das Reich als kommunikative Einheit, in: Johannes BURKHARDT / Christine WERKSTETTER (Hg.), Kommunikation und Medien in der Frühen Neuzeit, München 2005, S. 237-248.
NÜRNBERGER, Kai, Die Kunst der Information: König Wilhelm III. und die Medien seiner Zeit, Heidelberg 2003.
NUSTELING, Hubert, The Netherlands and the Huguenot émigrés, in: Hans BOTS / Posthumus MEYJES (Hg.), La Révocation de l'Edit de Nantes et les Provinces-Unies 1685, Amsterdam 1986, S. 17-34.
OEXLE, Otto Gerhard, Die funktionale Dreiteilung als Deutungsschema der sozialen Wirklichkeit in der ständischen Gesellschaft des Mittelalters, in: Winfried SCHULZE (Hg.), Ständische Gesellschaft und soziale Mobilität, München 1988, S. 19-51.
OGG, David, England in the Reign of Charles II, Oxford ²1934, Bd. 2.
Ders., England in the Reigns of James II and William III, Oxford ²1957.
OHST, Martin, Beichte III. Kirchengeschichtlich, in: Hans Dieter BETZ / Don S. BROWNING u.a. (Hg.), RGG, Tübingen ⁴1998, Bd. 1, Sp. 1221-1222.
Ders., Einheit in Wahrhaftigkeit. Molans Konzept der kirchlichen Reunion, in: Hans OTTE / Richard SCHENK (Hg.), Die Reunionsgespräche im Niedersachsen des 17. Jahrhunderts. Rojas y Spinola – Molan – Leibniz, Göttingen 1999, S. 133-155.
Ders., Gerard Wolter Molan und seine Stellung zum Projekt einer kirchlichen Reunion, in: Heinz DUCHHARDT / Gerhard MAY (Hg.), Union – Konversion – Toleranz. Dimensionen der Annäherung zwischen den christlichen Konfessionen im 17. und 18. Jahrhundert, Mainz 2000, S. 171-197.

Ders., Maimbourg, Louis, in: Hans Dieter BETZ/Don S. BROWNING u.a. (Hg.), RGG, Tübingen ⁴2002, Bd. 5, Sp. 689.
Ders., Pflichtbeichte. Untersuchungen zum Bußwesen im Hohen und Späten Mittelalter, Tübingen 1995.
ONNEKINK, David, The Anglo-Dutch Favourite. The Career of Hans Willem Bentinck, 1st Earl of Portland (1649–1709), Aldershot 2007.
Ders., Introduction. The »Dark Alliance« between Religion and War, in: Ders. (Hg.), War and Religion after Westphalia, 1648–1713, Aldershot 2009, S. 1–15.
Ders., »Janisaries, and spahees and pretorian band«. Perceptions of Huguenot Soldiers in Williamite England, in: Matthew GLOZIER/David ONNEKINK (Hg.), War, Religion and Service. Huguenot Soldiering 1685–1713, Aldershot 2007, S. 79–94.
Ders., The Last War of Religion? The Dutch and the Nine Years War, in: Ders. (Hg.), War and Religion after Westphalia, 1648–1713, Aldershot 2009, S. 69–88.
Ders., The Revolution in Dutch Foreign Policy (1688), in: Femke DEEN/David ONNEKINK u.a. (Hg.), Pamphlets and Politics in the Dutch Republic, Leiden u.a. 2011, S. 143–171.
OPGENOORTH, Ernst, Friedrich Wilhelm. Der Große Kurfürst von Brandenburg. Eine politische Biographie, Göttingen u.a. 1971, Bd. 1.
OPPENHEIMER, Aharon, Heilige Kriege im antiken Judentum. Monotheismus als Anlaß zum Krieg?, in: Klaus SCHREINER (Hg.), Heilige Kriege. Religiöse Begründungen militärischer Gewaltanwendung: Judentum, Christentum und Islam im Vergleich, München 2008, S. 31–42.
ORCIBAL, Jean, Louis XIV contre Innocent XI. Les appels au futur concile de 1688 et l'opinion française, Paris 1949.
Ders., Louis XIV et les protestants, Paris 1951.
Ders., Les »supercroisades« de Louis XIV (1683–1689), in: Janet van BAVEL/Martijn SCHRAMA (Hg.), Jansénius et le jansénisme dans les Pays-Bas, Löwen 1982, S. 138–147.
OZOUF, Mona, L'opinion publique au XVIIIᵉ siècle, in: Sociologie de la communication 1 (1997), S. 349–365.
PADMORE, Colin, Daniel Ernst Jablonski, die Böhmischen Brüder und die Kirche von England, in: Joachim BAHLCKE/Werner KORTHAASE (Hg.), Daniel Ernst Jablonski. Religion, Wissenschaft und Politik um 1700, Wiesbaden 2008, S. 319–329.
PADOAN, Giorgio, Adel und Bürgertum im »Decameron«, in: Peter BROCKMEIER (Hg.), Boccaccios Decameron, Darmstadt 1974, S. 148–190.
PALAVER, Wolfgang/RUDOLPH, Harriet u.a. (Hg.), The European Wars of Religion. An Interdisciplinary Reassessment of Sources, Interpretations, and Myths, Farnham u.a. 2016.
PALLADINI, Fiammetta, Die Berliner Hugenotten und der Fall Barbeyrac. Orthodoxe und »Sozianer« im Refuge (1685–1720), Leiden 2011.
PALMER, William, Gender, violence and rebellion in Tudor and early Stuart Ireland, in: Sixteenth Century Journal 23 (1992), S. 699–712.
PARKER, Geoffrey, Empire, War and Faith in Early Modern Europe, London 2002.
PASTOR, Ludwig von, Geschichte der Päpste im Zeitalter des fürstlichen Absolutismus von der Wahl Innozenz' X. bis zum Tode Innozenz' XII. (1644–1700), Freiburg im Breisgau u.a. ⁸1960.
Ders., Geschichte der Päpste im Zeitalter des fürstlichen Absolutismus von der Wahl Klemens' XI. bis zum Tode Klemens' XII. (1700–1740), Freiburg im Breisgau u.a. ⁸1961.
PATTERSON, William Brown, King James VI and I and the Reunion of Christendom, Cambridge 1997.
PAULMANN, Johannes, Internationaler Vergleich und interkultureller Transfer. Zwei Forschungsansätze zur europäischen Geschichte des 18. bis 20. Jahrhunderts, in: HZ 267 (1998), S. 649–685.
PEČAR, Andreas, Macht der Schrift. Politischer Biblizismus in Schottland und England zwischen Reformation und Bürgerkrieg (1534–1642), München 2011.
PEIFFER, Jeanne, Localisation des journaux savants en Europe. Une série d'instantanés, in: Pierre-Yves BEAUREPAIRE (Hg.), La communication en Europe de l'âge classique au siècle des Lumières, Paris 2014, S. 106–112.
PERNOT, Michel, Les guerres de religion en France: 1559–1598, Paris 1987.
PERRY, Elisabeth Israels, From Theology to History: French Religious Controversy and the Revocation of the Edict of Nantes, Den Haag 1973.

PETRAN, Martin, Die öffentliche Meinung in Deutschland während der Jahre 1683–1687. Nach Flugschriften der Universitätsbibliothek Jena, Jena 1921.
PICOT, Michel Joseph Pierre, Essai historique sur l'influence de la religion en France pendant le 17ᵉ siècle, ou tableau des établissements religieux fondés à cette époque, Paris 1824, Bd. 2.
PINCUS, Steven C. A., 1688. The First Modern Revolution, New Haven, CT 2009.
Ders., »Coffee Politicians Does Create«: Coffee Houses and Restoration Political Culture, in: Journal of Modern History 67 (1995), S. 807–834.
Ders., The English debate over universal monarchy, in: John ROBERTSON (Hg.), A Union for Empire, Cambridge 1995, S. 37–62.
Ders., Protestantism and patriotism. Ideologies and the Making of English Foreign Policy. 1650–1668, Cambridge 2002.
Ders., »To protect English liberties«. The English nationalist revolution, 1688–1689, in: Tony CLAYDON / Ian MCBRIDE (Hg.), Protestantism and National Identity. Britain and Ireland, c.1650–c.1850, Cambridge 1998, S. 75–104.
PIZZORUSSO, Giovanni, Le pape rouge et le pape noir. Aux origines des conflits entre la Congrégation »de Propaganda Fide« et la Compagnie de Jésus au XVIIᵉ siècle, in: Pierre-Antoine FABRE / Catherine MAIRE (Hg.), Les Antijésuites. Discours, figures et lieux de l'antijésuitisme à l'époque moderne, Rennes 2010, S. 539–561.
PLANERT, Ute, Der Stellenwert der Religion in den Kriegen der Französischen Revolution und Napoleons, in: Franz BRENDLE / Anton SCHINDLING (Hg.), Religionskriege im Alten Reich und in Alteuropa, Münster 2006, S. 419–431.
PLATZHOFF, Walter, Frankreich und die deutschen Protestanten in den Jahren 1570–1573, München u.a. 1912.
PLONGERON, Bernard, De la Réforme aux Lumières, tolérance et liberté. Autour d'une fausse idée claire, in: Recherche de science religieuse 78 (1990), S. 41–72.
POCOCK, John G. A., Der Begriff einer »Sprache« und das métier d'historien: Einige Überlegungen zur Praxis, in: Martin MULSOW / Andreas MAHLER (Hg.), Die Cambridge School der politischen Ideengeschichte, Berlin 2010, S. 127–152.
Ders., British History: A Plea for a New Subject, in: The Journal of Modern History 47 (1975), S. 601–628.
Ders., Introduction, in: James HARRINGTON, The Commonwealth of Oceana and A System of Politics, herausgegeben von John G. A. POCOCK, Cambridge ⁶2008, S. vii–xxv.
Ders., The Machiavellian Moment. Florentine Political Thought and the Atlantic Republican Tradition, Princeto, NJ, u.a. 1975.
Ders., Sprachen und ihre Implikationen: Die Wende in der Erforschung des politischen Denkens, in: Martin MULSOW / Andreas MAHLER (Hg.), Die Cambridge School der politischen Ideengeschichte, Berlin 2010, S. 88–126.
POHLIG, Matthias, Zwischen Gelehrsamkeit und konfessioneller Identitätsstiftung: lutherische Kirchen- und Universalgeschichtsschreibung 1546–1617, Tübingen 2007.
POHLIG, Matthias / Ute LOTZ-HEUMANN u.a., Eine kurze Geschichte der Säkularisierungsthese, in: Dies. (Hg.), Säkularisierungen in der frühen Neuzeit. Methodische Probleme und empirische Fallstudien, Berlin 2008, S. 21–109.
POLLMANN, Judith, Eine natürliche Feindschaft. Ursprung und Funktion der Schwarzen Legende über Spanien in den Niederlanden (1560–1581), in: Franz BOSBACH (Hg.), Feindbilder. Die Darstellung des Gegners in der politischen Publizistik des Mittelalters und der Neuzeit, Köln u.a. 1992, S. 73–93.
POLLOCK, John, The Popish Plot. A Study in the History of the Reign of Charles II, Philadelphia 2005 [Nachdruck von 1903].
PONS, Rouven, »Wo der gekrönte Löw hat seinen Kayser-Sitz«. Herrschaftsrepräsentation am Wiener Kaiserhof zur Zeit Leopolds I., Egelsbach, Frankfurt a.M. u.a. 2001.
POPKIN, Richard H., The History of Scepticism from Savonarola to Bayle, Oxford 2003.
POPKIN, Jeremy, La presse et la politique étrangère, de l'Ancien Régime à la Révolution, in: Henri DURANTON / Pierre RÉTAT (Hg.), Gazettes et information politique sous l'Ancien Régime, Saint-Étienne 1999, S. 281–289.

POTTER, David, Kingship in the Wars of Religion: The Reputation of Henri III of France, in: European History Quarterly 25 (1995), S. 485–528.
POUMARÈDE, Géraud, Les envoyés ottomans à la Cour de France: D'une présence controversée à l'exaltation d'une alliance (XV$^e$–XVIII$^e$ siècles), in: Lucien BÉLY (Hg.), Turc et turqueries (XVI$^e$–XVIII$^e$ siècles), Paris 2009, S. 63–95.
Ders., Pour en finir avec la croisade. Mythes et réalités de la lutte contre les Turcs aux XVI$^e$ et XVII$^e$ siècles, Paris 2004.
POUSSOU, Jean-Pierre, Alphabétisation, in: François BLUCHE (Hg.), Dictionnaire du Grand Siècle, Paris 1990, S. 62–63.
PRASS, Reiner, Alphabetisierung, in: Friedrich JÄGER (Hg.), EdN, Stuttgart u.a. 2005, Bd. 1, Sp. 241–243.
PRESS, Volker, Die Reichsritterschaft im Reich der frühen Neuzeit, in: Nassauische Annalen 86 (1976), S. 101–122.
Ders., Die Reichsritterschaft im Reich der Frühen Neuzeit, in: Franz BRENDLE / Anton SCHINDLING, Adel im Alten Reich. Gesammelte Vorträge und Aufsätze, Tübingen 1998, S. 205–231.
Ders., Die Ritterschaft im Kraichgau zwischen Reich und Territorium 1500–1623, in: Zeitschrift für die Geschichte des Oberrheins 122 (1974), S. 35–98.
PRICE, J. L., The Dutch Republic in the Seventeenth Century, Basingstoke u.a. 1998.
PRIOR, Charles W. A., England's Wars of Religion: A Reassessment, in: Wolfgang PALAVER / RUDOLPH, Harriet u.a. (Hg.), The European Wars of Religion. An Interdisciplinary Reassessment of Sources, Interpretations, and Myths, Farnham u.a. 2016, S. 119–138.
PURCELL, Maureen, Papal Crusading Policy. The Chief Instruments of Papal Crusading Policy and Crusade to the Holy Land from the Final Loss of Jerusalem to the Fall of Acre, Leiden 1975.
PUTZ, Hans, Gottfried von Jena als brandenburgischer Reichstagsgesandter, in: Forschungen zur brandenburgischen und preußischen Geschichte 18 (1905), S. 23–106.
QUANTIN, Jean-Louis, The Church of England and Christian Antiquity: the Construction of a confessional identity in the 17th century, Oxford 2009.
Ders., Croisades et supercroisades. Les »Histoires« de Maimbourg et la politique de Louis XIV, in: Chantal GRELL / Werner PARAVICINI u.a. (Hg.), Les princes et l'histoire du XIV$^e$ au XVIII$^e$ siècle, Bonn 1998, S. 619–644.
Ders., Les jésuites et l'érudition anglicane, in: XVII$^e$ siècle 237 (2007), S. 691–711.
Ders., »The most authentic history in the world, except the Bible?« Sur la réception de Le Nain de Tillemont en Angleterre avant Gibbon, in: Ders. / Jean-Claude WAQUET (Hg.), Papes, princes et savants dans l'Europe modern, Genf 2007, S. 287–311.
QUÉNIART, Jean, La révocation de l'Edit de Nantes. Protestants et catholiques en France de 1598 à 1685, Paris 1985.
QUESTIER, Michael C., Catholicism and Community in Early Modern England. Politics, Aristocratic Patronage and Religion, c.1550–1640, Cambridge u.a. 2006.
QUILLIET, La France du beau XVI$^e$ siècle, Paris 1998.
RACAUT, Luc, Religious polemic and Huguenot self-perception and identity. 1554–1619, in: Raymond MENTZER / Andrew SPICER (Hg.), Society and Culture in the Huguenot world, 1559–1685, Cambridge 2002, S. 29–43.
RAK, Christian, Krieg, Nation und Konfession. Die Erfahrung des deutsch-französischen Krieges von 1860/71, Paderborn 2004.
RAMEIX, Solange, Justifier la guerre. Censure et propagande dans l'Europe du XVII$^e$ siècle (France-Angleterre), Rennes 2014.
Dies., Justifying war: churchmen and war in France and England during the Nine Years War (1688–1697), in: David ONNEKINK / Gijs ROMMELSE (Hg.), Ideology and Foreign Policy in Early Modern Europe (1650–1750), Burlington 2011, S. 182–195.
RANKE, Leopold von, Fürsten und Völker von Süd-Europa im sechszehnten und siebzehnten Jahrhundert. Vornehmlich aus ungedruckten Gesandtschafts-Berichten, Hamburg 1827, Bd. 1.
Ders., Die römischen Päpste in den letzten vier Jahrhunderten, Leipzig $^6$1874, Bd. 3.
RANUM, Orest, Artisans of Glory. Writers and Historical Thought in Seventeenth-Century France, Chapel Hill, NC 1980.

Ders., L'histoire entre la pédagogie princière et la philosophie des années 1630–1640. Les exemples de Sorel et de Gomberville, in: Chantal GRELL/Werner PARAVICINI u.a. (Hg.), Les princes et l'histoire du XVIe–XVIIIe siècle, Bonn 1998, S. 473–481.

RASHBA, Gary, Holy Wars. 3000 Years of Battles in the Holy Land, Philadelphia, PA 2011.

RAU, Susanne, Geschichte und Konfession. Städtische Geschichtsschreibung und Erinnerungskultur im Zeitalter der Reformation und Konfessionalisierung in Bremen, Breslau, Hamburg und Köln, Hamburg 2002.

RECKER, Marie-Luise, Der Vertrag von Dover 1670. Zur englischen Außenpolitik der Restaurationszeit, in: Francia 13 (1985), S. 271–294.

REHERMANN, Ernst Heinrich, Die protestantischen Exempelsammlungen des 16. und 17. Jahrhunderts. Versuch eines Überblicks und einer Charakterisierung nach Aufbau und Inhalt, in: Wolfgang BRÜCKNER (Hg.), Volkserzählung und Reformation. Ein Handbuch zur Tradierung und Funktion von Erzählstoffen und Erzählliteratur im Protestantismus, Berlin 1974, S. 580–646.

REICHARDT, Rolf, Historische Semantik zwischen lexicométrie und New Cultural History. Einführende Bemerkungen zur Standortbestimmung, in: Ders. (Hg.), Aufklärung und Historische Semantik. Interdisziplinäre Beiträge zur westeuropäischen Kulturgeschichte, Berlin 1998, S. 7–28.

REINHARD, Wolfgang, Zwang zur Konfessionalisierung? Prolegomena zu einer Theorie des konfesssionellen Zeitalters, in: ZHF 10 (1983), S. 257–277.

REITZ, Dirk, Die Kreuzzüge Ludwigs IX. von Frankreich 1248/1270, Münster 2005.

REPGEN, Konrad, Vom Nutzen der Historie, in: Amalie FÖSSEL/Christoph KAMPMANN (Hg.), Wozu Historie heute? Beiträge zu einer Standortbestimmung im fachübergreifenden Gespräch, Köln u.a. 1996, S. 167–182.

Ders., Der päpstliche Protest gegen den Westfälischen Frieden und die Friedenspolitik Urbans VIII, in: Historisches Jahrbuch 75 (1956), S. 94–122.

Ders., Was ist ein Religionskrieg?, in: Zeitschrift für Kirchengeschichte 97 (1986), S. 334–349.

Ders., Der Westfälische Friede. Ereignis, Fest und Erinnerung, Opladen u.a. 1999.

REQUATE, Jörg, Öffentlichkeit und Medien als Gegenstände historischer Analyse, in: Geschichte und Gesellschaft 25 (1999), S. 5–32.

RESSEL, Magnus/Cornel ZWIERLEIN, The Ransoming of North European Captives from North Africa. A Comparison of Dutch, Hanseatic and English Institutionalization of Redemption from 1610–1645, in: Niklas JASPERT/Sebastian KOLDITZ (Hg.), Seeraub im Mittelmeerraum. Piraterie, Korsarentum und maritime Gewalt von der Antike bis zur Neuzeit, Paderborn 2014, S. 377–406.

RÉTAT, Pierre, Bilan et perspectives des recherches sur les gazettes, in: Lucien BÉLY (Hg.), L'information à l'époque moderne, Paris 2001, S. 5–24.

RHODE, Gotthold, England und das Thorner Blutgericht 1724, in: HZ 164 (1941), S. 496–528.

RICHARDSEN, Ingvild, Die protestantische und römische Idee des Antichristen in der Konfessionspolemik, in: Mariano DELGADO/Volker LEPPIN (Hg.), Der Antichrist. Historische und systematische Zugänge, Suttgart 2011, S. 269–313.

RICHARDSON, R. C., John Nalson, in: Oxford Dictionary of National Biography, Oxford 2004, URL: http://www.oxforddnb.com/view/article/19734 (21.10.2013).

RICHET, Denis, Henri III dans l'historiographie et la légende, in: Robert SAUZET (Hg.), Henri III et son temps, Paris 1992.

RIEMANN, Gotthold, Der Verfasser der »Soupirs de la France esclave qui aspire après la liberté« (1689–90). Ein Beitrag zur Geschichte der politischen Ideen in der Zeit Ludwigs XIV., Berlin 1938, S. 65–71.

RIES, Marta, Kreuzzugsideologie und Feindbildkonstruktion während des Spanischen Erbfolgekrieges, in: Friedrich EDELMAYER/Virginia LEÓN SANZ u.a. (Hg.), Hispania – Austria III. Der Spanische Erbfolgekrieg. La Guerra de Sucesión Española, Wien u.a. 2008, S. 161–192.

RILEY-SMITH, Jonathan, Kreuzzüge, in: Robert AUTY/Norbert ANGERMANN u.a. (Hg.), LexMA, München u.a. 1991, Bd. 5, Sp. 1508–1519.

RINGHOFFER, Carl, Die Flugschriften-Literatur zu Beginn des Spanischen Erbfolgekrieges, Berlin 1881.

ROBERTS, Penny, Peace and Authority during the French Religious Wars c.1560–1600, London 2013.
ROESER, Volker, Politik und religiöse Toleranz vor dem ersten Hugenottenkrieg in Frankreich, Basel u.a. 1985.
ROLL, Christine, Im Schatten der Spanischen Erbfolge? Zur kaiserlichen Politik auf dem Kongress von Rijswijk, in: Heinz DUCHHARDT/Matthias SCHNETTGER u.a. (Hg.), Der Friede von Rijswijk 1697, Mainz 1998, S. 47–91.
ROMER, Hermann, Herrschaft, Reislauf und Verbotspolitik. Beobachtungen zum rechtlichen Alltag der Zürcher Solddienstbekämpfung im 16. Jahrhundert, Zürich 1995.
ROMMELSE, Gijs, The Second Anglo-Dutch War (1665–1667). Raison d'état, Mercantilism and Maritime Strife, Hilversum 2006.
ROOT, Michael, Beichte III. Dogmatisch 3 Evangelisch, in: Hans Dieter BETZ/Don S. BROWNING u.a. (Hg.), RGG, Tübingen ⁴1998, Bd. 1, Sp. 1223f.
ROSE, Jacqueline, Godly Kingship in Restoration England. The Politics of the Royal Supremacy, 1660–1688, Cambridge 2011.
ROSÉN, Jerker, Scandinavia and the Baltic Sea, in: F. L. CARSTEN (Hg.), The Ascendancy of France 1648–88, Cambridge 1961, S. 519–542.
ROSSEAUX, Ulrich, Das bedrohte Zion: Lutheraner und Katholiken in Dresden nach der Konversion Augusts des Starken (1697–1751), in: Ute LOTZ-HEUMANN/Jan-Friedrich MISSFELDER u.a. (Hg.), Konversion und Konfession in der Frühen Neuzeit, Heidelberg 2007, S. 212–235.
Ders., Flugschriften und Flugblätter im Mediensystem des Alten Reiches, in: Johannes ARNDT/Esther-Beate KÖRBER (Hg.), Das Mediensystem im Alten Reich der Frühen Neuzeit (1600–1750), Göttingen 2010, S. 99–114.
ROUCHE, Michel (Hg.), Clovis: histoire & mémoire, Paris 1997, Bd. 2.
ROWEN, Herbert H., The Princes of Orange. The Stadholders in the Dutch Republic, Cambridge u.a. 1988.
RUDOLPH, Hartmut, Bemerkungen zu Leibniz' Reunionsprojekt, in: Heinz DUCHHARDT/Gerhard MAY (Hg.), Union – Konversion – Toleranz. Dimensionen der Annäherung zwischen den christlichen Konfessionen im 17. und 18. Jahrhundert, Mainz 2000, S. 227–242.
Ders., Leibniz' Bemühungen um eine Reunion der Kirchen, in: Hans OTTE/Richard SCHENK (Hg.), Die Reunionsgespräche im Niedersachsen des 17. Jahrhunderts. Rojas y Spinola – Molan – Leibniz, Göttingen 1999, S. 156–172.
RUDOLPH, Harriet, Religious Wars in the Holy Roman Empire? From the Schmalkaldic War to the Thirty Years War, in: Wolfgang PALAVER/Harriet RUDOLPH u.a. (Hg.), The European Wars of Religion. An Interdiscplinary Reassessment of Sources, Interpretations, and Myths, Franham u.a. 2016, S. 87–118.
RUPERT, Karsten, Kaiserliche Politik auf dem Westfälischen Friedenskongress 1643–1648, Münster 1979.
SALAMITO, Jean-Marie, Christianisierung und Neuordnung des gesellschaftlichen Lebens, in: Charles PIÉTRI/Luce PIÉTRI (Hg.), Das Entstehen der einen Christenheit (250–430), Freiburg im Breisgau u.a. 1996, S. 769–815.
SAMERSKI, Stefan, »Die Blitze von den sieben Hügeln« – Die preußische Königskrönung und der Heilige Stuhl, in: Bernhart JÄHNING (Hg.), Die landesgeschichtliche Bedeutung der Königsberger Königskrönung von 1701, Marburg 2004, S. 129–147.
SANDER, Hartmut, Das Thorner Blutgericht von 1724 in zeitgenössischen niederländischen Schriften, in: Jähning BERNHART/Peter LETKEMANN (Hg.), Thorn. Königin der Weichsel 1231–1981, Göttingen 1981, S. 361–368.
SANDL, Marcus, Martin Luther und die Zeit der reformatorischen Erkenntnisbildung, in: Arndt BRENDECKE/Ralf-Peter FUCHS u.a. (Hg.), Die Autorität der Zeit in der Frühen Neuzeit, Münster 2007, S. 377–410.
Ders., Medialität und Ereignis. Eine Zeitgeschichte der Reformation, Zürich 2011.
SARX, Tobias, Franciscus Junius d. Ä. (1545–1602). Ein reformierter Theologe im Spannungsfeld zwischen späthumanistischer Irenik und reformierter Konfessionalisierung, Göttingen 2008.
SASLOW, Edward L., Dryden as Historiographer Royal, and the Authorship of *His Majesties Declaration Defended*, in: Modern Philology 75 (1978), S. 261–278.

SAULNIER, Verdun L., La littérature française du siècle classique, Paris ¹⁰1977.
SAUZET, Robert, Les Cévennes catholiques. Histoire d'une fidélité XVIᵉ–XXᵉ siècle, Paris 2002.
Ders., Conclusions du colloque, in: Ders. (Hg.), Henri III et son temps, Paris 1992, S. 313–318.
Ders., Au Grand Siècle des âmes. Guerre sainte et paix chrétienne en France au XVIIᵉ siècle, Paris 2007.
SAWYER, Jeffrey K., Printed Poison. Pamphlet Propaganda, Faction Politics, and the Public Sphere in Early Seventeenth-Century France, Berkeley, CA, u.a. 1990.
SCATTOLA, Merio, Begriffsgeschichte und Geschichte der politischen Lehren, in: Riccardo POZZO/Marco SGARBI (Hg.), Eine Typologie der Formen der Begriffsgeschichte, Hamburg 2010, S. 71–90.
Ders., La storia e la prudenza. La funzione della storiografia nell'educazione politica della prima età moderna, in: Storia della storiografia 42 (2002), S. 42–73.
Ders., Dalla virtù alla scienza. La fondazione e la trasformazione della disciplina politica nell'età moderna, Mailand 2003, S. 120–139.
SCHAFFNER, Martin, Religion und Gewalt. Historiographische Verknüpfungen, in: Kaspar von GREYERZ/Kim SIEBENHÜNER (Hg.), Religion und Gewalt. Konflikte, Rituale, Deutungen (1500–1800), Göttingen 2006, S. 29–37.
SCHÄUFELE, Wolf-Friedrich, Zur Begrifflichkeit von »alt« und »neu« in der Frühen Neuzeit, in: Christoph KAMPMANN/Katharina KRAUSE u.a. (Hg.), Neue Modelle im Alten Europa. Traditionsbruch und Innovation als Herausforderung in der Frühen Neuzeit, Köln u.a. 2012, S. 18–36.
Ders., Das Bild des Mittelalters in der protestantischen Kirchengeschichtsschreibung, in: Kerstin ARMBORST-WEIHS/Judith BECKER (Hg.), Toleranz und Identität. Geschichtsschreibung und Geschichtsbewusstsein zwischen religiösem Anspruch und historischer Erfahrung, Göttingen 2010, S. 109–137.
Ders., »Defecit ecclesia«. Studien zur Verfallsidee in der Kirchengeschichtsanschauung des Mittelalters, Mainz 2006.
Ders., Die Konsequenzen des Westfälischen Friedens für den Umgang mit religiösen Minderheiten in Deutschland, in: Jörg HAUSTEIN/Günter FRANK u.a. (Hg.), Asyl, Toleranz und Religionsfreiheit. Historische Erfahrungen und aktuelle Herausforderungen, Göttingen 2000, S. 121–139.
Ders., Protestantisches Märtyrergedenken im frühneuzeitlichen England. John Foxe und das »Book of Martyrs«, in: Blätter für Pfälzische Kirchengeschichte und religiöse Volkskunde 76 (2009), S. 367–391 (= Ebenburg-Hefte 43, 2009), S. 35–59.
SCHIEDER, Wolfgang, Säkularisierung und Sakralisierung der religiösen Kultur in der europäischen Neuzeit. Versuch einer Bilanz, in: Hartmut LEHMANN (Hg.), Säkularisierung, Dechristianisierung, Rechristianisierung im neuzeitlichen Europa. Bilanz und Perspektiven der Forschung, Göttingen 1997, S. 308–313.
SCHILLING, Heinz, Formung und Gestalt des internationalen Systems in der werdenden Neuzeit – Phasen und bewegende Kräfte, in: Luise SCHORN-SCHÜTTE/Olaf MÖRKE (Hg.), Ausgewählte Abhandlungen zur europäischen Reformations- und Konfessionsgeschichte, Berlin 2002, S. 588–617.
Ders., Gab es um 1600 in Europa einen Konfessionsfundamentalismus? Die Geburt des internationalen Systems in der Krise des konfessionellen Zeitalters, in: Jahrbuch des Historischen Kollegs (2005), S. 69–93.
Ders., Konfessionalisierung und Staatsinteressen. Internationale Beziehungen 1559–1660, Paderborn u.a. 2007.
Ders., Die konfessionellen Glaubenskriege und die Formierung des frühmodernen Europa, in: Peter HERRMANN (Hg.), Glaubenskriege in Vergangenheit und Gegenwart, Göttingen 1996, S. 123–137.
Ders., Konfessionelle Religionskriege in politisch-militärischen Konflikten der Frühen Neuzeit, Klaus SCHREINER (Hg.), Heilige Kriege. Religiöse Begründungen militärischer Gewaltanwendung: Judentum, Christentum und Islam im Vergleich, München 2008, S. 127–149.
Ders., Vorwort, in: Ders. (Hg.), Konfessioneller Fundamentalismus, München 2007, S. VII–IX.
SCHILLING, Lothar, Das Jahrhundert Ludwigs XIV. Frankreich im Grand Siècle 1598–1715, Darmstadt 2010.

Ders., Vom Nutzen und Nachteil eines Mythos, in: Lothar SCHILLING (Hg.), Absolutismus, ein unersetzliches Forschungskonzept? Eine deutsch-französische Bilanz, München 2008, S. 13-31.
SCHILLING, Michael, Geschichte von Flugblatt und Flugschrift bis um 1700, in: Joachim-Felix LEONHARD/Hans-Werner LUDWIG u.a. (Hg.), Medienwissenschaft. Ein Handbuch zur Entwicklung der Medien und Kommunikationsformen, Berlin u.a. 1999, Bd. 1, S. 817-820.
SCHILLINGER, Jean, Les pamphlétaires allemands et la France de Louis XIV, Bern u.a. 1999.
SCHINDLING, Anton, Konfessionalisierung und Grenzen von Konfessionalisierung, in: Ders./Walter ZIEGLER (Hg.), Die Territorien des Reichs im Zeitalter der Reformation und Konfessionalisierung. Land und Konfession 1500-1650, Bd. 7, Münster 1997, S. 9-44.
Ders., Kriegstypen in der Frühen Neuzeit, in: Dietrich BEYRAU/Michael HOCHGESCHWENDER u.a. (Hg.), Formen des Krieges. Von der Antike bis zur Gegenwart, Paderborn u.a. 2007, S. 99-119.
Ders., Das Strafgericht Gottes. Kriegserfahrungen und Religion im Heiligen Römischen Reich Deutscher Nation im Zeitalter des Dreißigjährigen Krieges. Erfahrungsgeschichte und Konfessionalisierung, in: Matthias ASCHE/Anton SCHINDLING (Hg.), Das Strafgericht Gottes. Kriegserfahrungen und Religion im Heiligen Römischen Reich Deutscher Nation im Zeitalter des Dreißigjährigen Krieges. Beiträge aus dem Tübinger Sonderforschungsbereich »Kriegserfahrungen - Krieg und Gesellschaft in der Neuzeit«, Münster 2001, S. 11-51.
Ders., Türkenkriege und »konfessionelle Bürgerkriege«. Erfahrungen mit »Religionskriegen« in der Frühen Neuzeit, in: Andreas HOLZEM (Hg.), Krieg und Christentum. Religiöse Gewalttheorien in der Kriegserfahrung des Westens, Paderborn u.a. 2009, S. 596-621.
SCHINDLING, Anton/Walter ZIEGLER (Hg.), Die Territorien des Reiches im Zeitalter der Reformation und Konfessionalisierung. Land und Konfession 1500-1650, Münster 1989-1997, 7 Bde.
SCHLÖGL, Rudolf, Glaube und Religion in der Säkularisierung. Die katholische Stadt - Köln, Aachen, Münster (1740-1840), München 1995.
Ders., Kommunikation und Vergesellschaftung unter Anwesenden. Formen des Sozialen und ihre Transformation in der Frühen Neuzeit, in: Geschichte und Gesellschaft 34 (2008), S. 155-224.
Ders., Politik beobachten. Öffentlichkeit und Medien in der Frühen Neuzeit, in: ZHF 35 (2008), S. 581-616.
SCHMID, Josef Johannes, »No Bishops, no King« - die »religio monarchica« als unbeachtetes Element der Konfessionalisierungsdebatte, in: Thomas BROCKMANN/Dieter J. WEISS (Hg.), Das Konfessionalisierungsparadigma. Leistungen, Probleme, Grenzen, Münster 2013, S. 165-181.
Ders., Rex Christus - die Tradition der französischen Monarchie als Brücke zwischen Ost und West, in: Peter BRUNS/Georg GRESSER (Hg.), Vom Schisma zu den Kreuzzügen: 1054-1204, Paderborn u.a. 2005, S. 205-234.
SCHMIDT, Georg, Der Kampf um Kursachsen, Luthertum und Reichsverfassung (1546-1553). Ein deutscher Freiheitskrieg?, in: Volker LEPPIN/Georg SCHMIDT u.a. (Hg.), Johann Friedrich I. - der lutherische Kurfürst, Heidelberg 2006, S. 55-84.
SCHMIDT, Hans, Philipp Wilhelm von Pfalz-Neuburg (1615-1690) als Gestalt der deutschen und europäischen Politik des 17. Jahrhunderts, Düsseldorf 1973.
SCHMIDT, Peter, Bellum iustum. Gerechter Krieg und Völkerrecht in Geschichte und Gegenwart, Münster 2010.
SCHNATH, Georg, Geschichte Hannovers im Zeitalter der neunten Kur und der englischen Sukzession 1674-1714, Hildesheim 1938-1982, 5 Bde.
SCHNEIDER, Franz, Pressefreiheit und politische Öffentlichkeit. Studien zur politischen Geschichte Deutschlands bis 1848, Neuwied am Rhein u.a. 1966.
SCHNEIDER, Gerhard, Der Libertin. Zur Geistes- und Sozialgeschichte des Bürgertums im 16. und 17. Jahrhundert, Stuttgart 1970.
SCHNEIDER, Ulrich Johannes, Über das Stottern in Gedanken. Gegen die Begriffsgeschichte, in: Riccardo Pozzo/Marco SGARBI (Hg.), Eine Typologie der Formen der Begriffsgeschichte, Hamburg 2010, S. 125-132.
SCHNEIDER, Ute, Das Buch als Wissensvermittler in der Frühen Neuzeit, in: Johannes BURCKHARDT/Christine WERKSTETTER (Hg.), Kommunikation und Medien in der Frühen Neuzeit, München 2005, S. 63-78.

Dies., Grundlagen des Mediensystems: Drucker, Verleger, Buchhändler in ihren ökonomischen Beziehungen 1600–1750, in: Johannes ARNDT/Esther-Beate KÖRBER (Hg.), Das Medienystem im Alten Reich der Frühen Neuzeit (1600–1750), Göttingen 2010, S. 27–37.

SCHNETTGER, Matthias, Katholisch-protestantische (Re-)Unionsbestrebungen im Reich in der zweiten Hälfte des 17. Jahrhunderts. Voraussetzungen – Initiativen – Hindernisse, in: Harm KLUETING (Hg.), Irenik und Antikonfessionalismus im 17. und 18. Jahrhundert, Hildesheim u.a. 2003, S. 91–116.

Ders., Kirchenadvokatie und Reichseinigungspläne. Kaiser Leopold I. und die Reunionsbestrebungen Rojas y Spinolas, in: Heinz DUCHARDT/Gerhard MAY (Hg.), Union – Konversion – Toleranz. Dimensionen der Annäherung zwischen den christlichen Konfessionen im 17. und 18. Jahrhundert, Mainz 2000, S. 139–169.

Ders., Der Spanische Erbfolgekrieg 1701–1713/14, München 2014.

SCHNURR, Eva-Maria, Religionskonflikt und Öffentlichkeit. Eine Mediengeschichte des Kölner Krieges (1582–1590), Köln u.a. 2009.

SCHOCHET, Gordon J., John Locke and religious toleration, in: Lois G. SCHWOERER (Hg.), The Revolution of 1688–1689, Cambridge 1992, S. 147–164.

SCHÖTTLER, Peter, Wer hat Angst vor dem »linguistic turn«?, in: Geschichte und Gesellschaft 23 (1997), S. 134–151.

SCHORN-SCHÜTTE, Luise, Kommunikation über Politik im Europa der Frühen Neuzeit. Ein Forschungskonzept, in: Jahrbuch des Historischen Kollegs 12 (2007), S. 3–36.

Dies., Konfessionskriege und europäische Expansion. Europa 1500–1648, München 2010.

Dies., Die Reformation. Vorgeschichte, Verlauf, Wirkung, München ⁴2006.

SCHRYVER, Reginald de, Max II. Emanuel von Bayern und das Spanische Erbe. Die europäischen Ambitionen des Hauses Wittelsbach 1665–1715, Mainz 1996, S. 115–119.

SCHUNKA, Alexander, Brüderliche Korrespondenz, unanständige Korrespondenz. Konfession und Politik zwischen Brandenburg-Preußen, Hannover und England im Wendejahr 1706, in: Joachim BAHLCKE/Werner KORTHAASE (Hg.), Daniel Ernst Jablonski. Religion, Wissenschaft und Politik um 1700, Wiesbaden 2008, S. 123–150.

Ders., Internationaler Calvinismus und protestantische Einheit um 1700, in: Joachim BAHLCKE/Boguslaw DYBAS u.a. (Hg.), Brückenschläge. Daniel Ernst Jablonski im Europa der Frühaufklärung, Dößel 2010, S. 168–185.

Ders., Zwischen Kontingenz und Providenz? Frühe Englandkontakte der Halleschen Pietisten und protestantische Irenik um 1700, in: Pietismus und Neuzeit 34 (2008), S. 82–114.

Ders., Der neue Blick nach Westen. Englandinteressen im protestantischen Deutschland des 18. Jahrhunderts, in: Joachim BAHLCKE/Boguslaw DYBAS u.a. (Hg.), Brückenschläge. Daniel Ernst Jablonski im Europa der Frühaufklärung, Dößel 2010, S. 152–167.

SCHULZE, Winfried, Bäuerlicher Widerstand und feudale Herrschaft in der Frühen Neuzeit, Stuttgart 1980.

Ders., Pluralisierung als Bedrohung: Toleranz als Lösung. Überlegungen zur Entstehung der Toleranz in der Frühen Neuzeit, in: Heinz DUCHHARDT (Hg.), Der Westfälische Friede. Diplomatie – politische Zäsur – kulturelles Umfeld – Rezeptionsgeschichte, München 1998, S. 115–140.

Ders., Reich und Türkengefahr im späten 16. Jahrhundert. Studien zu den politischen und gesellschaftlichen Auswirkungen einer äußeren Bedrohung, München 1978.

SCHULZE SCHNEIDER, Ingrid, La leyenda negra de España. Propaganda en la guerra de Flandes (1566–1584), Madrid 2008.

SCHUMANN, Jutta, Die andere Sonne. Kaiserbild und Medienstrategien im Zeitalter Leopolds I., Berlin 2003.

SCHWARZ, Hilar, Landgraf Philipp von Hessen und die Pack'schen Händel. Mit archivalischen Beilagen, Leipzig 1884.

SCHWINGES, Rainer C., Kreuzzug als Heiliger Krieg, in: Peter HERRMANN (Hg.), Glaubenskriege in Vergangenheit und Gegenwart, Göttingen 1996, S. 93–108.

SCHWÖBEL, Christoph, Offenbarung 2. Dogmatisch b) Evangelisches Verständnis, in: Hans Dieter BETZ/Don S. BROWNING u.a. (Hg.), RGG, Tübingen ⁴2003, Bd. 6, Sp. 476f.

SCHWINEKÖPER, Berent, Christian Wilhelm, in: NDB 3 (1957), S. 226.

SCHWITALLA, Johannes, Flugschrift, Tübingen 1999.
SCHWOERER, Louis, G., Propaganda in the Revolution of 1688-89, in: American Historical Review 82 (1977), S. 843–874.
SEGLER-MESSNER, Silke, Mord und Martyrium. Die Religionskriege als Trauma der französischen Erinnerungskultur, in: Marc FÖCKING / Claudia SCHINDLER (Hg.), Der Krieg hat ein Loch. Friedenssehnsucht und Kriegsapologie in der Frühen Neuzeit, Heidelberg 2014, S. 155–174.
SEIDEL, Karl Josef, Frankreich und die deutschen Protestanten. Die Bemühungen um eine religiöse Konkordie und die französische Bündnispolitik in den Jahren 1534/35, Münster 1970.
SEIDEL MENECHI, Silvana, Characteristics of Italian Anticlericalism, in: Peter A. DYKEMA / Heiko A. OBERMAN (Hg.), Anticlericalism in Late Medieval and Early Modern Europe, Leiden u.a. 1993, S. 271–281.
SELDERHUIS, Herman J., Gott in der Mitte. Calvins Theologie der Psalmen, Leipzig 2004.
SERESSE, Volker, Zur Praxis der Erforschung politischer Sprachen, in: Angela DE BENEDICTIS / Gustavo CORNI u.a. (Hg.), Die Sprache des Politischen in actu. Zum Verhältnis von politischem Handeln und politischer Sprache von der Antike bis ins 20. Jahrhundert, Göttingen 2009, S. 163–184.
SERMAIN, Jean-Paul, Voltaire et le paradoxe de la tolérance, in: Jacques BERCHTOLD / Marie-Madeleine FRAGONARD (Hg.), La mémoire des guerres de religion. Enjeux historiques, enjeux politiques, 1760–1830, Genf 2009, S. 60–78.
SGARD, Jean, Le contrôle de la presse, in: Peter-Eckhard KNABE (Hg.), Opinion, Berlin 2000, S. 137–147.
SHARPE, Kevin, Politische Kultur, Autorität und Schrift im England der Frühen Neuzeit, in: Barbara STOLLBERG-RILINGER (Hg.), Was heißt Kulturgeschichte des Politischen?, Berlin 2005, S. 149–188.
SHARPE GREW, Edwin / Marion SHARPE GREW, The English Court in Exile. James II. at Saint-Germain, London 1911.
SHEEHAN, James J., Begriffsgeschichte. Theory and Practise, in: Journal of Modern History 50 (1978), S. 312–319.
SILVERBLATT, Irene, The Black Legend and Global Conspiracies. Spain, the Inquisition, and the Emerging Modern World, in: Margaret R. GREER / Walter D. MIGNOLD u.a. (Hg.), Rereading the Black Legend. The Discourses of Religious and Racial Difference in the Renaissance Empires, Chicago u.a. 2007.
SIMONIN, Michel, Charles IX, Paris 1995.
SIMONS, Olaf, Marteaus Europa oder Der Roman, bevor er Literatur wurde. Eine Untersuchung des deutschen und englischen Buchangebots der Jahre 1710 bis 1720, Amsterdam u.a. 2001.
SINKOLI, Anna, Frankreich, das Reich und die Reichsstände 1697–1702, Frankfurt a.M. u.a. 1994.
SKINNER, Quentin, Meaning and Understanding in the History of Ideas, in: History and Theory 8 (1969), S. 3–53.
SMITH, H. Maynard, Henry VIII and the Reformation, London 1962, S. 156–167.
SOLDAN, Friedrich, Die Zerstörung der Stadt Worms im Jahr 1689, Worms 1889.
SOLÉ, Jacques, Le débat entre protestants et catholiques français de 1598 à 1685, Lille u.a. 1985, 4 Bd.
SOMERSET, Anne, Queen Anne. The Politics of Passion, London 2012.
SOMMER, Wolfgang, Obrigkeitskritik und die politische Funktion der Frömmigkeit im deutschen Luthertum des konfessionellen Zeitalters, in: Robert von FRIEDEBURG (Hg.), Widerstandsrecht in der frühen Neuzeit. Erträge und Perspektiven der Forschung im deutsch-britischen Vergleich, Berlin 2001, S. 245–263.
SONNINO, Paul, Plus royaliste que le pape: Louis XIV's Religious Policy and his Guerre de Hollande, in: David ONNEKINK (Hg.), War and Religion after Westphalia, 1648–1713, Aldershot 2009, S. 17–24.
SOWERBY, Scott, Making Toleration: The Repealers and the Glorious Revolution, Cambridge, MA u.a. 2013.
SPECK, William Arthur, James II, Harlow u.a. 2002.
Ders., Political propaganda in Augustan England, in: Transactions of the Royal Historical Society 22 (1972), S. 17–32.

STACKELBERG, Jürgen von, Übersetzungen aus zweiter Hand. Rezeptionsvorgänge in der europäischen Literatur vom 14. bis zum 18. Jahrhundert, Berlin u.a. 1984.
STANGLICA, Franz, Der Friede von Rijswijk, Wien 1931.
STANWOOD, Owen, Liberty and Prophecy. The Huguenot Diaspora and the Whig Interpretation of History, in: Philip BENEDICT/Hugues DAUSSY u.a. (Hg.), L'identité huguenote: faire mémoire et écrire l'histoire (XVIe siècle–XXIe siècle), Genf 2014, S. 295–309.
STEGUWEIT, Wolfgang, Wilhelm Ernst Tentzel (1659–1707), in: Numismatische Hefte 1 (1981), S. 19–38.
STEIGER, Heinhard, Religion und die historische Entwicklung des Völkerrechts, in: Andreas ZIMMERMANN (Hg.), Religion und Internationales Recht, Berlin 2006, S. 12–50.
STEINMETZ, Willibald, Neue Wege einer historischen Semantik des Politischen, in: Ders. (Hg.), »Politik«. Situationen eines Wortgebrauchs im Europa der Neuzeit, Frankfurt a.M. u.a. 2007, S. 9–40.
Ders., Vierzig Jahre Begriffsgeschichte – The State of the Art, in: Heidrun KÄMPER/Ludwig M. EICHINGER (Hg.), Sprache – Kognition – Kultur. Sprache zwischen mentaler Struktur und kultureller Prägung, Berlin 2008, S. 174–197.
STEPHAN, Horst, Luther in den Wandlungen seiner Kirche, Berlin ²1951.
STIEVERMANN, Dieter, Politik und Konfession im 18. Jahrhundert, in: ZHF 18 (1991), S. 177–199.
STÖCKL, Katrin, Der »Letter concerning Toleration« von John Locke, Regensburg 2012.
STOLLBERG-RILINGER, Barbara, Höfische Öffentlichkeit. Zur zeremoniellen Selbstdarstellung des brandenburgischen Hofes vor dem europäischen Publikum, in: Forschungen zur brandenburgischen und preußischen Geschichte NF 7 (1997), S. 145–176.
Dies., Des Kaisers alte Kleider. Verfassungsgeschichte und Symbolsprache des Alten Reiches, München 2008.
Dies., Was heißt Kulturgeschichte des Politischen? Einleitung, in: Dies. (Hg.), Was heißt Kulturgeschichte des Politischen?, Berlin 2005, S. 9–24.
STORRS, Christopher, The Role of Religion in Spanish Foreign Policy in the Reign of Carlos II (1665–1700), in: David ONNEKINK (Hg.), War and Religion after Westphalia, 1648–1713, Farnham 2009, S. 25–46.
STRASSNER, Erich, Kommunikative Aufgaben und Leistungen des Flugblatts und der Flugschrift, in: Joachim-Felix LEONHARD/Hans-Werner LUDWIG u.a. (Hg.), Medienwissenschaft. Ein Handbuch zur Entwicklung der Medien und Kommunikationsformen, Berlin u.a. 1999, Bd. 1, S. 794–801.
STRAYER, Brian E., The Edict of Fontainebleau (1685) and the Huguenots: Who to Blame?, in: Richard BONNEY/D.J.B. TRIM (Hg.), Persecution and Pluralism. Calvinists and Religious Minorities in Early Modern Europe 1550–1700, Oxford u.a. 2006, S. 273–294.
Ders., Huguenots and Camisards as aliens in France 1598–1789. The Struggle for Religious Toleration, Lewiston, NY, u.a. 2001.
STRENSLAND, Monica, Habsburg Communication in the Dutch Revolt, Amsterdam 2012, S. 27–54.
STRICKER, Günter, Das politische Denken der Monarchomachen. Ein Beitrag zur Geschichte der politischen Ideen im 16. Jahrhundert, Heidelberg 1967.
STROHMEYER, Arno, Konfessionskonflikt und Herrschaftsordnung: Widerstandsrecht bei den österreichischen Ständen (1550–1650), Mainz 2006.
Ders., Nur Lorbeerkränze und Pietas? Herrschaft in der höfischen Geschichtsschreibung unter Leopold I., in: Markus VÖLKEL/Arno STROHMEYER (Hg.), Historiographie an europäischen Höfen (16.–18. Jahrhundert). Studien zum Hof als Produktionsort von Geschichtsschreibung und historischer Repräsentation, Berlin 2009, S. 61–95.
Ders., Theorie der Interaktion. Das europäische Gleichgewicht der Kräfte in der frühen Neuzeit, Wien u.a.1994.
STURM, Eva, Absolutismuskritik in der Tradition der Fürstenspiegel? Zum Werk Friedrich Carl von Mosers: Über Regenten, Regierung und Ministers, in: Hans-Otto MÜHLEISEN/Theo STAMMEN (Hg.), Politische Tugendlehre und Regierungskunst. Studien zum Fürstenspiegel der Frühen Neuzeit, Tübingen 1990, S. 229–254.
SÜSSMANN, Johannes, Historiographie, in: Friedrich JÄGER (Hg.), EdN, Stuttgart u.a. 2007, Bd. 5, Sp. 487–495.

SYKES, Norman, Daniel Ernst Jablonski and the Church of England. A Study of an Essay towards Protestant Union being the Albrecht Stumpff Memorial Lecture delivered at the Queen's College Birmingham, on 1 May 1950, London 1950.
SYMCOX, Geoffrey, Louis XIV and the Outbreak of the Nine Years War, in: Ragnhild HATTON (Hg.), Louis XIV and Europe, London 1976, S. 179-212.
TALLON, Alain (Hg.), Conscience nationale et sentiment religieux en France au XVI$^e$ siècle, Paris 2002.
Ders., Raison d'État, Religion monarchique et religion du roi. Un aperçu de l'historiographie française et de ses évolutions, in: Philippe BÜTTGEN / Christophe DUHAMELLE (Hg.), Religion ou confession. Un bilan franco-allemand sur l'époque moderne (XVI$^e$-XVIII$^e$ siècles), Paris 2010, S. 355-371.
TAMMEN, Silke, Manifestationen von Antiklerikalismus in der Kunst des Mittelalters, Frankfurt a.M. 1993.
TAVENEAUX, René, Jansénisme et politique, Paris 1965.
Ders., La vie quotidienne des jansénistes aux XVII$^e$-XVIII$^e$ siècles, Paris 1973.
TAYLOR, Stephen, An English Dissenter and the Crisis of European Protestantism: Roger Morrice's Perception of European Politics in the 1680s, in: David ONNEKINK (Hg.), War and Religion after Westphalia, 1648-1713, Aldershot 2009, S. 177-195.
TESSORE, Dag, Der Heilige Krieg im Christentum und Islam, Düsseldorf 2004.
THADDEN, Rudolf von, Die Fortsetzung des »Reformationswerks« in Brandenburg-Preußen, in: Heinz SCHILLING (Hg.), Die reformierte Konfessionalisierung in Deutschland. Das Problem der »Zweiten Reformation«. Wissenschaftliches Symposion des Vereins für Reformationsgeschichte, Gütersloh 1987, S. 233-250.
THOMSON, Mark A., Some Developments in English Historiography during the Eighteenth Century, Edinburgh 1957.
Ders., Parliament and Foreign Policy, 1689-1714, in: Ragnhild HATTON / John S. BROMLEY (Hg.), William III. and Louis XIV, Liverpool 1986, S. 130-139.
THOMPSON, Andrew C., After Westphalia: Remodelling a Religious Foreign Policy, in: David ONNEKINK (Hg.), War and Religion after Westphalia, 1648-1713, Farnham 2009, S. 47-67.
Ders., The Protestant interest and the history of humanitarian intervention, c.1685-c.1756, in: Brandon SIMS / D.J.B. TRIM (Hg.), Humanitarian Intervention: A History, Cambridge 2011, S. 67-88.
TISCHER, Anuschka, Französische Diplomatie und Diplomaten auf dem Westfälischen Friedenskongress. Außenpolitik unter Richelieu und Mazarin, Münster 1999.
Dies., Grenzen der Souveränität: Beispiele zur Begründung gewaltsamer Einmischung in »innere Angelegenheiten« in der Frühen Neuzeit, in: Historisches Jahrbuch 131 (2011), S. 41-64.
Dies., Obrigkeitliche Instrumentalisierung der Zeitung im 17. Jahrhundert: Die Gazette de France und die französische Politik, in: Holger BÖNING / Volker BAUER (Hg.), Zeitung. Ein neues Medium und die Folgen, Bremen 2011, S. 455-466.
Dies., Offizielle Kriegsbegründungen in der Frühen Neuzeit. Herrscherkommunikation in Europa zwischen Souveränität und korporativem Selbstverständnis, Berlin 2012.
TOCH, Michael, Judenfeindschaft im deutschen späten Mittelalter, in: Thomas KLEIN / Volker LOSEMANN u.a. (Hg.), Judentum und Antisemitismus von der Antike bis zur Gegenwart, Düsseldorf 1984, S. 65-75.
TORTAROLO, Edoardo, Zensur als Institution und Praxis im Europa der Frühen Neuzeit. Ein Überblick, in: Helmut ZEDELMAIER / Martin MULSOW (Hg.), Die Praktiken der Gelehrsamkeit in der Frühen Neuzeit, Tübingen 2001, S. 277-294.
TREVOR-ROPER, Hugh R., Epilogue: the Glorious Revolution, in: Jonathan I. ISRAEL (Hg.), The Anglo-Dutch Moment. Essays on the Glorious Revolution and its world impact, Cambridge u.a. 1991, S. 481-494.
Ders., The Religious Origins of the Enlightenment, in: Ders. (Hg.), Religion, the Reformation and Social Change, London u.a. 1967, S. 193-236.
TREUMANN, Rudolf, Die Monarchomachen. Eine Darstellung der revolutionären Staatslehren des XVI. Jahrhunderts (1573-1599), Leipzig 1895.

TRIM, D.J.B., »If a prince use tyrannie towards his people«: Interventions on behalf of foreign populations in early modern Europe, in: Brandon SIMS/D.J.B. TRIM (Hg.), Humanitarian Intervention: A History, Cambridge 2011, S. 25-66.
TRIMBLE, William Raleigh, The Catholic Laity in Elizabethan England 1558-1603, Cambridge, MA 1964.
TROOST, Wouter, William III, Brandenburg, and the construction of the anti-French coalition, 1672-88, in: Jonathan I. ISRAEL (Hg.), The Anglo-Dutch Moment. Essays on the Glorious Revolution and its world impact, Cambridge u.a. 1991, S. 299-333.
Ders., William III. the Stadholder-King. A Political Biography, Aldershot 2005.
TSCHOPP, Silvia Serena, Die Neue Kulturgeschichte – eine Zwischenbilanz, in: HZ 289 (2009), S. 573-605.
TURBET-DELOF, Guy, L'Afrique barbaresque dans la littérature française aux XVIe et XVIIe siècles, Genf 1973.
TUTINO, Stefania, La question de l'antijésuitisme anglais à l'époque moderne: le cas de John Donne, in: Pierre-Antoine FABRE/Catherine MAIRE (Hg.), Les antijésuitismes: discours, figures et lieux de l'antijésuitisme à l'époque moderne, Rennes 2010, S. 383-399.
TYERMAN, Christopher, Die Kreuzzüge. Eine kleine Einführung, Stuttgart 2009.
UPTON, A.F., Charles XI and Swedish Absolutism, Cambridge 1998.
UKENA, Peter, Tagesschrifttum und Öffentlichkeit im 16. und 17. Jahrhundert in Deutschland, in: Presse und Geschichte, München 1977, S. 35-53.
VANDEN BOSCH, Gerrit, L'image des jésuites dans la République des Provinces-Unies au Siècle d'or: Cinquième colonne ou mythe entretenu?, in: Pierre-Antoine FABRE/Catherine MAIRE (Hg.), Les antijésuites. Discours, figures et lieux de l'antijésuitisme à l'époque moderne, Rennes 2010, S. 429-453.
VANDER MEERSCH, Auguste, Bruslé de Montpleinchamp, Jean-Chrysostôme, in: Henri GUILLAUME (Hg.), Biographie nationale de Belgique, Brüssel 1872, Bd. 3, S. 113-116.
VANHEE, Olivier, Les libelles de guerre durant la guerre de la Ligue d'Augsbourg, in: Hervé COUTEAU-BÉGARIE (Hg.), Les médias et la guerre, Paris 2005, S. 210-229.
VENARD, Marc, Die südlichen Niederlande, in: Ders. (Hg.), Das Zeitalter der Vernunft (1620/30-1750), Freiburg im Breisgau u.a. 1998, S. 81-87.
VEENENDAAL, Augustus J. Tournai, in: Linda FREY/Marsha FREY (Hg.), The Treaties of the War of the Spanish Succession. An Historical and Critical Dictionary, Westport u.a. 1995, S. 440f.
VERCRUYSSE, Jeroom, La réception politique des journaux de Hollande, une lecture diplomatique, in: Hans BOTS (Hg.), La diffusion et la lecture des journaux de langue française sous l'Ancien Régime, Amsterdam 1987, S. 39-47.
VERNON, Richard, The Career of Toleration: John Locke, Jonas Proast, and After, Montreal u.a. 1997.
VIERHAUS, Rudolf, Historisches Interesse im 18. Jahrhundert, in: Hans Erich BÖDEKER/Georg G. IGGERS u.a. (Hg.), Aufklärung und Geschichte. Studien zur deutschen Geschichtswissenschaft im 18. Jahrhundert, Göttingen 1986, S. 264-275.
VITTU, Jean-Pierre, Diffusion et réception du Journal des savants de 1665-1714, in: Hans BOTS (Hg.), La diffusion et la lecture des journaux de langue française sous l'Ancien Régime, Amsterdam 1987, S. 167-175.
Ders., Instruments of political information in France, in: Brendan DOOLEY/Sabrina BARON (Hg.), The Politics of Information in Early Modern Europe, London u.a. 2001, S. 160-178
Ders., »Le peuple est fort curieux de nouvelles«: l'information périodique dans la France des années 1690, in: Haydn MASON (Hg.), Pour encourager les autres. Studies for the trecentenary of Voltaire's birth 1694-1994, Oxford 1994, S. 105-144.
VOGEL, Christine, »Piemontesische Ostern«: Mediale Inszenierungen des Waldenser-Massakers von 1655, in: Dies. (Hg.), Bilder des Schreckens. Die mediale Inszenierung von Massakern seit dem 16. Jahrhundert, Frankfurt a.M. u.a. 2006, S. 74-92.
VOGLER, Bernard, La Suisse coupée en deux par de graves conflits, in: Michel FIGEAC (Hg.), Les affrontements religieux en Europe. Du début du XVIe siècle au milieu du XVIIe siècle, Paris ²2009, S. 325-334.

VÖLKEL, Markus, Clio bei Hofe. Einleitende Überlegungen zum Hof als Produktionsstätte von Geschichtsschreibung, in: Ders./Arno STROHMEYER (Hg.), Historiographie an europäischen Höfen (16.–18. Jahrhundert). Studien zum Hof als Produktionsort von Geschichtsschreibung und historischer Repräsentation, Berlin 2009, S. 9–35.

Ders., Geschichtsschreibung. Eine Einführung in globaler Perspektive, Stuttgart 2006.

VOVELLE, Michel, Piété baroque et déchristianisation en Provence au XVIIIe siècle, Paris 1973.

WALLMANN, Johannes, Union, Reunion, Toleranz. Georg Calixts Einigungsbestrebungen und ihre Rezeption in der katholischen und protestantischen Theologie des 17. Jahrhunderts, in: Heinz DUCHHARDT/Gerhard MAY (Hg.), Union – Konversion – Toleranz. Dimensionen der Annäherung zwischen den christlichen Konfessionen im 17. und 18. Jahrhundert, Mainz 2000, S. 21–37.

Ders., Die Unionsideen Georg Calixts und ihre Rezeption in der katholischen und protestantischen Theologie des 17. Jahrhunderts, in: Hans OTTE/Richard SCHENK (Hg.), Die Reunionsgespräche im Niedersachsen des 17. Jahrhunderts. Rojas y Spinola – Molan – Leibniz, Göttingen 1999, S. 39–55.

WALSHAM, Alexandra, »Domme Preachers«? Post-Reformation English Catholicism and the Culture of Print, in: Past & Present 168 (2000), S. 72–123.

WALTHER, Karl Klaus, Kommunikationstheoretische Aspekte der Flugschriftenliteratur des 17. Jahrhunderts, in: Zentralblatt für Bibliothekswesen 92 (1978), S. 215–221.

WAPPLER, Klaus, Kurfürst Friedrich Wilhelm von Brandenburg. Das Berliner Religionsgespräch von 1662–63 und das Streitverbot von 1664, Harm KLUETING (Hg.), Irenik und Antikonfessionalismus im 17. und 18. Jahrhundert, Hildesheim u.a. 2003, S. 141–151.

WAQUET, Françoise, Latein. 5. Wissenschaftssprache, in: Friedrich JÄGER (Hg.), EdN, Stuttgart u.a. 2008, Bd. 7, Sp. 630–632.

Dies., Latin, in: Lucien BÉLY (Hg.), Dictionnaire de l'Ancien Régime. Royaume de France XVIe–XVIIIe siècle, Paris ³2010, S. 724.

Dies., Latin Language, in: Anthony GRAFTON/Glenn W. MOST u.a. (Hg.), The Classical Tradition, Cambridge, MA, u.a. 2010, S. 509–512.

Dies., Parler comme un livre. L'oralité et le savoir (XVIe–XXe siècle), Paris 2003.

Dies., République des Lettres, in: Lucien BÉLY (Hg.), Dictionnaire de l'Ancien Régime, Paris ²2006, S. 1082–1084.

WARTENBERG, Günther, Das innerwettinische Verhältnis zwischen 1547–1552, in: Volker LEPPIN/Georg SCHMIDT u.a. (Hg.), Johann Friedrich I. – der lutherische Kurfürst, Heidelberg 2006, S. 155–167.

WEBER, Georg, Geschichte der Gegenreformation und der Religionskriege, Leipzig 1875.

WEBER, Johannes, Deutsche Presse im Zeitalter des Barock. Zur Vorgeschichte öffentlichen politischen Räsonnements, in: Hans-Wolf JÄGER (Hg.), »Öffentlichkeit« im 18. Jahrhundert, Göttingen 1997, S. 137–149.

Ders., Götter-Both Mercurius. Die Urgeschichte der politischen Zeitschrift in Deutschland, Bremen 1994.

WEBER, Klaus, La migration huguenote dans le contexte de l'économie atlantique. L'exemple de Hambourg (1680–1800) in: Guido BRAUN/Susanne LACHENICHT (Hg.), Hugenotten und deutsche Territorialstaaten. Immigrationspolitik und Integrationsprozesse, München 2007, S. 125–136.

WEGELE, Franz Xaver von, Johann Heinrich Böckler, in: ADB, Leipzig 1875, Bd. 2, S. 792f.

Ders., Geschichte der deutschen Historiographie seit dem Auftreten des Humanismus, München u.a. 1885.

Ders., Wilhelm Ernst Tentzel, in: ADB, Leipzig 1894, Bd. 37, S. 571f.

WEIAND, Kerstin, Herrscherbilder und politische Normbildung. Die Darstellung Elisabeths I. im England des frühen 17. Jahrhunderts, Göttingen 2014.

WEICHELT, Marion Yvonne Petra, Kriegsrepressalien, Zürich 1993.

WEINFURTER, Stefan, Wie das Reich heilig wurde, in: Bernhard JUSSEN (Hg.), Die Macht des Königs. Herrschaft in Europa vom Frühmittelalter bis in die Neuzeit, München 2005, S. 190–204.

WEISMANN, Jakob, Talion und öffentliche Strafe im Mosaischen Rechte, in: Klaus KOCH (Hg.), Um das Prinzip der Vergeltung in Religion und Recht des Alten Testaments, Darmstadt 1972, S. 325–406.

WEISS, Charles, Michel Levassor, in: Louis-Gabriel MICHAUD (Hg.), Biographie Universelle, Graz ³1968, Bd. 24, S. 392.
WEISSBRICH, Thomas, Höchstädt 1704. Eine Schlacht als Medienereignis. Kriegsberichterstattung und Gelegenheitsdichtung im Spanischen Erbfolgekrieg, Paderborn 2015.
WELSCH, Wolfgang, Transkulturalität – die veränderte Verfassung heutiger Kulturen, in: Freimut DUVE / Friedrich Wilhelm GRAF u.a. (Hg.), Sichtweisen. »Die Vielfalt in Einheit«, Frankfurt a.M. 1994, S. 85–122.
WELTECKE, Dorothea, »Der Narr spricht: Es ist kein Gott«. Atheismus, Unglauben und Glaubenszweifel vom 12. Jahrhundert bis zur Neuzeit, Frankfurt a.M. u.a. 2010.
WERBLICK, Jürgen, Offenbarung 2. Dogmatisch a) Katholisches Verständnis, in: Hans Dieter BETZ / Don S. BROWNING u.a. (Hg.), RGG, Tübingen ⁴2003, Bd. 6, Sp. 477–479.
WETZEL, Klaus, Theologische Kirchengeschichtsschreibung im deutschen Protestantismus 1660–1760, Gießen u.a. 1983.
WHALEY, Joachim, Germany and the Holy Roman Empire, Oxford 2012, 2 Bde.
WILKE, Jürgen, Die Zeitung, in: Ernst FISCHER / Wilhelm HAEFS u.a. (Hg.), Von Almanach bis Zeitung. Ein Handbuch der Medien in Deutschland 1700–1800, München 1999, S. 388–402.
WILSON, P. H., The German »Soldier Trade« of the Seventeenth and Eighteenth centuries: A Reassessment, in: International History Review 18 (1996), S. 757–792.
WINKLER, Karl Tilman, Publikum und Tagesschrifttum am Beispiel Englands im 18. Jahrhundert, in: Hans-Wolf JÄGER (Hg.), »Öffentlichkeit« im 18. Jahrhundert, Göttingen 1997, S. 203–228.
Ders., Wörterkrieg. Politische Debattenkultur in England 1689–1750, Stuttgart 1998.
WINTER, Carsten, Kulturelle Öffentlichkeiten. Kritik des Modells bürgerlich-liberaler Öffentlichkeit, in: Werner FAULSTICH (Hg.), Konzepte von Öffentlichkeit. 3. Lüneburger Kolloquium zur Medienwissenschaft, Bardowick 1993, S. 29–46.
WOEHL, Christine, Volo vincere cum meis vel occumbere cum eisdem. Studien zu Simon von Montfort und seinen nordfranzösischen Gefolgsleuten während des Albigenserkreuzzuges (1209 bis 1218), Frankfurt a.M. u.a. 2001.
WOHLFEIL, Rainer, Frankfurter Anstand, in: TRE 11 (1983), S. 342–346.
Ders., Reformatorische Öffentlichkeit, in: Ludger GRENZMANN / Karl STACKMANN (Hg.), Literatur und Laienbildung im Spätmittelalter und in der Reformationszeit, Stuttgart 1984, S. 41–52.
WOLF, Adam, Fürst Wenzel Lobkowitz, erster geheimer Rath Kaiser Leopold's I. 1609–1677. Sein Leben und Wirken, Wien 1869.
WOLF, Peter, Bilder und Vorstellungen vom Mittelalter. Regensburger Stadtchroniken der frühen Neuzeit, Tübingen 1999.
WOLGAST, Eike, Calvinismus und Reformiertentum im Heiligen Römischen Reich, in: Irene DINGEL / Herman J. SELDERHUIS (Hg.), Calvin und Calvinismus. Europäische Perspektiven, Göttingen 2011, S. 23–45.
Ders., Konfessionsbestimmte Faktoren der Reichs- und Außenpolitik der Kurpfalz 1559–1620, in: Heinz SCHILLING (Hg.), Konfessioneller Fundamentalismus. Religion als politischer Faktor im europäischen Mächtesystem um 1600, München 2007, S. 167–187.
Ders., Die Religionsfrage als Problem des Widerstandsrechts im 16. Jahrhundert, Heidelberg 1980.
Ders., Die Wittenberger Theologie und die Politik der evangelischen Stände. Studien zu Luthers Gutachten in politischen Fragen, Heidelberg 1977.
WOOTTON, David, Paolo Sarpi. Between Renaissance and Enlightenment, Cambridge u.a. 1983.
WREDE, Martin, Das Reich und seine Feinde. Politische Feindbilder in der reichspatriotischen Publizistik zwischen Westfälischem Frieden und Siebenjährigem Krieg, Mainz 2004.
Ders., Türkenkrieger, Türkensieger. Leopold I. und Ludwig XIV. als Retter und Ritter der Christenheit, in: Christoph KAMPMANN / Katharina KRAUSE u.a. (Hg.), Bourbon – Habsburg – Oranien. Konkurrierende Modelle im dynastischen Europa um 1700, Köln u.a. 2008, S. 149–165.
WÜRGLER, Andreas, Medien in der Frühen Neuzeit, München 2009.
Ders., Unruhen und Öffentlichkeit. Städtische und ländliche Protestbewegungen im 18. Jahrhundert, Tübingen 1995.
WUNDER, Bernd, Die bayrische Diversion Ludwigs XIV. in den Jahren 1700–1704. Kurbayern, Schwaben und Franken zwischen Habsburg und Bourbon zu Beginn des Spanischen Erbfolgekrieges, in: Zeitschrift für bayerische Landesgeschichte 37 (1974), S. 416–478.

WUTTKE, Alfred, Die öffentliche Meinung in Deutschland im Zeitalter Ludwigs XIV. 1650-1700. Ein Beitrag zur Kenntnis der deutschen Flugschriften-Literatur, Stuttgart 1888.
YARDENI, Myriam, La conception de l'histoire dans l'œuvre de la Popelinière, in: Dies. (Hg.), Repenser l'histoire. Aspects de l'historiographie huguenote des guerres de religion à la Révolution française, Paris 2000, S. 13-37.
Dies., La conscience nationale en France pendant les guerres de religion (1559-1598), Louvain u.a. 1971.
Dies. (Hg.), Enquêtes sur l'identité de la »nation France« de la Renaissance aux Lumières, Seyssel 2004.
Dies., French Calvinist Political Thought, 1534-1715, in: Menna PRESTWICH (Hg.), International Calvinism 1541-1715, Oxford 1985, S. 315-337.
Dies., Hotman et l'essor de l'histoire propagande à l'époque des guerres de religion, in: Dies. (Hg.), Repenser l'histoire. Aspects de l'historiographie huguenote des guerres de religion à la Révolution française, Paris 2000, S. 39-49.
Dies. (Hg.), Repenser l'histoire. Aspects de l'historiographie huguenote des guerres de religion à la révolution française, Paris 2000.
ŽAK, Lubomir, »Offenbarung und Glaube« in den Lehrtexten der Reformation, in: Eilert HERMS (Hg.), Grund und Gegenstand des Glaubens nach römisch-katholischer und evangelisch-lutherischer Lehre, Tübingen 2008, S. 83-118.
Ders., Die Vermittlung der Offenbarung und die Konstitution der Kirche in der Theologie Luthers, in: Eilert HERMS (Hg.), Grund und Gegenstand des Glaubens nach römisch-katholischer und evangelisch-lutherischer Lehre, Tübingen 2008, S. 449-481.
ZEEDEN, Ernst Walter, Die Entstehung der Konfessionen. Grundlagen und Formen der Konfessionsbildung im Zeitalter der Glaubenskämpfe, München 1965.
Ders., Martin Luther und die Reformation im Urteil des deutschen Luthertums, Freiburg 1950.
ZELLER, Winfried, Christian Hoburg [sic!], in: NDB 9 (1972), S. 282f.
ZEMON DAVIS, Natalie, The Rites of Violence: Religious Riot in Sixteenth-Century France, in: Past & Present 59 (1973), S. 51-91.
ZIEGLER, Hendrik, Der Sonnenkönig und seine Feinde. Die Bildpropaganda Ludwigs XIV. in der Kritik, Petersberg 2010.
ZIMMERMANN, Harald, Ecclesia als Objekt der Historiographie. Studien zur Kirchengeschichtsschreibung im Mittelalter und in der frühen Neuzeit, Graz u.a. 1960.
ZOBERMAN, Pierre, Les Panègyriques du Roi. Prononcé dans l'Académie Française, Tours 1991.
ZWIEDINECK-SÜDENHORST, Hans von, Die öffentliche Meinung in Deutschland im Zeitalter Ludwigs XIV. (1650-1700). Beiträge zur Kenntnis der deutschen Flugschriftenliteratur, Stuttgart 1888.
ZWIERLEIN, Cornel, Discorso und Lex Dei. Die Entstehung neuer Denkrahmen im 16. Jahrhundert und die Wahrnehmung der französischen Religionskriege in Italien und Deutschland, Göttingen 2006.

# Danksagung

Die vorliegende Arbeit wurde im November 2016 als deutsch-französische Dissertation an der Université Paris-Sorbonne und an der Philipps-Universität Marburg angenommen. Für ihre Unterstützung, ständige Gesprächsbereitschaft und manch heilsame Kritik danke ich meinen beiden Doktorvätern Prof. Dr. Christoph Kampmann (Marburg) und Prof. Dr. Olivier Chaline (Paris). Herr Kampmann hat mich bei der schwirigen Aufgabe der Themenfindung beraten. Auf einer von ihm finanzierten Forschungsreise nach Paris habe ich 2011 in der Bibliothèque Nationale de France das Thema einer Geschichte des Religionskriegsbegriffs entdeckt. Bei einem Besuch in der Sorbonne konnte sich Olivier Chaline sofort für das Thema erwärmen und hat die Mitbetreuung dieser Arbeit als *Cotutelle-de-thèse* zugesichert. Beide Betreuer haben mich bei der Suche nach einer dauerhaften Finanzierung meines Projektes unterstützt, die mehrfach von Erfolg gekrönt war. Mein Dank für die Gewährung von Promotionsstipendien gilt der Heinrich-Böll-Stiftung und der Studienstiftung des deutschen Volkes. Darüber hinaus danke ich der Deutsch-Französischen Hochschule Saarbrücken und der Adolph-Schmidtmann-Stiftung für die Gewährung von Reisekostenstipendien, die mir weitere Aufenthalte in Paris ermöglicht haben. Zurück in Marburg habe ich besonders von der fruchtbaren Arbeitsatmosphäre von Herrn Kampmanns Oberseminar profitiert, im Zuge dessen ich jedes Semester die Entwicklung meiner Arbeit diskutieren konnte. Schließlich hat Herr Kampmann meine komplette Dissertation zweimal bis auf die letzte Fußnote Korrektur gelesen. Dabei war er auch mit Fundamentalkritik nicht zurückhaltend, die maßgeblich zur Schärfung meiner Argumentation beigetragen hat. Hierfür bin ich ihm zu besonderem Dank verpflichtet. Olivier Chaline seinerseits war von Beginn an ein unermüdlicher Ideengeber. Sehr habe ich von seinem breiten und profunden Wissen zur europäischen Geschichte der konfessionellen Auseinandersetzungen profitiert.

Prof. Dr. Anuschka Tischer (Würzburg) hat im ersten Semester nicht nur mein Interesse für die Epoche der Frühen Neuzeit geweckt, sondern auch den Abschluss meiner Promotion auf ihrer Mitarbeiterstelle in Würzburg ermöglicht. Hervorheben möchte ich auch die parallele Betreuung durch meinen langjährigen Mentor PD Dr. Ulrich Niggemann (Augsburg), der mich einst als studentische Hilfskraft gefördert und mit der englischen und hugenottischen Geschichte der Zeit um 1700 vertraut gemacht hat.

Keine Arbeit, die den Anspruch von Wissenschaftlichkeit erfüllen möchte, entsteht ohne den Diskussionszusammenhang mit ihrem akademischen Umfeld. Darum sei neben Herrn Kampmann, Frau Tischer und Herrn Niggemann all jenen ein besonderer Dank ausgesprochen, die Teile der noch unfertigen Arbeit gelesen und mit mir debattiert haben. Hier möchte ich in erster Linie Dr. Henning P. Jürgens (Mainz), Julian Katz (Marburg), Dr. Sebastian Klappert (Berlin), Dr. Boris Queckbörner (Kassel), Dr. Nicolas Richard (Paris) und Avraham Siluk (Frankfurt am Main) nennen.

Für zahlreiche Hinweise und Hilfestellungen bin ich darüber hinaus Prof. Dr. Rainer Babel (Paris), Prof. Dr. Lucien Bély (Paris), Karola Brüggemann (Basel), VDM Dr. Luka Ilic (Mainz), Prof. em. Dr. Arlette Jouanna (Montpellier), Stéphanie Lescure (Marburg), Prof. Dr. Charles-Edouard Levillain (Paris), Prof. Dr. Ludolf Pelizaeus (Amiens), Prof. Dr. Judith Pollmann (Leiden), Dr. Clarisse Roche (Abu Dhabi), Prof. Dr. Manuel Herrero Sánchez (Sevilla), Prof. Dr. Wolf-Friedrich Schäufele (Marburg), Prof. Dr. Lothar Schilling (Augsburg), Prof. Dr. Inken Schmidt-Voges (Marburg), Prof. Dr. Gerd Schwerhoff (Dresden) und Prof. Dr. Barbara Stollberg-Rilinger (Münster) zu Dank verpflichtet.

Prof. Dr. Irene Dingel und Prof. Dr. Johannes Paulmann gebührt mein Dank für die Gewährung eines Abschlussstipendiums und die Aufnahme in die Publikationsreihen für Abendländische Religionsgeschichte und Universalgeschichte des Leibniz-Instituts für europäische Geschichte in Mainz. Die Boehringer Ingelheim Stiftung für Geisteswissenschaften und die Evangelische Kirche in Deutschland haben die Drucklegung dieser Arbeit unterstützt. Die Evangelisch-lutherische Kirche in Bayern hat die Lektoratskosten und das Erzbistum Köln die Bildrechte übernommen. Ich bin glücklich, dass dadurch ein konfessionsübergreifendes Interesse bekundet wurde. Der Erhalt des deutsch-französischen Dissertationspreises betont noch einmal den transkulturellen Charakter dieser Arbeit, die darüber hinaus eine interdisziplinäre, säkulare Jury überzeugen konnte.

Bei der Fertigstellung des Druckmanuskripts haben mir Vanessa Weber (Mainz) und unsere Würzburger Hilfskräfte Erik von Petersson, Laura Potjans und Nadine Zentgraf geholfen. Ihnen und all jenen hier nicht genannten, die zum Resultat dieser Arbeit beigetragen haben, sei mein herzlicher Dank ausgesprochen.

Rückhalt habe ich immer von meiner Familie erfahren, von der ich Elisabeth Anna Charlotte den größten Dank schulde. Sie hat mich immer in allen meinen Vorhaben bestärkt. Und Charlotte Johanna †, meine liebe Urgroßmutter, hätte mich daran erinnert, vor allem unserem Herrn zu danken, dessen Gnade wir alles verdanken, was wir tun und von anderen empfangen. Darum sei das letzte Wort dieser geschichtswissenschaftlichen Arbeit ein geistliches:

SOLI DEO GLORIA.

Marburg / Paris, im Herbst 2017                                       Christian Mühling

# Register[1]

## Ortsregister

Ägypten 74, 140f., 372
Alès *108*, 156, 242
Alicante 333f., *334*
Amboise 150, 204, 242
Amsterdam 117, 292
Anhalt 460, *460*
Antwerpen *192*
Avignon 318, *319*, *322*, 325

Baden im Aargau 134
Bayern 232, 256, 258, 288, 285f., 302, 327–329, 479, *282*, *286*
Béarn 129, 154, 161, 163
Böhmen 88, 162, 184, 194, 219, 226, 257, 286, *287*, *350*, *454*, *473*
Brandenburg 153, *175*, 184f., *184f.*, 186–188, *188*, 189f., *190*, 193, 222, 237, 239, *277f.*, 324, 428, *429*, 431f., 459f., 507f.

Calais 212
Cevennen 18, 82, 104, 213f., 336

Dänemark 309, 435
Dordrecht 191, *191*
Dover 196
Dublin *308*, 372, 414, *456*

Eidgenossenschaft → Schweiz
England 193–204, 266–276, 399–403, 410–423, passim
Erblande → Österreich

Flandern 318, *319*, 438, *480*
Franche-Comté *319*, *484*
Frankreich 107–135, 259–265, 276–312, 390–399, 470–501, passim

Genf 37, 335, *335*
Großbritannien 16, 440
Guyenne 347

Hessen 113, 169, 175, *175*, *277*, 285, *285*, 397
Holland 147, 153, 168, *268*, *277*, 289, *303*, *309*, *316*, *327*, 440f., 455

Irland *31*, 145, 170, 188, 196–198, 203, 221–223, *224*, 226, 262, *265*, 273, 308, 372f., 377, 401, 413f., 419, 456, *456*, 459
Israel 70, *70*, 264, *264*, 356f., 359
Italien 76, 169f., 180, 285, 289, 317, 322f., 326, *327*, 480, 483, 486, 490

Köln 147, 206, 256, 258, 275, *279*, 282, 285, 291, 302, 313, 318f., 324, 329
Kurpfalz 184, 190, 245, 282, 428, *442f.*

La Ferté-sous-Jouarre 131
La Rochelle 127, 132, 163–165, 345, 358, 438
Le Havre 212
Leipzig 170, 182
Lissabon 331, *331*
London 119, 201, *268f.*, *269f.*, *278*, 294, *294f.*, 296, 419, *419*, 455, *455*
Loudon 160f., 213
Lyon 76, *76*

Mähren 282, *282*, *473*
Mainz 180, 285, 318, *319*, 384
Montpazier 347
Montpellier *127*, 165f.
Münster 279, *279*, 280, 309, *309*, 342, 404

---

1 *Kursiv* gesetzte Seitenangaben verweisen auf Anmerkungen, recte gesetzte auf den laufenden Text.

Nantes 21, 29, *29*, 67, 80, 93, 105, 107, *107f.*, 113, 123, 126–128, 131–134, *134*, 135, 138, 146, 152f., 155f., *156*, 157–159, 162, 165, 170, 175, 204–206, 234, 241, 251, *251*, 253, *254*, 259f., *260*, *263*, 277, 312, 343, 345f., 348, 353f., *354*, 356–358, 370, 376, 381, 385, 390, 406, 435, 451, 467, 485, 507
Neapel *326*
Niederlande 38, 86, 114f., 127, 155, 191f., 202f., 205, 214f., *226*, *233*, 265, 270, *270*, 295, *295*, *307*, 319, 330, *330*, 372, 396, 437, 439f., 450, 473, *474*, 477, *477*

Osmanisches Reich *73*, 461, 484f., *485*, 490, 494–497, 500
Osnabrück 185, 187, *188*, *277*, 279, *342*
Österreich 63, 77, 86, 144, 147, 187, 245, 257, 270f., *271*, *273*, *279*, *281*, 282f., *283*, *285*, 286, *286*, 299, *299*, 305f., *305f.*, 307, 309, 310, 313, *313*, 315, *315*, 320, 325, 331, 333, 335, 366, 442f., 450, *450*, *472*, 473, *473*, *482*, *486*, 495, *495*, 499, *499*

Paderborn 279
Paris 39, 102, 125, 128, *128*, 161, 166, 179, *233*, 255, 325, 388, 405f., *406*, 407
Pfalz 30, *188*, 190, 195, 205, 215, 286f., *286f.*, 289, 319, *319*, 341, 427f., *428*, 429–431, 442f., *442f.*
Philippsburg 318, *319*
Polen 239, 283, *310*, 485, 491
Port-Royal 89
Preußen 30, *67*, 184, *184*, 185f., 188f., *188–190*, 193, 222, 225, 237, 239, *277*, *279*, 397, 427–429, *429*, 431f., 468, 507f.

Rastatt 134
Regensburg 36, 111, 171, *190*, 276, *277*, 428f., *429*, 430f., *473*, 489, 491, *492*
Rhein *277–279*, 281f., 300, 320, 477, *477*, 480, 487, 496, *496*
Rijswijk 134f., 261, *275*, 357f., *428*, 442f., *443*, 444, 495
Rom *101*, 103, 105f., 135, 147f., 161, 169f., 179, 208, *230*, 231, *267*, *273*, *283*, 298, 305, *305*, 312f., *313–315*, 316f., *317*, 320, 322f., 325–327, 378, 386, 400, 403, 405f., *448*, 450, *450*, *454*, 461, 468, 472, 483, 490

Sachsen 112f., 116, 119, 169, *175*, 180, 182, 184, 186, 188, *189*, 190, *190*, 192, 210, 237, 256, *256*, *277*, 278, *278*, 284, *429*, *441*, 507

Saint Germain-en-Laye 77
Saint Jean d'Angély 131
Salamanca 337
Salzburg 361
Sankt Gallen 369, 373, 377–379
Savoyen 20, 101, 283, *283*, *314*, 317, 348, 426, 443, 475
Schlesien 282, *282*, 257, *287*, 430f., 441
Schottland 200, 356, 362, 401, 455f., 459
Schweden 191, *278*, 286, *304*, 309, *328*, 441, 508
Schweiz 28, 83, 118, 205, 274, *274*, *278*, 288, 297–299, 302, 309, 366, 369, 379, *397*, *404*
Siebenbürgen *314*, *486*
Sizilien 326, *326*, 327, 499
Spanien 73f., *75*, 76f., 103, 112, 154–156, 160f., 164f., 192, *192*, 195, 198, *199*, *217*, 222, *226*, *259*, 270, *270*, *273*, 283, *287f.*, 288, 301, *301*, 302f., *303f.*, 316f., *316f.*, 318, *319*, 329f., 332, *332*, 333–338, *336–338*, 339, 344f., *345*, *347*, 373, 396, 408f., *408f.*, 421, 440, *441*, 450, *450*, 455, *471f.*, 472–474, *473f.*, 475, *478*, 479–481, *481f.*, 483, *483*, 494
Straßburg 204

Toledo 300
Trient 70, 111, 113, 116–118, 168, 171, 473
Trier *279*, 318, *319*
Türkei → Osmanisches Reich

Ulster 197, 223, *373*
Ungarn 88, 147, 205, 226, 255f., *255f.*, 281f., *282*, *287*, 289, 494, *300*, 302, 310f., *310f.*, 349, 366, 374, 431, 442f., 450, *450*, 486, *486*, 487, *488*, 491, *497*, 499, *499*
Utrecht *31*, 134, 397, 443, *477*, 483, 499

Vassy 122, 151, *344*
Venaissin 317f., 322
Venedig 117, 194, 233, 485, 495
Versailles *86*, 105, 117, *278*, *323*, 481, *481*, 496

Westminster 419, *419*
Wien 86, *86*, 90, 116f., 172, 189, *258*, *267*, *273*, *280*, 281, 302, *330*, 387, 486, *486*, 487, 498

# Personenregister

Aguesseau, Henri d' *134*
Alarich II. (König der Westgoten) 97, *97*, 98f.
Allix, Pierre 156
Amalarich (König der Westgoten) 100
Amiens, Peter von 234
Ancillon, Charles 347
Anjou, Philipp von → Spanien, Philipp V. von
Aragon, Ferdinand II. von 77, 189, 216, 219, 228, 232, 257, 304, *304*, *308*, 472, 474
Aragon, Peter II. von 103f.
Arnold, Gottfried 176f.
Avril, Philippe 72f.

Baillet, Adrien 89
Basnage de Beauval, Jacques 143, 177, 226f., *227*, *248f.*, 251f., 446, *448*
Bayern, Joseph Clemens von 256, 285, 288, 291, 313, 324, *324*
Bayern, Maximilian I. von 228, 286, *287*
Bayern, Maximilian II. Emanuel von 231, 256, 285f., *287*, 288, 291
Bayern, Wilhelm IV. von 285
Bayle, Pierre 129, 140, *141*, 147f., 162, 228f., *229*, 230, 356, *356*, 373, 376
Benoist, Élie 131f., 153–156, *156*, 157, *160*, 162, 346
Benoist, Jean 79, 100f., *101*, 102f.
Bentinck, Hans Willem 220, *220f.*
Bernard, Jean *255*
Boeckler, Johann Heinrich *116*
Bossuet, Jacques Bénigne 82, *82f.*, 128–131, 177, 226f., 249
Brandenburg, Christian Wilhelm von 187f.
Brandenburg, Friedrich III. von → Preußen, Friedrich I. von
Brandenburg, Friedrich Wilhelm von 153
Brandenburg, Joachim Friedrich von 187
Braunschweig-Wolfenbüttel, Christian von 187
Buckingham, George Villiers of 198f., 203, 219
Burgermeister, Johann Stephan von 231f.
Burgisser, Leodigarius 369
Burnet, Gilbert 129, 208, *208*, 209f., 272, 447
Bussy-Rabutin, Roger de 260

Cabrera, Juan Tomás Enríquez de 331
Caesarea, Eusebius von 94, *428*
Calvin, Johannes 82, *177*, *260*, 401
Campbell, Archibald 417
Capell, Henry 203
Castille, Nicolas de 132f., *134*
Chalucet, Armand-Louis Bonin de 496
Champvallon, François Harlay de 405
Châteauneuf, Pierre de 80f.
Chlodwig I. (fränkischer König) 96, *96*, 97–100, 102, 104f., 121, 123, 138
Choisy, François Timoléon de 88, *88*, 91, 94–96, 105
Cibo, Alderano 489
Cisneros, Gonzalo Jiménez de 74, *74*, 76
Claude, Jean 156
Clément, Jacques 179
Cochem, Martin von 85, *85*, 86f., 90
Colbert, Jean-Baptiste de 128, *260*
Coleman, Edward 392, *392*, 399
Coligny, Gaspard II. de 109, 131, 158f., 231
Compton, Henry 294
Condé, Henri I. de Bourbon de 211
Condé, Henri II. de Bourbon de 160, 164f.
Condé, Louis I. Bourbon de 109, 151, 158, 160, 164f., 211, *344*, *346f.*, 382
Condé, Louis II. de Bourbon de 346f., 382
Conway, Edward 195, *216*
Cromwell, Oliver 295, 297, *297*, 306f., 347, *347*, 414, 426

Daillé, Jean 156
Dänemark, Christian V. von 435
Daniel, Gabriel 83, 96, 98, 102f., 109
De la Chapelle, Jean *274*, 297, 299
Defoe, Daniel 377, *377*, 413f., 424, *424*, 425–427, 430f., 437f., *482*
Diebold, Caspar 142f.
Dijon, Nicolas de 79f., *80*
Donneau de Vise, Jean *251*
Du Bos, Jean-Baptiste 301
Dugdale, William 196, 198
Dumont, Jean 330, *330*
Duplessis-Mornay, Philippe 213

Echard, Laurence 207f.
England, Anna von 479
England, Eduard VI. von 145, 210, 238
England, Elisabeth I. von 109, 131, *194*, 210, 213–215, 219, 223, 226, 238, 250, 304, 306, 388, 410, *410*, 439f., 445, 451, 479
England, Heinrich VIII. von 171, 208f., 213, 238, 242, 306, 322, *432*
England, Jakob I. von 119, 127, 166, 194–196, 198, 215, 217–219, 238, 437, *438*, 451, *451*
England, Jakob II. von 31, 93, *101*, 193, 195, *201*, 203, 216, 226, 245, 253, 262, *262*, 263–265, 271f., *272*, 273, 275f., 291, *292*, 293, 296, *296f.*, 306, *306*, 308, 310, 315f., *315f.*, *318*, 320, *324*, 357, 363, 380, 385, 387f., 392, 399–403, 406, 411f., *412*, 413, 418, 420, 422, *435*, 438, 452f., *453*, 456, *456*, 457, *458*, 459, *459*, 468, 477f., 485, 493, 496, passim
England, Karl I. von *196*, 222, 304, *307*
England, Karl II. von *196*, *307*, 388, 392
England, Maria I. von 210, 226, 399–401, 421, 456
England, Maria II. von 153, 214, *220*, 413
England, Wilhelm III. von 77, 102, 153, *167*, 202, 207, 211, *211*, 212, 214, 220, 222, 224, 226, 242, 261, 263f., 269f., *270*, 274, 275, 276, *278f.*, 282f., 288, *288*, 292, 295, *297*, 302, 306–308, 310, 314, 316f., 320, 324, 356f., 362, 372, *373*, 377, 413, 419, 436, 438, *438f.*, 445, 453, 456, 458, 465, 475, 478
Estrée, César d' 147

Farnese, Alessandro → Papst Paul III.
Farnese, Ottavio 144, *144*, 171, *171*
Fawkes, Guy 388
Fenelon, François *88*
Fétizon, Paul 344, 346
Flacius, Matthias Illyricus 86f.
Fléchier, Esprit 76f., *77*
Frankenland, Thomas 194
Frankreich, Franz I. von 473
Frankreich, Franz II. von 149–151
Frankreich, Heinrich II. von 303, *303*, *373*, *434*
Frankreich, Heinrich III. von 149, 179, *355*
Frankreich, Heinrich IV. von 123, 149, 151, 211, 345, 388, 474, *486*
Frankreich, Karl IX. von 149, *355*

Frankreich, Katharina von → Medici, Katharina von
Frankreich, Ludwig XIII. von 18, 20, 108, 125, 127, 131–133, *144f.*, 153–155, 157–161, *163*, 164–167, 213, 216, 221, *221*, *241f.*, 304, 346, 358, 361, 376
Frankreich, Ludwig XIV. von 259–312, 470–510, passim
Frankreich, Ludwig IX. von 104f., 138, 164
Frankreich, Ludwig XII. von *322*
Frankreich, Maria von → Medici, Maria von
Frankreich, Philipp II. August von 101f., *101*, 104
Freschot, Casimir 285
Fürstenberg, Wilhelm Egon von 275, 282, 313, 324

Galen, Christoph Bernhard von 373, 404
Giry, François 94f.
Göbel, Mattaeus → Göbel, Matthäus
Göbel, Matthäus 349, *349*, 369, *384*, 404
Guignard, Jean 388
Guise, François, de Lorraine de 250
Guise, Henri I. de Lorraine de 122, 151, *451*
Gürtler, Nikolaus 361
Guzmàn, Dominikus de 79–81

Harrington, James 140f.
Herbelot, Barthélemy 72
Hessen, Philipp von 112f., 116, 119, 169, 180, 209
Hickeringill, Edmund 372f., 426f.
Hippo, Theogenes von 93
Holtzhausen, Johann Christoph von 350, 361
Hospital, Michel de l' 118
Hotman, François 158f.
Hough, John 372
Houssaie, Amelot de la 117–119
Hübner, Christian 177–179
Hübner, Johann 179, 230f., *231*
Hugo, Charles-Louis *70*
Hume, David 140, *141*

Jeannin, Pierre 132f., 155
Jesus Christus 74, 79, 83, *85*, 95, 97, 99, 148, 182, *195*, 206, 248, *264*, *274*, 353, 366, 369, 376, *402*, 448

Jones, David 213
Josua 359
Jurieu, Pierre 91, 117, 126, 128f., 148–153, *162*, 168–170, 206f., 251f., *251f.*, 253f., *267*, 272, 343, *343*, 344, 347, *347*, 356, *380f.*, 386f., 391

Kaiser Ferdinand I. 180, 184
Kaiser Ferdinand II. *144*, 188, *189*, 216, 219, 228, 232, 257, *257*, *286*, 304, *304*, *308*, 351, 472, 474f.
Kaiser Ferdinand III. *300*
Kaiser Friedrich II. 87
Kaiser Herakleios 85, *85*, 86, 94f.
Kaiser Karl V. 112, 118f., 168, 170, 172, 176f., 209, 404, 472f., *473*, *477*
Kaiser Karl VI. *330*, 482
Kaiser Konstantin 91–94
Kaiser Leopold I. 86, 101, 114, *144*, 172, 174, 182f., *270*, 273, 281, 298, 312–315, 317f., 386f., 403, *435*, 487, 490, *491f.*, 493
Kaiser Licinius 93f.
Kaiser Maxentius 92
Kaiser Maximilian II. 231, 286, *287*, 288
Kaiser Maximinus Daia 88f., 92
Kaiser Sigismund 88, 91
Kaiser Theodosius II. 207
Kaiser, Joseph I. 285, 337, 482
Kardinal Mazarin → Cardinal Jules Mazarin
Kastillien, Isabella von 77
King, William 414f.
Kogenheim, Johann Heiß von 115, *115*, 116–118
Köln, Joseph Clemens von → Bayern, Joseph Clemens von

La Chaize, François d'Aix de 128
La Chesnées, Jean-Jacques Quesnot de 348
La Chétardie, Joachim de 91–93
Lachaise, François d'Aix de 381f., 392, 399
Lange, Gottfried 180f.
Langlois, Jean-Baptiste 82, 103f.
Languet, Hubert 204f.
Larrey, Isaac de 145f., 170–172, 188f., *189*, 221f., 225, 358f., 421
Lavardin, Marquis de 325
Le Vassor, Michel 159, *159*, 160–166, *215*, 216, *216*, 219–221, *220f.*, 346

Lesdiguières, François de Bonne de 131, 160f.
Leti, Gregorio 172, *172*, 173f., 211f., *212*, 223, *224*, 391, 418, 457, 470, 489
Leuckfeld, Johann Georg 185, *185*, 186, 188, *188*, 189
Locke, John 463–465
Londel, Jean Etienne du 241f.
Long, Thomas 463
Louvois, François Michel Le Tellier de 54, *115*, 354, *364*, *382*
Luna, Miguel de 75f.
Lünig, Johann Christian 39, 182, 204f.
Luther, Martin 142f., 176f., *176f.*, 178, 186, *190*, 192, *226*, 236, 249, *255*, 256f., *257*, *381*, *432*, 461
Luynes, Charles d'Albert de 155, 160f.

MacGregory, John 214
Maimbourg, Louis 109f., *110*, 111–116, 118, 120–125, 127f., 146–150, 168, 233f., *344*, 381
Makedonien, Alexander III. der Große von *454*
Makkabäer 261
Maldonada, Antonio 333
Maria (Mutter Jesu) 90, 334, 378, *476*
Marsollier, Jacques 73f., 80f.
Marteau, Pierre 158, 206
Mathesius, Johann Balthasar 183f.
Maucroix, François 208
Mazarin, Jules 125
Medici, Katharina von 121–123, 130, 149, 151, *152f.*, 211, 344, *344*
Medici, Maria von 131, 154
Melanchthon, Philipp 186
Mezeray, François Eudes de 96f., *96f.*, 98
Moncada, Luis Belluga 333, 335
Montaigu, Timoléon 104f.
Montmorency, Anne de 122
Montpleinchamp, Jean Chrysostôme Bruslé de 114, *115*, 118

Nalson, John 199f., 233–235
Nau, Michel 74
Navarra, Heinrich von → Frankreich, Heinrich IV. von
Navarra, Peter von 74
Noailles, Louis Antoine de 407, *407*

Oates, Titus 203
Oldcorne, Edward 388
Oppède, Jean Maynier d' 83f.
Oranien, Wilhelm III. → England, Wilhelm III. von
Oranien, Wilhelm I. 388
Orléans, Philipp I. *196*
Orléans Nemours, Marie de 125f.
Österreich, Karl von → Kaiser Karl VI.
Österreich, Leopold Wilhelm von 187
Ott, Christoph 86–88, 90

Pack, Otto von 180
Papst Alexander VI. 76f.
Papst Alexander VII. 374
Papst Alexander VIII. 316f., 395
Papst Clemens X. 404
Papst Clemens XI. 104, 173, 285, 317, 378
Papst Gregor XIII. 231
Papst Innozenz III. 79–81
Papst Innozenz XI. 114, 147, 273, 313, *314*, 315f., *316*, 318, *318*, 322, *322*, 324, *324*, 325, *393*, 394f., 401, 404, 487f., *488*, 489f., 493
Papst Innozenz XII. 77, 317, 395, *395*, 490
Papst Leo X. 143
Papst Paul III. 112, 114, 116, 144, *144*, 168–170, *171*, 172f.
Papst Pius V. *194*, 219
Papst Urban II. 234f.
Papst Urban VIII. 378
Persien, Chosroes II. von 94f.
Persien, Wahram V. von 207
Petre, Edward 400–402, 418
Pett, Peter 200f.
Pfalz, Friedrich V. von der *145*, 160, 194f., 198, 216f., 286, 437
Pfalz, Johann Kasimir von der 205
Pfalz, Johann Wilhelm von der *190*, 286, *287*, 429f., 442
Pfalz, Philipp Wilhelm von der 380
Pfeffinger, Johann Friedrich 191f.
Polen, August II. von 30, *174*, 178f., 181–184, 188f., *189*, 192f., 204, 231, 237, 428, *429*, 508
Porter, James 406
Preußen, Friedrich I. von 188, *188*, *190*, 222, 277, 427, 429, *429*, 430, 432, 468
Proast, Jonas 463, *463*

Pufendorf, Samuel von 349, *349*

Quadra, Alvaro de la 212
Ravaillac, François 349
Racine, Jean 263
Rébénac, François de Pas de 305, 320
Retz, Jean-François Paul de Gondi de 125, *125*
Richard, Jean 99
Richelieu, Armand-Jean de Plessis de 165f., 358, 384, *400*, *434*
Ridpath, George *482*
Riencourt, Simon de 253, *253*, 296
Rink, Eucharius Gottlieb 190–192
Rivière, Michel Poncet de la 407
Rohan, Henri II. de 127, 131, 165, 346
Rohr, Julius Bernhard von *58*
Rosmond, Jean-Baptiste de 208
Rushworth, John 198–200, 215f.
Rycaut, Paul 232f.

Sachsen, Friedrich August I. von → Polen, August II. von
Sachsen, Johann Friedrich von 113, 116, 173, 178, 180f., 184, 208, 273
Sachsen, Moritz von 174, 178, 181, 237
Saint Charles, Hyacinthe de 263
Saint-Blancard, François Gaultier de 152f.
Sainte-Marthe, Denis de 272
Sanders, Nicholas 208
Sandras, Gatien Courtilz de 159, 317f., *318*
Sarpi, Paolo 117–120, *117*
Savage, John 144, *145*
Savoyen, Viktor Amadeus II. von 283, 317, 348, 359, 426
Schottland, Maria I. von 145
Schweden, Gustav II. Adolf von 186, 218, 286, *286*, 304, *304*, 305, 441, *441*
Schweden, Karl XI. von 435
Schweden, Karl XII. von 441, *441*
Schweden, Sigismund III. von 111
Seckendorff, Ludwig Veit von *114*
Somerset, Edward Seymour of 145
Soulier, Pierre 126, 128, *128*, 347, *347*
Spanien, Karl II. von 269f., *270*, 331
Spanien, Karl III. von → Kaiser Karl VI.

Spanien, Philipp II. von 76, 118, 213f., 223, 249, 308, 372, 472f., 475, 479f.
Spanien, Philipp III. von 223
Spanien, Philipp V. von 172, 330f., *331*, *337f.*, 396, 479, 483
Steger, Adrian 182f., *182*
Stevens, John 73f.
Strobl, Andreas 90
Stuart, Maria → Schottland, Maria I. von

Talbot, Peter 414
Tellier, Charles Maurice de *364*
Tentzel, Wilhelm Ernst 183, *183*, 184
Thököly, Emmerich von *144f.*, 147, 245, 310, 486, *494*
Thomasius, Christian 371
Thomassin, Louis 131f.
Tillemont, Louis Sébastien Lenain de 88f., *88f.*, 93f.
Toland, John 441

Torcy, Jean-Baptiste Colbert de 301
Trauttmansdorff, Franz Ehrenreich von 298, 477
Tronchin Du Breuil, Jean *37*

Vanel, Claude 255f.
Varillas, Antoine 373
Vauban *260*
Vignier, Nicolas *142*
Vitry, Louis de l'Hospital de 127
Voltaire, François-Marie Arouet de 14, *15*

Württemberg, Ulrich von 181
Withers, John 213

York, Jakob von → England, Jakob II. von

Zech, Bernhard von 472, *472*
Zschackwitz, Johann Ehrenfried *404*
Zwingli, Huldrych 176, *190*